懸吐完譯
論語集註備旨大全

李漢佑 譯

明文堂

책을 펴내며

한 권의 책을 번역하기란 한 권의 책을 쓰는 것만큼 어려운 일이다. 한문은 표의문자(表意文字)로 기록되었기에 수백 년 내지 수천 년이란 공백을 뛰어 넘어야 해석이 가능하다. 문화적 배경이 전혀 다른 사람이 새로운 언어로 표현하려고 하니 어려울 수밖에 없다. 그래서 '번역은 반역이다.' 라는 말이 있는지도 모른다.

이 책은 사서(四書) 중의 하나다. 유가(儒家)의 성전(聖典)이라고도 할 수 있으며, 중국 최초의 어록(語錄)이기도 하다. 고대 중국의 사상가 공자(孔子)의 가르침을 전하는 가장 확실한 자료다. 공자와 제자와의 문답을 주로 하고, 공자의 발언과 행적, 그리고 제자들의 발언 등이 간결하고도 함축성 있게 기재되어 있다. 번역서를 읽는 데 필요한 몇 가지만 살펴보기로 한다.

첫째, 논어의 명칭과 편자에 대해 살펴보면, 「논어(論語)」라는 서명(書名)은 공자의 말을 모아 간추려서 일정한 순서로 편집했는데(論是議論 語是答述 此書是記孔子平日 與門弟子 講學論治 相問答之言語 故名曰論語 分上下兩篇), 누가 지은 이름인지는 분명치 않다. 편자에 관해서는 숭작참(崇爵讖)의 자하(子夏) 등 64제자설(六四弟子說), 정현(鄭玄)의 중궁(仲弓)·자유(子游)·자하(子夏)설, 정자(程子)의 증자(曾子)·유자(有子)설, 그 밖에 많은 설이 있으나 확실치는 않다. 현존본은 20편으로 이루어졌으며, 각기 편 중의 말을 따서 그 편명(篇名)을 붙였다. 《학이편》은 인간의 종신(終身)의 일이라고 할 수 있는 학문과 덕행을, 《요왈편》은 역대 성인의 정치 이상을 주제로 한 것처럼, 각 편마다 주제가 있기는 하나 용어가 통일되지 않았고 문장의 중복도 있다. 특히 전반 10편을 상론(上論), 후반을 10편을 하론(下論)이라고 하는데, 그 사이에는 문체나 내용에 약간의 차이가 있다.

둘째, 책의 성립 시기를 살펴보면, 「맹자(孟子)」나 「순자(荀子)」 등 옛 문헌에는 공자의 말이 '孔子曰' '仲尼曰' '傳曰'이라고 인용되었으나, 그것이 논어에 기재된 것과 반드시 같은 것도 아니다. 그러나 한(漢)나라 때에는 제(齊)나라 학자의 「제론(齊論)」 22편, 노(魯)나라 학자의 「노론(魯論)」 20편이 전해졌고, 따로 공자의 옛 집 벽 속에서 「고론(古論)」 21편이 나왔다. 한(漢)의 장우(張禹)는 제·노 양론을 교합(校合)하여 「장후론(張侯論)」 20편을 만들었고, 이어 후한(後漢)의 정현(鄭玄, 127~200)은 이 세 가지와 고론을 교합하였다. 이 정현본(鄭玄本)을 바탕으로 위(魏)의 하안(何晏)이 「논어집해(論語集解)」 라는 주석서를 저술함에 이르러 현존본의 원문이 결정되었다.

셋째, 책에 기록된 내용을 살펴보면, 논어의 문장은 간결하면서도 수사(修辭)의 묘를 얻어 함축성이 깊다. 하지만 깊이 생각해보면 공자의 인격으로 귀일(歸一)되어 있다. 공자의 불요불굴(不撓不屈)의 구도(求道) 자세, 사람을 이상선(理想善)인 '인(仁)'으로 이끄는 교육, 그리고 공자를 중심으로 하여 겸허(謙虛)한 안연(顏淵), 직정(直情)의 자로(子路), 현명(賢明)한 자공(子貢), 그 밖의 제자들이 각기 개성에 따른 상호간의 독려 등, 중국에서는 처음으로 인도주의(人道主義) 사상과 자각자율(自覺自律)의 도덕설(道德說)을 제시한 공자학단(孔子學團)의 활동이 묘사되어 있다. 모든 내용이 인생 경험의 깊은 영지(英智)의 결정(結晶)으로 음미할수록 가치가 높은 교훈들이다.

넷째, 이 책의 전래에 대해 살펴보면, 논어는 「효경(孝經)」과 더불어 한(漢)나라 이후 지식인의 필독서였다. 그 해석의 전거(典據)가 된 것은 「논어집해(論語集解)」 [古註라고도 한다]였다. 송(宋)나라 때에는 유교의 공맹사상(孔孟思想)에 의한 집주 통일화(集註統一化)가 이루어졌고, 특히 주희(朱熹)가 「사서(四書)」로 추존(推尊)하고, 이를 통일하여 「논어집주(論語集註)」[新註라고도 한다]를 저술한 후에는 이 책이 고주에 대체되었다. 중화민국 초기에는 구문화(舊文化) 개조를 위하여 공자의 가르침이나 논어에 대한 비판이 행해졌고, 그 후에도 계속되고 있으나, 연구가 지속되는 것에는 변함이 없다. 한국에도 일찍부터 도래되어 한학(漢學)의 성행으로 널리 보급되고 국민의 도덕사상 형성의 기본이 되었다.

특히 2005년 인천시 계양구 소재 삼국시대 고대 성곽인 계양산성(桂陽山城)에서 《공야장(公冶長)》 2편 '子謂子賤 君子哉 若人 魯無君子者 斯焉取斯'의 일부를 기록한 목간(木簡)이 출토되었다. 이는 3~4세기 한성 백제의 유물로 확인되었는데, 일찍부터 우리 나라에서 논어가 읽혔음을 방증(傍證)할 수 있는 자료가 된다. 현재 구미(歐美) 각국에도 연구서나 번역서가 많으며 미국에 특히 많다.

다음으로 이 책의 저자들에 관한 내용들을 정리해 본다.

공자(孔子, B.C 551~B.C 479)는 중국 고대의 사상가이며 유교의 개조(開祖)다. 춘추시대 말기 노(魯)나라 창평향(昌平鄕) 추읍(陬邑)에 출생했다. 자는 중니(仲尼)며 이름은 구(丘)였다. 아버지의 성은 숙량(叔梁)이요 이름은 흘(紇)이며, 어머니는 안 씨(顏氏) 집안으로 이름은 징재(徵在)였다. 아버지는 제(齊)나라와의 싸움에서 군공(軍功)을 세운 부장(部將)이었으나, 공자가 3세 때 별세하여 빈곤 속에서 자랐다.

노나라의 창시자로 주왕조(周王朝) 건국의 공신이기도 했던 주공(周公)을 흠모하여 그 문화를 습득하는 데 노력했으며, 수양을 쌓아 점차 유명해졌다. 처음에는 말단 관리였으나, 50세가 지나서 노나라의 정공(定公)에게 중용(重用)되어, 정치가로서의 탁

월한 수완을 발휘하였다.

그의 계획은 노(魯)나라의 세 공족(公族)이었던, 중손 씨(仲孫氏)는 숙손 씨(叔孫氏)·계손 씨(季孫氏)의 삼가(三家)의 세력을 눌러 공실(公室)의 권력을 회복하고, 주공의 정신을 살린 질서 있는 문화 국가를 건설하려는 것이었다. 그의 계획이 드러나 56세 때 실각하고 그 후 14년간 문하생들을 데리고 여러 나라를 돌아다니면서 유세(遊說)하며 이상 실현을 꾀하였으나, 69세 때 그것이 불가능하다는 것을 깨닫고 고향에 돌아가 제자들의 교육에 전념하였다. 이 무렵에 아들 이(鯉)가 죽었고, 사랑하는 제자 안회(顔回)와 자로(子路)도 잇달아 죽는 불행을 겪었다. 74세로 자공(子貢)·증삼(曾參) 등 제자들이 지켜보는 가운데 타계하였다.

그의 제자는 모두 3,000명이며, 특히 육예(六藝)에 능통한 문하생들이 72명이라고 한다. 그는 《술이편(述而篇)》에서 '회인불권(誨人不倦)'이라고 술회했던 것처럼, 미래에 이상을 걸었던 위대한 교육자였다. 그의 언행은 이 책을 통해서 전해지고 있다. 그의 사상을 알아보기 위한 확실한 자료도 이 책밖에 없으며 이는 제자나 제자의 제자들이 기록한 것이지 공자 자신의 저술은 아니다.

공자의 중심 사상은 한 마디로 말하면 인(仁)이다. 춘추 말기, 주나라의 봉건 질서가 쇠퇴하여 사회적 혼란이 심해지자, 공자는 주왕조 초의 제도로 복귀해야 한다고 생각했다. 그는 위정자는 덕이 있어야 하며 도덕과 예의에 의한 교화가 이상적인 지배 방법이라 생각했다. 이러한 사상의 중심에 놓인 것이 인(仁)이다.

공자는 최고의 덕을 인이라고 보고 인은 '사람을 사랑하는 것'이라고 정의했다. 모든 사람이 인덕(仁德)을 지향하고, 인덕을 갖춘 사람만이 정치적으로 높은 지위에 앉아 인애(仁愛)의 정치를 한다면, 세계의 질서도 안정을 찾을 수 있다고 생각했던 것이다. 그 수양을 위해 부모와 연장자를 공손하게 모시는 효제(孝悌)의 실천을 가르치고, 이를 인(仁)의 출발점으로 삼았으며, 또 충(忠) 즉, 성심(誠心)을 중히 여겨 신(信)과 서(恕)의 덕을 존중했는데, 이러한 내면성을 중시하고 전승한 것이 증자(曾子) 일파의 문하생이다.

그러나 공자는 또한 인(仁)의 실천을 위해서는 예(禮)라는 형식을 밟을 필요가 있다고 하였다. 예란 전통적·관습적 형식이며, 사회규범으로서의 성격을 가진다. 유교에서 전통주의를 존중하고 형식을 존중하는 것은 바로 이 점에 입각한 것이며, 예라는 형식에 따름으로써 인(仁)의 사회성과 객관성이 확실해진 것이다. 이처럼 공자의 사상은 사회적·정치적 인간을 위한 도덕이 중심을 이루고 있었다. 공자의 사상은 어디까지나 인간중심주의였다고 할 수 있다.

공자는 많은 제자들을 교육하여 인(仁)의 실현을 가르치는 한편, 자기 자신도 그 수양에 힘썼기에, 생전에도 많은 영향력을 가지고 있었다. 사후에는 제자들이 각지에서 그 가르침을 전파하였으나, 제자백가(諸子百家)가 일어남으로써 교세가 약해졌다.

공자의 학통(學統)을 다시 일으킨 사람이 맹자(孟子)였으며, 그 후 한(漢)나라의 무제(武帝)가 유교를 국교(國敎)로 택함에 이르러 그는 부동의 위치에 있게 되었다. 사실 각 시대마다 유교 내용에는 큰 변화가 있었는데도 불구하고, 공자는 가르침의 비조(鼻祖)로서 청조(淸朝) 말까지 존경을 받았다. 그러나 민국혁명(1912) 후 우위[吳虞]와 루쉰[魯迅]으로부터 중국의 봉건적 누습(陋習)의 근원이라고 공격받기도 했다.

주자(朱子, 1130~1200)는 중국 송대(宋代)의 유학자다. 이름은 희(熹)이며, 자(字)는 원회(元晦)·중회(仲晦)이며, 호(號)는 회암(晦庵)·회옹(晦翁)·운곡산인(雲谷山人)·창주병(滄洲病)·둔옹(遯翁) 등이다. 복건성(福建省) 우계(尤溪) 출생으로, 그의 조상들은 대대로 안휘성(安徽省)의 호족으로 아버지 위재(韋齋)는 관직에 있다가 당시의 재상(宰相) 진회(秦檜)와의 의견 충돌로 퇴직하고 우계에 우거(寓居)하였다.

주자는 이 곳에서 14세 때 아버지가 죽자 그 유명(遺命)에 따라 호적계(胡籍溪)·유백수(劉白水)·유병산(劉屛山)에게 배우면서 불교와 노자의 학문에도 흥미를 가졌었다. 24세 때 이연평(李延平)을 만나 사숙(私淑)하면서 유학에 복귀하여 그의 정통을 계승하게 되었다. 그의 강우(講友)로는 장남헌(張南軒)·여동래(呂東萊)가 있으며, 또 논적(論敵)으로는 육상산(陸象山)이 있어 이들과 상호 절차탁마(切磋琢磨)하면서 학문을 비약적으로 심화·발전시켜 중국 사상사에서 공전(空前)의 사변 철학(思辨哲學)과 실천 윤리(實踐倫理)의 체계를 확립하기에 이르렀다.

그는 19세에 진사시(進士試)에 급제하여 71세에 생애를 마칠 때까지 여러 관직을 거쳤으나 약 9년 정도만 현직에 있었다. 그 밖의 관직은 반드시 현지에 부임할 필요가 없는 명목상의 관직이었기에 학문에 전념할 수 있었다. 그의 학문을, 저서를 통해서 관찰해 보면 46세까지를 전기(前期), 이후 60세까지를 중기(中期), 61세 이후를 후기(後期)로 대별할 수 있다.

주자(朱子) 연보(年譜)에 의해 전기 저서를 순차적으로 열거하면 「논어요의(論語要義)」「논어훈몽구의(論語訓蒙口義)」「곤학공문편(困學恐聞編)」「정씨유서(程氏遺書)」「논맹정의(論孟精義)」「자치통감강목(資治通鑑綱目)」「팔조명신언행록(八朝名臣言行錄)」「서명해의(西銘解義)」「태극도설해(太極圖說解)」「통서해(通書解)」「정외서(程氏外書)」「이락연원록(伊洛淵源錄)」「고금가제례(古今家祭禮)」로 이어져 「근사록(近思錄)」의 편차(編次)로 끝맺었다.

전기는 북송의 선유(先儒)인 주염계(周濂溪)·장횡거(張橫渠)·정명도(程明道)·정이천(程伊川)의 저서 교정과 주례에 전념하고, '논어·맹자' 등은 차기(次期)의 예비 사업이었던 것으로 보인다. 즉, 주자의 학문적 기초가 확립된 시기로서 그것이 「근사록」에 집약된 것으로 생각된다. 그 후에 논적(論敵)이었던 육상산 형제와의 아호사(鵝湖寺) 강론에서 존덕성(尊德性)에 대해 도학(道學)의 입장을 분명히 하였다.

중기에는 「논맹집주혹문(論孟集註或問)」「시집전(詩集傳)」「주역본의(周易本義)」「역학계몽(易學啓蒙)」「효경간오(孝經刊誤)」「소학서(小學書)」「대학장구(大學章句)」「중용장구(中庸章句)」 등이 있으나 가장 중요한 것은 '사서(四書)의 신주(新註)'가 완성된 점이다. 60세 때는 「중용장구」에 서문을 붙여 상고(上古)에서 후대까지 도학을 전한 성현(聖賢)의 계통을 밝혀 도학의 기초를 확립하였다.

후기에는 오경(五經)에 손을 대어 「석존예의(釋尊禮儀)」「맹자요로(孟子要路)」「예서(禮書)」「한문고이(韓文考異)」「서전(書傳)」「초사집주후어변증(楚辭集註後語辨證)」 등이 있다. 더욱이 71세로 생애를 마치던 해 3월, 「대학」의 '성의장(誠意章)'을 개정(改訂)한 점으로 미루어 그의 「사서집주(四書集註)」에 대한 지정(至情)이 어느 정도이었는지 엿볼 수 있다.

주자의 정치에 대한 의견은 《임오응조봉사(壬午應詔封事)》나 《무신봉사(戊申封事)》에 나타나 있으며, 또 절동(浙東)의 지방관으로 있을 때 대기근(大飢饉)을 구제하였다는 실적도 있으나, 만년에는 그의 학문이 위학(僞學)이라 하여 많은 박해를 받았으며, 해금(解禁)이 있기 전에 죽었다. 그 후 그의 학문이 인정되어 시호(諡號)가 내려지고 다시 태사(太師)·휘국공(徽國公)으로 추증(追贈)되었다. 그의 유언을 수록한 것으로는 주자의 막내 아들 주재(朱在)가 편찬한 「주문공문집(朱文公文集)」(100권, 속집 11권, 별집 10권)이 있고, 제자와 평생 문답을 수록한 여정덕(黎靖德) 편찬의 「주자어류(朱子語類)」 140권이 있다.

등림(鄧林, 생몰 연대 미상)은 명(明)나라 홍무(洪武, 1367~1398. 太祖의 年號) 때의 사람으로 생몰 연대가 확실치 않다. 대략 1414년 전후로 생존했던 인물이다. 원명(原名)은 이(彛)·관선(觀善)이다. 자(字)는 사재(士齋)였고, 호(號)는 퇴암(退菴)이었다. 월동(粵東, 현재 廣東省) 대산현(臺山縣) 동북쪽에 위치한 신회(新會)에서 출생했다. 벼슬은 귀현교유(貴縣敎諭)를 지냈으며, 3대 임금인 성조(成祖, 1403~1418) 때 영락대전(永樂大典)을 편수(編修)하는 일에 참여했다. 5대 임금인 선종(宣宗, 1426~1435) 때 임금의 뜻을 거슬러 항주(抗州)로 귀양 가서 죽었다. 시(詩)와 고문(古文)에 뛰어났으며 많은 저서를 남기기도 했다. 저서로는 퇴암집(退菴集)·황명사림인물고(皇明詞林人物考)·명인소전(明人小傳)·본조분성인물고(本朝分省人物巧)·명시종(明詩綜)·명시기사(明詩紀事)·열조시집소전(列朝詩集小傳) 등이 있다.

비지(備旨)는 등림(鄧林)이 주자(朱子)의 「사서집주(四書集註)」를 참고해서 새롭게 내용을 보완하고 자신의 뜻을 제시한 책이다. 청(淸)나라 두정기(杜定基)에 의해 1779년 「사서보주비지(四書補註備旨)」라는 이름으로 간행되기도 했다. 이 책은 삼단으로 구성되어 있는데, 상단은 인물(人物)·전고(典故), 중간단은 전지(全旨)·장지(章旨)·절지(節旨), 하단은 원문(原文)·주(註)·강(講)·보(補)로 구성되어 있다. 원문의 구

(句)와 구(句) 사이에는 자구(字句)를 쉽게 해석해 놓은 주(註)들이 차지하고 있으며, 주(註)는 주주(朱註)를 그대로 실었다. 강(講)은 본문의 뜻을 상세히 해석한 것이며, 보(補)는 두정기가 일치하지 않은 여러 부분에 대해서 정오를 가리고 미비한 부분에 대해서는 명가들의 강의 중에서 간행되지 못한 것을 실은 것이다.

특히 강(講)은 퇴암(退菴) 선생이 주자의 주를 보완하고 원문의 뜻을 이해하기 쉽도록 풀어 썼는데 내용의 방대함과 상세함을 말로 표현하기 어렵다. '강(講)'을 '비지(備旨)'라고 한 연유는 우리 나라의 세창서관(世昌書館)에서 책을 발간하면서 '강(講)'을 '비지(備旨)'라고 해서 출판했기에 비지(備旨)라고 일컫게 된 듯하다.

비지는 원문의 뜻을 자세하게 풀어 썼기에 초학자뿐만 아니라, 논어의 이치를 깊이 연구하려는 사람은 반드시 읽어야 할 내용이다. 각각의 장(章)이나 절(節)을 따라 혹은 구(句)나 자(字)를 따라서 뜻을 자세히 밝혔기에, 읽으면 읽을수록 그 의미가 새로워진다.

필자는 이 책을 번역하면서 많은 시간을 투자했다. 선인들이 남긴 내용을 현대인의 눈으로 이해하기란 쉽지 않았다. 단어를 사전에 찾고 컴퓨터에 입력하면서 책과 씨름을 수없이 했다. 기존의 번역서에 나타난 오역을 최대한 바로잡기 위해 원문과 집주를 다시 해석했으며, 특히 비지의 내용을 현토하고 해석하는 데 어려움이 많았다. 번역하면서 젊은 날 읊었던 월성(月性, 1817~1858)의 시가 자꾸만 생각났다.

男兒立志出鄕關　남자가 뜻을 세우고 고향을 떠나서
學若無成死不還　만약 학문을 이루지 못한다면 죽어도 돌아가지 않으리.

사실 이 책을 사서(四書) 중에서 제일 먼저 출판하려고 했지만 차일피일 넘기다 보니 많이 늦어졌다. 이제 우즈베키스탄 타쉬켄트에서 원고를 끝내었다. 천학비재(淺學菲才)한 사람이기에 어쩔 수 없는 노릇이다. 원고를 검토해 보니 마음에 들지 않는 내용도 많다. 그렇다고 버릴 수도 없기에 위험을 무릅쓰고 세상에 선을 보인다.

그 동안 잘못된 현토(懸吐)를 지적해 주신 서정민(徐廷玟) 선생님, 늘 기도해 주신 어머님, 출판해 주신 박명순 사장님께 깊이 감사를 드린다. 독자의 많은 질정을 기다린다.

2011년 2월
타쉬켄트에서 역자

凡　例

1. 본서는 사서 삼경(四書三經)의 원문(原文)·집주(集註)·비지(備旨)를 해석하기 위한 책 중의 하나다.

2. 본서는 상해금장도서(上海錦章圖書)「사서비지(四書備旨)」를 국역 대본으로 삼았다. 그리고 중화민국(中華民國) 학해출판사(學海出版社)「사서집주(四書集註)」와 성균관 대학교(成均館大學校) 대동 문화 연구원 (大東文化研究院) 내각본(內閣本)도 참고했다.

3. '책을 펴내며'의 내용과 본문의 해석에는「두산 세계 대백과 사전」·「한국 민족 문화 대백과 사전」·「동아한한대사전(東亞漢韓大辭典)」·「교학대한한사전(敎學大漢韓辭典)」·「허사사전(虛辭辭典)」 등을 참고했다.

4. 번역은 원문에 충실을 기했으며, 독자의 편의를 위해 직역과 의역을 겸했다.

5. 번역문에는 한자를 병기하여 독자의 편의를 도모했다.

6. 현토(懸吐)는 선학(先學)들의 토(吐)를 참고했지만, 시대의 변화에 부응해야겠기에 수정을 많이 했다.

7. 각 편의 장수는 아라비아 숫자로 표시하였다.

8. 본서에 사용된 부호는 다음과 같다.

　　　　「　　」 : 책 이름
　　　《　　》 : 편명(篇名)
　　　〔　　〕 : 오자(誤字)·연문(衍文)·가차자(假借字)의 보충 설명
　　　　○ : 글자·단어의 설명 및 문장에 대한 보충 설명
　　　〈　　〉 : 작품명(作品名)
　　　　↔ : 상대되는 말
　　　　☞ : 참고적 설명
　　　　· : 동격의 나열

目　次

제 11편 先進

此篇은 **多評弟子賢否**라 **凡二十五章**이라 **胡氏曰 此篇**은 **記閔子騫言行者四**로되 **而其一直稱閔子**하니 **疑閔氏門人所記也**라

이 편은 제자들이 현명한지 그렇지 않은지에 대해 논평한 것이 많다. 모두 25장이다. 호 씨가 말했다. "이 편은 민자건의 언행을 기록한 것이 네 장이지만, 그것이 한결같이 민자를 칭찬했으니, 아마도 민 씨의 제자들이 기록인 듯하다."

○민자건(閔子騫) : 공자의 제자. 이름은 손(損). 자는 자건(子騫). 공자의 제자 중에서 덕행으로 이름이 높았음. ☞건(騫) : 이지러지다. 손상하다. 그르치다. 틀리다.
○일직(一直) : 한결같이. 꾸준히. 일향(一向).

11·1·1 子曰 先進이 於禮樂에 野人也요 後進이 於禮樂에 君子也라하나니

공자께서 말씀하셨다. "선배들이 예악에 관해서는 야인다웠고, 후배들이 예악에 관해서는 군자다웠다고 했으니,

○선진(先進) : 선배들. 주초(周初)의 사람들. 문왕(文王)·무왕(武王)·성왕(成王) 시대의 태평할 때 사람들을 지칭함. "先進指文武成康時人"
○어예악(於禮樂) : 예악에 관해서. ☞어(於) : …에 관해서는. ☞예악(禮樂) : 일반적으로 예절과 음악을 말하지만, 여기서는 예절과 음악만 지칭하는 것은 아님. "禮樂不專指儀節聲容 凡人之言動交際 與施之政治者 但敬處便是禮 和處便是樂"
○야인야(野人也) : 야인이다. 야인답다. 벼슬하지 않은 사람이나 평민 등을 뜻할 뿐만 아니라, 박실(樸實)하고 꾸밈이 없음을 말함. "野人言其樸實無文也" ☞박실(樸實) : 질박하고 신실함. 순박하고 성실함.
○후진(後進) : 후배들. 주말(周末)의 사람들. "後進指周末時人"
○군자야(君子也) : 군자다. 군자답다. 여기서 군자는, 심성(心性)이 어질고 학식과 덕행이 높은 사람을 뜻할 뿐만 아니라, 문채가 나서 볼 만한 사람을 말함. "君子言

其文采 可觀也"

先進後進은 **猶言前輩後輩**라 **野人**은 **謂郊外之民**이요 **君子**는 **謂賢士大夫也**라 **程子曰 先進於禮樂**에 **文質得宜**어늘 **今反謂之質朴**하여 **而以爲野人**이라하고 **後進之於禮樂**에 **文過其質**이어늘 **今反謂之彬彬**하여 **而以爲君子**라하니 **蓋周末文勝**이라 **故로 時人之言**이 **如此**로되 **不自知其過於文也**니라

선진·후진은 선배·후배를 말하는 것과 같다. 야인은 교외의 백성을 이르고 군자는 어진 사대부를 이른다. 정자가 말했다. "선배들은 예악에 문과 질이 서로 걸맞았는데 지금은 도리어 이를 일러 질박해서 야인이라 하고, 후배들은 예악에 문이 그 질을 지나쳤는데 지금은 도리어 이를 일러 빈빈해서 군자라고 하니, 아마도 주나라 말기에는 문이 성했으므로, 당시 사람들의 말이 이와 같았지만 자신들도 문에 지나쳤다는 것을 알지 못했던 것이다."

○교외(郊外) : 도회지에 인접한 지대. 도시 가까이에 있는 전원(田園). 교경(郊坰).
○문(文) : 화려함. 꾸밈. 문채(文彩).
○질(質) : 질박(質朴)함. 수수함. ☞질박(質朴) : 꾸밈이 없이 순박함. 검소함. 소박(素朴). 질박(質樸).

[備旨] 夫子以身維禮樂에 曰禮樂은 以得中爲貴로되 但世道旣殊하고 而人之習尙도 亦異라 彼先進之於禮樂에 文質得宜어늘 今反以爲野人이라하고 夫野人은 誠非禮樂所尙이니 不謂先進之禮樂이어늘 竟等之野人也하니 可異也요 若後進之於禮樂에 文過其質이어늘 今反以爲君子라하고 夫君子는 誠爲禮樂所重이니 不謂後進之禮樂이어늘 亦稱之君子也라하니 尤可異也라

부자께서 몸에 예악을 든든하게 하려고 하실 적에 말씀하시기를, "예악은 지나치거나 모자라지 않는 것을 귀하게 여기지만, 다만 세도가 이미 달라지고 사람들의 습관이나 숭상하는 것도 또한 달라져 버렸다. 선배들은 예악에 문과 질이 서로 걸맞았는데도 지금 도리어 야인이라 생각하고, 야인들은 진실로 예악을 숭상하지 않았으니 선진의 예악이라고 이를 수 없는데도 끝내 야인과 동등하다고 하니 괴이한 일이다. 후배들은 예악에 문이 그 질을 지나쳤지만 지금 도리어 군자라 생각하고, 군자는 진실로 예악을 귀중하게 여기게 되니 후진의 예악이라고 일컬을 수 없지만 또한 군자라고 칭하니 더욱 괴이한 일이다.

○득중(得中) : 지나치거나 모자람이 없이 꼭 맞음.
○기(旣)~차(且) : …이며 또한 …하다.

11·1·2 如用之면 則吾從先進하리라

　만일 이 가운데에서 예악을 쓴다면, 나는 선배들이 썼던 예악을 따르겠다."

○여용지(如用之) : 만약 예악을 쓴다면. "如字作若字看 用之兼治身淑世說"
○즉오종선진(則吾從先進) : 단연코 선배들을 따르겠다. ☞즉(則) : 곧. 여기서는 단연
(斷然)코 시론(時論)에 의혹이 없다는 뜻. ☞종선진(從先進) : 선배들을 따름. 여기서는
주초(周初)의 사람들 즉, 문왕(文王)·무왕(武王)·성왕(成王) 등을 따르겠다는 뜻. "則
字有斷然 不惑於時論意 從先進 是從文武成康之舊 與吾從周意同"

**用之는 謂用禮樂이라 孔子旣述時人之言하고 又自言其如此하시니 蓋欲損過以就
中也시니라**

　용지(用之)는 예악을 쓰는 것을 이른다. 공자께서 이미 당시 사람들의 말을 서
술했을 뿐만 아니라 또 스스로 그것이 이와 같음을 말씀하셨으니, 아마도 지나친
것을 눌러 중도에 나아가게 하려고 하신 것이다.

[備旨] 夫時人之論이 若此면 則其所用이 必從後進하고 而不從先進也明矣라 如吾用之
면 吾則何如也오 亦惟從乎先進之禮樂而已라 又何恤於人言之紛紛乎아하시니 夫子之越時
論하여 而獨決所從이 如此시니라

　무릇 당시 사람들의 여론이 이와 같다면, 그들이 썼던 예악은 반드시 후배들이 썼던
예악을 따랐을 것이고 선배들이 썼던 예악을 따르지 않았음이 분명하다. 만약 내가 예
악을 쓴다면 나는 어떻게 하겠는가? 또한 오직 선배들의 예악만 따를 것이다. 또 어찌
사람들의 분분한 데까지 마음을 쓰겠는가?"라고 하셨으니, 부자께서 당시 사람들의 여
론을 뛰어넘어 혼자 결단하고 좇았던 바가 이와 같으셨다.

○휼(恤) : 돌아보다[顧]. 마음을 쓰다.

○분분(紛紛) : 뒤섞여 어지러운 모양. 바빠서 두서가 없는 모양.

11·2·1 子曰 從我於陳蔡者가 皆不及門也로다

공자께서 말씀하셨다. "진나라와 채나라에서 나를 좇았던 자들이 지금은 아무도 문하에 있지 않구나!

○종아어진채자(從我於陳蔡者) : 진나라와 채나라에서 공자를 따랐던 사람. ☞종(從) : 따르다. ☞진(陳) : 주대(周代)의 제후국으로 지금 하남성(河南城)과 안휘성(安徽城)의 일부. 공자가 30년간 천하를 주유(周遊)하면서 가장 고생한 곳이었고, 심지어 먹을 양식이 떨어지기도 했었다. 위령공(衛靈公) 15·1·2 참고. ☞채(蔡) : 역시 주대(周代)의 제후국으로 지금의 하남성에 있었음. ☞자(者) : 여기서는 모든 제자들을 가리킴. "從是隨 陳蔡二國名 者字指諸弟子言"
○개불급문야(皆不及門也) : 현재 아무도 없다. ☞개(皆) : 모두. 모든 제자들이 없어졌음에 대해 아주 슬퍼하고 있음. ☞불급문야(不及門也) : 현재 아무도 없다. 벼슬하거나 집으로 돌아갔거나 죽었다는 말. "皆字最重 有感慨殊深意 不及門雖是或仕或歸或沒 但宜泛言"

孔子가 嘗厄於陳蔡之間한대 弟子多從之者러니 此時에 皆不在門이라 故로 孔子思之니 蓋不忘其相從於患難之中也시니라

공자께서 일찍이 진나라와 채나라의 사이에서 변고를 당하셨는데, 제자들이 평소에는 많이 따라 다니더니 이 당시에는 아무도 문하에 있지 않았던 것이다. 그러므로 공자께서 그들을 생각하신 것이니, 대개 그들이 환난 속에서도 함께 따르던 것을 잊지 않으신 것이다.

○액(厄) : 변고. 재앙. 불행한 일.
○상종(相從) : 함께 따라감.

[備旨] 夫子追思與難之賢에 曰昔에 弟子從我於陳蔡患難之中者러니 今皆不及相從於吾門也로다 撫今追昔에 其能已於思哉아

부자께서 이전에 어려움을 같이했던 현자들을 생각할 적에 말씀하시기를, "옛날에는 제자들이 진나라와 채나라에서 환난 가운데서도 나를 따르더니, 지금은 아무도 나의 문하에서 함께 따라다니지 않구나! 지금을 살펴보고 옛날을 회상해 볼 적에 또한 능히 생각을 그만둘 수 있겠는가?"라고 하셨다.

○추사(追思) : 지나간 일을 생각함. 추념(追念). 추회(追懷). 추상(追想).
○무(撫) : 살피다.

11·2·2 德行엔 顔淵閔子騫冉伯牛仲弓이요 言語엔 宰我子貢이요 政事엔 冉有季路요 文學엔 子游子夏니라

덕행에 뛰어난 사람은 안연·민자건·염백우·중궁이요, 언어에 뛰어난 사람은 재아·자공이요, 정사에 뛰어난 사람은 염유·계로요, 문학에 뛰어난 사람은 자유·자하였다." 하셨다.

○덕행(德行) : 덕성과 행실. 도(道)를 마음에 얻어 행사(行事)에 나타나는 것. "是道得於心 而見於行事者"
○안연(顔淵)·민자건(閔子騫)·염백우(冉伯牛)·중궁(仲弓) : 안연의 인, 민자건의 효, 염백우의 삼감, 중궁의 간략함에서 덕행을 볼 수 있다는 것임. "如淵之仁 騫之孝 牛之謹 弓之簡可見"
○언어(言語) : 사설(辭說)을 잘하는 사람. "是善爲辭說者"
○재아(宰我)·자공(子貢) : 두 사람의 응대(應對)는 중니(仲尼)와 요순(堯舜)처럼 비상했음. "如賢仲尼於堯舜 尊仲尼爲日月可見"
○정사(政事) : 백성을 다스리는 일. "是達於爲國治民之事者"
○염유(冉有)·계로(季路) : 염유는 재능이 뛰어나 백성을 풍족하게 했고, 계로는 용감하면서 역시 백성을 잘 다스렸음. 계로(季路)는 자로(子路)의 자. "如藝而足民 勇而治賦可見"
○문학(文學) : 시서예악(詩書禮樂)의 글을 잘함. "是學於詩書禮樂之文 而能言其意者"
○자유(子游)·자하(子夏) : 자유는 동노(東魯)에서 현가(絃歌)를 가르쳤고, 자하는 서하(西河)에서 글을 가르쳤음. "如絃歌東魯 模範西河可見"
○이 글에 나타난 열 사람을 일컬어서 공문십철(孔門十哲)이라 하고, 덕행·언어·정

사·문학을 일컬어서 공문사과(孔門四科) 또는 사과십철(四科十哲)이라 한다.

弟子因孔子之言하여 記此十人하고 而幷目其所長하여 分爲四科하니 孔子敎人에 各因其材를 於此에 可見이라
○程子曰 四科는 乃從夫子於陳蔡者爾라 門人之賢者가 固不止此하니 曾子傳道로되 而不與焉이라 故로 知十哲은 世俗論也라

　제자들이 공자의 말씀에 의해 이 열 사람을 기록하고 아울러 그들의 장점을 지목하여 나눠 네 조목으로 만들었으니, 공자께서 사람을 가르칠 적에 각각 그 재질에 따라 행했던 것을 여기에서 볼 수 있다.
　○정자가 말했다. "네 조목에 속한 사람은 곧 부자를 진나라와 채나라에서 따랐던 사람일 따름이다. 제자 중 현자가 진실로 여기에 그친 것만이 아니니, 증자는 도를 전했지만 여기에 끼워놓지도 않았으므로 십철은 세속의 말임을 알 수 있다."

[備旨] 門人이 因夫子之言하여 而記之에 曰當時與難之賢을 考之컨대 有踐履篤實하여 長於德行者는 則顔淵閔子騫冉伯牛仲弓也요 有應對明敏하여 長於言語者는 則宰我子貢也요 有才識疏通하여 長於政事者는 則冉有季路也요 有聞見博洽하여 長於文學者는 則子游子夏也니라 以陳蔡患難中이로되 而有若人하여 誠足以相慰矣어늘 今皆不及門이니 其能已於思與아

　제자들이 부자의 말씀을 근거하여 기록할 적에 말하기를, "당시 어려움을 같이했던 현자들을 상고해 보건대, 몸소 실천함이 독실하여 덕행에 뛰어났던 사람은 안연·민자건·염백우·중궁이요, 응대가 명민하여 언어에 뛰어났던 사람은 재아·자공이요, 재능과 식견이 막히지 않아서 정사에 뛰어났던 사람은 염유·계로요, 견문이 넓고 막힘이 없어서 문학에 뛰어났던 사람은 자유·자하였다. 진나라와 채나라에서는 환난 중이었지만 이와 같은 사람들이 있어서 진실로 족히 서로 위로할 수 있었는데, 지금은 모두 문하에 미치지 않으니, 또한 능히 생각을 그만둘 수 있겠는가?"라고 하셨다.

○천리(踐履) : 몸소 실천함.
○응대(應對) : 응하여 대답함. 응답(應答).
○명민(明敏) : 일에 밝고 재치가 있음.
○재식(才識) : 재능(才能)과 식견(識見)
○박흡(博洽) : 널리 배워서 사물에 막힘이 없음.

11·3·1 子曰 回也는 非助我者也로다 於吾言에 無所不說(열)이온여

공자께서 말씀하셨다. "안회는 나를 돕는 자가 아니구나! 나의 말에 대해 기뻐하지 않는 바가 없었으니."

○회야(回也) : 안회는. 안회라는 사람은. '回'는 안회(顏回)를 말함. ☞야(也) : …는. 어조사로서 주어 뒤에 쓰였는데, 어기(語氣)를 한 번 늘여줌으로써 강조를 나타냄.
○비조아자야(非助我者也) : 공자 자신을 일깨워서 도와 준 사람이 아니라는 말. 이는 반어적인 표현임.
○무소불열(無所不說) : 기뻐하지 않음이 없음. '說'은 '悅'과 통함. '온여'는 'ㅎ온여'와 동의어인데 이두(吏讀)로는 '爲乎亦'으로 표기했다. '…함이므로' '…함이기에' '…한 것인데' '…한 것이니'의 뜻이다. "說是欣然領受意"

助我는 若子夏之起予니 因疑問而有以相長也라 顔子於聖人之言에 默識(지)心通하여 無所疑問이라 故로 夫子云然하시니 其辭若有憾焉이나 其實은 乃心喜之시니라 ○胡氏曰 夫子之於回에 豈眞以助我望之리오 蓋聖人之謙德이요 又以深贊顔氏云爾라

조아(助我)는 《팔일편》에 '자하가 나를 일깨워 준다.'는 것과 같으니, 의문을 인해서 서로 가르치고 배울 수 있기 때문이다. 안자는 성인의 말씀에 대해 묵지심통해서 의문되는 바가 없었으므로 부자께서 그러함을 말씀하신 것이니, 그 말씀에 서운함이 있는 듯하나, 그 실제는 곧 마음으로 기뻐하신 것이다.
○호 씨가 말했다. "부자께서 안회에 대해 어찌 참으로 자신을 도와주기를 바랐겠는가? 아마도 성인의 겸손한 덕일 것이고, 또 깊이 안 씨를 칭찬하여 말씀한 것일 뿐이다.

○기여(起予) : 공자 자신을 일깨워 준다는 뜻. 본서 3·8·3 참고. "曰 禮後乎인저 子曰 起予者는 商也로다 始可與言詩已矣로다"
○상장(相長) : 교학상장(敎學相長)을 말함. 곧 가르치는 일과 배우는 일은 서로 도와서 자기의 학업을 증진함. 효학상장(斅學相長).
○묵지심통(默識心通) : 이심전심(以心傳心)으로 깨달음. 묵지심융(默識心融).

[備旨] 夫子嘉顔子之悟道에 曰羣弟子問辨之間에 嘗有發吾之未發하여 而得其助矣러니 若回也는 則非有助於我者也로다 但見其凡於吾之所言에 惟無所不說而已耳라 無有疑하고 自無有問이니 又安得有助哉아

　　부자께서 안자가 도를 깨우친 것에 대해 가상히 여길 적에 말씀하시기를, "여러 제자들과 묻고 변론할 적에 일찍이 내가 깨닫지 못한 것을 깨달아서 그의 도움을 얻을 수 있었는데, 회와 같은 사람은 나를 도와 준 사람이 아니구나! 단지 그는 무릇 내가 하는 말에 오직 기뻐하지 않음이 없었음을 볼 수 있었을 따름이다. 의심도 없고 스스로 질문도 없으니, 또 어찌 도움을 줄 수 있겠는가?"라고 하셨다.

11·4·1 子曰 孝哉라 閔子騫이여 人不間於其父母昆弟之言이로다

　　공자께서 말씀하셨다. "효자로다, 민자건이여! 사람들이 그 부모와 형제의 말을 들어도 이의를 제기함이 없구나!"

○효재(孝哉) : 효자로다! 민자건의 효도에 대해 칭찬하는 말. "讚美之辭"
○민자건(閔子騫) : 공자의 제자. 이름은 손(損). 자는 자건(子騫). 효도로 이름이 높았던 인물. ☞건(騫) : 이지러지다. 손상하다. 그르치다. 틀리다.
○인불간어기부모곤제지언(人不間於其父母昆弟之言) : 사람들이 그 부모와 형제의 말을 들어도 이의를 제기하지 않다. ☞인(人) : 외부의 사람들을 말함. ☞불간(不間) : 이의(異議)를 제기하지 않음. 헐뜯지 않음. 여기서 '間'은 거성(去聲)으로 쓰였음. ☞곤제(昆弟) : 형제. '昆'은 '맏'이나 '형'이라는 뜻. ☞언(言) : 민자건의 부모나 형제가 민자건이 효도를 다했다고 칭찬하는 말. "人指外人" "不間是無異意" "言是稱其盡孝之言"
○민자건은 일찍이 어머니를 여의고 계모의 보살핌 속에 자랐다. 그의 아버지는 새로 장가들어 전처로부터 아들이 둘, 후처로부터 아들 둘, 합하여 네 아들을 두었다. 계모는 민자건을 미워하여 갈꽃으로 옷을 만들어 주는 등 구박이 심했다. 어느 추운 겨울에 그의 부친과 수레를 몰고 가다 민자건이 고삐를 놓치자 그의 아버지가 손을 잡아보니 손이 얼어 있었고 옷도 얇다는 것을 알았다. 집에 돌아와서 후처의 자식들을 살펴보니 두껍게 옷을 입고 있었다. 후처를 불러 놓고 꾸중하며 당장 나가라고 말했는데, 그때 민자건이 말하기를, "어머님이 계시면 아들 하나만 추우면 되지만, 어머님이 안

계시면 아들 넷이 홑옷을 입어야 합니다."라고 했다. 후처도 그 뒤에 뉘우치고 차별 없이 대했다고 한다. 「논어비지(論語備旨)」〈인물전고란(人物典故欄)〉"子騫早喪母 父再娶生二子 繼母以蘆花衣子騫 父覺欲逐之 子騫曰 母在一子寒 母去三子單 母得免 後遂待之均平"

胡氏曰 父母兄弟가 **稱其孝友**에 **人皆信之**하여 **無異辭者**는 **蓋其孝友之實**이 **有以積於中**하여 **而著於外**라 **故**로 **夫子歎而美之**시니라

호 씨가 말했다. "부모 형제가 그의 효도와 우애를 칭찬할 적에 사람들이 모두 믿고서 딴 말이 없었다는 것은 그 효도와 우애의 실상이 안에서 쌓여 밖으로 드러남이 있었기 때문이다. 그러므로 부자께서 감탄하고 찬미하신 것이다.

[備旨] 夫子稱閔子騫之孝에 曰百行은 莫大乎孝라 以今觀之컨대 孝哉라 其閔子騫乎여 蓋凡人之孝는 見稱於父母昆弟者有矣라 然이나 或溺於愛하고 蔽於私요 而外人은 未必以爲然也라 今閔子騫之孝는 不獨父母昆弟稱之요 而外人도 亦皆稱之니 初無異於其父母昆弟之言이로다 使非孝友之實이 積於中而著於外면 何以得此乎아 此는 閔子騫이 所以爲純孝也라

부자께서 민자건의 효를 칭찬할 적에 말씀하시기를, "온갖 행실은 효보다 큰 것이 없다. 지금 이를 살펴보건대, 효자로다, 민자건이여! 대개 모든 사람의 효는 부모·형제로부터 칭찬을 받는 경우가 있음을 볼 수 있다. 그러나 아마도 사랑에 빠지고 사사로움에 가려서 그럴 것이고, 다른 사람들은 반드시 그렇다고 여기지는 않을 것이다. 지금 민자건의 효는 다만 부모 형제만 칭찬하는 것이 아니라 다른 사람도 또한 모두 칭찬하고 있으니, 처음부터 그 부모·형제의 말에 이의가 없다. 가령 효도와 우애의 실상이 안에서 쌓여 밖으로 드러남이 없었다면 어찌 이러한 소리를 얻었겠는가? 이는 민자건이 순효를 행했기 때문이다."라고 하셨다.

○혹(或) : 아마 …일지도 모른다. 혹은 …일지도 모른다. 부사로서 추측이나 그다지 긍정하지 않음을 나타냄.
○순효(純孝) : 매우 돈독한 효행.

11·5·1 南容이 三復(복)白圭어늘 孔子以其兄之子로 妻之하시다

남용이 세 번씩이나 백규의 시를 외우니, 공자께서 자기 형님의 딸을 그에게 시집보내셨다.

○남용(南容) : 공자의 제자. 이름이 도(縚), 괄(适), 열(閱) 등으로도 불렀다. 자는 자용(子容)이며 남궁(南宮)에 거주하였다. '南宮子容'을 줄여 '南容'이라고 불렀음. 본서 5·1·2 참고.

○삼복백규(三復白圭) : 시경에 있는 백규의 시를 세 번 암송함. ☞삼복(三復) : 꼭 세 번만 아니라, 여러 번 반복함을 뜻함. ☞백규(白圭) : 「시경(詩經)」 《대아억편(大雅抑篇)》 중의 한 시구(詩句). 위(衛)나라 무왕(武王)이 여왕(厲王)을 풍자하고, 스스로 자신을 경계한 시. "三非三次 只是屢屢意 復有口誦心維意 白圭是衛武公謹言之詩"

○공자이기형지자처지(孔子以其兄之子妻之) : 공자께서 자기 형님의 딸로써 그에게 시집보내다. ☞자(子) : 딸. 여자를 호칭함. 「시경(詩經)」 《주남(周南)》 "之子于歸 宜其室家" ☞처(妻) : 여기서는 상성(上聲)으로 쓰여 '시집보내다'라는 뜻이다. 참고로 '아내'라는 뜻일 때는 평성(平聲)이다. 본서 "5·1·2 以其子妻之" 참고. "妻是嫁之爲妻 重取其賢上"

詩大雅抑之篇에 曰白圭之玷은 尙可磨也어니와 斯言之玷은 不可爲也라하니 南容이 一日三復此言이라 事見家語하니 蓋深有意於謹言也라 此는 邦有道에 所以不廢요 邦無道에 所以免禍라 故로 孔子以兄子로 妻之시니라
○范氏曰 言者는 行之表요 行者는 言之實이니 未有易(이)其言而能謹於行者라 南容이 欲謹其言이 如此면 則必能謹其行矣리라

시의 《대아억편》에 "백규의 흠은 오히려 갈아서 아름답게 할 수 있지만, 말의 흠은 한번 입 밖으로 내면 구할 수 없다."했으니, 남용이 하루에 세 번씩이나 이 말을 반복했던 것이다. 이 일이 「가어」에도 나타나니 아마도 말을 조심하는 데 깊은 뜻을 두었던 것이다. 이는 나라에 도가 있을 때에 버려지지 않던 까닭이요, 나라에 도가 없을 때에는 화를 면할 수 있었던 까닭이다. 그러므로 공자께서 형님의 딸로써 그에게 시집보냈던 것이다.
○범 씨가 말했다. "말은 행실의 드러남이요 행실은 말의 열매이니, 그 말을 경솔하게 하면서 행실을 조심하는 자는 있지 않을 것이다. 남용이 그 말을 조심하고

자 함이 이와 같았다면, 반드시 그 행실을 조심했을 것이다.”

○점(玷) : 흠. 옥의 한쪽이 이지러짐. 이지러지다.
○이(易) : 대수롭지 않게 하다. 경솔하게 하다. 「맹자(孟子)」《이루장(離屢章)》
“人之易其言也 無責耳矣”
○가어(家語) : 공자가어(孔子家語)의 약칭. 공자의 언행 및 일사(逸事) 및 제자와
의 문답을 수록하였음. 처음에는 27권이었으나 현재 전하는 것은 10권임. 위나라
의 왕숙(王肅)이 지었다고 하나 이설이 있음.

[備旨] 白圭之詩는 衛武公이 謹言而作也라 南容이 每日三復白圭之詩어늘 蓋修身之士
也일새 於以齊家不難矣라 故로 孔子以其兄之子로 妻之하시니 是謹言之學을 聖門所重이
如此시니라

　　백규의 시는 위나라 무공이 말을 삼가려고 지은 것이다. 남용이 매일 세 번씩이나
백규의 시를 외웠는데, 아마도 몸을 닦는 선비였으므로 집을 다스리는 데에는 어려움
이 없었을 것이다. 그러므로 공자께서는 자기 형님의 딸을 그에게 시집가게 하셨으니,
곧 말을 삼가는 학문을 성문에서 소중히 했던 것이 이와 같으셨다.

○어(於) : 그래서. 이에. 이에 있어서.
○성문(聖門) : 공자의 문하. 공문(孔門).

11·6·1 季康子가 問弟子孰爲好學이니잇고 孔子對曰 有顔回者
가 好學하더니 不幸短命死矣라 今也則亡(무)하니라

　　계강자가 묻기를, “제자 중에 누가 학문을 좋아합니까?” 하자, 공자께서 대답하
셨다. “안회라는 사람이 있어 학문을 좋아하더니 불행하게도 단명으로 죽었습니다.
지금은 없습니다.”

○계강자(季康子) : 노(魯)나라의 대부. 계손 씨(季孫氏). 환자(桓子)의·서자(庶子). 이름
은 비(肥).
○호학(好學) : 학문을 좋아함. 여기서는 개괄하여 설명하는 말. “好學泛說”

○금야즉무(今也則亡) : 지금은 없음. ☞야(也) : 어조사(語助辭)로서 부사어 뒤에 쓰여 어기(語氣)를 늘임으로써 강조를 나타냄. 꼭 해석할 필요는 없음. “今也只就弟子中說 亡讀作無”

范氏曰 哀公康子問同이로되 **而對有詳略者**는 **臣之告君**엔 **不可不盡**이요 **若康子 者**는 **必待其能問**이라야 **乃告之**하시니 **此**는 **敎誨之道也**라

범 씨가 말했다. “본서 6·2·1에서 애공의 물음과 위에서 강자의 물음이 같지 만, 대답함에는 상세함과 간략함의 차이가 있었던 것은, 애공의 경우는 신하가 임 금에게 말씀드릴 적에 다하지 않을 수 없어서 그런 것이요, 강자와 같은 자는 반 드시 그가 능히 묻는 것을 기다려야 말씀해 주셨으니, 이것은 가르침의 방법이다.”

○애공(哀公)과 강자(康子)의 물음이 같지만, 대답할 때에 상세함과 간략한 차이가 있 었다는 것은, 본서 6·2·1의 문장과 비교해 보면 알 수 있다. “哀公問 弟子孰爲好學이 니잇고 孔子對曰 有顔回者가 好學하여 不遷怒하며 不貳過하더니 不幸短命死矣라 今也 則亡(無)하니 未聞好學者也니이다”

[備旨] 魯大夫季康子가 問羣弟子中에 孰爲好學이니잇고하니 孔子對曰 好學之人을 豈 易得哉아 羣弟子에 惟有顔回者가 誠爲好學人也러니 夫何天不假之以年고 不幸短命死矣 라 今也求之吾門엔 則亡하니 有好學如回者를 寧不深可惜哉아

노나라 대부인 계강자가 “여러 제자들 중에 누가 학문을 좋아합니까?” 하고 물으니, 공자께서 대답할 적에 말씀하시기를, “학문을 좋아하는 사람을 어찌 쉽게 얻겠습니까? 여러 제자들 중에 오직 안회라는 사람만이 진실로 학문을 좋아하는 사람이었는데, 무 릇 하늘이 왜 나이를 빌려주지 않았는지 불행하게도 단명으로 죽었습니다. 지금 우리 문하에는 없습니다. 학문을 좋아하기를 회같이 한 사람을 어찌 깊이 애석해하지 않겠 는가?”라고 하셨다.

○천불가지이년(天不假之以年) : 하늘이 나이를 연장해주지 않음. ‘假’를 평성(平聲)으 로 해석하면, ‘빌리다’라는 뜻이고, 입성(入聲)으로 해석하면 ‘이르다[格]’라는 뜻이다.

11·7·1 顔淵이 死커늘 顔路가 請子之車하여 以爲之槨한대

　　안연이 죽자, 그의 아버지 안로가 공자께서 타던 수레를 팔아서 그의 덧널을 만들 것을 청하니,

○안로(顔路) : 안회(顔回) 아버지. 이름은 무유(無繇).
○자지거(子之車) : 공자께서 타던 수레. 임금이 하사했던 대부의 수레. "車是夫子 爲大夫之車"
○이위지곽(以爲之槨) : 안연의 덧널을 만들 것을 청함. ☞곽(槨) : 덧널. 속널을 넣는 덧늘. 시체를 넣는 속널을 '棺'이라 하고, 속널을 넣는 덧널을 '槨'이라 한다. 옛날 중국에서는 일정한 기간 시체를 매장하지 않고 밖에 안치해 두는 풍습이 있었는데 보통의 관에 다시 외관을 만들어 견고하게 했다. ☞여기서 '之'는 대명사로 쓰여 '其'와 통용된다고 볼 수 있는데, 이때는 보통 '爲＋之＋명사'의 구조로 이루어진다. 본서 '5·7·3 求也는 千室之邑과 百乘之家에 可使爲之宰也로되' '6·3·3 原思가 爲之宰러니' '11·25·11 赤也爲之小면 孰能爲之大리오' '18·1·1 微子는 去之하고 箕子는 爲之奴하고' 등에서 확인할 수 있다. "顔淵死 顔路請夫子所乘之車賣之 以爲淵之槨"

顔路는 淵之父니 名無繇라 少孔子六歳하니 孔子始敎而受學焉이라 槨은 外棺也니 請爲槨하되 欲賣車以買槨也라

　　안로는 안연의 아버지이니, 이름이 무유다. 공자보다 6세가 적었으니, 공자께서 옛날 가르칠 적에 가르침을 받았던 것이다. 곽(槨)은 덧널이니, 덧널을 만들 것을 청하되 수레를 팔아서 덧널을 사려고 한 것이다.

○유(繇) : 말미암다[由]. '부역'이라는 뜻으로 쓰이면 '요'라고 읽는다.
○시(始) : 옛날에. 당초에. 이전에. 본서 5·9·2 "子曰 始吾於人也" 참고.

[備旨] 昔에 顔淵이 死커늘 家貧하여 不能具槨하니 其父顔路가 乃請夫子所乘之車를 賣之하여 以爲淵之槨하니 蓋溺於情하여 而不知有義者也니라

　　옛날에 안연이 죽었는데, 집이 가난하여 덧널을 갖출 수 없으니 그의 아버지 안로가

부자께서 타던 수레를 팔아서 안연의 덧널을 만들자고 청했으니, 대개 정에 빠져서 의리를 가져야 한다는 것을 알지 못했던 것이다.

11·7·2 子曰 才不才에 亦各言其子也니 鯉也死에 有棺而無槨호니 吾不徒行하여 以爲之槨은 以吾從大夫之後라 不可徒行也일새니라

공자께서 말씀하셨다. "사람은 아버지의 재주를 닮거나 닮지 않거나 또한 각각 자기의 아들이라고 말하니, 내 아들 이가 죽었을 때에도 속널만 마련하고 덧널은 마련하지 않았으니, 내가 수레를 버리고 걸어 다니면서도 그의 덧널을 마련하지 않은 것은 내가 대부의 뒤를 따르기에 걸어갈 수 없었기 때문이다."

○재부재(才不才) : 아들이 재주가 있어 닮거나 재주가 없어서 닮지 않음. "才是子之肖 不才是子之不肖"
○역각언기자야(亦各言其子也) : 아버지의 입장에서 또한 각각 자식의 입장을 말한다는 뜻. "泛指爲父者說"
○이야사유관이무곽(鯉也死有棺而無槨) : 이가 죽었을 때에 속널만 마련하고 덧널은 마련하지 않음. 감정을 좇아 대의를 어기지 않았다는 말. ☞이(鯉) : 공자의 아들 백어(伯魚)를 말함. 공자보다 먼저 죽었음. ☞야(也) : 어조사(語助辭)로서 주어 뒤에 쓰여 어기(語氣)를 늘임으로써 강조를 나타냄. "是不徇情以乖義意"
○오부도행이위지곽(吾不徒行以爲之槨) : 공자 자신이 수레를 버리고 걸어 다니면서까지 자신의 덧널을 마련하지 않았다는 말. ☞도행(徒行) : ①걸어서 감. 도보(徒步). ②하는 일 없이 한가롭게 거닒. 여기서는 ①의 뜻. "徒行是舍車而步行"
○이오종대부지후(以吾從大夫之後) : 나는 대부의 뒤를 따르기 때문이다. ☞'以'는 이유나 원인을 나타내는 전치사. "大夫是有爵位者"
○불가도행야(不可徒行也) : 공자 자신이 대부의 반열을 따르기에 걸어갈 수 없다는 말. "不可徒行便見不可賣車 此但就鯉說回意補在後"

鯉는 孔子之子伯魚也니 先孔子卒이라 言鯉之才가 雖不及顔淵이나 然이나 己與顔路로 以父視之면 則皆子也라 孔子時已致仕로되 尙從大夫之列이어늘 言後는 謙辭라

○胡氏曰 孔子가 遇舊館人之喪^{할새} 嘗脫驂以賻之矣^{어늘} 今乃不許顏路之請^은 何耶오 葬可以無槨^{이요} 驂可以脫而復求^{로되} 大夫는 不可以徒行^{이요} 命車는 不可以與人^{하여} 而鬻諸市也라 且爲所識窮乏者가 得我^{하여} 而勉强以副其意^면 豈誠心與直道哉^{리오} 或者는 以爲君子行禮^엔 視吾之有無而已^{로되} 夫君子之用財는 視義之可否^니 豈獨視有無而已哉^{리오}

이는 공자의 아들 백어인데 공자보다 먼저 죽었다. 말하자면, 이의 재주가 비록 안연에게는 미치지 못했지만, 공자 자신이 안로와 더불어 아버지의 입장으로서 본다면 모두 자식인 것이다. 공자가 이때 이미 치사했지만, 아직도 대부의 반열에 있었는데 대부의 뒤라고 말씀한 것은 겸사다.

○호 씨가 말했다. "공자께서 옛날 여관 주인이 초상을 당했을 때, 일찍이 수레를 끄는 네 마리의 말 중에서 두 마리를 떼어내어 부의를 하셨는데 지금 안로의 요청을 허락하지 않은 것은 왜 그런가? 장사를 지내는데 덧널은 없을 수도 있고 말도 떼어내었다가 다시 구할 수도 있지만, 대부는 도보로 다닐 수도 없고 임금이 내려주는 수레는 남에게 주어서 시장에 팔 수도 없었기 때문이다. 또 내가 알고 있는 궁핍한 자가 나의 은덕을 고맙게 여기기 위해서 억지로 그 뜻에 부응하게 되면 어찌 정성스러운 마음이거나 올바른 길이겠는가? 혹자는 생각하기를, '군자가 예를 행할 적에는 자기에게 재물이 있는지 없는지 살펴볼 뿐이다.'라고 했지만, 무릇 군자가 재물을 쓸 적에는 의리에 옳은가 그렇지 않은가를 봐야 할 것이니, 어떻게 단지 있고 없음만 볼 따름이겠는가?"

○치사(致仕) : 관직을 반납한다는 뜻으로, 사직(辭職)함을 이름. 치사(致事).
○참마(驂馬) : 한 수레를 끄는 네 필의 말 중에 바깥쪽에 메운 두 필의 말을 '참(驂)'이라고 했음. '복(服)'은 중앙 끌채에 메운 말. ☞공자께서 위(衛)나라에 가셨을 때, 옛날 사관(舍館) 주인의 상을 만났다. 공자는 조상하러 가서 슬프게 곡하고 나와 자공(子貢)을 시켜 참마(驂馬)를 떼 내어 팔아서 부의(賻儀)하게 한 일. 「예기(禮記)」《단궁상(檀弓上)》
○부의(賻儀) : 초상집에 부조로 보내는 돈이나 물건.
○명거(命車) : 제왕(帝王)이 신하에게 내려준 수레.
○흙(鬻) : 팔다. 묽은 죽[粥]이라는 뜻일 때는 '죽'이라고 읽음.
○소식궁핍자득아(所識窮乏者得我) : 알고 있는 궁핍한 자가 나를 고맙게 여긴다. 주자(朱子)는 이를 "所識窮乏者得我는 謂所知識之窮乏者가 感我之惠也"라고 풀이

했다.「맹자(孟子)」《고자상(告子上)》“萬鍾則不辨禮義而受之하나니　萬鍾이　於我何加焉이리오　爲宮室之美와　妻妾之奉과　所識窮乏者得我與인저”(만종의 녹(祿)은 예의를 분별하지 않고 받나니, 만종의 녹이 나에게 무슨 보탬이 있겠는가? 궁실의 아름다움과 처첩의 받듦과 내가 알고 있는 궁핍한 사람이, 나를 고맙게 여김을 위해서일 것이다.)

[備旨] 夫子以義止之에 曰人之子는 有才有不才나 然이나 以父視之면 亦各言其子也라 故로 子之視回는 猶吾之視鯉라 我鯉也先回而死커늘 亦只有棺而無槨하니 吾不舍車徒行하여 以爲鯉之槨은 非故薄於鯉也라 蓋以吾雖致仕나 亦嘗從大夫之後니 則出入은 猶詔於國이니 不可徒行하여 以褻朝廷之名器也일새니라 然則子之處回도 亦猶乎吾之處鯉可也니라

부자께서 의리로써 제지할 적에 말씀하시기를, “사람의 아들은 재주가 있거나 없거나, 그러나 아버지의 입장에서 본다면 또한 각기 자기 자식의 입장을 말할 것이다. 그러므로 자네가 회를 보는 것은 내가 이를 보는 것과 같을 것이다. 우리 이가 회보다 앞서 죽었지만 또한 다만 속널만 마련하고 덧널은 마련하지 않았으니, 내가 수레를 버리고 다만 걸어서 이의 덧널을 마련하지 않은 것은 고의로 이에게 각박하게 한 것은 아닐 것이다. 아마도 내가 비록 벼슬을 돌려드렸지만 또한 일찍이 대부의 뒤를 따랐으니, 출입에 관한 것은 오히려 나라로부터 받는 명령이니 걷기만 해서 조정의 명기를 더럽힐 수 없었기 때문이다. 그렇다고 한다면 자네가 회를 처리하는 것도 또한 내가 이를 처리하는 것과 같이 하는 것이 옳을 것이다.”라고 하셨다.

○조명(詔命) : 임금의 명령. 조령(詔令). 조칙(詔勅).
○출입(出入) : 싸움터에 나가서는 장수가 되고 조정에서는 재상이 됨을 이르는 말. 출장입상(出將入相).
○명기(名器) : ①진귀한 그릇. 유명한 기물 ②작호(爵號)와 거복(車服). 이것으로써 존비·귀천의 등급을 나타냄. 여기서는 ②의 뜻. ☞작호(爵號)는 다섯 등급의 작위, 곧 공(公)·후(侯)·백(伯)·자(子)·남(男)을 말하고, 거복(車服)은 임금이 공신에게 내리던 수레와 의복을 말함.

11·8·1 顔淵이 死커늘 子曰 噫라 天喪予샷다 天喪予샷다

안연이 죽자, 공자께서 말씀하셨다. "아! 하늘이 나를 버리셨도다! 하늘이 나를 버리셨도다!"

○희(噫) : 아! 독립적인 구(句)로 쓰이며, 감탄사로서 동정이나 상심하는 마음을 나타낸다.
○천상여(天喪予) : 하늘이 나를 망쳤구나! "予是我"

噫는 傷痛聲이라 悼道無傳하여 若天喪己也라

희(噫)는 상심하여 통탄하는 소리다. 도가 전해질 수 없음을 슬퍼하여 마치 하늘이 자기를 버린 것과 같이 하신 것이다.

[備旨] 昔에 顔淵이 死커늘 夫子傷之에 曰噫라 吾之道는 實賴顔回以傳이러니 今回死하니 則吾之身이 雖存이나 而吾之道는 已無傳矣라 是天之喪予也샷다 是天之喪予也샷다 하시니 重言以致其歎息이 如此시니라

옛날 안연이 죽었는데, 부자께서 슬퍼할 적에 말씀하시기를, "아! 우리의 도는 진실로 안회를 힘입어서 전해졌는데, 지금 회가 죽었으니 우리의 몸이 비록 있더라도 우리의 도는 이젠 전해질 수 없게 되었다. 바로 하늘이 나를 버리셨도다! 바로 하늘이 나를 버리셨도다!"라고 하셨으니, 거듭 말씀하셔서 그 탄식에 이른 것이 이와 같으셨다.

11·9·1 顔淵이 死커늘 子哭之慟하신대 從者曰 子慟矣샷소이다

안연이 죽자, 공자께서 그를 위해 곡할 적에 너무 애통해 하셨는데, 부자를 따르던 사람들이 말했다. "선생님께서 너무 애통해 하십니다."

○안연사자곡지통(顔淵死子哭之慟) : 안연이 죽자, 공자께서 그를 위해 곡할 적에 애통해 하다. ☞곡(哭) : 울다. 슬퍼 큰 소리를 내어 울다. 우리 나라에서는 '상사(喪事)나

제사 때 일정한 소리를 내어 우는 울음'을 지칭함. ☞지(之) : 안연(顔淵)을 가리킴. ☞
통(慟) : 서럽게 울다. 목놓아 울며 슬퍼함. 아주 애통해 함. "之字指淵"
○종자(從者) : 부자(夫子)의 제자들. "從子夫子門人"
○자통의(子慟矣) : 선생님 너무 슬퍼하십니다. "是欲節夫子之哀"

慟은 **哀過也**라

통(慟)은 슬픔이 심한 것이다.

[備旨] 昔에 顔淵이 死커늘 夫子悼道無傳하여 哭之過哀而慟하신대 門人從夫子者가 恐
夫子不自覺할새 乃請에 曰夫子之哭이 慟矣사소이다하니 蓋欲節其哀也니라

옛날 안연이 죽었는데, 부자께서는 도가 전해질 수 없음을 애도하여 그를 위해 곡할
적에 너무 슬퍼하고 애통해 하셨는데, 제자 중에 부자를 따르던 사람이, 부자께서 스스
로 깨닫지 못할까 두려워했기에 바로 청할 적에 말하기를, "선생님의 곡하는 것이 너
무 슬픕니다."라고 했으니, 아마도 그 슬픔을 조절하도록 하고 싶었던 것이다.

11·9·2 曰 有**慟**乎아

공자께서 말씀하셨다. "너무 애통해 하느냐?

哀傷之至를 **不自知也**라

슬퍼하고 상심함이 심하다는 것을 스스로 알지 못하신 것이다.

○애상(哀傷) : 사람의 죽음을 슬퍼하여 상심함.

[備旨] 夫子哀傷之至을 猶不自知하고 乃曰吾之哭이 果有至於慟乎아

부자께서 애상의 심함을 오히려 자신이 알지 못하고 바로 말씀하시기를, "나의 곡함
이 정말로 애통해 하는 데까지 이르렀느냐?"라고 하셨다.

11·9·3 非夫人之爲慟이요 而誰爲리오

그 사람을 위해 애통해 하지 않고, 누구를 위해 애통해 하겠는가?"

○비부인지위통이수위(非夫人之爲慟而誰爲) : 그 사람을 위해 애통해 하지 않고 누구를 위해 하겠는가?. '非夫人之爲慟'은 '非爲夫人慟'의 문장의 도치문. '之'자는 목적어와 서술어를 도치시킬 적에 삽입한 것. ☞부인(夫人) : 그 사람. '夫'는 지시 관형사. 여기서는 안연을 가리키며, 죽었기 때문에 3인칭 '夫'를 썼음. ☞수위(誰爲) : 누구를 위해 애통해 하리오? '爲誰'의 도치문. 의문문에서 목적어가 의문 대명사 일 때 도치된 형태. "二爲字猶云 非爲夫人慟 更爲何人"

夫人은 謂顔淵이라 言其死可惜하여 哭之宜慟이요 非他人之比也라 胡氏曰 痛惜之至에 施當其可니 皆情性之正也라

'夫人'은 안연을 이른다. 그의 죽음이 애석해서 곡할 적에 마땅히 애통해 한 것이요, 다른 사람과 견준 것이 아님을 말씀한 것이다. 호 씨가 말했다. "매우 애석 하게 여김이 지극하면서도 행한 것도 마땅히 옳았으니, 모두 정성이 발랐기 때문이다."

○통석(痛惜) : 매우 애석하게 여김.
○정성(情性) : 인정과 성질.

[備旨] 如有慟也는 則夫人者는 道之所由寄니 其死可惜이라 吾非夫人之爲慟이요 而誰爲慟哉아하시니 觀此면 則回之死는 深爲可惜이로되 而夫子哀之中節을 亦可見矣라

매우 애통해 했다는 것은 그 사람에게는 도가 머물러 있는 바이니, 그 사람의 죽음을 애석해 할 만하다는 것이다. "내가 그 사람에 대해 애통해 하지 않고 누구를 위해 애통해 하겠는가?"라고 하셨으니, 이를 보면 회의 죽음에 대해서는 정말 애석해 했던 것이지만, 부자께서 애석해 한 것도 절도에 맞았음을 또한 볼 수 있다.

○중절(中節) : 중정(中正)하며 절조(節操)가 있음. 절도에 맞음.

11 · 10 · 1 顔淵이 死커늘 門人이 欲厚葬之한대 子曰 不可하니라

안연이 죽자 제자들이 후히 장사지내려 하니, 공자께서 "이렇게 해서는 안 된다." 하셨다.

○문인(門人) : 문인. 공자의 제자. "門人是夫子門人"
○후장지(厚葬之) : 초상에 옷, 관, 분묘 등을 갖춰 후하게 장사를 지내려고 함. "厚葬兼衣衾棺槨墳墓在內 之字指淵"

喪具는 稱家之有無니 貧而厚葬은 不循理也라 故로 夫子止之하시니라

초상에 쓰는 도구는 가세의 유무에 걸맞게 하는 것이니, 가난하면서도 후하게 장사지냄은 순리가 아니므로 부자께서 만류하신 것이다.

[備旨] 昔에 顔淵이 死커늘 門人이 以回有賢行으로 欲厚其喪具以葬之한대 夫子止之에 曰不可라 蓋喪具는 稱家有無니 貧而厚葬이면 非理也라

옛날 안연이 죽자, 제자들이 회가 어진 행실을 했다는 이유로 그의 초상에 쓰는 도구들을 후히 장만하여 장사지내려 하니, 부자께서 만류하실 적에 말씀하시기를, "이렇게 해서는 안 된다. 대개 초상에 쓰는 도구는 가세의 유무에 따라 걸맞게 해야 하는 것이니, 가난하면서 후히 장사지낸다면 이치에 틀린 것이기 때문이다."라고 하셨다.

11 · 10 · 2 門人이 厚葬之한대

제자들이 후하게 장사지내려 하니,

○문인후장지(門人厚葬之) : 제자들이 후하게 장사지내다. "不從夫子之命"

蓋顔路가 聽之라

아마도 안회의 아버지인 안로가 들어준 듯하다.

○안로(顔路) : 안회(顔回)의 아버지. 이름은 무유(無繇). 공자보다 6세가 적었고, 공자께서 처음 가르칠 적에 가르침을 받았다고 함.

[備旨] 門人이 不聽夫子之言하고 竟厚葬之니라

제자들이 부자의 말을 듣지 않고, 마침내 후하게 장사지냈다.

11·10·3 子曰 回也는 視予猶父也어늘 予不得視猶子也호니 非我也라 夫二三子也니라

공자께서 말씀하셨다. "회는 나를 대하기를 아버지같이 했는데도 나는 장사지내는 것을 내 아들처럼 하지 못했으니, 이것은 내 잘못이 아니고 너희들이 그렇게 한 것이다."

○회야시여유부야(回也視予猶父也) : 회는 나를 대하기를 아버지같이 대우하다. ☞야(也) : …는. 어조사로서 주어 뒤에 쓰였는데, 어기(語氣)를 한 번 늘여줌으로써 강조를 나타낸다. "視猶待也 猶父是以父徒事孔子 指平日言"
○여부득시유자야(予不得視猶子也) : 내가 회를 장사지내는 것을 이를 장사지낼 때처럼 하지 못했다는 말. "予不得視猶子卽厚葬時言 不得者 言已有是心不得遂耳"
○비아야(非我也) : 나의 잘못이 아님. 그 책임을 자기가 사양함. "是辭其責於己"
○부이삼자야(夫二三子也) : 너희들의 잘못이라는 말. 그 책임을 제자들에게 돌림. ☞부(夫) : 구의 첫머리에 쓰이는 어조사로서 '주지하는 바'의 뜻을 나타낸다. 꼭 해석할 필요는 없다. ☞이삼자(二三子) : ①두세 사람. ②너희들. 몇 사람의 제자들을 일컫는 말. "是歸其責於門人"

嘆不得如葬鯉之得宜하여 **以責門人也**라

이를 장사지낼 때처럼 합당하게 하지 못함을 탄식하여 제자들을 꾸짖은 것이다.

[備旨] 夫子責之에 曰回之於我에 其分이 固師弟矣라 然이나 恩義兼盡하여 蓋視予猶父也어늘 乃今之葬回를 不得如葬鯉之得宜하니 是는 予不得視回猶子也라 然이나 此는 非我之過也라 予嘗止之러니 乃爾二三子不從하여 而爲之也라 謂之何哉아

부자께서 꾸짖을 적에 말씀하시기를, "회는 나와 관계를 살펴볼 적에 그 신분이 진실로 스승과 제자 사이다. 그러나 은혜와 의리를 모두 다하여 아마도 나를 보기를 아버지같이 했는데도 오히려 지금 회를 장사지내는 것을 이를 장사지낼 때처럼 합당하게 하지 못하니, 이것은 내가 회를 보는 것을 아들처럼 못했기 때문이다. 그러나 이것은 나의 잘못이 아니다. 내가 일찍이 제지했었는데, 오히려 너희 몇 사람이 따르지 않아서 그렇게 된 것이다. 말한들 어찌하겠는가?"라고 하셨다.

11·11·1 季路가 問事鬼神한대 子曰 未能事人이면 焉能事鬼리오 敢問死하노이다 曰未知生이면 焉知死리오

계로가 귀신 섬기는 일에 대해 묻자, 공자께서 "사람을 잘 섬기지 못한다면 어떻게 귀신을 섬기겠는가?"라고 하셨다. "또 감히 죽음에 대해 묻겠습니다."라고 하자, 공자께서 "삶을 모른다면 어떻게 죽음을 알겠는가?"라고 하셨다.

○문사귀신(問事鬼神) : 귀신을 섬기는 일에 대해 물음. 여기서는 산천(山川)·오사(五祀)·선조(先祖)에게 제사지내는 것을 말함. "鬼神如山川五祀先祖之類" ☞오사(五祀) : 집 안팎의 다섯 신에게 지내는 제사. 곧 출입문·지게문·우물·부엌·방안을 말함. 여러 가지 설이 있음. 「예기(禮記)」《월령(月令)》"孟春之月其祀戶 孟夏祀竈 中央祀中霤 孟秋祀門 孟冬祀行"
○미능사인(未能事人) : 능히 사람을 섬기지 못하다. 여기서는 아버지나 형님 그리고 나이가 많은 어른이나 지위가 높은 사람을 섬기는 일을 말함. "事人如事父兄長上之類"
○언능사귀(焉能事鬼) : 어찌 귀신을 섬기겠는가? 먼저 사람을 섬기는 도리를 구해야 한다는 것을 볼 수 있음. "見當先求事人之道"
○감문사(敢問死) : 감히 물어보겠습니다. 감히 죽음이라는 문제에 대해 물어보겠다는 말. "是求知人所以終之道"
○미지생(未知生) : 삶에 대해 알지 못함. 사람이 처음으로 삶의 이치에 대해서 알지 못함. "知生是知人始生之理"

○언능사(焉知死) : 어찌 죽음에 대해 알겠는가? 마땅히 삶의 도리에 대해 먼저 구해야 한다는 말. "見當先求生之道"

問事鬼神은 蓋求所以奉祭祀之意요 而死者는 人之所必有일새 不可不知니 皆切問也라 然이나 非誠敬足以事人이면 則必不能事神이요 非原始而知所以生이면 則必不能反終而知所以死라 蓋幽明始終이 初無二理로되 但學之有序하니 不可躐等이라 故로 夫子告之如此하시니라
○程子曰 晝夜者는 死生之道也니 知生之道면 則知死之道요 盡事人之道면 則盡事鬼之道니 死生人鬼는 一而二요 二而一者也라 或言 夫子不告子路라하니 不知此乃所以深告之也라

　귀신 섬기는 것에 대해 물은 것은 대개 제사를 받드는 뜻을 구하려는 것이요, 그리고 죽음이란 사람에게 반드시 있는 일이기에 알지 않으면 안 되는 것이니 모두 절실한 질문들이다. 그러나 정성스러운 마음과 공경하는 마음으로 족히 사람을 섬길 수 없으면 반드시 귀신을 섬길 수 없을 것이요, 근원을 추구하여 살아 있는 까닭을 알지 못하면 반드시 죽음을 돌이켜 보더라도 죽는 까닭을 알 수 없을 것이다. 대개 저승과 이승·시작과 끝이 처음에는 두 가지 이치가 아니지만, 다만 배우는 데에는 순서가 있으니 순서를 뛰어넘을 수 없는 것이다. 그러므로 부자께서 깨우친 것이 이와 같았던 것이다.
　○정자가 말했다. "낮과 밤은 삶과 죽음의 도다. 삶의 도를 알면 죽음의 도를 알 것이요, 사람 섬기는 도리를 다하면 귀신 섬기는 도리를 다할 것이니, 죽음과 삶·사람과 귀신은 하나이면서 둘이고, 둘이면서도 하나다. 혹자는 부자께서 자로를 깨우친 것이 아니라고 말하니, 이는 곧 깊이 깨우친 것임을 알지 못해서다.

○성경(誠敬) : 정성스러운 마음으로 공경하고 삼감.
○원시(原始) : ①시초를 찾음. 근원을 추구함. ②처음. 시작. 여기서는 ①의 뜻.
○반종(反終) : 죽음을 돌이켜 봄. 「주역(周易)」《계사전상(繫辭傳上)》 "仰以觀於天文 俯以察於地理 是故 知幽明之故 原始反終 故知死生之說 精氣爲物 游魂爲變 是故 知鬼神之情狀"
○유명(幽明) : 저승과 이승. 귀신과 사람.
○엽등(躐等) : 순서를 뛰어넘음. 신분을 넘어섬. 「예기(禮記)」 "幼者聽而弗問 學不躐等也"

[備旨] 季路가 問事鬼神之道한대 夫子告之에 曰神道遠하고 人道邇하니 若能事人이면 則事鬼之道를 可推也라 苟未能誠敬以事人焉이면 能誠敬以事鬼乎아 子亦先求之事人이 可矣니라 又問何爲而死하노이다하니 夫子告之에 曰人始而生하고 終而死라 故로 必知生而知死之道를 可推也라 苟不求原始而知所以生이면 又焉能反終而知所以死乎아 子亦先求知生이 可矣니라

계로가 귀신 섬기는 방법에 대해서 물었는데, 부자께서 깨우쳐 줄 적에 말씀하시기를, "귀신의 도는 멀고 사람의 도는 가까우니, 만약 사람을 잘 섬긴다면 귀신 섬기는 방법을 유추해 볼 수 있다. 진실로 능히 정성스러운 마음과 공경으로써 사람을 섬길 수 없다면 정성스러운 마음과 공경으로써 귀신을 섬길 수 있겠는가? 자네도 또한 먼저 사람을 섬기는 방법을 구하는 것이 옳을 것이다."라고 하셨다. 또 "어찌해서 죽는지 물어보겠습니다." 하니, 부자께서 깨우쳐 줄 적에 말씀하시기를, "사람이 시작이 있어서 살아 있고 끝이 있어서 죽는다. 그러므로 반드시 삶에 대해서 알고 나서 죽음의 도를 유추해 볼 수 있는 것이다. 진실로 근원을 추구하여 살아 있는 까닭을 알지 못하면 또 어찌 능히 죽음을 돌이켜보고 죽는 까닭을 알 수 있겠는가? 자네도 또한 먼저 삶에 대해 알기를 구하는 것이 옳을 것이다."라고 하셨다.

11·12·1 閔子는 侍側에 誾誾如也하고 子路는 行(항)行如也하고 冉有子貢은 侃侃如也어늘 子樂하시다

민자건은 옆에서 모실 적에 중정을 얻은 모양이고, 자로는 굳세고 강한 모양이고, 염유와 자공은 강직한 모양이니, 공자께서 즐거워하셨다.

○민자시측(閔子侍側) : 민자건이 부자의 옆에서 모시다. '閔子侍於夫子之側'의 준말. "侍側是立於夫子旁 側包下三子"
○은은여야(誾誾如也) : 중정(中正)을 얻은 것 같다. ☞은은여(誾誾如) : 중정(中正)을 얻은 모양. 강직하면서도 중정(中正)을 얻은 모양. ☞여(如) : 어떤 상태를 형용할 때 쓰는 어조사. ☞야(也) : 어떤 사실을 판단하거나 진술할 때 쓰는 어조사. 본서 10·2·1 참고. "誾誾是剛在和中 不見其剛"
○항항여야(行行如也) : 굳세고 강한 모습 같다. ☞항항여(行行如) : 굳세고 강한 모양. 강함이 지나쳐서 온화함이 차지 아니한 모습. 여기서 '行'은 거성(去聲)으로

쓰였기에 독음이 '항'이다. "行行是過剛而歉於和"

○간간여야(侃侃如也) : 강직한 모양 같다. ☞간간여(侃侃如) : ①강직한 모양. 온화함은 부족하고 강직함이 넉넉한 모양. ②화락한 모양. 여기서는 ①의 뜻. "侃侃是和若不足 剛則有餘"

○자락(子樂) : 공자가 즐거워하다. "是樂數子有剛德 可以進道 非樂其終於此也"

行行은 剛强之貌라 子樂者는 樂得英才而敎育之라

항항(行行)은 굳세고 강한 모양이다. 공자께서 즐거워하였다는 것은 영재를 얻어 가르치는 것을 즐거워하신 것이다.

[備旨] 昔에 閔子侍於夫子之側에 其氣象이 內剛外和하고 德器渾厚하여 殆闇闇如也하며 侍側에 有子路는 則剛强不屈하고 英氣畢露하여 殆行行如也하며 侍側에 有冉有子貢은 則和順不足하고 剛直有餘하여 殆侃侃如也하니 四子之氣象이 雖不同이나 要皆有剛德이어늘 足以進道者라 故로 夫子樂之深하여 幸斯道之有賴矣라

옛날 민자가 부자의 옆에서 모실 적에 그 기상은 안으로는 강직하며 밖으로는 온화하고 덕행과 기량은 혼후하여 자못 강직했으며, 옆에서 모실 적에 자로는 세차고 억세며 굴할 줄 모르고 씩씩한 기개를 다 드러내어 자못 강했으며, 옆에서 모실 적에 염유와 자공은 화순은 부족하고 강직함은 남아서 자못 강직했으니, 네 사람의 기상이 비록 같지는 않더라도 요컨대 모두 강직한 덕이 있었는데, 족히 도에 나아갈 수 있었던 사람들이다. 그러므로 부자께서 기뻐하심이 깊어서 도에 힘입음이 있음을 다행으로 여기셨던 것이다.

○덕기(德器) : 덕행과 기량(器量). 또는 덕이 있고 기량이 뛰어난 사람.
○혼후(渾厚) : 질박하고 중후(重厚)함. 인품이 순박하고 돈후(敦厚)함.
○강강(剛强) : 세차고 억셈. 억셈. 견강(堅强). 세고 사나움. 또는 그런 사람.
○영기(英氣) : 빼어난 기상. 씩씩한 기개. 호기(豪氣).
○강덕(剛德) : 강건(剛健)한 덕. 천덕(天德)을 이름.

11·12·2 若由也는 不得其死然이로다

"유와 같은 이는 천명을 다하지 못할 것 같구나."

○약유야(若由也) : 유와 같은 사람은. 감히 그렇다고는 할 수 없겠지만 자로와 같은 사람은. ☞유(由) : 자로(子路) "若字有不敢必意"
○부득기사연(不得其死然) : 천명을 다하지 못하고 횡사(橫死)할 것 같다. 여기서 '然'은 진술(陳述)의 어기(語氣)를 나타내는 허사(虛詞)로서 특별히 해석할 필요는 없으며 '焉'에 해당한다. ☞부득기사(不得其死) : 천명(天命)을 다하지 못하고 횡사(橫死)함을 이르는 말.

尹氏曰 子路剛强하여 **有不得其死之理**라 **故**로 **因以戒之**러시니 **其後**에 **子路**가 **卒死於衛孔悝之難**하니라 **洪氏曰 漢書**에 **引此句**한대 **上有曰字**라 **或云 上文樂字**는 **卽曰字之誤**라하니라

윤 씨가 말했다. "자로는 억세어서 천명을 다하지 못할 이유가 있었으므로 이 때문에 경계하셨던 것인데, 그 뒤에 자로는 마침내 위나라 공회의 난리로 죽었던 것이다." 홍 씨가 말하기를, "「한서」에 이 구절을 인용했는데, 이 문장의 처음에 '曰'이라는 글자가 있었다." 했다. 혹자는 "위의 글에 '樂'이라는 글자는 바로 '曰'이라는 글자의 잘못이다."라고 했다.

○강강(剛强) : 세차고 억셈. 견강(堅强). 세고 사나움. 또는 그런 사람.
○공회(孔悝) : 위(衛)나라 공어(孔圉)와 태자 괴외(蒯聵)의 누님 사이에서 태어난 사람. ☞자로(子路)는 64세로 위나라의 쟁란(爭亂) 때문에 죽었다. 망명해서 돌아온 괴외가 위나라의 군주인 자기 자식, 즉 출공(黜公)을 치려고 하던 그 밤에 죽었다. 석걸(石乞)과 우염(盂黶)이라는 사람이 자로의 갓끈을 잘랐을 때, '군자는 죽더라도 갓을 벗지 않는 법이다.' 하면서 갓끈을 잘 매고 죽었다는 유명한 기록이 있다. 「춘추좌씨전(春秋左氏傳)」《애공(哀公) 15년조》 참고.

[備旨] 夫剛德은 固可以進道로되 而過剛도 亦足以取禍라 故로 夫子因子路之行行하여 而戒之에 曰若由也는 恐有不得其死之理者然이로다하시니 蓋欲矯其氣質之偏하여 以遂其樂育之心也라 過剛者는 可不戒哉리오

무릇 강건한 덕은 진실로 도에 나아갈 수 있지만, 너무 강건한 것도 또한 화를 취할 수 있다. 그러므로 부자께서 자로의 강직한 모습 때문에 경계할 적에 말씀하시기를, "그렇다고 할 수 없겠지만 유는 아마도 천명을 다하지 못할 사람처럼 보인다."라고 하

셨으니, 대개 그 기질의 치우침을 바로잡아서 그 인재를 육성함을 즐거워하는 마음을 이루고 싶었던 것이다. 너무 강직한 사람은 경계하지 않을 수 있겠는가?

○강덕(剛德) : 강건(剛健)한 덕. 천덕(天德)을 이름.
○낙육(樂育) : 인재를 육성함을 즐거워 함.
○가불계재(可不戒哉) : 경계하지 않을 수 있겠는가? 어떻게 경계하지 않을 수 있겠는가? '可'는 부사로서 반문을 나타내며, '어떻게' 또는 '설마 …일 리 있겠는가?'라고 해석함. 해석하지 않아도 무방함.

11 · 13 · 1 魯人이 爲長府러니

노나라 사람이 새 창고를 만들었더니

○노인(魯人) : 노나라 사람. 노나라에서 그대로 이어받거나 새롭게 고치는, 즉 인혁(因革)의 권세를 맡은 사람을 말하는데, 폄하(貶下)하는 말이다. "指魯國司因革之權者 稱人貶辭也"
○위장부(爲長府) : 창고를 만듦. ☞장부(長府) : 곳집. 화재(貨財)를 보관해 두는 곳. "長府藏貨財者 金玉曰貨 布帛曰財"

長府는 藏名이라 藏貨財曰府라 爲는 蓋改作之라

장부(長府)는 곳집 이름이다. 재물을 간직해 두는 곳을 '府'라 한다. 위(爲)는 아마도 다시 짓는 것인 듯하다.

[備旨] 魯有長府이어늘 其來久矣라 一旦에 欲更爲之하니 是는 當事者之計가 過也라 國計民生이 從此蹙矣라

노나라에 창고가 있는데 그 유래가 오래되었다. 어느 날 아침에 다시 고치고자 하니, 이는 일을 맡은 사람의 계획이 지나쳤던 것이다. 국가의 경제와 백성들의 생계가 이로부터 줄어들기 때문이다.

○국계(國計) : 나라의 경제.
○민생(民生) : 백성들의 생계.
○축(蹙) : 쭈그러지다. 오므라지다.

11 · 13 · 2 閔子騫曰 仍舊貫이 如之何오 何必改作이리오

민자건이 말했다. "옛날 그대로 두는 것이 어떻겠는가? 무엇 때문에 꼭 고쳐야 하는가?"

○민자건(閔子騫) : 공자의 제자. 이름은 손(損). 자는 자건(子騫). 효도로 이름이 높았던 인물임.
○잉구관(仍舊貫) : 옛날 관습을 그대로 따르다. ☞잉(仍) : 답습하다. 그대로 따르다. ☞구관(舊貫) : 옛 관습(慣習). 구습(舊習). 구관(舊慣). 전례(前例). 관례(慣例). '貫'은 '慣'과 통함. "指修葺言"
○여지하(如之何) : 어떠한가? 관용어구로 원인을 묻거나 반문을 나타내며 부사어나 서술어로 쓰임. "言有何不可"
○하필개작(何必改作) : 무엇 때문에 고치려고 하는가? "是決言其不當改作"

仍은 因也요 貫은 事也라 王氏曰 改作은 勞民傷財하니 在於得已면 則不如仍舊貫之善이니라

잉(仍)은 따르는 것이요, 관(貫)은 일이다. 왕 씨가 말하기를, "고쳐 짓는 것은 백성을 수고롭게 하고 재물을 허비하는 것이니, 그만두어도 될 수 있다면 옛 일을 그대로 따르는 것만 못하다."라고 했다.

[備旨] 閔子騫이 諷之에 曰事有不得已者는 爲之可也어니와 今長府之役은 在所得已하니 仍其舊貫이 如之何오 何必紛紛然改作하여 而勞民傷財爲也리오하니 言蓋婉而切矣라

민자건이 풍유할 적에 말하기를, "일이 어쩔 수 없는 것은 고치는 것이 옳겠지만, 지금 창고를 짓는 일은 그만둘 수 있는 것이니 옛날 그대로 두는 것이 어떻겠는가? 무엇 때문에 꼭 번잡하게 고쳐서 백성들을 수고롭게 하고 재물을 허비하도록 하는가?"라고

했으니, 말이 아마도 완곡하면서도 절실했던 것이다.

○분분연(紛紛然) : 바빠서 두서가 없는 모양. 번잡한 모양.
○완(婉) : 완곡하다. 은근하다.

11·13·3 子曰 夫人이 不言이로되 言必有中이니라

공자께서 말씀하셨다. "저 사람이 평소에는 말하지 않지만, 말하면 반드시 사리에 맞느니라."

○부인불언(夫人不言) : 저 사람이 평소에는 말하지 아니하다. ☞부인(夫人) : 저 사람. '夫'는 지시관형사. 여기서는 민자건을 가리킴. ☞불언(不言) : 평소에 함부로 말하지 아니함을 이름. "夫人指閔子騫 不言謂平日不妄發言"
○언필유중(言必有中) : 말하면 반드시 합당하게 하다. "言指今日仍舊貫之言"

言不妄發하고 **發必當理**는 **惟有德者**라야 **能之**니라

말을 함부로 하지 않고 말하면 반드시 이치에 맞는 것은 오직 덕이 있는 자라야 가능한 것이다.

[備旨] 故로 夫子稱之에 曰夫人이 固不輕言이로되 一有所言이면 則必有中乎理라하시니 其曰仍舊貫者는 理之所當仍也요 曰何必改作者는 理所不當改也라 使魯之君臣으로 而從此言이면 則民不勞하고 財不傷하여 其利不亦溥哉아 觀此면 則知聖賢이 同一維魯之心矣라

그러므로 부자께서 칭찬할 적에 말씀하시기를, "저 사람이 진실로 경솔하게 말하지 않지만 한 번이라도 말을 한다면 반드시 이치에 맞게 한다."라고 하셨으니, 그(민자건)가 '옛날 그대로 둔다.'라고 말한 것은 이치상 마땅히 따라야 한다는 것이요, '무엇 때문에 반드시 고쳐야 하는가?'라고 말한 것은 이치상 마땅히 고치지 말아야 한다는 것이다. 노나라의 군신으로 하여금 이 말을 좇게 한다면, 백성들은 고생하지 않고 재물은 없어지지 않아서 그 이로움이 또한 두루 미치지 않았겠는가? 이를 보면 성인이나 현인

이 동일하게 노나라를 헤아렸다는 마음을 알 수 있다.

○부(溥) : 두루 미치다. 넓다.
○유(維) : 든든하게 하다. 생각하다. 헤아리다.

11 · 14 · 1　子曰　由之瑟을　奚爲於丘之門고

공자께서 말씀하셨다. "유의 거문고를 어찌 나의 집에서 타는가?"

○유자슬(由之瑟) : 자로(子路)의 거문고. "瑟是樂器"
○해위어구지문(奚爲於丘之門) : 왜 내 집에서 타는가? ☞해(奚) : 의문사로서 '어찌[何]'라는 뜻. ☞위(爲) : '연주하다'라는 동사. "奚是何　爲卽鼓瑟"

程子曰　言其聲之不和하여　**與己**로　**不同也**라　**家語**에　**云子路鼓瑟**에　**有北鄙殺伐之聲**이라하니　**蓋其氣質剛勇**하여　**而不足於中和**라　**故**로　**其發於聲者**가　**如此**라

정자가 말했다. "그 소리가 조화되지 않아서 자기와 같지 않음을 말씀하신 것이다."「가어」에 "자로가 거문고를 탈 적 때에 북쪽 변방에서나 듣던 살벌한 소리가 났었다." 하였으니, 아마도 그의 기질이 굳세고 용맹하여 중화에는 부족하였으므로, 그 소리에 나타난 것이 이와 같았던 것이다.

○북비(北鄙) : 북쪽의 변방. ☞북비지음(北鄙之音) : 은(殷)나라 주왕(紂王) 때의 음악. 망국(亡國)의 음악을 이르는 말.
○중화(中和) : 한쪽으로 치우치지 않는 바른 성정(性情).「중용(中庸)」"1 · 5　致中和 天地位焉 萬物育焉"

[備旨] 子路氣質剛勇이라　故로　其鼓瑟에　有北鄙殺伐之聲하니　夫子責之에　曰丘之門엔 以中和爲敎어늘　今由之瑟은　不和甚矣라　奚爲而鼓於丘之門乎아하시니　斯言也는　蓋欲抑 由之剛勇하여　以進於中和요　非謂其可忽也라

자로는 기질이 굳세고 용감했다. 그러므로 그가 거문고를 탈 적에 북쪽 변방에서나

듣던 살벌한 소리를 내니 부자께서 꾸짖을 적에 말씀하시기를, "나의 문하에는 중화를 가르쳤는데, 지금 유의 거문고는 불화가 심하다. 어찌하여 나의 집에서 거문고를 타는가?"라고 하셨으니, 이 말은 대개 유의 굳세고 용감함을 억제하여 중화에 나아가게 하려했던 것이고, 그에게 홀대하려고 이른 것은 아니다.

11·14·2 門人이 不敬子路한대 子曰 由也는 升堂矣요 未入於室也니라

제자들이 자로를 공경치 않으니, 공자께서 말씀하셨다. "학문의 경지를 건물에 비유한다면, 유는 대청에는 올라섰고 아직 방 안에는 들어가지 못했다."

○문인불경자로(門人不敬子路) : 제자들이 자로를 공경하지 않다. ☞문인(門人) : 문하생(門下生). 문제자(門弟子). 문생(門生). 문제(門弟). "門人是子路同列 不敬是忽略意"

○유야승당의(由也升堂矣) : 자로는 학문의 경지가 대청에 오른 것이다. ☞야(也) : …는. 어조사로서 주어 뒤에 쓰였는데, 어기(語氣)를 한 번 늘여줌으로써 강조를 나타낸다. ☞승당(升堂) : 대청 또는 조당(朝堂)에 오름. ☞당(堂) : 사랑채. 주로 객실(客室)로 쓰는 곳. 안채는 실(室)이라고 함. "此句最重堂字 是借言"

○미입어실야(未入於室也) : 아직까지 방에는 들어가지 못하다. ☞입실(入室) : 방에 들어감. 내실로 들어감. ☞실(室) : 내실. 당(堂) 뒤에 있는 정실(正室). "此句輕帶室字 亦是借言"

門人이 以夫子之言으로 遂不敬子路라 故로 夫子釋之시니라 升堂入室은 喩入道之次第라 言子路之學이 已造乎正大高明之域이요 特未深入精微之奧耳니 未可以一事之失로 而遽忽之也니라

제자들이 부자의 말씀 때문에 결국 자로를 공경하지 않게 되었으므로 공자께서 해명하신 것이다. 승당입실(升堂入室)은 도에 들어가는 차례를 비유한 것이다. 자로의 학문이 이미 정대·고명한 경지에는 나아갔던 것이요, 다만 정미하여 심오한 데까지는 깊이 들어가지 못했을 따름이니, 일을 한 가지 실수한 것으로 갑자기 홀대해서는 안 됨을 말씀한 것이다.

○승당입실(升堂入室) : 학문이나 기예가 차츰 깊은 경지에 도달함의 비유적 표현.
○거(遽) : 갑자기. 군색하게.

[備旨] 門人이 聞夫子之言하고 遂不敬子路라 故로 夫子釋之에 曰二三子는 亦知由之所造乎인저 今由之學은 其所知所行이 已造乎正大高明之城하여 而升堂矣요 特有歉於精微之奧하여 而未深入於室也라 自堂而至室은 固易易耳니 豈可以鼓瑟一事之失로 而忽之哉아

　제자들이 부자의 말씀을 듣고 마침내 자로를 공경하지 않았던 것이다. 그러므로 부자께서 해명할 적에 말씀하시기를, "너희들은 또한 유의 나아가는 바를 알아야 할 것이다. 지금 유의 학문은 그의 아는 것과 행하는 것이 이미 정대·고명한 경지에 나아가서 대청에까지 올라간 것이고, 다만 정미해서 깊은 곳까지는 의심쩍은 데가 있어서 아직까지 깊이 방 안에까지는 들어가지 못했다. 대청으로부터 방 안에 이르는 것은 진실로 매우 쉬운 것이니, 어찌 거문고를 탔다는 한 가지 실수로 홀대할 수 있겠는가?"라고 하셨다.

○겸(歉) : 뜻에 차지 아니함. 마음에 차지 않음.
○이이(易易) : 매우 쉬움.

11 · 15 · 1　子貢이 問師與商也는 孰賢이니잇고 子曰 師也는 過하고 商也는 不及이니라

　자공이 "사와 상은 누가 낫습니까?" 하고 묻자, 공자께서 "사는 지나치고 상은 미치지 못한다." 하셨다.

○자공문사여과숙현(子貢問師與商也孰賢) : 자공이 묻기를, 사와 상은 누가 낫습니까? ☞사(師) : 자장(子張)의 이름. ☞상(商) : 자하(子夏)의 이름. ☞야(也) : …는. 어조사로서 주어 뒤에 쓰였는데, 어기(語氣)를 한 번 늘여줌으로써 강조를 나타낸다. "孰是誰 賢是勝"
○사야과(師也過) : 사는 중도를 지나침. "過是過乎道之中"
○상야불급(商也不及) : 상은 중도에 미치지 못함. "不及是不及乎道之中"

子張은 才高意廣而好爲苟難이라 故로 常過中이요 子夏는 篤信謹守而規模狹隘라
故로 常不及이니라

　자장은 재주가 높고 뜻이 넓으면서도 구차하고 어려운 일을 행하기를 좋아했으
므로 항상 중도를 지나쳤고, 자하는 성현의 도를 독실히 믿고 조심하여 지키면서
도 규모가 좁았으므로 항상 미치지 못했던 것이다.

○구난(苟難) : 구차한 일과 어려운 일.
○협애(狹隘) : 마음·기량·식견 등이 좁음.

[備旨] 子貢이 問師與商也는 其所造가 果孰爲賢이니잇고한대 夫子告之에 曰師也는 學
每至於過하고 商也는 學每至於不及이라하시니 一過一不及하여 其所造較然矣라

　자공이 "사와 상은, 그들이 나아가는 바가 진실로 누가 낫습니까?" 하고 물었는데,
부자께서 깨우쳐 줄 적에 말씀하시기를, "사는 배움이 늘 지나쳤고 상은 배움이 늘 미
치지 못한다."라고 하셨으니, 한 사람은 지나치고 한 사람은 미치지 못하여 그들이 나
아가는 바가 분명했던 것이다.

○교연(較然) : 분명하고 뚜렷한 모양.

11·15·2 日 然則師가 愈與잇가

　자공이 물었다. "그렇다면 사가 낫습니까?"

○왈(曰) : 자공이 묻는 말. "是子貢問"
○연즉(然則) : 그렇다면. '然'은 먼저 전제한 것을 확정하는 역할을 하고 '則'은 추론을
나타내는 역할을 하는데, 앞의 말을 근거로 어떤 결론을 이끌어 낼 때 자주 쓰임. "承
上師過商不及之語來"
○사유여(師愈與) : 사가 낫다고 하는 말입니까? '愈'는 낫다[勝也]. "與疑辭"

愈는 猶勝也라

유(愈)는 낫다와 같다.

[備旨] 子貢이 未喩以爲過者를 勝於不及하고 乃曰 夫子는 以師爲過하고 商爲不及하시니 然則師之過는 果愈於商之不及與아

　자공이 깨치지 못하고 지나친 것을 미치지 못한 것보다 낫다고 생각하고 바로 묻기를, "부자께서는 사를 지나치다 생각하고 상을 미치지 못한다고 생각하시니, 그렇다고 한다면 사의 지나친 것이 진실로 상이 미치지 못한 것보다 낫다는 것입니까?"라고 했다.

11·15·3　子曰　過猶不及이니라

　공자께서 말씀하셨다. "지나친 것은 미치지 못한 것과 같다."

○과유불급(過猶不及) : 지나침은 미치지 못함과 같음. '중용(中庸)의 도가 가장 귀중함'을 이르는 말. 사는 지나치고 상은 미치지 못하여 두 사람 모두 중용의 도를 잃었다는 말. "猶字作如字看 言二者俱失中"

道는 以中庸爲至하니 賢知之過가 雖若勝於愚不肖之不及이나 然이나 其失中則一也라 尹氏曰 中庸之爲德也가 其至矣乎인저 夫過與不及이 均也니 差之毫釐면 繆以千里라 故로 聖人之敎는 抑其過하고 引其不及하여 歸於中道而已니라

　도는 중용을 지극한 것으로 여기니, 현자나 지자의 지나친 것이 비록 우자나 불초자의 미치지 못한 것보다 나을 것 같지만 그 중도를 잃는다면 똑같은 것이다. 윤 씨가 말했다. "중용의 덕 됨됨이가 정말 지극하구나! 지나친 것과 미치지 못한 것은 똑같으니 털끝만큼이라도 차이가 나면 결국은 천 리나 어긋나게 되는 것이다. 그러므로 성인의 가르침은 그 지나친 것을 억제하고 이르지 못한 것을 이끌어서 중도로 돌아가게 할 뿐이다.

○지자(知者) : 지혜로운 사람. 지자(智者). 지(知)는 '거성(去聲)'으로 쓰였음.
○불초자(不肖子) : ①아버지의 덕망(德望)이나 유업(遺業)을 이어받지 못함. 또는

그런 아들. ②어질지 못함. 재목감이 못됨. 여기서는 ②의 뜻.
○유(繆) : 어긋나다[乖錯]. 괴리되다. 달리하다[不相同]. 본음은 '무'다.

[備旨] 夫子曉之에 曰非也라 道는 以中庸爲至니 失之過는 猶夫失之不及이라 安得以師
爲愈哉아 然則師與商也는 固當約之於中이요 而子貢도 亦當知所以取裁矣니라

  부자께서 깨우쳐 줄 적에 말씀하시기를, "아니다. 도는 중용을 지극한 것으로 삼으니
잃어버림이 지나친 것은 무릇 잃어버림이 미치지 못한 것과 같은 것이다. 어떻게 사를
낫다고 하겠는가? 그렇다고 한다면 사와 상은 진실로 중도에 맞추어야 할 것이고, 그
리고 자공도 또한 마땅히 취하거나 끊어버릴 바를 알아야 할 것이다."라고 하셨다.

○약(約) : 맞추다. 따르다. 준거(準據)하다.
○취재(取裁) : 취하거나 끊어버림.

11·16·1 季氏가 富於周公이어늘 而求也爲之하여 聚斂而附益之한대

  계 씨가 주공보다 부유했지만 염구는 계 씨를 위해서 세금을 거둬 재산을 늘려주
었는데,

○계 씨(季氏) : 노(魯)나라 대부 계손 씨(季孫氏)를 말함. 본서 3·1·1 참고. "是
魯大夫之家"
○부어주공(富於周公) : 주공보다 부자였다. ☞주공(周公) : 이름은 단(旦). 주(周)
나라 문왕(文王)의 아들. 본서 7·5·1 참고. "如都邑半於公室 田賦倍於二家是也"
○이구야위지(而求也爲之) : 그럼에도 불구하고 염구는 계 씨를 위하다. ☞구(求) :
염구(冉求). 염유(冉有). ☞야(也) : …는. 어조사로서 주어 뒤에 쓰였는데, 어기(語
氣)를 한 번 늘여줌으로써 강조를 나타낸다. "是記者 標其名以輕之 爲是代謀意"
○취렴이부익지(聚斂而附益之) : 계 씨를 위해 여러 방면으로 백성들에게 세금을
거둬들여 보태다. "聚斂是多方征斂以取民財 附益是增加意 之指季氏"

周公은 以王室至親으로 有大功하고 位冢宰하니 其富當矣어니와 季氏는 以諸侯之

卿으로 而富過之하니 非攘奪其君하고 刻剝其民이면 何以得此리오 冉有는 爲季氏宰하여 又爲之急賦稅하여 以益其富하니라

　　주공은 왕실과 가장 가까운 친족으로서 큰 공로를 세웠고 총재의 자리에도 있었으니 그 부가 마땅하다고 하겠지만, 계 씨는 제후의 경으로서 부가 주공보다 지나쳤으니, 그 임금으로부터 훔쳐내고 그 백성들로부터 착취하지 않았다면 어찌 이를 얻었겠는가? 염유는 계 씨의 재상이 되어서 또 그를 위해 가혹하게 세금을 징수하여 그의 부를 더해 주었던 것이다.

○지친(至親) : 가장 가까운 친족.
○총재(冢宰) : 주(周)대에 육관(六官)의 우두머리. 재상(宰相).
○경(卿) : 벼슬 이름. 천자의 중신(重臣)에 대한 경칭.
○양탈(攘奪) : 억지로 빼앗음. 약탈(掠奪). ☞양(攘) : 침탈하다. 범하여 빼앗다.
○각박(刻剝) : 사람을 학대하여 해침. 착취(搾取)함. 극박(克剝).
○급(急) : 바짝 죄다. 가혹하게 하다.
○부세(賦稅) : 세금을 징수함.

[備旨] 季氏는 以諸侯之卿으로 而富過於王室至親之周公이면 則必有攘君剝民之事矣라 爲之臣者는 從而匡救之可也어늘 而求也는 爲季氏宰하여 不惟不能匡救하고 又爲之設法征求하여 多方聚斂하여 以增益其富하니 其黨惡害民也가 甚矣라

　　계 씨는 제후의 경으로서 왕실의 가장 가까운 친족이었던 주공보다도 부했다면, 반드시 임금으로부터 훔쳐내고 백성들로부터 착취한 일이 있었을 것이다. 신하가 된 사람은 따르고 바로잡아 구제하는 것이 옳을 터인데, 염구는 계 씨의 재상이 되어서 바로잡아 구제하지 않았을 뿐만 아니라, 또 그를 위해 법을 만들어 세금을 징수하고 다 잡아서 여러 방면으로 세금을 거둬들여 그의 부를 더 늘려주었으니, 그는 악한 데 편을 들어 백성들을 해함이 심했던 것이다.

○광구(匡救) : 바로잡아 구제함. 도와서 구제함.
○정(征) : 세금을 징수하다.
○구(求) : 다잡다. 흩어지지 않도록 꽉 죄다.
○당(黨) : 편을 들다. 치우쳐 불공평하다.

11·16·2 子曰 非吾徒也로소니 小子아 鳴鼓而攻之가 可也니라

공자께서 말씀하셨다. "염구는 우리 제자가 아니니, 애들아! 북을 울려 그를 성토하는 것이 좋겠다."

○소자(小子) : 제자. 제자들을 보고 하는 말. "是諸弟子"
○명고이공(鳴鼓而攻) : 북을 울리며 공격함. 죄상(罪狀)을 공개적으로 성토(聲討)함을 이름.

非吾徒는 絶之也요 小子鳴鼓而攻之는 使門人으로 聲其罪以責之也라 聖人之惡(오)黨惡而害民也가 如此라 然이나 師嚴而友親이라 故로 已絶之로되 而猶使門人으로 正之하시니 又見其愛人之無已也라 范氏曰 冉有는 以政事之才로 施於季氏라 故로 爲不善이 至於如此하니 由其心術不明하여 不能反求諸身하고 而以仕爲急故也라

우리 제자가 아니라는 것은 교제를 끊었다는 것이요, 애들아! 북을 울려 성토하라 한 것은 제자들로 하여금 그 죄를 성토하여 따져 밝히도록 하신 것이다. 성인께서 악한 데에 편을 들어 백성들을 해롭게 함을 미워하는 것이 이와 같았다. 그러나 스승은 엄해야 하고 벗과는 친해야 하므로 이미 교제를 끊었지만 오히려 제자로 하여금 바로잡게 하셨으니, 또한 그 분께서 사람을 사랑하는 것이 끝이 없는 것을 볼 수 있다. 범 씨가 말했다. "염유는 정사의 재주를 계 씨에게 발휘했으므로 불선을 행함이 이와 같은 데에 이르렀으니, 그의 심술이 밝지 못하여 능히 원인을 자신에게서 찾지 못하고, 벼슬하는 것만 급급하게 여겼기 때문이다."

○책(責) : 따져 밝히다.
○시(施) : 발휘하다. 힘쓰다.
○반구저신(反求諸身) : 자신에게 반문함. 원인을 자신에게서 찾음을 이르는 말. 반구저기(反求諸己). 「맹자(孟子)」 《공손추상(公孫丑上)》 "不怨勝己者 反求諸己而已矣"

[備旨] 夫子責之에 曰吾徒는 以致君澤民으로 爲事어늘 今求之所爲가 若此하니 殆非吾所敎之徒也라 爾小子는 於求에 有朋友之義면 其鳴鼓焉하여 以聲其罪而攻之가 可也라하

시니 聖人之警求가 如此하고 亦以警季氏也시니라

    부자께서 따져 밝힐 적에 말씀하시기를, "우리 제자들은 임금을 잘 보좌하고 백성들을 잘 살도록 일을 해야 하는데, 지금 구의 행하는 바가 이와 같으니 혹시 내가 가르친 제자가 아닐지도 모르겠다. 너희 소자들은 구에게 붕우의 의리가 있다면 그 북을 울려서 그의 죄를 성토하여 꾸짖는 것이 옳을 것이다."라고 하셨으니, 성인께서 구를 경계시킨 것이 이와 같고 또한 계 씨를 경계시킨 것이다.

○책(責) : 따져 밝히다.
○치군(致君) : ①임금을 보좌하여 훌륭한 임금이 되게 함. 치주(致主). ②임금에게 몸을 바쳐 충성을 다함.
○택민(澤民) : 백성들을 은혜롭게 함. 백성들을 윤택하게 함.
○태(殆) : 아마도. 혹시 …일지도 모른다. 추측이나 어느 정도 긍정을 나타냄.

11 · 17 · 1 柴也는 愚하고

    "시는 어리석고,

○시야(柴也) : 시는. 시(柴)는. 시(柴)라는 사람은. ☞시(柴) : 공자의 제자. 성은 고(高). 이름이 시(柴). 자는 자고(子羔). ☞시(柴) : 섶. 울타리. ☞야(也) : …는. 어조사로서 주어 뒤에 쓰였는데, 어기(語氣)를 한 번 늘여줌으로써 강조를 나타낸다.
○우(愚) : 우직하다. 어리석다. 주자(朱子)는 아래에서 '知不足而厚有餘'라고 풀이하고 있다.

柴는 孔子弟子니 姓高요 字子羔라 愚者는 知不足而厚有餘라 家語에 記其足不履影하고 啓蟄不殺하고 方長不折하며 執親之喪에 泣血三年하여 未嘗見(현)齒하고 避難而行에 不徑不竇라하니 可以見其爲人矣라

    시는 공자 제자니, 성은 고요 자는 자고다. 우(愚)라는 것은 지혜는 부족하지만 인정이 두텁고 넉넉한 것이다. 「가어」에 '발로 그림자를 밟지 않았고, 겨칩에는 벌레를 죽이지 않았고, 막 자라나는 것을 꺾지 않았으며, 어버이의 상을 치를 적에

3년 동안 피눈물을 흘리면서 일찍이 웃지 않았고, 난을 피해 갈 때에 가로질러 가거나 구멍 난 곳으로 가지 않았다.'고 기록해 놓았으니, 그 사람됨을 알 수 있다.

○고(羔) : 새끼 양. 양의 새끼.
○후(厚) : 돈후하다. 인정이 두텁다.
○계칩(啓蟄) : 동면(冬眠)하던 벌레가 봄을 맞아 움직이게 된다는 뜻. 경칩(驚蟄).
○경(徑) : 지름길. 작은 길.
○두(竇) : 구멍. 구멍을 내다.

[備旨] 夫子語四子之偏하사 欲使知所自勵也에 曰學者之質에 各有其偏이어늘 如柴也는 爲人이 明智不足하여 多固執而不通하니 其病也愚니라

　　부자께서 네 사람의 결점을 말씀하셔서 그들로 하여금 스스로 힘쓸 바를 알도록 하고 싶어서 말씀하시기를, "배우는 사람들의 자질에는 각각 단점이 있는데, 시와 같은 이는 사람됨이 총명함과 지혜가 부족하여 고집이 많고 통하지 않으니, 그의 흠은 우직하다.

11 · 17 · 2 參也는 魯하고

　　삼은 노둔하고,

○삼야(參也) : 삼은. 증자(曾子)는. ☞삼(參) : 증자(曾子)를 말함. ☞야(也) : 여기에 대한 설명은 11 · 17 · 1의 참고.
○노(魯) : 노둔함. 어리석고 둔함. 미련함.

魯는 鈍也라 程子曰 參也는 竟以魯得之라하고 又曰曾子之學은 誠篤而已라 聖門 學者가 聰明才辨이 不爲不多로되 而卒傳其道는 乃質魯之人爾라 故로 學은 以誠 實爲貴也니라 尹氏曰 曾子之才는 魯라 故로 其學也確하니 所以能深造乎道也니라

　　노(魯)는 둔함이다. 정자가 말했다. "삼은 결국 노둔하기에 도를 얻었던 것이다." 또 말했다. "증자의 학문은 성실과 돈독뿐이었다. 성인의 문하에서 배우는 자들이

총명하고 말을 잘한 이들이 많지 않다고 할 수 없지만, 끝내 그 도를 전하기는 곧 질박하거나 노둔한 사람뿐이었으므로 학문은 성실한 것을 귀하게 여기는 것이다. "윤 씨가 말했다. "증자의 재질은 노둔했으므로 그 학문이 견고했으니, 이 때문에 도에 깊이 나아갈 수 있었던 것이다.""

○재변(才辨) : 재치가 있고 말을 잘함. ☞변(辨) : 말이 시원스럽고 깔끔하다.
○확(確) : 견고하다. 확실하다. 집착하다.

[備旨] 參也는 爲人이 質樸渾厚하여 每遲鈍而不敏하니 其病也魯니라

　삼은 사람됨이 질박하고 혼후하여 늘 행동이 둔하고 민첩하지 않았으니, 그의 흠은 둔하다.

○질박(質樸) : 꾸밈이 없이 순박함. 검소함. 소박(素朴). 질박(質朴).
○혼후(渾厚) : 질박하고 중후(重厚)함. 인품이 순박하고 돈후(敦厚)함.
○지둔(遲鈍) : 행동이 굼뜨고 둔함.

11 · 17 · 3 師也는 辟하고

　사는 편벽되고,

○사야(師也) : 사는. 자장(子張)은. ☞사(師) : 자장(子張)을 말함. ☞야(也) : 여기에 대한 설명은 11 · 17 · 1의 참고.
○벽(辟) : 편벽함. 마음이 치우침.

辟은 便辟也니 謂習於容止하고 少誠實也라

　벽(辟)은 편벽한 것이니, 생김새나 몸가짐에만 익숙하고 성실함이 적음을 말한다.

○편벽(便辟) : 겉치레는 훌륭하나 마음이 바르지 못함.
○용지(容止) : 생김새와 몸가짐.

[備旨] 師也는 爲人이 留意容儀하여 務外而少誠實하니 其病也辟이니라

사는 사람됨이 용의에만 마음을 두어서 밖으로만 힘을 쓰고 성실함이 적으니, 그의 흠은 편벽하다.

○용의(容儀) : 용모와 행동 거지. 용모와 의표(儀表).

11·17·4 由也는 喭이니라

유는 거칠다."

○유야(由也) : 유는. 자로(子路)는. ☞유(由) : 자로(子路)를 말함. ☞야(也) : 여기에 대한 설명은 11·17·1의 참고.
○언(喭) : 거칠다. 소략하다.

喭은 粗俗也라 傳에 稱喭者는 謂俗論也라 楊氏曰 四者性之偏을 語之하여 使知自勵也시니라 吳氏曰 此章之首에 脫子曰二字라하니 或疑下章子曰이 當在此章之首하여 而通爲一章이라

언(喭)은 거칠고 속된 것이다. 책에 일컫기를, "'喭'이란 속된 말을 이른다." 하였다. 양 씨가 말했다. "네 가지 성질의 편벽된 것을 말씀하여 스스로 힘쓸 것을 알게 하신 것이다." 오 씨가 말하기를, "이 장의 머리에 '子曰'이라는 두 글자가 빠져 있다." 했으니, 아마도 아래 장의 '子曰'이 마땅히 이 장의 머리에 와서 통합해 한 장이 되어야 하는지도 모르겠다.

○전(傳) : 책. 옛날부터 전해오는 책들. 거성(去聲)으로 쓰였음.
○혹(或) : 아마 …일지도 모른다. 혹은 …일지도 모른다. 추측이나 긍정하지 않음을 나타냄.

[備旨] 由也는 爲人이 貌言粗率하여 野俗而少文雅하니 其病也喭이라하시니 四子는 其各思所以變化之哉인저

유는 사람됨이 용모와 말이 거칠고 경솔하여 야속하면서도 온화하고 우아함이 적으니, 그의 흠은 거칠다.”라고 하셨으니, 네 사람은 그들이 각각 변화해야 할 것을 알아야 할 것이다.

○조솔(粗率) : 거칠고 경솔함.
○문아(文雅) : 온화하고 예의가 바르며 우아함.

11·18·1 子曰 回也는 其庶乎요 屢空이니라

공자께서 말씀하셨다. “회는 도를 가까이 했고 항상 가난했다.

○회야기서호(回也其庶乎) : 안회는 도를 가까이 하다. ☞야(也) : …는. 어조사로서 주어 뒤에 쓰였는데, 어기(語氣)를 한 번 늘여줌으로써 강조를 나타낸다. ☞기서호(其庶乎) : 도를 가까이 함. 이 문장은 그냥 풀기에는 어렵기 때문에 상하의 문맥 관계를 고려하여 풀어야 한다. 이 문장에서는 안회, 다음 문장에서는 자공에 대해 도에 나아가는 모습이 다름을 대조하고 있다. ‘其’는 ‘아마’의 뜻으로 추측을 나타내는 말. 참고로「논어비지(論語備旨)」《회야전지(回也全旨)》에 나오는 글을 읽어보면 더욱 명확하다. “此章見二子造道之異 以道字爲主 言回近道而 賜亦可進於道 欲使賜知所勸也 兩下遙相照應” 그러므로 ‘其庶乎’는 ‘其庶幾近道矣乎’를 줄여 썼다고 보면 될 것이다. “此句爲主”
○누공(屢空) : 항상 가난함. 자주 그릇이 비다. ☞누(屢) : 여러 번. 자주[每也]. “就在近道中抽出言之”

庶는 近也니 言近道也라 屢空은 數(삭)至空匱也라 不以貧窶로 動心而求富하니 故로 屢至於空匱也라 言其近道요 又能安貧也라

서(庶)는 가깝다는 것이니, 도를 가까이 했음을 말한다. 누공(屢空)은 자주 궁핍함에 이르렀음을 말한다. 살림이 몹시 가난하고 구차하다고 마음을 움직여 부를 구하지 않았으니, 그러므로 자주 궁핍함에 이르렀던 것이다. 그는 도를 가까이 했고 또 가난을 편히 여겼음을 말씀하신 것이다.

○공궤(空匱) : 다 없어짐. 궁핍함. ☞궤(匱) : 궤짝. 모자라다. 다하여 없어지다.
○빈구(貧窶) : 살림이 몹시 가난하고 구차함. 《두시(杜詩)》 "將老憂貧窶 筋力豈能及"

[備旨] 夫子論回賜之所造에 曰吾門有回는 博約之功이 旣深하여 其庶幾近道矣乎요 且
又能安貧하여 雖屢至空匱나 而不改其樂이니 回之所造가 如此니라

   부자께서 회와 사의 나아가는 바를 논할 적에 말씀하시기를, "우리 제자 중에 회는
박약의 공이 또 깊어서 어쩌면 도를 가까이 했을 뿐만 아니라, 그 외에 또 능히 가난
을 편히 여겨서 비록 자주 궁핍함에 이르렀지만 그의 즐거움을 고치지 않았으니, 회의
나아가는 바가 이와 같다.

○박약(博約) : 박문약례(博文約禮)를 말함. ☞박문약례(博文約禮) : 널리 학문을 닦고
예절을 잘 지킴.
○기(旣)~우(又)~ : '…이고 그 외에 …', '…한 이상은 또한 …'이라고 해석한다. 접속
사로서 한 방면에만 그치지 않음을 나타내며, 병렬·연접하는 작용을 나타낸다. '旣~
且'·'旣~亦'·'旣~終'·'旣~或'.
○서기(庶幾) : 어쩌면. 대개. 부사로서 추측하는 것을 나타냄.

11·18·2 賜는 不受命이요 而貨殖焉이나 億則屢中이니라

   사는 천명을 받아들이지 않고 재산을 늘렸으나 일을 헤아리면 자주 들어맞았
다."

○불수명(不受命) : 천명을 받아들이지 않음. "只是未能順命意"
○화식(貨殖) : 재산을 늘림. 돈을 벎. "貨殖只是富而致富意 卽在內"
○억즉루중(億則屢中) : 헤아리면 자주 들어맞음. '中'은 거성(去聲)으로 쓰여 '예상
한 것이나 점(占) 따위가 들어맞다.'는 뜻임. "此句正其才智明處"

命은 謂天命이라 貨殖은 貨財生殖也라 億은 意度(탁)也라 言子貢이 不如顔子之安
貧樂道나 然이나 其才識之明이 亦能料事而多中也라 程子曰 子貢之貨殖은 非
若後人之豊財요 但此心未忘耳라 然이나 此亦子貢少時事요 至聞性與天道하여는

則不爲此矣_{리라}

○范氏曰 屢空者_는 簞食瓢飮_이 屢絶_{이로되} 而不改其樂也_니 天下之物_이 豈有可
動其中者哉_{리오} 貧富在天_{이어늘} 而子貢_이 以貨殖爲心_{하니} 則是_는 不能安受天命
矣_요 其言而多中者_는 億而已_니 非窮理樂天者也_라 夫子嘗曰 賜不幸言而中_{하니}
是使賜多言也_{라하시니} 聖人之不貴言也_가 如是_{니라}

　　명(命)은 천명을 이른다. 화식(貨殖)은 재산을 늘리는 것이다. 억(億)은 마음으로
헤아리는 것이다. 자공이 안자의 안빈낙도만은 못하지만, 그 재주와 학식의 명철
함은 또한 능히 일을 헤아려서 적중함이 많았다는 것을 말씀한 것이다. 정자가 말
했다. "자공이 재물을 늘린 것은 후인들이 재물을 풍요롭게 한 것과 같은 것이 아
니고, 단지 이러한 마음을 잊지 않는 데 지나지 않았을 따름이다. 그러나 이 또한
자공의 젊었을 때의 일이요, 성과 천도를 깨닫는 문제에 대해서는 이를 행치도 않
았을 것이다."

　　○범 씨가 말했다. "항상 가난했다는 것은 단사표음이 자주 끊어졌지만 그 즐거
움을 고치지 않았다는 것이니, 천하의 사물이 어찌 그 마음을 움직일 만한 것이
있었겠는가? 가난함과 부유함은 하늘에 달려 있는 것이거늘 그런데도 자공은 재
물을 늘리는 것에 마음을 섰으니 이는 능히 천명을 편안히 받아들인 것이 아니고,
그가 말할 적에 맞은 것이 많았다는 것은 추측일 뿐이니 이치를 궁구하고 천명을
따른 것은 아니었을 것이다. 부자께서 일찍이 말씀하시기를, '사는 불행스럽게도
말을 하면 맞으니, 이것이 사로 하여금 말을 많이 하게 한 것이다.' 하셨으니, 성인
께서 말을 귀하게 여기지 않으심이 이와 같았던 것이다."

○생식(生殖) : 낳아서 불림.
○화재(貨財) : 재물.
○의탁(意度) : 추측하다. 짐작하다.
○단(但) : 단지 …에 지나지 않는다. …에 불과하다. 가벼운 전환을 할 때 쓰이며,
'耳'와 호응한다.
○단사표음(簞食瓢飮) : 한 대그릇의 밥과 한 표주박의 물. 인신하여 몹시 가난하
게 살면서도 편안한 마음으로 천도(天道)를 즐김의 형용. 단표(簞瓢).
○낙천(樂天) : 기꺼이 천명(天命)을 따름. 인신하여, 자기 처지에 만족해 함.

[備旨] 若夫賜之爲人하여는 則不能安受天命하여 而貨財嘗生殖焉이라 然이나 雖未能如
回之安貧樂道나 而其才識明敏하여 亦能億度事情하여 屢中其機會也라 獨非求道之資乎아

賜也勉之니라

　사의 사람됨은 천명을 편안히 받을 수 없어서 재물을 일찍이 늘렸다. 그러나 비록 회의 안빈낙도와 같지 않다고 하겠지만 그의 재능과 식견이 명민하여 또한 일의 형편이나 까닭을 헤아려서 예상한 것이 경우에 자주 들어맞았다. 설마 도를 구하는 데 도움이 되지 않을 리가 있겠는가? 사는 힘을 써야 할 것이다."라고 하셨다.

○약부(若夫) : …에 이르러. 접속사로서 다른 화제를 제시하는 것을 나타냄.
○재식(才識) : 재능(才能)과 식견(識見)
○명민(明敏) : 일에 밝고 재치가 있음.
○독(獨) : 설마 …리가 있겠는가? 부사로서 반문을 나타냄.

11·19·1 子張이 問善人之道한대 子曰 不踐迹이나 亦不入於室이니라

　자장이 선인의 도에 대해 묻자, 공자께서 말씀하셨다. "선인은 옛 자취를 밟지 않더라도 악을 행치 않지만, 또한 성인의 경지에는 들어갈 수는 없다."

○문선인지도(問善人之道) : 선인의 도에 대해 물음. ☞선인(善人) : 여기서 말하는 선인(善人)은 성인(聖人)·군자(君子)·유항자(有恒者)의 서열 정도에 속하는 사람. 성격이 바르고 자애가 깊은 사람이지만 완성된 인격체를 가진 사람은 아님. ☞도(道) : 여기서 특별한 뜻이 없음. "道字虛看"
○불천적(不踐迹) : 성현이 이루어 놓은 자취를 밟지 않음. "迹是聖賢成法 不踐就質美說"
○불입어실(不入於室) : 방에는 들어가지 못함. 즉 성인의 도덕의 심오한 경지에는 들어가지 못한다는 말. '室'은 본서 11·14·2 에 나오는 '室'과 같은 개념으로, 집의 그윽한 방이나 지극한 오의(奧義)를 의미함. "是未造精微之域"

善人은 質美로되 而未學者也라 程子曰 踐迹은 如言循途守轍이니 善人이 雖不必踐舊迹이나 而自不爲惡이라 然이나 亦不能入聖人之室也니라
○張子曰 善人은 欲仁이로되 而未志於學者也라 欲仁故로 雖不踐成法이나 亦不蹈於惡은 有諸己也요 由不學故로 無自而入聖人之室也니라

　　선인(善人)은 자질은 좋지만 배우지 않는 자다. 정자가 말했다. "천적(踐迹)은 길을 따르고 바퀴 자국을 따른다고 말함과 같으니, 선인이 비록 반드시 옛 자취를 밟지 않을지라도 스스로 악을 행하지는 않는다. 그러나 또한 능히 성인의 경지에 들어갈 수는 없을 것이다."

　　○장자가 말했다. "선인은 인을 하려고 하지만 배움에는 뜻을 두지 않은 자다. 인을 바라기 때문에 비록 정해진 법을 실천하지 못할지라도 또한 악을 따르지 않는 것은 인을 몸에 간직한 것이 있었기 때문이고, 배우지 않았기 때문에 스스로 성인의 경지에 들어가지 못하는 것이다."

○순도수철(循途守轍) : 길을 따르고 바퀴 자국을 따르다.
○성법(成法) : 정해진 법률. 일정한 규칙.

[備旨] 子張이 問善人之所以爲善人者는 其道如何오하니 夫子告之에 曰善人者는 質之美者也라 故로 雖不踐聖賢之舊迹이나 而自不爲惡이라 然이나 質雖美나 而未學하니 亦不能精造其域하여 而入於聖人之室焉이라 夫不踐迹者는 質美故也니 善人之所以爲善人也요 不入室者는 未學故也니 又善人之所以止於善人也니 善人之道가 如此니라

　　자장이 묻기를, "선인이, 선인이 된 까닭은 그 방법이 어떠해서 그렇습니까?" 하니, 부자께서 깨우쳐 줄 적에 말씀하시기를, "선인은 바탕이 좋은 사람이므로 비록 성현의 옛 자취를 밟지는 않으나 스스로 악을 행치는 않을 것이다. 그러나 바탕이 비록 좋지만 배우지 아니하니 또한 능히 그 영역에 자세히 나아가서 성인의 경지에 들어갈 수는 없다. 무릇 자취를 밟지 않는다는 것은 바탕이 좋은 연고니 선인이 선인이 된 까닭이요, 성인의 경지에 들어가지 못한다는 것은 배우지 않는 연고니 또한 선인이 선인에 그치게 되는 까닭이니, 선인의 도가 이와 같다."라고 하셨다.

○정조(精造) : 자세하게 나아감. 면밀하게 나아감.

11·20·1 子曰 論篤是與면 君子者乎아 色莊者乎아

　　공자께서 말씀하셨다. "주장이 독실하다는 이유로 편들어 준다면, 그는 진정 군자다운 사람이겠는가? 아니면 겉으로만 엄숙한 사람이겠는가?"

○논독시여(論篤是與) : 주장이 독실하다는 이유로 편을 들어 줌. '論篤是與'의 원래 문장은 '與論篤'인데, 도치된 서술어와 목적어 사이에 '是'가 쓰였다. 전통적으로 '論篤을 是與면'이라 현토했다. 본서 "16·1·3 無乃爾是過與" 및 「시경(詩經)」《노송(魯頌) 비궁편(閟宮篇)》"戎狄是膺 荊舒是懲 則莫我敢承(융인과 적인을 공격하고 형나라와 서나라를 징벌하면 감히 우리에게 저항하지 못할 것이다.)"도 같은 구조다. '與'는 평성(平聲)으로 쓰여 '편들다' '허여(許與)하다'라는 뜻이다. "篤對巧 佞浮夸者說 與是許 有信其素履 概其終身意"
○군자자호(君子者乎) : 군자다운 사람이겠는가? '君子'는 '군자답다'라는 형용사로 쓰여 '者'를 수식하는 관형어 역할을 함. ☞군자(君子) : 여기서 군자는 표리가 부합하여 덕이 있는 사람. "君子是心口相符有德之人"
○색장자호(色莊者乎) : 겉모양만 엄숙한 사람이겠는가? '色莊'도 역시 '者'를 수식하는 관형어 역할을 함. ☞색장(色莊) : 언론만 장중하고 겉으로만 엄숙한 사람. "色莊是言論莊重 內無情實之人"

言但以其言論篤實로 而與之면 則未知其爲君子者乎아 爲色莊者乎아 言不可以言貌로 取人也니라

단지 그의 언론이 독실하다고 하여 편들어 준다면, 그가 군자다운 사람인지 외모만 엄숙한 사람인지를 알지 못하겠다고 말씀한 것이다. 이는 말이나 용모로 사람을 취해서는 안 됨을 말씀한 것이다.

[備旨] 夫子爲當時에 以言貌로 取人者發에 曰觀人者가 若但以其言論篤實로 而遂與之면 斯人也는 其果表裏相符而君子者乎아 抑亦矯飾外貌而色莊者乎아 如其君子면 與之라도 誠是矣어니와 使其色莊이면 將不失於過乎아 觀人者는 當考其行이요 勿徒聽夫言也라

부자께서 당시에 말이나 용모로써 사람을 취했기 때문에 그것을 밝힐 적에 말씀하시기를, "사람을 살피는 사람이, 만약 단지 그 언론이 독실하다는 이유로 곧 편들어 준다면, 이 사람은 정말 표리가 서로 부합하여 군자다운 사람이겠는가? 그렇지 않으면 또한 외모만 번지르르하게 꾸며서 엄숙한 체하는 사람이겠는가? 만약 그가 군자일 것 같으면 편들어 줄지라도 정말 괜찮겠지만, 그가 겉으로만 엄숙한 체했다면 머지않아 실수하는 데 빠지지 않겠는가? 사람을 살필 적에는 마땅히 그의 행실을 상고해야 할 것이요, 한갓 그의 말만 듣지 말아야 할 것이다."라고 하셨다.

○억역(抑亦) : 그렇지 않으면. 혹은. 또는.
○교식(矯飾) : 겉만 번지르르하게 거짓으로 꾸밈. 「후한서(後漢書)」 《장제기(章帝紀)》 "俗吏矯飾外貌 似是而非"

11·21·1 子路가 **問聞斯行諸**(저)잇가 **子曰 有父兄**이 **在**하니 **如之何其聞斯行之**리오 **冉有**가 **問聞斯行諸**잇가 **子曰 聞斯行之**니라 **公西華**가 **曰 由也**가 **問聞斯行諸**어늘 **子曰 有父兄在**라하시고 **求也**가 **問聞斯行諸**어늘 **子曰 聞斯行之**라하시니 **赤也惑**하여 **敢問**하노이다 **子曰 求也**는 **退故**로 **進之**하고 **由也**는 **兼人故**로 **退之**니라

　자로가 "선한 일을 들으면 곧 행해야 합니까?" 하고 묻자, 공자께서 "부형이 계실 터인데, 어떻게 또한 들었다고 바로 행하겠는가?" 하고 대답하셨다. 그런 일이 있은 뒤에 염유가 "선한 일을 들으면 곧 행해야 합니까?" 하고 묻자, 공자께서 "들으면 곧 행해야 한다." 하고 대답하셨다. 질문에 답이 서로 다르기에 공서화가 물었다. 유가 "선한 일을 들으면 곧 행해야 합니까?" 하고 물었을 때에는, 선생님께서 "부형이 계실 터이니 여쭤 봐야 한다." 하시고, 구가 "선한 일을 들으면 곧 행해야 합니까?" 하고 물었을 때에는, 선생님께서 "들으면 곧 행해야 한다."라고 대답하셨으니, 제가 "의심스러워서 감히 여쭈어 봅니다." 하니, 공자께서 말씀하셨다. "구는 겸손하고 물러나는 편이기에 나아가게 한 것이요, 유는 다른 사람들의 몫까지 해내어 다른 사람들보다 지나치기에 물러나게 한 것이다."

○문문사행저(問聞斯行諸) : 물어보겠는데, 선한 일에 대해 말을 들으면 곧 행해야 합니까? '斯'는 '곧' '그렇다면'의 뜻으로 앞 문장을 이어받는 접속사. '諸'는 '之乎'의 준말.
○유부형재(有父兄在) : 아버지나 형이 계신다면. 부형은 신분이 높기에 마땅히 자문을 구해야 한다는 말. "父兄是分尊 所當稟命者"
○여지하기문사행지(如之何其聞斯行之) : 어떻게 또한 들었다고 바로 행하겠는가?
☞여지하(如之何) : 관용어구로 원인을 묻거나 반문을 나타내며 부사어나 서술어로 쓰임. '奈~何' '若~何'도 같은 형태임. "是決不可輕行意"
○염유문문사행저(冉有問聞斯行諸) : 염유가 '옳은 일을 들으면 곧 그것을 행합니

까?'라고 묻다. "此問有怯於行意"

○자왈문사행지(子曰聞斯行之) : 공자께서 '옳은 일을 들으면 곧 행하라'고 말하다. "是決其當行意"

○공서화(公西華) : 공자의 제자. 공서적(公西赤). 공서(公西)는 성이고 적(赤)은 이름. 자는 자화(子華). 본서 5·7·4 참고.

○유야문문사행저(由也問聞斯行諸) : 유[자로]가 '선한 일을 들으면 곧 행해야 합니까?' 라고 묻다. ☞야(也) : …는. 어조사로서 주어 뒤에 쓰였는데, 어기(語氣)를 한 번 늘여 줌으로써 강조를 나타낸다. 아래 '求也'와 '赤也'도 같다. "猶夫求之問也"

○자왈유부형재(子曰有父兄在) : 공자께서 '부형이 있다.'라고 말하다. "異乎求之答矣"

○구야문문사행저(求也問聞斯行諸) : 구[염유]가 '선한 일을 들으면 곧 행해야 합 니까?'라고 묻다. "猶夫由之問也"

○자왈문사행지(子曰聞斯行之) : 공자께서 '들으면 곧 행해야 한다.'라고 말하다. "異夫由之答矣 此四句只自夫子答由求者 而重述之以爲下發問張本"

○적야혹(赤也惑) : 공서적이 질문은 같지만 답이 다르므로 의심스러워서 묻다. "疑其問同答異"

○감문(敢問) : 감히 그 이유를 묻다. "問其故也"

○구야퇴(求也退) : 구는 타고난 성질이 유약하고 겸손해서 앞서지 아니하다. "是資稟柔弱退遜不敢前"

○고진지(故進之) : 용감하게 나아가도록 마음을 진작시키다. "是作其勇往之志"

○유야겸인(由也兼人) : 유는 다른 사람보다 뛰어나다. ☞겸인(兼人) : 다른 사람의 몫까지 겸하다. 다른 사람보다 뛰어남. 그러므로 지나치게 행동적이라는 말. "是資稟剛强有過人之才"

○고퇴지(故退之) : 조급하게 나아가려는 마음을 억제시키다. "是抑其銳進之心"

兼人은 **謂勝人也**라 **張敬夫曰 聞義**면 **固當勇爲**나 **然**이나 **有父兄在**면 **則有不可得而專者**라 **若不稟命而行**이면 **則反傷於義矣**라 **子路**는 **有聞**하고 **未之能行**이면 **惟恐有聞**이라하니 **則於所當爲**에 **不患其不能爲矣**요 **特患爲之之意**가 **或過**로되 **而於所當稟命者**에 **有闕耳**니라 **若冉求之資稟**이 **失之弱**하니 **不患其不稟命也**요 **患其於所當爲者**에 **逡巡畏縮**하여 **而爲之不勇耳**라 **聖人**이 **一進之**하고 **一退之**하시니 **所以約之於義理之中**하여 **而使之**로 **無過不及之患也**시니라

겸인(兼人)은 다른 사람들보다 나음을 이른다. 장경부가 말했다. "의로운 일을 들으면 진실로 마땅히 용감히 행해야 하지만 부형이 살아 계신다면 독단적으로 할 수 없는 것이다. 만약 부형으로부터 명령을 받지 않고서 행한다면 도리어 의를 해치게 되는 것이다. '자로는 가르침을 듣고 미처 실행하지 못했으면 오직 또 다른 가르침을 들을까 두려워했다.'[공야장편(公冶長篇) 5·13·1 참고] 하니, 마땅히 행해야 할 일에 대해서 그가 능히 행하지 못할까 근심되는 것이 아니라 다만 그것을 행하려는 뜻이 혹 지나쳐서 마땅히 여쭤 보아야 할 일에도 빠뜨림이 있을까 근심된다는 것이다. 염구와 같은 사람은 타고난 성품이 너무 나약하니, 그가 여쭈어 보지 않을까 근심되는 것이 아니라 마땅히 행해야 할 일에 대해서 피하고 움츠려서 그것을 행하는데 용감하지 못할까 근심했을 따름이다. 성인이 한 사람은 나아가게 하시고 한 사람은 물러나게 하셨으니, 의리에 대하여 중도를 지켜서 그들로 하여금 과불급의 병을 없게 하려고 하신 것이다."

○품명(稟命) : 명령을 받아 행함.
○자품(資稟) : 타고난 성품.
○준순(逡巡) : 뒷걸음질 침. 피함.
○외축(畏縮) : 두려워서 움츠림. ☞외축준순(畏縮逡巡) : 두려워서 움츠러들어 머뭇거림.

[備旨] 子路가 問人之聞善이면 斯可卽從而行諸乎잇가하니 夫子曰 有聞이면 固當卽行이라 然이나 有父兄在면 必稟命而後에 可行也라 如之何其聞斯行之리오하시다 冉有가 問人之聞善이면 斯可卽從而行諸乎잇가하니 夫子曰 見義不爲는 是無勇也라 有所聞이면 斯行之可矣라하시다 公西華가 乃疑而問에 曰由也가 問聞斯行諸는 不異於求也로되 而夫子가 則曰有父兄在라하시고 求也가 問聞斯行諸가 亦同乎由也로되 而夫子는 則曰聞斯行之라하시니 夫由有父兄하고 求獨無父兄乎아 求所當行을 由獨不當行乎아 赤也는 竊有惑焉하여 敢問其所以異하노이다하니 夫子告之에 曰吾之敎由與求는 亦因其材耳라 求之資稟이 過於柔而退하니 則稟命非所患也요 患其爲之不勇耳라 故로 吾告之以聞斯行者는 所以激而進之하여 使其勇於有爲也요 由之資稟은 過於剛而兼人하니 則急行非所患也요 患其於所當稟命者에 有闕耳이라 故로 吾告之以有父兄在니 所以抑而退之하여 使其審於有爲也라 赤可以無惑矣니라

자로가 묻기를, "사람이 선한 일을 들으면 곧 나아가 좇아서 행해야 합니까? 그렇지 않아도 됩니까?"라고 하니, 부자께서 말씀하시기를, "들었다면 진실로 마땅히 행해야

할 것이다. 그러나 부형이 살아 계신다면 반드시 여쭤 보고 난 뒤에 행해야 할 것이다. 어떻게 또한 일을 들었다고 즉시 행하겠는가?"라고 하셨다. 염유가 "사람이 선한 일을 들으면 나아가 좇아 행해야 됩니까? 그렇지 않아도 됩니까?" 하고 물으니, 부자께서 말씀하시기를, "의를 보고서 행치 않는다면 이는 용기가 없다는 것이다. 들었다면 곧 행하는 것이 옳을 것이다."라고 하셨다. 공서화가 곧 의심스러워 여쭈어 볼 적에 말하기를, "유가 '사람이 선한 일을 듣고서 곧 행해야 합니까?' 하고 물었을 적에는 구가 물은 것과 다름이 없는데도 부자께서는 '부형이 계실 터이니 여쭤 봐야 한다.' 하셨고, 구가 '사람이 선한 일을 들으면 나아가 행해야 됩니까?' 하고 물었을 적에는 유하고 같지만, 부자께서는 '사람이 선한 일을 들으면 나아가 행해야 된다.' 하셨으니, '대저 유에게만 부형이 있고 구에게는 부형이 없습니까? 구가 행하는 것을 유가 행치 못합니까? 저는 속으로 의심스러운 것이 있어서 감히 그 다름에 대해 여쭈어 봅니다.'"라고 하니, 부자께서 깨우쳐 줄 적에 말씀하시기를, "내가 깨우쳐 줄 적에 유와 구는 또한 그들의 자질을 따라 가르쳤을 따름이다. 구의 타고난 성품은 너무 유순해서 물러나니 명령을 받아 행함을 걱정한 것이 아니라 그 행하는 데 용기가 없음을 걱정한 것일 따름이다. 그러므로 들으면 곧 행해야 한다고 깨우쳐 준 것은 분발하고 나아가게 해서 그로 하여금 행하는 것을 용감하게 하도록 한 것이고, 유의 타고난 성품은 너무 굳세어서 남보다 지나치니 급히 행함을 근심한 것이 아니라 그가 마땅히 명령을 받아 행하는 데 대해 빠뜨릴까 근심한 것일 따름이다. 그러므로 내가 부형이 살아 계신다면 반드시 여쭤 보고 난 뒤에 행해야 한다는 것을 깨우친 것이니, 억박질러 물러나게 해서 그로 하여금 행동을 살펴보도록 한 것이다. 적은 마땅히 의심하지 말아야 할 것이다."라고 하셨다.

○독(獨) : 설마 …일 리 있겠는가? 부사로서 반문을 나타냄.
○절(竊) : 속으로. 혼자서. 남몰래. 부사로서 겸손함을 나타내고, 생각했거나 한 일이 반드시 옳지 않을 때에 쓰임.
○가이무혹의(可以無惑矣) : 마땅히 의심을 갖지 말아야 된다는 말. '可以'는 '마땅히 …해야 한다'는 뜻으로 이치가 이와 같아야 함을 나타내는 말.

11 · 22 · 1 子畏於匡하실새 顔淵이 後러니 子曰 吾以女爲死矣라하시니 曰 子在하시니 回何敢死리잇가

공자께서 광 땅을 경계하는 마음이 있었는데 안연이 뒤늦게 당도하니 공자께서
말씀하시기를, "나는 네가 죽은 것으로 생각하고 있었다." 하시니, 안연이 말하기
를 "선생님이 계시는데 제가 어찌 감히 죽을 수가 있겠습니까?"라고 했다.

○사(死) : 광(匡) 땅 사람들의 칼날에 맞아 죽음. "死是犯匡人之鋒而死"
○하감사(何敢死) : 가볍게 죽지 않는다는 말. "何敢死是不輕死 有與夫子同生死意"
○이 글의 내용은 본서 9·5·1 "子畏於匡이러시니" 참고.

後는 謂相失在後라 何敢死는 謂不赴鬪而必死也라 胡氏曰 先王之制에 民生於
三이로되 事之如一이니 惟其所在에 則致死焉이라 況顔淵之於孔子에 恩義兼盡하니
又非他人之爲師弟子者而已라 卽夫子不幸而遇難이면 回必捐生以赴之矣요 捐
生以赴之라가 幸而不死면 則必上告天子하고 下告方伯하여 請討以復讐요 不但已
也리라 夫子而在면 則回何爲而不愛其死하여 以犯匡人之鋒乎아

후(後)는 서로 놓쳐서 뒤에 있었음을 말한다. '何敢死'는 싸움에 나아가더라도 기
필코 죽지는 않음을 이른다. 호 씨가 말했다. "선왕의 제도에 백성들은 세 가지 때
문에 살지만 그들을 섬기는 점에서는 한결같은 것이니, 오직 자기가 섬기고 있는
바에 대해 죽음을 바쳤던 것이다. 하물며 안연은 공자에 대해 은혜와 의리를 모두
극진하게 했으니 또 다른 사람의 스승과 제자 된 것과는 달랐을 따름이다. 만일
부자께서 불행히 난리를 만났다면 회는 반드시 삶을 버리고 나아갔을 것이요, 삶
을 버리고 달려갔다가 다행히 죽지 않았다면 반드시 위로는 천자에게 아뢰고 아
래로는 방백에게 고하여 토벌할 것을 청해서 복수했을 것이고, 그대로 그만두지는
않았을 것이다. 부자께서 계셨다면 회가 어찌해서 그 죽음을 아깝게 여기지 않고
서 광 사람들의 칼날을 개의치 아니했겠는가?"

○민생어삼(民生於三) : 백성들은 세 가지 때문에 사는데, 곧 아버지는 낳고, 스승
은 가르치고, 임금은 먹여준다는 것. 「논어집주(論語集註)」 "國語晋語欒共曰 民生
於三 事之如一 父生之 師敎之 君食(사)之 非父不生 非食不長 非敎不知 生之族也"
○은의(恩義) : 은혜와 의리(義理). 인정과 도리. 은의(恩誼).
○애(愛) : 아끼다. 아깝게 여기다. 「송사(宋史)」 "文臣不愛錢 武臣不愛死"
○범(犯) : 부닥치다. 만나다. 개의치 아니하다.

[備旨] 夫子爲匡人所圍하여 有畏心於匡하실새 時에 顔淵相失在後러니 及其至하여 而夫子謂之에 曰吾以女爲我之故로 犯匡人之鋒而死矣라하니 顔淵對曰 回之死生은 惟夫子是從이라 幸天未喪斯文하여 而夫子猶在也하시니 回何敢輕死하여 以犯匡人之鋒乎아 觀此하여 而聖賢相與之情과 保身之哲을 俱見之矣라

부자께서 광인들에 의해 포위되어 광 땅에 대해 경계하는 마음을 갖고 계셨는데 이때에 안연과 서로 놓쳐 쳐지게 되었더니, 그가 도착하자 부자께서 이를 적에 말씀하시기를, "나는 네가 나로 인해 광인의 칼날을 개의치 않다가 죽은 줄로 생각했다."라고 하시니, 안연이 대답하기를, "제가 죽고 사는 것은 오직 선생님을 따르는 데에 있을 뿐입니다. 다행히 하늘이 이 문화를 버리지 않아 선생님께서 아직도 계시는데, 제가 어찌 감히 죽는 것을 가볍게 여겨 광인들의 칼날을 개의치 않겠습니까?"라고 했다. 이를 보아서 성현과 서로 함께 하려는 마음과 몸을 보전하려는 명철함을 함께 볼 수 있다.

○唯(惟)…是 : 오직 …만 있다. 목적어를 강조하는 형식이다. 조사 '是'를 통해 목적어를 앞으로 끌어낸 후 부사 '唯(惟)'를 그 앞에 두어 목적어의 배타성을 두드러지도록 표현하는 방법. '唯(惟)…之', '唯(惟)…之爲'도 같은 형식이다.
○사문(斯文) : 유도(儒道)의 예악과 제도. '이 문화' '이 학문' '이 문' 등으로 번역할 수 있다. 본서 9·5·1 참고.
○상여(相與) : 서로 함께 함.
○보신(保身) : 몸을 보전함.

11·23·1 季子然이 問 仲由冉求는 可謂大臣與잇가

계자연이 물었다. "중유와 염구는 대신이라고 이를 만합니까?"

○계자연(季子然) : 노(魯)나라 삼환(三桓)의 한 사람. 계평자(季平子) 아들. 계환자(季桓子)의 동생. "是季平子之子 桓子之弟"
○가위대신여(可謂大臣與) : 대신이라고 말할 만합니까? '大臣'은 관직(官職)이 높은 신하를 말하는데, 재덕(才德)을 의심해서 묻는 질문임. "可謂大臣 是以二子才德擬之"

子然은 **季氏子弟**니 **自多其家**에 **得臣二子**라 **故**로 **問之**라

　자연은 계 씨의 자제이니, 그의 집안에 두 사람을 신하로 삼은 것을 스스로 훌륭하다고 자부했으므로 물은 것이다.

○자다(自多) : 자만(自滿)함. 스스로 훌륭하다고 자부함.

[備旨] 季子然이 自多其家에 得由求而臣之라 故로 問於夫子에 曰仲由冉求는 其德業才望이 可謂之大臣與잇가

　계자연이 그 집안에 유와 구를 얻어서 신하로 삼은 것을 스스로 훌륭하다고 자부했으므로 부자에게 여쭈어 볼 적에 말하기를, "중유와 염구는 그의 덕업과 재망이 대신이라고 이를 만합니까?"라고 했다.

○덕업(德業) : 덕행과 공업(功業).
○재망(才望) : 재능과 명망(名望).

11·23·2 子曰 吾以子爲異之問이러니 曾由與求之問이로다

　공자께서 말씀하셨다. "나는 그대가 특별히 다른 질문을 하리라고 생각했었는데, 의외로 유와 구에 대한 질문이시군요!

○오이자위이지문(吾以子爲異之問) : 나는 당신이 특별한 것을 물을 것으로 생각하다. '異之問'은 원래 '問異'였는데, 강조하기 위해 '之'자를 넣어 '異之問'으로 쓴 것이다. 즉 '서술어＋목적어'의 구조였는데, 도치되어 '목적어＋之＋서술어'의 구조로 된 것이다. ☞이지문(異之問) : 다른 사람에 대해서 질문할 것으로 여김. 즉 은(殷)나라의 이윤(伊尹)이나 주(周)나라의 여상(呂尙)과 같은 사람들에 대해 질문할 것으로 여김. 즉 이윤태공지모(伊尹太公之謀)와 같은 계책을 물을 것으로 여김. ☞이윤태공지모(伊尹太公之謀) : 천하를 평정하여 다스리는 계책. 태공(太公)은 태공망(太公望). 여상(呂尙). "異如伊呂之徒"
○증유여구지문(曾由與求之問) : 고작 유와 구에 대해 묻다. '由與求之問'도 원래 '問由

與求'였는데 '之'자를 넣어 '由與求之問'으로 쓴 것이다. ☞증(曾) : 의외로. 뜻밖에. 오히려. 결국. 부사로서 예상치 못했던 뜻밖의 일이 발생한 것을 나타냄.

異는 非常也라 曾은 猶乃也라 輕二子하여 以抑季然也라

이(異)는 보통이 아닌 것이다. 증(曾)은 '乃'와 같다. 두 사람을 경멸하여 계자연을 윽박질러 누른 것이다.

[備旨] 夫子見大臣은 旣非家臣所可當이요 而二子는 又不足以盡大臣之道니 特輕以抑之에 曰子問大臣에 吾以子로 必擧非常之人來問이러니 曾由與求二子之爲問乎인저

부자께서 대신은 이미 가신이 당할 바가 아니고 또 두 사람은 또한 대신의 도를 다할 수 없다는 것을 알았으니, 단지 가볍게 윽박질러 누를 적에 말씀하시기를, "그대가 대신에 대해 물을 적에 나는 그대를 반드시 보통이 아닌 사람들을 들어서 물을 것으로 믿었는데, 의외로 유와 구의 두 사람에 대해서 물으시는군요!

○필(必) : 믿다. 신뢰하다. 단정하다. 기필(期必)하다.
○거비상지인래문(擧非常之人來問) : 보통 사람과 다른 사람을 들어서 물음. '擧非常之人來問'은 '問擧非常之人'의 도치문. 여기서 '來'는 도치시킬 때 쓰는 조사. 11·23·2의 원문에서 '問異'를 '異之問'으로 도치시킬 때 쓰인 '之'와 같음. 「서전(書傳)」 《우서(虞書)》에 나오는 "祖考來格 … 鳳凰來儀(선왕에게 청하여 … 봉황을 불렀다)"도 같은 구조임.

11·23·3 所謂大臣者는 以道事君하다가 不可則止하나니

이른바 대신이라고 하는 것은 도로써 임금을 섬기다가 자기의 뜻을 행할 수 없으면 그만두는 것이니,

○소위대신자(所謂大臣者) : 이른바 대신이라고 하는 사람은. 대신에 걸맞은 인품이 되려는 사람은. "謂是稱謂 大臣以人品言"
○이도사군(以道事君) : 도로써 임금을 섬기다. "道是正道對容悅功利之私看"
○불가즉지(不可則止) : 불가능하면 그치다. 주자(朱子)는 '맞지 않으면 떠나는 것'

이라 했다. 「논어집주(論語集註)」 "朱子曰 不可則止 謂不合則去" ☞불가(不可) : 임금이 도(道)를 쓰지 않음. ☞지(止) : 그만둠. 그만두고 벼슬하지 않음 "不可是君不用其道 止是止而不仕"

以道事君者는 不從君之欲이요 不可則止者는 必行己之志라

도로써 임금을 섬긴다는 것은 임금의 욕구만을 따르지 않는다는 것이요, 불가능하면 그친다는 것은 반드시 자기의 뜻을 행한다는 것이다.

[備旨] 夫所以謂之大臣者는 非徒以名與位也라 蓋以至正之道로 事其君하여 而納於軌物之中이라가 苟其志不可行이면 則止而不仕하여 必不枉道以辱身하나니 是進退에 不苟有如此니라

무릇 이들을 일러 대신이라고 이른 것은 다만 이름과 지위로써 만은 아닌 것이다. 대개 지극히 바른 도로써 그 임금을 섬겨서 사물을 바로잡는 데로 인도하다가 진실로 그 뜻을 행할 수 없으면, 그만두고 벼슬하지 않아서 반드시 정도를 어겨 몸을 욕되게 하지 않았던 것이니, 곧 나아가고 물러 설 적에 구차하지 않음이 이와 같았던 것이다.

○지정(至正) : 지극히 바른 도(道).
○납(納) : 인도하다. 「의례(儀禮)」 "小臣納卿大夫"
○궤물(軌物) : ①법도. 법칙. 규범. ②사물을 바로잡음. 여기서는 ②의 뜻.
○왕도(枉道) : 정도(正道)를 어김.

11 · 23 · 4 今由與求也는 可謂具臣矣니라

지금 유와 구는 숫자나 채우는 신하라고 할 수 있을 것입니다."

○구신(具臣) : 단지 숫자만 채우고 임금의 뜻대로 움직이는 신하. 「논어집주(論語集註)」 "勉齋黃氏曰 大臣者 異乎群臣 而超乎其上者也 具臣者 等乎群臣 而混乎其中者也"

其臣은 謂備臣數而已라

구신(其臣)은 신하의 숫자만 채울 뿐임을 이른다.

[備旨] 今由與求也는 果能以道事君乎며 果能不可면 則止乎아 特可謂具備人臣之數已矣니 安可謂大臣哉리오

지금 유와 구는 정말로 능히 도로써 임금을 섬기며 정말로 자기의 뜻을 행할 수 없으면 그만둘 수 있겠는가? 겨우 신하의 숫자만 채우고 임금의 뜻대로 움직이는 신하라고 이를 수 있을 뿐이니, 어찌 대신이라고 이를 수 있겠는가?"라고 하셨다.

○특(特) : 겨우. 근근히. …에 지나지 않는다.
○인신(人臣) : 신하(臣下).

11·23·5 曰 然則從之者與잇가

계자연이 물었다. "그렇다면 따르기만 하는 자들입니까?"

○연즉(然則) : 그렇다고 한다면. '然'은 먼저 전제한 것을 확정하는 역할을 하고 '則'은 추론을 나타내는 역할을 하는데, 앞의 말을 근거로 어떤 결론을 이끌어 냄. 承上節 不可謂大臣說來"
○종지자여(從之者與) : 따르기만 하는 사람들입니까? ☞여(與) : 추측을 하면서도 의문을 나타내는 어조사인데, 화자가 추측한 말에 대해 답을 요구하고 있음. "從之謂凡事皆從 更無可否意"

意二子가 旣非大臣이니 則從季氏之所爲而已라

두 사람이 이미 대신이 아니라고 했으니, 계 씨가 하는 바를 따르기만 할 뿐이라고 여긴 것이다.

[備旨] 子然이 又問에 曰二子旣非大臣이니 然則凡事에 皆從其主之所欲爲者與잇가

계자연이 또 여쭈어 볼 적에 말하기를, "두 사람이 이미 대신이 아니라고 했으니, 그렇다면 범사에 모두 그 주인이 하고자 하는 바를 따르기만 하는 사람입니까?"라고 했다.

11 · 23 · 6　子曰 弑父與君은 亦不從也리라

공자께서 말씀하셨다. "아버지와 임금을 시해하는 일에는 또한 따르지 않을 것입니다."

○시부여군(弑父與君) : 아버지와 임금을 죽이다. ☞시(弑) : 아랫사람이 윗사람을 죽임. "以下殺上曰弑"
○역부종야(亦不從也) : 또한 단연코 따르지 않을 것이라는 말. "亦不從 見得小失之事 或見未眞守未定間 或有之若此等事 則斷然亦不從"

言二子가 雖不足於大臣之道나 然이나 君臣之義는 則聞之熟矣니 弑逆大故는 必不從之라 蓋深許二子는 以死難으로 不可奪之節하고 而又以陰折季氏不臣之心也시니라
○尹氏曰 季氏專權僭竊이어늘 二子가 仕其家而不能正也하고 知其不可而不能止也하니 可謂具臣矣라 是時에 季氏已有無君之心이라 故로 自多其得人하고 意其可使從己也라 故로 曰 弑父與君은 亦不從也라하시니 其庶乎二子可免矣로다

두 사람이 비록 대신의 도에는 부족하지만 군신의 의리는 익숙하게 들었으니, 부모나 임금을 죽이는 큰 죄악은 반드시 따르지 않을 것이라고 말씀한 것이다. 대개 두 사람에게는 국난이나 정의로운 일에 생명을 바치는 데 대해서는 절개를 뺏을 수 없다고 깊이 인정하시고, 또 계 씨의 신하답지 못한 마음에 대해서는 은근히 꺾으신 것이다.
○윤 씨가 말했다. "계 씨가 권력을 마음대로 하고 마음대로 높은 자리를 차지했지만 두 사람이 그 집에서 벼슬하면서도 능히 바로잡지 못하였고, 그가 옳지 못했다는 것을 알면서도 그만두도록 못했으니, 숫자나 채우는 신하라고 할 수 있을 것이다. 이때에 계 씨에게는 이미 임금을 무시하는 마음이 있었으므로 그는 인재를 얻는 데 대해 자만했고 그들이 자기를 따르도록 할 수 있으리라고 생각했던 것이다. 그러므로 공자께서 말씀하시기를, '아버지와 임금을 시해하는 일에는 또한

따르지는 않을 것이다.'라고 하셨으니, 이 두 사람이 아마도 허물에서는 면할 수 있었을 것이다."

○시역(弑逆) : 부모나 임금을 죽이는 일. 시살(弑殺).
○대고(大故) : 매우 큰 과실(過失)이나 죄악.
○사난(死難) : 국난(國難)이나 정의로운 일을 위하여 생명을 바침.
○전권(專權) : 권력을 마음대호 함. 권력을 한 사람이 쥠.
○참절(僭竊) : 부정한 수단으로 지나치게 높은 자리를 얻음.
○자다(自多) : 자만(自滿)함. 스스로 훌륭하다고 자부함.

[備旨] 夫子折之에 曰二子가 雖不足於大臣之道나 然이나 君臣之義는 則聞之已熟이라 若弑父與君之事는 乃非道之甚하나니 吾知其見之審하고 守之固하여 亦必不從也라하시니 蓋季氏素有不臣之心하니 欲借二子하여 爲羽翼이라 故로 夫子稱二子하여 以陰折其心也시니라

부자께서 기세를 꺾을 적에 말씀하시기를, "두 사람이 비록 대신의 도에는 부족하지만 군신의 의리에는 아주 익숙하다고 들었습니다. 아버지나 임금을 죽이는 일은 곧 도리를 벗어남이 심한 것이니, 내가 알기로는 그들이 자세히 보고 견고하게 지켜서 또한 반드시 따르지 않을 것입니다."라고 하셨으니, 대개 계 씨는 평소에 신하답지 못한 마음을 가졌으니 두 사람을 빌려 도움을 삼고자 했던 것이다. 그러므로 부자께서 두 사람을 칭찬해서 몰래 그의 마음을 꺾으신 것이다.

○절(折) : 꺾다. 기세를 꺾음.
○소(素) : 본래. 평소. 바탕.
○우익(羽翼) : 도움으로 삼음. 힘으로 믿음.

11·24·1 子路가 使子羔로 爲費宰한대

자로가 자고로 하여금 비읍의 재상을 삼도록 하자,

○자고(子羔) : 공자의 제자. 고시(高柴)를 말함. ☞고(羔) : 새끼 양. 염소 새끼.
○비읍(費邑) : 노(魯)나라의 지명. 본래 계 씨(季氏)의 사읍(私邑)이었으나, 노(魯)

나라 정공(定公) 12년에 공자는 삼가(三家)의 세력을 약화시키려고, 계 씨로 하여금 그 성(城)을 파괴하려 했다. 그 뒤 다스리기 어려워서 자로(子路)가 자고(子羔)로 하여금, 비읍(費邑)의 재상을 삼아 다스리게 했다. 본서 6·7·1 참고.

子路가 爲季氏宰而擧之也라

자로가 계 씨의 재상이 되어서 그를 천거한 것이다.

[備旨] 昔에 子路가 仕於季氏하여 以費邑難治로 擧子羔하여 爲費邑宰라 意以子羔厚重으로 足以化民也라

옛날 자로가 계 씨에게 벼슬하게 되어서 비읍이 다스리기 어려우므로 자고를 천거하여 비읍의 재상으로 삼았던 것이다. 자고의 후중함으로 족히 백성을 교화시킬 수 있다고 생각했던 것이다.

○후중(厚重) : 성품이 온후(溫厚)하고 진중(鎭重)함.
○화민(化民) : 백성을 교화하여 착하게 함. 「한서(漢書)」 "化民以德 帥下以德"

11·24·2 子曰 賊夫人之子로다

공자께서 말씀하셨다. "남의 아들을 해치는구나!"

○적부인지자(賊夫人之子) : 남의 아들을 해치다. 자고(子羔)가 학문과 덕이 어렸기에 이렇게 완곡한 표현을 쓴 것이다. ☞부(夫) : 아주 가볍게 지시하는 것이므로 굳이 해석할 필요는 없다. '彼'정도의 뜻. 11·24·4에 나오는 '惡(오)夫侫者'의 '夫'는 '此'정도의 뜻. ☞인지자(人之子) : 다른 사람의 아들. "賊兼仕學兩妨尤重在仕邊 夫人之子指子羔"

賊은 害也라 言子羔質美로되 而未學이니 遽使治民이면 適以害之라

적(賊)은 해치는 것이다. 자고가 자질은 아름답지만 아직 배우지 않았으니, 갑자

기 백성을 다스리도록 하면 다만 해칠 뿐이라는 것을 말씀한 것이다.

[備旨] 夫子聞而責之에 曰以夫人之子로 而遽使之仕면 則內有妨於修己하여 而學問無由成하고 外有妨於治人하여 而功業不能就리니 適以賊夫人之子耳라

부자께서 듣고 꾸짖을 적에 말씀하시기를, "사람의 아들로 갑자기 벼슬하도록 하면, 안으로는 몸을 닦는 데 방해되어 학문을 이룸이 없을 것이고 밖으로는 남을 다스리는 데 방해되어 공업을 능히 이루지 못할 것이니, 다만 남의 아들을 해롭게 할 따름이다." 라고 하셨다.

11 · 24 · 3 子路曰 有民人焉하며 有社稷焉하니 何必讀書然後에 爲學이리잇고

자로가 말했다. "백성들이 있다면 다스려야 하고 사직이 있다면 섬겨야 하니, 어찌 반드시 글을 읽은 뒤에 학문한다고 하겠습니까?"

○유민인언(有民人焉) : 백성들이 있다. 백성을 다스리는 것도 학문하는 것이라는 말. 지위가 없을 적에는 '民'이라 하고, 지위가 있을 적에는 '人'이라 함. "無位曰民 有位曰人"
○유사직언(有社稷焉) : 사직이 있다. 사직을 섬기는 것도 학문하는 것이라는 말.
☞사직(社稷) : 국가. 토지(土地) 신과 곡식(穀食) 신을 말함. "社是土神 稷是穀神 民人社稷俱就費講"
○하필독서(何必讀書) : '어떻게 꼭 글을 읽어야 되겠는가?'라는 뜻으로 장구(章句)와 같이 지엽적인 데 얽매일 필요가 없다는 뜻. "見不必拘拘於章句之末意"

言治民事神이 皆所以爲學이라

백성을 다스리고 귀신을 섬기는 것이 모두 학문하는 것이라고 말씀한 것이다.

[備旨] 子路强辯以對에 曰夫子謂賊夫人은 以其未學也라 然이나 費邑之中에 有民人焉하니 所當治也요 有社稷焉하니 所當事也라 治民事神이 是卽學矣라 何必沾沾焉讀章句之

書然後에 爲學也哉리오

　　자로가 단호한 말로써 대답할 적에 말하기를, "부자께서 사람을 해친다고 이른 것은 그가 아직까지 배우지 못했다는 이유에서입니다. 그러나 비읍 가운데 인민들이 있으니 마땅히 다스려야 할 것이요, 사직도 있으니 마땅히 섬겨야 할 것입니다. 백성을 다스리고 귀신을 섬기는 것이 바로 배우는 것입니다. 어찌 반드시 뽐을 내면서 장구의 글을 읽은 뒤에 학문한다고 하겠습니까?"라고 했다.

○점점언(沾沾焉) : 득의(得意)하여 뽐내는 모양. 제 자랑을 하는 모양.
○비읍(費邑) : 노(魯)나라의 지명. 본래 계 씨(季氏)의 사읍(私邑)이었음.

11·24·4 子曰 是故로 惡(오)夫佞者하노라

　　공자께서 말씀하셨다. "그러므로 말을 잘 둘러대는 자를 미워한다."

○시고(是故) : 이렇기 때문에. "承上文來"
○오부영자(惡夫佞者) : 말을 잘 하는 사람을 미워하다. ☞오(惡) : 싫어하다. 미워하다. 여기서는 거성(去聲)으로 쓰였음. ☞부(夫) : 가볍게 지시하는 것이므로 굳이 해석할 필요는 없다. '此'정도의 뜻. 11·24·2에 나오는 '賊夫人之子'의 '夫'는 '彼' 정도의 뜻. ☞영자(佞者) : 말을 잘 둘러대는 사람.

治民事神이 固學者事나 然이나 必學之已成然後에 可仕以行其學이니 若初未嘗學이로되 而使之로 卽仕以爲學이면 其不至於慢神而虐民者가 幾希矣라 子路之言은 非其本意요 但理屈詞窮하여 而取辦於口以禦人耳라 故로 夫子가 不斥其非하시고 而特惡(오)其佞也시니라
○范氏曰 古者에 學而後入政이요 未聞以政學者也라 蓋道之本은 在於修身이요 而後及於治人이니 其說이 具於方冊이라 讀而知之然後에 能行이니 何可以不讀書也리오 子路는 乃欲使子羔로 以政爲學이로되 失先後本末之序矣라 不知其過하고 而以口給禦人하니 故로 夫子惡其佞也시니라

　　백성을 다스리고 귀신을 섬기는 것은 진실로 배우는 사람들의 일이지만, 반드시

학문이 이미 이루어진 뒤에 벼슬하여 그 학문을 행해야 하는 것이니, 만약 처음부터 일찍이 학문을 하지 않았는데 그로 하여금 벼슬에 나아가서 배우게 한다면 귀신을 업신여기고 백성을 학대하는 데 이르지 않을 자가 거의 드물 것이다. 자로의 말은 그의 본뜻이 아니라 다만 이치가 닿지 않고 말이 궁해 입으로만 처리하여 사람들을 막았던 것일 따름이다. 그러므로 부자께서 그의 잘못을 배척하지 않으시고 다만 그 말을 잘 둘러대는 것을 미워하신 것이다.

○범 씨가 말했다. "옛날에는 배운 뒤에 정사하는 데 들어갔지 정사를 행하면서 배운다는 것은 듣지 못했다. 도의 근본은 몸을 닦는 데 있고 그렇게 한 뒤에 사람을 다스리는 데에 미치는 것이니 그 말이 책에 갖추어져 있다. 책을 읽어서 안 뒤에 실행할 수 있는 것인데 어찌 책을 읽지 않을 수 있겠는가? 자로는 이렇게 자고로 하여금 정사를 학문으로 여기도록 하고 싶었지만 선후·본말의 차례를 그르쳤던 것이다. 그 잘못을 알지 못하고 남의 입만 막으려 했으므로, 부자께서 그의 말재주를 미워하신 것이다."

○만신(慢神) : 귀신을 업신여김.
○학민(虐民) : 백성들을 학대함.
○이굴사궁(理屈詞窮) : 이치가 닿지 않아 말문이 막힘.
○취판(取辦) : 마련함. 처리함.
○방책(方冊) : 서적. 전적(典籍). 방책(方策).

[備旨] 夫卽仕而學은 非子路使子羔本意로되 但因夫子之責하여 而飾辭以應之라 故로 夫子復責之에 曰是故로 我平日에 所以惡夫佞者는 正以其不問理之是非하고 而但以口給取勝耳라 今由之言은 乃所謂佞者也니 庸非我之所惡乎아

무릇 벼슬에 나아가고 학문하는 것은 자로가 자고로 하여금 하게 했던 본래의 의도는 아니지만, 다만 부자의 꾸짖음을 인해 말을 꾸며서 응한 것이다. 그러므로 부자께서 다시 책망할 적에 말씀하시기를, "이렇기 때문에 내가 평일에 말을 잘 둘러대는 사람을 미워한 까닭은 바로 그 이치의 옳고 그름을 따지지 않고 다만 말솜씨가 좋은 사람을 뛰어난 사람으로 취하기 때문이다. 지금 유의 말은 곧 말을 잘 둘러대는 사람이라고 이른 것이니, 어찌 내가 미워하지 않겠는가?"라고 하셨다.

○식사(飾辭) : 말을 꾸며대어 잘못을 숨김. 꾸며서 하는 빈 말.
○구급(口給) : 말솜씨가 좋음. 말주변이 있음.

○용(庸) : 어찌. 의문 부사로서 반문을 나타냄.

11·25·1 子路와 曾晳과 冉有와 公西華가 侍坐러니

자로와 증석과 염유와 공서화가 공자를 모시고 앉았는데,

○자로(子路) : 공자의 제자. 성은 중(仲). 이름은 유(由). 자는 자로(子路) 또는 계로(季路). 용감한 성격에 정사에 능하여 위(衛)나라에서 벼슬하였으나 뒤에 피살됨.
○증석(曾晳) : 성은 증(曾). 이름은 점(點). 자는 석(晳). 증자(曾子)의 아버지로 역시 공자의 제자였다.
○염유(冉有) : 염구(冉求). 춘추 시대 노(魯)나라 사람. 자(字)는 자유(子有). 공자의 제자로서 성품이 온순하고 재주가 있으며, 계 씨(季氏)에게 벼슬하여 재상(宰相)이 되었다. 공문 십철(孔門十哲)의 한 사람. ☞염(冉) : 나아가다. 부드럽다. 수염이 흔들리는 모양.
○공서화(公西華) : 공자의 제자. 공서적(公西赤). 적(赤)은 이름. 자는 자화(子華). 본서 5·7·4 참고.
○이 장은 공자를 중심으로 대화를 나눈 제자들의 진면목을 볼 수 있다. 참고로 이 장은 「논어」 중에서 가장 길다. "此正言志之會"

晳은 曾參父니 名은 點이라

석은 증삼의 아버지이니, 이름은 점이다.

[備旨] 昔에 子路와 曾晳과 冉有와 公西華가 侍坐於夫子之側이라

옛날 자로와 증석과 염유와 공서화가 부자를 모시고 곁에 앉았었다.

11·25·2 子曰 以吾一日長乎爾나 毋吾以也하라

공자께서 말씀하셨다. "내가 너희들보다 조금이라도 나이가 많다고 하지만, 그렇

다고 나를 나이가 많다고 여기지 말라.

○이오일일장호이(以吾一日長乎爾) : 내가 너희들보다 나이가 하루 더 많다. '一日長乎爾'는 '長乎爾一日'의 도치형. ☞이(以) : 이유를 나타냄. ☞일일(一日) : 약간. 조금. 겸손해서 한 말. ☞호(乎) : 비교를 나타내는 전치사. ☞이(爾) : 이인칭 대명사. 너희 네 사람. 자로·증석·염유·공서화. "以者有所拘之辭 一日是謙言 爾指四子"
○무오이야(毋吾以也) : 내가 하루라도 너희들보다 나이가 많다고 생각하지 말라. '毋以吾也'의 도치형. 원래 문장은 '毋以吾一日長乎爾也'인데, 고대 한문에서는 '毋'에 의해서 부정되는 '서술어＋목적어' 구조에서는 목적어가 대명사이면 일반적으로 동사의 앞으로 도치되었음. "毋切勿意正欲其盡言處"

言我雖年少長於女나 然이나 女는 勿以我長而難言이라 蓋誘之盡言하여 以觀其志하시니 而聖人和氣謙德을 於此에 亦可見矣라

　내가 비록 나이가 너희들보다 조금 많지만, 그러나 '너희들은 내가 나이가 많다고 해서 말하기를 어려워하지 말라.'고 말씀한 것이다. 이는 말을 거리낌 없이 다 하도록 유도하여 그 뜻을 관찰하려고 하셨으니, 성인의 화기와 겸덕을 여기서도 또 볼 수 있다.

○진언(盡言) : 생각한 바를 다 말함. 거리낌 없이 십분 충고함. 극언(極言). 「역경(易經)」 "書不盡言 言不盡意"
○화기(和氣) : 온화한 기운. 화락한 마음.

[備旨] 夫子誘之言志에 曰以年而言이면 吾雖有一日少長於爾나 然이나 辨論之際는 非年之所得拘者라 爾는 其有懷면 必言하고 有言이면 必盡이라 毋以吾長之故로 而遜焉而不言也니라

　부자께서 뜻을 말하도록 유도할 적에 말씀하시기를, "나이로써 말할 것 같으면 내가 비록 조금이라도 너희들보다 조금 많다고 하겠지만, 그러나 변론할 때는 나이에 구애받을 것이 아니다. 너희들은 생각이 있으면 반드시 말을 하고 말을 하면 반드시 다하도록 해야 할 것이다. 내가 나이가 많아서 겸손하게 한다는 이유로 말하지 않아서는 안 될 것이다."라고 하셨다.

11·25·3 居則曰 不吾知也라하나니 如或知爾면 則何以哉오

　평소에 말하기를, '나를 알아주지 않는다.' 하는데, 만일 혹시라도 너희들을 알아준다면 어찌 하겠느냐?"

○거즉왈불오지야(居則曰不吾知也) : 평소에 나를 알아주지 않는다고 말하다. ☞거(居) : 평소에. 늘. 평거(平居). ☞불오지야(不吾知也) : 사람들이 나를 알아주지 않는다는 뜻. '不吾知也'는 '不知吾也'의 도치형. 고대 한문에서는 '不'에 의해서 부정되는 '서술어＋목적어' 구조에서는 목적어가 대명사이면 일반적으로 동사의 앞으로 이끌어 내었는데, 이는 고대 한문 문법의 어법상 특징이었다.
○여혹지이(如或知爾) : 만약 임금이 천거하고 재상들이 추천한다면. ☞여혹(如或) : 가령. 설혹(設或). 설령(設令). 설사(設使). 설약(設若). "如或設若之辭 知兼君擧相薦說"
○즉하이재(則何以哉) : …한다면 어찌 하겠는가? '何以'는 '무엇으로써' '어떻게'의 뜻을 나타낸다. '何以'는 '以何'의 도치형인데, 의문대명사인 '何'가 이유·원인·도구를 나타내는 전치사 '以'를 만나면 도치된다. "何以就設施言"

言女平居면 則言人不知我라하나니 如或有人知女면 則女將何以爲用也오

　너희들이 평소에 말하기를, '사람들이 나를 알아주지 않는다.'고 하니, 만일 혹시라도 너를 알아주는 사람이 있다면, 너희들은 장차 어떻게 쓰이고 싶은가를 말씀하신 것이다.

○평거(平居) : 평소에. 늘.

[備旨] 想女平居之時면 則皆自負에 曰吾才는 足以爲世用이로되 而人不吾知也라하나니 如或有君相이 知爾而擧用之면 則爾는 將何以措諸用而酬知哉아 爲我言之可也니라

　너희들이 평소 거할 때를 생각해 보면 모두 자신이 훌륭하다고 믿으면서 말하기를, "'나의 재주는 족히 세상에 쓰일 수 있지만 사람들이 나를 알아주지 않는다.'라고 하니, 만일 혹시라도 임금이나 재상들이 너희들을 알아서 들어 쓴다면, 너희들은 장차 쓰임에 적절하게 조처하여 알아주는 데 대해 어떻게 보답하겠느냐? 나를 위해서 말해주는 것이 좋을 것이다."라고 하셨다.

○자부(自負) : 스스로 자신이 훌륭하다고 믿음. 자가(自可). 자시(自恃).
○군상(君相) : 임금과 재상.
○거용(擧用) : 선발하여 임용함. 들어 씀.

11·25·4　子路가　率爾而對曰　千乘之國이　攝乎大國之間하여 加之以師旅하고　因之以饑饉이어든　由也爲之면　比及三年하여　可 使有勇하고　且知方也케하리이다　夫子哂之하시다

　자로가 경솔하게 대답하면서 말하기를, "제후의 나라가 큰 나라 사이에 끼여서 침입을 당하고 게다가 기근까지 들어도, 제가 나라를 맡아 다스린다면 3년에 이르면 백성들을 용맹하게 하고 또 나아갈 방향을 알도록 할 수 있습니다."라고 하니, 부자께서 빙긋이 웃으셨다.

○솔이(率爾) : 경솔한 모양. 경솔하게 불쑥 나서는 모양. 여기서 '爾'는 어떤 단어 뒤에 쓰여 상태를 나타내는 구실을 한다. '然'자와 같은 의미다. "有急於見長意"
○천승지국(千乘之國) : 제후의 나라. '乘'은 수레를 세는 단위였는데 '千乘'이라고 하면 '諸侯'를 일컬었음. '千乘之國'은 전시에 1,000승(乘)의 병거(兵車)를 낼 수 있는 나라를 말했음. 주대(周代)의 제도에서 천자(天子)는 기내(畿內)의 사방 천 리를 영유하고 10,000승(乘)을 내놓았으며, 제후(諸侯)는 사방 백 리를 영유하고 병거 1,000승(乘)을 내놓았음. 일승(一乘)에는 갑사(甲士) 3명, 보병(步兵) 72명, 거사(車士) 25명이 딸림. "是 侯國 見兵賦之煩"「맹자(孟子)」《양혜왕상(梁惠王上)》집주 참고. "乘車數也라 萬乘之 國者는 天子畿內地方千里에 出車萬乘이요 千乘之家者는 天子之公卿采地方百里에 出車 千乘也라 千乘之國은 諸侯之國이요 百乘之家는 諸侯之大夫也라"
○섭호대국지간(攝乎大國之間) : 큰 나라 사이에 끼임. 즉 큰 나라 사이에서 속박을 당함. '攝'은 '끼이다'라는 뜻. "攝其間是兩邊大國 此二句是勢難"
○가지이사려(加之以師旅) : 그것에 전쟁을 더하다. '以師旅加之'의 도치형. '師旅'는 원래 군사를 말하는데, 여기서는 전쟁을 말함. 즉 침입을 당한다는 의미. "加添也 師旅指 侵伐言"
○인지이기근(因之以饑饉) : 기근으로 그 뒤를 잇다. 게다가 자주 기근까지 듦. '以饑饉 因之'의 도치형. "因是頻仍意 饑饉荒歉也 此二句是時難"
○유야위지(由也爲之) : 유가 정치를 맡아 다스리다. ☞야(也) : 어조사로서 주어

뒤에 쓰였는데, 어기(語氣)를 한 번 늘여줌으로써 강조를 나타낸다. "爲之只委國授政 非是爲諸侯也 爲之內兼善政善敎看"

○비급삼년(比及三年) : 3년에 이르다. '比及'은 '…에 이름' '…에 미침' '…할 때가 되어'라는 뜻. 옛날에는 삼 년에 한 번씩 관리들의 성적을 고과(考課)하였음. "以三年爲期者 古者三年考績也"

○가사유용(可使有勇) : 용기를 갖도록 함. 적과 싸우려는 의기를 갖도록 한다는 말. "有勇是民皆有敵愾之勇"

○차지방야(且知方也) : 또한 사람으로서 행할 길을 알도록 한다는 말. '方'은 올바른 길로 향하도록 인도하는 '義方'과 같은 것을 말함. ☞지방(知方) : 의리를 분별할 줄 앎. 예법을 앎. "且字折深一層"

○부자신지(夫子哂之) : 부자께서 빙긋이 웃다. ☞신(哂) : ①비웃다. 조소하다. ② 웃다. 빙그레 웃다. 여기서는 ②의 뜻. "只是哂他率爾 但宜渾說"

率爾는 輕遽之貌라 攝은 管束也라 二千五百人이 爲師요 五百人이 爲旅라 因은 仍也라 穀不熟 曰饑요 菜不熟 曰饉이라 方은 向也니 謂向義也라 民向義면 則能親其上하고 死其長矣라 哂은 微笑也라

솔이(率爾)는 경솔한 모양이다. 섭(攝)은 관할하고 속박함이다. 2천 5백 명을 '師'라 하고, 5백 명을 '旅'라 한다. 인(因)은 '누차'다. 곡식이 익지 않은 것을 '饑'라 하고, 채소가 자라지 않은 것을 '饉'이라 한다. 방(方)은 향하는 것이니 의로 향함을 말한다. 백성들이 의로 향하면 능히 윗사람과 친하고 그 어른들을 위해 죽을 것이다. 신(哂)은 미소짓는 것이다.

○경거(輕遽) : 경솔함.
○관속(管束) : 관할하고 속박함.
○잉(仍) : 누차. 늘. 부사로서 중복되거나 빈번한 것을 나타냄.

[備旨] 子路가 遂輕遽率爾而對에 曰以千乘諸侯之國은 而兵賦旣煩하고 管攝乎二大國之間하여 而擧動有制면 勢之難也가 如此하고 又且加之以師旅하고 而兵興하여 因之以饑饉而歲歉이어든 時之難也가 又如此라 使由也見知於人而爲之면 則政敎所敷가 比及三年之久하여는 可使斯民으로 皆有勇敢之氣하여 以之戰則勝하고 攻則取요 且皆知方하여 而有親上死長之義하여 而樂爲之效死요 依然强盛之千乘也니 由之副知我以此케하리이다하니

言畢할새 夫子微笑而哂之焉하시니라

　자로가 곧 아주 경솔하게 대답할 적에 말하기를, "천승인 제후의 나라는 병부가 이미 번잡하고 큰 두 나라 사이에서 관할과 통제를 당하여 거동에 통제를 당했다면 형세의 어려움이 이와 같게 될 것이고, 또 게다가 전쟁이 더해서 병사들이 일어나고 이를 인해서 기근이 들고 흉년이 든다면 시대의 어려움이 또 이와 같게 될 것입니다. 만약 제가 사람들에게 인정을 받아서 다스리게 된다면, 정교를 베푼 지 3년에 이르러서는 이 백성들로 하여금 모두 용맹한 기운을 갖게 되어 이들이 싸우면 이기게 되고 공격하면 취하게 될 것이요, 또 모두 나아갈 방향을 알아서 윗사람들과 친하게 되고 어른들을 위해 죽는 의리를 가져서 즐겁게 그들을 위해 목숨을 바치게 될 것이요, 의연히 강성한 제후가 되게 할 것이니, 저는 나를 알아주는 사람들에게 이처럼 할 것입니다."라고 했더니, 말을 마쳤을 적에 부자께서 미소 지으면서 웃으셨다.

○병부(兵賦) : 병사(兵事)와 부세(賦稅)에 관한 일.
○관섭(管攝) : 관할하고 통제함.
○부(敷) : 펴다. 베풀다.
○견지(見知) : 남에게 인정을 받음. 알려짐.
○효사(效死) : 목숨을 바침.
○부(副) : 걸맞다(相稱). 꼭 맞다.
○의연(依然) : 종전 그대로. 전과 다름이 없는 모양.

11·25·5 求야 爾는 何如오 對曰 方六七十과 如五六十에 求也爲之면 比及三年하여 可使足民이어니와 如其禮樂엔 以俟君子하리이다

　"구야! 너는 어떻게 하겠느냐?" 하시자, 대답하기를, "사방 60~70리 혹은 50~60리쯤 되는 작은 나라를 제가 다스린다면, 3년쯤 이르면 백성들을 풍족하게 할 수 있겠지만, 그들의 예악 문제에 관해서는 훌륭한 군자를 기다리겠습니다."

○방육칠십여오륙십(方六七十如五六十) : 사방 60~70리 혹은 50~60리쯤 되는 작은 지역. "此二句對上千乘看"

○구야위지(求也爲之) : 구가 정치를 맡아 다스리다. ☞야(也) : 어조사로서 주어 뒤에 쓰였는데, 어기(語氣)를 한 번 늘여줌으로써 강조를 나타낸다. "爲之內兼開源 節流看"
○비급삼년가사족민(比及三年可使足民) : 3년에 이르면 백성을 풍족하게 할 수 있다. "足民兼俯仰有資 凶荒有備言"
○여기예악(如其禮樂) : 예악과 같이 가르치는 문제. '如'는 '若'과 같은 뜻. "如是若 禮 樂主教民說"
○이사군자(以俟君子) : 군자를 기다림. 여기서 군자는 중도를 이행하고 조화를 이룬 훌륭한 군자를 말함. "俟是待 君子是履中踏和者 能盡禮樂於己然後 能以禮樂化民也"

求야 爾는 何如오는 孔子問也니 下放此라 方六七十里는 小國也라 如는 猶或也라 五六十里는 則又小矣라 足은 富足也라 俟君子는 言非己所能이라 冉有謙退는 又 以子路見哂이라 故로 其辭益遜이라

'구야! 너는 어떻게 하겠느냐?'라고 한 것은 공자께서 물으신 것이니, 아래도 이와 같다. 사방 60~70리는 작은 나라다. 여(如)는 '或'과 같다. 50~60리는 더 작은 것이다. 족(足)은 부유하고 풍족한 것이다. '군자를 기다린다는 것'은 자기에게 능한 바가 없음을 말한 것이다. 염유가 겸손하게 사양한 것은 또 자로가 비웃음 당하는 것을 보았기 때문이다. 그러므로 그 말이 더욱 겸손했던 것이다.

○겸퇴(謙退) : 겸손하게 사양함. 겸양(謙讓).

[備旨] 夫子又問 求야 爾之志는 何如오하니 求對에 曰千乘之國은 非求之所敢任也로되 但方六七十里之小國과 如五六十里之小國은 求也見知於人而爲之면 則生養有方하여 比及 三年之久하여는 可使斯民으로 皆富足이니 求之志는 如斯而已라 然이나 此는 特富而未 敎也니 若夫禮以節民性하고 樂以和民情은 則必以俟履中踏和之君子라야 能之리니 豈求 之所敢當哉아 求之副知我以此니이다

부자께서 또 묻기를, "구야! 너의 뜻에는 어떻게 하겠느냐?"라고 하니, 구가 대답할 적에 말하기를, "제후의 나라는 제가 감히 맡을 바가 아니지만, 다만 사방 60~70리 되는 작은 나라와 50~60리 되는 작은 나라는 제가 남에게 인정을 받아서 다스리게 된다면, 낳아 기르는 방법이 있어서 3년쯤 이르면 이 백성으로 하여금 모두 부유하고 풍족

하게 할 수 있을 것이니, 저의 뜻은 이와 같을 따름입니다. 그러나 이는 부유하게 하는 데 지나지 않을 뿐이고 가르치는 것은 아니니, 예절로써 백성의 성품을 절도 있게 하고 음악으로써 백성들의 감정을 화순하게 하는 것은 반드시 중도를 이행하고 조화를 이룬 군자를 기다린 뒤에 능히 할 수 있을 것이니, 어찌 제가 감당할 수 있겠습니까? 저는 나를 알아주는 사람들에게 이처럼 할 것입니다.”라고 했다.

○견지(見知) : 남에게 인정을 받음. 알려짐.
○생양(生養) : 낳아 기름. 양육(養育).
○특(特) : 단지. 겨우. 근근이. …에 지나지 않는다.
○약부(若夫) : …에 이르러. 접속사로서 다른 화제를 제시하는 것을 나타냄.
○이중(履中) : 중도(中道)를 이행(履行)함.
○도화(蹈和) : 조화(調和)를 이룸.
○부(副) : 걸맞다(相稱). 꼭 맞다.

11·25·6 赤아 爾는 何如오 對曰 非曰能之라 願學焉하노이다 宗廟之事와 如會同에 端章甫로 願爲小相焉하노이다

"적아 너는 어떻게 하겠느냐?” 하시자, 대답하기를, “예악에는 잘할 수 있다고 말할 수 없으나 배우기를 원합니다. 종묘의 일과 제후들이 회동할 때에 검은 예복과 예관을 갖추고 예를 돕는 소상이 되기를 원합니다.”

○비왈능지(非曰能之) : 예악에 대해서는 잘한다고 말할 수 없음. “之指禮樂”
○종묘지사(宗廟之事) : 종묘에 제사지내는 일. “是諸侯有事於親者”
○여회동(如會同) : 또는 회동할 적에. ‘如’는 ‘또는’ ‘…과’의 뜻으로 선택이나 병렬을 나타냄. ‘會同’이란 제후(諸侯)가 모여 천자(天子)에게 알현(謁見)하는 것을 말하는데, 때때로 뵙는 것을 ‘會’라 하고 여럿이 뵙는 것을 ‘同’이라 뜻한다. “如作及字看 會同是諸侯有事於君者 但此俱勿露諸侯字”
○단장보(端章甫) : 검은 예복과 예관. ‘端’은 검은 예복을 이름. ‘章甫’는 예관(禮冠)의 이름. 치포관(緇布冠). ☞치포관(緇布冠) : 검은색의 베로 만든 관인데 관례(冠禮)를 행할 적에 주로 썼음. 유생(儒生)들이 평상시에 쓰던 관. 치관(緇冠).
○원위소상언(願爲小相焉) : 소상이 되기를 원하다. ☞소상(小相) : 작은 보좌관.

제후(諸侯)의 제사나 회맹(會盟) 때 의식을 돕는 벼슬아치. 여기서는 겸사(謙辭)로
써 말한 것이다. "願是未有是事 但志欲如此 爲字正與學字應"

公西華는 **志於禮樂之事**로되 **嫌以君子自居**라 **故**로 **將言己志**하되 **而先爲遜辭**하니
言未能而願學也라 **宗廟之事**는 **謂祭祀**라 **諸侯時見**(현)**曰會**요 **衆覜曰同**이라 **端**은
玄端服이요 **章甫**는 **禮冠**이라 **相**은 **贊君之禮者**니 **言小**는 **亦謙辭**라

공서화는 예악의 일에 뜻을 두었지만 군자라고 자처하기를 싫어했던 것이다. 그
러므로 자기의 뜻을 말하려 했지만 먼저 겸손한 말을 했으니, 능치 못하여 배우기
를 원한다고 말한 것이다. 종묘의 일은 제사를 말한다. 제후가 때때로 뵙는 것을
'會'라 하고 여럿이 뵙는 것을 '同'이라 한다. 단(端)은 검은 빛의 예복이고, 장보
(章甫)는 예관이다. 상(相)은 임금의 예를 돕는 사람이니, 소(小)라고 말한 것은 역시
겸손한 말이다.

○조(覜) : 빙문하다[諸侯相聘]. 주(周)나라 때 제후(諸侯)가 3년에 한 차례씩 모여
하던 상련례(相見禮).
○현단(玄端) : 검은 빛의 예복. 제후(諸侯)·대부(大夫)·사(士)의 제복으로 쓰였
고 평상복으로도 입었음. 현단복(玄端服).

[備旨] 夫子又問 赤아 爾之志는 何如오하니 赤對에 曰禮樂者는 君子之事니 赤非敢曰
能之로되 但願學以習其事焉하노이다 彼宗廟之事는 以享祖考요 如會同之事는 以見辟王
이니 此는 皆禮樂之所寓하여 而貴有人相之也라 當斯時也에 赤이 服則玄端하고 冠則章
甫로 願爲小相하여 以贊君行禮於宗廟하고 行禮於會同焉하노니 庶有以畢吾願學之志哉인
저 赤之副知我以此하노이다

부자께서 또 묻기를, "적아! 너의 뜻은 어떻게 하겠느냐?"라고 하니, 적이 대답해 말
하기를, "예악은 군자의 일이니 제가 감히 잘한다는 말은 아니지만 다만 배워서 그 일
을 익히기를 원합니다. 저 종묘의 일은 조상에게 제사지내는 것이요, 또 회동의 일은
임금을 뵙는 일이니, 이는 모두 예악이 붙어 있어서 사람이 돕는 것을 귀하게 여기는
것입니다. 이때에 제가 옷은 검은 예복을 입고 갓은 치포관을 쓰고 소상이 되어서 임
금이 종묘에서 예를 행하고 회동에서 예를 행하는 것을 돕기를 원하오니, 어쩌면 제가
배우기 원하는 뜻을 다할 수 있을지도 모르겠습니다. 저는 나를 알아주는 사람들에게

이처럼 할 것입니다."라고 했다.

○조고(祖考) : 조상(祖上). 원조(遠祖).
○벽왕(辟王) : 임금. 군주. ☞벽(辟) : 천자(天子)·제후(諸侯) 등 군주의 통칭.
○서(庶) : 대개. 어쩌면. 부사로서 추측하는 내용을 나태 냄.
○부(副) : 걸맞다(相稱). 꼭 맞다.

11·25·7 點아 爾는 何如오 鼓瑟希러니 鏗爾舍瑟而作하여 對曰 異乎三子者之撰하오이다 子曰 何傷乎리오 亦各言其志也니라 曰 莫(모)春者에 春服旣成이어든 冠者五六人과 童子六七人으로 浴乎沂하고 風乎舞雩하여 詠而歸하리이다 夫子喟然歎曰 吾與點也하노라

"점아 너는 어떻게 하겠느냐?" 하시자, 거문고를 타던 속도를 늦추더니, '덩그렁!' 하고 거문고를 밀치고 일어나면서 대답했다. "세 사람이 갖추어진 것과는 다릅니다." 공자께서 말씀하시기를, "무엇을 걱정하느냐? 또한 각기 자기의 뜻을 말한 것이다." 하시자, 점이 다음과 같이 대답했다. "늦은 봄에 봄옷이 다 준비되면, 어른들 5~6명과 아이들 6~7명과 더불어 기수에서 목욕하고 무우에서 바람을 쐬고 노래하며 돌아오고 싶습니다." 하니, 공자께서 탄식하시면서 이르시기를, "나는 점의 편을 들겠다." 하셨다.

○고슬희(鼓瑟希) : 거문고 타는 것이 뜸하다. ☞고슬(鼓瑟) : 손으로써 거문고를 탐. ☞희(希) : 뜸하다. 거문고 타는 것을 갈마들면서 쉬는 것. "鼓瑟是以手彈瑟 希是鼓瑟方間歇"
○갱이(鏗爾) : 덩그렁. 거문고를 내려놓을 때 나는 소리를 형용한 말. '덩그렁!'이란 말은 '울림이 좋은 크고 단단한 물건이 가볍게 맞부딪치는 소리. 또는 그 모양'을 의미한다. 여기서 '爾'는 "漁父莞爾而笑《초사(楚辭)》"같이 어떤 단어 뒤에 쓰여 상태를 나타내는 구실을 하는데 '然'자와 같은 의미다. '鏗爾'를 '꿍!'이라고 번역할 수도 있지만, 아직까지 거문고를 퉁기던 여음이 남아 있기에 '덩그렁!'이라고 번역했다. "是尙有鏗然餘音"

○사슬이작(舍瑟而作) : 거문고를 놓고 일어서다. "是舍瑟起立 此三句敍其氣象之從容"

○이호삼자자지찬(異乎三子者之撰) : 세 사람이 잘 갖춰 대답한 것과 다르다. ☞찬(撰) : 갖추어지다[具也]. 재질의 갖추어짐. 평소 세 사람의 재질이 달랐기에 여기서 '撰'이라고 한 것이다. "異不同也 三子指由求赤 三子言志皆其素具故曰撰 此句有謙遜不敢言之意"

○하상호(何傷乎) : 무엇을 걱정하겠느냐? 무슨 걱정거리가 있겠느냐? 아무것도 걱정할 것이 없다. 세 사람의 생각과 달라도 해될 것이 없다는 말. "言雖異三子之撰 亦無害"

○모춘자(莫春者) : 늦은 봄. 모춘(暮春). 늦봄. 즉 3월 들어 첫번째로 일진(日辰)의 지지(地支)가 사일(巳日)이 되는 날을 말함. '모(莫)'는 '모(暮)'와 통함. '者'는 시간을 나타내는 말 뒤에 붙는 어조사. "莫春是三月上巳時候"

○관자(冠者) : 성인 남자. 남자는 20세에 관을 썼음. "冠者成人之稱"

○동자(童者) : 아직 관을 쓰지 않은 소년. "童子是未冠者"

○욕호기풍호무우(浴乎沂風乎舞雩) : 기수에서 목욕하고 무우에서 바람을 쐬다. ☞기(沂) : 기수(沂水). 산동성 이산(尼山)에서 발원하여 사수(泗水)로 흘러드는 강. ☞무우(舞雩) : 지명. 우(雩)는 기우제(祈雨祭)의 이름. 용(龍)이 나타나서 기우제를 지냈는데, 어린 남녀로 하여금 춤을 추게 하였으므로 무우(舞雩)라고 했으며, 단선(壇墠)과 수목이 있어서 휴식할 수 있다고 함. 「논어비지(論語備旨)」〈인물전고란(人物典故欄)〉"雩者 祈雨之祭名 左傳曰 龍見而雩是也 祈雨使童男女舞之故 名舞雩 有壇墠樹木 可以休息" ☞기수무우(沂水舞雩) : 시세를 알고 소요 자재(逍遙自在)함. "是與童冠共浴共風之也"

○영이귀(詠而歸) : 노래를 읊으며 돌아오다. "是歌詠而返"

○부자위연탄왈(夫子喟然歎曰) : 부자께서 한숨을 쉬면서 탄식하다. ☞위연(喟然) : 탄식함. 또는 그 모양. 위이(喟爾). 위언(喟焉). ☞위연탄식(喟然歎息) : 한숨을 쉬며 탄식함. "喟然歎息之聲"

○오여점야(吾與點也) : 공자께서 증점의 말에 찬성하겠다는 말. "與是深許其所言之志"

四子侍坐에 以齒爲序면 則點當次對로되 以方鼓瑟이라 故로 夫子先問求赤而後에 及點也라 希는 間歇也라 作은 起也라 撰은 具也라 莫春은 和煦之時요 春服은 單袷之衣라 浴은 盥濯也니 今上巳祓除가 是也라 沂는 水名이니 在魯城南이라 地志에 以爲有溫泉焉이라하니 理或然也라 風은 乘涼也라 舞雩는 祭天禱雨之處니 有壇墠樹木也라 詠은 歌也라 曾點之學은 蓋有以見夫人欲盡處에 天理流行하여 隨

處充滿하여 無少欠闕이라 故로 其動靜之際에 從容如此하고 而其言志는 則又不過
卽其所居之位하여 樂其日用之常하여 初無舍己爲人之意요 而其胸次悠然하여 直
與天地萬物로 上下同流하여 各得其所之妙가 隱然自見於言外하니 視三子之規
規於事爲之末者에 其氣象이 不侔矣라 故로 夫子歎息而深許之하시고 而門人記
其本末하되 獨加詳焉하니 蓋亦有以識此矣라

　네 사람이 모시고 앉았을 적에 나이로써 차례를 정한다면 점이 마땅히 두 번째
로 대답해야 할 것이지만, 마침 거문고를 타고 있었으므로 공자께서 먼저 구와 적
에게 물은 뒤에 점에게 미쳤던 것이다. 희(希)는 갈마들면서 쉰다는 것이다. 작
(作)은 일어남이다. 찬(撰)은 갖추어진 것이다. 모춘(莫春)은 온화하고 따뜻한 때
다. 춘복(春服)은 홑옷을 포개어 꿰맨 옷이다. 욕(浴)은 세수하고 씻는 것이니, 오
늘날 삼짇날 불제가 이것이다. 기(沂)는 물 이름이니, 노나라 성의 남쪽에 있다.
「한서지리지」에 온천이 있다고 했으니, 이치에 혹 그럴 듯하다. 풍(風)은 서늘한
바람을 쐬는 것이다. 무우(舞雩)는 하늘에 제사하고 기우제를 지내는 곳이니, 제사
를 지내는 곳과 수목이 있다. 영(詠)은 노래하는 것이다. 증점의 학문은 대개 인욕
이 다한 곳에 천리가 유행하여 곳에 따라 충만하여 조금이라도 모자라거나 빠짐
이 없는 것을 볼 수 있다. 그러므로 그가 움직이고 정지해 있을 적에 조용함이 이
와 같았으며, 그가 뜻을 말할 적에는 자기가 처한 위치에 나아가서 그 일상 생활
의 떳떳함을 즐기는 데 지나치지 않아서 처음부터 자신을 버리거나 남을 위하려
는 뜻도 없었던 것이요, 그리고 그의 마음이 유연하여 곧바로 천지 만물과 더불어
위 아래로 함께 흘러 각각 제 위치를 얻은 오묘함이 은연중 저절로 말 밖으로 나
타났으니, 저 세 사람들이 지엽적인 것을 일삼거나 행하기에 정신이 없었던 것과
견주어 보았을 적에 그 기상이 같지 않았던 것이다. 그러므로 부자께서 감탄하시
고 깊이 허여하신 것이고, 또 제자들이 그 본말을 기록하되 특히 이를 더욱 자세
히 했으니, 아마도 또한 이를 알고 있었던 것이다.

○간헐(間歇) : 갈마들면서 쉼. ☞간(間) : 갈마들다. 거성(去聲)으로 쓰였음.
○화후(和煦) : 온화하고 따뜻함. ☞후(煦) : 따뜻하다.
○단겹(單袷) : 홑옷을 포개어 꿰맨 옷. ☞겹(袷) : 포개어 꿰매다.
○관탁(盥濯) : 씻음. 씻고 헹굼. ☞관(盥) : ①대야. ②씻다.
○상사(上巳) : 음력 삼월의 첫 사일(巳日). 동쪽으로 흐르는 물에 가서 수계(修禊)
하거나 재앙(災殃)을 떨쳐 버리는 풍속이 있었음. 뒤에 3월 3일로 바뀜. 삼짇날.
○불제(祓除) : 신에게 빌어서, 죄·부정을 떨쳐 버리는 행사.

○단선(壇墠) : 제사를 지내는 곳. ☞선(墠) : 제터.
○흉차(胸次) : 흉중(胸中).
○유연(悠然) : 침착하여 서두르지 않는 모양. 여유가 있는 모양.
○모(侔) : 가지런하다. 같은 크기로 가지런한 모양.
○규규(規規) : 식견이 천박하고 융통성이 없는 모양.

[備旨] 夫子又問 點아 爾之志는 何如오하니 點時方鼓瑟이라가 承夫子問하여 鼓之者漸
希러니 乃以手推瑟하여 有鏗爾之餘音이라 爰舍瑟而作하여 從容對에 曰三子者는 皆用世
之志也어니와 點之志는 異夫三子者之撰이니이다 夫子慰之에 曰志雖有異나 庸何傷乎아
人各有志하니 亦各言其志가 可也라 點乃言에 曰如茲之日에 固莫春者에 春服이 則旣已
成矣이어던 或冠者五六人焉과 或童子六七人焉으로 相與浴乎沂水之濱하고 風乎舞雩之下
하여 而彼此各適詠歌而歸也하리이다 此則點之志而已라 斯言也據其所居之位하여 其樂이
雖若止於一身이나 然이나 以心而論이면 則固藹然天地生物之心이며 聖人對時育物之事也
라 夫安有物我內外之間哉아 夫子喟然而嘆에 曰吾는 與點之志也하리라

　부자께서 또 묻기를, 점아! "너의 뜻은 어떠하냐?" 하니, 점이 그 때에 마침 거문고
를 타다 부자의 물음을 받아들여 속도를 점점 늦추더니, 곧 손으로 거문고를 밀쳐서
'덩그렁!' 하는 여음이 났던 것이다. 따라서 거문고를 놓고서 일어서서 조용히 대답하면
서 말하기를, "세 사람은 모두 세상에 등용되는 데 뜻을 두었지만 저의 뜻은 세 사람
이 갖추어진 것과는 다릅니다."라고 하니, 부자께서 위로할 적에 말씀하시기를, "뜻이
비록 다르다고 하나 무엇을 걱정하겠는가? 사람에게는 각각 뜻이 있으니 또한 각각 그
들의 뜻을 말하는 것이 옳을 것이다."라고 하시니, 점이 곧 대답할 적에 말하기를, "이
와 같은 날에 진실로 늦은 봄에 춘복이 이루어졌으면, 어떤 때는 어른 5~6명과 어떤
때는 아이들 6~7명과 더불어 서로 더불어 기수의 물가에서 목욕하고 무우의 아래에서
바람 쐬고서 피차 각각 걸맞은 노래를 부르면서 돌아오고 싶습니다."라고 했다. 이것이
곧 점의 뜻이었던 것이다. 이 말이 자기가 거한 위치에 근거해서 그 즐거움이 비록 한
몸에 그치는 것 같지만, 그러나 마음을 논해본다면 진실로 애연히 천지의 만물을 기르
는 마음이며 성인이 때를 짝하여 만물을 자라나게 하는 일이었던 것이다. 어찌 물아와
내외에 사이가 있을 수 있겠는가? 부자께서 위연히 탄식할 적에 말씀하시기를, "나는
점의 뜻과 같이 하겠다."라고 하셨다.

○원(爰) : 따라서. 어디에서. 여기에서.
○용하(庸何) : 무엇을. 어느 곳을. 대명사로서 의문을 나타냄.

○용세(用世) : 나가서 세상에 쓰임. 출사(出仕).
○적(適) : 맞추다. 조건이나 변화에 맞추다. 조절하다.
○영가(詠歌) : 읊고 노래함. 시가(詩歌)를 읊음.
○애연(藹然) : ①성(盛)한 모양. ②기분이 좋은 모양. ③구름이 모여드는 모양. 여기서는 ①의 뜻.
○물아(物我) : 남과 나. 외물(外物)과 나.

11·25·8 三子者出커늘 曾晳이 後러니 曾晳曰 夫三子者之言이 何如하니잇고 子曰 亦各言其志也已矣니라 曰 夫子何哂由也시니잇고

세 사람이 나가자, 증석이 뒤에 남았었는데, 증석이 말했다. "이 세 사람의 말이 어떠합니까?" 공자께서 대답하셨다. "또한 각자 제 뜻을 말했을 뿐이다." 증석이 말하기를, "그렇다면 선생님께서는 유의 말을 듣고 어째서 비웃었습니까?" 하고 물었다.

○부삼자지언하여(夫三子之言何如) : 이 세 사람의 말이 어떠한가? 세 사람의 말에 대한 득실이 어떠한가를 물음. '夫'는 대명사로서 명사 앞에 쓰여 사람을 가리킴. "是問其得失"
○역언기지야이의(亦各言其志也已矣) : 또한 각각 자기의 뜻을 말했을 뿐임. 세 사람의 말에 대해 허여해 준다는 의미. '也已矣'는 '…하구나'의 뜻으로 허사(虛詞)가 연용된 형태다. '也'는 단정을 나타내고 '已'는 일의 상태를 나타내며, '矣'는 감탄을 나타냄. "謂各自以其志之所素具者言之 便有兼許三子意"

點以子路之志로 乃所優爲로되 而夫子哂之라 故로 請其說이라

점은 자로의 뜻을 충분히 이해할 수 있었지만, 부자께서 비웃으셨으므로 그 설명을 요청한 것이다.

[備旨] 及三子旣出하여 曾晳獨留在後러니 其意將有所請也라 乃問於夫子에 曰夫三子之所言은 其得失果何如오하니 夫子答之에 曰三子之言은 或富强或禮樂이니 雖有不同이나 亦各言其所爲志也已矣니라 曾點又疑而問之에 曰三子는 旣是各言其志어늘 夫子何故로 獨哂夫仲由也시니잇고

세 사람이 나가고 증석만 홀로 뒤에 있었는데, 그의 마음에는 여쭈어 볼 내용이 있었던 것이다. 비로소 부자께 여쭈어 보면서 말하기를, "이 세 사람이 말한 바는 그 득실이 과연 어떻습니까?"라고 하니, 부자께서 대답할 적에 말씀하시기를, "세 사람의 말이 혹 나라가 부하고 군사가 강한 것에 대한 것이거나 혹 예악에 관한 것일지도 모르니, 설령 같지 않음이 있을지라도 또한 각각 그들이 하고자 하는 뜻을 말했을 뿐이다."라고 하셨다. 증점이 또 의심스러워서 여쭈어 볼 적에 말하기를, "세 사람은 이미 각각 그들의 뜻을 말했던 것인데, 부자께서는 무슨 까닭으로 유독 중유에 대해서만 비웃으셨습니까?"라고 했다.

○혹(或) : 혹은 …일지도 모른다. 아마 …일지도 모른다. 추측이나 그다지 긍정하지 않음을 나타냄.

11 · 25 · 9 曰 爲國以禮어늘 其言이 不讓이라 是故로 哂之니라

부자께서 말씀하셨다. "나라를 다스리는 데는 예로써 해야 하는데, 그의 말이 조금도 겸손하지 않았으므로 비웃었던 것이다."

○위국이례(爲國以禮) : 나라를 다스릴 적에 공경과 사양의 예로써 다스려야 함. '以禮爲國'의 도치문. "爲國是治國 禮卽恭敬辭讓之禮"
○기언불양(其言不讓) : 유(由)의 말이 불손하다. "是言之不遜"
○시고신지(是故哂之) : 말이 불손했다는 이유로 비웃었다는 뜻. "正哂其不讓於言也"

夫子蓋許其能하고 特哂其不遜이라

부자께서는 아마도 그의 능함은 허여하고, 다만 그의 겸손하지 못함을 비웃었던 것이다

[備旨] 夫子曰爲國之道는 所以辨上下니 定民志者는 必以恭敬辭遜之禮어늘 今由之言志는 慨然無復遜讓之意하니 是不達爲國以禮之理也라 吾故로 從而哂之니라

부자께서 말씀하시기를, "나라를 다스리는 도는 상하를 분별해야 하는 것이니, 백성

들의 뜻을 정하는 사람은 반드시 공경과 사손의 예로써 해야 하는데, 지금 유가 말한 것은 안타깝게도 또한 손양의 뜻이 없으니, 이는 나라를 다스릴 적에 예로써 해야 한다는 이치를 통달하지 못한 것이다. 나는 이 때문에 좇아서 비웃었던 것이다."라고 하셨다.

○사손(辭遜) : 사양하고 겸손함.
○개연(慨然) : ①분개하는 모양. 감정이 격앙된 모양. ②마음에 느끼는 바가 있어 탄식하는 모양. 개언(慨焉). 여기서는 ②의 뜻.
○손양(遜讓) : 겸손한 태도로 남에게 사양함. 겸양(謙讓).

11 · 25 · 10 唯求는 則非邦也與잇가 安見方六七十과 如五六十而非邦也者리오

증점이 "그러면 구가 말한 것은 나라를 다스리는 것이 아닙니까?" 하고 묻자, 공자께서 다음과 같이 대답하셨다. "어디서 사방 60~70리 또는 50~60리라고 해서 나라가 아닌 것을 보았느냐?"

○유구즉비방야여(唯求則非邦也與) : 구가 말한 것은 나라를 다스리는 일이 아닙니까? 구의 경우라고 하더라도 나라를 다스리는 일이 아니겠습니까? ☞야여(也與) : 구(句)의 끝에 쓰여 '也'는 단정을 나타내고, '與'는 의문·추측·반문·감탄 등을 나타낸다. '也'보다도 '與'에 중점을 둬야 한다. 여기서는 의문을 나타냄. "點錯認是哂由不讓爲邦故問"
○방육칠십(方六七十) : 사방 60~70리 되는 나라. 이는 오등작(五等爵)에서 '백(伯)'에 해당되는 나라. ☞오등작(五等爵) : 다섯 등급의 작위, 곧 공(公)·후(侯)·백(伯)·자(子)·남(男). "是伯之邦"
○여오륙십(如五六十) : 또 50~60리 되는 나라. 이는 오등작(五等爵)에서 '자(子)·남(男)'에 해당되는 나라. "是子男之邦"
○이비방야자(而非邦也者) : 나라가 아니겠는가? ☞야자(也者) : '也者'는 구(句)의 끝에 쓰여 단정이나 강조할 때 주로 쓰이는데, 특히 '者'는 의문대명사 '安'과 같이 쓰일 때 종결을 나타내며 '哉'의 뜻이다.
○참고로 11 · 25 · 10의 '唯求는 則非邦也與잇가'와 다음에 나오는 11 · 25 · 11의 '唯赤은 則非邦也與잇가'를 증석(曾晳)의 질문으로 보지 않고 공자의 말로 보자는 설도 있음.

曾點이 **以冉求**도 **亦欲爲國**이로되 **而不見哂**이라 **故**로 **微問之**어늘 **而夫子之答**이 **無貶辭**하시니 **蓋亦許之**라

　증점이 염구도 또한 나라를 다스리고 싶다고 했지만 비웃음을 당하지 않았으므로 은밀히 물었던 것인데, 부자의 대답이 폄하하는 말이 없었으니 아마도 허여하신 것일 것이다.

[備旨] 是夫子之所以哂由者는 特哂其不讓耳요 非哂其爲邦也라 何點未達하고 而疑求之不見哂也리오 乃微問에 曰唯求之志는 在足民하니 則非爲邦也與잇가하니 夫子曰先王建國에 雖有大小나 其爲邦則一也라 安見方六七十과 如五六十이로되 而非先王의 分茅胙土之邦也者리오 是求所任도 固亦爲邦之事也니라

　여기서 부자께서 유를 비웃은 까닭은, 다만 그가 겸손하지 않음을 비웃었던 것일 뿐이고 그가 나라를 다스리고 싶다고 한 것을 비웃은 것은 아니었다. 어떻게 해서 점은 알지도 못하고 구가 비웃음 당하지 않은 것에 대해 의심했는가? 의외로 은밀히 여쭈어 볼 적에 말하기를, "오직 구의 뜻은 백성들을 넉넉하게 함에 있으니, 나라를 다스리는 것이 아니겠습니까?"라고 하니, 부자께서 말씀하시기를, "선왕이 나라를 세울 적에 비록 크고 작음이 있었지만, 그가 나라를 다스리는 것은 한결같았다. 어디서 사방 60~70리 또는 50~60리이지만 선왕의 분모나 조토의 나라가 아닌 것을 보았느냐? 바로 구가 맡은 것도 또한 나라를 다스리는 일이다."라고 하셨다.

○분모(分茅) : 모토(茅土)를 나누어 줌. 제후(諸侯)를 봉함. 제후를 봉할 적에 흙을 띠에 싸서 하사하여, 권력과 토지를 수여함을 상징하였음.
○조토(胙土) : 임금이 공신에게 토지를 주어 공로에 보답함.

11·25·11 唯赤은 則非邦也與잇가 宗廟會同이 非諸侯而何오 赤也爲之小면 孰能爲之大리오

　"그렇다면 적은 나라를 다스리는 일이 아닙니까?" 하고 묻자, "종묘의 일과 회동의 일이 제후의 일이 아니고 무엇이겠느냐? 적이 그들의 소상이 된다면 누가 능히 그들의 대상이 되겠느냐?"

○유적즉비방야여(唯赤則非邦也與) : 적은 나라를 다스리는 일이 아닙니까? 적의 경우라고 하더라도 나라를 다스리는 일이 아니겠습니까? "點因夫子不明說求言能讓 故仍如前之疑"

○종묘회동비제후이하(宗廟會同非諸侯而何) : 종묘의 일과 회동의 일이 제후의 일이 아니고 무엇인가? ☞종묘(宗廟) : 천자(天子)나 제후(諸侯)가 그 조상에게 제사를 올리는 사당. ☞회동(會同) : 제후(諸侯)가 모여 천자(天子)에게 알현(謁見)함. 또는 제후들의 모임. 인신하여 조회(朝會). "見惟諸侯得以行之"

○적야위지소(赤也爲之小) : 소상(小相)이 되어 대수롭지 않은 일을 다룸. 본서 11·25·6의 집주 참고. ☞소상(小相) : 제후(諸侯)의 제사나 회맹(會盟) 때 의식을 돕는 벼슬아치. 여기서는 겸사(謙辭)로써 말한 것임. ☞여기서 '之'는 대명사로 쓰여 '其'와 통용된다고 볼 수 있는데, 이때는 보통 '爲+之+명사'의 구조로 이루어진다. 본서 '5·7·3 求也는 千室之邑과 百乘之家에 可使爲之宰也로되' '6·3·3 原思가 爲之宰러니' '11·7·1 顔路가 請子之車하여 以爲之槨한대' '18·1·1 微子는 去之하고 箕子는 爲之奴하고' 등에서 확인할 수 있다. "小是小相"

○숙능위지대(孰能爲之大) : 누가 능히 중요한 일을 다루는 대상(大相)이 되겠는가? "見其優於禮樂意" ☞대상(大相) : 보좌하는 관리의 이름[輔佐官吏之名].「중문대사전(中文大辭典)」"大相上承大義 而啓治道"

此亦曾晳問하여 而夫子答也시니라 孰能爲之大는 言無能出其右者니 亦許之之詞라 ○程子曰 古之學者는 優柔厭飫하여 有先後之序하니 如子路冉有公西赤은 言志如此하고 夫子許之도 亦以此하시니 自是實事라 後之學者는 好高하여 如人이 游心千里之外나 然이나 自身은 却只在此니라 又曰 孔子與點은 蓋與聖人之志로 同이니 便是堯舜氣象也라 誠異三子者之撰이요 特行有不掩焉耳니 此所謂狂也라 子路等은 所見者小하니 子路도 只爲不達爲國以禮道理라 是以로 哂之요 若達이면 却便是這氣象也니라 又曰 三子는 皆欲得國而治之라 故로 孔子不取하시고 曾點은 狂者也니 未必能爲聖人之事로되 而能知夫子之志라 故로 曰浴乎沂하여 風乎舞雩하여 詠而歸라하니 言樂而得其所也라 孔子之志는 在於老者安之하고 朋友信之하고 少者懷之하여 使萬物로 莫不遂其性이어늘 曾點知之라 故로 孔子喟然嘆曰 吾與點也라하시니라 又曰 曾點과 漆雕開는 已見大意니라

　이 또한 증석이 물어서 부자께서 답하신 것이다. '누가 능히 중요한 일을 하겠느냐?'고 하신 것은 능히 그보다 나은 자가 없음을 말씀한 것이니, 이 또한 그를 허

여하신 말씀이다.

　○정자가 말했다. "옛날의 학자들은 여유가 있고 만족하여 선후의 차례가 있었다. 마치 자로·염유·공서적과 같은 이는 뜻을 말함이 이와 같고, 부자께서 허여하시기를 또한 이것으로써 하셨으니 본래 실제의 일이었다. 후세의 학자들은 고원한 것을 좋아하여 사람 마음은 천 리 밖에서 노닐지만, 자기 몸은 도리어 다만 그 자리에 있는 것과 같다." 또 말했다. "공자께서 증점을 허여하신 것은 아마도 성인의 뜻과 같은 것이니, 이것은 바로 요순의 기상이다. 진실로 세 사람의 재질과는 다르고 다만 행실이 아우르지 못함이 있을 뿐이니, 이것을 이른바 '뜻만 높다.'고 하는 것이다. 자로의 무리들은 소견이 없었으니, 자로도 단지 나라를 다스릴 때에 예로써 한다는 도리에 통달하지 못했기 때문이다. 이 때문에 공자께서 비웃으신 것이고, 만약 통달했다면 이것도 바로 그[요순]의 기상인 것이다." 또 말했다. "세 사람은 모두 나라를 얻어 다스리고자 했다. 그러므로 부자께서 취하지 않으신 것이고, 증점은 이상주의자니 반드시 성인의 일을 하지는 못하더라도 능히 부자의 뜻을 알 수 있었다. 그러므로 '기수에서 목욕하고 무우에서 바람 쐬고 노래하며 돌아오고 싶습니다.'라고 말한 것이니, 즐거워서 그가 마땅한 장소를 얻었음을 말한 것이다. 공자의 뜻은 노인들을 편안하게 대접하고, 붕우를 미덥게 해주고, 젊은이들을 품어주어서 만물로 하여금 그 본성을 이루지 못함이 없도록 하셨는데, 증점이 알았던 것이다. 그러므로 공자께서 위연히 감탄하며 말씀하시기를, '나는 증점을 허여한다.'고 하셨던 것이다." 또 말했다. "증점과 칠조개는 이미 큰 뜻을 깨달았던 것이다."

○우자(右者) : 뛰어나다. 높다. 세력이 강성하다. 고대에는 오른쪽을 높다고 여겨 이런 뜻을 나타냈다.
○우유(優柔) : 편안하고 여유가 있음.
○염어(厭飫) : 배불리 먹음. 만족함. 충족함.
○엄(掩) : 아우르다. 능가하다.
○광(狂) : 이상주의자. 뜻이 높다[志極高]. 뜻은 매우 높으나 행함이 뒤따르지 못함. 또는 그런 사람. 청광(淸狂)과 통함. ☞청광(淸狂) : 성정(性情)이 청아(淸雅)하고 속되지 않으면서도, 그 하는 짓이 상례(常例)에서 벗어남. 본서 17·16·2 참고
○위국이례(爲國以禮) : 나라를 다스릴 때에 예(禮)로써 함. 본서 11·25·9 참고.
○위연(喟然) : 탄식함. 또는 그 모양. 위이(喟爾). 위언(喟焉).
○칠조개(漆雕開) : 공자의 제자로서 자(字)는 자약(子若)이다. 본서 5·5·1 참고.

[備旨] 何點猶未達하고 而亦疑赤之不見哂也리오 又微問에 曰唯赤之願爲小相은 則非爲邦也與잇가하니 夫子曰宗廟는 以事親이요 會同은 以事君이니 非有國諸侯之事요 而何오 以赤之才로 而願爲小相이면 孰能出其右하여 而爲之大者乎아 是는 赤所任이 固亦爲邦之事也라 觀夫子之許求赤이면 則知由之見哂은 不在爲邦이요 而在其言之不讓也니 夫何疑哉아 點亦可以釋然矣라 要之始與點者는 所以廣三子也요 終兼與三子者는 所以實點也니 聖人造就之意가 深矣라

어떻게 해서 점은 오히려 이해도 못하고 또 적이 비웃는 것을 보지 못한 것에 대해 의심했는가? 또 은밀히 여쭈어 볼 적에 말하기를, "오직 적이 소상이 되겠다는 것은 나라를 위하는 것이 아닙니까?"라고 하니, 부자께서 말씀하시기를, "종묘는 어버이를 섬기는 것이요 회동은 임금을 섬기는 것이니, 나라를 가진 제후의 일이 아니고 무엇이겠는가? 적의 재주로 소상이 되기를 원한다면, 누가 능히 그 사람보다 뛰어나서 큰일을 하겠는가?"라고 하셨다. 이는 적의 맡은 바가 진실로 또한 나라의 일이 된다는 것이다. 부자께서 구와 적을 허여하신 것을 보면, 유의 비웃음 당한 것은 나라를 다스리는 데 있는 것이 아니고 그 말이 겸손하지 않은 데 있었음을 알 수 있으니, 무엇이 의심스럽겠는가? 점도 또한 의심이 사라질 수 있었을 것이다. 요컨대 처음에 점을 허여한 것은 세 사람을 위로하려고 한 것이고, 끝에 세 사람을 함께 허여한 것은 점을 충실하도록 한 것이니, 성인께서 인재를 길렀던 뜻이 깊다.

○석연(釋然) : 의문이나 근심이 사라지는 모양. 깨달음의 형용. '역연'으로 읽기도 함.
○광(廣) : 너그럽게 하다. 누그러뜨리다. 위로하다.
○조취(造就) : ①나아가서 봄. ②만들어 이룸. 양성(養成)함. 인재를 길러서 일을 이루도록 함.「중문대사전(中文大辭典)」"培養人才而成就之也" 여기서는 ②의 뜻.

제 12편 顔 淵

凡二十四章_{이라}

모두 24장이다.

12·1·1 顔淵_이 問仁_{한대} 子曰 克己復禮_가 爲仁_{이니} 一日克己 復禮_면 天下_가 歸仁焉_{하나니} 爲仁_이 由己_니 而由人乎哉_아

안연이 인을 행하는 방법을 묻자, 공자께서 말씀하셨다. "극기복례가 인을 행하는 것이니, 하루라도 극기복례를 행하면 천하의 사람들이 인덕을 사모할 것이니, 인을 행하는 것은 자기로부터 말미암을 뿐인데 남에게 달려 있겠는가?"

○문인(問仁) : 여기서는 인(仁)의 개념을 물은 것이 아니라, 인(仁)을 행하는 방법에 대해서 물은 것임. "是問所以爲仁"

○극기복례위인(克己復禮爲仁) : 자기를 극복하고 예로 돌아가는 것이 인이다. ☞극기복례(克己復禮) : 사욕(私慾)을 누르고 천리(天理)에 돌아감. 즉 개인의 욕심을 이겨서 예(禮)를 따라 행한다는 뜻. "己謂私之附身 克是戰而獲勝之名 禮有規矩可循 復是還其本來初體"

○일일극기복례(一日克己復禮) : 하루라도 극기복례하다. "一日從積累來上 克復以工夫言 此克復擧成功言"

○천하귀인언(天下歸仁焉) : 천하의 사람들이 인에 돌아가게 하다. ☞귀인(歸仁) : 인덕(仁德)을 사모하여 따름. 인덕을 사모하여 걸맞게 하는 것을 이르는 말. "言歸仁稱其仁"「맹자(孟子)」《이루상(離婁上)》"民之歸仁也 猶水之就下 獸之走壙也"

○위인유기(爲仁由己) : 인을 행하는 것은 자기 몸으로 말미암는다. 곧 인을 행하는 것이 자기에게 달려 있다는 말. "爲字有功夫就是盡克復之功 由己猶言在我"

○이유인호재(而由人乎哉) : 남에게 달려있겠는가? "言功不在人"

仁者_는 本心之全德_{이라} 克_은 勝也_요 己_는 謂身之私欲也_라 復_은 反也_요 禮者_는 天理之節文也_라 爲仁者_는 所以全其心之德也_라 蓋心之全德_이 莫非天理_{로되} 而亦

不能不壞於人欲이라 故로 爲仁者는 必有以勝私欲而復於禮면 則事皆天理요 而
本心之德이 復(부)全於我矣라 歸는 猶與也라 又言一日克己復禮면 則天下之人이
皆與其仁이니 極言其效之甚速而至大也라 又言爲仁由己요 而非他人所能預니
又見其機之在我하여 而無難也라 日日克之하여 不以爲難이면 則私欲淨盡하고 天
理流行하여 而仁不可勝用矣리라 程子曰 非禮處는 便是私意니 旣是私意면 如何
得仁이리오 須是克盡己私하여 皆歸於禮라야 方始是仁이니라 又曰 克己復禮면 則
事事皆仁이라 故로 曰天下歸仁이라하시니라 謝氏曰 克己는 須從性偏難克處로 克
將去니라

　인(仁)이란 본래부터 갖고 있는 마음으로서 흠이 없는 훌륭한 덕이다. 극(克)은
이기는 것이다. 기(己)는 몸의 사욕을 이른다. 복(復)은 돌아가는 것이다. 예(禮)는
천리를 조절하고 꾸미는 것이다. 인을 행한다는 것은 그 마음의 덕을 온전케 하는
것이다. 대개 마음에 갖고 있는 훌륭한 덕은 천리가 아님이 없으나 또한 인욕에
파괴되지 않을 수 없는 것은 아니다. 그러므로 인을 행하는 자는 반드시 사욕을
이겨서 예로 돌아가면 일마다 모두 천리일 것이요, 본심의 덕이 다시 내 몸을 온
전케 할 것이다. 귀(歸)는 함께 함과 같다. 또 말씀하시기를 하루 동안이라도 극기
복례를 하면 천하의 사람들이 모두 그 인과 함께 할 것이니, 그 효과가 심히 빠르
고 지극히 크다는 것을 힘 있게 주장한 것이다. 또 인을 행하는 것은 자신에게 달
려 있고 타인이 간여할 바가 아님을 말씀하였으니, 이것은 또 그 실마리가 나에게
있어서 어려움이 없음을 볼 수 있다. 날마다 이겨서 어렵게 여기지 않는다면 사욕
이 깨끗이 없어지고 천리가 유행하여 인을 다 쓸 수 없을 것이다.
　○정자가 말했다. "예가 아닌 것이 바로 사의니 이미 사의라고 한다면 어떻게
인을 얻을 수 있겠는가? 모름지기 자기의 사욕을 다 이겨 모두 예로 돌아가야 비
로소 인이 될 수 있는 것이다." 또 말했다. "극기복례를 하면 일마다 모두 인이 될
것이므로 천하의 사람들이 인덕을 사모할 것이라고 말씀하신 것이다." 사 씨가 말
하기를, "극기는 모름지기 성질이 편벽되어 극복하기 어려운 곳부터 이겨 나가야
할 것이다."

○본심(本心) : 본디부터 갖고 있는 마음. 타고난 천성(天性).
○전덕(全德) : 흠이 없는 훌륭한 덕. 또는 그러한 덕을 갖춘 사람. 「여씨춘추(呂氏
春秋)」《본생(本生)》"上爲天子而不驕 下爲匹夫而不惛 此之謂全德之人"
○절문(節文) : 조절하고 꾸미다. 사물을 알맞게 꾸밈. 「논어집주(論語集註)」"朱子
曰 節者等級也 文者 不直截而回互之貌"

○여(與) : …과 함께. 따르다.
○극언(極言) : 있는 말을 다하여 주장함.
○예(預) : 참여하다. 간여함. 관계하다. 관련함.
○승(勝) : 견디다. 평성(平聲)으로 쓰였음.

[備旨] 顏淵이 問爲仁之道한대 夫子告之에 曰仁者는 本心之天理요 天理之節文이니 是 爲禮로되 而不能不壞於人欲이라 必有以克勝己之私欲하여 使事事로 合於天理之節文하여 以復於禮면 則欲去理全하여 而爲仁矣라 夫仁原은 天下人心에 所同具니 誠能於一日之間 이라도 克去己而復於禮면 則天下之人이 皆歸我以仁焉이니 其效固甚速而至大也라 然이 나 爲仁之機는 皆由己克之復之하나니 而豈他人所能與其力哉아 是는 其機又在我하여 而 無難也니 考其效而決其機는 是在回之自勉矣라

　　안연이 인을 행하는 방법을 물었는데 부자께서 깨우쳐 주실 적에 말씀하시기를, "인 이라는 것은 본심에서는 하늘의 이치고 천리에서는 조절하고 꾸미는 것이니 예가 되지 만, 그러나 능히 인욕에 의해 파괴될 수 없는 것은 아니다. 반드시 몸의 사욕을 이겨서 일마다 천리를 조절하고 꾸미는 데 합당하게 해서 예를 회복하면, 욕심은 떠나고 이치 는 온전해져서 인을 행하게 될 것이다. 무릇 인의 근원은 천하 사람들의 마음에 함께 갖춘 것이니, 진실로 하루라도 몸의 사욕에서 떠나서 예를 회복하면 천하의 사람들이 모두 나에게 인을 돌려보낼 것이니, 그 효험은 진실로 아주 빠르고 지극히 클 것이다. 그러나 인을 행하는 실마리는 몸의 사욕을 이기고 예를 회복함으로부터 말미암는 것이 니, 어찌 타인이 능히 그 힘을 줄 수 있겠는가? 이것은 그 실마리가 또 나에게 있어서 어려움이 없을 것이니, 그 효험을 생각하여 그 실마리를 트는 것은 곧 안회가 스스로 힘쓰는 데 있는 것이다."라고 하셨다.

12 · 1 · 2 顏淵曰 請問其目하노이다 子曰 非禮勿視하며 非禮勿 聽하며 非禮勿言하며 非禮勿動이니라 顏淵曰 回雖不敏이나 請事 斯語矣리이다

　　안연이 말했다. "청컨대 그 조목을 묻겠습니다." 하니, 공자께서 말씀하셨다. "예 가 아니면 보지 말며, 예가 아니면 듣지 말며, 예가 아니면 말하지 말며, 예가 아 니면 움직이지 말아야 할 것이다." 안연이 말했다. "제가 비록 불민하지만 이 말씀 을 실천하도록 힘쓰겠습니다."

○청문기목(請問其目) : 청컨대 그 세목에 대해서 묻겠습니다. 극기복례의 조목에 대해 물어본다는 말. '目'은 '세목' '요목' '조건'을 말함. "目是克復之條目 可以憑據下手處"

○회수불민(回雖不敏) : 안회가 비록 총명하지 못하나. ☞민(敏) : 총명하다(聰慧). 지혜롭다. "不敏是不明健以質言"

○청사사어의(請事斯語矣) : 청컨대 이 말씀을 실천하도록 하겠습니다. 공자께서 말한 네 조목에 종사하겠다는 말. "請事句總承上聖訓"

目은 條件也라 顔淵聞夫子之言하니 則於天理人欲之際에 已判然矣라 故로 不復(부) 有所疑問하고 而直請其條目也라 非禮者는 己之私也라 勿者는 禁止之辭니 是는 人心之所以爲主요 而勝私復禮之機也라 私勝이면 則動容周旋이 無不中禮하여 而日用之間에 莫非天理之流行矣라 事는 如事事之事라 請事斯語는 顔子默識(지)其理하고 又自知其力이 有以勝之라 故로 直以爲己任而不疑也니라

○程子曰 顔淵이 問克己復禮之目한대 子曰 非禮勿視하며 非禮勿聽하며 非禮勿言하며 非禮勿動이라하시니 四者는 身之用也라 由乎中而應乎外하나니 制於外는 所以養其中也라 顔淵事斯語하여 所以進於聖人하니니 後之學聖人者는 宣服膺而勿失也니라 因箴以自警하노라 其視箴曰 心兮本虛하니 應物無迹이라 操之有要하니 視爲之則이라 蔽交於前이면 其中則遷하나니 制之於外하여 以安其內니라 克己復禮라야 久而誠矣리라 其聽箴曰 人有秉彝하여 本乎天性하니 知誘物化하면 遂亡其正하나니라 卓彼先覺은 知止有定이라 閑邪存誠하여 非禮勿聽하나니라 其言箴曰 人心之動이 因言以宣하나니 發禁躁妄이라야 內斯靜專하나니라 矧是樞機니 興戎出好하고 吉凶榮辱이 惟其所召니라 傷易(이)則誕하고 傷煩則支하며 己肆物忤하고 出悖來違하나니 非法不道하여 欽哉訓辭하라 其動箴曰 哲人知幾하여 誠之於思하고 志士勵行하여 守之於爲하나니 順理則裕요 從欲惟危하니 造次克念하여 戰兢自持하라 習與性成하면 聖賢同歸하리라 愚按 此章問答은 乃傳授心法切要之言이니 非至明이면 不能察其幾요 非至健이면 不能致其決이라 故로 惟顔子라야 得聞之하니 而凡學者는 亦不可以不勉也라 程子之箴은 發明親切하니 學者는 尤宜深玩이니라

목(目)은 조건이다. 안연은 부자의 말씀을 들으니, 천리와 인욕의 구분에 대해서 너무나 확실해졌던 것이다. 그러므로 다시 의문스러운 것이 있지 않고 곧바로 그 조목을 청한 것이다. 비례(非禮)란 자기의 사사로운 욕심이다. 물(勿)이란 금지하는 말이다. 이것은 인심에 주장이 되고 사욕을 이겨 예를 회복하는 실마리인 것이다. 사욕을 이기면 동용·주선이 예에 맞지 않음이 없어서 일용의 사이에 천리의

유행이 아님이 없을 것이다. 사(事)는 일을 일삼는다는 '事'와 같다. '請事斯語'는 안자가 묵묵히 그 이치를 기억하고 또 스스로 자기의 능력이 이것을 이겨낼 수 있음을 알았던 것이다. 그러므로 곧바로 자기의 임무로 삼아서 의심하지 않았던 것이다.

○정자가 말했다. "안연이 극기복례의 조목을 묻자, 공자께서 '예가 아니면 보지 말며, 예가 아니면 듣지 말며, 예가 아니면 말하지 말며, 예가 아니면 움직이지 말아야 할 것이다.' 하셨으니, 이 네 가지는 몸의 작용에 대한 것이다. 마음으로부터 나와서 밖으로 응하는 것이니, 외부로부터 통제되는 것은 그 마음을 기르기 위한 것이다. 안연이 이 말씀을 일삼아서 성인으로 나아간 것이니, 후세에 성인에 대해 배우는 자들은 마땅히 마음에 깊이 새겨 잃지 말아야 할 것이다. 그렇기 때문에 잠을 지어서 스스로 경계했던 것이다.

그 '시잠'에 말했다. '마음이라는 것은 본래 비었으니 사물에 응해도 자취가 없는 것이다. 마음을 잡는 데 중요한 것이 있으니 보는 것을 법으로 삼아야 된다. 사물에 가려서 앞에서 엇갈리게 하면 그 마음은 곧 떠나가는 것이니 밖으로부터 통제하여 그 안을 편안하게 해야 한다. 자기의 욕심을 이기고 예를 따라 행해야 오래도록 성실하게 될 것이다.'

그 '청잠'에 말했다. '사람에게는 바른 도리를 지켜 나가려는 성품이 있어서 천성에 뿌리를 두었으니 지각이 사물의 변화에 유혹되면, 마침내 그 바른 길을 잃게 된다. 드높으신 저 선각자들은 그칠 데를 알아 정지함이 있었다. 사를 막고 성을 보존해서 예가 아니면 듣지 말아야 할 것이다.'

그 '언잠'에 말했다. '인심의 움직임은 말로 인하여 널리 퍼지니 말할 때에 조급함과 경망함을 금해야 안이 고요하고 하나로 될 것이다. 또한 이것은 아주 중요한 기능을 하니 전쟁을 일으키기도 하고 사랑을 나타내기도 한다. 길흉·영욕이 오직 그에 의해 불러들인다. 너무 쉽게 하면 참말이 아니다 하고, 너무 번거롭게 하면 지루하다 하며, 자신이 함부로 하면 남도 거역하게 되고, 나가는 말이 이치에 어긋나면 오는 말도 이치를 어기게 되는 것이니, 법이 아니면 말하지 말아서 훈계의 말들을 공경히 해야 할 것이다.'

그 '동잠'에 말했다. '철인은 기미를 알아 생각을 성실히 하고, 지사는 힘써 행하여 행위를 지키니, 이치를 따르면 여유가 있을 것이고, 욕심을 따르면 위태로울 것이니, 잠깐이라도 잘 생각해서 전전긍긍하여 자신을 보전하라. 습관이 되어 성격이 되면, 성현과 함께 돌아갈 것이다.'

내[朱子]가 살펴 보건대, 이 장의 문답은 바로 심법을 전수해 준 절요한 말씀이니, 지극히 총명한 사람이 아니면 그 기미를 살필 수 없고, 지극히 강건한 사람이 아니면 그 결단을 이룰 수 없는 것이다. 그러므로 오직 안자만이 알 수 있었으니, 모든 학자들은 또한 힘쓰지 않으면 안 될 것이다. 정자의 잠이 새로운 뜻을 밝히는 것을 친밀하게 하고 절실하게 했으니, 학자들은 더욱더 마땅히 깊이 음미해야 할 것이다.

○판연(判然) : 확실함. 분명한 모양. 요연(瞭然).

○동용(動容) : 기거 동작(起居動作)의 태도. 거동(擧動).

○주선(周旋) : 일이 잘 되도록 이리저리 힘을 써서 변통해 주는 일.

○묵지(默識) : 터득한 도를 말없이 마음속으로 기억함. 묵이지지(默而識之). 본서 7·2·1 참고.

○복응(服膺) : 마음에 깊이 새김. 충심으로 신봉(信奉)함.「중용(中庸)」“8·1 子曰 回之爲人也는 擇乎中庸하여 得一善이면 則拳拳服膺하여 而弗失之矣니라”

○잠(箴) : 경계하다. 스스로 타이르다. 훈계하는 글을 주제로 한 글을 말함[文體名]. ☞여기서 말한 ‘箴’은 대개 행실을 경계(警戒)하는 운문(韻文)이고, ‘銘’은 기물(器物)이나 비석에 새겨 경계 또는 공덕을 찬양하는 글임.

○교(交) : 엇갈리다. 서로 뒤섞이다.

○물화(物化) : 사물의 변화.

○병이(秉彝) : 인간의 떳떳한 도리를 굳게 지킴. 상도(常道)를 지킴. ‘彝’는 ‘常’의 뜻. ☞병이지성(秉彝之性) : 인간으로서 떳떳한 도리를 지켜 나가려는 타고난 천성.

○한(閑) : 막다. 막히다. 가로막다.

○신(矧) : ①또한. ②하물며. 여기서는 ①의 뜻으로 쓰임.

○추기(樞機) : 중추(中樞)가 되는 기관. 사물의 요긴한 곳.

○호(好) : 좋아하다. 사랑하다. 거성(去聲)으로 쓰였음.「논어집주(論語集註)」“書曰 惟口出好興兵 蔡氏傳曰 好善也 戎兵也 言發於口 則有二者之分”

○상(傷) : 지나치다. 정도에서 벗어나다.

○탄(誕) : 참말이 아니다. 속이다. 터무니없다.

○여행(勵行) : 힘써 행함. 덕행을 갈고 닦음.

○습여성성(習與性成) : 오랫동안 습관이 되면 일정한 성격을 형성함. 원래「서전(書傳)」《상서(商書)》에 나오는 말.

○발명(發明) : ①새로운 뜻을 깨달아 밝힘. 천명(闡明). ②경사(經史)의 뜻을 깨달아 밝히는 것. 여기서는 ①의 뜻.

[備旨] 顔淵이 從博約後에 理欲已明이로되 但曰請問克復之條目이 何如오하니 夫子告之에 曰子欲詳其目乎아 亦求諸視聽言動之間而已라 視必以禮하나니 一有非禮면 卽禁止於心而勿視하고 聽必以禮하나니 一有非禮면 卽禁止於心而勿聽하고 言必以禮하나니 一

有非禮면 卽禁止於心而勿言하고 動必以禮하나니 一有非禮면 卽禁止於心而勿動이라 夫非禮者는 皆己也요 勿之는 皆克也니 己克이면 則復禮而仁在是矣라 所謂克己復禮者가 如此라 顏淵直任之에 曰回之質이 雖有歉於明健而不敏也나 請從事於四勿之語하여 以天下歸仁이로이다 自考以爲仁은 由己니 自勵면 庶無負乎夫子之敎也라 敢以不敏而自諉哉아

　안연이 박문약례를 좇은 뒤에 천리와 인욕이 이미 밝아졌지만, 그래도 극기복례의 조목이 어떠한가를 청해 물으니 부자께서 깨우쳐 줄 적에 말씀하시기를, "자네는 그 조목을 자세히 알고 싶은가? 다만 보고 듣고 말하고 움직이는 사이에서 그것을 구해야 할 따름이다. 보는 것은 반드시 예로써 해야 할 것이니 하나라도 예가 아니면 마음에 금하여 보지 말고, 듣는 것은 반드시 예로써 해야 할 것이니 하나라도 예가 아니면 마음에 금하여 듣지 말고, 말하는 것은 반드시 예로써 해야 할 것이니 하나라도 예가 아니면 마음에 금하여 말하지 말고, 움직이는 것은 반드시 예로써 해야 할 것이니 하나라도 예가 아니면 마음에 금하여 움직이지 않도록 해야 할 것이다. 무릇 예가 아닌 것은 자기의 욕심이요 하지 말라는 것은 극복한다는 것이니, 사사로운 욕심을 이기면 예를 회복하여 인이 여기에 있게 될 것이다. 이른바 극기복례라는 것이 이와 같다."라고 하셨다. 안연이 바로 책임을 느낀다면서 말하기를, "저의 바탕이 비록 총명·강건한 데 부족하고 . . . . ., 청컨대 네 가지 하지 말라는 말씀에 종사하여 천하의 사람들이 인덕을 사모하도록 하겠습니다. 스스로 생각해보니 인을 행하는 일은 제 몸으로부터 말미암으니, 스스로 힘을 쓴다면 어쩌면 부자의 가르침에 저버림이 없을 것입니다. 감히 불민하다는 이유로 스스로 핑계하겠습니까?"라고 했다.

○박약(博約) : 박문약례(博文約禮)를 말함. ☞박문약례(博文約禮) : 널리 학문을 닦고 예절을 잘 지킴.
○이욕(理欲) : 천리와 인욕.
○청문(請問) : 여쭈어 보겠습니다. 상대방을 공경할 때의 말투.
○겸(歉) : 적다. 부족하다. 한을 품다. 원망스런 마음을 가지다.
○위(諉) : 핑계하다. 떠넘기다.

12·2·1 仲弓이 問仁한대 子曰 出門如見大賓하며 使民如承大祭하고 己所不欲을 勿施於人이니 在邦無怨하며 在家無怨이니라 仲弓曰 雍雖不敏이나 請事斯語矣리이다

　　중궁이 인을 행하는 방법을 묻자, 공자께서 말씀하셨다. "문을 나설 때에는 대빈을 뵙는 것같이 하며, 백성을 부릴 때에는 대제를 받드는 것같이 하고, 자기가 원치 않는 것을 남에게 베풀지 말아야 할 것이니, 이렇게 하면 나라에도 원망이 없으며 집안에서도 원망이 없을 것이다." 중궁이 말했다. "제가 비록 불민하더라도 이 말씀을 실천하도록 하겠습니다."

○중궁(仲弓) : 공자의 제자. 이름은 옹(雍).
○출문여견대빈(出門如見大賓) : 문을 나설 적에 큰 손님을 맞이하는 듯이 하다. ☞출문(出門) : 문을 나섬. 사람들이 가벼이 여기고 소홀하게 여김. ☞대빈(大賓) : 주(周)에 조현(朝見)하러 오는 요복(要服) 이내의 제후에 대한 존칭. 후에는 귀빈에 대한 범칭. 사람들의 마음에 가장 공경하고 중요한 것으로 여김. ☞요복(要服) : 오복(五服)의 하나로, 왕성(王城)으로부터 1,500리에서 2,000리까지의 지역. "出門是人所易忽者 如作似字看 大賓是人情最敬重者"
○사민여승대제(使民如承大祭) : 백성을 부릴 적에 큰 제사를 받드는 듯이 하다. ☞사민(使民) : 백성들을 부림. 백성들을 부릴 적에 가벼이 여기고 업신여긴다는 뜻. ☞대제(大祭) : 고대에 성대히 지내던 큰 제사. 네 철의 제사와 합제(合祭)·대상(大喪) 따위. 사람들의 마음에 가장 공경하고 삼가는 것으로 여김. "使民是人所易慢者 大祭是人情最敬愼者"
○기소불욕(己所不欲) : 자기가 하고 싶지 않은 일. 흉포하고 도리에 맞지 않는 행위들. 본서 15·23·1에 자공(子貢)의 질문에 대한 답에서도 나옴. "如橫逆之類"
○물시어인(勿施於人) : 남에게 베풀지 말라. "不欲勿施 則所欲之施 自在其中"
○재방무원재가무원(在邦無怨在家無怨) : 나라에도 원망함이 없으며 집안에서도 원망함이 없다. 경서(敬恕)의 효과에 대해 말한 내용. "無怨是無怨恨 二句敬恕之效"
○옹수불민(雍雖不敏) : 옹이 비록 총명하지 못하나. ☞민(敏) : ①빠르다. ②총명하다. ③힘쓰다. 여기서는 ②의 뜻. "是兼言 無明健之質"
○청사사어의(請事斯語矣) : 청컨대 공경을 제일로 여기고 서(恕)를 실천해서 원망의 말이 없도록 하겠습니다. "斯語是主敬行恕 邦家無怨之語"

敬以持己하고 **恕以及物**이면 **則私意無所容**하여 **而心德全矣**라 **內外無怨**은 **亦以其效言之**하여 **使以自考也**라
○**程子曰 孔子言仁**에 **只說出門如見大賓**하고 **使民如承大祭**로되 **看其氣象**이면 **便須心廣體胖**하여 **動容周旋**이 **中禮**니 **唯謹獨**이 **便是守之之法**이라 **或問 出門使民之時**엔 **如此可也**어니와 **未出門使民之時**엔 **如之何**니잇고 **曰此**는 **儼若思**가 **時也**라 **有諸中而後**에 **見**(현)**於外**하나니 **觀其出門使民之時**에 **其敬如此**면 **則前乎此者**

敬을　可知矣요　非因出門使民然後에　有此敬也니라　愚按　克己復禮는　乾道也요
主敬行恕는　坤道也니　顔冉之學이　其高下淺深을　於此에　可見이라　然이나　學者는
誠能從事於敬恕之間하여　而有得焉이면　亦將無己之可克矣리라

　　공경하는 자세로써 자기를 지키고 자기를 미루어 남을 대한다면, 사사로운 뜻이
용납되는 바가 없어서 심덕이 온전해질 것이다. 안팎에서 원망함이 없다는 것은
또한 그 효험을 말씀하여 스스로 상고하게 한 것이다.
　　○정자가 말했다. "공자께서 인을 말씀하실 적에는 다만 '문을 나설 때에는 대빈
을 뵙는 것같이 하며, 백성을 부릴 때에는 대제를 받드는 것같이 하라.' 말씀하셨
지만, 그의 기상을 보면 곧 마음이 편안하고 몸도 편안하여 거동하는 것이나 일을
주선하는 것이 예에 맞았으니, 오직 근독만이 이것을 지키는 법이었다." 혹자가 문
기를, "문을 나가고 백성을 부릴 때에는 이와 같이 하는 것이 괜찮겠지만, 문을 나
서지 않고 백성을 부릴 때에는 어찌해야 합니까?" 하니, 정자가 대답하기를, "이것
은 '의젓하게 하기를 무엇을 생각하는 것처럼 한다.'는 것이 이것이다. 마음속에 있
어야만 외모로 나타나는 것이니, 문을 나가고 백성을 부릴 때에 그 공경함이 이와
같음을 본다면, 이에 앞서서 공경했다는 것을 알 수 있고, 문을 나서서 백성을 부
린 뒤에 이렇게 공경했던 것은 아니었을 것이다." 내[朱子]가 살펴 보건대, 극기복
례는 하늘의 도가 되며, 주경행서는 땅의 도가 되니, 안자와 염유의 학문이 그 높
고 낮음과 얕고 깊음을 여기에서 볼 수 있다. 그러나 배우는 자들은 진실로 능히
경서의 사이에서 종사하여, 얻는 것이 있으면 또한 장차 자기에 대해서 이길 사욕
이 없게 될 것이다.

○서(恕) : 어짊. 사랑. 동정. 자기를 미루어서 남을 대하는 마음. 본서 4·15·2 참
고. "曾子曰 夫子之道는 忠恕而已矣시니라"
○심광체반(心廣體胖) : 마음이 넓고 몸이 편안하다. 마음이 넓고 편안하면 몸도
윤택해짐.「대학(大學)」《傳6·4》"富潤屋이요 德潤身이니 心廣體胖이라 故로 君
子는 必誠其意니라."
○동용(動容) : 기거 동작(起居動作)의 태도. 거동(擧動).
○주선(周旋) : 일이 잘 되도록 이리저리 힘을 써서 변통해 주는 일.
○근독(謹獨) : 홀로 있음을 삼감.「중용(中庸)」1·3 참고.
○엄(儼) : 의젓한 모양(莊重貌). 근엄하고 진중한 모양. ☞엄약사(儼若思) : 단정하
고 엄숙하기를 무엇을 생각하는 것같이 한다는 뜻. 공경하지 않는 것이 없어서,
단정하고 엄숙하기를 무엇인가 생각하는 것같이 하며 말을 안정되게 한다면, 백성
을 편안하게 할 수 있을 것이라는 뜻.「곡례상(曲禮上)」"曲禮曰 毋不敬 儼若思 安

定辭 安民哉”
○시(時) : 이. 이것. 대명사로서 ‘是’와 통함.
○주경행서(主敬行恕) : 공경(恭敬)의 뜻을 주로 하고 서(恕)를 행함. 즉 공경하는
태도를 제일로 여기고 자기를 미루어 남을 대하는 마음을 행한다는 말. 주경(主
敬)은 정이천(程二川)・주자(朱子) 등이 수창(首唱)했던 수양법(修養法)이었음.

[備旨] 仲弓이 問爲仁之道한대 夫子告之에 曰爲仁之道는 不外於存心이라 存心之要는
惟在於敬恕니 卽如一出門之時也면 則如見大賓하여 而極其禮讓之敬하고 一使民之事也면
則如承大祭하여 而極其神明之敬이요 至人施諸己而有所不欲也하여는 則勿以施之於人하
여 而極其推心之恕니라 夫能敬이면 則私意無所容하여 而仁之體以立이요 能恕면 則私意
無所雜하여 而仁之用以行이라 由是로 外而在邦에 邦人咸悅於吾之敬恕하여 而無有怨焉
하고 內而在家에 家人이 咸安於吾之敬恕하여 而無有怨焉하니 蓋主敬行恕하여 而至邦家
無怨이면 則心存理得하여 而仁在是矣라 仲弓이 遂直任之에 曰爲仁은 莫如敏이어늘 雍
之質이 雖不敏이나 請從事夫子敬恕면 無怨之語矣로이다 敢以不敏自諉哉아

　중궁이 인을 행하는 방법을 물었더니 부자께서 깨우쳐 줄 적에 말씀하시기를, “인을
행하는 방법은 본심을 보존하는 것을 벗어나지 않는다. 본심을 보존하는 요체는 오직
공경하는 자세로써 자기를 지키고 자기를 미루어 남을 대하는 데 있을 뿐이니, 만약
때로 문을 나설 때면 대빈을 뵙는 것처럼 하여 그 예양에 대해서는 공경을 다하고, 때
로 백성들에게 일을 시킬 때면 마치 대제를 받드는 것처럼 하여 신명에게 하는 공경을
다해야 할 것이요, 다른 사람이 자기에게 베풀기를 원치 않는 것은 남에게 베풀지 말
아서 마음으로 미루어 보아 남을 대하는 마음을 지극하게 해야 할 것이다. 무릇 능히
공경하는 자세로써 행하면 사사로운 뜻이 용납되는 바가 없어서 인의 본체는 설 것이
요, 능히 자기를 미루어 남을 대하면 인의 작용이 행해질 것이다. 이로 말미암아 밖으
로는 나라에서 나라의 사람들이 나의 공경하는 자세와 남을 대하는 데 대해 모두 기뻐
해서 원망하는 일이 있지 않을 것이고, 안으로는 집에서 집안 사람들이 나의 공경하는
자세와 남을 대하는 데 대해 모두 편하게 여겨서 원망하는 일이 있지 않을 것이니, 대
개 공경하는 태도를 제일로 여기고 자기를 미루어 남을 대하는 마음을 행하여 나라와
집에 원망이 없는 데 이르면, 마음이 보존되고 이치가 얻어져서 인이 여기에 있게 될
것이다.”라고 하셨다. 중궁이 마침내 곧바로 책임을 느낀다면서 말하기를, “인을 행할
적에는 총명함과 같은 것이 없는데, 저의 바탕이 비록 불민하지만 부자께서 공경하는
태도와 자기를 미루어 남을 대하는 마음을 따르면 원망이 없어질 것이라는 이 말씀을
실천하도록 하겠습니다. 감히 불민하다는 이유로 스스로 평계하겠습니까?”라고 했다.

○존심(存心) : 마음을 씀. 본심을 보존함.
○예양(禮讓) : 예법(禮法)과 겸양(謙讓). 본서 4・13・1 참고. "子曰 能以禮讓으로 爲國
乎에 何有며 不能以禮讓으로 爲國이면 如禮何오"
○위(諉) : 핑계하다. 떠넘기다.

12・3・1 司馬牛가 問仁한대 子曰 仁者는 其言也訒이니라

사마우가 인을 행하는 방법을 묻자, 공자께서 말씀하셨다. "인자는 그의 말이 더듬거
린다."

○사마우(司馬牛) : 공자의 제자. 성(姓)은 사마(司馬). 이름은 리(犁). 우(牛)는 그의 자
(字). 송(宋)나라 사람으로 공자를 살해하려고 한 적이 있는 환퇴(桓魋)의 아우. 이것은
공자의 학덕을 사모해 제자가 되어 인(仁)에 대해서 물었던 것이다. 그러나 항상 근심
하는 빛이 있었다고 한다.
○인자(仁者) : 인자. 어진 사람. 여기서는 인격의 정도가 완성된 사람. "仁者就現成說"
○기언야인(其言也訒) : 그의 말이 머뭇거려지다. 그가 말을 꺼내기 힘들어 하다. ☞인
(訒) : 더듬거리다. 말을 꺼내기 힘들어하다[言難出]. "訒是不意發意"

**司馬牛는 孔子弟子니 名은 犁니 向(상)魋之弟라 訒은 忍也며 難也라 仁者는 心存而
不放이라 故로 其言에 若有所忍而不易發하니 蓋其德之一端也라 夫子以牛多言而
躁라 故로 告之以此하여 使其於此而謹之하시니 則所以爲仁之方이 不外是矣라**

사마우는 공자의 제자로, 이름은 리(犁)이니, 상퇴의 아우다. 인(訒)은 참는 것이며
어려워하는 것이다. 인자는 마음을 보존하여 방심하지 않으므로 그가 말할 적에 참는
듯한 모습이 있어서 쉽게 나타내지 않으니, 아마도 그것은 덕의 일단일 것이다. 부자께
서는 사마우가 말이 많고 조급했기 때문에, 이것을 깨우쳐서 그로 하여금 이것을 조심
하도록 하셨으니, 그렇다면 인을 행하는 방법이 여기를 벗어나지 않을 것이다.

○리(犁) : 얼룩소.
○상퇴(向魋) : 환퇴(桓魋)를 말함. ☞상(向) : 사람의 성(姓). 사람의 성으로 쓰일
적에는 '상'이라고 발음함. ☞퇴(魋) : 사람이름. 짐승이름.

[備旨] 司馬牛가 問爲仁之道한대　夫子告之에　曰仁者之人은　其於言也에　若有所訒하여 而不敢輕發者라　子能知此而謹焉이면　則所以爲仁之方이　寧外是乎아

　사마우가 인을 행하는 방법을 물었는데 부자께서 깨우쳐 줄 적에 말씀하시기를, "인 자가 된 사람은 그가 말을 할 적에 꺼내기 힘들어 하는 것이 있어서 감히 가볍게 말하 지 않는 것이 있다. 자네가 능히 이를 알아서 조심하면 곧 인을 행하는 방법이 어찌 이를 벗어나겠는가?"라고 하셨다.

12·3·2 曰　其言也訒이면　斯謂之仁矣乎잇가　子曰　爲之難하니 言之得無訒乎아

　사마우 말했다. "그의 말이 더듬거리면, 인이라고 이를 수 있습니까?" 공자께서 말씀하셨다. "인자는 일에 마음을 두지만, 이것을 행하기가 어려우니 말하는 것이 더듬거리지 않겠는가?"

○기언야인(其言也訒) : 그 말이 더듬거리기만 한다면. "此承上句說來　把訒作强閉 看"
○사위지인호의(斯謂之仁矣乎) : 바로 인이라고 이를 수 있는가? ☞사(斯) : 곧. 여 기서는 '卽'과 같이 쓰였음. ☞의호(矣乎) : '矣乎'는 허사(虛詞)가 연용되어 '矣'는 '이미 그러한'의 뜻을 나타내고, '乎'는 의문이나 감탄의 뜻을 나타내는데 여기서는 의문의 뜻을 나타냄. "斯字作卽字看　牛疑訒不足盡仁"
○위지난(爲之難) : 이것을 행하기가 어렵다. 즉 인자는 일에 마음을 두었지만 이 것을 행하기 어렵다는 말. "爲之猶言行事難在心上說　是不敢苟爲"
○언지득무인호(言之得無訒乎) : 말하는 것이 머뭇거리지 않겠는가? ☞득무(得 無)~호(乎) : …이 아닐까? 모두 …일 것이다. …하지 않으면 안 된다. 관용어구로 추측이나 반문을 나타냄. '得非~乎, 得亡~乎, 得無~乎'와 같은 구조임. "得無二字 有不得不訒意"

牛意仁道至大하니　不但如夫子之所言이라　故로　夫子又告之以此하시니라　蓋心常 存故로　事不苟하고　事不苟故로　其言自有不得而易者요　非强閉之而不出也라　楊 氏曰　觀此及下章再問之語면　牛之易其言을　可知라
○程子曰　雖爲司馬牛多言故로　及此나　然이나　聖人之言도　亦止此爲是니라　愚謂

牛之爲人이 如此하니 若不告之以其病之所切하고 而泛以爲仁之大槪로 語之면 則以彼之躁로 必不能深思以去其病하여 而終無自以入德矣라 故로 其告之如此하시니라 蓋聖人之言이 雖有高下大小之不同이나 然이나 其切於學者之身하여 而皆爲入德之要면 則又初不異也니 讀者는 其致思焉이니라

　사마우는 인도는 지극히 크니, 단지 부자께서 말씀하신 것과는 같지 않을 것이라고 여겼던 것이다. 그러므로 부자께서 또 이것으로써 깨우쳐 주신 것이다. 대개 마음이 항상 보존되었기 때문에 일이 구차하지 않고, 일이 구차하지 않기 때문에 그 말을 저절로 쉽게 할 수 없는 것이지, 억지로 닫고서 말을 내지 않는 것은 아니다. 양 씨가 말했다. "이 장과 아래 장에서 다시 물은 말을 살피면, 사마우가 그가 말을 쉽게 하는 것을 알 수 있다."

　○정자가 말했다. "비록 사마우가 말이 많기 때문에 여기에 이르렀지만, 성인의 말씀도 또한 여기에 그치는 것이 옳을 것이다." 내[朱子]가 생각하건대, 사마우의 사람됨이 이와 같았으니, 만일 그의 결점에 대해 절실한 것을 말씀해 주지 않고 일반적으로 인을 행하는 것에 대해 대강 말씀해 준다면, 저 조급한 성질 때문에 반드시 그 결점을 제거하는 일을 깊이 생각하지 못해 끝내 스스로 덕에 들어갈 수가 없을 것이다. 그러므로 그 깨우친 것이 이와 같으셨던 것이다. 대개 성현의 말씀이 비록 고하·대소에 같지 않음이 있으나, 그것을 배우는 사람의 몸에 간절히 해서 모두 덕에 들어가는 요점을 삼는다면, 또한 처음부터 차이가 안 날 것이니 독자들은 거기에 마음을 집중해야 할 것이다.

○범(泛) : 일반적으로.
○치사(致思) : 마음을 집중하여 생각함.

[備旨] 司馬牛又問에 曰仁道至大하니 其言也訒이면 斯卽謂之仁矣乎잇가하니 夫子告之에 曰汝는 知仁者之言訒而已요 而不知仁者之言所以訒이로다 蓋仁者는 心存於事로되 爲之甚難이니 言之得無訒乎아 不輕於爲者는 自不輕於言이니 是其言之訒也라 由於心之存이로되 而爲之難이니 心存이면 則仁不外是矣라 豈可以爲易而忽之哉아

　사마우가 또 여쭈어 볼 적에 말하기를, "인도는 지극히 크니 그의 말이 더듬거리면, 곧 이를 일러 인이라 이를 수 있겠습니까?"라고 하니, 부자께서 깨우쳐 줄 적에 말씀하시기를, "너는 인자의 말이 더듬거린다는 것만 알 뿐이고, 인자의 말을 꺼내기 힘들어 하는 이유는 알지 못하는구나! 대개 인자는 마음을 일에 두지만 이를 행하기가 심히 어려우니, 말하는 것이 더듬거리지 않겠는가? 행동을 가볍게 하지 않는 사람은 스

스로 말을 가볍게 하지 않으니, 곧 그 말을 꺼내기 힘들어 하는 것이다. 마음에 두고 좇지만 행하는 것은 어려우니, 마음이 있다면 인은 여기를 벗어나지 않을 것이다. 어찌 쉽다고 생각해서 소홀히 할 수 있겠는가?"라고 하셨다.

12·4·1 司馬牛가 問君子한대 子曰 君子는 不憂不懼니라

사마우가 군자에 대해 묻자, 공자께서 말씀하셨다. "군자는 걱정하지 않으며 두려워하지도 않는다."

○문군자(問君子) : 군자에 대해서 물음. 즉 군자의 처신 문제. 여기서 말하는 군자는 몸에 덕을 지닌 사람을 말함. "君子是成德之人 有循名以求實意"
○불우불구(不憂不懼) : 걱정하지 않고 두려워하지 않다. ☞불우(不憂) : 걱정하지 않음. '憂'는 화환(禍患)이 아직 이르지 않았지만 미리 걱정하는 것. ☞불구(不懼) : 두려워하지 않음. '懼'는 화환(禍患)이 이미 이르러서 두려워하는 것. "憂是禍患未至而憂 懼是禍患旣至而懼"

向(상)魋作亂하니 牛常憂懼라 故로 夫子告之如此하시니라

상퇴가 난을 일으키니 동생이었던 사마우가 항상 근심하고 두려워했다. 그러므로 부자께서 이와 같이 깨우치셨던 것이다.

[備旨] 司馬牛가 問君子之人은 何如오하니 夫子以牛多憂懼라 故로 告之에 曰人常不免於憂懼로되 惟君子는 則隨在自得하니 不見其有所憂於未事之先也요 不見其有所懼於臨事之際也라 君子之所以爲君子者가 如此니라

사마우가 군자가 된 사람들은 어떻게 해야 하는지 물으니, 부자께서는 사마우가 근심과 두려움이 많기에 깨우쳐 줄 적에 말씀하시기를, "사람은 항상 근심과 두려움을 면할 수 없지만 오직 군자는 있는 곳에 따라 스스로 깨달아 얻으니, 아직까지 일이 닥치기에 앞서 두려운 바를 드러내서는 안 되고 일에 임할 즈음에 두려워하는 바를 드러내서도 안 된다. 군자가 군자 되는 도리가 이와 같다."라고 하셨다.

○자득(自得) : 스스로 깨달아 얻음.

12·4·2 曰 不憂不懼면 斯謂之君子矣乎잇가 子曰 內省不疚면 夫何憂何懼리오

사마우가 말하기를, "근심하지 않고 두려워하지 않으면, 군자라고 이를 수 있습니까?" 하니, 공자께서 말씀하셨다. "안으로 살펴서 부끄러움이 없다면, 무엇을 근심하며 무엇을 두려워하겠는가?"

○부우불구사위지군자의호(不憂不懼斯謂之君子矣乎) : 근심하지 않거나 두려워하지 않는다고 한다면, 이를 일러 군자라고 이를 수 있겠습니까? ☞사(斯) : 곧. 여기서는 '卽'과 같이 쓰였음. ☞의호(矣乎) : '矣乎'는 허사(虛詞)가 연용되어 '矣'는 '이미 그러한'의 뜻을 나타내고, '乎'는 의문이나 감탄의 뜻을 나타내는데 여기서는 의문의 뜻을 나타냄. "牛錯認是强制於外 故疑不足以盡君子"
○내성불구(內省不疚) : 마음으로 살펴 부끄러움이 없음. ☞구(疚) : 부끄러워하다(慙愧). 양심에 찔리다. "內省是臨時省察 不疚是平日坦蕩 工夫在內省以前"
○부하우하구(夫何憂何懼) : 무릇 무엇을 근심하며 무엇을 두려워하겠는가? 근심하거나 두려워 할 일이 없다는 말. "二何字見自然無憂懼意"

牛之再問은 猶前章之意라 故로 復(부)告之以此하시니라 疚는 病也라 言由其乎日所爲가 無愧於心이라 故로 能內省不疚하여 而自無憂懼요 未可遽以爲易(이)而忽之也라
○晁氏曰 不憂不懼는 由乎德全而無疵라 故로 無入而不自得이요 非實有憂懼로되 而强排遣之也라

사마우가 다시 물은 것은 앞장의 뜻과 같으므로 다시 말씀하시기를 이와 같이 하신 것이다. 구(疚)는 결점이다. 평소에 행하는 바가 마음에 부끄러움이 없다는 것이다. 그러므로 능히 안으로 살펴볼 때 결점이 없어서 스스로 근심과 두려움이 없다는 것이고, 갑자기 쉽다고 생각해서 소홀히 해서는 안 된다는 것을 말씀한 것이다.
○조 씨가 말했다. "근심하지 않으며 두려워하지 않는다는 것은, 덕이 온전하고 결점이 없다는 것이므로 들어가는 곳마다 자득하지 않음이 없다는 것이지, 실제로 근심과 두려움이 있는데도 억지로 물리친다는 것은 아니다."

○유전장지의(猶前章之意) : 사마우가 재차 물은 "12·3·2 曰 其言也訒이면 斯謂之仁矣乎잇가"를 가리킨다.

○거(遽) : 갑자기. 창졸간에.
○배견(排遣) : 물리침. 배제함. 소견(消遣).
○무입이부자득(無入而不自得) : 들어가는 곳마다 스스로 만족하지 않음이 없음. 즉 군자는 그 위치를 따라 행함을 말씀한 것이다. 「중용(中庸)」 "14·2 素富貴하여는 行乎富貴하며 素貧賤하여는 行乎貧賤하며 素夷狄하여는 行乎夷狄하며 素患難이니 君子는 無入而不自得焉이니라"

[備旨] 司馬牛가 又曰君子之道는 大矣니 不憂不懼면 斯謂之君子矣乎잇가하니 夫子又告之에 曰子勿易視之也니라 君子平日所爲가 內省於心하여 皆無疚焉이면 則仰不愧하고 俯不怍리니 浩然天地之間에 夫何憂何懼之有리오 此는 非自修之功이 已造於成德者면 不能이니 子何疑不足以盡君子乎아

　사마우가 또 말하기를, "군자의 도는 크니 근심하지 않고 두려워하지 않으면, 군자라 이를 수 있습니까?"라고 하니, 부자께서 깨우쳐 줄 적에 말씀하시기를, "자네는 쉽게 보지 않도록 해야 할 것이다. 군자가 평일에 하는 바가 안으로 마음을 살펴서 모두 결점이 없으면, 우러러 봐도 부끄러움이 없고 굽어 살펴도 거스름이 없을 것이니, 광대한 천지 사이에 무슨 근심이 있으며 무슨 두려움이 있겠는가? 이는 스스로 수양한 공이 이미 성덕에 나아간 사람이 아니면 할 수 없는 것이니, 자네는 어찌 군자의 도리를 다 할 수 없다고 의심하는가?"라고 하셨다.

○호연(浩然) : 광대하고 웅장한 모양.
○자수(自修) : 스스로 수양함. 「대학(大學)」 傳3·4 참고 "如切如磋者는 道學也요 如琢如磨者는 自修也요"
○오(怍) : 거스르다. 거역하다. 반대하다.

12·5·1 司馬牛가 憂曰 人皆有兄弟어늘 我獨亡(무)로다

　사마우가 걱정하면서 말했다. "사람들은 모두 형제가 있는데 나만 홀로 없구나!"

○우왈(優曰) : 근심을 품고서 이야기 함. "是含愁而言"
○인개유형제(人皆有兄弟) : 사람에게는 모두 형제들이 있음. 무사히 편안하게 잘 지냄. "有兄弟是安於無事意"
○아독무(我獨亡) : 나만 홀로 형제가 없음. 형제가 없어 즐길 수 없다는 말. "我對

人看 獨對皆看 亡作無 言不得相安相樂也"

牛有兄弟로되 **而云然者**는 **憂其爲亂而將死也**라

사마우는 형제가 있었지만 그렇게 말한 것은 그가 난리 때문에 장차 죽을까봐 걱정해서다.

[備旨] 司馬牛가 因見其兄向魋作亂하고 而弟子頎子車도 亦與之同惡이라 故로 懷憂於心而言에 曰人皆有兄弟하여 而得遂其天倫之樂이어늘 我獨遭其變하여 而亡兄弟니 是則可憂也라

사마우가 이로 인해 그의 형님 상퇴가 난을 일으켰고 아우 자기와 자거도 또한 그와 더불어 함께 악한 일을 당했던 것이다. 그러므로 마음에 걱정을 품고서 말하기를, "사람들에게 모두 형제가 있어서 마침내 그들은 천륜의 즐거움을 얻었지만, 나만 홀로 그 변고를 만나서 형제가 없으니, 곧 근심이 됩니다."라고 했다.

○기(頎) : 헌칠한 모양[長貌]. 상성(上聲)일 때는 '간(頎)'이라 읽으며, '강인한 모양'이란 뜻이 된다.
○천륜(天倫) : 천연(天然)의 순서. 형제를 이르는 말. 후에는 형제·부자 사이에 마땅히 지켜야 할 도리를 널리 일컬음.

12·5·2 子夏曰 商聞之矣로니 死生有命이요 富貴在天이라하니라

자하가 말했다. "제가 들으니 죽고 사는 것은 명에 달려 있고, 부귀는 하늘에 달려 있다고 했습니다.

○상문지의(商聞之矣) : 상이 그것을 듣다. '之'는 대명사로서 뒤에 나오는 '死生有命 富貴在天'을 가리킴. ☞상(商) : 자하(子夏)의 이름.
○명(命) : 운명. 목숨. 천명. 태어날 때부터 하늘로부터 부여받은 생명.

蓋聞之夫子라 **命**은 **稟於有生之初**니 **非今所能移**요 **天**은 **莫之爲而爲**니 **非我所能必**이어늘 **但當順受而已**라

아마도 부자에게서 들었을 것이다. 명(命)은 처음 태어날 때에 받은 것이니 지금 옮길 수 있는 것이 아니고, 하늘은 하려하지 않아도 되는 것이니 내가 능히 기약할 수 있는 바도 아니므로, 다만 순종해서 받아들이기만 해야 할 따름이다.

[備旨] 子夏가 因述所聞以慰之에 曰子勿以亡兄弟로 爲憂也니라 商嘗聞於夫子矣러니 人之死生은 有命存焉이요 人之富貴는 在於天焉이라 由商所聞으로 觀之면 則兄弟之有無도 亦天之爲也요 命之致也니 憂之果何益哉아

자하가 곧 들었던 것을 밝혀 위로할 적에 말하기를, "그대는 형제가 없다는 이유로 근심할 필요가 없습니다. 내 일찍이 부자께 들었는데 사람의 죽고 사는 것은 명에 달려 있고 사람의 부귀는 하늘에 달려 있다고 했습니다. 내가 들은 것으로 말미암아 본다면 형제의 있음과 없음도 또한 하늘의 행위요 운명의 이룸이니, 걱정한다고 진실로 무슨 이익이 되겠습니까?

12 · 5 · 3 君子敬而無失하며 與人으로 恭而有禮면 四海之內가 皆兄弟也니 君子가 何患乎無兄弟也리오

군자가 공경해서 실수가 없으며, 남과 더불어 공손하게 해서 예를 갖추면 사해 안이 모두 형제가 될 것이니, 군자가 어찌 형제 없음을 걱정하는가?"

○군자경이무실(君子敬而無失) : 군자가 공경함으로써 몸을 지켜서 실수가 없음. "敬是謹恪兼身心動靜言 無失是常常敬意"
○여인공이유례(與人恭而有禮) : 남과 더불어 공손하게 예를 갖춤. 공손하게 해서 남을 대접하다. "恭是謙遜以接人 禮是無太過不及"
○사해지내(四海之內) : 온 세상. 천하의 땅. "是盡天下之地"
○개형제야(皆兄弟也) : 모두 형제가 된다는 말. "是我愛敬於人 人亦愛敬我 了要看 註如兄弟如字"
○군자하환호무형제야(君子何患乎無兄弟也) : 군자가 어떻게 형제가 없다고 걱정을 하는가? "此句與我獨亡對針"

旣安於命하고 又當修其在己者라 故로 又言 苟能持己以敬而不間斷하고 接人以恭而有節文이면 則天下之人이 皆愛敬之를 如兄弟矣라 蓋子夏는 欲以寬牛之憂

하여 **故爲是不得已之辭**니 **讀者**는 **不以辭害意**가 **可也**니라

○**胡氏曰 子夏**가 **四海皆兄弟之言**은 **特以廣司馬牛之意**니 **意圓而語滯者也**라 **唯聖人**은 **則無此病矣**니라 **且子夏**는 **知此**로되 **而以哭子喪明**하니 **則以蔽於愛而昧於理**라 **是以**로 **不能踐其言爾**니라

명을 편히 여길 뿐만 아니라 또 마땅히 자기에게 있는 것을 닦아야 한다. 그러므로 다시 말씀하시기를 '만일 공경함으로써 몸을 지켜 관계가 끊어지지 않고 공손함으로써 남을 대접하여 사물을 알맞게 꾸밈이 있으면, 천하 사람들이 모두 자신을 사랑하고 공경하기를 형제와 같이 할 것이다.'고 하신 것이다. 아마도 자하는 사마우의 근심을 풀어주고 싶어 고의로 부득이한 말을 한 것이니, 독자는 말로써 본뜻을 해치지 말아야 할 것이다.

○호 씨가 말했다. "자하가 '사해 안이 모두 형제가 될 것이다.'라는 말은 다만 사마우의 뜻을 넓혀 준 것이니, 뜻은 원만하지만 말은 통하지 않는다. 오직 성인만이 이러한 결점이 없을 것이다. 또 자하는 이것을 알았지만 아들의 죽음 때문에 곡하다가 실명했으니, 이것은 사랑에 가려서 이치에 어두워졌기 때문이다. 이러므로 능히 그 말을 실천하지 못한 것일 따름이다."

○기(旣)~우(又)~ : '…이고 그 외에 …', '…한 이상은 또한 …'이라고 해석한다. 접속사로서 한 방면에만 그치지 않음을 나타내며, 병렬·연접하는 작용을 나타낸다. '旣~且'·'旣~亦'·'旣~終'·'旣~或'.
○간단(間斷) : 끊어진 사이. 사이사이가 끊어짐.
○절문(節文) : 조절하고 꾸미다. 사물을 알맞게 꾸밈. 「논어집주(論語集註)」 "朱子曰 節者等級也 文者 不直截而回互之貌"
○고위(故爲) : 고의(故意)로 함.
○체(滯) : 막히다. 막히어 통하지 아니하다. 막히어 해결되지 아니하다.
○상명(喪明) : 실명(失明)함. 아들의 죽음을 이르는 말. 자하(子夏)가 아들을 잃고 너무 비통한 나머지 장님이 되었다는 고사. 「예기(禮記)」《단궁상(檀弓上)》"子夏喪其子而喪其明"

[備旨] 夫旣安於天命하고 又當修其在己者焉이라 君子가 苟能持己以敬하여 而無間斷之失하고 與人恭遜하여 而有節文之禮면 則盛德所感하여 擧四海之內가 皆愛敬之하여 而視我를 若兄弟也라 疎者可親온 而況親者乎아 然則君子는 特患恭敬之未盡耳니 又何患乎無兄弟也리오 吾於是에 知子非惟不容憂요 抑且不必憂矣라

무릇 천명을 편안하게 여길 뿐만 아니라 또 마땅히 자기에게 있는 것을 닦아야 할 것입니다. 군자가 진실로 공경함으로써 자기를 지켜서 관계가 끊어지는 실수가 없고 다른 사람과 더불어 공손하게 해서 사물을 알맞게 꾸미는 예를 갖춘다면, 성덕에 감동되어서 온 사해 안이 모두 사랑하고 공경하여 자기를 보는 것을 형제와 같이 할 것입니다. 소원한 사람도 친해질 수 있을 터인데 하물며 친한 사람임에랴? 그렇다면 군자는 다만 공경을 다하지 못한 것을 걱정해야 할 따름이니, 또 어찌 형제가 없음을 근심하겠습니까? 나는 여기에 대해 그대는 걱정하지 말아야 할 뿐만 아니라, 게다가 또 반드시 걱정할 필요도 없다는 것을 압니다."라고 했다.

○성덕(盛德) : 훌륭하고 고상한 인격. 훌륭한 품격(品格).
○소원(疎遠) : 사이가 성기고 멀어짐. 친하지 않은 사람.
○억(抑) : 발어사. 화제를 돌릴 적에 간혹 사용됨.

12 · 6 · 1 子張이 問明한대 子曰 浸潤之譖과 膚受之愬가 不行焉이면 可謂明也已矣니라 浸潤之譖과 膚受之愬가 不行焉이면 可謂遠也已矣니라

자장이 명찰에 대해 묻자, 공자께서 말씀하셨다. "물이 스며들어 적시듯이 은근히 하는 참언과 피부에 와 닿듯이 간절히 하는 하소연이 행해지지 않도록 한다면 명찰하다고 이를 수 있을 따름이다. 물이 스며들어 적시듯이 은근히 하는 참언과 피부에 와 닿듯이 간절히 하는 하소연이 행해지지 않도록 한다면, 멀리 내다본다고 이를 수 있을 따름이다."

○문명(問明) : 명찰(明察)에 대해 물음. 어떻게 하는 것이 사리에 밝은 것인지 물음. '明'에는 여러 가지 뜻이 있지만 여기서는 '사물을 명확하게 인식한다.'와 '사물을 멀리 내다본다.'는 뜻이 있다. 우리는 일상생활에서 '은근히 행하는 참언[浸潤之譖]'과 '간절히 행하는 참언[膚受之愬]'을 살피지 못하거나 혹은 서두르기 때문에 속는 경우가 종종 있다. 그러한 일을 꿰뚫어 볼 수 있는 통찰력이 '明'이고 '遠'이라고 할 수 있다. "明是心無所蔽"
○침윤지참(浸潤之譖) : 물이 스며들어 적시듯이 차츰차츰 믿게 하는 참언(讒言).
☞침윤(浸潤) : 물이 스며듦. "浸潤是緩不暇覺易得意"
○부수지소(膚受之愬) : 진실된 말은 아니나, 피부에 와 닿듯이 간절하게 하는 하

소연. 일설에는 차츰 믿게 되어 남을 헐뜯는 말. 부수지언(膚受之言). ☞부수(膚受)
: 피부에 와 닿는 것이 절실하고 급함. "膚受是急不暇詳易得信"

○불행언(不行焉) : 행해지지 아니함. 행해지지 않도록 능히 살필 수 있는 상태를
말함. "不行依註作能察看"

○가위명야이의(可謂明也已矣) : 명찰하다고 이를 수 있음. "明卽是不爲人欺惑意"

○가위원야이의(可謂遠也已矣) : 멀리 내다본다고 이를 수 있음. 멀리 꿰뚫어 볼 수 있
는 사람이라고 할 수 있음. 자장이 명찰에 대해 묻고 뽐을 내고 있으니, 공자가 「서경
(書經)」《태갑편(太甲篇)》에 나오는 "먼 곳을 보되 명찰을 생각하라(視遠惟明)"는 말
을 생각하여 은근히 자장을 잠재우려고 했는지도 모른다. "明卽明之遠 非明外又有遠也"

浸潤은 如水之浸灌滋潤하여 漸漬而不驟也라 譖은 毁人之行也라 膚受는 謂肌膚
所受利害切身이니 如易所謂剝牀以膚하니 切近災者也라 愬는 愬己之寃也라 毁
人者가 漸漬而不驟면 則聽者도 不覺其入而信之深矣요 愬寃者가 急迫而切身이
면 則聽者가 不及致詳而發之暴矣니 二者는 難察이로되 而能察之면 則可見其心
之明하여 而不蔽於近矣라 此亦必因子張之失而告之라 故로 其辭繁而不殺(쇄)하여
以致丁寧之意云이라

○楊氏曰 驟而語之와 與利害不切於身者가 不行焉은 有不待明者라도 能之也라
故로 浸潤之譖과 膚受之愬가 不行然後에 謂之明이요 以又謂之遠이라 遠則明之
至也니 書에 曰視遠惟明이라하니라

침윤(浸潤)은 마치 물이 배고 젖는 듯해서 점점 스며드는 것이지 갑자기 젖는
것이 아니다. 참(譖)은 남의 행실을 헐뜯는 것이다. 부수(膚受)는 살갗에 의해 받
는 이해가 몸에 절실함을 이르니, 마치 「주역」에 '평상을 깎아 피부까지 닿았으니
재앙에 절박하게 가까워진 것이다.'하는 것과 같다. 소(愬)는 자기의 억울함을 하
소연하는 것이다. 사람을 비방하는 자가 차차로 물이 배어드는 듯이 하고 갑자기
하지 않으면 그 말을 듣는 자도 거기에 빠져드는 것을 깨닫지 못해서 깊이 믿게
될 것이요, 원통함을 하소연하는 자가 급박하게 해서 몸에 절박하게 하면 듣는 자
도 미처 자상히 살피지 못해서 사납게 드러낼 것이니, 이 두 가지는 살피기 어려
운 것이지만 능히 살필 수 있다면 그 마음이 명찰해서 가까운 데로부터 가려지지
않음을 볼 수 있을 것이다. 이것 또한 반드시 자장의 결점을 인해서 깨우쳤던 것
이다. 그러므로 그 말씀은 번잡하지만 줄이지 않아서 정녕한 뜻을 이루었다고 이
를 만하다.

○양 씨가 말했다. "갑작스럽게 헐뜯는 말과 이해가 몸에 절박하지 않은 하소연

이 행해지지 않는 것은 명찰한 자를 기다리지 않더라도 능히 할 수 있다. 그러므로 물이 스며들어 적시듯이 은근히 하는 참언과 피부에 와 닿듯이 간절한 하소연이 행해지지 않은 뒤라야 명찰하다 이를 수 있고, 또 멀리 내다본다고 이를 수 있을 것이다. 멀리 내다본다면 명찰이 지극한 것이니, 「서경」《태갑편》에 이르기를, '먼 곳을 보되 오직 명찰을 생각해야 한다.' 했던 것이다."

○침관(浸灌) : 물을 댐. 적심.
○자윤(滋潤) : 축축이 젖음. 또는 축축하게 적심.
○점지(漸漬) : 차차로 물이 배어 듦. ☞지(漬) : 담그다. 스미다. 물들이다.
○기부(肌膚) : 살과 살갗.
○박상이부(剝牀以膚) : 상을 깎아서 피부에까지 닿았으니 재앙이 매우 가깝게 닥쳤다는 말. 「주역(周易)」《산지박괘(山地剝卦)》"象曰 剝牀以膚 切近災也" ☞박상(剝牀) : 자신에게 해가 닥침. ☞상(牀) : 평상. 앉거나 눕는 의자나 침대.
○폭(暴) : 사납게. 행동이 거칠어 도리에 어긋난 모양.
○정녕(丁寧) : 재삼 간절히 당부함. 또는 충고함.
○취(驟) : 갑자기.
○시원유명(視遠惟明) : 먼 곳을 보되 명찰을 생각하라는 말. 이윤(伊尹)이 개과천선한 태갑(太甲)에게 아뢴 말. 「서경(書經)」《태갑편(太甲篇)》"奉先思孝 接下思恭 視遠惟明 聽德惟聰 朕承王之休 無斁"

[備旨] 子張이 問何如라야 斯可謂之明이니잇고하니 夫子告之에 曰所謂明者는 能察人之所難察耳라 彼譖人者는 以急辭로 不足以入人也니 惟譖而浸潤하여 或借事巧詆하고 或冷語中傷하여 漸漬不驟니 入人最深이요 愬冤者는 以緩辭로 非所以動人也니 惟愬而膚受하여 或痛陳加害하고 或極言被殘하여 危迫切身하니 動人最易라 二者는 至難察也어늘 若能察其僞而不行焉이면 則有以見其心之明하여 而可謂明也已矣요 抑不但可謂明也라 譖爲浸潤之譖과 愬爲膚受之愬가 而果不行焉이라야 則洵不蔽於近하여 而可謂遠也已矣니라 子欲求明이어든 亦惟察於此而已라

자장이 어떻게 해야 명찰하다고 이르겠는가를 물으니, 부자께서 깨우쳐 줄 적에 말씀하시기를, "이른바 명찰이라고 하는 것은 능히 사람들이 살피기 어려운 것을 살필 수 있음을 말한다. 저 참소하는 사람은 급박한 말로써 사람들에게 말이나 청을 받아들이도록 할 수 없으니, 오직 헐뜯으면서 물에 적시듯 조금씩 젖어들도록 하여 때로는 일을 가져와 비방하기도 하고 때로는 비웃는 말로 중상을 입혀 차차로 물이 배어드는 듯이 하고 갑작스럽게 하지 않으니 사람들에게 굉장히 심각하게 받아들이도록 하는 것

이요, 자기의 억울함을 하소연하는 사람은 느슨한 말로써 사람을 움직일 수 없으니, 오직 자기의 억울함을 하소연하면서 피부에 와 닿는 것처럼 하여 때로는 통렬하게 말해서 해롭게 하기도 하고 때로는 극언으로 상해를 입혀 위박함이 몸에 절실하게 하니 사람들을 아주 쉽게 움직일 수 있도록 하는 것이다. 두 가지는 지극히 살피기가 어려운 것이지만 만약 능히 그 거짓됨을 살펴서 행해지지 않게 한다면, 그 마음이 밝아서 명찰하다고 이를 수 있을 따름이요, 그렇지 않으면 다만 명찰하다고 이르지 못할 것이다. 남의 행실을 헐뜯는 것을 물에 적시듯 조금씩 젖어들게 하는 참언과 남에게 하소연하는 것을 피부에 와 닿듯이 하는 하소연이 진실로 행해지지 않아야 참으로 가까운 데로부터 가려지지 않아서 멀리 내다본다고 이를 수 있다. 그대가 명찰을 구하고자 하거든 또한 오직 이를 살펴야 할 따름이다."라고 하셨다.

○교저(巧詆) : 교묘한 거짓말로 비방함.
○냉어(冷語) : 비웃는 말. 냉담한 태도로 하는 말.
○중상(中傷) : 남을 모함하여 함정에 빠뜨림.
○순(洵) : 참으로. 진실로.

12·7·1 子貢이 問政한대 子曰 足食足兵이면 民이 信之矣니라

자공이 정치에 대해 묻자, 공자께서 말씀하셨다. "양식을 풍족하게 하며 군비를 충분하게 하면, 백성들이 믿을 것이다."

○문정(問政) : 나라를 다스리는 데 대해 물음. "政在治國上說"
○족식족병(足食足兵) : 백성들을 위한 식량을 충분하게 마련하고, 군비(軍備)를 충분하게 하다. "食爲民之天 兵爲民之衛" ☞「예기(禮記)」에 보면, 나라에 9년의 저축이 없으면 부족하다고 말하고, 6년의 저축이 없으면 급하다고 말하며, 3년의 저축이 없으면 '나라는 나라가 아니다.'라고 말했다.「예기(禮記)」《왕제편(王制篇)》"國無九年之蓄 曰不足 無六年之蓄 曰急 無三年之蓄 曰國非其國也"
○민신지의(民信之矣) : 백성들이 믿다. 백성들이 믿게 된다는 말. "信爲民之心"
○공자의 대답을 해석할 적에 두 가지 설이 있다. 첫째, '信'을 '足食足兵'의 효험이라고 보는 경우. '足食足兵이면 民이 信之矣니라(양식을 풍족하게 하며 군비를 충분하게 하면, 백성들이 믿을 것이다.)'라고 현토하고 해석하는 방법이 있고, 둘째, 타동사 '信'이 사역동사로 전용되었다고 보는 경우. '足食足兵하고 民을 信之矣니라

(양식을 풍족하게 하며 군비를 충분하게 하고, 백성들을 믿게 하는 것이다.)'라고 현토하고 해석하는 방법이 있다. 필자는 문맥의 흐름상 '信'을 '足食足兵'의 효험이라고 보고 전자로 해석했다.

言倉廩實하고　**而武備修然後**에　**敎化行**하여　**而民信於我**하여　**不離叛也**라

곡물 창고가 꽉 차있고 군비가 갖추어진 뒤에 교화가 행해져서 백성들이 자기를 믿어 배반하지 않을 것임을 말씀한 것이다.

○창름(倉廩) : 곡물 창고. ☞늠(廩) : 곳집. 갈무리하다. 저장하다.
○무비(武備) : 전쟁의 준비. 군비(軍備).
○교화(敎化) : 교육하고 감화시킴.
○이반(離叛) : 등짐. 배반하다. 이배(離背). 이반(離反).

[備旨] 子貢이　問爲政之道한대　夫子告之에　曰政은　以治民生과　與民心而已라　必也制田里薄稅斂以足其食하며　比行伍時簡閱以足其兵하고　又必敎化素行이면　民無攜貳之心하여　皆信於我矣니라　此三者는　爲政之大端也라

자공이 정치를 행하는 방법에 대해 물었는데 부자께서 깨우쳐 주실 적에 말씀하시기를, "정치는 백성들의 삶과 백성들의 마음을 다스리는 것일 따름이다. 반드시 논밭과 주택에 관한 내용을 제정하고 세금을 적게 하여 그 양식을 풍족하게 하며, 군대를 견주어 보고 검열을 수시로 하여 그 군비를 충분하게 하고, 또 반드시 교화가 평소에 행해지면 백성들이 딴 마음을 갖지 않아서 모두 자기를 믿을 것이다. 이 세 가지는 정치를 행할 적에 큰 실마리일 것이다."라고 하셨다.

○전리(田里) : 논밭과 주택. 100묘(畝)의 밭과 5묘(畝)의 집.
○세렴(稅斂) : 조세나 세금을 거두어들이는 일. 세수(稅收).
○비(比) : 견주다. 서로 대어 보아 우열과 상이(相異)를 견줌.
○항오(行伍) : 군대 또는 군대의 행렬. 옛날 군제는 25명을 '行', 5명을 '伍'라고 했음.
○간열(簡閱) : 검열함. 사열(査閱)함.
○휴이(攜貳) : 서로 어그러져 믿지 아니하거나 딴 마음을 가짐. 두 마음을 품음. 또는 배반하고 떠나감. 「춘추좌씨전(春秋左氏傳)」 "閒携貳 覆昏亂 覇王之器也"

12·7·2 子貢이 曰 必不得已而去인댄 於斯三者에 何先이리잇고 曰 去兵이니라

자공이 말했다. "꼭 부득이해서 버린다면, 이 세 가지 중에 무엇을 먼저 버려야 합니까?" 하니, 공자께서 말씀하시기를, "군대를 버리면 될 것이다."

○필부득이거(必不得已去) : 일이 급하게 되어 어떻게 할 수 없어서 버린다면. "不得已是事勢危迫之際"
○어사삼자하선(於斯三者何先) : 세 가지 중에 먼저 무엇을 버리겠는가? 세 가지를 비교해 볼 적에 무엇을 먼저 버리고 무엇을 뒤에 버리겠는가라는 말. '何先'은 의문문에서 목적어가 의문 대명사일 때 도치된 형태. "何先言何者較緩先去"
○거병(去兵) : 군대를 먼저 버려야 한다는 말. "是兵較緩於食信意"

言食足而信孚면 則無兵而守固矣라

양식이 풍족하고 믿음이 깊으면, 군대가 없어도 지킴이 견고하다는 것을 말씀한 것이다.

○부(孚) : 미쁘다. 참되다. ☞신부(信孚) : 확실하다고 믿어 의심하지 아니함. 신용(信用).

[備旨] 子貢又問에 曰時當無事면 三者는 在所必兼也어니와 設或變出不測하여 必不得已而去其一焉이면 於斯兵食信三者에 何先이리잇고하니 夫子告之에 曰去兵이니라 蓋籌畫糧餉하여 固結人心이면 則吾民은 卽吾兵也니 是兵은 或可去也라

자공이 또 여쭈어 볼 적에 말하기를, "시절이 무사할 것 같으면 세 가지를 꼭 겸하는 경우도 있겠지만, 설혹 변고가 생길 것을 헤아리지 못해 꼭 부득이한 경우가 생겨서 그 중에 하나를 버린다면, 군대·양식·신의의 세 가지 중에서 무엇을 먼저 버려야 합니까?"라고 하니, 부자께서 깨우쳐 줄 적에 말씀하시기를, "군대를 버려야 할 것이다. 대개 군인에게 주는 양식을 헤아려서 진실로 사람들의 마음만 모은다면, 나의 백성들은 곧 나의 군대가 될 것이니, 곧 군대는 버리면 될지도 모를 것이다."라고 하셨다.

○변고(變故) : 재변(災變)이나 사고(事故).

○양향(糧餉) : 군대에서 군인에게 지급하는 양식과 돈.
○주획(籌畫) : 계획함. 또는 계책. 주산(籌算).
○혹(或) : 아마 …일지도 모른다. 혹은 …일지도 모른다. 부사로서 추측이나, 그다지 긍정하지 않음을 나타냄.

12·7·3 子貢이 曰 必不得已而去인댄 於斯二者에 何先이리잇고 曰 去食이니 自古로 皆有死어니와 民無信이면 不立이니라

자공이 말했다. "꼭 부득이해서 버린다면, 이 두 가지 중에 무엇을 먼저 해야 합니까?" 공자께서 말씀하셨다. "양식을 버려야 하니, 예로부터 누구에게나 다 죽음은 있었거니와, 백성들에게 신의가 없으면 설 수 없는 것이다."

○필부득이거(必不得已去) : 여기서는 일이 다시 급박하게 되어 어떻게 할 수 없어서 버릴 때를 말함. "此不得已是事勢更爲危迫"
○어사이자하선(於斯二者何先) : 두 가지 중에 먼저 무엇을 버리겠는가? 양식과 신의를 비교해 볼 적에 무엇을 먼저 버리겠는가라는 말. '何先'은 의문문에서 목적어가 의문 대명사일 때 도치된 형태. "二者指食與信"
○거식(去食) : 양식을 가볍게 여기고 버려야 한다는 말. "是食較信爲輕"
○자고개유사민무신불립(自古皆有死民無信不立) : 예로부터 누구에게나 다 죽음은 있었거니와 백성들에게 신의가 없으면 서로 속이고 속여 설 수 없다는 말. "此二句見中不可去 申上去食意"

民無食이면 必死라 然이나 死者는 人之所必不免이요 無信이면 則雖生이나 而無以自立이니 不若死之爲安이라 故로 寧死이언정 而不失信於民이요 使民으로 亦寧死이언정 而不失信於我也니라
○程子曰 孔門弟子善問이로되 直窮到底하니 如此章者는 非子貢이면 不能問이요 非聖人이면 不能答也니라 愚謂 以人情而言이면 則兵食足以後에 吾之信이 可以孚於民이요 以民德而言이면 則信은 本人之所固有니 非兵食이 所得而先也라 是以로 爲政者는 當身率其民하여 而以死守之요 不以危急으로 而可棄也니라

백성들이 양식이 없으면 반드시 죽는다. 그러나 죽음이란 사람이 반드시 면할

수 없는 것이요, 신의가 없으면 비록 살더라도 스스로 설 수 없으니, 죽어서 편안해지는 것만 같지 못하다는 것이다. 그러므로 차라리 죽을지언정 백성들로부터 신의를 잃어서는 안 될 것이고, 백성들로 하여금 또한 차라리 죽게 할지언정 자기에게 신의를 잃지 않도록 해야 한다는 것이다.

○정자가 말했다. "공자 문하의 제자들이 묻기도 잘했지만 곧장 궁구함은 끝까지 파고들었으니, 이 장과 같은 것은 자공이 아니면 능히 묻지 못했을 것이요, 성인이 아니면 능히 답할 수 없었을 것이다." 내[朱子]가 생각하건대, 사람들의 정을 가지고 말한다면 군비와 양식이 풍족한 뒤에 나의 신의가 백성들에게 믿음을 줄 수 있을 것이요, 백성들의 덕을 가지고 말한다면 신의는 본래 인간이 갖고 있는 것이니 군비와 양식이 앞설 수 있는 것이 아니다. 이 때문에 위정자들은 마땅히 몸소 그 백성들을 거느려서 죽음으로써 지켜야 할 것이요, 위급하다고 해서 백성을 버려서는 안 될 것이다.

[備旨] 子貢又問에 曰時非甚變이면 食與信은 非可缺也로되 設或事變愈窮하여 必不得已하여 而去其一焉이면 於斯食信二者에 何先이니잇고하니 夫子又告之에 曰去食이라 蓋民無食이면 必死라 然이나 自古及今으로 民皆有死어니와 若無信이면 則相欺相詐하여 雖生이나 而無以自立이니 不若死之爲安矣라 是食猶可去로되 而信決不可去也라하시니 觀此면 則聖人之經權이 互用하여 而經世之略을 可槪見矣라

자공이 또 여쭈어 볼 적에 말하기를, "시절이 변고가 심할 때가 아니면 양식과 신의는 빠뜨릴 수 없지만, 설혹 일에 변고가 더욱 심해져 꼭 부득이한 경우가 생겨서 그 중에 하나를 버린다면, 양식과 신의 두 가지 중에서 무엇을 먼저 버리겠습니까?"라고 하니, 부자께서 깨우쳐 줄 적에 말씀하시기를, "양식을 버려야 할 것이다. 대개 백성들이 양식이 없으면 반드시 죽을 것이지만, 옛날부터 지금까지 백성들에게는 모두 죽음은 있었거니와, 만약 신의가 없다면 서로 속이고 서로 속여서 비록 살았더라도 스스로 설 수 없는 것이니, 죽어서 편안하게 되는 것만 같지 못하다. 따라서 양식은 오히려 버릴 수 있지만, 그러나 신의는 결단코 버릴 수 없는 것이다."라고 하셨으니, 이를 보면 성인의 경도와 권도가 함께 쓰여 세상을 다스리는 지략을 대체적으로 알 수 있다.

○시(是) : 따라서. 때문에. 여기서는 '是以' '故'와 비슷한 의미로 쓰였음.
○경권(經權) : 절대 불변의 경도(經道)와 그때그때 알맞게 하는 권도(權道).
○호용(互用) : 이쪽 저쪽으로 서로 넘나들며 씀. 또는 그렇게 쓰임.
○개견(槪見) : 대체적인 일을 앎. '개현'이라고 읽으면 '개략적으로 드러냄. 간단하게 기재함.'이라는 뜻이 됨.

12·8·1 棘子成이 曰 君子는 質而已矣니 何以文爲리오

극자성이 말했다. "군자는 타고난 바탕을 숭상하면 될 뿐이지, 어찌 외면을 꾸미려고 하는가?"

○극자성(棘子成) : 위(衛)나라 대부(大夫). ☞극(棘) : 가시나무. 가시.
○군자(君子) : 여기 군자는 일반적으로 덕과 지위로써 말했음. "君子泛以德位言"
○질이이의(質而已矣) : 타고난 바탕을 잘 보존하면 될 뿐임. '質'은 '본질'이나 '타고난 바탕'을 말함. "而已矣者是欲專存質也"
○하이문위(何以文爲) : 어찌하여 외면을 꾸미려고 하는가? '무슨 이유로 문채를 내려고 하는가?'하여 원인이나 목적을 묻고 있음. '文'은 '문식(文飾)'이나 '문채(文彩)' '외면의 꾸밈'을 말하는데, 학문·수양 등으로 후천적으로 몸을 닦고 꾸미는 것을 말함. ☞하이(何以)…위(爲) : 의문·반문을 나타내는 관용구. '何以文爲'를 분석해 보면 '何'는 의문 부사로서 '어찌'라는 뜻이며, '以'는 이유를 나타내는 전치사이다. '文'은 동사로서 '꾸미다'라는 뜻이며, '爲'는 평성(平聲)으로 쓰여 의문을 나타내는 어조사다. '何以'는 '以何'의 도치형인데, 의문대명사 '何'가 이유·원인·도구를 나타내는 전치사 '以'를 만나 도치된 것이다. 이와 비슷한 유형으로 '奚以…爲'가 있는데 옛날 문장에 간혹 쓰였다. 「장자(莊子)」《소요유(逍遙遊)》"奚以之九萬里而南爲"(어째서 구만 리 하늘로 날아가서 남쪽으로 가려고 하는가?) 아래 비지의 문장과 본서 13·5·1과 16·1·4의 문장 참고. "何以爲者 言更不必尙文也"

棘子成은 衛大夫로 疾時人文勝이라 故로 爲此言이라

극자성은 위나라 대부로서 당시 사람들의 문식이 지나친 것을 싫어했으므로, 이러한 말을 한 것이다.

[備旨] 棘子成이 疾時人過於尙文이라 故로 言曰 所貴乎君子者는 持身應事에 亦惟忠信誠慤을 存乎質而已矣어늘 何必著之物釆하여 而以文爲哉아

극자성이 당시 사람들이 문식을 숭상함이 지나친 것을 싫어했던 것이다. 그러므로 이를 적에 말하기를, "군자에게 귀한 것은 몸을 보전하거나 일에 응할 적에, 또한 오직 정성을 다하고 신의를 지키며 정성을 다하고 참된 것만을 타고난 바탕에 보존해야 할 따름인데, 하필이면 사물에 문채가 드러나도록 해서 꾸미려고 하는가?"라고 했다.

○충신(忠信) : 충성과 신의. 또는 정성을 다하고 신의를 지킴.
○성각(誠慤) : 정성스럽고 참됨. ☞각(慤) : 삼가다. 행동을 조심함.

12·8·2 子貢이 曰 惜乎라 夫子之說이 君子也나 駟不及舌이로다

　자공이 말했다. "애석하군요! 선생님의 말씀이 군자답다고 하지만, 말에 결함이 있으니 사두마차라도 실언을 쫓아가서 취소할 수 없습니다.

○석호(惜乎) : 자공이 "애석하군요!"하면서 비평조로 한 말. "惜乎是嘆其失言意"
○부자(夫子) : 장자(長子)나 스승의 존칭. 또는 아내가 자기의 남편을 일컫는 존칭도 됨. 여기서는 극자성(棘子成)을 높인 말.
○군자야(君子也) : 여기서 군자는 근본을 숭상하고 지엽적인 것은 물리치는 사람을 일컬음. "君子指崇本抑末說"
○사불급설(駟不及舌) : 사두마차라도 혀를 따라 갈 수 없음. '駟'는 '네 마리의 말이 끄는 마차'를 말하는데 속도가 매우 빨랐음. 사마(駟馬). "馬四匹曰駟 其行至速"
○'夫子之說君子也'를 '夫子之說이 君子也나'로 현토(懸吐)하지 않고, '夫子之說君子也여!'로 현토하여, '선생님께서 군자에 대하여 설명함이여!'로 해석하는 사람도 있다.

言子成之言이 乃君子之意나 然이나 言出於舌이면 則駟馬라도 不能追之니 又惜其失言也라

　자성의 말이 바로 군자다운 뜻이나, 그러나 말이 혀에서 나오면 사두마차라도 능히 따라잡을 수 없음을 말한 것이니, 이것은 또 그 실언을 애석히 여긴 것이다.

[備旨] 子貢聞而嘆에 曰惜乎라 夫子之說이 崇本抑末하니 固君子之意也라 然이나 意雖善이나 而言則有病하니 今言出於舌이면 雖駟馬라도 不能追及其舌矣라 誠哉라 其可惜也라

　자공이 듣고서 탄식할 적에 말하기를, "애석하군요! 선생님의 말씀이 근본을 숭상하고 지엽적인 것을 돌아보지 않았으니, 진실로 군자다운 생각입니다. 그러나 뜻은 비록 좋지만 말에는 결함이 있으니 지금 말이 혀로부터 나오면, 비록 사두마차라도 능히 그 혀를 따라잡을 수 없을 것입니다. 진실로 그 점이 애석해 할 만합니다.

12 · 8 · 3 文猶質也며 質猶文也니 虎豹之鞹이 猶犬羊之鞹이니라

문식은 본질과 같으며 본질은 문식과 같으니, 범이나 표범의 털을 뽑은 가죽은 개나 양의 털을 뽑은 가죽과 같은 것입니다."

○문유질야(文猶質也) : 문식은 본질과 같다. 문으로써 질과 비교해 볼 적에 문과 질은 같으므로 질을 가볍다고 해서 버릴 수 없다는 의미. "照何以文爲句見 文不獨輕 猶字作等字看"
○질유문야(質猶文也) : 본질은 문식과 같다. 질로써 문과 비교해 볼 적에 질과 문은 같으므로 문을 중요하다고 해서 혼자 둘 수 없다는 의미. "照質而已矣句見 質不獨重"
○호표지곽(虎豹之鞹) : 호랑이나 표범에서 털을 뽑은 가죽. 여기서 '虎豹'는 군자를 의미함. "去毛比盡去其文 存鞹比獨存其質"
○견양지곽(犬羊之鞹) : 개나 양에서 털을 뽑은 가죽. 여기서 '犬羊'은 소인을 의미함. "虎豹猶犬羊比君子猶小人"

鞹은 **皮去毛者也**라 **言文質等耳**니 **不可相無**라 **若必盡去其文**하고 **而獨存其質**이면 **則君子小人**을 **無以辨矣**라 **夫棘子成**은 **矯當時之弊**나 **固失之過**요 **而子貢**은 **矯子成之弊**나 **又無本末輕重之差**하니 **胥失之矣**로다

곽(鞹)은 가죽에 털을 제거한 것이다. 문과 질은 동등할 따름이니 서로 없어서는 안 된다. 만일 반드시 모두 그 문을 버리고 다만 그 질만 보존한다면, 군자와 소인을 분별할 수 없음을 말한 것이다. 극자성은 당시의 폐단을 바로잡으려 했지만 진실로 지나친 것이 흠이었고, 자공은 자성의 폐단을 바로잡으려 했지만 또 본말·경중에 차이가 없었으니, 모두 잘못된 것이다.

○서실(胥失) : 서로 잘못됨. 모두가 잘못됨.

[備旨] 彼天下之事는 無質不立하고 無文不行이로되 以文而較之質이면 則文與質等이니 固不輕於質하여 而可盡去也요 以質而較之文이면 則質與文等이니 亦不重於文하여 而可獨存也라 是文質之相等이 如此하고 且文은 譬則毛也요 質은 譬則皮也니 文質俱存然後에 可以辨君子小人이요 亦猶皮毛俱存然後에 可以辨虎豹犬羊이라 若如夫子之言이면 則是는 盡去其文하여 而獨存其質이니 則君子를 何以異於小人이리오 猶盡去其毛하고 而獨

存其皮면 則虎豹之鞹을 何以異於犬羊之鞹乎아 此夫子所以爲失言也라

저 천하의 일은 질이 없이는 설 수 없고 문이 없이는 행할 수 없지만, 문으로써 질과 비교하면 문과 질은 같으니 진실로 질을 가볍다 해서 다 버릴 수 없고, 질로써 문과 비교하면 질과 문은 같으니 또한 문을 중하다 해서 홀로 둘 수 없습니다. 바로 문과 질이 서로 같음이 이와 같고 또 문은 비유하면 털이요 질은 비유하면 껍질이니, 문과 질이 함께 갖춰진 뒤에 군자와 소인을 분별할 수 있고, 또한 껍질과 털이 함께 갖춰진 뒤에 호랑이와 표범·개와 양을 분별할 수 있습니다. 만약에 선생님의 말씀과 같다면, 이는 그 문을 다 버리고 다만 그 질만 보존하는 것이니, 군자를 어찌 소인과 다르다고 하겠습니까? 오히려 그 털을 다 제거하고 다만 그 껍질만 보존한다면, 호랑이와 표범의 털을 제거한 것을 어찌 개와 양의 털을 제거한 것과 다르다고 하겠습니까? 곧 선생님께서 실언하신 것입니다."라고 했다.

12·9·1 哀公이 問於有若曰 年饑用不足하니 如之何오

애공이 유약에게 물었다. "금년에 흉년이 들어서 국가의 비용이 부족하니, 어찌하면 좋겠소?"

○애공(哀公) : 공자 당시에 노(魯)나라의 제후.
○유약(有若) : 춘추(春秋) 때 노(魯)나라 사람. 자(字)는 자유(子有). 공자의 제자다. 얼굴이 공자와 닮아 공자가 세상을 떠난 후 제자들이 스승으로 받든 일이 있음.
○연기용부족(年饑用不足) : 올해 흉년이 들어 국가 재정이 부족하다. ☞연기(年饑) : 금년의 기근. 금년의 흉작. ☞용(用) : 나라에서 쓰는 비용. 나라의 재용.
○여지하(如之何) : 그것을 어떻게 하면 좋겠습니까? 어떻게 하면 좋은지 물음. 관용어구로 원인을 묻거나 반문을 나타내며 부사어나 서술어로 쓰임. '如~何'는 '…을 어떻게 하다.'라고 해석하며 목적어가 중간에 옴. '奈~何' '若~何'도 같은 형태임.

稱有若者는 君臣之詞라 用은 謂國用이니 公意는 蓋欲可賦以足用也라

자를 자유라고 칭하지 않고 유약이라고 칭한 것은 군신간의 말이기 때문이다. 용(用)은 나라의 재용을 이르니, 애공의 뜻은 아마도 조세를 증가해서 재용을 풍족하게 하고 싶었던 것이다.

[備旨] 魯哀公이 不憂民之不足하고 而以國用爲憂라 故로 問於有若에 曰方今年歲饑荒하여 國用不足하니 將如之何라야 而可以足用乎아

노나라 애공이 백성들의 부족함은 걱정하지 않고 나라의 재용을 걱정했으므로 유약에게 물어볼 적에 말하기를, "올해 작황이 흉년이 들어 나라의 재용이 부족하니, 장차 어떻게 해야 재용을 풍족하게 할 수 있겠소?"라고 했다.

○연세(年歲) : 작황(作況). 연곡(年穀).「한서(漢書)」《왕길전(王吉傳)》"年歲不登 郡國多困"
○기황(饑荒) : 흉년. '饑'는 곡식이 여물지 아니함을, '荒'은 과일이 익지 아니함을 이름.

12·9·2 有若이 對曰 盍徹乎시니잇고

유약이 대답했다. "어찌하여 주대의 조세법인 철법을 쓰지 않습니까?"

○합철호(盍徹乎) : 어찌 철법을 쓰지 않는가? ☞합(盍) : 어찌 …하지 않는가? '盍'은 '何不'의 합자(合字). ☞철(徹) : 철법(徹法). 주대(周代)의 조세법. 매년 수확의 10분의 1을 징수하던 제도. 사방 1리(里)의 농지를 9등분하여 여덟 집에 사전(私田) 100묘씩을 나누어주고, 나머지 100묘는 공전(公田)으로 하고, 택지 20묘를 제외한 80묘를 여덟 집에서 공동으로 경작하여 조세로 바쳤음. 일종의 정전법(井田法). 유약이 주장했던 이 법은 중국 정치사에 많이 나타나는데, 맹자도 정지(井地)를 균등하게 해야 한다는 의견을 주장했었다. ☞정전(井田) : 정전법(井田法). 주대(周代)에 사방 1리(里)의 농지를 정자(井字) 모양으로 아홉 등분하여 중앙의 한 구역을 공전(公田), 주위의 여덟 구역을 사전(私田)이라 하여, 사전은 여덟 농가가 하나씩 경작하여 먹고 공전은 여덟 집에 공동으로 경작하게 하여 그 수확을 나라에 바치게 했던 제도. "盍何不也 此句是畫將來長久之策 只要重發盍字不必詳徹制"

徹은 通也며 均也라 周制에 一夫受田百畝하여 而與同溝하고 共井之人으로 通力合作하여 計畝均收하니 大率民得其九하고 公取其一이라 故로 謂之徹이라 魯自宣公으로 稅畝하고 又逐畝什取其一하니 則爲什而取二矣라 故로 有若이 請但專行徹法하니 欲公節用以厚民也라

철(徹)은 통한다는 뜻이며 고르게 한다는 뜻이다. 주나라 제도에 한 농부가 토지 100묘를 받아서, 도랑을 함께 하고 우물을 함께 한 사람과 더불어 힘을 모아 함께 일을 해 이랑을 계산하여 균등하게 수확했으니, 대체로 백성들은 그 중에 9를 가졌고 국가는 그 중에 1을 취했다. 그러므로 이를 철(徹)이라고 이른다. 노나라는 선공 때부터 묘에 대한 세금을 거두었고 또 묘마다 10분의 1을 취하였으니, 그렇다면 이것은 10분의 2를 취한 것이 된다. 그러므로 유약은 단지 철법만을 행할 것을 청했으니, 애공이 재용을 절약하여 백성의 살림살이를 넉넉하게 하고 싶었던 것이다.

○묘(畝) : 이랑. 갈아 놓은 밭의 한 두둑과 한 고랑을 합하여 이르는 말. 본래 음은 '무' 논밭이나 집터 따위의 면적 단위. 중국 상고 시대에는 사방 6척을 1보(步), 100보를 1묘(畝)라 하고, 진(秦) 이후에는 240보를 1묘로 함. 현재는 100㎡의 넓이. 밭의 고랑은 '견(畎)'이라 하고 두둑은 '묘(畝)'라고 했음.
○구(溝) : 도랑.
○통력합작(通力合作) : 힘을 모아 함께 일을 함.
○대솔(大率) : 대체로. 대략(大略). 대개(大槪).

[備旨] 有若이 欲哀公之薄斂이라 故로 對之에 曰昔也徹行而足이어늘 今也徹廢而不足하니 權之足與不足之間에 盍不法先王하여 而行徹法乎시니잇고

　유약이 애공에게 세금을 적게 거두기를 바랐던 것이다. 그러므로 대답할 적에 말하기를, "옛날에는 철법이 행해져서 풍족했는데 지금은 철법이 없어져서 부족하니, 넉넉하고 부족한 상태를 비교해 볼 적에 형편도 좋지 않은데, 어찌 선왕을 본받아서 철법을 행하지 않습니까?"라고 했다.

12・9・3 曰 二도 吾猶不足이어니 如之何其徹也리오

　애공이 말했다. "10분의 2의 세율도 나는 오히려 부족한데, 어찌 또한 철법을 쓰겠소?"

○이오유부족여지하기철야(二吾猶不足如之何其徹也) : 10분의 2의 세율로도 나는 오히려 부족한데, 어떻게 또한 10분의 1을 징수하는 철법을 쓰겠는가? ☞여지하(如之何) : 어찌. 어떻게. 무엇 때문에. 의문을 나타내는 대명사로서 부사어 또는

서술어로 쓰임. '如~何' '奈~何' '若~何'의 형태로 쓰여 일의 처리 방법에 대해 묻는 관용어구로 쓰임. "言行徹法十分取一 更不足用"

二는 卽所謂什二也라 公以有若이 不喩其旨라 故로 言此하여 以示加賦之意라

이(二)는 이른바 10분의 2라는 것이다. 애공은 유약이 자기의 취지를 깨닫지 못했다고 생각했던 것이므로, 이것을 말하여 세금을 더 부가하려는 뜻을 보여준 것이다.

[備旨] 哀公不悟하고 復問에 曰我魯는 自稅畝以來로 十分에 已取其二라도 吾之國用이 猶且不足이어니 如之何其可更行徹法也리오

애공이 깨닫지 못하고 다시 여쭈어 볼 적에 말하기를, "우리 노나라는 묘에 세금을 거둔 이래로 10분의 2를 거두더라도 우리 나라에는 재용이 오히려 부족한데, 어떻게 철법을 다시 행하겠소?"라고 했다.

12·9·4 對曰 百姓이 足이면 君孰與不足이며 百姓이 不足이면 君孰與足이리잇고

유약이 대답했다. "철법을 시행하여 백성이 풍족한 생활을 하고 있다면 임금이 누구인들 백성과 더불어 풍족하지 않다고 하겠으며, 철법을 시행치 않아서 백성이 풍족한 생활을 하고 있지 않다면 임금이 누구인들 백성과 더불어 풍족하다고 하겠습니까?"

○백성족(百姓足) : 백성이 풍족하다고 생각함. 즉 철법을 시행하여 백성들이 풍족한 생활을 함. "跟徹法行來"
○군숙여부족(君孰與不足) : 임금이 누구라고 하더라도 함께 풍족하다고 하지 않겠는가? "孰誰也 與字作共字看"
○백성부족(百姓不足) : 백성이 풍족하지 않다고 생각함. 즉 철법을 시행치 않아서 백성들이 풍족한 생활을 하지 않음. "跟徹法不行來"
○군숙여족(君孰與足) : 임금이 누구라고 하더라도 함께 풍족하다고 하겠는가? "盡則俱盡矣 全要發出君民一體意"

民富면 則君不至獨貧이요 民貧이면 則君不能獨富라 有若이 深言君民一體之意하여 以止公之厚斂하니 爲人上者는 所宜深念也니라

○楊氏曰 仁政은 必自經界始니 經界正而後에 井地均하고 穀祿平하여 而軍國之需가 皆量是以爲出焉이라 故로 一徹而百度擧矣니 上下寧憂不足乎아 以二猶不足이어늘 而敎之徹하니 疑若迂矣라 然이나 什一은 天下之中正이니 多則桀이요 寡則貊이니 不可改也라 後世에 不究其本하고 而唯末之圖라 故로 征斂無藝하고 費出無經하여 而上下困矣니 又烏知盍徹之當務而不爲迂乎아

　　백성들이 부유하면 임금 혼자만 가난에 이르지 않을 것이요, 백성들이 빈곤하다면 임금 혼자만 부유해질 수 없을 것이다. 유약은 임금과 백성이 한 몸이라는 뜻을 강하게 말하여 애공이 세금을 많이 거두려는 것을 그만두게 했으니, 사람의 위에서 다스리는 자들은 마땅히 깊이 생각해야 할 것이다.
　　○양 씨가 말했다. "어진 정사는 반드시 경계를 짓는 것으로부터 시작되니, 경계가 바로 된 뒤에 정지가 균등해지고 곡록이 공평해져서 군대를 통솔하고 나라를 다스릴 때 쓰는 것이 모두 이를 헤아려 지출하려고 생각할 것이다. 그러므로 한 번 철법을 쓰면 온갖 법도가 거행될 것이니 윗사람과 아랫사람들이 어찌 풍족하지 않을 것이라고 걱정하겠는가? 10분의 2를 거두어도 오히려 부족한데 철법을 가르쳤으니, 물정에 어두운 듯하지만 10분의 1은 천하의 중정한 법이니, 이보다 많으면 걸임금의 법이 될 것이고 적으면 북쪽 오랑캐의 법이 될 것이니, 고칠 수 없을 것이다. 후세에 그 근본을 연구하지 않고 오직 지엽적인 것만을 도모했으므로, 세금을 징수하는 데에는 끝이 없고 소비하고 지출하는 데에도 법이 없어서 윗사람과 아랫사람들이 괴롭게 된 것이니, 또한 '어찌하여 철법을 쓰지 않습니까?'라고 한 말이 마땅히 힘써야 할 일이면서도 물정에 어둡지 않은 일이라는 것을 어찌 알겠는가?"

○경계(經界) : 토지의 경계나, 국가와 국가간의 영토를 가르는 한계. 「맹자(孟子)」《등문공상(滕文公上)》"夫仁政은 必自經界施니 經界不正이면 井地不均하며 穀祿不平하리니"
○곡록(穀祿) : 녹봉(祿俸)으로 주는 쌀. 녹미(祿米).
○군국(軍國) : 군대를 통솔하고 나라를 다스림.
○우(迂) : 물정에 어두움. 빙 돌아 멂. 돌아가는 길. ☞우활(迂闊) : 실정(實情)에 어두움. 우원(迂遠).
○중정(中正) : 치우치지 않고 바름. 중용(中庸).

○맥(貉) : 북쪽 오랑캐.

○예(藝) : 끝[極也]. 「춘추좌씨전(春秋左氏傳)」《소(昭)13》 "貢之無藝"

○비(費) : 널리 쓰이다[用之廣]. 「중용(中庸)」 12・1 "君子之道는 費而隱이니라"

○비출무경이상곤의(費出無經而上困矣) : 소비하고 지출하는 데에도 법이 없어서 윗사람과 아랫사람들이 곤궁해짐. 세금을 징수하는 데에 끝이 없으면 아랫사람들이 괴로울 것이고, 소비하고 지출하는 데에 법이 없으면 윗사람들이 괴로울 것임을 말한 내용. 「논어집주(論語集註)」 "雙峯饒氏曰 征斂無藝則下困 費出無經則上困矣"

○오(烏) : 어찌. 판본에 따라 '又惡(오)知…'로 되어 있는 곳도 있다.

[備旨] 有若이 對曰民之貧富는 其權實操於君하고 君之貧富는 其勢又本於民이라 君行徹法하여 使百姓으로 不困於征求而足焉이면 未有民富而君獨貧者也니 其孰忍與之不足乎아 若不行徹法하여 使百姓으로 困於加賦而不足焉이면 未有民貧而君獨富者也니 其孰肯與之足乎아 信乎徹法之不可以不行也라

유약이 대답할 적에 말하기를, "백성의 빈부는 그 헤아림이 진실로 임금으로부터 조종되고 임금의 빈부는 그 세력이 또한 백성에게 근본을 두고 있습니다. 임금이 철법을 시행하여 백성으로 하여금 세금을 거둬들이는 것 때문에 괴롭지 않도록 해서 풍족하게 한다면 백성들이 부자면서 임금만 홀로 가난하게 되는 경우는 있지 않을 것이니, 그 누가 차마 그와 더불어 풍족하지 않다고 하겠습니까? 만약 철법을 시행치 않아서 백성으로 하여금 세금만 더 보태어서 괴롭도록 해서 풍족하지 않게 한다면 백성들은 가난하면서 임금만 홀로 부자가 되는 경우는 있지 않을 것이니, 그 누가 기꺼이 그와 더불어 풍족하다고 하겠습니까? 진실로 철법이라는 것은 행하지 않을 수 없을 것입니다."라고 했다.

12・10・1 子張이 問崇德辨惑한대 子曰 主忠信하며 徙義가 崇德也니라

자장이 덕을 높이며 미혹됨을 분별하는 것에 대해 묻자, 공자께서 말씀하셨다. "충성과 신의에 주력하며 의로 옮겨가는 것이 덕을 높이는 것이다.

○자장(子張) : 공자의 제자. 성은 전손(顓孫). 이름은 사(師). 자는 자장(子張).

○숭덕(崇德) : 덕을 숭상함. "崇是積之使高 德是心之所得"
○변혹(辨惑) : 의혹을 변별함. "辨是別之使明 惑是心之所蔽"
○주충신(主忠信) : 충성과 신의를 마음에 제일로 여김. '忠'은 마음을 다하고 속이지 않는 것이며, '信'은 성실하고 거짓이 없는 것. "主是心所存主 忠是盡心不欺 信是誠實無僞 總是存誠意"
○사의(徙義) : 의로운 곳으로 옮겨감. 천선(遷善). "徙是遷 徙義是事之合宜 卽遷善意"

主忠信則本立이요 **徙義則日新**이라

충성과 신의에 주력하면 근본이 서고, 의로 옮겨가면 날로 새로워질 것이다.

[備旨] 子張이 問於夫子에 曰得於心者를 謂德이니 所當崇也로되 何以崇之而使之高며 蔽於心者를 謂惑이니 所當辨也로되 何以辨之而使之明乎잇가한대 夫子告之에 曰德本於心하여 而達於事者也라 使內有僞妄之心하고 外無遷善之勇이면 德何由崇也리오 必也內主忠信하여 存於心者가 無一念之不實하고 又外徙乎義하여 見於事者가 無一事之不宜면 則本立而日新하리니 豈不是崇德乎아

자장이 부자께 여쭈어 볼 적에 말하기를, "마음에 얻어진 것을 덕이라고 이르니 마땅히 숭상해야 할 것이지만 어떻게 숭상하여 높일 것이며, 마음에 가린 것을 미혹이라고 이르니 마땅히 분별해야 할 것이지만 어떻게 분별하여 밝힐 수 있겠습니까?"라고 하니, 부자께서 깨우쳐 줄 적에 말씀하시기를, "덕은 마음에 근원해서 일까지 통하는 것이다. 가령 안으로는 거짓되고 망령된 마음이 있고 밖으로는 선한 곳으로 옮겨가겠다는 용기가 없으면 덕을 어찌 높이겠는가? 반드시 안으로는 충성과 신의에 주력하여 마음에 두는 것이 한 가지 생각이라도 성실하지 않음이 없어야 할 것이고, 또 밖으로는 의로 옮겨가서 일에 나타나는 것이 한 가지 일이라도 옳지 않음이 없을 것 같으면, 근본이 서서 날마다 새로워질 것이니, 어찌 숭덕을 바르다고 하지 않겠는가?

12·10·2 愛之란 欲其生하고 惡(오)之란 欲其死하나니 旣欲其生이요 又欲其死가 是惑也니라

사람이, 사랑하고 있을 때에는 그가 살기를 바라고 미워할 때에는 그가 죽기를 바라는 것이니, 그가 살기를 바랄 뿐만 아니라 또 그가 죽기를 바라는 것이 바로

미혹인 것이다."

○애지욕기생(愛之欲其生) : 사람이 일반적으로 사랑하고 있을 적에는 사랑하는 그 사람이 살아나기만을 바란다는 말. 여기서 '之'와 '其'는 불특정의 일반인을 가리키는 대명사. "愛之是愛此人 欲其生是極言其愛之甚 二之字二其字 俱指此人言"
○오지욕기사(惡之欲其死) : 사람이 일반적으로 미워하고 있을 적에는 미워하는 그 사람이 죽어버렸으면 하는 마음이 있다는 말. "惡之是惡此人 欲其死是極言其惡之甚"
○기욕기생우욕기사(既欲其生又欲其死) : 그가 살기를 바랄 뿐만 아니라 또 그가 죽기를 바라다. ☞기(既)~우(又) : '이미 …이며 그 외에…' '이미 …한 이상은 또한…' 접속사로서 한 방면에만 그치지 않음을 나타냄. "既又二字 見其愛惡無一定之主"

愛惡는 人之常情也라 然이나 人之生死有命하니 非可得而欲也라 以愛惡로 而欲其生死면 則惑矣요 既欲既生하고 又欲其死면 則惑之甚也라

사랑함과 미워함은 사람의 상정이지만 사람의 살고 죽는 것은 천명에 있으니, 하려고 해도 할 수 있는 것이 아니다. 사랑하고 미워함으로 인하여 그가 살고 죽기를 바란다면 미혹된 것이요, 이미 살기를 바랐는데 또 그가 죽기를 바란다면 미혹됨이 심한 것이다.

○상정(常情) : 사람으로서 당연히 가지는 정의(情意). 보통의 인정.

[備旨] 欲辨其惑이면 當知所以爲惑而後에 可辨耳라 彼人之生死는 本非吾之所能主也라 乃愛之면 則欲其人之生矣하고 惡之면 則欲其人之死矣하나니 且均此一人也라도 方其愛之면 既欲其生이요 及其惡之면 又欲其死하나니 是는 中心無主하여 而見理不明하여 惑之甚者也라 知所以爲惑이면 則知所以辨惑矣라

그 미혹됨을 분별하려면 마땅히 미혹된 까닭을 안 뒤에 분별할 수 있을 따름이다. 사람이 살고 죽는 것은 본래 내가 능히 주장할 수 있는 것이 아니다. 단지 사랑한다고 하면 그 사람이 살기를 바랄 것이고 미워한다고 하면 그 사람이 죽기를 바랄 것이니, 설사 모두 같은 사람이라고 하더라도 마침 그가 사랑하는 사람이라고 하면 그가 살기를 바랄 것이고 또 그가 미워하는 사람이라고 하면 그가 죽기를 바랄 것이니, 이는 중심에 주장이 없어서 이치를 보는 것이 밝지 못하여 미혹됨이 심한 것이다. 미혹되는 까닭을 안다면 미혹을 분별하는 방법도 알아야 할 것이다."라고 하셨다.

○차(且)～야(也) : 설사 …이라도. 만일 …가 된다면. 가설이나 양보를 나타냄.

[12 · 10 · 3] 誠不以富요 亦祇以異로다

"진실로 부유해서 아니라 또한 다만 색다르기 때문이다."

○이 글은 「시경(詩經)」 《소아(小雅) 아행기야편(我行其野篇)》의 시구인데, 거기에는 '祇'자가 '祇'자로 되어 있다. 「사서비지(四書備旨)」에는 원래 원문과 집주가 없는데 편의상 넣었다. 비지 내용은 본서 16 · 12 · 2를 참조. ☞지(祇) : 다만. ☞지(祇) : 마침.
○지(祇) : 다만[適也].

此는 詩小雅我行其野之詞也라 舊說에 夫子引之하여 以明欲其生死者라도 不能使之生死하니 如此詩所言不足以致富요 而適足以取異也라 程子曰 此는 錯簡이니 當在第十六篇의 齊景公有馬千駟之上이요 因此下文에 亦有齊景公字하니 而誤也라
○楊氏曰 堂堂乎라 張也여 難與並爲仁矣로다하니 則非誠善補過하여 不蔽於私者라 故로 告之如此하시니라

  이것은 「시경」 《소아 아행기야편》의 말이다. 옛날 해설에는 부자께서 이것을 인용하여 그가 살거나 죽기를 바라는 사람이라도 능히 그로 하여금 살고 죽게 할 수 없으니, 마치 이 시에서 말한 '많은 재산을 가져서가 아니라 마침 색다른 것을 취했기 때문이다.' 함과 같음을 밝혔다고 했다. 정자가 말하기를, "이는 책의 순서가 잘못된 것이니, 마땅히 제 16편의 '齊景公有馬千駟' 위에 있어야 할 것이요, 이로 인해 아래 글에도 또한 제경공이란 글자가 있으니, 잘못된 것이다."라고 했다.
  ○양 씨가 말했다. "《자장편》 19 · 16 · 1에서 '증자가 말하기를, 당당하구나, 자장이여! 그러나 그와 더불어 함께 인을 행하기는 어렵겠구나!' 했으니, 곧 선을 성실하게 하거나 허물을 보충하지 못하여 사사로운 데를 가리지 못했던 사람이다. 그러므로 깨우치기를 이와 같이 하신 것이다."

○아행기야(我行其野) : 타국으로 시집간 여자가 남편의 사랑을 받지 못하여 들길을 돌아다니면서 부른 노래. 즉 옛 혼인을 생각하지 않고 새 짝을 찾음은, 저 사람

은 부유하고 나의 가난함을 싫어해서가 아니지만, 또한 마침 그가 새로워 옛사람보다 색다르기 때문임을 말한 노래라고 풀이하고 있다. "我行其野하여 言采其蓲호라/ 不思舊姻이요 求爾新特은/ 成(誠)不以富나 亦祗以異니라(내 들에 가서 순무를 뜯노라/ 옛 혼인을 생각지 않고 그대의 새 짝을 찾음은/ 진실로 부유해서가 아니지만 또한 마침 색다르기 때문이다.)

○착간(錯簡) : 뒤섞인 죽간(竹簡). 책의 내용의 순서가 뒤섞여 있는 일.

○성선보과(誠善補過) : 선에 대해서 성실하게 하고 잘못을 보충함. 여기서 '誠善'은 12·10·1에서 '忠信'에 해당하고 '補過'는 '徙義'에 해당함. 「논어집주(論語集註)」"慶源輔氏曰 誠善主忠信之事 補過徙義之事 不蔽於私 辨惑之事 堂堂難與並爲仁 務外不務內者 故告以此"

12·11·1 齊景公이 問政於孔子한대

제나라 경공이 공자에게 정사에 대해 묻자,

○경공(景公, B.C 547~B.C 490) : 제(齊)나라의 임금. 성은 강(姜)이고 이름은 저구(杵臼)이다. 본서에 많이 등장한다. 본서 서설 참고.

齊景公은 名杵臼라 魯昭公末年에 孔子適齊하시니라

제나라 경공은 이름이 저구다. 노나라 소공 말년에 공자께서 제나라에 가셨다.

[備旨] 齊君景公이 問爲政之道於孔子하시니라

제나라 임금 경공이 정사를 다스리는 방법을 공자께 물었던 것이다.

12·11·2 孔子對曰 君君臣臣父父子子니이다

공자께서 대답하여 말씀하셨다. "임금은 임금의 도리를 다해야 하며, 신하는 신하의 도리를 다해야 하며, 아버지는 아버지의 도리를 다해야 하며, 자식은 자식의 도리를 다해야 하는 것입니다."

○군군신신부부자자(君君臣臣父父子子) : 임금이 된 사람은 임금의 도리를 다해야 하며, 신하가 된 사람은 신하의 도리를 다해야 하며, 아버지가 된 사람은 아버지의 도리를 다해야 하며, 자식이 된 사람은 자식의 도리를 다해야 함. 모두 주어＋서술어의 구조로 이루어져 있음. "上君臣父子指其人言 下君臣父子指盡道言"

此는 人道之大經이요 政事之根本也라 是時에 景公이 失政하여 而大夫陳氏가 厚施於國하고 景公은 又多內嬖하여 而不立太子하여 其君臣父子之間에 皆失其道라 故로 夫子告之以此하시니라

이것은 인도의 큰 법이요 정사의 근본이다. 이때 경공은 정치를 잘못해서 대부인 진 씨가 나라에 은혜를 후하게 베풀었고, 경공은 또 안으로 첩이 많아 태자를 세우지 못해서 군신과 부자의 사이에 모두 그 도를 잃어버렸던 것이다. 그러므로 부자께서 이것으로써 깨우치신 것이다.

○내폐(內嬖) : 임금의 총애를 받는 첩.
○태자(太子) : 천자의 대를 이을 아들. 황태자(皇太子).

[備旨] 是時에 齊景公威福下移하고 嫡庶內亂하니 失政甚矣라 故로 孔子對之에 曰爲政에 以正倫爲先이니이다 外而朝廷에 君盡君道하여 而大權之不移라야 自是로 臣亦盡臣道하여 而威福之不僭하고 內而家庭에 父盡父道하여 而絶偏愛之私라야 自是로 子亦盡子道하여 而安世及之分이니이다 則國家表正하고 萬化攸同하리니 爲政之道가 在是矣니이다

이때에 제나라 경공의 상벌권을 아래에서 흔들고 적자와 서자들은 안에서 난리를 일으키니 실정이 심했던 것이다. 그러므로 공자께서 대답할 적에 말씀하시기를, "정사를 다스릴 적에는 인륜을 바로 잡는 것을 우선으로 해야 합니다. 밖으로 조정에서는 임금이 임금의 도리를 다하여 대권이 흔들리지 않아야 이로부터 신하도 또한 신하의 도리를 다하여 상벌권이 어그러지지 않을 것이고, 안으로 가정에서 아버지는 아버지의 도리를 다하여 편애의 사사로움을 끊어버려야 이로부터 아들도 또한 아들의 도리를 다하여 세습의 명분을 편안하게 여길 것입니다. 이렇게 된다면 국가는 모범이 되고 만물의 변화도 함께 할 것이니, 정사를 행하는 방법이 여기에 있습니다."라고 하셨다.

○위복(威福) : 선행자는 상을 주고 범법자는 벌하는, 통치자의 상벌권. 작위 작복(作威作福). 「서전(書傳)」 《홍범(洪範)》 "臣無有作福作威"
○적서(嫡庶) : 본처 아들과 첩의 아들. 적자와 서자.

○참(僭) : 어그러지다. 참람하다. 분수에 지나치게 행동하다.
○세급(世及) : 대대로 이음. 세습(世襲).
○표정(表正) : 스스로 모범이 되어 바로 잡음. 또는 본보기나 표준으로 삼음.
○만화(萬化) : 온갖 변화. 만물의 변화. 만변(萬變).
○유(攸) : … 하는 바[所]와 같은 뜻으로 쓰임. 오래도록. 장구(長久)하다.

12·11·3 公曰 善哉라 信如君不君하며 臣不臣하며 父不父하며 子不子면 雖有粟이나 吾得而食諸아

경공이 말했다. "좋은 말씀입니다. 진실로 만일 임금이 임금의 도리를 못하며, 신하가 신하의 도리를 못하며, 아버지가 아버지의 도리를 못하며, 자식이 자식의 도리를 못한다면, 비록 곡식이 있다고 하나 제가 어찌 그것을 먹을 수 있겠습니까?"

○신여군불군신불신부불부자부자(信如君不君臣不臣父不父子不子) : 진실로 만일 임금이 임금의 도리를 잃으며, 신하가 신하의 도리를 잃으며, 아버지가 아버지의 도리를 잃으며, 자식이 자식의 도리를 잃다. ☞신여(信如) : 진실로 만약. 생각을 해서 얻었다는 뜻. "信如二字 有繹思而得之意 上君臣父子亦指人言 下不君臣父子指失道言"
○수유속(雖有粟) : 비록 곡식이 있더라도. '粟'은 녹봉(祿俸)을 말함. 옛날에 벼슬아치에게 봉급으로 쌀·보리·명주·돈 등을 주었는데 이를 일컬어 녹봉이라 했음. "粟指侯國之祿"
○오득이식저(吾得而食諸) : 내가 먹을 수 있는가? '得而'는 '得以'와 같은 조동사. '諸'는 '之乎'를 줄여 쓴 말. "言必至於危亡 不得享其祿也"

景公이 善孔子之言이로되 而不能用이러니 其後에 果以繼嗣不定으로 啓陳氏弑君簒國之禍하니라
○楊氏曰 君之所以君과 臣之所以臣과 父之所以子는 是必有道矣라 景公이 知善夫子之言이로되 而不知反求其所以然하니 蓋悅而不繹者일새 齊之所以卒於亂也니라

경공이 공자의 말씀을 좋게 여겼으나 능히 힘쓰지 않더니, 그 뒤에 정말로 대를 이을 사람을 정하지 못함으로써 진 씨가 군주를 시해하고 나라를 찬탈하는 화를 불러들였다.

○양 씨가 말했다. "임금이 임금되는 것과 신하가 신하되는 것과 아버지가 아버지되는 것과 자식이 자식되는 것은 반드시 도가 있는 것이다. 경공은 부자의 말씀을 좋게 여길 줄은 알면서도 그렇게 된 까닭을 도리어 찾을 줄을 알지 못했으니, 아마도 기뻐만 하고 이치를 헤아려 보지 않은 자였기에 제나라가 난리에 망하게 되었을 것이다."

○계사(繼嗣) : 대(代)를 이음. 혈통을 이음. 계후(繼後).
○계(啓) : 불러들이다. 비롯하다.
○역(繹) : 궁구(窮究)하다. 이치를 헤아리다.

[備旨] 景公感而嘆에 曰善哉라 夫子之言乎여 信如君不成其爲君하며 臣不成其爲臣하며 父不成其爲父하며 子不成其爲子면 彝倫攸斁하여 而禍亂將作하리니 雖擅一國之富而有粟이나 吾安得而食諸哉아 吾以是로 而知夫子之言之善也라

경공이 깨닫고 감탄할 적에 말하기를, "좋습니다. 선생님의 말씀이여! 진실로 만일 임금이 그 임금된 도리를 다하지 못하며, 신하가 그 신하된 도리를 다하지 못하며, 아버지가 그 아버지된 도리를 다하지 못하며, 아들이 그 아들된 도리를 다하지 못하면, 사람이 지켜야 할 도리가 깨뜨려져 화란이 장차 일어날 것이니, 비록 한 나라의 부를 마음대로 해서 곡식을 가지더라도 제가 어찌 그것을 먹을 수 있겠습니까? 제가 이런 까닭으로 선생님의 말씀이 좋다는 것을 압니다."라고 했다.

○감(感) : 깨닫다. 감동하다.
○이륜(彝倫) : 사람이 떳떳이 지켜야 할 도리.
○두(斁) : 깨뜨려지다[敗也]. ☞역(斁) : 싫어하다.
○천(擅) : 멋대로 하다. 마음대로 하다.
○이 글을 읽어보면, 경공(景公)이 공자의 말을 들을 것 같지만, 실행에 옮기지 않아 제(齊)나라는 대란(大亂)을 빚게 되었다.

12·12·1 子曰 片言에 可以折獄者는 其由也與인저

공자께서 말씀하셨다. "몇 마디 말에 옥사를 판결할 수 있는 사람은 아마 유일 것이다."

○편언(片言) : 간단 명료하고 짧은 말. 여기서는 자로의 말솜씨를 논한 것이 아니고 남으로부터 신임을 받았음을 논한 것이다. ☞편언절옥(片言折獄) : 간단하고 짧은 몇 마디 말로 송사를 판결함. 일설에는 한쪽 당사자의 말만 듣고도 판결함[單辭]. 인신하여 관리의 현명함을 기리는 말로 씀.

○가이절옥자(可以折獄者) : 옥사를 판결할 수 있는 사람. ☞가이(可以) : …할 수 있다. 조동사로서 허가나 가능을 나타냄. 허가·가능을 나타내는 조동사 '可'와 이유·조건·수단·도구·원인 등을 나타내는 전치사 '以'가 결합하여 하나의 조동사로 굳어진 것이다. ☞절옥(折獄) : 옥사에 관한 일을 판결하다. 옥사의 옳고 그름을 분별하여 둘로 나누다. "折者析而二之也 判分曲直劃然兩開 獄是辭訟"

○기유야여(其由也與) : 옥사를 판결할 수 있는 사람은 아마도 유일 것이라는 말. 유(由)는 자로(子路)를 말함. '其'는 '아마'의 뜻으로 추측을 나타내는 말. '也與'는 구(句)의 끝에 쓰여 '也'는 단정을 나타내고, '與'는 평성(平聲)으로 쓰여 추측하는 정도의 아주 가벼운 감탄을 나타냄. "言惟子路能之 且虛說"

片言은 **半言**이요 **折**은 **斷也**라 **子路忠信明決**이라 **故**로 **言出而人信服之**하여 **不待其辭之畢也**니라

편언(片言)은 얼마 안 되는 말이다. 절(折)은 판결하는 것이다. 자로는 정성을 다하고 신의를 지켰으며 사리에 밝아 결단을 잘 내렸다. 그러므로 말이 나오면 사람들이 믿고 복종하여 그 말이 끝나기를 기다리지 않았던 것이다.

○충신(忠信) : 충성과 신의. 정성을 다하여 신의를 지킴.
○명결(明決) : 사리에 밝아 결단을 잘 내림.

[備旨] 夫子稱子路에 曰民情多僞하니 獄之難折也久矣라 若夫片言之間에 可以折斷其是非曲直者는 其惟由也與인저

부자께서 자로를 칭찬할 적에 말씀하시기를, "사람들의 마음에 거짓됨이 많으니 옥사를 판결하기 어려운 지 오래 되었다. 간단하고 짧은 몇 마디 말을 하는 사이에도 시비·곡직을 나누어 판결할 수 있는 사람은 아마도 유뿐일 것이다."라고 하셨다.

○약부(若夫) : …에 이르러. 다른 화제를 제시할 때 쓰는 말.

12·12·2 子路는 無宿諾이러라

자로는 자기가 승낙한 것을 묵혀 두는 일이 없었다.

○무숙낙(無宿諾) : 숙낙이 없다. ☞숙낙(宿諾) : 승낙은 해 놓고 제때 지키지 아니
한 승낙. 숙류지낙(宿留之諾). "諾是許 此記者 推其以片言折獄之故也"

宿은 留也니 猶宿怨之宿이라 急於踐言하여 不留其諾也라 記者가 因夫子之言而
記此하여 以見(현)子路之所以取信於人者는 由其養之有素也니라
○尹氏曰 小邾射(역)이 以句繹으로 奔魯하여 曰 使季路로 要我면 吾無盟矣라하니
千乘之國이 不信其盟이로되 而信子路之一言하니 其見信於人을 可知矣라 一言而
折獄者는 信在言前하여 人自信之故也니 不留諾은 所以全其信也니라

숙(宿)은 머문다는 것이니 '宿怨'의 '宿'자와 같다. 말을 실천함에 급해서 그가 승
낙한 것을 오래 두지 않았다는 것이다. 기록한 사람이 부자의 말씀을 인해서 이것
을 기록해서 자로가 남에게 믿음을 받은 까닭은 그의 수양이 평소에 있었기 때문
임을 나타낸 것이다.
　○윤 씨가 말했다. "「춘추좌씨전」에 보면《애공》14년에 소주나라의 대부인
역이라는 사람이 구역 땅을 가지고 노나라로 망명해 와서 말하기를, '계로로 하여
금 맹약을 맺도록 청한다면 저는 맹약하지 않겠다.' 하였으니, 천승의 나라가 그
맹약을 믿지 않았지만 자로의 한 마디 말을 믿었으니, 자로가 남에게 신임을 받았
다는 것을 알 수 있다. 한 마디 말로 옥사를 판결한다는 것은 믿음이 말 앞에 있
어서 사람들이 스스로 그를 믿었던 까닭이니, 승낙한 것을 묵혀두는 일이 없었던
것은 그의 믿음을 온전하게 한 까닭이었다."

○숙원(宿怨) : 오래 된 원한. 원한을 품음.「맹자(孟子)」《만장상(萬章上)》"仁人
之於弟也 不藏怒焉 不宿怨焉"
○소주(小邾) : 나라 이름. 주(邾)나라는 지금의 산동성에 있었던 전욱(顓頊)의 후
손인 협(挾)이 세운 나라 .
○역(射) : 소주의 나라 대부(大夫) 이름.
○구역(句繹) : 지명. 현재 산동성(山東省) 추현(鄒縣) 동남쪽에 있음.「중문대사전
(中文大辭典)」"地名 春秋邾地 在今山東省 鄒縣東南境"
○요(要) : 청하다. 요구하다. 평성(平聲)으로 쓰였음.

○천승지국(千乘之國) : 제후의 나라. '乘'은 수레를 세는 단위였는데 '千乘'이라고 하면 '諸侯'를 일컬었음. '千乘之國'은 전시에 1,000승(乘)의 병거(兵車)를 낼 수 있는 나라를 말했음. 주대(周代)의 제도에서 천자(天子)는 기내(畿內)의 사방 천 리를 영유하고 10,000승(乘)을 내놓았으며, 제후(諸侯)는 사방 백 리를 영유하고 병거 1,000승(乘)을 내놓았음. 일승(一乘)에는 갑사(甲士) 3명, 보병(步兵) 72명, 거사(車士) 25명이 딸림. 「맹자(孟子)」《양혜왕상(梁惠王上)》집주 참고. "乘車數也라 萬乘之國者는 天子畿內地方千里에 出車萬乘이요 千乘之家者는 天子之公卿采地方百里에 出車千乘也라 千乘之國은 諸侯之國이요 百乘之家는 諸侯之大夫也라"

[備旨] 然이나 其所以取信於人者는 由其養之有素耳라 門人이 因夫子之言하여 而記之에 曰子路平日에 急於踐言하여 曾無宿留之諾焉이라 蓋踐言者는 忠信也요 急於踐言者는 明決也라 忠信則人不忍欺요 明決則人不能欺라 故로 人自信而獄을 可折也니라

　　그러나 그가 다른 사람으로부터 믿음을 받았던 까닭은 그의 수양이 평소에 있었던 까닭이다. 제자가 부자의 말씀을 인해서 기록할 적에 말하기를, "자로는 평일에 말을 실천하는 데에 급해서 일찍이 승낙은 해 놓고 제때 지키지 아니한 승낙이 없었다."라고 했다. 대개 말을 실천한다는 것은 정성을 다하고 신의를 지킨다는 것이요, 말을 실천하는 데 급하다는 것은 사리에 밝아 결단을 잘 내린다는 것이다. 정성을 다하고 신의를 지킨다면 사람들이 차마 속이지 않을 것이요, 사리에 밝아 결단을 잘 내린다면 사람들이 능히 속이지 못할 것이다. 그러므로 사람들이 스스로 믿어서 옥사를 결단할 수 있을 것이다.

○숙류지낙(宿留之諾) : 승낙은 해 놓고 제때 지키지 아니한 승낙. 숙낙(宿諾)

12 · 13 · 1 子曰 聽訟이 吾猶人也나 必也使無訟乎인저

　　공자께서 말씀하셨다. "송사를 판결함은 나도 다른 사람과 같지만, 반드시 사람들로 하여금 송사가 없도록 해야 할 것이다."

○청송(聽訟) : 송사를 듣고 처리함. 송사를 심리함. '聽'은 '말을 듣고서 단정한다.'는 뜻. "聽是斷決 訟是爭訟"
○오유인야(吾猶人也) : 다른 사람과 다르지 않음. "猶人不異於人"
○필야사무송호(必也使無訟乎) : 반드시 백성들은 교화가 되도록 하여 자동적으로

다투지 않게 한다는 뜻. '必也~乎'는 '반드시 …일 것이다.'라는 뜻으로 확신하면서
추측을 나타내는 어법인데, '也'는 어기(語氣)를 강조하기 위해 붙였으며, '乎'는 문
장 끝에 쓰여 추측을 나타내는 어조사. "有斷然以此爲貴意 使字有道德齊禮躬行化
民意 無訟是民從吾化自然不爭"

范氏曰 聽訟者는 治其末하고 塞其流也니 正其本하고 淸其源이면 則無訟矣리라
○陽氏曰 子路片言에 可以折獄이로되 而不知以禮遜으로 爲國하니 則未能使民으
로 無訟者也라 故로 又記孔子之言하여 以見(현)聖人은 不以聽訟으로 爲難하고 而
以使民無訟으로 爲貴니라

범 씨가 말했다. "송사를 듣고 처리한다는 것은 그 일의 지엽적인 것을 다스리
고 그 흐름을 막는 것이니, 그 일의 근본을 바로잡고 그 근원을 맑게 하면 송사가
없을 것이다."
　○양 씨가 말했다. "자로가 짧은 말을 하는 사이에도 옥사를 판결할 수 있었지
만, 예절과 겸손으로써 나라를 다스릴 줄은 알지 못하였으니, 능히 백성으로 하여
금 송사가 없도록 할 수는 있는 사람은 아니었다. 그러므로 또 공자의 말씀을 기
록하여 성인은 송사를 다스리는 것을 어렵다고 생각하지 않고 백성으로 하여금
송사가 없도록 하는 것을 귀하게 여겼음을 나타낸 것이다."

[備旨] 夫子思崇本之治에 曰爲人上者는 因民之訟하여 而聽決其是非曲直이니 吾雖不能過
人이나 尙可以猶人也라 此는 不過治其末하고 塞其流而已라 必也正其本하고 淸其源하여
使民으로 知恥向化하여 自然無訟之可聽이라야 乃爲貴乎인저 爲政者는 當知所尙矣라

　부자께서 근본을 중시하는 다스림을 생각할 적에 말씀하시기를, "남보다 위에서 다
스리는 사람들은 백성들의 송사를 근거해서 그들의 시비·곡직을 듣고 판결하니, 내가
비록 보통 사람들보다 뛰어나지는 못하나 아직도 다른 사람과 같이는 할 수 있을 것이
다. 이렇게 한다는 것은 그 지엽적인 것을 다스리고 그 흐름을 막는 것에 지나지 않을
따름이다. 반드시 그 일의 근본을 바르게 하고 그 일의 근원을 맑게 하여 사람들로 하
여금 부끄러움을 알고 복종하도록 해서 자연히 송사에 들을 것이 없도록 해야 곧 귀하
다고 할 것이다. 위정자는 마땅히 숭상할 바를 알아야 할 것이다."라고 하셨다.

○숭본(崇本) : 근본을 중시함.
○향화(向化) : 귀순하여 복종함. 귀복(歸服).

12·14·1 子張이 問政한대 子曰 居之無倦이요 行之以忠이니라

자장이 정사에 관하여 묻자, 공자께서 말씀하셨다. "정사를 마음에 두었을 적에는 게으름이 없도록 해야 할 것이요, 일을 행할 적에는 충성으로써 해야 할 것이다."

○자장(子張) : 공자의 제자. 성은 전손(顓孫). 이름은 사(師). 진(陳)나라 사람. 자장(子張)은 그의 자. 공자보다 48살 아래였다.

○문정(問政) : 백성을 다스리는 일에 대해 물음. "政是治之事"

○거지무권(居之無倦) : 정사를 마음에 둔 사람은 게으름이 없도록 해야 함. 여기서는 체용(體用) 관계로 나눠볼 적에 '居之無倦'은 '體'에 속하여 '원리'를 이야기했다. "此在體上看 二之字俱指敎養之政 無倦是始如是 終亦如是"

○행지이충(行之以忠) : 정사를 행하는 사람은 충성으로써 해야 함. 여기서는 체용(體用) 관계로 나눠볼 적에 '行之以忠'은 '用'에 속하여 '응용'을 이야기한 것이다. "此在用上看 以忠是表如是 裏亦如是"

居는 謂存諸心이니 無倦이면 則始終如一이요 行은 謂發於事니 以忠이면 則表裏如一이니라

○程子曰 子張은 少仁하여 無誠心愛民하니 則必倦而不盡心이라 故로 告之以此하시니라

거(居)는 마음에 두는 것을 이르니, 게으름이 없다면 시작과 끝이 한결같은 것이다. 행(行)은 일에 드러내는 것을 이르니, 충성으로써 한다면 겉과 속이 똑같을 것이다.

○정자가 말했다. "자장은 인이 부족하여 성심으로 백성을 사랑함이 없었으니, 반드시 게을러서 마음을 다하지 않았을 것이다. 그러므로 이것으로써 깨우쳐 주신 것이다."

[備旨] 子張이 問政於夫子한대 夫子告之에 曰爲政之道는 在乎存誠而已라 必也居此政於心者는 始終如一이니 初不銳於始而怠於終而無倦焉이요 又必行此政於事者는 表裏如一이니 不徒有其文而有其意而以忠焉이라 能如是면 則政無不擧矣리니 爲政之道는 何以加此리오

　　자장이 정사에 대해 부자에게 물으니 부자께서 깨우쳐 줄 적에 말씀하시기를, "정사를 다스리는 방법은 성실한 마음을 보존하는 데 있을 따름이다. 반드시 이 정사를 마음에 둔 사람은 시작과 끝이 한결같아야 할 것이니 당초 시작할 적에는 빠르게 하고 끝에서는 태만하지 않도록 해서 게으름이 없어야 할 것이요, 또 반드시 이 정사를 일에 행하는 사람은 겉과 속이 한결같아야 할 것이니 한갓 자기 모양만 꾸미거나 자기 생각만 갖지 않도록 해서 충성해야 할 것이다. 능히 이와 같이 한다면 정사가 거행되지 않음이 없을 것이니, 정사를 행하는 방법은 여기에 무엇을 더하겠는가?"라고 하셨다.

12 · 15 · 1 　子曰 博學於文하고 約之以禮면 亦可以弗畔矣夫인저

　　공자께서 말씀하셨다. "군자가 널리 글을 배우고 예로써 단속한다면, 또한 도에 어긋나지 않을 것이다."

　　○이 문장은 본래 「옹야편(雍也篇)」과 중복되는 내용이기에 「사서비지(四書備旨)」에는 없다. 그러므로 비지(備旨)도 없다. 참고로 본서 「옹야편(雍也篇)」의 내용은 다음과 같다. "6 · 25 · 1 子曰 君子가 博學於文하고 約之以禮면 亦可以弗畔矣夫인저"(공자께서 말씀하셨다. "군자가 널리 글을 배우고 예로써 단속한다면, 또한 도에 어긋나지 않을 것이다.")

重出이라

　　두 번 나온 것이다.

12 · 16 · 1 　子曰 君子는 成人之美하고 不成人之惡하나니 小人은 反是니라

　　공자께서 말씀하셨다. "군자는 남의 좋은 점을 이루게 하고 남의 나쁜 점을 이루지 못하게 하는데, 소인은 이와 반대로 한다."

　　○군자(君子) : 여기서 군자는 마음을 공평하게 행하고 선을 좋아하는 사람. "君子

是心公而好善之人"

○성인지미(成人之美) : 다른 사람의 좋은 점을 이루도록 하다. "成兼誘掖獎勸二意 誘掖以迎之於未成之先 獎勸以作之於將成之際 美卽是善"

○불성인지악(不成人之惡) : 다른 사람의 나쁜 점을 이루지 못하도록 하다. "不成 有遏抑沮止意"

○소인반시(小人反是) : 소인은 이에 반하다. ☞소인(小人) : 여기서 소인은 마음을 사사롭게 행하고 선을 미워하는 사람. ☞반시(反是) : 다른 사람의 좋은 점을 이루게 하거나 다른 사람의 나쁜 점을 이루지 못하도록 하는 것과 상반되게 함. "小人 是心私而惡善之人 反是相反是指上成美不成惡言"

成者는 誘掖獎勸하여 以成其事也라 君子小人은 所存이 旣有厚薄之殊하고 而其 所好가 又有善惡之異라 故로 其用心不同이 如此니라

　성(成)이란 이끌어 주고 격려하여 그 일을 이루는 것이다. 군자와 소인은 마음에 두는 것이 이미 후박에 차이가 있을 뿐만 아니라, 그 좋아하는 것이 또 선악에 차이도 있으므로, 그 마음을 씀이 같지 않음이 이와 같은 것이다.

○유액(誘掖) : 인도하고 부축함. 도와 줌. 유익(誘益).
○장권(獎勸) : 격려함. 장려(獎勵).

[備旨] 夫子論君子小人이 用心之不同에 曰君子之存心은 旣厚하고 而其所好도 又在於善 하니 故로 遇人之美면 則誘掖之하고 獎勸之하여 以成其美焉이요 見人之惡이면 則規戒 之하고 沮抑之하여 不成其惡焉이라 若小人之存心이면 旣薄하고 而其所好도 又在於惡하 니 則不成人之美하고 而成人之惡하나니 反乎君子之所爲矣라 君子小人은 用心不同이 如 比하니 學者는 可不愼哉아

　부자께서 군자와 소인이 마음을 쓰는 것이 같지 않다는 것을 논할 적에 말씀하시기를, "군자가 마음을 두는 것은 두터울 뿐만 아니라 그가 좋아하는 것도 또 선에 있으니, 사람의 좋은 점을 만나면 도와주고 격려하여 그 사람의 좋은 점을 이루도록 하고, 사람의 나쁜 점을 보면 경계하고 막아서 그 사람의 나쁜 점을 이루지 못하도록 한다. 만약 소인이 마음을 둔다면 보잘 것 없을 뿐만 아니라 그가 좋아하는 것도 또한 악에 있으니, 사람의 좋은 점을 이루지 못하게 하고 사람의 나쁜 점도 이루게 하니 군자들이 하는 것과 반대로 한다. 군자와 소인은 마음을 쓰는 것이 같지 않음이 이와 같으니, 학자는 조심하지 않을 수 있겠는가?"라고 하셨다.

○규계(規戒) : 바르게 경계함. 규계(規誡). 규절(規切). 규칙(規飭).
○저억(沮抑) : 억누름. 억지(抑止).
○가불신재(可不愼哉) : 조심하지 않을 수 있겠는가? 어떻게 조심하지 않을 수 있겠는가? '可'는 부사로서 반문을 나타내며, '어떻게' 또는 '설마 …일 리 있겠는가?'라고 해석함. 해석하지 않아도 무방함.

12·17·1 季康子가 問政於孔子한대 孔子對曰 政者는 正也니 子帥以正이면 孰敢不正이리오

계강자가 공자에게 정사에 대해 묻자, 공자께서 대답하셨다. "정이란 바로 잡는다는 뜻이니, 선생께서 바르게 거느린다면 누가 감히 바르지 않겠습니까?"

○계강자(季康子) : 노(魯)나라의 대부. 환자(桓子)의 서자(庶子). 이름은 비(肥).
○문정(問政) : 여기서 정사에 대해 물었다는 것은 사람을 바로잡는 일과 관련하여 물은 것임. "問意重在正人上"
○정자정야(政者正也) : 정치라고 하는 것은 바로잡는 것임. '政'이라고 하는 글자의 뜻은 '正'이라는 말. "此句是釋政之名義 未可入正己意"
○자솔이정(子帥以正) : 그대(계강자)가 바르게 거느린다면. '子'는 이인칭 대명사. "子指季康子 帥是倡率 正兼內正心術 外正施爲言"
○숙감부정(孰敢不正) : 누가 감히 바르지 않겠는가? "孰敢是誰敢 此句兼朝野言 有德威惟畏意"

范氏曰 未有己不正而能正人者니라
○胡氏曰 魯自中葉으로 政由大夫하니 家臣效尤하여 據邑背叛하여 不正甚矣라 故로 孔子以是로 告之하시니 欲康子로 以正自克하여 而改三家之故어늘 惜乎康子之溺於利欲而不能也라

범 씨가 말했다. "자기는 바르지 않으면서 남을 바르게 할 수 있는 사람은 있지 않을 것이다."
○호 씨가 말했다. "노나라는 중엽 때부터 정사가 대부에게서 나왔으니, 가신들이 그들의 잘못을 본받아서 읍을 점거하고 배반하여 부정이 심했다. 그러므로 공자께서 이것으로써 깨우쳐 주셨으니, 계강자로 하여금 자신을 바로 다스리도록 하

여 삼가의 옛날 버릇을 고치려고 하신 것인데, 애석하게도 계강자가 이욕에 빠져 정사를 바로 하지 못했던 것이다.”

○배반(背叛) : 등지고 저버림. 배반(背反). 여기서 ‘背’는 ‘배반하다. 저버리다’라는 뜻으로 평성(平聲)으로 쓰였음.
○삼가(三家) : 노(魯)나라의 세 공족(公族)이었던, 중손 씨(仲孫氏)·숙손 씨(叔孫氏)·계손 씨(季孫氏)를 말함.
○고(故) : 옛날 버릇. 종전(從前)의 소위(所爲).

[備旨] 季康子가 問爲政之道於孔子한대 孔子對에 曰政之爲言은 正也니 所以正人之不正也라 然이나 未有己不正而能正人者라 子若自端其身하여 而帥之以正이면 孰敢有不歸於正者哉아

계강자가 정사를 행하는 방법을 공자에게 물었는데 공자께서 대답할 적에 말씀하시기를, “정(政)이란 말은 바르게 한다는 것이니, 사람의 바르지 않음을 바르게 하는 것입니다. 그러나 자기는 바르게 하지 않으면서 능히 남을 바르게 할 수 있는 사람은 있지 않을 것입니다. 선생께서 만약 스스로 그 몸을 단정히 해서 바르게 인솔한다면, 누가 감히 바른 데로 돌아오지 않을 사람이 있겠습니까?”라고 하셨다.

12·18·1 季康子가 患盜하여 問於孔子한대 孔子曰 苟子之不欲이면 雖賞之라도 不竊하리라

계강자가 도둑이 많음을 걱정하여 도둑을 막는 방법을 공자에게 묻자, 공자께서 대답하셨다. “진실로 선생께서 탐욕을 부리지 않는다면 비록 상을 준다 할지라도 훔치지 않을 것입니다.”

○환도(患盜) : 도둑이 많아 백성들을 해치는 것을 걱정함. “是憂盜爲民害”
○문어공자(問禦孔子) : 공자에게 도둑 없애는 방법을 물음. “是求止盜之方”
○구자지불욕(苟子之不欲) : 진실로 그대가 욕심을 부리지 않는다면. 나라의 물건에 대해선 탐을 내지 않고 백성들로부터 빼앗지 않는다면. “苟是誠 不欲卽不貪於國 無奪於家意”
○수상지부절(雖賞之不竊) : 비록 상을 준다고 할지라도 훔치지 않을 것임. 기꺼이

도둑질하지 않을 것이라는 말. “雖是假設之辭 此句甚言其不肯爲盜”

言子不貪欲이면 則雖賞民하여 使之爲盜라도 民亦知恥而不竊이라
○胡氏曰 季氏竊柄하고 康子奪嫡하니 民之爲盜는 固其所也라 盍亦反其本邪아
孔子以不欲으로 啓之하시니 其旨深矣라 奪嫡은 事見(현)春秋傳이라

　그대가 탐욕을 부리지 않는다면, 비록 백성들에게 상을 주어서 도둑질하게 하더
라도 백성들은 또한 부끄러움을 알아서 훔치지 않을 것임을 말씀하신 것이다.
　○호 씨가 말했다. “계 씨는 권력을 도둑질하고 계강자는 적자의 자리를 빼앗았
으니, 백성들이 도둑질하는 것은 진실로 그것이 당연한 것이었다. 어떻게 또 그들
의 본성으로 되돌아가지 않겠는가? 공자께서 탐욕을 부리지 말라는 말씀으로써
일깨워 주셨으니, 그 뜻이 깊다. 적자를 빼앗은 일은「춘추전」에 나타난다.”

○절병(竊柄) : 권력을 남몰래 훔침. ‘柄’은 ‘권력’을 말함.
○탈적(奪嫡) : 서자(庶子)가 적자(嫡子)의 자리에 들어섬.
○소(所) : 마땅함. 적의(適宜)함.「주역(周易)」《계사하(繫辭下)》“交易而退　各得
其所”
○합(盍) : 어찌하여 …하지 않는가? ‘何不’의 두 음(音)이 축약된 것.
○야(邪) : 의문이나 부정(不定)을 나타내는 조사. ‘耶’와 통함.
○계(啓) : 일깨우다. 계도(啓導)하다.

[備旨] 季康子가 患魯國多盜하여 問於孔子하고 求所以止盜之方한대 孔子對에 曰上者
는 下之倡이니 苟子在上에 淸心勵節하여 不事貪欲이면 則民之視之하야 亦知以是爲貴矣
요 民知以不貪欲爲貴면 則雖賞以誘之하여 使爲竊盜라도 而其心愧恥하여 自不肯爲之矣
니이다 尙何盜之足患哉아

　계강자가 노나라에 도둑이 많음을 걱정하여 공자에게 물어보고 도둑을 막는 방법을
구했는데, 공자께서 대답할 적에 말씀하시기를, “윗사람은 아랫사람을 창도하는 것이니,
진실로 선생께서 위에 있을 때에 마음을 맑게 하고 절조를 지켜 탐욕을 일삼지 않는다
면 백성들도 보고 또한 이를 귀하게 여길 줄 알 것이요, 백성들이 탐욕하지 않는 것을
귀하게 여길 줄 안다면 비록 상을 주고 꾀어서 그들로 하여금 절도를 행하도록 할지라
도 그 마음에 부끄러워서 즐겨 행하지 않을 것입니다. 아직도 어찌 도둑을 걱정하고
있습니까?”라고 하셨다.

○창(倡) : 창도(唱導)하다. 외치다. ☞창도(唱導) : 앞장서서 인도함.
○청심(淸心) : 마음을 맑게 함.
○여절(勵節) : 절조(節操)를 지키기에 힘을 기울임.
○괴치(愧恥) : 부끄러움.

12 · 19 · 1 季康子가 問政於孔子曰 如殺無道하여 以就有道인댄 何如하니잇고 孔子對曰 子爲政에 焉用殺이리오 子欲善이면 而民이 善矣리니 君子之德은 風이요 小人之德은 草라 草上之風이면 必偃하느니라

　계강자가 공자에게 정사에 대해 물을 적에 말했다. "만일 무도한 사람을 죽여서 도가 있는 데로 나아가게 한다면 어떻겠습니까?" 공자께서 대답하셨다. "선생께서 정사를 다스릴 적에 어찌 살인하려 하십니까? 선생께서 선해지고자 하는 마음을 가지면 백성들도 선해질 것이니, 군자의 덕은 바람이요 소인의 덕은 풀인 것입니다. 풀에 바람을 불게 하면 풀은 반드시 쓰러질 것입니다."

○여살무도(如殺無道) : 만약 무도한 사람을 죽인다고 한다면. '如'는 '만약' '설약(設若)'이라는 뜻. '無道'는 '도(道)를 지키지 않아서 악한 사람'을 일컬음. "如設若也 無道是民之惡者"
○이취유도(以就有道) : 도가 있는 데로 나아가게 함. 즉 도를 지켜 착한 사람이 되도록 함. '有道'는 '도(道)를 지켜서 착한 사람'을 일컬음. "就是成就 有道是民之善者"
○하여(何如) : 어떻습니까? '何如'는 보통 상태·성질·가부(可否) 등을 물을 적에 쓰이고, '如何'는 방법을 물을 적에 쓰임. "有可殺不可殺意"
○자위정(子爲政) : 그대가 정치를 행함에 있어서. 계강자를 보고 하는 말. "子是康子 此三字見主張在手意"
○언용살(焉用殺) : 어찌 살인을 하려고 하십니까? 살인의 기미를 막으려는 의미가 내포됨. "遏他殺機"
○자욕선(子欲善) : 그대가 선해지고자 한다면. "欲不止 是心欲有躬行其善意"
○이민선의(而民善矣) : 백성들도 따라서 선해진다는 말. "而字作則字看 有呼吸相通意"
○군자지덕풍(君子之德風) : 군자의 덕은 바람이다. 즉 군자는 움직이게 하는 존재라는 뜻. 여기서 '德'은 별다른 의미가 없고 '風'은 동하게 하는 것을 제일로 여긴다는 뜻. "君子是有率民之責者 兩德字許看 以分位言 風主乎感"

○소인지덕초(小人之德草) : 소인의 덕은 풀이다. 즉 소인은 윗사람을 따르는 신분이라는 뜻. 여기서도 '德'은 별다른 의미가 없고 '草'는 응하는 것을 제일로 여기는 존재라는 뜻. "小人是有從上之分者 草主乎應"
○초상지풍필언(草上之風必偃) : 풀에 바람을 더하면 반드시 쓰러짐. 군자의 가르침이 백성에게 미친다는 말. "言勢所必從"

爲政者는 民所視效니 何以殺爲리오 欲善則民善矣라 上은 一作尙이니 加也라 偃은 仆也라

○尹氏曰 殺之爲言이 豈爲人上之語哉리오 以身敎者면 從하고 以言敎者면 訟이온 而況於殺乎아

정사를 다스리는 사람은 백성들이 보고 본받을 것이니, 어찌 살인하면서 다스리겠는가? 정사를 다스리는 사람이 선해지고자 한다면 백성들도 선해질 것이다. '上'은 어떤 책에 '尙'자로 되어 있으니, 더한다는 뜻이다. 언(偃)은 쓰러진다는 뜻이다.

○윤 씨가 말했다. "죽인다는 말이 어찌 백성의 윗사람이 된 자의 말이겠는가? 몸으로써 가르치면 따를 것이고 말로써 가르치면 다툴 것인데, 하물며 죽이는 것임에랴?"

○부(仆) : 쓰러지다. 엎어지다.

[備旨] 季康子가 問政於孔子에 曰刑亦爲政者는 所不廢也로되 如殺無道之民하여 使人으로 知所懼하여 以成就乎有道면 何如이니잇고하니 孔子對에 曰民之爲善은 顧所以倡之者가 何如耳니라 今以子秉國으로 而爲政에 勿論不當殺이어니와 亦焉用殺爲哉아 但子有欲善之心하여 而躬行以率之면 民自有所觀感興起하여 而歸於善矣리라 所以然者는 以君子之德은 主於感人하니 猶之風也요 小人之德은 主於應人하니 猶之草也라 草而加之以風이면 則必隨風而偃仆라 然則小人은 而感之以君子니 豈有不從欲而治哉아 子欲民之善이면 亦爲善以風之可矣어늘 焉用殺爲리오

계강자가 공자에게 정사에 관하여 여쭈어 볼 적에 말하기를, "형벌이라는 것이 또한 위정자가 폐할 것이 아니지만, 만일 무도한 백성들을 죽여서 백성들로 하여금 두려운 것을 알게 하여 도가 있는 곳으로 나아가게 하면 어떻겠습니까?"라고 하니, 공자께서 대답할 적에 말씀하시기를, "백성들이 선을 행할 적에는 창도하는 사람이 어떻게 할지 돌아봐야 할 따름입니다. 지금 선생께서 나라를 장악해 정사를 다스릴 적에 물론 마땅히 사람을 죽여서는 안 되지만, 또한 어찌 죽이는 것으로써 다스리려고 하십니까? 다만 선생께서 선해지고자 하는 마음을 가져서 몸소 행해 인솔한다면, 백성들은 저절로

눈으로 보고 마음으로 느끼는 바가 있어서 선한 데로 돌아올 것입니다. 그 이유는 군자의 덕은 사람을 감동시키는 것을 제일로 여기니 마치 바람과 같고, 소인의 덕은 사람들에게 응하기를 제일로 여기니 마치 풀과 같은 것이기 때문입니다. 풀에 바람을 불게 한다면 반드시 바람을 따라서 넘어질 것입니다. 그렇다면 소인은 군자에게 동하게 될 것이니, 어찌 욕심을 따라서 다스리지 못함이 있겠습니까? 선생께서 백성들을 선하게 하고 싶으면 또한 선을 행하여 가르치는 것이 옳을 터인데, 어찌 살인하려고 하십니까?"라고 하셨다.

○관감흥기(觀感興起) : 눈으로 보고 마음으로 느껴, 감동하여 분기(奮起)함.
○풍(風) : 가르침. 풍화(風化)시킴. ☞풍화(風化) : 덕(德)으로써 백성을 교화하는 일. 백성을 교도하여 착하게 만드는 일.

12 · 20 · 1 子張이 問 士何如라야 斯可謂之達矣니잇고

자장이 물었다. "선비가 어떠해야만 곧 통달했다고 이를 수 있습니까?"

○사(士) : 선비. 학자를 통칭함. "士是學者之通稱"
○사가위지달의(斯可謂之達矣) : 그렇다면 그를 일러 통달했다고 이를 수 있는가?
☞사(斯) : 그렇다면. 곧. 그렇다면 …곧. 앞 문장을 이어받음. ☞달(達) : 통달. 통달한 선비. "斯作卽字看 達是隨處皆通" ☞12 · 20 · 1의 '達'은 '달사(達士)' 혹은 '통달한 선비'로 해석되며, 12 · 20 · 3의 '聞'은 '문사(聞士)' 혹은 '명성이 난 선비'로 해석된다. 「논어집주(論語集註)」 "問達爲所行通達 何也 朱子曰 其在邦也 事上則獲乎上 治民則得乎民 其在家也 父母安其兄弟悅其友 凡吾之見於行者 莫不通達而無所繁礙焉 斯可謂之達矣"

達者는 德孚於人하여 而行無不得之謂라

달(達)이란, 덕이 사람들을 믿고 따르도록 해서 행함에 얻지 못함이 없음을 이른다.

○부(孚) : 믿고 따르게 하다. 믿다.

[備旨] 子張이 問士之行은 貴達也라 然이나 達必有所由致니 必何如라야 斯可謂之達

矣니잇고

자장이 묻기를, "선비의 행동은 통달을 귀하게 여깁니다. 그러나 통달이라고 하는 것은 반드시 이루는 방법이 있을 것이니, 반드시 어떻게 해야 곧 통달했다고 이를 수 있겠습니까?"라고 했다.

12·20·2 子曰 何哉오 爾所謂達者가

공자께서 반문하면서 말씀하셨다. "무엇을 말하는 것이냐? 네가 말하는 통달이라는 것이!"

○하재이소위달자(何哉爾所謂達者) : 공자가 자장에게 감탄이나 호소의 뜻을 내포하여 정중하게 묻는 말이다. 이 글은 '爾所謂達者'와 '何哉'를 도치시킨 것이다. 직역하면, '무엇을 말하느냐? 네가 통달이라고 이른 것이!'라고 할 수 있다. 현토는 전통적으로 '爾所謂達者여'로 달았는데, '爾所謂達者는' 혹은 '爾所謂達者가'로 고쳐도 감탄이나 호소의 뜻을 내포할 수 있기에 수정했다. '所謂達者'는 '所~者'의 문형으로서 어떤 대상을 나타낼 때 쓰이는 문형임. "何哉猶云 爾之本意何所指"

子張務外어늘 夫子는 蓋已知其發問之意라 故로 反詰之하여 將以發其病而藥之也시니라

자장은 밖으로 드러냄을 힘썼으니, 부자께서는 벌써 발문한 뜻을 알고 계셨기 때문에 도리어 힐문해서 앞으로 그의 단점을 들추어 고쳐주려고 하신 것이다.

○힐문(詰問) : 힐책하여 물음. ☞힐(詰) : 묻다. 따져 묻다.

[備旨] 夫子反詰之에 曰何哉오 爾意之所謂達者가 試爲我言之可也니라

부자께서 도리어 힐문할 적에 말씀하시기를, "대체 무엇을 말하는 것이냐? 너의 생각에 통달이라고 이르는 것이! 시험삼아 나를 위해서 말해주는 것이 좋을 것이다."라고 하셨다.

12·20·3 子張이 對曰 在邦必聞하며 在家必聞이니이다

자장이 대답했다. "나라에 있어도 반드시 명성이 드러날 것이며, 집에 있어도 반드시 명성이 드러날 것입니다."

○재방필문(在邦必聞) : 나라에 있어도 명성이 들리다. ☞방(邦) : 나라. 고대의 제후국(諸侯國). 주리(州里). ☞주리(州里) : 마을이나 고향. 또는 그 곳에 사는 사람의 범칭. '州'는 2천 5백 호, '里'는 25호. ☞문(聞) : 명성이 들림. 문사(聞士). 명성이 난 선비. "邦指州里"
○재가필문(在家必聞) : 집에 있어도 반드시 명성이 드러남. ☞가(家) : 집. 족당(族黨). ☞족당(族黨) : 동족의 친속(親屬). 겨레붙이. "家指族黨"

言名譽著聞也라

명예가 널리 소문나는 것을 말한다.

○저문(著聞) : 널리 소문남. 세상에 널리 알려짐.

[備旨] 子張對에 曰人惟名譽不彰이라 是以로 行多所窒하니 吾之所謂達也者는 謂其在邦에 名譽必著聞於邦하며 在家에 名譽必著聞於家而已니이다하니 是는 子張이 蓋以聞爲達也니라

자장이 대답할 적에 말하기를, "사람들은 오직 명예가 드러나 알려지지 않을 것을 생각하기 때문에 행동에 얽매이는 경우가 많으니, 제가 이른바 통달이라는 것은 그가 나라에 있을 때에도 명예가 반드시 나라에 널리 알려지며 집에 있을 때에도 명예가 반드시 집에 널리 알려지는 것을 이를 따름입니다."라고 했으니, 이는 자장이 아마 명성을 통달이라고 생각했던 것이다.

○창(彰) : 드러나다. 드러내다.
○질(窒) : 막다. 막히다. 얽매인 모양.

12·20·4 子曰 是는 聞也라 非達也니라

공자께서 말씀하셨다. "이것은 명성이 드러나는 것이지 통달이 아니다.

○시문야비달야(是聞也非達也) : 이것은 명성이 드러나는 것이지 통달은 아니다. 즉 그것은 문사(聞士)이지 달사(達士)는 아니라는 말. "聞者使彼聞我 達者我自達彼 非達言非實德著於邦家"

聞與達은 相似而不同하니 **乃誠僞之所以分**이어늘 **學者는 不可不審也**니라 **故**로 **夫子旣明辨之**하시고 **下文**에 **又詳言之**하시니라

명성과 통달은 서로 비슷한 것 같지만 같지 않으니, 바로 성실함과 거짓됨에서 분별되는 것이기 때문에 배우는 자는 살피지 않을 수 없을 것이다. 그러므로 부자께서 이미 밝게 분별하셨을 뿐만 아니라, 아래 문장에서도 또 상세히 말씀하신 것이다.

[備旨] 夫子乃辨之에 曰子之所謂邦家에 必聞者는 是聞於邦家之謂也요 非達於邦家之謂也라 一誠一僞之間에 豈非迹雖相似나 而其實有不同者哉아

부자께서 바로 분별해 줄 적에 말씀하시기를, "그대가 이른바 나라와 집에 반드시 들린다는 것은 바로 나라와 집에 소문남을 이르는 것이지 나라와 집에 통달함을 이른 것은 아니다. 성실과 거짓 사이에는 흔적이 비록 서로 비슷하다고 하지만, 그 실상에 같지 않음이 있지 아니한가?

12·20·5 夫達也者는 質直而好義하며 察言而觀色하여 慮以下人하나니 在邦必達하며 在家必達이니라

무릇 통달이라는 것은 질박하고 정직하면서도 의를 좋아하며 말을 살피고 얼굴빛을 관찰하여 남에게 낮출 것을 생각하니, 나라에도 반드시 통달하며 집에서도 반드시 통달하게 된다.

○부달야자(夫達也者) : 무릇 통달이라고 하는 것은. '통달한 사람[達者]'에 대해 설

명하는 말. '夫'는 흔히 문장의 첫머리에 쓰여 상대방의 주의를 환기시킬 때 쓰는
발어사. '也者'는 구(句) 중에 쓰여 정지(停止)를 나타낼 때 쓰는 어조사로 '…은'
혹은 '…이라고 하는 것'으로 해석한다. "此句只提起達之名號"

○질직이호의(質直而好義) : 질박하고 정직하면서도 의를 좋아하다. ☞질직(質直) :
질박하고 정직함. 순수하면서도 사곡(邪曲)이 없음. ☞호의(好義) : 의를 좋아함.
의로써 일을 다스려 행하는 바가 모두 맞게 함. "質是無華飾 直是無邪曲 好義是以
義制事 使所行皆合宜"

○찰언이관색(察言而觀色) : 말을 살피고 얼굴색을 살피다. "察言是審人言語從違
觀色是審人顔色向背"

○여이하인(慮以下人) : 남에게 낮출 것을 마음속으로 생각하다. "慮是心中思 慮下
人是謙卑下人 惟恐以質直好義自多意"

○재방필달재가필달(在邦必達在家必達) : 나라에서도 반드시 통달하며 집에서도
반드시 통달하게 되다. "此二句承上修德來 重我足取信邦家上"

內主忠信하여 **而所行合宜**하고 **審於接物**하여 **而卑以自牧**하니 **皆自修於內**하고 **不**
求人知之事라 **然**이나 **德修於己**하여 **而人信之**면 **則所行**이 **自無窒礙矣**라

　안으로 충신을 제일로 여겨서 행하는 것이 들어맞아 걸맞고 남하고 대하는 것
을 살펴서 겸손으로써 자신을 수양하니, 모두 스스로 마음을 수양하고 남이 알아
주기를 구하지 않는 일이다. 그러나 덕이 몸에 닦여서 사람들이 믿어 준다면 행하
는 바가 저절로 막힘이 없을 것이다.

○충신(忠信) : 충성과 신의. 정성을 다하여 신의를 지킴.
○목(牧) : 수양(修養)하다. 정신을 단련하다. 「주역(周易)」《겸괘(謙卦)》"謙謙君
子 卑以自牧也"
○질애(窒礙) : 장애. 막힘.

[備旨] 夫所謂達也者는 非有心於求達也라 內焉質直以主於忠信하고 外焉好義而所行合
宜하며 且審於接物하여 察人之言以驗己之是非하고 觀人之色以徵己之得失하며 又必卑以
自牧하여 而思慮之間에 惟謙抑以下人하나니 此皆自修於內요 不求人知之事라 然이나 德
修於己하여 而人信之라야 在邦則孚於邦하여 必行無不得而達也요 在家則孚於家하여 必
行無不得而達也라 所謂達者가 如此니라

　이른바 통달이라는 것은 통달을 구하는 데 마음을 두지 않는다. 안으로는 질박하고

정직해서 충신을 제일로 여기고 밖으로는 의를 좋아해서 행하는 것이 들어맞아 걸맞으며, 또 남하고 접하는 것을 살펴서 사람의 말을 살펴 자기의 시비를 증험하고 남의 안색을 살펴 자기의 득실을 증험하며, 더구나 반드시 낮추어 자신을 수양하여 생각하는 사이에 오직 겸손하게 해서 사람들에게 낮추니, 이는 모두 스스로 마음을 수양하는 것이요 남이 알아주기를 구하지 않는 일이다. 그러나 덕이 몸에 닦여서 사람들이 믿어야 나라에 있을 적에는 나라에서 믿어서 반드시 행동은 자신을 얻어서 통달하지 않음이 없을 것이요, 집에 있을 적에는 집에서 믿어서 반드시 행동은 자신을 얻어서 통달하지 않음이 없을 것이다. 이른바 통달이라는 것이 이와 같다.

○험(驗) : 조사하다. 시험하다. 진부(眞否)를 검사하다.
○징(徵) : 밝히다. 따지어 캐묻다.
○겸억(謙抑) : 겸손(謙遜).
○부(孚) : 믿다. 믿고 따르게 하다. 믿고 따르다.

12·20·6 夫聞也者는 色取仁而行違요 居之不疑하나니 在邦必聞하며 在家必聞이니라

　무릇 명성이란 것은 얼굴빛은 인을 취하나 실제 행동은 다르게 하고, 스스로 인에 자처한다면서도 괴이히 여기지 않으니, 나라에 있어도 반드시 명성이 드러나며 집에 있어도 반드시 명성이 드러나게 되는 것이다.”

○부문야자(夫聞也者) : 무릇 명성이라고 하는 것은. ‘문사(聞土)’에 대해 설명하는 말. ‘夫’는 흔히 문장의 첫머리에 쓰여 상대방의 주의를 환기시킬 때 쓰는 발어사. ‘也者’는 구(句) 중에 쓰여 정지(停止)를 나타낼 때 쓰는 어조사로 ‘…은’ 혹은 ‘…이라고 하는 것’으로 해석한다. “此亦是提起聞之名號”
○색취인행위(色取仁行違) : 안색은 인을 취하지만 행동은 인을 어김. ☞색취인(色取仁) : 외면으로만 인(仁)을 취함. ☞행위(行違) : 실제로 행위가 인(仁)에 벗어남. “是外面粧飾做仁 是所行之事 皆非天理而背乎仁”
○거지불의(居之不疑) : 자신이 인(仁)에 자처한다면서 의혹을 품지 않음. 스스로를 옳다고 여겨서 기탄하는 바가 없음. 태연히 스스로 만족하고 사람들로 하여금 믿도록 함. “居是安 之字指仁 不疑是泰然自足 欲使人信也”

○재방필문재가필문(在邦必聞在家必聞) : 나라에도 반드시 명성이 드러나게 되며 집에 서도 반드시 명성이 드러나게 됨. "此二句承上務名來 要見與達絶不相干"

善其顔色하여 **以取於仁**이로되 **而行實背之**하고 **又自以爲是**하여 **而無所忌憚**하니 **此**는 **不務實而專務求名者**라 **故로 虛譽雖隆**이나 **而實德則病矣**니라
○程子曰 學者는 **須是務實**이요 **不要近名**이니 **有意近名**이면 **大本已失**이니 **更學何事**리오 **爲名而學**이면 **則是僞也**라 **今之學者**는 **大抵爲名**하니 **爲名與爲利**는 **雖淸濁不同**이나 **然**이나 **其利心則一也**라 **尹氏曰 子張之學**이 **病在乎不務實**이라 **故로 孔子告之**는 **皆篤實之事**니 **充乎內而發乎外者也**라 **當時門人**이 **親受聖人之敎**로되 **而差失**이 **有如此者**은 **況後世乎**아

그는 안색을 선하게 하여 인을 취하지만 행실은 실제로 반대로 하며, 또 스스로를 옳다 여겨서 기탄하는 바가 없으니, 이것은 실질에는 힘쓰지 않고 오로지 명예만 구하기를 힘쓰는 자이다. 그러므로 헛된 명예는 비록 높지만 실제로 덕은 병든 것이다.
○정자가 말했다. "배우는 자들은 모름지기 실질에 힘을 써야 할 것이요, 명예를 가까이 해서는 안 된다. 명예를 가까이 함에 뜻이 있으면 큰 근본은 이미 잃은 것이니, 다시 무슨 일을 배우겠는가? 명예를 위하여 배운다면 이것은 거짓이다. 지금의 학자들은 대저 명예를 위하니, 명예를 위함과 이익을 위함은 비록 청탁이 같지 않지만, 그들의 이기심은 똑같은 것이다." 윤 씨가 말했다. "자장의 학문은 병이 실제를 힘쓰지 않음에 있었다. 그러므로 공자께서 깨우쳐 주신 것은 모두 독실에 관한 일이니, 내면을 채워서 밖으로 드러내는 것들이었다. 당시에 제자들은 직접 성인의 가르침을 받았지만 실수가 이와 같았는데, 하물며 후세임에랴?

[備旨] 夫所謂聞也者는 惟一心以求聞而已라 善其顔色하여 以襲仁者之名이로되 而行實背之하니 則與質直好義者로 異矣요 且又自以爲是하고 而無所忌憚하여 居之於仁而不疑하니 則與察言觀色하여 慮以下人者로 異矣라 此는 皆不務實하여 而專務求名者라 然이나 有意近名이면 而名亦歸之니 在邦則虛譽隆於邦하여 而必聞也요 在家則虛譽隆於家하여 而必聞也라 所謂聞者가 如此하니 師也는 辨之하여 愼勿以聞爲達焉이 可也니라

무릇 이른바 명성이라는 것은 오직 한결같은 마음으로 명성만을 구할 따름이다. 그는 안색을 선하게 하여 인자의 명예를 물려받았지만 행실은 실제로 반대로 하니, 질박하고 정직하면서 의를 좋아하는 사람과는 다른 것이요, 그리고 또 자신을 옳게 여기고

기탄하는 바가 없어서 인에 거처한다면서 의심하지 않으니, 말을 살피거나 안색을 살펴서 남에게 몸을 낮추기를 생각하는 사람과는 다른 것이다. 이들은 모두 실속에 힘쓰지 않아서 오로지 명예만 구하기를 힘쓰는 사람들이다. 그러나 생각이 명예를 가까이 하면 명예도 또한 따르게 되니, 나라에 있으면 헛된 명예가 나라에 높아져서 반드시 들릴 것이고, 집에 있어도 헛된 명예가 집에 높아져서 반드시 들릴 것이다. 이른바 명성이라는 것이 이와 같으니, 사는 분별하여 삼가 명성을 통달로 여기지 않는 것이 좋을 것이다.”라고 하셨다.

○습(襲) : 잇다. 계승하다. 받다.
○사(師) : 자장(子張)의 이름. 공자의 제자. 성은 전손(顓孫). 자는 자장(子張).

12·21·1 樊遲가 從遊於舞雩之下러니 曰 敢問崇德修慝辨惑하노이다

번지가 공자를 따라서 무우의 아래에서 놀았는데 묻기를, “감히 덕을 높이는 것과 사특함을 바로 잡는 것과 미혹을 분별하는 것에 대해 여쭤보겠습니다.”

○번지(樊遲) : 공자의 제자. 노나라 사람. 이름은 수(須).
○종유어무우지하(從遊於舞雩之下) : 공자를 따라서 무의 아래서 놀다. ☞종유(從遊) : 따라서 놂. 여기서는 공자를 따라서 놀았다는 뜻. ☞무우(舞雩) : 지명. 본서 11·25·7 참고. “從遊是夫子而遊”
○감문숭덕(敢問崇德) : 감히 숭덕에 관해 물어보겠습니다. ‘崇德’은 천리(天理)에 관한 공부를 말함. “此是存天理工夫”
○수특변혹(修慝辨惑) : 사악한 마음을 바로잡고, 미혹된 것을 변별하여 올바르게 판단하는 것. 인욕(人慾)을 막는 공부와 관련된 것. “此是遏人欲工夫”

胡氏曰 慝之字는 從心從匿이니 蓋惡之匿於心者라 修者는 治而去之라

호 씨가 말했다. “‘慝’이라는 글자는 ‘心’자를 세로로 세우고 ‘匿’자도 세로로 세웠으니, 아마도 악이 마음에 숨어있다는 뜻일 것이다. 수(修)란 다스려 쫓아버리는 것이다.”

○특(慝) : 사특하다. 간사하다.
○종(從) : 세로로 놓다. 종(縱)과 통용함. 글자의 구조를 설명할 때 많이 쓰임.
○특(匿) : 사특하다. '慝'과 통용함. 독음을 '닉'으로 읽으면 '숨기다'라는 뜻.
○거(去) : 쫓다. 내몰다. 버리다. 거성(去聲)으로 쓰였음.

[備旨] 昔에 夫子閒遊於舞雩之下러니 樊遲從焉하고 因曰 理得於心을 爲德이라하니 如何以崇之며 惡匿於心을 爲慝이라하니 如何以修之며 事疑於心을 爲惑이라하니 如何以辨之리오 敢以問之夫子하노이다

옛날 부자께서 무우의 아래에서 한가하게 놀고 있었는데 번지가 모시고 따르다가 여쭈어 볼 적에 말하기를, "이치가 마음에 얻어진 것을 덕이라 하니 어떻게 해야 높일 수 있으며, 악이 마음에 숨은 것을 사특이라고 하니 어떻게 해야 쫓아버릴 수 있으며, 일이 마음에 의심스러운 것을 미혹이라고 하니 어떻게 해야 분별할 수 있습니까? 감히 선생님께 여쭈어 보겠습니다."라고 했다.

12·21·2 子曰 善哉라 問이여

공자께서 말씀하셨다. "좋구나, 그대의 질문이여!

善其切於爲己라

그 질문이 자기를 위하는 데 절실하다고 좋게 여기신 것이다.

○위기(爲己) : 자기를 위함. 위기지학(爲己之學)을 이름. ☞위기지학(爲己之學) : 자기를 위하여 하는 학문. 자신의 수양(修養)·안심(安心)·입명(立命)을 위하여 행함.

[備旨] 夫子가 以其問으로 切於爲己라 故로 嘉之에 曰善哉라 子之崇德修慝辨惑之問也여 以視世之徇外하여 而忘內者로 大不侔矣라

부자께서 그의 질문을 자기를 위하는 데 절실한 것이라고 생각했기 때문에 칭찬할 적에 말씀하시기를, "좋구나, 그대가 덕을 높이는 것과 사특함을 바로 잡는 것과 미혹을 분별함에 대한 질문이여! 세상 사람들이 외면적인 것만 추구하고 내면적인 것을 잊

어버리는 사람들과 비교해 볼 적에 정말로 같지 않다.

○시(視) : 견주어 보다. 비교해 보다.
○순(徇) : 구하다[求也]. 꾀하여 추구하다.
○모(侔) : 가지런하다. 같은 행동을 함.

12·21·3 先事後得이 非崇德與아 攻其惡하고 無攻人之惡이 非修慝與아 一朝之忿으로 忘其身하여 以及其親이 非惑與아

　일을 먼저 도모하고 그 효험을 뒤에 따지는 것이 덕을 높이는 것이 아니겠는가? 자기의 악한 것을 다스리고 남의 악한 것을 다스리지 않는 것이 사특함을 바로잡는 것이 아니겠는가? 하루아침의 분으로 말미암아 자신을 잊고서 화가 자기 부모에게 미치게 하는 것이 미혹된 것이 아니겠는가?"

○선사후득(先事後得) : 공부같이 어려운 것을 먼저 도모하고 난 뒤에 그 효험을 뒤에 따짐. "先是汲汲以圖 事是進修工夫 後是心全不計 得是進修效驗"
○비숭덕여(非崇德與) : 덕을 높이는 일이 아닌가? 심지가 순일하게 되면 덕은 저절로 불어나게 됨. "心志純一 德自日增"
○공기악(攻其惡) : 자기 자신의 악한 점을 다스려 선하게 함. "攻者直與惡對 疊而克制之 其字指己言"
○무공인지악(無攻人之惡) : 자기 자신의 악한 점을 다스리기에 바빠 남의 악한 점을 공격하지 않음. "此句是足上句 見其專攻己惡 雖欲攻人有所不暇"
○비수특여(非修慝與) : 사특함을 바로잡는 일이 아니겠는가? "自治嚴密 慝盡掃除"
○일조지분(一朝之忿) : 하루아침에 일어나는 감정. 잠깐 일어나는 분노. "是暫時小忿"
○망기신(忘其身) : 자기 자신을 돌아보지 않다. "忘有不顧慮意"
○이급기친(以及其親) : 화가 자기 아버지에게 미침. 연달아 자기 아버지에게 미침. "及字作連及看"
○비혹여(非惑與) : 미혹됨이 아닌가? 도리를 벗어난 일이 아니겠는가? "輕重倒置 由見理不透 故曰惑"

先事後得은 **猶言先難後獲也**니 **爲所當爲**하여 **而不計其功**이면 **則德日積**이로되 **而**

不自知矣요 專於治己하고 而不責人이면 則己之惡이 無所匿矣요 知一朝之忿이 爲甚微로되 而禍及其親은 爲甚大면 則有以辨惑하여 而懲其忿矣라 樊遲가 麤鄙 近利하니 故로 告之以此하시니 三者는 皆所以救其失也니라

○范氏曰 先事後得은 上義而下利也니 人惟有利欲之心이라 故로 德不崇이요 惟 不自省己過하고 而知人之過라 故로 慝不修라 感物而易動者는 莫如忿이어늘 忘其 身以及其親은 惑之甚者也라 惑之甚者는 必起於細微하나니 能辨之於早면 則不 至於大惑矣라 故로 懲忿은 所以辨惑也니라

'先事後得'은 '先難後獲'과 같으니, 마땅히 해야 할 바를 행하여 그 공을 따지지 않는다면 덕이 날로 쌓이지만 스스로 알지 못할 것이다. 자기 몸만 다스리는 데에 만 전념하고 남을 꾸짖지 않는다면 자기의 악은 숨을 곳이 없을 것이요, 하루아침의 분이 심히 미미하지만 화가 그 어버이에게까지 미치는 것이 심히 크다는 것을 안다면, 미혹을 분별하여 그 분을 그치게 할 수 있을 것이다. 번지가 거칠고 비루하여 이익을 가까이 했기 때문에 이것으로써 깨우치셨으니, 세 가지는 모두 그의 잘못을 구해준 것이다.

○범 씨가 말했다. "어려운 일을 먼저 도모하고 그 효험을 뒤에 따지는 것은 의를 높이고 이를 없애는 것이다. 사람은 오직 이욕의 마음이 있으므로 덕이 높아지지 않는 것이요, 오직 스스로 자기의 과실은 살피지 않고 남의 허물만을 알기 때문에 사특함이 고쳐지지 않는 것이다. 사물에 마음이 움직여서 동요되기 쉬운 것은 분과 같은 것이 없는데, 자기 몸을 잊고서 그 어버이에게까지 미치게 되는 것은 미혹됨이 심한 것이다. 미혹이 심한 것은 반드시 세미한 데서 일어나는 것이니, 능히 조기에 분별한다면 큰 미혹에 이르지 않을 것이다. 그러므로 분을 그치는 것이 미혹을 분별하는 일인 것이다."

○선난후획(先難後獲) : 인자는 이루기 어려운 일을 먼저 도모하고 얻기를 기약할 수 없는 것을 뒤에 도모한다는 내용. 본서 6·20·1 참고.
○이욕(利欲) : 이익을 탐내는 마음.
○추비(麤鄙) : 거칠고 비루함.
○징분(懲忿) : 분한 생각을 그만둠.

[備旨] 誠能先其事之所難하여 爲其所當爲而後에 其效之所得은 則理純於心이니 非所以 崇吾心之德與아 若能專於攻己之惡하고 而無暇去攻人之惡이면 則自治誠切이니 非所以修 吾心之慝與아 至若一朝之微忿은 忍之可也어늘 顧乃忘其一己之身하여 因以禍及其親焉이

면 則昧於利害之幾니 非心之惑與아 知此之爲惑이면 則知所以辨之矣니 樊遲可不知所從事
哉아

　진실로 능히 그 일의 어려운 것을 먼저 도모해서 그가 마땅히 행해야 할 것을 행한
뒤에 그 효험으로 얻은 것은 곧 다스림이 마음에 순전할 것이니, 내 마음의 덕을 높이
는 까닭이 아니겠는가? 만약 능히 자기의 악한 것만을 다스리는 데 전념하고 남의 악
한 것을 없애는 데 겨를이 없다면 자신을 다스림이 정성스럽고 간절하다고 할 것이니,
우리 마음의 사특함을 바로잡는 것이 아니겠는가? 하루아침의 작은 분은 것은 참는 것
이 옳을 터인데 도리어 자기 한 몸을 잊어버려서 그로 인해서 화가 자기 어버이에게
미친다면 이익과 손해의 기미를 살피는 데 어둡다고 할 것이니, 마음에 미혹됨이 아니
겠는가? 이런 일의 미혹됨을 안다면 분별하는 방법도 알아야 될 것이니, 번지는 종사
할 바를 알지 않을 수 있겠는가?"라고 하셨다.

○성절(誠切) : 정성스럽고 간절함. 성간(誠懇). 성곤(誠悃).
○지약(至若) : …에 이르러서는. 접속사로서 후반부에서 화제를 제시함.
○고(顧) : 도리어. 마침내. 오히려.
○기(幾) : 살피다[察也]. 기미(幾微)를 살펴보다.

12 · 22 · 1 樊遲가 問仁한대 子曰 愛人이니라 問知한대 子曰 知人
이니라

　번지가 인에 대해 묻자, 공자께서 말씀하시기를, "사람을 사랑하는 것이다." 지
혜에 대해 묻자, 공자께서 말씀하시기를, "사람을 알아보는 것이다." 하셨다.

○문인(問仁) : 인에 대해 물어보다. 무엇을 인이라고 이르는지 물어봄. "問何以謂之仁"
○애인(愛人) : 사람을 사랑하는 것이 인이라는 말. "愛人自用上看 人兼親疎遠近言"
○문지(問知) : 지혜에 대해 물어보다. 무엇을 지혜라고 이르는지 물어봄. '知'는 거성
(去聲)으로 쓰여 '지혜'라는 뜻이며 '智'와 통함. "問何以謂之知"
○지인(知人) : 사람을 알아보는 것. 여기서 '知'는 평성(平聲)으로 쓰여 '알다(인지하
다)'라는 뜻이다. "知人亦用上看 人兼知遇賢不肖言"

愛人은 仁之施요 知人은 知之務라

사람을 사랑한다는 것은 인을 베푸는 것이요, 사람을 알아본다는 것은 지혜에 힘쓰는 것이다.

○'知之務'의 '知'는 거성(去聲)으로 쓰였기에 '지혜(知慧)·지혜(智慧)'란 뜻이다. 아래 주주(朱註)에 나오는 12·21·3의 '知也', 12·21·4의 '知者', 12·21·5의 '言知', 12·21·6의 '仁知' 등의 '知'는 거성(去聲)으로 읽어야 한다.

[備旨] 樊問如何라야 爲仁하니잇고한대 夫子答之에 曰仁主於愛하니 雖人有不同이나 無一不在其所愛中也니라 又問如何라야 爲知하니잇고한대 夫子告之에 曰知主於知하니 雖人有不同이나 無一不在其所知中也라

번지가 어떻게 해야 인을 행한다고 하겠는가를 물었는데, 부자께서 대답할 적에 말씀하시기를, "인은 사랑을 제일로 여기니 비록 사람에게 같지 않음이 있지만 하나라도 그들이 사랑하는 가운데 있지 않음이 없다."라고 하셨다. 또 어떻게 해야 지혜롭다고 하겠는가를 물었는데, 부자께서 깨우쳐 줄 적에 말씀하시기를, "지혜는 아는 것을 제일로 여기니 비록 사람에게 같지 않음이 있지만 하나라도 그들이 아는 것 가운데 있지 않음이 없다."라고 하셨다.

12·22·2 樊遲가 未達이어늘

번지가 미처 알아듣지 못하자,

○번지미달(樊遲未達) : 번지가 그 뜻을 알아듣지 못하다. "只是疑知有妨於仁 不必泥註相悖句"

曾氏曰 遲之意는 蓋以愛欲其周로되 而知有所擇이라 故로 疑二者之相悖爾라

증 씨가 말했다. "번지의 뜻은 대개 사랑은 골고루 미치면 되지만 지혜는 분별하는 바가 있어야 한다고 생각했던 것이다. 그러므로 두 가지가 서로 모순되는 것을 의심했을 따름이다.

[備旨] 樊遲가 以愛欲其周로되 知人은 則有所分別하니 疑知之妨仁하여 而有所未達

焉이라

    번지는 사랑은 골고루 미칠 것 같지만 사람을 알아보는 것은 분별하는 힘이 있어야 하니, 지혜가 인을 방해하여 알아듣지 못하는 것이 있다고 의심한 것이다.

12 · 22 · 3 子曰 擧直錯諸枉이면 能使枉者直이니라

    공자께서 말씀하셨다. "정직한 사람을 들어 쓰고 바르지 않은 사람들을 버려두면, 능히 바르지 않은 사람들로 하여금 바르게 할 수 있다."

○거직조제왕(擧直錯諸枉) : 정직한 사람을 취해 쓰고, 바르지 않은 사람을 버려두다. 이 말은 곧고 평평한 재목을 굽고 뒤틀린 재목 위에 올려놓으면, 뒤틀린 재목이 평평하여 진다는 말로, 인재의 등용도 정직한 사람을 들어 쓰면 바르지 않은 사람도 변한다는 뜻. ☞조(錯) : 두다[措也]. 여러 사람들 사이에 두다. ☞제(諸) : 여러 사람[衆也]. '諸'에 대한 설명은 본서 2 · 19 · 1 참고. ☞왕(枉) : 굽다[曲也]. 마음이 사곡(邪曲)한 사람. "擧取用也 直是立心制行無邪曲者 錯是舍 諸衆也 枉是立心制行有邪曲者"
○능사왕자직(能使枉者直) : 능히 마음이 사곡한 사람들을 자연히 바르게 할 수 있다. ☞왕(枉) : 마음이 굽다. "能使有自然感化意"

擧直錯枉者는 知也요 使枉者直은 則仁矣니 如此면 則二者는 不惟不相浡요 而反相爲用矣리라

    정직한 사람을 들어 쓰고 바르지 않은 자를 그만두게 하는 것은 지혜요 바르지 않은 자로 하여금 바르게 하는 것은 인이니, 이와 같이 하면 두 가지는 서로 어긋나지 않을 뿐만 아니라 도리어 서로 쓰이게 될 것이다.

[備旨] 夫子窺其未達之意라 故로 告之에 曰子何疑乎아 誠知其人之正直者는 擧而用之하고 知其人之邪枉者는 錯而舍之면 則取舍公하고 而激勸寓하여 能使枉者로 皆有所感奮하여 以歸於直焉이라하시니 是夫子之意는 蓋於知人之中에 自寓愛人之意矣니라

    부자께서 그가 알아듣지 못한다는 생각을 엿보고 있었던 것이다. 그러므로 깨우쳐

줄 적에 말씀하시기를, "자네는 어찌하여 의심하는가? 진실로 사람들 중에 정직한 사람은 들어서 쓸 줄 알고 사람들 중에 바르지 못한 사람은 제쳐두고 버릴 줄 안다면, 취하고 버리는 것이 공정하고 격려하고 북돋우는 것이 머물러 있어서, 능히 바르지 못한 사람으로 하여금 모두 감분하는 바가 있게 해서 정직한 곳으로 돌아가도록 할 것이다."라고 하셨으니, 곧 부자의 뜻은 아마도 사람을 알아보는 가운데 스스로 사람을 사랑하는 뜻이 머물러 있었던 것이다.

○사왕(邪枉) : 비뚤고 굽음.
○취사(取舍) : 취하거나 버림.
○격권(激勸) : 격려하고 북돋움.

12·22·4 樊遲가 退하여 見子夏曰 鄕也에 吾見(현)於夫子而問知하니 子曰 擧直錯諸枉이면 能使枉者直이라하시니 何謂也오

번지가 물러나서 자하를 만나보고 물었다. "조금 전에 부자를 뵙고 지혜에 대해 여쭈어 보았더니, 선생님께서 '정직한 사람을 들어 쓰고 바르지 못한 사람을 버려두면, 능히 바르지 못한 사람으로 하여금 정직하게 할 수 있다.' 하셨는데, 무엇을 이르는 것입니까?"

○번지퇴(樊遲退) : 번지가 물러나서 나감. "退是退出"
○견자하왈(見子夏曰) : 묻거나 변론하기 위해 자하를 뵙고 물음. "正爲問辨之地"
○향야(鄕也) : 조금 전에. 앞서. '鄕'은 '향(嚮)'과 통함. '也'는 시간을 나타내는 부사 뒤에 쓰이는 어조사. "猶云前者"
○오현어부자이문지(吾見於夫子而問知) : 내가 부자를 뵙고 지혜에 대해 여쭈어 보다. "遲以夫子之言專說知 故舍仁不言而曰問知"
○거직조제왕능사왕자직하위야(擧直錯諸枉能使枉者直何謂也) : '정직한 사람을 들어 쓰고 바르지 못한 사람을 버려두면, 능히 바르지 못한 사람으로 하여금 정직하게 할 수 있다.'는 말이 무엇을 이르는 것입니까? "何謂也 指承能使枉者句 問謂於知之道理 何所指"

遲以夫子之言으로 專爲知者之事하고 又未達所以能使枉者로 直之理라

번지는 부자의 말씀을 오로지 지혜 있는 사람의 일이라고만 알았고, 또 바르지 못한 사람으로 하여금 정직하게 할 수 있는 이치는 알지 못했던 것이다.

[備旨] 樊遲가 猶未喩夫子之言이로되 而不敢多問하고 遂退하여 乃見子夏而問에 曰鄕也에 吾見於夫子而問知하니 子則告我에 曰擧直錯諸枉이면 能使枉者直이라하시니 夫擧直錯枉은 吾知其知矣로되 而能使枉者直은 吾不知니 斯言은 果何謂也오

번지가 여전히 부자의 말씀을 깨닫지 못했지만, 감히 여러 가지 묻지 못하고 드디어 물러나서 바로 자하를 보고 물을 적에 말하기를, "조금 전에 제가 부자를 뵙고서 지혜에 대해 여쭈어 보았더니, 선생님께서는 저를 깨우쳐 주면서 말씀하시기를, '정직한 사람을 들어 쓰고 바르지 못한 사람을 버려두면 능히 바르지 못한 사람으로 하여금 정직하게 할 수 있을 것이다.'라고 하셨는데, 대저 정직한 사람을 들어 쓰고 바르지 못한 사람을 버려두는 것은 제가 그 지혜에 대해서는 알 수 있지만, 능히 바르지 못한 사람으로 하여금 정직하게 할 수 있는 것은 제가 알 수 없으니, 이 말은 과연 무엇을 이르는 것입니까?"라고 했다.

12・22・5 子夏曰 富哉라 言乎여

자하가 말했다. "의미가 심장하도다, 선생님의 말씀이여!

○부재언호(富哉言乎) : 뜻이 무한하다, 선생님께서 한 그 말씀이여! 실제적으로 광대한 내용은 12・22・6에 나타난다. "言指上擧直二句"

嘆其所包者廣하여 **不止言知**라

그 포함된 것이 넓어서 지혜를 말씀한 것에만 그치지 않았음을 감탄한 것이다.

[備旨] 子夏가 聞言而嘆에 曰富哉라 夫子之言乎여 其意之所包者廣하여 不止言知也라

자하가 말을 듣고서 감탄할 적에 말하기를, "의미가 심장하도다, 선생님의 말씀이여! 그 뜻에 포함된 것이 넓어서 지혜를 말씀한 것에만 그치지 않습니다.

12·22·6 舜有天下에 選於衆하사 擧皐陶하시니 不仁者가 遠矣요
湯有天下에 選於衆하사 擧伊尹하시니 不仁者가 遠矣니라

순임금이 천하를 다스리심에 여러 사람들 중에서 선발해서 고요를 등용하시니
어질지 않은 사람들이 멀리 사라졌고, 탕임금이 천하를 다스리심에 여러 사람들
중에서 선발하여 이윤을 등용하시니 어질지 않은 자들이 멀리 사라졌던 것이다."

○순유천하(舜有天下) : 순임금이, 요임금이 물려준 자리를 이어받아 천하를 다스렸던
내용을 말함. "舜受堯禪而有天下"
○선어중(選於衆) : 여러 사람 가운데서 선발함. "衆該枉直在內"
○고요(皐陶) : 순(舜) 임금의 명신(名臣). 벼슬은 사구(司寇). 법리(法理)에 통달하여
법을 세워 형옥(刑獄)으로 사회 질서를 바로잡았음.
○탕유천하(湯有天下) : 탕임금이, 하나라 걸임금을 추방하고 천하를 다스렸던 내용을
말함. "湯放夏傑而有天下"
○이윤(伊尹) : 은(殷)의 어진 재상. 이름은 지(摯). 탕왕(湯王)을 도와 하(夏)나라 걸
(傑)을 쳐서 천하를 평정하였다. 탕이 죽은 후 그의 손자인 태갑(太甲)이 무도(無道)하
였으므로, 이를 동궁(東宮)에 내친 뒤 3년 만에 그의 뉘우침을 보고 다시 제위(帝位)에
복귀시킴.

伊尹은 湯之相也라 不仁者遠은 言人皆化而爲仁하여 不見有不仁者하여 若其遠
去爾니 所謂使枉者로 直也라 子夏는 蓋有以知夫子之兼仁知而言矣라
○程子曰 聖人之語가 因人而變化하여 雖若有淺近者나 而其包含이 無所不盡하
니 觀於此章이면 可見矣라 非若他人之言이 語近則遺遠하고 語遠則不知近也니라
尹氏曰 學者之問也에 不獨欲聞其說이요 又必欲知其方하시며 不獨欲知其方이요
又必欲爲其事하시니 如樊遲之問仁知也에 夫子告之盡矣로되 樊遲未達이라 故로
又問焉이요 而猶未知其何以爲之也러니 及退而問諸子夏然後에 有以知之하니라
使其未喩면 則必將復問矣리라 既問於師하고 又辨諸友하니 當時學者之務實也가 如
是니라

이윤은 탕임금의 재상이었다. 어질지 않은 사람이 멀어졌다는 것은 사람들이 모
두 교화되고 인을 행해서 어질지 않은 사람이 있다는 것을 볼 수 없어서 그들이
멀리 떠나간 것과 같음을 말했을 따름이니, 이른바 정직하지 못한 사람들로 하여

금 정직하게 한 것이다. 자하는 아마도 부자께서 인과 지혜를 겸해서 말씀했음을 알 수 있었을 것이다.

○정자가 말했다. "성인의 말씀은 사람에 따라 변화해서 비록 천근함이 있는 듯하지만, 거기에 포함된 것은 다하지 않음이 없으니 이 장을 관찰하면 알 수 있다. 다른 사람의 말은 가까운 것을 말하면 먼 것을 빠뜨리고, 먼 것을 말하면 가까운 것을 알지 못하는 것과는 같지 않다." 윤 씨가 말했다. "배우는 자들이 질문할 적에는 그 말을 들으려고 했을 뿐만 아니라 또 반드시 그 방법도 알려고도 하셨으며, 그 방법을 알려고 했을 뿐만 아니라 또 반드시 그 일도 하려고 하셨으니, 마치 번지가 인과 지혜에 대해 물었을 때 부자께서는 깨우쳐 주기를 다했지만 번지는 알지 못했던 것이므로 또 물었던 것이요, 그래도 여전히 그가 어떻게 해야 될지를 알지 못했는데 물러나서 자하에게 물은 뒤에 알 수 있었던 것과 같은 것이다. 가령 그가 깨닫지 못했다면 반드시 장차 다시 물었을 것이다. 이미 스승에게 질문하고 또 벗에게 물어서 밝혔으니, 당시 학자들이 실제에 힘쓴 것이 이와 같았던 것이다."

○천근(淺近) : ①천박하고 비속함. ②평이함. 심오하지 않음. 여기서는 ②의 뜻.
○유(遺) : 빠뜨리다. 실수하다.
○부독(不獨) : 뿐만 아니라. …에 그치지 않는다. 부사로서 어떤 범위에 한정되지 않음을 나타냄.
○변(辨) : 물어서 밝히다.

[備旨] 試以帝王之治로 觀之면 舜有天下於虞에 選於衆人之中하여 擧皐陶之仁而直者하시니 由是로 天下皆化於仁하여 而不仁者는 若相率而遠去矣요 湯有天下於商에 選於衆人之中하여 擧伊尹之仁而直者하시니 由是로 天下皆化於仁하여 而不仁者는 若相率而遠去矣니라 夫選衆而擧皐擧尹은 舜與湯之智也요 而不仁者遠은 其僅舜與湯之智乎인저 抑不僅舜與湯之智乎아 子試反而思之면 亦可以知夫子之言之富矣라

시험적으로 제왕의 다스림으로써 살펴본다면, 순임금이 천하를 우임금으로부터 물려받아 다스릴 적에는 여러 사람 가운데서 선발하여 고요처럼 어질면서도 정직한 사람을 등용하시니, 이로 말미암아 천하가 모두 인으로 변하여 어질지 않은 사람은 서로 앞장서서 멀리 떠나버렸고, 탕임금이 천하를 상나라로부터 물려받아 다스릴 적에는 여러 사람 가운데서 선발하여 이윤처럼 어질면서도 정직한 사람을 등용하시니, 이로 말미암아 천하가 인으로 변하여 어질지 않은 사람은 서로 앞장서서 멀리 떠나버렸던 것이다. 무릇 여러 사람 가운데서 선발하여 고요를 선발하고 이윤을 선발한 것은 순임금과 탕

임금의 지혜요, 그리고 어질지 않은 사람을 멀리한 것은 그것이 거의 순임금과 탕임금의 지혜였을 것이다. 그런데도 어찌 순임금과 탕임금의 지혜가 아니라고 하겠는가? 자네는 시험삼아 거꾸로 생각해 본다면, 또한 부자의 말씀이 뜻이 넓다는 것을 알 수 있을 것이다."라고 했다.

○유(有) : 보전하다[保也]. 다스려 보전하다.
○근(僅) : 거의. 서기(庶幾).
○억(抑) : 그런데도 어찌. 반어(反語)를 나타내는 허사(虛詞).

12·23·1 子貢이 問友한대 子曰 忠告而善道之하되 不可則止하여 無自辱焉이니라

자공이 벗과 사귀는 방법에 대해 묻자, 공자께서 말씀하셨다. "충심으로 깨우쳐 주고 잘 인도해야 하지만, 말을 안 들으면 그만두어서 자신을 욕되지 않도록 해야 할 것이다."

○문우(問友) : 벗과 사귀는 도리에 대해 물음. "是問交友之道"
○충곡이선도지(忠告而善道之) : 마음으로는 충을 다해 잘 깨우치고 말로는 선을 다해 인도함. 우리 나라의 언해본(諺解本)과 학해출판사(學海出版社)의 「사서집주(四書集註)」에서는 '告'를 읽을 적에 입성(入聲) '곡[工毒反]'으로 읽었다. 입성(入聲)으로 읽으면 독음이 '곡'이 되어 '뵙고 청하다' '안부를 묻다'라는 의미이고, 거성(去聲)으로 읽으면 독음이 '고'가 되어 '알리다' '가르치다'의 의미다. 하지만 오늘날의 언중(言衆)은 '忠告'에 대해 '충고'로 읽고 있다. '道'는 거성(去聲)으로 쓰여 '말하다'의 뜻이다. "忠告是心盡忠 善道是言盡善 之指友言"
○불가즉지(不可則止) : 말을 듣지 않으면 말하지 않음. "是不從其忠告善道之言 止卽止而不言也"
○무자욕언(無自辱焉) : 자신을 욕되지 않도록 해야 함. 즉 자꾸 충고하고 선도해서 소원함을 당하지 않도록 해야 한다는 말. "自辱是因數見疏意"

友는 所以輔仁이라 故로 盡其心以告之하고 善其說以道之라 然이나 以義合者也라 故로 不可則止니 若以數(삭)而見疏면 則自辱矣라

　　벗은 인을 돕는 것이므로 그 마음을 다하여 충고하고 그 말을 잘하여 인도해야 할 것이다. 그러나 벗은 의리로써 합한 자이므로 불가능하면 그만두어야 할 것이니, 만약 자주 말하다가 소원함을 당한다면 자신을 욕되게 하기 때문이다.

○보인(輔仁) : 인덕(仁德)으로써 서로 권면(勸勉)함. ☞보(輔) : 도와서 바르게 하다.

[備旨] 子貢이 問處友之道한대 夫子告之에 曰友以輔仁이니 必盡其心以告之어늘 知無不言하고 言無不盡也하며 而又善其辭說以道之하되 從容和氣와 委曲諷諭也라 使其以忠告善道之言으로 爲不可면 則當見幾而止하여 無以數見疎하여 而自取辱焉이라 是其始也에 以義而相正하고 其終也에 以義而全交니 處友之道가 盡於是矣라

　　자공이 벗과 사귀는 방법을 물었는데 부자께서 깨우쳐 줄 적에 말씀하시기를, "벗은 인을 돕는 친구이니 반드시 그 마음을 다해서 충고해 주어야 하므로, 아는 것은 말하지 않음이 없어야 하고 말은 다하지 않음이 없어야 하며 그리고 또 그 말을 잘해서 인도하되 조용하고 온화한 기운으로 하며 자세하면서도 완곡한 말로 해야 한다. 가령 그가 충고하고 선도하는 말을 옳지 않게 여기면 마땅히 기미를 보고 그쳐서 자주 소원함을 당하여 스스로 욕을 취함이 없도록 해야 한다. 곧 시작할 적에는 의리로써 서로 바르게 하고 끝날 적에는 의리로써 사귐을 온전히 해야 할 것이니, 벗과 사귀는 방법이 여기에서 다하는 것이다."라고 하셨다.

○위곡(委曲) : 일의 상세한 경위. 자초지종(自初至終)
○풍유(諷諭) : 완곡한 말로 넌지시 일깨움.

12·24·1　曾子曰 君子는 以文會友하고 以友輔仁이니라

　　증자께서 말씀하셨다. "군자는 글로써 벗을 모으고 벗으로써 인을 도와야 할 것이다."

○이문회우(以文會友) : 글에는 도가 실려 있으므로 글로써 벗을 모음. "文以載道"
○이우보인(以友輔仁) : 벗으로써 인을 도움. 즉 벗에게 인덕(仁德)으로써 서로 권면하여 인을 도움. "輔是夾助"

講學以會友면 **則道益明**하고 **取善以輔仁**이면 **則德日進**이니라

학문을 닦고 연구해서 벗을 모으면 도는 더욱 밝아지고, 선을 취해서 인을 돕는다면 덕은 날로 나아갈 것이다.

[備旨] 曾子가 論取友之益에 曰君子之學은 以求仁이로되 而仁은 必資友焉이니 友非徒會也요 以文會之也라 或考詩書於古하고 或窮事物於今하면 而道益明矣라 爲仁은 非但由己也니 有善則相勸하고 有失則相規하면 而德日進矣라 君子取友之益이 如此하니 彼泛言取友者라도 曷不折衷於君子哉아

증자께서 벗을 가려서 취함의 유익을 논할 적에 말씀하시기를, "군자의 학문은 인을 구해야 하지만, 그러나 반드시 벗을 기반으로 삼아야 하는 것이니, 벗은 다만 모이기만 하면 되는 것이 아니라 글로써 모여야 하는 것이다. 어떤 때는 옛날 일에서 시서를 고구하고 어떤 때는 오늘날 일에서 사물을 궁구하면 도가 더욱 밝아질 것이다. 인을 행하는 것은 단지 자기로부터 말미암는 것만은 아니기 때문에 선한 것이 있으면 서로 권하고 실수가 있으면 서로 바로잡아 주면 덕이 날로 나아갈 것이다. 군자에게 벗을 가려서 취했을 때 유익함이 이와 같으니, 그것이 일반적으로 벗을 취하는 방법을 말했을지라도 어찌 군자에게 도움을 줄 수 있는 일이 아니겠는가?"라고 하셨다.

○자(資) : 의지하다[憑也]. 의지하여 기반으로 삼다. 취하여 이용하다.
○규(規) : 바로잡다[正也].
○범(泛) : 일반적으로. 두루. 널리.
○갈(曷) : 무엇 때문에. 어떻게.
○절충(折衷) : 어느 한편으로 치우치지 않고 둘을 조화시켜 알맞은 것을 얻음.

제 13편 子 路

凡三十章이라

모두 30장이다.

13·1·1 子路問政한대 子曰 先之勞之니라

자로가 정사에 대해 묻자, 공자께서 말씀하셨다. "앞장서서 해야 하며 애써서 해야 한다."

○문정(問政) : 정치하는 방법에 대해서 물음. "是問爲政之道"
○선지(先之) : 앞장서다. 인도하다. 이끌다. 효제(孝弟)와 관련된 내용. "此在敎邊 如躬行孝弟之類"
○노지(勞之) : 애쓰다. 온 힘을 기울이다. 농상(農桑)과 관련된 내용. "此在養邊 如勸課農桑之類"

蘇氏曰 凡民之行을 以身先之면 **則不令而行**이요 **凡民之事를 以身勞之**면 **則雖勤不怨**이니라

소 씨가 말했다. "일반 백성들이 행할 것을 자신이 앞장서면 명령하지 않아도 행할 것이고, 일반 백성들이 행할 일을 자신이 애쓰면 백성들이 비록 고생하더라도 원망하지 않을 것이다."

○근(勤) : 고생하다[辛勞]. 괴로워하다. 시달리다.

[備旨] 路問가 爲政之道한대 夫子告之에 曰政也者는 本身以治民而已라 凡興民行에 毋徒言語敎飭已也요 必也以身先之니라 欲民親其親이면 必先之以孝하고 欲民長其長이면 必先之以弟니 正己率物이면 則民有所觀感하여 而行無不興矣라 凡作民事에 毋徒政令驅使已也요 必也以身勞之니라 欲民勤於耕이면 必春省以補之하고 欲民勤於斂이면 必秋省以助之니 率作興事면 則民有所勸勉하여 而事無不擧矣라 爲政之道가 如此니라

자로가 정사를 다스리는 방법을 물었는데 부자께서 깨우쳐 줄 적에 말씀하시기를, "정치라고 하는 것은 본래 몸으로써 백성을 다스리는 것일 따름이다. 무릇 백성들의 행함을 일으킬 적에는 한갓 말로써만 가르치고 훈계하는 데 그쳐서는 안 되고 반드시 자신이 앞장서야 할 것이다. 백성들로 하여금 그들의 어버이를 어버이로 대접하도록 하려면 반드시 앞장서서 효도해야 하고, 백성들로 하여금 그들의 어른들을 어른으로 대접하도록 하려면 반드시 앞장서서 공손해야 할 것이니, 자신을 바르게 하여 이 세상의 모든 일들을 인솔하면 백성들이 보고 느끼는 것이 있어서 행함이 일어나지 않음이 없을 것이다. 무릇 백성들의 일을 진작시킬 적에는 한갓 정책과 법령으로써만 부리는 데 그쳐서는 알 될 것이고 반드시 자신이 앞장서서 애를 써야 할 것이다. 백성들로 하여금 농사를 부지런히 짓도록 하려면 반드시 봄에 살펴서 도와줘야 하고, 백성들로 하여금 거두어들이는 데 부지런히 하도록 하려면 반드시 가을에 살펴서 도와줘야 할 것이니, 신하들을 거느려서 사업을 홍하게 하면 백성들도 권하고 힘쓰는 바가 있어서 일이 거행되지 않음이 없을 것이다. 정사를 다스리는 방법이 이와 같다."라고 하셨다.

○칙(飭) : 신칙하다. 훈계하다. 가르치다.
○정령(政令) : 정책과 법령.
○구사(驅使) : 사람이나 동물을 몰아서 부림.
○솔작홍사(率作興事) : 신하들을 거느려서 사업을 홍하게 함. 「서전(書傳)」 《우서(虞書)》 "念哉하사 率作興事하시되 愼乃憲하사 欽哉하시며 屢省乃成하사 念哉하소서"
○권면(勸勉) : 권하여 힘쓰게 함.

13・2・1 請益한대 曰 無倦이니라

이것 외에 더 말씀해 주시기를 청하자, "게으름이 없어야 한다." 하셨다.

○청익(請益) : 더 말씀해 주기를 청하다. '先之勞之' 외에 보탤 것을 청함. "是求加於先勞之外"
○무권(無倦) : 게으름이 없어야 함. '先之勞之'를 행할 적에 게을리 하지 말아야 한다는 말. "無倦是行此先勞永久也"

吳氏曰 勇者는 喜於有爲로되 而不能持久하니 故로 以此告之시니라
○程子曰 子路問政에 孔子旣告之矣요 及請益하여는 則曰無倦而已라하시고 未嘗

復有所告하니 **姑使之深思也**시니라

　　오 씨가 말했다. "용맹스런 자는 행하는 것을 좋아하지만 능히 오래 견딜 수가 없으므로 이것으로써 깨우쳐 주신 것이다."

　　○정자가 말했다 "자로가 정사에 대해 물었을 적에는 공자께서 이미 깨우쳐 주셨고, 더 말씀해 주시기를 청할 적에는 '게을리 하지 말아야 할 따름이다.' 하시고, 다시 깨우쳐 주지 않았으니, 일부러 그로 하여금 깊이 생각하게 하신 것이다."

[備旨] 子路가 又請益於先勞之外한대 夫子告之에 曰吾何以益子哉아 亦惟於先之勞之者니 持之以久하고 無或勉於始라가 而倦於終可耳라 爲政之道가 豈尙有加於此哉아

　　자로가 또 앞장서서 해야 하는 것이나 애써서 해야 하는 것 외에 더 말씀해 줄 것을 청하자, 부자께서 깨우쳐 줄 적에 말씀하시기를, "내가 무엇을 너에게 더 말해 줄 수 있겠는가? 또한 오직 앞장서서 하거나 애써서 하는 것만 있을 뿐이니 그것을 오래도록 몸에 지니고, 혹시라도 시작할 적에는 부지런히 하려다가 끝에 가서는 게을리 하지 말아야 될 것이니, 정사를 행하는 방법이 여기에 더할 것이 어찌 있겠는가?"라고 하셨다.

　　○유(惟) : 오직 …에만 있다. 어떤 범위에 한정됨을 나타냄.
　　○지(持) : 몸에 지니다. 보전하다

13·2·2 仲弓이 爲季氏宰하여 問政한대 子曰 先有司요 赦小過하며 擧賢才니라

　　중궁이 계 씨의 가신의 우두머리가 되어서 정사에 대해 묻자, 공자께서 말씀하셨다. "먼저 유사에게 일을 시키고 작은 허물을 용서해 주며 덕이 있는 사람과 재주가 있는 사람을 등용해야 할 것이다."

　　○재(宰) : 가신(家臣)의 우두머리. 영지(領地)의 읍장(邑長). "宰是家臣之長"
　　○문정(問政) : 여기서는 읍(邑)을 다스리는 방법에 대해 물음. "政是治邑之政"
　　○선유사(先有司) : 먼저 유사(有司)에게 일을 시킴. '有事'는 '읍(邑)의 관리'를 말하는데, 각종 직분을 분담하여 관리했음. "先是先責之使治 對後考其成功說"
　　○사소과(赦小過) : 조그만 잘못은 용서하다. '赦'는 사유(赦宥)한다는 뜻. "赦是寬宥

不究 小過是無心小誤"
○거현재(擧賢才) : '賢才'는 '덕이 있는 사람과 재능이 있는 사람'을 말하는데, 즉 재지(才智)가 출중한 사람을 등용한다는 뜻. "擧是簡拔任用"

有司는 **衆職也**라 **宰兼衆職**이나 **然**이나 **事必先之於彼**하고 **而後**에 **考其成功**이면 **則己不勞**라도 **而事畢擧矣**라 **過**는 **失誤也**라 **大者**는 **於事**에 **或有所害**하니 **不得不懲**이어니와 **小者**는 **赦之**면 **則刑不濫**하여 **而人心悅矣**라 **賢**은 **有德者**요 **才**는 **有能者**니 **擧而用之**면 **則有司**가 **皆得其人**하여 **而政益修矣**라

유사는 여러 가지 직책을 맡는다. 가신의 우두머리는 여러 직책을 겸하지만, 그러나 일할 적에는 반드시 그들에게 먼저 시키고 이후에 그들이 이뤄놓은 공적을 살펴본다면 자신이 수고하지 않더라도 일이 모두 거행될 것이다. 과(過)는 실수로 잘못한 것이다. 큰 잘못은 일에서 혹 해가 되는 것도 있으니 징계하지 않을 수 없거니와 작은 허물은 용서해 준다면 형벌이 남용되지 않아서 사람들이 마음으로 기뻐하며 따를 것이다. 현(賢)은 덕이 있는 사람이요 재(才)는 재능을 가진 사람이니, 등용하여 쓰면 유사가 모두 적임자를 얻어 정사가 더욱 잘 처리될 것이다.

[備旨] 仲弓이 爲季氏家宰하여 而問政於夫子한대 夫子告之에 曰宰兼衆職이니 凡事를 必先付之有司하여 以分理庶務요 吾惟考其成功이면 則下僚有報政之地矣라 宰平庶獄이니 必赦宥民之小過하여 以開其自新之路면 則在廷에 無苛政之苦矣요 宰集衆任이니 必擧有德有能之賢才하여 而布之庶位니라 則書升은 皆立政之人矣니 政之大體가 不旣全哉아

중궁이 계 씨의 가신 우두머리가 되어서 부자께 정사에 대해 물었더니, 부자께서 깨우쳐 줄 적에 말씀하시기를, "가신의 우두머리는 여러 직책을 겸해야 하니, 모든 일을 반드시 먼저 유사에게 맡겨 여러 일을 나누어 처리해야 할 것이고, 자기는 오직 그들이 이룬 공적만 살펴본다면 아랫사람들은 업적을 보고하는 위치에 있게 될 것이다. 가신의 우두머리는 여러 옥사를 다스려야 하니, 반드시 백성들의 조그마한 허물을 사유해 주어서 그들에게 스스로 새로운 길을 열어주면 조정에서 가혹한 정치의 고통이 없도록 해야 할 것이고, 가신의 우두머리는 여러 책임자들과 모이니 반드시 유덕하고 유능한 현재를 천거하여 여러 자리에 펴도록 해야 할 것이다. 이미 「서전」에 나오는 수많은 사람들이 모두 정사에 임한 사람들이었으니, 정사의 대체가 이미 온전하지 않았느냐?"라고 하셨다.

○가재(家宰) : 경대부(卿大夫)의 집안 일을 맡아보던 가신의 우두머리.

○보정(報政) : 정치면에서의 업적을 보고함.

○평(平) : 다스리다. 고르다. 평평하게 하다.

○사유(赦宥) : 너그럽게 용서함.

○가정(苛政) : 가혹한 정치.

○서승(書升) :「서전(書傳)」에 천거된 수많은 현신(賢臣)을 두고 이름. ▭승(升) : 천거하다. 추천하여 입조(入朝)시키다.

○입정(立政) : 정사에 임함.

○즉(則) : 모두. 이미. 부사로서 뒤에 나오는 '矣'와 어울려 이미 이루어지 일에 대해 강조를 나타냄.

13·2·3 曰 焉知賢才而擧之리잇고 曰擧爾所知면 爾所不知를 人其舍諸아

"어떻게 덕이 있는 사람과 재주가 있는 사람을 알아내서 등용할 수 있습니까?" 하고 묻자, "네가 아는 사람 중에서 덕이 있는 사람과 재주가 있는 사람을 등용하면, 네가 모르는 사람 중에서 덕이 있는 사람과 재주가 있는 사람을 사람들이 내버려 두겠느냐?" 하셨다.

○언지현재이거지(焉知賢才而擧之) : 현재(賢才)는 이 세상에 흩어져 있는데 '어떻게 알아서 등용하겠는가?'라고 물음. "此賢才是散逸在天下者 焉知而擧是慮其不能盡知盡擧意"

○거이소지(擧爾所知) : 네가 아는 사람을 등용하다. 즉 '네가 아는 사람 중에서 덕이 있는 사람과 재주가 있는 사람을 등용하라'는 말. "所知是得於見聞者"

○이소부지인기사저(爾所不知人其舍諸) : 중궁(仲弓)이 알지 못하는 현재를 다른 사람들이 등용한다는 말. '其'는 '어찌'란 뜻으로 '豈'와 같음. '舍'는 상성(上聲)으로 쓰여 '버려 두다' '쓰지 않다'라는 뜻. '諸'는 '之乎'와 같음. "人指他人 二句見用心之公"

仲弓은 慮無以盡知一時之賢才라 故로 孔子告之以此시니라 程子曰 人各親其親然後에 不獨親其親이라 仲弓曰 焉知賢才而擧之오한대 子曰 擧爾所知면 爾所不知를 人其舍諸아하시니 便見仲弓與聖人이 用心之大小를 推此義면 則一心이 可以興邦이요 一心이 可以喪邦이니 只在公私之間爾라

○范氏曰 不先有司면 則君行臣職矣요 不赦小過면 則下無全人矣요 不擧賢才

면 **則百職廢矣**니 **失此三者**면 **不可以爲季氏宰**은 **況天下乎**아

중궁은 한 시대의 덕이 있는 사람과 재주가 있는 사람을 다 알 수 없음을 염려했으므로, 공자께서 이것을 깨우쳐 주신 것이다. 정자가 말했다. "사람들이 각자 자기의 어버이를 어버이로 여긴 뒤에는 자기의 어버이만 어버이로 여기지 않을 것이다." 중궁이 "어떻게 덕이 있는 사람과 재주가 있는 사람을 알아내서 등용할 수 있습니까?" 하고 묻자, 공자께서 말씀하시기를, "네가 아는 사람 중에서 덕이 있는 사람과 재주가 있는 사람을 등용하면, 네가 모르는 사람 중에서 덕이 있는 사람과 재주가 있는 사람을 사람들이 내버려 두겠느냐?"라고 하셨으니, 곧 중궁과 성인이 마음을 쓸 적에 크고 작음을 볼 수 있다. 이 뜻을 미루어 본다면, 하나의 마음이 나라를 부흥시킬 수도 있고 하나의 마음이 나라를 잃게 할 수도 있으니, 다만 공평하게 하고 사사롭게 하는 사이에 달려 있을 따름이다."

○범 씨가 말했다. "유사에게 먼저 시키지 않으면 임금이 신하의 직무를 행하게 될 것이요, 작은 허물을 용서하지 않으면 아래 사람이 온전한 사람이 없게 될 것이요, 덕이 있는 사람과 재주가 있는 사람을 등용하지 않으면 모든 일이 마비될 것이니, 이 세 가지를 잃어버린다면 계 씨의 가신도 될 수 없을 터인데 하물며 천하임에랴?"

[備旨] 仲弓이 又獨慮賢才之難盡知라 故로 問曰 賢才之伏處는 無窮하니 焉能以一人之聞見으로 盡知天下之賢才하여 而擧之乎아하니 夫子曰 賢才는 雖不能盡知나 亦必有所知者라 但擧爾所知者而用之면 其或爾所不知者도 人亦皆盡汲引之公이니 誰其肯舍諸而不擧乎아 爾雖不盡人而知之나 而他人之知도 猶吾知也요 雖不盡人而擧之나 而他人之擧도 猶吾擧也니 又何以不盡知로 爲慮哉아

중궁이 또 단지 덕이 있는 사람과 재주가 있는 사람을 다 알기 어려움을 걱정했기 때문에 여쭈어 볼 적에 말하기를, "덕이 있는 사람과 재주가 있는 사람이 숨어 있는 곳은 무궁하니, 어찌 한 사람이 보고 듣는 것을 가지고 천하에 덕이 있는 사람과 재주가 있는 사람을 다 알아서 등용할 수 있겠습니까?"라고 하니, 부자께서 말씀하시기를, "덕이 있는 사람과 재주가 있는 사람은 비록 다 알 수는 없지만 또한 반드시 아는 사람들도 있을 것이다. 다만 네가 아는 사람들을 등용하여 쓴다면 그 중에 네가 혹시 알지 못하는 사람이라도 다른 사람이 또한 모두 인재를 등용할 적에 공평함을 다할 것이니, 누가 기꺼이 버리고서 등용하지 않겠는가? 네가 비록 사람들을 다 알지는 못하더라도 다른 사람들이 아는 것도 내가 아는 것과 같은 것이요, 비록 사람들을 다 등용하지 못하더라도 다른 사람이 등용하는 것도 내가 등용하는 것과 같은 것이니, 또 어찌 다 알지 못한다고 염려하겠는가?"라고 하셨다.

○복처(伏處) : 숨어 있음.
○급인(汲引) : 물을 퍼 올린다는 뜻으로, 인재(人材)를 등용함을 비유함.

13·3·1 子路曰 衛君이 待子而爲政인댄 子將奚先이시리잇고

　자로가 말했다. "위나라의 임금이 선생님을 모셔다 정사를 행하도록 한다면, 선생님께서는 장차 무엇을 먼저 하시겠습니까?"

○위군(衛君) : 위나라 임금. 여기서는 축출당한 공자 첩(輒)을 말함. 당시 위나라 임금이었던 첩(輒)이 자기 아버지 괴외(蒯聵)가 귀국하려는 것을 막고 부자간에 난을 일으켰던 것인데, 이 일을 공자께서 들었던 것이다. 본서 13·3·7 집주 참고.
○대자이위정(待子而爲政) : 선생님께 초대해서 정치를 부탁한다면. "待子是虛位以待夫子 爲政屬衛君兼孔子說"
○자장해선(子將奚先) : 선생님께는 앞으로 무슨 일을 먼저 하시겠습니까? '奚先'은 의문문에서 목적어가 의문 대명사일 때 도치된 형태. "是問設施以何者爲先務"

衛君은 謂出公輒也라 是時는 魯哀公之十年이니 孔子自楚反乎衛하시니라

　위나라의 임금은 축출당한 공자 첩을 이른다. 이때는 노나라 애공 10년이니, 공자는 초나라에서 위나라로 돌아오셨던 것이다.

○출공(出公) : 축출 당한 공자(公子).
○첩(輒) : 위(衛)나라 임금. ☞첩(輒) : 문득. 갑자기.
○여기에 관련된 내용은 본서 7·14·1 참고.

[備旨] 夫子時에 方在衛하실새 子路問에 曰設若衛君이 虛心하여 欲待子而爲政인댄 則子之所設施에 將以何者로 爲先也시리잇고

　부자께서 이때 막 위나라에 계셨는데 자로가 여쭈어 볼 적에 말하기를, "만약에 위나라 임금이 마음을 비우고서 선생님을 모셔다가 정사를 행하도록 한다면, 선생님께서 시행할 적에 장차 무엇을 먼저 하시겠습니까?"라고 했다.

○설시(設施) : 계획하고 시행함. 재능을 펼침

13·3·2 子曰 必也正名乎인저

공자께서 대답하셨다. "반드시 명분을 바로 잡을 것이다."

○필야정명호(必也正名乎) : 반드시 명분을 바로 잡다. '必也~乎'는 '반드시 …일 것이다.'라는 뜻으로 확신하면서 추측을 나타내는 어법인데, '也'는 어기(語氣)를 강조하기 위해 붙였으며, '乎'는 문장 끝에 쓰여 추측을 나타내는 어조사. ☞정명(正名) : 명분을 바로 잡을 것이다. 군신과 부자 사이의 명분을 바로 잡겠다는 말. '인저'의 현토에 관한 설명은 본서 1·2·2 참고. "必也是斷然以此爲先意 正名就君臣父子講"

是時에 出公이 不父其父하고 而禰其祖하니 名實紊矣라 故로 孔子가 以正名爲先이라 謝氏曰 正名은 雖爲衛君而言이나 然이나 爲政之道는 皆當以此爲先이니라

이때에 축출당한 공자는 자기의 아버지를 아버지로 여기지 않고 자기 할아버지를 모시는 사당에 아버지를 모셨으니, 명분과 실상이 문란하였던 것이다. 그러므로 공자께서 명분을 바로잡는 것을 우선으로 삼으신 것이다. 사 씨가 말했다. "명분을 바로잡는 일은 비록 위나라 임금 때문에 하신 말씀이나, 정사를 행하는 방법은 모두 당연히 이를 우선적으로 생각해야 할 것이다."

○네(禰) : 아비사당[親廟]. 아버지를 모신 사당. 사당에 모신 아버지의 일컬음.
○문(紊) : 어지럽다. 어지럽히다.
○첩(輒)은 당시 자기 아버지를 무시하고 할아버지를 아버지로 여겨 모든 것을 행하고 있었다. 할아버지를 아버지로 여겨 모든 것을 행사한다는 것은 예(禮)에 어긋난 행위였기에, 공자는 명분을 바로잡으려고 했던 것이다.

[備旨] 夫子告之에 曰政莫大於正倫이니 使我로 爲政於衛이면 必也先正其君臣父子之名하여 使名稱其實乎인저하시니 是時에 衛之名不正이라 故로 夫子言此하시니라

부자께서 깨우쳐 줄 적에 말씀하시기를, "정사는 인륜을 바르게 하는 것보다 큰 것이 없으니 나로 하여금 위나라에서 정사를 행하게 한다면, 반드시 먼저 그 군신과 부

자 사이의 명분을 바로잡아서 명분이 그 실상에 걸맞도록 할 것이다."라고 하셨으니, 이때 위나라의 명분이 바르지 못했으므로 부자께서 이를 말씀하신 것이다.

○칭(稱) : 걸맞다. 어울리다. 맞추다.

13·3·3 子路曰 有是哉라 子之迂也여 奚其正이시리잇고

자로가 말했다. "이런 것 정도군요, 선생님의 우활하심이여! 어찌하여 명분을 바로잡으려고 하십니까?"

○유시재(有是哉) : 다른 것도 아니고 이런 것 정도군요. 정명(正名) 정도에 있는 것이군요. '哉'는 감탄을 나타내는 어조사지만 의문의 뜻이 약간 내포되어 있다고 볼 수 있다. 그러므로 '이런 것 정도입니까?'라는 해석도 생각해 볼 수 있다. "是字指正名說"
○자지우야(子之迂也) : 선생님의 우활함이여! ☞우(迂) : 우활(迂闊)하다. 물정에 어둡고 사리에 맞지 아니하다. '有是哉子之迂也'는 '子之迂也有是哉'의 도치문.
○해기정(奚其正) : 어찌하여 명분을 바로 잡으려고 하는가? '奚其正名分'의 준말. ☞해(奚) : 어찌. 왜. ☞기(其) : 음절을 조정하는 어조사.

迂는 謂遠於事情이니 言非今日之急務也라

우(迂)는 사정과 거리가 멀다는 것을 이르는 것이니, 오늘의 급한 일이 아님을 말씀한 것이다.

[備旨] 子路가 一聞正名之說하고 乃妄對에 曰有是哉라 子之迂而遠於事情也여 爲政者는 有救時之急務어늘 奚拘拘於名分之正乎시리잇고

자로가 일단 명분을 바로잡겠다는 말씀을 듣고 곧 망령되게 대답할 적에 말하기를, "이런 것 정도군요, 선생님의 물정에 어둡고 사리에 맞지도 않고 사정에도 먼 생각이시여! 위정자는 때에 따라 급한 일을 구해야 하는데, 어찌하여 명분을 바로잡는 데에만 구속되십니까?"라고 했다.

○구구(拘拘) : 사물에 구속되는 모양.

13·3·4 子曰 野哉라 由也여 君子는 於其所不知에 蓋闕如也니라

공자께서 말씀하셨다. "천하고 속되구나, 유의 사람됨이여! 군자는 자기가 알지 못하는 일에 대해서는 대개 입을 다물고 가만히 있어야 한다.

○야재유야(野哉由也) : 천하고 속되다. 망령되게 대답함을 책망한 말. '野哉由也'는 '由也野哉'의 도치문. "此是責他妄對"
○군자어기소부지(君子於其所不知) : 군자는 알지 못하는 일에 대해. 여기서는 의심스러운 일을 말함. "不知是疑惑之事"
○개궐여야(蓋闕如也) : 대개 빼놓고 말하지 않다. ☞궐여(闕如) : 빠짐. 이지러져서 불완전한 모양. 여기서는 마음에 차지 않기에 망령되게 대답하지 않는다는 뜻. "闕如是抱歉 不敢忘對意"

野는 謂鄙俗이니 責其不能闕疑하고 而率爾妄對也라

야(野)는 비속함을 이르는 것이니, 그가 의심스러운 것을 그대로 제쳐놓지 못하고 경솔하게 함부로 대답함을 책망하신 것이다.

○솔이(率爾) : 경솔한 모양. 솔연(率然).

[備旨] 夫子責之에 曰鄙俗哉라 由之爲人也여 君子는 於家國事에 或有所不知면 則姑闕其疑하여 以待問於人하나니 豈可率爾而妄對乎아 由는 其有愧於君子矣인저

부자께서 책망할 적에 말씀하시기를, "천하고 속되구나, 유의 사람됨이여! 군자는 집과 나라의 일에 혹시라도 알지 못하는 것이 있으면 잠시 그 의심스러운 것을 제쳐놓고서 사람들에게 물으려고 기다려야 하는 것인데, 어찌 경솔하고 망령되게 대답하는가? 유는 그것이 군자를 부끄럽게 하는 것이다.

○가국(家國) : 집과 나라. 또는 국가(國家).
○고(姑) : 잠시.

13·3·5 名不正이면 則言不順하고 言不順이면 則事不成하고

명분이 바르지 않으면 말이 순조롭지 않고, 말이 순조롭지 않으면 일이 이루어지지

않고,

○명부정(名不正) : 이름이 바르지 않다. 군신이나 부자의 명분이 문란하다면. "是君臣
父子名分不定 此句宜重提"
○언불순(言不順) : 말이 순조롭지 않다. 말이 불순해짐. "言是稱呼 不順是有阻逆之弊
如以祖爲父以父爲仇稱 謂間多少不順"
○언불순즉사불성(言不順則事不成) : 말이 불순하면 일이 이루어지지 않는다. 말이 순
조롭지 않으면 세상 만사가 이루어지지 않는다는 말. "事是行此言處 不成是不成個事體
如將父作仇而用兵去阻 將阻作父而承其國祚 豈成個事體"

楊氏曰 名不當其實이면 **則言不順**하고 **言不順**이면 **則無以考實**하여 **而事不成**이라

양 씨가 말했다. "명분이 그 실상과 맞지 않으면 말이 순조롭지 않고, 말이 순조
롭지 않으면 실상을 살필 수가 없어서 일이 이루어지지 않을 것이다."

[備旨] 我之必先正名은 非迂也요 亦以名之所係者가 大耳라 使名으로 不當其實而不正
이면 則宣之於言에 有所窒礙하여 而不順이요 言旣不順이면 則見之於事에 自多乖違하여
而不成이라

내가 반드시 명분을 바로 잡는 것을 먼저 하는 것은 물정에 어둡고 사리에 맞지 않
은 것이 아니라 또한 명분에 관계되는 것이 크기 때문이다. 가령 명분이 그 실상과 맞
지 않아서 바르지 않으면 말을 펼 적에 장애되는 것이 있어서 순조롭지 않을 것이요,
말이 순조롭지 않으면 일에 나타날 적에 저절로 어그러지는 것이 많아서 이루어지지
않을 것이다.

○질애(窒礙) : 장애. 막힘.
○괴위(乖違) : 서로 어그러짐. 괴이(乖異).

13·3·6 事不成이면 則禮樂不興하고 禮樂不興이면 則刑罰不中하고 刑罰不中이면 則民無所措手足이니라

일이 이루어지지 않으면 예악이 행해지지 않고, 예악이 행해지지 않으면 형벌이

죄를 당해낼 수 없고, 형벌이 죄를 당해낼 수 없으면 백성들이 손발을 둘 곳이 없다.

○사불성즉예악불흥(事不成則禮樂不興) : 일이 이루어지지 않으면 예악이 행해지지 않다. '興'은 '일어나다'라는 의미보다는 '행해지다'라는 의미. "安頓得整齊 便是禮無那乖爭意 便是樂不興 卽在無序不和處見"
○예악불흥즉형벌부중(禮樂不興則刑罰不中) : 예악이 행해지지 않으면 형벌이 죄를 당해낼 수 없음. "刑罰是法律之具 不中是不當罪意"
○형벌부중즉민무소조수족(刑罰不中則民無所措手足) : 형벌이 죄를 당해낼 수 없으면 백성들이 손발을 둘 곳을 알지 못한다는 말. ☞조(措) : 두다. 편안하게 두다. "措是安置意"

范氏曰 事得其序之謂禮요 **物得其和之謂樂**이니 **事不成**이면 **則無序而不和**라 **故**로 **禮樂不興**이요 **禮樂不興**이면 **則施之政事**에 **皆失其道**라 **故**로 **刑罰**이 **不中**이니라

범 씨가 말했다. "일이 그 차례를 얻은 것을 예라 이르고 물건이 그 조화를 얻은 것을 악이라 이른다. 일이 이루어지지 않으면 질서가 없어서 조화롭지 못하므로 예악이 행해지지 않고, 예악이 행해지지 않으면 정사를 시행할 적에 모두 그 길을 잃게 되므로 형벌이 당해낼 수 없다."

[備旨] 事旣不成이면 則一身擧動이 必顚倒無序하리니 乖戾不和하여 而禮樂不興하고 禮樂不興이면 則施之政事에 必科條紊亂하리니 獄訟繁興하여 而刑罰不中하고 刑罰不中이면 則爲惡者가 或得倖免하고 爲善者는 或罹於禍하여 民不知趨避之路하여 而無所措其手足矣라 夫名不正이면 其弊一至於此리니 雖欲爲政이나 其可得哉아

일이 이제 이루어지지 않으면 몸의 거동이 반드시 전도되어 차례가 없게 될 것이니, 사리에 어그러져 조화를 이루지 못하여 예악이 행해지지 않을 것이고, 예악이 행해지지 않으면 정사를 베풀 적에 반드시 법질서가 문란하고 송사가 자주 일어나서 형벌이 당해낼 수 없을 것이고, 형벌이 당해낼 수 없으면 악을 행하는 사람이 혹시라도 운 좋게 벗어날 수도 있을 것이고, 선을 행하는 사람은 혹시라도 화를 입어서 백성들이 따르거나 피할 길을 알지 못해서 그들의 손발을 둘 곳을 알지 못할 것이다. 무릇 명분이 바르지 않으면 그 폐단이 한결같이 여기에 이르게 될 것이니, 비록 정사를 행하고 싶지만 할 수 있겠는가?

○전도(顚倒) : 거꾸로 됨. 넘어짐.
○괴려(乖戾) : 사리에 어그러져 온당하지 않음. 괴천(乖舛). 괴패(乖悖).
○과조(科條) : 법률·명령·규칙 등의 각각의 조목(條目).
○옥송(獄訟) : 재판과 관계되는 일. 송사(訟事).
○행면(倖免) : 좋지 못한 일을 운 좋게 벗어남. 행탈(倖脫). 행이득면(倖而得免).
○이(罹) : 걸리다. 만나다. 당하다.
○추피(趨避) : 따르거나 피함.

13·3·7 故로 君子가 名之인댄 必可言也며 言之인댄 必可行也니 君子는 於其言에 無所苟而已矣니라

그러므로 군자가 명분을 내세울진대 반드시 말과 맞아야 하며, 말을 내세울진대 반드시 행동과 맞아야 하니, 군자는 그 말에 구차함이 없어야 할 따름이다."

○고(故) : 그러므로. ☞'그러므로'라고 한 이 말은 본서 13·3·1에서 자로(子路)가 "衛君이 待子而爲政인댄 子將奚先이시리잇고"라고 물었을 때, 공자께서 "子曰 必也正名乎인저"라고 대답한 말과 긴밀하게 연관되고 있다. "承上二節說來"
○군자(君子) : 여기서는 주로 위정자(爲政者)를 말함. "指爲政者說"
○명지필가언야(名之必可言也) : 명분을 내세운다면 반드시 말과 맞아야 한다. "總是名要正"
○언지필가행야(言之必可行也) : 말을 내세운다면 반드시 행동과 맞아야 한다. "總是言要順 兩必字與前必也相應"
○무소구이이의(無所苟而已矣) : 어물어물 하면서 넘어가는 것이 없다. 군색스럽고 구구한 것이 없어야 함. '苟'는 눈앞의 일만 생각하며 그럭저럭 지내는 것을 말함. 즉 아무렇게나 하는 것을 말함. "苟是假做糊塗意 而已矣見正名之外在所緩"

程子曰 名實相須니 一事苟면 則其餘도 皆苟矣니라
○胡氏曰 衛世子蒯聵가 恥其母南子淫亂하여 欲殺之라가 不果而出奔할새 靈公이 欲立公子郢이러니 郢辭하고 公卒에 夫人立之한대 又辭어늘 乃立蒯聵之子輒하여 以拒蒯聵라 夫蒯聵는 欲殺母라가 得罪於父하고 而輒은 據國以拒父하니 皆無父之人也니 其不可有國也가 明矣라 夫子爲政하되 而以正名爲先하시니 必將具其事之本

末하여 告諸天王하고 請于方伯하여 命公子郢而立之면 則人倫正하고 天理得하여 名正言順而事成矣라 夫子告之之詳이 如此로되 而子路終不喩也라 故로 事輒不去라가 卒死其難하니 徒知食焉에 不避其難之爲義요 而不知食輒之食은 爲非義也니라

　　정자가 말했다. "명분과 실상은 서로가 필요로 하니, 한 가지 일이 구차하면 그 나머지도 모두 구차하게 될 것이다."
　　○호 씨가 말했다. "위나라 세자 괴외가 그의 어머니 남자의 음란함을 부끄럽게 여겨 죽이려고 하다가 이루지 못하고 다른 나라로 달아났을 때 영공은 공자 영을 세우려고 했더니 영은 사양했고, 영공이 죽자 부인이 영을 세웠는데 또다시 사양하니, 이에 괴외의 아들 첩이라는 사람을 세워서 괴외를 맞서게 했다. 무릇 괴외는 어머니를 살해하려다 아버지로부터 죄를 얻었고, 첩은 나라를 근거로 삼아서 아버지에게 맞서니 모두 아버지를 업신여기는 자들이었으니, 그들이 나라를 소유할 수 없는 것이 분명하다. 부자께서 정사를 행하시되 명분을 바로잡는 것을 우선으로 삼으셨으니, 반드시 그 일의 본말을 갖추어 천왕에게 아뢰고 방백에게 청하여 공자 영을 명하여 세웠다면, 인륜은 발라지고 천리는 들어맞아 명분은 발라지고 말은 도리를 좇아서 일이 이루어졌을 것이다. 부자께서 그를 깨우친 상세한 내용이 이와 같았지만 자로는 끝내 깨닫지 못했던 것이다. 그러므로 자로는 첩을 섬기고 떠나가지 않다가 끝내 그 난리에 죽었으니, 한갓 식록을 먹을 적에는 그 난리를 피하지 않는 것이 의가 되는 줄만 알았고, 첩의 식록을 먹는 것이 의가 아니라는 것은 알지 못했던 것이다."

○괴(蒯) : 황모(黃茅).
○외(聵) : 귀머거리.
○과(果) : 이루다[實現]. 실현하다. 성취하다.
○출분(出奔) : 딴 곳으로 달아남. 타국으로 망명함. 출망(出亡). 출분(出犇).
○거(拒) : 맞서다. 대항하다.
○무부지인(無父之人) : 아버지를 무시하는 사람. 아버지를 경시하는 사람. 아버지를 업신여기는 사람. 「맹자(孟子)」 《등문공하(滕文公下)》 "無父無君 是禽獸也"
○천왕(天王) : 춘추(春秋) 때 주(周)나라의 천자(天子)를 이르던 말. 오(吳)나라와 초(楚)나라 등의 제후들이 왕(王)이라 칭함에 따라 주왕(周王)을 높이기 위해 쓴 칭호. 후에는 제왕·제후의 범칭.
○유(喩) : 깨닫다. 깨우치다.

[備旨] 故로 爲政에 君子知名不正이면 則言不順이니 一有名焉이면 必當其實而可言也요 知言不順이면 則事不成이니 一有言焉이면 必當其實而可行也라 夫名必可言이니 是言은 所以言此名也요 言必可行이니 是言은 所以基此行也라 君子之於言에 惟其揆之名而正하고 措之行而順하여 無所苟而已矣라 言不苟면 則事之成과 禮樂之興과 刑罰之中이 皆因之也라 不然이면 其能免於弊哉아 此爲政之所以必先正名也니 子奈何其迂之아

그러므로 정사를 행할 적에 군자는, 명분이 바르지 않으면 말이 도리를 좇지 않는다는 것을 알아야 할 것이니, 만일 명분을 보전하려면 반드시 그 실상과 맞게 말해야 할 것이요, 말이 도리를 좇지 않으면 일이 이루어지지 않는다는 것을 알아야 할 것이니, 만일 말을 보전하려면 반드시 그 실상과 맞게 행해야 할 것이다. 무릇 명분은 반드시 말과 맞아야 하니 이 말은 이러한 명분을 말하기 때문이요, 말은 반드시 행동과 맞아야 하니 이 말은 이러한 행동에 의거하기 때문이다. 군자가 말에 대해 오직 명분을 헤아려서 바르게 하고, 행동을 알맞게 조처하고 도리를 좇아서 구차함이 없어야 할 따름이다. 말이 구차하지 않으면 일의 이루어짐과 예악의 행해짐과 형벌의 들어맞음이 모두 이를 말미암을 것이다. 그렇지 않으면 그가 능히 폐단으로부터 면하겠는가? 이것이 정사를 행할 적에 반드시 명분을 바르게 해야 하는 까닭이니, 너는 어찌 물정에 어둡고 사리에 맞지 않다고 하느냐?"라고 하셨다.

○규(揆) : 헤아리다[度也]. 가늠하다.
○조(措) : 알맞게 조처하다. 운용(運用)하다. 「중용(中庸)」 "故時措之宜也"
○우활(迂闊) : 물정에 어둡고 사리에 맞지 아니하다. 실정(實情)에 어두움. 우원(迂遠).

13 · 4 · 1 樊遲가 請學稼한대 子曰 吾不如老農호라 請學爲圃한대 曰 吾不如老圃니라

번지가 오곡을 재배하는 방법에 관해 배우기를 청하자, 공자께서 말씀하시기를, "나는 늙은 농부만 못하다." 하셨고, 채소를 기르는 방법에 관해 배우기를 청하자, "나는 늙은 채소장이만 못하다." 하셨다.

○번지(樊遲) : 공자의 제자. 이름은 수(須). 노나라 사람.
○청학가(請學稼) : 오곡을 재배하는 법에 대해 배우기를 청함. '稼'는 '심다'라는 뜻으로 여기서는 농사를 말함. "請學是欲夫子敎他意"

○오불여노농(吾不如老農) : 나는 농사에 경험이 많은 늙은 농부만 못하다. "不如謂所
學不似也 老農是專精治稼之人"
○청학위포(請學爲圃) : 채소를 재배하는 법에 대해 배우기를 청함. '圃'는 채전(菜田).
○오불여노포(吾不如老圃) : 나는 채소를 잘 가꾸는 늙은 농부만 못하다. "老圃是專精
爲圃之人"

種五穀 曰稼요 種蔬菜 曰圃라

오곡을 심는 것을 가(稼)라 하고, 채소를 심는 것을 포(圃)라 한다.

○오곡(五穀) : 다섯 가지 곡식. 쌀·수수·보리·조·콩. 또는 쌀·보리·콩·수
수·기장. 본서 18·7·1 참고.
○소채(蔬菜) : 채소(菜蔬). 푸성귀.

[備旨] 昔에 樊遲以務本이라 力農은 乃治生之常道니 請學稼之事한대 夫子婉辭以拒之
에 曰稼之事는 惟老農知之라 吾不如老農이니 安能爲子言稼也리오하시고 又以圃之事로
比稼爲易하여 請學爲圃之事한대 夫子亦婉辭以拒之에 曰圃之事는 惟老圃知之라 吾不如
老圃니 安能爲子言圃也리오

옛날에 번지는 근본에 힘썼던 것이다. 농사에 힘쓰는 것은 바로 삶을 다스리는 상도
이니 오곡을 재배하는 방법에 관하여 배우기를 청했는데, 부자께서 완곡한 말로 거절
할 적에 말씀하시기를, "오곡을 재배하는 일은 오직 농사에 경험이 많은 늙은 농부가
잘 안다. 나는 늙은 농부만 못하니 어떻게 자네에게 곡식 가꾸는 법을 말해줄 수 있겠
는가?"라고 하셨고, 또 채소 기르는 일을 곡식 가꾸는 일과 비교해 볼 적에 쉽다고 여
겨 채소 기르는 방법을 배우기를 청했는데, 부자께서 또한 완곡한 말로 거절할 적에
말씀하시기를, "채소 기르는 일은 오직 채소를 잘 기르는 늙은 농부들이 잘 안다. 나
는 늙은 농부만 못하니 어떻게 자네에게 채소 기르는 방법을 말해줄 수 있겠는가?"라
고 하셨다.

○무본(務本) : 근본에 힘을 씀. 농사에 힘씀.
○치생(治生) : 살아갈 방도를 마련함.
○완사(婉辭) : 완곡한 말.

13·4·2 樊遲가 出이어늘 子曰 小人哉라 樊須也여

번지가 나가자, 공자께서 말씀하셨다. "소인이구나, 번수여!

○출(出)：묻고서 나감. "是旣問而出"
○소인재(小人哉)：소인이구나. ☞소인(小人)：평민(平民)을 말하는데, 조그만 절차에 얽매이는 사람. "小人自所志之小上見"
○번수야(樊須也)：번수여! '樊須'는 번지의 이름. '也'는 감탄형 어조사.

小人은 謂細民이니 孟子가 所謂小人之事者也라

소인은 벼슬이 없는 서민을 이르니, 맹자께서 이른바 '소인이 하는 일'이라고 한 것이다.

○세민(細民)：서민. 가난한 백성. 빈민(貧民).
○소인지사(小人之事)：소인이 하는 일. 소인의 직무. 「맹자(孟子)」《등문공상(勝文公上)》"然則治天下는 獨可耕且爲與아 有大人之事德하며 有小人之事하니"「논어집주(論語集註)」"新安陳氏曰 此小人 是以位而言者 下文集註云 禮義信大人之事也 是自此小人上 推廣而對言之 南軒曰 孟子所謂 有大人之事 有小人之事 正本此意"

[備旨] 何樊遲不悟而出고 夫子以其志趣卑陋하고 又恐其終不喩也라 遂從而責之에 曰稼圃者는 小人之事라 須乃以此爲問하니 小人哉라 其樊須也여

어찌하여 번지는 깨닫지 못하고 나갔는가? 부자께서는 그의 의지와 취향이 비루하고 또 아마 그가 끝내 깨닫지 못할 것이라고 여겼기 때문이다. 그래서 다가가서 책망할 적에 말씀하시기를, "곡식을 가꾸거나 채소를 기르는 것은 소인이 하는 일이다. 번수는 모름지기 이런 것을 질문하니 소인이구나, 번수여!

○지취(志趣)：의지와 취향. 의취(意趣).
○수(遂)：그래서. 곧. 일의 앞뒤가 긴밀하게 연결될 때 쓰임.

13·4·3 上好禮면 則民莫敢不敬하고 上好義면 則民莫敢不服하

고 **上好信**이면 **則民莫敢不用情**이니 **夫如是**면 **則四方之民**이 **襁負其子而至矣**리니 **焉用稼**리오

　윗사람이 예의를 좋아하면 백성들이 감히 공경하지 않음이 없을 것이고, 윗사람이 의리를 좋아하면 백성들이 감히 복종하지 않음이 없을 것이고, 윗사람이 신용을 좋아하면 백성들이 감히 진실한 마음으로 상대하지 않음이 없을 것이니, 대저 이렇게 된다면 사방의 백성들이 자식을 포대기에 업고서 모여들 것인데, 어찌 오곡을 재배하는 방법을 쓰려고 하는가?"

○상호례(上好禮) : 윗자리에 있는 사람이 예를 좋아함. "上是在位之人言對小人看 好是由中達外無一不盡 禮指處己臨民 此身莊敬上說"
○민막감불경(民莫敢不敬) : 백성들이 공경하지 않음이 없음. 거만하지 않다는 뜻. "敬是無敢慢意"
○상호의(上好義) : 윗자리에 있는 사람이 의를 좋아함. "義指好惡擧措得宜上說"
○민막감불복(民莫敢不服) : 백성들이 복종하지 않음이 없음. "服是悅服無私議意"
○상호신(上好信) : 윗자리에 있는 사람이 믿음을 좋아함. "信就政令誠實上說"
○민막감불용정(民莫敢不用情) : 백성들이 진실한 마음으로 상대하지 않음이 없음. '用情'은 '진실한 마음으로 상대하다'라는 뜻. "用情是無欺詐意"「사기(史記)」《중니제자전(仲尼弟子傳)》"上好信則民莫敢不用情"
○부여시(夫如是) : 이와 같다. '夫'는 흔히 문장의 첫머리에 쓰여 상대방의 주의를 환기시킬 때 쓰는 발어사.
○사방지민(四方之民) : 사방의 백성. 여기서 사방의 백성이란 공경하고 복종하며 진실한 마음으로 상대하는 백성을 말함. "卽敬服用情之民"
○강부기자이지의(襁負其子而至矣) : 자기 자식을 포대기에 업고서 모여듦. '襁'은 '포대기'인데 어린애를 업을 때 두르는 띠를 말함. "民皆攜幼而來 以爲我之民意"
○언용가(焉用稼) : 어찌 오곡을 재배하는 방법과 같은 것을 쓰려고 하는가?" 여기에는 채소를 가꾸는 말도 포함되어 있음. "非惟不屑爲亦不用爲 言稼則圃在其中"

禮義信은 **大人之事也**라 **好義則事合宜**라 **情**은 **誠實也**니 **敬服用情**은 **蓋各以其類而應也**라 **襁**은 **織縷爲之**하여 **而約小兒於背者**라
○**楊氏曰 樊須**가 **遊聖人之門**이로되 **而問稼圃**하니 **志則陋矣**라 **辭而闢之可也**어늘 **得其出而後**에 **言其非**는 **何也**오 **蓋於其問也**에 **自謂農圃之不如**면 **則拒之者至矣**라 **須之學**이 **疑不及此**하여 **而不能問**하니 **不能以三隅反矣**라 **故**로 **不復**(부)하시고

及其旣出이면　則懼其終不喩也라　求老農老圃而學焉이면　則其失愈遠矣라　故로復(부)言之하여　使知前所言者가　意有在也시니라

　　예의·의리·신용은 대인의 일이다. 의리를 좋아하면 일이 서로 걸맞아 맞을 것이다. 정(情)은 성실함이다. 백성들이 공경하고 복종하고 성실해지는 것은 각기 그무리에 따라 응하기 때문이다. 강(襁)은 올로써 짜고 만들어서 어린아이를 등에묶는 것이다.

　　○양 씨가 말했다. "번수가 성인의 문하에 있었지만 농사짓는 법과 채소 가꾸는것을 물었으니 뜻이 비루하다. 공자께서는 사양하고 물리치는 것이 옳았을 터인데,그가 나가기를 기다린 뒤에 그의 잘못을 말씀하신 것은 왜 그랬던 것일까? 대개그의 물음에 대해서 스스로 늙은 농부와 늙은 채소장이만 못하다고 말씀하셨다면몹시 거절한 것이다. 번수의 학문이 아마 여기에 미치지 못하여 능히 물을 수 없었으니, 《술이편》에서처럼 하나를 가르쳐 주어도 나머지 셋을 알아채지 못할 것이므로 다시 말해주지 않았던 것이고, 그가 밖으로 나가버리게 된다면 끝내 깨닫지 못할 것을 염려했던 것이다. 그리고 늙은 농부와 늙은 채소장이를 찾아가 배우게 된다면 그 실수가 더욱 커질 것이므로, 다시 말씀하여 전에 말한 것이 마음에갖고 있었던 것임을 알도록 하신 것이다."

○의(宜) : 마땅하다[合適]. 서로 걸맞다. 적당하다.
○누(縷) : 실. 실가닥. 올.
○불능이삼우반(不能以三隅反) : 어떤 사물을 경험한 후 다른 사물을 유추해내는 지혜가없음을 경계한 말. 촉류지명(觸類之明)이 없음. 한 모퉁이를 가르쳐 주었을 때에 세 모퉁이를 알아채지 못하면, 다시 가르쳐 주지 않는다고 한 일. 본서 "7·8·1 子曰不憤이어든 不啓하며 不悱어든 不發하되 擧一隅에 不以三隅反이어든 則不復(부)也니라" 참고.

[備旨] 抑未聞大人之事乎아　彼上誠好禮하여　而莊以持己면　則禮足以肅民心하여　而民莫敢不敬이요　上誠好義하여　而事皆合宜면　則義足以服民心하여　而民莫敢不服이요　上誠好信하여　而不欺其下면　則信足以固民心하여　而民莫敢不用情이라　夫能好禮義信하여　而致民之敬服用情이　如是면　則居大人之位하고　有大人之德하여　四方之民이　襁負其子而至하여　以爲之耕稼矣니　又焉用自耕稼爲哉아　稼不必爲면　則圃可知矣라　須何以大人으로自待也리오

　　그런데 아직도 대인의 일에 대해서 들어보지 못했는가? 윗사람이 진실로 예의를 좋아해서 공경하는 모습으로 몸을 가지면 예의는 족히 백성들의 마음을 공손히 섬기도록

할 수 있어서 백성들이 감히 공경하지 않음이 없을 것이요, 윗사람이 진실로 의리를 좋아해서 일이 모두 걸맞으면 의리는 족히 백성들의 마음을 복종시킬 수 있어서 백성들이 감히 복종하지 않음이 없을 것이요, 윗사람이 진실로 신용을 좋아해서 그 아랫사람을 속이지 않으면 신용은 족히 백성들의 마음을 굳게 지켜서 백성들이 감히 성실한 마음으로 대하지 않을 수 없을 것이다. 무릇 능히 예의·의리·신용을 좋아해서 백성에게 나아갈 적에 공경하고 복종하며 성실한 마음으로 대함이 이와 같다면, 대인의 위치에 거하고 대인의 덕을 가져서 사방의 백성들이 포대기에 그 아들을 업고서 이르러 그를 위해 경작할 것이니, 또 어찌 스스로 논밭을 갈아 곡식을 심으려고 하는가? 오곡 재배하는 것을 반드시 하지 않아도 된다면 채소 가꾸는 것도 알 수 있을 것이다. 모름지기 번수는 어찌 대인을 스스로 기다리지 않으려고 하는가?"라고 하셨다.

○장(莊) : 공경하다.「춘추좌씨전(春秋左氏傳)」《효행(孝行)》"居處不莊 非孝也"
○숙(肅) : 공손히 섬기다. 공경하다. 삼가다.「춘추좌씨전(春秋左氏傳)」《희공(僖公)23》"其從者 肅而寬"
○경가(耕稼) : 논밭을 갈아 곡식을 심음. 경작(耕作). 경종(耕種).

13·5·1 子曰 誦詩三百하되 授之以政에 不達하며 使於四方에 不能專對하면 雖多나 亦奚以爲리오

공자께서 말씀하셨다. "시 3백 편을 외우면서도 정사를 맡겼을 적에 제대로 해내지 못하며, 사방에 사신으로 갔을 적에 혼자서 응대하지 못한다면, 비록 외운 시가 많다고 하지만 또한 어디에 쓰겠는가?"

○송시삼백(誦詩三百) : 시 3백 편을 읽고 외움. "誦是誦讀三百 擧全詩而言"
○수지이정(授之以政) : 그에게 정사를 일임하여 처리하도록 하다. "是與以位使之行政"
○부달(不達) : 통달하지 못함. 일을 맡겼을 적에 해내지 못함. "是不通於政而行之不當意"
○사어사방(使於四方) : 사방으로 사신 보내다. '使'는 거성(去聲)으로 쓰여 '임무를 주어 파견하다[派遣使者]' '사신 가다[出使]' '외국에 사신으로 나가다'의 뜻임.
○불능전대(不能專對) : 능히 독자적으로 응대하지 못함. "不能獨自應對 必待乎衆介之助" ☞전대(專對) : 사신으로 가서 독자적인 판단으로 응대함. 옛날 외국에 사신으로 가서는 독자적으로 일을 처리할 수 있었다. 즉 수명불수사(受命不受辭)란 말이 있었는데, 나라에서 사명(使命)만 받았고 교섭이나 응대에 관한 것은 본인이 수행했던 것임.

○수다(雖多) : 비록 시 3백 편을 많이 외운다고 하더라도. "多指誦詩三百說"
○역해이위(亦奚以爲) : 또한 어디에 쓰겠는가? 아무 소용이 없다는 뜻. '奚以'는 의문문에서 목적어가 의문 대명사일 때 도치된 형태. '以'가 동사로 쓰이면 목적어는 보통 생략된다. ☞해(奚)~위(爲) : 의문 · 반문을 나타내는 관용구. '亦奚以爲'를 분석해 보면 '亦'은 부사로서 '또한'이라는 뜻이며, '奚'는 의문 대명사로서 '어디에'라는 뜻이다. '以'는 동사로서 '쓰다[用]'의 뜻이며, '爲'는 평성(平聲)으로 쓰여 의문을 나타내는 어조사다. 본서 12 · 8 · 1과 16 · 1 · 4의 문장도 참고할 것. "以用也 爲是語助辭"

專은 獨也라 詩는 本人情하고 該物理하여 可以驗風俗之盛衰하고 見政治之得失이며 其言이 溫厚和平하여 長於風諭라 故로 誦之者는 必達於政하여 而能言也라
○程子曰 窮經은 將以致用也니 世之誦詩者가 果能從政而專對乎아 然則其所學者는 章句之末耳니 此는 學者之大患也라

　전(專)은 '혼자서'다. 시는 인정에 근본하고 사물의 이치를 갖추어서 풍속의 성쇠를 징험할 수 있고 정치의 득실을 볼 수 있으며, 그 말들이 온후하고 화평하여 풍유에 뛰어나므로 외우는 사람은 반드시 정치에 통달하여 말을 잘할 수 있는 것이다.
　○정자가 말했다. "경서를 궁구한다는 것은 장차 실제로 쓰려는 것이니, 세상에서 시를 외우는 사람이 정말로 정치에 종사하여 혼자서 응대할 수 있겠는가? 그렇다면 그가 배운 것은 장구의 지엽적인 것일 뿐이니, 이는 배우는 자들의 큰 병이다."

○해(該) : 갖추다. 구비하다.
○풍유(風諭) : 넌지시 깨우침. 완곡하게 권고함. 풍유(諷諭). 풍(風)은 거성(去聲)으로 쓰였음.
○궁구(窮究) : 깊이 파고들어 연구함.
○치용(致用) : 본래의 용도를 다함.

[備旨] 夫子示窮經者는 當求實用에 曰窮經은 將以致用也라 如誦詩三百이 不爲不多矣로되 其間에 通於政治하고 長於風諭者가 亦旣備를 聞之矣라 宜達於政하여 而能言也어늘 乃授之以政에 不能通達事理하여 而有昧於施措之宜하며 使於四方에 不能專於應對하여 而有待於介紹之助면 則誦詩雖多나 亦奚所用哉아 窮經者는 當求其實用이 可矣니라

　부자께서 경서를 궁구하는 사람은 마땅히 실용성을 추구해야 한다는 것을 보여줄 적에 말씀하시기를, "경서를 궁구하는 것은 장차 실제로 쓰려고 하는 것이다. 마치 시 3백 편을 외운다고 하는 것이 행하기에 많지 않은 것은 아니지만, 그 사이에는 정치와 통하고 풍유에 뛰어난 것이 또한 갖추어져 있다는 것을 알 수 있다. 마땅히 정사에 통달하여 능히 말을 잘해야 할 것이지만 의외로 정사를 맡겼을 적에 능히 사리에 통달하지 못해서 일을 조처할 적에 사정에 어두우며, 사방에 사신으로 갔을 적에 능히 응대를 혼자 하지 못해서 어떤 사람이 소개해 주고 도와주도록 기다려야 한다면, 시를 외우는 것이 비록 많다고 하지만 또한 어디에 쓰겠는가? 경서를 궁구하는 사람은 마땅히 그 실용성을 추구하는 것이 옳을 것이다."라고 하셨다.

○시조지의(施措之宜) : 일을 조처함이 사정에 맞음. 시조지의(時措之宜). ☞시조지의 (時措之宜) : 그 때의 사정에 맞게 적당하게 처신하는 일. 시중(時中).
○전단(專斷) : 혼자서 결심하고 단행함.
○개소(介紹) : 둘 사이에 들어 서로 관계를 맺어주거나 일이 성사되게 함. 소개(紹介).

13·6·1　子曰　其身正이면　不令而行하고　其身不正이면　雖令不從이니라

　공자께서 말씀하셨다. "자신의 몸이 바르면 명령하지 않아도 행하고, 자신이 바르지 못하면 비록 명령하더라도 따르지 않을 것이다."

○기신정(其身正) : 자신의 몸가짐을 바르게 함. 여기서 '其'는 임금을 가리킴. "其字指君說 正字兼內外 身正躬行率民意"
○불령이행(不令而行) : 백성들로 하여금 선을 행하도록 시키지 않아도 행함. "令是使民 爲善之敎戒也 行是彼由我 行有感化意"
○기신부정(其身不正) : 자신의 몸이 바른 도를 행치 않음. "不正是躬行非道"
○수령부종(雖令不從) : 명령을 할지라도 따르지 않음. "令亦是使民 爲善之敎戒 從是我要他從 有勉強意"

[備旨] 夫子論端本之治에 曰上之敎民이 不在於令이요 而在於身이니 苟能建極作則하여 而其身正矣면 則表率有原하여 不假禁令이라도 而其化自行이요 如縱欲敗度하여 而其身不正이면 則倡化無本하여 雖有禁令之煩이나 而民將玩之하여 而弗從矣니 爲治者는 可不

端其本哉아

　부자께서 근본을 바르게 하는 정치를 논할 적에 말씀하시기를, "윗사람이 백성을 가르친다는 것이 명령에 있지 않고 몸가짐에 있으니, 진실로 능히 법도를 세우고 규칙을 세워서 그 몸가짐이 바르면 인솔할 적에 근본이 있어서 금령을 빌리지 않더라도 교화가 저절로 행해질 것이요, 만약 제 마음대로 하고 법도를 깨뜨려서 그 몸가짐이 바르지 않으면 창도하고 교화시킴에 근본이 없어서 비록 금령으로써 귀찮게 할지라도 백성들은 업신여기면서 따르지 않을 것이니, 정사를 행하는 사람은 그 근본을 바르게 하지 않을 수 있겠는가?"라고 하셨다.

○건극(建極) : 법도와 준칙을 세움. 올바를 도(道)를 세움.
○작칙(作則) : 법을 세움.
○표솔(表率) : 스스로 모범을 보이며 대중을 인솔함. 본보기.
○종욕(縱欲) : 하고 싶은 대로 다함.
○패도(敗度) : 법도를 깨뜨리다. 규칙을 파괴하다.
○창화(倡化) : 창도하여 교화시킴.
○완(玩) : 업신여기다. 깔보고 홀대하다.

13 · 7 · 1　子曰　魯衛之政이　兄弟也로다

　공자께서 말씀하셨다. "노나라와 위나라의 정치하는 모습이 형제와 같구나!"

○노위지정(魯衛之政) : 노나라와 위나라의 정강(政綱). 시정(施政)의 요강(要綱). 즉 기강과 법도를 말함. "政是紀綱法度"
○형제야(兄弟야) : 정치하는 모습이 형제처럼 서로 비슷하다. ☞정여노위(政如魯衛) : 두 나라의 정치가 서로 비슷함. 노(魯)나라의 시조 주공(周公)과 위(衛)나라의 시조 강숙(康叔)이 형제인 데서 온 말. "兄弟言其政相似"

魯는　周公之後요　衛는　康叔之後라　本兄弟之國이로되　而是時에　衰亂하여　政亦相似라　故로　孔子嘆之시니라

　노나라는 주공의 후예요, 위나라는 강숙의 후예다. 본래 형제의 나라였지만 이 당시에 쇠란하여 정국이 서로 비슷했으므로 공자께서 탄식하신 것이다.

○쇠란(衰亂) : 쇠하고 어지러워짐.
○정국(政局) : 정치의 국면(局面). 정치의 판국.

[備旨] 夫子感而嘆에 曰昔에 周公封魯하고 康叔封衛하니 本兄弟之國이라 今就其紀綱法度하여 言之면 其政도 亦兄弟之政也라 吾不意周公康叔之遺가 其相同하여 亦一至於此也라

　부자께서 느낌이 일어나 탄식할 적에 말씀하시기를, "옛날 주공은 노나라에 봉하고 강숙은 위나라에 봉했으니 본래 형제의 나라였다. 지금 그 기강과 법도에 나아가서 말해본다면, 그 정국도 또한 형제와 같은 정국이다. 나는 주공과 강숙이 남긴 것이 서로 같아서 또한 한결같이 여기에 이르렀다는 것을 생각지도 못했다."라고 하셨다.

13·8·1 子謂 衛公子荊하시되 善居室이로다 始有에 曰 苟合矣라하고 少有에 曰 苟完矣라하고 富有에 曰 苟美矣라하시니라

　공자께서 위나라의 공자 형을 평하시되, "집을 잘 다스리는구나! 처음 살림을 갖추어졌을 적에는 '그런대로 모여졌다.' 했고, 조금 더 장만해졌을 적에는 '그런대로 갖추어졌다.' 했고, 넉넉하게 갖추어졌을 적에는 '그런대로 훌륭하다.' 했다."라고 하셨다.

○자위(子謂) : 공자께서 말씀하심. 공자께서 사사로이 평한다는 의미. "是孔子私謂之言"
○위공자형(衛公子荊) : 위(衛)나라의 공자(公子) 형(荊)을 말함. 위나라의 대부(大夫). '公子'는 흔히 신분이 높은 사람의 자제를 부르는 말로도 쓰이는데 여기서는 위나라에서 공자(公子) 형(荊)을 보고 기뻐서 한 말임. 춘추(春秋) 말년에도 공자 형(公子荊)이라는 애공(哀公)의 서자(庶子)가 있었기 때문에 여기서는 특별히 위(衛)자를 넣어 구별한 것임.
○선거실(善居室) : 집안 일을 잘 처리함. "是善處家 且虛說"
○시유(始有) : 처음 가졌을 적에. 처음 살림을 갖추었을 때. "是初有時 尙非合也"
○왈(曰) : 공자(公子) 형(荊)을 신실되게 여겨 그렇게 말할 것이란 뜻. "是諒其心 若將

曰之意 非公子荊自言也"
○구합의(苟合矣) : 그런대로 좀 모여졌다는 뜻. 여기서 '苟'는 동사 앞에 쓰여 추측을
나타낸다. "苟者如俗云 將就合 就湊聚上看 矣字是勾了罷了之意"
○소유(少有) : 대략 갖추었을 적에. 조금 더 장만했을 때. "是略具時 尙非完也"
○구완의(苟完矣) : 그런대로 좀 갖추어졌다는 뜻. "完便有全備意"
○부유(富有) : 넉넉하게 갖추었을 적에. 부자가 되었을 때. "是充足時 尙非美也"
○구미의(苟美矣) : 그런대로 차고 넘쳐서 문채가 생겼다는 뜻. "美是盈溢而文生"

公子荊은 衛大夫라 苟는 聊且粗略之意라 合은 聚也요 完은 備也라 言其循序而
有節하니 不以欲速盡美로 累其心이라
○楊氏曰 務爲全美면 則累物하여 而驕吝之心이 生이라 公子荊이 皆曰苟而已라하
니 則不以外物로 爲心하여 其欲易足故也라

　공자 형은 위나라의 대부다. 구(苟)는 '군색하면서도 보잘것없다.'는 뜻이다. 합
(合)은 모았다는 것이요, 완(完)은 갖추었다는 것이다. 그것이 차례를 따르고 절도
가 있었으니, 일을 속히 한다거나 완전무결하게 하려는 것으로써 그 마음을 괴롭
히지 않았음을 말한 것이다.
　○양 씨가 말했다. "너무 아름답게 되려고 힘쓴다면 물욕에 연루되어 교만하고
인색한 마음이 생기게 될 것이다. 공자 형은 모든 것을 '그런대로'라고 했을 따름
이니, 외물에 의해 마음을 다스려서 아마 쉽게 충족시키고 싶지 않았기 때문이다."

○요(聊) : 군색하다. 구차하다.
○조략(粗略) : 거칠고 간략함. 아주 간략하여 보잘것없다.
○전미(全美) : 조금도 흠잡을 데가 없이 아름다움.
○교린(驕吝) : 교만하고 인색함.

[備旨] 夫子謂衛大夫公子荊하시되 善於居室이로다 當其財用器物之始有也에는 荊之心
은 則曰吾今已苟合矣라하여 不見苟合之外에 有可願也하고 及其財用器物之少有也에는
荊之心은 則曰吾今已苟完矣라하여 不見苟完之外에 有可求也하고 及其財用器物之富有也
에는 荊之心은 則曰吾今已苟美矣라하여 不見苟美之外에 有可慕也라 循序而無欲速之累
하고 有節而無盡美之心하니 公子荊之善居室이 如此라 世之聞公子荊之風者는 其亦可以
少愧矣라

　부자께서 위나라의 대부인 공자 형을 평하시되, "집을 잘 다스리는구나! 그는 재물이

나 기물이 처음 갖추어졌을 때에는 형의 마음은 '나는 이제 그런대로 모여졌다.' 하여 그런대로 모은 것 외에 더 원하는 모습을 볼 수 없었고, 그가 재물이나 기물이 조금 더 갖추어졌을 때에는 형의 마음은 '나는 이제 그런대로 갖추어졌다.' 하여 그런대로 갖춘 것 외에 더 구하는 모습을 볼 수 없었고, 그가 재물이나 기물이 넉넉하게 갖추어졌을 때에는 형의 마음은 '나는 이제 그런대로 훌륭하다.' 하여 그런대로 훌륭하다는 것 외에 더 바라는 모습을 볼 수 없었다. 그는 차례를 따르면서도 빨리 하려고 해서 고생하는 경우가 없었고, 절도가 있으면서도 완전무결하게 하려는 마음은 없었으니, 공자 형이 집을 잘 다스림이 이와 같았다. 세상에서 공자 형의 소식을 들은 사람은 그들 또한 조금은 부끄러울 것이다."라고 하셨다.

○재용(財用) : ①자본이나 재산·재물. ②재료와 용구. 여기서는 ①의 뜻.
○이(已) : 시간의 경과를 나타내고 있으므로, 꼭 해석할 필요는 없다.
○풍(風) : 소식. 풍문(風聞).

13·9·1 子適衛하실새 冉有僕이러니

공자께서 위나라에 가실 때 염유가 수레를 몰았더니,

○자적위(子適衛) : 공자께서 위나라에 가다. ☞적(適) : 가다. 도(道)를 행하기 위해서 위(衛)나라로 간 것이다. "適是往 夫子欲行道而至衛"
○염유복(冉有僕) : 염유가 수레를 몰다. ☞염유(冉有) : 염구(冉求). 춘추 시대 노(魯)나라 사람. 자(字)는 자유(子有). 공자의 제자로서 성품이 온순하고 재주가 있으며, 계씨(季氏)에게 벼슬하여 재상(宰相)이 되었음. ☞복(僕) : 수레를 몰다. 「논어비지(論語備旨)」〈인물전고란(人物典故欄)〉"僕卽御車者也"

僕은 御車也라

복(僕)은 수레를 모는 것이다.

[備旨] 昔에 夫子適衛하실새 冉有爲之御車以行이라

옛날 부자께서 위나라에 가실 때 염유가 그를 위해 수레를 몰고 갔었다.

13·9·2 子曰 庶矣哉라

공자께서 "백성들이 많구나!" 하셨다.

○서의재(庶矣哉) : 위(衛)나라 사람이 많다는 뜻. '矣哉'는 허사(虛詞)가 연용된 말인데 '矣'는 '이미 그러한'이란 의미를 나타내고, '哉'는 감탄의 의미를 나타낸다. 이 말에는 '富'와 '敎'에 대한 공자의 의도가 나타나 있다. "庶指衛民 矣哉二字中 便隱寓富敎之意"

庶는 衆也라

서(庶)는 많다는 것이다.

[備旨] 夫子有感於衛民之衆而嘆에 曰庶矣哉라 其衛之民乎인저하시니 蓋覩生齒之繁하시고 情與俱深矣니라

부자께서 위나라의 백성이 많은 것을 느끼고 탄식할 적에 말씀하시기를, "많기도 하구나! 그들은 위나라의 백성들이겠지?"라고 하셨으니, 아마도 인구의 많음을 보시고 마음이 그들과 더불어 함께 해서 느낌이 깊었던 것이다.

○생치(生齒) : 백성. 또는 인구.
○구(俱) : 함께 하다. 함께 가다.

13·9·3 冉有曰 旣庶矣어든 又何加焉이리잇고 曰 富之니라

염유가 "이미 백성들이 많아졌으면 또 무엇을 베풀어야 하겠습니까?" 하고 묻자, "부유하도록 해야 할 것이다."

○기서의우하가언(旣庶矣又何加焉) : 백성들이 많아졌다고 한다면 이젠 그들에게 무엇을 베풀어야 하겠습니까? "加猶施也"
○부지(富之) : 부유하게 만들어야 함. "是所以保庶者 緊頂庶字講出"

庶而不富면 **則民生不遂**라 **故**로 **制田里**하고 **薄賦斂**하여 **以富之**니라

백성들이 많지만 부유하지 않으면 백성들의 생활이 이루어지지 않으므로 논밭과 주택을 잘 다스리고 세금 거두는 것을 적게 하여 부유하게 해야 할 것이다.

○전리(田里) : 논밭과 주택. 100묘(畝)의 밭과 5묘(畝)의 집. 「논어집주(論語集註)」 "雙峯饒氏曰 田是所耕之田 孟子所謂百畝之田 勿奪其時是也 里所居之地 孟子所謂五畝之宅 樹墻下以桑是也 田出穀粟 里出布帛 有穀食則不飢 有布帛則不寒 二者富之之道"
○부렴(賦斂) : 세금을 거둠.

[備旨] 冉有遂請에 曰民患其寡也어늘 今旣庶矣어든 又何道以加於庶之後焉이리잇고하니 夫子告之에 曰庶而不富면 則無以遂其生이니 必制田里하고 薄賦斂하여 以富之니라 俾今之衛로 猶昔日保乂之衛焉이니 而所以保其庶者가 在是矣라

염유가 곧 가르쳐 주기를 청할 적에 말하기를, "백성들은 자신들이 적다는 것을 걱정하는데 지금 이미 많아졌다고 한다면 또 무슨 방도를 그들에게 베풀어야 하겠습니까?"라고 하니, 부자께서 깨우쳐 줄 적에 말씀하시기를, "백성들이 많아졌지만 부유하지 않으면 자신들의 삶을 이룰 수 없으니, 반드시 논밭과 주택을 잘 다스리고 세금 거두는 것을 적게 하여 부유하도록 해야 할 것이다. 지금의 위나라로 하여금 옛날 태평스러웠던 위나라와 같이 되도록 해야 할 것이니, 그 많은 백성들을 보호할 수 있는 방법이 여기에 있는 것이다."라고 하셨다.

○보예(保乂) : 보호하고 다스림. 잘 다스려 안정되고 태평하게 함. 「서전(書傳)」 《군석(君奭)》 "率惟玆有陳 保乂有殷"
○비(俾) : 시키다. …하게 하다.

13 · 9 · 4 曰 **旣富矣**어든 **又何加焉**이리잇고 曰 **敎之**니라

"이미 부유해졌다면 또 무엇을 베풀어야 하겠습니까?" 하고 묻자, "가르쳐야 할 것이다."고 말씀하셨다.

○기부의우하가언(旣富矣又何加焉) : 백성들이 부자가 되었다고 한다면 이젠 그들

에게 무엇을 베풀어야 하겠습니까? "是加益於旣富之後"

○교지(敎之) : 그들을 가르쳐야 함. "亦是保庶 但要從富中講出"

富而不敎면 **則近於禽獸**일새 **故**로 **必立學校**하고 **明禮義**하여 **以敎之**니라

○**胡氏曰 天生斯民**에 **立之司牧**하여 **而寄以三事**라 **然**이나 **自三代之後**로 **能擧此職者**는 **百無一二**라 **漢之文明**과 **唐之太宗**은 **亦云庶且富矣**나 **西京之敎**는 **無聞焉**이요 **明帝**는 **尊師重傅**하고 **臨雍拜老**하여 **宗戚子弟**가 **莫不受學**이요 **唐太宗**은 **大召名儒**하고 **增廣生員**하니 **敎亦至矣**라 **然而未知所以敎也**라 **三代之敎**는 **天子公卿**이 **躬行於上**하여 **言行政事**를 **皆可師法**이러니 **彼二君者**는 **其能然乎**아

부유하기만 하고 가르치지 않으면 금수에 가깝기 때문에 그러므로 반드시 학교를 세우고 예의를 밝혀서 가르쳐야 하는 것이다.

○호 씨가 말했다. "하늘이 이 백성을 낼 때에 사목을 세워서 이 세 가지[庶·富·敎] 일을 맡겼다. 그러나 삼대 이후로는 능히 이 직무를 거행한 사람이 백에 한두 사람도 없었다. 한나라의 문제·명제와 당나라의 태종 때는 또한 백성들이 많고 부유했다고 이르겠지만 서경[前漢의 文帝]의 가르침에 대해서는 들어본 적이 없고, 명제는 스승을 높이거나 스승을 존중하고 벽옹에 나아가서 삼로에게 절하여 황실의 친족 자제들이 배움을 받지 않음이 없었고, 당나라 태종은 이름난 선비를 많이 부르고 생원을 증원하였으니 가르침이 또한 지극했었다. 그렇게 하면서도 가르치는 까닭을 알지 못했던 것이다. 삼대[夏·殷·周]의 가르침은 천자와 공경들이 몸소 위에서 행하여 언행과 정사를 모두 본받을 만했던 것이니, 저 두 임금[명제와 태종]은 또한 능히 그럴 수 있었겠는가?"

○학교(學校) : 학예(學藝)·도덕(道德)을 가르치고 배우는 곳. '學'은 국학(國學), '校'는 향교(鄕校).

○사목(司牧) : 백성을 맡아 기른다는 뜻으로, 군주(君主)나 지방관(地方官) 등을 이름.

○삼대(三代) : 중국의 하(夏)·은(殷)·주(周)의 세 왕조(王朝).

○문제(文帝, 재위 B.C 180~B.C 157) : 유항(劉恒). 전한(前漢)의 5대 황제.

○명제(明帝, 재위 57~75) : 유장(劉莊). 후한(後漢)의 2대 황제.

○태종(太宗, 재위 626~649) : 이세민(李世民). 당(唐)의 2대 황제.

○서경(西京) : 한(漢)나라의 수도인 장안(長安). 전한(前漢)을 말함. ☞전한(前漢, B.C 206~B.C 8) : 진말(秦末)에 유방(劉邦)이 세운 한(漢)을 후한(後漢)과 구별하여 이르는 말. 서한(西漢).

○벽옹(辟雍) : 주(周) 때 설립한 태학(太學). 후한(後漢) 이후로 역대의 왕조에서도 이

를 두어, 향음주례(鄕飮酒禮)·대사례(大射禮) 등을 이곳에서 거행하고 제사를 지냈음. 벽옹(辟雍). 벽옹(璧雍).

○삼로(三老) : 임금이 부형(父兄)의 예로 우대하던 노인. 삼공(三公)의 벼슬에서 물러난 노인. ☞삼로오경(三老五更) : 주대(周代)에 임금이 부형의 예로 우대하던 벼슬 자리. 임금이 이들을 부형을 받드는 것처럼 예우함으로써 백성들에게 효제(孝悌)의 모범을 보였음.

○종척(宗戚) : 황실의 친족.

○사법(師法) : 본받음.

○이군(二君) : 여기서는 한(漢)의 명제(明帝)와 당(唐)의 태종(太宗)을 말함.

[備旨] 冉有又請에 曰民患其貧也어늘 今旣富矣어든 又何道以加於富之後焉이니잇고하니 夫子告之에 曰富而不敎면 則無以復其性이니 必立學校하고 明禮義하여 以敎之니라 俾今之衛로 猶昔日作新之衛焉이니 而所以保其庶於富後者가 在是矣라 惜乎라 衛有其民이여 夫子有其具로되 而卒不獲一試也니 可慨也夫로다

염유가 또 가르쳐 주기를 청할 적에 말하기를, "백성들이 자신들이 가난하다고 걱정하는데 지금 부자가 되었다면 또 백성들이 부유해진 뒤에 무슨 방도를 베풀어야 하겠습니까?"라고 하니, 부자께서 깨우쳐 줄 적에 말씀하시기를, "부유하지만 가르치지 않으면 그들의 성품을 회복할 수 없으니 반드시 학교를 세우고 예의를 밝혀 가르쳐야 할 것이다. 지금의 위나라로 하여금 옛날 새롭게 했던 위나라와 같이 되도록 해야 할 것이니, 그 많은 백성들이 부자 된 뒤에 보호할 수 있는 방법이 여기에 있다."라고 하셨다. 애석하도다, 위나라의 그 백성들이여! 부자께서 자신에게는 재능이 있었지만 끝내 한 번 시험해 볼 기회를 얻지 못했으니 가히 개탄할 것이로다!

○작신(作新) : 고무하고 격려함. 새롭게 함. 백성을 교화시켜 도덕적으로 훌륭하게 만듦. 「서전(書傳)」《강고(康誥)》"亦有助王 宅天命 作新民"

○구(具) : 갖추어짐. 재능. 힘. 방법.

13·10·1 子曰 苟有用我者면 朞月而已可也니 三年이면 有成이리라

공자께서 말씀하셨다. "만일 나를 등용해 주는 자가 있다면, 1년 만 되어도 점차

좋아질 것이고 3년이면 성과가 있을 것이다."

○구용아자(苟用我者) : 만약 나라를 맡겨 정사를 행할 수 있도록 해주는 임금이 있다
면. "苟字作如字看 我是委國授政 者字指國王說"
○기월이이가야(朞月而已可也) : 1년 만 되어도 그런대로 괜찮게 할 수 있다는 말. ☞
기월(朞月) : ①만 1년. 기년(期年). 돌. ②만 한 달. 여기서는 ①의 뜻으로 쓰였음. "已
可是大綱小紀漸次就理意"
○삼년유성(三年有成) : 3년이면 재물은 많아지고 병력은 강해지며 가르침은 행해지고
풍속은 두터워질 것이라는 말. "有成如財足兵强敎行俗厚皆是"

**朞月은 謂周一歲之月也라 可者는 僅辭니 言紀綱布也요 有成은 治功成也라
○尹氏曰 孔子歎當時에 莫能用己也라 故로 云然이라 愚按 史記에 此는 蓋爲衛
靈公이 不能用而發이라**

　기월(朞月)은 한 해의 12달을 한 바퀴 도는 것이다. 가(可)는 대체로 괜찮아진다
는 말이니, 기강이 시행됨을 말하는 것이다. 유성(有成)은 치공의 이루어지는 것이
다.
　○윤 씨가 말했다. "공자께서 당시에 자신을 등용하는 자가 없음을 한탄하셨으
므로 그렇게 말씀하신 것이다." 내[朱子]가 살펴 보건대,「사기」에 이것은 아마도
위나라의 영공이 등용하지 않았기 때문에 하신 말씀일 것이다.

○근(僅) : 거의. 대략.
○치공(治功) : 법을 제정하고 효과적으로 시행한 공. 또는 나라를 다스린 업적.

[備旨] 夫子有感而言에 曰當今之世에 苟有人焉한대 能用我者면 雖用至期月一年之間이
나 而弊者革하고 廢者興하여 網紀粗立을 已可觀也니 至於三年이면 則治功已定하고 治
道大備하여 而有成矣리라 惜乎라 世莫我用하니 吾亦安能如之何哉아

　부자께서 느낀 바가 있어서 말씀하시기를, "오늘날 세상에서 만약 어떤 사람이 있는
데 능히 나를 등용해 준다면, 비록 등용된 지 12달을 지나 1년에 이를지라도 폐습은
고쳐지고 폐지된 것은 일어나서 기강이 그런대로 서는 모습을 이미 보게 될 것이니, 3
년에 이르면 치공은 벌써 안정되고 치도는 크게 갖추어져 성과도 있게 될 것이다. 아
아! 세상이 나를 등용하지 않으니, 내 또한 어찌 어떻게 할 수 있겠는가?"라고 하셨다.

○유인언(有人焉) : 어떤 사람이 있는데. 옛날 사람들이 사리를 추론하는 데 사용한 표현 방식. '有~於此'有人焉~若此'와 비슷함.
○폐습(弊習) : 나쁜 버릇. 폐풍(弊風).
○폐지(廢止) : 실시하던 제도·법규·계획 등을 폐하여 그만둠.
○강기(綱紀) : 기강(紀綱).
○조(粗) : 대강. 대략. 조금.
○치공(治功) : 법을 제정하고 효과적으로 시행한 공. 또는 나라를 다스리는 업적.
○치도(治道) : 나라를 다스리는 방침·정책·조치(措置) 등.

13·11·1 子曰 善人이 爲邦百年이면 亦可以勝殘去殺矣라하니 誠哉라 是言也여

공자께서 말씀하셨다. "옛말에 '선인이 계속 나라를 다스려서 백 년이 되면, 또한 잔악하고 포학한 사람들을 교화시켜 악을 행치 않도록 하고 형벌을 쓰지 않도록 할 수 있다.' 하니, 옳은 말이로다, 이 말이여!"

○선인(善人) : 선인. 착한 임금. 여기서 선인이란 본심을 보존하고, 즐겁고 화평케 하며, 정사를 베풀고, 화평케 하는 임금을 말함. "善人是存心愷悌敷政和平之君"
○위방백년(爲邦百年) : 나라를 다스린 지 오래 되었음. "爲邦是治天下 百年是父子相繼之久"
○역사이승잔거살의(亦可以勝殘去殺矣) : 옛날부터 있었던 말로서 잔인한 사람을 교화시키고 사형 제도를 쓰지 않음. ☞가이(可以) : …할 수 있다. 조동사로서 허가나 가능을 나타냄. 허가·가능을 나타내는 조동사 '可'와 이유·조건·수단·도구·원인 등을 나타내는 전치사 '以'가 결합하여 하나의 조동사로 굳어진 것이다. "惟其勝殘是以去殺串 此上二句是古語"
○성재시언야(誠哉是言也) : 진실한 말이도다, 이 말이여! '善人이 爲邦百年이면 亦可以勝殘去殺矣'라는 말이 진실로 그렇다는 말. "誠哉是信然意 是言指上二句說"

爲邦百年은 言相繼而久也라 勝殘은 化殘暴之人하여 使不爲惡也요 去殺은 謂民化於善하여 可以不用刑殺也라 蓋古有是言이어늘 而夫子稱之시니라 程子曰 漢自高惠로 至於文景히 黎民이 醇厚하여 幾致刑措하니 庶乎其近之矣로다
○尹氏曰 勝殘去殺은 不爲惡而已라 善人之功이 如是면 若夫聖人은 則不待百

年이라도 **其化亦不止此**니라

위방백년(爲邦百年)은 서로 이어 오래 다스림을 말한다. 승잔(勝殘)은 잔인하고 포악한 사람을 교화시켜서 악을 행치 않도록 함이요, 거살(去殺)은 백성들이 선에 교화되어 형살을 쓰지 않아도 됨을 말한다. 아마 예부터 이러한 말이 있었는데, 부자께서 이것을 일컬으셨던 것이다. 정자가 말했다. "한나라는 고조·혜제로부터 문제·경제에 이르기까지 백성들이 순후하여 거의 형벌을 폐하는 데 이르렀으니, 어쩌면 그들이 이에 가까울 것이다."

○윤 씨가 말했다. "승잔(勝殘)과 거살(去殺)은 악을 행치 않는다는 것일 따름이다. 선인의 공이 이와 같다면 성인은 백 년을 기다리지 않더라도 그 교화가 또한 여기에 그치지만은 않을 것이다."

○형살(刑殺) : 사형에 처함.
○고조(高祖, 재위 B.C 206~B.C 195) : 유방(劉邦). 전한(前漢)의 1대 황제.
○혜제(惠帝, 재위 B.C 195~B.C 187) : 유영(劉盈). 전한(前漢)의 2대 황제.
○문제(文帝, 재위 B.C 180~B.C 157) : 유항(劉恒). 전한(前漢)의 5대 황제.
○경제(景帝, 재위 B.C 157~B.C 141) : 유계(劉啓). 전한(前漢)의 6대 황제.
○순후(醇厚) : 순박하고 인정이 두터움.
○서호(庶乎) : 어쩌면. 대개. 추측을 나타내는 부사.

[備旨] 夫子思善人之治에 曰古語에 有云 善人이 相繼爲邦하여 積而至於百年之久면 善政善敎에 感孚已深이요 亦可以勝殘暴之民하여 使不爲惡而去刑殺於不用矣라하니 由今觀之컨대 誠哉라 是言也여 世無善人이어늘 於是言中에 遇善人이요 善人無百年이어늘 於是言中에 見百年이니 爲是言者는 慨與慕與인저 何爲使我로 感懷弗忘也아

부자께서 선인의 다스림을 생각할 적에 말씀하시기를, "옛말에 '선인들이 서로 계속해서 나라를 다스려서 오래도록 백 년의 장구함에 이르면, 선정과 선교에 감격하여 붙좇음이 벌써 대단했을 것이고, 또한 잔포한 백성들을 교화할 수 있어서 그들이 악을 행하지 않도록 하여 형살을 쓰지 않는 데로 떠나가게 할 수 있을 것이다.' 라는 말이 있으니, 지금 살펴보건대 진실하도다, 이 말이여! 세상에 선인이 없는데 이 말 가운데 선인을 만나 볼 수 있고, 선인이 백 년 동안 없었는데 이 말 가운데 백 년을 볼 수 있으니, 이 말은 개탄하고 사모한 것이다. 어찌 해서 나로 하여금 지난 일을 생각하여 잊지 못하도록 하는가?"라고 하셨다.

○적(積) : 오래되다. 장구하다.
○감부(感孚) : 은덕(恩德)에 감격하여 붙좇음. 감부(感孚). '孚'는 '附'와 통함.
○감회(感懷) : 감구지회(感舊之懷)의 준말. ☞감구지회(感舊之懷) : 지난 일을 생각하는 회포.

13 · 12 · 1　子曰 如有王者라도 必世而後仁이니라

공자께서 말씀하셨다. "만일 인의를 갖춘 왕이라도, 반드시 한 세대가 지난 뒤라야 백성들이 어질게 될 것이다."

○여유왕자(如有王者) : 만약 천명을 받아 덕치를 행하는 임금이 있다고 하더라도. '如有'는 '만약 …한다면'이라는 뜻으로 가정을 나타냄. '王者'는 인의(仁義)에 바탕을 둔 왕도(王道)를 의미함. 이 책에서는 처음 나타나는 말이지만「맹자(孟子)」에서는 패자(覇者)와 대립되어 자주 보임. "如有是設若之辭 興道致治之君 不定是革命"
○필세이후인(必世而後仁) : 반드시 한 세대가 지난 뒤에 백성이 어질게 됨[仁化]. 한 세대는 30년을 말함. "而後字有漸漬意 仁訓敎化浹與他處異"

王者는 謂聖人受命而興也라 三十年이 爲一世라 仁은 謂敎化浹也라 程子曰 周自文武로 至於成王而後에 禮樂興하니 卽其效也라
○或問 三年必世는 遲速不同이니 何也오 程子曰 三年有成은 謂法度紀綱이 有成而化行也라 漸民以仁하고 摩民以義하여 使之로 浹於肌膚하고 淪於骨髓하여 而禮樂可興이 所謂仁也니 此는 非積久면 何以能致리오

왕자(王者)는 성인이 천명을 받아서 일으키는 것을 말한다. 30년이 한 세대가 된다. 인(仁)은 교화가 두루 미침을 이른다. 정자가 말했다. "주나라는 문왕·무왕으로부터 성왕에 이른 뒤에 예악이 일어났으니 바로 그것이 효험인 것이다."
　○혹자가 묻기를, "앞 장에서는 3년이면 이룰 수 있다 하고, 이 장에서는 반드시 한 세대가 지나야 된다고 한 것은 더디고 빠름이 같지 않으니 어째서입니까?" 했는데, 정자가 말했다. "3년이면 이룰 수 있다는 것은 법도와 기강이 이루어지고 교화가 시행됨을 말한 것이다. 인으로써 백성을 물들게 하고 의로써 백성을 닦게 하여 그들로 하여금 살과 피부에 두루 미치게 하고 골수에 스며들게 하여 예악이 행해지는 것이 이른바 인이니, 이것은 오래 걸리지 않으면 어떻게 능히 이룰 수

있겠는가?"

○삼년필세(三年必世) : 13·10·1에서 "三年이면 有成이리라"한 것과 13·12·1에서
"必世而後仁이니라"한 것을 줄여서 쓴 말.
○협(浹) : 두루 미치다.
○점(漸) : 물들다. 차츰 나아가다. 점점. 차츰.
○마(摩) : 닦다. 고치다. 새롭게 하다.
○기부(肌膚) : 살과 살갗. 또는 살과 피부.

[備旨] 夫子以王道望天下에 曰世之論治者는 孰不稱王者之仁이리오 然이나 仁未可
以驟致也라 如有王者가 受命而興이라도 必積而至於三十年之久而後에 仁漸義摩하
고 禮陶樂淑하여 敎化浹洽於無間이라야 始可以言仁也라 王道之無近功이 如此하니
豈一時之所致哉아

　부자께서 왕도를 천하에 바랄 적에 말씀하시기를, "세상에서 정치를 논하는 사람은
누구라도 왕자의 인을 일컫지 않겠는가? 그러나 인은 갑자기 이룰 수 없는 것이다. 만
약 왕자가 천명을 받아서 일으키더라도 반드시 쌓여서 30년이라는 오랜 세월이 흐른
뒤에 인에 물들고 의에 닦여지며 예는 도야되고 악은 맑아져서 교화가 흠잡을 데 없는
데까지 두루 미쳐야 비로소 인을 말할 수 있을 것이다. 왕도에는 누구도 공을 바랄 수
없음이 이와 같으니, 어찌 일시에 이룰 수 있겠는가?"라고 하셨다.

○왕도(王道) : 인의(仁義)에 바탕을 둔 정치. ↔패도(覇道).
○무간(無間) : ①빈틈이 없음. ②끊임이 없음. ③흠잡을 데가 없음. ④서로 가까워 틈
이 없음. 아주 친한 사이를 이름. 여기서는 ③의 뜻. 본서 "8·21·1 禹는 吾無間然矣
로다" 참고.
○협흡(浹洽) : 두루 미쳐 젖음. 물이 물건을 적시듯이 어떤 영향이 두루 전하여짐.
「한서(漢書)」"於是敎化浹洽 民用和睦"
○근공(近功) : 공을 바라다. 공을 가까이 하다.

13·13·1 子曰 苟正其身矣면 於從政乎에 何有며 不能正其身
이면 如正人何오

공자께서 말씀하셨다. "참으로 자신을 바르게 한다면 정치에 종사할 적에 무슨 어려움이 있으며, 자신을 바르게 할 수 없다면 어떻게 남을 바르게 할 수 있겠는가?"

○구정기신의(苟正其身矣) : 진실로 자기의 몸을 바르게 한다면. 여기서는 대부(大夫)를 두고 한 말임. "苟是誠 正其身指爲大夫者之身言"
○어종정호하유(於從政乎何有) : 정치하는 데 무슨 문제가 있겠는가? 즉 위로 임금을 돕고 아래로 백성을 바르게 하는 데 아무 문제가 없음. "從政兼正君正民說"
○불능정기신여정인하(不能正其身如正人何) : 자기 자신을 바르게 할 수 없으면서 어떻게 남을 바르게 할 수 있겠는가? 여기서 '人'은 임금과 백성을 가리킴. "二句反言以決上意 人字亦兼君民"

[備旨] 夫子示從政者以端本之化에 曰從政者는 苟能不悖綱常하고 不乖憲度하여 而正其身矣면 則輔上率民하리니 於從政以正人也에 何難之有리오 如不能正其身이면 則未有己不正하고 而能正人者也니 其如正人何哉아 然則從政者는 可不以身爲先務乎아

부자께서 정사에 종사하는 사람이 근본을 바르게 해서 교화해야 한다는 것을 보여줄 적에 말씀하시기를, "정사에 종사하는 사람은 진실로 강상을 어그러지지 않게 하고 법도를 어그러지지 않게 해서 자신의 몸을 바르게 한다면 윗사람을 돕고 백성을 거느리게 될 것이니, 정사에 종사하여 사람들을 바르게 하는 데 무슨 어려움이 있겠는가? 만약에 능히 자신의 몸을 바르게 할 수 없다고 한다면 자기 몸이 바르지 않고 남을 바르게 할 수 있는 사람은 있지 않을 것이니, 그러한 사람이 어떻게 남을 바르게 할 수 있겠는가? 그렇다면 정사에 종사하는 사람은 자신을 먼저 바르게 하는 것을 힘쓰지 않을 수 있겠는가?"라고 하셨다.

○강상(綱常) : 삼강(三綱)과 오상(五常). 삼강은 군신(君臣)·부자(父子)·부부(夫婦)의 도리를 말하고, 오상은 인(仁)·의(義)·예(禮)·지(智)·신(信)을 말함.
○괴(乖) : 어그러지다. 거스르다. 배반하다.
○헌도(憲度) : 법도(法度).

13·14·1 冉子退朝어늘 子曰 何晏也오 對曰 有政이러이다 子曰 其事也로다 如有政인댄 雖不吾以나 吾其與聞之니라

염자가 조정에서 물러 나오자, 공자께서 "어찌하여 늦었는가?" 하고 물으셨다. 대답하기를, "정치적인 일이 있었습니다." 하자, 공자께서 말씀하셨다. "그것은 계 씨 집안의 사사로운 일이었을 것이다. 만일 정치적인 일이 있었다면, 설사 나를 써서 등용해주지 않았을지라도 나도 아마 참여해 들었을 것이다."

○염자(冉子) : 염유(冉有)를 말함. 당시에 계 씨(季氏)의 가신(家臣)이었음.
○퇴조(退朝) : 조정(朝廷)에서 물러남. 여기서는 계 씨의 조(朝)를 말한다. 옛날 천자나 제후가 아니지만 공적인 사무를 다루는 곳을 '朝'라고 했다. "是退自季氏私朝"
○하안야(何晏也) : 어찌하여 그렇게 늦었느냐? 또는 지체했느냐? "晏非日晚 作遲字看"
○유정(有政) : 정치적인 문제가 있었다는 말. "議政於家 本是實話" '政'은 천자나 제후의 정치적 문제. '事'는 개인의 사사로운 문제. 「논어집주(論語集註)」"吳氏曰 政事泛言之則通 別言之則大曰政小曰事 公朝之事曰政 私家之事曰事"
○기사야(其事也) : 계 씨 집안의 개인적인 문제였을 것이라는 말. '其'는 '계 씨'를 가리키고 있음. "在家爲事辨得嚴峻"
○여유정(如有政) : 만약 정치적인 문제였다면. '如'는 '만약'이라는 뜻. "如是設若意"
○수불오이(雖不吾以) : 설사 나를 써주지 않았을지라도. '雖'는 첫번째 일이 있음을 가설하여 두 번째 일이 그 영향을 받지 않음을 지적할 때 쓰임. '不吾以'는 '不以吾'의 도치형. 고대 한문에서는 '不'에 의해서 부정되는 '서술어+목적어' 구조에서는 목적어가 대명사이면 일반적으로 동사의 앞으로 이끌어 내었는데, 이는 고대 문법의 특징이었다.
○오기여문지(吾其與聞之) : 나도 아마 참여하여 들었을 것이라는 말. '其'는 '아마'의 뜻으로 추측을 나타내는 말. "與聞是得其聞意"

冉有는 **時爲季氏宰**라 **朝**는 **季氏之私朝也**라 **晏**은 **晚也**라 **政**은 **國政**이요 **事**는 **家事**라 **以**는 **用也**라 **禮**에 **大夫**가 **雖不治事**라도 **猶得與聞國政**이라 **是時**에 **季氏專魯**하여 **其於國政**에 **蓋有不與同列**하여 **議於公朝**하고 **而獨與家臣**으로 **謀於私室者**라 **故**로 **夫子**가 **爲不知者而言**하시되 **此**는 **必季氏之家事耳**라 **若是國政**이면 **我嘗爲大夫**니 **雖不見用**이나 **猶當與聞**이어늘 **今旣不聞**하니 **則是**는 **非國政也**라 **語意**가 **與魏徵**이 **獻陵之對**로 **略相似**라 **其所以正名分**하고 **抑季氏**하여 **而敎冉有之意**가 **深矣**라

염유는 당시에 계 씨의 가신이었다. 조(朝)는 계 씨의 사사로운 조정이다. 안(晏)은 늦음이다. 정(政)은 국정이요, 사(事)는 집안의 사사로운 일이다. 이(以)는 등용하는 것이다. 예에 대부가 비록 정사를 다스리지 않더라도 국정에 참여하여 들을 수 있다고 했다. 이때 계 씨는 노나라를 마음대로 하여 그들이 국정을 동료

들과 함께 공조에서 의논하지 않고 혼자서 가신들과 사실에서 모의했으므로 부자께서 알지 못하는 것처럼 하면서 말씀하시되, "이는 반드시 계 씨의 가사일 따름이다. 만일 이것이 국정이었다면 나는 일찍이 대부가 되었으니 비록 등용되지는 못했다 하더라도 마땅히 참여하여 들었을 터인데, 지금 듣지 못했으니 이는 국정이 아닌 것이다."라고 하셨다. 말씀한 뜻이 위징이 헌릉에게 대답한 것과 대략 서로 비슷하다. 그것은 명분을 바르게 하고 계 씨를 물리쳐서 염유를 가르치신 뜻이 깊은 것이다.

○동렬(同列) : 동료. 같은 반열(班列). 같은 지위(地位). 또는 같은 지위에 있는 사람.
○'夫子爲不知者而言'은 부자께서 못들은 체하고 지나간다는 말인데 「예기(禮記)」《단궁하(檀弓下)》에 나오는 문세(文勢)와 동일한 모습이다. "孔子之故人은 曰原壤이니 其母死커늘 夫子助之沐槨 原壤이 登木曰 久矣라 予之不託於音也라 歌曰 貍首之斑然이로소니 執女手之卷然이로다 夫子爲弗聞也者하여 而過之하신대(공자의 오랜 친구 원양이란 사람이 있었다. 그의 어머니가 죽으니 공자가 그를 도와 덧늘을 다스렸다. 원양이 덧늘 위에 올라 말하였다. '우리 어머니의 상을 당한지도 오래되었다. 내가 감정을 음률에 기탁하지 못한 지도 또한 오래되었다.' 하고 노래 부르기를, '너구리의 머리처럼 나무의 무늬는 아롱지구나. 여인의 손을 잡은 것처럼 나무는 윤택하고도 매끄럽구나.'라고 하였다. 공자가 못들은 척하고 지나가니 수행하던 사람이 말하였다.)"
○위징(魏徵, 580~643) : 당(唐)나라 태종(太宗) 때의 명신. 곡성(曲城) 사람. 자는 현성(玄成). 간의대부(諫議大夫) 등을 역임하고 정국공(鄭國公)에 봉해짐. 직언을 잘하여 태종이 경외하였으며, 오대사(五代史) 편찬 때 수서(隋書)를 주관하였음.
○헌릉지대(獻陵之對) : 당(唐)나라 태종(太宗)이 그의 부인 문덕황후(文德皇后)가 죽자, 정원에 층대를 만들어 누각에서 황후의 소릉(昭陵)을 바라볼 수 있도록 했는데, 어느 날 위징(魏徵)을 데리고 올라가 보라고 하자 소릉은 보이지 않고, 태종 어머니 능 헌릉(獻陵)만 보인다고 해서, 태종이 눈물을 삼키고 누각을 헐어버렸다는 고사. 「논어집주(論語集註)」"唐書魏徵傳 文德皇后 旣葬 帝卽苑中作層 觀以望昭陵 引徵同升徵熟視曰 臣昏眊不能見 帝指示之 徵曰臣以爲陛下望獻陵 昭陵則臣固見之矣 帝泣爲毀觀"

[備旨] 冉有爲季氏宰라 自其私朝而退하여 來見夫子어늘 夫子問之에 曰退朝는 自有常期어늘 今日에 何若是之晏也오하시니 冉有對에 曰朝有國政하여 相與議之故로 不覺其退之晏耳라 夫子諷之에 曰此는 必季氏之家事也로다 如有國政인댄 則事出於公이니 必於公朝議之라 吾嘗從大夫之後할새 雖不吾以而見用이나 吾其當與聞之라 何其宜聞而不聞也오 今旣不聞이면 則非國政을 可知矣라 夫子辨政事之名이 如此하시니 所以抑季氏하여 而敎冉有者가 不亦深乎아

염유는 계 씨의 가신이었다. 그가 사사로운 조정에서 물러나서 부자께 와서 뵙기에 부자께서 물을 적에 말씀하시기를, "조정에서 물러나는 것은 원래 항상 정해진 때가 있는 법인데 오늘은 어찌 이처럼 늦었느냐?"라고 하시니, 염유가 대답할 적에 말하기를, "조정에서 국정이 있어서 서로 더불어 의논했기 때문에 그만 물러나야 할 시간이 늦은 것도 깨닫지 못했을 뿐입니다."라고 했다. 부자께서 넌지시 나무라면서 말씀하시기를, "이는 반드시 계 씨의 가사였을 것이다. 만약 국정이 있었다면 일이 관청으로부터 나왔을 것이니 반드시 공조에서 의논했을 것이다. 내 일찍이 대부의 뒤를 좇았기 때문에 비록 나를 써서 등용해 주는 경우를 보지 못했지만, 나도 아마 마땅히 참여하여 들었을 것이다. 어째서 마땅히 들어야 했을 터인데 듣지 못했는가? 지금 듣지 못했다고 한다면 국정이 아니라는 것을 알 수 있다."라고 하셨다. 부자께서 국정과 가사의 명분을 분별함이 이와 같으셨으니, 계 씨를 물리쳐서 염유를 가르친 것이 또한 깊지 아니한가?

○풍유(諷諭) : 슬며시 나무라며 타이름.
○명목(名目) : 구실이나 이유.
○공청(公廳) : 관아(官衙). 관청(官廳).

13·15·1 定公이 問一言而可以興邦이라하나니 有諸잇가 孔子對曰 言不可以若是其幾也어니와

정공이 묻기를, "한 마디 말로 나라를 일으킬 수 있다고 하는데, 그런 일이 있습니까?" 하니, 공자께서 대답해 말씀하시기를, "말이란 이와 같이 기대할 수는 없거니와,

○정공(定公, B.C 509~B.C 494) : 노(魯)나라 임금. 15년 동안 재위함.
○일언이가이흥방(一言而可以興邦) : 한 마디 말을 해서 나라를 일으키다. '興邦'은 나라가 이것을 좇아서 다스린다는 뜻. "一言是一句之言 興邦是國從此而治意"
○유저(有諸) : 그런 일이 있습니까? '諸'는 '之乎'를 줄인 말. "是問有此理也"
○언불가이약시기기야(言不可以若是其幾也) : 한 마디 말이란 이와 같이 기대하기는 어렵다는 말. ☞가이(可以) : …할 수 있다. 조동사로서 허가나 가능을 나타냄. 허가·가능을 나타내는 조동사 '可'와 이유·조건·수단·도구·원인 등을 나타내는 전치사 '以'가 결합하여 하나의 조동사로 굳어진 것이다. ☞약시(若是) : 이와 같다. 이렇게 되면.

윗 문장을 대신하여 어떤 상황을 나타내며, 대부분 주어 앞으로 도치됨. '若是其幾也'는 '其幾也若是'의 도치문. "言卽一言 若是指興邦 幾是期必"

幾는 期也라 詩에 曰如幾如式이라하니 言一言之間에 未可以如此而必期其效라

기(幾)는 기대함이다. 시에 '기약한 시기와 같게 하고 법식과 같게 한다.'라고 했으니, 한 마디 말 사이에서 이와 같이 그 효과를 반드시 기대할 수 없다는 것을 말씀한 것이다.

○기(幾) : 기약하다. 반드시 그럴 것이라고 확정적으로 믿는 것. 기대하다. 바라다. 바라보다. 본질에 접근하다. 등의 의미로 쓰임.
○여기여식(如幾如式) : 《소아(小雅) 초자편(楚茨篇)》에 나오는 내용. 이 노래는 추수가 끝난 다음, 일가들이 종가 사당에 모여 제사지내며 불렀던 노래.

[備旨] 定公이 問於孔子에 曰善言은 固足以資治也라 然이나 有不出於一言하여 而可以期興邦之效니 果有諸否乎잇가하니 孔子對曰 一言은 至微也요 興邦은 大效也니 一言之間에 不可以若是其幾必興邦之效也라

정공이 공자에게 물을 적에 말하기를, "좋은 말은 진실로 족히 다스림에 도움을 줄 수 있습니다. 그러나 한 마디 말을 해서 나라를 일으킬 수 있는 효과를 기대할 수는 없을 터인데, 과연 그런 일이 있습니까? 그렇지 않습니까?"라고 하니, 공자께서 대답할 적에 말씀하시기를, "한 마디 말이란 지극히 작은 것이고 나라를 일으키는 것은 큰 효험이니, 한 마디 말을 하는 사이에 이와 같이 나라를 일으키는 효과를 기대할 수는 없을 것입니다.

○기필(幾必) : 반드시. 틀림없이. 기필(期必).

13·15·2 人之言에 曰 爲君難하며 爲臣不易(이)라하나니

사람들의 말에 '임금 노릇하기도 어려우며 신하 노릇하기도 쉽지 않다.'고 하였으니,

○인지언(人之言) : 당시 사람들이 평소에 하는 말. "人言是時人言語"
○위군난(爲君難) : 임금이 되기도 어려움. 임금 역할을 하기가 어렵다는 말. "難自責任之重上見"
○위신불이(爲臣不易) : 신하 되기도 어려움. 임금을 돕는 신하 역할을 하기도 어렵다는 말. "不易自輔君以難上見"

當時에 有此言也라

당시에 이런 말이 있었다.

[備旨] 然이나 亦有之人之言에 曰爲君者는 上係天命之去留하고 下係人心之離合하니 其統理之責이 蓋甚難也요 爲臣者는 天命은 賴以其永하고 人心은 賴以其保하니 其輔理之責이 亦不易也라하니 時人之言이 如此니이다

그러나 또한 사람들의 말에 '임금이 된 사람은 위로는 천명의 떠남과 머묾에 달려 있고 아래로는 인심이 떠남과 합침에 달려 있으니, 그 통솔의 책임이 대개 심히 어렵고, 신하가 된 사람은 천명은 그 영원을 힘입어야 하고 인심은 그 보전을 힘입어야 하니, 그 돕거나 다스리는 책임이 또한 쉽지 않다.'고 했으니, 당시 사람들의 말이 이와 같습니다.

○거류(去留) : 떠나거나 머묾.
○통리(統理) : 전체를 거느림. 통령(統領). 통치(統治).
○보리(輔理) : 돕고 다스림. 도와서 다스림.

13 · 15 · 3 如知爲君之難也인댄 不幾乎一言而興邦乎잇가

만일 임금 노릇하기가 어려움을 안다면, 한 마디 말로 나라를 흥하게 하는 데 기대할 수 있지 않겠습니까?

○여지위군지난야(如知爲君之難也) : 만약 임금 노릇하기가 어렵다는 것을 안다면. "如字根人言來 知字重看知其難 則知所謹矣"
○불기호일언이흥방호(不幾乎一言而興邦乎) : 한 마디 말로 나라를 흥하게 하는 데 기약하지 못하겠는가? "不幾乎如云不亦可期必乎 興邦只是說興邦之原在此"

因此言하여 而知爲君之難이면 則必戰戰兢兢하고 臨深履薄하여 而無一事之敢忽
이리니 然則此言也가 豈不可以必期於興邦乎아 爲定公言이니 故로 不及臣也시니라

이 말로 인하여 임금 노릇하기가 어려운 줄 알게 되면, 반드시 두려워하고 조심
하여 깊은 못에 임하듯 엷은 얼음을 밟듯이 하여 한 가지 일이라도 감히 소홀하
게 함이 없을 것이니, 그렇다면 이 말이 어찌 나라를 흥하게 하는 데 꼭 충분하지
않겠는가? 정공을 위해서 말했으므로 신하에 대해서는 언급하지 않으신 것이다.

○전전긍긍(戰戰兢兢) : 두려워하고 경계하는 마음.《소아(小雅) 소민편(小旻篇)》“戰戰
兢兢 如臨深淵 如履薄氷” 이를「시경집전(詩經集傳)」에서는, ‘戰戰은 恐也요 兢兢은
戒也라 如臨深淵은 恐隊也요 如履薄氷은 恐陷也라’고 풀었다.

[備旨] 夫所謂爲君難者는 固一言耳라 如使爲君者가 因此言하여 而知爲君之難也면 則
必戰兢以圖하여 不敢怠忽이라 由是로 而天命固하고 人心歸하리니 不幾乎爲君難之一言
으로 而可以興邦乎아

이른바 임금 노릇하기가 어렵다는 것은 본래 한 마디의 말일 따름입니다. 만약 임금
노릇하는 사람이 이렇게 한 말을 통해서 임금 노릇하기가 어렵다는 것을 안다면, 반드
시 두려워하고 경계하는 마음을 도모하여 감히 태만하거나 소홀하게 하지 않을 것입니
다. 이로 말미암아 천명은 견고해지고 인심은 돌아오게 될 것이니, 임금 노릇하기가 어
렵다는 한 마디 말로써 나라를 흥하게 하는 데 기대할 수 있지 않겠습니까?

○여사(如使) : 만일 …한다면.

13·15·4 曰一言而喪邦이라하나니 有諸잇가 孔子對曰 言不可以
若是其幾也어니와 人之言에 曰 予無樂乎爲君이요 唯其言而莫
予違也라하나니

정공이 말하기를, “‘한 마디 말로 나라를 잃을 수 있다.’ 하니, 그러한 일이 있습
니까?” 하니, 공자께서 대답하시기를, “말이란 이와 같이 기대할 수는 없거니와 사
람들 말에 ‘나는 임금 노릇하는 데는 즐거움이 없고, 오직 내가 한 말에 대해서 반
대하지 않는 것이 즐겁다.’ 했으니,

○일언이상방유저(一言而喪邦有諸) : 한 마디 말로 나라를 잃을 수 있다는 것이 있는가? ☞상방(喪邦) : 나라를 잃음. 나라가 망함. ☞유저(有諸) : 그런 것이 있는가? '諸'는 '之乎'의 준말이며 '之'는 대명사로서 '一言而可以興邦'을 가리킴. "喪邦是亡國"

○언불가이약시기기야(言不可以若是其幾也) : 한 마디 말이란 이와 같이 기대하기는 어렵다. ☞가이(可以) : …할 수 있다. 조동사로서 허가나 가능을 나타냄. 허가·가능을 나타내는 조동사 '可'와 이유·조건·수단·도구·원인 등을 나타내는 전치사 '以'가 결합하여 하나의 조동사로 굳어진 것이다. ☞약시(若是) : 이와 같다. 이렇게 되면. 윗 문장을 대신하여 어떤 상황을 나타내며, 대부분 주어 앞으로 도치됨. '若是其幾也'는 '其幾也若是'의 도치문. "此句與上有別 上云徒以一言便欲興邦 何易視興邦如此 此云一言卽便喪邦 恐亦未必如此"

○무락호위군(無樂乎爲君) : 임금 노릇하는 데 즐거움이 없다. 즉 임금 노릇하기가 어렵다는 말. "無樂爲君 以君任至重 君道難盡言"

○유기언(唯其言) : 오직 내 말에 대해서. 즉 임금이 내리는 조고(詔誥)나 호령(號令) 따위. '其'는 임금 자신을 가리킴. "唯是獨 其言凡君之詔誥號令皆是"

○막여위야(莫予違也) : 나를 어기지 않음. 내가 한 말에 대해 반대하지 않는다는 뜻. '莫予違也'는 '莫違予也'의 도치형. 고대 한문에서는 '莫'에 의해서 부정되는 '서술어＋목적어' 구조에서는 목적어가 대명사이면 일반적으로 동사의 앞으로 이끌어 내었는데, 이는 고대 문법의 특징이었다. "莫予違是奉行而不敢悖意 兼臣民言"

言他無所樂이요 **惟樂此耳**라

　다른 것은 즐거울 것이 없고, 오직 이것을 즐거워할 뿐이라는 말이다.

[備旨] 定公又問에 曰言固足以僨事也라 然이나 有不出於一言하여 而卽至喪邦者니 果有諸否乎잇가하니 孔子對曰一言은 至微也요 喪邦은 大禍也니 一言之間에 不可以若是其幾於喪邦之禍也라 然이나 亦有之人之言에 曰君任至重하니 予無樂乎其爲君也요 唯其言一出而臣民이 欽若하여 莫敢於予에 而或違也라하나니 此則爲君之樂耳라 時人之言이 如此니이다

　정공이 또 물을 적에 말하기를, "말이란 진실로 족히 일을 그르칠 수 있습니다. 그러나 한 마디 말을 해서 곧 나라를 잃어버리는 데까지는 이를 수는 없을 터인데, 과연 그런 일이 있습니까? 그렇지 않습니까?"라고 하니, 공자께서 대답할 적에 말씀하시기를, "한 마디 말이란 지극히 작고 나라를 잃어버림은 큰 재앙이니, 한 마디 말 사이에

이같이 나라를 잃어버리는 재앙까지 기대할 수는 없을 것입니다. 그러나 또한 사람들의 말에 '임금의 책임은 지극히 중하니, 나는 임금 노릇하는 데 즐거움이 없고, 오직 내가 말을 한 번 내었을 적에 신민이 공경하고 순종하여 감히 나에게 아무도 반대하지 않는 데 즐거움이 있다.'함이 있으니, 이것이 곧 임금의 즐거움이 될 따름입니다. 당시 사람들의 말이 이와 같습니다.

○분사(僨事) : 일을 그르침. 「대학(大學)」"傳 9·3 一家仁이면 一國興仁하고 一家讓이면 一國興讓하고 一人貪戾하면 一國作亂하나니 其機如此라 此謂一言이 僨事하며 一人이 定國하나라"
○흠약(欽若) : 공경하여 순종함.

13·15·5 如其善而莫之違也인댄 不亦善乎잇가 如不善而莫之違也인댄 不幾乎一言而喪邦乎잇가

만일 그 말이 옳아서 아무도 반대하지 않는다면, 또한 좋은 일이 아니겠습니까? 만일 옳지 않는데도 반대하지 않는다면, 한 마디 말로 나라를 멸망시키는 데 충분한 말이 아니겠습니까?"

○여기선(如其善) : '如'는 만약. '善'은 백성들에게 유익하고 나라에 이익이 되는 것. "如是設若之辭 善是有益於生民 有利於社稷"
○이막지위야(而莫之違也) : 어기지 않음. 신하들이 공경하여 따름. '莫之違也'는 '莫違之也'의 도치형. 본서 13·15·4의 설명 참고. "指臣下欽承說"
○불역선호(不亦善乎) : 또한 좋지 아니한가? 백성들은 복을 받고 나라는 평안을 얻음. "是民生受其福 社稷得其安 豈不是好事"
○여불선(如不善) : 여(如)는 만약. 불선(不善)은 백성들과 나라에 해가 되는 것. "不善是言之有害於生民社稷"
○불기호일언이상호(不幾乎一言而喪邦乎) : 한 마디 말로 나라에 화란(禍亂)이 일어나서 어려움에 처하게 된다는 뜻. "喪邦就禍亂將作上說"

范氏曰 如不善而莫之違면 則忠言이 不至於耳하여 君日驕而臣日諂하리니 未有不喪邦者也라 謝氏曰 知爲君之難이면 則必敬謹以持之요 惟其言而莫予違면 則讒諂面諛之人이 至矣리니 邦未必遽興喪也로되 而興喪之源이 分於此라 然이나

此는 非識微之君子면 何足以知之리오

범 씨가 말했다. "만일 옳지 않은데도 반대하지 않는다면, 충성스런 말이 임금의 귀에 이르지 않아 임금은 날로 교만해지고 신하는 날로 아첨할 것이니, 그렇게 하면서도 나라를 잃지 않는 자는 있지 않을 것이다." 사 씨가 말했다. "임금 노릇하기가 어렵다는 것을 알면 반드시 경근을 지킬 것이요, 오직 말을 했을 적에 아무도 자기 말을 반대하지 않는다면 참소하고 모함하며 면전에서 아첨하는 사람들이 이를 것이니, 나라가 반드시 갑자기 흥하거나 망하지는 않겠지만 흥망의 근원이 여기에서 나누어질 것이다. 그러나 이것은 은밀한 기미를 분별하는 군자가 아니면, 어찌 알 수 있겠는가?"

○경근(敬謹) : 공경하고 삼감.
○참함(讒陷) : 참소하고 모함함. 참소하여 죄에 빠뜨림.
○면유(面諛) : 면전에서 아첨함. 「맹자(孟子)」《고자하(告子下)》 "讒諂面諛之人至矣"
○흥상(興喪) : 흥하고 망함.

[備旨] 夫所謂言莫予違者는 固一言耳라 如使爲君者가 出其言善하여 而臣下莫之違也면 則都兪於一堂者가 皆保定之謀니 不亦善乎아 如出言不善이로되 而臣下가 亦莫之違也면 則忠言不至하여 君驕臣諂하리니 不幾乎莫予違之一言으로 而可以喪邦乎잇가 是則邦不自興也니 興於君心一念之敬이요 邦不自喪也니 喪於君心一念之肆니 凡有邦之責者는 其亦可以悟矣라

이른바 말을 하면 아무도 나를 반대하지 않는다는 것은 진실로 한 마디 말일 따름입니다. 만일 임금이 된 사람이 자기가 말을 내었을 적에 옳다고 해서 신하들이 반대하지 않는다면, 당에서 찬성한 사람들이 모두 보호해서 편안하게 해주려고 도모할 것이니 또한 좋지 않겠습니까? 만약 말을 내는 것이 옳지 않은데도 신하가 또한 반대하지 않는다면, 충언이 이르지 않아서 임금은 교만해지고 신하는 아첨하게 될 것이니, 아무도 내가 한 말에 대해서 반대하지 않는 한 마디 말로 나라를 멸망시키는 데 충분하지 않겠습니까? 곧 나라는 스스로 일어날 수 없으니 임금의 마음은 공경한다는 하나의 마음에서 일어나고, 나라는 스스로 멸망시킬 수 없으니 임금의 마음은 방자하다는 하나의 마음에서 일어나는 것이니, 무릇 나라를 책임지고 있는 사람은 그들 또한 깨달아야 할 것입니다."라고 하셨다.

○당(堂) : 임금이 제사를 받들고 예를 행하며 정사를 보는 곳. 명당(明堂). 관리들이

사무를 보는 곳.

○도유(都兪) : 찬성하다. 도유우불(都兪吁咈)의 준말. ☞도유우불(都兪吁咈) : 4자 모두
‘아!’ 하는 감탄의 소리. ‘都’와 ‘兪’는 ‘찬성[可]’을 뜻하고, ‘吁’와 ‘咈’은 ‘반대[否]’를 뜻
함. 인신하여, 임금과 신하가 정사를 논하고 문답하는 것이 조화롭고 화목함을 형용함.

○보정(保定) : 보호하여 편안하게 함. 무사안태(無事安泰).

○사(肆) : 방자(放恣)하다. 제멋대로 하다.

13·16·1　葉(섭)公이　問政한대　子曰　近者說(열)하며　遠者來니라

섭공이 정치에 대해 묻자, 공자께서 말씀하셨다. “가까이 있는 자들이 기뻐하도
록 해야 하며, 먼 곳에 있는 자들이 찾아오도록 해야 한다.”

○문정(問政) : 백성을 복종하도록 하는 뜻을 구함. “問政有求服於民之意”

○섭공(葉公) : 초(楚)나라 섭현(葉縣)의 영(令). 심제량(沈諸梁). 성이 ‘심’이고 이름이
‘제량’이다. ‘葉’은 인명이나 지명으로 읽을 적에는 입성(入聲)으로서 ‘섭’으로 읽음. 본
서 7·18·1에 섭공에 대한 내용이 조금 나옴.

○근자열(近者說) : 가까이 사는 백성들이 기뻐함. ‘說’은 ‘悅’과 통함. “近者是邑內之民
悅必有所以悅處”

○원자래(遠者來) : 멀리 사는 백성들이 찾아옴. “遠者是邑外之民 來必有所以來處”

○위 본문에서 생긴 말이 열근래원(悅近來遠)이다. ☞열근래원(悅近來遠) : 가까이 있는
자를 열복(悅服)하게 하고, 멀리 있는 자를 와서 귀의(歸依)하게 함.

被其澤則說하고　**聞其風則來**라　**然**이나　**必近者說而後**에　**遠者來也**니라

그들이 은택을 입으면 기뻐하고 그들이 소문을 들으면 올 것이다. 그러나 반드
시 가까이 있는 자들이 기뻐한 뒤에야 먼 곳에 있는 자들이 올 것이다.

[備旨] 楚葉公이 問政於夫子한대 夫子告之에 曰爲政은 以得民爲貴니 必使近者之民으
로 咸被吾澤하여 而有歡悅之心하고 使遠者之民으로 皆聞吾風하여 而有來歸之心이면 則
可謂爲政矣라 公은 亦思所以悅之來之가 可也니라

초나라 섭공이 정치를 부자께 여쭈어 보았는데, 부자께서 깨우쳐 줄 적에 말씀하시

기를, "정치를 한다는 것은 백성을 얻는 것을 귀하게 여기니, 반드시 가까운 백성들로 하여금 모두 나의 은택을 입게 해서 기뻐하는 마음을 갖게 하고, 먼 곳의 사람들로 하여금 모두 나의 풍문을 듣게 해서 돌아오는 마음을 갖게 하면, 가히 정치를 한다고 이를 만하다. 섭공은 또한 기뻐하게 하고 돌아오게 하는 까닭을 생각해 보는 것이 좋을 것이다."라고 하셨다.

13·17·1 子夏가 爲莒父(보)宰하여 問政한대 子曰 無欲速하며 無見小利니 欲速則不達하고 見小利則大事不成이니라

자하가 거보의 읍장이 되어 정치에 대해 묻자, 공자께서 말씀하셨다. "속히 하려고 하지 말고 조그만 이익을 탐내지 말 것이니, 속히 하려고 하면 달성하지 못하고 조그만 이익을 탐내면 큰일을 이루지 못할 것이다."

○위거보재(爲莒父宰) : 거보의 읍장이 되다. 남자를 높여 부를 때 '父'의 독음은 '보'임. ☞거보(莒父) : 노(魯)나라의 읍명(邑名). 현재 산동성(山東省) 거현(莒縣). ☞재(宰) : 읍재(邑宰). 읍장(邑長). "宰是邑長"
○문정(問政) : 읍을 다스리는 데 대해 물음. "政是治邑之政"
○무욕속(無欲速) : 빨리 행하려는 마음이 없어야 함. "兩無字是戒之之辭 欲速是躁心"
○무견소리(無見小利) : 조그만 욕심으로 마음이 좁아지면 안 됨. "見小利是狹心"
○욕속즉부달(欲速則不達) : 빨리 행하고자 하면 도달하지 못함. "不達是限於時勢 而難通正明 不可欲速意"
○견소리즉대사불성(見小利則大事不成) : 조그만 이익을 보면 큰일을 이루지 못함. "大事是有利於天下後世之功績 不成是廢弛正命 不可見小利意"

莒父(보)는 魯邑名이라 欲事之速成이면 則急遽無序하여 而反不達이요 見小者之爲利면 則所就者小하고 而所失者大矣리라 程子曰 子張이 問政에는 子曰 居之無倦하며 行之以忠이라하시고 子夏가 問政에는 子曰 無欲速하며 無見小利라하시니 子張은 常過高而未仁하고 子夏之病은 常在近小니 故로 各以切己之事로 告之시니라

거보는 노나라 읍명이다. 일을 빨리 이루려고 하면 황급하고 순서가 없어서 도리어 달성하지 못할 것이고, 조그만 이익을 보면 이루는 것은 적고 잃는 것은 많을 것이다. 정자가 말했다. "자장이 정치에 대해 물었을 적에는 공자께서 정사를

마음에 두어서 게으름이 없어야 할 것이라고 하셨고[본서 12·14·1], 자하가 정치에 대해 물었을 적에는 속히 하려고 하지 말며 작은 이익을 보지 말라고 하셨으니, 자장은 언제나 지나치게 높아서 어질지 못하였고 자하의 잘못은 항상 천근하고 작은 데 있었으니, 그러므로 각각 자신에게 절실한 일로써 깨우쳐 주신 것이다.”

○급거(急遽) : 황급함. 절박함.
○천근(淺近) : 천박하고 비속(卑俗)함.

[備旨] 子夏가 爲莒父之宰하여 乃問政於夫子한대 夫子告之에 曰爲政에 有二弊하니 方爲其事에 旋責其效면 是爲欲速이니 子必無欲速하며 狃於淺近하여 以爲便圖면 是爲見小利니 子必無見小利라 蓋爲養爲敎에 凡事有自然之次第하고 有遠大之規模라 若欲事之速成이면 則刻期且夕하여 先後失序하여 而政不達하고 見小者之爲利면 則貪於尺寸하여 忘其遠圖하여 而大事不成이라 此所以不可欲速이요 不可見小利也라 子爲政에 其可不以遠大爲務하고 而以近小爲戒乎아

자하가 거보의 읍장이 되어 비로소 부자께 정치에 대하여 물었는데, 부자께서 깨우쳐 줄 적에 말씀하시기를, “정치를 할 적에 두 가지 폐단이 있으니, 바야흐로 그 일을 행할 적에 금세 그 효과를 바란다면 이는 속히 이루려는 것이니 너는 반드시 속히 이루려고 하지 말아야 할 것이며, 천하고 속된 데 얽매여서 편안을 도모한다면 이는 조그만 이익을 탐내는 것이니 너는 반드시 조그만 이익을 탐내지 말아야 할 것이다. 대개 기르거나 가르칠 적에는 무릇 일에 자연스러운 차례가 있고 원대한 규모가 있다. 만약 일을 빨리 이루려고 한다면 각박하게 짧은 시간을 기약해서 선후에 대한 차례를 잃어서 정치를 달성하지 못할 것이고, 조그만 이익을 탐내면 작은 데 탐을 내어 멀리 도모할 것을 잊어버려서 큰일을 이루지 못할 것이다. 이것이 속히 해서 안 되고 조그만 이익을 탐내어서도 안 되는 까닭이다. 자네는 정치를 행할 적에 멀고 큰일에 힘을 쓰고 가깝고 조그마한 일에 경계하지 않을 수 있겠는가?”라고 하셨다.

○선(旋) : 금세[疾也]. 갑자기. 오래지 않아.
○책(責) : 요구하다. 강요하다. 바라다.
○천근(淺近) : 천박하고 비속(卑俗)함. 천하고 속됨.
○뉴(狃) : 얽매이다. 구애받다.
○단석(且夕) : 짧은 시간. 낮이나 밤이나. 늘. 항상.

13・18・1 葉(섭)公이 語孔子曰 吾黨에 有直躬者하니 其父攘羊이어늘 而子證之하나이다

섭공이 공자에게 아뢰면서 말했다. "우리 마을에 바른 도리로 처신하는 사람이 있는데, 자기 아버지가 양을 훔치자 자식이 증언했습니다."

○섭공(葉公) : 초(楚)나라 섭현(葉縣)의 영(令). 심제량(沈諸梁). 성이 '심'이고 이름이 '제량'이다. '葉'은 인명이나 지명일 적에는 입성(入聲)으로서 '섭'으로 읽음.
○어공자(語孔子) : 섭공이 공자에게 아뢰다. 공자에게 고하다. "語告也"
○오당(吾黨) : 우리 마을. ☞당(黨) : 마을. 지방 구획의 명칭. ☞주(周)나라 제도에서 25가(家)를 '여(閭)'라 하고, 4려(閭)를 '족(族)'이라 했다. 5백 집을 '당(黨)'이라 하고, 2천 5백 집을 '주(州)'라 하며, 1만 2천 5백 집을 '향(鄉)'이라고 했다. "吾黨指葉黨言"
○유직궁자(有直弓者) : 바른 도리로만 처신하는 사람이 있음. '有~者'는 어떤 행위를 나타낼 때 쓰는 관용구. ☞직궁(直躬) : 바른 도리로만 처신함. 곧이곧대로 처신함. ☞ 직궁증부(直躬證父) : 직궁이 양을 훔친 아버지의 증인으로 나섬. 춘추(春秋) 때 초(楚)나라의 직궁(直躬)이 남의 양을 훔친 아버지의 증인이 되어 죄를 밝혔다는 고사.「여씨춘추(呂氏春秋)」"楚有直躬者 其父竊羊而謁之上 上執而將誅矣 直躬者 請代之將誅矣 告吏曰 父竊羊而謁之 不亦信乎 父誅而代之 不亦孝乎 信且孝而誅之 國將有不誅者乎 荊王聞之 乃不誅也 孔子聞之曰 異哉 直躬之爲信也 一父而再取名焉 故直躬之信 不若無信也" 또 다른 해석으로 궁(躬)을 사람 이름으로 보고 정직하기로 유명한 사람이기에 직궁(直躬)으로 본다는 설도 있다.
○기부양양(其父攘羊) : 자기 아버지가 양을 훔침. '攘'이란 어떤 물건이 저절로 와서 취한 것. "攘是物自來而因以取之"
○이자증지(而子證之) : 자식이 아버지가 양을 훔친 것을 증언함. "證之是證其父之攘羊"

直躬은 直身而行者라 有因而盜曰攘이라

직궁(直躬)은 몸을 곧이곧대로 해서 행동하는 것이다. 원인이 있어서 훔친 것을 '攘'이라고 한다.

[備旨] 葉公이 語於孔子에 曰自直道之不行으로 人多私其所好니이다 今吾黨之中에 有直躬而行者하니 其父攘人之羊이어늘 而其子乃從而證之하나이다 夫親은 莫親於父로되

猶且無隱이 如此면 則其直을 可知矣라

섭공이 공자에게 아뢸 적에 말하기를, "스스로 바른 도리를 행치 않으므로 사람들이 자기가 좋아하는 것을 사사로이 하는 경우가 많습니다. 지금 우리 마을 가운데 바른 도리로만 처신해서 행동하는 사람이 있는데, 자기 아버지가 남의 양을 훔치자 자기 자식이 따라가서 증언했습니다. 무릇 친하기로 말하면 아버지보다 친해야 하는 것이 없겠지만, 오히려 숨겨주지 않음이 이와 같다면 그 정직함을 알 만할 것입니다."라고 했다.

13·18·2 孔子曰 吾黨之直者는 異於是하니 父爲子隱하며 子爲父隱하나니 直在其中矣니라

공자께서 말씀하셨다. "우리 마을의 정직한 자는 이와 다르니, 아버지는 자식을 위해 숨겨주며 자식은 아버지를 위해 숨겨주니, 정직함이 그 가운데 있습니다."

○오당지직자(吾黨之直者) : 우리 노(魯)나라 마을의 정직한 사람. "吾黨指魯黨言"
○이어시(異於是) : 아버지가 양을 훔친 것을 증언해서 정직하다고 하는 사람과는 다르다. "言不同於證父攘羊之直"
○부위자은(父爲子隱) : 아버지가 자식을 위해 숨겨주다. 이 안에 의방(義方)의 훈계가 들어 있다. ☞의방(義方) : 가정에서 덕의(德義)의 교훈. 가덕(家德). 가헌(家憲). "爲字有委曲意 此隱內 亦有義方之訓 但不以聞於人"
○자위부은(子爲父隱) : 자식이 아버지를 위해서 숨겨주다. 이 안에는 기간(幾諫)의 도가 들어있다. ☞기간(幾諫) : 감정을 상하지 않도록 은근하게 간함. "爲父隱便見不證父意 此隱內 亦有幾諫之道 但不以播於人"

父子相隱은 天理人情之至也라 故로 不求爲直이로되 而直在其中이라 謝氏曰 順理爲直이니 父不爲子隱하고 子不爲父隱이면 於理에 順耶아 瞽瞍殺人이어든 舜竊負而逃하여 遵海濱而處리라 當是時에 愛親之心이 勝이니 其於直不直에 何暇計哉리오

아버지와 자식이 서로 숨겨주는 것은 천리와 인정의 지극함이다. 그러므로 정직을 행하기를 구하지 않아도 정직이 그 가운데 있는 것이다. 사 씨가 말했다. "이치를 따르는 것이 정직이니, 아버지는 자식을 위해 숨겨주지 않고 자식은 아버지를

위해 숨겨주지 않는다면 이치에 따르는 것이겠는가? 고수가 사람을 죽였다고 한 다면 순임금은 몰래 아버지를 업고 도망쳐서 바닷가를 따라 거처하면서 살았을 것이다. 이때는 어버이를 사랑하는 마음이 많았을 터인데, 자신이 정직한지 정직 하지 않는지 어느 겨를에 따지겠는가?"

○고수(瞽瞍) : 순(舜)임금의 아버지. 어리석어 선악의 판단을 하지 못했으므로, 그때 사람들이 이렇게 불렀다고 함. 진짜 소경이었기 때문에 '瞽瞍'라고 했다는 설도 있음. 이에 관한 내용은 「맹자(孟子)」《진심상(盡心上)》참고.
○준(遵) : 따르다[循也].

[備旨] 孔子曰 吾黨所謂直者는 則異於是라 子或有過也라도 而父且爲子隱하여 不以聞 之於人하며 父或有過也라도 而子亦爲父隱하여 不以聞之於人이라 夫相隱이 若非直也나 然이나 父子相隱은 於天理爲順이요 人情爲安이니 雖不求爲直이나 而直在其相隱之中矣 라 若父子相證이면 則是는 拂乎天理人情矣니 豈得爲直哉아

공자께서 말씀하시기를, "우리 마을에서 정직한 사람이라고 이르는 자들은 이와 다 릅니다. 자식이 혹 허물이 있더라도 아버지가 또한 자식을 위해 숨겨줘서 남에게 들리 지 않도록 하며, 아버지가 혹시 허물이 있더라도 자식이 또한 아버지를 위해서 숨겨줘 서 남에게 들리지 않도록 합니다. 무릇 서로 숨겨주는 것이 정직하지 않은 것 같지만 아버지와 자식이 서로 숨겨주는 것은 천리에 순종하는 것이고 인정상 편안하게 하는 것이니, 비록 정직이라고 하는 것을 구하지 않았으나 정직은 그들이 서로 숨겨주는 가 운데 있습니다. 만약 아버지와 자식이 서로 증언한다면, 이는 천리와 인정에 어긋나는 것이니, 어찌 정직하다 할 수 있겠습니까?"라고 하셨다.

○불(拂) : 어긋나다. 거스르다. 어기다.

13·19·1 樊遲問仁한대 子曰 居處恭하며 執事敬하며 與人忠을 雖之夷狄이라도 不可棄也니라

번지가 인을 행하는 방법에 대해 묻자, 공자께서 말씀하셨다. "거처할 적에는 공 손하게 하며, 일을 집행할 적에는 공경스럽게 하며, 사람과 사귈 적에는 충성되게 해야 하는 것을 비록 오랑캐의 나라에 가더라도 버리지 않도록 해야 한다.

○문인(問仁) : 인(仁)을 구하는 방법. "是問求仁之道"
○거처공(居處恭) : 한가하게 지내거나 홀로 있을 때도 공손함. "居處是燕居獨處 恭是整齊嚴肅意"
○집사경(執事敬) : 일을 할 적에 정성을 들여 행함. "執事是當事執持 敬是主一無適意"
○여인충(與人忠) : 다른 사람들과 사귈 적에 충성스럽게 함. "與人是與人交接 忠是盡其心而不欺"
○수지이적(雖之夷狄) : 비록 오랑캐의 나라에 갈지라도. 멀리 떠나갈지라도. '之'는 '가다'라는 뜻. "之是往 夷狄是甚言其遠"
○불가기야(不可棄也) : 공경하고 충성스럽게 행하여 끊어짐이 없음. "是恭敬忠 絶無間斷意"

恭은 主容이요 敬은 主事니 恭見(현)於外하고 敬主乎中이라 之夷狄不可棄는 勉其固守而勿失也라 程子曰 此는 是徹上徹下語니 聖人은 初無二語也라 充之면 則睟面盎背요 推而達之면 則篤恭而天下가 平矣리라 胡氏曰 樊遲問仁者三에 此最先이요 先難이 次之요 愛人이 其最後乎인저

　공(恭)은 용모를 위주로 하는 것이고 경(敬)은 일을 위주로 하는 것이니, 공(恭)은 외모로 드러나게 되고 경(敬)은 속마음을 주장하게 되는 것이다. 오랑캐의 나라에 가더라도 버려서는 안 된다는 것은 굳게 지키어 잃지 않도록 힘쓰게 한 것이다. 정자가 말했다. "이것은 위로도 통하고 아래로도 통하는 말씀이니 성인은 애당초부터 두 가지로 말씀하는 일이 없는 것이다. 이것을 자기 몸에 채우면 얼굴에는 빛나고 등에는 넘쳐흐를 것이요, 미루어서 통달하면 인정이 두텁고 공손해져서 천하가 화평해질 것이다." 호 씨가 말했다. "번지가 인에 대해서 물은 것이 세 번인데, 이것이 가장 먼저이고,《옹야편》6・20・1에서 '어려운 것을 먼저 한다'는 것이 다음이고,《안연편》12・22・1에서 '사람을 사랑하는 것이다'라고 한 것이 아마맨 나중일 것이다."

○수면앙배(睟面盎背) : 수연(睟然)히 얼굴에 드러나며 등에 넘쳐흐름. '睟然'은 윤기가 있는 모양을 말함. 「맹자(孟子)」《진심상(盡心上)》"君子所性은 仁義禮智根於心하여 其生色也가 睟然見於面하며 盎於背하여 施於四體하여 四體不言而喻니라"
○독공(篤恭) : 인정이 두텁고 공손히 함. 「중용(中庸)」"33・5 詩曰 不顯惟德을 百辟其刑之라하니 是故로 君子는 篤恭而天下平이니라"

[備旨] 樊遲가 問爲仁之道한대 夫子告之에 曰仁은 人心也니 無時無處而不在也라 故로

時乎居處면 則容止必恭而不敢肆하고 時而執事면 則始終必敬而不敢忽이요 時而與人이면
則矢念必忠而不敢欺니 行此三者를 雖往夷狄이나 亦固守此恭敬忠之理하여 不可棄而失之
也라 斯則心無時而不存하고 理無時而或間이니 仁豈外是哉아

번지가 인을 행하는 방법을 물었는데, 부자께서 깨우쳐 줄 적에 말씀하시기를, "인은
사람의 마음이니 때때로 장소와 상관없이 있지 아니함이 없다. 그러므로 때때로 거처
할 적에는 얼굴 모습과 몸가짐을 반드시 공손하게 해서 감히 방자하지 않도록 해야 할
것이요, 때때로 일을 잡았을 적에는 시작과 끝을 반드시 공경스럽게 해서 감히 소홀하
지 않도록 해야 할 것이요, 때때로 남과 사귈 적에는 맹세를 반드시 충성스럽게 해서
감히 속이지 않도록 해야 할 것이니, 이 세 가지를 행하는 것을 비록 오랑캐의 나라에
갈지라도 또한 이러한 공손과 공경과 충성의 이치를 진실하게 지켜 버리거나 잃어버리
지 않도록 해야 할 것이다. 이렇게 하면 마음은 때때로 있지 않음이 없고 이치는 때때
로 어떤 경우에도 끊어짐이 없을 것이니, 인이 어찌 이를 벗어나겠는가?"라고 하셨다.

○용지(容止) : 얼굴 모습과 몸가짐.
○시념(矢念) : 맹세함으로써 결심을 나타냄. 본서 6·26·1 참고. ☞시(矢) : 맹세하다.
'시(矢)'와 '서(誓)'는 서로 소리가 비슷하다. 그래서 맹세한다는 뜻으로 쓰였을 것이다.
「논어집주(論語集註)」 "朱子曰 矢誓聲相近 盤庚所謂矢言 亦憤激之言 而近於誓者也"

13·20·1 子貢이 問曰 何如라야 斯可謂之士矣니잇고 子曰 行己有恥하며 使於四方하여 不辱君命이면 可謂士矣니라

자공이 묻기를, "어떻게 해야 곧 선비라고 이를 수 있겠습니까?" 하자, 공자께서
말씀하셨다. "자신의 몸가짐에 부끄러워 할 줄 알며, 사방에 사신으로 가서 임금의
명령을 욕되게 하지 않으면, 선비라고 이를 수 있다."

○하여사가위지사(何如斯可謂之士矣) : 어떻게 한다면 곧 선비라고 칭할 수 있는가? ☞
사(斯) : 그렇다면. 곧. 그렇다면 ···곧. 앞 문장을 이어받는 접속사. "問何如稱士"
○행기유치(行己有恥) : 뜻을 세워 행동할 적에 의가 아닌 일은 부끄럽게 여겨 행치 않
음. "行己是立心制行 不曰立己而曰行己 是在推行上論 恥是恥其非道之事而不爲"
○사어사방(使於四方) : 사방으로 사신 보내다[派遣使者]. '使'는 거성(去聲)으로 쓰였음.
'임무를 주어 파견하다' '사신 가다[出使]' '외국에 사신으로 나가다'라는 뜻임. "是承君

命出使鄰國"
○불욕군명(不辱君命) : 임금의 나에게 위임한 명령을 욕되게 하지 않음. "是不玷辱吾
君委任之命"
○가위사의(可謂士矣) : 가히 선비라고 칭할 수 있을 것이다. 즉 선비의 이름에 부끄러
움이 없을 것이라는 말. "承上言如此始無怪於士之名"

此는 其志有所不爲로되 而其材는 足以有爲者也라 子貢은 能言이라 故로 以使事
로 告之하시니 蓋爲使之難이요 不獨貴於能言而已라

여기에는 자기의 뜻에 의가 아닌 일은 행하지 않으려는 모습이 있지만, 그의 자
질은 족히 공을 이룰 수 있는 능력을 가진 사람이다. 자공은 말을 잘했으므로 사
신 가는 일로써 말씀하셨으니, 대개 사신 노릇하기가 어려운 것이지 말에 능한 것
만이 귀한 것이 아니라는 것이다.

○불위(不爲) : 행치 않음. 의(義)가 아닌 일을 행치 않음. 「논어집주(論語集註)」 "慶源
輔氏曰 志存於隱而才見於顯 且志易肆而才難彊 故常人之志 患在於無所不爲 而其才 則患
在無所能爲 行己有恥 則是其志有所不爲也 使不辱命 則是其才足以有爲也 惟其志有所不
爲 然後其才 足以有爲也"
○유위(有爲) : 성과를 위하여 어떤 일을 하는 바가 있음. 능력이 있음. 유능(有能). 「주
역(周易)」 《계사상(繫辭上)》 "是以君子 將有爲也"
○부독(不獨) : 뿐만 아니라. …에 그치지 않는다. 부사로서 어떤 범위에 한정되지
않음을 나타냄.

[備旨] 子貢이 問於夫子에 曰士之稱은 必有其實也어늘 必何如盡士之實이라야 斯可謂
之士矣니잇고하니 夫子告之에 曰士는 貴才志兼全也라 必其行之於一己者에 以廉恥로 爲
大節하여 凡非義之事는 皆有恥而不爲면 是는 其本立矣라 及其出使於四方이면 則專對諸
侯하여 剛柔合體하고 而不辱君所以命我之任이면 是는 其志旣有所不爲하고 而其才又足
以有爲니 可謂之士而無愧矣니라

자공이 부자께 여쭈어 볼 적에 말하기를, "선비라고 일컬을 때는 반드시 그 실상이
있어야 하는데, 참으로 어떻게 선비의 실상을 다해야 곧 선비라고 이를 수 있겠습니
까?"라고 하니, 부자께서 깨우쳐 줄 적에 말씀하시기를, "선비는 재주와 뜻이 아울러
갖추어지는 것을 귀하게 여긴다. 반드시 자기 한 몸을 행할 적에 부끄러움을 아는 마
음을 기본적인 법도로 삼아서 무릇 의가 아닌 일은 모두 부끄럽게 여겨 행치 않는다면

이것은 바로 그 기본이 굳게 선 것이다. 또 자기가 사방으로 사신이 되어 나간다면 제후와 독자적으로 응대하여 강하고 부드러움을 몸에 맞게 하고 임금이 자기에게 명한 소임을 욕되지 않게 하면, 이것은 바로 그의 뜻이 이미 의가 아닌 일은 행치 않으려는 모습이 있고 그의 자질도 또한 족히 공을 이룰 만한 능력도 있으니, 가히 선비로서 부끄러움이 없다고 이를 수 있을 것이다."라고 하셨다.

○본립(本立) : 기본이 굳게 섬. 본서 "1・2・2 君子는 務本이니 本立而道生하나니 孝弟也者는 其爲仁之本與인저" 참고.
○염치(廉恥) : 청렴하고 깨끗하여 부끄러움을 아는 마음.
○대절(大節) : 기본이 되는 법기(法紀). 강기(綱紀).
○출사(出使) : 사신이 되어 외국에 나가 외교에 관한 사무를 처리함.
○전대(專對) : 사신으로 가서 독자적인 판단으로 응대함. 본서 13・5・1 참고.
○기(旣)~우(又) : '이미 …이며 그 외에…' '이미 …한 이상은 또한…' 접속사로서 한 방면에만 그치지 않음을 나타냄.

13・20・2 曰 敢問其次하노이다 曰 宗族이 稱孝焉하며 鄕黨이 稱弟焉이니라

"감히 그 다음에 해당하는 선비를 묻겠습니다." 하자, "종족의 사람들이 효성스럽다고 칭찬하며, 향당의 사람들이 공손하다고 칭찬하는 인물이다."라고 하셨다.

○감문기차(敢問其次) : 감히 그 다음에 해당하는 것을 물어보겠다는 말. '其次'는 재주와 뜻이 갖추어진 사람에 이어 그 다음에 해당하는 사람. "次是次於才志兼全之人"
○종족칭효언(宗族稱孝焉) : 종족이 효도한다고 일컬음. 여기서 '宗族'은 '일문 일족(一門一族)' 또는 '모든 친족'을 말함. "宗族是同宗其族之人 稱孝是孝孚於家"
○향당칭제언(鄕黨稱弟焉) : 마을 사람들이 공손하다고 일컬음. 여기서 '弟'는 거성(去聲)으로 쓰여, '공손하다' '공경하다'라는 뜻임. "鄕黨是異姓鄕里之人 稱弟是弟孚於鄕"

此는 本立이로되 而才不足者라 故로 爲其次라

이는 근본은 확립되었지만 재능이 부족한 자이므로 그 다음이 되는 것이다.

[備旨] 子貢又問에 曰敢問其士之次者는 何如잇고하니 夫子告之에 曰有人於此한대 內而宗族이 稱其孝焉하고 外而鄕黨이 稱其弟焉이면 此는 其才가 雖有不足이나 然이나 大本이 已立하니 斯可以爲士之次矣니라

자공이 또 여쭈어 보면서 말하기를, "감히 그 선비에 이어 그 다음에 해당하는 인물은 어떠한 사람이라고 하겠습니까?"라고 하니, 부자께서 깨우쳐 줄 적에 말씀하시기를, "어떤 사람이 있는데, 안으로는 종족의 사람들이 그의 효성스러움을 칭찬하고 밖으로는 향당의 사람들이 그의 공손함을 칭찬한다면, 이는 그의 재능이 비록 부족함이 있으나 기본이 이미 확립되었으니, 곧 선비의 다음 가는 사람이 될 만하다고 이를 수 있다."라고 하셨다.

○유인어차(有人於此) : 만일 어떤 사람이 있다면. 옛날 사람들이 사리를 추론하는 데 사용한 표현 방식. 만일 …한다면. 주로 '今…於此' '今有…於此' '有…於此' 등이 쓰였다.
○대본(大本) : 기본. 사물의 기초.
○사(斯) : 곧. 그렇다면. 접속사로서 앞 문장을 이어받음.

13·20·3 曰 敢問其次하노이다 曰 言必信하고 行必果하여 硜硜然小人哉나 抑亦可以爲次矣니라

"감히 그 다음에 해당하는 선비를 묻겠습니다." 하자, 말씀하시기를, "말은 반드시 미덥게 하고, 행동은 반드시 결단성 있게 해서 융통성 없는 소인이라 하겠지만, 또한 그 다음이 될 만하다."라고 하셨다.

○감문기차(敢問其次) : 감히 그 다음에 해당하는 것을 물어보겠다는 말. '其次'는 효성스럽고 공손한 사람에 이어 그 다음에 해당하는 사람. "此次字又次於孝弟之人"
○언필신(言必信) : 말은 반드시 마땅한지 그렇지 않은지 논하지 않고 한 말을 끝까지 실행함. 여기서 '必'자에 주목하여 해석해야 함. "必信是不論當否 執定要信實"
○행필과(行必果) : 행동은 일단 마음먹으면 시비를 논하지 않고 결단성 있게 실행함. 여기서도 '必'자에 주목하여 해석해야 함. "必果是不論是非 執定要果決"
○경경연소인재(硜硜然小人哉) : 융통성 없는 소인이다. ☞경경연(硜硜然) : 하나만을 고집하여 융통성이 없는 모양. '然'은 상태를 나타내는 말. ☞소인재(小人哉) : 소인일

것이다. '哉'는 감탄을 나타내는 어조사(語助辭). 현토도 '硜硜然小人哉인저'로 하는 것이 좋겠지만, 뒤에 '抑亦'이 나오기에 '硜硜然小人哉나'라고 현토한 것이다. "硜硜是狀其必信必果堅確之意 小人對變化無方之大人言"
○억역가이위차의(抑亦可以爲次矣) : 또한 효성스럽고 공손한 그 다음은 될 수 있을 것이라는 말. ☞억역(抑亦) : '또한' '아니면'이라는 뜻으로 접속사로서 대부분 뒤의 선택을 나타낼 때 쓰임. '意亦'이라고도 씀. ☞가이(可以) : …할 수 있다. 조동사로서 허가나 가능을 나타냄. 허가·가능을 나타내는 조동사 '可'와 이유·조건·수단·도구·원인 등을 나타내는 전치사 '以'가 결합하여 하나의 조동사로 굳어진 것이다. "抑亦是不足之意 此是次於孝弟之士"

果는 **必行也**라 **硜**은 **小石之堅確者**라 **小人**은 **言其識量之淺狹也**라 **此**는 **其本末**이 **皆無足觀**이나 **然**이나 **亦不害其爲自守也**라 **故**로 **聖人**이 **猶有取焉**이요 **下此**면 **則市井之人**이니 **不復可爲士矣**니라

과(果)는 반드시 행하는 것이다. 경(硜)은 작은 돌인데 단단한 것이다. 소인(小人)이란 그 식견과 도량이 얕고 좁은 것을 말한다. 이것은 그 본말이 모두 족히 볼만한 것이 없으나, 그러나 또한 그것이 자기를 지키는 데는 방해하지 않는 것이다. 그러므로 성인께서 오히려 취하신 것이요, 여기에서 낮아지면 시정 잡배가 될 것이니 다시는 선비가 될 수 없을 것이다.

○견확(堅確) : 견고하고 확실함.
○본말(本末) : 근본과 끝. 본서 13·20·1 집주 참고. 여기서는 뜻과 재능. 「논어집주(論語集註)」 "雲峯胡氏曰 須看本末二者 蓋士之所以爲士者 行其本也 才其末也 志有所不爲 而才足以有爲 是本末俱有 可觀其次 則但取其本立 又其次則本末 皆無足取 而猶不失爲自守 故曰下此 則市井之人 不復可爲士矣"
○시정(市井) : 장이 서는 곳. 저자. 여기서는 행동을 제멋대로 굴거나 방종함을 이름.

[備旨]　子貢又問에　曰敢問其士之又次者는　何如잇고하니　夫子告之에　曰有人於此한대 言不顧是非而必信하고　行不擇可否而必果하여　硜硜然乃識量이　淺狹之小人哉인저　此는 其本末을　雖無足觀이나　然이나　自守之嚴이　抑亦可以爲士之次矣니라

자공이 또 여쭈어 볼 적에 말하기를, "감히 그 선비에 이어 또 그 다음에 해당하는 사람은 어떠한 사람이라고 하겠습니까?"라고 하니, 부자께서 깨우쳐 줄 적에 말씀하시기를, "만약 어떤 사람이 여기에 있는데, 말은 옳은지 그른지 돌아보지 않고 반드시 미

덥게 하고 행동은 해야 되는지 말아야 되는지 가리지 않고 반드시 과감하게 하여 융통성이 없을 뿐만 아니라 식견과 도량이 얕고 좁은 사람일 것이다. 이는 그 본말을 비록 볼 수 없으나 자신을 지키는 엄격함이 또한 선비의 다음 가는 사람이 될 수 있다.”라고 하셨다.

○유인어차(有人於此) : 만일 어떤 사람이 있다면. 옛날 사람들이 사리를 추론하는 데 사용한 표현 방식. 만일 …한다면. 주로 ‘今…於此’ ‘今有…於此’ ‘有…於此’ 등이 쓰였다.
○내(乃) : …뿐만 아니라. 접속사로서 ‘而’와 통함. 전환이나 일보 더 전진함을 나타냄.

13·20·4 曰 今之從政者는 何如하니잇고 子曰 噫라 斗筲之人을 何足算也리오

“지금 정사에 종사하는 자들은 어떻습니까?” 하자, 공자께서 말씀하셨다. “아! 비루하고 자질구레한 사람을 어찌 족히 따지겠는가?”

○금지종정자(今之從政者) : 지금 정사에 종사하는 사람. 여기서는 당시의 대부(大夫)를 말함. “今指當時 言從政者指爲大夫之人”
○하여(何如) : ‘어떻습니까?’라고 하면서 상태를 물음. ‘何如’는 보통 상태·성질·가부(可否) 등을 물을 적에 쓰이고, ‘如何’는 방법을 물을 적에 쓰임. “是問其可列於士否”
○희두소지인(噫斗筲之人) : 아! 도량이 좁은 사람이다. ▭희(噫) : 탄식하다. 탄식하는 소리. 한숨 소리. ▭두소지인(斗筲之人) : 기량이 적음. 재능이나 지식이 보잘것없음의 비유. ‘斗’는 한 말들이. ‘筲’는 한 말 두 되 들이의 죽기(竹器). “斗筲乃借言字 主器量容受說”
○하족산야(何足算也) : 어떻게 셀 수 있겠는가? ‘何~也’의 문형. “言不足數爲士意”

今之從政者는 蓋如魯三家之屬이라 噫는 心不平聲이라 斗는 量名이니 容十升이요 筲는 竹器니 容斗二升이라 斗筲之人은 言鄙細也라 算은 數也라 子貢之問이 每下라 故로 夫子以是警之시니라 程子曰 子貢之意는 蓋欲爲皎皎之行하여 聞於人者요 夫子告之는 皆篤實自得之事니라

지금 정사에 종사하는 사람이란 대개 노나라 삼가에 속한 자와 같은 인물이다.

희(噫)는 마음에 불평하는 소리다. 두(斗)는 도량 이름이니 10되가 들어가고, 소(筲)는 대그릇이니 1말 2되가 들어간다. 두소지인(斗筲之人)이란 비루하고 자질구레함을 말하는 것이다. 산(算)은 셈하는 것이다. 자공의 물음이 매번 수준이 낮은 데로 내려가기 때문에 부자께서 이 말씀으로 경계하신 것이다. 정자가 말했다. "자공의 뜻은 아마도 깨끗한 행동을 해서 사람들에게 소문내고 싶었던 것이요, 부자께서 깨우쳐주신 것은 모두 독실과 자득에 관한 일이었던 것이다."

○삼가(三家) : 노(魯)나라의 세 공족(公族)이었던, 중손 씨(仲孫氏)·숙손 씨(叔孫氏)·계손 씨(季孫氏)를 말함.
○교교(皎皎) : 결백한 모양. 희고 깨끗한 모양.
○독실(篤實) : 인정이 두텁고 일에 충실함.
○자득(自得) : 스스로 깨달아 얻음.

[備旨] 子貢又問에 曰今之從政爲大夫者는 其於士에 何如오하니 夫子嘆之에 曰噫라 斗筲鄙細之人은 本末旣無足觀하고 言行又無可取니 何足算其爲士也리오 子欲爲士인댄 亦取法乎上이 可矣니라

자공이 또 여쭐 적에 말하기를, "지금 정사에 종사하면서 대부라고 생각하는 사람들은 그들이 선비의 실상에 대해서 어떻다고 하겠습니까?"라고 하니, 부자께서 탄식하면서 말씀하시기를, "아! 보잘것없어서 비루하고 자질구레한 사람은 본말이 이미 볼 것이 없을 뿐만 아니라 언행도 또한 취할 것이 없으니, 어찌 족히 그들이 선비가 되는 것을 따지겠는가? 자네가 선비가 되려고 한다면 또한 높은 것을 취해서 본받는 것이 옳을 것이다."라고 하셨다.

13·21·1 子曰 不得中行而與之인댄 必也狂狷乎인저 狂者는 進取요 狷者는 有所不爲也니라

공자께서 말씀하셨다. "중용의 도를 행하는 사람을 얻어 그에게 도를 전해 줄 수 없다면, 반드시 이상주의자나 보수주의자를 택할 것이다. 이상주의자는 원대함을 스스로 기약하여 진취적이고, 보수주의자는 불의한 일을 결단코 하지 않기 때문이다."

○부득중행이여지(不得中行而與之) : 중용의 도를 실행하는 사람을 찾아 그에게 도를 전해 줄 수 없다면 ☞부득(不得) : …할 수 없다. 개탄하는 뜻이 들어 있다. ☞중행(中行) : 중용(中庸)의 도(道)를 행하다. 과불급(過不及)이 없이 중용의 길을 지키는 바른 행실. 또는 그 행위를 하는 사람. ☞여지(與之) : 도를 그에게 전해 주다. "不得二字 要見慨嘆意 中行是中道上行者 以資質言 亦兼學問 與之是以道傳之"

○필야광견호(必也狂狷乎) : 반드시 이상주의자나 보수주의자를 택할 것임. ☞광견(狂狷) : 공연히 이상만 높고 실행이 따르지 않으며, 사려가 부족하여 완고함. '必也~乎'는 '반드시 …일 것이다.'라는 뜻으로 확신하면서 추측을 나타내는 어법인데, '也'는 어기(語氣)를 강조하기 위해 붙였으며, '乎'는 문장 끝에 쓰여 추측을 나타내는 어조사. "必也 內有與字意 應上不得字看 狂狷亦以資質言 且只虛講"

○광자진취(狂者進取) : 이상주의자는 진취적이다. ☞광자(狂者) : 이상주의자. 열광적인 사람. 진취적 기상은 넘치지만 행동이 거친 사람. 「논어집주(論語集註)」 "朱子曰 狂者知之過 狷者行之過" '狂'은 '뜻이 높고 작은 일에 거리끼지 아니하다'라는 뜻. "重註志極高上"

○견자유소불위야(狷者有所不爲也) : 보수주의자는 뜻을 굽히지 않는다. ☞견자(狷者) : 보수주의자. 고지식한 사람. 지혜는 미치지 못하지만 자수(自守)를 잘하는 사람. '狷'은 '절의를 지켜 뜻을 굽히지 아니하다'라는 뜻. "重註守有餘上"

○이 글을 이해하려고 하면 「논어」 전체를 조망해 볼 필요가 있다. 공자께서 제일 싫어한 사람은 선유(善柔)의 사람(유순하면서 아첨을 잘하고 성실치 못한 사람. 본서 16·4·1 참고)과 향원(鄕原)에 속한 사람(마을에서는 근후한 체하지만 실제로는 세속에 영합하는 위선자. 본서 17·13·1 참고)이었다. 이들의 결점은 밖으로 잘 드러나지 않지만 도(道)에는 나아가지 못하는 자들이다. 그러므로 중용의 도를 실천하고 있는 사람을 얻어 그 사람에게 도를 전해줄 수 없다면, 이상주의자나 보수주의자가 부족하지만 그들을 택할 것이라고 한 것이다. 참고적으로 「맹자」《진심하 37장》을 참고하면 이해가 빠름.

行은 道也라 狂者는 志極高而行不掩이요 狷者는 知未及而守有餘라 蓋聖人이 本欲得中道之人而敎之나 然이나 旣不可得이요 而徒得謹厚之人이면 則未必能自振拔而有爲也라 故로 不若得此狂狷之人하여 猶可因其志節하여 而激勵裁抑之하여 以進於道요 非與其終於此而已也라 孟子曰 孔子豈不欲中道哉시리오마는 不可必得이니 故로 思其次也시니라 如琴張曾晳牧皮者는 孔子之所謂狂也니 其志嘐嘐然曰 古之人古之人이여하되 夷考其行이면 而不掩焉者也니라 狂者를 又不可得이어든 欲得不屑不潔之士하여 而與之하시니 是狷也요 是又其次也니라

행한다는 것은 도다. 광(狂)이라는 것은 뜻은 지극히 높지만 행실이 아우르지 못한 것이요, 견(狷)이라는 것은 지혜는 미치지 못하지만 지킴이 완고한 것이다. 대개 성인이 본래 중용의 도를 행하는 사람을 얻어 가르치려고 했지만 이미 얻을 수가 없고, 그리고 한갓 조심만 하는 사람을 얻는다면 반드시 스스로 분발해서 공을 이룰 수 없게 될 것이다. 그러므로 이러한 이상주의자와 보수주의자를 얻어서 오히려 그들의 지향과 절개에 따라 격려하고 제지하여 도에 나아가도록 하는 것만 못하다는 것이지, 그들이 여기에서 그치는 것을 허여한 것은 아니다. 맹자가 「진심하」에서 말했다. "공자께서 어찌 중용의 도를 행하는 사람을 얻고 싶지 않으셨을까마는 반드시 얻을 수는 없는 까닭에 그 다음의 인물을 생각하신 것이다. 금장·증석·목피와 같은 사람은 공자께서 이상주의자라고 이른 바이니, 그 뜻은 크고 지나쳐서 '옛사람이여, 옛사람이여!'이라고 하지만 평소에 그들의 행실을 살펴보면 행실이 아우르지 못하는 자들이었다. 이상주의자를 또 얻을 수 없다면 불결한 것을 달갑게 여기지 않는 선비를 얻어 함께 하려고 하셨으니, 이러한 사람이 보수주의자요 이 또한 그 다음가는 자일 것이다."

○근후(謹厚) : 조심스럽고 중후(重厚)함. 또는 착함과 돈후함.
○진발(振拔) : 분발하여 벗어남. 험난한 곳을 힘써 뛰쳐나옴.
○유위(有爲) : 성과를 위하여 어떤 일을 하는 바가 있음. 능력이 있음. 유능(有能). 「주역(周易)」 《계사상(繫辭上)》 "是以君子 將有爲也"
○지절(志節) : 지향(志向)과 절개(節槪). 지조(志操). 여기서는 광자(狂者)의 지향(志向)과 견자(狷者)의 절개(節槪)를 말함.
○재억(裁抑) : 제재함. 억누름. 제지함.
○금장(琴張) : 이름은 뇌(牢)이고, 자는 자장(子張)이다. 자상호(子桑戶)가 죽자 노래를 불렀던 사람. 「장자(莊子)」 《대종사편(大宗師篇)》에 나타남.
○증석(曾晳) : 계무자(季武子)가 죽었을 때 교고(蟜固)의 강직함을 흠모하여, 계무자의 집 문에 기대어 노래를 불렀던 사람. 「예기(禮記)」 《단궁편하(檀弓篇下)》에 나타남.
○목피(牧皮) : 역목(力牧)의 후예. 「맹자비지(孟子備旨)」 《진심하(盡心下)》 "牧皮 力牧之後 孔子門人 與琴張曾晳爲友" ☞역목(力牧) : 전설상의 황제(黃帝)의 신하. 황제가 천균(千鈞)의 쇠뇌를 들고 수만 마리의 양을 몰고 가는 사람의 꿈을 꾼 후, 점을 쳐서 역목을 대택(大澤)에서 찾아내어 장수로 삼았다 함.
○효효연(嘐嘐然) : 뜻이 크고 말이 지나친 모양. 또는 허황되게 큰 모양.
○이(夷) : 평소.

[備旨] 夫子思傳道之人에 曰道必得所與而後傳也라 吾不得中行之士가 志節兼全하고 知

行合道者로되 而與之以傳道矣인댄 然則吾之所與者는 必也其狂與狷乎인저 蓋狂者는 遠
大自期하여 進而有爲하여 以取法乎古人하고 狷者는 自愛其身하여 不義之事를 斷然有所
不爲也라 夫狂者有其志하고 狷者有其節이니 得是人而激勵裁抑之면 則今日之狂狷은 他
日에 亦可與中行으로 同歸於道矣리라 噫라 微斯人이면 其誰與歸리오

　부자께서 도를 전할 사람을 생각할 적에 말씀하시기를, "도는 반드시 전할 곳을 얻
은 뒤에 전해야 한다. 나는 중용의 도를 행하는 선비가 지조를 아울러 갖추고 지혜와
행실이 도에 합한 사람이지만 그에게 도를 전할 수 없을 것 같으면, 내가 전할 사람은
반드시 이상주의자와 보수주의자일 것이다. 대개 이상주의자는 원대함을 스스로 기약
하여 진취적으로 행함이 있어서 고인들에게서 취하여 본받고, 보수주의자는 스스로 그
몸을 사랑하여 불의한 일을 단연코 행하지 않는 바가 있다. 무릇 이상주의자는 자신의
뜻이 있고 보수주의자는 자신의 절개가 있으니, 이러한 사람을 얻어서 격려하거나 제
지한다면 오늘의 이상주의자나 보수주의자는 다른 날에 또한 중용의 도를 행하는 사람
과 더불어 함께 도에 돌아갈 수 있을 것이다. 아! 만약에 이런 사람이 아니라면 그 누
가 함께 돌아가겠는가?"라고 하셨다.

○연즉(然則) : 그러면. 이렇게 예를 든다면. '然'은 먼저 전제한 것을 확정하는 역할을
하고 '則'은 추론을 나타내는 역할을 하는데, 앞의 말을 근거로 어떤 결론을 이끌어 냄.
○미(微) : 만약 …가 아니라면. 만일 …이 없다면.

13·22·1 子曰 南人이 有言 曰人而無恒이면 不可以作巫醫라하
니 善夫로다하시다

　공자께서 말씀하셨다. "남방 사람들의 말에, '사람으로서 항덕이 없으면 무당이
나 의원도 될 수 없다.' 했으니, 좋은 말이로다!" 하셨다.

○남인유언(南人有言) : 남쪽 나라 사람이 했던 말이 있다.
○인이무항(人而無恒) : 사람이면서도 항덕이 없다. ☞항(恒) : 항상 변화가 없는 것. 항
덕(恒德). '而'자는 원래 앞의 주어와 조화를 이루지 못하는 서술어를 연결시키는 접속
사인데, 이치상 맞지 않거나 의외의 상황을 나타낼 적에 쓰인다. 우리말의 '도리어' '오
히려' 등과 연관시켜 볼 수 있다. 본서 "14·3·1 士而懷居" 참고.
○불가이작무의(不可以作巫醫) : 무당과 의원이 될 수 없다. ☞가이(可以) : …할 수 있

다. 조동사로서 허가나 가능을 나타냄. 허가·가능을 나타내는 조동사 '可'와 이유·조건·수단·도구·원인 등을 나타내는 전치사 '以'가 결합하여 하나의 조동사로 굳어진 것이다. ☞무의(巫醫) : 무당과 의원. '巫'는 사람을 위해 기도하거나 비는 사람이고, '醫'는 사람을 위해 병을 치료하는 사람. 옛날에는 신명에 통한 사람이 무당인 동시에 의원 노릇을 하기도 했다. "巫是爲人祈祝 醫是爲人療病"
○선부(善夫) : 좋은 말이로다! '夫'는 문장의 끝에 쓰여 감탄을 나타내는 어조사. "是孔子信其言之善"

南人은 **南國之人**이라 **恒**은 **常久也**라 **巫**는 **所以交鬼神**이요 **醫**는 **所以奇死生**이라 **故**로 **雖賤役**이나 **而尤不可以無常**이니 **孔子稱其言而善之**시니라

남인(南人)은 남쪽 나라 사람이다. 항(恒)은 변하지 않고 오래가는 것이다. 무당은 귀신과 사귀기 때문이요 의원에게는 사생을 맡기기 때문이다. 그러므로 비록 천한 일이지만 더욱 항덕이 없어서는 안 되는 것이니, 공자께서 그 말을 칭송하여 좋게 여기신 것이다.

[備旨] 子曰 南國之人有言에 曰人而無常久之心者면 則誠有不足하여 不可以作巫而交鬼神이요 術有不精하여 不可以作醫而寄死生이라하니 南人之言이 如此라 夫無恒之人은 卽巫醫도 且不可作이온 況修德立功之大者乎아 善夫로다 南人之言이 近而指遠也여

공자께서 말씀하시기를, "남국의 사람들의 말에 이르기를, '사람으로서 오래도록 변치 않는 마음이 없으면, 정성이 부족하여 무당이 되더라도 귀신과 사귈 수 없을 것이요, 인술이 정밀하지 못하여 의원이 되더라도 사생을 맡길 수 없을 것이다.'라고 하니, 남국 사람들의 말이 이와 같다. 무릇 항덕이 없는 사람은 곧 무당이나 의원도 또한 될 수 없을 터인데, 하물며 덕을 닦거나 공을 세우는 큰일은 말할 필요가 있겠는가? 좋도다, 남인의 말이 비근하면서도 그 뜻이 심원함이여!"라고 하셨다.

○근이지원(近而指遠) : 말이 비근하면서도 그 뜻은 심원함을 이름. 「맹자(孟子)」《진심하(盡心下)》14·32·1 "孟子曰 言近而指遠者는 善言也요 守約而施博者는 善道也니 君子之言也는 不下帶而道存焉이니라"

13·22·2 不恒其德이면 或承之羞라하니

「주역」에 '그 덕을 오래 지키지 못하면, 혹 부끄러움이 이를 것이다.'라고 했으니,

○불항기덕혹승지수(不恒其德或承之羞) : 자신의 덕을 오래도록 지키지 못하면 욕을 당할지도 모른다. 「주역(周易)」 뇌풍항(雷風恒)에 나오는 내용. "或者非一人之辭 此爻辭周公所作"

○「주역(周易)」《본의(本義)》에 다음과 같은 내용이 나온다. "자리는 비록 바른 자리를 얻었지만 지나치게 강해서 맞지 않고, 뜻이 상륙(上六)을 좇아가는 데 있어서 자기의 처소에 오래할 수 없기 때문에, '그 덕을 오래하지 못해서 혹 부끄러움을 잇는' 상이 된다. '或'이라는 것은 누군지 모른다는 말이고, '承'은 받드는 것이니 사람들이 다 받들어 나아가지만 어디서 그들이 왔는지 모른다는 말이다. '바르더라도 인색하다[貞吝]'라는 것은 바르더라도 오래하지 못하는 것은 부끄럽고 인색하게 된다는 것이니, 거듭 점치는 사람을 경계시킨 말이다.(位雖得正 然過剛不中 志從於上 不能久於其所 故爲不恒其德或承之羞之象 或者 不知其何人之辭 承奉也 言人皆得奉而進之 不知其所自來也 貞吝者 正而不恒 爲可羞吝 申戒占者之辭)"

此는 易恒卦九三爻辭라 承은 進也라

이는 「주역」 항괘 93의 효사다. 승(承)은 나아가는 것이다.

○효사(爻辭) : 주역의 육십 사괘의 각 효상(爻象)을 설명한 글.

[備旨] 然이나 不獨南人에 有是言也라 易之恒卦九三爻辭에 有曰 人苟不能恒久其德이면 則內省多疚하고 而外侮必至하여 人皆得以羞辱으로 奉之라하니 易之所言이 如此니라

그러나 남인들에게만 이 말이 있는 것이 아니다. 「주역」 항괘 93의 효사에 '사람이 진실로 능히 그 덕을 변하지 않고 오래 갖지 못하면, 안으로 살펴 볼 적에 부끄러운 점이 많고 밖으로는 업신여김이 반드시 이르러 사람들이 모두 수욕을 받을 것이다.'라고 했으니, 「주역」의 말한 바가 이와 같다.

○다구(多疚) : 부끄러워하는 것이 많음. 양심에 찔리는 것이 많음. 본서 "12・4・2 曰 不憂不懼면 斯謂之君子矣乎잇가 子曰 內省不疚면 夫何憂何懼리오" 참고.
○봉(奉) : 받다.

13·22·3 子曰 不占而已矣니라

공자께서 말씀하셨다. "이렇게 된 것은 점괘를 음미하지 않았기 때문이다."

○부점이이의(不占而已矣) : 사람들이 그 점괘를 완미(玩味)하지 않았기 때문이라는 말. "言人惟不玩其占而已"

復加子曰하여 **以別易文也**니 **其義未詳**이라 **楊氏曰 君子於易**에 **苟玩其占**이면 **則知無常之取羞矣**니 **其爲無常也**는 **蓋亦不占而已矣**라하니 **意亦略通**이니라

다시 '子曰'자를 더하여 「주역」의 글과 구별한 것이니, 그 뜻이 자세하지 않다. 양 씨가 말했다. "군자가 역에 대하여 만일 그 점괘를 음미해 보면 항덕이 없어서 부끄러움을 취하게 됨을 알게 될 것이니, 자기가 항덕이 없게 되었다는 것은 대개 또한 이 점괘를 음미하지 않았기 때문일 것이다." 하였으니, 뜻이 또한 대략 통한다.

[備旨] 夫子旣引此辭하시고 又曰是는 殆不玩其占而已矣라 君子於易에 苟玩其占이면 則知無常取羞하여 而惕然省悟矣라 人之無恒者는 可不繹方言而知戒하여 玩易辭而知徹哉아

부자께서는 이미 이 말을 인용하시고 또 말씀하시기를, "이것은 혹시 그 점괘를 음미하지 않았기 때문인지도 모른다. 군자가 역에 대하여 진실로 그 점괘를 음미했다면, 항덕이 없으면 부끄러움을 취하게 됨을 알아서 척연히 깨달았을 것이다. 사람인데 항덕이 없는 사람은 방언을 궁구하고 경계할 것을 알아서 역의 말을 음미하여 경계할 것을 알지 않을 수 있겠는가?"라고 하셨다.

○태(殆) : 아마도. 혹시…일지도 모른다.
○척연(惕然) : 경계하고 두려워하는 모양. 경계하고 깨우치는 모양.
○성오(省悟) : 깨닫다.
○방언(方言) : 남방 사람들의 말. 남국(南國) 사람들의 말.
○역(繹) : 궁구(窮究)하다. 사물의 이치를 찾아 밝히다. 본서 9·23·1 참고.

13·23·1 子曰 君子는 和而不同하고 小人은 同而不和니라

공자께서 말씀하셨다. "군자는 화합하지만 뇌동하지 않고, 소인은 뇌동하지만 화합하지 않는다."

○군자(君子) : 여기서 군자는 순리를 따르는 사람. "是循理之人"
○화이부동(和而不同) : 남과 화친(和親)하기는 하지만 아첨하면서까지 그를 따르지는 않는다는 말. '和'는 자기의 개성을 죽이지 않고 협조한다는 뜻. "不同就在和中看出"
○소인(小人) : 여기서 소인은 욕심만 따르는 사람. "是徇欲之人"
○동이불화(同而不和) : 부화뇌동(附和雷同)할 뿐, 진정으로 화합하는 것은 아님. '同'은 뇌동(雷同)한다는 뜻인데, 자기의 특성을 잃고 동화되는 것을 말함. "不和就在同中看出"

和者는 無乖戾之心이요 同者는 有阿比之意라 尹氏曰 君子는 尙義라 故로 有不同이요 小人은 尙利하니 安得而和리오

화(和)는 사리에 어그러진 마음이 없다는 것이요, 동(同)은 두둔하여 붙좇는 뜻이 있다는 것이다. 윤 씨가 말했다. "군자는 의리를 숭상하므로 뇌동하지 않는 것이요, 소인은 이익을 숭상하니 어떻게 화합할 수 있겠는가?"

○괴려(乖戾) : 사리에 어그러져 온당하지 않음. 괴천(乖舛). 괴패(乖悖).
○아비(阿比) : 두둔하여 붙좇음. 친부(親附).

[備旨] 夫子辨和同之介에 曰君子小人은 心術不同하니 故로 其處事도 亦異라 君子之心은 公이니 其與人也에 初無乖戾之心일새 惟視理以爲可否하니 吾見其和也로되 而非苟同於人矣라 小人之心은 私니 其與人也에 莫非阿比之意일새 惟徇情以爲可否하니 吾見其同也로되 而非和以處衆矣라 和同之相反이 如此하니 人安可以無辨哉아

부자께서 화합과 뇌동의 경계를 분별할 적에 말씀하시기를, "군자와 소인은 심술이 같지 않으므로 그 처사도 또한 다르다. 군자의 마음은 공평하니 그가 다른 사람들과 사귈 적에 처음부터 사리에 어그러진 마음이 없기 때문에 오직 이치를 살펴서 행동해야 할지 그렇게 해야 하지 않을지를 생각하니, 우리는 그가 화합한다고 하지만 진실로 다른 사람과 뇌동하지 않는다는 것을 볼 수 있다. 소인의 마음은 사사로우니 그가 다른 사람과 사귈 적에 두둔하는 뜻이 없지 않기 때문에 오직 정에 따라서 행동해야 할지 그렇게 해야 하지 않을지를 생각하니, 우리가 보건대 그가 뇌동한다고 하지만 여러 사람과 처할 적에 화합하지 않는 것이다. 화합과 뇌동의 상반됨이 이와 같으니, 사람이 어찌 분별함이 없을 수 있겠는가?"라고 하셨다.

13·24·1 子貢이 問曰 鄕人이 皆好之면 何如니잇고 子曰 未可也니라 鄕人이 皆惡(오)之면 何如니잇고 子曰 未可也니라 不如鄕人之善者가 好之요 其不善者가 惡(오)之니라

　　자공이 묻기를, "현자를 마을 사람들이 모두 좋아한다면 어떻다고 보십니까?" 하자, 공자께서는 "그것으로는 안 된다." 하셨다. 자공이 계속하여 "그렇다면 현자를 마을 사람들이 모두 미워한다면 어떻다고 보십니까?" 하자, 공자께서, "그것으로도 아직 안 된다고 대답하시면서, 마을 사람 중에 선한 사람이 현자를 좋아하고 선하지 않은 사람이 현자를 미워하는 것이 차라리 나을 것이다." 하셨다.

○향인개호지(鄕人皆好之) : 현자를 마을 사람들이 모두 좋아하다. "是盡一鄕之人皆好也"

○하여(何如) : 어떻다고 생각합니까? 현자라고 할 수 있겠는가? '何如'는 보통 상태·성질·가부(可否) 등을 물을 적에 쓰이고, '如何'는 방법을 물을 적에 쓰임. "是問其爲賢意"

○미가야(未可也) : 아직 좋다고 할 수 없다. 세속에 따라 사는 사람이기에 아직까지 그것으로서는 충분치 못하다는 말. "謂未可遽信爲賢 恐有同流合汙意"

○향인개오지(鄕人皆惡之) : "因皆好未可故問皆惡 是盡一鄕之人皆惡之"

○하여(何如) : 어떻다고 생각합니까? 현자라고 할 수 있겠는가? "亦是問其爲賢意"

○미가야(未可也) : 아직 좋다고 할 수 없다. 세상을 속이고 풍속을 어그러지게 하는 사람이기에 아직까지 그것으로서도 충분치 못하다는 말. "亦謂未可遽信爲賢 恐有詭世戾俗意"

○불여향인지선자호지(不如鄕人之善者好之) : 마을 사람 중에 선한 사람이 현자를 좋아하는 것만 못하다. ☞불여(不如) : …하는 것이 차라리 낫다. '與其~不如'의 문장이다. 두 가지 일의 이해 득실을 비교하는 데 쓰임. 또는 앞에서 말한 사건이 뒤에 미치지 못함을 나타냄. 이 문장은 생략이 많으므로, '與其以鄕人이 皆好爲賢으론 不如鄕人中之善者가 好之요 與其以鄕人이 皆惡爲賢으론 不如鄕人中之不善者가 惡之니라'로 읽으면 이해가 쉽다. "不如二字貫下句 此見其取信於君子"

○기불선자오지(其不善者惡之) : 선하지 않은 사람이 현자를 미워하다. "此見其不苟同於小人"

一鄕之人은 宜有公論矣라 然이나 其間에 亦各以類로 自爲好惡也라 故로 善者好之하고 而惡者不惡면 則必其有苟合之行이요 惡者惡之하고 而善者不好면 則必其

無可好之實이라

어떤 지방의 사람들에게는 당연히 공론이 있을 것이지만, 그 사이에도 또한 각기 부류에 따라 자신이 좋아하거나 미워함이 있을 것이다. 그러므로 선한 자를 좋아하고 악한 자를 미워하지 않는다면 반드시 그에게는 남의 뜻에 영합하는 행동이 있을 것이고, 악한 자를 미워하고 선한 자를 좋아하지 않는다면 반드시 그에게는 좋아할 만한 실상이 없을 것이다.

○구합(苟合) : 남의 뜻에 영합함. 구동(苟同).

[備旨] 子貢이 問於夫子에 曰賢者는 必見愛於人이니 若盡一鄕之人이 而皆好之면 何如니잇고 可以爲賢乎잇가하니 夫子告之에 曰鄕人이 皆好면 安知非同流合汙者乎아 未可信其爲賢也라 子貢又問에 曰賢者는 多見忌於人이니 若盡一鄕之人이 而皆惡之면 何如니잇고 可以爲賢乎잇가하니 夫子告之에 曰鄕人이 皆惡면 安知非詭世戾俗者乎아 未可信其爲賢也라 蓋好惡之公이 不在於同이요 而善惡之分도 各以其類라 與其以鄕人이 皆好爲賢으론 不如鄕人中之善者가 好之之爲得也요 與其以鄕人이 皆惡爲賢으론 不如鄕人中之不善者가 惡之之爲得也라 夫其志行之美는 旣足取信君子요 立心之直은 又不苟同小人이니 必如是라야 斯可以爲賢耳라

자공이 부자에게 여쭈어 볼 적에 말하기를, "현자는 반드시 남으로부터 사랑을 받을 터인데, 만약 모든 고을 사람들이 좋아한다면 어떻다고 보십니까? 현자라고 할 수 있겠습니까?"라고 하니, 부자께서 깨우쳐 줄 적에 말씀하시기를, "고을 사람들이 모두 좋아한다면 세속에 따라 처신하는 사람이 아니라고 어찌 알겠는가? 그가 현자라고 하는 것을 믿을 수 없을 것이다."라고 하셨다. 자공이 또 여쭈어 볼 적에 말하기를, "현자는 남으로부터 꺼림을 많이 받을 터인데, 만약 모든 고을 사람들이 미워한다면 어떻다고 보십니까? 현자라고 할 수 있겠습니까?"라고 하니, 부자께서 깨우쳐 줄 적에 말씀하시기를, "만약 온 고을 사람들이 모두 싫어한다면, 세상을 속이고 풍속을 어그러지게 하는 사람이 아니라고 어찌 알겠는가? 그가 현자라고 하는 것을 믿을 수 없을 것이다. 아마도 좋아함과 미워함의 공론이 같은 데 있지 않을 것이고, 선한 사람과 악한 사람의 나누어지는 것도 각각 그 부류를 따를 것이다. 그렇기 때문에 고을 사람들이 모두 좋아해서 어질다고 하는 것보다 고을 사람들 중에 선한 사람이 그를 좋아함을 만족스럽게 여기는 것이 차라리 낫고, 고을 사람들이 모두 어질다고 하는 것보다는 고을 사람들 중에 착하지 않은 사람이 그를 미워함을 만족스럽게 여기는 것이 차라리 나을 것이다. 무릇 그 행실에 뜻을 둘 적에 아름다워야 함은 족히 군자로부터 신용을 얻어야

할 것이고 마음을 세울 적에 정직해야 함은 또한 소인과 영합하지 말아야 할 것이니, 반드시 이와 같아야 곧 현자라고 할 수 있을 따름이다."라고 하셨다.

○동류합오(同流合汙) : 세속(世俗)을 따라 처신함. '合汙는 행실을 시속(時俗)에 맞추어 가는 일. 「맹자(孟子)」《진심하(盡心下)》"同乎流俗 合乎汙世"
○궤세여속(詭世戾俗) : 세상을 속이고 풍속을 어그러지게 함. ☞궤려(詭戾) : 괴이하여 상정(常情)에 어긋남.
○기(旣)~우(又) : '이미 …이며 그 외에…' '이미 …한 이상은 또한…' 접속사로서 한 방면에만 그치지 않음을 나타냄.
○취신(取信) : 남에게 신용을 얻음.

13·25·1 子曰 君子는 易(이)事而難說(열)也니 說之不以道면 不說也요 及其使人也하여는 器之니라 小人은 難事而易說也니 說之雖不以道라도 說也요 及其使人也하여는 求備焉이니라

공자께서 말씀하셨다. "군자는 섬기기는 쉬워도 기쁘게 하기는 어려우니, 군자의 마음은 공평하기 때문에 도로써 기쁘게 하지 않으면 기뻐하지 않고, 그가 사람을 부릴 적에도 그의 기량에 따라 부린다. 소인은 윗자리에 있으면 섬기기는 어려워도 기쁘게 하기는 쉬우니, 소인의 마음은 오직 사사롭기 때문에 비록 도에 맞지 않게 기쁘게 하더라도 기뻐하고, 그가 사람을 부릴 적에도 온전히 구비되기를 요구한다."

○군자(君子) : 여기서 군자는 공정하면서도 너그러운 사람. "是公恕之人 指在位者言"
○이사이난열(易事而難說) : 봉사하기는 쉽지만 그들이 기쁨을 얻도록 하기에는 어렵다는 말. '說'은 '悅'과 같은 뜻. "易事是易於奉事 難說是難得其歡說"
○불이도(不以道) : 바른 도로써 행하지 않음. 여색 재물 등등. "聲色貨利 皆非道"
○급기사인야기지(及其使人也器之) : 사람을 부릴 적에는 남의 처지를 잘 헤아려서 그 사람의 재능에 따라 씀. ☞기(器) : 재능으로 여겨 쓰다. 적재적소에 쓰다. "及其字是從 難轉到易 使人是任用人 器之如器之各適於用 此句申易事本心之恕來"
○소인(小人) : 여기서 소인은 사사롭고 각박한 사람. "是私刻之人 亦指在位者言"
○난사이이열(難事而易說) : 봉사하기는 어렵지만 그들이 기쁨을 얻도록 하기에는 쉽다는 말. "與君子相反"

○급기사인야구비언(及其使人也求備焉) : 사람을 부릴 적에는 각박하게 대해여 온전히 구비되기를 요구함. "及其字是從易轉到難 求備是以全材責備一人身上 此句申難事本心之刻來"

器之는 謂隨其材器而使之也라 君子之心은 公而恕하고 小人之心은 私而刻하니 天理人欲之間에 每相反而已矣라

기지(器之)는 그의 재목과 그릇에 따라 부리는 것을 이른다. 군자의 마음은 공정하면서도 너그럽고 소인의 마음은 사사로우면서도 각박하니, 천리와 인욕의 사이에 매양 서로 반대가 될 뿐이다.

[備旨] 夫子論君子小人用心之異에 曰君子之人은 易於服事로되 而難於取說也라 何則君子心은 惟其公이니 苟說之不以當然之道하고 而巧於諂媚면 彼必以理御情而不說也니 說之不亦難乎아 及其使人也하여는 則待之以恕하여 隨其材而器用之하고 有長이면 皆可效니 學之又何易也리오 小人之人은 難於服事이로되 而易於取說也라 何則小人心은 惟其私이니 則說之雖不以道하고 而曲爲逢迎이라도 彼亦徇情忘理而說之也니 說之不亦易乎아 及其使人也하여는 則待之以刻하여 必求其全備而後에 快焉하고 責望無已니 時事之又何難也리오 君子小人之相反이 如此하니 可不辨哉아

부자께서 군자와 소인은 마음을 쓰는 것이 다르다는 것을 논할 적에 말씀하시기를, "군자라는 사람은 그가 윗자리에 있을 적에는 좋아서 섬기기는 쉽지만 기쁘게 하기란 어렵다. 왜냐 하면 군자의 마음은 오직 공평할 따름이니 진실로 이치상 당연한 도로써 기쁘게 하지 않고 아첨에 의해서 교묘하게 한다면, 저는 반드시 이치로써 마음을 다스리기 때문에 기뻐하지 않을 것이니 기쁘게 하기란 또한 어렵지 않겠는가? 그가 사람을 부릴 적에는 너그러이 대하여 그 사람의 재목에 따라서 쓰고 장점이 있으면 모두 본받으니 배우기가 또한 얼마나 쉽겠는가? 소인이라는 사람은 그가 윗자리에 있을 적에는 좋아서 섬기기는 어렵지만 기쁘게 하기란 쉽다. 왜냐 하면 소인의 마음은 오직 사사로울 따름이니 비록 도로써 기쁘게 하지 않고 온갖 방법으로 아첨하더라도 저 또한 감정에 따라 이치를 잊어버리고 기뻐할 것이니 기쁘게 하기란 또한 쉽지 않겠는가? 그가 사람을 부릴 적에는 사람을 각박하게 대하여 반드시 그 사람이 온전히 구비되기를 구한 뒤에 기뻐하고 책망할 적에는 그만 두는 일이 없으니 때때로 섬기기란 또한 얼마나 어렵겠는가? 군자와 소인의 상반됨이 이와 같으니, 분별하지 않을 수 있겠는가?"라고 하셨다.

○복사(服事) : 좇아서 섬김. 「춘추좌씨전(春秋左氏傳)」 "服事我先王"

○첨미(諂媚) : 아첨하고 아첨함.

○기용(器用) : ①그릇이나 도구. ②재능이나 기량을 신임하여 중용(重用)함. 여기서는 ②의 뜻.

○하즉(何則) : 왜냐 하면. 위에 말을 받아 그 이유를 설명하는 말. '何則고'라고 현토하여 '왜 그런가?'라고 해석할 수도 있다.

○곡위봉영(曲爲逢迎) : 자기의 행위를 옳지 않게 해서 남의 뜻을 맞춤. ☞곡의봉영(曲意逢迎) : 자기의 뜻을 굽혀 남의 의견에 영합함. 갖은 방법으로 아첨함. 곡의승환(曲意承歡).

○가불변재(可不辨哉) : 분별하지 않을 수 있겠는가? 어떻게 분별하지 않을 수 있겠는가? '可'는 부사로서 반문을 나타내며, '어떻게' 또는 '설마 …일 리 있겠는가?'라고 해석함. 해석하지 않아도 무방함.

13·26·1 子曰 君子는 泰而不驕하고 小人은 驕而不泰니라

공자께서 말씀하셨다. "군자는 태연해서 교만하지 않고, 소인은 교만해서 태연하지 못하다."

○태이불교(泰而不驕) : 태연하고 교만하지 않음. 스스로 깨달아 얻어서 도덕을 좇으니 태어날 때부터 교만하지 않음. "泰是自得從道德 生來不驕 就在泰上見"

○교이불태(驕而不泰) : 교만하고 태연하지 않음. 거만하게 자부하여 남을 업신여기니 태연하지 않게 됨. "驕是傲物從意氣 使出不泰 就在驕上見"

君子는 循理라 故로 安舒而不矜肆하고 小人은 逞欲이라 故로 反是니라

군자는 이치를 따르므로 편안하고 조용해서 교만하거나 방자하지 않고, 소인은 욕심을 부리므로 이와 반대인 것이다.

○안서(安舒) : 편안하고 조용함. 평온함. 안한(安閒).

○긍사(矜肆) : 교만하고 방자함. 긍종(矜縱).

○영욕(逞欲) : 욕심을 채움. 하고 싶은 대로 다함.

[備旨] 夫子辨君子小人之氣象에 曰君子小人은 存心不同이라 故로 其見之氣象도 亦異라 君子는 循乎理而心廣體胖하니 常見其安舒而泰로되 而不見其矜肆而驕也요 小人은 役於欲而氣溢志盈하니 常見其矜肆而驕로되 而不見其安舒而泰也라 君子小人其氣象不同이 有如是라

부자께서 군자와 소인의 기상을 분별할 적에 말씀하시기를, "군자와 소인은 마음가짐이 같지 않으므로 그것이 기상에 나타나는 것도 또한 다르다. 군자는 이치에 따라서 마음이 저절로 너그러워지고 몸도 윤택해지니 항상 평안하고 조용해서 편안함을 볼 수 있지만 건방지거나 방자해서 교만함은 볼 수 없고, 소인은 욕심에 따라 부려져서 기운이 넘치고 뜻이 가득 차게 되니 항상 건방지거나 방자해서 교만함을 볼 수 있지만 평안하고 조용해서 편안함을 볼 수 없다. 군자와 소인의 기상이 같지 않음이 이와 같다." 라고 하셨다.

○심광체반(心廣體胖) : 마음이 넓고 편안하면 몸도 윤택해짐. 여기서는 마음속에 한 점 부끄러움이 없으면 마음이 저절로 너그러워지고 몸도 윤택해진다는 말. 「대학(大學)」 傳6·4 富潤屋이요 德潤身이니 心廣體胖이라 故로 君子는 必誠其意니라"
○기일지영(氣溢志盈) : 기운(氣運)이 넘치고 의지(意志)가 가득 참.

13·27·1 子曰 剛毅木訥이 近仁이니라

공자께서 말씀하셨다. "강직하고 굳세고 소박하고 어눌한 것이 인에 가깝다."

○강의목눌(剛毅木訥) : 강직함과 굳셈과 소박함과 어눌함. ☞강(剛) : 강직하다. 물욕에 굴종하지 않는 것이다. 사물의 본체(本體)에 나아가 말한 내용. "就體上說" ☞의(毅) : 굳세다. 과감하고 견강하다. 사물의 작용(作用)에 나아가 말한 내용. "就用上說" ☞목(木) : 소박하다. 꾸밈이 없는 모양. "就容貌上說" ☞눌(訥) : 말이 무겁다. 말수가 적다. 어눌하다. "就言語上說"
○근인(近仁) : 인에 가깝다. "仁是心德四者 各近仁非兼備而後近也"

程子曰 木者는 質樸이요 訥者는 遲鈍이라 四者는 質之近乎仁者也니라 楊氏曰 剛毅則不屈於物欲하고 木訥則不至於外馳라 故로 近仁이니라

정자가 말했다. "목(木)이란 꾸밈없이 순박한 것이요, 눌(訥)이란 느리고 둔한 것이다. 네 가지는 바탕이 인에 가까운 것들이다." 양 씨가 말했다. "굳세면 물욕에 굽히지 않고 질박하고 어눌하면 외물에 마음이 쏠리지 않으므로 인에 가까운 것이다."

○질박(質朴) : 꾸밈이 없이 순박함. 검소함. 소박(素朴).
○지둔(遲鈍) : 느리고 둔함. 굼뜸.
○치(馳) : 마음이 쏠리다.

[備旨] 夫子欲人充美質以求仁에 曰人之氣質이 有剛焉而强勇不屈하고 毅焉而堅忍有守하고 木焉而質樸無華하고 訥焉而遲鈍不佞이라 此四者는 皆質之美로되 而未嘗從事於仁也라 然이나 仁者는 心無私欲일새 剛毅則不屈於物欲이요 仁者는 心存不放일새 木訥則不至於外馳니 要皆近於仁也라 使因其近仁之質하여 而加以求仁之功이면 不將與仁爲一乎아

부자께서 사람으로 하여금 좋은 성질을 채워서 인을 구하도록 할 적에 말씀하시기를, "사람의 기질이 강직하니 굳세거나 용감해서 굽히지 않고, 굳세니 참거나 견뎌서 지킴이 있고, 소박하니 꾸밈없이 순박해서 화려함이 없고, 어눌하니 느리거나 둔해서 말을 잘못함이 있다. 이 네 가지는 모두 성질의 아름다움이지만 일찍이 인에 종사할 수 없다. 그렇지만 인은 마음에 사욕이 없기 때문에 강직하고 굳세다면 물욕에 굴복하지 않고, 인은 마음에 방탕하지 않음이 있기 때문에 소박하고 어눌하다면 밖으로 마음을 쏟는 데 이르지 않으니, 요컨대 모두 인에 가깝다. 가령 자기가 인을 가까이 하려고 하는 성질을 말미암아서 인을 구하는 공을 더한다면, 장차 인과 더불어 하나가 되지 않겠는가?"라고 하셨다.

○미질(美質) : 좋은 성질. 뛰어난 바탕.
○강용(强勇) : 굳세고 용감함.
○견인(堅忍) : 마음이 굳세어 변하지 않음. 또는 참고 견딤.
○종사(從事) : 어떤 일을 주선하다. 일을 처리하다.
○외치(外馳) : 밖으로 마음이 쏟음.

13·28·1 子路問曰 何如라야 斯可謂之士矣니잇고 子曰 切切偲

偲하며 怡怡如也면 可謂士矣니 朋友엔 切切偲偲하고 兄弟엔 怡怡니라

자로가 묻기를, "어떻게 해야 선비라 할 수 있습니까?"라고 하니, 공자께서 대답하셨다. "정중하게 권하며 기쁜 모습을 하면 선비라 이를 수 있으니, 붕우간에는 정중하게 권하고 형제간에는 화목해야 한다."

○하여사위지사의(何如斯可謂之士矣) : 어떻게 한다면 곧 선비라고 할 수 있는가? "是因名以求其實意"
○절절시시(切切偲偲) : 서로 정중하게 선행을 권면하고 격려하는 모양. 절시(切偲). ☞절절(切切) : 매우 정중한 모양. 근신하는 모양. "在情意上" ☞시시(偲偲) : 서로 권면하며 격려하는 모양. "在敎戒上"
○이이여야(怡怡如也) : 마음이 화평하고 기쁜 모습. '如也'는 '切切偲偲怡怡'와 모두 관련된 말이다. 원래 '切切如偲偲如怡怡如也'인데 '切切偲偲怡怡如也'로 줄여 쓴 것이다. "在顔色上 是形容之辭通管上六字"
○가위사의(可謂士矣) : 선비라고 할 수 있다. "此句承上恩義兼盡說"
○붕우절절시시(朋友切切偲偲) : 친구 사이는 의리로써 합해야 하기 때문에 정중하게 격려하고 권면함. "朋友以義合 故施以切偲"
○형제이이(兄弟怡怡) : 형제 사이는 은혜로 합해졌기 때문에 화평하고 기뻐해야 함. "兄弟以恩合 故施以怡怡"

胡氏曰 切切은 懇到也요 偲偲는 詳勉也요 怡怡는 和悅也라 皆子路所不足이라 故로 告之라 又恐其混於所施면 則兄弟有賊恩之禍하고 朋友有善柔之損이라 故로 又別而言之라

호 씨가 말했다. "절절(切切)은 간절하고 자상함이요, 시시(偲偲)는 자세하게 권면하는 것이요, 이이(怡怡)는 마음이 화평하고 기쁜 것이다. 모두 자로에게 부족한 점이므로 말씀하신 것이다. 또 그 힘쓰는 것을 혼동하게 되면 형제간에는 은혜를 해치는 화가 있고, 붕우간에는 선유의 손해가 있을까 염려되므로 또 구별하여 말씀하신 것이다.

○간도(懇到) : 간절하고 자상함. 자상하고 빈틈없이 마음을 씀. 간도(懇倒). 간지(懇至).
○화열(和悅) : 마음이 화평하고 기쁨. 화예(和豫).

○선유(善柔) : 유순하면서 아첨을 잘하고 성실하지 못함. 본서 16・4・1 참고.

[備旨] 子路問於夫子에 曰士固超乎凡民者也니 果何如라야 斯可謂之士矣니잇고하니 夫子告之에 曰士之質性은 貴於中和니 必其切切如情意之懇到하고 偲偲如詔告之詳勉하고 而又怡怡如顔色之和悅이라야 斯則恩義兼盡하고 而德性不偏하여 可謂之士而無愧矣라 然이나 又不可混於所施也는 朋友는 以義合者니 則以切切偲偲로 施之라야 斯處朋友者善하고 而用切偲者도 亦善也니 而凡類於朋友者之無不善焉을 可知矣라 兄弟는 以恩合者니 則以怡怡로 施之라야 斯處兄弟者得하고 而用怡怡者도 亦得也니 而凡類於兄弟者之無不得焉을 可知矣라 夫恩義旣全하여 而所施有別이니 士之爲士면 當如是라 由는 其知之否아

    자로가 부자에게 묻기를, "선비는 범민보다 뛰어난 사람이니 진실로 어떻게 해야 곧 선비라고 이를 수 있겠습니까?"라고 하니, 부자께서 깨우쳐 줄 적에 말씀하시기를, "선비의 자질은 중화를 귀하게 여기니, 반드시 자기가 간절한 모습으로 해서 마음을 간절하고 자상히 하고, 자세히 격려하는 모습으로 해서 깨우쳐 줄 적에 자세히 권면하고, 그리고 또 마음이 화평하고 기쁜 모습으로 해서 안색을 기쁘게 해야 곧 은혜와 의리를 아울러 다하고 덕성이 치우치지 않아서 선비로서 부끄러움이 없다고 이를 수 있다. 그렇지만 또 시행할 적에 혼동해서는 안 되는 것은 붕우는 의리로써 모인 사람들이니, 곧 간절히 권하는 것을 힘써야 붕우간에 사귀는 것을 잘하고 또 간절히 권하는 것도 또한 잘할 것이니, 대체로 붕우와 비슷한 사람에게도 잘하지 못함이 없을 것이라는 것을 알 수 있다. 형제는 은혜로써 모인 사람들이니 화목한 모습을 힘써야 형제간에 돌아보는 것에 보탬이 되고 그리고 화목함도 또한 얻을 수 있으니, 대체로 형제와 비슷한 사람에게도 얻지 못함이 없을 것이라는 것을 알 수 있다. 무릇 은혜와 의리가 다 온전하여 베푸는 것에 분별함이 있어야 할 것이니, 선비가 선비 되려면 마땅히 이와 같아야 할 것이다. 유는 그것을 아는지 그렇지 않은지?"라고 하셨다.

○질성(質性) : 타고난 성질. 자질.
○중화(中和) : 한쪽으로 치우치지 않는 바른 성정(性情). 「중용(中庸)」 "1・5 致中和 天地位焉 萬物育焉"
○정의(情意) : 마음. 생각. 감정. 감정과 의지.
○소고(詔告) : 알림. 고함.
○처(處) : 사귀다[交往]. 돌아보다[顧也]. 보살피다.

13 · 29 · 1 子曰 善人이 敎民七年이면 亦可以卽戎矣니라

공자께서 말씀하셨다. "선한 사람이 7년 동안 백성을 가르치면, 또한 전쟁에 나아가게 할 수 있을 것이다."

○선인교민칠년(善人敎民七年) : 선한 사람이 백성을 오랫동안 가르친다면. '善人'은 자애롭고 슬퍼할 줄 아는 사람. "善人慈愛惻怛之人 就在位者說 敎民就平日言 七年言其久"
○역사이즉융의(亦可以卽戎矣) :　전쟁터에 나아가도록 할 수 있음. ☞가이(可以) : …할 수 있다. 조동사로서 허가나 가능을 나타냄. 허가·가능을 나타내는 조동사 '可'와 이유·조건·수단·도구·원인 등을 나타내는 전치사 '以'가 결합하여 하나의 조동사로 굳어진 것이다. ☞즉(卽) : 나아가다[就也]. ☞융(戎) : 전쟁[兵也]. "卽有勇知方意"

敎民者는 敎之以孝弟忠信之行과 務農講武之法이라 卽은 就也요 戎은 兵也라 民이 知親其上하고 死其長故로 可以卽戎이라 程子曰 七年云者는 聖人이 度(탁)其時可矣니 如云朞月三年과 百年一世와 大國五年과 小國七年之類니 皆當思其作爲如何라야 乃有益이니라

백성을 가르친다는 것은 효제충신의 행실과 농사에 힘쓰고 무예를 익히는 법을 가르치는 것이다. 즉(卽)은 나아가는 것이다. 융(戎)은 전쟁이다. 백성들이 그들의 윗사람을 사랑하고 그들의 윗사람을 위하여 죽을 줄 알기 때문에 싸움터에 나아갈 수 있는 것이다. 정자가 말했다. "7년이라 말씀하신 것은 성인이 그 시간의 적절함을 헤아린 것이니, 마치 본서 13 · 10 · 1에서 '기월이니 3년이니' 한 것과, 본서 13 · 11 · 1과 13 · 12 · 1에서 '백 년이니 한 세대니' 한 것과, 「맹자」《이루장》에서 '큰 나라는 5년이니 작은 나라는 7년이니' 한 따위와 같은 것이니, 모두 마땅히 그 시행을 어떻게 할 것인가를 생각해야, 비로소 도움이 있을 것이다."

○무농(務農) : 농사에 힘씀. 「국어(國語)」《주상(周上)》 "三時務農 而一時講武"
○강무(講武) : 무예를 강습함. 무예를 익힘.

[備旨] 夫子稱善人之化에 曰戎兵은 大事니 豈可輕使民者리오 惟善人은 內有實心하고 外有實政하니 其於民也에 敎之孝弟忠信以養其性하고 敎之務農以厚其生하고 敎之講武以熟其藝니라 積而至七年之久면 則民之習於其敎者는 自知親上死長之義하리니 亦可以就乎戎兵하여 而慷慨禦侮矣라 夫以善人이 敎民之久而後에 可卽戎이니 卽戎을 可易言哉아

부자께서 선인의 교화에 대해 일컬을 적에 말씀하시기를, "전쟁에 관한 일은 큰일이니 어찌 사람을 가볍게 부릴 수 있겠는가? 오직 선인은 안으로는 진실한 마음을 갖고 밖으로는 진실한 정사를 행하니, 그는 백성들에게 효제충신을 가르쳐서 그들의 성품을 기르고, 농사에 힘쓰도록 가르쳐서 그들의 삶을 두텁게 하고, 무예를 강습해서 그들의 재주를 익숙하게 할 것이다. 세월이 지나 7년이라는 오랜 세월에 이르면 백성 중에 그 가르침을 학습한 사람은 윗사람을 사랑하거나 어른들을 위해서 죽는 의리를 스스로 알게 될 것이니, 또한 전쟁에 나아가서 의기가 북받쳐 외적을 막아낼 수도 있을 것이다. 무릇 선인이 백성을 가르친 지 오래 된 뒤에 전쟁에 나아갈 수 있을 것이니, 전쟁에 나가는 것을 쉽게 말할 수 있겠는가?"라고 하셨다.

○융병(戎兵) : 전쟁. 병사(兵士). 군대.
○강개(慷慨) : 의기(意氣)가 북받치고 감정이 격앙됨.
○어모(禦侮) : 외적의 내습 등 모욕을 막아냄.

13 · 30 · 1 子曰 以不敎民戰이면 是謂棄之니라

공자께서 말씀하셨다. "평소에 가르치지 않았던 백성을 써서 전쟁하도록 하면, 곧 백성을 버리는 일이다."

○이불교민전(以不敎民戰) : 평소에 가르치지 않았던 백성을 써서 전쟁하도록 한다면. "不敎民是平素不敎之民也 敎亦兼孝弟忠信務農講武說 戰卽上戎"
○시위기지(是謂棄之) : 백성을 버리는 일이라고 이를 것이다. 백성을 죽음에 이르도록 하는 것임. '是'는 두 가지 일이 앞뒤로 연결되는 것을 나타내는데, 후반부의 첫머리에 주로 쓰이며 '則'에 해당한다. 접속사인데 지시대명사가 허사화(虛詞化)한 것이라고 볼 수 있다. "棄謂致民於死 之指民言"

以는 用也라 言用不敎之民以戰이면 必有敗亡之禍니 是棄其民也라

이(以)는 쓰는 것이다. 가르치지 않은 백성을 써서 싸우도록 하면 반드시 패망의 화가 있을 것이니, 곧 그 백성을 버리게 됨을 말씀한 것이다.

[備旨] 夫子爲輕用民者戒也에 曰民者는 國之本이니 苟以平日不敎之民으로 而遽使之赴

戰이면 則民旣不知坐作擊刺之方하고 又不知親上死長之義하여 而敗亡之禍를 在所不免이니 是謂自棄其民也라 然則爲民上者는 可不以棄民爲鑒哉아

　부자께서 경솔하게 백성을 부리는 사람들을 위해 경계할 적에 말씀하시기를, "백성은 나라의 근본이니 진실로 평일에 가르치지 않은 백성을 써서 갑자기 그들로 하여금 전쟁에 나가도록 하면, 백성들은 이미 앉고 서는 일과 치고 찌르는 방법도 알지 못할 뿐만 아니라 또 윗사람을 사랑하고 어른들을 위해 죽는 의리를 알지 못해서 패망의 화를 면치 못하는 경우가 있을 것이니, 곧 스스로 그 백성을 버리는 일이라고 할 수 있다. 그렇다면 백성 위에서 다스리는 사람은 백성들을 버리는 일을 가지고 거울을 삼지 않을 수 있겠는가?"라고 하셨다.

○좌작(坐作) : 앉음과 일어남. 또는 행동함과 중지함. 고대의 군사 훈련 과목의 명칭이었음. 좌작 진퇴(坐作進退).
○격자(擊刺) : 창으로 서로 공격함. 치고 찌르는 기술.
○감(鑒) : 거울. 본보기. 모범. '감(鑑)'과 통함.

제 14편 憲 問

胡氏曰 此篇은 疑原憲所記라 凡四十七章이라

호 씨가 말하기를, "이 글은 아마 원헌이 기록한 것일 것이다." 모두 47장이다.

14·1·1 憲問恥한대 子曰 邦有道에 穀이어니와 邦無道에 穀은 恥也니라

원헌이 수치에 대해 물으니, 공자께서 대답하셨다. "나라에 도가 있을 적에는 녹을 받는 것은 좋겠지만, 나라에 도가 없는데도 녹을 받는 것은 수치스러운 일이다."

○헌(憲) : 노나라 사람으로 이름이 원헌(原憲)이며, 자는 자사(子思).
○문치(問恥) : 무슨 일이 수치가 되는지에 대해 물음. "是問何事可羞恥"
○방유도곡(邦有道穀) : 나라에 도덕이 행해지고 있을 적에 봉급을 받음. '穀'은 봉록(俸祿). 곡식으로도 주었기에 '穀'이나 '栗'로 표현하게 되었음. 원래 명사이지만 여기서는 동사로 쓰였음. "此句重看以憲才不足也"
○방무도곡(邦無道穀) : 나라에 도덕이 행해지지 않을 경우에 봉급을 받음. "此句帶說以憲守有餘也"
○치야(恥也) : 부끄러워해야 할 일이다. "總承須抑揚重有道邊"

憲은 原思名이라 穀은 祿也라 邦有道에 不能有爲하고 邦無道에 不能獨善하여 而但知食祿이면 皆可恥也라 憲之狷介로 其於邦無道에 穀之可恥는 固知之矣어니와 至於邦有道에 穀之可恥하여는 則未必知也라 故로 夫子因其問而並言之하여 以廣其志하여 使知所以自勉하여 而進於有爲也시니라

헌(憲)은 원사의 이름이다. 곡(穀)은 봉급이다. 나라에 도가 있을 적에는 공을 이루지도 못하고 나라에 도가 없을 적에는 자기 몸도 훌륭히 하지도 못하고서 단지 녹만 먹을 줄 안다면 모두 수치스러운 일이다. 원헌의 지조로서는 아마 나라에 도가 없을 적에 녹을 먹는 것이 수치스럽다는 것은 본디 알고 있었겠지만, 나라에 도가 있을 때에

녹만 먹는 것이 수치스럽다는 것은 반드시 알지 못했을 것이다. 그러므로 부자께서 그의 질문할 것을 인해서 아울러 말씀하여 그의 뜻을 넓혀서 스스로 힘쓸 바를 알게 하여 공을 이룰 수 있는 데 나아가도록 하신 것이다.

○유위(有爲) : 성과를 위하여 어떤 일을 하는 바가 있음. 능력이 있음. 유능(有能). 「주역(周易)」《계사상(繫辭上)》 "是以君子 將有爲也"
○독선(獨善) : 자기만이 착하게 되기 위해 힘씀. 제 몸만을 훌륭히 함. ☞독선기신(獨善其身) : 자기 한 몸의 선만을 꾀함. 「맹자(孟子)」《진심장상(盡心章上)》 "古之人이 得志하얀 澤加於民하고 不得志하얀 脩身見於世하니 窮則獨善其身하고 達則兼善天下니라"
○견개(狷介) : 굳게 절개를 지키고 구차하게 타협하지 않음. 지조. 강직함. 「논어집주(論語集註)」 "雙峯饒氏曰 狷是有執守 介是有分辨"

[備旨] 昔에 原憲以狷介之資로 問於夫子에 曰天下事에 何者爲可恥잇고한대 夫子告之에 曰君子는 貴有守之節이요 尤貴有爲之才니라 如邦之有道에 可以有爲時也어늘 乃不能有爲하고 而但知食祿하며 邦之無道에 可以獨善時也어늘 乃不能獨善하고 而但知食祿이면 是는 世治而無可行之道하여 不免素餐이요 與夫世亂而無能守之節하여 不免貪位하니 二者는 同歸於可恥也라 憲也聞此하고 當由有守하여 而進於有爲焉矣라

옛날 원헌이 강직한 자질로 인해 부자께 여쭈어 볼 적에 말하기를, "천하의 일 중에 무슨 일이 수치스럽다고 하겠습니까?"라고 하니, 부자께서 깨우쳐 줄 적에 말씀하시기를, "군자는 절개를 지키는 것을 귀하게 여기고 공을 이룰 수 있는 재주를 더욱 귀하게 여긴다. 만약 나라에 도가 있을 적에는 공을 세울 수 있을 때인데 오히려 공도 세우지 못하면서 단지 녹만 먹을 줄 알며, 나라에 도가 없을 적에는 자기 몸을 훌륭히 할 수 있을 때인데 오히려 훌륭히 하지도 못하고 단지 녹만 먹을 줄 안다면, 이는 세상이 다스려진다고 하더라도 행할 만한 도가 없어서 아무런 공도 없이 녹만 먹는 것을 면치 못할 것이고, 또 세상이 어지럽다고 하더라도 능히 지킬 만한 절개가 없어서 자리만 탐하는 것을 면치 못할 것이니, 두 가지는 다함께 수치스러운 데로 돌아갈 것이다. 원헌은 이를 듣고 마땅히 지켜서 공을 이룰 수 있는 데 나아가야 할 것이다."라고 하셨다.

○유위지재(有爲之才) : 장차 큰일을 할 수 있는 재능. 또는 그 사람.
○소찬(素餐) : 아무런 공(功)도 없이 녹(祿)을 먹음. 소손(素飱) ☞시위소찬(尸位素餐).
○탐위(貪位) : 자리를 탐함.

14·2·1 克伐怨欲을 不行焉이면 可以爲仁矣잇가

"남에게 이기기를 좋아하고, 자신을 자랑하며, 남을 원망하고, 욕심을 내는 일을 행치 않으면 인이라고 할 수 있겠습니까?"

○극벌원욕(克伐怨欲) : 네 가지의 악덕(惡德). '克'은 남에게 이기려고 하는 마음이요, '伐'은 자기 힘을 남에게 자랑하는 것이요, '怨'은 마음에 못마땅하게 여겨 원망하는 것이요, '欲'은 물욕이 많은 것. 이 네 가지는 모두 사사로운 마음에서 생긴 것임. 특히 극벌(克伐)은 기운이 넘쳐 생기는 것이고, 원욕(怨欲)은 뜻에 차지 않아서 생기는 것임 (克伐是氣盈者 因己所有而生 怨欲是己歉者 因己所無而生) "四者皆是私心"
○불행언(不行焉) : 네 가지 악덕을 행치 않는다면. "是禁止不行於外"
○가이위인의(可以爲仁矣) : 인이라고 할 수 있는가? 사사로움을 제지하는 것을 인이라고 생각한 것이고, 실제로 의심스러워서 물은 것은 아님. ☞가이(可以) : …할 수 있다. 조동사로서 허가나 가능을 나타냄. 허가·가능을 나타내는 조동사 '可'와 이유·조건·수단·도구·원인 등을 나타내는 전치사 '以'가 결합하여 하나의 조동사로 굳어진 것이다. "是實以制私爲仁 非疑而問也"

此亦原憲이 以其所能而問也라 克은 好勝이요 伐은 自矜이며 怨은 忿恨이요 欲은 貪欲이라

이 또한 원헌이 그의 능했기 때문에 질문한 것이다. 극(克)은 이기기를 좋아하는 것이요, 벌(伐)은 자신을 자랑하는 것이며, 원(怨)은 노하고 원망하는 것이요, 욕(欲)은 욕심을 내는 것이다.

[備旨] 原憲以其所能으로 問於夫子에 曰人有克而好勝하고 伐而自矜하며 怨而忿恨하고 欲而貪欲이어늘 今制之하여 使不行焉이면 可以爲無私之仁矣乎잇가

원헌이 자기가 능했기 때문에 부자께 여쭈어 볼 적에 말하기를, "사람은 이기려고 하니 이기기를 좋아하고, 자랑하려고 하니 자신을 자랑하며, 성내려고 하니 노하면서 분해여기고, 욕심을 내려고 하니 욕심을 내는 것인데, 지금 제지해서 행치 못하도록 한다면 사사로움이 없는 인이라고 할 수 있겠습니까?"라고 했다.

14·2·2 子曰 可以爲難矣어니와 仁則吾不知也케라

공자께서 말씀하셨다. "그렇게 하기는 어려운 일이겠지만, 인이라고 할 수 있는지 나는 알지 못하겠다."

○가이위난의(可以爲難矣) : 보통 사람으로서는 어려운 일이라는 말. "只是擧人之難 制者而力制之"
○인즉오부지야(仁則吾不知也) : 인이라고 할 수 있는지 그렇지 않은지 모르겠다는 뜻. 여기서 인(仁)은 천리(天理)를 말함. "仁指自然無私之天理言 不知是不可以此爲仁意"

有是四者로되 以能制之하여 使不得行은 可謂難矣어니와 仁則天理渾然이요 自無四者之累하니 不行은 不足以言之也라
○程子曰 人而無克伐怨欲은 惟仁者라야 能之요 有之而能制其情하여 使不行은 斯亦難能也어니와 謂之仁則未也라 此는 聖人開示之深이어늘 惜乎憲之不能再問也라 或曰 四者不行이 固不得爲仁矣나 然이나 亦豈非所謂克己之事와 求仁之方乎아 曰 克去己私하여 以復乎禮면 則私欲이 不留하여 而天理之本然者를 得矣어니와 若但制而不行이면 則是未有拔去病根之意하여 而容其潛藏隱伏於胸中也니 豈克己求仁之謂哉아 學者는 察於二者之間이면 則其所以求仁之功이 益親切而無滲漏矣라

이 네 가지가 있는데도 능히 제지해서 행치 못하도록 하는 것은 어려운 일이라고 할 수 있지만, 인은 천리의 혼연함이요 원래부터 네 가지의 허물이 없으니, 행치 않는 것에 대해서는 족히 말할 것이 못 된다.
○정자가 말했다. "사람으로서 이기기를 좋아하고, 자신을 자랑하며, 남을 원망하고, 욕심을 내는 일이 없는 것은 오직 인자라야 능히 할 수 있을 것이다. 이런 것을 갖고 능히 자기 마음을 제지해서 행치 못하게 하는 것은 또한 잘하기도 어렵지만, 이를 인이라고 이르기에는 부족한 것이다. 이는 성인이 열어 보여주기를 심오하게 한 것인데 아깝게도 원헌이 다시 묻지 못한 것이다." 혹자는 말하기를, '네 가지를 행치 못하는 것이 진실로 인이라고 할 수는 없지만, 그러나 또한 어찌 자기를 이기는 일과 인을 구하는 방법이 아니라고 이르겠는가?' 했다. 나는 다음과 같이 대답했다. '자신의 사사로움을 이겨 떠나서 예를 회복한다면 사욕이 머무르지 못해서 천리 본래 그대로의 상태를 얻게 될 것이지만, 만일 단지 제지만 하고 행치 못한다면 이는 병의 뿌리를 뽑아 버리는 생각이 없어서 자기 가슴속에 깊이 감춰두는 것을 용납하는 꼴이니, 어찌 자기

를 이기고 인을 구하는 일이라고 말할 수 있겠는가? 배우는 이들은 이 두 가지 사이를 살펴본다면, 그 인을 구하는 공부가 더욱 가깝고 절실하여 빠뜨리는 일이 없게 될 것이다."

○혼연(渾然) : 모나거나 찌그러진 데 없이 둥근 모양. 구별이나 차별 또는 결점이 없는 모양.
○삼루(滲漏) : 액체가 스며서 나옴. 부주의로 인한 빠뜨림. ☞삼(滲) : 스며들다.

[備旨] 夫子告之에 曰常人之情은 一有克伐怨欲之心이 萌於中이면 則必形之於外하여 而不能以自制어늘 今能制之하여 使不得行은 可以爲恒情之所難矣어니와 若夫仁은 則天理渾然이요 自無克伐怨欲之累니 徒以不行者로 爲仁은 則吾不得而知之也케라 是則制私요 不可以爲仁이라 仁則無私之可制니 學者觀此면 可以識仁體矣라

　부자께서 깨우쳐 줄 적에 말씀하시기를, "보통 사람의 마음은 한결같이 이기기를 좋아하고, 자신을 자랑하며, 남을 원망하고, 욕심을 내는 마음이 심중에 싹이 트면 반드시 밖으로 나타나서 능히 스스로 제지할 수 없는데, 지금 제지해서 행치 못하게 한다는 것은 보통 사람의 마음으로서는 어려운 일일 것이다. 하지만 인은 천리의 혼연함이고 원래부터 이기기를 좋아함과 자신을 자랑함과 남을 원망함과 욕심을 내는 허물이 없으니, 한갓 행치 않는 것을 인이라고 할 수 있는지에 대해서는 내가 알지 못하겠다. 이는 곧 사사로움을 제지한 것이지 인이라고 할 수 없을 것이다. 인은 사사로움을 제지할 수 없는 것이니, 배우는 이들은 이를 본다면 인의 본체를 알 수 있을 것이다."라고 하셨다.

○약부(若夫) : …에 이르러. 다른 화제를 제시할 때 쓰는 말.
○항정(恒情) : 보통의 인정. 상정(常情).

14·3·1 子曰 士而懷居면 不足以爲士矣니라

　공자께서 말씀하셨다. "선비로서 편안하기만을 생각한다면 선비라고 할 수 없을 것이다."

○사이회거(士而懷居) : 선비가 되어서 편안함을 추구하다. ☞회(懷) : 연연해하다. 버리지 못하다. ☞거(居) : 편안하게 거하다. '而'자는 원래 앞의 주어와 조화를 이루지 못

하는 서술어를 연결시키는 접속사인데, 이치상 맞지 않거나 의외의 상황을 나타낼 적에 쓰인다. 우리말의 '도리어' '오히려' 등과 연관시켜 볼 수 있다. 본서 "2·22·1 人而無信" "3·3·1 人而不仁" "13·22·1 人而無恒" 참고. "懷是留戀不舍 居字所該甚廣"
○부족이위사의(不足以爲士矣) : 족히 선비라고 하기엔 부족하다. ☞족이(足以) : …할 수 있다. 조동사로서 허가나 가능을 나타냄. '足'과 '以'가 결합하여 하나의 조동사로 굳어진 것이다. "言其識趣卑陋 與凡民等"

居는 謂意所便安處也라

거(居)는 마음에 편안하게 여기는 것을 말한다.

[備旨] 夫子論士當忘物累意에 曰所貴乎士者는 以其慕道而忘物也라 若爲士者가 於意之所便安에 戀戀而不舍焉이면 則其識趣卑陋하여 不足以爲士矣라 然則爲士者는 可不以道御情하고 以理制欲乎아

부자께서 선비는 마땅히 외물에 얽매임을 잊어버려야 한다는 것을 논하는 뜻에서 말씀하시기를, "선비를 귀하다고 하는 것은 도를 그리워하고 외물을 잊어버리기 때문이다. 만약 선비 된 사람이 마음으로 편안한 것만 연연해서 버리지 못한다면, 그의 식견과 취향은 낮고 좁아서 족히 선비가 될 수 없을 것이다. 그렇다면 선비 된 사람은 도로써 마음을 다스리고 이치로써 욕심을 제지하지 않을 수 있겠는가?"라고 하셨다.

○물루(物累) : 외물(外物)에 얽매임. 외물이 사람에게 끼치는 번거로움. 속루(俗累). 「장자(莊子)」《천도편(天道篇)》"知天樂者 無天怨 無人非 無物累 無鬼責"
○연연(戀戀) : 아쉬워서 쉽게 떨쳐버리지 못함. 또는 그러한 심정.
○식취(識趣) : 식견(識見)과 취향(趣向).
○비루(卑陋) : 낮고 좁음.

14·4·1 子曰 邦有道엔 危言危行하고 邦無道엔 危行言孫이니라

공자께서 말씀하셨다. "나라에 도가 있을 때에는 말을 고상하게 하면서 행실도 고상하게 해야 하고, 나라에 도가 없을 때에는 행실은 고상하게 하되 말은 겸손하게 해야 한다."

○방유도(邦有道) : 나라에 도가 있다. 자기의 바른 행실을 이룰 수 있는 때라는 말. "是可遂其直之時"

○위언위행(危言危行) : 말을 고상하게 하면서 행실도 고상하게 해야 함. 군자는 고의로 그 말을 고상하게 하는 것은 아니고, 또 굳게 도를 지켜 세상을 따르지 않음. '危'는 '준엄하게 하다' '당당하게 하다'라는 뜻. "君子非故欲其危也 介然守道不徇於世 即世俗觀之 則見其危耳"

○방무도(邦無道) : 나라에 도가 없다. 자기의 바른 행실을 이룰 수 없는 때라는 말. "是不可遂其直之時"

○위행언손(危行言孫) : 행실은 고상하게 하되 말은 겸손하게 함. "行仍然是危終變不得底" "孫但委曲不直遂 非阿諛也"

危는 高峻也요 孫은 卑順也라 尹氏曰 君子之持身은 不可變也어니와 至於言하여는 則有時而不敢盡하여 以避禍也라 然則爲國者가 使士言孫을 豈不殆哉아

위(危)는 높고 빼어남이요 손(孫)은 낮추고 순종함이다. 윤 씨가 말했다. "군자의 몸가짐은 변할 수 없으나, 말은 때때로 감히 다하지 말아서 화를 피해야 할 것이다. 그렇다고 한다면 나라를 다스리는 자가 선비로 하여금 말을 겸손하게 하도록 하는 것을 어찌 다스리지 않겠는가?"

○고준(高峻) : ①높고 빼어남 ②높고 험준함. 여기서는 ①의 뜻.「논어집주(論語集註)」"陳氏曰 高峻者 廉隅之稱 非詭險也 卑順者 加謙恭之意 非阿諛也"

○비순(卑順) : 겸허하고 순종함.

○시(時) : 때를 맞추다[合時]. 때맞다. 그러할 때를 맞추어 어기지 아니하다.

○기불태재(豈不殆哉) : 어찌 다스리지 않겠는가? '殆'는 '다스리다'라는 뜻.

[備旨] 夫子論君子處世之道에 曰君子之言行은 惟其時而已라 如邦有道時에 可以遂其直也니 則危其言焉하여 而言人之所不敢言하고 危其行焉하여 而行人之所不敢行이요 如邦無道時에 不可以遂其直也니 則亦危其行하여 而不變己之守하고 至於言하여는 則少加孫順하여 而不激人之怒라 蓋行無時而可變者는 持身之節也요 言有時而不敢盡者는 保身之哲也니 君子는 惟相時而動而已라

부자께서 군자의 처세하는 도를 논할 적에 말씀하시기를, "군자의 언행은 오직 그 때에 맞게 해야 할 따름이다. 만약 나라에 도가 있을 때에는 자기의 바른 도를 이룰

수 있으니, 그 말을 고상하게 해서 사람들이 감히 말하지 않는 것을 말해야 하고 그 행실도 고상하게 해서 사람들이 감히 행하지 못하는 것을 행하도록 해야 할 것이요, 만약 나라에 도가 없을 때에는 자기의 바른 도를 이룰 수 없으니, 또한 그 행실은 고상하게 해서 자기가 지키는 것을 변치 말고 말은 조금이라도 겸손하고 온순함을 더하여 사람들의 노를 격발치 않도록 해야 할 것이다. 대개 행동을 때에 맞게 해서 변함이 없도록 하는 것은 몸을 보전하는 절개요, 말을 때때로 감히 다하지 않는 것은 몸을 보호하는 지혜니, 군자는 오직 때를 보고 움직여야 할 따름이다."라고 하셨다.

○직(直) : 바른 도(道). 바른 행위.
○상(相) : 보다. 자세히 보다. 「춘추좌씨전(春秋左氏傳)」"相時而動"
○손순(孫順) : 겸손하고 온순함.

14·5·1 子曰 有德者는 必有言이어니와 有言者는 不必有德이요 仁者는 必有勇이어니와 勇者는 不必有仁이니라

공자께서 말씀하셨다. "덕이 있는 사람은 반드시 좋은 말이 있겠지만 말만 자랑하는 사람은 반드시 덕이 있지는 않을 것이요, 어진 사람은 반드시 용맹이 있겠지만 용맹만 자랑하는 사람은 반드시 어질지는 않을 것이다."

○유덕자(有德者) : 덕을 가진 사람. 여기서 '德'이란 인(仁)을 구현할 수 있는 올바른 정신인데, 이치가 마음에 얻어진 것을 말함. "德是理得於心"
○필유언(必有言) : 반드시 도리에 맞는 좋은 말이 있음. 좋은 말이 있다는 것은 덕(德)이 발해 말이 된 것을 말함. "有言是德發爲言"
○유언자(有言者) : 한갓 말만 숭상하는 사람. "是徒尙言之人"
○불필유덕(不必有德) : 반드시 그의 심중에 덕이 있는 것은 아님. 부분 부정. "是不敢必其心中有德"
○인자(仁者) : 어진 사람. 여기서 '仁'이란 본서에서 말하고 있는 일반적인 인(仁)을 말하는데, 마음이 다스림에 순전한 것을 말함. "仁是心純於理"
○필유용(必有勇) : 반드시 용맹이 있음. 용맹이 있다는 것은 인(仁)이 발해 용맹이 된 것을 말함. "有勇是仁發爲勇"
○용자(勇者) : 한갓 용기만 숭상하는 사람. "是徒尙勇之人"
○불필유인(不必有仁) : 반드시 그의 심중에 인이 있는 것은 아님. 부분 부정. "是不敢必

其心中有仁"

有德者는 和順積中하여 英華發外어니와 能言者는 或便佞口給而已요 仁者는 心無私累하여 見義必爲어니와 勇者는 或血氣之强而已라
○尹氏曰 有德者는 必有言이어니와 徒能言者는 未必有德也요 仁者는 志必勇이어니와 徒能勇者는 未必有仁也니라

덕이 있는 사람은 화순이 마음에 쌓여서 영화가 밖으로 나타나지만 말만 잘하는 사람은 혹 아첨하고 말만 잘할 뿐인지도 모를 것이요, 어진 사람은 마음에 사사로운 허물이 없어서 의를 보면 반드시 행하지만 용기만 있는 사람은 혹 혈기만 강할 뿐인지도 모를 것이다.

○윤 씨가 말했다. "덕이 있는 사람은 반드시 좋은 말을 하지만 한갓 말만 잘하는 사람이라고 반드시 덕이 있지는 않을 것이요, 어진 사람은 뜻이 반드시 용감하지만 한갓 용감하기만 한 사람이라고 반드시 어질지는 않을 것이다."

○화순(和順) : 온화하고 순량(順良)함. 또는 그러한 성질이나 덕.
○혹(或) : 혹은 …일지도 모른다. 아마 …일지도 모른다.
○편녕(偏佞) : 교묘한 말로 아첨하고 비위를 맞춤. 본서 16·4·1 참고.
○구급(口給) : 말솜씨가 좋음. 말주변이 있음.

[備旨] 夫子爲修己觀人者發에 曰有德之人은 積厚流光하니 必有言也어니와 若徒有言之人은 或恐爲色莊하니 未必其有德也요 仁者之人은 理直氣壯하니 必有勇也어니와 若徒有勇之人은 或憑乎血氣하니 未必其有仁也이라 然則修己者는 固當以德與仁으로 爲先이요 而觀人者는 豈可以言與勇으로 爲重哉아

부자께서 자기 몸을 닦고 사람을 살펴보는 자들을 위해 밝힐 적에 말씀하시기를, "덕이 있는 사람은 은덕이 후세의 사람에게 넓게 미치니 반드시 좋은 말이 있겠지만 말만 잘하는 사람은 어쩌면 겉으로만 엄숙하니 반드시 그에게 덕이 있지는 않을 것이요, 인자가 된 사람은 기개가 당당하니 반드시 용맹하겠지만 용맹하기만 한 사람은 혹 혈기만 의지하니 반드시 그에게 인이 있지 않을지도 모른다. 그렇다면 자기 몸을 닦는 사람은 진실로 마땅히 덕과 인을 먼저 닦도록 해야 할 것이고, 그리고 사람을 살펴보는 자들은 어찌 말이나 용맹만을 중하게 여기겠는가?"라고 하셨다.

○발(發) : 밝히다. 발명하다. ☞발명(發明) : 새로운 뜻을 깨달아 밝힘. 천명(闡明).

○혹공(或恐) : 어쩌면. 마마도.
○적후유광(積厚流光) : 공훈(功勳)과 업적이 깊고 두터우면 후인에게 전해지는 은덕이 넓게 미침. 적후유광(積厚流廣).「순자(荀子)」《예론(禮論)》“所以別積厚者 流澤廣”
○색장(色莊) : 안색이 엄숙하고 진지함. 겉으로만 엄숙한 체하는 것을 이름. 본서 11·20·1 참고.
○이직기장(理直氣壯) : 이유가 정대(正大)하고 기개가 당당함. 정리(正理)를 주장하여 조금도 굴하지 않음.

14·6·1 南宮适이 問於孔子 曰羿는 善射하고 奡는 盪舟하되 俱不得其死然이요 禹稷은 躬稼而有天下하시니이다 夫子不答이러시니 南宮适이 出커늘 子曰 君子哉라 若人이여 尙德哉라 若人이여

남궁 괄이 공자에게 묻기를, “예는 활을 잘 쏘고 오는 뭍에서 배를 움직였지만 모두 제명에 죽지 못했고, 우와 직은 몸소 농사를 지었는데도 천하를 소유하셨습니다.” 하니, 공자께서 대답하지 않으셨다. 남궁 괄이 나가자 공자께서 말씀하시기를, “군자로구나, 이 사람이여! 덕을 숭상하구나, 이 사람이여!” 하셨다.

○남궁 괄(南宮适) : 노(魯)나라 사람으로 공자의 제자. 남궁(南宮)은 복성(複姓)이고, 이름이 괄(适)이다.
○예선사오탕주(羿善射奡盪舟) : 예(羿)는 활을 잘 쏘고 오(奡)는 힘이 세어 뭍에서 배를 밀어 움직임. 이 두 사람은 자기의 욕망을 위해 살았던 사람. ☞예(羿) : 사람 이름. 하대(夏代)의 제후(諸侯)로 궁술(弓術)의 명인. ☞오(奡) : 사람 이름. 한착(寒浞)의 아들. 힘이 세어 육지에서 배를 끌 수 있었음. 현재 산동성(山東省) 수광현(壽光縣)의 동북쪽에 있었던 짐관(斟灌)과 산동성 유현(濰縣) 동남쪽에 있었던 짐심(斟鄩)을 멸함. ☞탕(盪) : 밀다[推也]. 밀어 움직이다. 여기에 관한 내용은「춘추좌씨전(春秋左氏傳)」양공(襄公) 4년조 참고. “二人是有力 然羿篡夏自立 奡滅斟灌斟鄩 殺夏后相 又是有權”
○구부득기사연(俱不得其死然) : 모두 천명을 다하지 못하고 횡사(橫死)하다. 여기서 ‘然’은 진술(陳述)의 어기(語氣)를 나타내는 허사(虛詞)로서 특별히 해석할 필요는 없으며 ‘焉’에 해당한다. ☞부득기사(不得其死) : 천명(天命)을 다하지 못하고 횡사(橫死)함을 이르는 말. 율곡(栗谷)의 「사서언해본(四書諺解本)」를 비롯해서 많은 이들이 “俱不得其死어늘 然이나 禹稷은 躬稼而有天下하시니이다”로 끊어 읽고 현토(懸吐)하고 있는데, 필자가 “俱不得其死然이요 禹稷은 躬稼而有天下하시니이다”로 바로잡았다. 본

서 "11 · 12 · 2 若由也는 不得其死然이로다"에서도 같은 표현이 나옴. "二人皆死非正命"
○우직궁가(禹稷躬稼) : 우(禹)와 직(稷)은 몸소 농사를 지었음. 즉 자기를 희생하고 남을 위해 봉사했다는 말. ☞우(禹) : 하(夏)의 우임금. 순(舜)의 선양을 받아서 세운 하 왕조(夏王朝). 치수(治水)에 공이 컸음. ☞직(稷) : 후직(后稷)을 말함. 곡식을 심어 농사짓는 데 성공했고 뒤에 그의 자손들이 주(周)나라를 세웠음. "禹是夏禹 稷是后稷 水土播種相須 故皆曰躬稼 對上善射盪舟"
○유천하(有天下) : 천하를 차지함. "對上不得其死"
○부자부답(夫子不答) : 노(魯)나라의 권신(權臣)들은 세력이 있더라도 불선하면 망하고, 공자처럼 불운하더라도 덕이 있으면 결국 도를 얻게 될 때가 있을 것임을 은연중에 말하고 있음. 그러나 공자께서는 시속을 해치거나 자기를 자랑하는 것을 싫어하고 있음. "是嫌於傷時譽己意"
○남궁괄출(南宮适出) : 남궁 괄이 부자의 뜻을 묵묵히 이해하고 나아감. "出是默會夫子之意"
○군자재약인(君子哉若人) : 군자로구나, 남궁 괄이란 사람이여! 여기서 군자는 행동에 나아가는 것으로써 말함. '若人'은 '이 사람이야말로…'하면서 평하는 말. "君子以行之所造言 若人指南宮适"
○상덕재약인(尙德哉若人) : 덕을 숭상하는구나, 남궁 괄이란 사람이여! 덕을 숭상한다는 것은 마음에 존재해 있는 것으로써 말함. "尙德以心之所存言"

南宮适은 卽南容也라 羿는 有窮之君이니 善射하여 滅夏后相하고 而篡其位러니 其臣寒浞이 又殺羿而代之하니라 奡는 春秋傳에 作澆하니 浞之子也라 力能陸地行舟러니 後爲夏后少康所誅라 禹平水土하고 曁稷播種하여 身親稼穡之事러니 禹受舜禪而有天下하고 稷之後에 至周武王하여 亦有天下하니라 适之意는 蓋以羿奡로 比當世之有權力者하고 而以禹稷으로 比孔子也라 故로 孔子不答이라 然이나 适之言이 如此면 可謂君子之人이요 而有尙德之心矣라 不可以不與니 故로 俟其出而贊美之하시니라

남궁 괄은 곧 남용이다. 예는 궁나라의 임금이니 활을 잘 쏘아 하나라 임금 상을 없애고 그 자리를 찬탈했는데, 그 신하 한착이 또 예를 죽이고 그를 대신하였다. '奡'는 「춘추전」에 '澆'로 되어 있으니 한착의 아들이다. 힘은 능히 육지에서 배를 끌고 다닐 수 있었는데 뒤에 하나라 임금 소강에게 죽임을 당했다. 우는 물과 흙을 다스리고 또 직은 씨를 뿌려 몸소 농사짓는 일을 했는데, 우임금이 순임금에게 자리를 선양받아 천하를 차지했고, 직의 후손도 주나라 무왕에 이르러 또한 천하를 차지했다. 남궁 괄의 생각이 아마도 예와 오를 당시 권력가에 비유하고 우와 직을 공자에 비유했던 것이므로 공자께서 대답하지 않으신 것이다. 그러나 남궁 괄의 말이 이와 같았다면 군자다운 사람이고 덕을 숭상하는 마음이 있다고 이를 만하다. 공자께서는 그를 인정해 주지 않을 수 없으므로 그가 나가기를 기다려서 찬미하셨던 것이다.

○궁(窮) : 하(夏) 나라 때 나라 이름. '有窮'이라고도 함. '有'는 허사(虛詞)로 '有夏' '有韓' 등 나라 이름 앞에 많이 쓰였음.

○한착(寒浞) : 궁(窮)나라의 신하. 임금 후예(后羿)가 총애하던 신하. 후예를 죽이고 스스로 임금이 되었지만, 소강(小康)에게 망했음.

○요(澆) : 물을 대다. 엷다. 경박하다.

○하후(夏后) : 우(禹)가 순(舜)의 선양을 받아서 세운 하 왕조(夏王朝). 하 씨(夏氏) 또는 하후(夏后)라고도 함. 본서 3·21·1 참고.

○소강(少康) : 하(夏)나라의 임금. 상(相)의 아들로 우왕(禹王)의 7대손. 아버지가 한착(寒浞)의 아들에게 피살되어 유복자(遺腹子)로 태어났는데, 장성한 후 한착을 멸하고 하왕조를 중흥시켰음.

○기(曁) : 및. 함께. …과. 접속 부사로 쓰임.

○선(禪) : 선양하다. 선위하다. 임금이 자리를 타성(他姓)의 유덕한 사람에게 물려주는 일.

[備旨] 南宮适이 有感於當時에 重權力輕道德하여 而問於孔子에 曰昔者에 羿는 以善射見稱하고 奡는 以盪舟自恃하니 固一時之雄也니이다 然이나 羿는 爲其臣寒浞所殺하고 奡는 爲夏后少康所誅하여 俱不得其死然이니 是力之不足恃也가 如此니이다 至若禹平水土하고 曁稷播種하여 躬親稼穡之事하여는 皆有德於民也라 然이나 禹親受舜禪하고 稷之後에 至武王克商하여는 俱有天下하시니 是大德之食其報也가 如此니이다 适之意는 蓋以奡羿로 比當世에 有權力者하고 以禹稷으로 比孔子也라 故로 夫子恐傷時尊己하여 而不答하고 南宮适은 亦會夫子之意하여 不復問而出이어늘 子乃嘆美之에 曰賤權力하고 而貴有德하니 君子哉라 其若人乎여 何人品之高也아 尙德哉라 其若人乎여 何心術之正也아 豈隨今時하여 爲趨向者所可比哉아

남궁 괄이 당시에 권력을 중시하고 도덕을 경시함에 대해 느낌이 있어서 공자에게 물을 적에 말하기를, "옛날에 예는 활을 잘 쏘아 칭찬을 받았고 오는 배를 끌고 다니는 것을 자부했으니 진실로 한 때의 영웅들이었습니다. 그러나 예는 그의 신하 한착에게 죽임을 당했고 오는 하나라 임금 소강에게 죽임을 당하여 모두 천명을 다하지 못했으니, 바로 힘이라고 하는 것은 족히 믿을 수 없음이 이와 같습니다. 또 우는 물과 뭍

을 다스리고 또 직은 씨를 뿌려서 몸소 친히 농사짓는 일을 한 것은 모두 백성들에게 덕을 보전하고자 함이었습니다. 그러나 우임금은 친히 순임금에게서 자리를 선양받았고 직의 뒤에 무왕이 상을 이겼을 적에는 모두 천하를 차지했으니, 이것은 바로 대덕이었기에 그 보응을 누림이 이와 같았습니다."라고 했다. 괄의 생각은 아마도 오와 예를 당시에 권력이 있는 사람과 비교하고 우와 직을 공자와 비교하려고 했던 것이다. 그러므로 부자께서는 시속을 해치거나 자기를 높이는 것을 걱정하여 대답하지 않았고, 남궁 괄 또한 부자의 뜻을 이해하여 다시 묻지 않고 나가자, 공자께서 곧 탄미할 적에 말씀하시기를, "권력을 천하게 여기고 유덕을 귀하게 여기니, 군자로다, 역시 이 사람이여! 어찌 그렇게도 인품이 높은가? 덕을 숭상하도다, 역시 이 사람이여! 어찌 그렇게도 마음씨가 바른가? 어찌 오늘날 시절을 따라서 나아가는 사람과 비교가 되겠는가?"라고 하셨다.

○자시(自恃) : 스스로 자신이 훌륭하다고 믿음. 자부(自負).
○보응(報應) : 임금이 덕이 있으면 하늘이 상서(祥瑞)를 내리고, 덕을 잃으면 재이(災異)를 내려 준다는 천인감응설(天人感應說).
○식(食) : 누리다[享受]. 향유(享有)하다. 「역경(易經)」《송괘(訟卦)》 "食舊德"
○기(其) : 또한. 역시. 부사로서 반문을 나타내며, 대부분 구의 맨 앞에 쓰임. 보통 '其~乎'의 형태로 쓰임.
○추향(趨向) : 나아감. 향하여 감. 지향하는 바.

14·7·1 子曰 君子而不仁者는 有矣夫어니와 未有小人而仁者也니라

공자께서 말씀하셨다. "군자로서 어질지 못한 자는 있을 수 있어도, 소인으로서 어진 자는 있지 않을 것이다."

○군자이불인자유의부(君子而不仁者有矣夫) : 군자이면서도 어질지 못한 사람이 있다. 여기서 군자란 인을 마음에 둔 사람. 원래 문장은 '有君子而不仁者矣夫'인데 '君子而不仁者'를 강조하기 위해 도치시킨 것이다. ☞의부(矣夫) : …하구나. …이겠지? '矣'는 '이미 그러한', '장차 그러할'이란 의미를 나타낸다. '夫'는 감탄을 나타낸다. "君子是存心於仁者 不仁就少有間斷言 有矣夫是容或有之"
○미유소인이인자야(未有小人而仁者也) : 소인으로서는 결단코 그런 사람이 있지

않을 것이라는 말. 여기서 소인은 위에 말한 군자와 반대되는 사람. "未有是決辭小人是存心於不人者"

謝氏曰 君子는 **志於仁矣**라 **然**이나 **毫忽之間**이라도 **心不在焉**이면 **則未免爲不仁也**니라

사 씨가 말했다. "군자는 인에 뜻을 두고 있지만, 잠깐 사이라도 마음이 있지 않으면 불인을 면치 못할 것이다."

[備旨] 夫子勉人爲仁意에 曰仁者는 心純乎理하여 而無人欲之私也니 存之甚難이요 失之甚易라 如君子면 固志於仁矣라 然이나 存省之功에 少有不到면 則天理間斷하여 而不仁者가 容有矣夫어니와 若夫小人은 則失其本心하여 縱天理有時暫萌이나 亦不勝其私欲之擾니 未有小人而仁者也라 夫君子者可不密其功하고 彼小人者可安於自棄乎哉아

부자께서 사람들에게 인을 행하는 데 힘쓰도록 하려는 뜻에서 말씀하시기를, "인은 마음이 다스림에 순전해서 인욕의 사사로움이 없으니, 간직하기가 심히 어렵고 잃기는 아주 쉽다. 만약 군자라고 한다면 진실로 인에 마음을 둘 것이다. 그러나 존성의 공에 조금이라도 이르지 못하면 천리가 끊어져서 어질지 못한 사람이 혹 있을 수 있겠지만, 소인은 그 본심을 잃어버려 비록 천리에 때로 잠깐 조짐이 있다고 할지라도 또한 자기 사욕으로 인해 흔들림을 이기지 못할 것이니 소인으로서는 어진 사람이 있지 않을 것이다. 무릇 군자가 자기의 공을 단단히 하지 않을 수 있으며, 소인이 스스로 몸을 버리고 편히 지낼 수 있겠는가?"라고 하셨다.

○존성(存省) : 존양(存養)하고 성찰(省察)함. 본심을 잃지 않고 타고난 착한 성품을 기르고 깊이 생각함.
○간단(間斷) : 계속되지 않고 잠시 끊어짐.
○용(容) : 혹. 혹시 …일지도 모른다.
○종(縱) : 설사 …하더라도, 가령 …일지라도.
○맹(萌) : 일이 시작됨. 조짐. 사물의 시작이나 발단.
○자기(自棄) : 스스로 자기 몸을 버리고 돌아보지 않음.

14 · 8 · 1 子曰 愛之면 能勿勞乎아 忠焉이면 能勿誨乎아

공자께서 말씀하셨다. "아들을 사랑한다면 능히 힘을 다하지 말라고 하겠는가?

임금에게 충성한다면 능히 깨우치지 말라고 하겠는가?"

○애지능물노호충언능물회호(愛之能勿勞乎忠焉能勿誨乎) : 사랑한다면 능히 힘을 다하지 말라고 하겠는가? 충성한다면 능히 깨우치지 말라고 하겠는가? "愛之忠焉一頓接下方有力 兩能勿字兩乎字正醒人處" ☞물(勿) : …해서는 안 된다. …하지 마라. 부사로서 금지하거나 충고하여 저지함을 나타냄. ☞노(勞) : 힘을 다하여 애쓰다. 수고하다. ☞회(誨) : 깨우쳐주다. 직언(直言). 윗사람에게 충고하는 말. 「서전(書傳)」 《설명(說命)》 "朝夕納誨 以輔台德" ☞회(誨)는 화평하게 충고하는 말이고, 간(諫)은 격렬하게 말하는 것으로서 조금 차이가 있다. 「논어비지(論語備旨)」 《애지전지(愛之全旨)》 "此章立愛與忠之準 蓋爲知愛而不知勞 知忠而不知誨者 發愛忠以心 言勞誨以事 言能勿二字 重看見理勢之必然 勞方是愛不勞 便不成個愛 誨方是忠不誨 便不成個忠 又誨與諫不同 誨字和平 諫字激烈"

蘇氏曰 愛而勿勞는 禽犢之愛也요 忠而勿誨는 婦寺(시)之忠也니 愛而知勞之면 則其爲愛也深矣요 忠而知誨之면 則其爲忠也大矣니라

소 씨가 말했다. "사랑하면서도 힘을 다하지 말라는 것은 새나 송아지의 사랑이요, 충성하면서도 깨우치지 말라는 것은 임금을 모시는 부인이나 내시들의 충성이니, 사랑하면서 힘을 다하도록 할 줄 안다면 그 사랑함이 깊은 것이요 충성하면서도 깨우칠 줄 안다면 그 충성됨이 깊은 것이다.

○금독(禽犢) : 새와 송아지. 부모가 자식을 지나치게 사랑함을 비유함.
○부시(婦寺) : 부인과 내시. 궁중에서 제왕을 가까이 모시는 여인. 「시경(詩經)」 《대아(大雅)》 "匪敎匪誨 時維婦寺" ☞시(寺) : 내시(內侍). 환관(宦官). 거성(去聲)으로 쓰였음.

[備旨] 夫子立忠君愛子之則에 曰父之愛子는 情也라 然이나 旣有以愛之면 則必冀其成立일새 而懲創之하고 造就之하여 曰置諸憂勤惕厲以勞之니 雖欲姑息而勿勞也나 愛之之心에 能自已乎아 臣之忠君은 義也라 然이나 旣盡其忠焉이면 則惟望其聖明일새 而啓沃之하고 規諷之하여 曰引於當道志仁以誨之니 雖欲順承而勿誨也나 忠之之心에 能自已乎아 然則爲父與臣者는 當各盡其道하고 而爲子與君者는 亦當各體其情也라

부자께서 임금에게 충성하고 아들을 사랑하는 법칙을 세울 적에 말씀하시기를, "아버지가 아들을 사랑하는 것은 정이다. 그러나 이미 사랑하고 있다면 반드시 그가 성장하여 어른이 되기를 바라기 때문에 징계하기도 하고 기르기도 해서 나날이 근심하고

힘쓰며 두려워하고 조심하는 데에 치중해서 힘을 다하도록 할 것이니, 비록 잠시 쉬게 하여 고생시키지 않고 싶지만 그를 사랑하는 마음에 능히 스스로 그만두도록 하겠는가? 신하가 임금을 사랑하는 것은 의다. 그러나 이미 그 충성을 다한다면 오직 그가 성명의 덕이 있기를 바라기 때문에 잘 보좌하기도 하고 간하기도 해서 나날이 올바른 도리에 부합되도록 하며 인에 뜻을 두는 데로 이끌어서 깨우칠 것이니, 비록 순종하고 받들어서 깨우치지 말라 하고 싶지만 그에게 충성하려는 마음에 능히 스스로 그만두겠는가? 그렇다면 아버지와 신하가 된 사람은 마땅히 각각 그 도리를 다하고, 아들과 임금이 된 사람은 또한 마땅히 각각 그 정리를 체득해야 할 것이다."라고 하셨다.

○성립(成立) : ①사물이 이루어짐. ②성장하여 어른이 됨. 여기서는 ②의 뜻.
○징창(懲創) : 징계(懲戒).「중문대사전(中文大辭典)」"亦懲也 懲創猶懲戒也"
○조취(造就) : ①나아가서 봄. ②만들어 이룸. 양성(養成)함. 인재를 길러서 일을 이루도록 함.「중문대사전(中文大辭典)」"培養人才而成就之也" 여기서는 ②의 뜻.
○우근(憂勤) : 근심하며 힘씀. 근심하고 수고함.
○척려(惕厲) : 두려워하고 위태롭게 여겨 조심함. 군자가 위구(危懼)하면서 몸을 수양하는 일을 이름.
○성명(聖明) : 성인이나 임금의 덕(德).
○계옥(啓沃) : 자기 마음속에 있는 것을 남의 마음속에 넣어 줌. 임금을 성의껏 교도하고 보좌함을 이름.
○규풍(規諷) : 규간(規諫)과 풍간(諷諫)을 이름.「중문대사전(中文大辭典)」"規諫諷諫之省語" ☞규간(規諫)은 옳은 도리로 간하는 것을 이르고, 풍간(諷諫)은 넌지시 비유하여 간하는 것을 이름.
○당도(當道) : 올바른 도리에 부합됨.「맹자(孟子)」《고자하(告子下)》"務引其君以當道"

14·9·1 子曰 爲命에 裨諶이 草創之하고 世叔이 討論之하고 行人子羽가 修飾之하고 東里子産이 潤色之하니라

공자께서 말씀하셨다. "정나라에서는 외교 문서를 만들 때 비심이 초안을 만들고, 세숙이 검토하고, 행인의 벼슬에 있던 자우가 수식하고, 동리에 사는 자산이 윤색했다.

○위명(爲命) : 외교 문서를 만들다. ☞명(命) : 외교 문서. 제후에게 응대하는 사명(辭

命). 옛날 사신은 명(命)을 받고 타국에 부임하여 일을 처리했다. 이는 외교상의 대방침을 나타낸 것으로 문서화했었다. 명(命)에 표시된 방침에 따라 개인이 절충하고 응대했는데 이를 사(辭)라고 했었다. 일반적으로 옛날 사신은 명(命)은 받아도 사(辭)는 받지 않는다고 전해지고 있다. "是作爲講信修睦之 辭命以達之隣國者"

○비심초창지(裨諶草創之) : 비심이라는 사람이 기초하다. ☞비심(裨諶) : 정(鄭)나라의 대부. ☞심(諶) : 미덥다. 참으로. 정성. ☞초창(草創) : 초고(草稿). 처음 원고를 작성할 때 대의(大意)를 그리고 체제를 세움. "草是略寫大意 創是造立體制"

○세숙토론지(世叔討論之) : 세숙이라는 사람이 내용을 검토하다. ☞토론(討論) : 내용을 검토하고 심의함. 전고(典故)에서 찾고 의리(義理)에 맞는지를 알아봄. "討是尋究典故 論是講議義理"

○행인자우수식지(行人子羽修飾之) : 행인 자우라는 사람이 수식하다. ☞행인(行人) : 벼슬 이름. 조근(朝覲)과 빙문(聘問)을 맡았음. ☞수식(修飾) : 제거하거나 꾸밈. 너무 번잡한 것은 제거하고 너무 간단한 것은 꾸미는 것을 이름. "修是去其太繁 飾是添其太簡"

○동리자산윤색지(東里子産潤色之) : 동리에 사는 자산이라는 사람이 윤색하다. ☞윤색(潤色) : 문자를 수식하여 윤이 나게 함. "潤色是易徑直而爲婉 化鄙俚而爲新雅 四之字俱指命言"

裨諶以下四人은 皆鄭大夫라 草는 略也요 創은 造也니 謂造爲草藁也라 世叔은 游吉也니 春秋傳에 作子太叔이라 討는 尋究也요 論은 講議也라 行人은 掌使之官이요 子羽는 公孫揮也라 修飾은 謂增損之라 東里는 地名이니 子産所居也라 潤色은 謂加以文采也라 鄭國之爲辭命에 必更(경)此四賢之手而成하니 詳審精密하여 各盡所長이라 是以로 應對諸侯에 鮮有敗事라 孔子言此는 蓋善之也시니라

　비심 이하 네 사람은 모두 정나라 대부다. 초(草)는 대충이라는 뜻이요 창(創)은 처음 만드는 것이니, 처음에 초고를 만드는 것을 이른다. 세숙은 유길이니, 「춘추전」에 자태숙으로 되어 있다. 토(討)는 연구하는 것이요 강(論)은 강의하는 것이다. 행인(行人)은 사신을 관장하는 벼슬이고, 자우(子羽)는 공손휘라는 사람이다. 수식(修飾)은 보태거나 줄이는 것이다. 동리(東里)는 지명이니, 자산이 거주하는 곳이다. 윤색(潤色)은 문채를 내는 것을 이른다. 정나라에서 외교 문서를 만들 때에 반드시 이 네 현자의 손에 고쳐 이루어지니, 자세하고 정밀하여 각각 장점을 다하게 되는 것이다. 이러므로 제후와 응대할 때에 실패하는 일이 적었다. 공자께서 이것을 말씀한 것은 대개 좋게 여기신 것이다.

○초고(草藁) : 시문의 초벌 원고. 초고(草稿). 초고(草藁). 초고(草棗).

○사명(辭命) : 외교 문서. 위에 '命'의 해설 참고.
○경(更) : 고치다. 평성(平聲)으로 쓰였음. ☞갱(更) : 다시. 재차. 거성(去聲).

[備旨] 夫子稱鄭國辭命之善에 曰命以交隣爲之니 不可不善也라 今觀於鄭之爲命에 以裨諶善謀할새 則使之로 創爲草藁而立其大意하니 其規模不已定歟아 然이나 規模於此而定者를 考辨於此로되 猶未詳也어든 以世叔博聞할새 則使之로 討究典故以求其合하고 講論義理以求其當하니 其考辨이 不已詳歟아 然이나 考辨於此而詳者를 損益於此로되 猶有待也어든 以行人子羽善筆削할새 則使之로 修之以去其太繁하고 飾之以增其太簡하니 其審量이 不已當歟아 然이나 審量於此而當者를 文采於此로되 猶有進也어든 惟東里子産이 又從而潤色之하여 化陳而新하고 易俚而雅하여 而文采가 無不著焉하니 此應對諸侯에 鮮有敗事者는 四臣之力也라 嗟夫라 四臣有辭에 鄭國賴之하여 命之不可以已也가 如是夫인저

　부자께서 정나라가 외교 문서를 잘 작성한다고 칭찬할 적에 말씀하시기를, "외교 문서는 이웃 나라와 사귀는 것이기 때문에 잘하지 않을 수 없다. 지금 정나라에서 외교 문서를 만드는 것을 보면 비심이라는 사람이 잘 만들기 때문에 그로 하여금 초고를 만들게 하여 그 대의를 세우게 했으니, 그 본보기가 벌써 정해지지 않았는가? 그러나 여기에 대해 본보기로 해서 정한 것을 이를 상고해서 밝혀 보았지만, 여전히 상세하지 못한 것이 있으면 세숙이라는 사람이 널리 알고 있기 때문에 그로 하여금 전고를 연구하게 하여 거기에 합당한 것을 구하게 하고 의리를 강론하여 그것이 사리에 맞은 것을 구하게 했으니, 그 상고해서 분명히 밝힌 것이 대단히 상세하지 않았는가? 그러나 여기에 대해 상고해서 밝히고 상세한 것을 이를 빼거나 보탰지만, 여전히 또 사람을 기다려야 한다면 행인의 벼슬에 있는 자우라는 사람이 문장의 수정을 잘했기 때문에 그로 하여금 다듬을 적에 그것이 너무 번잡한 것은 제거하도록 하고 꾸밀 적에 그것이 너무 간단한 것은 보태게 했으니, 그 분량을 조절하는 것이 이미 사리에 맞지 않았는가? 그러나 여기에 대해 자세히 헤아려서 사리에 맞는 것을 이를 문채를 내었지만 여전히 또 더 낫게 할 것이 있다면, 오직 동리에 사는 자산이라는 사람이 또 좇아 윤색하여 진부한 것을 변화시켜 새롭게 하고 상스러운 말을 바꾸어서 아름답게 해서 문채가 드러나게 하지 않음이 없었으니, 이처럼 제후에게 응대할 적에 일을 실패함이 적었던 것은 신하 네 사람의 힘이었다. 아! 신하 네 사람의 말에 정나라가 힘입어서 외교 문서를 그만둘 수 없음이 이와 같도다!"라고 하셨다.

○교린(交隣) : 이웃 나라와의 사귐
○고변(考辨) : 상고해서 분명히 함.

○전고(典故) : 전거(典據)가 될 만한 옛일.
○필삭(筆削) : ①가필과 삭제. 인신하여 저술. ②문장을 수정함.
○진부(陳腐) : 케케묵음. 낡아서 새롭지 못함.
○이언(俚言) : 속된 말. 상스러운 말.
○차부(嗟夫) : 감탄사로서 '아!'의 뜻을 나타냄. 차호(嗟乎).
○여시부(如是夫) : 이와 같구나! '夫'는 감탄을 나타내는 어조사(語助辭).

14·10·1 或이 問子産한대 子曰 惠人也니라

혹자가 자산에 대해 물으니, 공자께서 대답하셨다. "은혜를 베푼 사람이다."

○혹문자산(或問子産) : 어떤 사람이 자산에 대해 묻다. ☞자산(子産, B.C ?~B.C 521) : 춘추시대 정(鄭)나라의 대부(大夫)였던 공손교(公孫僑). 40여 년 동안 국정에 참여하여, 진(晋)·초(楚) 등이 침략하지 못하도록 했음. 공자께서도 칭찬을 많이 함. "或是或人 問有疑其政過嚴猛意"
○혜인야(惠人也) : 은혜를 베푼 사람이다. 백성들에게 추앙을 받을 정도로 정치를 잘했으므로 이렇게 평가한 것이다. "惠是恩愛 就子産心上說"

子産之政이 不專於寬이나 然이나 其心은 則一以愛爲主라 故로 孔子以爲惠人이라하시니 蓋擧其重而言也라

자산의 정사가 오로지 너그러운 데에만 마음을 쓰지는 않았지만, 그의 마음은 한결같이 백성을 사랑하는 것을 제일로 여겼던 것이다. 그러므로 공자께서 은혜를 베푼 사람이라고 생각하셨던 것이니, 대개 그가 귀중하게 여기는 것을 들어서 말씀하신 것이다.

[備旨] 春秋時에 鄭有子産하고 楚有子西하고 齊有管仲하니 蓋卓然稱三傑矣라 故로 或人이 問鄭大夫子産은 其人品이 何如잇고하니 夫子答之에 曰子産之德澤을 歌頌於鄭國이면 乃惠愛其民之人也라

춘추 때에 정나라에는 자산이 있고, 초나라에는 자서가 있고, 제나라에는 관중이 있었으니, 대개 뛰어난 삼걸이라고 일컬었다. 그러므로 어떤 사람들이 "정나라의 대부 자

산은 그 인품이 어떻습니까?" 하고 물으니, 부자께서 대답할 적에 말씀하시기를, "자산의 은덕이나 은혜를 정나라에서 찬양한다면, 곧 자기 백성들에게 은혜를 베풀고 사랑했던 사람이다."라고 하셨다.

○탁연(卓然) : 여럿 중에 뛰어난 모양.
○덕택(德澤) : 은덕이나 은혜.
○가송(歌頌) : 노래나 시로 공덕을 찬양함을 이름.
○혜애(惠愛) : 은혜를 베풀어 사랑함. 애혜(愛惠).

14·10·2 問子西한대 曰 彼哉彼哉여

자서에 대해 물으니, "그 사람, 그 사람!" 하셨다.

○문자서(問子西) : 자서에 대해 묻다. ☞자서(子西) : 초(楚)나라의 공자(公子)였던 신(申). 공자와 거의 동시대 인물. "在或人必有重子西處"
○피재피재(彼哉彼哉) : 그저 그런 사람이다. '그 사람, 그 사람 말이냐!' 하고, 답하지 않고 평가를 유보하는 모양. "彼對此之稱 彼哉已是外之重 言之更是深外之言 其無庸褒貶也"

子西는 楚公子申이니 能遜楚國하고 立昭王하여 而改紀其政하니 亦賢大夫也라 然이나 不能革其僭王之號하고 昭王欲用孔子한대 又沮止之하고 其後에 卒召白公하여 以致禍亂하니 則其爲人을 可知矣라 彼哉者는 外之之詞라

자서는 초나라의 공자 신이니, 초나라를 사양하고 소왕을 세워서 정치를 개혁하고 기강을 세웠으니 역시 어진 대부였다. 그러나 왕을 참칭하는 호를 고치지 못했고, 소왕이 공자를 등용하려 하자 또 이를 저지했고, 그 뒤에 마침내 백공을 불러들여 화란을 초래했으니, 곧 그의 사람됨을 알 수 있다. 피재(彼哉)란 그를 외면한다는 말이다.

[備旨] 或人이 又問楚大夫子西는 其人品이 何如잇고하니 夫子但應之에 曰彼哉彼哉여하시니 蓋不置一可否니 外之之辭也라

어떤 사람이 또 묻기를, "초나라의 대부 자서라는 사람은 그 인품이 어떻습니까?" 하니, 부자께서 단지 응하기만 하면서 말씀하시기를, "그 사람, 그 사람!"이라고 하셨으니, 대개 내버려두고 일체 옳다거나 그르다고 하지 않으셨던 것이니 그를 외면한다는 말씀이다.

14·10·3 問管仲한대 曰 人也奪伯氏騈邑三百하여늘 飯疏食(사)하되 沒齒無怨言하니라

관중에 대해 물으니, "인물이다! 백 씨의 병읍 3백호를 빼앗았는데, 백 씨는 거친 밥을 먹으면서도 한평생 원망하는 말이 없었다."

○문관중(問管仲) : 관중에 대해서 묻다. ☞관중(管仲) : 제(齊)나라의 대부(大夫). 본서 3·22·1 참고. "有因譏器小而問意"

○인야탈백씨병읍삼백(人也奪伯氏騈邑三百) : 인물이다! 백 씨의 병읍 3백호를 빼앗다. 대부(大夫)였던 백 씨(伯氏)가 죄를 범했을 적에, 환공(桓公)이 이를 재판하여 백 씨의 영지(領地)인 병읍(騈邑)의 3백호를 몰수했었다. 그러한 이유로 백 씨는 거친 음식을 먹는 빈곤한 생활에 빠졌지만, 죽을 때까지 관중에 대해서 원망하는 말을 하지 않았다는 내용이다. 공자는 이 사실을 들어 관중을 평하고 있다. ☞인야(人也) : '인물이다' '어진 사람이다' '이 사람' 등으로 해석하는데 '人也' 앞에 수식어가 없는 관계로 어려움이 있다. 첫째, 「하안집주(何晏集註)」에서처럼 「시경(詩經)」《국풍(國風)》에 나오는 "所謂伊人이 在水一方이로다(이른바 저 분이 물가에 있도다)"와 같이 "猶詩言所謂伊人"이라는 설. 둘째, 아래 「주주(朱註)」에서처럼 "人也 猶言此人也"라고 하는 설. 셋째, 공자께서 자산(子産)은 '惠人也', 자서(子西)는 '彼哉彼哉', 관중(管仲)은 '人也'라고 했고, '仁'과 '人'은 통하므로 '仁也'라는 설(관중(管仲)의 '仁' 관해서는 본서 14·17·1과 14·17·2 참고) 등 여러 가지가 있다. ☞백 씨(伯氏) : 제(齊)나라의 대부(大夫)로 이름이 언(偃)이다. ☞병읍(騈邑) : 지명. 지금의 산동성(山東省) 임포현(臨朐縣)에 있음. "奪是桓公奪 但致其奪者仲也 三百以戶口言"

○반소사(飯疏食) : 거친 밥을 먹음. "此言其窮之甚"

○몰치무원언(沒齒無怨言) : 죽을 때까지 원망하는 말이 없다. ☞몰치(沒齒) : ①한평생. 생애(生涯). '齒'는 '나이'를 뜻함. 몰세(沒世). 종신(終身). ②이를 가는 해. 곧 남자는 7세 여자는 8세 때를 이르는 말. 이 글에서는 ①의 뜻으로 쓰였는데, 오랫동안 곤궁함을 이름[此言其窮之久]. ☞무원언(無怨言) : 원망하는 말이 없다. 관중의 공로에 마음속으

로 복종하다는 뜻[重心服管仲之功上]. "此言其窮之久 重心服管仲之功上"

人也는 猶言此人也라 伯氏는 齊大夫라 騈邑은 地名이라 齒는 年也라 蓋桓公이 奪伯氏之邑하여 以與管仲한대 伯氏가 自知己罪하여 而心服管仲之功이라 故로 窮約以終身하되 而無怨言하니 荀卿이 所謂與之書社三百이로되 而富人이 莫之敢拒者가 卽此事也라

○或이 問管仲子産은 孰優오하니 曰 管仲之德은 不勝其才요 子産之才는 不勝其德이라 然이나 於聖人之學엔 則槪乎其未有聞也니라

'人也'는 '이 사람'이라고 말한 것과 같다. 백 씨(伯氏)는 제나라의 대부다. 병읍(騈邑)은 지명이며, 치(齒)는 나이다. 대체로 환공이 백 씨의 병읍을 빼앗아 관중에게 주었는데, 백 씨는 스스로 자신의 죄를 알고서 관중의 공로에 충심으로 복종했던 것이다. 그러므로 곤궁하게 몸을 마치면서도 원망하는 말이 없었으니, 순경이 이른바 "서사 3백을 주었는데도, 부자들이 감히 대항하는 이가 없었다."는 것이 바로 이 일이다.

　○혹자가 "관중과 자산은 누가 더 나은가?" 하고 물으니, "관중의 덕은 그 재주를 이기지 못하고, 자산의 재주는 그 덕을 이기지 못한다."라고 했다. 그러나 성인의 학문에 대해서는 아마도 그들이 들은 것이 없었을 것이다.

○심복(心服) : 충심으로 기뻐하며 성심을 다하여 순종함. 심열성복(心悅誠服)의 준말.
○궁약(窮約) : 곤궁함. 빈곤함.
○순경(荀卿) : 순자(荀子). ☞순자(荀子, B.C.313~B.C.238) : 전국(戰國) 때 조(趙)의 학자. 순황(荀況) 또는 손경(孫卿)이라고도 함. 그의 학문은 공자를 종주(宗主)로 하며, 사람의 본성은 악하기 때문에 예의로 바로잡아야 한다는 성악설(性惡說)을 주장하여 맹자의 성선설(性善說)과 정면으로 대립함. 한비자(韓非子)와 이사(李斯)는 그의 제자임.
○서사(書社) : 주대(周代)에 25가(家)에 관한 문서를 보관하던 곳. 25가를 1리(里)로 하고, 1리에 사(社)를 세워, 그 호구(戶口)와 전지(田地)의 면적 등을 기록한 장부를 보관하였음.
○막지감거자(莫之敢拒者) : 대적할 사람이 없다. 여기서 '拒'는 '겨루다' '대항하다'라는 뜻으로 '距'와 통함.
○개호(槪乎) : 대개. 대충.

[備旨] 或人이 又問齊大夫管仲은 其人品이 何如잇가하니 夫子答之에 曰此人也相桓公

하여 而有功於天下하니 桓公이 嘗奪其大夫伯氏騈邑三百戶하여 以與管仲한대 伯氏는 乃甘窮約하고 飯疏食하여 以至沒齒而無怨言하니 蓋其心服管仲之功也라 觀其功足服人이니 不可知其爲人乎아하시니 吁라 夫子之論出할새 而三子之人品이 定矣라

어떤 사람이 또 제나라 대부 관중은 그 인품이 어떠한가를 물으니, 부자께서 대답할 적에 말씀하시기를, "인물이다! 환공을 도와서 천하에 공로를 세우니, 환공이 일찍이 그 대부 백 씨 병읍 3백호를 빼앗아 관중에게 주었는데, 백 씨는 오히려 곤궁함을 달게 여기고 거친 밥을 먹으면서 죽을 때가지 원망하는 말이 없었으니, 대체로 그는 충심으로 관중의 공로에 복종했다. 그의 공로가 족히 사람을 복종시켰음을 볼 수 있으니, 그의 사람됨을 알지 못하겠는가?"라고 하셨으니, 아! 부자의 논변이 나왔기에 세 사람의 인품이 정해진 것이다.

○우(吁) : 탄식하다. 아아. 탄식하는 소리.
○논변(論辨) : 재능과 품덕을 심사하여 결정함.

14·11·1 子曰 貧而無怨은 難하고 富而無驕는 易(이)하니라

공자께서 말씀하셨다. "가난하면서 원망하지 않기는 어렵고, 부유하면서 교만하지 않기는 쉽다."

○빈이무원난(貧而無怨難) : 가난하면서도 원망하는 마음을 갖지 않는다는 것은 어려운 일이다. "無怨不及貧而樂 又勝似無諂 非內有得者不能"
○부이무교이(富而無驕易) : 부자이지만 교만하지 않는다는 것은 쉬운 일이다. ☞이(易) : 쉽다. 여기서는 거성(去聲)으로 쓰였음. "無驕卽不矜外物者能之"

處貧難하고 **處富易**하니 **人之常情**이라 **然**이나 **人當勉其難**이로되 **而不可忽其易也**니라

가난에 처하기는 어렵고 부유함에 처하기가 쉬우니 사람이면 보통 가질 수 있는 마음이다. 그러나 사람들은 마땅히 그 어려운 것을 힘쓰도록 해야 할 것이지만, 그 쉬운 것을 소홀히 해서도 안 될 것이다.

[備旨] 夫子卽常情以勉人에 曰貧逆境也어늘 若處貧而無怨尤之心은 必其心이 泰然하여

安於義命者라야 方能之니 實常情之所難也요 富는 順境也어늘 若處富而無驕矜之念은 苟義理自守하여 而略知謹抑者면 類能之니 乃常情之所易也라 然則人當勉其難이로되 而不可忽其易矣라

부자께서 사람이면 보통 가질 수 있는 마음에 나아가서 사람들에게 힘쓰도록 할 적에 말씀하시기를, "가난은 역경에 해당되지만 가난에 처하면서도 원망과 탓함이 없는 마음은 마음이 태연하여 의리와 천명을 편안히 여기는 사람이라야 비로소 능히 할 수 있을 것이므로 진실로 보통 사람의 마음으로서는 어려운 것이요, 부유함은 순경에 해당되지만 부유에 처하면서도 거드름을 피우며 자랑함이 없는 마음은 진실로 의리를 스스로 지켜서 대체로 조심하고 억제할 줄 아는 사람이면 대개 능히 할 수 있는 것이므로 곧 보통 사람의 마음으로서는 쉬운 것이다. 그렇다면 사람은 마땅히 어려운 것을 힘써야 할 것이지만 쉬운 것도 소홀히 해서도 안 될 것이다."라고 하셨다.

○상정(常情) : 사람으로서 당연히 가지는 정의(情意). 보통의 인정.
○역경(逆境) : 순조롭지 아니하여 불행한 환경. ↔ 순경(順境).
○원우(怨尤) : 원망하고 탓함. 원망과 책망. 원구(怨咎).
○의명(義命) : 의리(義理)와 천명(天命).
○교긍(驕矜) : 거드름을 피우며 자랑함.
○약(略) : 대체로. 대략.
○유(類) : 대략. 대강.

14 · 12 · 1　子曰　孟公綽이　爲趙魏老則優어니와　不可以爲滕薛大夫니라

공자께서 말씀하셨다. "맹공작이 조 씨나 위 씨의 가신 노릇을 하기에는 충분하지만, 등나라나 설나라의 대부 노릇은 할 수 없다."

○맹공작(孟公綽) : 노(魯)나라의 대부(大夫). 맹공작(孟公綽)에 관한 기사는 「춘추좌씨전(春秋左氏傳)」 양공(襄公) 25년조에 나타난다. ☞작(綽) : 너그럽다.
○위조위로즉우(爲趙魏老則優) : 명문 세족인 조 씨나 위 씨의 가신 노릇을 하기에는 충분하다. ☞조위(趙魏) : 조 씨(趙氏)나 위 씨(魏氏)를 말하는데, 진(晉)나라 육경(六卿)의 하나였었고, 나중에 독립하여 조(趙)·위(魏)라는 큰 나라가 되었다. ☞육경(六卿) :

춘추(春秋) 때 진(晉)의 여섯 사람의 경(卿). 곧 지 씨(知氏)·범 씨(范氏)·중항 씨(中行氏)·한 씨(韓氏)·조 씨(趙氏)·위 씨(魏氏)를 말함. ☞노(老) : 가신(家臣)의 우두머리. "家老總兼衆職 無幹理之煩者 優是爲之有餘"

○불가이위등설대부(不可以爲滕薛大夫) : 등나라나 설나라와 같은 작은 나라라고 할지라도 대부 노릇은 할 수 없다. ☞가이(可以) : …할 수 있다. 조동사로서 허가나 가능을 나타냄. 허가·가능을 나타내는 조동사 '可'와 이유·조건·수단·도구·원인 등을 나타내는 전치사 '以'가 결합하여 하나의 조동사로 굳어진 것이다. ☞등설(滕薛) : '滕'은 지금의 산동성(山東省)에 있었던 춘추(春秋) 시대 때 나라. '薛'은 지금의 산동성(山東省)에 있었던 춘추(春秋) 시대 때 나라. 전국(戰國) 시대 때 제(齊)나라에게 멸망했음. "不可以爲言不勝其任也"

公綽은 **魯大夫**라 **趙魏**는 **晉卿之家**라 **老**는 **家臣之長**이라 **大家勢重**이로되 **而無諸侯之事**하고 **家老望尊**이로되 **而無官守之責**이라 **優**는 **有餘也**라 **滕薛**은 **二國名**이라 **大夫**는 **任國政者**라 **滕薛**은 **國小政繁**하고 **大夫**는 **位高責重**이라 **然則公綽**은 **蓋廉靜寡欲**이로되 **而短於才者也**라
○**楊氏曰 知之弗豫**하여 **枉其才而用之**면 **則爲棄人矣**라 **此君子所以患知人也**니 **言此**면 **則孔子之用人**을 **可知矣**라

공작은 노나라 대부다. 조 씨와 위 씨는 진나라 경의 집안이다. 노(老)는 가신의 우두머리다. 대가는 세력은 중하지만 제후의 일은 없고, 가로는 명성은 높지만 관리의 직책은 없다. 우(優)는 충분하다는 것이다. 등(滕)과 설(薛)은 두 나라의 이름이다. 대부(大夫)는 국정을 맡은 사람이다. 등과 설은 나라는 작지만 정사가 번거롭고, 대부는 지위가 높고 책임은 중하다. 그러니 공작은 아마도 청렴하고 온화하며 욕심이 적었지만, 재능에는 부족한 자였을 것이다.

○양 씨가 말했다. "사람의 재능을 미리 알지 못하고서 그 재능을 비뚤어지게 잘못 사용하면 인재를 버리게 된다. 이것이 군자가 남을 알지 못함을 걱정하는 까닭이니, 이를 말씀하셨다면 공자께서 사람 쓰는 것을 알 수 있다."

○대가(大家) : 옛날 봉토(封土)를 명할 적에 천자(天子)는 천하(天下), 제후(諸侯)는 국(國), 대부(大夫)는 가(家)라고 했다. 여기서는 대부(大夫)의 가(家)를 말함.
○가로(家老) : 대부(大夫)의 가신(家臣)의 우두머리.
○관수(官守) : 관리로서의 직책.「맹자(孟子)」《공손추하(公孫丑下)》"有官守者 不得其職則去"

○정(靜) : 온화하다[恬淡]. 고요하다. ☞염담(恬淡) : 욕심이 없고 마음이 담담함.
○왕(枉) : 비뚤어지게 하다.「논어집주(論語集註)」"新安陳氏曰 用違其才之所長 而納之
於其所短 是之謂枉"

[備旨] 夫子慨用人不當에 曰我觀魯大夫孟公綽者는 廉靜寡欲이라 設以之爲趙魏大家之
老하여 取其風貪鎭躁면 則優乎有餘矣어니와 若使爲大夫는 非有理煩治劇之才者면 不能
이니 公綽은 未免短於才矣일새 卽滕薛小國이라도 亦不可以爲大夫也라 觀此면 則魯國用
人之失을 可見矣라

　부자께서 사람을 쓰는 것이 마땅치 않음을 개탄할 적에 말씀하시기를, "내가 보니
노나라 대부 맹공작이라는 사람은 청렴하고 온화하며 욕심이 적은 사람이다. 설사 그
를 조 씨나 위 씨의 대가의 가신으로 삼아서 그가 탐내는 것을 깨우치고 조급한 것을
진정시키는 데 일하도록 한다면 충분히 여유가 있겠지만, 가령 대부가 된다는 것은 번
거로움을 다스리고 어려움을 다스리는 재주가 있는 사람이 아니면 할 수가 없으니, 공
작은 재능에는 부족을 면치 못하기 때문에 곧 등이나 설과 같은 작은 나라일지라도 또
한 대부 노릇을 할 수 없을 것이다. 이를 보면 노나라에서 사람을 등용할 적에 잘못했
다는 것을 알 수 있다."라고 하셨다.

○풍(風) : 깨우치다. 풍자하다. '諷'과 통함.
○진(鎭) : 진압하다. 진정(鎭靜)하다.
○조(躁) : 조급하다.
○극(劇) : 어렵다. 어렵고 괴롭다.

14·13·1 子路가 問成人한대 子曰 若臧武仲之知와 公綽之不
欲과 卞莊子之勇과 冉求之藝에 文之以禮樂이면 亦可以爲成人
矣니라

　자로가 완전 무결한 사람에 대해 물으니, 공자께서 말씀하셨다. "장무중의 지혜
와 공작의 청렴과 변장자의 용맹과 염구의 재주 같은 것에 예악으로써 꾸민다면,
또한 완전 무결한 사람이 될 수 있을 것이다."

○자로문성인(子路問成人) : 자로가 인격이 완성된 사람에 대해 묻다. ☞성인(成

人) : 인격이 완성된 사람. 완전 무결한 사람을 뜻함. "是問如何完全個人"

○약장무중지지(若臧武仲之知) : 장무중의 지혜처럼. 장무중(臧武仲)은 노(魯)나라
대부(大夫). 이름은 흘(紇)이었음. "若字貫下四句 知是有窮理之哲"

○공작지불욕(公綽之不欲) : 공작의 욕심이 없는 것. 공작(公綽)은 노(魯)나라의 대부
(大夫)인 맹공작(孟公綽)을 말함. 본서 14·12·1 참고. "不欲是不貪欲 卽廉也"

○변장자지용(卞莊子之勇) : 변장자의 용기. 변장자(卞莊子)는 노(魯)나라 변읍(卞邑)의
대부(大夫). "勇以果敢言"

○염구지예(冉求之藝) : 염구의 재주. 염구(冉求)는 공자의 제자인 염유(冉有)를 말함.
여기서 '藝'는 재능이 많음을 뜻함. "藝是泛應之才"

○문지이예악(文之以禮樂) : 예악으로써 꾸미다. 즉 치우치거나 잡박하지 않도록
함. "文是加飾意 卽節之和之也 之指知廉勇藝說 禮主節就吾心之中正言 是使四者 做
到中正而無偏倚處 樂主和就吾心之和樂言 是使四者 做到和樂而無雜駁處"

○역가이위성인의(亦可以爲成人矣) : 또한 완전 무결한 사람이 될 수 있다. ☞가이(可
以) : …할 수 있다. 조동사로서 허가나 가능을 나타냄. 허가·가능을 나타내는 조동사
'可'와 이유·조건·수단·도구·원인 등을 나타내는 전치사 '以'가 결합하여 하나의 조
동사로 굳어진 것이다. "亦可對聖人看 此成人就才全德備言"

成人은 **猶言全人**이라 **武仲**은 **魯大夫**니 **名**이 **紇**이라 **莊者**는 **魯卞邑大夫**라 **言兼此
四子之長**이면 **則知足以窮理**하고 **廉足以養心**하고 **勇足以力行**하고 **藝足以泛應**이요
而又節之以禮하고 **和之以樂**하여 **使德成於內**하고 **而文見(현)乎外**면 **則材全德備**하여
渾然不見一善成名之迹이요 **中正和樂**하여 **粹然無復偏倚駁雜之蔽**하여 **而其爲人
也亦成矣**라 **然**이나 **亦之爲言**은 **非其至者**니 **蓋就子路之所可及**하여 **而語之也**라
若論其至면 **則非聖人之盡人道**면 **不足以語此**니라

　성인(成人)은 완전 무결한 사람이라는 말과 같다. 무중은 노나라 대부로 이름이
흘이다. 장자는 노나라 변읍의 대부다. 이 네 사람의 장점을 겸한다면, 지혜는 이
치를 연구하기에 족하고, 청렴은 마음을 수양하기에 족하고, 용기는 힘써 행하기에
족하고, 재주는 두루 응하기에 족할 것이요, 그리고 또 예로써 절제하고 악으로써
화합하여 덕은 안에서 이루어지게 하고 문채는 밖으로 드러나게 한다면, 재주는
완전해지고 덕은 갖추어져서 혼연히 하나만 잘해서 명성을 이루는 자취를 볼 수
없을 것이요, 중정하고 화락해서 수연히 다시는 치우치거나 뒤섞이는 폐단이 없어
서 그 사람됨이 또한 완전해질 수 있음을 말씀한 것이다. 그러나 '또한'이라고 말
한 것은 그것이 극진한 데까지 이르렀다는 것은 아니니, 아마도 자로가 미칠 수

있는 곳으로 나아가서 말씀해 주신 듯하다. 만일 그것이 극진한 데 이르렀음을 논한다면 사람의 도리를 다한 성인이 아니면 족히 완전 무결한 사람이라고 말할 수 없을 것이다.

○흘(紇) : 묶다.
○염(廉) : 청렴하다. 검소하다.
○혼연(渾然) : 모가 나거나 찌그러진 데가 없는 둥근 모양.
○중정(中正) : 치우치지 않고 바름. 중용(中庸).
○화락(和樂) : 화목하고 즐거움.
○수연(粹然) : 꾸밈이 없이 의젓하고 천진스러움. 순수한 모양.
○편의(偏倚) : 편중하거나 치우침.
○박잡(駁雜) : 뒤섞어 순수하지 못함. 잡박(雜駁).

[備旨] 子路가 問成人之道한대 夫子告之에 曰所謂成人者는 知以窮理니 必若臧武仲之知하고 廉以養心이니 必若孟公綽之不欲하고 勇以力行이니 必若卞莊子之勇하고 藝以泛應이니 必若冉求之藝니라 兼四子之長이로되 而又節以禮하고 和以樂하여 去其偏矯之病이면 則渾然而材全德備하며 粹然而中正和樂하여 以爲成人이라도 其亦可矣니라

자로가 완전 무결한 사람의 도에 대해 물었는데 부자께서 깨우쳐 줄 적에 말씀하시기를, "이른바 완전 무결한 사람이란, 지혜는 이치를 궁구하는 것이니 반드시 장무중의 지혜와 같아야 하고, 청렴은 마음을 기르는 것이니 반드시 맹공작의 욕심이 없는 것과 같아야 하고, 용기는 힘써 행해야 하는 것이니 반드시 변장자의 용기와 같아야 하고, 재주는 널리 응하는 것이니 반드시 염구의 재주와 같아야 할 것이다. 네 사람의 장점을 겸했지만 또 예로써 조절하고 악으로써 조화하여 치우치거나 상식에 벗어난 행동을 하는 병폐에서 떠난다면, 혼연히 재주는 완전해지고 덕은 갖추어지며 수연히 중정해지고 화락해져서 완절 무결한 사람이라 생각하더라도 또한 괜찮을 것이다."라고 하셨다.

○교격(矯激) : 상식에 벗어나는 과격한 행동을 함.

14·13·2 曰今之成人者는 何必然이리오 見利思義하며 見危授命하며 久要에 不忘平生之言이면 亦可以爲成人矣니라

부자께서 또 말씀하시기를, "오늘날 완전 무결한 사람은 어찌 그렇게까지 할 필요가 있겠는가? 이익을 보고 의로운 것을 생각하며, 위태로움을 보고는 목숨을 바치며, 오래된 약속에 대해서 평소에도 말을 잊어버리지 않는다면, 또한 완전 무결한 사람이 될 수 있다." 하셨다.

○금지성인자하필연(今之成人者何必然) : 오늘날 완전 무결한 사람이 어찌 꼭 그래야만 하겠는가? '今'은 부자(夫子)께서 활동하던 때를 말함. "今指夫子時說 何必然猶言不必如此 指上兼有衆善濟史中和言"
○견리사의(見利思義) : 이익 되는 것을 보면 의리를 생각하다. "利是財利 思是反之於心 必欲財無苟得意 義是天理所當然"
○견위수명(見危授命) : 환란을 보면 목숨을 바침. "危是患難 授命是以命與人而不顧意"
○구요불망평생지언(久要不忘平生之言) : 오래 전에 한 약속에 대해서 평소에도 그 말을 잊지 않는다. ☞구요(久要) : 오래된 약속. '구약(舊約)' 즉 '장래를 위한 약속'이라는 뜻. ☞평생(平生) : ①평소. 일상 ②일찍이. 그 옛날. 왕년(往年). 여기서는 ①의 뜻으로 해석함. 참고로 우리 나라에서는 '죽을 때까지'라는 의미로 쓰임. "不忘是必實踐意 平生之言卽久要之言"
○역가이위성인의(亦可以爲成人矣) : 또한 완전 무결한 사람이 될 수 있다. 이 사람 또한 완전 무결한 사람의 버금가는 사람이 될 수 있다는 말. "亦可對上成人看 此成人次上成人一等 就忠信說"

復加曰字者는 旣答而復言也라 授命은 言不愛其生하여 持以與人也라 久要는 舊約也요 平生은 平日也라 有是忠信之實이면 則雖其才知禮樂이 有所未備나 亦可以爲成人之次也라
○程子曰 知之明과 信之篤과 行之果는 天下之達德也니 若孔子所謂成人도 亦不出此三者라 武仲은 知也요 公綽은 仁也요 卞莊子는 勇也요 冉求는 藝也니 須是合此四人之能하여 文之以禮樂이면 亦可以爲成人矣라 然而論其大成이면 則不止於此니 若今之成人도 有忠信이로되 而不及於禮樂이니 則又其次者也니라 又曰 臧武仲之知는 非正也니 若文之以禮樂이면 則無不正矣라 又曰 語成人之名은 非聖人이면 孰能之리오 孟子曰 唯聖人然後에 可以踐形이라하시니 如此라야 方可以稱成人之名이니라 胡氏曰 今之成人以下는 乃子路之言이니 蓋不復聞斯行之之勇이요 而有終身誦之之固矣라하니 未詳是否라

다시 '曰字'를 더한 것은 이미 대답하고 다시 말씀한 것이다. 수명(授命)은 자기 목숨

을 아끼지 않고서 목숨을 가진 것을 남에게 주는 것을 말한다. 구요(舊要)는 오래된 약속이요, 평생(平生)은 평일이다. 이렇게 충성스럽고 미더운 실상이 있으면 비록 그 재지와 예악이 미비된 바가 있더라도, 또한 완전 무결한 사람의 다음은 될 수 있다는 것이다.

○정자가 말했다. "지혜의 밝음과 신의의 독실함과 행동의 과감함은 천하의 달덕이니, 공자께서 말씀한 완전 무결한 사람도 또한 이 세 가지를 벗어나지 않을 것이다. 무중은 지이고, 공작은 인이고, 변장자는 용이고, 염구는 예이니, 모름지기 이 네 사람의 장점을 합하여 예악으로써 꾸민다면, 또한 완전 무결한 사람이 될 수 있을 것이다. 그렇지만 그들의 일이 완전히 이루어지는 것을 논한다면 여기에서 그치지 않을 것이니, 만약 지금의 완전 무결한 사람도 충성과 신의는 있으나 예악에는 미치지 못하니 또한 그 다음가는 자일 것이다." 또 말했다. "장무중의 지혜는 바르지 않으니, 만약 예악으로써 꾸민다면 바르지 않음이 없게 될 것이다. 또 말했다. "완전 무결한 사람의 명성을 말한다면 성인이 아니면 누가 능히 가능하겠는가?" 맹자께서 《진심장상》에서 말씀하시기를, '오직 성인이 된 뒤에 말을 실천할 수 있다.' 하셨으니, 이와 같이 해야 완전 무결한 사람이란 이름에 걸맞게 될 수 있을 것이다. "호 씨가 말하기를, "'今之成人' 이하의 글은 바로 자로의 말이니, 대개 《선진편》11·21·1에서처럼 다시는 '들으면 곧 행해야 하느냐고 물은 용기'도 없고, 《자한편》9·25·3에서처럼 '종신토록 외우려는 고집'만 있다." 하였는데, 옳은지 그른지 자세하지 않다.

○달덕(達德) : 고금을 통하여 변하지 않는 도덕.「중용(中庸)」"20·8 天下之達道가 五에 所以行之者는 三이니 曰君臣也와 父子也와 夫婦也와 昆弟也와 朋友之交也니이다 五者는 天下之達道也요 知(智)仁勇三者는 天下之達德이니 所以行之者는 一也니이다"
○천형(踐形) : 사람의 타고난 품성을 실천함.

[備旨] 子又曰 吾所謂成人者는 自人道之備者로 言之也라 若夫今之所謂成人者가 何必其才知禮樂之兼備然哉아 惟見利면 則思義之當否로되 而臨財無苟得하고 見危면 則授命以舍生이로되 而臨難無苟免하고 久要는 則必踐之하여 而不忘平生之言이라 此는 雖其才知禮樂이 有所未備나 而有是忠信之實이면 則大本已立이니 亦可以爲成人之次矣라 由今之成人而進之면 而吾所稱成人者도 可及也니 由也勉之니라

부자께서 또 말씀하시기를, "내가 완전 무결한 사람이라고 이른 것은 사람이 지켜야 할 도리를 갖추는 것을 좇아 말한 것이다. 지금 완전 무결한 사람이라고 이른 것이 어찌 굳이 그 재지와 예악이 겸비된 뒤라야 하겠는가? 오직 이익을 보면 의리에 마땅한

지 그렇지 않은지를 생각해야 되지만 재물에 임해서는 구차하게 얻으려고 하지 말고, 위태함을 보면 목숨을 바쳐서 삶을 버려야 되지만 어려움에 임해서는 구차하게 면하려고 하지 말고, 오래 전에 한 약속에 대해서는 반드시 실천해서 평소에도 말을 잊지 말아야 한다. 이는 비록 그 재지와 예악이 갖추지 못한 바가 있더라도 충성스럽고 믿음직한 진실이 있으면 큰 근본은 이미 세워졌으니, 또한 완전 무결한 사람의 버금가는 사람이 될 수 있을 것이다. 지금의 완전 무결한 사람을 좇아서 나아가면, 내가 완전 무결한 사람이라 일컫는 사람에게도 미칠 수 있을 것이니, 유는 힘을 써야 할 것이다."라고 하셨다.

○약부(若夫) : …에 이르러. 다른 화제를 제시할 때 쓰는 말.
○유(由) : 자로(子路)를 말함.

14·14·1 子 問公叔文子於公明賈曰 信乎夫子不言不笑不取乎아

공자께서 공숙문자에 대해 공명가에게 물으셨다. "정말로 그 선생은 말도 하지 않고 웃지도 않고 재물을 취하지도 않는가?"

○문공숙문자어공명고(問公叔文子於公明賈) : 공명가에게 공문숙자에 대해 묻다. ☞공숙문자(公叔文子) : 위(衛)나라의 대부(大夫). 성은 공손(公孫). 이름은 지(枝). 문(文)은 시호(諡號). ☞공명가(公明賈) : 위(衛)나라 사람. 성은 공명(公明)으로 복성(複姓)이다. 이름은 가(賈).
○신호(信乎) : 정말로. 진실로. '乎'는 형용사 뒤에 붙는 어조사. '信乎아'로 현토하여 '정말인가?'라고 해석하는 이도 있는데 문맥의 흐름상 어조사로 보는 것이 옳다.
○부자(夫子) : 여기서는 공숙문자(公叔文子)를 존칭하는 말. 옛날 대부(大夫)의 지위에 있는 사람을 부자(夫子)라고 지칭하기도 했음. "指文子"
○불언불소불취호(不言不笑不取乎) : 말도 하지 않고 웃지도 않고 청렴해서 재물을 취하지도 않는가? 이 말을 의심스러워서 믿지 못하겠다는 말. "不言不笑不取 俱是時人稱 文子之辭 乎字有疑而未信意"

公叔文子는 **衛大夫公孫枝也**라 **公明**은 **姓**이요 **賈**는 **名**이니 **亦衛人**이라 **文子爲人**은 **其詳**을 **不可知**나 **然**이나 **必廉靜之士**라 **故**로 **當時**에 **以三者**로 **稱之**라

공숙문자는 위나라 대부 공손지다. 공명은 성이요 가는 이름이니, 역시 위나라 사람이다. 문자의 사람됨은 그 상세한 내용을 알 수 없으나 반드시 청렴하고 온화한 선비였을 것이다. 그러므로 당시에 세 가지로써 일컬었던 것이다.

[備旨] 夫子가 問衛大夫公叔文子於公明賈에 曰人有稱爾夫子하되 不言不笑不取者하니 信乎夫子는 果靜而不言하고 恬而不笑하고 廉而不取乎아

부자께서 위나라 대부 공숙문자에 대해 공명가에게 물어볼 적에 말씀하시기를, "사람들이 너의 선생님을 일컫되 말하지도 않고 웃지도 않고 재물을 취하지도 않는다 하니, 정말로 그 분은 온화해서 말하지도 않고, 담박해서 웃지도 않고, 청렴해서 재물을 취하지도 않는가?"라고 하셨다.

○염(恬) : 담담하다[淡泊]. 욕심이 없고 마음이 담담하다.

14·14·2 公明賈가 對曰 以告者가 過也로소이다 夫子時然後言이라 人不厭其言하며 樂然後笑라 人不厭其笑하며 義然後取라 人不厭其取하나니이다 子曰 其然가 豈其然乎리오

공명가가 대답했다. "말한 것이 지나칩니다. 선생님은 말할 만한 때가 된 뒤에 말하므로 사람들이 그 말을 싫어하지 않으며, 즐거워할 만한 때가 된 뒤에 웃으므로 사람들이 그 웃음을 싫어하지 않으며, 도리에 합당한 뒤에 취하므로 사람들이 그 취함을 싫어하지 않습니다." 공자께서 말씀하셨다. "그러한가? 어찌 그가 그럴 수 있겠는가?"

○이고자(以告者) : 사람들이 공자를 보고 '말하지도 않고, 웃지도 않고, 재물을 취하지도 않는 사람'이라고 한 것. '以' 다음에 '不言不笑不取'가 생략되었음. "以告者 謂告以不言不笑不取之人"
○부자시연후언(夫子時然後言) : 선생님이 마땅히 절차에 맞아 말할 만한 뒤에 말하다. 때가 들어맞아 망령되게 함부로 말하지 않음. "時是合乎當言之節然後言 見言不妄發"
○인불염기언(人不厭其言) : 사람이 그 말을 싫어하지 않다. "是悅其言之當可意"
○낙연후소(樂然後笑) : 마땅히 즐거워할 만한 때가 된 뒤에 웃다. 때가 들어맞아 망령되게 웃지 않음. "樂是當可樂之時然後笑言 見不妄笑"

○인불염기소(人不厭其笑) : 사람이 그 웃음을 싫어하지 않다. "是悅其笑之當可意"
○의연후취(義然後取) : 마땅히 도리상 합당한 뒤에 취하다. 도리에 들어맞아 구차하게 취하지 않음. '義'는 예의나 행위가 도리에 합당함을 말함[行而宜之之謂義]. "義是合於當取之宜然後取 見不苟取"
○인불염기취(人不厭其取) : 사람이 그 취함을 싫어하지 않다. "是悅其取之當可意"
○자왈기연(子曰其然) : 공자께서 '그러한가?'라고 말하다. 감히 긍정하지 않는 표현. '其'는 의문구에서 어떤 상황에 대해 추측만 할 뿐이고 감히 긍정하지 않을 경우에 쓰임. '아마' '대개'라는 뜻. "然字指時然後言六句 其然是承賈言而按之"
○기기연호(豈其然乎) : 어찌 그렇겠는가? '설마 그럴 리가 있겠는가?'라는 의미. "此句方是疑辭"

厭者는 苦其多而惡(오)之之辭라 事適其可면 則人不厭하여 而不覺其有是矣라 是以로 稱之或過하여 而以爲不言不笑不取也라 然이나 此言也는 非禮義가 充溢於中하여 得時措之宜者면 不能이니 文子雖賢이나 疑未及此라 但君子는 與人爲善이요 不欲正言其非也라 故로 曰 其然가 豈其然乎리오하시니 蓋疑之也라

염(厭)은 많은 것을 괴로워하여 싫어한다는 말이다. 일이 그 상황에 들어맞으면 사람들이 싫어하지 않아서 이러한 사실이 있는지도 깨닫지 못할 것이므로, 칭찬하는 데 혹 지나쳐서 '말하지 않고, 웃지 않고, 취하지 않는다.'고 한 것이다. 그러나 이 말은 예의가 마음속에 차고 넘쳐서 때에 따라 알맞게 조처할 수 있는 자가 아니면 할 수 없는 것이니, 문자라는 사람이 비록 어질더라도 아마 여기에는 미치지 못했을 것이다. 다만 군자는 남이 선을 행하도록 도와주고 그의 잘못을 바로 말하려고 하지 않으므로, '그러한가? 어찌 그럴 수 있겠는가?'라고 말씀하신 것이니, 대체로 의심한 내용이다.

○시조지의(時措之宜) : 때에 따라 알맞게 조처함. 「중용(中庸)」"25·3 誠者는 非自成己而已也요 所以成物也라 成己는 仁也요 成物은 知(智)也니 性之德也라 合外內之道也니 故로 時措之宜也니라"
○여인위선(與人爲善) : 남이 선을 행하도록 도와주는 것. 「맹자(孟子)」《공손추상(公孫丑上)》"取諸人以爲善 是與人爲善者也" '與'는 '돕다'라는 뜻. "與猶許也助也"

[備旨] 公明賈對에 曰人以不言不笑不取로 告者는 乃言過其實也로소이다 吾夫子非不言也로되 但時可言而後言故로 人不厭其言하니 而以爲不言也요 非不笑也로되 但樂當笑而後笑故로 人不厭其笑하니 而以爲不笑也요 非不取也로되 但義當取而後取故로 人不厭其取하니 而以爲不取也하나니이다 信如賈言이면 文子는 固得時中之道者矣라 故로 夫子疑

之에 曰爾之夫子가 其時言樂笑義取는 爲子之所云然乎아 然이나 不言不笑不取는 固難이요 而時言樂笑義取는 尤難이라 豈其果能時措之宜는 信如子之所云然乎아 蓋不遽斥其不然하고 亦不輕許其然하시니 忠厚之意와 是非之公을 具見之矣라

공명가가 대답할 적에 말하기를, "사람들이 '말하지도 않고, 웃지도 않고, 재물을 취하지도 않는다.'고 한 것은 오히려 말이 그 실상보다 지나칩니다. 우리 선생님은 말하지 않은 것은 아니지만 다만 때가 들어맞아 마땅히 말할 수 있는 뒤에 말하므로 사람들이 그의 말을 싫어하지 않으니 말하지 않는다고 생각한 것이요, 웃지 않은 것은 아니지만 다만 즐거워서 마땅히 웃을 수 있는 뒤에 웃으므로 사람들이 그의 웃음을 싫어하지 않으니 웃지 않는다고 생각한 것이요, 취하지 않은 것은 아니지만 다만 도리에 맞아서 마땅히 취할 수 있는 뒤에 취하므로 사람들이 그의 취함을 싫어하지 않으니 취하지 않는다고 생각한 것입니다."라고 했다. 정말로 공명가의 말과 같다면, 문자는 진실로 때에 따라 알맞게 조처하는 도를 얻은 사람이다. 그러므로 부자께서 의심스러워서 말씀하시기를, "너의 선생은 때가 들어맞아 말할 만한 뒤에 말하고, 즐거워할 만한 뒤에 웃고, 도리에 맞아서 취할 만한 뒤에 취한다는 것은 그대를 위해서 그렇다고 이른 것인가? 그러나 말하지 않고, 웃지 않고, 취하지 않는다는 것은 진실로 어려운 것이요, 때가 들어맞아서 말하고, 즐거워할 만해서 웃고, 도리에 맞아서 취한다는 것은 더욱 어렵다. 설마 그가 과연 때에 따라 알맞게 조처한다고 하는 것이 진실로 자네가 그렇다고 이른 것이겠는가?"라고 하셨다. 아마도 갑자기 그것이 그렇지 않다고 배척하지도 않고, 또한 가볍게 그것이 그렇다고 허락하지도 않으셨으니, 충후의 뜻과 시비의 공평함을 모두 볼 수 있다.

○충후(忠厚) : 충실하고 순후(淳厚)함.
○시비(是非) : 옳고 그름.

14·15·1 子曰 臧武仲이 以防으로 求爲後於魯하니 雖曰 不要君이나 吾不信也하노라

공자께서 말씀하셨다. "장무중이 방읍을 점거해 가지고 노나라 임금에게 후계자를 세워줄 것을 요구하였으니, 설사 임금을 협박하지 않았다고 말하나 나는 믿지 못하겠다."

○장무중이방(臧武仲以防) : 장무중이 방읍을 점거한 것을 써서. ☞장무중(臧武仲) : 노(魯)나라 대부(大夫). 이름은 흘(紇). 본서 14·13·1 참고. ☞이(以) : 쓰다[用也]. ☞방(防) : 지금의 하남성(河南省)에 있었던 춘추(春秋) 때 진(晉)나라의 속읍(屬邑). 여기서는 장무중(臧武仲)의 채읍을 말함. "就在以字上看出要君"
○구위후어로(求爲後於魯) : 노나라 임금에게 그들의 후계자를 세워줄 것을 요구하다. "求爲後 是請於魯君 立其後嗣" ☞혹자는 '爲'를 장무중의 이복형제인 장위(臧爲)로 보고, 그를 후계자로 세우려고 요구했다고 해석하는데 '爲後'는 '立後'와 같은 뜻이다.「중문대사전(中文大辭典)」"爲後立後也"
○수왈불요군(雖曰不要君) : 설사 임금에게 요구하지 않았다고 말하나. "雖曰是設辭" ☞수(雖) : 설사 …하더라도. 첫 번째 일이 있었음을 가설하여, 두 번째 일이 그 영향을 받지 않음을 지적함. ☞요군(要君) : 세력을 믿고 군주에게 무리한 요구를 함.「효경(孝經)」전(傳)8장 "要君者는 無上이요 非聖人者는 無法이요 非孝子는 無親이니 此大亂之道也니라"
○오불신야(吾不信也) : 결단코 그가 임금에게 협박을 했다는 것을 믿을 수 없다는 말. "吾不信 是決其要君"
○노나라의 방땅은 원래 장무중의 봉읍이었다. 그러나 양공(襄公) 23년 그가 죄를 지어 다른 곳으로 도망쳤다가 뒤에 다시 들어와 방땅을 자신의 후손들이 이어갈 수 있도록 노나라 임금에게 요구했다. 노나라에서는 그 요구를 거절하지 못하고 요구를 들어주었다. 이에 대해 공자께서 속읍(屬邑)의 책봉은 임금의 뜻에 따라 결정되는 것인데 요청한 그 자체부터 죄에 해당하므로, 장무중의 무도함을「춘추」에서 꾸짖는 방법으로 꾸짖은 것이다.

防은 地名이니 武仲所封邑也라 要는 有挾而求也라 武仲이 得罪奔邾라가 自邾如防하여 使請立後而避邑하되 以示若不得請이면 則將據邑以叛하니 是要君也라 ○范氏曰 要君者는 無上이니 罪之大者也라 武仲之邑은 受之於君하니 得罪出奔이면 則立後는 在君이요 非己所得專也로되 而據邑以請하니 由其好知而不好學也라 楊氏曰 武仲이 卑辭請後하니 其跡은 非要君者나 而意實要之라 夫子之言은 亦春秋誅意之法也라

방(防)은 지명이니, 무중에게 봉해진 고을이다. 요(要)는 믿는 것이 있어서 요구하는 것이다. 무중이 죄를 짓고 주나라로 달아났다가 주나라에서 방읍으로 가서 후계자를 청하게 하고 읍에서 물러갔지만, 만일 요청을 들어주지 않으면 장차 읍을 점거하여 반란을 일으키겠다는 뜻을 보였으니, 바로 임금을 협박한 것이다.

○범 씨가 말했다. "임금에게 요구한 것은 임금을 무시하는 것이니 죄가 큰 것이다. 무중의 읍은 임금으로부터 받았으니, 죄를 얻어 딴 곳으로 달아났으면 후계자를 세우는 일은 임금에게 있는 것이요, 자기가 마음대로 할 수 있는 것이 아닌데도 읍을 점거하여 청하였으니, 그는 《양화편》 17·8·3에서처럼 지혜를 좋아하지만 배우기를 좋아하지 않음에서 비롯된 것이다." 양 씨가 말했다. "무중이 겸손한 말로 후계자를 청했으니, 그의 발자취는 임금을 협박한 것은 아니지만 뜻은 실제로 협박한 것이다. 부자의 말씀은 또한 「춘추」에서 불순함을 꾸짖는 방법이다.

○협(挾) : 믿다. 믿고 뽐내다. 생각하다. 마음에 품다.
○주(邾) : 나라 이름. 주(周)의 봉국(封國).
○여방(如防) : 방읍(防邑)으로 가다. ☞여(如) : 가다.
○입후(立後) : 후계자를 세움.
○출분(出奔) : 딴 곳으로 달아남. 타국으로 망명함. 출망(出亡). 출분(出犇).
○주의(誅意) : 악한 속마음을 꾸짖음. 주심(誅心). ☞주심지론(誅心之論) : 동기나 속마음의 불순함을 꾸짖는 의론. 춘추(春秋) 때 진(晉)의 조천(趙穿)이 영공(靈公)을 죽였는데, 춘추는 이에 대해 당시 정권을 잡고 있던 조돈(趙盾)이 조천을 벌하지 않았으므로, 그가 비록 직접 군주를 죽이지는 않았다 하더라도 죄를 면할 수 없다고 여겨, "조돈이 군주를 죽였다[趙盾弑君]."라고 기록한 고사.

[備旨] 夫子誅武仲無君之心에 曰臧武仲은 得罪奔邾하니 不宜有邑矣어늘 乃復自邾如防하여 使人으로 請爲後於魯而避邑焉이라 夫請後는 可也어니와 必如防以請者는 何爲哉아 恃吾有可叛之資하여 而脅君以必從之勢라 雖曰彼之所請이 出於不獲已어니와 不是有所挾以要求其君이나 吾不信也라하시니 夫子言此는 亦春秋誅心之法歟인저

부자께서 무중이 임금을 무시한 마음을 꾸짖을 적에 말씀하시기를, "장무중은 죄를 얻어 주나라로 달아났으니 마땅히 읍을 차지해서는 안 되는데, 오히려 다시 주나라에서 방읍으로 가서 사람으로 하여금 노나라에 후계자를 세우게 청하도록 하고 고을에서 물러났던 것이다. 무릇 후계자를 청한 일은 괜찮지만 반드시 방읍에 가서 청한 것은 어째서 그랬는가? 자기가 배반하더라도 도와줄 만한 사람이 있다고 믿고서 기필코 따르는 세력을 써서 임금을 협박했기 때문이다. 설사 그 사람의 청함이 얻을 수 없는 데로부터 나왔을 뿐이고 믿는 바가 있어서 그 임금에게 요구한 것은 아니라고 말하나, 나는 믿지 못하겠다."라고 하셨으니, 부자께서 이를 말한 것은 또한 「춘추」에서 불순함을 꾸짖는 방법인 것이다.

○피(避) : 물러나다. 가다[去也]. 사양하다.
○주심지법(誅心之法) : 동기나 속마음의 불순함을 꾸짖는 방법. 주심지론(誅心之論).

14 · 16 · 1 子曰 晉文公은 譎而不正하고 齊桓公은 正而不譎하니라

공자께서 말씀하셨다. "진나라 문공은 권모술수를 일삼아서 정도를 행치 않았고, 제나라 환공은 정도를 터득하여 권모술수를 일삼지 않았다."

○문공(文公, B.C ?~B.C 628) : 춘추(春秋) 때 진(晉)나라의 제후. 오패(五覇)의 하나로 이름은 중이(重耳). 아버지 헌공(獻公)이 총희(寵姬) 여희(驪姬)의 참소를 믿고 태자 신생(申生)을 죽이자 망명하였다가 19년 만에 진(秦)나라 목공(穆公)의 도움을 입어 귀국하여 즉위하였다. 호언(狐偃)·선진(先軫) 등 어진 신하를 등용하고 난국을 수습하여 제(齊)나라 환공(桓公)에 이어 제후의 맹주(盟主)가 되었음.
○휼이부정(譎而不正) : 권모술수를 행해서 정도를 행치 않음. '譎'은 기만해서 음모로써 승리를 취한 일. "譎就行事上說 凡陰謀取勝皆是"
○환공(桓公, B.C 685~B.C 643) : 춘추(春秋) 때 제(齊)나라의 제후. 오패(五覇)의 하나로 이름은 소백(小白). 포숙아(鮑叔兒)의 추천으로 관중(管仲)을 재상에 임명하고 주(周)나라를 받들었으며 제후들을 규합하여 맹주가 됨.
○정이불휼(正而不譎) : 정도를 행해서 권모술수를 행치 않음. '正'은 정의로써 일을 행하며 사람을 감복시킨 일. "正亦就行事上說 凡仗義服人皆是"

晉文公은 名이 重耳요 齊桓公은 名이 小白이라 譎은 詭也라 二公은 皆諸侯盟主니 攘夷狄하여 以尊周室者也라 雖其以力假仁하여 心皆不正이나 然이나 桓公伐楚에 仗義執言하여 不由詭道하니 猶爲彼善於此어니와 文公은 則伐衛以致楚하여 而陰謀以取勝하니 其譎이 甚矣라 二君他事도 亦多類此하니 故로 夫子言此하여 以發其隱이시니라

진나라 문공은 이름이 중이요, 제나라 환공은 이름이 소백이다. 휼(譎)은 속이는 것이다. 두 사람은 모두 제후의 맹주이니, 오랑캐를 물리치고 주나라 왕실을 높인 자들이다. 비록 그들이 힘을 가지고 거짓으로 인을 행하는 것처럼 꾸며 마음이 모두 바르지 못했지만, 그러나 환공은 초나라를 정벌할 적에 정의로써 일을 행하고 말을 지켜 속이는 방법을 쓰지 않았으니 오히려 환공이 문공보다 낫다고 하겠고, 문공은 위나라를 쳐

서 초나라를 불러들여 몰래 모의하여 승리를 취했으니 그의 속임이 심했던 것이다. 두 임금의 다른 일도 또한 이와 닮은 것이 많았으므로 부자께서 이를 말씀하여 그 숨은 사실을 나타내신 것이다.

○궤(詭) : 속이다. 기만하다.
○맹주(盟主) : 동맹(同盟)의 주재자(主宰者). 동맹 주체. 맹수(盟首).
○양이적(攘夷狄) : 오랑캐를 물리치다. 양적(攘狄).
○가인(假仁) : 인을 가장하다. ☞가인가의(假仁假義) : 거짓으로 꾸민 인의도덕(仁義道德).
○장의(仗義) : 의(義)에 의지함. 정의(正義)로써 일을 행함.
○궤도(詭道) : 속이는 방법.

[備旨] 夫子發桓文之隱에 曰齊桓晉文은 心皆不正이나 然이나 以其事로 較之면 猶有彼善於此者라 晉文公은 則陰謀取勝하고 專事詭譎하여 而不由正道라 觀其因楚圍宋하여는 則伐曹衛以致楚師之救하고 及楚釋宋하여는 則復曹衛以攜二國之交하며 至於溫之會하여는 則以臣而召君하고 翟泉之盟하여는 則以下而凌上하니 他可知矣라 齊桓公은 卽仗義執言하고 猶知正道하여 而不尙詭譎이라 觀其於楚之未服에는 則責以尊王之義하고 於楚之旣服에는 則許以如師之盟하며 至於葵丘之會하여는 則明王者之大禁하고 首止之盟하여는 則定世子之大法하니 他可知矣라 蓋其功罪雖同이나 而優劣頓異가 如此라 然이나 此亦就二公之事하여 論之耳니 推其心이면 則皆假借仁義하여 同歸於譎而已라 其於王者之道에 豈可同日語哉리오

부자께서 환공과 문공의 숨은 사실을 드러낼 적에 말씀하시기를, "제나라 환공과 진나라 문공은 마음이 모두 바르지 못했지만, 그러나 그들의 일로써 비교해 본다면 오히려 환공이 문공보다 낫다. 진나라 문공은 몰래 모의해 승리를 취하고 오로지 궤휼만을 일삼아서 정도를 행치 않았다. 살펴보건대 아마도 당시 초나라가 송나라를 에워싼 것은 조나라와 위나라를 쳐서 초나라 군사를 구하도록 불러들인 것이고, 초나라가 송나라를 풀어준 것은 조나라와 위나라를 보복하여 두 나라의 사귐에서 마음이 떠나도록 한 것이며, 온나라에 모인 것은 신하로서 임금을 부른 것이고, 적천에서 맹세한 것은 아랫사람으로서 윗사람을 능멸한 것이니, 다른 일도 알 수 있다. 제나라 환공은 정의에 의지하여 말을 하고 오히려 정도를 터득하여 궤휼을 숭상치 않았다. 살펴보건대 아마도 당시 초나라에 복종치 않은 것은 왕을 높이는 의리를 꾸짖은 것이고, 희공 4년 여름에 초나라에 복종한 것은 군사를 보내어 맹세를 허락한 것이며, 희공 9년 여름에 규구에서 모인 것은 임금의 중대한 금기 사항을 밝힌 것이고, 희공 4년 가을에 수지에서

맹세한 것은 세자의 기본이 되는 규범을 정한 것이니, 다른 일도 알 수 있다. 대개 그
공과 죄는 비록 같지만 우열이 매우 다름이 이와 같다. 그러나 이것도 또한 문공과 환
공 두 사람의 일에 나아가서 논한 것이니, 그 마음을 미루어보면 모두 인의를 빌려서
다같이 속이는 데 함께 돌아갈 따름이다. 그들을 왕자의 도에 어찌 함께 논하겠는가?"
라고 하셨다.

○휴(攜) : 떨어지다. 마음이 떠나다. ☞휴이(攜貳) : 서로 어그러져 믿지 아니하거나
딴 마음을 가짐. 두 마음을 품음. 또는 배반하고 떠나감. 「춘추좌씨전(春秋左氏傳)」"閒
攜貳 覆昏亂 覇王之器也"
○온(溫) : 나라 이름[國名]. 주(周) 때 기내(畿內)의 나라. 지금 하남성(河南省) 온현(溫
縣) 서남쪽에 있음.
○적천(翟泉) : 못이름[池名]. 적천(狄泉)으로도 되어 있음. 지금의 하남성(河南省) 낙양
현(洛陽縣). 옛날 낙양성 가운데 있었음. 《수경곡수주(水經穀水注)》"穀水 又東流入洛陽
縣之南池 池卽故翟泉也"
○규구(葵丘) : 제(齊)나라 지명. 현재 산동성(山東省) 임치현(臨淄縣)의 서쪽 땅.
○대금(大禁) : 중대한 금기(禁忌).
○대법(大法) : 기본이 되는 규범. 또는 나라의 중요한 법률.
○수지(首止) : 지명. 춘추(春秋) 때 위(衛)나라의 땅. 지금 하남성(河南省) 저현(睢縣)
동남에 있는 수향(首鄕).
○돈(頓) : 매우. 몹시.
○동일어(同日語) : 함께 논함. 함께 취급하여 이야기함. 동일이어(同日而語).

14・17・1　子路曰 桓公이 殺公子糾어늘 召忽은 死之하고 管仲은 不死하니 曰未仁乎인저

자로가 말했다. "환공이 공자 규를 죽이자, 소홀은 규의 난리에 죽고 관중은 죽지 않
았으니, 인이 아니라고 말할 것입니다."

○환공살공자규(桓公殺公子糾) : 환공이 공자 규를 죽이다. ☞규(糾) : 환공(桓公)
의 아우이며 희공(僖公)의 아들. "糾是桓公之弟 僖公之子 故言公子"
○소홀사지(召忽死之) : 소홀이 규의 난리에 죽다. ☞소홀(召忽) : 춘추시대(春秋時
代) 때 제(齊)나라의 대부(大夫)였음. 주(周)나라 소공(召公)의 후예(後裔). 공자 규
(糾)의 사부(師傅)가 되어 규를 돌보는 일을 맡고 있었는데, 공자 규의 난리에 죽

었음. "是死子糾之難"

○관중불사(管仲不死) : 관중은 규의 난리에 죽지 않다. ☞관중(管仲) : 춘추시대(春秋時代) 때 제(齊)나라의 현상(賢相). 이름은 이오(夷吾), 자는 중(仲), 시호는 경(敬) 또는 경중(敬仲). 환공(桓公)을 섬겨 부국 강병(富國强兵)에 힘을 쓰고 제후를 규합하여 환공으로 하여금 오패(五霸)의 으뜸이 되게 하였음. "是不死子糾之難"

○왈미인호(曰未仁乎) : 인자하지 못 하다고 말하다. 옛날의 어법은 사실을 열거하거나 평론할 때 반드시 '曰'자를 앞에 썼는데 여기서도 '未仁乎'라고 표현했다. 추측하는 뜻으로 '인자하지 못 하다고 말해도 되겠지요?'라고 해석하는 경우도 있다. "是子路與夫子商確之辭 未仁以忍心害理言"

按春秋傳에 **齊襄公無道**한대 **鮑叔牙**는 **奉公子小白奔莒**라가 **及無知弒襄公**하여는 **管夷吾**와 **召忽**이 **奉公子糾奔魯**한대 **魯人**이 **納之未克**하고 **而小白入**하니 **是爲桓公**이라 **使魯**로 **殺子糾而請管召**하니 **召忽**은 **死之**하고 **管仲**은 **請囚**러니 **鮑叔牙**가 **言於桓公**하여 **以爲相**이라하니 **子路疑管仲**이 **忘君事讐**하여 **忍心害理**하니 **不得爲仁也**라

「춘추전」장공(莊公) 8년 조를 살펴보면, "제나라 양공이 무도하자, 포숙아는 공자 소백을 받들고 거나라로 망명했다가 무지가 양공을 시해하자 관이오와 소홀이 공자 규를 받들고 노나라로 도망 왔는데, 노나라 사람들이 공자 규를 제나라로 들여보내려다 이루지 못했고 소백이 들어가니 이 사람이 바로 환공이다. 환공이 노나라로 하여금 공자 규를 죽이도록 하고 관중과 소홀을 부르게 하니, 소홀은 죽고 관중은 죄수 되기를 자청했는데 포숙아가 환공에게 말하여 재상을 삼았다." 했으니, 자로는 관중이 임금을 잊고 원수를 섬겨서 잔인한 마음으로 천리를 해쳤으니, 인이 될 수 없다고 의심한 것이다.

○거(莒) : 주(周)나라 때 봉국(封國)의 이름. 성은 영(嬴). 소호(小昊)의 후손. 주(周)나라 무왕(武王)이 자여기(玆輿期)를 거(莒)에 봉하였음.
○관이오(管夷吾) : 관중(管仲)을 말함. 공자 규(糾)를 돌보았는데 뒤에 포숙아(鮑叔牙)의 추천으로 환공(桓公) 밑에서 재상이 됨.
○무지(無知) : 희공(僖公) 어머니의 숙부(叔父)였던 이중년(夷仲年)의 아들.
○인심(忍心) : 잔인한 마음. 모진 마음.
○수금(囚禁) : 죄인을 가둠. 구금(拘禁). 구수(拘囚).

[備旨] 子路問曰 管仲召忽은 皆子糾之臣也라 及桓公이 殺公子糾어늘 召忽이 死其難은 誠當矣요 管仲은 則請囚而不死라하니 以由言之면 忘君事讐하여 忍心害理니

毋乃未得爲仁乎인저

자로가 여쭈어 볼 적에 말하기를, "관중과 소홀은 모두 공자 규의 신하들입니다. 환공이 공자 규를 죽이자, 소홀이 그 난리에 죽은 것은 진실로 마땅한 것이고, 관중은 죄수 되기를 청하여 죽지 않았습니다. 제가 말해본다면 임금을 잊고 원수를 섬겨서 잔인한 마음으로 천리를 해친 것이니, 아마도 인이라고 할 수 없을 것입니다."라고 했다.

○유(由) : 자로(子路).
○무내(毋乃)~호(乎) : 아마도. …이 아니다. 그럴 리가 없다. 관용어구로 추측이나 반문을 하는 데 쓰이며 의문 부사와 언제나 호응함. '乎'는 문장 끝에 쓰여 추측을 나타냄.

14 · 17 · 2　子曰　桓公이　九(규)合諸侯하되　不以兵車는　管仲之力也니　如其仁이며　如其仁이리오

공자께서 말씀하셨다. "환공이 제후들을 규합하되 병거를 쓰지 않은 것은 관중의 힘이었으니, 누가 그의 인과 같겠으며 누가 그의 인과 같겠는가?"

○환공규합제후(桓公九合諸侯) : 환공이 제후를 모으다. ☞규(九) : 모으다[糾也]. 거느리다. 감독하여 통솔하다. 여기서는 독음이 '규'다. "九字斷依註作糾 九合乃連屬集合也"
○불이병거(不以兵車) : 병거를 쓰지 않음. '以'는 '쓰다[用也]'의 뜻. "以是用 兵車是攻戰之具"
○관중지공야(管仲之功也) : 관중의 꾀와 결단력을 말함. "力是輔相之力 指內謀外斷說"
○여기인여기인(如其仁如其仁) : 누가 관중의 인과 같겠으며 관중의 인과 같겠는가? 두 번 말한 것은 관중을 깊이 칭찬한다는 말. "其字指管仲 仁指尊周攘夷利澤及人之功 言重言誰如管仲之仁 所以深贊之也"

九(규)는　春秋傳에　作糾하니　督也라　古字通用이라　不以兵車는　言不假威力也라　如其仁은　言誰如其仁者니　又再言以深許之라　蓋管仲은　雖未得爲仁人이나　而其利澤及人하니　則有仁之功矣라

'九'는「춘추전」에 '糾'로 되어 있으니, 통솔한다는 뜻이다. 옛날 글자에서는 통용되

었다. 병거를 사용하지 않았다는 것은 위엄과 힘을 빌리지 않았음을 말한 것이다. '如
其仁'은 '누가 그의 인과 같겠는가?'를 말한 것이니, 또 두 번 말씀하여 깊이 허여하신
것이다. 아마 관중은 비록 어진 사람이 될 수는 없지만, 그 이익과 은택이 사람들에게
미쳤으니, 인의 공이 있었던 것이다.

○규(糾) : 거두다. 규합하다.
○독(督) : 살펴보다. 통솔하다.

[備旨] 夫子告之에 曰子以仲之不死로 爲未仁하니 亦未知其有仁者之功耳라 彼桓公이
糾合天下之諸侯하여 率之以尊周攘夷之義어늘 當時에 不過明大義以服之하고 昭大信以一
之하되 不假兵甲之威로되 而諸侯莫不率從은 皆管仲輔相之力也라 是는 其功이 在王室이
라도 澤及天下하니 仁人之功이 溥矣라 縱觀列國大夫라도 孰有如其仁者乎며 孰有如其仁
者乎아 安可因不死之一節하여 遂沒其功하고 而以未仁으로 少之也리오

부자께서 깨우쳐 줄 적에 말씀하시기를, "너는 관중이 죽지 않았다는 이유로 인이
아니라고 하니, 또한 그에게 인자의 공이 있다는 것을 알지 못한 것이다. 저 환공이 천
하의 제후를 규합해서 주나라를 높이고 오랑캐를 물리친 의로써 통솔했는데, 당시에
대의를 밝혀서 복종시키고 대신을 밝혀서 하나가 되도록 한 것에 불과하지만 군대의
위엄을 빌리지 않고서도 제후들이 따르지 않음이 없었음은 모두 관중이 도운 힘이었
다. 이는 그 공이 왕실에 있더라도 은택이 천하에 미치니, 어진 사람의 공이 두루 미쳤
던 것이다. 여러 나라의 대부를 볼지라도 누가 그의 인과 같은 사람이겠으며, 누가 그
의 인과 같은 사람이겠는가? 어찌 '관중은 죽지 않았다.'는 한 마디를 인해서, 곧 그 공
을 없애버리고 어질지 않다고 업신여기겠는가?"라고 하셨다.

○병갑(兵甲) : 무기와 갑주(甲冑). 나아가 군대·전쟁을 이름. 병혁(兵革).
○보상(輔相) : 서로 도움.
○인인(仁人) : 어진 사람. 덕행(德行)이 있는 사람. 인자(仁者).
○보(溥) : 두루 미치다[普遍]. '普'와 통함. 상성(上聲).「시경(詩經)」"溥天下之下"
'부'로 읽으면 평성(平聲)이 되어 '펴다[布也]'라는 뜻이 됨. '敷'와 통함.「예기(禮
記)」"溥之而橫乎四海"
○종(縱) : 설사 …하더라도. 가령 …일지라도. 양보를 나타냄.
○소(少) : 경시하다. 부족하다고 여기다. 업신여기다.

14·18·1 子貢曰 管仲은 非仁者與인저 桓公이 殺公子糾어늘 不能死요 又相之온여

자공이 말했다. "관중은 인자가 아닐 것입니다. 환공이 공자 규를 죽였는데 능히 규를 위해 따라 죽지도 못하고, 도리어 환공을 돕기까지 했습니다."

○관중비인자여(管仲非仁者與) : 관중은 인자가 아니다. 인자가 아니라는 의미가 좀 강함. ☞여(與) : 추측을 하면서도 의문을 나타내는 어조사인데, 화자가 추측한 말을 상대방에게 답을 요구하고 있음. "非仁亦在忍心害理上說 與字作商確看"
○환공살공자규(桓公殺公子糾) : 환공이 공자 규를 죽임. 본서 14·17·1 집주 참고. "此句見主仇當報"
○불능사(不能死) : 능히 죽지도 못함. "是以大義責他"
○우상지(又相之) : 도리어 환공을 돕기까지 함. '又'는 '도리어'의 의미가 강하며 접속사로서 문장의 전환을 나타냄. '온여'는 'ㅎ온여'와 동의어인데 이두(吏讀)로는 '爲乎亦'으로 표기했다. '…함이므로' '…함이기에' '…한 것인데' '…한 것이니'의 뜻. "是甚言大義之不可 之字指桓公言"

子貢이 意不死猶可어니와 相之則已甚矣라

자공이, 관중이 죽지 않은 것은 그래도 괜찮지만 환공을 도운 것은 너무 심하다고 생각한 것이다.

[備旨] 子貢이 問曰吾觀管仲호니 殆非仁者與인저 桓公이 殺公子糾하니 則桓公은 乃管仲之仇也라 仲不能死子糾之難은 亦已矣어니와 乃又從而相之온여 是는 其忍心害理니 仁者固如是乎아

자공이 여쭈어 볼 적에 말하기를, "내가 관중을 보니, 혹시 인자가 아닐지도 모릅니다. 환공이 공자 규를 죽였으니 환공은 곧 관중의 원수입니다. 관중이 공자 규의 난리에도 죽지 않은 것은 또한 어쩔 도리가 없겠지만, 오히려 또 따라가서 돕기까지 했습니다. 이것은 모진 마음으로 천리를 해친 것이니, 인자가 진실로 이와 같겠습니까?"라고 했다.

○태(殆) : 대개. 아마도. 혹시 …일지도 모른다. 추측하거나 어느 정도 긍정을 나타냄.

○구(仇) : 원수.
○이의(已矣) : 어쩔 도리가 없음. 끝이 남.

14·18·2 子曰 管仲이 相桓公霸諸侯하여 一匡天下하니 民到于 今히 受其賜하나니라 微管仲이면 吾其被髮左衽矣리라

　　공자께서 말씀하셨다. "관중이 환공을 도와 제후들 가운데서 우두머리가 되게 하여 한 번 천하를 바로잡아 주니, 백성들이 지금까지 그 혜택을 받고 있다. 관중이 없었다면 우리는 아마도 오랑캐가 되었을 것이다.

○관중상환공(管仲相桓公) : 관중이 환공을 돕다. "相桓公正頂上相之來"
○패제후(霸諸侯) : 제후의 우두머리가 되다. ☞패(霸) : 우두머리[諸侯之長]. 제후의 맹주(盟主)를 일컬음. 동맹을 맺은 제후 가운데서 우두머리. '패(伯)'와 같이 씀. ☞패(伯) : 우두머리. 거성(去聲). "是爲列國諸侯之長"
○일광천하(一匡天下) : 천하를 바로잡음. 주나라를 높이고 오랑캐를 물리친 것을 겸해 말함. "一匡指名分體統說 兼尊周攘夷言"
○민도우금(民到于今) : 관중 때부터 공자 당시 때까지. "是自管仲時以至孔子時之民言"
○수기사(受其賜) : 그 은혜를 누리고 있음. 천하를 바로잡은 혜택을 누린다는 말. 여기서 '賜'는 '은혜[惠也]'나 '누리는 혜택'을 말함. "是受其一匡之遺澤"
○미관중(微管仲) : 관중이 아니었다면. ☞미(微) : 만일 …이 없다면. 만일 …이 아니라면. '若非'와 통함. "設言無管仲一匡之功"
○기피발좌임의(其被髮左衽矣) : 아마도 머리를 풀고 옷섶을 왼편으로 하게 되었을 것임. 즉 오랑캐가 되었을 것이라는 말. ☞기(其)~의(矣) : 아마도 …했을 것이다. 부사로서 어기(語氣)의 공손함을 나태내고 어떤 상황에 대해 추측할 뿐 감히 긍정하지는 않음을 나타냄. ☞피발좌임(被髮左衽) : 머리털을 풀어 헤치고 옷섶을 왼편으로 한다는 뜻으로, 고대에 주변 소수 민족이었던 오랑캐의 풍속을 이르던 말. 섶은 두루마기나 저고리 따위의 깃 아래에 달린 긴 천 조각을 말하는데, 중국인은 일정한 나이에 이르면 머리를 땋고 관을 쓰며 옷섶을 여며 옷을 바로 했다. "被髮是被其髮而不束冠 左衽是左其衽而不正服"

霸는 與伯(패)로 同이니 長也라 匡은 正也니 尊周室하고 攘夷狄은 皆所以正天下也라 微는 無也라 衽은 衣衿也라 被髮左衽은 夷狄之俗也라

패(霸)는 패(伯)와 같으니 우두머리다. 광(匡)은 바로잡는 것이니, 주나라 왕실을 높이고 이적을 물리친 것은 모두 천하를 바로잡았던 까닭이다. 미(微)는 '없다'는 뜻이다. 임(衽)은 윗옷의 옷섶이니, 머리를 풀고 옷섶을 왼쪽으로 한다는 것은 오랑캐의 풍속이다.

[備旨] 夫子告之에 曰子疑仲之相桓을 爲未仁이어늘 不知仲之仁이 在天下後世者는 正以其相桓也라 管仲相桓公하여 以經營四十年之國政하여 遂以其君主로 盟於中夏하여 而霸諸侯하고 當其時하여 尊周室以正君臣之分하고 攘夷狄以嚴中外之防하니 其一匡天下가 如此라 故로 不特當時之民이 賴之요 卽民到于今히 得以相安於衣冠文物之盛者는 皆仲一匡之賜也라 向使微管仲이 相桓公以匡天下면 則中國이 淪於夷狄하여 吾其爲被髮左衽之人矣리라 安得受今日賜哉아

부자께서 깨우쳐 줄 적에 말씀하시기를, "너는 관중이 환공을 도운 것을 인이 아니라고 의심하는데, 관중의 인이 천하 후세에 있다는 것은 바로 환공을 도와준 것을 알지 못하기 때문이다. 관중이 환공을 도와서 40년 동안 국정을 경영하여 마침내 그 임금을 중국에서 맹주가 되게 해서 제후들 가운데 패자가 되도록 했고, 당시에 주나라 왕실을 높여서 임금과 신하의 분수를 바로잡고 오랑캐를 쫓아서 중국 외부로부터 방비를 엄하게 했으니, 그가 천하를 한 번 바로잡아 준 것이 이와 같다. 그러므로 특별히 당시 백성들만 힘입은 것이 아니라 백성들이 지금까지 의관이나 문물이 번성한 가운데 서로 편히 지낼 수 있었던 것은 모두 관중이 한 번 바로잡아 준 은혜인 것이다. 만약 관중이 환공을 도와서 천하를 바로잡아 주지 않았다면, 중국이 오랑캐들에게 망해서 나도 아마 머리를 풀고 옷섶을 왼편으로 하는 오랑캐가 되었을 것이다. 어찌 오늘의 은혜를 얻었겠는가?

○정(正) : 마침. 꼭. 부사로서 교묘하게 합치되거나 딱 들어맞는 것을 나타냄.
○중하(中夏) : 중국. 중원(中原). 중화(中華).
○맹주(盟主) : 동맹을 맺은 제후 가운데서 우두머리. '패(霸)'와 같은 뜻.
○향사(向使) : 만약. 만일 …했다면. 가령.
○윤(淪) : 망하다. 영락(零落)하다. 쇠망하다. 원음은 '륜'.

14·18·3 豈若匹夫匹婦之爲諒也하여 自經於溝瀆而莫之知也리오

어찌 평범한 사람들이 자잘한 신의를 지키기 위하여, 스스로 도랑에서 목매어 죽지

만 아무도 알아주는 사람이 없는 것과 같겠는가?"

○기약필부필부지위량야(豈若匹夫匹婦之爲諒也) : 어떻게 그가 보통 사람이 작은 절개를 고집하는 것과 같겠는가? ☞기(豈) : 어찌. 어떻게. 설마 …일 리가 있겠는가? 부사로서 반문을 나타냄. 이 문장은 중간에 끊어 읽지 말고 단숨에 읽어야 한다. 「논어비지(論語備旨)」《기약절지(豈若節旨)》 "豈若二字 貫下一氣讀" ☞필부필부(匹夫匹婦) : 한 사람의 남자와 한 사람의 여자. 평범한 남녀. 미천(微賤)한 남녀. "匹夫匹婦無識見者泛言 亦包忽在內"
○자경어구독이막지지야(自經於溝瀆而莫之知也) : 자신이 도랑에 목매어 죽지만 아무도 후세 사람이 알아 주는 사람이 없음. ☞위량(爲諒) : 조그마한 의리를 굳게 지키다. '諒'은 작은 신의를 말함. ☞자경(自經) : 스스로 목을 매다. ☞구독(溝瀆) : 도랑. 개천. 전답(田畓)의 도랑. ☞'莫之知也'는 '莫知之也'의 도치문. 고대 한문에서는 '莫'에 의해서 부정되는 '서술어＋목적어' 구조에서는 목적어가 대명사이면 도치되는데, 이는 고대 문법의 특징이었다. "莫之知謂無功聞於天下後世"

諒은 小信也라 經은 縊也라 莫之知는 人不知也라 後漢書에 引此文한대 莫字上有人字라
○程子曰 桓公은 兄也요 子糾는 弟也니 仲私於所事하여 輔之以爭國은 非義也라 桓公殺之는 雖過나 而糾之死는 實當이라 仲始與之同謀하니 遂與之同死라도 可也요 知輔之爭이 爲不義하고 將自免以圖後功도 亦可也라 故로 聖人이 不責其死하고 而稱其功이라 若使桓弟而糾兄이면 管仲所輔者正이어늘 桓奪其國而殺之면 則管仲之與桓으로 不可同世之讐也라 若計其後功하여 而與其事桓이면 聖人之言이 無乃害義之甚하여 啓萬世反覆不忠之亂乎아 如唐之王珪와 魏徵은 不死建成之難하고 而從太宗하니 可謂害於義矣라 後雖有功이나 何足贖哉리오 愚謂 管仲은 有功而無罪라 故로 聖人이 獨稱其功이요 王魏는 先有罪而後有功하니 則不以相掩이 可也니라

양(諒)은 작은 신의이다, 경(經)은 목매는 것이다. '莫之知'는 사람들이 알지 못하는 것이다. 「후한서」에 이 글을 인용하였는데 '莫'자 위에 '人'자가 있다.
○정자가 말했다. "환공은 형이고 자규는 아우이니, 관중이 섬기던 것을 사사로이 해서 그를 도와 나라를 다툰 것은 의가 아니다. 환공이 그를 죽인 것은 비록 지나쳤으나 규의 죽음은 진실로 마땅하다. 관중은 처음에 그와 더불어 함께 모의했으니 그래서 함께 죽더라도 괜찮은 일이고, 그를 도와 다투는 것이 불의가 됨을 알고 장차 스스로 죽

음을 면하여 후일의 공을 도모함도 또한 괜찮은 일이다. 그러므로 성인이 그의 죽지 않음을 나무라지 않고 그의 공을 칭찬하신 것이다. 만일 환공이 아우이고 규가 형이라면 관중이 돕는 것이 바르기 때문에, 환공이 그 나라를 빼앗고 그를 죽였다면 관중은 환공과 더불어 한 세상에 같이 살 수 없는 원수였을 것이다. 만일 공자께서 그 후일의 공을 계산하여 환공을 섬긴 것을 허여했다면, 성인의 말씀이 아마도 의를 매우 해쳐 만세에 불충의 난을 반복하도록 열어주는 것이 아니겠는가? 당나라의 왕규와 위징은 건성의 난에 죽지도 않고 태종을 따랐으니 가히 의를 해쳤다고 이를 만하다. 뒤에 비록 공을 세웠으나 어찌 속죄할 수 있겠는가?" 내[朱子]가 생각하건대, 관중은 공이 있지만 죄는 없으므로 성인이 유독 그 공만 칭찬한 것이요, 왕규와 위징은 먼저 죄를 짓고 뒤에 공을 세웠으니 죄를 덮어주지 않았던 것이 옳은 것이다.

○액(縊) : 목을 매다. 목을 매어 죽이다. 본음은 '예' 또는 '의'.
○무내(無乃)~호(乎) : 아마도. …이 아니다. 그럴 리가 없다. 관용어구로 추측이나 반문을 하는 데 쓰이며 의문 부사와 언제나 호응함. '乎'는 문장 끝에 쓰여 추측을 나타냄.
○건성(建成)의 난 : 건성은 당(唐)나라 고조(高祖, 618~626)의 아들이며 태종(太宗, 626~649)의 형이었는데, 황태자로서 태종의 훈업(勳業)을 시기하여 제거하려다 도리어 태종에게 현무문(玄武門)에서 피살되었던 일.

[備旨] 夫仲之不死는 其功이 在天下後世에 如此하니 此는 天下後世가 所以皆知有仲也라 豈若匹夫匹婦之爲諒也하여 少有忿激이면 遂忘遠圖하고 自經於溝瀆之中이로되 而天下後世之人이 竟莫之或知也리오 然則仲之相桓은 誠賢者自重其死耳라 而子乃以又相으로 爲不仁하니 此豈欲匹夫匹婦律仲耶아

무릇 관중이 죽지 않았다는 것은 그 공이 천하 후세에 이와 같이 있으니, 이는 천하 후세의 사람들이 모두 관중이 있음을 아는 까닭이다. 어찌 평범한 사람들이 자잘한 신의를 위하여 조금이라도 화가 나면, 마침내 멀리 내다보고 도모할 것을 잊어버리고 스스로 도랑 가운데서 목숨을 끊어버리지만, 천하 후세의 사람들이 끝내 어떤 사람도 알아주는 사람이 없는 것과 같겠는가? 그렇다면 관중이 환공을 도운 것은 진실로 현자가 그의 죽음을 스스로 중하다고 여긴 것이다. 그런데도 너는 또 도운 것을 가지고 어질지 않다고 하니, 곧 어찌 평범한 사람으로 관중을 가늠하려 하는가?"라고 하셨다.

○분격(忿激) : 몹시 화냄. 대단히 노함.
○율(律) : 가늠하다. 따져보다.

14 · 19 · 1 公叔文子之臣大夫僎이 與文子로 同升諸公이러니

공숙문자의 가신인 대부 선이라는 사람이 문자와 함께 공조에 올랐더니,

○공숙문자지신대부선(公叔文子之大夫僎) : 공숙문자의 가신이면서 선이라는 대부. 공숙문자의 가신으로 있다가 뒤에 대부가 됨. ☞공숙문자(公叔文子) : 공손발(公孫拔). 문(文)은 시호(諡號). 위(衛)나라의 대부. ☞선(僎) : 갖추다[其也]. 구비하다. 여기서는 사람 이름. "旣曰臣又曰大夫 自其後日言也 僎是名"
○동승저공(同升諸公) : 같이 공조(公朝)의 신하로 오르다. '諸'는 '之於'의 준말. "同則不猜 升則不仰 公則不私 皆春秋法"

臣은 **家臣**이요 **公**은 **公朝**니 **謂薦之與己**로 **同進**하여 **爲公朝之臣也**라

신(臣)은 가신이요 공(公)은 공조이니, 그를 천거하여 자기와 함께 나아가 공조의 신하가 됨을 말한다.

[備旨] 公叔文子之家臣이요 後爲大夫名僎者가 與文子로 同升諸公朝하여 而竝列焉하니 是는 忘分以薦賢하여 誠無愧於古大臣之風矣라

공숙문자의 가신이면서 뒤에 대부가 되었던 선이라 이름 부르는 사람이 문자와 더불어 함께 공조에 올라서 나란히 늘어섰으니, 이는 분수를 잊고 현인을 천거하여 진실로 옛날 대신의 풍모에 부끄러움이 없었던 것이다.

14 · 19 · 2 子聞之하시고 曰 可以爲文矣로다

공자께서 들으시고 말씀하셨다. "시호를 문이라고 할 만하다."

○문지(聞之) : 공자께서 공숙문자가 죽고 나서 시호를 내린 뒤에 공숙문자가 선을 추천했다는 말을 들음. "聞之是於其旣沒而諡之後 聞此薦僎之事"
○가이위문의(可以爲文矣) : 공문숙자의 시호를 문(文)이라고 이를 만하다. 시호를 '文'이라고 한 데 대해 충분한 근거가 있다는 말. ☞가이(可以) : …할 수 있다. 조동사로서 허가나 가능을 나타냄. 허가·가능을 나타내는 조동사 '可'와 이유·조건·수단·도

구·원인 등을 나타내는 전치사 '以'가 결합하여 하나의 조동사로 굳어진 것이다. ☞문(文) : 위(衛)나라 대부 중숙어(仲叔圉)의 시호(諡號). 옛날 시법(諡法)에 '부지런히 배우고 묻기를 좋아하는 것을 문으로 삼았다[有以勤學好問 爲文者]'는 점을 참고하면 그의 성품을 알 수 있다. ☞시호(諡號) : 시법(諡法). 시호(諡號)를 의정(議定)하는 법. 주초(周初)에 처음 생겼음. 임금·정승·유현(儒賢)들이 죽은 뒤에 생전의 행적에 의거하여 추증(追贈)하는 이름. 제왕과 신하의 시호는 시법에 따라 의정(議定)하였음. 일반 문인(文人)이나 은사(隱士)에게 친구나 제자들이 추증하는 시호는 이를 사시(私諡)라 하여 조정에서 주는 시호와는 구별됨. 공숙문자(公叔文子)의 시호(諡號)에 관한 내용은 본서 "5·14·1 貢問曰 孔文子를 何以謂之文也잇고 子曰 敏而好學하며 不恥下問이라 是以로 謂之文也니라"고 한 데서도 확인할 수 있다. "文是文子死後之諡 可以爲文就在薦僕一事上看"

文者는 順理而成章之謂니 諡法에 亦有所謂錫(사)民爵位曰 文者라
○洪氏曰 家臣之賤이로되 而引之하여 使與己並에 有三善焉하니 知人이 一也요 忘己가 二也요 事君이 三也니라

문(文)이란 이치를 따라서 문장이 이루어져 볼 만하다는 것을 이르니, 시법에 또한 이른바 백성에게 작위를 하사했던 것을 문이라고 일렀던 것이다.
○홍 씨가 말했다. "가신의 천한 신분이지만 인도해서 자기와 더불어 함께 한 것에 세 가지 착한 일이 있으니, 사람을 알아보는 것이 첫째요, 자기를 잊는 것이 둘째요, 임금을 섬기는 것이 셋째다."

○성장(成章) : 비단무늬를 짜 이루는 것이지만 인재들의 미(美)를 비유한 것임. 즉 문장에 조리가 있어서 볼 만하다는 것을 이름. 본서 5·21·1 참고.
○시법(諡法) : 시호를 의정(議定)하는 법. 주초(周初)에 처음 생겼음.
○사(錫) : 주다. 하사하다. '賜'와 같음. 여기서는 거성(去聲)으로 쓰였음.
○삼선(三善) : 세 가지 착한 일. 보통은 '부모에 대한 효도, 임금에 대한 충성, 장유(長幼)의 예절'을 말한다.

[備旨] 夫子聞而稱之에 曰文者는 順理成章之謂也어늘 今就公叔之得諡爲文라도 我固不知其他라 然이나 卽其薦僕一事하여 觀之면 則順理成章하니 是는 卽可以爲文矣라 夫豈有溢美哉리오

부자께서 듣고 칭찬할 적에 말씀하시기를, "문(文)이라는 것은 이치를 따라 문장이

이루어져 볼 만하다는 것을 이르는데, 지금 가령 공숙문자가 시호를 문이라고 하더라도 나는 진실로 그 사람의 다른 것에 대해서는 알지 못한다. 그러나 그가 선이라는 사람을 천거한 하나의 일에 나아가서 보면 이치를 따라 문장이 이루어졌으니, 이는 곧 시호를 문이라고 할 만하다. 어찌 지나치게 칭찬한 것이겠는가?"라고 하셨다.

○취(就) : 설사 …라도. 가령 …일지라도. 가설적 양보를 나타냄.
○일미(溢美) : ①아주 아름다움. ②사실보다 너무 좋게 말함. 지나치게 칭찬함. 여기서는 ②의 뜻.

14·20·1 子言衛靈公之無道也러시니 康子曰 夫如是로되 奚而不喪이니잇고

공자께서 위나라 영공의 무도함을 말씀하시니, 강자가 말했다. "이와 같은데도 어찌하여 자리를 잃지 않습니까?"

○자언위령공지무도야(子言衛靈公之無道也) : 공자께서 위나라 영공의 무도함에 대하여 말씀하시다. ☞위령공(衛靈公) : 위나라의 임금 영공(靈公, B.C 534~B.C 493). 무도(無道)하였으나 인재를 적재적소에 잘 기용함. ☞무도(無道) : 도(道)가 없다. 이륜(彝倫)을 펴지 않고 기강(紀綱)을 펴지 않는 것 등을 말함. "無道如彝倫不敍 紀綱不張之類"
○강자왈부여시(康子曰夫如是) : 강자가 이와 같다고 말하다. ☞강자(康子) : 노(魯)나라의 대부. 계강자(季康子)를 이름. ☞부여시(夫如是) : 이와 같음. 즉 도가 없음을 말함. "如是指無道言"
○해이불상(奚而不喪) : 어찌하여 자리를 잃지 않는가? '奚而'는 '어찌하여' '무엇 때문에'라는 뜻으로 '奚以'나 '奚爲'와 같다. "奚何也"

喪은 失位也라

상(喪)은 지위를 잃는 것이다.

[備旨] 夫子嘗言衛靈公이 乃無道之君也러시니 季康子因而問에 曰人君이 有道則興하고 無道則喪이라 今靈公之無道가 如是로되 奚爲而不喪失其位乎아

부자께서는 일찍이 위나라 영공이 무도한 임금이라고 말씀하셨는데, 계강자가 이 때문에 물을 적에 말하기를, "임금이 도가 있으면 흥하고 도가 없으면 멸망하는 것입니다. 영공의 무도함이 이와 같은데도, 어찌하여 그 자리를 잃지 않습니까?"라고 했다.

14·20·2 孔子曰 仲叔圉는 治賓客하고 祝鮀는 治宗廟하고 王孫賈는 治軍旅하니 夫如是면 奚其喪이리오

공자께서 말씀하셨다. "중숙어는 빈객을 다스리고, 축타는 종묘를 다스리고, 왕손가는 군대를 다스렸으니, 이와 같이 한다면 어찌하여 그가 자리를 잃겠는가?"

○중숙어치빈객(仲叔圉治賓客) : 중숙어로 하여금 외국에서 오는 빈객을 다스리도록 함. 중숙어(仲叔圉)는 위(衛)나라의 대부. 본서 5·14·1 참고. "治專治也 賓客隣國聘問之使"
○축타치종묘(祝鮀治宗廟) : 축타로 하여금 종묘의 일을 주장하게 함. 축타(祝鮀)는 위(衛)나라의 제관(祭官). 본서 6·14·1 참고. ☞타(鮀) : 모래무지. "祝是宗廟之官 治宗廟是主祭祀之禮"
○왕손가치군려(王孫賈治軍旅) : 왕손가로 하여금 군대와 관련된 일을 맡아 주장하게 함. 왕손가는 위(衛)나라의 대부. 본서 3·13·1 참고. "治軍旅是主兵戎之事"
○부여시(夫如是) : 위의 세 사람과 같이 각각 그 마땅함을 얻으면. "指上用人各當言"
○해기상(奚其喪) : 어찌 그가 자리를 잃겠는가? "上三者皆國之大事 故得人亦可以無喪"

仲叔圉는 卽孔文子也라 三人은 皆衛臣이니 雖未必賢이나 而其才可用이요 靈公用之에 又各當其才라
○尹氏曰 衛靈公之無道는 宜喪也로되 而能用此三人하여 猶足以保其國이온 而況有道之君이 能用天下之賢才者乎아 詩曰 無競維人이면 四方其訓之라하니라

중숙어는 바로 공문자다. 세 사람은 모두 위나라 신하이니, 비록 반드시 어질지는 않았으나 그 재능이 쓸 만했고, 영공이 이들을 등용했을 적에 또한 각각 그들의 재능에 맞게 했다.
○윤 씨가 말했다. "위나라 영공의 무도함은 마땅히 자리를 잃어야 할 것이지만 능히 이 세 사람을 등용하여 그 나라를 보전했던 것인데, 하물며 도가 있는 임금이 천하의 현재를 등용하는 것임에랴? 시의 《대아 억편》에 이르기를, '비길 데

없이 강한 사람이면 사방 백성들이 본받는다.' 했다."

○《대아(大雅) 억편(抑篇)》: 주(周)나라 부형들이 왕을 경계하여 부른 노래. "無競維人이면 四方其訓之하며/ 有覺德行이면 四國順之하나니/ 訏謨定命하며 遠猶辰告하며/ 敬愼威儀라야 維民之則이리라." (비길 데 없이 강한 사람이면 사방 백성들이 본받으며/ 정직한 덕행이 있으면 온 나라가 모두 순종하나니/ 큰 꾀로 정령을 정하며 큰 꾀로 백성에게 분부하며/ 위의를 공경하고 삼가야 백성들의 본보기가 되리라)
○현재(賢才) : 뛰어난 재능. 또는 그 사람.

[備旨] 孔子告之에 曰靈公이 雖無道나 然이나 能知人而善任이라 使彼仲叔圉는 長於應對也하니 則用之以治賓客하여 而主送往迎來之事하고 祝鮀는 長於祀典也하니 則用之以治宗廟하여 而修禴祠烝嘗之禮하고 王孫賈는 長於師旅也하니 則用之以治軍旅하여 而司簡閱訓練之方하니라 夫三子之才는 可用이어늘 而靈公用之에 又各當其才가 如是하니 則交隣有道하여 國釁賴之以强하고 祀神有禮하여 國祚賴之以延하고 禦變有略하여 國威賴之以振이라 奚其至於喪也리오 夫以無道之靈公으로 而能用人이면 猶足以保其國이온 況不爲靈公者乎아 信乎人才之有益於人國家也라

공자께서 깨우쳐 줄 적에 말씀하시기를, "영공이 비록 무도하지만 능히 사람을 알아서 잘 임용했다. 가령 저 중숙어는 응대에 뛰어나니 그를 등용하여 빈객을 다스려서 가는 사람을 보내고 오는 사람을 맞이하는 일을 주장하게 하고, 축타는 제사에 뛰어나니 그를 등용하여 종묘를 다스려서 봄·여름·가을·겨울의 제사에 대한 예를 수행하게 하고, 왕손가는 군대를 다스리는 데 뛰어나니 그를 등용하여 군려를 다스려서 검열하고 훈련하는 일을 주장하도록 했다. 무릇 세 사람의 재주는 쓸 만하므로 영공이 등용했을 적에 또 각각 그 재주에 맞게 했음이 이와 같으니, 이웃 나라와 사귈 때 도가 있어서 나라에 변고가 있을 때 편할 수 있고, 귀신에게 제사를 지낼 때 예가 있어서 나라의 운수를 길게 뻗칠 수 있고, 변고를 막는 데에 계략이 있어서 나라의 위신을 떨치고 일어날 수 있다. 어찌 그가 자리를 잃어버리는 데까지 이르겠는가? 무릇 무도한 영공으로써 능히 사람을 등용한다면 오히려 족히 그 나라를 보존할 수 있을 터인데, 하물며 영공같이 되지 않은 사람임에랴? 진실로 인재는 사람과 국가에 이익이 있을 것이다."라고 하셨다.

○응대(應對) : 응하고 대답하는 일.
○송왕영래(送往迎來) : 가는 사람을 보내고 오는 사람을 맞이함.「중용(中庸)」20·14

참고. "送往迎來하며 嘉善而矜不能은 所以柔遠人也요"

○사전(祀典) : 제사지내는 의식(儀式). 제전(祭典).

○약사증상(禴祠烝嘗) : 봄·여름·가을·겨울의 제사. 「시경(詩經)」 《소아(小雅) 천보편(天保篇)》에는 '禴祠烝嘗'이 나오는데 '모전(毛傳)'에 "春曰祠 夏曰禴"이라 했다. 그러므로 약제(禴祭)는 여름 또는 봄에 지내던 제사였다. 약제(礿祭).

○사려(師旅) : 군대. 고대의 군대 편제에 '師'는 2,500명 '旅'는 500명인 데에서 이름.

○군려(軍旅) : 군대. 군대에 관한 작전과 전쟁.

○간열훈련(簡閱訓練) : 검열하고 훈련하는 일.

○국흔(國釁) : 나라의 변고. ☞흔(釁) : 틈. 균열.

○미(弭) : 편안하게 하다.

○국조(國祚) : 나라의 운수(運數). 국운(國運).

○국위(國威) : 나라의 위력(威力). 국가의 위신(威信).

14·21·1 子曰 其言之不怍이면 則爲之也難하니라

공자께서 말씀하셨다. "자기 말에 대하여 부끄러워하지 않으면 실천하기가 어렵다."

○기언지부작(其言之不怍) : 큰 소리나 치면서 부끄러움이 없다. 생각도 하지 않고 과장되게 말이나 하는 것을 경계하고 있음. "是口頭誇張全不思量去作意"

○위지야난(爲之也難) : 행하기가 어렵다. 즉 말을 실천하기가 어렵다는 말. "爲是行 難是不能 實踐其言"

大言不慚이면 則無必爲之志하여 而不自度(탁)其能否矣하나니 欲踐其言이나 豈不難哉아

큰 소리를 치면서도 부끄러워하지 않는다면, 반드시 성취해야겠다는 뜻이 없어서 그가 할 수 있는지 그렇지 못한지를 스스로 헤아리지 못하는 것이니, 그 말을 실천하려고 하지만 어찌 어렵지 않겠는가?

[備旨] 夫子戒易言者에 曰心於必爲者는 必顧其精神力量이 如何며 事勢如何니라 言自有不能放者가 若或輕肆大言하며 高自稱許로되 略無慚怍之心이면 則是全無必爲之志하여 徒妄言以欺人耳라 其爲之也不亦難乎아 然則人何可以易其言也리오

　　부자께서 말을 함부로 하는 사람을 경계할 적에 말씀하시기를, "어떤 일을 반드시 성취해야겠다고 마음먹는 사람은 반드시 그의 정신과 역량이 어떠하며 일의 형세가 어떠한가를 돌아봐야 할 것이다. 스스로 방탕하지 않다고 말하는 사람이 만약 혹시라도 경솔하고 방자해서 큰 소리를 치며 자신을 높이고 찬양하면서도 조금도 부끄러워하는 마음이 없다면, 이는 반드시 성취해야겠다는 뜻이 전혀 없어서 한갓 망령되게 말만 하고 다른 사람을 속일 따름이다. 그가 행하려는 것도 또한 어렵지 않겠는가? 그렇다면 사람이 어찌 자신의 말을 함부로 할 수 있겠는가?"라고 하셨다.

○사(肆) : 방자하다. 거리낌없이 말하다.
○칭허(稱許) : 찬양함.
○약(略) : 조금도. 전혀.
○참작(慙怍) : 부끄러워 함. 참괴(慙愧).

14·22·1 陳成子가 弑簡公이어늘

　　진성자가 간공을 시해하자,

○진성자(陳成子) : 제(齊)나라의 대부(大夫). 이름이 항(恒)이었으며 시호(諡號)가 성(成)이었음.
○시간공(弑簡公) : 간공(簡公)을 시해하다. 간공(簡公)은 제(齊)나라의 임금으로 이름이 임(壬)이었음. '弑'는 '윗사람을 죽이다'라는 뜻.

成子는 齊大夫니 名恒이요 簡公은 齊君이니 名壬이라 事在春秋哀公十四年이라

　　성자는 제나라 대부이니 이름은 항이다. 간공은 제나라 임금이니 이름은 임이다. 일이 「춘추」 애공 14년에 기록되어 있다.

[備旨] 昔에 齊大夫陳成子가 弑其君簡公이라

　　옛날 제나라 대부 진성자가 자기 임금 간공을 죽였다.

14·22·2 孔子 沐浴而朝하사 告於哀公曰 陳恒이 弑其君하니 請討之하소서

공자께서 목욕하고 조정에 나가셔서 애공에게 아뢰었다. "진항이 자기 임금을 시해했으니, 청컨대 토벌하소서."

○목욕이조(沐浴而朝) : 목욕을 하고서 조정에 나가다. '沐'은 '머리를 감다'라는 뜻이고, '浴'은 '몸을 씻다'라는 뜻인데, 몸을 깨끗이 한다는 말. "沐浴是潔身齋戒意"
○고어애공(告於哀公) : 애공에게 아뢰다. 애공은 공자 당시 노(魯)나라의 제후.

是時에 孔子致仕居魯라 沐浴齋戒以告君은 重其事而不敢忽也라 臣弑其君은 人倫之大變이니 天理所不容이라 人人得而誅之은 況鄰國乎아 故로 夫子雖已告老나 而猶請哀公討之시니라

이때 공자는 관직에서 물러나 노나라에 계셨다. 목욕·재계하고 임금에게 고하는 것은 그 일을 중하게 여겨 감히 소홀하지 않도록 하는 것이다. 신하가 자기 임금을 시해한다는 것은 인륜의 큰 변고이니 천리에 용납될 수 없는 것이다. 사람마다 모두 그를 죽이려고 할 것인데, 하물며 이웃 나라에서는 어떻겠는가? 그러므로 부자께서 비록 이미 늙어서 관직에서 물러났으나 오히려 애공에게 토벌하기를 청하신 것이다.

○치사(致仕) : 관직에서 물러남.
○재계(齋戒) : 심신을 깨끗이 하고 스스로 경계함.
○고로(告老) : 늙어서 치사(致仕)하기를 청함. 또는 늙어서 치사함.

[備旨] 是時에 孔子已致仕로되 乃齋戒沐浴而朝하사 告於哀公에 曰陳恒이 弑其君하니 乃王法에 所不赦也라 請君興兵討之하여 以伸大義於天下焉하소서

이때 공자께서 이미 관직에서 물러났지만 바로 재계·목욕하고 조정에 나가셔서 애공에게 고할 적에 말씀하시기를, "진항이 자기 임금을 시해했으니 곧 국법에 용서할 수 없습니다. 청컨대 임금님께서는 병사를 일으켜 토벌해서 대의를 천하에 펴소서."라고 하셨다.

○왕법(王法) : 왕조(王朝)의 법령. 국법(國法).

○사(赦) : 용서하다. 잘못을 책하지 아니하다.

14·22·3 公曰 告夫三子하라

애공이 말했다. "저 삼자에게 고하시오."

○고부삼자(告夫三子) : 삼자에게 가서 고하도록 하라는 말. "是使夫子去告" ☞삼자(三子) : 삼가(三家)를 말함. 춘추(春秋) 때 노(魯)나라의 삼경(三卿). 곧 환공(桓公)의 후손으로 맹손(孟孫)·숙손(叔孫)·계손(季孫)을 말함. 문공(文公)이 죽은 뒤에 세력이 커져 정권을 잡았음. 삼환(三桓). 본서 《계 씨편(季氏篇)》 참고.

三子는 三家也니 時에 政在三家하여 哀公不得自專이라 故로 使孔子로 告之니라

삼자는 삼가다. 당시에 정권이 삼가에게 있어서 애공이 마음대로 할 수 없었다. 그러므로 공자로 하여금 고하게 한 것이다.

[備旨] 魯政이 時在三家일새 哀公이 不得自由하여 乃答曰 汝는 告夫孟孫과 叔孫과 季孫之三子하라하니 是哀公之不振을 可知로되 而夫子請討之心이 窮矣니라

노나라의 정권이 이때 삼가에게 있었기에 애공이 자유롭지 못해서 바로 대답할 적에 말하기를, "그대는 저 맹손과 숙손과 계손의 삼가들에게 고하시오."라고 했으니, 곧 애공이 힘쓸 수 없었다는 것을 알 수 있지만 부자께서도 토벌을 청했던 마음이 괴로웠을 것이다.

14·22·4 孔子曰 以吾從大夫之後라 不敢不告也호니 君曰 告夫三子者온여

공자께서 말씀하셨다. "내가 대부의 뒤를 따랐기 때문에 감히 아뢰지 않을 수 없으니, 임금께서는 저 삼자에게 고하라고 하는구먼!"

○이오종대부지후(以吾從大夫之後) : 공자 자신이 일찍이 대부의 자리를 차지하여 정치에 참여했기 때문이라는 뜻으로, 스스로 겸손하게 여기는 말. "吾是孔子自謂 從後字是言嘗爲大夫 自謙之辭也"
○불감불고야(不敢不告也) : 감히 고하지 않을 수 없음. 마땅히 고해야 한다는 말. "見當告意"
○군왈고부삼자자(君曰告夫三子者) : 임금이 삼자에게 고하라고 함. 이 말은 공자께서 밖으로 나와서 스스로 내뱉듯이 하는 말. '온여'는 'ᄒ온여'와 동의어인데 이두(吏讀)로는 '爲乎亦'으로 표기했다. '…함이므로' '…함이기에' '…한 것인데' '…한 것이니'의 뜻이다. "是出而述君之言"

孔子出而自言이 如此라 意謂弑君之賊은 法所必討요 大夫謀國은 義所當告어늘 君乃不能自命三子하고 而使我로 告之邪아

공자께서 밖으로 나와 스스로 말씀함이 이와 같았다. 공자의 뜻은 '임금을 시해한 역적은 법에 반드시 토벌해야 하는 것이고, 대부가 국사를 도모하는 것은 의리상 마땅히 아뢰어야 하는데, 임금께서는 마침내 스스로 삼자에게 명하지 못하고 나로 하여금 말하게 하는가?'라고 한 것이다.

○야(邪) : …입니까? … 인가? 구(句) 말에서 의문사로 쓰임.

[備旨] 故로 夫子出而自言에 曰弑君之賊은 法所必討로되 以吾嘗從大夫之後라 不敢不告也호니 君乃不能自命三子하고 而曰告夫三子者온여하시니 何耶오 夫子此言은 所以傷其君者至矣라

그러므로 부자께서 밖으로 나와 스스로 이를 적에 말씀하시기를, "임금을 시해한 역적은 법에 반드시 토벌해야 하지만, 내 일찍이 대부의 뒤를 따랐기 때문에 감히 고하지 않을 수 없으니, 임금은 바로 자신이 삼자에게 명하지 못하고 저 삼자에게 고하라고 하는구먼!"라고 하셨으니, 왜 그런가 하면 부자의 이 말씀은 자기 임금에게 상심함이 심했기 때문이다.

14·22·5 之三子하여 告하신대 不可라하여늘 孔子曰 以吾從大夫之後라 不敢不告也니라

삼자에게 가서 고하자, "안 된다." 하거늘, 공자께서 말씀하셨다. "내가 대부의 뒤를 따랐기 때문에 감히 아뢰지 않을 수 없었습니다."

○지삼자고(之三子告) : 삼자에게 가소 고함. 진항(陳恒)이 임금을 시해했으니 토벌해야 된다는 내용. '之'는 '가다'라는 뜻. "之是往 告是幷告以陳恒 弑君魯君命討之言"
○불가(不可) : 삼자가 그 청을 따르지 않음. "是三子不從其請"
○이오종대부지후불감불고야(以吾從大夫之後不敢不告也) : 공자 자신이 일찍이 대부의 자리를 차지하여 정치에 참여했기 때문에 고하지 않을 수 없었다는 말. "此二句亦同上說 但此是面激三子以重儆之"

以君命으로 往告로되 而三子는 魯之强臣이니 素有無君之心하고 實與陳氏로 聲勢相倚라 故로 沮其謀한대 而夫子復以此應之하시니 其所以警之者가 深矣라
○程子曰 左氏가 記孔子之言曰 陳恒이 弑其君에 民之不予者半이니 以魯之衆으로 加齊之半이라도 可克也라하니 此는 非孔子之言이라 誠若此言이면 是는 以力이요 不以義也라 若孔子之志는 必將正名其罪하여 上告天子하고 下告方伯하여 而率與國以討之요 至於所以勝齊者하여는 孔子之餘事也니 豈計魯人之衆寡哉아 當是時하여 天下之亂이 極矣라 因是足以正之면 周室이 其復興乎인저 魯之君臣이 終不從之하니 可勝惜哉로다 胡氏曰 春秋之法에 弑君之賊은 人得而討之하니 仲尼此擧는 先發後聞이라도 可也니라

임금의 명령이었기에 가서 고했지만 삼가는 노나라에서 권력이 막강한 신하이니, 본래 임금을 무시하는 마음이 있었고 실상은 진 씨와 더불어 명성과 위세를 서로 부렸던 것이다. 그러므로 그 계획을 저지한 것인데 부자께서 다시 이 말씀으로 응하셨으니, 그 경계하신 까닭이 깊다.
○정자가 말했다. "좌 씨가 공자의 말씀을 기록하는 데 말하기를, '진항이 자기 임금을 시해할 적에 제나라 백성들 중에 참여하지 않는 자가 반이니, 노나라의 많은 사람을 제나라에 반만 보태더라도 이길 수 있다.' 했는데, 이는 공자의 말씀이 아니다. 진실로 이 말과 같다면 이것은 힘으로 한 것이지 의리로써 한 것이 아닐 것이다. 공자의 뜻은 필히 앞으로 그 죄를 바로 지목하여 위로는 천자에게 고하고, 아래로는 방백들에게 고하여 동맹국을 거느리고 토벌하려 하셨을 것이고, 제나라를 이길 수 있었던 것은 공자의 부차적인 일이니, 어찌 노나라 사람이 많고 적음을 계산했겠는가? 이때에 천하의 난리가 극에 달했었다. 이로 인하여 바로잡았으면 주나라의 왕실이 아마 다시 부흥했을 것이다. 노나라의 군신들이 끝내 따르지

않았으니, 모든 일들이 애석하도다!" 호 씨가 말했다. "「춘추」의 법에 임금을 시해한 역적은 사람마다 모두 토벌할 수 있었으니, 공자의 이 일은 먼저 토벌하고 뒤에 임금에게 듣더라도 괜찮았을 것이다."

○강신(强臣) : 권력이 막강한 대신.
○성세(聲勢) : 위엄과 기세. 명성과 위세.
○가승석재(可勝惜哉) : 모든 일들이 애석하도다! 여기서 '勝'은 평성(平聲)으로 쓰여 '모두[盡也]'라는 뜻임.

[備旨] 由是로 孔子奉君命하여 以往告三子로되 而三子도 亦魯之陳恒也니 皆以爲不可라하신대 而夫子請討之心이 益窮矣라 因復應之에 曰弑君은 乃齊之大變이요 討賊實魯之大義니 吾之所以來告者는 以吾嘗從大夫之後라 不敢不以討賊之事로 爲吾子告也라하시니 況爲大夫當國政者가 乃以爲不可는 何耶오 夫子此言은 所以儆其臣者가 深矣라

이로 말미암아 공자께서 임금의 명령을 받들어서 삼자에게 가서 고했지만, 삼자도 또한 노나라의 진항이기 때문에 모두 "안 된다."라고 하자, 부자께서도 토벌하기를 청했던 마음이 더욱 궁해졌던 것이다. 이러한 이유로 다시 응대할 적에 말씀하시기를, "임금을 시해하는 것은 곧 제나라에는 큰 변고이며 적을 토벌하는 것은 노나라에는 큰 의리에 해당하니, 내가 와서 고하는 까닭은 내 일찍이 대부의 뒤를 따랐기 때문에 감히 적을 토벌하는 일을 귀하게 고하지 않을 수 없었습니다."라고 하셨으니, 더욱더 대부가 되어 국정을 맡은 사람이 이렇게 해서는 안 된다고 생각한 이유는 무엇일까? 부자의 이 말씀은 그 신하를 경계함이 깊었기 때문이다.

○오자(吾子) : 상대방을 친하게 부르는 경칭. 당신. 귀하. 그대.
○황(況) : 더욱더.
○내(乃) : 이렇게. 가까운 사물이나 상황을 나타냄.

14·23·1 子路가 問事君한대 子曰 勿欺也요 而犯之니라

자로가 임금 섬기는 도리를 여쭈었는데, 공자께서 말씀하셨다. "속이지 말고 간해야 한다."

○문사군(問事君) : 임금을 섬기는 도리에 대해 여쭈다. "是欲盡臣之道"
○물기야(勿欺也) : 평소에 속이는 마음이 없도록 해야 함. "勿者禁止之辭 欺是此心欺昧處 勿欺就平時盡誠兼所言所行說"
○범지(犯之) : 직언(直言)으로 간하여 잘못을 고치도록 하다. "犯則專指諫諍言"

犯은 謂犯顔諫諍이라
○范氏曰 犯은 非子路之所難也요 而以不欺爲難하니 故로 夫子敎以先勿欺하시고 而後犯也시니라

범(犯)은 싫은 안색이지만 간하여 잘못을 고치게 하는 것을 이른다.
○범 씨가 말했다. "간한다는 것은 자로에게 어려운 것이 아니요, 속이지 않는다는 것이 어렵기 때문에 부자께서 먼저 속이지 말라고 하시고 뒤에 범하라고 가르치신 것이다."

○범안(犯顔) : 임금이나 웃어른이 좋지 않은 낯빛을 하는데도 바른 말을 함.
○간쟁(諫諍) : 직언(直言)으로 간하여 잘못을 고치게 함. 간쟁(諫爭).

[備旨] 子路가 問事君之道한대 夫子告之에 曰臣之事君也에 上下之情이 睽면 則易於欺하고 尊卑之分이 嚴이면 則難於犯이라 若事君者가 於平日에 進言宣力하여 必內以盡其心하고 外以盡其分하여 勿以欺爲也요 而君或未向道志仁이면 必犯顔敢諫이라 雖觸君之怒나 不恤也니 事君之道가 盡於此矣니라

자로가 임금을 섬기는 도리를 여쭈어 보았는데, 부자께서 깨우쳐 줄 적에 말씀하시기를, "신하가 임금을 섬길 적에 상하의 정이 어그러지면 속이는 것을 쉽게 할 것이요, 존비의 분수가 엄하면 간하는 것을 어렵게 여길 것이다. 만약 임금을 섬기는 사람이 평일에 진언할 적에 힘을 다해서 반드시 안으로는 자기 마음을 다하고 밖으로는 자기 분수를 다해서 속이지 말아야 할 것이요, 또 임금이 혹시라도 도에 나아갈 적에 인에 뜻이 없다면 반드시 싫은 안색이지만 후환을 무릅쓰고 간해야 할 것이다. 비록 임금의 노를 촉발시킬지라도 근심하지 말아야 할 것이니, 임금을 섬기는 도리가 여기에서 다할 것이다."라고 하셨다.

○규(睽) : 어그러지다. 어긋나다.
○진언(進言) : 의견을 아룀.
○감간(敢諫) : 후환을 무릅쓰고 간함.

14・24・1 子曰 君子는 上達하고 小人은 下達이니라

　　공자께서 말씀하셨다. "군자는 인격을 수양하여 위로 올라가고, 소인은 재리를 탐하여 아래로 내려간다."

○군자상달(君子上達) : 군자는 인격을 수양하여 천리를 밝히고 인의(仁義)에 대해 통달함. "是漸達於天理之極處"
○소인하달(小人下達) : 소인은 인욕이 가득 차서 재리(財利)를 밝힘. "是漸達於人慾之極處"

君子는 循天理故로 日進乎高明이요 小人은 徇人欲故로 日究乎汙下라

　　군자는 하늘의 이치를 따르기 때문에 날로 고명한 곳으로 나아가고, 소인은 사람의 욕심을 따르기 때문에 날로 비천한 곳으로 이른다.

○고명(高明) : 밝고 높음. 총명하고 지혜로움.
○오하(汙下) : 비천함. 신분이나 품격이 낮음. 땅이 움푹 들어간 곳. ☞오(汙) : 더럽다. 구덩이. 당이 움푹 패인 곳. '오(汚)'와 같음.
○구(究) : 끝나다. 다한다[竟也]. 극도에 이르다.

[備旨] 夫子가 別君子小人所造之異에 曰天理는 本高明也라 君子는 循天理故로 其知行이 日進乎高明하니 不其上達乎아 人欲은 本汙下也라 小人은 徇人欲故로 其知行이 日究乎汙下하니 不其下達乎아 是其所造不同하니 其始惟在於理欲之分耳니라 學者는 可不審哉아

　　부자께서 군자와 소인이 나아가는 바가 다름을 분별할 적에 말씀하시기를, "천리는 본래 높고 밝다. 군자는 천리를 따르므로 그 지행이 날로 밝고 높은 곳으로 나아가니 위로 올라가지 않겠는가? 인욕은 본래 낮고 천하다. 소인은 인욕을 따르므로 그 지행이 날로 낮고 천한 곳에 이르니 아래로 내려가지 않겠는가? 곧 그 나아가는 바가 같지 않으니, 아마도 시작부터 오직 천리와 욕심으로 나누어져 있을 따름이다. 배우는 이들은 살피지 않을 수 있겠는가?"라고 하셨다.

○가불심재(可不審哉) : 살피지 않을 수 있겠는가? 어떻게 살피지 않을 수 있겠는가?

'可'는 부사로서 반문을 나타내며, '어떻게' 또는 '설마 …일 리 있겠는가?'라고 해석함. 해석하지 않아도 무방함.

14 · 25 · 1 子曰 古之學者는 爲己러니 今之學者는 爲人이로다

　공자께서 말씀하셨다. "옛날의 학자는 자기의 수양을 위해 공부하더니, 지금의 학자는 남에게 알리기 위해 공부한다."

○고지학자위기(古之學者爲己) : 옛날의 학자는 자기의 수양을 위해 공부함. '爲己'는 위기지학(爲己之學)을 이름. ☞위기지학(爲己之學) : 자기를 위하여 하는 학문. 자신의 수양(修養)·안심(安心)·입명(立命)을 위하여 행함.
○금지학자위인(今之學者爲人) : 지금의 학자는 남에게 알리기 위해 공부한다. '爲人'은 위인지학(爲人之學)을 이름. ☞위인지학(爲人之學) : 남에게 알려지기를 바람. 출세를 위하여 하는 학문. "爲己爲人 總在心術上別"

程子曰 爲己는 欲得之於己也요 爲人은 欲見知於人也라
○程子曰 古之學者는 爲己하니 其終에 至於成物이러니 今之學者는 爲人하니 其終에 至於喪己라 愚按 聖賢이 論學者用心得失之際에 其說多矣나 然이나 未有如此言之切而要者하니 於此에 明辨而日省之면 則庶乎其不昧於所從矣라

　정자가 말했다. "위기(爲己)는 자기를 위해서 얻고자 하는 것이요, 위인(爲人)은 남에게 인정받기 위해서 하는 것이다."
　○정자가 말했다. "옛날의 학자는 자기의 수양을 위해 공부하니 마지막에 만물을 이루어지도록 하는 데 이르렀는데, 지금의 학자는 남에게 알리기 위해서 하니 마지막에 자기를 상하는 데 이르게 된다." 내[朱子]가 살펴 보건대, 성현이 배우는 이들이 마음을 씀에 있어서 득실을 논한 것 중에 그 말씀이 많지만 이 말씀과 같이 절실하면서도 요약한 말씀이 있지 않으니, 이에 대해 밝게 분별하고 날마다 살피면 어쩌면 좇는 바에 어둡지 않게 될 것이다.

○견지(見知) : 남에게 인정을 받음. 알려짐. 11 · 25 · 4의 비지(備旨) 문장 어법 참고.
○성물(成物) : 만물을 이루어지도록 함. 여기서 '物'은 '我'의 상대 개념으로 천지간의 모든 것을 말함.

○명변(明辨) : 밝게 분별함.「중용(中庸)」20 · 19 참고. "博學之하며 審問之하며 愼思之하며 明辨之하며 篤行之니라"
○서호(庶乎) : 어쩌면. 대개. 추측하는 것을 나타냄.

[備旨] 夫子別古今學者用心之異에 曰古今所學之事가 雖同이나 而其用心은 則異라 古之學者는 致知力行하여 其心이 惟恐一理之未明과 一行之未備하여 必欲得之於己而後已焉하니 是其爲己에 有如此者러라 今之學者는 亦致知力行하여 其心이 惟恐一善之不見稱과 一德之不見揚하여 必欲見知於人而後已焉하니 是其爲人에 有如此者라 此古今之所以不相及也니 學者는 可不辨哉아

부자께서 옛날과 지금의 학자들이 마음을 쓰는 것이 다르다는 것을 분별할 적에 말씀하시기를, "옛날이나 지금, 배우는 일이 비록 같지만 그 마음을 쓰는 것은 다르다. 옛날의 학자들은 치지·역행하여 그들의 마음이 오직 한 가지의 이치라도 밝지 못하거나 한 가지 행실이라도 구비되지 못할까 두려워하여 반드시 자기를 위해 얻은 뒤에 그만두고자 했으니 바로 그들이 자기를 위함이 이와 같다. 지금의 학자들은 또한 치지·역행하여 그들의 마음이 오직 한 가지의 선이라도 칭찬을 얻지 못하거나 한 가지 덕이라도 알려지지 못할까 두려워하여 반드시 남에게 알려진 뒤에 그만두고자 했으니 바로 그들이 남을 위함이 이와 같다. 이것이 옛날과 지금이 서로 미칠 수 없는 까닭이니, 학자들은 분별하지 않을 수 있겠는가?"라고 하셨다.

○치지(致知) : 지식을 궁구(窮究)하여 사물의 이치에 통달함.
○역행(力行) : 있는 힘을 다해 행함.

14 · 26 · 1 蘧伯玉이 使人於孔子어늘

거백옥이 공자에게 사신을 보냈는데,

○거백옥(蘧伯玉) : 위(衛)나라의 대부(大夫). ☞거(蘧) : 패랭이꽃. 풀이름.
○사인어공자(使人於孔子) : 공자를 흠모하여 사신을 보내옴. ☞사(使) : 사신 보내다[派遣使者]. 심부름을 주어 보내다. 여기서는 거성(去聲)으로 쓰였음. "重思慕聖人上"

○蘧伯玉은 衛大夫니 名瑗이라 孔子居衛할새 嘗主於其家하고 旣而反魯라 故로 伯玉이

使人來也라

거백옥은 위나라의 대부니, 이름이 원이다. 공자께서 위나라에 계실 때 일찍이 그 집에서 머물렀고 얼마 뒤에 노나라로 돌아왔으므로 백옥이 사신을 보내온 것이다.

○원(瑗) : 옥 이름. 구멍은 크고 가장자리는 좁은 옥. 사람을 초빙할 때 사용했음.
○주(主) : 머무르다. 임시로 거처하다. 유숙(留宿)하다. 본서 '서설' 참고. 「사기(史記)」《공자세가(孔子世家)》"孔子遂至陳 主於司城貞子家"

[備旨] 蘧伯玉은 衛之賢大夫也라 孔子在衛에 與之交好하시고 旣而反魯할새 伯玉이 思之하여 乃使人으로 問候孔子니라

거백옥은 위나라의 어진 대부다. 공자께서 위나라에 계셨을 적에 그와 더불어 사이좋게 지내셨고, 얼마 뒤 노나라로 돌아오셨기에 백옥이 생각나서 곧 사신으로 하여금 공자께 안부를 여쭈어 보도록 한 것이다.

○교호(交好) : 사이좋게 지냄.
○사인(使人) : 명을 받고 사신으로 가는 사람. '시인'으로도 읽음.
○문후(問候) : 찾아가 봄. 웃어른의 안부를 여쭘. 후문(候問).

14·26·2 孔子與之로 坐而問焉曰 夫子는 何爲오 對曰 夫子는 欲寡其過而未能也니이다 使者出커늘 子曰 使乎使乎여

공자께서 그와 더불어 앉아서 묻기를, "거백옥 선생께서는 무엇을 하고 계십니까?" 하니, 대답하기를, "우리 선생님께서는 자기의 허물을 없애고자 하지만 아직 잘 되지 않는 것 같습니다."라고 했다. 사자가 나가자 공자께서 말씀하시기를, "훌륭한 사자여, 훌륭한 사자여!" 하셨다.

○공자여지좌이문언(孔子與之坐而問焉) : 공자께서 사신과 더불어 앉아서 사신에게 묻다.
○부자하위(夫子何爲) : 거백옥은 무엇하는가? 여기서 '夫子'는 거백옥을 일컬음. "爲字

主學問修爲說”

○부자욕과기과이미능야(夫子欲寡其過而未能也) : 선생님이 자기의 허물이나 걱정거리를 없애고자 하지만 잘 되지 않다. “過兼念慮言 行欲寡則不自是 未能則不自足”

○시자출(使者出) : 심부름 온 사신이 밖으로 나가다. “是退而出”

○시호시호(使乎使乎) : 참으로 사신의 도리를 다한 훌륭한 심부름꾼이로다! “言其眞能盡使之道”

與之坐는 敬其主하여 以及其使也라 夫子는 指伯玉也라 言其但欲寡過로되 而猶未能하니 則其省身克己하여 常若不及之意를 可見矣라 使者之言이 愈自卑約이로되 而其主之賢을 益彰하니 亦可謂深知君子之心하여 而善於辭令者矣라 故로 夫子再言使乎하여 以重美之라 按莊周가 稱伯玉은 行年五十而知四十九年之非라하고 又曰 伯玉은 行年六十而六十化라하니 蓋其進德之功이 老而不倦이라 是以로 踐履篤實하고 光輝宣著하여 不惟使者知之요 而夫子도 亦信之也라

　그와 더불어 앉았다는 것은 그 주인을 공경하여 그 사자에게까지 미친 것이다. 부자는 백옥을 가리킨다. 그는 다만 허물을 없애고자 했지만 아직도 잘 되지 않는다고 말했으니, 그는 몸을 살피고 자신을 이겨 항상 미치지 못하는 것과 같이 한다는 뜻을 볼 수 있다. 사자의 말이 더욱더 자신을 낮추고 간략하게 했지만 그 주인의 현명함을 더욱 드러냈으니, 또한 군자의 마음을 깊이 알아서 응대를 잘한 사람이라고 이를 만하다. 그러므로 부자께서 두 번 ‘사자여!’ 하고 말씀하셔서 거듭 찬미하신 것이다. 살펴보건대 장주가 「회남자」《원도훈》에서 “거백옥은 나이 50살이 되어서야 49년간의 잘못을 깨달았다.”라고 한 것을 칭찬했고, 또 「장자」《칙양편》에서 “거백옥은 나이 60살이 되도록 자연에 순응하기 위해 60번이나 변화를 가져왔다.” 했으니, 아마도 그 덕에 나아가는 공부가 늙어서도 게으르지 않았을 것이다. 그러므로 실천함이 독실하고 광휘가 드러나서 사자도 그를 알았을 뿐만 아니라, 그리고 부자께서도 또한 그를 믿었던 것이다.

○사령(辭令) : 응대하는 말. 인신하여, 말이나 글의 범칭.

○행년(行年) : 지나간 나이. 곧 현재의 나이.

○장주(莊周, B.C 369~B.C 286) : 전국(戰國) 때 송(宋)나라 사람. 칠원리(漆園吏)를 지냈고 청정 무위(淸靜無爲)를 주장하였음. 저서에는 「장자(壯子)」가 있음. 당 현종(唐玄宗) 때 남화진인(南華眞人)으로 추존되었고, 그의 저서 「장자(壯子)」를 「남화진경(南華眞經)」이라고도 함.

○회남자(淮南子) : 한(漢)나라 회남왕(淮南王) 유안(劉安)의 찬(撰). 도가의 사상을 주지로 삼고 있음.

○원도훈(原道訓) : 「회남자(淮南子)」의 편명. '原道'란 '본원(本源)의 도' 즉 근원의 도를 의미한다. 내용은 노자(老子)에서 말하는 도를 부연 설명하고 있다.

○칙양편(則陽篇) : 「장자(莊子)」 즉 「남화진경(南華眞經)」의 편명. 인애와 지혜의 유한성을 지적하고 자연 무위의 무궁함을 상대적으로 강조하면서, 언어와 침묵을 초월한 도를 극치로 삼아, 여덟 개의 설화를 통해 정교한 논리를 전개시키고 있음.

[備旨] 孔子敬其使하여 乃與使者로 坐而問焉에 曰爾夫子는 近日에 果何所修爲오하니 使者對曰 我夫子는 無他爲也요 但其心이 欲自寡其過로되 而猶未能以遽寡也니이다 夫曰寡過라하니 可見伯玉省察克治之心이요 曰未能이라하니 又可見伯玉檢身不及之心이라 伯玉有心을 何意使者能道之哉아 於是에 使者出커늘 夫子遂美之에 曰使者는 可謂知心而善於辭令者矣로다 其眞可謂使乎여 其眞可謂使乎여하시니 非伯玉之賢이면 不能如此存心이요 非使者之賢이면 不能知伯玉之存心也니라

공자께서 그 사자를 공경하여 마침 사자와 더불어 앉아 물어볼 적에 말씀하시기를, "너희 선생께서는 요사이 진실로 무슨 일을 하는가?"라고 하니, 사자가 대답하기를, "우리 선생님은 특별히 다르게 하는 일은 없고, 다만 그 마음이 스스로 자기 허물을 없애고자 하지만 여전히 허물을 갑자기 없앨 수 없는 것 같습니다."라고 말했다. 대저 허물을 없애고자 했으니 백옥이 자기를 반성하여 살피고 욕심을 이겨 사욕을 다스린다는 마음을 볼 수 있고, 잘 되지 않는다고 했으니 또 백옥이 몸을 단속하여 미치지 못하는 것처럼 한다는 마음을 볼 수 있다. 백옥의 마음가짐을 어찌 헤아려서 사자가 말할 수 있겠는가? 이때 사자가 나가니 부자께서 드디어 찬미할 적에 말씀하시기를, "사자는 마음을 알아서 응대를 잘하는 사람이라고 이를 만하도다! 그는 진실로 사자라고 이를 만함이여, 그는 진실로 사자라고 이를 만함이여!"라고 하셨다. 백옥의 현명함이 아니었다면, 능히 이와 같은 마음을 가질 수 없었을 것이요, 사자의 현명함이 아니었다면 능히 백옥의 마음가짐을 알 수 없었을 것이다.

○거(遽) : 갑자기. 창졸간에.
○성찰(省察) : 반성하여 살핌.
○극치(克治) : 사사로운 욕심을 이겨서 사념(邪念)을 다스림.

14·27·1 子曰 不在其位하여는 **不謀其政**이니라

공자께서 말씀하셨다. "그 지위에 있지 않고서는 그 정사를 도모하지 말아야 할 것이다."

○이 문장은 본래 「태백편(泰伯篇)」과 중복되는 내용이기에 「사서비지(四書備旨)」에는 없다. 집주(集註)와 비지(備旨)의 내용은 본서 8·14·1 참고.

重出이라

두 번 나온 것이다.

14·28·1 **曾子曰 君子**는 **思不出其位**니라

증자께서 말씀하셨다. "군자는 생각이 자기 자리를 벗어나지 않는다."

○군자사불출기위(君子思不出其位) : 군자는 생각이 자기 자리를 벗어나지 않다. ☞사(思) : 생각. 마음에 그리워하는 것. "思是心之所慕" ☞위(位) : 자리. 지위. 자신이 거처하는 곳. "位是身之所居"
○이 문장은 원래 "君子之思 不出其位"라는 문장이다. 그러므로 해석도 "군자의 생각은 자기 지위를 벗어나지 않는다."라고 해야 되지만 편의상 "군자는 생각이 자기 자리를 벗어나지 않는다."라고 했다.

此는 **艮卦之象辭也**라 **曾子蓋嘗稱之**어늘 **記者因上章之語**하여 **而類記之也**라 ○**范氏曰 物各止其所**라야 **而天下之理得矣**라 **故**로 **君子所思**가 **不出其位**면 **而君臣上下大小**가 **皆得其職也**니라

이것은 「주역」 간괘의 상을 설명한 말이다. 증자가 아마도 일찍이 이 말을 일컬었는데, 기록하는 자가 윗장의 말을 인해서 비슷한 것끼리 기록했을 것이다.
○범 씨가 말했다. "사물은 각각 자기 자리에 있어야 천하의 이치가 얻어질 것이다. 그러므로 군자의 생각하는 바가 자기 자리를 벗어나지 않으면, 군신·상하·대소가 모두 그 직분을 얻게 될 것이다."

○간괘(艮卦) : 괘 이름. 산을 상징하며 정지하여 나아가지 않는 상태를 형상함.

○상사(象辭) : 주역(周易)에서 각 괘의 상(象)을 설명한 말.「주역(周易)」〈간괘(艮卦)〉“象曰 兼山이 艮이니 君子以하여 思不出其位하나니라”(상에 말하기를 산이 아울러 있는 것이 간이니, 군자가 본받아서 생각이 그 자리를 벗어나지 않는 것이다.)

[備旨] 曾子가 述艮卦之象辭以示人에 曰人心은 莫不有思로되 而思貴範於位之中이라 是故로 君子는 觀艮止之象하여 而夙夜圖維하되 只在位之中하고 不在位之外하며 位之所不居하고 思之所不在也라 夫君子之思는 止於其所가 如此라 然則世之越位以思者는 蓋亦不占而已矣라

　증자께서 간괘의 상사를 풀어서 사람들에게 보여줄 적에 말씀하시기를, “사람의 마음은 생각이 있지 않을 수 없지만 생각은 자기 자리 안에서 법도에 맞는 것을 귀하게 여기는 것이다. 이러므로 군자는 간괘의 정지한 형상을 봐서 아침부터 저녁까지 도모하고 생각하지만, 다만 자기의 자리 안에 있어야 하고 자리의 밖에 있지 말아야 하며, 자리에 거하지도 말고 생각도 있지 말아야 할 것이다. 무릇 군자의 생각은 자기 자리에 정지해 있어야 함이 이와 같다. 그렇다면 세상에서 자기 자리를 넘어 생각하는 사람은 아마도 또한 엿보지 말아야 할 것이다.”라고 하셨다.

○범(範) : 법도에 맞게 하다.
○숙야(夙夜) : 이른 아침부터 늦은 밤까지. 어떤 일을 일관하여 행함을 이름.
○점(占) : 엿보다[規察]. 훔쳐보다.

14·29·1 子曰 君子는 恥其言而過其行이니라

　공자께서 말씀하셨다. “군자는 자기의 말을 부끄럽게 여겨 다하지 못하는 바가 있는 듯이 해야 하고, 자기의 행위를 뛰어넘어 여유 있게 해야 한다.”

○치기언이과기행(恥其言而過其行) : 그의 말을 부끄럽게 여기고 그의 행실을 뛰어넘는다. 여기서 ‘行’은 거성(去聲)으로 쓰여 ‘행위’나 ‘행실’을 말함.
○판본에 따라서 ‘而’대신에 ‘之’로 되어 있는 책도 있다. 그러면 “군자는 그 말이 그 행실보다 지나친 것을 부끄럽게 여긴다(恥其言之過其行)”로 해석된다. 이 내용은 군자의 가벼운 마음을 바로잡고 나태한 마음을 깨우치기 위해 말씀하신 것이다. 「논어비지(論語備旨)」《군자전지(君子全旨)》“此章　見君子矯輕警惰之心　恥有愧怍意　過有勇猛意”

恥者는 **不敢盡之意**요 **過者**는 **欲有餘之辭**라

치(恥)는 감히 다하지 않는다는 뜻이요, 과(過)는 여유 있게 하고자 한다는 말이다.

○집주(集註)의 '不敢' 및 '有餘'에 관한 내용은 「중용(中庸)」 13·4 참고. "君子之道四에 丘未能一焉이로니 …… 有所不足이어든 不敢不勉하며 有餘어든 不敢盡하여 言顧行하며 行顧言이니 君子가 胡不慥慥爾리오"(군자의 도가 네 가지인데 나는 그 중에 한 가지도 잘하지 못하니, …… 〔행실에〕 부족한 바가 있으면 감히 힘쓰지 않을 수 없으며, 〔말에〕 남음이 있으면 감히 다하지 아니하여, 말은 행실을 돌아보며 행실은 말을 돌아보니, 군자가 어찌 말과 행실이 독실하지 않겠는가?)

[備旨] 夫子勉人致愼於言行에 曰言易至於有餘也니 君子則恥其言하여 若有所羞赧而不敢盡이요 行每患其不足也니 君子則過其行하여 必倍加鼓勵而使有餘니라 此言行이 所以相顧而爲君子也라

부자께서 사람들이 언행을 조심스럽게 하도록 힘쓰게 할 적에 말씀하시기를, "말은 많이 하려고 하는 데 이르기 쉬우니 군자는 그 말을 부끄럽게 여겨 마치 부끄러워서 감히 다하지 못하는 바가 있는 것처럼 해야 할 것이요, 행실은 늘 그 부족함에 대해 걱정해야 할 것이니, 군자는 자기 행실을 지나치도록 해서 반드시 갑절로 분발해서 충분히 여유가 있도록 해야 할 것이다. 이렇게 언행이 서로 돌아봐야 군자가 되기 때문이다."라고 하셨다.

○치신(致愼) : 언행을 조심스럽게 가지도록 함.
○수난(羞赧) : 부끄러워서 얼굴이 붉어짐. 수홍(羞紅). ☞난(赧) : 얼굴을 붉히다.
○고려(鼓勵) : 격려하여 분발시킴.

14·30·1 子曰 君子道者三에 我無能焉호니 仁者는 不憂하고 知者는 不惑하고 勇者는 不懼니라

공자께서 말씀하셨다. "군자가 행해야 할 도 세 가지 중에 나는 능한 것이 하나도 없다. 그 세 가지라는 것은 어진 사람은 근심하지 않고, 지혜로운 사람은 의혹되지 않고, 용맹한 사람은 두려워하지 않는다는 것이다."

○군자도자삼(君子道者三) : 군자가 행해야 할 도리가 세 가지가 있다. 여기서 군자는 인자(仁者)·지자(知者)·용자(勇者)를 말함. "君子卽下仁知勇之人 道卽成德之道且虛說" 인자(仁者)·지자(知者)·용자(勇者)에 관한 말은 본서 "9·28·1 子曰 知者는 不惑하고 仁者는 不憂하고 勇者는 不懼니라" 참고.
○아무능언(我無能焉) : 공자 자신은 이 세 가지 중에 능한 것이라고는 하나도 없다는 말. "是於三者之中 無一能也"
○인자불우(仁者不憂) : 인자는 이치가 족히 사사로움을 이기기에 자연적으로 근심하지 않음. "仁知勇皆以成德言 不憂是理足勝私 自然順適無累"
○지자불혹(知者不惑) : 지자는 명철함이 족히 이치를 볼 수 있어서 자연적으로 의심하지 않다. "不惑是明足見理 自然物來無疑"
○용자불구(勇者不懼) : 용자는 기운이 족히 도의와 짝하기 때문에 자연적으로 어려운 일을 만나도 두려움이 없다. "不懼是氣足配道義 自然任大投艱無驚恐 此三句 俱要補我無能意"

自責以勉人也라

스스로 자신을 책망해서 사람에게 힘쓰게 하신 것이다.

[備旨] 夫子自責以勉人에 曰君子所以爲道者有三하니 反之於我에 無一能焉이라 仁者는 處順逆而無憂어늘 我未免於憂也일새 則於君子仁之道에 無能也하며 知者는 遇事物而不惑이어늘 我未免於惑也일새 則於君子知之道에 無能也하며 勇者는 任重大而不懼어늘 我未免於懼也일새 則於君子勇之道에 無能也라 敢不勉哉아

부자께서 스스로 자신을 책망해서 사람에게 힘쓰도록 할 적에 말씀하시기를, "군자가 행해야 할 도에 세 가지가 있으니, 나에게 돌이켜 생각해 볼 적에 한 가지도 능한 것이 없다. 어진 사람은 순리나 역리에 처했을 적에 근심이 없어야 하지만 나는 아직까지도 근심을 면해 본 적이 없기에 군자가 행할 인의 도에 능한 것이 없으며, 지혜로운 사람은 사물을 만나서 의혹이 없어야 하지만 나는 아직까지도 의혹을 면해 본 적이 없기에 군자가 행할 지의 도에 능한 것이 없으며, 용기 있는 사람은 중대한 임무를 맡아서 두려워하지 않아야 되지만 나는 아직까지도 두려움을 면해 본 적이 없기에 군자가 행할 용의 도에 능한 것이 없다. 감히 힘써야 되지 않겠는가?"라고 하셨다.

○반(反) : 돌이켜 생각하다.
○순역(順逆) : 따름과 거스름. 순리(順理)와 역리(逆理).

14・30・2 子貢曰 夫子自道也샷다

자공이 말했다. "부자께서 자신을 두고 하신 말씀이시다."

○부자자도야(夫子自道也) : 부자께서 스스로 말씀하시다. ☞부자자도(夫子自道) : 공자가 자기의 일을 자기가 말한다는 뜻으로, '자기의 일을 스스로 말함을 이르는 말'.

道는 言也니 自道는 猶云謙辭라
○尹氏曰 成德은 以仁爲先하고 進學은 以知爲先이라 故로 夫子之言이 其序有不同者以此라

도(道)는 '말하다'이니, 자도(自道)는 겸손하게 말한 것이라고 이름과 같다.
○윤 씨가 말했다. "덕을 이룰 적에는 인을 우선으로 삼고 학문에 나아갈 적에는 지혜를 우선으로 삼는다. 그러므로 부자의 말씀이 그 차례에 같지 않음이 있는 것이 이 때문이다."

[備旨] 子貢曰 此는 特吾夫子之自道가 如此也라 以賜觀之면 夫子固仁之至하고 智之盡하여 不賴勇而裕如者니 蓋綽綽乎其有餘矣시니라 又何君子之道에 有不能焉者哉아

자공이 말하기를, "이는 특히 우리 부자께서 자신을 두고 말씀함이 이와 같을 뿐이다. 나로써 살펴보면 부자께서는 진실로 인이 지극하고 지혜가 극진해서 용기에 힘입지 않으면서도 풍족한 분이시니, 대개 넉넉히 그렇게 여유가 있는 분이셨다. 또 어찌 군자의 도에 능치 못함이 있겠는가?"라고 했다.

○사(賜) : 자공(子貢)의 이름.
○유여(裕如) : 풍족하여 여유가 있는 모양.
○작작(綽綽) : 넉넉한 모양. 여유 있는 모양. 작연(綽然).

14・31・1 子貢이 方人하니 子曰 賜也는 賢乎哉아 夫我則不暇로라

자공이 사람들의 우열을 비교하니, 공자께서 말씀하셨다. "사는 잘났는가 보지? 나는 그럴 겨를이 없노라!"

○방인(方人) : 사람들의 우열을 비교함. '方'은 '비교하다'는 뜻. "是比量人物優劣"

○사야현호재(賜也賢乎哉) : 사는 여유가 있어서 그런가 보지? 즉 '자신을 다스리는 데 여유가 있다'는 말. '賢'은 '낫다'라는 뜻. '乎哉'는 어조사가 연용된 형태인데 의문이나 반문, 그리고 감탄을 나타내는 경우에 쓰이는데 여기서는 반문의 의미로 쓰였음. "賢以自治有餘言"

○부아즉불가(夫我則不暇) : 나는 자신을 다스리는 데도 부족하여 다른 사람들의 우열을 비교할 겨를이 없다는 말. "不暇是自治不足 不暇及方人也"

○한문에서 문의(文意)가 끊어지는 곳을 '句'라 하고, 구 가운데서 읽기에 편리하도록 하기 위해 끊어 읽는 곳을 '讀(두)'라고 한다. 필자는 '賢乎哉 夫我則不暇'라고 끊어 읽었는데, 다산(茶山) 정약용(丁若鏞)은 황간본(皇侃本)을 근거해서 '哉'를 '我'로 보고 '夫'까지 끊어 '賢乎我夫 我則不暇'라고 읽었다. 그렇게 되면 "사는 나보다 낫겠구나! 나는 그럴 겨를이 없노라."라는 뜻이 된다.

方은 比也라 乎哉는 疑辭라 比方人物하여 而較其短長도 雖亦窮理之事나 然이나 專務爲此면 則心馳於外하여 而所以自治者疎矣라 故로 褒之而疑其辭하고 復自貶以深抑之시니라
○謝氏曰 聖人責人에 辭不迫切이로되 而意已獨至가 如此시니라

  방(方)은 비교하는 것이다. 호재(乎哉)는 의심하는 말이다. 인물을 비교하여 그 장단을 따지는 것도 비록 또한 궁리의 일이라고 하겠지만, 그러나 오로지 이것을 행하는 데 힘쓰면 마음이 밖으로만 치달아서 자신을 다스리는 것이 소홀해질 것이다. 그러므로 칭찬하면서도 그 말씀을 의심쩍어 하셨고 다시 스스로 폄하여 깊이 억제하신 것이다.
  ○사 씨가 말했다. "성인이 사람을 꾸짖을 적에 말씀은 박절하지 않지만 뜻이 아주 지극함이 이와 같으신 것이다."

○비방(比方) : 비교함.
○포(褒) : 기리다. 칭찬하다.
○폄(貶) : 떨어뜨리다. 원래 '다른 사람을 깎아 내려 나쁘게 말하다'라는 뜻인데 여기서는 공자 자신을 낮추었다는 의미.

[備旨] 子貢이 嘗比方人物하여 而較其短長하고 非自治之切務也하니 夫子婉言以儆之에 曰賜也는 務於方人이어늘 必其修於己者가 旣至而自治有餘力也라 其賢乎哉아 若我는 則躬行未得하여 方汲汲於自治之不暇어늘 而猶暇於方人乎아하시니 夫子此言은 所以儆子貢

者至矣라

　자공이 일찍이 인물들은 비교하여 그들의 장단점을 견주고 자신을 다스리는 데는 급한 일로 여기지 않으니, 부자께서 완곡한 말로 깨우쳐 줄 적에 말씀하시기를, "사는 사람을 비교하는 데 힘을 쓰는데, 반드시 그것은 자신을 수양하는 일이 이미 이르고 난 뒤에 자신을 다스리는 데 여력이 있게 되는 법이다. 아마도 잘났는가 보지? 나 같은 사람은 몸소 행하는 일도 할 수 없어서 아직도 자신을 다스리는 데 급급하여 여가가 없는데, 그런데도 여전히 사람들을 비교하는 데 시간을 보내는가 보지?"라고 하셨으니, 부자의 이 말씀은 자공을 깨우치려 함이 지극했던 것이다.

○절무(切務) : 급한 일. 급선무(急先務).
○기현호재(其賢乎哉) : 아마도 여유가 있어서 그런가 보지? '其'는 어떤 상황에 대해 추측할 뿐 감히 긍정하지 않을 때 쓰이는 말.

14 · 32 · 1　子曰　不患人之不己知요　患其不能也니라

　공자께서 말씀하셨다. "남이 자기를 알아주지 않음을 걱정하지 말고, 자신의 무능함을 걱정해야 한다."

○불환인지불기지(不患人之不己知) : 남이 자신의 능함을 알아주지 않음을 걱정하지 말라. 즉 남이 자기의 선을 알아주지 않음을 걱정하지 말라는 뜻. 고대 한문에서는 '不'에 의해서 부정되는 '서술어＋목적어' 구조에서는 목적어가 대명사이면 일반적으로 동사의 앞으로 이끌어 내었는데, 이는 고대 문법의 특징이었다. '不己知'는 은근히 아래 구의 '能'자를 포함하고 있으며, 아래 구의 '其'자는 여기의 '己'자와 대조하여 볼 필요성이 있다. "患是憂患　不己知　是不知己之有餘"
○환기불능야(患其不能也) : 자신의 능치 못함을 걱정하다. "患其不能全　是求其所以能處　兼知行"
○이 문장은 위기지학(爲己之學)에 관한 내용으로서 학자로서의 마음가짐을 가르친 것인데, 《학이편(學而篇)》1 · 16 · 1, 《이인편(里仁篇)》4 · 14 · 1, 《위령공편(衛靈公篇)》15 · 18 · 1 등에도 나타난다.

凡章에　指同而文不異者는　一言而重出也요　文小異者는　屢言而各出也라　此章은

凡四見(현)而文皆有異하니 則聖人이 於此一事에 蓋屢言之하시니 其丁寧之意를 亦可見矣라

　　대체로 보아 문장에서 가리키는 것이 같고 글이 다르지 않은 것은 한 번 말했지만 다시 나온 것이요, 글이 조금 다른 것은 여러 번 말했지만 따로따로 나온 것이다. 이 문장은 모두 네 번 나왔지만 글이 모두 다르니, 곧 성인이 이 한 가지 일에 대해 아마 여러 번 말씀하셨으니, 거기에는 재삼 부탁하신 뜻을 또한 볼 수 있다.

○누언(屢言) : 여러 차례 말함.
○정녕(丁寧) : 재삼 간절히 당부함. 또는 충고함.

[備旨] 夫子丁寧學者에 曰大凡世之知譽는 與己無涉이라 故로 不患人之不己知요 惟其學焉而不能明其理와 行焉而不能踐其實을 反之我心하여 而未慊者는 此深足患也라 今乃不以此爲患하고 而患人之不己知하니 抑獨何哉아 君子는 亦求在我라야 而可也니라

　　부자께서 배우는 사람들에게 간절히 당부할 적에 말씀하시기를, "대체로 세상에서 알아주거나 칭찬해 주는 것은 자기와 관계가 없다고 해야 한다. 그러므로 남이 자기를 알아주지 않음을 걱정하지 말아야 할 것이요, 오직 자기가 배우더라도 능히 그 이치를 밝힐 수 없는 것과 행하더라도 능히 그 진실을 실천할 수 없는 것을 자기 마음에 반성해서 흡족하지 않는 것은 곧 깊이 걱정해야 할 것이다. 요사이는 이를 걱정하지도 않고 남이 자기를 알아주지 않음만 걱정하니, 그렇다면 다만 어찌해야 되겠는가? 군자는 또한 자기에 있는 것을 구해야 옳을 것이다."라고 하셨다.

○대범(大凡) : 대체로. 대개.
○무섭(無涉) : 관계가 없음. 관계치 않음. ☞섭(涉) : 관계하다. 관계를 가짐.
○정녕(丁寧) : 재삼 간절히 당부함. 또는 충고함.
○겸(慊) : 흡족하다. 마음이 쾌하다. 「대학(大學)」傳6·1에서 주자는 "謙(慊)은 快也며 足也라" 했다

14·33·1 子曰 不逆詐하며 不億不信이나 抑亦先覺者가 是賢乎인저

공자께서 말씀하셨다. "남이 자기를 속일 것이라고 미리 짐작하지 말고, 남이 자기를 믿어주지 않을 것이라고 미리 생각하지 말아야 하지만, 아마 어떤 일이 발생하면 먼저 깨닫는 사람이 현명할 것이다."

○불역사불억불신(不逆詐不億不信) : 속일 것이라고 미리 생각하지 말고 믿어주지 않을 것이라고 미리 억측하지 말아야 한다는 뜻. "是不先時伺察其奸"
○억역선각자(抑亦先覺者) : 아마도 어떤 일에 대해 먼저 깨닫는 사람. ☞억역(抑亦) : 아마도. 아니면. 부사로서 추측을 나타내거나 선택을 나타낼 때 쓰임. '意亦'이라고도 씀. ☞선각자(先覺者) : 상대방의 진위를 먼저 직감적으로 알아차리는 사람. "是不臨事墮入其計"
○시현호(是賢乎) : 바로 현명한 사람이다. 격물치지(格物致知)한 사람이라야 가능하다는 말. "見非格物致知者不能"

逆은 未至而迎之也요 億은 未見而意之也라 詐는 謂人欺己요 不信은 謂人疑己라 抑은 反語辭라 言雖不逆不億이나 而於人之情僞에 自然先覺이라야 乃爲賢也라
○楊氏曰 君子一於誠而已라 然이나 未有誠而不明者하니 故로 雖不逆詐하고 不億不信이나 而常先覺也라 若夫不逆不億이라가 而卒爲小人所罔焉이면 斯亦不足觀也已니라

역(逆)은 아직 이르지도 않았는데 미리 짐작하는 것이요, 억(億)은 아직 보지도 못했는데 생각하는 것이다. 사(詐)는 남이 자신을 속이는 것을 이르고, 불신(不信)은 남이 자신을 의심하는 것을 이른다. 억(抑)은 반어사다. 비록 미리 짐작하지 않고 미리 생각하지 않더라도 사람의 참과 거짓에 대해 자연스럽게 먼저 깨달아야 현명하다고 말씀한 것이다
○양 씨가 말했다. "군자는 성실만 오로지 행할 뿐이다. 그러나 성실하면서 명철하지 않는 사람은 없을 것이니, 그러므로 비록 남이 나를 속일까 미리 짐작하지도 않고, 남이 나를 믿지 않을까 미리 생각하지도 않을지라도 항상 미리 깨닫고 있는 것이다. 만일 미리 짐작하지 않고 미리 생각하지 않다가 갑자기 소인에게 속임을 당하면, 이 또한 족히 볼 만한 것이 없을 따름이다."

○정위(情僞) : 참과 거짓. 진정과 허위
○졸위소인위망언(卒爲小人所罔焉) : 갑자기 소인에게 속임을 당하는 바가 됨.

[備旨] 夫子思先覺者意에 曰天下之人에 防範過密者는 多逆億之私하며 其不逆億者는

又墮小人之計라 有人於此한대 初不逆料人之我欺하고 不億測人之我疑나 而於人之我欺我疑에 抑亦自然先覺者면 此是心地光明하여 物無遁照니 豈不爲賢乎아 然則世之以察爲明者는 亦當知所取法矣니라

부자께서 선각자를 생각하는 뜻에서 말씀하시기를, "천하의 사람 가운데 단속이 지나치게 세밀한 사람은 미리 짐작하는 사사로움이 많으며, 미리 짐작하지 않는 사람은 또 소인의 계교에 빠져들기도 한다. 만일 어떤 사람이 있는데, 처음에는 사람들이 나에 대해 속일 것이라고 미리 헤아리지 말고 사람들이 나에 대해 의심할 것이라고 미리 헤아리지 말아야 하겠지만, 그러나 사람들이 나에 대해 속이고 나에 대해 의심하는 것에 대해서 아마 자연적으로 먼저 깨닫는 사람이라면 곧 이 마음의 바탕이 빛나고 밝아서 만물이 비침을 피하지 못할 것이니, 어찌 현명하다고 하지 않겠는가? 그렇다면 세상에서 살피는 것을 명철하게 하려는 사람은 또한 마땅히 취할 바의 법을 알아야 할 것이다."라고 하셨다.

○방범(防範) : 방비하고 막음. 단속하여 법도가 있게 함.
○역억(逆億) : 미리 짐작함. 예측(豫測).
○유인어차(有人於此) : 만일 어떤 사람이 있다면. 옛날 사람들이 사리를 추론하는 데 사용한 표현 방식. 만일 …한다면.
○역료(逆料) : 미리 헤아림. 예탁(豫度).
○억측(億測) : 미루어 헤아림. 억탁(臆度). 억측(臆測).

14·34·1 微生畝가 謂孔子曰 丘는 何爲是栖栖者與오 無乃爲佞乎아

미생묘가 공자를 비평하면서 말했다. "그대는 어찌하여 분주한 사람인가? 아마도 말재간을 부리려는 것은 아니겠지?"

○미생묘(微生畝) : 노(魯)나라 무성(武城) 사람. 미생(微生)은 성이고 묘(畝)는 이름이다. 주자는 은자일 것이라고 말하고 있는데, 《공야장편(公冶長篇)》5·24·1에 나오는 미생고(微生高)와 같은 족속일 것이다.
○구하위시서서자여(丘何爲是栖栖者與) : 공자는 어찌하여 분주한 사람인가? ☞서서(栖栖) : '해가 지고 새가 나무에 깃들이다.'라는 뜻이지만, 새가 깃들이고 동요해서 침착

하지 못한 행동을 형용하는 말. '棲棲'와 같이 쓰임. ☞시(是) : 접속사로서 '則'이나 '於是'와 비슷한 점이 많은데, 지시 대명사가 허사가 된 것이라고 볼 수 있다. ☞서서(棲棲) : 바삐 서두르는 모양. 불안한 모양. ☞여(與) : 추측을 하면서도 의문을 나타내는 어조사인데, 화자가 추측한 말에 대해 답을 요구하고 있다. 여기서는 약간 힐문(詰問)하는 말임. "栖栖如鳥之栖木 而不去指聖人行跡說"

○무내위녕호(無乃爲佞乎) : 이 글은 추측과 반문으로 해석하는 방법이 있다. 첫째, 추측하는 내용으로 해석하면 '아마도 말재간을 부리려는 것이겠지?'로 풀 수 있으며, 둘째, 반문하는 내용으로 해석하면 '아마도 말재간을 부리려는 것은 아니겠지?' 여기서는 반문하는 내용으로 해석했다. ☞무내(無乃)~호(乎) : 아마도. …이 아니다. 그럴 리가 없다. 관용어구로 추측이나 반문을 하는 데 쓰이며 의문 부사와 언제나 호응함. '乎'는 문장 끝에 쓰여 추측을 나타내는데, 여기서는 약간 힐문(詰問)하는 말임. ☞영(佞) : 남의 비위를 잘 맞춤. 말재주가 있음. 본음은 '녕'. "無乃與何爲字相應 爲佞要切于時意"

微生은 姓이요 畝는 名也라 畝名呼夫子而辭甚倨하니 蓋有齒德而隱者라 栖栖는 依依也라 爲佞은 言其務爲口給以悅人也라

미생(微生)은 성이고 묘(畝)는 이름이다. 미생묘가 부자의 이름을 외치면서 말이 매우 거만하니, 아마도 나이와 덕행이 있으면서도 은둔한 자일 것이다. 서서(栖栖)는 헤어지기 섭섭해 하는 모양이다. 위녕(爲佞)은 말을 잘해서 사람을 기쁘게 하는 데 힘쓰는 것을 말한다.

○호(呼) : 외치다. 부르짖다. 여기서는 거성(去聲)으로 쓰였음. 호(譹)와 같은 뜻.
○치덕(齒德) : 나이와 덕행. 나이가 많고 덕망이 있는 것.
○의의(依依) : 헤어지기 섭섭한 모양. 안타까이 사모하는 모양.

[備旨] 微生畝가 以退隱爲高이라 見孔子轍環列國하고 謂之에 曰丘於列國에 何爲是栖栖然하여 依戀不舍與아 無乃爲佞하여 以求用於世乎아

미생묘가 벼슬을 그만두고 은거하는 것을 고상하다고 생각했다. 공자가 여러 나라를 두루 돌아다니는 것을 보고 비평할 적에 말하기를, "공자가 여러 나라를 돌아다니는 것을 보면 어찌하여 바쁜 척하면서 옛것에 대한 그리움을 버리지 못하는가? 아마도 말재간을 부려서 세상에 쓰이기를 구하는 것은 아니겠지?"라고 했다.

○퇴은(退隱) : 물러나 숨음. 벼슬을 그만두고 은거함.

○철환(轍環) : 각지(各地)를 두루 돌아다님.
○서서연(栖栖然) : 바쁘게 서두르는 모양.

14・34・2 孔子曰 非敢爲佞也라 疾固也니라

공자께서 말씀하셨다. "제가 감히 말재간을 피우려는 것이 아니라 고루한 태도를 미워해서입니다."

○비감위녕야(非敢爲佞也) : 감히 말재간을 부리기 위해 동분서주하는 것은 아니라는 말. "非敢應上無乃字"
○질고야(疾固也) : 고루한 태도를 미워하다. 한 가지 일에만 전념하여 세상을 잊고서 살아가는 태도를 미워한다는 말. "固是果於忘世意"

疾은 惡(오)也라 固는 執一而不通也라 聖人之於達尊에 禮恭而言直이 如此하시니 其警之가 亦深矣라

질(疾)은 미워하는 것이요, 고(固)는 한 가지만 잡고서 통하지 않는 것이다. 성인이 달존에 대하여 예절은 공손하고 말씀의 바름이 이와 같으셨으니, 그 경계시킴이 또한 깊다.

○집일(執一) : ①하나만 고수(固守)함. ②한 가지만 전념하여 변통이 없음.
○달존(達尊) : 모든 사람이 존귀하게 여기는 것.

[備旨] 孔子因答에 曰丘嘗惡佞이로되 所以栖栖者가 非敢爲佞以徇世也라 誠以世道汙濁하니 挽回在人이라 不如是則絶人逃世하여 執一不通이 甚矣라 是則我之所疾也니 子其知我乎인저

공자께서 곧 답할 적에 말씀하시기를, "저도 일찍이 말재간을 싫어하지만 바쁘게 돌아다니는 까닭은 감히 말재간을 부려서 세속을 따르고자 함이 아닙니다. 진실로 세상의 도가 혼탁하니 만회하는 일은 사람에게 있습니다. 이와 같지 아니하면 사람과 절교하고 세상을 피해서 한 가지를 잡고서 통하지 않음이 심할 것입니다. 이것이 제가 미워하는 바이니, 그대는 아마도 저를 알아야 할 것입니다."라고 하셨다.

○순세(徇世) : 세속을 따름. ☞순(徇) : 따르다[順也]. 좇다.
○오탁(汙濁) : 더럽고 혼탁함. 또는 더럽혀짐.

14·35·1 子曰 驥는 不稱其力이라 稱其德也니라

공자께서 말씀하셨다. "천리마는 그 힘을 칭찬하는 것이 아니라 그 덕을 칭찬하는 것이다."

○기불칭기력(驥不稱其力) : 천리마는 그 힘으로 칭찬받는 것이 아니다. 군자의 재주에 대해 빗대는 말. ☞기(驥) : 천리마. 좋은 말. 뛰어난 인물. 기주(驥州)는 양마(良馬)의 산지이므로 붙여짐. "此喻君子之才"
○칭기덕야(稱其德也) : 훈련에 의해 닦여진 말을 칭찬함. 즉 군자의 덕을 비유하여 이르는 말. "此喻君子之德"

驥는 善馬之名이요 德은 謂調良也라
○尹氏曰 驥雖有力이나 其稱在德이니 人有才而無德이면 則亦奚足尙哉리오

기(驥)는 좋은 말의 이름이요, 덕(德)은 잘 길들여지고 순한 것을 이른다.
○윤 씨가 말했다. "기마는 비록 힘이 있더라도 그 칭찬은 덕에 있는 것이니, 사람이 재주는 있으면서도 덕이 없으면 또한 어찌 족히 숭상할 수 있겠는가?"

○조량(調良) : 말이 잘 길들여지고 순종하는 것을 이름.「논어집주(論語集註)」"胡氏曰 調者 習熟而易控御也 良者 順服而不蹄齧也"

[備旨] 夫子借驥以論君子에 曰驥非不足於力也라 然이나 名之曰驥者는 不徒稱其有任重致遠之力이요 惟稱其有調良之德하여 閑習而易控御하고 馴服而不奔逸也라 觀此면 則人之所以爲君子者는 不以才요 而以德을 可知矣니라

부자께서 기마를 빌려와서 군자를 논할 적에 말씀하시기를, "기마는 힘에서 넉넉하지 않음이 없다. 그러나 이것을 이름 지을 적에 기마라고 한 것은 한갓 그 임무가 중하고 멀리 내닫는 힘이 있음을 칭찬한 것이 아니고, 오직 그것이 잘 길들여지고 순한 덕을 가지고 있어서 아주 익숙해서 다루기가 쉽고 잘 순종해서 제멋대로 굴지 않음을 칭찬한 것이다. 이를 보면 사람이 군자가 되는 까닭은 재주로써 되는 것이 아니고, 덕

으로써 된다는 것을 알 수 있을 것이다."라고 하셨다.

○한습(閑習) : 익숙해짐. 익숙하게 익힘. ☞한(閑) : 익숙해지다[熟也].
○공어(控御) : 말을 다루어 몰듯이 남을 제어함. 여기서는 말을 잘 다룬다는 뜻.
○순복(馴服) : 길이 들어서 잘 순종함. 길들여 따르게 함.
○분일(奔逸) : ①달아남. 도망침. ②제멋대로 구는 일. 여기서는 ②의 뜻.

14 · 36 · 1 或曰 以德報怨이 何如하니잇고

어떤 사람이 말했다. "덕으로써 원수를 갚는 것이 어떻겠습니까?"

○이덕보원하여(以德報怨何如) : 은혜로써 원수를 보답하는 것이 어떠한가? 원한에 대해서 원한으로 보답하는 것은 인지상정이지만, 여기에는 충후한 덕으로써 남에게 보답해야 한다는 것을 역설하고 있음. ☞하여(何如) : '어떻습니까?'라고 하면서 상태를 물음. '何如'는 보통 상태·성질·가부(可否) 등을 물을 적에 쓰이고, '如何'는 방법을 물을 적에 쓰임. "何如雖問其當否 還在自以爲厚一邊"

或人所稱은 今見(현)老子書라 德은 謂恩惠也라

어떤 사람이라고 일컬은 것은 지금 「노자」 책에 보인다. 덕은 은혜를 말한다.

○노자(老子)의 도덕경(道德經) 63장에 나오는 내용임. 「논어집주(論語集註)」 "무위(無爲)를 하고 무사(無事)를 일삼으며 무미(無味)를 맛으로 하고 작은 것을 크게 적은 것을 많은 것으로 여기고 원한은 덕으로 갚아라.(……老子道德經 恩始章曰 大小多少 報怨以德 圖難於其易 爲大於其細)"

[備旨] 或人이 以人情讎怨相尋으로 乃爲之問에 曰人惟恩怨之心이 太明이라 故로 忠厚之風이 日薄이어늘 若人之有怨於我者면 我惟以德報之가 何如하니잇고

어떤 사람이, 인정상 원수는 서로 찾는 것이므로 바로 이 때문에 물을 적에 말하기를, "사람은 오직 은혜를 은혜로 갚고 원수를 원수로 갚고자 하는 마음은 너무나 자명합니다. 그러므로 충후한 풍속이 날로 적어지고 있습니다. 만약 사람들 중에 나를 원수

로 여기는 사람이 있다면, 나는 다만 덕으로써 갚는 것이 어떻겠습니까?"라고 했다.

○수원(讎怨) : 원수. 원수를 갚고 한을 씻음.
○심(尋) : 찾다.
○충후(忠厚) : 충실하고 순후(淳厚)함.「순자(荀子)」《예론(禮論)》"事生不忠厚不敬文謂之野"

14 · 36 · 2 子曰 何以報德고

공자께서 말씀하셨다. "그렇다면 어떻게 덕을 갚으시렵니까?

○하이보덕(何以報德) : 어떻게 덕을 갚으려고 하는가? '何以'는 '무엇으로써' '어떻게'의 뜻을 나타낸다. '何以'는 '以何'의 도치형인데, 의문대명사인 '何'가 이유·원인·도구를 나타내는 전치사 '以'를 만나면 도치된다. "此不重爲報德者地 正爲報怨者辨"

言於其所怨에 旣以德報之矣면 則人之有德於我者는 又將何以報之乎아

원한으로 여기는 자에게 이미 덕으로써 갚았다면, 사람들 중에 나에게 덕을 끼친 사람은 또한 장차 어떻게 갚을 것인가를 말씀한 것이다.

[備旨] 夫子告之에 曰怨者는 德之反이니 旣報怨而以德이면 則人之有德於我者는 又將何以報之乎아 是怨德之報가 皆不得其平矣니라

부자께서 깨우쳐 줄 적에 말씀하시기를, "원한이라는 것은 덕과 반대가 되니 원한을 갚지만 덕으로써 갚는다면, 사람들 중에 나에게 덕을 끼친 사람은 또 장차 어떻게 갚으시렵니까? 이렇게 하면 원한과 덕에 대해 보답함이 모두 그 공평함을 얻을 수 없을 것입니다.

14 · 36 · 3 以直報怨이요 以德報德이니라

바른 도리로써 원한을 갚고, 덕으로써 덕을 갚아야 합니다."

○이직보원(以直報怨) : 바른 도리로써 원한을 갚음. "此專就小怨邊說 只照註講"
○이덕보덕(以德報德) : 덕으로써 덕을 갚음. "此句帶說"

於其所怨者에 愛憎取舍를 一以至公而無私가 所謂直也라 於其所德者에 則必以德報之요 不可忘也니라
○或人之言은 可謂厚矣라 然이나 以聖人之言으로 觀之면 則見其出於有意之私하여 而怨德之報가 皆不得其平也니 必如夫子之言然後에 二者之報가 各得其所라 然이나 怨有不讐하고 而德無不報면 即又未嘗不厚也라 此章之言이 明白簡約이로되 而其指意가 曲折反復하여 如造化之簡易易知하고 而微妙無窮하니 學者는 所宜詳玩也니라

　원한으로 여기는 자에게 애증과 취사를 한결같이 아주 공평하고 사사로움이 없도록 하는 것이 이른바 정직인 것이다. 그 은덕을 입은 자에게는 반드시 덕으로써 갚고 잊을 수 없다는 것이다.
　○혹자의 말은 인정이 두텁다고 이를 만하다. 그러나 성인의 말씀으로써 살펴보면, 의도적으로 사사로운 마음에서 나와서 원한과 덕에 대한 보답이 모두 공평함을 얻지 못했음을 볼 수 있으니, 반드시 부자의 말씀과 같은 뒤에 두 가지의 보답이 각기 제 자리를 얻게 될 것이다. 그러나 원한을 원수로 여기지 않고 덕을 갚지 않음이 없다면 또한 일찍이 인정이 두텁지 않음이 없을 것이다. 이 장의 말씀이 명백하고 간결하지만 그것이 가리키는 뜻은 곡절하고 반복하여 마치 조화의 간이함은 알기가 쉽고 미묘하여 다함이 없는 것과 같으니, 배우는 자들은 마땅히 자세히 완미해야 할 것이다.

○애증(愛憎) : 사랑하고 미워함.
○취사(取舍) : 취함과 버림. '舍'는 상성(上聲)으로 쓰였음.
○간약(簡約) : 줄임. 간생(簡省). 간략(簡略).
○곡절(曲折) : 자세한 사정과 정황.
○완미(玩味) : 시문 등의 뜻을 잘 음미함.

[備旨] 必也人之有怨於我者를 我不計其怨하고 而惟以直報之니라 使其人으로 可愛可取하여 不以懷私怨으로 而昧與善之公心이요 使其人으로 當憎當舍하여 不以避私嫌으로 而廢除惡之公典이라 是則雖曰報怨이나 而豈害其爲公平忠厚哉아 至於德有大小하여는 皆所當報면 則以德報之可矣어니와 若必以德報怨이면 是亦私意所爲니 非天理之正也라

반드시 사람들 중에 나를 원수로 여기는 사람을 나는 그 원한을 헤아리지 말고 오직 바른 도리로써 갚아야 할 것입니다. 그 사람으로 하여금 당연히 사랑하고 당연히 취하게 해서 개인적인 원망을 품었다는 이유로 선을 좋는 공평한 마음을 어둡게 해서는 안 될 것이요, 그 사람으로 하여금 당연히 미워하고 당연히 버리게 해서 개인적인 미움을 피한다는 이유로 악을 제거하는 공평한 법을 폐하게 해서도 안 될 것입니다. 이것이 비록 원한을 갚는다고 말했지만 어찌 그것이 공평과 충후를 행하는 데 해가 되겠습니까? 덕이 크고 적은 것에 대하여 모두 마땅히 갚아야 할 것이라면 덕으로써 갚는 것이 옳겠지만, 만약 덕으로써 원한을 갚는다면 이것 또한 개인적인 생각에 의해서 행해지는 것이니, 천리의 바른 도리가 아닐 것입니다."라고 하셨다.

○사원(私怨) : 개인적인 원한. 사감(私感).
○공심(公心) : 공평한 마음. 공공의 마음. 공지(公志). ↔사심(私心).
○사혐(私嫌) : 개인의 사사로운 혐의. 개인적으로 꺼리고 싫어함.
○공전(公典) : 공평한 법률. 공공의 법.

14·37·1 子曰 莫我知也夫인저

공자께서 말씀하셨다. "나는 알아주는 이가 없구나!"

○막아지야부(莫我知也夫) : 나를 알아주는 사람이 없다. ☞막아지(莫我知) : 아무도 나를 알아주지 않다. 고대 한문에서는 '莫'에 의해서 부정되는 '서술어＋목적어' 구조에서는 목적어가 대명사이면 일반적으로 동사의 앞으로 이끌어 내었는데, 이는 고대 문법의 특징이었다. ☞야부(也夫) : …하는구나. 허사(虛詞)가 연용된 것. '也'는 단정을 나타내고 '夫'는 감탄을 나타냄. "莫我知 須照下節說 也夫二字 有慨嘆意"

夫子自歎하여 **以發子貢之問也**시니라

부자께서 스스로 탄식하여 자공의 질문을 유발하신 것이다.

[備旨] 夫子自嘆에 曰當今之世에 莫有人知我也夫인저하시니 蓋將發子貢之問하여 而進之以達天之學也시니라

부자께서 스스로 탄식할 적에 말씀하시기를, "오늘날 세상에서는 나를 알아주는 사람이 없구나!"라고 하셨으니, 아마도 장차 자공의 질문을 유발해서 달천의 학문에 나아가도록 하신 것이다.

○달천(達天) : 사물의 이치를 깨달아 앎.

14·37·2 子貢曰 何爲其莫知子也잇고 **子曰 不怨天**하며 **不尤人**이요 **下學而上達**하노니 **知我者**는 **其天乎**인저

자공이 말했다. "어찌해서 선생님을 알아주는 이가 없다고 하십니까?" 하자, 공자께서 말씀하셨다. "하늘을 원망하지 않으며 사람을 탓하지도 않았던 것이요, 인간의 일부터 배워서 천리에 통달했으니, 나를 알아주는 사람은 하늘일 것이다."

○하위기막지자야(何爲其莫知子也) : 무엇 때문에 선생님을 알아주는 이가 없다고 하는가? ☞하위(何爲) : 어찌해서 …라고 하는가? 여기서는 그러한 말이 '어디에 있는가?'라는 뜻. '何爲'는 의문문에서 목적어가 의문 대명사일 때 도치된 형태. "何爲猶言何在"
○불원천(不怨天) : 빈궁(貧窮)이나 영달(榮達)에 처할지라도 하늘을 원망하지 않음. "天以窮通言"
○불원인(不怨人) : 등용되거나 버려지더라도 사람을 원망하지 않음. "人以用舍言"
○하학이상달(下學而上達) : 하찮은 것부터 배워서 수준 높은 것에 이르다. ☞하학상달(下學上達) : '下學'은 비근(卑近)한 것부터 배운다는 말이고, '上達'은 위로 천명(天命)을 깨닫는다는 말. 쉽고 비근한 것부터 배우기 시작하여 깊은 이치에 도달한다는 말로, 인사(人事)를 배우고 나서 천리(天理)에 도달한다는 뜻. "下學是平實工夫 上達是高明境界"
○지아자기천호(知我者其天乎) : 나의 뜻을 알아주는 자, 그것은 하늘뿐일 것이라는 말. "天與人對 天知人自莫知"

不得於天而不怨天하며 **不合於人而不尤人**이요 **但知下學而自然上達**이라 **此**는 **但自言其反己自修**하여 **循序漸進耳**니 **無以甚異於人**하여 **而致其知也**라 **然**이나 **深味其語意**면 **則見其中**에 **自有人不及知**요 **而天獨知之之妙**라 **蓋在孔門**에 **惟子貢之智**가 **幾足以及此**라 **故**로 **特語以發之**어늘 **惜乎其猶有所未達也**라
○**程子曰 不怨天不尤人**은 **在理當如此**니라 **又曰 下學上達**은 **意在言表**니라 **又**

日 學者는 須守下學上達之語니 乃學之要라 蓋凡下學人事면 便是上達天理라 然이나 習而不察이면 則亦不能以上達矣니라

　하늘로부터 영달을 얻지 못해도 하늘을 원망하지 않으며, 사람과 만나지 못해도 사람을 탓하지 않고, 다만 하학에서 자연적으로 상달할 줄로 안다는 것이다. 이는 다만 자신에게 반문하고 스스로 수양하여 차례를 따라 점점 나아갔을 뿐이니, 남과 특별히 다르게 해서 그 지혜를 이룬 것은 없다는 것을 말씀한 것이다. 그러나 그 말씀의 뜻을 깊이 음미해 보면 그 가운데 원래부터 사람들은 미처 알 수 없고 하늘만이 그것을 알고 있는 묘함이 있음을 볼 수 있다. 대개 공자의 문하에서 오직 자공의 지혜만이 아마 여기에 미칠 수 있었다. 그러므로 특별히 말씀하여 나타내셨는데, 아깝게도 그는 오히려 통달하지 못한 바가 있었던 것이다.

　○정자가 말했다. "하늘을 원망하지 않으며 사람을 탓하지 않는다는 것은 이치상 마땅히 이와 같아야 한다." 또 말했다. "하학·상달은 뜻이 깊어서 말 밖에 있다. 또 말했다. "배우는 자들은 모름지기 하학·상달의 말씀을 지켜야 할 것이니, 이것은 바로 학문의 요점이다. 대개 아래로 인간의 일을 배우면 곧 위로 천리를 통달하게 될 것이다. 그러나 익히고 살피지 않으면 또한 위로 통달할 수 없는 것이다."

○반기(反己) : 자기 자신에게 되돌림. ☞반구저기(反求諸己) : 자신에게 반문함. 원인을 자신에게서 찾음을 이르는 말.「맹자(孟子)」《공손추상(公孫丑上)》"不怨勝己者 反求諸己而已矣"
○자수(自修) : 스스로 수양함. 자수(自脩).「대학(大學)」"如琢如磨者 自脩者也"

[備旨] 子貢怪而問之에 曰夫子之道는 宜爲人所知어늘 何爲其莫知子也잇고하니 夫子告之에 曰夫人은 立異以爲高者를 始足致人之知也로되 我之所爲는 異於是矣라 彼窮通은 出於天也일새 我也遭時之窮이면 不得於天하니 亦惟反己有歉이라 何敢以怨天이며 用舍는 係於人也일새 我也値時之舍면 不合於人하니 亦惟反己有歉이라 何敢以尤人이리오 但知黽勉於日用之間하고 致力於人事之近이라 理有未知也면 必求知其所當知요 事有未能也면 必求行其所當行이라 由是로 知焉日精하고 行焉日進이니 此下學而上達이라 要皆無以甚異於人하여 而致其知니 然則知我者는 其惟彼蒼之天乎인저 蓋吾惟奉天之理면 則天理之周旋이니 意者其爲天心之降鑒耳니 是人莫我知者는 正在此也라

　자공이 괴이해서 여쭈어 볼 적에 말하기를, "부자의 도는 마땅히 사람들에게 알려져 있는데, 어찌해서 선생님을 알아주는 이가 없다고 하십니까?"라고 하니, 부자께서 깨우쳐 줄 적에 말씀하시기를, "무릇 사람들은 이상한 논리를 세워서 뽐내는 것을 처음에

는 족히 사람의 지혜를 이루었다고 생각하지만, 내가 행하는 것은 이와 다르다. 저 곤궁과 영달은 하늘로부터 나오므로 내가 곤궁한 때를 만났다면 하늘로부터 얻지 못했다는 것이니, 또한 오직 나에게 반문해 볼 적에 부족함이 있다는 것이다. 그러니 어찌 감히 하늘을 원망하겠으며, 취하고 버리는 것은 사람에게 매였기 때문에 내가 버림받는 때를 만났다면 사람을 만나지 못했다는 것이니, 또한 오직 나에게 반문해 볼 적에 부족함이 있다는 것이다. 그러니 어찌 감히 사람들을 탓하겠는가? 단지 일용의 사이에 힘을 쓰고 인사의 가까운 데부터 힘을 다해야 함을 알아야 한다. 이치에 알지 못하는 것이 있으면 반드시 자기가 마땅히 알아야 할 바에 대해서 알기를 구해야 할 것이요, 일에 능치 못하는 바가 있으면 반드시 자기가 마땅히 행해야 할 바에 대해서 행하기를 구해야 할 것이다. 이로 말미암아 지혜는 날로 자세해질 것이고 행실은 날로 나아갈 것이니, 이것이 인간의 일부터 배워서 천리로 통달하는 길이다. 요컨대 모든 것이 남과 특별히 다르게 해서 그 지혜를 이룰 수는 없으니, 그렇다면 나를 알아주는 사람은 저 푸른 하늘뿐이다. 대개 내가 오직 하늘의 이치를 받들면 천리가 돌보아 줄 것이니, 어쩌면 천심이 굽어 살펴 줄 것이니, 곧 사람들이 나를 알아주지 못하는 것은 바로 여기에 있는 것이다.”라고 하셨다.

○궁통(窮通) : 곤궁과 영달(榮達).
○겸(歉) : 부족하다. 적다.
○용사(用舍) : 쓸 것은 취하고 버릴 것은 버림. 용사(用捨).
○민면(黽勉) : 있는 힘을 다함.
○차력(致力) : 있는 힘을 다함. 갈력(竭力). 진력(盡力).
○의자(意者) : 아마도. 어쩌면. 혹시. '抑者'라고도 씀.
○강감(降鑒) : 굽어 살핌.

14·38·1 公伯寮가 愬子路於季孫이어늘 子服景伯이 以告曰 夫子가 固有惑志於公伯寮하나니 吾力이 猶能肆諸市朝니이다

공백료가 자로를 계손 씨에게 참소하니, 자복경백이 공자께 아뢰기를, “계손 씨는 진실로 공백료의 참언에 미혹되고 있는데, 제 힘이 그래도 능히 공백료를 죽여 시체를 거리에 널어놓을 수 있습니다.”

○공백료(公伯寮) : 노(魯)나라 사람. 공백(公伯)은 성이고 요(寮)가 이름이다. 어떤 곳

에는 요(繚)로 기록 된 곳도 있다. 자(字)는 자주(子周)라고 하며 공자의 제자라는 설과 그렇지 않다는 설이 있다. ☞요(寮) : 벼슬아치.

○소자로어계손(愬子路於季孫) : 자로를 계손 씨에게 참소하다. ☞소(愬) : 참소하다. 참언하다. "遡是謗毁"

○자복경백이고(子服景伯以告) : 자복경백이 그 사실을 공자께 아뢰다. '以愬子路於季孫告'가 원래의 문장이다. ☞자복경백(子服景伯) : 노(魯)나라의 대부(大夫). 자복(子服)은 성이고 경(景)은 시호(諡號). 백(伯)은 자. 일설에는 경백(景伯)이 이름이라고도 함. "是告於孔子"

○부자고유혹지어공백료(夫子固有惑志於公伯寮) : 계손 씨는 진실로 공백료의 참언에 마음이 흔들리다. ☞부자(夫子) : 여기서는 계손 씨(季孫氏)를 말함. ☞혹지(惑志) : 마음이 미혹됨. 의심(疑心).

○오력유능사저시조(吾力猶能肆諸市朝) : 제 힘이 그래도 능히 그를 죽여 시체를 거리에 널어놓을 수 있다. ☞사저시조(肆諸市朝) : 시체를 거리나 조정에 늘어놓다. 옛날 대부(大夫) 이상에게 죄가 있으면 죽여서 시체를 3일간 조정에 내걸고, 사(士) 이하에게 죄가 있으면 3일간 시장에 내걸었다. 여기서는 통할하여 말한 것이다. ☞사(肆) : 시체를 내걸다. 시체를 늘어놓다. ☞저(諸) : '之於'를 줄여 쓴 말로 '之'는 공백료를 가리킴. "力是權力 大夫以上有罪 陳尸於朝 士以下有罪 陳尸於市 曰肆諸市朝 統言之也"

公伯寮는 魯人이라 子服은 氏요 景은 諡요 伯은 字이니 魯大夫子服何也라 夫子는 指季孫이니 言其有疑於寮之言也라 肆는 陳尸也니 言欲誅寮라

공백료는 노나라 사람이다. 자복은 씨요, 경은 시호요, 백은 자이니, 노나라 대부 자복하다. 부자는 계손을 가리키니 그가 공백료의 말에 미혹되고 있다는 말이다. 사(肆)는 시신을 늘어놓은 것이니, 공백료를 죽이려 한다는 말이다.

[備旨] 昔에 子路爲季氏宰러니 魯人有公伯寮者가 乃譖愬子路之行於季氏하니 蓋欲沮其道之行也라 魯大夫子服伯이 以其事로 告於孔子에 曰吾夫子季孫은 固有惑志於公伯寮之言하여 而信任子路하여 將不終矣라 但吾以大夫之力으로 猶能誅寮하여 陳其尸於市朝하여 以正其誣賢之罪焉이라

옛날 자로가 계 씨의 재상이 되었는데 노나라 사람 공백료가 곧 자로의 행실을 계 씨에게 참소하니, 대개 그 도가 행해짐을 막고 싶었던 것이다. 노나라 대부 자복경백이 그 일을 공자에게 고할 적에 말하기를, "우리 선생님 계손은, 진실로 공백료의 말에 미혹되고 있어서 자로를 신임하여 장차 제명대로 마치지 못할 것입니다. 다만 저는 대부

의 힘으로 오히려 능히 공백료를 죽여서 그 시체를 거리에 늘어놓아서 현자를 업신여기는 죄를 바로 잡을 수 있습니다."라고 했다.

14 · 38 · 2 子曰 道之將行也與도 命也며 道之將廢也與도 命也니 公伯寮가 其如命何리오

공자께서 말씀하셨다. "도가 장차 행해지는 것도 천명이며 도가 장차 폐해지는 것도 천명이니, 공백료가 아마도 천명을 어떻게 하겠는가?"

○도지장행야여명야(道之將行也與命也) : 나를 등용하여 도가 장차 행해지는 것도 천명이라는 말. ☞야여(也與) : …하는 것도. 대개 구 말에 쓰여 의문·반문·추측·감탄 등을 나타내는데, 여기서는 중간에 쓰여 정지를 나타냄. 참고로 '道之將行也與면 命也며 道之將廢也與도 命也니'라 현토하여 '도가 장차 행해진다면 천명이며, 도가 장차 폐해지는 것도 천명이니'라고 해석하는 경우도 있다. "自人有用我之機言 命以氣數言 此是命之通"
○도지장폐야여명야(道之將廢也與命也) : 나를 등용하지 않아서 도가 장차 행해지지 못하는 것도 천명이라는 말. "自人有不用我之機言 此是命之窮"
○기여명하(其如命何) : 아마도 천명을 어떻게 하겠는가? ☞기(其) : 아마도. 의문문에서 추측만 할 뿐 감히 긍정하지 않을 때 씀. '如~何'는 어떤 사건의 처리를 물을 때 사용하는 어법인데, 목적어가 중간에 들어간다. '…를 어떻게 하겠는가?'로 해석한다.

謝氏曰 雖寮之愬行이라도 亦命也니 其實은 寮無如之何라 愚謂 言此以曉景伯하고 安子路而警伯寮耳니 聖人이 於利害之際에 則不待決於命而後에 泰然也라

사 씨가 말했다. "비록 공백료의 참소가 행해진다 하더라도 이 또한 천명이니, 그 실상은 공백료라도 어떻게 할 수 없다." 내[朱子]가 생각하건대, 이를 말씀해서 경백을 깨우쳐 주고 자로를 안심시켜 공백료를 경계시켰을 따름이니, 성인이 이해의 관계에서 천명에 의해 결정되기를 기다린 뒤에 태연해지는 것은 아니다.

[備旨] 夫子曉之에 曰子不必誅寮也니 蓋道之興廢에 有命存焉이라 使時苟用我하여 而道之將行也與도 是命之通也며 使時苟不我用하여 而道之將廢也與도 是命之窮也니 夫道之興廢가 由於命이 如此라 故로 今日之命이 誠通이면 則寮雖愬나 亦不能使由之道로 終

廢하고 今日之命이 誠窮이면 則寮雖不愬나 亦不能使由之道로 必行矣라 公伯寮가 其如命何오 知此면 則寮可無愬요 子路可無憂며 而景伯도 亦不必誅寮矣라

부자께서 깨우쳐 줄 적에 말씀하시기를, "자네가 기필코 공백료를 죽여서는 안 될 것이니, 대개 도의 흥폐에 따라서 천명이 달려 있기 때문이다. 가령 때가 진실로 나를 등용하여 도가 장차 행해지는 것도 천명이 통해서 그런 것이며, 가령 때가 진실로 나를 등용하지 않아서 도가 장차 폐해지는 것도 천명이 다해서 그런 것이니, 무릇 도의 흥폐가 천명에 말미암음이 이와 같다. 그러므로 오늘의 천명이 진실로 통했다면 공백료가 비록 참소하더라도 또한 능히 유의 도로 하여금 끝까지 폐하도록 할 수 없을 것이고, 오늘의 천명이 진실로 다했다면 공백료가 비록 참소하지 않더라도 또한 유의 도로 하여금 반드시 행하도록 할 수 없을 것이다. 공백료가 아마도 천명을 어떻게 하겠는가? 이를 안다면 공백료는 가히 참소할 것이 없을 것이요 자로도 가히 걱정할 것이 없을 것이며, 그리고 경백도 또한 반드시 공백료를 죽일 필요도 없을 것이다."라고 하셨다.

14·39·1 子曰 賢者는 辟(避)也하고

공자께서 말씀하셨다. "현자는 세상을 피하고,

○현자(賢者) : 현자. 도덕을 갖춘 사람. "賢者是有道德之人"
○피세(辟世) : 세상을 피함. 몸을 숨기고 세상이 좋아지기를 기다린다는 말. "辟世是藏身待淸之意"

天下無道而隱이니 **若伯夷太公**이 **是也**라

천하에 도가 없으면 은둔하는 것이니, 백이와 태공과 같은 분이 바로 이들이다.

○백이(伯夷) : 본서 7·14·2 참고.
○태공(太公) : 주(周)나라 문왕(文王)의 스승. 성은 강(姜), 씨(氏)는 여(呂), 이름은 상(尙). 위수(渭水)가에서 낚시질을 하다가 사냥 나온 문왕(文王)을 만나 스승이 되었음. 일반적으로 강태공(姜太公)이라고 함. 주(周)나라의 현신(賢臣). 문왕(文王)의 조부. 고공단보(古公亶父) 때부터 기다려진 인물이었기에, 태공망(太公望)이라 했다.

[備旨] 夫子傷時之衰에 日賢者之出處去就는 惟其時而已니 有見天下無道면 則隱而不出하여 以辟世者焉이라

부자께서 시대가 쇠해짐을 슬퍼할 적에 말씀하시기를, "현자의 출처·거취는 오직 그 때를 맞춰서 행해야 할 따름이니, 천하에 도가 없는 것을 보면 은둔하고 나타나지 않고서 세상을 피하는 사람이 있었던 것이다.

14·39·2 其次는 辟地하고

그 다음은 어지러운 땅을 피하고,

○기차피지(其次辟地) : 두 번째로 땅을 피함. 어지러운 나라를 떠나서 정치가 잘 다스려지는 나라로 간다는 말. "其次只是又有一等之意 對辟世看"

去亂國하고 **適治邦**이라

어지러운 나라를 떠나고 다스려지는 나라로 가는 것이다.

[備旨] 其有次於辟世者하니 去亂國하고 適治邦하여 以辟地者焉이라

그들에게 세상을 피한 다음에 차례가 있었으니, 어지러운 나라를 떠나고 다스려지는 나라로 가서 땅을 피했던 것이다.

14·39·3 其次는 辟色하고

그 다음은 임금의 안색을 피하고,

○기차피색(其次辟色) : 세 번째로 임금님의 안색을 피하고 그리워하지 않음. "此其次 對辟地看 色是人君之色不慕"

禮貌衰而去라

예모가 쇠하면 떠나가는 것이다.

[備旨] 其有次於辟地者하니 因禮貌衰而去之하여 以辟色者焉이라

그들에게 땅을 피한 다음에도 차례가 있었으니, 예모의 쇠함을 인해 떠나서 안색을 피했던 것이다.

14 · 39 · 4 其次는 辟言이니라

그 다음은 임금의 말을 피한다.”

○기차피언(其次辟言) : 네 번째로 임금님의 말이 맞지 않음을 인해 피함. “此其次對辟色看 言是人君之言不合”

有違言而後에 去也라
○程子曰 四者는 雖以大小次第로 言之나 然이나 非有優劣也요 所遇不同耳니라

말에 어긋난 것이 있고 난 뒤에는 떠나는 것이다.
○정자가 말했다. “이 네 가지는 비록 크고 작은 차례로써 말씀하셨으나, 그러나 우열이 있는 것은 아니고 만나는 경우도 같지 않을 따름이다.”

[備旨] 其有次於辟色者하니 或因言語不合而去之하여 以辟言者焉이라 是其所遭或異라 故로 其所辟不同하여 歸潔其身而已矣니 世道之衰를 不亦深可慨哉아

그들에게 안색을 피한 다음에 차례가 있었으니, 혹 주고받는 말이 맞지 않음을 인해 떠나가서 말을 피했던 것이다. 곧 그들이 만났던 것이 혹 달랐던 것이므로 그들이 피한 것도 같지 않아서, 돌아가 그들의 몸을 깨끗하게 했을 따름이니, 세도의 쇠함을 또한 심히 슬퍼하지 않겠는가?”라고 하셨다.

14 · 40 · 1 子曰 作者七人矣로다

공자께서 말씀하셨다. "일어나서 은둔한 사람이 일곱 사람이다."

○작자칠인의(作者七人矣) : 일어나 은둔한 사람이 칠인이다. ☞작자(作者) : 기미를 살피고서 실천한 사람. '作'은 '일어나다[起也]' '행하다'라는 뜻. ☞칠인(七人) : 일곱 사람이 누구인가에 관해서는 의견이 다를 수 있는데, 대체로 이 책에 나오는 장저(長沮)·걸닉(桀溺)·장인(丈人)·신문(晨門)·하궤(荷蕢)·의봉인(儀封人)·초광접여(楚狂接輿)를 들고 있다. "作是見幾而作 七人言其多一 矣字具無限感傷"

李氏曰 作은 起也니 言起而隱去者가 今七人矣라 不可知其誰何하니 必求其人以實之면 則鑿矣니라

이 씨가 말했다. "작(作)은 일어나는 것이니, 일어나 은둔하려고 떠나간 자가 지금 일곱 사람임을 말씀한 것이다. 그들이 누구인지는 알 수 없으니, 굳이 그 사람들을 찾아서 밝힌다면 멋대로 억측하는 것이다."

○실(實) : 밝히다. 증명하다. 조사하여 밝히다.
○착(鑿) : 멋대로 억측하다. 끝까지 캐다. 억지로 끌어다 붙이다.

[備旨] 夫子憂世意에 曰賢者之出處는 可以驗世道之盛衰어늘 今知道不行하여 起而隱去者가 已七人矣라 夫賢者隱遯之多가 如此하니 則世道之衰를 豈不深可慨哉아

부자께서 세상을 근심하는 뜻에서 말씀하시기를, "현자의 출처는 세도의 성쇠를 징험할 수 있는데, 지금 도가 행해지지 않음을 알아서 일어나서 은둔하러 떠난 사람이 이미 일곱 사람이다. 무릇 현자의 은둔의 많음이 이와 같으니, 세도의 쇠함을 어찌 깊이 개탄하지 않겠는가?"라고 하셨다.

14·41·1 子路 宿於石門이러니 晨門曰 奚自오 子路曰 自孔氏로라 曰 是知其不可而爲之者與아

자로가 석문이라는 고을에서 잠깐 머물렀는데 새벽 문지기가 묻기를, "어디에서 왔소?" 했다. 자로가 "공 씨 문중에서 왔습니다." 하고 대답하자, "그는 안 되는 줄 알면서도 행하려는 사람 말이지요?" 했다.

○숙어석문(宿於石門) : 석문에서 잠깐 머물다. ☞숙(宿) : 잠깐 머물다. ☞석문(石門) : 제(齊)나라 고장 이름. 석문은 「춘추전」 은공(隱公) 3년 조에도 나타남(石門齊地 春秋 隱公三年 齊侯鄭伯 盟於石門). "宿是歇宿"

○신문왈해자(晨門曰奚自) : 새벽 문지기가 어디에서 왔는지 묻다. ☞신문(晨門) : 새벽 문지기. 대개 문지기는 현명한 사람으로 세상을 피해 지냈던 사람들이 많았다. 이 책에 나오는 은사(隱士)들은 대부분 성명을 모르기에, 본서 14·40·1의 칠인(七人)처럼 그때의 사물에 의하여 고유명사처럼 불렀던 경우가 많다. ☞해자(奚自) : 어디로부터 온 사람인가? '自'는 땅을 가리켜서 말했지만 사람에 대해서 묻는 내용이 그 가운데 들어 있음. '奚自'는 의문문에서 목적어가 의문 대명사일 때 도치된 형태. "自字指地言而人在 其中"

○시지기불가이위지자여(是知其不可而爲之者與) : 바로 그 사람은 안 되는 줄 알면서도 행하려는 사람 말입니까? ☞시(是) : 접속사로서 '則'이나 '於是'와 비슷한 점이 많은데, 지시 대명사가 허사가 된 것이라고 볼 수 있다. 후반부 첫머리에 흔히 쓰인다. ☞여(與) : 추측을 하면서도 의문을 나타내는 어조사인데, 화자가 추측한 말을 상대방에게 답을 요구하고 있음. "是指孔子 者作人字看"

石門은 **地名**이라 **晨門**은 **掌晨啓門**이니 **蓋賢人**이 **隱於抱關者也**라 **自**는 **從也**니 **問 其何所從來也**라 **胡氏曰 晨門**은 **知世之不可而不爲**라 **故**로 **以是譏孔子**라 **然**이나 **不知聖人之視天下**에 **無不可爲之時也**니라

　석문(石門)은 지명이다. 신문(晨門)은 새벽에 성문을 열어주는 일을 맡은 자이니, 아마도 현인이 문지기로 은둔했던 사람일 것이다. 자(自)는 '…부터'이니, 그가 어느 곳으로부터 왔는가를 물은 것이다. 호 씨가 말했다. "신문(晨門)은 세상에서 불가능함을 알고 행치 않은 자다. 그러므로 이 말로써 공자를 나무란 것이다. 그러나 성인이 천하에 행했던 일을 볼 적에 가히 행치 못한 때가 없다는 것을 알지 못했던 것이다."

○포관(抱關) : 문지기. 감옥의 문지기. 인신하여 보잘것없는 직무.

[備旨] 子路從夫子하여 周流四方이라가 偶宿於石門之地러니 時有掌晨啓門者가 問曰 子何所從而來乎아하니 子路曰 吾自孔氏而來也로라 晨門이 遂譏之에 曰子所謂孔氏者는 是知其世之不可爲로되 猶欲栖栖不舍而爲之者與아 子之從之에 亦勞甚矣라

　자로가 부자를 모시고서 사방을 두루 다니다가 우연히 석문이라는 땅에 머무르게 되었는데, 당시에 새벽에 성문을 열어주는 것을 맡은 사람이 물어볼 적에 말하기를, "그

대는 어디로부터 왔는가?"라고 하니, 자로가 말하기를, "저는 공 씨 문중에서 왔습니다."라고 했다. 문지기가 드디어 나무라면서 말하기를, "그대가 말하는 공 씨라는 사람은, 그가 행하는 일은 세상에서 행할 수 없다는 것을 알면서도 오히려 바삐 서두르면서 쉬지도 않고 행하는 사람이지요? 그대가 따라다니는 데에 또한 수고가 많습니다."라고 했다.

○서서(栖栖) : 바삐 서두르는 모양. 서서(棲棲).
○사(舍) : 쉬다. 머무르다.

14·42·1 子擊磬於衛러시니 有荷蕢而過孔氏之門者가 曰 有心哉라 擊磬乎여

공자께서 위나라에서 경쇠를 치셨는데, 삼태기를 메고 공 씨의 문 앞을 지나가는 사람이 말했다. "천하에 마음이 있구나! 경쇠를 치는 품이여!"

○자격경어위(子擊磬於衛) : 공자께서 위나라에서 경쇠를 두드리다. 경쇠를 치는 가운데 세상을 걱정하는 마음이 있었음. 擊磬亦是偶然 但磬以止樂 夫子欲止亂 角以爲民 磬屬角 夫子欲爲民 不覺憂世之心 寓在磬"
○유하괴이과공씨지문자(有荷蕢而過孔氏之門者) : 삼태기를 메고 공 씨의 문 앞을 지나가는 사람. '有~者'는 어떤 행위를 나타낼 때 쓰는 관용구. ☞하궤(荷蕢) : 삼태기를 메다. "是經過孔子之所寓處"
○왈유심재격경호(曰有心哉擊磬乎) : '천하에 마음이 있구나! 경쇠를 치는 품이여!'라고 말하다. ☞왈(曰) : 삼태기를 멘 사람이 탄식해서 하는 소리. "是荷蕢者嘆說"

磬은 樂器라 荷는 擔也요 蕢는 草器也니 此荷蕢者는 亦隱士也라 聖人之心은 未嘗忘天下어늘 此人이 聞其磬聲而知之하니 則亦非常人矣라

경(磬)은 악기다. 하(荷)는 메는 것이요, 궤(蕢)는 삼태기다. 이 삼태기를 멘 자는 또한 은사다. 성인의 마음은 일찍이 천하를 잊은 적이 없는데, 이 사람이 그 경쇠소리를 듣고서 그 마음을 알았으니, 역시 보통 사람이 아니다.

[備旨] 夫子一日在衛하사 偶然擊磬이러니 其憂世之心이 已寓於磬聲中矣라 乃有隱士適

荷草器하여 而過孔氏之門者가 聞其聲而嘆之에 曰有心於天下哉라 斯人之擊磬乎여

부자께서 하루는 위나라에 계실 적에 우연히 경쇠를 쳤더니, 아마도 세상을 걱정하는 마음이 이미 경쇠 소리 가운데 들어 있었던 것이다. 이어서 은사 중에 마침 삼태기를 메고 공 씨의 문 앞을 지나가는 사람이 그 소리를 듣고 탄식할 적에 말하기를, "천하에 마음을 두었구나! 이 사람의 경쇠를 치는 품이여!"라고 했다.

14 · 42 · 2 旣而曰 鄙哉라 硜硜乎여 莫己知也어든 斯已而已矣니 深則厲요 淺則揭니라

조금 있다가 말했다. "촌스럽다. 땡땡거리는 소리여! 자기를 알아주는 이가 없거든 그만두어야 할 따름이니, 깊으면 옷을 입고 건널 것이고, 얕으면 옷을 걷고 건널 것이다."

○기이왈(旣而曰) : '얼마 있다가' 말하다. '천하에 마음이 있구나!'라고 한 뒤에 다시 말했다는 의미. "是歎有心之後而又言"
○비재경경호(鄙哉硜硜乎) : 촌스럽다. 그 땡땡거리는 소리여! ☞비재(鄙哉) : 야비하다. 변통함이 없다고 나무라는 말. ☞경경호(硜硜乎) : '硜硜'은 돌을 두드리는 소리. 맑지 않아서 여유가 없는 소리. 하나만을 고집하여 융통성이 없는 모양. "鄙哉是譏其識之不遠 硜硜是就磬聲中 想見其心之專確"
○막기지야(莫己知也) : 자기를 알아주는 사람이 없다. 고대 한문에서는 '莫'에 의해서 부정되는 '서술어＋목적어' 구조에서는 목적어가 대명사이면 일반적으로 동사의 앞으로 이끌어 내었는데, 이는 고대 문법의 특징이었다. "是人不我用意"
○사이이이의(斯已而已矣) : 곧 그만두고 말아야 할 따름이다. '斯'는 접속사, '已'는 동사, '而已矣'는 '…일 뿐이다'라는 어조사. "上已字解作止字 而已矣乃語辭也"
○심즉려천즉게(深則厲淺則揭) : 냇물이 깊거든 옷을 벗어 들고 건너고, 냇물이 얕거든 옷을 걷어 올리고 건너. "謂涉水者尙知淺深之宜 用世者何不自度量也 勿以淺深分配治亂說" 「시경(詩經)」 《패풍(邶風) 포유고엽(匏有苦葉)》 제 1장에 나오는 내용. '厲'는 아랫도리를 벗고 물을 건너는 것을 말하고, '揭'는 옷을 걷고 물을 건너는 것을 말함. 「논어비지(論語備旨)」 〈인물전고란(人物典故欄)〉 "爾雅云 由帶以上爲厲 有膝以下爲揭"

硜硜은 石聲이니 亦專確之意라 以衣涉水曰厲요 攝衣涉水曰揭라하니 此兩句는 衛

風匏有苦葉之詩也니 譏孔子人不知己而不止하니 不能適淺深之宜라

경경(硜硜)은 돌 소리이니, 또한 오로지 딱딱한 소리만 낸다는 뜻이다. 옷을 입고 물을 건너는 것을 여(厲)라 하고, 옷을 걷고 물을 건너는 것을 게(揭)라 하니, 이 두 구는《위풍》포유고엽의 시다. 공자가 남이 알아주지 않는데도 그치지 아니하니, 능히 깊고 얕음에 따라서 적당하게 맞추지 못함을 조롱한 것이다.

○포유고엽(匏有苦葉) : 남녀가 서로 짓궂게 희롱하는 노래. 이 노래는 패풍(邶風) 마지막에 나오는 내용이지만 위풍(衛風)이라고 한 이유는, 은(殷)나라 말엽에 있었던 패풍(邶風)·용풍(鄘風)이 위풍(衛風)에 흡수되었기 때문이다. "匏有苦葉이어늘 濟有深涉이로다/ 深則厲요 淺則揭니라"(박에는 쓴 잎이 있고 나루에는 깊은 물턱이로다/ 물 깊으면 옷 입은 채로 물 얕으면 옷을 걷고 건너야지)

[備旨] 旣而譏之에 曰鄙哉라 斯人은 何其擊磬之聲이 硜硜然專確하여 而不知變通이 若是乎여 夫君子之所以出而用世者는 以世能我用耳어늘 今上下無交하여 莫己知也어든 斯與時俱已而已矣라 不觀之涉水乎아 水之深者면 則以衣涉之而爲厲요 水之淺者면 則攝衣涉之而爲揭니라 是淺深之用에 各有其宜也라 今人莫己知而不已니 何其不適淺深之宜乎아 誠哉라 其硜硜已로다

조금 있다가 나무랄 적에 말하기를, "촌스럽다. 이 사람은 어찌 그렇게도 경쇠를 치는 소리가 융통성이 없는 것같이 오직 딱딱한 소리만 내어서 변통을 알지 못함이 이와 같음이여! 무릇 군자가 세상에 쓰이는 까닭은 세상이 능히 자신을 써주기 때문인데, 지금 상하로 교류가 없어서 자기를 알아주지 않는다면 곧 시절과 더불어 함께 그만두어야 할 따름이다. 물을 건너는 것에 대해 보지 못했는가? 물이 깊으면 옷을 입고 건너서 여(厲)라 하고, 물이 얕으면 옷을 걷고 물을 건너서 게(揭)라 한다. 곧 얕고 깊음을 헤아려 등용함에 각각 그 마땅함이 있다는 것이다. 지금 사람은 자기를 알지도 못하면서도 그만두지 않으니, 어찌 그들은 얕고 깊음에 따라서 적당하게 하지 못하는가? 진실로 그들은 고집스러울 따름이로다!"라고 했다.

○경경연(硜硜然) : 하나만을 고집하여 융통성이 없는 모양. 본서 13·20·3 참고.
○용세(用世) : 나가서 세상에 쓰임. 출사(出仕).

14·42·3 子曰 果哉라 末之難矣니라

공자께서 말씀하셨다. "세상을 잊어버리는 데 과감한 사람이구나! 그렇게 산다면 비난할 것도 없을 것이다."

○과재(果哉) : 과감함을 탄식하는 말. 삼태기를 메고 가는 사람을 두고 탄식하는 말. "此嘆荷蕢"
○말지난의(末之難矣) : 힐난할 것이 없다. ☞말(末) : '無' '弗' '莫'과 통하는데 '없다'라는 뜻이다. ☞난(難) : 비난하다. 꾸짖다. 힐난하다. 「맹자(孟子)」《이루하(離婁下)》 "於禽獸又何難言(금수에게 또 무엇을 비난하겠는가?)" 고대 한문에서는 '末'에 의해서 부정되는 '서술어+목적어'의 구조에서는 목적어가 대명사이면 서로 도치되는데, 이는 고대 문법의 특징이었다. "言果於忘世無難 便有不忍爲此意"

果哉는 嘆其果於忘世也라 末은 無也라 聖人은 心同天地하여 視天下를 猶一家하고 中國을 猶一人하여 不能一日忘也라 故로 聞荷蕢之言하여 而嘆其果於忘世하고 且言人之出處가 若但如此면 則亦無所難矣시니라

과재(果哉)는 그가 세상을 잊어버리는 데 과감하다고 탄식한 것이다. 말(末)은 없다는 것이다. 성인은 마음이 천지와 같아서 천하를 보기를 한 집안처럼 하고, 중국을 보기를 한 사람과 같이하여 능히 하루라도 잊을 수가 없다는 것이다. 그러므로 삼태기를 멘 자의 말을 들어서 그가 세상을 잊어버리는 데 과감함을 탄식했던 것이고, 또 사람의 출처가 다만 이와 같다면 또한 비난할 바가 없음을 말씀하신 것이다.

[備旨] 夫子聞其言而嘆에 曰斯人也는 其殆浩然長往하니 果於忘世者哉라 且人之出處가 所以難者는 以其當可止之時로되 而猶不能一日忘天下也라 若但以人莫己知로 而遂已면 此少知潔身之義者라야 能之니 則亦末之難矣니라 然則我之有心이라도 正我之不果也요 而我之硜硜이라도 實我之所難也니 荷蕢는 亦知之否아

부자께서 그 말을 듣고 탄식할 적에 말씀하시기를, "이 사람은 아마도 훌훌 떠나 아주 가버리니 세상을 잊어버리는 데 과감한 사람이구나! 또한 사람의 출처가 어려운 까닭은 마땅히 그만두어야 할 때를 당했지만 오히려 하루도 천하를 잊지 못하기 때문에 그런 것이다. 만약에 단지 남이 자기를 알아주지 않는다는 이유로 마침내 그만두어 버린다면 곧 어느 정도 몸을 깨끗이 하는 데 대해 뜻을 아는 사람이라야 능히 할 수 있

을 것이니, 또한 비난할 수도 없을 것이다. 그렇다면 내가 마음에 있더라도 꼭 내가 과
감히 할 수 없고 그리고 내가 고집부리더라도 실제로 나에게는 어려운 바이니, 삼태기
를 멘 사람은 또한 아는지 모르는지?"라고 하셨다.

○기태(其殆) : 아마. 대개. 부사로서 상황에 대한 추측을 나타냄.
○호연(浩然) : 미련 없이 돌아가는 모양. 물의 흐름을 막을 수 없는 것처럼 귀심(歸心)
이 간절한 모양.

14・43・1　子張曰　書云　高宗이　諒陰(암)三年을　不言이라하니　何
謂也잇고

　자장이 말했다. "「서경」에 이르기를, '고종이 상중에 있는 3년 동안 말하지 않
았다.' 하니, 무엇을 이르는 것입니까?"

○서운(書云) : 서경(書經)에 이르다. 「서경(書經)」 《상서(商書) 설명편(說命篇)》에
"宅憂亮陰三祀"라고 한 것과 《주서(周書) 무일편(無逸篇)》에 "作其卽位 乃或亮陰 三
年不言"이라고 한 것이 보인다. "書是商書"
○고종양암삼년불언(高宗諒陰三年不言) : ☞고종(高宗, B.C 1324~B.C 1266) : 은(殷)나
라를 중흥시켰던 무정왕(武丁王)을 말함. ☞양암(諒陰) : 천자(天子)나 제후(諸侯)가 거
상(居喪)하는 곳. 또는 그 기간. 사람이 죽으면 여막(廬幕)을 짓고 살았다. '諒'은 '흉하
다' '상서롭지 못하다'라는 뜻이며, '陰'은 '말을 않다' '여막'이라는 뜻으로 독음이 '암'이
다. 양암(亮闇). 양암(梁闇). 양암(凉闇). ☞삼년불언(三年不言) : 여기서 3년을 말하지
않았다는 것은 3년 동안 호령을 내리지 않았다는 의미. "不言是不發號令"
○하위야(何謂也) : 말하지 않은 이유에 대해서 물음. "是問所以得不言之故"

高宗은　商王式丁也라　諒陰은　天子居喪之名이니　未詳其義라

　고종은 상왕 무정이다. 양암(諒陰)은 천자가 거상할 때를 이르는 것인데, 그 뜻
은 자세하지 않다.

[備旨] 子張問曰 商書有云호되 商王高宗이 宅憂諒陰三年을 不言이라하니 夫人君은 天
下之主也어늘 三年不言이면 則臣下罔攸稟令이니 不知書之所言은 果何謂也오

　　자장이 여쭈어 볼 적에 말하기를, "상서에 일렀으되, '상나라 왕 고종이 상중에 있을 적에 양암에서 3년 동안 말하지 않았다.' 하니, 무릇 인군은 천하의 임금인데 3년 동안 말을 하지 않았다면 신하가 명령을 받아 행할 수가 없었다는 것이니, 「서경」에서 이르는 바는 진실로 무엇을 이르는지 알지 못하겠습니다."라고 했다.

○택우(宅憂) : 상중(喪中)에 있음. 거상(居喪).
○망(罔) : 없다. '不'이나 '無'와 통함.
○유(攸) : …하는 바. 방법 또는 일 등의 뜻으로 쓰이는 의존명사.
○품명(稟命) : 명령을 받아 행함.

14・43・2　子曰　何必高宗이리오　古之人은　皆然하니　君薨커든　百官이　總己하여　以聽於冢宰三年하니라

　　공자께서 말씀하셨다. "어찌 고종뿐이겠는가? 옛날 사람들은 다 그러했으니, 임금이 죽었을 때에는 백관들이 자기의 직분을 다하여 3년 동안 총재로부터 명령을 들었던 것이다."

○하필고종(何必高宗) : 어찌 고종뿐이겠는가? 고종(高宗)은 은(殷)나라의 어진 임금으로서 은나라가 쇠했지만 다시 일으켜 세우고, 예가 폐해졌지만 다시 일으켜 세웠음. "何必猶云不獨"
○고지인개연(古之人皆然) : 옛날 사람들이 모두 그러하다. "古之人兼天子諸侯言"
○군훙(君薨) : 임금이 죽다. 특히 제후가 죽은 것을 말함. "諸侯死謂之薨"「예기(禮記)」《곡례하(曲禮下)》"天子死曰崩 諸侯曰薨 大夫曰 卒 士曰不祿"
○백관총기(百官總己) : 모든 관원이 자기의 직무를 다하다. "總攝也 不敢放縱意"
○이청어총재삼년(以聽於冢宰三年) : 백관들이 자기의 직분을 다하여 3년 동안 총재로부터 명령을 듣다. ☞총재(冢宰) : 주대(周代) 육경(六卿)의 우두머리. 인신하여 이부상서(吏部上書). 오늘날의 국무총리에 해당함. "言凡大小之事 一聽於冢宰 處分三年也"

言君薨이면　則諸侯亦然이라　總己는　謂總攝己職이라　冢宰는　太宰也라　百官이　聽於冢宰故로　君得以三年不言也라
○胡氏曰　位有貴賤이로되　而生於父母는　無以異者라　故로　三年之喪은　自天子로　達於庶人이니　子張이　非疑此也요　殆以爲人君이　三年不言이면　則臣下無所稟令하

여 禍亂이 或由以起也라 孔子告以聽於冢宰하시니 則禍亂은 非所憂矣니라

임금이 죽었다고 말했으면 제후도 또한 그런 것이다. 총기(總己)는 자기의 직책을 총괄하는 것을 이른다. 총재(冢宰)는 국무총리다. 백관들이 총재에게 명령을 들으므로, 임금이 3년 동안 말하지 않을 수 있었던 것이다.

○호 씨가 말했다. "지위에는 귀천이 있지만 부모로부터 태어나는 것은 다를 수가 없는 것이다. 그러므로 삼년상은 천자로부터 서인에게까지 미치는 것이니 자장이 이것을 의심한 것이 아니요, 혹시 임금이 3년 동안 말하지 않으면 신하가 명령을 받아 행할 수가 없어서 재앙과 난리가 혹시 이로 말미암아 일어날지도 모른다고 생각했던 것이다. 공자께서 총재에게 듣는다고 말씀해 주셨으니, 재앙과 난리는 걱정할 바가 아니다."

○태재(太宰) : 벼슬 이름. 임금을 보필하여 국정을 총괄함. 국무총리. 대재(大宰).
○태(殆) : 혹시 …일지도 모른다. 부사로서 추측이나 어느 정도 긍정을 나타냄.

[備旨] 夫子告之에 曰居喪三年不言은 何必高宗爲然哉아 古之人爲君者는 皆然이라 然이나 所以得三年不言者는 何也잇고 蓋君薨이면 而嗣君宅憂요 百官總攝己職하여 以聽於冢宰하고 處分三年하니 則凡嗣君이 所當言者를 冢宰皆代言之矣라 故로 君得以三年不言也라 然則高宗도 亦猶行古之道耳니 子又何疑哉리오

부자께서 깨우쳐 줄 적에 말씀하시기를, "상중에 있을 적에 3년 동안 말을 하지 않은 것은 어찌 고종만이 그렇게 했겠는가? 옛날 사람들 중에 임금이 된 사람은 다 그렇게 했던 것이다. 그러나 3년 동안 말을 하지 않았다는 것은 왜 그랬을까? 대개 임금이 죽으면 왕위를 계승한 임금도 상중에 있게 되고 백관들은 자기의 직분을 다하여 총재로부터 듣고 3년 동안 일을 처리했으니, 무릇 왕위를 계승한 임금이 마땅히 말할 바를 총재가 모두 대신 말했던 것이다. 그러므로 임금이 3년 동안 말하지 않을 수 있었던 것이다. 그렇다면 고종도 또한 오히려 옛날의 도를 행했을 따름이니, 그대는 또 무엇을 의심하는가?"라고 하셨다.

○사군(嗣君) : 왕위를 계승한 임금. 사왕(嗣王).

14·44·1 子曰 上好禮면 則民易(이)使也니라

공자께서 말씀하셨다. "위에 있는 사람이 예를 좋아하면 백성을 부리기가 쉽다."

○상호례(上好禮) : 위에 있는 사람이 예를 좋아하다. 위에 있는 사람이란 정치하는 사람을 의미함. "上指爲政者說 好禮是修之身行於政者 皆以禮爲之節文"
○민이사야(民易使也) : 백성을 부리기가 쉽다. 예가 상하에 통달하면 사람들은 각자의 분수를 지킬 줄 알기 때문에 분수가 정해지므로 부리기가 쉽다는 말. ☞이(易) : 쉽다. 여기서는 거성(去聲)으로 쓰였음. "使是役使 易寫就禮達而分定上來"

謝氏曰 禮達而分定이라 故로 民易使니라

사 씨가 말했다. "예가 통달해지면 분수가 정해지므로 백성을 부리기가 쉬운 것이다."

○예달이분정(禮達而分定) : 「예기(禮記)」《예운편(禮運篇)》에 나오는 말로, 예(禮)가 상하에 통달하면 사람들은 각자의 분수를 지킬 줄 알아 분수가 정해진다는 뜻.

[備旨] 夫子示崇禮之治에 曰禮所以辨上下而定民志者也라 誠使爲上者로 心誠好之하여 修之於身하되 而視聽言動을 必以禮하고 敷之於政하되 而型方訓俗을 必以禮면 則禮達而 分定하여 民皆知事使之當然이요 而處常이면 則趨事赴功하고 處變이면 則從征犯難하여 不待刑驅勢迫이라도 而爭先恐後矣니 有不易使者乎아

부자께서 예를 높여서 다스려야 한다는 것을 보여줄 적에 말씀하시기를, "예는 상하를 분별하여 백성들의 뜻을 정하는 것이다. 진실로 위에 있는 사람으로 하여금 마음속에 진실로 그것을 좋아하게 해서 몸에 닦게 하되, 보고 듣고 말하고 움직이는 것을 반드시 예로써 하도록 하고, 정사에 펴되 본보기가 되는 법도 및 가르치는 풍속을 반드시 예로써 하도록 하면, 예는 통달해지고 분수는 정해져서 백성들은 모두 부리거나 시키는 것이 당연하다는 것을 알게 될 것이요, 법도에 따라 일을 처리하면 일을 좋아서 공에 이르고 변통성 있게 일을 처리하면, 정벌에 나서지만 위험을 무릅써서 형벌로써 좇고 세력으로써 다그침을 기다리지 않더라도 앞서기를 다투고 뒤쳐질까 두려워 할 것이니, 쉽게 부릴 수 없는 사람이 있겠는가?"라고 하셨다.

○시청언동(視聽言動) : 보고 듣고 말하고 움직이는 것.
○형방훈속(型方訓俗) : 본보기가 되는 법도 및 가르치는 풍속.
○범난(犯難) : 위험을 무릅씀. 모험(冒險).

14·45·1 子路가 問君子한대 子曰 修己以敬이니라 曰 如斯而已乎잇가 曰 修己以安人이니라 曰 如斯而已乎잇가 曰 修己以安百姓이니 修己以安百姓은 堯舜도 其猶病諸시니라

자로가 군자의 도에 대하여 물으니, 공자께서 "공경으로써 자기 몸을 닦는 것이다." 하셨다. "이와 같이만 하면 되겠습니까?" 하자, "자기 몸을 닦아서 사람들을 편안하게 해주어야 한다." 하고 대답하셨다. 다시 "이와 같이만 하면 되겠습니까?" 하고 묻자, 다음과 같이 말씀하셨다. "몸을 닦아서 백성을 편안하게 해주어야 하는 것이니, 몸을 닦아서 백성을 편안하게 해주어야 하는 일은 요순도 아마 오히려 걱정하셨을 것이다."

○문군자(問君子) : 군자의 도가 어떠한가를 물음. "是問君子之道何如"
○수기이경(修己以敬) : 공경으로써 몸을 수양하다. "敬兼內外動靜說 修己以敬 謂君子 修己一主於敬 不是把敬來 修己以字有工夫"
○여사이이호(如斯而已乎) : 이와 같이 하면 끝나겠습니까? '已'는 '끝나다'라는 동사. "斯指修己以敬言 已止也 乎字有不足意"
○수기이안인(修己以安人) : 몸을 수양하여 남을 편안하게 해주다. "修字內包敬字 以字無工夫作 卽以看 安人是敬之至自及於人"
○여사이이호(如斯而已乎) : 이와 같이 하면 끝나겠습니까? "斯指修己以安人言"
○수기이안백성(修己以安百姓) : 몸을 수양하여 백성을 편안하게 해주다. "以字亦無工夫作 安百姓是敬之至自周於百姓"
○요순기유병저(堯舜其猶病諸) : 요임금과 순임금도 아마 이것을 오히려 부족하다고 느끼다. ☞기(其) : '아마'의 뜻으로 추측을 나타내는 말. ☞저(諸) : '之乎'의 줄인 말. '之'는 '修己以安百姓'을 가리키며 '乎'는 앞의 '其'와 같이 '其~乎'의 구조로 쓰여 추측하면서 감탄의 어기를 타나냄. 본서 6·28·1에 이와 똑 같은 말이 나옴. "堯舜卽 修己以安百姓之人 猶病是其心尙以此爲歉意"

修己以敬은 夫子之言이 至矣盡矣로되 而子路少之라 故로 再以其充積之盛하여 自然及物者로 告之하시니 無他道也라 人者는 對己而言이요 百姓은 則盡乎人矣라 堯舜猶病은 言不可以有加於此니 以抑子路하여 使反求諸近也라 蓋聖人之心은 無窮하여 世雖極治나 然이나 豈能必知四海之內에 果無一物이라도 不得其所哉리오 故로 堯舜도 猶以安百姓으로 爲病이니 若曰吾治已足이면 則非所以爲聖人矣니라

○程子曰 君子는 修己以安百姓하고 篤恭而天下平이니 唯上下一於恭敬이라야 則
天地自位하고 萬物自育하여 氣無不和하고 而四靈이 畢至矣리라 此는 體信達順之
道니 聰明叡知가 皆由是出이니 以此로 事天饗帝니라

공경으로써 자기 몸을 닦는다는 것은 부자의 말씀이 지극하고 다했지만, 자로가
이것을 하찮게 여겼던 것이다. 그러므로 다시 그 쌓이고 쌓임이 성해서 자연히 남
에게 미치는 것으로써 말씀하셨으니, 다른 방법이 있는 것은 아니다. 인(人)이란
자기를 상대해서 말한 것이요, 백성은 모든 사람을 포괄한 것이다. 요순께서 오히
려 걱정하셨다는 것은 이보다 더할 수가 없음을 말씀하신 것이니, 자로를 낮추도
록 해서 가까운 것에서 돌이켜 구하게 하신 것이다. 대개 성인의 마음은 무궁하여
세상이 비록 지극히 잘 다스려진다고 하더라도, 그러나 어찌 능히 온 세상 안에
진실로 한 물건이라도 자기 자리를 얻지 못하는 것이 없다고 장담할 수 있겠는
가? 그러므로 요순도 오히려 백성을 편안하게 하는 것을 걱정했던 것이니, 만일
나의 다스림이 이미 만족스럽다고 말했다면, 성인이 될 수 없는 것이다.

○정자가 말했다. "군자는 몸을 닦아서 백성을 편안하게 하고 공손함을 돈독히
하여 천하가 화평해지는 것이니, 오직 상하에 공경을 한결같이 해야 천지가 자연
히 자리를 잡고 만물이 자연히 길러져서 기운이 화평하지 않음이 없고 사령들이
모두 이를 것이다. 이는 신의를 몸소 행하고 화순의 세상에 도달하게 되는 방법이
니, 총명예지가 모두 이로 말미암아 나오는 것이니, 이 때문에 하늘을 섬기고 상제
에게 제사지내는 것이다."

○독공이천하평(篤恭而天下平) : 「중용(中庸)」33장에 나오는 내용으로, 군자는 공손함
을 돈독히 함에 천하가 화평해진다는 뜻. "33·5 君子는 篤恭而天下平이니라"
○사령(四靈) : 전설상의 네 가지 신령한 동물. 즉 기린·봉황·거북·용.
○체신(體信) : 신의를 몸소 행함. 「논어집주(論語集註)」 "體信是實體此道於身 達順是發
而中節 推之天下而無所不通也 體信是忠 無一毫之僞 達順是恕 無一物不得其所聰明叡智
皆由是出是自誠而明意思"
○달순(達順) : 화순(和順)의 세상에 도달하게 됨. 「예기(禮記)」《예운편(禮運篇)》"先
王 能脩禮以達義 體信以達順 故此順之實也"
○총명예지(聰明叡知) : 총(聰)은 듣지 않는 것이 없으며, 명(明)은 보지 않는 것이 없
으며, 예(叡)는 통하지 않는 것이 없으며, 지(知)는 알지 못하는 것이 없다는 뜻.
○향(饗) : 제사지내다. 흠향하다.

[備旨] 子路가 問何如而後에 爲君子이닛고 夫子告之에 曰人之成德은 不外自心이니 若

能修其在己하여 惟一以敬하고 戒愼恐懼하여 無敢惰放이면 則天理以存하고 人欲以遏이
니 是之爲君子也라 蓋敬은 該動靜하고 合內外하고 徹上下하니 所以齊家治國平天下之本
이 擧積諸此라 子路는 不喩而少之也에 曰君子之道는 如斯修己而已乎잇가하니 夫子告之
에 曰敬極其至면 則心平氣和하여 靜虛動直하여 而施爲自然各當其理라 是以로 治之所及
에 人得其安이니 修己以敬이면 而可以安人也라 子路가 又不喩而少之也에 曰君子之道는
如斯安人而已乎잇가 夫子又告之에 曰施爲當理면 將羣黎百姓이 莫不各得其安이요 修己
以敬이면 而可以安百姓也라 夫修己以安百姓이면 此其功效之大라 雖堯舜之心이나 猶以
爲病하시니 此는 決非君子면 不足以當之矣라 而子何以是로 爲不足盡君子也아

　자로가 "어떻게 한 뒤에 군자가 되겠습니까?" 하고 물으니, 부자께서 깨우쳐 줄 적
에 말씀하시기를, "사람이 덕을 이루는 것은 자신의 마음을 벗어나지 않는 것이니, 만
약에 능히 자기에게 있는 것을 닦아서 오직 한결같이 공경하고 경계하고 조심하며·두
려워해서 감히 나태하거나 방탕함이 없으면 천리가 보존되고 인욕을 막을 수 있을 것
이니, 이를 일러 군자라고 할 수 있을 것이다. 대개 공경은 동정을 갖추고 내외를 합하
고 상하에 통하니, 제가·치국·평천하의 근본이 모두 여기에서 쌓이게 되는 것이다."
라고 했다. 자로는 깨닫지 못하고 하찮게 여길 적에 말하기를, "군자의 도는 이처럼 자
기 몸만 닦을 따름입니까?"라고 하니, 부자께서 깨우쳐 줄 적에 말씀하시기를, "공경할
적에 그 지극함을 다하면 마음은 평안하고 기운은 화평해져서 맑아서 욕심이 없고 행
동이 발라서 실행할 적에는 자연적으로 각각 그 이치에 맞을 것이다. 이런 까닭으로
다스림이 미치는 바에 사람이 각각 편안함을 얻을 것이니, 공경으로써 자기 몸을 닦으
면 가히 사람을 편안하게 할 수 있을 것이다."라고 했다. 자로가 또 깨닫지 못하고 하
찮게 여길 적에 말하기를, "군자의 도는 이와 같이 사람을 편안하게 해주는 것뿐입니
까?"라고 하니, 부자께서 또 깨우쳐 줄 적에 말씀하시기를, "실행함이 이치에 맞으면
장차 수많은 백성과 백성들이 각각 그 편안함을 얻지 않음이 없을 것이요, 공경으로써
자기 몸을 닦으면 가히 백성들을 편안하게 할 수 있을 것이다. 무릇 자기 몸을 닦아서
백성들을 편안하게 하면 이는 그 공효가 크다고 할 것이다. 비록 요순과 같은 마음이
나 오히려 부족하다고 걱정하셨을 것이니, 이는 결단코 군자가 아니면 족히 당할 수가
없는 것이다. 그런데도 너는 어찌해서 이러한 것을 군자가 다할 수 없다고 하는가?"라
고 하셨다.

○계신(戒愼) : 경계하여 삼감.
○공구(恐懼) : 두려워함. 본서 8·3·1 집주 해석 참고. "戰戰은 恐懼요 兢兢은
戒謹이라"
○정허(靜虛) : 맑고 깨끗하여 욕심이 없음. 허정(虛靜).

○동직(動直) : 행동이 바름.
○시위(施爲) : 실행함. 시행함.
○군려(群黎) : 수많은 백성. 만민(萬民).

14·46·1 原壤이 夷俟러니 子曰 幼而不孫弟하며 長而無述焉이요 老而不死가 是爲賊이라하시고 以杖叩其脛하시다

　　원양이 걸터앉아서 공자를 기다렸더니, 공자께서 말씀하시기를, "어려서는 공손하게 굴지 않으며, 자라서는 칭찬 받을 만한 일이 없고, 늙어서는 죽지 않는 것이 바로 도둑이다." 하시고 지팡이로써 그의 정강이를 두드렸다.

○원양이사(原壤夷俟) : 원양이 걸터앉아 기다리다. ☞원양(原壤) : 노(魯)나라 사람으로 공자의 옛 친구다. 「예기(禮記)」 《단궁편(檀弓篇)》에 원양(原壤)이 어머니 상을 당했을 적에 공자께서 관을 손질해 주었는데, 그는 관 위에서 노래를 불렀다는 기록이 있다. ☞이사(夷俟) : 걸터앉아서 기다림. 다리를 뻗고 앉아서 기다림. '夷'는 걸터앉는 것이고, '俟'는 기다리는 것임. "此非故意 慢孔子明有放達 習與性成意"
○유이불손제(幼而不孫弟) : 어렸을 적에는 겸손하지 못함. '弟'는 '悌'의 뜻. "言其少時任情傲物"
○장이무술언(長而無述焉) : 어른이 되어서도 칭찬 받을 만한 일이 없음. "言其壯時蹉跎歲月"
○노이불사시위적(老而不死是爲賊) : 늙어서도 죽지 않는 것이 도적이라는 말. '爲賊'은 '幼而不孫弟'와 '長而無述焉'과 '老而不死' 등을 말함. "此句本不孫無述來以上責其已往"
○이장고기경(以杖叩其脛) : 지팡이로써 그의 정강이를 때림. ☞고(叩) : 두드리다. 때리다. ☞경(脛) : 정강이. 무릎 아래에서 복사뼈까지의 부분. "比夫子杖鄕時也 叩脛是警其將來"

原壤은 孔子之故人이니 母死而歌라 蓋老氏之流요 自放於禮法之外者라 夷는 蹲踞也요 俟는 待也니 言見孔子來하여 而蹲踞以待之也라 述은 猶稱也라 賊者는 害人之名이니 以其自幼至老히 無一善狀하여 而久生於世하여 徒足以敗常亂俗하니 則是는 賊而已矣라 脛은 足骨也라 孔子旣責之하시고 而因以所曳之杖으로 微擊其脛하여 若使勿蹲踞然이시니라

원양은 공자의 친구이니, 어머니가 죽어서도 노래를 불렀다. 아마도 노자의 무리이고 스스로 예법에서 벗어나 방탕한 자였을 것이다. 이(夷)는 걸터앉는 것이고, 사(俟)는 기다리는 것이니, 공자가 오는 것을 보고 걸터앉아서 기다렸다는 것을 말한다. 술(述)은 칭찬함과 같다. 적(賊)은 사람을 해치는 것을 이르니, 어려서부터 늙을 때까지 한 가지도 잘하는 모양이 없으면서 오래도록 세상에 살면서 한갓 사람의 도리를 손상하고 풍속을 어지럽게 하니 이는 도적일 따름이다. 경(脛)은 정강이다. 공자께서 이미 꾸짖으시고 이어서 짚고 있던 지팡이로 그의 정강이를 가볍게 쳐서 그로 하여금 걸터앉지 말도록 하신 것이다.

○예(曳) : 끌다. 질질 끌다. ☞예장(曳杖) : 지팡이를 짚고 감.
○준거(蹲踞) : 걸터앉음. 다리를 뻗고 앉음.

[備旨] 原壤者는 孔子之故人也라 見孔子來하여 而蹲踞以待之러니 孔子責之에 曰人之生於世하여 方其幼也에 有長者在上이면 則當孫順以盡弟道하고 長而成人이면 則當有以自立하여 使人으로 得有所稱述이어늘 汝는 幼小不孫順於長上하고 及長而無德行이 可稱述이라 今老則不如早死하여 免得久留身於世하여 爲風俗之蠹하고 而又不死하여 不循禮敎하여 敗常亂俗하니 是爲賊害已耳라하시고 旣數責之하고 復以杖으로 叩其脛하여 使勿復蹲踞然也하시다

원양이라는 사람은 공자의 친구다. 공자가 오는 것을 보고서 걸터앉아서 기다렸더니, 공자께서 꾸짖을 적에 말씀하시기를, "사람이 세상에 태어나서 바야흐로 어릴 적에는 어른이 위에 계시면 마땅히 겸손하고 온순해서 공손의 도를 다해야 하고, 장성해서 성인이 되었으면 마땅히 스스로 서서 사람들로 하여금 칭찬 받는 바가 있을 수 있도록 해야 할 터인데, 너는 어려서는 조금도 어른들이나 윗사람들에게 겸손하거나 순종치 않고 어른이 되어서도 덕행은 가히 칭찬할 만한 것이 없다. 지금 늙는 것이 일찍 차라리 죽어서 오래도록 세상에 살면서 풍속을 해치게 되는 일을 면하는 것만 못하고, 또 죽지도 않을 뿐만 아니라 예교를 따르지 않으면서 도리를 손상하고 풍속을 어지럽게 하니 이는 해만 될 따름이다."라고 하시고, 이미 여러 번 꾸짖고 다시 지팡이로써 그의 정강이를 쳐서 그로 하여금 다시 걸터앉지 못하도록 하신 것이다.

○손순(孫順) : 겸손하고 온순함.
○풍속지두(風俗之蠹) : 풍속을 해치는 것. ☞두(蠹) : 좀. 책, 옷 따위를 쏘는 해충.
○적해(賊害) : 해침.

14·47·1 闕黨童子가 將命이어늘 或問之曰 益者與잇가

권당의 동자가 손님 안내하는 일을 맡아보자, 혹자가 묻기를, "배우려는 사람입니까?" 했다.

○궐당동자(闕黨童子) : 궐당의 동자. ☞궐당(闕黨) : 궐리(闕里). 공자의 집이 있던 마을. 당(黨)은 500호의 마을. ☞동자(童子) : 사내아이.
○장명(將命) : 말을 중간에서 전하다. 주인과 손님의 중간에서 명령을 전하는 사람. 손님을 안내하는 일을 맡아봄. "將命是使他習譽且虛說"
○익자여(益者與) : 학문에 대해 정진하고 노력하는 아이입니까? ☞여(與) : 추측을 하면서도 의문을 나타내는 어조사인데, 화자가 추측한 말에 대해 답을 요구하고 있음. "益是學有進益 與是疑辭"

闕黨은 **黨名**이라 **童子**는 **未冠者之稱**이라 **將命**은 **謂傳賓主之言**이라 **或人**은 **疑此童子學有進益**하니 **故**로 **孔子使之傳命**하여 **以寵異之也**라

○총이(寵異) : 남달리 총애함.

궐당(闕黨)은 고을 이름이다. 동자(童子)는 아직까지 갓을 쓰지 않은 사람을 일컫는다. 장명(將命)은 손님과 주인의 말을 전달하는 것을 이른다. 어떤 사람은 이 동자가 학문에 나아가고 정진함이 있었으므로, 공자께서 그로 하여금 명령을 전달하는 일을 시켜서 남달리 총애한다고 의심한 것이다.

[備旨] 闕黨에 有童子가 來學於夫子한대 夫子使之로 傳賓主之命이어늘 或人이 疑而問之에 曰傳命은 非易事也라 此童子는 必學有進益이라 故로 爲此以寵異之與잇가

궐당에 있는 동자가 부자에게 와서 배우려 했는데, 부자께서 그로 하여금 손님과 주인의 말을 전하게 했으므로 어떤 사람이 의심스러워 물어볼 적에 말하기를, "말을 전하는 것은 쉬운 일이 아닙니다. 이 동자는 반드시 학문에 나아가고 정진함이 있었을 것입니다. 그러므로 이 일을 행하도록 해서 남달리 총애했습니까?"라고 했다.

14·47·2 子曰 吾見其居於位也하며 見其與先生으로 並行也호

니 非求益者也라 欲速成者也니라

공자께서 말씀하셨다. "나는 그가 자리에 앉아 있는 것을 보며, 그가 선생과 나란히 걸어 다니는 것을 보니, 배우기를 구하는 아이가 아니라 빨리 성인이 되기만 바라는 아이입니다."

○오견기거어위야(吾見其居於位也) : 공자 자신이, 동자가 어른들의 자리에 앉아 있는 것을 보다. "其字指童子 居於位是居於長者之位"
○견기여선생병행야(見其與先生並行也) : 그 아이가 선생들과 더불어 어깨를 나란히 하고 걸어 다니는 것을 보다. 여기서 선생은 나이가 많은 사람을 지칭함. "先生是年長之稱 並行是並肩而行"
○비구익자야(非求益者也) : 학문에 대해 정진하고 노력하는 아이가 아니다. "言其不能循少長之禮 便是無求益之心"
○욕속성자야(欲速成者也) : 성인의 대열에만 빨리 들어가려고 하는 아이라는 말. "謂欲速就於成人之例"

禮에 童子는 黨隅座隨行이어늘 孔子言吾見此童子호니 不循此禮하니 非能求益이요 但欲速成爾라 故로 使之로 給使令之役하여 觀長少之序하고 習揖遜之容하시니 蓋所以抑而敎之요 非寵而異之也라

「예기」에 동자는 마땅히 모퉁이에 앉고 뒤에 따라 걸어야 한다고 했는데 공자께서 말씀하시기를, "내가 이 동자를 보니, 이 예를 따르지 않으니 능히 학문에 대해 정진하고 노력을 구하는 아이가 아니라 다만 빨리 성인이 되려고 할 따름이다." 하셨다. 그러므로 그로 하여금 사령의 임무를 맡겨서 어른과 어린이의 차례를 보게 하고 사양하고 공손히 하는 용모를 익히게 하셨으니, 아마도 그를 낮추어서 가르치려는 것이고 총애하거나 특별히 여긴 것은 아닐 것이다.

[備旨] 夫子告之에 曰禮에 童子當隅坐어늘 而此童子는 吾見其居於位也호니 不循隅坐之禮矣라 禮에 童子는 當隨行이어늘 而此童子는 吾見其與先生으로 並行也호니 不循隨行之禮矣하니 是는 非能謙虛下人하여 以求學之益也요 乃不守童子之分하여 而欲速進於成人之列者也라 故로 使之將命하여 亦欲其觀長少之序하고 習揖遜之容하여 以潛消其尤志焉耳라 是乃抑而敎之니 豈寵而異之哉아

　　부자께서 깨우쳐 줄 적에 말씀하시기를, "「예기」에 동자는 마땅히 모퉁이에 앉아야 하지만 이 동자는 내가 그 자리를 차지하는 것을 보니, 자리의 한쪽 구석에 앉아야 한다는 예절을 따르지 않는 아이다. 예에 동자는 마땅히 뒤에 따라서 걸어야 하지만 이 동자는 내가 그의 선생과 함께 나란히 가는 것을 보니, 뒤에 따라서 걸어가야 하는 예절을 따르지 않았으니 이는 능히 겸허하게 사람들에게 낮추어서 학문에 나아감을 구하는 아이도 아니고, 더구나 동자의 분수를 지키지 않아서 성인의 대열에 빨리 나아가고 싶어 하는 아이다. 그러므로 그로 하여금 사령의 임무를 맡겨서 또한 어른과 어린이의 질서를 살피게 하고, 사양하고 공손히 하는 용모를 익히게 하여 은밀하게 그의 교만한 뜻을 없애고 싶었을 따름이다. 그래서 오히려 억제해서 가르쳤던 것이니, 어찌 총애하거나 특별히 여기었겠는가?"라고 하셨다.

○우좌지례(隅坐之禮) : 자리의 한쪽 구석에 앉는 예절. 자리를 깔고 앉을 때 지위가 낮은 사람은 모퉁이에 앉음. 보통 서남쪽에 앉음.
○항지(亢志) : 교만한 뜻. ☞항(亢) : 오만하고 무례하다.
○억(抑) : 말머리를 돌리다. 저지하다. 억제하다.

제 15편　衛靈公

凡四十一章이라

　　모두 41장이다.

15·1·1 衛靈公이 問陳於孔子한대 孔子對曰 俎豆之事는 則嘗聞之矣어니와 軍旅之事는 未之學也라하시고 明日에 遂行하시다

　　위나라 영공이 공자에게 작전법에 대해 묻자, 공자께서는 "예의에 관한 일은 일찍이 들은 적이 있지만, 군사에 관한 일은 배우지 못했습니다." 하시고, 다음날 마침내 떠나셨다.

○위령공(衛靈公) : 위나라의 임금 영공(靈公, B.C 534～B.C 493). 무도(無道)하였으나 인재를 적재적소에 잘 기용하였다고 함.
○문지어공자(問陳於孔子) : 진법을 공자에게 묻다. ☞진(陳) : 진법(陳法). 군진법(軍陳法). 작전법(作戰法). '陣'과 통함.
○조두지사(俎豆之事) : 조두(俎豆)는 제사(祭祀)에 쓰이는 나무로 만든 예기(禮器)를 지칭했는데, 그것을 다루는 일 즉 예문(禮文)이나 예의(禮儀)를 뜻한다. '俎'는 희생물을 괴는 제기이고, '豆'는 식육을 괴는 제기다. "事字包得廣凡一切禮文皆是"
○상문지의(嘗聞之矣) : 일찍이 들었다. "此啓其所當問"
○군려지사(軍旅之事) : 군사와 작전에 관한 일. '軍'은 1만 2500명, '旅'는 500명을 말함. "萬二千五百人爲軍 五百人爲旅 事是行伍擊刺之事"
○미지학야(未之學也) : 아직까지 배우지 못했다. ☞고대 한문에서는 '未'에 의해서 부정되는 '서술어＋목적어'의 구조에서는 목적어가 대명사이면 서로 도치되는데, 이는 고대 문법의 특징이었다. 즉 '未學之也'가 '未之學也'로 도치된다. "此抑其所不當問"
○명일수행(明日遂行) : 다음날 마침내 떠나다. "遂行內兼問陳 又不能復問俎豆意"

陳은 謂軍師行(항)伍之列이라 俎豆는 禮器라 尹氏曰 衛靈公은 無道之君也어늘 復有志於戰伐之事라 故로 答以未學而去之시니라

진(陳)은 군사의 항오에 대한 행렬을 말한다. 조두(俎豆)는 제기다. 윤 씨가 말했다. "위나라 영공은 무도한 군주인데 또 전쟁의 일에 뜻을 가졌던 것이므로 배우지 못했다고 대답하고 떠나신 것이다."

○항오(行伍) : 옛날의 군제로, 25명을 항(行), 5명을 오(伍)라고 함. 군대 또는 군대의 행렬.
○예기(禮器) : 제기(祭器).
○전벌(戰伐) : 전쟁. 공벌(攻伐).

[備旨] 孔子至衛러니 衛方與齊로 伐晉이라 故로 衛靈公이 一見孔子하고 而問兵陳之事한대 孔子對曰 臣自幼習禮라 如宗廟中에 有俎豆하고 其陳設進退之事는 則嘗聞其說矣어니와 至於軍旅行伍之事는 則未嘗學也라 豈敢以未學者로 妄對乎아 靈公問은 非所問이요 其不足有爲可知矣라 故로 孔子明日에 遂行하시니 所謂可以速而速也라

공자께서 위나라에 이르렀더니 위나라는 막 제나라와 함께 진나라를 치는 중이었다. 그러므로 위나라 영공이 공자를 한 번 보고 작전하는 대오의 행렬 및 배치 방법에 관해 물었는데, 공자께서 대답할 적에 말씀하시기를, "신은 어려서부터 예의를 익혔습니다. 종묘 가운데 조두를 갖추고 그것을 차리거나 거두는 일에 관해서는 일찍이 그 설명을 들었지만, 군사들의 항오에 관한 일은 일찍이 배우지 못했습니다. 어찌 감히 배우지 않은 내용을 망령되이 대답하겠습니까?"라고 하셨다. 영공이 질문한 것은 질문할 바도 아니고 그것을 족히 행해서는 안 된다는 것도 알았던 것이다. 그러므로 공자께서 다음 날 떠나셨으니, 이른바 빨리 할 수 있으면 빨리 해버렸던 것이다.

○병진(兵陳) : 작전하는 대오(隊伍)의 행렬 및 배치 방법. 군진(軍陣).
○진설(陳設) : 제사나 잔치 때 음식을 법식에 따라 차려 놓음.

15·1·2 在陳絶糧하니 從者病하여 莫能興이러니

진나라에 계실 때 양식이 떨어지니 따르던 제자들이 병들어 일어나지 못하게 되자,

○재진절량(在陳絶糧) : 진(陳)나라에 있을 적에 양식이 떨어지다. "絶糧是所遇之窮處"
○종자병(從者病) : 따랐던 제자들이 굶주리고 병이 들다. "從者是相從弟子 病是飢病"

○막능흥(莫能興) : 아무도 능히 일어나지 못하다. '興'은 '起'의 뜻.

孔子去衛適陳하시니라 **興**은 **起也**라

공자께서 위나라를 떠나 진나라로 가셨다. 흥(興)은 일어나는 것이다.

[備旨] 旣而去衛適陳하실새 絶糧七日하니 當時之從夫子者가 皆飢病하여 莫能興起니라

이후에 위나라를 떠나 진나라로 가셨을 때 양식이 7일 동안 떨어지니, 당시에 부자를 따르던 자들이 모두 굶고 병들어 아무도 능히 일어날 수가 없었던 것이다.

15·1·3 子路慍見(현)日 君子도 亦有窮乎잇가 子日 君子도 固窮이니 小人은 窮斯濫矣니라

자로가 성난 얼굴로 공자를 뵙고 말했다. "군자도 또한 어려움을 낭할 때가 있습니까?" 하고 묻자, 공자께서 말씀하시기를, "군자도 진실로 어려움을 당할 때가 있는 것이니, 그래도 군자는 자신의 할 바를 지키지만 소인은 어려움을 당하면 함부로 군다." 하셨다.

○자로온현(子路慍見) : 자로가 성이 난 모습을 얼굴에 나타내다. '慍見'이란 '사람을 성내어 만나다'라는 뜻으로 '온견'으로 읽는데, 여기서는 웃어른을 만나 뵙고 말하는 상황이므로 '온현'으로 읽어야 한다. "慍見是慍怒見於色"
○군자역유궁호(君子亦有窮乎) : 군자도 어려움을 당할 때가 있습니까? 여기서는 일반적인 군자라고 하기보다는 은근히 공자를 가리킴. "君子暗指孔子 窮是道之厄而不通"
○군자고궁(君子固窮) : 군자도 어려움을 당할 때가 있다. "作固有窮時看 對上亦有二字"
○소인궁사람의(小引窮斯濫矣) : 소인이 어려움을 당하게 되면 지나치게 군다는 말. ☞ 사(斯) : '卽'과 같은 접속사. ☞남(濫) : 마구 굴다. 예의에 벗어나게 행동하다. "濫如水之濫溢於外也"

何氏日 濫은 **溢也**라 **言君子**도 **固有窮時**니 **不若小人窮**이면 **則放溢爲非**니라 **程子日 固窮者**는 **固守其窮**이라하니 **亦通**이라

○愚謂 聖人은 當行而行하여 無所顧慮하고 處困而亨하여 無所怨悔를 於此에 可
見이니 學者는 宜深味之니라

하 씨가 말했다. "남(濫)은 넘치는 것이다. 군자도 진실로 어려움을 당할 때가 있는
것이니, 소인이 어려움을 당하면 제멋대로 행동하여 그릇된 짓을 하는 것과는 같지 않
다." 정자가 말한 "고궁(固窮)이란, 그 궁함을 굳게 지키는 것이다." 했으니, 또한 통한
다.
　　○내[朱子]가 생각하건대, 성인은 마땅히 떠나야 할 경우에는 떠나서 돌아보고 염려
하는 바가 없고, 곤경에 처해도 형통하여 원망하거나 후회하는 바가 없음을 이에서 볼
수 있으니, 배우는 자들은 당연히 깊이 음미해야 할 것이다.

○일(溢) : 넘치다. 법도에 지나치다.
○방일(放溢) : 기탄없이 제멋대로 행동함. 방일(放逸). 방종(放縱). 방자(放恣).

[備旨] 子路가 當此窮困之時하여 不勝忿怒之意하고 見於顏色에 曰君子는 抱道在躬이니
宜乎爲天所祐하고 爲人所助하여 不當得窮也어늘 乃亦有時而窮困이 若此乎아하니 夫子
告之에 曰窮通得喪은 繫乎所遇요 有不在我者라 君子固有窮時로되 但不如小人이 窮斯放
溢하여 而爲非耳라 然則今日之窮도 亦相與安之而已라

　　자로가 이렇게 곤궁한 때를 당하여 분노의 생각을 이기지 못하고 안색에 드러낼 적
에 말하기를, "군자는 도를 지키는 것이 몸에 있으니, 마땅히 하늘로부터 도움을 받고
사람으로부터 도움을 받아서 마땅히 곤궁하지 않아야 할 터인데 의외로 또한 때때로
곤궁하게 됨이 이와 같습니까?"라고 하니, 부자께서 깨우쳐 주실 적에 말씀하시기를,
"곤궁이나 영달·성공이나 실패는 때를 만나는 바에 따라 매여 있고 나에게 있는 것이
아니다. 군자도 진실로 곤궁할 때도 있을 테지만, 다만 소인이 곤궁해지면 제멋대로 행
동해서 그릇된 행동을 하는 것과는 같지 않을 따름이다. 그렇다면 오늘날의 곤궁함도
또한 서로 더불어 편안하게 여겨야 할 뿐이다."라고 하셨다.

○분노(忿怒) : 몹시 성냄. 분에(忿恚).
○궁통(窮通) : 곤궁(困窮)과 영달(榮達).
○득상(得喪) : 성공과 실패. 득실(得失).

15 · 2 · 1　子曰 賜也아 女以予로 爲多學而識(지)之者與아

공자께서 말씀하시기를, "사야, 너는 나를 많이 배워서 기억하는 사람이라고 여기느냐?" 하시자,

○사(賜) : 자공(子貢)의 이름.
○여이여위다학이지지자여(女以予爲多學而識之者與) : 너는 나를 많이 배워서 기억하는 사람이라고 여기는가? ☞다학(多學) : 많이 배움. 지식이 많다는 말. ☞지(識) : 기억하다. ☞이(以)~위(爲)~ : '…을 …으로 여기다'란 뜻의 관용구. ☞여(與) : 추측을 하면서도 의문을 나타내는 어조사인데, 화자가 추측한 말에 대해 답을 요구하고 있음. "多學以知言卽多聞多見也 識是將所聞所見一一識之不忘"

子貢之學이 多而能識(지)矣니 夫子欲其知所本也라 故로 問以發之시니라

자공의 학문이 많이 배우고 잘 기억하니, 부자께서 그것의 근본 되는 바를 알게 하고 싶었다. 그러므로 물어서 유발하신 것이다.

[備旨] 夫子가 示子貢以探本窮源之學에 曰賜也아 爲學有年矣니 女以予로 於天下事物之理에 無不周知하여 爲是專以多爲學하고 而又都記識於心하여 而不忘者與아

부자께서 자공에게 근본을 탐구하고 근원을 궁구하는 학문을 보여줄 적에 말씀하시기를, "사야, 배운 지 여러 해가 되었으니, 너는 나를 천하 사물의 이치에 대하여 두루 알지 못함이 없어서 오로지 많은 것을 배웠고, 또 모든 것을 마음에 기억하여 잊지 않는 사람이라고 생각하느냐?"라고 하셨다.

15 · 2 · 2　對曰 然하이다 非與잇가

자공이 대답했다. "그렇습니다. 틀렸습니까?"

○연(然) : 그렇습니다. 그럴 것입니다. 평일 보던 바에 근거해서 믿음. "是據平日所見而信之也"
○비연(非然) : 틀렸습니까? 오늘 깨우쳤지만 의심스럽게 여김. "是今日提撕而疑之也"

☞시(撕) : 깨우치다.

方信而忽疑하니 **蓋其積學功至**하여 **而亦將有得也**라

마침 믿고 있는데 갑자기 의심하니, 아마도 그가 학문을 쌓은 공이 지극하여 또한 장차 깨닫는 것이 있을 것이다.

[備旨] 子貢이 對曰天下之理는 散於事物일새 必多學而識라야 始能周知하나니 夫子其殆然矣라 然이나 理無終窮이로되 而聞見有限하니 夫子之學이 抑或非與잇가하니 此其疑信之間에 有將達之機矣라

자공이 대답할 적에 말하기를, "천하의 이치는 사물에 흩어져 있기에 반드시 많이 배우고 기억해야 비로소 능히 두루 알 수 있는 것이니, 부자께서는 아마 그럴지도 모릅니다. 그러나 이치에는 끝나거나 다함이 없지만 견문에는 한계가 있으니, 부자의 학문이 혹시라도 잘못되었습니까?"라고 했으니, 곧 그에게는 의심하고 믿는 사이에 장차 도달할 기미가 있었던 것이다.

○태(殆) : 대개. 아마도. 혹시…일지도 모른다. 부사로서 추측이나 반긍정을 나타냄.
○억혹(抑或) : 혹시. 아니면 혹시라도. 설사 그렇더라도. 설령(設令). 설혹(設或).

15·2·3 曰 **非也**라 **予**는 **一以貫之**니라

공자께서 말씀하셨다. "아니다. 나는 하나의 이치로써 모든 일을 꿰뚫었다."

○비야(非也) : 아니다. 그런 것이 아니다. "與他證明非字"
○여일이관지(予一以貫之) : 나는 하나의 이치로써 모든 일을 꿰뚫었다. ☞일이관지(一以貫之) : 한 이치로써 모든 일을 꿰뚫음. '以一貫之'의 도치형. 본문은 본서 《이인편(里仁篇)》에서 나왔다. "4·15·1 子曰 參乎아 吾道는 一以貫之니라 하시니 曾子曰 唯라하니라" "一指心之理言貫通也 之指學識萬事萬物之理言"

說見(현)第四篇이라 然이나 彼는 以行言이요 而此는 以知言也라

○謝氏曰 聖人之道가 大矣일새 人不能徧觀而盡識(식)이니 宜其以爲多學而識(지)之也라 然이나 聖人이 豈務博者哉리오 如天之於衆形에 匪物物刻而雕之也라 故로 曰 予는 一以貫之라하시니 德輶如毛나 毛猶有倫이어니와 上天之載는 無聲無臭라야 至矣니라 尹氏曰 孔子之於曾子엔 不待其問而直告之以此로되 曾子復(부)深喩之曰 唯라하고 若子貢은 則先發其疑而後告之로되 而子貢도 終亦不能如曾子之唯也하니 二子所學之淺深을 於此에 可見이라 愚按 夫子之於子貢에 屢有以發之나 而他人은 不與焉하니 則顏曾以下諸子所學之淺深을 又可見矣라

설명이 제 4편에 보인다. 그러나 거기서는 행동으로써 말씀한 것이고, 여기서는 지식으로써 말씀한 것이다.

○사 씨가 말했다. "성인의 도가 크기 때문에 사람들은 능히 두루 보고서 다 알 수 없으니, 당연히 그가 많이 배워서 기억한다고 생각한 것이다. 그러나 성인이 어찌 박학에만 힘쓰는 사람이겠는가? 이는 마치 하늘이 뭇 형상에 대해서 물건마다 깎아서 새기지 않음과 같은 것이다. 그러므로 나는 하나의 이치로써 모든 일을 꿰뚫었다고 말씀하셨던 것이니, 「시경」에 '덕은 가볍기가 터럭과 같지만 터럭은 오히려 비교할 데가 있거니와, 하늘의 일은 소리도 없고 냄새도 없다.' 한 것과 같아야 지극하다고 할 것이다." 윤 씨가 말했다. "공자께서 증자에 대해서는 그가 질문하기를 기다리지 않고 곧바로 이것으로써[一以貫之] 말씀하셨지만, 《이인편》 15장에서 증자는 다시 깊이 깨닫고 '예!' 하고 대답하였고, 자공은 먼저 의문을 유발시킨 뒤에 말씀해 주셨지만 자공은 끝내 증자가 '예!' 하고 대답한 것처럼 능히 할 수 없었으니, 두 사람의 학문의 깊고 얕음을 여기에서 볼 수 있다." 내[朱子]가 살펴 보건대, 부자께서 자공에 대해서 누차 말씀해 주셨으나 다른 사람은 여기에 끼지 못했으니, 안자·증자 이하 여러 제자들의 학문의 깊고 얕음을 또한 볼 수 있는 것이다.

○비(匪) : 아니다. '非' 혹은 '不'과 통함.
○조(雕) : 새기다. 아로새기다. '彫'와 통함.
○유(輶) : 가볍다.
○윤(倫) : 비교하다.
○재(載) : 일. 천명(天命)이 흘러 행하는 곳을 가리켜 말함.
○집주(集註)의 「시경(詩經)」 인용 부분은 「중용(中庸)」에서도 확인할 수 있다. "33·6 詩云 予懷明德이 不大聲以色이라하거늘 子曰聲色之以化民에 末也라하시니라 詩에 云

德輶如毛라하니 毛猶有倫이어니와 上天之載는 無聲無臭라야 至矣니라"(「시경」에 "내 생각하니 〔문왕의〕 명덕이 음성과 안색을 대단찮게 여긴다고 생각한다." 했는데, 공자께서 "음성과 안색은 백성을 교화시킴에 있어 말단인 것이다."라고 말씀하셨다.「시경」에 '덕은 가볍기가 터럭과 같다.' 하니, 터럭은 오히려 비교할 만함이 있거니와, '상천(上天)의 일은 소리가 없고 냄새도 없다.' 해야 지극하다 할 것이다.)

○유(唯) : 빨리 대답하다.
○낙(諾) : 천천히 대답하다.

[備旨] 夫子直決之에 曰吾誠非多學而識之者也라 蓋萬物은 原於一本일새 予惟本一心之理하여 以貫乎天下萬事萬物之理而已라 豈必多學而識哉아 賜亦求端於一貫焉이 可矣니라

부자께서 곧바로 확정할 적에 말씀하시기를, "나는 진실로 많이 배워서 아는 사람이 아니다. 대개 만물은 동일한 근본에서 시작하기에 나는 오직 한마음의 이치에만 근본을 삼아서 천하 만사와 만물의 이치를 꿰뚫었을 따름이다. 어찌 꼭 많이 배운다고 해서 기억하겠는가? 자공도 또한 하나의 이치로써 모든 일을 꿰뚫는 데서 단서를 구하는 것이 옳을 것이다."라고 하셨다.

15·3·1 子曰 由야 知德者가 鮮矣니라

공자께서 말씀하셨다. "유야! 덕을 아는 자가 드무니라."

○유지덕자선의(由知德者鮮矣) : 자로야! 덕을 아는 사람이 드물다. ☞지덕자(知德者) : 덕을 아는 사람. 일반적으로 덕은 의리가 몸에 얻어진 것을 말함. ☞선의(鮮矣) : 드물다. 은근히 힘쓰게 하려는 뜻이 내포되어 있음. "德是衆理統會之德 鮮矣二字有提醒勉勵意"

由는 呼子路之名而告之也라 德은 謂義理之得於己者니 非己有之면 不能知其意味之實也니라
○自第一章으로 至此는 疑皆一時之言이니 此章은 蓋爲慍見(현)發也라

유(由)는 자로의 이름을 불러서 깨우친 것이다. 덕(德)은 의리가 자기 몸에 얻어진 것을 이르니, 덕을 몸에 소유하지 않으면 능히 그 의미의 실체를 알 수 없다.

○제 1장으로부터 여기까지는 모두 한 때의 말씀인 듯하니, 이 장은 아마도 [15·1·3에서 자로가] 성난 얼굴로 뵈었기 때문에 말씀한 듯하다.

[備旨] 夫子呼子路而告之에 曰由야 義理得於心을 謂之德이라하니 若能實有是德하여 眞知其意味之所在면 則內重而見外之輕이요 一切窮通得喪에 自不足以動其心이라 我求其人이로되 蓋亦鮮矣라 由其勉進於知德哉인저

부자께서 자로를 불러서 깨우쳐 줄 적에 말씀하시기를, "유야! 의리가 마음에 얻어진 것을 덕이라 하니, 만약 실제로 이 덕을 소유하여 진실로 그 의미의 소재를 안다면 안으로는 무겁게 하고 밖으로 드러내는 것은 가볍게 할 것이요, 일체의 곤궁이나 영달 그리고 성공과 실패에 스스로 족히 그 마음을 움직이지 않을 것이다. 내가 그 사람을 구해 보려고 하지만 또한 드물다. 유는 덕을 아는 데 나아가도록 힘써야 할 것이다."라고 하셨다.

○궁통(窮通) : 곤궁(困窮)과 영달(榮達).
○득상(得喪) : 성공과 실패. 득실(得失).

15·4·1 子曰 無爲而治者는 其舜也與신저 夫何爲哉시리오 恭己 正南面而已矣시니라

공자께서 말씀하셨다. "억지로 다스리지 않아도 잘 다스린 사람은 아마도 순임금일 것이다. 대체 무엇을 해서 그렇겠는가? 몸을 공손히 하고 단정하게 해서 남쪽을 향하셨을 따름이었다."

○무위이치자(無爲而治者) : 잘 다스리려고 하지 않아도 다스리는 사람. ☞무위이치(無爲而治) : 성인(聖人)의 덕이 지극히 커서 백성들이 저절로 교화되어 잘 다스려짐. '無爲'란 인위적 작용 없이 자연스럽게 하는 상태를 말하며, 가만히 앉아만 있고 정사를 돌보지 않았다는 뜻은 아님. "無爲是無事之意 治是天下化成 指四方風動言"
○기순야여(其舜也與) : 다스릴 수 있는 사람은 아마도 순임금일 것이라는 말. '其'는 '아마'의 뜻으로 추측을 나타내는 말. '也與'는 구(句)의 끝에 쓰이는데, '也'는 단정을 나타내고, '與'는 평성(平聲)으로 쓰여 추측하는 정도의 아주 가벼운 감탄의 뜻을 나타냄. "舜之無爲 兼紹堯得人二意"

○부하위재(夫何爲哉) : 무엇을 하는가? '무엇을 하셨는가?'에 대한 의문을 표시하고, 윗글을 이어받아 아랫글을 환기시킴. "是承上句 喚起下文"
○공기정남면이이의(恭己正南面而已矣) : 몸을 공손히 하고 단정하게 해서 남쪽을 향한다는 말. '正'은 '端拱(신하가 단정한 태도로 조정에 섬)을 말함. ☞남면(南面) : 남쪽을 향함. 임금이 정사를 듣는 자리를 말함. 임금은 남면(南面)하고 신하는 북면(北面)함. 옛날 사람들은 남쪽이 광명(光明)의 자리라 하여, 천자(天子)와 제후(諸侯) 그리고 관리들은 북쪽에 앉아 남쪽을 향해 정사를 처리했다. 이를 향명이치(嚮明而治)라 했음. 본서 "6·1·1 子曰雍也는 可使南面이로다" 참고. "正端拱也 此句正極形無爲之象 非推原無爲之本也"

無爲而治者는 聖人德盛而民化하니 不待其有所作爲也라 獨稱舜者는 紹堯之後하고 而又得人以任衆職이라 故로 尤不見其有爲之迹也라 恭己者는 聖人敬德之容이니 旣無所爲면 則人之所見이 如此而已라

　무위이치(無爲而治)라는 것은 성인의 덕이 융성하여 백성이 교화되니, 그는 인위적으로 행동하는 것을 바라지 않아도 되었다는 것이다. 유독 순임금만을 일컬은 것은 요임금의 뒤를 이었고 또 사람을 얻어 여러 직책을 맡겼기 때문이다. 그러므로 더욱이 그에게서 다스린 자취를 볼 수 없었던 것이다. 공기(恭己)라는 것은 성인이 덕을 공경하는 모양이니, 이미 행하는 바가 없으면 사람들의 보는 것이 이와 같을 따름이다.

○작위(作爲) : 의지적인 의사에 의한 적극적인 행위나 동작. ↔부작위(不作爲).

[備旨] 夫子上嘉舜治之盛에 曰自古로 帝王爲治多矣어늘 若不待其有所作爲로되 而天下自臻於平治者는 其虞舜也與신저 蓋以舜之盛德으로 而民化하고 又紹堯之後하여 得人以任衆職하니 所以享無爲之治也라 夫舜果何爲哉아 惟見其垂衣端拱하여 恭己之容을 儼然하여 正位於南面之尊하니 人之所見은 惟此而已矣라 恭己之外에 曷見其有爲之迹哉아 信乎舜之無爲而治也신저

　부자께서 전대에 순임금의 다스림이 번성했다는 것을 기릴 적에 말씀하시기를, "옛날부터 제왕들이 정사를 다스린 일이 많았는데, 그들이 인위적으로 행동하는 것을 바라지는 않았지만 천하에 저절로 태평하게 다스려지는 데 이른 사람은 아마도 우임금이나 순임금이실 것이다. 대개 순임금의 성덕 때문에 백성들이 교화되고 또 요임금의 뒤를 이어 사람을 얻어서 여러 직책을 맡기니, 다스리려고 하지 않아도 다스려지는 시대를 누렸던 것이다. 대저 순임금은 진실로 무엇을 해서 그런가? 오직 그는 옷을 늘어뜨

리고 몸가짐을 장중하게 해서 자신을 공경하는 용모를 엄연히 해서 남쪽을 향하는 높은 곳에 바르게 앉아 있던 것만 볼 수 있었으니, 사람들이 보는 것은 오직 이것뿐이었다. 자신을 공경하는 것 외에 어찌 그에게 인위적으로 행동하는 자취를 볼 수 있겠는가? 진실로 순임금은 억지로 다스리지 않았지만 잘 다스렸던 분이셨다."라고 하셨다.

○가(嘉) : 기리다[譽也]. 칭찬하다.
○진(臻) : 이르다.
○평치(平治) : 태평하게 다스림. 또는 태평하게 다스려짐.
○우순(虞舜) : 상고 시대 때의 성군(聖君). 성은 요(姚)이며 이름은 중화(重華)다. 우(虞)는 그의 조상이 봉해진 나라 이름. 효성이 극진하였고, 요(堯)임금으로부터 왕위를 선양(禪讓)받아 포판(蒲阪)에 도읍했으며, 남쪽으로 순시(巡視)하다가 창오(蒼梧)에서 세상을 떠났다고 함. 재위(在位) 18년.
○수의(垂衣) : 옷을 늘어뜨림. ☞수의상(垂衣裳) : 옷을 늘어뜨림. 아무런 일도 하지 않음의 형용. 제왕(帝王)의 무위(無爲)의 다스림을 칭송하는 말.
○단공(端拱) : 제왕(帝王)이 장중한 몸가짐으로 조정에 나아가 깨끗한 정사를 폄.
○엄연(儼然) : 엄숙하고 진중한 모양.

15·5·1 子張이 問行한대

자장이 사람의 행동에 대해 묻자,

○자장(子張) : 공자의 제자. 성은 전손(顓孫). 이름은 사(師). 진(陳)나라 사람. 자장(子張)은 그의 자. 공자보다 48살 아래였다.
○문행(問行) : 어떻게 하면 행동에 이롭지 않음이 없도록 하고자 물어봄. "是欲行無不利意"

猶問達之意也라

본서 12·20·1에서 자장이 통달을 물은 뜻과 같다.

[備旨] 子張이 問於夫子에 曰人之處世가 必如何而後에 行無不利乎아

자장이 부자에게 여쭈어 볼 적에 말하기를, "사람의 처세가 반드시 어떻게 한 뒤라

야 행동에 이롭지 않음이 없겠습니까?"라고 했다.

15·5·2 子曰 言忠信하며 行篤敬이면 雖蠻貊之邦이라도 行矣어니와 言不忠信하며 行不篤敬이면 雖州里나 行乎哉아

　　공자께서 말씀하셨다. "말이 충성스럽고 미쁘며 행동이 도탑고 조심스러우면 비록 오랑캐의 나라라고 할지라도 행세할 수 있겠지만, 말이 충성스럽고 미쁘지 못하며 행동이 도탑고 조심스럽지 못하면 비록 고향 마을이라 하더라도 행세할 수 있겠는가?

　　○언충신(言忠信) : 말은 충성스럽고 신실되게 함. '忠'은 입으로 하는 말과 마음이 일치하도록 하는 것이고, '信'은 평소에 하는 일과 입으로 하는 말이 서로 응하도록 하는 것. "口與心符是忠 事與口應是信"
　　○행독경(行篤敬) : 행동은 진지하고 조심성 있게 함. '篤'은 상세하게 살펴서 가볍게 하지 않는 것이고, '敬'은 경계하고 두려워하며 잃어버릴까 두려워하는 것. "詳審不輕是篤 戒懼恐失是敬"
　　○수유만맥지방행의(雖蠻貊之邦行矣) : 비록 오랑캐의 나라라고 할지라도 사람들이 믿기에 행세할 수 있음. '蠻'은 '南蠻'을 '貊'은 '北狄'을 말함. "是決行得去 必言蠻貊者 見無處不可行也"
　　○수주리행호재(雖州里行乎哉) : 비록 고향이라고 하더라도 사람들이 믿지 않기에 행세할 수 없다는 말. '州'는 2,500호(戶), '里'는 25호(戶)를 말함. 마을이나 고향, 또는 그곳에 사는 사람들의 범칭. '乎哉'는 어조사가 연용된 형태인데 의문이나 반문, 그리고 감탄을 나타내는 경우에 쓰이는데 여기서는 반문의 의미로 쓰였음. "是決行不去 必言州里者 見無處可行也"

子張은 意在得行於外라 故로 夫子反於身而言之하시니 猶答干祿問達之意也라 篤은 厚也라 蠻은 南蠻이요 貊은 北狄이라 二千五百家를 爲州라

　　자장은 뜻이 몸 밖에서 행하는 것을 얻는 데 있었다. 그러므로 부자께서 몸에 돌이켜서 말씀하셨으니, 《위정편》 2·18·1에서 녹을 구하는 방법과 《안연편》 12·19·1에서 통달한 선비에 대해 여쭈어 보았을 적에 답한 뜻과 같다. 독(篤)은 도타운 것이다. 만(蠻)은 남쪽 오랑캐이고, 맥(貊)은 북쪽 오랑캐다. 2천 5백 집을

주(州)라 한다.

[備旨] 夫子告之에 曰所謂行者는 求諸己而已라 使言焉忠誠而信實하며 行焉篤厚而敬謹이면 則誠能動物하여 言出而人孚之하며 行出而人孚之하나니 雖遠而蠻貊之邦이나 亦可行矣어니와 若言焉虛誕而不忠信하며 行焉縱肆而不篤敬이면 則不誠이 未有能動者하여 言出而人違之하고 行出而人違之하나니 雖近而州里나 其能行乎哉아 可見行之利與不利는 惟視其心之誠與不誠而已라

부자께서 깨우쳐 줄 적에 말씀하시기를, "이른바 행동은 자기 몸에서 구해야 할 따름이다. 가령 말은 충성스럽고 신실되게 하며 행동은 인정이 많고 공경하면서 조심스럽게 하면, 성실함이 능히 만물을 움직여서 말이 나오면 사람들이 믿게 되며 행동으로 옮기면 사람들이 믿게 될 것이니, 비록 멀리 오랑캐의 지방에서라도 또한 행세할 수 있을 것이지만, 만약 말은 허탄하게 하고 충성스럽고 미쁘지 않게 하며 행동은 멋대로 행해서 도탑고 조심스럽지 않게 하면, 성실치 않음이 능히 만물을 움직일 수 없어서 말이 나오면 사람들이 떠나고 행동을 하면 사람들이 피할 것이니, 비록 가까운 고향 마을이라고 할지라도 그가 능히 행세할 수 있겠는가? 행할 적에 이로움과 이롭지 않음은 오직 그 마음의 성실함과 성실치 않음을 살피는 데서 볼 수 있을 따름이다.

○독후(篤厚) : 인정이 많음.
○경근(敬謹) : 공경하고 삼감.
○종사(縱肆) : 멋대로 하면서 방탕함.

15·5·3 立則見其參於前也요 在輿則見其倚於衡也니 夫然後行이니라

서 있을 적에는 그 말이 자기 앞에 나란히 함께하는 것처럼 보이도록 해야 할 것이요, 수레에 앉아 있을 적에는 그 말이 멍에에 기대어 있는 것처럼 보이도록 해야 할 것이니, 대개 그런 뒤에야 행세할 수 있다."

○입즉견기참어전야(立則見其參於前也) : 서 있을 적에는 그 말[忠信과 篤敬]이 자기 앞에 나란히 함께하는 것처럼 보이도록 하다. ☞참(參) : 나란히 하다. 같이 어울리다. 끼어 들다. 뒤섞이다. 교착(交錯)하다. 「예기(禮記)」《곡례상(曲禮上)》 "두 사람이 나란

히 앉아 있거나 나란히 서 있거든 가서 참여하지 말며 두 사람이 나란히 서 있을 적에 중앙을 뚫고 나가지 말아야 한다.(離坐離立이어든 *毋往參焉*하며 離立者에 不出中閒이니라)"

○재여즉견기의어형야(在興則見其倚於衡也) : 수레에 앉아 있을 적에도 그 말[忠信과 篤敬]이 멍에에 기대어 있는 것처럼 보이도록 하다. ☞의(倚) : 기대다. ☞형(衡) : 수레의 멍에. "二則字俱作卽字看 二見字俱作心中所見言"

○부연후행(夫然後行) : 그런 뒤라야 행세할 수 있다. "是難之之辭 見必如此而後行 不如此則不行"

其者는 指忠信篤敬而言이라 參은 讀如毋往參焉之參이니 言與我相參也라 衡은 軛也라 言其於忠信篤敬에 念念不忘하여 隨其所在하여 常若有見하니 雖欲頃刻離之나 而不可得然後에 一言一行이 自然不離於忠信篤敬하여 而蠻貊이라도 可行也라

그것이란 '말이 충성스럽고 미쁘며 행동이 도탑고 조심스럽다는 것[忠信篤敬]'을 가리켜 말한 것이다. 참(參)은 「예기」에서 "가서 같이 참여하지 말라."는 참(參)과 같이 읽으니, 자기와 더불어 서로 나란히 함을 말한다. 형(衡)은 멍에다. 그가 충신과 독경에 대해 잠시도 잊지 않고 늘 생각하여 그가 있는 곳에 따라서 항상 보는 듯하니, 비록 잠시 동안 떠나려 하여도 떠날 수 없는 것과 같은 뒤에 한 마디 말이나 하나의 행동이 자연적으로 충신과 독경에서 떠나지 않아서 오랑캐 나라에서라도 행세할 수 있음을 말씀한 것이다.

○액(軛) : 멍에. 수레의 멍에.
○염념불망(念念不忘) : 잠시도 잊지 않고 늘 생각함.

[備旨] 然이나 忠信篤敬은 非可以襲取而强爲也라 必其於未言未行之先에 念念不忘하여 時乎立也면 則若見忠信篤敬之理가 參於吾之前也요 時乎在興也면 則若見忠信篤敬之理가 倚於吾之衡也라 夫然後에 一言一行이 自不離忠信篤敬하여 而州里蠻貊이라도 無不可行矣라

그렇지만 충신과 독경은 자꾸 취한다고 해서 억지로 할 수 있는 것은 아니다. 반드시 말하지 않았거나 행하지 않았을 적에도 잠시도 잊지 않고 늘 생각하여 때로 서 있을 때면 마치 충신과 독경에 대한 다스림이 자기 앞에 나란히 함께하는 것같이 보이도록 해야 할 것이요, 때로 수레에 앉아 있을 때면 마치 충신과 독경에 대한 다스림이 자기를 멍에에 기대어 있는 것같이 보이도록 해야 할 것이다. 무릇 그렇게 한 뒤에는

한 마디 말이나 하나의 행동이 자연적으로 충신과 독경에서 떠나지 않아서 고향 마을
이나 오랑캐 나라에서라도 행세하지 못함이 없을 것이다."라고 하셨다.

○습(襲) : 거듭하다. 되풀이하다.
○형(衡) : 수레의 멍에.

15·5·4　子張이　書諸紳하니라

　자장이 이 말씀을 큰 띠에 썼다.

○자장서저신(子張書諸紳) : 자장이 이 말씀을 큰 띠에 쓰다. ☞서(書) : 쓰다. 큰 띠에
써서 눈길이 닿으면 경계하는 마음을 갖고자 함이다. ☞신(紳) : 신분이 높은 사람이
예복(禮服)에 띠던 큰 띠. 대대(大帶) 앞에 늘어진 부분을 말하며, 여기에다 경계하는
말을 적기도 했다. 공안국(孔安國)은 '大帶'라 했고, 주자(朱子)는 '大帶之垂者'라고 했
다. "書是寫書紳 欲觸目警心也"

紳은　大帶之垂者니　書之는　欲其不忘也라
○程子曰　學要鞭辟近裏하여　著(착)己而已니　博學而篤志하고　切問而近思하며　言
忠信하고　行篤敬하며　立則見其參於前이요　在輿則見其倚於衡이　卽此是學이니라
質美者는　明得盡하고　查滓便渾化하여　却與天地로　同體요　其次는　惟莊敬以持養
之니　及其至하여는　則一也니라

　신(紳)은 큰 띠를 드리운 것이다. 띠에 쓴 것은 잊지 않고자 해서다.
　○정자가 말했다. "학문은 분석하고 가장 깊은 속까지 접근하여 자기 몸에 밀착
되기를 요할 따름이니, '널리 배워서 뜻을 독실히 하고 절실히 물어서 가까운 것부
터 생각하며, 말은 충성스럽고 미쁘게 하며 행동은 도탑고 조심스럽게 하며, 서 있
을 적에는 그 말이 자기 앞에 나란히 함께하는 것처럼 보이도록 해야 하고 수레
에 앉아 있을 적에는 그 말이 멍에에 기대어 있는 것처럼 보이도록 해야 한다는
것 등' 여기에 나아가는 것이 바로 학문인 것이다. 자질이 뛰어난 자는 밝히기를
다하고 찌꺼기도 완전히 하나가 되어 도리어 천지와 더불어 한 몸이 될 수 있을
것이요, 그 다음은 오직 엄숙하고 공경함으로써 지키고 길러야 할 것이니, 그 도달
함에 이르러서는 똑같을 것이다."

○편벽근리(鞭辟近裏) : 분석하여 가장 깊은 속까지 접근함. 자세히 성찰하여 깊은 이치를 깨달음을 이름. 편벽향리(鞭辟向裏). "學只要鞭辟近裏 著己而已"

○사재(查滓) : 찌꺼기. 정수(精粹)를 골라내고 남은 것. ☞사(查) : 찌꺼기. ☞재(滓) : 찌꺼기. 때. 몸에 끼거나 묻은 더러운 물질. 왕수인(王守仁) 「전습록(傳習錄)」 "查滓便渾化"

○혼화(渾化) : 완전히 일체가 됨. 융합되어 하나가 됨.

○장경(莊敬) : 엄숙하고 공경함.

[備旨] 子張이 聞夫子之言하고 而知其切於身也하여 遂書紳以識不忘焉이라 庶忠信篤敬之敎는 一寓目而存하여 而參前倚衡之見은 亦因象而顯矣라 張亦善體聖敎也哉인저

　자장이 부자의 말씀을 듣고 그것이 몸에 절실함을 알아서 마침내 큰 띠에 써서 기록한 후 잊지 않고자 했던 것이다. 대개 충신과 독경의 가르침은 한결같이 눈에 머물러 있도록 보존하여, 자기가 서 있을 적에는 그 말이 자기 앞에 나란히 함께하는 것처럼 보이도록 하고, 수레에 앉아 있을 적에는 그 말이 멍에에 기대어 있는 것처럼 보이도록 한 것은 또한 모양을 인해서 나타낸 것이다. 자장도 또한 성인의 가르침을 몸에 잘 본받았던 것이다.

○서(庶) : 대개. 어쩌면.

○우목(寓目) : 눈을 가까이 하여 봄. 눈여겨봄. 주목함.

○성교(聖敎) : 성인(聖人)의 가르침. 성훈(聖訓).

15 · 6 · 1 子曰 直哉라 史魚여 邦有道에 如矢하며 邦無道에 如矢로다

　공자께서 말씀하셨다. "곧도다, 사어여! 나라에 도가 있을 때에도 화살과 같이 곧았으며, 나라에 도가 없을 때에도 화살과 같이 곧았도다!

○직재사어(直哉史魚) : 강직하다. 사어여! ☞직재(直哉) : 절개가 곧도다. '절개가 빼어나다'라는 말. ☞사어(史魚) : 위(衛)나라의 대부(大夫). '史'는 관직명이고 '魚'는 성이었음. 이름은 추(鰌)였음. "直主節槪上看"

○방유도여시(邦有道如矢) : 나라에 언로가 통할 때도 곧게 말하다. ☞시(矢) : 곧다[直也]. 똑바르다. 「시경(詩經)」 《소아(小雅) 대동편(大東篇)》 "주나라의 도가 숫돌처럼

판판하고 그 곧음이 화살처럼 곧도다(周道如砥 其直如矢)” “有道指言路通 如矢只形容 其直就諫諍上說”

○방무도여시(邦無道如矢) : 나라에 언로가 막힐 때도 역시 곧게 말하다. “無道指言路 塞 如矢亦就諫諍上說”

史는 **官名**이라 **魚**는 **衛大夫**니 **名鰌**라 **如矢**는 **言直也**라 **史魚**가 **自以不能進賢退不 肖**로 **旣死**라도 **猶以尸諫**이라 **故**로 **夫子稱其直**하시니 **事見**(현)**家語**라

사(史)는 관명이다. 어(魚)는 위나라 대부이니, 이름은 추다. 화살과 같다는 것은 말이 곧다는 것이다. 사어는 자신이 어진 사람을 등용시키고 못난이를 물리치지 못하였기 때문에 이후에 죽더라도 오히려 죽으면서까지 간하려 했던 것이다. 그러므로 부자께서 그의 절개가 곧음을 칭찬하셨으니, 이 사실이 「가어」에 보인다.

○추(鰌) : 미꾸라지. 추(鰍)와 같음.
○불초(不肖) : 못나고 어리석음. 또는 그런 사람. 부조(父祖)의 덕망이나 사업을 이을 만한 자질이 되지 못한다는 뜻.
○시간(尸諫) : 자신을 죽여서까지 임금에게 간언(諫言)함. 시간(屍諫). ☞사어(史 魚)가 위(衛)나라 영공(靈公)에게 간신 미자하(彌子瑕)를 물리치고 거백옥(蘧伯玉) 을 중용하라고 했지만 용납되지 않았다. 그는 죽기 전에 신하의 도리를 다하지 못 했다는 이유로 아들에게 정상적인 상례(喪禮)를 갖출 수 없다면서 자신의 시체를 창 아래 두라고 명했는데, 영공이 이를 듣고 자신의 실수를 뉘우친 후 거백옥을 중용하고 미자하를 물리쳤다는 이야기.「공자가어(孔子家語)」곤서편(困誓篇)》참 고.
○가어(家語) : 공자가어(孔子家語)의 약칭. 공자의 언행 및 일사(逸事) 및 제자와의 문답을 수록하였음. 처음에는 27권이었으나 현재 전하는 것은 10권임. 위나라의 왕숙(王 肅)이 지었다고 하나 이설이 있음.

[備旨] 夫子稱衛之有賢臣에 曰自諂諛風行으로 直道之不見於天下也久矣라 直矣哉라 其 衛大夫史魚乎여 當夫邦之有道也에 則正言讜論을 不以世治로 而有所諱하니 其直이 固如 失也며 及乎邦之無道也하여는 亦正言讜論을 不以世亂으로 而有所屈하니 其直이 亦如失 也로다 是時有變遷이로되 而守無屈撓하니 可不謂直乎아

부자께서 위나라에 어진 신하가 있음을 칭찬할 적에 말씀하시기를, “아첨하는 풍조 가 매우 빠르게 번졌기에 바른 도리가 천하에 나타나지 않은 지 오래되었다. 곧도다,

위나라 대부 사어여! 대저 나라에 도가 있을 적에도 바른 말과 공정한 논의를 세상이 다스려진다는 이유로 꺼려하는 바가 있지 않았으니, 그의 곧음이 진실로 화살과 같았으며, 나라에 도가 없을 적에는 또한 바른 말과 공정한 논의를 세상이 어지럽다는 이유로 굽히는 바가 있지 않았으니, 그의 곧음이 또한 화살과 같았도다! 곧 시절에는 변천이 있었지만 지킴에는 굴복함이 없었으니, 곧다고 이르지 않을 수 있겠는가?

○첨유(諂諛) : 아첨함. 첨녕(諂佞).
○풍행(風行) : 기세가 왕성함. 매우 빠르게 파급됨의 비유.
○직도(直道) : 올바른 길. 바른 도리. 정도(正道).
○정언(正言) : 정도(正道)에 맞는 말. 바른 말을 함. 기탄없이 직언(直言)함.
○당론(讜論) : 공정한 논의. 당의(讜議). ☞당(讜) : 곧다[直言]. 정직하다.
○굴요(屈撓) : 기가 꺾여 움츠러듦. 또는 굴복함.

15・6・2 君子哉라 蘧伯玉이여 邦有道則仕하고 邦無道則可卷而懷之로다

군자답도다, 거백옥이여! 나라에 도가 있으면 벼슬살이를 하고, 나라에 도가 없으면 군자의 도를 거두어서 감추어 두는구나!"

○군자재거백옥(君子哉蘧伯玉) : 군자답도다, 거백옥이여! ☞군자재(君子哉) : 군자답도다. 여기서 군자란 덕이 있고 기량이 뛰어난 사람을 말함. ☞거백옥(蘧伯玉) : 위(衛)나라의 대부(大夫). 본서 14・26・1 내용 참고. ☞거(蘧) : 패랭이꽃. 풀이름. "君子是德器深厚者"
○방유도즉사(邦有道則仕) : 나라에 도가 있으면 벼슬하다. 즉 나라에 기강이 있어서 잘 다스려지면 벼슬한다는 말. "有道指綱紀治 仕是出而行其所學"
○방무도즉가권이회지(邦無道則可卷而懷之) : 나라에 도가 없으면 도를 걷어서 가슴에 묻어둘 수 있다. 베와 비단은 말면 간단히 품속에 감출 수 있는 것과 같이 아무 어려움 없이 퇴장함을 비유한 말. '之'자는 '道'를 말함. "無道指綱紀亂 可字作能字看 卷懷是收斂退藏意"

伯玉은 出處가 合於聖人之道라 故로 曰君子라 卷은 收也요 懷는 藏也니 如於孫林父(보)와 甯殖이 放弑之謀에 不對而出이 亦其事也라

○楊氏曰 史魚之直은 未盡君子之道요 若蘧伯玉然後에 可免於亂世니라 若史魚之如矢면 則雖欲卷而懷之라도 有不可得也라

　백옥은 출처가 성인의 도에 합하였다. 그러므로 군자라고 말씀하신 것이다. 권(卷)은 거둠이요, 회(懷)는 감춘다는 것이다.「좌전」양공 14년에 마치 손림보와 영식이 군주를 내쫓고 시해하려 했던 모의에 거백옥이 대답하지 않고 나간 것과 같은 것이 또한 그러한 일이다.
　○양 씨가 말했다. "사어의 곧음은 군자의 도를 다하지 못한 것이요, 거백옥과 같이 한 뒤에야 난세에서 화를 면할 수 있을 것이다. 사어와 같이 화살처럼 곧게 한다면 비록 거두어 감추고자 하더라도 또한 할 수 없을 것이다."

○출처(出處) : 관직에 나아가고 물러감. 거취(去就). 진퇴(進退).
○녕(寗) : 편안하다. '寧'의 속자. '甯'과 같은 자.
○방시(放弒) : 임금을 내쫓아 시해함.

[備旨] 自功名日盛으로 而君子之難見於天下也久矣라 君子哉라 其衛大夫蘧伯玉乎여 當夫邦之有道也면 則相時而仕하여 以行其道하고 及乎邦之無道也하여는 則知幾而退하여 可以卷而懷之라 是出處之際에 有合於因時之宜니 非君子면 孰能之리오

　공명이 날로 성해졌기에 군자를 천하에서 보기 어렵게 된 지 오래되었다. 군자답도다, 위나라 대부 거백옥이여! 대저 나라에 도가 있을 적에는 때를 살펴보고서 벼슬을 하여 그 도를 행하고, 나라가 도가 없을 적에는 기미를 보고서 물러나서 군자의 도를 거두어서 감출 수 있을 것이다. 곧 출처할 경우에 때에 따라 알맞게 조처하니, 군자가 아니면 누가 능히 할 수 있겠는가?"라고 하셨다.

○상(相) : 보다. 살펴보다.
○인시지의(因時之宜) : 때에 따라 알맞게 조처함. 시조지의(時措之宜)와 같은 말. 본서 14·14·2 내용 참고.

15·7·1 子曰 可與言而不與之言이면 失人이요 不可與言而與之言이면 失言이니 知者는 不失人하며 亦不失言이니라

공자께서 말씀하셨다. "더불어 말할 만하지만 그와 더불어 말하지 않는다면 사람을 잃는 것이요, 더불어 말할 만하지 못하지만 더불어 말한다면 말을 잃는 것이니, 지혜로운 자는 사람을 잃지도 않으며 또한 말을 잃지도 않을 것이다."

○가여언이불여지언(可與言而不與之言) : 상대방과 더불어 말할 만한 가치가 되는 사람이지만 말하지 않다. "可與言是虛而能受聞而能悟之人"
○실인(失人) : 사람을 놓치게 되다. 인재(人才)를 놓침. "是以可言之人棄之不足言之列"
○불가여언이여지언(不可與言而與之言) : 상대방과 더불어 말할 만한 가치가 되지 않지만 말하다. "不可與有不虛不悟之人"
○실언(失言) : 유용한 말이 무용지물이 된다는 말. 말의 가치를 잃게 됨. 실구(失口). 실사(失辭). "是以有用之言施於無用之地"
○지자(知者) : 지혜로운 사람. '知'는 거성(去聲)으로 쓰여 '지혜(智慧)'라는 뜻임. "是能明理之人"
○불실인(不失人) : 사람을 잃지 않다. "指可言卽言說"
○역불실언(亦不失言) : 역시 말을 잃지 않다. "指不可言卽不言說"

[備旨] 夫子示人語默之宜에 曰人之語默은 中節爲難이라 彼其人之可與言也면 則當與之言矣로되 而乃不與之言이면 是는 不知其人之可與言也니 如是則失人이요 若其人이 不可與言也면 則當勿與之言矣이로되 而反與之言이면 是는 不知其人之不可與言也니 如是면 則失言이라 所以然者는 由其智不足耳라 惟知者는 識見精明하고 權度素定하여 知其人之可與言也면 則與之言하여 而不至失人하고 又知其人之不可與言也면 則不與之言하여 亦不至於失言하니 語默을 各中其節이라 此其所以爲知也라

부자께서 사람이 말해야 할 때와 침묵해야 할 때를 알맞게 조처해야 한다는 것을 보여줄 적에 말씀하시기를, "사람이 말을 해야 하는 것과 침묵해야 하는 것은 절도에 맞게 하기가 어렵다. 그 사람이 더불어 말할 만하다면 마땅히 그와 더불어 말해야겠지만, 그런데도 오히려 그와 더불어 말하지 않는다면 이것은 바로 그 사람이 더불어 말할 만하다는 것을 알지 못하는 것이니, 이와 같이 한다면 곧 사람을 잃어버리게 되는 것이요, 만약 그 사람이 더불어 말할 만하지 못하다면 마땅히 그와 더불어 말하지 말아야겠지만, 그런데도 도리어 그와 더불어 말한다면 이것은 바로 그 사람이 더불어 말할 만하지 못하다는 것을 알지 못하는 것이니, 이와 같이 한다면 곧 말을 잃어버리게 되는 것이다. 그렇게 되는 까닭은 그 지혜가 부족한 이유일 따름이다. 오직 지혜로운 사람은 식견이 정밀하면서도 명백하고 권도가 평소에 정해져 있어서 그 사람이 더불어 말할 만하다는 것을 안다면 그와 더불어 말해서 사람을 잃어버리는 데 이르지 아니할

것이고, 또 그 사람이 더불어 말할 만하지 못하다는 것을 안다면 그와 더불어 말하지 않아서 말을 잃어버리는 데 이르지 않을 것이니, 말해야 할 때와 침묵해야 할 때를 각각 그 절도에 맞도록 해야 하는 것이다. 이것이 그 지혜가 되는 까닭이다."라고 하셨다.

○어묵지의(語默之宜) : 말해야 할 때와 말없이 있어야 할 때를 알맞게 조처함.
○권도(權度) : 규칙. 법칙. 무게를 달고 양을 헤아림.

15 · 8 · 1 子曰 志士仁人은 無求生以害仁이요 有殺身以成仁이니라

공자께서 말씀하셨다. "뜻 있는 선비와 어진 사람은 살기를 구해서 인을 해치는 일은 없을 것이고, 목숨을 바쳐서 인을 이루는 일은 있을 것이다."

○지사인인(志士仁人) : 뜻을 가진 선비와 덕을 지닌 사람. ☞지사(志士) : 원대한 뜻을 품은 사람. 인도(仁道)를 구현하려고 굳은 신념을 갖고 진력하는 선비. ☞인인(仁人) : 어진 사람. 덕행이 있는 사람. 인도(仁道)를 실천하는 것을 본분으로 여겨 이에 만족을 느끼며 사는 사람. "志士是利仁者 仁人是安仁者"
○무구생이해인유살신이성인(無求生以害仁有殺身以成仁) : 살기를 구해서 인을 해치는 일은 없고, 목숨을 바쳐서 인을 이루는 일은 있다. '求生以害仁'과 '殺身以成仁'의 원문장은 '以求生害仁'과 '以殺身成仁'인데 도치되어 '求生以害仁'과 '殺身以成仁'으로 되었고, 이유나 원인을 나타내는 전치사 '以'의 기능도 접속사 '而'와 같이 되었다. ☞구생해인(求生害仁) : 생명의 안전을 구하기 위해 인을 해침. ☞살신성인(殺身成仁) : 목숨을 바쳐 인(仁)을 이룸. 정의(正義)나 이상(理想)을 위하여 목숨을 버린다는 말. "仁爲心德 二句一正一反 以決其必然有二字相應"

志士는 有志之士요 仁人은 則成德之人也라 理當死而求生이면 則於其心에 有不安矣니 是는 害其心之德也요 當死而死면 則心安而德全矣라
○程子曰 實理는 得之於心自別이니 實理者는 實見得是요 實見得非也라 古人에 有捐軀隕命者하니 若不實見得이면 惡(오)能如此리오 須是實見得이면 生不重於義요 生不安於死也라 故로 有殺身以成仁者하니 只是成就一箇是而已라

지사(志士)는 뜻을 가진 선비요, 인인(仁人)은 몸에 덕을 지닌 사람이다. 의리상

마땅히 죽어야 할 때에 살기를 구한다면 그 마음에 편치 않음이 있을 것이니 이 것은 그 마음의 덕을 해치는 것이요, 마땅히 죽어야 할 경우에 죽는다면 마음이 편안해서 덕이 온전해질 것이다.

　○정자가 말했다. "진실한 이치는 마음에 얻어지면 자연적으로 분별되는 것이니, 진실한 이치란 실제로 옳은 것을 보고 깨닫고 실제로 그른 것을 보고 깨닫는 것 이다. 옛사람 중에 몸을 버리고 목숨을 바친 자가 있었으니, 만일 실제로 보고 깨 닫지 못했다면 어찌 능히 이와 같이 할 수 있었겠는가? 모름지기 실제로 보고 깨 달았다면 삶이 의리보다 중하지 못하고 삶이 죽음보다 편치 못했을 것이다. 그러 므로 목숨을 바쳐서 인을 이루는 경우가 있었으니, 이것은 다만 하나의 옳은 일을 성취했을 뿐이다."

○성덕(成德) : 몸에 덕을 지님, 몸에 덕을 갖춤. 또는 그 덕.
○연구(捐軀) : 나라를 위하여 목숨을 버림. 기구(棄軀).
○운명(隕命) : 죽음. 목숨을 잃음. 사망. 운명(殞命)

[備旨] 夫子勉人全仁에 曰好生惡死는 人之恒情이로되 惟有志之士와 與夫成德之仁人은 其於綱常倫理之際에 當死而死하니 於理爲是하고 於心始安하여 決無苟且求生以害仁이요 寧可殺身授命하여 以成仁而已니 志士仁人之有係於世道也가 豈淺鮮哉리오

　부자께서 사람들이 온전한 인을 힘쓰게 할 적에 말씀하시기를, "사는 것을 좋아하고 죽는 것을 싫어하는 것은 사람들이 가진 보통의 마음이지만, 오직 뜻을 가진 선비와 덕을 지닌 사람은 아마도 강상과 윤리 사이에서 마땅히 죽어야 할 때에 죽으니, 이치 에도 옳고 마음에도 비로소 편안해서 결단코 구차하게 살기를 구해 인을 해침이 없을 것이요, 차라리 몸을 던지고 목숨을 바쳐서 인을 이룰 뿐이니, 뜻 있는 선비와 어진 사 람이 세도와 관계되는 것이 어찌 얕거나 적다고 하겠는가?"라고 하셨다.

○강상(綱常) : 삼강(三綱)과 오상(五常). 삼강은 군신(君臣)·부자(父子)·부부(夫婦)의 도리를 말하고, 오상은 인(仁)·의(義)·예(禮)·지(智)·신(信)을 말함.
○윤리(倫理) : 사람으로서 지켜야 할 도리. 인륜과 도덕의 원리.
○항정(恒情) : 보통의 인정. 상정(常情).
○천선(淺鮮) : 얕고 적음. '鮮'은 '적다[少]'의 뜻.

15·9·1 子貢이 問爲仁한대 子曰 工欲善其事인댄 必先利其器니

居是邦也하여 事其大夫之賢者하며 友其士之仁者니라

자공이 인을 행하는 방법에 대해 묻자, 공자께서 말씀하셨다. "장인들이 그 일을 잘하려면 반드시 먼저 그 연장을 날카롭게 만들어야 하는 것이니, 나라에 살면서 그 나라 대부 중의 현자를 섬기며 그 나라 선비 중의 인자를 벗해야 할 것이다."

○문위인(問爲仁) : 인을 행하는 방법에 대해 묻다. "是求用力於仁之方"
○공욕선기사(工欲善其事) : 물건을 만드는 사람들이 일을 잘하려고 하다. '工'은 장인을 말함. "工是匠人 善其事是求精其藝能之事"
○필선리기기(必先利其器) : 반드시 자기가 쓰는 도끼나 끌 등의 연장을 날카롭게 만들다. "利其器是鋒銳其斧鑿之類"
○거시방야(居是邦也) : 어떤 나라에 살다. 어느 특정한 나라가 아니고, 있는 곳에 따라서 사는 정도임. '是'의 해석은 구체적인 지시가 아니고 이르는 곳을 의미하므로, '어떤 나라' 정도가 타당함. 不可拘定一邦 是隨所在而居之"
○사기대부지현자(事其大夫之賢者) : 대부 중에서 현자를 높이다. 그렇게 함으로써 그의 법을 보고 두려워하는 마음이 생긴다는 말. "事有尊崇意 賢是德之見於事業者 重嚴憚上"
○우기사지인자(友其士之仁者) : 선비 중에 인자와 벗하다. 그렇게 함으로써 붕우가 서로 학문과 덕행을 닦게 된다는 말. "友是親就意 仁是德之見於一身者 重切磋上"

賢은 以事言이요 仁은 以德言이라 夫子嘗謂子貢이 悅不若己者라 故로 以是告之하시니 欲其有所嚴憚切磋하여 以成其德也시니라
○程子曰 子貢은 問爲仁이요 非問仁也라 故로 孔子告之以爲仁之資而已라

현(賢)은 일로써 말한 것이요, 인(仁)은 덕으로써 말한 것이다. 부자께서 일찍이 자공이 자기만 못한 자를 좋아한다고 이르셨으므로 이것으로써 그에게 말씀해 주신 것이니, 그에게 두려워하고 서로 갈고 닦는 바가 있도록 해서 그 덕을 이루고 싶었던 것이다.
　○정자가 말했다. "자공은 인을 행하는 방법에 대해 물은 것이고 인에 대해 물었던 것은 아니다. 그러므로 공자께서는 그에게 인을 행하는 데 도움이 되는 것으로써 말씀하셨을 뿐이다."

○엄탄(嚴憚) : 두려워함. 무서워함. 대부(大夫) 중의 어진 자를 섬기면 그의 법을 보고서 두려워하는 마음이 생긴다는 말. 「논어집주(論語集註)」 "慶源輔氏曰 事大夫

之賢者 則有所觀法 而起嚴憚之心 友其士之仁者 則有所切磋 而生勉勵之意 則其所以爲仁者力矣” “新安陳氏曰 嚴憚指事大夫之賢 切磋指友士之仁”

○절차(切磋) : 옥석(玉石) 따위를 자르고 갊. 붕우(朋友)가 서로 격려하며 학문과 덕행을 힘써 갈고 닦음을 비유하는 말.

[備旨] 子貢이 問爲仁於夫子한대 蓋欲求所以用力之方也라 夫子告之에 曰子不見百工乎아 若欲善其能爲之事면 必先利其所用之器라야 蓋資其利也온 況爲仁而可無先資乎아 君子居是邦也에 上有大夫하니 必要事其賢者하고 下有士하니 必要友其仁者니라 事賢이면 則有所觀法하여 而起嚴憚之心이요 友仁이면 則有所切磋하여 而生勉勵之意하여 而其所以爲仁者力矣라 不然이면 進修無助니 是欲善其事로되 而不先利其器也라 烏乎可리오

자공이 부자에게 인을 행하는 방법에 대해 물었는데 아마도 힘을 쓰는 방법을 구하고 싶었을 것이다. 부자께서 깨우쳐 줄 적에 말씀하시기를, “너는 여러 장인들을 보지 못했느냐? 만약 그들이 능히 하는 일을 잘하고 싶다면 반드시 먼저 그들이 쓰는 연장을 날카롭게 만들어야 대개 그 편리함을 도울 터인데, 하물며 인을 행하면서도 먼저 도움이 없어서 되겠는가? 군자가 나라에 거할 적에는 위로는 대부가 있을 것이니 반드시 그 대부 중의 현자에게 섬기기를 구해야 할 것이고, 아래로는 선비가 있을 것이니 반드시 그 선비 중의 인자와 사귀기를 구해야 할 것이다. 현자를 섬기면 법도를 관찰하는 바가 있어서 두려워하는 마음이 일어날 것이요, 인자와 사귀면 갈고 닦는 바가 있어서 힘쓰고자 하는 마음이 생겨나서 그가 인을 행하는 데 애쓸 것이기 때문이다. 그렇지 않으면 나아가고 닦음에 도움이 없을 것이니, 이렇게 된다면 그 일을 잘 하고 싶지만 먼저 그 연장들을 날카롭게 만들지 않는다는 것이다. 어째서 옳다 하겠는가?” 라고 하셨다.

○백공(百工) : 모든 장인(匠人)
○관법(觀法) : 법도(法度)를 관찰함.
○면려(勉勵) : 스스로 힘씀. 또는 남을 힘쓰게 함. 면려(勉厲). 면려(勉礪).
○진수(進修) : 나아가고 닦음.

15·10·1 顔淵이 問爲邦한대

안연이 나라를 다스리는 방법에 대해 묻자,

○문위방(問爲邦) : 나라를 다스리는 방법에 대해 묻다. ☞위(爲) : 평성(平聲)으로 쓰여 '다스리다'라는 뜻.

顔子는 王佐之才라 故로 問治天下之道하니 曰爲邦者는 謙辭니라

안자는 왕을 보좌할 만한 재목이었다. 그러므로 천하를 다스리는 방법에 대해 물었으니, 나라 다스리는 것에 대해 말한 것은 겸사다.

[備旨] 顔淵은 天德旣修하고 因志在用世하여 而切究王道라 故로 問爲邦於夫子라

안연은 하늘의 덕이 이미 닦였고 뜻이 용세에 있어서 간절히 왕도를 구했었다. 그러므로 나라를 다스리는 방법에 대해 부자께 물었던 것이다.

○천덕(天德) : 하늘의 덕.
○용세(用世) : 나가서 세상에 쓰임. 출사(出仕).
○왕도(王道) : 인의(仁義)에 바탕을 둔 정치. 왕유(王猷). ↔패도(覇道).

15 · 10 · 2 子曰 行夏之時하며

공자께서 말씀하셨다. "하나라의 시령을 쓰며,

○행하지시(行夏之時) : 하(夏)나라의 시령(時令)을 쓰다. 즉 태음력을 기준으로 세수(歲首)를 정함. 아래 집주 참고. ☞하(夏) : 우왕(禹王)이 세운 고대 왕조. 17왕 471년 동안 존속했다고 함. 걸왕(桀王)에 이르러 상(商)나라의 탕왕(湯王)에게 망했음. ☞시(時) : 시령(時令). 시절(時節). 때와 철. 책력(冊曆). 역법(曆法). "行是遵依意 時乃帝王敬天勤民第一事 夏時兼註時正令善說"

夏時는 謂以斗柄이 初昏建寅之月로 爲歲首也라 天開於子하고 地闢於丑하고 人生於寅이라 故로 斗柄이 建此三辰(진)之月을 皆可以爲歲首하여 而三代迭用之하니 夏以寅으로 爲人正이요 商以丑으로 爲地正이요 周以子로 爲天正也라 然이나 時以作事하니 則歲月은 自當以人爲紀라 故로 孔子嘗曰 吾得夏時焉이라하신대 而說者가 以爲謂夏小正之屬이라하니 蓋取其時之正과 與其令之善이요 而於此에 又以告

顔子也시니라

하나라의 시령이란 두병이 땅거미가 질 때 인을 가리키는 달로써 세수를 삼은 것을 이른다. 하늘은 자방에서 열려지고, 땅은 축방에서 열려지고, 사람은 인방에서 생겨났다[황극경세서의 설명]. 그러므로 두병이 이 세 때를 가리키는 달을 모두 세수로 삼을 수 있어서 삼대가 번갈아 썼으니, 하나라에서는 음력 1월로써 세수를 삼았고, 상나라에서는 음력 12월로써 세수를 삼았고, 주나라에서는 음력 11월로써 세수를 삼았다. 그러나 때맞춰 농사일을 해야 하니 연중 행사와 월중 행사는 자연적으로 하나라의 시령으로써 실마리를 삼아야 했던 것이다. 그러므로 공자께서 일찍이 말씀하시기를, "나는 하나라 시령을 얻었다." 하셨는데, 해설하는 자가 「하소정」 등속을 이른다고 생각했으니, 아마도 그 때에는 정확함과 그 철에는 잘 맞음을 취한 것이요, 그리고 여기에 또 이것을 가지고 안자에게 말씀하신 듯하다.

○두병(斗柄) : 북두 칠성의 자루에 해당하는 자리에 있는 세 개의 별.
○초혼(初昏) : 땅거미가 질 무렵. 황혼(黃昏).
○건인(建寅) : 북두 칠성의 자루가 인(寅)을 가리키는 달인 인월(寅月)로써 세수를 삼은 하대(夏代)의 역법(曆法). 곧 인월(寅月)은 하대(夏代)의 정월(正月)을 가리킴.
○자방(子方) : 24방위의 하나로 정북(正北)을 중심으로 좌우 15도. ☞자(子) : 첫째 지지(地支). 방위로는 북. 시간으로는 밤 11시에서 1시 사이. 오행으로는 수(水).
○축방(丑方) : 24방위의 하나로 정북(正北)에서 동쪽으로 30도의 방위를 중심으로 좌우 15도의 방위. ☞축(丑) : 둘째 지지(地支). 시간으로는 오전 1시부터 3시 사이. 방위로는 북동. 오행으로는 토(土).
○인방(寅方) : 24방위의 하나로 동동북(東東北). ☞인(寅) : 셋째 지지(地支). 달로는 정월. 방위로는 동북간. 시간으로는 새벽 3시부터 5시 사이. 오행으로는 목(木).
○세수(歲首) : 새해의 처음. 세초(歲初). 연두(年頭).
○황극경세서(皇極經世書) : 중국 북송(北宋)의 소옹(邵雍)이 지은 책. 12권. 역리(易理)를 응용하여 수리(數理)로써 천지만물의 생성변화를 관찰하고 설명한 책이다. 12진(辰)을 하루, 30일(日)을 한 달, 12개월을 1년, 30년을 1세(世), 12세를 1운(運), 30운을 1회(會), 12회를 1원(元)으로 한다. 그러므로 12만 9600년이 1원이며, 천지(天地)는 1원마다 한번 변천하고, 만물은 이 시간적 순서에 따라 진보한다는 것이다. 6권까지는 역(易)의 육십사괘(卦)를 원(元)·회(會)·운(運)·세(世)에 배당하여 요제(堯帝)의 갑진년(甲辰年)에서 후주(後周)의 현덕(顯德) 6년(959)까지의 치란(治亂)의 자취를 적시하고, 7~10권에는 율려성음(律呂聲音)을 논하고, 11~12권은 동식물에 관해 논하였다.

○삼대(三代) : 중국의 하(夏)·은(殷)·주(周)의 세 왕조(王朝).

○인월(寅月) : 음력 정월의 딴이름.

○인정(人正) : 하력(夏曆)의 세수(歲首). 인신하여 하력(夏曆). 인원(人元).

○축월(丑月) : 음력 12월.

○지정(地正) : 은대(殷代)의 역법(曆法)으로 축월(丑月)로 세수(歲首)를 삼음. 축월은 하력의 음력 12월임.

○자월(子月) : 음력 11월.

○천정(天正) : 주대(周代)의 역법(曆法)으로 동지(冬至)가 있는 달. 곧 음력 11월을 정월로 함.

○인원(人元) : 하력(夏曆)의 세수(歲首). 인신하여 하력(夏曆). 인정(人正).

○하소정(夏小正) : 책이름. 하(夏)나라 때의 역서(曆書).

[備旨] 夫子告之에 曰爲邦之道는 一法戒焉이면 盡之矣라 敬天勤民은 莫大於時니 爲邦而欲奉天道하여 以授民時면 汝는 必行夏時正令善建寅之時焉이라

부자께서 깨우쳐 줄 적에 말씀하시기를, "나라를 다스리는 방법은 한 가지 법을 경계하면 다 된다. 경천근민은 시령보다 좋은 것이 없으니, 나라를 다스리되 천도를 받들어서 백성들에게 시령을 가르치려고 하면, 너는 반드시 하나라의 때는 정확하고 철은 잘 맞는 하대의 역법을 써야 할 것이다.

○경천근민(敬天勤民) : 하늘을 공경하고 백성을 다스리기에 부지런함.

15·10·3 乘殷之輅하며

은나라의 수레를 타며,

○승은지로(乘殷之輅) : 은나라의 수레를 타다. ☞은(殷, B.C.1766～B.C.1122) : 나라 이름. 삼대(三代)의 하나. 시조 성탕(成湯)이 이윤(李尹)을 등용하여 하(夏)의 걸왕(傑王)을 쳐서 하(夏)에 대신하여 천하를 가진 이후 644년 만인 28대 주(紂)에 이르러 주 문왕(周文王)에게 멸망되었다. 처음에는 국호를 상(商)이라 하였고, 반경(盤庚) 때에 국호를 은(殷)이라고 고쳤다. 그래서 은상(殷商)이라고도 한다. ☞노(輅) : 큰수레. 은(殷)나라의 수레. 원음은 '로'.「주례(周禮)」에는 옥(玉)·금(金)·상(象)·혁(革)·목(木)의 여러 가지 수레가 있었는데 은로(殷輅)가 가장 검소한 것이었다고 함. "乘駕也 殷輅照

註質得其中說”

商輅는　木輅也라　輅者는　大車之名이라　古者에　以木爲車而已러니　至商而有輅之
名하니　蓋始異其制也라　周人은　飾以金玉하니　則過侈而易敗하여　不若商輅之樸素
渾堅하고　而等威已辨하여　爲質而得其中也라

　상나라의 수레는 나무로 만든 수레다. 노(輅)란 큰수레의 이름이다. 옛날에는 나무로써 수레를 만들뿐이었는데, 상나라 때에 이르러 '노(輅)'라고 하는 이름을 갖게 되었으니, 아마도 처음으로 그 제도를 달리한 듯하다. 주나라 사람들은 수레를 금과 옥으로써 꾸몄으니 지나치게 사치하여 부서지기가 쉬웠으므로, 상나라 수레의 소박·견고하고 등위가 이미 분별되어 질박하면서도 꼭 알맞은 것만 못했던 것이다.

○박소(樸素) : 소박하고 꾸밈이 없음. 사치하지 않음. 박소(朴素).
○혼견(渾堅) : 질박하고 견고함. ☞혼(渾) : 크다. 질박하다. 상성(上聲)으로 쓰였음.
○질박(質朴) : 꾸밈이 없이 순박함. 검소함. 소박(素朴). 질박(質樸).
○등위(等威) : 여러 가지 신분에 알맞은 위의(威儀).

[備旨] 辨德辨分은　莫大於輅니　爲邦而欲備車制면　汝는　必乘殷樸素渾堅之輅焉이라

　덕을 분별하거나 분수를 분별하는 것은 수레보다 좋은 것이 없으니, 나라를 다스리고 수레의 제도를 갖추려 한다면, 너는 반드시 은나라의 소박하고 견고한 수레를 타야 할 것이다.

15 · 10 · 4 服周之冕하며

　주나라의 면류관을 쓰며,

○복주지면(服周之冕) : 주나라의 면류관을 쓰다. ☞복(服) : 쓰다. 사용하다. ☞주(周, B.C.1122~B.C.255) : 나라 이름. 원래 은(殷)나라에 속한 제후국이었지만 무왕(武王)이 주왕(紂王)을 치고 세운 나라. 37대 867년간의 왕조. 참고로 주례(周禮)는 유학(儒學)에서 전형을 삼고 있음. ☞면(冕) : 면류관. 옛날에 임금이 정장(正裝)에 갖추어 쓰

던 관. 면류관에는 앞뒤에는 주옥(珠玉)을 늘어뜨렸는데, 천자(天子)는 12줄, 제후(諸侯)는 9줄, 상대부(上大夫)는 7줄, 하대부(下大夫)는 5줄을 달았음. "冕是首服 周冕照註文得其中說"

周冕에　有五하니　祭服之冠也라　冠上有覆(부)하고　前後有旒하니　黃帝以來로　蓋已有之로되　而制度儀等이　至周始備라　然이나　其爲物이　小而加於衆體之上이라　故로雖華나　而不爲靡하고　雖費나　而不及奢하니　夫子取之는　蓋亦以爲文而得其中也라

　주나라의 면류관에는 다섯 가지가 있으니, 제사지낼 때 썼던 관이다. 관 위에는 덮개가 있고 앞뒤에는 술이 있으니, 황제 이래로 아마 이미 있던 것 같지만 제도와 위의의 등급이 주나라 때에 이르러서 비로소 갖추어졌다. 그러나 그 물건이 작으면서도 온 몸 위에 얹었던 것이었다. 그러므로 비록 화려하더라도 호사스럽지 않고, 비록 쓰더라도 사치스러운 데에는 이르지 않았으니, 부자께서 이것을 취한 것은 아마도 또한 문채가 나면서도 꼭 알맞다고 여겼기 때문이셨다.

○유(旒) : 면류관 줄. 면류관 앞뒤에 구슬을 꿰어 늘어뜨린 줄. 천자는 12줄, 제후는 9줄을 드리웠음. 원음은 '류'.
○부(覆) : 덮개. 덮는 물건. 여기서는 상성(上聲)으로 쓰였음.
○황제(黃帝) : 전설상의 임금. 소전(少典)의 아들. 성(姓)은 공손(公孫). 헌원(軒轅)의 언덕에 살았으므로 헌원 씨(軒轅氏)라고도 하고, 희수(姬水)에 거주하여 성을희(姬)로 고쳤으며, 유웅(有熊)에 나라를 세워 유웅 씨(有熊氏)라고도 함.
○미(靡) : 사치하다. 낭비하다.

[備旨] 肅儀貞度는　莫大於冕이니　爲邦而欲重元服이면　汝는　必服我周文而得中之冕焉이라

　거동을 엄숙하게 하고 풍채를 곧게 하는 데에는 면류관보다 좋은 것이 없으니, 나라를 다스리되 관을 귀중하게 여기려 한다면, 너는 반드시 우리 주나라의 문채가 나면서도 꼭 알맞은 면류관을 써야 할 것이다.

○도(度) : 풍채. 모양.
○원복(元服) : 관(冠)을 이르는 말.
○중(得中) : 중위를 얻음. 지나치거나 모자람이 없이 꼭 알맞음을 이름.

15・10・5 樂則韶舞요

음악은 순임금의 소무를 취할 것이요,

○악즉소무(樂則韶舞) : 악은 소무다. ☞소무(韶舞) : 순(舜) 임금 때의 무악(舞樂)이름. 옛날 궁중에서는 악(樂)과 무(舞)는 서로 관련이 많았다. '韶舞'라고 한 것도 음악이 항상 '舞'와 같이 쓰였기 때문이다. 일설에는 '舞'는 '武'로 武王의 음악을 이른다는 설도 있다. 본서 "3・25・1 子謂韶하시되 盡美矣요 又盡善也라하시고 謂武하시되 盡美矣나 未盡善也라하시다" 참고. "樂是聖王所制以昭德 象功者韶舞 樂以聲言 舞以容言"

取其盡善盡美니라

그 완전 무결함을 취하신 것이다.

○진선진미(盡善盡美) : 더할 나위 없이 착하고 아름다움. 곧 완전 무결함.

[備旨] 至於象功昭德하여는 莫先於樂이니 爲邦而欲作樂하여 以象功德이면 汝는 必取之盡善盡美之韶舞焉이라

공을 형상하고 덕을 밝히는 것은 음악보다 앞선 것이 없으니, 나라를 다스리되 음악을 만들어서 공덕을 형상하려고 한다면, 너는 반드시 완전 무결한 소무를 취해야 할 것이다.

15・10・6 放鄭聲하며 遠佞人이니 鄭聲은 淫하고 佞人은 殆니라

정나라 음악을 금하며 아첨하는 사람을 멀리해야 할 것이니, 정나라 음악은 음탕하고 아첨하는 사람은 위태롭기 때문이다."

○방정성(放鄭聲) : 정(鄭)나라의 음악을 접하지 않다. 정(鄭)나라는 지금의 섬서성(陝西城)에 있었던 주 선왕(周宣王)이 아우 우(友)를 봉한 나라다. "勿使接於耳"
○원영인(遠佞人) : 아첨하는 사람을 접하지 않다. ☞영인(佞人) : 간사스럽게 아첨

하는 사람. "勿使接於目"
○정성음(鄭聲淫) : 정(鄭)나라의 음악이 음탕하다. 「시경(詩經)」의 《정풍(鄭風)》
에는 음시(淫詩)가 많은데 이와 무관치 않을 것이다. "是淫蕩人 心志正見當放"
○영인태(佞人殆) : 아첨하는 사람은 위태하다. 위태하니 마땅히 멀리해야 한다는
말. "是危殆人 邦家正見當遠"

放은 謂禁絶之라 鄭聲은 鄭國之音이요 佞人은 卑諂辯給之人이라 殆는 危也라
○程子曰 問政이 多矣로되 惟顔淵告之以此라 蓋三代之制는 皆因時損益이로되
及其久也하여는 不能無弊라 周衰에 聖人不作하시니 故로 孔子斟酌先王之禮하여
立萬世常行之道하고 發此以爲之兆耳시니 由是求之면 則餘皆可考也라 張子曰
禮樂은 治之法也니 放鄭聲과 遠佞人은 法外意也라 一日不謹이면 則法壞矣니 虞
夏君臣이 更相戒飭은 意蓋如此니라 又曰 法立而能守면 則德可久하고 業可大니라
鄭聲佞人은 能使人으로 喪其所守하니 故로 放遠之하시니라 尹氏曰 此는 所謂百王
이라도 不易之大法이니 孔子之作春秋도 蓋此意也라 孔顔이 雖不得行之於時나 然
이나 其爲治之法은 可得而見矣라

　방(放)은 금하고 끊는 것을 이른다. 정성은 정나라의 음악이다. 영인(佞人)은 자
신을 낮추고 아첨하여 말을 잘하는 사람이다. 태(殆)는 위태한 것이다.
　○정자가 말했다. "정사를 물은 것이 많았지만 오직 안연에게만 이것으로써 말
씀해 주신 것이다. 대개 삼대의 제도는 모두 때에 따라 덜거나 보태었는데, 그것
이 오래 되고 보면 능히 폐단이 없을 수 없는 것이다. 주나라가 쇠함에 성인이 나
타나지 못했으니, 그러므로 공자께서는 선왕의 예를 짐작하여 만세에 항상 행할
수 있는 도를 세우고, 이것을 말씀하셔서 그 준칙으로 삼았을 따름이시니, 이로 말
미암아 찾는다면 나머지도 모두 상고할 수 있을 것이다." 장자가 말했다. "예악은
다스림의 법이니, 정나라 음악을 금지하며 아첨하는 사람을 멀리함은 법 밖의 뜻
이다. 하루라도 조심하지 않으면 법은 파괴되니, 우나라와 하나라의 군신들이 번
갈아 서로 경계하여 타이른 것은 뜻이 아마 이와 같았을 것이다." 또 말했다. "법
이 확립되고 잘 지켜진다면 덕은 오래갈 수 있고 일은 커질 수 있을 것이다. 정나
라 음악과 아첨하는 사람은 능히 사람으로 하여금 그 지키는 것을 잃게 하므로
이것을 추방하고 멀리해야 할 것이다." 윤 씨가 말했다. "이것은 이른바 '모든 왕
이라도 바꿀 수 없는 대법'이니, 공자께서 「춘추」를 지으신 것도 아마 이러한 뜻
일 것이다. 공자와 안연이 비록 이것을 당시에 행하지는 못했으나, 그러나 그 정
치하는 법은 얻어서 볼 수 있는 것이다.

○비첨(卑諂) : 자신을 낮추어 아첨함.

○변급(辯給) : 말을 민첩하게 잘함.

○조(兆) : 조짐. 징조 등으로 해석되지만 여기서는 준칙(準則)으로 해석했다. 「논어집주(論語集註)」 "朱子曰 發此爲之兆 兆猶準則也"

○짐작(斟酌) : 어림쳐서 헤아림.

○계칙(戒飭) : 경계하여 타이름. 훈계하여 정신을 가다듬게 함. 계칙(戒勅)

[備旨] 夫大法은 固所當立이로되 而大弊도 亦所當戒니라 汝는 當放絶乎害治之鄭聲하고 遠去乎害治之佞人이라 所以然者는 鄭聲은 能亂雅樂하여 而淫蕩人之心志하고 佞人은 能變亂是非하여 而危殆人之邦家也니 有所戒以保其法이라야 爲邦之道盡矣라

　무릇 큰 법은 진실로 마땅히 세울 것이지만 큰 폐단도 역시 마땅히 경계해야 할 것이다. 너는 마땅히 다스림을 해치는 정나라 소리를 팽개쳐 끊어야 하고 다스림을 해치는 아첨하는 사람을 멀리 떠나게 해야 한다. 그렇게 해야 하는 이유는 정나라 소리는 능히 아악을 어지럽게 해서 사람의 심지를 음탕하게 하고, 아첨하는 사람은 능히 시비를 문란하게 해서 사람들의 나라나 집을 위태롭게 하기 때문이니, 경계해서 그 법을 보호하는 바가 있어야 나라를 다스리는 방법을 다할 것이다."라고 하셨다.

○아악(雅樂) : 바른 음악. 천지와 종묘 의 제례 및 조하(朝賀)·연향(宴享) 때 연주하는 음악.

○변란(變亂) : 변경하여 문란하게 함.

○방가(邦家) : 제후(諸侯)의 나라나 대부(大夫)의 집.

15·11·1 子曰 人無遠慮면 必有近憂니라

　공자께서 말씀하셨다. "사람이 앞날에 대한 생각이 없으면 반드시 가까운 데 근심이 있는 것이다."

○인무원려(人無遠慮) : 사람이 먼 앞날에 대한 깊은 생각이 없다. "人字該上下就主持世道者說 無遠慮有兩項 或畏葸而不及遠慮者是柔之失 或鹵莽而不可遠慮者是剛之失"

○필유근우(必有近憂) : 반드시 가까운 데 근심이 있다. "必有是決然意 近憂言旦夕

間 卽有禍患也"

蘇氏曰 人之所履者가 **容足之外**에는 **皆爲無用之地**로되 **而不可廢也**라 **故**로 **慮不
在千里之外**면 **則患在几席之下矣**니라

　소 씨가 말했다. "사람이 밟는 것이 발을 들여놓을 수 있는 곳 외에는 모두 쓸
모 없는 땅이지만 버릴 수 없는 것이다. 그러므로 생각이 천 리 밖에 있지 않으
면 근심이 궤석 아래에 있는 것이다."

○용족(容足) : 겨우 발을 들여놓을 수 있음. 장소가 매우 좁음의 형용.
○궤석(几席) : 안석(案席)과 돗자리. ▷궤(机) : 안석. 앉아서 몸을 기대는 탁자.

[備旨] 夫子示人思患預防之意에 曰天下之事變無常하니 而人之思慮貴審이라 故로 智者
가 能去患於未萌하고 止禍於無形者는 惟其有遠慮也라 人若狃於目前之安하여 而無久遠
之慮也면 則慮事之疎가 必貽旦夕之禍하여 而有近憂矣라 然則人이 可忘遠慮乎哉아

　부자께서 사람들에게 환란을 생각해서 미리 예방해야 한다는 뜻을 보여줄 적에 말씀
하시기를, "천하의 일은 변하고 항상 같지 않으니 사람의 생각은 살핌을 귀하게 여겨
야 한다. 그러므로 지혜로운 사람이, 걱정은 싹트기 전에 제거하고 재앙은 모양이 형성
되기 전에 그치도록 할 수 있음은 오직 앞날에 대한 깊은 생각이 있기 때문이다. 사람
이 만약 눈앞의 편안만을 탐하여 먼 앞날에 대해 깊은 생각이 없다면, 일을 생각하는
소홀함이 반드시 아침저녁으로 화를 끼쳐서 근심을 가까이 하게 될 것이다. 그렇다면
사람이 앞날에 대해 깊이 생각하는 것을 잊을 수 있겠는가?"라고 하셨다.

○사려(思慮) : 깊이 생각함. 또는 깊은 생각.
○뉴(狃) : 친압하다. 탐하다.
○이(貽) : 끼치다. 남기다.

15 · 12 · 1 子曰 已矣乎라 吾未見好德을 如好色者也라

　공자께서 말씀하셨다. "참 딱하구나! 내가 덕을 좋아하기를 여색을 좋아하듯 하
는 자를 보지 못했다."

○이의호(已矣乎) : 참 딱하구나. 끝장났구나. 어찌할 수 없구나. 다 되었구나. '矣乎'는 허사(虛詞)가 연용되어 '矣'는 '이미 그러한'의 뜻을 나타내고, '乎'는 의문이나 감탄의 뜻을 나타내는데 여기서는 감탄의 뜻을 나타냄.
○오미견호덕여호색자야(吾未見好德如好色者也) : 나는 덕을 좋아하기를 여색을 좋아하듯 하는 자를 보지 못하다. ☞호덕(好德) : 덕을 좋아하다. ☞호색(好色) : 여색을 좋아하다. 여색을 좋아하는 것처럼 매우 사모한다는 말.「맹자(孟子)」《양혜왕하(梁惠王下)》"寡人好色" ☞'德'과 '色'은 통운(通韻)이기 때문에 '好德'과 '好色'은 항상 대구(對句)로 잘 쓰였다. "好德兼人己之善說 好色是心誠慕之意"

已矣乎는 **歎其終不得而見也**라

'已矣乎'란 그가 끝내 그런 사람을 얻어 보지 못함을 탄식한 것이다.

[備旨] 夫子傷好德者之難意에 曰好德如好色을 吾嘗歎之하여 而冀其得見也어늘 今其已矣乎라 吾終未見好德之誠을 如好色者也니 寧不爲世道人心慨哉아

부자께서 덕을 좋아하는 사람을 얻어 보기가 어렵다는 것을 상심하는 뜻에서 말씀하시기를, "덕을 좋아하기를 여색을 좋아하듯 하는 사람을 내 일찍이 기려서 그런 사람을 얻어 보고 싶었는데, 지금 그것을 어찌할 수 없구나! 내 끝내 덕을 좋아하는 데 정성을 다하기를 여색을 좋아하듯 하는 사람을 보지 못했으니, 어찌 세도와 인심에 대해서 개탄하지 않겠는가?"라고 하셨다.

15・13・1 子曰 臧文仲은 其竊位者與인저 知柳下惠之賢이로되 而不與立也로다

공자께서 말씀하셨다. "장문중은 아마도 지위를 훔친 사람일 것이다. 유하혜의 현명함을 알면서도 그를 천거하여 함께 조정에 서지 않았도다!"

○장문중(臧文仲) : 노(魯)나라 대부(大夫) 장손 씨(臧孫氏)로 이름은 진(辰)이다. 본서 5・17・1 참고.
○기절위자여(其竊位者與) : 아마 절위한 사람일 것이라는 말. '竊位'는 재덕(才德)이 부족한 사람이 하는 일 없이 자리를 차지하고 봉록(俸祿)을 받는 것을 이름.

‘其’는 ‘아마’의 뜻으로 추측을 나타내는 말. ‘與’는 평성(平聲)으로 추측하는 정도의 아주 가벼운 감탄을 나타냄. “不當得而有曰竊 但就蔽賢一事說 非蓋其生平也”
○지유하혜지현(知柳下惠之賢) : 유하혜의 현명함을 알다. ☞유하혜(柳下惠) : 노(魯)나라의 대부(大夫). 성은 전(展). 이름은 획(獲). 자는 금(禽). 유하(柳下)는 식읍(食邑). 본서 18·2·1 참고. “知字重竊字 正從知字上斷 賢就直道事人說”
○불여립(不與立) : 같이 서지 않다. 여기서는 천거하여 벼슬에 올려 세우지 않다. “不與立是怕他形出己短來”

竊位는 言不稱其位而有愧於心하여 如盜得而陰據之也라 柳下惠는 魯大夫展獲이니 字는 禽이요 食邑柳下하고 諡曰惠라 與立은 謂與之並立於朝라 范氏曰 臧文仲이 爲政於魯에 若不知賢이면 是는 不明也요 知而不擧면 是는 蔽賢也니 不明之罪小하고 蔽賢之罪大라 故로 孔子以爲不仁하시고 又以爲竊位시니라

　절위(竊位)는 그 지위에 걸맞지 않으면서 마음에 부끄러움이 있어서 마치 도둑질하여 얻거나 몰래 차지한 것과 같음을 말한다. 유하혜는 노나라 대부 전획이라는 사람이니, 자는 금이요 유하에서 봉급을 받아 생활했으며 시호를 혜라고 했다. 여립(與立)은 그와 더불어 나란히 조정에 서는 것을 말한다. 범 씨가 말했다. “장문중이 노나라에서 정사를 행했는데, 만일 현명함을 알지 못했다면 이는 지혜가 밝지 못함이요, 알고도 들어 쓰지 않았다면 이것은 현명함을 가로 막았던 것이니, 지혜가 밝지 못한 죄는 작고 현명한 이를 가로 막았던 죄는 컸던 것이다. 그러므로 공자께서는 불인하다고 생각하셨고 또 지위를 훔쳤다고 생각하셨던 것이다.”

○불칭(不稱) : 어울리지 않다. 걸맞지 않다. ‘稱’은 거성(去聲)으로 ‘걸맞다’의 뜻.
○식읍(食邑) : ①봉읍(封邑)의 조세(租稅)로 생활함. ②대대로 작록(爵祿)을 누리도록 임금이 준 지역. 여기서는 ①의 뜻.

[備旨] 夫子罪文仲蔽賢意에 曰人臣은 居乎其位에 當求其無愧於心이어늘 若不稱其位而私據之면 是竊位也라 若臧文仲은 其殆竊位者與인저 何以言之리오 蓋人臣은 必薦賢爲國而後에 稱其位也어늘 文仲은 旣明知柳下惠之賢이로되 却抑之下僚하고 而不薦之하여 與己並立於朝라 是殆私據其位하여 以爲己有하고 而不復爲國家待賢之公器矣하니 非竊位而何오

　부자께서 문중에게 현명한 사람을 가로 막았다는 것을 책망하는 뜻에서 말씀하시기를, “신하는 그 자리에 거할 적에 마땅히 그가 마음에 부끄러움이 없도록 구해야 할

것인데, 만약 그 자리에 걸맞지도 않으면서 사사로이 차지하면 곧 자리를 훔친 것이다. 장문중은 아마도 자리를 훔친 사람일 것이다. 무슨 이유로 그렇게 말할 수 있는가? 대개 신하는 반드시 현명한 사람을 천거하여 나라를 다스린 뒤에 그 자리에 걸맞게 되는데, 문중은 이미 유하혜의 현명함을 알고서도 도리어 그를 억눌러서 동료보다 낮추고 천거해서 자기와 더불어 나란히 조정에 서지 않았던 것이다. 이렇다면 아마도 사사로이 그 자리를 차지하여 자기의 소유로 삼고 다시는 국가에서 현명한 사람을 대접하는 공복이 되지 못하도록 했다는 것이니, 자리를 훔친 것이 아니고 무엇이겠는가?"라고 하셨다.

○죄(罪) : 책망하다. 죄주다. 죄를 다스리다.
○인신(人臣) : 신하(臣下).
○공기(公器) : 사회가 공유하는 명위(名位). 개인의 사유(私有)가 아니라는 뜻으로 공공의 그릇을 이르는 말. 여기서는 '국가나 사회를 위한 인물'이라는 뜻.

15·14·1 子曰 躬自厚하고 而薄責於人이면 則遠怨矣니라

공자께서 말씀하셨다. "몸소 자신을 엄격하게 책망하고, 남을 책망하기를 관대하게 한다면 원망이 멀어진다."

○궁자후(躬自厚) : 몸소 자기를 책망하는 데에는 후하다. 이 말은 본래 '躬自厚責' 또는 '躬自責以厚'이라고 해야 하는데 뒤에 '薄責於人'이 있기에 '責'자가 생략됨. 그리고 '自'는 일인칭을 가리키는 대명사로서 목적어로 쓰였는데, 이 경우에는 서술어와 도치된다. "卽檢身若不及意 串下責字講"
○박책어인(薄責於人) : 남을 책망하는 데에는 관대하다. "卽與人不求備意"
○원원의(遠怨矣) : 원망하는 것이 멀어지다. "遠怨就從厚薄二字看出"

責己厚故로 身益修하고 責人薄故로 人易從이니 所以人不得而怨之니라

자신을 책하기를 엄격하게 하기에 몸이 더욱 닦여지고, 남을 책하기를 관대하게 하기에 남이 따르기 쉬운 것이니, 남들이 하려해도 원망할 수 없는 까닭이다.

[備旨] 夫子示人寡怨之道에 曰人情은 責己常恕하고 責人常刻하니 此怨所由生也라 若

躬自責以厚하고 略無恕己之心하여 而薄責於人이면 初無求備之意라 夫豈借是以弭怨哉아 然이나 責己厚면 則身益修하여 而無可怨이요 責人薄이면 則人易從하여 而不招怨이니 人之怨이 自然遠矣라

부자께서 사람들에게 원망을 줄이는 방법을 보여줄 적에 말씀하시기를, "사람의 마음은 자기를 책망하는 데에는 항상 너그럽게 하고 남을 책망하는 데에는 항상 각박하게 하니, 여기에서 원망이 생겨나는 것이다. 만약 몸소 자신을 책망하기를 관대하게 하고 조금도 남을 용서하는 마음이 없어서 남을 책망하는 데 각박하게 한다면, 처음부터 고루 갖추기를 구하고자 하는 뜻이 없는 것이다. 무릇 어찌 이를 이용해서 원망을 그치게 할 수 있겠는가? 그러나 자기를 책망하는 데 관대하면 몸은 더욱 닦아져서 원망할 만한 것이 없을 것이요, 자신을 책하기를 각박하게 하면 남이 따르기가 쉬워서 원망을 초래하지 않을 것이니, 사람들의 원망이 자연적으로 멀어질 것이다."라고 하셨다.

○구비(求備) : 고루 갖추기를 구함.
○미(弭) : 그치다. 멈추다. 그만두다.

15·15·1 子曰 不曰 如之何如之何者는 吾末如之何也已矣니라

공자께서 말씀하셨다. "'어떻게 할까, 어떻게 할까?' 하고 말하지 않는 사람은 나도 어떻게 할 수 없을 따름이다."

○불왈여지하여지하자(不曰如之何如之何者) : '어떻게 할까, 어떻게 할까?' 하고 말하지 않는 사람. ☞여지하(如之何) : 어떻게 해야 하나? '如何'는 의문을 나타내는 대명사. '之'는 목적어. '如~何' '奈~何' '若~何'의 형태로 쓰여 일의 처리 방법에 대해 묻는 관용어구로 쓰임. "不曰二字直貫 兩如之何起 初不思量此事如何做 再又不思量此事如何做 者字指人"
○오말여자하야이의(吾末如之何也已矣) : 공자 자신도 어찌할 도리가 없다는 말. '末'은 '無'의 뜻. '也已矣'는 '…하구나'의 뜻으로 허사(虛詞)가 연용된 형태다. '也'는 단정을 나타내고 '已'는 일의 상태를 나타내며, '矣'는 감탄을 나타냄.

如之何如之何者는 熟思而審處之辭也니 不如是而妄行이면 雖聖人이라도 亦無如之何矣니라

'어떻게 할까, 어떻게 할까?'라고 한 것은 깊이 생각하고 잘 처리한다는 말이니, 이와 같이 하지 않고서 함부로 행한다면, 비록 성인이라도 어떻게 할 수 없을 것이다.

[備旨] 夫子示人詳於處事에 曰凡人之處事에 必有熟思審處之心然後에 人言可入이라야 爲謀必臧이라 苟不量度於心口之間하여 而曰此事也를 將如之何以處하며 將如之何以處之者는 是率意妄行하여 其事必敗라 雖救나 無益이요 吾亦末如之何하여 以爲之謀也已矣니 人豈可不詳於處事哉아

부자께서 사람들이 일을 처리할 적에 상세하게 해야 한다는 것을 보여줄 적에 말씀하시기를, "모든 사람이 일을 처리할 적에는 반드시 깊이 생각하고 잘 처리하려는 마음을 가진 뒤에 남의 말을 받아들여야 꾀하는 것이 반드시 잘될 것이다. 진실로 마음과 입 사이를 헤아려서 '이 일을 앞으로 어떻게 처리할까? 앞으로 어떻게 처리할까?' 하면서 말하지 않는 사람은 임의로 행하거나 망령되이 행하여 그 일이 반드시 실패하게 될 것이다. 비록 도와준다 하더라도 유익이 없을 것이고, 나 또한 어떻게 그를 위해서 꾀해줄 수 없을 따름이니, 사람이 어찌 일을 처리하는 것을 상세하게 하지 않을 수 있겠는가?"라고 하셨다.

○양탁(量度) : 헤아리다. 생각하다.
○장(臧) : 성공하다. 일이 잘되다.
○솔의(率意) : 임의(任意)로 함.

15·16·1 子曰 群居終日에 言不及義요 好行小慧면 難矣哉인저

공자께서 말씀하셨다. "여러 사람이 종일토록 모여 있을 적에 말이 의리에 미치지 못하고, 잔재주만 부리기를 좋아한다면 사람 되기는 어려울 것이다."

○군거종일(群居終日) : 여러 사람이 하루를 보내다. "群居見非一人 終日見非一時"
○언불급의(言不及義) : 말이 의리에 맞지 않다. "是妄談講"
○호행소혜(好行小慧) : 잔꾀를 내어 잔재주를 부리기를 좋아하다. "是喜機變"
○난의재(難矣哉) : 어렵다. 동적인 상황을 나타내는 '矣'와 감탄이나 반문을 나타내는 '哉'가 연용 되었다. 참고로 현토(懸吐)를 율곡본(栗谷本)에서는 '難矣哉인저',

내각본(內閣本)에서는 '難矣哉라' 했다. "難照註兼意 矣哉是傷歎辭"

小慧는 **私智也**라 **言不及義**면 **則放辟邪侈之心滋**하고 **好行小慧**면 **則行險僥倖之機熟**이라 **難矣哉者**는 **言其無以入德**하여 **而將有患害也**라

　소혜(小慧)는 한 사람의 좁은 생각이다. 말이 의리에 미치지 못하면 거리낌없이 행동하고 분수에 넘치도록 사치하는 마음이 불어날 것이요, 개인의 지혜를 행하기 좋아하면 위험한 일을 하거나 분수에 맞지 않는 것을 추구하는 활동에 익숙해질 것이다. '難矣哉'는 그가 덕에 들어갈 수가 없어서 장차 재앙이 있을 것이라고 말씀한 것이다.

○사지(私智) : 자기 한 사람의 좁은 생각. 편견에 사로잡힌 개인의 식견.
○방벽사치(放辟邪侈) : 거리낌없이 제멋대로 행동하고, 분수에 넘치는 치레를 함. 「맹자(孟子)」《양혜왕상(梁惠王上)》"苟無恒心 放辟邪侈 無不爲已"
○행험요행(行險僥倖) : 위험한 일을 하고 분수에 맞지 않는 것을 추구함.
○환해(患害) : 재앙. 재난. 회해(禍害).

[備旨] 夫子儆學者에 曰君子所重夫類聚者는 爲其相與以成德也라 若群居하여 且終日之久에 其所言者는 惟謔浪游談하여 不及乎義理之正하고 其所行者는 又同惡相濟하여 好行乎小慧之私면 斯則放辟邪侈之心滋하고 行險僥倖之機熟하여 非惟無以入德이요 而將有患害也니 不亦難乎其爲人矣哉아 人當知所以自警矣라

　부자께서 배우는 사람을 주의시킬 적에 말씀하시기를, "군자가 무릇 끼리끼리 모이는 것을 중하게 여기는 것은 그들이 서로 더불어서 덕을 이루기 때문이다. 만약 여러 사람이 모여 종일토록 지내도, 그들이 말하는 것은 오직 농지거리하며 함부로 행동하고 부풀려서 얘기하여 의리의 바른 곳에는 미치지 못하고, 그들이 행하는 것은 또 악인끼리 서로 결탁하고 도와서 잔꾀를 내어 잔재주만 부리기를 좋아한다면, 이는 거리낌 없이 행동하고 분수에 넘치도록 사치하는 마음이 불어나고 위험한 일을 하거나 분수에 맞지 않는 활동에 익숙해져서, 오직 덕에 들어갈 수 없을 뿐만이 아니라 또 장차 재앙도 이를 것이니, 또한 그가 사람답게 되는 데 어렵지 않겠는가? 사람은 마땅히 자신을 경계해야 할 바를 알아야 할 것이다."라고 하셨다.

○유취(類聚) : 같은 부류의 사물을 한 곳에 모음.
○학랑유담(謔浪游談) : 농지거리하며 함부로 행동하고 과장하여 이야기함.

○동악상제(同惡相濟) : 악인끼리 서로 결탁하여 도움. 동악상조(同惡相助). 동오상조(同惡相助).

15·17·1 子曰 君子는 義以爲質이요 禮以行之하며 孫以出之하며 信以成之하나니 君子哉인저

　공자께서 말씀하셨다. "군자는 일을 할 적에 의로써 바탕을 삼고, 예로써 행하며, 겸손함으로써 표현하며, 믿음으로써 성취시켜야 하는 것이니, 이렇게 해야 군자일 것이다!"

○군자의이위질(君子義以爲質) : 군자는 의로써 자신의 바탕을 삼다. 여기서 군자는 '일반적인 사람'을 지칭함. '義以爲質'은 '以義爲質'의 도치. "君子指人言 義在剛決上說 事之是非全把他稱度 質如牆有基址一般"
○예이행지(禮以行之) : 예로써 그것을 행하다. '之'는 '일반적인 사실'을 가리키는데, 여기서는 '일을 처리하는 방법'을 말함. 아래 '出之' '成之'의 '之'도 같다. '以禮行之'의 도치. "禮有規矩可循 故曰行"
○손이출지(孫以出之) : 겸손한 태도로써 그것을 나타내다. '以孫出之'의 도치. "孫只氣度所發 故曰出"
○신이성지(信以成之) : 믿음으로써 그것을 이루다. '以信成之'의 도치. "信是一片盡心 自始至終皆貫成 故成此事"
○군자재(君子哉) : 군자이다! 즉 '군자의 길이다!'라는 말. "君子指道言 哉是讚美辭"

義者는 制事之本이라 故로 以爲質幹하여 而行之에 必有節文하며 出之에 必以退遜하며 成之에 必在誠實이라야 乃君子之道也라
○程子曰 義以爲質은 如質幹然이니 禮行此하고 孫出此하고 信成此하나니 此四句는 只是一事로되 以義爲本이라 又曰 敬以直內면 則義以方外하니 義以爲質이면 則禮以行之하며 孫以出之하며 信以成之니라

　의(義)는 일을 제어하는 근본이므로, 그것을 가지고 바탕과 근간으로 삼아서 행할 적에 반드시 조절하고 꾸밈이 있어야 하며, 표현할 적에 반드시 겸손으로써 하며, 성취시킬 적에 반드시 성실함이 있어야 곧 군자의 길일 것이다.

○정자가 말했다. "의로써 바탕을 삼는다는 것은 마치 바탕과 근간처럼 한다는 것이니, 예로써 이를 행하고 겸손으로써 이를 표현하고 믿음으로써 이를 성취하는 것이니, 이 네 구는 다만 한 가지 일이지만, 의로써 근본을 삼은 것이다." 또 말했다. "공경으로써 마음을 곧게 하면 의로써 외부를 방정하게 하니, 의로써 바탕을 삼으면 예로써 행하며 겸손으로써 표현하며 믿음으로써 성취시킬 것이다."

○질간(質幹) : 바탕과 근간.
○절문(節文) : 조절하고 꾸밈. 사물을 알맞게 꾸밈. 본서 12·1·1 주주(朱註) 참고. "朱子曰 節者等級也 文者 不直截而回互之貌"
○퇴손(退遜) : 겸손함. ☞퇴(退) : 겸양(謙讓)하다. 낮추어 사양하다.
○경이직내의이방외(敬以直內義以方外) : 군자가 공경으로써 안을 곧게 하고, 의리로써 밖을 방정하게 한다는 말. 「주역(周易)」 《중지곤(重地坤)》 "直은 其正也요 方은 其義也니 君子가 敬以直內하고 義以方外하여..."

[備旨] 夫子明處事之道에 曰人之處事는 難於盡善이로되 惟君子는 必以義爲制事之本이라 義之所可면 則可하고 義之所不可면 則不可하니 是應事合宜하여 而其質以立矣라 然이나 義主於斷이니 使行之不以禮면 則徑情而直遂矣라 故로 行之에 必有節文이라야 無太過不及之弊焉이라 然이나 禮亦近於嚴이니 使出之不以孫이면 則自高而傲物矣라 故로 出之必以退遜이라야 有從容和順之美焉이라 然이나 禮行矣요 孫出矣라하여 使成之不以信이면 則亦卒歸於僞耳라 故로 成之에 必以誠實이라야 自始至終히 皆實心實理之流通焉이라 若然이면 則制事之間에 盡善盡美하여 而無一之或苟라야 乃君子之道也니 其眞可謂君子哉인저

부자께서 일을 처리하는 방법을 밝힐 적에 말씀하시기를, "사람이 일을 처리할 적에는 모두 잘하기는 어렵지만, 오직 군자는 반드시 의로써 일을 제어하도록 근본을 삼아야 할 것이다. 의에 맞으면 옳은 것이고 의에 맞지 않으면 옳지 않은 것이니, 이렇게 된다면 일에 응하는 것이 합당하여 그 바탕이 설 것이다. 그러나 의는 결단을 제일로 여기니, 가령 행할 적에 예로써 하지 않으면 멋대로 행하게 될 것이다. 그러므로 행할 적에는 반드시 조절하고 꾸며야 너무 지나치거나 모자라는 폐단이 없을 것이다. 그러나 예도 또한 엄정함을 가까이 해야 하니, 가령 표현할 적에 겸손함으로써 하지 않으면 자신을 높여서 남에게 오만하게 굴게 될 것이다. 그러므로 표현할 적에 반드시 겸손함으로써 해야 조용하고 화순의 아름다움이 있을 것이다. 그러나 예가 행해지고 겸손함이 표현되었다고 해서 가령 성취시키는 것을 믿음으로써 하지 않는다면 또한 끝내 거짓된 곳으로 돌아가고 말 따름이다. 그러므로 성취시킬 적에는 반드시 성실하게 해

야 시작부터 끝까지 모두 진실한 마음과 진실한 이치가 흘러 통할 것이다. 만약 그렇게 한다면 일을 처리하는 사이에 완전 무결하여 한 가지라도 구차함이 없어야 비로소 군자의 길일 것이니, 그는 정말로 군자라고 이를 수 있을 것이다!"라고 하셨다.

○경정(徑情) : 하고 싶은 대로 함. 멋대로 함. ☞직정경행(直情徑行) : 예법을 돌아보지 아니하고 제멋대로 함.
○오물(傲物) : 잘난 체하고 남을 업신여김. 오물(慠物).
○진선진미(盡善盡美) : 더할 나위 없이 착하고 아름다움. 곧 완전 무결함.

15·18·1 子曰 君子는 病無能焉이요 不病人之不己知也니라

　　공자께서 말씀하셨다. "군자는 자기의 무능함을 근심할 뿐이고, 남이 자기를 알아주지 않음을 근심하지 않는다."

○군자병무능언(君子病無能焉) : 군자가 자기의 무능함을 근심하다. 여기서 군자는 '학문에 힘을 쓰는 사람'을 말함. ☞병(病) : 근심하다. 걱정하다. 애를 태우다. "君子卽務學之人 病無能則必刻刻求能矣"
○불병인지불기지야(不病人之不己知也) : 남이 자기를 알아주지 않음을 근심하지 않다. 고대 한문에서는 '不'에 의해서 부정되는 '서술어＋목적어' 구조에서는 목적어가 대명사이면 일반적으로 도치되었는데, 이는 고대 문법의 특징이었다. '不知己'가 '不己知'로 도치된 것이다. "非謂我有能 而人卽知不必病也 乃病無能之心 未嘗少雜正求在我處"
○이 글과 비슷한 내용으로 본서《학이편(學而篇)》1·16·1,《이인편(里仁篇)》4·14·1,《헌문편(憲問篇)》14·32·1 등에 자주 나타난다.

[備旨] 夫子表君子爲己之心에 曰君子는 學以爲己하나니 其所病者는 全在德不加進하고 業不加修하여 一無所能而已라 若夫德業有諸己로되 而人不己知焉이라도 則於己에 本無所損이니 君子又何病哉아

　　부자께서 군자가 자기를 위하는 마음에 대해 표현할 적에 말씀하시기를, "군자는 학문을 자기를 위하여 꾀하니, 그가 근심하는 것은 덕행이 더 전진하지 못하고 일은 잘 처리하지 못해서 하나같이 능한 것이 없다고 하는 데 모두 있을 따름이다. 덕업이라는 것은 몸에 지니고 있지만 남들이 자기를 알아주지 않더라도 자기에게는 근본적으로 손해되는 바가 없을 것이니, 군자가 또 무엇을 근심하겠는가?"라고 하셨다.

○위기(爲己)：자기를 위함. 위기지학(爲己之學)을 이름. ☞위기지학(爲己之學)：자기를 위하여 하는 학문. 자신의 수양(修養)·안심(安心)·입명(立命)을 위하여 행함.
○학이위기(學以爲己)：학문을 자기를 위하여 하다. 학문을 자기를 위하여 꾀하다. '以學爲己'인데 '學'을 강조하기 위해 도치시킨 것이다. 여기서 '爲'는 거성(去聲)으로 쓰여 '위하여 하다' '…을 위하여 꾀하다'란 뜻이다.
○약부(若夫)：…에 이르러. 다른 화제를 제시할 때 쓰는 말.
○덕업(德業)：덕행(德行)과 공업(功業).

15·19·1　子曰 君子는 疾沒世而名不稱焉이니라

공자께서 말씀하셨다. "군자는 평생토록 이름이 칭송받지 못함을 싫어한다."

○군자질몰세이명불칭언(君子疾沒世而名不稱焉)：군자는 한평생을 마칠 때까지 이름이 칭송받지 못함을 싫어하다. ☞질(疾)：싫어하다. 미워하다. ☞몰세(沒世)：① 한평생을 마칠 때까지. 생애(生涯). 평생토록. ②언제까지나. 영구(永久). 여기서는 ①의 뜻. ☞명(名)：세상에 널리 떨친 이름. 좋은 평판. 명성(名聲). ☞불칭(不稱)：전하여 말하는 것이 없음. "疾是惡 沒世終身也 名是聲名 不稱是無傳述"

范氏曰 君子는 學以爲己하고 不求人知라 然이나 沒世以名不稱焉이면 則無爲善之實을 可知矣니라

범 씨가 말했다. "군자는 학문을 자기를 위하여 꾀하고 남이 알아주기를 구하지 않는다. 그러나 평생토록 이름이 칭송받지 못한다면 선을 행한 실상이 없었음 알 수 있다."

○학이위기(學以爲己)：학문을 자기를 위하여 하다. 학문을 자기를 위하여 꾀하다. '以學爲己'인데 '學'을 강조하기 위해 도치시킨 것이다. 여기서 '爲'는 거성(去聲)으로 쓰여 '위하여 하다' '…을 위하여 꾀하다'란 뜻이다.

[備旨] 夫子勉人當有爲善之實에 曰君子는 學以爲己하나니 固無意於求名이라 然이나 名所以表其實也일새 若夫自幼至老히 沒世而名不稱於人焉이면 則無爲善之實을 可知矣니 豈非君子之疾哉아 修己者는 當汲汲焉하여 以求盡其實이 可也니라

부자께서 사람들이 선을 행할 적에 마땅히 실상이 있도록 힘쓰게 할 적에 말씀하시기를, "군자는 학문을 자기를 위하여 꾀하니 진실로 명성을 구하는 데 뜻이 없어야 할 것이다. 그러나 명성은 그 실상을 나타내기 때문에 어려서부터 노인이 되기까지 평생토록 이름이 남에게 칭송받지 못한다면 선을 행한 실상이 없었다는 것을 알 수 있으니, 어찌 군자가 미워할 바가 아니겠는가? 몸을 수양하는 사람은 마땅히 절박한 모습으로 해서 그 실상을 다하도록 구하는 것이 옳을 것이다."라고 하셨다.

○급급연(汲汲然) : 마음이 몹시 절박한 모양.

15 · 20 · 1 子曰 君子는 求諸己요 小人은 求諸人이니라

공자께서 말씀하셨다. "군자는 원인을 자기에게서 구하고, 소인은 원인을 남에게서 구한다."

○군자구저기(君子求諸己) : 군자는 위기지학(爲己之學)에 힘쓰니 무슨 일이라도 원인을 자신에게서 구함. "求是竭盡心力 必欲得之意 己卽己分內事"
○소인구저인(小人求諸人) : 소인은 위인지학(爲人之學)에 힘쓰니 무슨 일이라도 원인을 다른 사람에게서 구함. "此句反上句說"

謝氏曰 君子는 無不反求諸己하고 小人은 反是하니 此君子小人이 所以分也라
○楊氏曰 君子는 雖不病人之不己知나 然이나 亦疾沒世而名不稱也요 雖疾沒世而名不稱이나 然이나 所以求者는 亦反諸己而已라 小人은 求諸人이라 故로 違道干譽하여 無所不至하나니 三者는 文不相蒙이로되 而意實相足하니 亦記言者之意니라

사 씨가 말했다. "군자는 원인을 자기에게서 찾지 않음이 없고 소인은 이와 반대로 하니, 이에 군자와 소인이 분별되는 까닭이다."
○양 씨가 말했다. "군자는 비록 남이 자기를 알아주지 않음을 걱정하지 않지만 또한 평생토록 이름이 칭송받지 못함을 싫어하며, 비록 평생토록 이름이 칭송받지 못하는 것을 싫어하지만 원인을 구할 적에는 또한 자기에게 돌이킬 따름이다. 소인은 그 원인을 남에게서 구하므로 도리를 위반하고 명예를 구하여 이르지 않는 바가 없으니, 18장 · 19장 · 20장의 세 가지는 글은 서로 연관되지 않지만 뜻은 실로 서로 넉넉하게 되었으니, 또한 말을 기록한 자의 생각일 것이다."

○반구저기(反求諸己) : 자신에게 반문함. 원인을 자신에게서 찾음을 이르는 말. 「맹자(孟子)」《공손추상(公孫丑上)》 "不怨勝己者 反求諸己而已矣"
○위도(違道) : 도리를 어김.
○간예(干譽) : 명예를 구함.
○몽(蒙) : 연관되다. 부합하다.

[備旨] 夫子辨君子小人之心에 曰君子小人之品이 不同이로되 而其所求도 亦異라 君子는 以爲己爲心하니 故로 無適而非求諸己하고 小人은 以爲人爲心하니 故로 無適而非求諸人이라 夫求諸己면 則德日進하고 求諸人이면 則欲日肆니 君子小人之分이 蓋如此니라

부자께서 군자와 소인의 마음을 분별할 적에 말씀하시기를, "군자와 소인의 품격이 같지 않지만 그들이 구하는 것도 또한 다르다. 군자는 자기를 위하는 것으로써 마음을 삼으니 어디를 가더라도 자기에게서 구하지 않음이 없고, 소인은 남을 위하는 것으로써 마음을 삼으니 어디를 가더라도 남에게서 구하지 않음이 없는 것이다. 무릇 자기에게서 구하면 덕은 날로 나아갈 것이고 남에게서 구한다면 욕심은 날로 극에 달할 것이니, 군자와 소인의 구분됨이 대개 이와 같다."라고 하셨다.

○품격(品格) : 기품(氣品)과 성격. 품성(品性). 품위(品位).
○위기(爲己) : 자기를 위함. 위기지학(爲己之學)을 이름. ☞위기지학(爲己之學) : 자기를 위하여 하는 학문. 자신의 수양(修養)·안심(安心)·입명(立命)을 위하여 행함.
○위인(爲人) : 남을 위하여 함. 위인지학(爲人之學)을 이름. ☞위인지학(爲人之學) : 남에게 알려지기를 바람. 출세를 위하여 하는 학문.
○적(適) : 가다. 목적지로 향하다. 뜻한 곳을 향하여 가다.
○사(肆) : 극에 달하다. 방탕하다. 제멋대로 하다.

15·21·1 子曰 君子는 矜而不爭하고 群而不黨이니라

공자께서 말씀하셨다. "군자는 몸가짐이 장엄하지만 다투지 않으며, 여러 사람들과 어울리지만 사사로운 정에 치우치지 않는다."

○군자(君子) : 여기서 군자는 덕을 가진 사람을 말함. "是有德之人"
○긍이부쟁(矜而不爭) : 장엄하게 몸가짐을 유지기에 다투지 않다. "矜是以理自持

爭是以氣凌人"
○군이부당(郡而不黨) : 사람과 화목하게 지내고 편당하지 않다. "郡是以道相與 黨是以情相徇"☞당(黨) : 편당적이다. 사사로운 정에 치우치다.

莊以持己曰矜이라　**然**이나　**無乖戾之心**이라　**故**로　**不爭**하고　**和以處衆曰群**이라　**然**이나 **無阿比之意**라　**故**로　**不黨**이라

　장엄하게 몸가짐을 유지하는 것을 긍(矜)이라 한다. 그러나 사리에 어그러지는 마음이 없으므로 다투지 않는 것이고, 화목하게 여러 사람과 지내는 것을 군(群)이라 한다. 그러나 두둔하는 뜻이 없으므로 사사로운 정에 치우치지 않는 것이다.

○괴려(乖戾) : 사리에 어그러져 온당하지 않음. 괴천(乖舛). 괴패(乖悖).
○아비(阿比) : 두둔하여 붙좇음. 친부(親附). ☞비(比) : 아첨하다.

[備旨] 夫子論君子持己處衆之道에　曰君子는　莊以持己하니　固見其矜矣라　然이나 亦正其在我者而已요　何嘗至於忿世戾俗하여　以爲爭乎아　和以處衆이니　固見其羣矣라　然이나 亦善其待物者而已니　何嘗至於徇情阿比하여　而爲黨乎아　此君子所以內不失己하고　外不失人也라

　부자께서 군자가 몸가짐을 유지하거나 여러 사람과 지내는 길을 논할 적에 말씀하시기를, "군자는 장엄하게 몸가짐을 유지하니, 진실로 그 장엄함을 볼 수 있다. 그러나 또한 그것은 나에게 있는 것을 바르게 할 뿐이지, 어찌 일찍이 세상을 원망하거나 세속을 탐하여 다투는 데에 이르겠는가? 화목하게 여러 사람과 지내니, 진실로 그가 함께 함을 볼 수 있다. 그러나 또한 그것은 상대방을 대접하는 것만 잘할 뿐이니, 어찌 일찍이 마음을 빼앗기거나 두둔하여 편을 만드는 데 이르겠는가? 이것이 군자가 안으로는 자기를 잃지 않고 밖으로는 남을 잃지 않는 까닭이다."라고 하셨다.

○분세(忿世) : 세상을 원망함. ☞분(忿) : 원망하다[怨也].
○여속(戾俗) : 세속을 탐하다. 속된 것에 이르다.
○순정(徇情) : 뜻을 좇다. 마음을 빼앗기다.

15 · 22 · 1 子曰 君子는 **不以言擧人**하며 **不以人廢言**이니라

공자께서 말씀하셨다. "군자는 좋은 말을 한다는 이유로 그 사람을 들어 쓰지 않으며, 사람이 나쁘다는 이유로 그 사람의 좋은 말까지 버리지 않는다."

○군자(君子) : 여기서 군자는 임금의 자리에 있거나 관직의 자리에 있는 사람을 가리켜 말함. "指在位者言"
○불이언거인(不以言擧人) : 좋은 말을 한다고 해서 사람을 들어 쓰지 않다. 즉 말이 좋다고 사람이 반드시 좋은 것은 아니라는 뜻. "是言善而人未必善也"
○불이언폐언(不以言廢言) : 사람이 나쁘다고 해서 그 사람의 말까지 버리지는 않다. 사람이 반드시 좋지 않다고 말이 처음부터 좋지 않은 것은 아니라는 뜻. "是人不必善而言未始非善也"

[備旨] 夫子表君子用人聽言之公에 曰君子之心은 大公而至正者也라 故로 其用人에 不以言之善으로 而遽用其人이니 以人之行에 多不及言故也라 其聽言도 亦不以人之不善으로 而並廢其言이니 以言之善에 有不可沒故也라 君子用人聽言之公이 如此하니 此小人이 不得以倖進이요 而善言도 皆得以自效也歟인저

부자께서 군자가 사람을 등용하거나 말을 들을 적에는 공정해야 한다는 것을 표현할 적에 말씀하시기를, "군자의 마음은 매우 공정하면서도 지극히 발라야 한다. 그러므로 그가 사람을 등용할 적에는 말이 좋다는 이유로 급하게 그 사람을 등용하지 말아야 할 것이니, 그 사람의 행실에는 말에 미치지 못하는 일이 많기 때문이다. 그가 말을 들을 적에도 또한 남들이 잘하지 못한다는 이유로 덩달아 그 말을 폐하지 말아야 할 것이니, 그 사람의 좋은 말에는 버릴 수 없는 이유가 있기 때문이다. 군자가 사람을 등용하거나 말을 들을 적에 공평함이 이와 같으니, 곧 소인이 요행으로 출세할 수 없을 것이고, 그리고 좋은 말을 하는 데에도 모두 자기의 힘을 바쳐야 할 것이다."라고 하셨다.

○대공(大公) : 매우 공정함. '태공'으로도 읽음.
○행진(倖進) : 요행으로 승진(昇進)함. 출세를 바람.
○선언(善言) : 좋은 말. 유익한 말.
○자효(自效) : 다른 사람이나 집단을 위하여 자기의 힘이나 생명을 바치고자 함.

15·23·1 子貢이 問曰 有一言而可以終身行之者乎잇가 子曰 其恕乎인저 己所不欲을 勿施於人이니라

자공이 "한 마디 말로 평생토록 실천할 만한 것이 있습니까?" 하고 묻자, 공자께서 말씀하셨다. "아마도 자기를 미루어서 남을 대하는 마음일 것이다. 자기가 원치 않는 것을 남에게 베풀지 말아야 할 것이다."

○유일언이가이종신행지자호(有一言而可以終身行之者乎) : 한 마디 말로 표현해서 평생토록 실천할 만한 것이 있는가? ☞일언(一言) : 한 마디 말. 여기서는 하나의 글자. 그래서 공자는 '恕'라고 대답함. ☞가이(可以) : …할 수 있다. 조동사로서 허가나 가능을 나타냄. 허가·가능을 나타내는 조동사 '可'와 이유·조건·수단·도구·원인 등을 나타내는 전치사 '以'가 결합하여 하나의 조동사로 굳어진 것이다. ☞종신행지(終身行之) : 평생토록 지키고 실천하다. '有~者'는 어떤 행위를 나타낼 때 쓰는 관용구. "一言一字也 終身是一生 行之是行此一言 指做工夫說 不是利行之行"
○기서호(其恕乎) : 아마도 서(恕)일 것이라는 말. '其'는 '아마'의 뜻으로 추측을 나타내는 말. 이는 '평생 실천할 만한 요체[行己之要]'에 대한 답으로써 '恕'를 가르쳐 줌. ☞서(恕) : 용서. 사랑. 동정. 자기를 미루어서 남을 대하는 마음. "恕乃去私心 而擴公理也 此一字正答其問" 본서 4·15·2 참고.
○기소불욕(己所不欲) : 자기가 하고 싶지 않은 일. 예의에 벗어날 일. 본서 12·2·1에서 중궁(仲弓)의 질문에 대한 대답 속에도 나온다. "不欲指非禮之事言"
○물시어인(勿施於人) : 다른 이에게 행하려고 해서는 안 됨. "是此心禁止 不以此不欲 加於他人"

推己及物이면 其施不窮이라 故로 可以終身行之니라
○尹氏曰 學貴於知要니 子貢之問은 可謂知要矣라 孔子告以求仁之方也하시니 推而極之면 雖聖人之無我라도 不出乎此니 終身行之라도 不亦宜乎아

자기 마음을 미루어 남에게 미치면 그 베푸는 것이 무궁할 것이다. 그러므로 평생토록 행할 수 있는 것이다.
○윤 씨가 말했다. "학문은 요점을 아는 것을 귀하게 여기니, 자공의 질문은 요점을 알았다고 이를 만하다. 공자께서는 인을 구하는 방법으로써 말씀해 주셨으니, 미루어 이른다면 비록 성인의 무아지경이라 하더라도 여기에서 벗어나지 않을 것이니, 평생토록 행하더라도 당연하지 않겠는가?"

○무아경(無我境) : 정신이 어느 한 곳에 온통 쏠려 자신의 존재를 망각한 경지. 무아지경(無我之境).

[備旨] 子貢이 有志於反約이라 故로 問於夫子에 曰有一言之約하여 而可以終體行之者
乎잇가하니 夫子告之에 曰道雖不盡於一言이나 而實不外乎一心이니 欲求終身可行之理면
其惟恕之一言乎인저 凡己心所不欲이면 卽知人不異己요 勿以此施之於人이라 所謂恕者如
此하니 以此行之면 雖終身焉이나 可矣라

　　자공이 자기 자신을 돌이켜 반성하려고 하는 데 뜻이 있었던 것이다. 그러므로 부자
에게 여쭈어 볼 적에 말하기를, "한 마디 말로 요약해서 몸을 마칠 때까지 행할 만한
것이 있습니까?"라고 하니, 부자께서 깨우쳐 줄 적에 말씀하시기를, "도라고 하는 것을
비록 한 마디 말로써 다할 수는 없지만 진실로 하나의 마음으로부터 벗어나지 않을 것이
니, 평생토록 행할 만한 이치를 구하려고 한다면 아마도 자기를 미루어서 남을 대한
다는 한 마디뿐일 것이다. 무릇 자기 마음에 하고 싶지 않은 것이라면 곧 다른 사람들
도 자기와 다르지 않다는 것을 알아야 할 것이고, 이것을 다른 사람에게 베풀지 않도
록 해야 할 것이다. 이른바 서라고 하는 것이 이와 같으니, 이것으로써 행한다면 비록
평생 행할지라도 괜찮을 것이다."라고 하셨다.

○반약(反約) : '반구 약례(反求約禮)'의 준말. 즉, 어떤 일의 원인을 나 자신에게서
찾고, 몸가짐을 예법에 맞도록 단속함. ☞반구(反求) : 자기 자신을 돌이켜 반성함.
자책(自責).「중용(中庸)」"14·5 子曰 射有似乎君子하니 失諸正鵠이어던 反求諸其
身이니라" ☞약례(約禮) : 예(禮)로써 자기 자신을 잡도리함. 행실을 예법에 맞도
록 함. 본서 6·25·1 참고.

15·24·1　子曰　吾之於人也에　誰毀誰譽리오　如有所譽者면　其有所試矣니라

　　공자께서 말씀하셨다. "내가 다른 사람에 대해서 누구를 비방하고 누구를 칭찬
하더냐? 혹시라도 칭찬한 사람이 있었다면 그것은 시험할 일이 있어서 그랬을 것
이다.

○오지어인야(吾之於人也) : 공자 자신이 다른 사람에 대하여. "人指當時之人 兼善惡
說"
○수훼수예(誰毀誰譽) : 누구를 비방하고 누구를 칭찬하는가? 비방하고 칭찬하는 일이
없다는 말. '誰毀誰譽'는 의문문에서 목적어가 의문 대명사일 때 도치된 형태. 즉 '毀誰

譽譽'가 원래의 문장. "兩誰字不止作無字看 有——尋求無可指名之意"
○여유소예자(如有所譽者) : 혹시 있었다고 한다면. '有~者'는 어떤 행위를 나타낼 때 쓰는 관용구. "如作或字看"
○기유소시의(其有所試矣) : 그것은 시험할 바가 있어서 그렇게 하다. "試是試驗其人 後來必副其所稱"

毁者는 稱人之惡而損其眞이요 譽者는 揚人之善而過其實이라 夫子無是也라 然이나 或有所譽者면 則必嘗有以試之하여 而知其將然矣라 聖人이 善善之速이로되 而無所苟가 如此요 若其惡(오)惡는 則已緩矣라 是以로 雖有以前知其惡이나 而終無所毁也시니라

훼(毁)는 남의 악한 점을 일컬어서 그 진상을 훼손하는 것이요, 예(譽)는 남의 선한 점을 드러내어서 그 실상보다 지나치게 하는 것이다. 부자에게는 이런 것이 없었지만 혹시라도 칭찬한 사람이 있었다면 반드시 일찍이 시험해서 그가 장차 그렇게 될 사람이라는 것을 알았기 때문이다. 성인이 선을 칭찬하기를 빨리 했지만 구애되는 바가 없음이 이와 같았고 그의 악을 미워한 것은 지나치게 천천히 했던 것이다. 이 때문에 비록 미리 그의 악함을 알고 있었으나 끝내 그를 헐뜯는 바가 없었던 것이다.

[備旨] 夫子見當時之人이 以愛憎爲毁譽하니 而是非之直道가 不明이라 故로 言曰 天下에 本有是非로되 而人多徇其好惡라 吾之於人也에 有惡이면 未嘗不稱이니 於誰稱之에 損其眞而有毁며 有善이면 未嘗不揚이니 於誰揚之에 過其實而有譽리오 卽如有所譽者면 其必或於其天資와 或於其志向에 有所試焉이요 而知其將來之能然矣라 譽且不敢輕有온 而況於毁乎아 信乎吾之無毁譽也라

부자께서 당시 사람들이 사랑하거나 미워하는 것을 헐뜯거나 기리니, 옳고 그름에 관한 올바른 길이 분명치 않음을 보았던 것이다. 그러므로 설명해 줄 적에 말씀하시기를, "천하에는 본래 옳고 그름이 있지만 사람들은 그들이 좋아하거나 미워함을 따르는 경우가 많다. 내가 사람들에 대해서 악한 점이 있다면 일찍이 일컫지 않음이 없었으니 누구에 대해 일컬을 적에 그의 진실을 비방해서 헐뜯었으며, 선한 점이 있다면 일찍이 드러내지 않음이 없었으니 누구에 대해 드러낼 적에 그 실상보다 지나치게 해서 칭찬했느냐? 혹시라도 칭찬한 바가 있었다면 그것은 반드시 혹시라도 그의 타고난 자질과 그의 지향에 대해 시험하고, 또 그가 장래에 능히 그렇게 될 것인가를 알아보기 위했던 것이다. 칭찬도 또한 감히 가볍게 하지 못할 터인데 하물며 비방하는 것임에랴? 진실로 나에게는 비방하거나 칭찬함이 없었다.

○직도(直道) : 바른 도리. 올바른 길. 정도(正道).
○천자(天資) : 타고난 자질. 천질(天質). 천품(天稟).
○지향(志向) : 뜻이 쏠리어 향함. 일정한 목표를 두고 그 방향으로 쏠리는 의지(意志).

15・24・2 斯民也는 三代之所以直道而行也니라

이 백성들은 삼대 이래로 바른 도리로써 행해 왔던 것이다.”

○사민야(斯民也) : 지금의 이 백성. 여기서 '民'자는 15・24・1의 '人'자와 대가
된다. '人'과 '己'가 서로 대가 되는 것처럼, 여기서 '民'도 '君'과 서로 대가 쓰였다.
○삼대지소이직도이행야(三代之所以直道而行也) : 삼대 동안 바른 길로 걸어온 사
람들이다. 그러므로 함부로 얘기할 수 없다는 말. ▱삼대(三代) : 중국의 하(夏)・
은(殷)・주(周)의 세 왕조(王朝). ▱이(以) : 이유・조건・수단・도구・원인 등을
나타내는 전치사. ▱직도(直道) : 바른 도리. 올바른 길. 정도(正道). 상줄 사람은
상주고 벌줄 사람은 벌주는 것처럼 거짓 없이 정치를 행해 왔다는 말. "三代以直
道行賞罰 夫子以直道行是非 正作春秋意"

**斯民者는 今此之人也라 三代는 夏商周也라 直道는 無私曲也니 言吾之所以無
所毀譽者는 蓋以此民이 卽三代之時에 所以善其善하고 惡(오)其惡(오)하여 而無所
私曲之民이라 故로 我今亦不得而枉其是非之實也라**
**○尹氏曰 孔子之於人也에 豈有意於毀譽之哉시리오 其所以譽之者는 蓋試而知
其美故也라 期民也는 三代所以直道而行이니 豈得容私於其間哉아**

사민(斯民)이란 지금 이 사람들을 말한다. 삼대(三代)는 하나라・상나라・주나라
다. 직도(直道)란 공정하지 않음이 없다는 것이니, 내가 남을 비방하거나 칭찬함이
없다는 것은 대개 이 사람들이 곧 삼대 이래로 그들이 좋아하는 것을 좋아하고
그들이 미워하는 것을 미워해서 공정하지 않음이 없는 백성이었기 때문에, 내가
지금 또한 얻어서 그 옳고 그름의 실제를 어길 수 없음을 말씀한 것이다.
　○윤 씨가 말했다. “공자가 남에 대해서 어찌 비방하거나 칭찬하는 데 뜻이 있
었겠는가? 그가 칭찬한 것은 대개 시험했던 것이고, 그 아름다움을 알았기 때문일
것이다. 이 백성들은 삼대 이래로 바른 도리로써 행해 왔던 것이니, 어찌 그 사이
에 사사로움을 용납할 수 있겠는가?”

○사곡(私曲) : 편애나 아첨 등의 공정하지 않은 일.

○선기선오기오(善其善惡其惡) : 임금이 행하는 바른 도리에 따라 마땅히 좋아할 것을 좋아하고, 임금이 행하는 바른 도리에 따라 마땅히 미워할 것을 미워했다는 내용. 「서전(書傳)」 《홍범(洪範)》 "無有作好 遵王之道 無有作惡(오) 遵王之道"

○왕(枉) : 어기다. 굽히다. 굽다[曲也]. 마음이 바르지 않다.

[備旨] 然이나 吾之所以無毀譽者는 何哉오 蓋以今斯之民也는 善則從而好之하여 無有作好하며 惡則從而惡之하여 無有作惡하니 卽三代之時에 所以善其善하고 惡其惡하여 直道而行之民也라 是는 世變雖殊나 而直道猶在하니 吾亦安得枉其是非之實하여 而妄有所毀譽於其間哉아

그러나 내가 비방하거나 칭찬함이 없었던 까닭은 어째서인가? 대개 지금 이 백성들은 좋아하면 따라서 좋아해서 좋아하는 것을 만드는 일이 없으며, 미워하면 따라서 미워해서 미워하는 것을 만드는 일이 없으니, 곧 삼대 이래로 그들이 좋아하는 것을 좋아하고 그들이 미워하는 것을 미워해서 바른 도리로써 행해온 백성들이기 때문이다. 이는 세상이 비록 다르지만 바른 도리는 오히려 남아 있으니, 내 또한 어찌 그 옳고 그름의 실상을 어겨서 망령되게 그 사이를 비방하거나 칭찬할 수 있겠는가?"라고 하셨다.

○무유(無有) : …하지 않음. 금지하는 말. 「서전(書傳)」 《홍범(洪範)》 "無有作好 遵王之道 無有作惡(오) 遵王之道"

15 · 25 · 1 子曰 吾猶及史之闕文也와 有馬者가 借人乘之러니 今亡(무)矣夫인저

공자께서 말씀하셨다. "내가 옛날에는 그래도 사관이 의아한 글은 빼놓던 일과 말을 가진 사람이 남과 같이 타도록 했던 일을 여전히 볼 수 있었는데, 지금 그런 것들도 없어져 버렸구나!"

○오유급사지궐문야(吾猶及史之闕文也) : 나는 옛날에는 그래도 사관이 의심스러운 글이 있으면 그 글은 비워두는 자세를 여전히 볼 수 있다. ☞유급(猶及) : 여전히 …에 대해 볼 수 있다. ☞사지궐문(史之闕文) : 옛날 사관이 의심스러운 글이

있으면 그 글은 비워두고 뒷날 훌륭한 사람을 기다렸던 일. "猶及是尙及見 史是作 史策的官 闕文是有疑 則空闕其文 以俟後之知者"

○유마자차인승지(有馬者借人承之) : 말을 가진 사람이 남에게 빌려주어 같이 타 다. "借人承是與人共承 此皆人心近古處"

○금무의부(今亡矣夫) : 지금은 없어졌다. '亡'은 '無'와 통함. ☞의부(矣夫) : 아주 슬퍼하는 모양. …하구나. …이겠지? '矣'는 '이미 그러한'이란 의미를 나타내고, '夫'는 감탄을 나타낸다. "亡作無是無上二事 矣夫二字寓傷歎意"

○본문의 해석에는 두 가지 견해가 있다. 첫째, 사관(史官)들의 행위와 말을 가진 사람의 행위에 대해 공자가 탄식했다고 보는 경우. 둘째, 사관들의 행위와 말을 가진 사람들의 행위는 별개의 사건으로 보는 경우. 필자는 전자를 따라 해석했는 데, 아래 집주(集註)에서 호 씨(胡氏)도 의심스럽다고 첨언하고 있다.

楊氏曰 史闕文과 馬借人의 此二事는 孔子猶及見之러니 今亡(무)矣夫인저하시니 悼 時之益偸也시니라 愚謂 此必有爲而言이니 蓋雖細故나 而時變之大者를 可知矣라 ○胡氏曰 此章義疑는 不可强解라

양 씨가 말했다. "사관이 글을 빼놓은 것과 말을 남에게 빌려주는 이 두 가지 일은 공자께서도 '아직도 볼 수 있었는데 지금은 없어졌구나!' 하셨으니, 시대가 더욱 야박해짐을 서글퍼하신 것이다." 내[朱子]가 생각하건대 이것은 반드시 까닭 이 있어서 하신 말씀일 것이니, 비록 작은 일이지만 시세의 변화가 크다는 것을 알 수 있다.

○호 씨가 말했다. "이 장의 뜻에 의심스러운 것은 억지로 해석해서는 안 된다."

○투(偸) : 인정이 없다. 경박하다.
○유위이언(有爲而言) : 까닭이 있어서 말을 함. '爲'는 거성(去聲)으로 쓰였음.
○세고(細故) : 잔 일. 세사(細事). 소사(小事).

[備旨] 夫子傷時之意에 曰欲觀世道之盛衰면 則觀其習俗之淳漓하여 而可知已라 吾生之 初에 人心이 雖已不古나 然이나 猶及見夫史之闕文也하여 而不挾己見以自是하고 有馬者 는 借人乘之하여 而不挾所有以自私니라 是猶有忠厚之遺意焉이로되 而今則亡矣夫인저 時之益偸를 爲何如哉아

부자께서 시절을 근심하는 뜻에서 말씀하시기를, "세상에서 도가 성하는지 쇠하는지 를 보려면 그 습관과 풍속의 순후와 천박을 봐서 알 수 있을 따름이다. 내가 태어났던

초기에는 인심이 비록 옛날과 같지 않았다 하더라도, 그러나 사관들이 글을 빼놓고 자기의 견해만 갖고서 스스로 옳다고 여기지는 않았고, 말을 가진 사람들은 남에게 빌려주고 타도록 해서 가진 것을 갖고서 자신의 이익만 도모하지 않았음을 오히려 볼 수 있었다. 여기에 오히려 충후하게 남긴 뜻이 있었지만, 그러나 지금은 없어져 버렸구나! 시대가 더욱 각박해진 것을 어떻게 할 수 있겠는가?"라고 하셨다.

○순요(淳澆) : 풍속의 순후함과 천박함. 순후함과 경박함.
○협(挾) : 가지다. 지니다. 기대다. 믿고 의지하다.
○자시(自是) : 스스로 옳다고 여김.
○자사(自私) : 자신의 이익만을 도모함.
○충후(忠厚) : 충실하고 순후(淳厚)함.「순자(荀子)」《예론(禮論)》"事生不忠厚不敬文謂之野"
○유의(遺意) : 고인이 생전에 이루지 못하고 남긴 뜻. 유지(遺志).

15·26·1 子曰 巧言은 亂德이요 小不忍則亂大謀니라

공자께서 말씀하셨다. "듣기 좋게 꾸미는 말은 덕을 어지럽히고, 작은 것을 참지 못하면 큰일을 그르치게 된다."

○교언난덕(巧言亂德) : 그럴 듯하게 꾸미는 말은 덕을 어지럽히다. ☞교언(巧言) : 듣기 좋게 꾸미는 말. 본서 1·3·1과 5·24·1 참고. ☞난덕(亂德) : 덕을 어지럽히다 "巧言屬人 亂是炫亂"
○소불인즉란대모(小不忍亂大謀) : 작은 것을 참지 못하면 큰 계획을 어지럽힌다. ☞소불인(小不忍) : 조그만 일을 참지 못하다. ☞난대모(亂大謀) : 큰일을 어지럽히다. "小不忍屬己 亂是敗亂"

巧言은 變亂是非하니 聽之면 使人으로 喪其所守라 小不忍은 如婦人之仁과 匹夫之勇이 皆是라

교언(巧言)은 옳고 그름을 문란하게 하니, 이것을 들으면 사람으로 하여금 그가 지킬 바를 잃게 한다. 소불인(小不忍)이란 부인의 인과 필부의 용과 같은 것이 모두 이것이다.

○변란(變亂) : 변경하여 문란하게 함.

[備旨] 夫子儆人에 曰是非는 本有定理라 彼巧言者는 以非爲是하고 以是爲非하여 使聽者로 失其所守하니 是는 亂德也요 有忍이라야 乃克有濟어늘 若小不忍者가 或以姑息爲仁하고 或以矜氣爲勇이면 則大事去矣니 是는 亂大謀也라 世之聽言謀事者는 可不知所遠하고 與知所戒哉아

　　부자께서 사람들을 주의시킬 적에 말씀하시기를, "옳고 그름은 본래 정해진 이치가 있다. 저 듣기 좋게 꾸미는 말은 그릇된 것을 옳다 하고 옳은 것을 그르다 해서 듣는 사람으로 하여금 그가 지킬 바를 잃게 하니 이것은 덕을 어지럽히는 것이요, 참는 것이 있어야 비로소 능히 이룰 수 있는데 만약 조금이라도 참지 못한 사람이 어떤 때는 일시적인 안일을 인이라고 생각하고 어떤 때는 자랑하는 기운을 용기라고 생각하면 큰일을 버리게 되니, 이것은 바로 큰 일을 그르치는 것이다. 세상에서 말을 듣거나 큰일을 꾀하는 사람은 멀리할 바를 알고 경계할 바를 알지 않을 수 있겠는가?"라고 하셨다.

○경(儆) : 경계하다. 문득 긴장하여 주의함.
○고식(姑息) : 일시적인 안일만을 취함. 임시변통. 「예기(禮記)」《단궁상(檀弓上)》"細人之愛人也 以姑息"
○긍기(矜氣) : 자랑하는 기운. 뽐내고 으스대는 기운.

15・27・1 子曰 衆惡(오)之라도 必察焉하며 衆好之라도 必察焉이니라

　　공자께서 말씀하셨다. "여러 사람이 미워한다고 말하더라도 반드시 그 사실을 살펴야 하며, 여러 사람이 좋아한다고 말하더라도 반드시 그 사실을 살펴야 한다."

○중오지(衆惡之) : 뭇 사람들이 미워하다. 여기서 '之'는 '사람의 말'을 뜻함. "之字是人言"
○필찰언(必察焉) : 반드시 살피다. 미워할 만한 실체를 살핌. "是察其可惡之實"
○중호지(衆好之) : 뭇 사람들이 좋아하다.
○필찰언(必察焉) : 반드시 살피다. 좋아할 만한 실체를 살핌. "是察其可好之實"

楊氏曰 惟仁者라야 **能好惡人**이니 **衆好惡之**라도 **而不察**이면 **則或蔽於私矣**니라

양 씨가 말했다. "오직 인자라야 능히 사람을 좋아하고 미워할 수 있는 것이니, 여러 사람이 좋아하고 미워하더라도 살펴보지 않는다면 혹 사사로운 데에 가릴 수 있는 것이다."

[備旨] 夫子示人好惡當察意에 曰好惡出於衆하니 似乎公矣나 然이나 所惡中에 寧無特立獨行하여 而不合流俗者乎아 是衆惡未必當也니 君子는 必加察焉이라 所好中에 寧無同流合汙하여 而取悅流俗者乎아 是衆好未必當也니 君子는 必加察焉이라 若是면 則惡與好가 皆當而無失矣라

부자께서 사람들에게 좋아하고 미워함을 마땅히 살펴야 한다는 것을 보여주려는 뜻에서 말씀하시기를, "좋아하고 미워하는 것이 여러 사람으로부터 나오니 공평한 것 같지만, 그러나 미워하는 것 중에도 자기 지조대로 행동하여 유행하는 풍속에 휩쓸리지 않는 것이 어찌 없겠는가? 이렇다면 여러 사람이 미워하는 것이 반드시 당연한 것은 아닐 것이니 군자는 반드시 더 살펴야 할 것이다. 사랑하는 것 중에도 세속을 따라 처신하여 유행하는 풍속에 기쁨을 취하는 것이 어찌 없겠는가? 이렇다면 여러 사람이 좋아하는 것이 반드시 당연하다는 것은 아닐 것이니 군자는 반드시 더 살펴야 할 것이다. 이와 같이 한다면 미워하고 좋아하는 것이 모두 당연해서 실수가 없을 것이다."라고 하셨다.

○특립독행(特立獨行) : 독자적인 의견과 지조가 있어 세속에 휩쓸리지 않고 자기 신념대로 행동함. 한유(韓愈) 《백이송(伯夷頌)》 "士之特立獨行 適於義而已"
○동류합오(同流合汙) : 세속(世俗)을 따라 처신함. '합오(合汙)'는 행실을 시속(時俗)에 맞추어 가는 일. 「맹자(孟子)」 《진심하(盡心下)》 "同乎流俗 合乎汙世"

15·28·1 子曰 人能弘道요 非道弘人이니라

공자께서 말씀하셨다. "사람의 마음이 도를 넓히는 것이지 도가 사람의 마음을 넓히는 것은 아니다."

○인능홍도(人能弘道) : 사람이 도를 넓히다. 즉 사람의 마음이 도를 넓힘. "人指

人之心言 弘只是滿道之分量意重能字"
○비도홍인(非道弘人) : 도가 사람의 마음을 넓히는 것이 아니다. "是反言以足上句
意"

弘은 廓而大之也라 人外無道하고 道外無人이라 然이나 人心有覺이로되 而道體無
爲하니 故로 人能大其道요 道不能大其人也니라
○張子曰 心能盡性하니 人能弘道也요 性不知檢其心하니 非道弘人也라

　홍(弘)은 넓혀서 크게 하는 것이다. 사람 밖에는 도가 없고 도 밖에는 사람이 없다.
그러나 사람의 마음에는 깨달음이 있지만 도의 몸에는 행하는 것이 없으므로 사람은
그 도를 크게 할 수 있는 것이고 도는 그 사람을 크게 할 수 없는 것이다.
　○장자가 말했다. "마음은 능히 성을 다할 수 있으니 사람이 도를 넓히는 것이요, 성
은 그 마음을 단속할 줄 모르니 도가 사람을 넓히는 것이 아니다."

○인외무도(人外無道) : 사람의 몸에 도가 붙어 있으므로[人之身 卽道之所寓], 사람 밖
에 도가 없다고 표현함.
○도외무인(道外無人) : 도는 사람에게 있어서 사람이 되는 이치이기 때문에[道卽人之
所以爲人之理], 도 밖에는 사람이 없다고 표현함.
○확(廓) : 크다. 넓히다. 열다. ☞곽(廓) : 테두리. 둘레. 성곽.
○검(檢) : 단속하다. 잡도리하다.

[備旨]　夫子責人體道에　曰人之與道로　本不相離也라　然이나　人能加致知力行之功하여
推之至於神化之極하여　以弘大其道요　非道能致人之知하고　翼人之行하여　使充之及於神化
하여　而弘大其人也라　觀此면　則弘道之功을　可不專其責於己하고　而徒諉於道哉아

　부자께서 사람들이 몸소 도를 실천하기 바랄 적에 말씀하시기를, "사람이란 도와 더
불어 본래 서로 떠날 수 없는 것이다. 그러나 사람이 능히 치지·역행의 공을 더하여
밀고 나가서 신화의 지극한 곳에 이르러서 그 도를 넓히고 크게 하는 것이지, 도가 능
히 사람의 지혜를 이루고 사람의 행실을 도와서 채우고 신화에 미치도록 해서 그 사람
을 넓히고 크게 하는 것은 아닐 것이다. 이를 보면 도를 넓히는 공력을 전적으로 자기
에게 책임지우지 않고 헛되이 도에게 핑계할 수 있겠는가?"라고 하셨다.

○책(責) : 바라다. 요구하다. 기대하다. 책임지우다.
○체도(體道) : 몸소 도(道)를 실천함.

○치지(致知) : 지식을 궁구(窮究)하여 사물의 이치에 통달함.
○역행(力行) : 있는 힘을 다해 행함.
○신화(神化) : 신묘하게 변화함. 또는 신기한 조화.
○홍대(弘大) : 광대하다. 거대하다.
○유(誘) : 유도하다. 교도하다. 혼란시키다.

15・29・1 子曰 過而不改가 是謂過矣니라

공자께서 말씀하셨다. "허물이 있어도 고치지 않는 것이 곧 허물이다."

○과이불개(過而不改) : 허물이 있지만 고치기를 꺼려함. "過是無心失理處 不改是畏難苟安而憚於改"
○시위과의(是謂過矣) : 다른 것이 허물이 아니라 고치지 않는 마음이 곧 허물이라는 말. '是'는 두 가지 일이 앞뒤로 연결되는 것을 나타내는데, 후반부의 첫머리에 주로 쓰이며 '則'에 해당한다. 접속사인데 지시대명사가 허사화(虛詞化)한 것이라 볼 수 있다. "此過字就有心 遂非以成其過言"
○이 글은 전통적으로 '過而不改ㅣ 是謂過矣니라'라고 현토(懸吐)하여, '허물이 있어도 고치지 않는 것이 곧 허물이다.'로 해석하는데, '過而不改면 是謂過矣니라' 혹은 '過而不改를 是謂過矣니라'라고 현토(懸吐)하여 해석하는 경우도 있다.

過而能改면 則復於無過라 唯不改면 則其過遂成하여 而將不及改矣리라

허물이 있지만 능히 고친다면 허물이 없는 데로 돌아갈 수 있다. 오직 허물을 고치지 않는다면 그 허물이 마침내 이루어져서 앞으로 고치지 못하는 데 이를 것이다.

[備旨] 夫子勉人改過意에 曰人有過면 須急改어늘 若過而不能改면 則無心之差가 反爲有心之失이니 是謂過矣라 然則改過를 不吝이니 豈非人之所貴哉아

부자께서 사람들에게 허물을 고치는 데 힘쓰도록 하려는 뜻에서 말씀하시기를, "사람에게 허물이 있으면 모름지기 급히 고쳐야 할 것인데, 만약 허물이 있으면서도 능히 고치지 않는다면 무심결에 일어난 잘못이 도리어 마음속에 품고 행하는 실수처럼 될 것이니, 이것이 곧 허물이다. 그렇다면 허물 고치는 것을 인색하게 해서는 안 될 것이

니, 어찌 사람이 귀하게 여길 바가 아니겠는가?"라고 하셨다.

○무심지차(無心之差) : 아무 생각이 없는 가운데 얼어난 잘못.
○유심지실(有心之失) : 어떤 생각을 품고 있는 가운데 일어나는 실수.

15·30·1 子曰 吾嘗終日不食하고 終夜不寢하여 以思하니 無益이라 不如學也로다

　공자께서 말씀하셨다. "내 일찍이 종일토록 밥을 먹지 않고 밤새도록 잠을 자지 않고서 생각해 보았더니 유익함이 없었다. 배우는 것만 같지 못했다."

○종일불식종야불침(終日不食終夜不寢) : 종일 밥을 먹지 않고 밤새 자지 않다. '終日'과 '終夜'는 '오래도록'이라는 의미. "終日終夜是久 不食不寢是專"
○이사(以思) : 생각해 보다. 마음속으로 천하의 이치를 생각해 보다. "是心中探想此理"
○무익(無益) : 마음에 얻어지는 아무 이익이 없다. "是無所得於心"
○불여학야(不如學也) : 배움만 같지 못하다. "不如字不是廢思 卽以其思者學也"

此는 爲思而不學者言之라 蓋勞心以必求는 不如遜志而自得也라 李氏曰 夫子는 非思而不學者로되 特垂訓以敎人爾시니라

　이것은 생각만 꾀하고 배우지 않는 자를 위해서 말씀하신 것이다. 대개 마음을 수고롭게 하여 반드시 구하려고 하는 것은 뜻을 겸손히 해서 자득하는 것만 같지 못하다. 이 씨가 말했다. "부자께서는 생각만 꾀하고 배우지 않은 사람은 아니지만 특별히 교훈을 남겨서 사람을 가르치셨을 따름이다."

○위(爲) : …을 위하여 꾀하다. 위하여. … 때문에. 여기서는 거성(去聲)으로 쓰였음.
○자득(自得) : 스스로 깨달아 얻음.
○수훈(垂訓) : 교훈을 남김. 수교(垂敎).

[備旨] 夫子因人有思而不學者라 故로 言此以勉人에 曰吾以天下之理는 不思則不得이니 固嘗終日不暇食하고 終夜不暇寢하여 以盡夫思索之功하니 宜乎其有益矣라 然이나 懸空思索은 不免危殆하고 無益於己하니 不如以所思者로 驗之於學하여 循習事功하여 以求合

乎理之爲有實得也라 學其可以已哉아 徒思者는 可以返矣라

　　부자께서 사람 중에 생각만 꾀하고 배우지 않는 사람을 근거한 것이다. 그러므로 이를 말해 사람들에게 힘쓰도록 할 적에 말씀하시기를, "내가 천하의 이치는 생각하지 않으면 얻을 수 없으니, 진실로 일찍이 종일토록 먹는 데까지도 틈을 안 내고 밤새도록 자는 데까지도 틈을 안 내어 사색하는 데 공력을 다했더니 마땅히 거기에도 유익함이 있었다. 그러나 아무 근거도 없이 사색만 하는 것은 위태로움을 면치 못하고 자기에게 이익이 없으니, 생각하는 것을 배우는 데 증험해서 일의 성과를 차근차근 익혀서 이치에 합당하고 실제적으로 이득이 있는 것을 구하는 것만 같지 못했다. 배움은 아마도 그만 둘 수 있겠는가? 한갓 생각만 하고 있는 사람은 고쳐야 할 것이다."라고 하셨다.

○사공(事功) : 일의 성과. 공로.
○현공(懸空) : 공중에 높이 매단다는 말인데, 근거가 없거나 사실이 아님을 나타낼 때 쓰는 말.

15·31·1 子曰 君子는 謀道요 不謀食하나니라 耕也에 餒在其中 矣요 學也에 祿在其中矣니 君子는 憂道요 不憂貧이니라

　　공자께서 말씀하셨다. "군자는 도를 꾀하지 먹을 것을 꾀하지 않는다. 농사를 지어도 굶주림이 그 가운데 있을 수 있고 학문을 해도 녹이 그 가운데 있을 수 있으니, 군자는 도를 얻지 못함을 근심해야 할 것이고 가난을 근심하지 말아야 할 것이다."

○모도불모식(謀道不謀食) : 도를 꾀하지 먹을 것을 꾀하지 않다. "謀以事言 謀是憂的工夫 食字與下祿字相關"
○경야뇌재기중의(耕也餒在其中矣) : 농사는 먹는 것을 꾀하는 일이지만, 굶주림이 그 가운데 있을 수 있다. "耕是謀食 餒在其中本歲不熟來 此句輕只形起下句"
○학야록재기중의(學也祿在其中矣) : 학문은 도를 꾀하는 것이지만, 녹이 그 가운데 있을 수 있다. "學卽謀道 祿在其中有不求而得意 然此亦論句其理"
○군자우도불우빈(君子憂道不憂貧) : 군자는 도를 근심해야지 가난을 근심해서는 안 된다. "憂以心言 憂是謀的主意"

耕은 所以謀食이로되 而未必得食이요 學은 所以謀道로되 而祿在其中이라 然이나 其
學也에 憂不得乎道而已요 非爲憂貧之故하여 而欲爲是以得祿也니라
○尹氏曰 君子는 治其本하고 而不卹其末이니 豈以在外至者로 爲憂樂哉리오

　　경(耕)은 먹을 것을 꾀하는 것이지만 반드시 먹을 것을 얻지는 못한다는 것이고, 학
(學)은 도를 꾀하는 것이지만 녹이 그 가운데 있다는 것이다. 그러나 배울 적에는 도를
얻지 못함을 걱정해야 할 따름이고, 가난을 걱정한다는 이유를 핑계 삼아서 이것을 행
해 녹을 얻고자 해서는 안 될 것이다.
　　○윤 씨가 말했다. "군자는 그 근본을 다스리고 그 지엽은 걱정하지 않는 것이니, 어
찌 밖에서 오는 것으로써 근심하거나 즐거워하겠는가?"

○휼(卹) : 근심하다. 가엾게 여기다. 진휼(賑恤)하다. '恤'과 통함.
○위우빈지고(爲憂貧之故) : 가난을 걱정하는 이유로. 즉 가난한 연고 때문에 도를 행
한다는 뜻. 여기서 '爲'는 거성(去聲)으로 쓰였음.

[備旨] 夫子示學者專於求道意에 曰道以養心하고 食以養身이니 均之不可闕也로되 乃君
子는 則汲汲然謀得乎道而已요 初不謀得乎食也라 然이나 食之得不得은 亦不係乎謀不謀
니 如耕本以謀食也로되 而歲有豐歉하여 餒或在其耕之中矣요 學本以謀道也로되 而學至
君求면 祿卽在其學之中矣라 夫學固可以得祿이니 若夫君子之用心은 惟憂不得乎道라 豈
爲憂貧之故하여 而欲爲學以得祿哉아 惟其憂道라야 此謀道之功所以先也요 惟不憂貧라야
此謀食之計所以後也라 君子之純心於學이 如此니라

　　부자께서 배우는 사람들은 도를 구하는 데에만 오로지 마음을 쏟아야 한다는 것을
보여주려는 뜻에서 말씀하시기를, "도는 마음을 기르고 음식은 몸을 기르니 균일하게
빼버릴 수 없지만, 그렇더라도 군자는 마음이 몹시 절박한 것처럼 해서 도를 얻기를
꾀해야 할 것이지, 처음부터 먹는 것을 얻기를 구해서는 안 될 것이다. 그러나 먹는 것
을 얻거나 얻지 못함은 또한 꾀하거나 꾀하지 않는 것과 관계되지 않으니, 마치 농사
는 본래 먹을 것을 꾀하려고 했지만 해에 따라 풍년과 흉년이 있어서 굶주림이 혹시
그 농사짓는 가운데 있을 수 있고, 학문도 본래 도를 꾀하려고 했지만 학문이 임금이
요구하는 데 이르면 녹은 곧 그 학문 가운데 있을 수 있는 것과 같다. 무릇 학문을 하
면 진실로 녹을 얻을 수 있으니, 군자가 마음을 써야 할 것은 오직 도를 얻지 못함을
근심해야 할 뿐이다. 어찌 가난을 걱정한다는 이유를 핑계 삼아서 학문을 행해 녹을
얻으려고 하겠는가? 오직 그 도를 근심해야 곧 도를 꾀하는 공이 앞설 것이요, 오직
가난을 근심하지 말아야 곧 먹는 것을 꾀하는 계책이 뒤에 있게 될 것이다. 군자가 학

문에만 마음을 쏟아야 함이 이와 같다."라고 하셨다.

○내(乃) : 그러나. 그렇더라도. '而'와 비슷하게 아래 구의 첫머리에 쓰여 전환이나 일보 더 나아감을 나타냄.
○급급연(汲汲然) : 마음이 몹시 절박한 모양.
○풍겸(豐歉) : 풍년과 흉년. 풍흉(豊凶).
○약부(若夫) : …에 이르러. 다른 화제를 제시할 때 쓰는 말.

15 · 32 · 1 子曰 知及之오도 仁不能守之면 雖得之나 必失之니라

공자께서 말씀하셨다. "지혜가 다스림에 미칠 수 있으면서도 인으로써 능히 다스림을 지키지 못한다면 비록 얻을지라도 반드시 잃어버리게 될 것이다.

○지급지(知及之) : 지혜가 수기치인(修己治人)과 같은 다스림에 미치다. 본문에 나타난 '之'자는 모두 '修己治人之理'와 같은 '理'를 말함. 여기서 '知'는 거성(去聲)으로 쓰여 '지혜(智慧)'라는 뜻임. "知及是智識之所及 此節之字俱指理言"
○인불능수지(仁不能守之) : 인으로써 능히 지키지 못하다. 여기서 '仁'은 사사로운 욕심이 없는 상태. "仁以無私欲言 不曰行而曰守者 守比行爲深也 行是踐其所知 守是行之有得者 持之不失"
○수득지(雖得之) : 비록 지혜가 미쳐서 얻은 것이라고 하나. "是知及之所得者"
○필실지(必失之) : 반드시 잃어버리게 되다. "是仁不能守 則所得者 不爲我有也"

知足以知此理로되 而私欲間之면 則無以有之於身矣니라

지혜는 족히 이 다스림을 알 수 있지만, 사욕으로 이간되면 자기 몸에 소유할 수 없는 것이다.

[備旨] 夫子以全德望天下하여 而詳致其責備之意에 曰爲學은 貴有全功이라 必內外本末이 兼修然後에 爲至하나니 如修己治人之理에 其知旣足以及之하여 而見(현)於行矣라 然이나 爲私欲所間하여 而仁不能守之면 則雖有得之於心이라도 亦終不爲己有하여 而必失之矣리니 此知及者는 必貴守之以仁也니라

　부자께서 훌륭한 덕을 갖춘 사람을 천하에 바라면서 그 책임과 준비를 잘 이루도록 하려는 뜻에서 말씀하시기를, "학문을 할 적에는 공력을 온전히 하는 것을 귀하게 여긴다. 반드시 안과 밖 그리고 근본과 끝이 함께 닦여진 뒤에 이르게 되는 것이니, 그것은 마치 자기를 닦고 남을 다스리는 이치에 그 지혜가 족히 미칠 수 있어서 행실로 드러남과 같을 것이다. 그러나 사욕에 의해 이간되어서 인으로써 능히 지키지 못한다면, 비록 마음에 그것을 얻었다고 하더라도 또한 끝내 자기 몸에 소유할 수 없어서 반드시 잃어버리게 될 것이니, 곧 지혜가 미치는 사람은 반드시 인으로써 지키는 것을 귀하게 여겨야 할 것이다.

○전덕(全德) : 흠이 없는 훌륭한 덕. 또는 그러한 덕을 갖춘 사람.「여씨춘추(呂氏春秋)」《본생(本生)》"上爲天子而不驕 下爲匹夫而不惛 此之謂全德之人"
○책비(責備) : 모두 갖추기를 요구함. 진선진미(盡善盡美)하기를 요구함. 덕이 온전하면 할수록 책임도 따라야 한다는 뜻.
○전공(全功) : 만물에 은택을 입히는 온전한 공로. 위대한 공로. 결점 없는 공적.

15 · 32 · 2　知及之하며 仁能守之오도 不莊以涖之면 則民不敬이니라

　지혜가 다스림에 미칠 수 있으며 인으로써 능히 다스림을 지킬 수 있으면서도 백성에게 장엄하게 임하지 않으면 백성들이 공경하지 않을 것이다.

○지급지인능수지(知及之仁能守之) : 지혜는 다스림에 미치며 인으로써 다스림을 지켜낼 수 있다. 위에 문장을 이어받아 뜻을 일으킨 말. "此二句輕只綴上語以起下意"
○부장이리지(不莊以涖之) : 용모를 장엄하게 해서 임하지 못하다. "莊是容貌端嚴 此之字指民言"
○민불경(民不敬) : 백성들이 공경하지 않다. "不敬是慢易玩忽之意"

涖는 臨也니 謂臨民也라 知此理하고 而無私欲以間之면 則所知者가 在我而不失矣라 然이나 猶有不莊者는 蓋氣習之偏이 或有厚於內하고 而不嚴於外者라 是以로 民不見其可畏하여 而慢易之라 下句放此라

　이(涖)는 임함이니, 백성에게 임함을 이른다. 이 다스림을 알고 사욕으로써 이간됨이 없으면 아는 것이 나에게 있어서 잃어버리지 않을 것이다. 그러나 여전히 장엄하지 못한 사람은 대개 기질과 습관의 치우침이 간혹 안으로는 두텁게 하고 밖으로는 엄하지 않게 함이 있는 것이다. 이러한 이유로 백성들은 그들이 두려워해야 할 것을 보지 못해서 업신여기게 될 것이다. 아래 구도 이와 같다.

○유(猶) : 여전히. 또한. 아직도. 부사로서 어떤 상황이 계속 변하지 않는 것을 나타냄.
○기습(氣習) : 기질과 습성.
○만이(慢易) : 업신여기다. 소홀히 하다. '易'는 거성(去聲)으로 쓰였음.

[備旨] 若知足以及之하며 仁又能守之면 則理得於心하여 而大本立矣라 然이나 於臨民之際에 不能端莊以涖之면 則衣冠不正하고 瞻視不尊하여 民將慢易而不敬矣리라 此知及仁守者는 又當涖民以莊也니라

　만약 지혜는 족히 미칠 수 있으며 인으로써 또한 능히 지킬 수 있다면, 다스림이 마음에 얻어져서 근본이 설 것이다. 그러나 백성에게 임할 적에 능히 단정하고 의젓하게 임하지 못한다면, 의관은 바르지 않고 바라보는 것도 존경하지 않아서 백성들이 머지 않아 업신여기고 공경하지 않으려고 할 것이다. 곧 지혜가 미치고 인이 지켜지는 사람은 또 마땅히 백성에게 임할 적에 장엄하게 해야 할 것이다.

○대본(大本) : 근본. 사물의 기초.
○단장(端莊) : 단정하고 의젓함.
○의관(衣冠) : 옷과 갓을 말하는데, 몸을 꾸민 것을 의미함. 본서 20·2·2 참고.
○첨시(瞻視) : 외관(外觀)을 이름. 몸으로부터 나오는 것. 여기서는 눈을 휘둘러 보는 것. 본서 20·2·2 참고.
○장(將) : 머지않아 …하려 하다. …하려 하다. …하려 하고 있다. 행위나 상황이 머지 않아 발생함을 나타냄.

15·32·3 知及之하며 仁能守之하며 莊以涖之오도 動之不以禮하면 未善也니라

　지혜가 백성에게 미칠 수 있으며 인으로써 능히 지킬 수 있으며 장엄하게 임하고도 예로써 움직이지 않는다면 아주 잘하는 일은 아닐 것이다."

○지급지인능수지장이리지(知及之仁能守之莊以涖之) : 지혜는 다스림에 미칠 수 있으며, 인으로써 지켜낼 수 있으며, 장엄하게 임하다. '莊以涖之'는 '以莊涖之'의 도치. "此三句輕亦綴上語以起下意"

○동지불이례(動之不以禮) : 백성을 움직이기를 예로써 하지 아니하다. 즉 백성을 예로써 가르치지 않는다는 뜻. "動是敎民的意 之字亦指民言 禮字歸在民身上說"

○미선야(未善也) : 잘하는 일은 아니다. 아직도 썩 좋지는 않다. 즉 진선(盡善)의 위치에는 이르지 못한다는 말. "未善是天德未純 非學問之全功"

動之는 動民也니 猶曰鼓舞而作興之云爾라 禮는 謂義理之節文이라
○愚謂 學至於仁이면 則善有諸己而大本이 立矣라 涖之不莊하고 動之不以禮는 乃其氣稟學問之小疵라 然亦非盡善之道也라 故로 夫子歷言之하여 使知德愈全이면 則責愈備니 不可以爲小節하여 而忽之也시니라

　동지(動之)는 백성을 움직이는 것이니, 고무시켜서 작흥시킨다고 이르는 말과 같을 따름이다. 예(禮)는 의리를 조절하고 꾸미는 것을 이른다.

　○내[朱子]가 생각하건대, 학문이 인에 이르면 선이 자기 몸에 있어서 큰 근본이 서게 될 것이다. 임하기를 장엄하게 하지 않고 움직이기를 예로써 하지 않는 것은 바로 그 기품과 학문의 작은 흠이다. 이렇게 하면 또한 진선의 도는 아닐 것이다. 그러므로 부자께서 일일이 말씀하셔서 덕이 온전하면 할수록 책임도 더욱 갖추어져야 하니, 작은 일이라고 해서 소홀히 해서는 안 된다는 것을 알게 하신 것이다.

○고무(鼓舞) : 격려함. 분발시킴. 본서 "19·25·4 動之斯和"와 같은 의미. 「대학(大學)」傳2·2 "康誥曰 作新民"을 참고 할 것.
○작흥(作興) : 떨쳐 일으킴. 진흥(振興).
○절문(節文) : 조절하고 꾸미다. 사물을 알맞게 꾸밈.
○자(疵) : 흠. 결점.
○진선(盡善) : 극히 아름다움.

[備旨] 知及之하며 仁能守之하며 又莊以涖之면 則身心之間에 擧無愧矣라 然이나 見諸行事에 動作斯民者가 不以義理節文之禮면 則禮讓未臻하여 能使民으로 敬不能하고 使民으로 化其道로되 猶未至於盡善也라 此知及仁守莊涖者는 又貴動民以禮也라 是可見君子之學은 德愈全而責愈備니 隨所至而益求其全이면 則幾矣라

　지혜가 다스림에 미칠 수 있으며 인으로써 능히 다스림을 지킬 수 있으며 또 백성에

게 장엄하게 임한다면, 몸과 마음의 사이에 모두 부끄러움이 없을 것이다. 그러나 일을 행하는 것을 보일 적에 백성을 움직이고 일으키는 사람이 의리와 조절하고 꾸미는 예로써 하지 않는다면, 예법과 겸양이 영향을 주지 못해서 능히 백성으로 하여금 공경이 능치 못하도록 하고, 백성으로 하여금 그 도를 변화시키게 하더라도 여전히 진선의 위치에 이르도록 하지는 못할 것이다. 이 지혜가 다스림에 미칠 수 있으며 인으로써 능히 다스림을 지킬 수 있으며 백성에게 장엄하게 임하는 사람은 또한 예로써 백성을 움직이는 것을 귀하게 여겨야 할 것이다. 곧 군자의 학문은 덕이 더욱 온전하면 할수록 책임도 더욱 갖춰져야 할 것이니, 이르는 곳에 따라 더욱 자신이 온전해지기를 구한다면 기미를 볼 수 있을 것이다."라고 하셨다.

○진(臻) : 이르다. 미치다. 파급되다. 영향을 주다.
○예양(禮讓) : 예법(禮法)과 겸양(謙讓). 본서 "4·13·1 子曰 能以禮讓으로 爲國乎에 何有며 不能以禮讓으로 爲國이면 如禮何오" 참고.
○유(猶) : 여전히. 또한. 아직도. 부사로서 어떤 상황이 계속 변하지 않는 것을 나타냄.

15·33·1 子曰 君子는 不可小知而可大受也요 小人은 不可大受而可小知也니라

공자께서 말씀하셨다. "군자는 사소한 일은 맡을 수 없지만 중대한 일은 맡을 수 있고, 소인은 중대한 일은 맡을 수 없지만 사소한 일은 맡을 수 있다."

○군자불가소지이가대수야(君子不可小知而可大受也) : 군자는 병형(兵刑)이나 전곡(錢穀)과 같이 사소한 일은 맡을 수 없지만, 경방(經邦)이나 정국(定國)과 같은 중대한 일은 받들 수 있다. ☞소지(小知) : 사소한 일을 담당하다. '小'는 병형(兵刑)이나 전곡(錢穀)과 같은 일을 말하며, '知'는 담당하거나 살피는 일을 말함. ☞대수(大受) : 중대한 일을 받들다. '大'는 경방(經邦)이나 정국(定國)과 같은 일을 말하며, '受'는 받드는 일을 말함. "小如兵刑錢穀之事 知字當觀字 受是承受 大如經邦定國之猷"
○소인불가대수이가부지야(小人不可大受而可小知也) : 소인은 병형(兵刑)이나 전곡(錢穀)과 같이 중대한 일은 받들 수 없지만, 경방(經邦)이나 정국(定國)과 같은 사소한 일은 맡을 수 있다. "反對君子看"

此는 言觀人之法이라 知는 我知之也요 受는 彼所受也라 蓋君子는 於細事에 未必
可觀이로되 而材德은 足以任重이요 小人은 雖器量淺狹이나 而未必無一長可取라

　이것은 사람을 살피는 방법을 말씀하신 것이다. 지(知)는 자기가 안다는 것이요,
수(受)는 상대방으로부터 받는다는 것이다. 대개 군자는 자질구레한 일에는 반드
시 볼 만한 것이 있는 것은 아니지만 재질과 덕은 족히 중임을 맡을 만하고, 소인
은 비록 기량이 얕고 좁지만 반드시 한 가지 장점도 취할 만한 것이 없다는 것은
아니다.

[備旨] 夫子論觀人之法에 曰君子小人은 人品不同하고 而材器自異라 君子之志는 願高
遠하여 不屑於細務하니 不可以小事로 知其爲人이나 然이나 其材德宏深하여 足任天下之
重하니 而可以大者로 爲彼所承受也요 若小人之器量은 淺狹하여 難語於宏圖하니 不可以
大者로 爲彼所承受나 然이나 其偏端末節이 未必一無所長하여 而可以小者로 知其爲人也
라 觀人者는 大用乎君子로되 而不輕棄乎小人이면 則得矣라

　부자께서 사람을 살피는 방법을 논할 적에 말씀하시기를, "군자와 소인은 인품이 같
지 않고 재주와 기량도 원래 다르다. 군자의 뜻은 고원한 일을 원하여 자질구레한 일
을 즐겨하지 않으니 사소한 일로써 그 사람됨을 알 수 없지만, 그러나 그의 재덕은 아
주 깊어서 족히 천하의 중대한 일을 맡길 수 있으니 큰일을 저[군자]에게 받들도록 할
수 있을 것이요, 소인의 기량은 얕고 좁아서 원대한 계획에 대해 말해주기가 어려우니
큰일을 저[소인]에게 맡길 수는 없지만, 그러나 그의 불완전한 모습이나 사소한 예절이
반드시 하나라도 잘하는 것이 없다고 소인으로 그의 사람됨을 알아봐서도 안 될 것이
다. 사람을 살피는 사람은 군자를 큰 벼슬에 임용해야겠지만, 소인을 경솔하게 버리지
않는다면 가능할 것이다."라고 하셨다.

○재기(材器) : 재주와 기량. 또는 재목이나 솜씨.
○승수(承受) : 윗사람의 명령을 받듦.
○굉도(宏圖) : 원대한 계획. 굉규(宏規). 굉모(宏謀). 굉유(宏猷).
○편단(偏端) : 불완전한 실마리.
○말절(末節) : 사소한 예절. 「예기(禮記)」 《악기(樂記)》 "以升降爲禮者 禮之末節也"
○대용(大用) : 중용한 용도. 큰 벼슬에 임용함. 중용(重用).

15 · 34 · 1 子曰 民之於仁也에 甚於水火하니 水火는 吾見蹈而
死者矣어니와 未見蹈仁而死者也케라

공자께서 말씀하셨다. "사람에게 인이 갖는 위치는 그 필요성이 물과 불보다도
더 긴요하니, 물과 불은 내가 밟다 죽는 사람은 보았지만 인을 행하다가 죽는 사
람은 보지 못했다."

○민지어인(民之於仁) : 사람과 인(仁)과의 관계. '於'는 …하는 방면에 있어서. 어떤 상
황이 존재하는 범위를 이끌어 냄. 여기서 '仁'은 '마음을 쓰는 데서 나타나는 덕'을 말
함. "民作人字看 仁以心德之理言"
○심어화수(甚於火水) : 물이나 불보다 더 긴요하다. 물이나 불은 인간에게 꼭 필요한
존재이지만, 이보다 인(仁)이 더 가치가 크다는 뜻. 여기서 '於'는 비교를 나타냄. "言仁
比水火爲尤切 有在己重於在外 失心重於害身意"
○수화오견도이사자의(水火吾見蹈而死者矣) : 물과 불에는 빠져 죽고 타서 죽는 사람을
보다. "蹈以身履之也 蹈水火而死 如水溺火焚是也"
○미견도인이사자야(未見蹈仁而死者也) : 인을 행하다 죽는 사람을 보지 못하다. '蹈仁'
은 '인을 지키다'라는 뜻. "仁則無往不利 隨遇皆安 故未見蹈仁而死"

民之於水火에 所賴以生하니 不可一日無어니와 其於仁也에도 亦然이라 但水火外
物이요 而仁在己라 無水火면 不過害人之身이나 而不仁則失其心이니 是는 仁有甚
於水火하여 而尤不可一日無者也라 況水火는 或有時而殺人이나 仁則未嘗殺人하
니 亦何憚而不爲哉리오 李氏曰 此는 夫子勉人爲仁之語니 下章放此라

사람이 물과 불의 관계는 힘입어서 살아가야 하니 하루라도 없어서는 안 되지
만, 그러한 것은 인과의 관계에도 또한 그렇다. 단지 물과 불은 몸 밖에 있는 사물
이고 인은 자기 몸에 있는 것이다. 물과 불이 없으면 사람의 몸을 해치는 데 불과
하지만 인이 아니면 그들의 마음을 잃어버리는 것이니, 이는 인의 필요성이 물과
불보다도 더 긴요해서 특히 하루라도 없을 수 없는 것이다. 더욱이 물과 불은 간
혹 때때로 사람을 죽인 적이 있지만 인은 일찍이 사람을 죽인 적은 없으니, 또한
어째서 꺼리기만 하고 인을 행치 않는가? 이 씨가 말했다. "이것은 부자께서 사람
이 인을 행하도록 권면하신 말씀이니, 아래 장도 이와 같다."

[備旨] 夫子勉人爲仁에 曰人之不用力於仁者하니 豈以仁爲不甚切於人哉아 試例之水火

焉이면 民賴水火以生어니와 亦賴仁以生하니 皆不可一日無者라 然이나 水火屬外物이요 而仁屬性理라 無水火면 不過害身이나 無仁則害心하니 是는 民之於仁也에 尤甚於水火矣라 況水火는 雖能生人이나 亦能殺人하니 吾見蹈水火而死者矣어니와 若仁則立命之理에 隨遇而安하니 未見有蹈仁而死者也케라 人亦何憚而不爲仁哉아

　부자께서 사람이 인을 행하는 데 힘쓰도록 할 적에 말씀하시기를, "사람이 인에 대해 힘쓰지 않는데, 그 필요성을 말한다면 어찌 인이 갖는 위치가 사람보다 더 긴요하지 않다고 할 수 있겠는가? 시험적으로 물과 불로써 예를 들어본다면, 사람은 물과 불에 힘입어서 살지만 또한 인에도 힘입어서 살아가니 모두 하루라도 없어서는 안 되는 것이다. 그러나 물과 불은 몸 밖에 있는 사물에 소속되어 있고 인은 인성과 천리에 소속되어 있다. 물과 불이 없으면 몸을 해치는 데 불과하지만 인이 없으면 마음을 해치게 되니, 이것은 사람에게 인이 갖는 위치가 물과 불보다 더 긴요하다. 더욱이 물과 불은 비록 사람을 살릴 수도 있지만 또한 능히 사람을 죽일 수도 있으니 내 물과 불을 밟다가 죽는 사람은 보았지만, 인은 입명의 이치상 어떠한 환경에 처하든지 편안히 지내도록 하니 아직까지 인을 행하다가 죽은 사람을 보지 못했다. 사람들이 또한 어찌 꺼리기만 하고 인을 행치 않는가?"라고 하셨다.

○속(屬) : 소속되다. 딸리다.
○성리(性理) : 인성(人性)과 천리(天理).
○입명(立命) : 천명(天命)을 좇아 마음의 평안을 얻음. 몸과 마음을 수양하여 천명(天命)을 따름. 「맹자(孟子)」 《진심상(盡心上)》 "殀壽不貳 修身以俟之 所以立命也"
○수우이안(隨遇而安) : 어떠한 환경에 처하든지 편안히 지냄.

15 · 35 · 1　子曰 當仁하여는 不讓於師니라

　공자께서 말씀하셨다. "인을 실천할 적에는 스승에게도 사양하지 않는다."

○당인(當仁) : 인(仁)을 실천할 적에. 인을 행할 일을 당하다. "當是擔當"
○불양어사(不讓於師) : 스승에게도 사양하지 않는다. "不讓於師 只極形其當仁之勇"

當仁은 以仁爲己任也라 雖師나 亦無所遜은 言當勇往而必爲也라 蓋仁者는 人所自有而自爲之요 非有爭也니 何遜之有리오

○程子曰 爲仁在己_{하니} 無所與遜_{이요} 若善名在外_면 則不可不遜_{이라}

당인(當仁)은 인으로써 자기의 임무로 삼는 것이다. 비록 스승이지만 또한 사양할 바가 없다는 것은 마땅히 용맹스럽게 나아가서 반드시 해야 함을 말씀하신 것이다. 대개 인이란 원래부터 있는 것이어서 스스로 행하는 것이고 다툼이 있을 수 없는 것이니, 어찌 사양함이 있겠는가?

○정자가 말했다. "인을 행하는 것은 자기 자신에게 있으니 사양할 바가 없고, 만약 높은 명예가 밖에 걸려 있는 것이라면 사양하지 않을 수 없는 것이다."

○하손지유(何遜之有) : 어찌 사양함이 있겠는가? '何遜有之'의 도치문. 부정사 혹은 의문사와 배합된 대명사가 도치된 형태.
○무소여손(無所與遜) : 사양할 것이 없음. '無所與之遜'의 준말인데, '與'와 '之'가 공동부사어이므로 대명사 '之'를 생략한 형태임.

[備旨] 夫子勉人勇於爲仁意에 曰人皆有仁이로되 而爲之不勇者는 豈爲仁에 猶有可讓之功耶아 吾以爲語天下之當讓者면 必曰師矣라 若夫以仁爲己任이면 則本吾所自有之理하여 而盡吾自致之功이요 非爭於彼而先之也니 雖師나 亦何以讓哉리오 至於師하여도 亦無所讓이면 則天下에 復有可讓者乎아 彼夫莫之讓而不爲者는 其亦不思而已矣라

부자께서 사람들에게 인을 행할 적에 용맹스럽게 나아가도록 하려는 뜻에서 말씀하시기를, "사람에게는 모두 인이 있겠지만 용감하게 행치 않는 사람은 어찌 인을 행함에 또한 사양할 만한 공이 있겠는가? 내 생각해 보건대, 천하에서 마땅히 사양해야 할 사람을 말해 보라고 한다면 반드시 스승이라고 할 것이다. 인으로써 자기의 임무로 삼는다면, 내가 원래부터 가지고 있던 이치를 근본해서 내가 스스로 이루려는 공을 다하고 저[선생님]와는 다투지 않고 먼저 하려고 할 것이니, 비록 스승이나 또한 어찌 사양할 수 있겠는가? 스승에 이르러서도 또한 사양할 것이 없다면 천하에 다시 사양할 만한 것이 있겠는가? 무릇 사양할 것도 없고 행할 것도 없는 사람은 그 또한 생각지 말아야 할 따름이다."라고 하셨다.

○약부(若夫) : …에 이르러. 다른 화제를 제시할 때 쓰는 말.
○자유지리(自有之理) : 사람이 나면서부터 지니고 있는 이치.
○자치(自致) : 자기의 심력(心力)을 다함. 본서 "19・17・1 曾子曰 吾聞諸夫子호니 人未有自致者也나 必也親喪乎인저" 참고.

15 · 36 · 1   子曰 君子는 貞而不諒이니라

공자께서 말씀하셨다. "군자는 곧지만 믿음만을 고집하지는 않는다."

○군자정이불량(君子貞而不諒) : 군자는 곧지만 하찮은 믿음만을 고집하지 않다. ☞정(貞) : 곧다. 바르고 곧은 절조. ☞양(諒) : 완고하다. 무턱대고 완고한 모습. 선악에 관계없이 덮어 놓고 지키는 것. 원음은 '량'. 본서 5 · 23 · 1에 나오는 미생(尾生)과 같은 행동. ☞미생지신(尾生之信) : 춘추 시대 노(魯)나라 미생(尾生)이라는 사람이 어떤 여자와 다리 밑에서 만나기로 약속을 했는데, 만날 시각이 지나도록 여자는 오지 않고, 때마침 큰 비가 내려 강물이 불어 떠내려갈 지경인데도 다리 기둥을 붙들고 있다 죽었다는 고사. "貞與諒皆是固守 分別全在正不正上 貞從精察來"

貞은 正而固也라 諒은 則不擇是非하고 而必於信이라

정(貞)은 바르고 곧은 것이다. 양(諒)은 시비를 가리지 않고 기필코 믿으려고만 하는 것이다.

[備旨] 夫子以信理表君子意에 曰人之守一也니 有見於理之正而守之者는 爲貞이요 無見於理之正而執之者는 爲諒이라 貞與諒은 相似로되 而實은 則大異矣라 惟君子는 於事之所在에 實見其是非之正하여 而固守之不變이니 如是라야 其貞焉已耳라 何嘗不擇是非하여 有所偏主而諒哉아 人亦當以君子로 爲法也라

부자께서 믿음에 대한 이치로써 군자를 나타내려는 뜻에서 말씀하시기를, "사람은 어떤 하나를 지키니, 이치상 바른 것을 보고 지키는 것은 정(貞)이라 하고 이치상 바른 것을 보지 못하고 고집부리는 것은 양(諒)이라 한다. 정과 양은 서로 비슷한 것 같지만 사실은 아주 다르다. 오직 군자는 일의 소재에 대해 진실로 그 시비의 바른 것을 살펴서 굳게 지켜 변하지 말아야 할 것이니, 이와 같이 해야 그것이 바르고 곧을 따름이다. 어찌 일찍이 시비를 가릴 수 없다고 해서 편파적으로 주장만 하고 고집을 부리겠는가? 사람이 또한 마땅히 군자를 본보기로 삼아야 할 것이다."라고 하셨다.

15 · 37 · 1   子曰 事君하되 敬其事而後其食이니라

공자께서 말씀하셨다. "임금을 섬기되 자기 일을 공경히 하고 그 녹은 다음에 생각해야 한다."

○경기사(敬其事) : 자기의 직무를 잘 익혀 공경히 행하다. "敬是競業小心事 卽官守言責之事"
○후기식(後其食) : 녹의 문제는 후차적인 문제이므로 꾀해서는 안 됨. "後是委置 在後不計較他"

後는 與後獲之後로 同이라 食은 祿也라 君子之仕也에 有官守者는 修其職하고 有言責者는 盡其忠이니 皆以敬吾之事而已요 不可先有求祿之心也니라

후(後)는 본서 6·20·1에서 '얻기를 기약할 수 없는 것을 뒤에 도모한다.'는 '後'와 같다. 식(食)은 녹이다. 군자가 벼슬할 적에 관리로서 직책에 있는 자는 그 직무를 잘 익혀야 하고, 임금께 진언하는 책임이 있는 자는 그 충성을 다해야 할 것이니, 모두 자신의 일을 공경히 해야 할 따름이고, 먼저 녹을 구하는 마음을 가져서는 안 될 것이다.

○관수(官守) : 관리로서의 직책.「맹자(孟子)」《공손추하(公孫丑下)》"有官守者 不得其守則去"
○언책(言責) : 임금께 진언(進言)하는 책임.「맹자(孟子)」《공손추하(公孫丑下)》"有言責者 不得其言則去"

[備旨] 夫子表純臣之心에 曰臣之事君하되 修職盡忠이요 惟以敬吾所當爲之事而已라 至於食以養廉하여는 雖分之所當得이나 亦付之無心而後其食焉이니 不然이면 豈所以語於純臣之道哉리오

부자께서 순전한 신하로서 가져야 할 마음을 나타낼 적에 말씀하시기를, "신하가 임금을 섬기되 직책을 잘 익혀 충성을 다해야 하고, 오직 자기가 마땅히 행할 바의 일을 공경히 해야 할 따름이다. 녹에 깨끗한 마음을 기르고 지녀야 하는 문제에 이르러서는 비록 직분상 마땅히 얻을 바라도 또한 아무런 생각 없이 맡겨두고 그 녹을 뒤로 해야 할 것이니, 그렇지 않으면 어찌 순전한 신하의 도리에 대해 말하겠는가?"라고 하셨다.

○순신(純臣) : 충순하고 독실한 신하. 마음에 더러움이 없고 깨끗한 신하.
○양렴(養廉) : 염결(廉潔)한 마음을 기르고 지님.

15 · 38 · 1　子曰　有敎면　無類니라

공자께서 말씀하셨다. "군자가 가르친다면 구별 없이 가르친다."

○유교무류(有敎無類) : 군자가 가르친다면 현자(賢者)와 지자(智者), 우자(愚者)와 불초자(不肖子)를 구별 없이 가르친다. '類'는 기질에는 청탁(淸濁)이 있고, 습관에는 사정(邪正)이 있음을 말함. 쉽게 말해 '有敎則無類矣'를 표현한 것이다. "類謂氣有淸濁 習有邪正 無類自敎者立心言"

人性皆善이로되 而其類에 有善惡之殊者는 氣習之染也라 故로 君子有敎면 則人皆可以復(복)於善하여 而不當復(부)論其類之惡矣니라

인성은 모두 선하지만 그 종류에 선악의 다름이 있음은 기질과 습관으로 물이 들었기 때문이다. 그러므로 군자가 가르치면 사람들은 모두 선을 회복할 수가 있어서 마땅히 다시는 그러한 종류의 악함을 논하지 않게 될 것이다.

[備旨] 夫子明立敎之公心에 曰人性은 染於氣習하여 因有善惡之類라 然이나 君子有敎면 惟欲使人으로 皆復於善而後已니 賢智者를 抑而敎之하고 愚不肖者를 引而敎之라 何嘗分類於其間哉아 蓋大公之心이 如此니라

부자께서 입교의 공평한 마음을 밝힐 적에 말씀하시기를, "인성은 기질과 습관에 의해 물들게 되어 그로 인해 선악에 부류가 있게 된다. 그러나 군자가 가르치면 오직 사람으로 하여금 모두 선을 회복하게 한 다음에 그만두도록 하니, 현자나 지자를 억눌러서 가르치고 우자나 불초자를 이끌어서 가르치게 된다. 어찌 일찍이 그 사이를 분류하겠는가? 대체로 매우 공정한 마음이 이와 같다."라고 하셨다.

○입교(立敎) : 규범을 세워 교화시킴. 가르침의 방법을 세워 정함.
○공심(公心) : 공평한 마음. 공지(公志).
○대공(大公) : 매우 공정함. '태공'으로도 읽음.

15 · 39 · 1　子曰　道不同이면　不相爲謀니라

공자께서 말씀하셨다. "길이 같지 않으면 서로 더불어 도모하지 않는다."

○도부동(道不同) : 나아가는 길이 같지 않다. ☞도(道) : 길. 추향(趨向). "道猶路也 指趨向說 註善惡以君子小人言 邪正以吾道異端言"
○불상위모(不相爲謀) : 서로 더불어 꾀하지 않다. 여기서 '爲'는 거성(去聲)으로 쓰여 '더불어' '함께'라는 뜻이다. "謀是商度協贊意"

不同은 **如善惡邪正之類**라

부동(不同)은 선악이나 사정과 같은 종류다.

[備旨] 夫子示人當愼所與謀意에 曰人惟同道而後에 能同謀也라 苟人品에 有善惡之異하고 學術에 有邪正之殊하니 而道不同이면 則趨向異致하고 而議論乖方하여 彼此自不能相爲謀하여 以成共濟之功矣라 欲謀事者는 當擇夫道之同而後에 可也라

부자께서 사람들이 마땅히 다른 사람과 더불어 도모하는 것을 신중하게 해야 한다는 것을 보여주려는 뜻에서 말씀하시기를, "사람은 오직 길을 같이한 뒤에 능히 같이 도모할 수 있다. 진실로 인품에는 선악의 다르고 학술에는 그릇됨과 올바름도 다르니, 길이 같지 않으면 나아가는 것은 이루는 것을 달리하고 의론은 법도를 어겨서 피차에 저절로 서로 더불어 도모해서 서로 힘을 모아 공을 이룰 수 없을 것이다. 일을 꾀하고 싶은 사람은 마땅히 나아가는 길이 같은 사람을 택한 뒤에 해야 할 것이다."라고 하셨다.

○추향(趨向) : 나아감. 향하여 감. 지향하는 바.
○괴방(乖方) : 법도를 어김.
○공제(共濟) : 서로 힘을 모아서 이룸. 서로 힘을 같이하여 도움.

15 · 40 · 1 子曰 辭는 達而已矣니라

공자께서 말씀하셨다. "말은 전달하고 그치는 것이다."

○사(辭) : 말. 여기서 말하는 '辭'는 문장(文章)이나 시부(詩賦)에 쓰이는 말을 통칭하

는데, 훈고(訓詁)와 저술(著述)이 모두 여기에 포함됨. "辭是文辭 凡訓詁著述皆是"
○달이이의(達而已矣) : 뜻을 전달하고서 그치다. 그 뜻이 남에게 전달되면 그것으로 족하다는 말. 여기서 '止'를 '그치다' '그만두다'의 동사로 해석했는데, '而已矣'를 '…일 뿐이다'라는 하나의 어조사로 해석하는 경우도 있다. "達主達意說 已止也 見不必更求富麗意"

辭는 取達意而止니 不以不富麗爲工이니라

　사(辭)는 달의를 취하고서 그만두는 것이니, 웅장하고 화려함으로써 기교부리지 말아야 할 것이다.

○달의(達意) : 뜻을 나타냄.
○부려(富麗) : 웅장하고 화려함. 풍요롭고 아름다움.
○공(工) : 기교부리다. 일삼다.

[備旨] 夫子示人以修辭之法에 曰今之修辭者類는 皆以富麗爲工矣라 自我言之컨대 辭何爲也오 爲意之不可見(현)하여 而託諸辭以達之也라 故로 修辭者는 意之未達에 固言乎其所不得不言이요 意之旣達이면 則當止乎其所不得不止라 蓋因意而爲辭者는 則亦意達而辭盡矣니 何必以富麗爲工哉리오 修辭者는 當知所法矣라

　부자께서 사람들에게 말을 꾸미는 방법을 보여줄 적에 말씀하시기를, "오늘날 말을 꾸미는 무리들은 모두 웅장하거나 화려함으로써 기교만 부리려고 한다. 내가 말해 보건대, '말은 어떻게 해야 하는가?' 하면, 뜻으로 나타낼 수 없는 것을 바꾸어서 말에 의탁해서 전달해야 할 것이다. 그러므로 말을 꾸미는 사람은 뜻이 전달되지 않았을 적에는 진실로 그가 말해주지 않을 수 없는 부분에 대해서 말해야 할 것이요, 뜻이 이미 전달되었으면 마땅히 그가 그치지 않으면 안 되는 곳에서 그쳐야 할 것이다. 대체로 생각을 인해서 말을 만드는 사람은 또한 뜻이 전달되면 말도 끝나야 하니, 어찌 반드시 웅장하거나 화려함으로써 기교를 부리겠는가? 말을 꾸미는 사람은 마땅히 본보기로 삼을 것을 알아야 할 것이다."라고 하셨다.

○수사(修辭) : 말이나 문장을 다듬어서 뜻을 보다 정연하고 아름답게 함. 미사(美辭).
○부득불(不得不) : 하는 수 없이. 어쩔 수 없이. 불가불(不可不).

15・41・1 師冕見(현)할새 及階어늘 子曰 階也라하시고 及席이어늘 子曰 席也라하시고 皆坐어늘 子告之曰 某在斯某在斯라하시다

악사 면이라는 사람이 공자 뵙기를 청했는데, 그가 계단에 이르자 공자께서 "여기는 계단입니다." 하셨고, 자리에 이르자 공자께서 "여기는 자리입니다." 하셨고, 모두 다 앉자 공자께서 "아무개는 여기에 있고, 아무개는 여기에 있습니다."라고 말씀해 주셨다.

○사면현(師冕見) : 악사(樂師) 면(冕)이라는 사람이 공자를 뵙기 청하다. '師'는 음악을 직업으로 하는 사람을 말하는데, 옛날에는 소경이 주로 이를 맡았음. "是來見於夫子"
○급계(及階) : 계단에 이르다. "及至也 階是階級"
○계야(階也) : '계단'이라는 것을 알려서 '올라가야 됨'을 알게 한다는 말. "使知所升也"
○급석(及席) : 앉을 자리에 이르다. "席是所坐之席"
○석야(席也) : '자리'라는 것을 알려서 '앉을 자리'임 알게 한다는 말. "使知所坐也"
○개좌(皆坐) : 면(冕)과 모든 사람들이 앉다. "兼師冕與衆人言"
○모제사모재사(某在斯某在斯) : 어떤 사람은 여기 있고, 어떤 사람은 여기 있다고 소개해서 알도록 하는 말. ☞모(某) : 아무개. 불확정한 사람이나 사물 또는 장소를 대신할 때 쓰임. "使知所敬而與言也"

師는 樂師니 瞽者라 冕은 名이라 再言某在斯는 歷擧在坐之人하여 以詔之라

사(師)는 악사니 소경이다. 면(冕)은 그의 이름이다. 두 번 '某在斯'라고 한 것은 낱낱이 자리에 있는 사람들을 들어서 소개해 주신 것이다.

○고(瞽) : 소경. 악인(樂人).
○소(詔) : 소개하다.

[備旨] 昔에 夫子正樂之功을 行於魯時에 有樂師名冕者가 亦慕夫子而請見焉할새 夫子迎之하여 方其行而及階어늘 夫子則曰此階也라하시니 欲其知所升也요 迨其及席하여는 夫子則曰此席也라하시니 欲知其所就也요 及衆人이 皆就席而坐하여는 夫子則歷擧在坐之人하여 以告之에 曰某也在斯하고 某也在斯라하시니 欲其知所與言하여 而無失人也라 夫子與師로 言者如此니라

옛날 부자께서 음악을 바로 잡으려는 노력을 노나라에서 행할 때 악사 면이라는 사람이 또한 부자를 사모해서 뵙기를 청했는데, 부자께서 그를 맞아 바야흐로 그가 걸어서 계단에 이르자, 부자께서는 "여기는 계단입니다." 하셨으니, 그에게 오를 곳임을 알도록 하고 싶어서 그렇게 한 것이요, 그가 자리에 이르렀을 때 부자께서는 "여기는 자리입니다." 하셨으니, 그에게 나아갈 곳임을 알도록 하고 싶어서 그렇게 한 것이요, 여러 사람이 모두 자리에 나아가서 앉자 부자께서는 낱낱이 앉아 있는 사람을 들어서 고해 줄 적에 말씀하시기를, "아무개는 여기에 앉아 있고, 아무개는 여기에 앉아 있습니다."라고 하셨으니, 그에게 더불어 말할 것을 알도록 해서 사람을 놓치는 일이 없도록 하고 싶어서 그렇게 한 것이다. 부자께서 악사와 더불어 말씀하신 것이 이와 같다.

○정악(正樂) : 음악을 바로 잡음. 당시 문란했던 음악을 공자가 바로 잡았음.
○태(迨) : …할 때. 도달하다.
○실인(失人) : 사람을 놓침. 인재(人才)를 놓침. 본서 "15·7·1 子曰 可與言而不與之言이면 失人이요" 참고.

15·41·2 師冕出이어늘 子張이 問曰 與師로 言之道與잇가

악사 면이 나가자 자장이 묻기를, "그렇게 하는 것이 악사와 더불어 이야기하는 방법입니까?" 했다.

○사면출(師冕出) : 악사 면이 나가다. "出是旣見成禮而出"
○문왈여사언지도여(問曰與師言之道與) : 묻기를 '악사와 더불어 일일이 소개하고 이야기하는 것이 말하는 방법입니까?'라고 말하다. "言卽上文詔告之言 道乃當然之理 與是問辭"

聖門學者가 於夫子之一言一動에 無不存心하여 省察이 如此니라

○성문(聖門) : 공자의 문하. 공문(孔門).

성문의 배우는 자들이 부자의 한 마디 말과 한 가지 행동에 대하여 마음을 두지 않음이 없어서 살폈던 것이 이와 같다.

[備旨] 及師冕旣出하여는 子張因而問에 曰夫子之於師冕에 隨其地隨其人하여 而必言之

詳者가 是乃道之所在與잇가

　악사 면이 이제 나가버리자, 자장이 곧 여쭈어 볼 적에 말하기를, "부자께서 악사 면을 대할 적에 그런 곳을 따르거나 그런 사람을 따라서 필히 말을 상세하게 한 것이 곧 방법이 있다고 한 것이었습니까?"라고 했다.

15·41·3 子曰 然하다 固相師之道也니라

　공자께서 말씀하셨다. "그렇다. 이것이 옛날 사람들이 진실로 악사를 도왔던 방법이다."

○연(然) : 그렇다. 그렇다고 생각한다. "然是然其道之所在"
○고상사지도야(固相師之道也) : 진실로 악사를 돕는 방법이다. ☞상(相) : 돕다. 여기서는 거성(去聲)으로 쓰였음. "此固古人相師之道 吾特因其道行之耳"

相은 助也라 古者에 瞽必有相하니 其道가 如此라 蓋聖人於此에 非作意而爲之요 但盡其道而已라
○尹氏曰 聖人處己爲人에 其心一致하니 無不盡其誠故也라 有之於學者가 求聖人之心이면 於斯에 亦可見矣리라 范氏曰 聖人이 不侮鰥寡하고 不虐無告를 可見於此니 推之天下하면 無一物不得其所矣니라

　상(相)은 돕는 것이다. 옛날에 소경은 반드시 도움이 있었으니 그 방법이 이와 같다. 아마 성인은 이에 대해서 억지로 한 것이 아니라 다만 그 방법을 다했을 따름이다.
　○윤 씨가 말했다. "성인은 자신을 다스리고 남을 위할 적에 그 마음이 일치하니 자기의 정성을 다하지 않음이 없었던 까닭이다. 배움에 뜻을 둔 자가 성인의 마음을 구한다면 여기에서도 또한 볼 수 있을 것이다." 범 씨가 말했다. "성인이 홀아비와 과부를 업신여기지 않고 하소연할 데가 없는 이를 괄시하지 않았음을 여기에서 볼 수 있으니, 이것을 천하에 미루어 보면 한 가지 물건이라도 자기 자리를 얻지 못함이 없을 것이다."

○작의(作意) : 고의(故意). 특별히 주의함.

○환과(鰥寡) : 홀아비와 과부. 늙고 약하고 외로운 사람을 이름.
○학(虐) : 학대하다. 괴롭히다. 모질게 하다. 「서경(書經)」 《대우모(大禹謨)》 "不虐無
告 不廢困窮 惟帝時克"
○무고(無告) : 억울한 일이 있어도 하소연 할 곳이 없는 사람. 의지할 곳이 없는 사람.
무고지민(無告之民).

[備旨] 夫子答之에 曰然하다 道之所在也라 古者에 瞽必有相하니 我之與師로 言者는
固相師之道니 不足異也라 子又何疑哉아하시니 卽此而推면 可見道無往而不存하고 而聖
人動靜語默도 亦無往而非道矣라

　부자께서 답할 적에 말씀하시기를, "그렇다. 방법이 있었다. 옛날 소경은 반드시 도
움이 있어야 하니, 내가 악사와 더불어 이야기한 것은 진실로 악사를 돕는 방법이니
족히 이상하지 않을 것이다. 너는 또 무엇을 의심하는가?"라고 하셨으니, 여기에 나아
가 미루어 보면, 도는 가는 데마다 있지 않음이 없고 성인이 움직이고 멈추고 말하고
침묵할 때도 또한 가는 데마다 도가 아님이 없다는 것을 볼 수 있다.

○즉(卽) : 나아가다.
○동정어묵(動靜語默) : 움직이거나 정지하거나 말하거나 침묵함.

제 16편 季 氏

洪氏曰 此篇을 或以爲齊論이라 凡十四章이라

홍 씨가 말했다. "이 편을 혹자는 제나라 「논어」라고 했다." 모두 14장이다.

16·1·1 季氏가 將伐顓臾러니

계 씨가 장차 전유를 토벌하려 하였는데,

○계 씨(季氏) : 노(魯)나라의 대부 계강자(季康子).
○장벌전유(將伐顓臾) : 전유를 토벌하려 하다. ☞장벌(將伐) : 앞으로 토벌하려 하다.
☞전유(顓臾) : 노(魯)나라에 딸린 나라 이름. 그 터가 산동성(山東省) 비현(費縣)의 서
북쪽에 있음. ☞전(顓) : 성(姓). 오로지 하다. 착하다. ☞유(臾) : 잠깐. 약한 활. "將是
謀已成而事猶未發 伐者征有罪之名"

顓臾는 國名이니 魯附庸也라

전유는 나라 이름이니, 노나라에 딸린 작은 나라다.

○부용국(附庸國) : 제후국에 딸린 작은 나라. 부국(附國). 「맹자(孟子)」《만장하
(萬章下)》"不能五十里 不達於天子 附於諸侯 曰附庸"

[備旨] 季氏가 將伐顓臾하여 以自益이러니 事雖未行이나 而謀則已定矣니라

계 씨가 장차 전유를 토벌하여 자신의 이익을 삼고자 했는데, 일은 비록 행치 않았
지만 모의는 이미 정해졌던 것이다.

16·1·2 冉有季路가 見(현)於孔子曰 季氏가 將有事於顓臾로소이다

　　염유와 계로가 공자를 찾아뵙고 말씀을 드렸다. "계 씨가 장차 전유를 토벌하려고 합니다."

○염유(冉有) : 염구(冉求). 공자의 제자. 자는 자유(子有).
○계로(季路) : 공자의 제자인 자로(子路)를 말함. 유(由)는 그의 이름.
○현어공자왈(見於孔子曰) : 공자를 찾아뵙고 말하다. "見於孔子 是心亦有所不安也"
○계씨장유사어전유(季氏將有事於顓臾) : 계 씨가 장차 전유를 쳐서 싸움을 일으키려고 하다. ☞유사(有事) : 전쟁을 일으키다. "有事言以伐顓臾爲事"

按左傳史記컨대 **二子**는 **仕季氏不同時**어늘 **此云爾者**는 **疑子路**가 **嘗從孔子**하여 **自衛反魯**하여 **再仕季氏**라가 **不久而復(부)之衛也**라

　　「좌전」과 「사기」를 살펴보면 두 사람은 계 씨에게 벼슬한 것이 같은 때가 아닌데, 여기에서 이를 말한 것은 아마도 자로가 일찍이 공자를 따라서 위나라로부터 노나라로 돌아와서, 다시 계 씨에게 벼슬하다가 얼마 안 되어서 다시 위나라로 간 듯하다.

○지위(之衛) : 위(衛)나라에 가다. ☞지(之) : 가다[往也].

[備旨] 時에 冉有季路가 仕於季氏之家라가 相與見於孔子에 曰季氏將興兵하여 以有事於顓臾로소이다하니 蓋欲微探其可否也니라

　　이때에 염유와 계로가 계 씨의 집에서 벼슬살이를 하다가 서로 더불어 공자를 찾아뵙고 말씀드리기를, "계 씨가 장차 군대를 일으켜서 전유를 토벌하려고 하고 있습니다."라고 했으니, 아마도 그 가부를 은근히 알아보고 싶었던 것이다.

16·1·3 孔子曰 求야 無乃爾是過與아

　　공자께서 말씀하셨다. "구야! 아마도 너를 꾸짖는 것이 아니냐?

○구(求) : 염유(冉有). 염구(冉求). 공자의 제자. 자는 자유(子有). 첫 번째로 불러서 꾸짖는 말. "一呼求而責之"
○무내이시과여(無乃爾是過與) : 아마도 너를 꾸짖는 것이 아니냐? ☞무내(無乃)~여

(與) : 관용어구로 추측이나 반문을 하는 데 쓰이며 의문 부사와 언제나 호응함. '無乃~與' '無乃~乎' 등의 형태로 쓰인다. 여기서 '與'는 평성(平聲)으로 쓰여 의문을 나타낸다. ☞'無乃爾是過與'의 원래 문장은 '無乃過是爾與'이다. '是'는 한문에서 도치된 서술어와 목적어 사이에 흔히 쓰이는 허사다. 서술어와 목적어 사이에 쓰여 앞의 내용을 목적어로 만드는 역할을 한다. 본서 "20·1·4 周有大賚하신대 善人是富하니라"도 같은 구조다. ☞①추측하는 내용으로 해석하면, '아마도 너를 꾸짖는 것이겠지?' 또는 '아마도 너를 잘못했다고 꾸짖는 것이겠지?'로 풀 수 있으며, ②반문하는 내용으로 해석하면, '모의를 받아들였기에 너를 꾸짖는 것이 아니냐?' 또는 '모의를 받아들였기에 너를 잘못했다고 꾸짖는 것이 아니냐?'로 풀 수 있다. 본문은 대화의 분위기상 반문하는 내용으로 해석했다. "爾指冉有 過是與謀之過"

冉求는 **爲季氏聚斂**하고 **尤用事**하니 **故**로 **夫子獨責之**시니라

염구는 계 씨를 위하여 세금을 거둬들이고 더욱이 일을 주도했으므로, 부자께서 유독 그를 꾸짖으신 것이다.

○취렴(聚斂) : 여러 방면으로 백성들에게 세금을 거둬들임.
○용사(用事) : 일을 주도함. 권세를 부림.

[備旨] 孔子以由求가 雖同仕季氏나 而求尤用事라 故로 獨責之에 曰求야 顓臾之伐은 無乃爾之將順是謀하여 以成其過與아

공자께서 유와 구가 비록 계 씨에게 같이 벼슬살이를 했지만, 구가 더욱 일을 주도했으므로 다만 꾸짖을 적에 말씀하시기를, "구야! 계유가 전유를 징벌하려고 한 것은 아마도 네가 받아들여서 그러한 잘못을 저지른 것이 아니냐?

○유(由) : 자로(子路)를 말함. 유(由)는 그의 이름.
○장순(將順) : 받아들여 순종함. 좇아 행함. 순종하여 공을 이루도록 도움.「효경(孝經)」《사군(事君)》"將順其美 匡救其惡"

16·1·4 夫顓臾는 昔者에 先王이 以爲東蒙主하시고 且在邦域之中矣라 是는 社稷之臣也니 何以伐爲리오

무릇 전유는 옛적에 선왕께서 동몽산의 제주로 삼으셨고, 또한 우리 노나라 안에 있다. 이는 바로 우리와 운명을 같이할 사직의 신하인데 어찌 정벌하려고 하느냐?"

○부전유(夫顓臾) : 무릇 전유는. 전유를 말할 것 같으면. "三字是提起語"

○석자선왕(昔者先王) : 옛날 선왕. ☞석자(昔者) : 옛날. '者'는 시간을 나타내는 말 뒤에 쓰이는 어조사. ☞선왕(先王) : 주(周)나라의 천자(天子). 여기서는 성왕(成王)을 일컬음. "先王指成王說"

○이위동몽주(以爲東蒙主) : 전유를 동몽산의 제주로 삼다. "是封他主此山之祭" ☞동몽(東蒙) : 몽산(蒙山). 산동성(山東省) 몽음현(蒙陰縣)에 있는 산. 원래 노(魯)나라의 동방에 있었기에 동몽산(東蒙山)이라 불렸는데, 전유를 동몽산 밑에 봉하고 제사를 주관케 했다. 「논어집주(論語集註)」 "趙氏曰 蒙山在泰山郡 蒙陰縣西南 今沂州費縣也"

○차재방역지중의(且在邦域之中矣) : 또 나라의 가운데 있다. ☞방역(邦域) : ①나라의 경계. 국경(國境). ②나라의 통치권이 미치는 범위. 영토(領土). 여기서는 ②의 뜻. "言顓臾爲魯屬國 在魯邦封疆界域中"

○시사직지신야(是社稷之臣也) : 이는 사직의 신하. ☞사직지신(社稷之臣) : 공가(公家) 혹은 공신(公臣)이라는 뜻. 노(魯)나라의 4분의 2는 계 씨(季氏)가 차지하고, 나머지는 맹손(孟孫)과 숙손(叔孫)이 각각 차지했으므로, 오직 부용(附庸)의 나라인 전유(顓臾)만이 공신(公臣)이라는 말. "言顓臾爲魯公家之臣 見不是季氏私屬"

○하이벌위(何以伐爲) : 어째서 정벌하려고 하느냐? 무슨 명분으로 정벌하려고 하느냐? 정벌에 대한 원인이나 목적을 묻고 있다. ☞하이(何以)…위(爲) : 의문·반문을 나타내는 관용구. '何以伐爲'를 분석해 보면 '何'는 의문 부사로서 '어찌'라는 뜻이며, '以'는 이유를 나타내는 전치사다. '伐'은 동사로서 '정벌하다'는 뜻이며, '爲'는 평성(平聲)으로 쓰여 의문을 나타내는 어조사다. '何以'는 '以何'의 도치형인데, 의문대명사 '何'가 이유·원인·도구를 나타내는 전치사 '以'를 만나 도치된 것이다. 이와 비슷한 문형으로 '奚以…爲'가 있다. 「장자(莊子)」 《소요유(逍遙遊)》 "奚以之九萬里而南爲"(어째서 구만리 하늘로 날아가서 남쪽으로 가려고 하는가?) 본서 12·8·1과 13·5·1 참고. "總承上三句 不可伐不必伐不當伐說"

東蒙은 山名이라 先王이 封顓臾於此山之下하여 使主其祭하니 在魯地七百里之中이라 社稷은 猶云公家라 是時에 四分魯國하여 季氏取其二하고 孟孫淑孫이 各有其一일새 獨附庸之國이 尙爲公臣이러니 季氏가 又欲取以自益이라 故로 孔子言顓臾는 乃先王封國이니 則不可伐이요 在邦域之中하니 則不必伐이요 是社稷之臣이니 則非季氏所當伐也라 此는 事理之至當이요 不易(역)之定體어늘 而一言에 盡其曲折이 如此하시니 非聖人이면 不能也니라

동몽(東蒙)은 산 이름이다. 선왕이 전유를 이 산 아래에 봉하여 그 제사를 주관하도록 하였으니, 노나라 땅 7백 리 안에 있었다. 사직(社稷)은 왕실이란 말과 같다. 이때에 노나라를 넷으로 나누어 계 씨가 그 둘을 차지하고, 맹손과 숙손이 각각 그 하나씩 차지했기에 오직 작은 나라만이 아직도 노나라의 공신으로 되어 있었는데, 계 씨가 또 이것을 취해서 자기의 이익을 삼으려고 했던 것이다. 그러므로 공자께서 "전유는 곧 선왕이 봉한 나라이니 정벌할 수 없고, 노나라 안에 있으니 반드시 정벌할 필요도 없고, 사직의 신하이니 계 씨가 당연히 칠 것도 아니다."라고 말씀하신 것이다. 이것은 사리에 지극히 당연한 것이고 바꿀 수 없는 체제를 정했는데, 한 마디 말에 그 곡절을 다함이 이와 같으시니, 성인이 아니면 불가능할 것이다.

○공가(公家) : 왕실(王室). 공실(公室). 국가나 공공기관. ↔사가(私家).
○부용(附庸) : 천자에 직속하지 않고 제후국에 딸린 소국(小國). '庸'은 작은 성(城)으로 50리 이내의 나라.
○공신(公臣) : 위의 사직지신(社稷之臣) 설명 참고.
○곡절(曲折) : 자세한 상황과 정황.

[備旨] 且爾는 亦知夫顓臾乎인저 夫顓臾之爲國也는 昔者에 周先王이 封之於東蒙山之下하여 使主此山之祭하니 則其立國有自來하여 而非私封者比矣라 且近在魯七百里之內하여 而處於邦域之中하니 則非敵國外患者比矣요 又附庸於魯하여 是社稷之臣이니 則非季氏所得而予奪者比矣라 夫先王封國이면 則不可伐이요 在邦域中이면 則不必伐이라 社稷之臣은 則尤非季氏所當伐이니 季氏將以何名으로 伐之哉아 此吾不暇爲季氏責이요 而深爲爾責也니라

그리고 너는 또한 전유를 알아야 할 것이다. 무릇 전유라는 나라의 형성은 옛날 주나라 선왕이 그를 동몽산 아래 봉하여 그로 하여금 이 산의 제사를 주장하도록 했으니, 그가 나라를 세운 것에는 유래가 있어서 사사로이 봉한 것과는 비할 것이 아니다. 또 가깝게 노나라의 칠백 리 안에 있어서 나라 가운데 처해 있으니 적국의 침입과는 비할 것도 아니요, 또 노나라에 딸린 나라여서 사직의 신하이니 계 씨가 여탈할 수 있는 것과 비할 바도 아니다. 무릇 선왕이 나라를 봉했으면 정벌할 수 없고 나라 가운데 있다면 반드시 정벌할 수도 없다. 사직의 신하는 더욱 계 씨가 정벌할 바가 아니니 계 씨가 장차 무슨 이름으로 정벌하려고 하느냐? 이것이 내가 계 씨의 책임이라고 할 겨를이 없고, 그리고 깊이 너에게 책임을 묻는 것이다."라고 하셨다.

○자래(自來) : 사물의 내력. 유래(由來).《중용장구서(中庸章句序)》"道統之傳 有

自來矣”

○적국외환(敵國外患) : 적대(敵對)하는 국가의 침략이나 적대하는 국가로 인한 소요(騷擾).「맹자(孟子)」《고자하(告子下)》“入則無法家拂士 出則無敵國外患者 國恒亡”

○여탈(予奪) : 줌과 빼앗음. 여탈(與奪).

16·1·5 冉有曰 夫子欲之언정 吾二臣者는 皆不欲也로소이다

염유가 말했다. “계 씨가 그렇게 하려고 한 것이지, 저희 두 신하는 모두 원치 않았습니다.”

○부자욕지(夫子欲之) : 계 씨가 그렇게 하려고 한 것이다. 여기서 '夫子'는 계 씨(季氏)를 말함. '欲之'는 '마음에 그렇게 하고자 하다'라는 뜻. “欲是心中要如此”

○오이신자(吾二臣者) : 염유(冉有)와 자로(子路). “二臣指己與由”

○개불욕야(皆不欲也) : 모두가 전유를 치는 것을 원치 않다. “不欲是不欲伐顓臾”

夫子는 指季孫이라 冉有實與謀로되 以夫子非之라 故로 歸咎於季氏라

부자는 계손을 가리킨다. 염유는 실제로 모의에 간여했지만 부자께서 그 일을 나쁘게 여기셨던 것이다. 그러므로 계 씨에게 허물을 돌린 것이다.

○구(咎) : 허물. 죄과(罪過). 과실(過失).

[備旨] 冉有가 乃歸咎於季氏에 曰顓臾之伐은 乃夫子所心欲之언정 吾與由二臣者는 雖仕其家라도 皆不欲其有此擧也요 但力不能救之耳로소이다

염유가 곧 계 씨에게 허물을 돌릴 적에 말하기를, “전유에 대한 정벌은 곧 계 씨가 마음먹고 하려던 것이지 저와 자로 두 신하는 비록 그 집에서 벼슬살이를 하더라도 모두 그렇게 이 거사를 일으키고 싶지 않았고, 단지 힘으로도 능히 도울 수 없는 데 불과할 따름입니다.”라고 했다.

○단(但)~이(耳) : 단지 …에 지나지 않는다. …에 불과하다. 접속사로 쓰이며 아래 구 첫머리에 쓰여 가벼운 전환을 나타냄.

16·1·6 孔子 曰求야 周任이 有言曰 陳力就列하여 不能者止라 하니 危而不持하며 顚而不扶면 則將焉用彼相矣리오

공자께서 말씀하셨다. "구야! 그 옛날 사관이었던 주임이라는 사람이 했던 말이 있는데, '관직에 나아갔을 경우에는 힘을 발휘하여 남을 세워주고 신하의 자리에 나아가서 감당하지 못하면 물러나는 것이다.'라고 했으니, 소경이 만약 위태로운데도 잡아주지 않으며 넘어지는데도 붙들어주지 않는다면, 어디에 그 따위 도우미를 쓰겠느냐?

○구(求) : 염구(冉求)를 '구야!'라고 부르면서 두 번째로 꾸짖는 말. "再呼求而責之"

○주임(周任) : 사관(史官). 주(周)나라의 대부(大夫)로서 사관(史官)이었다. "周任 商大史 蓋立言人也 一云周大夫"

○진력취열(陳力就列) : 힘을 다하여 남을 세워주고 신하의 자리에 나아감. 광구(匡救)의 힘을 펴고 인신(人臣)의 자리에 나아감. "陳力是布其匡救之力 就列是就居人臣之位"

○불능자지(不能者止) : 자기 힘으로 감당하지 못하면 그만두다. "不能陳力 則止而不就列"

○위이부지(危而不止) : 위태로운데도 잡아서 안전하게 해 주지 않음. "危是未至顚仆 故持而安置之"

○전이불부(顚而不扶) : 넘어지는데도 부축해주지 않다. "顚是已顚仆矣 須扶而振起之 皆就相瞽者說"

○즉장언용파상의(則將焉用彼相矣) : 그렇다면 어찌 그 도우미를 쓰겠는가? ☞즉장(則將) : 접속사로서 이어받는 것을 나타냄. 아랫구의 앞 부분에 주로 쓰임. 해석할 적에는 '그러면'정도로 해석하고, 해석하지 않을 수도 있음. "焉用言相失其職也"

周任은 古之良史라 陳은 布也요 列은 位也라 相은 瞽者之相也라 言二子不欲이면 則當諫이요 諫而不聽이면 則當去也라

주임(周任)은 옛날의 훌륭한 사관이다. 진(陳)은 펴는 것이요 열(列)은 자리다. 상(相)은 소경을 돕는 것이다. 두 사람이 하고 싶지 않았다면 마땅히 간해야 할 것이고, 간해도 듣지 않는다면 마땅히 떠나야 함을 말씀한 것이다.

○고자(瞽者) : 소경. 앞을 보지 못하는 사람.
○상(相) : 보좌해서 돕다. 「논어집주(論語集註)」 "朱子曰 相亦是贊相之義 瞽者之相 亦是如此"

[備旨] 夫子因其諉過於季氏하니 又責之에 曰求야 爾爲季氏之臣이어늘 安得辭其責哉아 古之周任嘗有言에 曰爲人臣者는 能布其匡救之力然後에 立人本朝하고 而就人臣之列이라 若不能陳力이면 則止而不容復就其列이라하니 譬如瞽之有相은 本爲持危扶顚計也라 若夫危焉而不持하고 顚焉而不扶면 則將焉用彼相矣리오 然則爲臣而不能盡力이면 則亦何用彼之就列爲哉아 周任之言이 如此하니 今爾旣不欲則當諫이요 諫不聽則當去라 不然이면 亦將焉用爾爲哉아

부자께서 그가 계 씨에게 허물을 돌려 핑계하니 또 꾸짖을 적에 말씀하시기를, "구야! 너는 계 씨의 가신이면서 어찌 그 책임을 벗어나려고 하느냐? 옛날 주임이라는 사람이 일찍이 했던 말에, '신하가 된 사람은 능히 그들이 바로잡고 구제하는 힘을 편 뒤에 사람을 본조에 세워주고 신하의 자리로 나아가게 된다. 만약 능히 능력을 발휘할 수 없다면 그만두고서 다시는 그 자리에 나아가는 것을 용납하지 말아야 한다.' 했으니, 비유하자면 소경에게 도우미를 두는 것은 본래 위태한 것을 잡아주고 넘어지는 것을 붙들어주려고 하는 계획과 같은 것이다. 만약 위태한데도 잡아주지 않고 넘어지는데도 붙들어주지 않는다면, 어디에 그 따위 도우미를 쓰겠느냐? 그러니 신하가 되어서 능히 능력을 발휘할 수 없다면, 또한 어찌 그 따위 사람을 신하의 자리에 나아가는 사람이라고 하겠는가? 주임의 말이 이와 같으니, 지금 네가 하고 싶지 않다면 마땅히 간해야 할 것이요, 간해도 들어주지 않는다면 마땅히 떠나가야 할 것이다. 그렇지 않다면 또한 장차 어디에 너를 쓰겠는가?

○위(諉) : 핑계하다. 떠넘기다.
○사(辭) : 사양하다. 책임을 벗어나려 하다.
○인신(人臣) : 신하(臣下).
○광구(匡救) : 바로 잡아 구제함. 또는 도와서 구제함. 광구(匡捄).
○입인(立人) : 남을 세워줌. 곧 인재를 키워 자립할 수 있게 함. 사람다운 사람이 됨.
○본조(本朝) : 자기가 임용된 왕조(王朝).
○약부(若夫) : …에 이르러. 접속사로서 다른 화제를 제시하는 것을 나타냄.

16·1·7 且爾言이 過矣로다 虎兕가 出於柙하며 龜玉이 毁於櫝

中이면 是誰之過與오

또 너희들의 말이 잘못되었도다! 호랑이와 들소가 우리에서 뛰쳐나오며 귀갑과 옥이 궤 속에서 깨졌다면, 이것은 누구의 잘못이겠느냐?"

○차이언과의(且爾言過矣) : 또한 너희들이 하는 말이 잘못되었다. "爾言指二臣不欲之言過失也"
○호시출어합(虎兕出於柙): 호랑이와 외뿔소가 우리로부터 튀어나오다. 여기서는 계 씨가 전유를 치려함을 비유. ☞호시(虎兕) : 범과 외뿔소. 흉악하고 잔인한 사람의 비유. ☞합(柙) : 짐승의 우리. 외양간. "出是走出 柙是所以監收虎兕者"
○귀옥훼어독중(龜玉毀於櫝中) : 귀갑과 보옥이 궤 속에서 깨지다. 역시 계 씨가 전유를 치려함을 비유. ☞귀옥(龜玉) : 귀갑(龜甲)과 보옥(寶玉). 나라의 보기(寶器). 나라의 국운(國運). ☞독(櫝) : 궤. 함. "毀是壞 櫝是所以藏龜玉者 出柙毀櫝 照季氏伐顓臾看"
○시수지과여(是誰之過與) : 이것이 누구의 허물이겠느냐? 곧 그 책임을 피할 수 없다는 말. "是字指上虎兕二句說 誰之過是反詰其過之不能辭也 照由求失職 亦不能辭其責意"

兕는 野牛也라 柙은 檻也요 櫝은 匱也라 言在柙而逸하고 在櫝而毀면 典守者가 不得辭其過니 明二子가 居其位而不去면 則季氏之惡은 己不得不任其責也라

시(兕)는 들소다. 합(柙)은 짐승의 우리다. 독(櫝)은 궤다. 우리 속에 있어야 하지만 뛰쳐나오고 궤 속에 있어야 하지만 깨졌다면, 맡아 지키는 자가 그 잘못을 피할 수 없음을 말씀한 것이니, 두 사람이 그 자리에 있고 떠나가지 않았다면, 계 씨의 악행은 이제 그들이 책임지지 않을 수 없다는 것을 밝힌 것이다.

○함(檻) : 짐승의 우리. 짐승을 가두어 두는 곳. 외양간.
○궤(匱) : 함. 궤. 갑. '궤(櫃)'와 같음.
○일(逸) : 달아나다. 도주하다. 숨다.
○전수(典守) : 맡아서 관리함. 주관(主管).

[備旨] 且爾謂二臣이 皆不欲이라하니 此言이 過矣로다 虎兕는 不在山而逸而出於柙하며 龜玉은 不在外而毀而毀於櫝中하니 是는 非典守者之過면 而誰之過與아 今爾居其位而不去는 則季氏之典守者也니 季氏有過하고 爾安能辭其責哉아

또 너희들이 이르기를, '저희 두 신하는 모두 원치 않았던 것입니다.' 하는데, 이 말이 잘못되었도다! 호랑이와 들소는 산에 있지 않고 달아나서 우리에서 뛰쳐나오며 거북과 옥은 밖에 있지 않고 깨져서 궤 속에 깨졌으니, 이것은 바로 맡아서 관리하는 사람의 잘못이 아니면 누구의 잘못이겠는가? 지금 너희들이 그 자리에 있으면서 떠나가지 않았다는 것은 계 씨의 관리자라고 하는 것이니, 계 씨에게 허물을 돌리고 너희들은 어찌 그 책임을 피하려 하느냐?"라고 하셨다.

16·1·8 冉有曰 今夫顓臾는 固而近於費하니 今不取면 後世에 必爲子孫憂하리이다

염유가 말했다. "지금 전유는 성곽이 견고하고 비읍에 가까우니, 지금 취하지 않으면 후세에 반드시 자손들에게 근심거리가 될 것입니다."

○금부(今夫) : 지금. 구의 첫머리에 쓰여 어떤 내용을 의논하려 함을 나타냄. 꼭 번역할 필요성은 없음. "今字對上昔字言 今之顓臾非昔之顓臾"
○고이근어비(固而近於費) : 전유는 강적이고 계 씨가 소유한 비읍에 가깝다. "固是勁敵 近又切禍" ☞비읍(費邑) : 노(魯)나라의 지명. 본래 계 씨(季氏)의 사읍(私邑)이었음. 본서 11·24·1 참고.
○금불취(今不取) : 지금 취하지 않다. '今'은 계 씨의 병력이 성할 때를 가리키고 있는데, 16·1·4의 '昔者'와 서로 대를 이루고 있다. "今指季氏兵力盛時"
○후세필위자손우(後世必子孫憂) : 뒷날 자손에게 근심이 되다. "以此不得不取 此爲季氏飾辭"

固는 謂城郭完固라 費는 季氏之私邑이라 此는 則冉有之飾辭나 然이나 亦可見其實與季氏之謀矣라

고(固)는 성곽이 완전하고 견고함을 말한다. 비(費)는 계 씨의 사사로운 읍이다. 이것은 염유가 꾸며서 한 말이지만, 그러나 또한 그가 실제로 계 씨의 모의에 참여했다는 것을 볼 수 있다.

○완고(完固) : 완전하고 견고함.

[備旨] 冉有至此하여 知其責之不容逃也할새 乃爲季氏飾辭에 日顓臾之伐은 非得已也라 今夫顓臾城郭完固하고 而且近於費邑이니이다 固則在彼有可恃之勢하고 近則在我有侵凌之虞하니 若今不乘時以取之하여 以至於後世면 則必有受其害者하리이다 寧不爲季氏子孫憂乎아 故로 不得已而伐之也라하니 觀於此言이면 求之與謀彰矣라

염유가 여기에 이르러서, 그 책임에서 피할 수 없다는 것을 알았기 때문에 곧 계 씨를 위해 말을 꾸며서 말하기를, "전유의 정벌은 그만둘 수 없습니다. 지금 저 전유의 성곽은 완전하면서도 견고하고 그리고 또한 비읍에 가깝습니다. 견고하다는 것은 저에게 믿을 만한 세력이 있다는 것이고 가깝다는 것은 우리에게는 침입에 대한 근심거리가 있다는 것이니, 만약 지금 때를 타서 취하지 않고 후세에 이른다면 반드시 그 해를 받게 될 것입니다. 어찌 계 씨 자손들에게 근심거리가 되지 않겠습니까? 그러므로 부득이해서 친 것입니다."라고 했으니, 이 말을 보면 구가 모의에 참여했다는 것이 드러난 것이다.

○도(逃) : 달아나다. 도망하다. 피하다.
○침릉(侵凌) : 남을 침해하여 욕보임. 침릉(侵陵).
○우(虞) : 근심하다. 염려하다. 헤아리다.
○창(彰) : 드러나다. 밝히다. 드러내다.

16·1·9 孔子曰 求야 君子는 疾夫舍曰欲之요 而必爲之辭니라

공자께서 말씀하셨다. "구야! 군자는 무릇 '하고 싶은 것을 하고 싶다.' 하지 않고, 굳이 이리저리 변명하는 말을 미워한다.

○구(求) : 염구(冉求)를 '구야!'라고 부르면서 세 번째로 꾸짖는 말. "三呼求而責之"
○군자질부사왈욕지이필위지사(君子疾夫舍曰欲之而必爲之辭) : 군자는 무릇 당당하게 '마음속에 하고 싶은 것을 하고 싶다.'라고 말하지 않고, 굳이 이리저리 변명하는 말을 미워하다. ☞질(疾) : 미워하다. 아주 미워함. ☞사(舍) : 버리다. …하지 않다. 그만두다. '捨'와 통하고 상성(上聲)으로 쓰였음. ☞욕지(欲之) : 탐내다. 마음속으로 하고자 하여 탐내는 것을 이름[欲是心中要如此]. 본서 "16·1·5 夫子欲之" 참고. ☞사(辭) : 말하다. 해명하다. 여기서는 '변명하다.'라는 뜻. "作一句讀 疾是深惡 泛說君子所疾如此 責求在言外"

欲之는 **謂貪其利**라

　욕지(欲之)는 그 이익을 탐하는 것을 이른다.

[備旨] 孔子又責之에 曰求야 季氏伐顓臾는 本貪其利也어늘 而子乃曰爲子孫憂라하니 是는 特以諱季氏之過耳라 不知君子는 深疾夫舍其貪利不言하고 而必爲之飾辭하여 以文其過也니라 今求之所云은 其能免君子之疾哉아

　공자께서 또 꾸짖을 적에 말씀하시기를, "구야! 계 씨가 전유를 친 것은 본래 그 이익을 탐내어 그런 것이지만, 그런데도 너는 곧 자손들에게 근심거리가 될 것이라고 하니, 이는 다만 계 씨의 과실을 숨겨주려는 이유일 뿐이다. 군자는 그 탐나는 것을 버려두고 탐난다고 말하지 않고 굳이 그것을 위해서 말을 꾸며서 그 잘못을 변명하는 것을 아주 미워한다는 것을 알지 못한다. 지금 구가 이른 바에서는 또한 군자의 미워함을 면하겠는가?

○'不知君子는 … 以文其過也니라'를 전통적인 방법으로 '不知케라 君子는 … 以文其過也니라(알지 못하겠다. 군자는…)'로 현토하여 해석할 수도 있다.
○식사(飾辭) : 말을 꾸며대어 잘못을 숨김.
○문(文) : 변명하다. 가리다. 잘못이나 흠을 숨기려고 겉을 보기 좋게 꾸미다. 여기서는 거성(去聲)으로 쓰였음. 본서 "19·8·1 子夏曰 小人之過也는 必文이니라" 참고.

16·1·10 丘也聞컨대 有國有家者는 不患寡而患不均하며 不患貧而患不安이라하니 蓋均이면 無貧이요 和면 無寡요 安이면 無傾이니라

　내 들건대, '나라를 다스리고 집을 이끌어 가는 사람은 백성이 적음을 근심하지 않고 분수에 따라 균등하지 못함을 근심하며, 나라나 집이 가난함을 근심하지 않고 편안하지 못함을 근심한다.' 하니, 그래서 균등하면 가난이 없고, 화평하면 백성들이 적지 않고, 편안하면 나라가 기울어지는 일이 없을 것이다.

○구야문유국유가자(丘也聞有國有家者) : 내가 들은 바에 의하면, 나라를 다스리는 제후와 집을 보전해 나가는 대부. 은근히 노나라 임금과 계 씨를 가리키고 있음. '有'는 '다스리고 보전해 나가다'는 뜻. "聞是聞於古 有國以諸侯言 暗指魯君 有家以大夫言 暗

指季氏"

○불환과이환불균불환빈이환불안(不患寡而患不均不患貧而患不安) : 백성이 적음을 근심하지 않고 윗사람과 아랫사람이 분수에 따라 균등하지 못함을 근심하며, 나라나 집이 가난함을 근심하지 않고 편치 못함을 근심하다. "四患字俱從憂字說來"

○개균무빈화무과안무경(蓋均無貧和無寡安無傾) : 균등하면 가난이 없고, 화평하면 백성들이 적은 경우가 없고, 편안하면 나라가 기울어지는 일이 없다. ☞개(蓋) : 그래서. 대부분. 위의 문장을 받아서 원인이나 이유를 나타냄[承接上文 表示原因或理由]. "蓋字承上推原之辭 重均字串下與不患二句參差相應"

○이 글은 유보남(劉寶楠)의 「논어정의(論語正義)」에는 '寡'와 '貧'을 바꾸어 '不患貧而患不均 不患寡而患不安'으로 되어야 한다고 했다. 현토(懸吐)도 '丘也는 聞有國有家者는 不患寡而患不均하며 不患貧而患不安이라호니' 또는 '丘也聞호니……'라고 할 수 있다.

寡는 謂民少요 貧은 謂財乏이라 均은 謂各得其分이요 安은 謂上下相安이라 季氏之欲取顓臾는 患寡與貧耳라 然이나 是時에 季氏據國하고 而魯公無民하니 則不均矣요 君弱臣强하여 互生嫌隙하니 則不安矣라 均則不患於貧而和하고 和則不患於寡而安하고 安則不相疑忌하여 而無傾覆之患이라

과(寡)는 백성이 적음을 이르고 빈(貧)은 재물이 모자람을 이른다. 균(均)은 각각 자기 분수에 따라 얻음을 이르고 안(安)은 윗사람과 아랫사람이 서로 편안함을 이른다. 계 씨가 전유를 취하려 한 것은 백성들이 적고 재물이 궁핍함을 근심했을 따름이다. 그러나 이때 계 씨가 나라를 점거하고 노나라 군주는 백성이 없었으니 균등하지 못했던 것이고, 군주는 약하고 신하는 강하여 서로 미워하여 사이가 벌어졌으니 편치 못했던 것이다. 균등하면 가난을 근심하지 않아서 화평할 것이고, 화평하면 백성들이 적음을 근심하지 않아서 편안할 것이고, 편안하면 서로 의심하거나 꺼리지 않아서 멸망에 대한 근심이 없을 것이다.

○분(分) : 자기 신분에 알맞은 분한(分限). 분수(分數). 신분. 여기서는 거성(去聲)으로 쓰였음.
○혐극(嫌隙) : 서로 의심하거나 미워하여 생긴 틈. 원극(怨隙).
○의기(疑忌) : 의심하고 꺼림.
○경복(傾覆) : 멸망함. 망하게 됨. 전복(顚覆).

[備旨] 且季氏之欲取顓臾는 非爲子孫憂也요 不過患寡與貧耳라 丘也嘗聞諸侯호니 有國

大夫有家者는 不患人民之寡하고 而患上下之分不均이요 不患財用之貧하고 而患上下之情
不安이라하니 何也오 蓋人民財用에 自有定分하니 惟均이면 則卽其分地하여 而君臣各有
所入하여 自無貧也요 旣均而和면 則卽其分民하여 而君臣各有所統하여 自無寡也요 旣和
而安이면 則君臣相合하여 而疑忌不生하여 君可長保其國이요 臣可永保其家하여 自無傾
覆之患矣라 此有國家者가 所以不患寡而患不均하며 不患貧而患不安也라

또 계 씨가 전유를 취하고 싶었던 것은 자손을 위한 근심이 아니라 백성이 적은 것
과 가난을 근심한 것에 지나지 않을 따름이다. 내가 일찍이 제후에게 들으니, '나라를
다스리고 집을 이끌어 가는 사람은 인민의 적음을 근심하지 않고 윗사람과 아랫사람의
분수에 따라 균등하지 못함을 근심하고, 재물의 궁핍함을 근심하지 않고 윗사람과 아
랫사람의 마음이 편치 못함을 근심한다.' 했으니, 왜 그런가? 대개 인민의 재물에는 원
래 정해진 분수가 있으니, 오직 균등하면 그들이 분봉한 토지에 나아가서 임금과 신하
에게는 각각 들어오는 바가 있어서 저절로 가난이 없어질 것이요, 이미 균등해서 화평
하면 그들이 분봉한 땅에 사는 백성에게 나아가서 임금과 신하에게는 각각 거느리는
바가 있어서 저절로 백성들이 적지 않을 것이요, 이미 화평해져서 편안하면 임금과 신
하가 서로 합하여 의심하거나 꺼리는 일이 생기지 않아서 임금은 그 나라를 길이 보존
할 수 있고, 신하는 그 집을 길이 보존할 수 있어서 저절로 멸망에 대한 근심이 없어
질 것이다. 이것이 나라를 다스리고 집을 이끌어 가는 사람은, 사람이 적음을 근심하지
말고 균등하지 못함을 근심해야 하며, 나라나 집의 가난함을 근심하지 말고 편치 못함
을 근심해야 하는 까닭이다.

○재용(財用) : 자본이나 재산. 재물.
○정분(定分) : 군신(君臣)·부자(父子)·부부(夫婦) 등의 정해진 신분.
○분지(分地) : 토지를 분봉(分封)함.
○분민(分民) : 분봉(分封)한 땅에 사는 백성.

16·1·11 夫如是라 故로 遠人이 不服이면 則修文德以來之하고
旣來之면 則安之니라

무릇 이와 같으므로, 먼 지방 사람이 복종하지 않으면 문덕을 닦아서 오게 하고,
이미 왔으면 편안하게 해주어야 한다.

○부여시(夫如是) : 대저 이와 같다. '균등하면 가난이 없고, 화평하면 백성이 적지 않고, 편안하면 멸망이 없는 것'을 말함. "上均無貧三句說"

○원인불복(遠人不服) : 먼 지방에 있는 사람들이 빙문(聘問)이나 사대(事大)의 예를 갖추지 않다. '服'은 '따르거나 말을 듣는다'는 뜻. "遠人泛說 不服如聘問之使不通 事大之禮不盡皆是"

○수문덕이래지(修其文德以招來之) : 문덕을 닦아서 오도록 하다. ☞문덕(文德) : 예악(禮樂)으로써 교화하여 사람들을 심복시키는 덕. 문치(文治)의 덕. "文德指禮樂敎化說 對武備看 此來字是招來"

○기래지(旣來之) : 손님으로 왔을 적에는. "此來字卽來賓服意 非來居此地也"

○안지(安之) : 편안하게 대접해 주다. "安是處置有道 所謂不强其難不易其俗也"

○이 글의 내용은 문덕(文德)으로 다스려야 하고 흥병(興兵)하거나 독무(黷武)해서 다스려서는 안 된다는 것인데, 「중용(中庸)」 20·12 이하 구경지사(九經之事)를 참고하면 본문의 내용을 이해하는 데 참고가 된다. ☞독무(黷武) : 무덕(武德)을 더럽힌다는 뜻으로, 부질없이 군사를 일으켜 명분 없는 전쟁을 이르는 말.

內治修然後에 遠人服이라 有不服이면 則修德以來之요 亦不當勤兵於遠이니라

안으로 다스림이 닦여진 뒤에 먼 지방 사람이 복종할 것이다. 복종치 않으면 덕을 닦아서 오게 해야 할 것이고, 또한 당연히 먼 곳으로 군사를 괴롭게 해서는 안 될 것이다.

○근병(勤兵) : 군대를 괴롭게 하다. 군대를 부림.

[備旨] 夫均이면 無貧이요 和면 無寡요 安이면 無傾이라 如是면 則知遠人이 服이요 在內治修矣라 故로 遠人이 或有不服이면 則修其文德以招來之요 不勤兵也며 及其旣來之하여는 則撫恤以安之요 不利其土地人民也라 所聞於有國有家者가 其道如此라

무릇 균등하면 가난이 없고, 화평하면 백성들이 적지 않고, 편안하면 멸망이 없을 것이다. 이와 같이 한다면 먼 지방의 사람이 복종할 것이고, 안에 있는 백성은 다스려지고 길러짐을 알 수 있을 것이다. 그러므로 먼 지방의 사람이 혹시라도 복종치 않음이 있으면 문덕을 닦아서 불러오도록 해야지 군사를 부려서는 안 되며, 그들이 이미 왔을 적에는 위로하고 도와서 편안하도록 해야지 그 토지와 인민을 탐해서는 안 된다. 나라를 다스리고 집을 이끌어 가는 사람에게 들려준 것이 그 도가 이와 같다.

○무휼(撫恤) : 위로하고 도와 줌. 동정하고 사랑함.
○이(利) : 탐하다. 이익을 탐내다.

16·1·12 今由與求也는 相夫子하되 遠人不服이로되 而不能來也하며 邦分崩離析이로되 而不能守也하고

　지금 유와 구는 계 씨를 돕고 있지만 먼 지방 사람들이 복종치 않는데도 능히 오게 하지 못하며, 나라가 갈라져 무너지고 흩어져 쪼개지는데도 능히 지키지 못하고,

○금유여구야(今由與求也) : 지금 유와 구. 지금부터는 유를 꾸짖는 말. "至此方並由責之"
○상부자(相夫子) : 계 씨를 돕다. 여기서 '夫子'는 계 씨(季氏)를 말함. "是輔相季氏"
○원인불복이불능래야(遠人不服而不能來也) : 먼 지방 사람들이 복종치 않는데도 그들로 하여금 능히 찾아오도록 못하다. "是不能相以修文德"
○방분붕리석이불능수야(邦分崩離析而不能守也) : 나라가 갈라져 무너지고 흩어져 쪼개질 상황이 되었는데도 능히 지키지 못하다. ☞분붕이석(分崩離析) : 조각조각 깨어지고 뿔뿔이 흩어지다. 국가·집단·조직 등이 분열되어 와해(瓦解)됨을 형용하는 말. "是不能相以求均安"

子路가 雖不與謀나 而素不能輔之以義하니 亦不得爲無罪라 故로 並責之시니라 遠人은 謂顓臾라 分崩離析은 謂四分公室하여 家臣屢叛이라

　자로가 비록 모의에 참여하지는 않았지만 평소에 의로써 보필하지 못했으니, 또한 무죄가 된다고 할 수 없으므로 아울러 꾸짖으신 것이다. 먼 지방 사람들은 전유를 이른다. 분붕이석(分崩離析)은 공실이 넷으로 나뉘어져 가신이 여러 번 배반한 것을 이른다.

○공실(公室) : 왕실(王室). 공가(公家). 국가나 공공기관. ↔사가(私家).
○누반(屢叛) : 여러 번 배반하다.

[備旨] 此正季氏之所當爲子孫計요 亦由求之所當爲季氏計者也라 今由之與求也는 共相季氏夫子하여 外而遠人不服이로되 而不能修文德以懷來之也하고 內而邦分崩離析이로되 而不能修內治以使之均和安也니 誠異乎吾所聞矣라

이렇게 하는 것이 바로 계 씨에게는 당연히 자손을 위한 계책이 되고, 또한 유와 구에게도 당연히 계 씨의 계책이 된다. 지금 유와 구는 함께 계 씨 선생을 도와서 밖으로는 먼 지방 사람들이 복종하지 않지만 능히 문덕을 닦아 품어주어서 찾아오도록 하지 못하고, 안으로는 나라가 깨어지고 뿔뿔이 흩어지지만 능히 내치를 닦아 그들로 하여금 균등하고 화평하고 편안하도록 하지 못하니, 진실로 내가 듣던 바와는 다르다.

○회래(懷來) : 품어주어서 오게 하다. 즉 제후(諸侯)들을 품어주고 백공(百工)들을 오게 함. 「중용(中庸)」 20・12 "凡爲天下國家에 有九經하니 曰脩身也와 尊賢也와 親親也와 敬大臣也와 體羣臣也와 子庶民也와 來百工也와 柔遠人也와 懷諸侯也니라"

16・1・13 而謀動干戈於邦內하니 吾恐季孫之憂가 不在顓臾하고 而在蕭牆之內也하노라

그런데도 나라 안에서 창과 방패를 동원할 것을 꾀하니, 내가 보기에는 아마도 계손의 걱정거리가 전유에게 있지 않고 아주 가까운 내부에 있을 것이다."

○이모동간과어방내(而謀動干戈於邦內) : 나라 안에서는 전쟁을 일으킬 것을 꾀하다. ☞간과(干戈) : 창과 방패. 곧 전쟁에 쓰이는 무기의 총칭. 여기서는 전쟁을 이름. "興兵以伐顓臾是動干戈也 邦內指魯國之中言"
○오공계손지우(吾恐季孫之憂) : 내가 보기에는 아마도 계손의 걱정거리가 …일 것이다. '憂'는 16・1・8의 '後世에 必爲子孫憂하리이다'의 '憂'를 이어 받고 있다. ☞공(恐) : 아마도 …할 것이다. 부사로서 평가와 걱정을 나타냄. "憂字承子孫之憂來"
○부재전유(不在顓臾) : 전유에게 있지 않다. "言憂不在遠也"
○재소장지내야(在蕭牆之內也) : 소장(蕭牆)의 안, 즉 아주 가까운 곳에 있다. "此言憂在至近也 正指不均不和內變將作言" ☞소장(蕭牆) : 대문이나 중문 등의 정면 조금 안쪽에 설치하여, 밖에서 안을 들여다볼 수 없도록 막아 놓은 가림. 군신(君臣)이 회견하는 곳에 설치한 가림을 말하기도 함. 문병(門屛). 소병(蕭屛). 여기에 연유하여 '내부에 존재하는 우환'을 '소장지우(蕭牆之憂)'라 하고, '내부에서 일어난 변사(變事)'를 '소

장지변(蕭牆之變)'이라 한다. 여기서 소장(蕭牆)이라는 의미는 노(魯)나라와 아주 가까운 곳을 의미하는데, 실제로 얼마 뒤에 애공(哀公)은 월(越)나라의 힘을 빌려, 노(魯)나라를 치고 계 씨(季氏)를 멸망시키려고 계획했으며, 계 씨(季氏)의 신하였던 양호(陽虎)가 난을 일으킨 일이 있었음.「논어집주(論語集註)」"厚齊馮氏曰 蕭蕭也 臣之見君 至屛而加肅 故曰蕭牆"「논어비지(論語備旨)」〈인물전고란(人物典故欄)〉"蕭牆在門內 鄭云蕭肅也 牆謂屛也 君臣相見之禮 至屛而加肅敬也 是以謂之蕭牆"

干은 楯也요 戈는 戟也라 蕭牆은 屛也라 言不均不和면 內變將作이어늘 其後에 哀公이 果欲以越伐魯하여 而去季氏하니라 謝氏曰 當是時하여 三家强하고 公室弱이어늘 冉求가 又欲伐顓臾하여 而附益之한대 夫子所以深罪之하시니 爲其瘠魯以肥三家也니라 洪氏曰 二子가 仕於季氏에 凡季氏所欲爲를 必以告於夫子면 則因夫子之言하여 而救止者가 宜亦多矣라 伐顓臾之事가 不見(현)於經傳하니 其以夫子之言으로 而止也與인저

간(干)은 방패이며 과(戈)는 창이다. 소장(蕭牆)은 가리는 것이다. 균등하지 못하고 화평치 못하면 내부에서 변란이 장차 일어날 것이라고 말씀한 것인데, 그 뒤에 애공이 정말로 월나라의 병력으로 노나라를 쳐서 계 씨를 제거하려고 했다. 사 씨가 말했다. "이때에 삼가는 강하고 왕실은 약했기에 염구가 또 전유를 정벌하여 덧붙여 주고 싶었는데 부자께서 깊이 꾸짖으셨으니, 그것은 노나라를 힘들게 해서 삼가를 도와주는 것이기 때문이다." 홍 씨가 말했다. "두 사람이 계 씨에게 벼슬할 적에 무릇 계 씨가 하려 한 일들을 반드시 부자에게 고했다면, 부자의 말씀을 인해서 막고 중지시킨 것이 마땅히 또한 많았을 것이다. 전유를 정벌한 일이 경전에 나타나지 않으니, 그것은 부자의 말씀 때문에 그만두었을 것이다."

○순(楯) : 방패. '순(盾)'과 통함.
○극(戟) : 창. 두 가닥으로 갈라진 창.
○삼가(三家) : 노(魯)나라의 세 공족(公族)이었던, 중손 씨(仲孫氏)·숙손 씨(叔孫氏)·계손 씨(季孫氏)를 말함.
○부익(附益) : 덧붙임. 첨가.
○위기척로이비삼가야(爲其瘠魯以肥三家也) : 꾸짖은 이유는 노나라를 힘들게 하여 삼가를 도와주기 때문이라는 말. 여기서 '爲'는 거성(去聲)으로 쓰여 이유를 나타냄. ☞척(瘠) : 수척하다. 감하다. 줄이다.
○염구(冉求) : 춘추 시대 노(魯)나라 사람. 자는 자유(子有). 공자의 제자로서 성품이

온순하고 재주가 있으며, 계 씨(季氏)에게 벼슬하여 재상(宰相)이 되었다. 공문 십철(孔門十哲)의 한 사람. ☞염(冉) : 나아가다. 부드럽다. 수염이 흔들리는 모양.
○구지(救止) : 막고 중지시킴.

[備旨] 顧乃興無名之師하여 而謀動干盾戈戟於邦內之顓臾焉爾니 言爲子孫憂라 吾恐其不均不和하여 內變將作하리니 季孫之憂가 不在於顓臾之遠하고 而在蕭牆至近之內也라 舍近而求遠하고 貪外而遺內면 在季孫은 固非善爲謀로되 而由與求도 亦焉能辭其責哉리오

생각해보건대 곧 명분이 없는 군사를 일으켜서 나라 안에서는 전유에게 방패나 창을 동원할 것을 꾀하니 자손들에게 근심거리가 될 것임을 말한 것이다. 내가 보기에는 아마도 그들이 균등하지 못하고 화평치 못하여 내란이 장차 일어날 것이니, 계손의 근심이 전유와 같이 먼 곳에 있지 않고 소장과 같은 아주 가까운 내부에 있을 것이다. 가까운 사람을 버리면서 멀리 있는 사람을 구하고 나라 밖을 탐내면서 나라 안을 버린다면, 계손이 진실로 잘 꾀한 것이 아니지만 유와 구도 또한 어떻게 그 책임을 떠나겠는가?"라고 하셨다.

○간순(干盾) : 방패. ☞'干'과 '盾'은 거의 같은 의미로 쓰였음.
○과극(戈戟) : 창(槍) 또는 병기(兵器)의 범칭. ☞'戈'는 창날 앞부분에 한쪽으로 가지가 있고, '戟'은 창날 앞 부분에 두 가닥의 가지가 있음.
○언이(焉爾) : …할 뿐이다. 허사(虛詞)가 연용되어 제한을 나타냄. '焉耳'로도 쓰임.
○공(恐) : 아마도 …할 것이다. 부사로서 평가와 걱정을 겸함을 나타냄.
○내변(內變) : 나라 안에서 일어나는 난리. 내란(內亂). 내난(內難).

16·2·1 孔子曰 天下有道면 則禮樂征伐이 自天子出하고 天下無道면 則禮樂征伐이 自諸侯出하나니 自諸侯出이면 蓋十世에 希不失矣요 自大夫出이면 五世에 希不失矣요 陪臣이 執國命이면 三世에 希不失矣니라

공자께서 말씀하셨다. "천하에 도가 있으면 예악과 정벌이 천자로부터 나오고 천하에 도가 없으면 예악과 정벌이 제후로부터 나오니, 제후로부터 나오면 10대 안에 권세를 잃지 않음이 드물고, 대부로부터 나오면 5대 안에 권세를 잃지 않음이

드물고, 가신이 국권을 잡으면 3대 안에 권세를 잃지 않음이 드물 것이다.

○천하유도(天下有道) : 천하에 도가 있다. 여기서 '道'가 있다는 것은 '임금과 신하 사이에 기강'이 있어서 문란하지 않음을 말함. "天下以一統言 有道自君臣紀綱 不紊亂上說"
○예악정벌자천자출(禮樂征伐自天子出) : 예악과 정벌이 천자로부터 나오다. ☞예악(禮樂) : 예법과 음악. 여기서는 오례(五禮)·육악(六樂)·문교(文敎)를 일컬음. ☞정벌(征伐) : 군대를 파견하여 죄 있는 무리를 침. 정토(征討). 여기서는 사정(四征)·구벌(九伐)을 일컬음. "禮樂是五禮六樂文敎也 征伐是四征九伐武功也 自天子出由天子一人專制意"
○천하무도(天下無道) : 천하에 도가 없다. 여기서 '道'가 없다는 것은 '임금은 약하고 신하가 강한 때를 말함. "君弱臣强之時"
○예악정벌자제후출(禮樂征伐自諸侯出) : 예악과 정벌이 천자로부터 나와야 하는데 제후로부터 나온다는 말. "是禮樂不由天子之制 征伐不由天子之命意"
○자제후출(自諸侯出) : 만약 제후로부터 나오게 된다면. "此句是過脈語"
○개십세희불실의(蓋十世希不失矣) : 대개 10대 안에 예악과 정벌에 대한 권세를 잃지 않음이 드물다. '十世'는 '十代'를 말하며, 1대는 보통 30년임. "蓋字大約之辭 希少也 失是喪其禮樂征伐之權於大夫"
○자대부출(自大夫出) : 만약 대부로부터 나오게 된다면. "是效尤於諸侯而僭之"
○오세희불실의(五世希不失矣) : 5대 안에 예악과 정벌에 대한 권세를 잃지 않음이 드물다. "失是喪其禮樂征伐之權於陪臣"
○배신집국명(陪臣執國命) : 배신이 나라의 정권을 잡다. ☞배신(陪臣) : 제후의 대부가 천자에 대하여 자신을 일컫던 말. 천자는 제후를, 제후는 대부를, 대부는 가신을 가졌다. 그러므로 대부가 천자, 가신이 제후 앞에서 '겹친 신하'란 뜻으로 자신을 일컫던 말. 여기서는 대부의 가신을 말함. ☞국명(國命) : 나라의 정권. "執是强據之義 國命亦是禮樂征伐之權 但自諸侯出 則不復爲天子之器 只爲侯國之事 故曰國命"
○삼세희불실의(三世希不失矣) : 3대 안에 예악과 정벌에 대한 권세를 잃지 않음이 드물다. "以逆理 愈甚相決之"

先王之制에 **諸侯**는 **不得變禮樂**하고 **專征伐**이라 **陪臣**은 **家臣也**라 **逆理愈甚**이면 **則其失之愈速**이니 **大約世數**가 **不過如此**라

선왕의 제도에 제후는 예악을 변경하거나 정벌을 마음대로 할 수 없다. 배신(陪臣)은 가신이다. 이치를 거스름이 심해질수록 그 잃는 것도 더욱 빠르다는 것이니,

크게 요약하면 세대 수가 이와 같음을 지나지 않을 것이다.

○「예기(禮記)」에 '예제를 변경하거나 음악을 바꾼 자는 복종하지 않는 자이므로 임금으로서 복종하지 않는 자는 임금을 귀양 보내고, 제도와 의복을 고친 자는 배반한 자이므로 임금으로서 배반한 자는 임금을 토벌하고, 백성에게 공덕을 쌓은 자는 영지를 더 주고 작위를 올려준다'는 내용이 나온다. 「예기(禮記)」《왕제편(王制篇)》"變禮易樂者爲不從 不從者君流 革制度衣服者爲畔 畔者君討 有功得於民者 加地進律"

[備旨] 孔子戒失權者에 曰天下者는 勢而已라 勢在上則治하고 勢在下則亂이니 當天下有道之時면 則五禮六樂은 掌之宗伯하고 四征九伐은 掌之司馬하니 其權이 皆自天子出이라 雖在諸侯라도 不敢干也온 況下而大夫며 又下而陪臣乎아 若天下無道之時면 則禮樂征伐은 天子不能操其權하여 而自諸侯出也라 自諸侯出이면 則諸侯는 可以僭天子하고 而大夫도 亦可以僭諸侯하나니 蓋十世에 希不失矣요 勢必爲大夫所奪也라 自大夫出이면 則大夫는 可以僭諸侯하고 而陪臣도 亦可以僭大夫하나니 五世에 希不失矣요 勢必爲陪臣所奪也라 至於陪臣이 得以執禮樂征伐之國命하여는 則逆理愈甚하여 三世에 希不失矣니라 然이나 此亦在無道之世면 則然耳라

공자께서 권세를 잃어버리는 사람을 경계할 적에 말씀하시기를, "천하는 세력일 따름이다. 세력이 위에 있을 적에는 다스려지고 세력이 아래에 있을 적에는 어지러워지니, 천하에 도가 있을 때면 오례·육악은 종백이 관장하고 사정·구벌은 사마가 관장하니, 그 권세가 모두 천자로부터 나온다. 비록 제후에게 있더라도 감히 간여할 수 없을 터인데, 하물며 아래의 대부며 또 아래의 가신임에랴? 만약 천하에 도가 없을 때면 예악·정벌은 천자가 능히 그 권세를 잡을 수 없어서 제후로부터 나온다. 제후로부터 나오면 제후는 천자를 참람하게 범할 수 있고 대부도 또한 제후를 참람하게 범할 수 있을 터이니, 아마도 10대 안에 권세를 잃지 않음이 드물고 세력은 반드시 대부에게 빼앗기게 된다. 대부로부터 나오면 대부는 제후를 참람하게 범할 수 있고 가신도 또한 대부를 참람하게 범할 수 있으니, 5대 안에 권세를 잃지 않음이 드물고 세력은 반드시 가신에게 빼앗기게 된다. 가신이 예악·정벌의 정권을 잡을 경우에는 이치를 거스름이 더욱 심하여 3대 안에 권세를 잃지 않음이 드물 것이다. 그러나 이 또한 도가 없는 세상이 있다면 그러할 따름이다.

○실권(失權) : 권리나 권세를 잃음.
○오례(五禮) : 다섯 가지 예를 말함. 길례(吉禮:祭祀)·흉례(凶禮:喪葬)·빈례(賓禮:賓客)·군례(軍禮:軍旅)·가례(嘉禮:冠婚)의 예(禮)를 말함.

○육악(六樂) : 황제(黃帝) 이하 육대(六代)의 악(樂)을 이르는데, 운문(雲門:黃帝)·함지(咸池:堯)·대소(大韶:舜)·대하(大夏:禹)·대호(大濩:湯)·대무(大武:周武王)를 말함.

○종백(宗伯) : 벼슬 이름. 주대(周代)의 육경(六卿)의 하나. 종묘의 제사 등을 맡았음. 후세에 예부(禮部)에 해당하므로 예부상서(禮部尙書)를 대종백(大宗伯) 또는 종백이라 하고, 예부시랑(禮部侍郞)을 소종백이라 함.

○사정(四征) : 온 사방으로 정벌함.

○구벌(九伐) : 죄악의 아홉 가지 종류에 대해 토벌함.

○사마(司馬) : 벼슬 이름. 주대(周代)의 육경(六卿)의 하나로 군정(軍政)을 맡았음.

○참(僭) : 참람하다. 분수에 지나친 행동을 하다.

16·2·2 天下有道면 則政不在大夫하고

천하에 도가 있으면, 정사는 대부에게 있지 않고

○천하유도즉정부재대부(天下有道則政不在大夫) : 천하에 도가 있으면 정사는 대부에게 있지 않다. ☞정(政) : 정사. 예악과 정벌. 여기에서 유독 '대부(大夫)'만 거론한 것은 위로는 '제후(諸侯)'가 있고 아래로는 '배신(陪臣)'이 있기 때문이다. "政指禮樂征伐 獨言大夫者 上該諸侯 下該陪臣也"

言不得專政이라

대부가 정사를 마음대로 할 수 없음을 말한 것이다.

[備旨] 如使天下有道면 則禮樂征伐之政이 旣不在諸侯요 自不在大夫矣라 大夫且然이어늘 而陪臣可知矣라

만약 천하에 도가 있으면, 예악과 정벌의 정사가 이미 제후에게 있지 않을 것이고 자연히 대부에게도 있지 않을 것이다. 대부도 또한 그럴 터인데 가신을 알 수 있을 것이다.

16·2·3 天下有道면 則庶人不議하나니라

천하에 도가 있으면, 평민들은 비평하지도 않을 것이다."

○천하유도즉서인불의(天下有道則庶人不議) : 천하에 도가 있으면 평민들은 정사를 비평하지 않다. ☞불의(不議) : 비평하지 않다. 예악(禮樂)·정벌(征伐)이 도리에 맞지 않다고 비평하지 않음. "議是議禮樂征伐之失當"

上無失政이면 **則下無私議**요 **非箝其口**하여 **使不敢言也**라
○**此章**은 **通論天下之勢**니라

위에서 실정이 없으면 아래에서도 개인적인 주장이 없다는 것이지, 그들의 입을 막아서 감히 말하지 못하게 한다는 것은 아니다.
○이 장은 천하의 형세를 전반적으로 논한 것이다.

○사의(私議) : ①사사로이 논의함. ↔공의(公議). ②자신의 견해나 주장. 여기서는 ②의 뜻.
○겸(箝) : 재갈 먹이다. ☞겸구(箝口) : 입을 다물고 말하지 않음. 함구(緘口).
○참(僭) : 참람하다. 분수에 지나친 행동을 하다.

[備旨] 天下有道면 則禮樂征伐之權이 皆出自天子하고 上無失政이면 而庶人이 不敢有私議矣하나니라 庶人且然이면 則庶人而上을 又可知矣라 此皆有道之世면 則然也어늘 而今安可得乎哉아

천하가 도가 있으면 예악과 정벌의 권세가 모두 천자로부터 나오고 위에서 실정이 없으면 평민이 감히 개인적인 주장을 하지 않을 것이다. 평민이 또 그렇다면 평민 이상을 또한 알 수 있을 것이다. 곧 모두 도가 있는 세상이면 그럴 터인데 지금 어찌 할 수 있겠는가?"라고 하셨다.

16·3·1 孔子曰 祿之去公室이 五世矣요 政逮於大夫가 四世矣니 故로 夫三桓之子孫이 微矣니라

공자께서 말씀하셨다. "녹의 권한이 공실에서 떠난 지 5대가 되었고, 정권이 대부에게 이른 지 4대가 되었으니, 그러므로 저 삼환의 자손들이 미약해졌다."

○녹지거공실(祿之遽公室) : 녹을 주는 권한이 공실에서 떠나다. ☞녹(祿) : 조세를 부과함. 벼슬과 봉급을 내리는 권한. ☞공실(公室) : 공가(公家). 군주의 집. "祿指賦稅 去離也 公室指公家"
○오세의(五世矣) : 녹의 권한이 공실로부터 떠난 지 5세가 되다. "五世自君言之"
○정체어대부(政逮於大夫) : 정권이 대부에게 미치다. '政'은 상벌(賞罰)·호령(號令)의 종류. "政賞罰號令之類"
○삼세의(三世矣) : 정권이 대부에게 이른 지 3세가 되다. "三世自臣言之"
○미의(微矣) : 미약해지다. 쇠미해지다. "微是衰微"

魯自文公薨으로 公子遂가 殺子赤하고 立宣公하여 而君失其政하고 歷成襄昭定하니 凡五公이라 逮는 及也라 自季武子가 始專國政으로 歷悼平桓子하니 凡四世요 而爲家臣陽虎所執이라 三桓은 三家니 皆桓公之後라 此는 以前章之說로 推之而知其當然也라
○此章은 專論魯事하니 疑與前章으로 皆定公時語라 蘇氏曰 禮樂征伐이 自諸侯出이면 宜諸侯之强也로되 而魯以失政하고 政逮於大夫면 宜大夫之强也로되 而三桓以微는 何也오 强生於安하고 安生於上下之分定이어늘 今諸侯와 大夫는 皆陵其上하니 則無以令其下矣라 故로 皆不久而失之也니라

노나라는 문공의 죽음으로 말미암아 공자 수가 태자 적을 죽이고 선공을 세워서 임금이 그 정권을 잃었고, 성공·양공·소공·정공을 거쳤으니 모두 오공이다. 체(逮)는 미치는 것이다. 계무자가 비로소 국정을 마음대로 한 뒤로부터 도자·평자·환자를 거쳤으니 모두 4대가 되었고, 그리고 가신 양호에 의해 집권하게 되었던 것이다. 삼환은 삼가를 말하니 모두 환공의 후손이다. 이것은 앞 장의 말로 미루어보면 그것이 당연하다는 것을 알 것이다.
○이 장은 오로지 노나라의 일을 논하였으니, 아마도 앞 장과 더불어 모두 정공 때의 말씀일 것이다. 소 씨가 말했다. "예악과 정벌이 제후로부터 나오면 마땅히 제후가 강해야 할 것이지만 노나라는 정권을 잃어 버렸고, 정권이 대부에게 미치면 마땅히 대부가 강해야 할 것이지만 삼환이 미약해진 까닭은 어째서인가? 강함은 안정에서 생기고 안정은 상하의 분수가 정해진 데서 생기는 것인데, 지금 제후와 대부가 모두 그들의 윗사람을 업신여기니 그들의 아랫사람을 명령할 수가 없

었던 것이다. 그러므로 오래지 않아서 정권을 잃게 된 것이다.”

○훙(薨) : 임금이 죽다. 「예기(禮記)」《곡례하(曲禮下)》“天子死曰崩 諸侯曰薨 大夫曰 卒 士曰不祿”

[備旨] 孔子論魯事에 曰我魯는 自文公薨으로 殺子赤以立宣公하니 國之貢賦가 不爲公 室所有하여 祿之去也가 於今에 已五世矣요 宣公以後로 閱一世하여 而季武子가 始專國 政하니 政逮於大夫가 於今에 已四世矣라 夫政出大夫하여 而五世希不失이니 故夫三桓之 子孫이 當已微弱矣라 然則上下之分이 其可僭乎哉인저

공자께서 노나라의 일을 논할 적에 말씀하시기를, “우리 노나라는 문공의 죽음으로 말미암아 태자 적을 죽이고 선공을 세우니, 나라의 공물과 부세가 공실의 소유가 되지 않아서 녹이 떠난 지가 지금 이미 5대나 되었고, 선공 이후로 1대를 지나서 계무자가 비로소 국정을 마음대로 하니, 정권이 대부에게 이른 지가 지금 이미 4대가 되어버렸 다. 무릇 정권이 대부로부터 나와서 5대 안에 권세를 잃지 않음이 드무니, 삼환의 자손 들이 당연히 이렇게 미약해졌다. 그러니 상하의 분수가 또한 참람했던 것이다.”라고 하 셨다.

○공부(貢賦) : 공물(貢物)과 부세(賦稅).
○고부(故夫) : 구 앞에 쓰이는 허사(虛詞)로서 해석할 필요는 없다.
○이(已) : 이렇게. 윗 문장을 대신하며 어떠한 상황을 나타냄.

16·4·1 孔子曰 益者三友요 損者三友니 友直하며 友諒하며 友多聞이면 益矣요 友便辟하며 友善柔하며 友便佞(녕)이면 損矣니라

공자께서 말씀하셨다. “유익한 벗이 세 종류가 있고, 해로운 벗이 세 종류가 있 으니, 정직한 사람을 벗하며 성실한 사람을 벗하며 견문이 많은 사람을 벗하면 유 익할 것이요, 아첨하는 사람을 벗하며 굽실거리기를 잘하는 사람을 벗하며 말을 잘 둘러대는 사람을 벗하면 해로울 것이다.”

○익자삼우(益者三友) : 자기에게 이익을 주는 사람이 세 종류가 있다. “益是有益 於己者 三友下各友字俱作交字看 是我去友人”

○손자삼우(損者三友) : 자기에게 손해를 끼치는 사람이 세 종류가 있다. "損是有損於己者"

○우직(友直) : 벗이 정직함. 바른 말을 꺼리지 않다. "直在言上是直言不諱"

○우량(友諒) : 벗이 신실(信實)함. 성실하고 거짓이 없다. "諒在心上是誠一不二"

○우다문(友多聞) : 벗이 들은 것이 많다. 옛날 일에 대해 널리 알고 현재 일에 대해 두루 통함. "多聞在學上是博古通今"

○우편벽(友便辟) : 벗이 남에게 알랑거리며 비위를 잘 맞추다. '便'은 남이 좋아하는 것에 붙좇는다는 뜻이고, '辟'은 남이 싫어하는 것을 피한다는 뜻. '便'은 평성(平聲)으로 쓰였음. "便則辟之熟"

○우선유(友善柔) : 벗이 유순하면서 아첨을 잘하고 성실하지 못하다. "善則柔之工"

○우편녕(友便佞) : 벗이 교묘한 말로 아첨하고 비위를 맞추다. ☞녕(佞) : 아첨하다. "便則佞之巧"

友直則聞其過요 友諒則進於誠이요 友多聞則進於明이라 便은 習熟也라 便辟은 謂習於威儀而不直이요 善柔는 謂工於媚悅而不諒이요 便佞은 謂習於口語하여 而無聞見之實이니 三者損益이 正相反也라

○尹氏曰 自天子로 以至於庶人히 未有不須友以成者어늘 而其損益이 有如是者니 可不謹哉아

　정직한 사람과 벗하면 자신의 허물을 듣고 깨닫게 되고, 신실한 사람과 벗하면 성실로 나아가게 되고, 견문이 많은 사람을 벗하면 명철로 나아가게 될 것이다. 편(便)은 습관이다. 편벽(便辟)은 위의에는 익숙하지만 정직하지 못함을 이르며, 선유(善柔)는 아첨과 복종을 잘하지만 성실치 못함을 이르며, 편녕(便佞)은 입으로 하는 말에만 익숙하여 견문의 실상이 없음을 이르니, 이 세 가지는 손익이 바로 반대가 된다.

　○윤 씨가 말했다. "천자로부터 서인에 이르기까지 모름지기 벗하지 않고서 이룬 자가 있지 않는데, 그 손해됨과 유익됨이 이와 같으니, 조심하지 않을 수 있겠는가?"

○문(聞) : 듣고 깨닫는다는 뜻.

○습숙(習熟) : 습관이 됨. 익숙해 짐.

○위의(威儀) : 예(禮)의 세칙(細則).

○미(媚) : 아첨하다. 아부하다.

○열(悅) : 따르다. 심복하다.

○수(須) : 필요로 하다. 쓰다[需要]. 의지하다. 기대다.

○가불근재(可不謹哉) : 조심하지 않을 수 있겠는가? 어떻게 조심하지 않을 수 있겠는가? '可'는 부사로서 반문을 나타내며, '어떻게' 또는 '설마 …일 리 있겠는가?'라고 해석함. 해석하지 않아도 무방함.

[備旨] 孔子示人取友之當擇에 曰君子取友는 凡以求益而去損也라 然이나 友之於人에 未必皆有益而無損이라 吾觀益者에 有三友也하고 損者도 亦有三友焉하니 何以見之리오 如友乎直而忠告者하고 友乎諒而信實者하고 友乎多聞而該洽古今者면 將見有過必聞하여 誠心日進하고 知識日廣하여 其爲益大矣니 非三友之益乎아 若友乎便辟之習於威儀者하고 友乎善柔之工於媚悅者하고 友乎便佞之習於口語者면 則是過不得聞하여 誠日以喪하고 明無所資하여 其爲損大矣니 非三友之損乎아 然則去其損以就其益이니 取友者는 安可以不愼哉아

공자께서 사람이 벗을 취할 때에는 마땅히 가려야 한다는 것을 보여줄 적에 말씀하시기를, "군자가 벗을 취할 적에는 무릇 이롭게 하는 벗을 찾고 손해를 끼치는 벗에서 떠나야 한다. 그러나 벗이란 사람에게 반드시 모든 사람에게 이익만 주고 손해를 끼치지 않는 것은 아니다. 내가 볼 적에 유익을 주는 데에 세 종류의 벗이 있고 손해를 끼치는 데에도 또한 세 종류의 벗이 있으니, 어떻게 변별하겠는가? 만약 정직하면서도 충고해 주는 사람을 벗하고, 성실하면서도 신실한 사람을 벗하고, 들은 것이 많으면서도 고금에 대해 아는 것이 많은 사람을 벗하면, 장차 허물이 있으면 반드시 듣고 깨달아서 성심이 날마다 나아가고 지식이 날마다 넓어짐을 보게 되어 그에게 이익이 많을 것이니, 세 종류의 벗으로부터 받는 이익이 아니겠는가? 만약 아첨하면서 위의에 익숙한 사람을 벗하고, 굽실거림을 잘하면서 아첨하고 복종만 잘하는 사람을 벗하고, 말을 잘하면서 입으로 하는 말만 익숙한 사람을 벗하면, 바로 허물을 듣고 깨달을 수 없어서 정성은 날로 없어지고 명철도 갖추는 바가 없게 되어 그에게 손해가 많을 것이니, 세 종류의 벗으로부터 받는 손해가 아니겠는가? 그렇다면 자기가 손해되는 곳을 떠나서 자기가 이익 되는 곳으로 나아가야 할 것이니, 벗을 취하는 사람은 어찌 조심하지 않을 수 있겠는가?"라고 하셨다.

○미필(未必) : 부분 부정으로, 반드시 …하는 것은 아니다.

○충고(忠告) : 남의 잘못이나 결함을 진심으로 타일러 줌. 또는 그 말. 충언(忠言).

○해흡(該洽) : 아는 것이 많음. 박식함. 해관(該貫).

○기(其)~의(矣) : 아마도 …일 것이다. 아마도 …했을 것이다. 부사로서 어기(語氣)의

공손함을 나태내고 어떤 상황에 대해 추측할 때 쓰임.

16·5·1 孔子曰 益者三樂(요)요 損者三樂(요)니 樂(요)節禮樂(악)하며 樂(요)道人之善하며 樂(요)多賢友면 益矣요 樂(요)驕樂(락)하며 樂(요)佚遊하며 樂(요)宴樂(락)이면 損矣니라

공자께서 말씀하셨다. "사람을 유익되게 하는 것에 세 가지 좋아하는 것이 있고, 사람을 손해되게 하는 것에 세 가지 좋아하는 것이 있으니, 예악을 분별하기를 좋아하며 다른 사람의 착함을 말하기를 좋아하며 어진 벗이 많은 것을 좋아하면 유익되게 할 것이고, 교만하고 우쭐거리기를 좋아하며 마음대로 놀기를 좋아하며 연락에 빠지기를 좋아하면 해롭게 할 것이다."

○익자삼요손자삼요(益者三樂損者三樂) : 뜻이 천리의 공평한 데로부터 나와서 이익되도록 하는 것에 세 가지 좋아하는 것이 있고, 뜻이 인욕의 사사로운 데로부터 나와서 손해되도록 하는 것에 세 가지 좋아하는 것이 있다. ☞삼요(三樂) : 세 가지 좋아하는 것. ☞'樂'은 음이 세 가지다. '요'라고 읽으면 거성(去聲)으로서 '좋아하다'는 뜻이 되고, '락'이라고 읽으면 입성(入聲)으로서 '즐기다'는 뜻이 되며, '악'이라고 읽으면 역시 입성(入聲)으로서 '음악·풍류'라는 뜻이 된다. "樂是好 樂以情言 此二句且虛 下正詳之"
○요절예악(樂節禮樂) : 예악을 분별하는 것을 좋아함. ☞절(節) : 분별하다. 조절하며 제한하다[節制]. 절도를 분별하다. "節節之也 制度聲容本有節而我去節之 兼內外說"
○요도인지선(樂道人之善) : 사람의 선에 대해 말하기를 좋아함. "道是心慕口頌 善字包得廣"
○요다현우(樂多賢友) : 현우가 많은 것을 좋아하다. 현우(賢友)는 본서 16·4·1에서 말한 정직하고, 신실하고, 들은 것이 많은 벗을 말함. "多是廣多 賢友卽直諒多聞之人"
○익의(益矣) : 이익이 되다. "頂上三項說"
○요교락(樂驕樂) : 교락을 좋아하다. ☞교락(驕樂) : 교만하고 우쭐거림. 거드름을 피우며 자랑함. 교긍(驕矜). 교영(驕盈). '驕'는 '오만하고 방자하다'는 뜻. "以驕爲樂 指言動放縱於規矩之外"
○요일유(樂佚遊) : 일유를 좋아하다. ☞일유(佚遊) : 방탕한 짓을 하며 마음대로 놂. 일유(逸遊). '佚'은 '방탕하다' '사물의 알맞은 정도를 넘다'라는 뜻. "以遊爲安佚 是不作事業 只恁閒蕩"
○요연락(樂宴樂) : 연락을 좋아하다. ☞연락(宴樂) : 잔치를 벌여 즐김. 향락에 빠짐.

"以宴爲樂 如飮食聲色之類"
○손의(損矣)：손해가 되다. "亦頂上三項說"

節은　**謂辨其制度聲容之節**이라　**驕樂則侈肆而不知節**이요　**佚遊則惰慢而惡**(오)**聞善**이요　**宴樂則淫溺而狎小人**이니　**三者損益**이　**亦相反也**니라
○**尹氏曰 君子之於好樂**(요)**에 可不謹哉**아

　절(節)은 그 사람이 제도나 성용의 절도를 분별함을 이르는 것이다. 교만하고 우쭐거리면 거만하고 방자해서 절도를 알지 못할 것이고, 마음대로 놀기만 하면 게으르고 거만해져서 착한 말이나 선행에 대해 듣기를 싫어할 것이요, 향락에 빠지면 매우 방탕하여 소인을 가까이 할 것이니, 세 가지의 손해됨과 이익됨이 또한 서로 반대되는 것이다.
　○윤 씨가 말했다. "군자가 좋아하고 즐길 적에 조심하지 않을 수 있겠는가?"

○제도(制度)：사회적으로 정해져 있는 구조나 규칙. 주로 예(禮)와 관련된 일.
○성용(聲容)：소리와 모습. 성모(聲貌). 주로 악(樂)과 관련된 일.「중문대사전(中文大辭典)」"謂聲音與容儀也"
○변(辨)：분별하다. 판단하다. 분명히 하다.
○문선(聞善)：착한 말이나 선행을 들음.
○음닉(淫溺)：매우 방탕함. 유락(遊樂)에 탐닉(耽溺)함.
○치사(侈肆)：지나치게 거만하고 방자함. 억수로 방자함.
○타만(惰慢)：게으르고 거만함. 태만(怠慢).「중문대사전(中文大辭典)」"懈怠不敬也"

[備旨] 夫子示人好樂之當愼에 曰人情에 孰無好樂리오 然이나 情之所向에 而身心之損益이 係焉이라 彼情出於天理之公하여 而益者有三樂하고 情出於人欲之私하여 而損者有三樂이라 何謂益이리오 樂節乎禮樂하여 而辨其制度聲容하고 樂道人之善하여 而稱揚之不置하고 樂多賢友하여 而博取之無遺니라 如是면 則禮樂之所陶淑과 善善之所感發과 多賢之所夾輔가 皆有以爲身心之助니 其爲益也大矣라 何謂損이리오 樂乎驕樂하여 而侈肆放縱하고 樂乎佚遊하여 而惰慢怠荒하고 樂乎宴樂하여 而淫溺玩狎이라 如是면 則德壞於長傲하고 善喪於志荒하여 而且化於不善之與居리니 皆有以爲身心之害하여 其爲損也多矣라 是則出乎益則入於損이니 可不愼所好樂哉아

　부자께서 사람들이 좋아하는 것을 좋아할 때에는 마땅히 신실하게 해야 한다는 것을 보여줄 적에 말씀하시기를, "인정상 누구라도 좋아하는 것을 좋아함이 없겠는가? 그러

나 정이 가는 바에 따라 심신에 손해와 유익이 달려 있을 것이다. 뜻이 천리의 공평한 데로부터 나와서 유익되게 하는 데 세 가지 좋아하는 것이 있고, 뜻이 인욕의 사사로운 데로부터 나와서 손해되게 하는 데 세 가지 좋아하는 것이 있다. 무엇을 일러 유익된다고 하겠는가? 예악을 조절하기를 좋아하여 그 제도와 성용을 분별하고, 다른 사람의 착한 것을 말하기를 좋아하여 칭찬하고 버려두지 않고, 어진 벗이 많은 것을 좋아하여 널리 취하고 버리지 않는 것이다. 이와 같다면 예악이 미덕을 기르는 바와 선을 좋게 여김이 마음을 움직이는 바와 어진 사람이 많아서 도움 되는 바가 모두 심신에 도움을 줄 수 있을 것이니, 그에게 유익됨이 많을 것이다. 무엇을 일러 손해된다고 하겠는가? 교만하면서 쾌락을 좋아하여 지나치게 방자하면서도 제멋대로 행동하고, 마음대로 놀기를 좋아해서 게으르고 거만하면서도 방탕하고, 연락을 좋아해서 매우 방탕하면서도 희롱하면서 농락하는 것이다. 이와 같다면 덕은 늘 오만함에 의해서 무너지고 선은 뜻이 황폐함에 의해서 잃어버려서 또 불선함과 더불어 거하는 데로 동화될 것이니, 모두 몸과 마음에 해가 되어 그에게 손해됨이 많을 것이다. 이렇게 한다면 유익되는 곳을 벗어나 손해되는 곳으로 들어갈 것이니, 좋아하는 것을 좋아할 적에 조심하지 않을 수 있겠는가?"라고 하셨다.

○칭양(稱揚) : 추어 올림.
○도숙(陶淑) : 선량한 미덕을 기름.
○감발(感發) : 느끼어 마음이 움직임. 감동하여 분발함.
○협보(夾輔) : 좌우에서 도움.
○방종(放縱) : 기탄 없이 제멋대로 행동함. 방일(放逸). 방종(放縱). 방자(放恣).
○태황(怠荒) : 게으르고 방탕(放蕩)함.
○완압(玩狎) : 희롱하고 농락함.

16·6·1 孔子曰 侍於君子에 有三愆하니 言未及之而言을 謂之躁요 言及之而不言을 謂之隱이요 未見顔色而言을 謂之瞽니라

공자께서 말씀하셨다. "군자를 모실 적에 범하기 쉬운 세 가지 허물이 있으니, 말할 시기가 미치지 않았는데도 말하는 것을 조급하다 이르고, 말할 시기가 되었는데도 말하지 않는 것을 숨긴다고 이르고, 얼굴색을 살피지 않고서 말하는 것을 눈치가 없다고 이른다."

○시어군자유삼건(侍於君子有三愆) : 군자를 모실 적에 세 가지 모양의 허물이 있을 수 있다는 말. "侍是立於其側 三愆是三樣愆過"

○언미급지이언(言未及之而言) : 군자가 나에게 물을 뜻이 있지도 않고, 말할 차례가 이르지 않았는데도 내가 먼저 말하는 경우. "是君子問意不在我 語次不在我而我先言"

○위지조(謂之躁) : 이를 조급하다고 이르다. '躁'는 '경솔하다' '침착하지 못하다'라는 뜻. "躁是輕率可厭"

○언급지이불언(言及之而不言) : 군자의 질문이 나에게 이르러 말할 차례가 나에게 있는데도 말하지 않는 경우. "是君子問及於我 語次亦在我而我不言"

○위지은(謂之隱) : 이를 감춘다고 이르다. 도회(韜晦)하다. ☞도회(韜晦) : 재지(才智)나 학문 등을 감추고 드러내지 아니함. 도장(韜藏). 도광(韜光). 도은(韜隱). "隱是韜晦可疑"

○미견안색이언(未見顔色而言) : 안색을 살피지 않고 말하다. 군자의 안색이 나를 돌아보지 않았는데도 급히 말하는 경우. "是君子顔色 未顧於我而我遽言"

○위지고(謂之瞽) : 이를 봉사라고 이르다. ☞고(瞽) : 봉사. 소경. 여기서는 눈치가 없다는 말. 상대편의 안색을 보고 기분을 살필 수 없기에 붙인 이름. "瞽是借字 謂其有口無目"

君子는 有德位之通稱이라 **愆은 過也**라 **瞽는 無目**이니 **不能察言觀色**이라
○尹氏曰 時然後言이면 **則無三者之過矣**라

군자는 덕위가 있는 사람의 통칭이다. 건(愆)은 허물이다. 고(瞽)는 눈이 없다는 것이니, 말할 때를 살피거나 안색을 살필 수 없는 것이다.
　○윤 씨가 말했다. "때에 맞게 한 뒤에 말하면 세 가지의 잘못이 없을 것이다."

○덕위(德位) : 덕과 지위. 「논어집주(論語集註)」 "胡氏曰 不亦君子乎 專以德言 無君子 莫治野人 專以位言 此章君子兼德位而言"

[備旨] 孔子論事上之禮에 曰人侍於有德位之君子에 旣度吾之可言하고 又度君子可以聽吾之言然後에 爲無愆也라 或不之謹이면 則有三者之愆하니 如言未及於我時엔 未可言也어늘 而遽言之면 是는 失於急迫而不遜이니 謂之躁焉이요 言旣及於我時에 當言也어늘 而顧不言이면 是는 失於藏匿而不宣이니 謂之隱焉이요 或時雖可言이나 而君子之顔色不在於我면 則亦非可言之時也니 乃未見顔色而言이면 是는 無察言觀色之明이니 謂之瞽焉이라 此三愆者는 皆人之所易犯也니 侍於君子者는 當知戒矣라

　공자께서 윗사람을 섬기는 예를 논할 적에 말씀하시기를, "사람이, 덕위가 있는 군자를 모실 적에는 나의 할 말을 살펴야 할 뿐만 아니라 또한 군자가 나의 말을 들을 것인가에 대해서도 살핀 뒤라야 허물이 없다고 할 것이다. 혹시라도 조심하지 않으면 세 가지의 허물이 있을 것이니, 만약 말할 때가 아직까지 나에게 미치지 않았을 때에는 말을 해서는 안 되지만 황급히 말한다면 이는 급박함에 빠져 불손한 것이니 이를 일러 조급하다고 이를 것이요, 말할 때가 이미 나에게 미쳤을 적에는 마땅히 말을 해야 하지만 둘러보고 말하지 않는다면 이는 숨기는 데 빠져 다 말하지 않는 것이니 이를 일러 숨긴다고 이를 것이요, 혹시라도 때는 비록 말해야 하나 군자의 안색이 나를 쳐다보지 않으면 또한 말할 때가 아닌 것이니 바로 안색을 보지 않고서 말한다면 이는 말할 때를 살피거나 안색을 살필 적에 현명치 못한 것이니 이를 일러 눈치가 없다고 이를 것이다. 이 세 가지 허물은 모두 사람이 범하기가 쉬운 것이니, 군자를 모신 사람은 마땅히 경계해야 할 것을 알아야 할 것이다."라고 하셨다.

○기(既)~우(又) : '이미 …이며 그 외에…' '이미 …한 이상은 또한…' 접속사로서 한 방면에만 그치지 않음을 나타냄.
○실(失) : 빠지다. 달아나다. '佚'이나 '逸'과 통함.
○불선(不宣) : 드러내어 선양하지 못함. 다 말하지 못함.
○장닉(藏匿) : 숨김. 또는 숨음.

16·7·1 孔子曰 君子有三戒하니 少之時에는 血氣未定이라 戒之在色이요 及其壯也하여는 血氣方剛이라 戒之在鬪요 及其老也하여는 血氣既衰라 戒之在得이니라

　공자께서 말씀하셨다. "군자에게 세 가지 경계해야 할 것이 있으니, 젊은 시절에는 혈기가 막 움직여서 아직 정해지지 않았으므로 경계하는 것을 여색에 두어야 할 것이고, 장성해서는 혈기가 바야흐로 굳셀 때이므로 경계하는 것을 싸움에 두어야 할 것이고, 늙어서는 혈기가 이미 쇠해졌으므로 경계하는 것을 재물을 탐하는 데 두어야 할 것이다."

○군자유삼계(君子有三戒) : 군자에게 경계해야 할 세 가지가 있다. 여기서 군자는 의리로써 욕심을 제어하는 사람. "君子是以理制欲之人 戒是禁止豫防意"
○소지시(少之時) : 젊을 때. '少'는 약관(弱冠) 전후. 즉 20세 전후. "少是弱冠前後"

○혈기미정(血氣未定) : 혈기가 이제 움직일 때라는 뜻. ☞혈기(血氣) : 혈액과 호흡. 생명을 유지하는 피와 원기.「논어집주(論語集註)」"厚齋憑氏曰 血稟於陰 行於脉之內而 爲榮 氣稟於陽 行於脉之外而爲衛" ☞'榮'은 '血'을 말하고 '衛'는 '氣'를 말함. "未定是方 動之時"

○계지재색(戒之在色) : 경계하는 것을 여색에 두어야 함. '女色'은 여자의 용모나, 여자 와의 정사를 말함. "色指女色"

○급기장야(及其壯也) : 장성했을 적에. '壯'은 30세 때를 말함. "壯是三十歲時"

○혈기방강(血氣方剛) : 혈기가 바야흐로 강할 때라는 말. ☞방강(方剛) : 바야흐로 굳 셈. 강강(剛彊)할 때. "方剛正剛强也"

○계지재투(戒之在鬪) : 경계하는 것을 싸움에 두어야 함. "鬪是爭鬪"

○급기노야(及其老也) : 늙었을 적에는. 만년(晚年). "老是晚年"

○혈기기쇠(血氣旣衰) : 혈기가 이미 쇠하여지는 때를 말함. "旣衰已衰微也"

○계지재득(戒之在得) : 뜻이 채워지지 않으므로 경계하는 것을 재물을 탐하는 데 두어 야 함.

血氣는 **形之所待以生者**니 **血**은 **陰**이요 **而氣**는 **陽也**라 **得**은 **貪得也**라 **隨時知戒**하 여 **以理勝之**면 **則不爲血氣所使也**라
○**范氏曰 聖人同於人者**는 **血氣也**요 **異於人者**는 **志氣也**니 **血氣**는 **有時而衰**어니 와 **志氣**는 **則無時而衰也**라 **少未定**과 **壯而剛**과 **老而衰者**는 **血氣也**요 **戒於色**과 **戒於鬪**와 **戒於得者**는 **志氣也**라 **君子**는 **養其志氣**라 **故**로 **不爲血氣所動**이니 **是以** 로 **年彌高而德彌邵也**니라

혈기(血氣)는 형체가 몸에 지니고서 살아가는 것이니, 혈은 음이고 기는 양이다. 득(得)은 과도하게 탐하는 것이다. 때에 따라서 경계할 줄 알고서 이치로써 혈기 를 이기면 혈기에 의해 부림을 당하지 않을 것이다.

○범 씨가 말했다. "성인이 일반인과 같은 것은 혈기요 일반인과 다른 것은 지 기니, 혈기는 때에 따라 쇠함이 있거니와 지기는 때에 따라 쇠함이 없는 것이다. 젊은 시절에 정해지지 않음과 장성해서 강함과 늙어서 쇠해짐은 혈기요 여색을 경계함과 싸움을 경계함과 얻는 것을 경계함은 지기다. 군자는 그 지기를 기르므 로 혈기에 의해서 동요되지 않으니, 이 때문에 나이가 많아질수록 덕은 더욱 아름 다워지는 것이다."

○대(待) : 몸에 지니다. 머무르다[逗也]. '持'와 통함.
○탐득(貪得) : 얻기를 탐함. 즉 지나치게 욕심을 내어 탐내는 것.

○지기(志氣) : 어떤 일을 이루려는 의지와 정신. 지향(志向)과 기량(氣量).
○미(彌) : 더욱. 점점.
○소(邵) : 아름답다[美好].

[備旨] 孔子擧君子隨時制欲之功以示則에 曰血氣之盛衰는 皆足以役人이로되 而非主乎
義理者면 不能以制之也라 乃君子는 則隨時知戒하여 而防之未發者有三焉이라 蓋方其少
之時也에는 血氣未定하여 而欲動易流하니 不知所戒면 則淫溺無不至矣라 君子則戒之在
色하여 使情欲으로 不留焉이요 及其壯也하여는 血氣方剛이라 故로 勇銳好鬪하니 不知
所戒면 則犯難不知止矣라 君子則戒之在鬪하여 而小忿이라도 必懲焉이요 及其老也하여
는 血氣旣衰라 故로 志歉貪財하니 不知所戒면 則營求無厭矣라 君子則戒之在得하여 而
見得思義焉이라 君子隨時有此三戒者가 如此하니 此所以不爲血氣所使하여 而終其身히
由於義理之正也라

　공자께서 군자가 시절을 따라 욕심을 제어해야 할 일을 들어서 그 표준을 보여줄 적
에 말씀하시기를, "혈기의 성쇠는 모두 사람을 부릴 수 있지만 의리를 주장하는 사람
이 아니면 능히 제어할 수 없다. 이에 군자는 시절을 따라 경계할 것을 알아서 그것이
아직 나타나지 않았을 적에 방지하는 세 가지 방법이 있다. 바야흐로 그가 젊은 시절
에는 혈기가 정해지지 않아서 욕심의 움직임에 따라 쉽게 흐르니, 경계할 바를 알지
못하면 방탕함에 이르지 아니함이 없을 것이므로, 군자는 경계하는 것을 여색에 두어
서 정욕으로 하여금 머물지 않도록 해야 할 것이요, 그가 장성함에 이르러서는 혈기가
바야흐로 굳세졌으므로 날쌔고 사나워서 싸움을 좋아하니, 경계할 바를 알지 못하면
위험을 무릅쓰더라도 그칠 줄을 알지 못할 것이므로, 군자는 경계하는 것을 싸우는 데
두어서 조그만 분일지라도 반드시 다스리도록 해야 할 것이요, 그가 늙었을 때에는 혈
기가 이미 쇠약해졌으므로 뜻이 부족해서 재물을 탐하니, 경계할 바를 알지 못하면 여
러 가지 방법으로 찾아서 꺼림도 없을 것이므로, 군자는 재물 얻는 것을 경계해서 얻
을 것을 보면 의리에 합당한가를 생각해야 할 것이다. 군자가 때에 따라 세 가지 경계
할 것이 이와 같으니, 곧 혈기에 의해서 부림을 당하지 않도록 해서 그 몸을 마칠 때
까지 의리의 바른 데를 좇아야 하는 까닭이다."라고 하셨다.

○공(功) : 일. 사업.
○음닉(淫溺) : 매우 방탕함. 유락(遊樂)에 탐닉(耽溺)함.
○용예(勇銳) : 날쌔고 사나움. 용한(勇悍).
○범난(犯難) : 위험을 무릅씀. 모험(冒險)함.
○겸(歉) : 부족하다. 채우지 못하다. 뜻에 차지 아니하다.

○영구(營求) : 여러 방법으로 찾음. 추구함. 꾀함.

16·8·1 孔子曰 君子有三畏하니 畏天命하며 畏大人하며 畏聖人之言이니라

공자께서 말씀하셨다. "군자에게 세 가지 두려워해야 할 것이 있으니, 천명을 두려워해야 하며 대인을 두려워해야 하며 성인의 말씀을 두려워해야 한다.

○군자유삼외(君子有三畏) : 군자에게 세 가지 두려워해야 할 것이 있다. 여기서 군자는 이치를 따르는 사람을 말함. "君子是循理之人"
○외천명(畏天命) : 천명을 두려워해야 함. '天命'은 하늘의 명령. 하늘이 부여해준 바른 이치. "天命卽仁義禮智之天理 指賦予之初言 故曰命 畏天命者 惟恐失墜也 存心養性 正畏天實事"
○외대인(畏大人) : 대인을 두려워해야 함. '大人'은 큰 인물. 고귀한 인품을 지니고 학덕이 높은 사람. "大人兼德位言 是體天命之理以立極者 畏之是師其德業"
○외성인지언(畏聖人之言) : 성인의 말씀을 두려워해야 함. 성인의 말씀이란 전(典)·모(謨)·훈(訓)·고(誥)와 같은 종류. "聖言如典謨訓誥之類 是闡天命以垂訓者 畏是佩其遺言"

畏者는 嚴憚之意也라 天命者는 天所賦之正理也니 知其可畏면 則其戒謹恐懼를 自有不能已者하여 而付畀之重을 可以不失矣라 大人聖言은 皆天命所當畏니 知畏天命이면 則不得不畏之矣라

외(畏)란 '두려워한다.'는 뜻이다. 천명은 하늘이 부여해준 바의 바른 이치이니, 그것이 마땅히 두려워해야 하는 것임을 알면, 그는 경계하고 조심하며 두려워하는 것을 스스로 그만둘 수 없어서 부여받은 소중함을 잃지 않을 것이다. 대인과 성인의 말씀은 모두 천명으로써 마땅히 두려워해야 할 바이니, 천명을 두려워할 줄 알면 두려워하지 않을 수 없을 것이다.

○엄탄(嚴憚) : 두려워함. 무서워함.
○계근(戒謹) : 경계하고 삼감.
○공구(恐懼) : 두려워함. 본서 8·3·1 집주 참고. "戰戰은 恐懼요 兢兢은 戒謹이라"

○부비(付畀) : 줌. 수여(授與)함. 부탁함. 위탁(委託). ☞비(畀) : 주다.

[備旨] 孔子示人知所畏意에 曰人心은 以有所畏而存하고 以無所畏而弛하나니 乃若君子면 則有三畏焉이라 天命者는 民彝物則之理니 君子는 知天命當畏也하여 而畏之하되 惟慮棄天褻天也라 大人은 是天命所存而行可法者니 君子知畏天命이면 則必畏大人하나니 爲之致敬盡禮也라 聖言은 是天命所發而言可則者니 君子知畏天命이면 則必畏聖人之言하여 爲之篤信力行也라 此三畏者는 惟君子則然耳라

　　공자께서 사람들이 두려워해야 할 바를 알아야 한다는 것을 보여주려는 뜻에서 말씀하시기를, "사람의 마음은 두려워해야 할 바가 있기 때문에 마음에 보존하기도 하고, 두려워해야 할 바가 없기 때문에 손을 떼기도 하니, 만약 군자라면 세 가지 두려워 할 것이 있어야 한다. 천명은 사람이 지켜야 할 윤리 도덕이고 사물의 법칙에 관한 이치이니, 군자는 천명을 마땅히 두려워해야 할 것임을 알아서 두려워하되 오직 하늘의 뜻을 어기거나 하늘의 뜻을 더럽힐까 염려해야 할 것이다. 대인은 바로 천명을 마음에 보존해서 행실을 마땅히 본받을 만한 사람이니, 군자가 천명을 두려워할 줄 안다면 반드시 대인을 두려워해야 하는 것이니 그를 위해서 공경을 다하고 예를 다해야 할 것이다. 성인의 말씀은 바로 천명이 나타나서 말씀을 마땅히 본받을 만한 사람이니, 군자가 천명을 두려워 할 줄 안다면 반드시 성인의 말씀을 두려워하여 독실하게 믿고 있는 힘을 다해야 할 것이다. 이 세 가지 두려워해야 하는 것은 오직 군자라면 그렇게 해야 할 따름이다.

○존(存) : 마음에 두다. 보존하다. 생각하다.
○이(弛) : 손을 떼다. 느슨하다. 풀리다. 방종하다.
○민이(民彝) : 사람이 지켜야 할 바르고 떳떳한 윤리 도덕. 도리(道理).
○물칙(物則) : 사물의 법칙.
○기천(棄天) : 하늘의 뜻을 저버림. 하늘의 뜻을 어김.
○설천(褻天) : 하늘의 뜻을 업신여김. 하늘의 뜻을 더럽힘.
○치경(致敬) : 존경하는 뜻을 표함. 공경을 다함.
○진례(盡禮) : 예(禮)를 다함.
○독신(篤信) : 독실하게 믿음. 본서 "8·13·1 子曰 篤信好學하며 守死善道니라"
○역행(力行) : 있는 힘을 다해 행함.

16·8·2 小人은 不知天命而不畏也라 狎大人하며 侮聖人之言이니라

소인은 천명을 알지 못하므로 두려워하지 않는다. 그러니 대인을 경멸하며 성인의 말씀을 업신여긴다."

○소인부지천명이불외야(小人不知天命而不畏也) : 소인은 천명을 알지 못해서 두려워하지 않는다. '小人'은 이치를 배반하는 사람. "小人是背理之人 不知二字係通章眼目 與君子反"
○압대인모성인지언(狎大人侮聖人之言) : 대인을 함부로 대하며 성인의 말씀을 업신여기다. ☞압(狎) : 업신여기다. 만모(慢侮)하다. ☞모(侮) : 경멸하다. 업신여기다. "狎侮總是不畏"

侮는 戲玩也라 不知天命故로 不識義理하여 而無所忌憚이 如此라
○尹氏曰 三畏者는 修己之誠이 當然也라 小人은 不務修身誠己하니 則何畏之有리오

모(侮)는 희롱하는 것이다. 천명을 알지 못하기 때문에 의리를 알지 못하여 꺼리는 바가 없음이 이와 같다.
○윤 씨가 말했다. "세 가지를 두려워하는 사람은 몸을 닦는 정성이 마땅히 그러해야 할 것이다. 소인은 몸을 닦거나 자신을 성실하게 하는 데 힘쓰지 않으니, 무슨 두려워함이 있겠는가?"

○희완(戲玩) : 장난으로 가지고 놂. 희롱(戲弄)함.
○기탄(忌憚) : 꺼림. 어려워 함.

[備旨] 若小人이면 則不知天命賦界之重이라 故로 窮欲滅理而不畏也라 夫天命을 既不知畏故로 於大人에 亦以爲不足憚하여 且從而狎之矣요 於聖人之言에 亦以爲不足法하여 且從而侮之矣니 安能如君子之有三畏哉리오 然則君子小人之異는 在一念敬肆之間而已矣라

소인은 천명이 부여해 준 중요함을 알지 못한다. 그러므로 욕심을 다하고 이치를 멸하여 두려워하지 않는다. 무릇 천명을 두려워하지 않기 때문에 대인에 대해 또한 족히 꺼릴 것이 없다고 생각해서 또 나아가 경멸하게 되고, 성인의 말씀에도 또한 족히 본받을 만한 것이 없다고 생각해서 또 나아가 업신여기게 되니, 어찌 군자에게 세 가지

두려워함이 있는 것과 같겠는가? 그렇다면 군자와 소인의 다름은 한결같이 마음의 공경스럽게 행동하느냐 방자하게 행동하느냐의 차이에 있을 따름이다.”라고 하셨다.

○부비(付畀) : 줌. 수여(授與)함. 부탁함. 위탁(委託). ☞비(畀) : 주다.
○경사(敬肆) : 공경함과 방자함. 공경스럽게 행동함과 제멋대로 함.

16·9·1 孔子曰 生而知之者는 上也요 學而知之者는 次也요 困而學之는 又其次也니 困而不學이면 民斯爲下矣니라

공자께서 말씀하셨다. “태어나면서 아는 사람이 상등의 기질이요, 배워서 아는 사람이 그 다음이요, 애써서 배우는 사람이 또 그 다음이니, 막혀도 배우지 않는다면 백성은 곧 하등의 기질이 될 것이다.”

○생이지지자(生而知之者) : 태어나면서부터 이치를 아는 사람. 배움을 기다리지 않아도 자연적으로 이치를 아는 사람. 이에 관한 내용을 「중용(中庸)」에서도 확인할 수 있다. 「중용(中庸)」20·9 “或生而知之하며 或學而知之하며 或困而知之하나니 及其知之하여는 一也니이다” “生知是不待學問 自然知此理 三之字俱指理言 二者字俱作人看”
○상야(上也) : 상등의 기질이다. ☞상(上) : 상등의 기질(氣質). 본서 17·3·1 참고. “上是上等氣質”
○학이지지자(學而知之者) : 배워서 그 이치를 아는 사람. “學知是由學而知其理”
○차야(次也) : 상등의 기질 다음이다. “是氣質亞於上”
○곤이학지(困而學之) : 각고의 노력으로 이치를 배우다. 애써서 배움. 곤심형려(困心衡慮)하면서 배우다. ☞곤학(困學) : 머리가 둔하여 애를 쓰면서 배우는 일. “困學是激而學之以求通 必百倍其功 方知此理”
○우기차야(又其次也) : 또 상등의 기질 그 다음이다. “是氣質又亞於上”
○곤이불학(困而不學) : 막혀도 배우지 않다. “此是甘於自暴自棄”
○민사위하의(民斯爲下矣) : 백성이 바로 하등의 기질이 되다. ☞사(斯) : 곧. 그렇다면. 접속사로서 앞 문장을 이어받음. ☞하(下) : 하등(下等)의 기질(氣質). 하우(下愚). 이 문장은 ‘困而不學 如此之民斯爲下矣’를 줄인 것이라고 생각할 수 있다. “下是下愚 不移之人 亦自氣質上說”

困은 謂有所不通이라 言人之氣質不同이 大約有此四等이라

○楊氏曰 生知學知로 以至困學히 雖其質不同이나 然이나 及其知之하여는 一也라 故로 君子는 惟學之爲貴니 困而不學然後에 爲下니라

곤(困)은 통하지 않는 것이 있음을 이른다. 사람의 기질이 같지 않음이 크게 요약하면 이 네 가지 등급이 있음을 말씀한 것이다.

○양 씨가 말했다. "태어나면서부터 이치를 아는 사람과 배워서 이치를 아는 사람으로부터 각고의 노력으로 이치를 아는 사람에 이르기까지 비록 그 기질이 같지 않으나 그들이 앎에 이르러서는 똑같은 것이다. 그러므로 군자는 오직 배움을 귀하게 여기니 막혀도 배우지 않은 뒤에 하등의 사람이 되는 것이다."

[備旨] 孔子勉人務學以變化其氣質에 曰人之氣質은 亦有不同이라 彼生而神靈하여 不待於學이라도 而自能知此理者는 上也요 或生不能知라도 必待於學而後에 知此理者는 次也요 或始也에 不知學이라도 必困心衡慮而後에 學此理者는 又其次也라 若夫困而不學하여 冥然無覺하고 悍然不顧면 如此之民은 斯爲下矣니 學其可不知乎哉아

공자께서 사람이 배움에 힘을 써서 그 기질을 변화시키는 데 힘써야 한다고 할 적에 말씀하시기를, "사람의 기질은 또한 같지 않음이 있다. 태어나면서부터 신령스러워서 배움을 기다리지 않더라도 스스로 능히 이 이치를 아는 사람은 상등의 사람이요, 혹 태어나서는 능히 알 수 없더라도 반드시 배움을 기다린 뒤에 이 이치를 아는 사람은 그 다음의 사람이요, 혹 처음에는 배움에 대해 알지 못하더라도 반드시 마음으로 괴로워하고 생각을 다한 뒤에 이 이치를 배우는 사람은 또 그 다음의 사람이다. 만약 막혀도 배우지 않아서 멍청하게 깨달음도 없고 도리에 어그러져 돌아보지도 않는다면, 이와 같은 백성은 곧 하등의 사람이 될 것이니, 배움은 어찌 알지 않을 수 있겠는가?"라고 하셨다.

○곤심형려(困心衡慮) : 마음으로 괴로워하고 생각을 다함. 진심갈력(盡心竭力). 「맹자(孟子)」 《고자하(告子下)》 "困於心 衡於慮 而後作"
○명연(冥然) : 앞이 가리어 보이지 않는 모양. 어리석은 모양.
○한연(悍然) : 성질이 사나운 모양. 도리에 어그러진 모양.

16·10·1 孔子曰 君子有九思하니 視思明하며 聽思聰하며 色思溫하며 貌思恭하며 言思忠하며 事思敬하며 疑思問하며 忿思難하며

見得思義니라

　공자께서 말씀하셨다. "군자에게는 아홉 가지 생각이 있어야 하니, 볼 적에는 잘 알아보게 될까 생각하며, 들을 적에는 잘 알아듣게 될까 생각하며, 얼굴빛은 온화하게 하는가 생각하며, 태도는 공손하게 하는가 생각하며, 말은 충성스럽게 하는가 생각하며, 일은 공경스럽게 하는가 생각하며, 의심스러우면 물어볼 것을 생각하며, 분이 나면 환난을 생각하며, 이익 되는 일을 보면 의로운 것인지 생각해야 한다."

○군자유구사(君子有九思) : 군자에게 아홉 가지에 대해 생각하는 것이 있어야 함. 여기서의 군자는 덕을 이룬 선비를 말함. "君子成德之人 所事大要有九"
○시사명(視思明) : 사물을 볼 적에 잘 알아보는가를 생각하다. 비례물시(非禮勿視)에 관한 내용. "卽非禮勿視工夫"
○시총명(聽思聰) : 들을 적에 잘 알아듣는가를 생각하다. 비례물청(非禮勿聽)에 관한 내용. "卽非禮勿聽工夫"
○색사온(色思溫) : 안색을 온화하게 해서 사나운 기색을 나타내지 않을 것을 생각하다. "溫是暴戾之色不形也"
○모사공(貌思恭) : 나태한 모습을 배척하고 공경하는 모습을 가질 것을 생각하다. "恭卽惰慢之氣 不設於身體也"
○언사충(言思忠) : 말을 충성스럽게 할 것을 생각하다. "忠是心口如一之謂"
○사사경(事思敬) : 일을 할 적에 공경스럽게 행할 것을 생각하다. "敬是主一無適之謂"
○의사문(疑思問) : 의심스러운 일은 물어서 해답을 구할 것을 생각하다. "問求解其惑"
○분사난(忿思難) : 성이 나면 미래에 닥칠 환난을 생각하다. "忿是不甘於心思 到難則自消釋矣" ☞분(忿) : 성내다. 노(怒)를 나타냄. 「대학비지(大學備旨)」 "忿是怒之著 懥是怒之留"
○견득사의(見得思義) : 재물에 임해서는 의리를 생각하다. "見得是臨財之時 思義是欲當於理"
○이 글은 군자가 갖춰야 할 사성지학(思誠之學)에 관한 요건인데, 앞에 여섯 가지는 존심(存心)과 치신(治身)에 관한 내용이고, 뒤에 세 가지는 명리(明理)나 극기(克己)에 관한 내용이다.

視無所蔽면　則明無不見이요　聽無所壅이면　則聰無不聞이라　色은　見(현)於面者요　貌는　擧身而言이라　思問이면　則疑不蓄이요　思難이면　則忿必懲이요　思義면　則得不

苟니라

○程子曰 九思는 各專其一이니라 謝氏曰 未至於從容中道하여는 無時而不自省
察也니 雖有不存焉者라도 寡矣라 此之謂思誠이니라

보는 데 가리는 것이 없으면 잘 알아보아서 보지 못함이 없을 것이고, 듣는 데
막히는 바가 없으면 잘 알아들어서 듣지 못함이 없을 것이다. 색(色)은 얼굴에 나
타나는 것이요, 모(貌)는 몸 전체를 들어서 말한 것이다. 물을 것을 생각하면 의심
이 쌓이지 않을 것이요, 환난을 생각하면 분하더라도 반드시 그칠 것이며, 의를 생
각하면 얻는 것을 구차하지 않도록 할 것이다.

○정자가 말했다. "아홉 가지를 생각한다는 것은 각각 그 한 가지 일에 몰두한
다는 것이다." 사 씨가 말했다. "자연스럽게 도에 맞는 데 이르지 못하면 무시로
자신을 살피지 않음이 없어야 할 것이니, 비록 본심이 보존되지 못하는 것이 있더
라도 보존되지 못하는 것이 적을 것이다. 이를 일러 성실히 할 것을 생각하는 것
이라고 했다.

○옹(壅) : 막히다. 옹색(壅塞)하다.
○징(懲) : 그치다. 잘못을 뉘우치거나 고치다. 징계하다.
○종용중도(從容中道) : 자연스럽게 도(道)에 맞음을 이르는 말. 조용중도(從容中道).
「중용(中庸)」 20·18 참고 "誠者는 天之道也요 誠之者는 人之道也니 誠者는 不勉而中
하며 不思而得하여 從容中道하나니 聖人也요 誠之者는 擇善而固執之者也니라"
○수유부존언자과의(雖有不存焉者寡矣) : 사람의 욕심이 많으면 비록 보존되지 못하는
것이 있더라도 [보존되지 못하는 것이] 적을 것이다. 「맹자(孟子)」《진심장하(盡心章
下)》 14·35·1 참고. "孟子曰 養心이 莫善於寡欲이니 其爲人也寡欲이면 雖有不存焉者
라도 寡矣요 其爲人也多欲이면 雖有不存焉者라도 寡矣니라"
○사성(思誠) : 성실을 생각함. 성실히 할 것을 생각함. 「맹자(孟子)」《이루상(離婁
上)》 7·12·2 "是故로 誠者는 天之道也요 思誠者는 人之道也니라"

[備旨] 孔子示人以愼思之學에 曰人不可以不思어니와 亦不可以泛用其思라 乃若君子면
則有九者之思焉하니 彼視之理는 尙其明이로되 而不明者는 物蔽之耳니 必思所以去其蔽
하여 而求明焉이요 聽之理는 尙其聰이로되 而不聰者는 物壅之耳니 必思所以決其壅하여
而求聰焉이요 色之見(현)於面者는 貴於溫也니 則思以去其忿戾之氣하여 使溫焉而藹然其
顔之輯也요 貌之形於身者는 貴乎恭也니 則思以遠其暴慢之習하여 使恭焉而儼然其儀之正
也요 言不可以不忠일새 一出言이면 必思其忠이니 言如是면 心亦如是矣요 事不可以不敬

일새 一執事면 必思其敬이니 事在是면 心亦在是矣요 最難釋者는 疑也니 於疑에 則思問
焉하여 不以未決之見으로 而蓄天下之疑也요 至難平者는 忿也니 於忿에 則思難焉하여
不以一朝之忿으로 而貽莫大之悔也요 至於利之所得이로되 而裁之면 則有義也니 見得이
면 則思義之所在하여 而無苟得焉이라 此九者는 皆君子之所思也요 而作聖에 不患無基矣
라

　공자께서 사람에게 생각을 조심스럽게 가져야 한다는 것을 배워야 한다고 보여줄 적
에 말씀하시기를, "사람은 생각하지 않을 수 없거니와 또한 그 생각을 널리 쓰지 않을
수도 없다. 군자라면 아홉 가지를 생각함이 있어야 할 것이니, 그가 사물을 바라볼 때
의 도리는 그가 잘 알아보는 것을 높이 사야겠지만 잘 알아보지 못하는 것은 사물에
가렸기 때문이니 반드시 그 가린 것을 제거할 방법을 생각해서 잘 알아보도록 구해야
할 것이요, 들을 때의 도리는 오히려 그가 잘 알아듣는 것을 높이 사야겠지만 잘 알아
듣지 못하는 것은 사물에 막혔기 때문이니 반드시 그 막힌 것을 틔울 방법을 생각해서
잘 알아듣도록 구해야 할 것이요, 안색을 얼굴에 드러낼 적에는 온화한 것을 귀하게
여기니 그 다투는 기운을 제거할 것을 생각하여 온화하게 해서 부드럽게 그 얼굴이 화
하도록 해야 할 것이요, 자세를 몸에 나타낼 적에는 공손함을 귀하게 여기니 그 사납
고 교만한 습관을 멀리할 것을 생각하여 공손하게 해서 엄숙하게 그 거동이 바르도록
해야 할 것이요, 말은 충성스럽게 하지 않을 수 없기 때문에 한번 말을 낸다면 반드시
그 충성을 생각해야 할 것이니 말이 이와 같이 한다면 마음도 또한 이와 같이 할 것이
요, 일은 공경스럽게 하지 않을 수 없기 때문에 한번 일을 잡으면 반드시 그 공경을
생각해야 할 것이니 일이 여기에 있으면 마음도 또한 여기에 있을 것이요, 가장 해결
하기 어려운 것은 의심이니 의심스러운 점에 대해서 물어 밝힐 것만 생각하여 해결할
수도 없는 생각을 갖고서 천하의 의심을 쌓아서는 안 될 것이요, 지극히 다스리기가
어려운 것은 분내는 것이니 분이 날 적에는 환난을 생각하여 하루 아침에 분내는 것
때문에 막대한 후회에 이르도록 해서는 안 될 것이요, 이익을 얻을 수 있는 데 이르렀
지만 헤아려 본다면 의리가 생겨날 것이니 이익 되는 일을 보면 의리상 가져도 될 것
인지 생각하여 구차하게 얻으려고 하는 일이 없어야 할 것이다. 이 아홉 가지는 모두
군자가 생각해야 할 것이요, 그리고 성인이 되려고 하는 데 기초가 없다고 걱정하지
말아야 할 것이다."라고 하셨다.

○내약(乃若) : …에 이르러서는. 접속사로서 다른 화제를 제시함을 나타냄.
○결(決) : 트다. 막힌 것을 트다. 둑을 무너뜨려 물이 흐르게 하다.
○분려(忿戾) : 다툼. 분개하여 도리에 벗어난 행동을 함.
○애연(藹然) : 온화하고 부드러운 모양.

○포만(暴慢) : 사납고 교만함. 또는 그런 사람.
○엄연(儼然) : 엄숙하고 진중한 모양.
○집(輯) : 화(和)하다. 안색을 부드럽게 하다.「시경(詩經)」"輯柔爾顔"
○이(貽) : 끼치다. 남기다. 주다.
○재(裁) : 마르다. 자르다. 결단하다. 헤아리다. 억제하다.

16·11·1 孔子曰 見善如不及하며 見不善如探湯을 吾見其人矣요 吾聞其語矣로라

공자께서 말씀하셨다. "'착한 일을 보거든 미치지 못한 것처럼 하며, 착하지 못한 것을 보거든 끓는 물에 손을 넣는 것처럼 한다.' 하였는데, 나는 그러한 사람을 보았고 나는 그러한 말을 들었노라.

○견선여불급(見善如不及) : 선한 일을 보면 미치지 못한 것처럼 정성을 다해 행하다. "是好善極其誠意"
○견불선여탐탕(見不善如探湯) : 선하지 않은 일을 보면 끓는 물에서 손을 재빨리 떼는 것처럼, 나쁜 일에서 빨리 빠져나감을 이름. "是惡惡極其誠意"
○오견기인의(吾見其人矣) : 공자 자신이 그러한 사람을 보았다는 표현. "其人指上好惡有誠之人"
○오문기인의(吾聞其人矣) : 공자 자신이 그러한 말을 들었다는 표현. "其語指上好惡有誠之語"

眞知善惡하여 而誠好惡(오)之니 顔曾冉閔之徒蓋能之矣라 語는 蓋古語也라

참으로 선악을 알아서 진실로 좋아하고 미워하는 것이니, 안자·증자·염유·민자건의 무리들이 대개 잘했을 것이다. 어(語)는 아마도 옛말일 것이다.

[備旨] 孔子有感於所見之殊라 故로 致慨에 曰見一事之善也에는 而好之切하여 有如不及하여 惟恐不得乎善하고 見一事之不善也에는 而惡之嚴이 有如探湯하여 惟恐或陷於惡하니 其好惡之誠이 如此라 求之於今에 吾見其有此人矣요 考之於古에 吾聞其有此語矣라 所見이 符於所聞하니 吾於是에 而知古今之未始不相及也라 豈不眞可幸哉아

공자께서 '사람이 보는 바에 따라서 다르다.'라는 말에 느낌이 있었던 것이다. 그러므로 슬퍼할 적에 말씀하시기를, "어떤 사람이 한 가지 일이라도 착한 것을 봤을 적에는 절실히 좋아하여 마치 미치지 못한 것처럼 해서 오직 선을 얻지 못할까 걱정하고, 한 가지 일이라도 착하지 못한 것을 봤을 적에는 몹시도 미워함이 마치 끓는 물에 손을 넣는 것처럼 하니, 혹시라도 악에 빠질까 걱정하여 그의 좋아하고 미워하는 정성이 이와 같았다. 그러한 사람을 지금 구해볼 적에 나는 이러한 사람이 있음을 보았고, 옛날 말씀에 근거해서 이를 상고해 볼 적에 나는 이러한 말이 있다는 것을 들었다. 보았던 것이 들었던 것에 딱 들어맞으니, 내가 여기에서 고금이 비로소 서로 미치지 못하는 것이 없음을 알았다. 어찌 진실로 다행스럽지 아니한가?

16·11·2 隱居以求其志하며 行義以達其道를 吾聞其語矣요 未見其人也로라

'숨어 살면서 그 뜻을 추구하며, 의를 행해서 그 도를 달성한다.' 하였는데, 나는 그러한 말은 들었지만 그러한 사람은 보지 못하였노라."

○은거이구기지(隱居以求其志) : 숨어 살면서 치군(致君)·택민(澤民)의 뜻을 구하다. 곤궁한 가운데 처해 벼슬하지 않더라도, 임금을 보좌하여 훌륭한 임금이 되게 하고[致君], 백성을 윤택하게 하는[澤民] 도를 구함. "隱居是窮處而未仕 求其志謂志在致君澤民 則求其道守之於己"
○행의이달기도(行義達其道) : 벼슬길에 나아가 군신의 의를 행해 그 도를 행하다. 벼슬길에 나아가 군신의 의를 행해, 임금을 보좌하여 훌륭한 임금이 되게 하고[致君], 백성을 윤택하게 하는[澤民] 도로써 천하에 넓힘. "行義是出仕而行君臣之義 達其道 謂以所志致君澤民之道 達之天下"
○오문기어의(吾聞其語矣) : 공자 자신이 그렇게 득의의 말을 들었다는 의미. "其語指上出處得宜之語"
○미견기인야(未見其人也) : 그렇게 득의한 사람은 보지 못했다는 의미. "其人指上出處得宜之人"

求其志는 守其所達之道也요 達其道는 行其所求之志也니 皆惟伊尹太公之流라야 可以當之라 當時에 若顔子는 亦庶乎此나 然이나 隱而未見(현)하고 又不幸而蚤死라 故로 夫子云然이시니라

그 뜻을 추구한다는 것은 그가 행하던 바의 도를 지키는 것이요, 그 도를 달성
한다는 것은 그가 추구하던 바의 뜻을 행한다는 것이니, 이는 오직 이윤과 태공의
유파라야 해당될 수 있을 것이다. 당시에 안자 같은 분은 또한 이에 가까웠지만
숨어서 나타나지 아니하였고, 또 불행하게도 젊어서 죽었으므로 부자께서 이렇게
말씀하신 것이다.

○이윤(伊尹) : 은(殷)의 어진 재상. 이름은 지(摯). 탕왕(湯王)을 도와 하(夏)나라
걸(傑)을 쳐서 천하를 평정하였다. 탕이 죽은 후 그의 손자인 태갑(太甲)이 무도
(無道)하였으므로, 이를 동궁(東宮)에 내친 뒤 3년 만에 그의 뉘우침을 보고 다시
제위(帝位)에 복귀시킴.
○태공(太公) : 주(周)나라 문왕(文王)의 스승. 성은 강(姜), 씨(氏)는 여(呂), 이름은
상(尙). 위수(渭水)가에서 낚시질을 하다가 사냥 나온 문왕(文王)을 만나 스승이 되었
음. 일반적으로 강태공(姜太公)이라고 함. 주(周)나라의 현신(賢臣). 문왕(文王)의 조부.
고공단보(古公亶父) 때부터 기다려진 인물이었기에, 태공망(太公望)이라 한다.
○조사(蚤死) : 젊어서 죽음. 조요(蚤夭). 조세(蚤世). 요절(夭折) '蚤'는 '早'와 통함.

[備旨] 時乎隱居면 則以求其所達之志하여 而守吾道於一身이요 時乎行義면 則以達其所
求之道하여 而行吾志於天下니 其體用之全이 如此라 稽之於古에 吾聞其有此語矣요 質之
於今에 未見其有此人也라 所聞이 不符於所見하니 吾於是에 而歎古今人之不相及也라 豈
不深可惜哉아

때로 숨어 살 적에는 그가 행하던 바의 뜻을 추구하여 자기의 도를 한 몸에 지키고,
때로 의를 행할 적에는 그가 추구하던 바의 도를 행하여 자기의 뜻을 천하에 행하니,
그 본체와 작용의 온전함이 이와 같다. 옛날 말씀에 근거해서 이를 상고해 볼 적에 나
는 이러한 말이 있었다는 것은 들었지만 오늘날 물어볼 적에 이러한 사람이 있다는 것
은 보지 못했다. 들은 바가 본 바에 딱 들어맞으니, 내가 여기에서 옛날부터 지금까지
사람들이 서로 미치지 못함을 탄식하는 것이다. 어찌 심히 애석해 하지 않겠는가?"라
고 하셨다.

○체용(體用) : 본체와 작용. 사물의 본체와 작용·현상(現象)간의 관계를 규정한 것.
더 쉽게 말하면 원리와 그 응용을 말함. '體'가 본체적 존재로서 형이상학적(形而上學
的) 세계에 속한다면, '用'은 오관(五官)으로 감지할 수 있는 현상으로 형이하학적(形而
下學的) 세계에 속한다. 그러나 양자는 표리일체(表裏一體)의 불가분의 관계에 있어 체
(體)를 떠나 용(用)이 있을 수 없고, 용(用)이 없다면 체(體)를 생각할 수 없다. 정이(程

頤)가 주장하는 우주의 근본으로서의 이(理)와 그 발로(發露)로서의 사상(事象), 장재 (張載)의 태극(太極)과 기(氣), 주자(朱子)가 말하는 인간에게 보편적으로 갖추어진 성 (性)과 그것이 외면(外面)에 나타난 정(情)과의 관계 등은 모두 체용(體用)의 개념이다.
○계(稽) : 생각하다. 검토하다. 헤아리다.
○질(質) : 묻다. 따져 묻다. 여러모로 사리를 따지고 헤아려서 작정함. 질정(質定).

16 · 12 · 1 齊景公이 有馬千駟호되 死之日에 民無德而稱焉이요 伯夷叔齊는 餓於首陽之下호되 民到于今稱之하니라

제나라 경공이 말 4,000필이 있었으나 죽었을 때 사람들이 덕이 없다고 일컬었 고, 백이와 숙제는 수양산 아래에서 굶어 죽었으나 사람들이 오늘날까지도 칭송하 고 있다.

○제경공유마천사(齊景公有馬千駟) : 제나라 경공이 말 4,000필이 있다. ☞천사(千駟) : 4,000필의 말을 가졌으니, 아주 부자라는 말. ‘駟’는 말 4필을 이름. “千駟是極言其富意”
○사지일(死之日) : 경공이 죽은 날. 사람이 죽으면 그 사람에 대해 사모하는 마음 이 생기므로 여기서 거론했음. “正人心思慕之時”
○민무덕이칭언(民無德而稱焉) : 백성들은 그를 덕이 없다고 일컫다. “德以善行言 稱是稱述”
○백이숙제(伯夷叔齊) : 백이(伯夷)와 숙제(叔齊). 은(殷)나라 말 고죽국왕의 큰아들과 작은아들을 말한다. 아버지가 죽자 왕위를 서로 양보하고 주(周)나라 문왕(文王)에게 도망갔었다. 그 뒤 주(周)나라 무왕(武王)이 천자(天子)인 은(殷)나라 주왕(紂王)을 치 려할 때 말고삐를 잡고 말렸으나 실패했다. 은(殷)나라가 멸망한 후 주(周)나라의 양식 을 먹는 것을 수치로 여기고, 수양산에 들어가 은거하며 나물로 연명하다가 마침내 굶 어 죽었다. 본서 7·14·2 내용 참고. “孤竹君二子”
○아어수양지하(餓於首陽之下) : 수양산 아래서 굶어죽다. 주나라의 봉록을 먹지 않고 굶어서 죽음. “餓是不食周粟 飢餓而死” ☞수양산(首陽山) : 산이름. 백이(伯夷)와 숙제 (叔齊)가 절의를 지키기 위하여 은거하다 굶어 죽었다는 산. 산서성(山西省) 영제현(永 濟縣) 남쪽이 있다. 일명 뇌수산(雷首山)이라고도 하고 어떤이는 남쪽 언덕을 말하기도 함. 「중문대사전(中文大辭典)」“首陽山 卽雷首山 南皐也”
○민도우금칭지(民到于今稱之) : 공자가 살았던 당시 백성들이 그를 의사(義士)와 현인(賢人)이라고 한다는 말. “今指孔子時言 稱之是稱其爲義士賢人”

駟는 **四馬也**라 **首陽**은 **山名**이라

사(駟)는 4필의 말이다. 수양(首陽)은 산이름이다.

[備旨] 昔에 齊景公이 有馬千駟之多하여 其富如此면 宜乎有可稱矣온 而況身死之日에 正人心哀慕之時乎아 夫何君道有虧하여 隨死而泯이리오 卽死之日에 民無德而稱焉하니 富之라도 不足恃也如此요 伯夷叔齊는 恥食周粟하여 餓於首陽之下하니 其窮如此면 宜乎 無可稱矣온 而況到今之時하여 又歷世久遠之後乎아 然而芳聲益著하여 雖死나 猶生하여 民到於今히 稱之하니 窮之라도 不可忽也又如此니라

　옛날 제나라 경공이 말을 4,000필이나 될 정도로 많이 가져서 그 부유함이 이와 같으면 마땅히 칭찬을 받아야 할 터인데, 하물며 몸이 죽는 날 정말로 사람 마음이 슬프고 그리워하는 때임에랴? 어찌하여 임금의 도가 어그러져 죽음에 따라 없어져 버렸는가? 죽는 날까지도 백성들은 덕이 없다고 일컬었으니 부유할지라도 족히 믿을 수 없음이 이와 같았던 것이요, 백이와 숙제는 주나라의 녹을 먹는 것을 부끄러워해서 수양산 아래에서 굶어 죽었으니 그 곤궁함이 이와 같으면 마땅히 칭찬이 없어야 할 터인데, 하물며 오늘날에 이르러서 또 여러 세대를 지나 아주 오랜 뒤임에랴? 그런데도 좋은 평판이 더욱 드러나서 비록 죽었지만 오히려 살아서 백성들이 오늘에 이르기까지 칭찬하니 곤궁할지라도 소홀하게 할 수 없음이 또한 이와 같다.

○민(泯) : 다하다. 다하여 없어지다. 멸망하다.
○주속(周粟) : 주나라의 녹(祿). '粟'은 원래 곡식을 뜻하는 말이지만 여기서는 '俸祿'을 의미함.
○방성(芳聲) : 좋은 평판.

16·12·2 **誠不以富**요 **亦祇以異**라하니 **其斯之謂與**인저

　'시에 진실로 넉넉해서가 아니라 또한 다만 색다르기 때문이다.' 하였으니, 아마도 이것을 말함일 것이다.

○성불이부역지이이(誠不以富亦祇以異) : 진실로 넉넉해서가 아니라 또한 색다르기 때문이다. 「시경(詩經)」 《소아(小雅) 아행기야편(我行其野篇)》의 시구. 시경에는 '祇'자가 '祇'자로 되어 있다. 본서 12·10·3의 내용도 참고할 것. ☞지(祇) : 다

만[適也]. ☞지(祗) : 마침. ☞이(異) : 다른 사람과 다른 행실. "異是過人之行"

○기사지위여(其斯之謂與) : 아마도 이것을 말함일 것이다. 아마도 시에서 말한 것은 이것을 말했을 것이다. '其'는 '아마'의 뜻으로 추측을 나타내는 말. '斯'는 경공(景公)이나 이제(夷齊)의 일들. '之'는 목적어와 동사를 도치시킬 때 쓰는 어조사. '與'는 평성(平聲)으로 쓰였는데 추측하는 정도의 아주 가벼운 감탄을 나타냄. "斯卽指景公夷齊說 景公富而民不稱 便見稱之者不在富 夷齊貧而民稱之便見稱之者 祗在異"

胡氏曰 程子以爲第十二篇에 **錯簡誠不以富**요 **亦祗以異**는 **當在此章之首**라하시니 **今詳文勢**호니 **似當在此句之上**이라 **言人之所稱**이 **不在於富**요 **而在於異也**라 **愚謂 此說**이 **近是**요 **而章首**에 **當有孔子曰字**로되 **蓋闕文耳**라 **大抵此書後十篇**은 **多闕誤**라

호 씨가 말했다. "정자는 제 12편에 순서가 뒤섞인 '誠不以富 亦祗以異'는 마땅히 이 장의 머리에 있어야 한다고 하셨으니, 지금 문장의 기세를 살펴보니 마땅히 이 구 위에 있어야 할 듯하다. 사람들의 칭송함이 부유함에 있지 않고 특이한 행동에 있음을 말한 것이다." 내[朱子]가 생각하건대, 이 말이 옳은 듯하고 문장의 머리에 마땅히 '孔子曰'의 글자가 있어야 할 것이지만, 대개 자구가 빠진 글일 뿐이다. 대체로 이 책에 뒤 10편은 빠지고 잘못된 것이 많다.

○착간(錯簡) : 뒤섞인 죽간(竹簡). 책의 내용의 순서가 뒤섞여 있는 일.
○문세(文勢) : 문장의 기세.
○사(似) : …일 듯하다.
○궐문(闕文) : 자구(字句)가 빠진 글. 즉 사관이 의심스러운 글이 있으면 그 글은 비워두고 뒷날 아는 사람을 기다렸던 일.

[備旨] 夫以千駟之國君으로 較首陽之餓夫면 蓋不侔矣로되 而稱之者는 乃在此요 而不在彼焉이라 然則詩所云人之所稱이 誠不以其富요 亦祗以其異라하니 其卽斯所稱者는 不在於景公之富요 在於夷齊之異之謂與인저 殉財殉名을 孰得孰失이리오 必有能辨之者니라

대서 말 4,000필을 가진 한 나라의 군주로서 수양산에서 굶어죽은 사나이와 비교해 본다면 아마 같을 수 없겠지만, 그러나 칭찬은 곧 백이와 숙제에게 했고 제나라 경공에게는 하지 않았다. 그러므로 시에 이른바 '사람들이 칭찬한 것이 진실로 그 사람이 부유해서가 아니라 또한 다만 그 사람이 색다르기 때문이다.'라고 했으니, 아마도 칭찬한 것이 경공의 부유함에 있지 않고 백이와 숙제의 색다름에 있다는 것을 이름일 것이

다. 재물에 따라 죽고 명예에 따라 죽음을 누가 얻고 누가 잃었는가? 여기에 대해서 반드시 분별할 수 있는 사람이 되어야 할 것이다.

○모(侔) : 가지런하다. 같은 크기로 가지런한 모양.
○순재(殉財) : 목숨을 바쳐 재물을 추구함.「장자(莊子)」《도척(盜跖)》"小人殉財 君子殉名"
○순명(殉名) : 명예를 위하여 목숨을 바침. 명예를 추구함. 순명(徇名).「장자(莊子)」《병모(駢拇)》"小人殉財 君子殉名"

16·13·1 陳亢이 問於伯魚曰 子亦有異聞乎아

진항이 백어에게 물었다. "그대는 또한 색다른 말을 들은 적이 있는가?"

○진항(陳亢) : 공자의 제자. 성은 진(陳)이요, 이름은 항(亢)이다. 자는 자항(子亢) 또는 자금(子禽). 본서 1·10·1 참고. ☞항(亢) : 목. 오르다. 본음은 '강'임.
○백어(伯魚) : 공자의 아들인 이(鯉)의 자(字). 공자보다 먼저 죽었다. 본서 11·7·2 참고.
○자역유이문호(子亦有異聞乎) : 그대는 또 색다른 말을 들을 것이 있는가? 공자가 아들인 백어에게 제자들에겐 들려주지 않은 특별한 말이 있는가라는 뜻. ☞이문(異聞) : 색다른 말. 다른 사람에게서 듣지 못한 것. "子指伯魚 異聞是衆人所不聞者 乎疑辭"

亢이 以私意로 窺聖人하여 疑必陰厚其子라

진항이 사사로운 뜻으로 성인을 은근히 살펴보고서 공자가 반드시 그 아들에게 몰래 도와주었을 것이라고 의심한 것이다.

[備旨] 陳亢이 一日問於伯魚에 曰子는 於夫子情에 則父子之親이니 而非師弟之比라 亦有異於衆人하여 而獨聞於夫子者乎아

진항이 하루는 백어에게 물어볼 적에 말하기를, "자네는 아버지의 마음에 의거하여 보면 아버지와 아들이라는 친밀한 관계이니 스승과 제자에 비할 바가 아니다. 또한 여

러 사람들과 달라서 유독 아버지로부터 들은 것이 있는가?"라고 했다.

16 · 13 · 2 對曰未也로라 嘗獨立이어시늘 鯉趨而過庭이러니 曰學詩乎아 對曰未也로이다 不學詩면 無以言이라하여시늘 鯉退而學詩호라

　백어가 대답했다. "그러한 일은 없었습니다. 일찍이 홀로 서 계실 적에 제가 종종걸음으로 마당을 지나가니, '시를 배운 적이 있느냐?' 하시므로 '못 배웠습니다.' 하고 대답하였더니, '시를 배우지 않으면 말을 할 수 없다.' 하시므로, 제가 물러나와 시를 배웠습니다.

○대왈미야(對曰未也) : 특별하게 들은 말이 없습니다. "言未有異問"
○상독립(嘗獨立) : 일찍이 공자께서 홀로 서 계실 때를 말함. "獨立指孔子說"
○이추이과정(鯉趨而過庭) : 공자의 아들 이(鯉)가 종종걸음으로 집의 마당을 지나다. '鯉'는 공자의 아들. 원음은 '리' ☞'趨'는 임금이나 어른 앞에서 종종걸음으로 지나가는 것을 말함. "庭是家庭 過庭必趨者禮也" ☞이정(鯉庭) : 자식이 아버지의 교훈을 받는 곳. 공자의 아들 이가 종종걸음으로 지나갈 때 그를 불러 세우고 시와 예를 배워야한다고 훈계한 고사.
○왈학시호(曰學詩乎) : '시를 배웠느냐?'라고 말하다. 즉 시경(詩經)을 배웠는지 물은 것인데, 여기서는 '시를 배웠느냐?'라고 번역했음. "述孔子言 詩是詩經"
○대왈미야(對曰未也) : '아직까지 시를 배우지 않았습니다.'라고 말하다. "對是伯魚對 是未學乎詩"
○불학시무이언(不學詩無以言) : 시를 배우지 않으면 말할 수가 없다. 즉 시를 배유지 않으면 사리에 불통하기 때문에 응대(應對)를 잘 할 수 없다는 말. ☞무이(無以) : …할 수 없다. '以'는 원래 '이유·조건·수단·도구·원인' 등을 나타내는 전치사인데, '無所以'의 '所'가 생략된 형태로 볼 수 있다. 흔히 '無以' '蔑以' '有以' 등의 형태로 쓰인다. '無以'를 해석할 때는 '以'를 조동사처럼 생각하여 '…할 수 없다'라고 해석한다. "言就應對上說"
○이퇴이학시(鯉退而學詩) : 이가 물러나서 시를 배우다. '退'는 뜰에서 사사로이 거하는 곳으로 물러나는 것을 말함. "退是自庭而退於私居 此句是鯉自言"

事理通達하여 而心氣和平이라 故로 能言이라

시를 배우면 사리가 통달해져서 심기가 화평해지므로, 말을 잘하게 되는 것이다.

○능언(能言) : 시를 배우면 심기가 평안하고 사리가 통달하여 능히 말을 잘하게 됨. 「논어집주(論語集註)」 "慶源輔氏曰 詩本人情該物理 故學之者 事理通達 其爲敎 溫柔敦厚 使人不絞不訐 故學之者 心氣和平 事理通達 則無昏塞之患 心氣和平則 無 躁急之失 此其所以能言"

[備旨] 伯魚對曰 吾未有異聞也로라 夫子嘗獨立이어시늘 鯉趨而過庭이러니 此는 非弟 子類聚時也라 可以有異聞者면 必將得之於此矣라 然이나 夫子但問에 曰汝는 曾學詩乎아 及鯉對曰未學也로이다 子則曰人貴於能言이니 而恒自學詩得之요 不學詩면 則事理無由通 達하고 心氣無由和平하니 其何以能言이리오하여시늘 鯉於是에 退而學詩요 而凡誦習乎 溫柔敦厚之敎하여 以爲能言之助者는 皆遵所聞於夫子也니이다

백어가 대답할 적에 말하기를, "저는 아직까지 색다른 말을 들은 적이 없습니다. 아버지께서 일찍이 홀로 서 계실 적에 제가 종종걸음으로 마당을 지나갔는데, 이때는 제자들이 함께 모이는 때가 아니었습니다. 색다른 말을 들었다면 반드시 이때 들어야 했을 것입니다. 그러나 아버지께서는 다만 물어보기만 하면서 말씀하시기를, '너는 일찍이 시를 배운 적이 있느냐?' 하시기에 제가 '아직까지 시를 배우지 못했습니다.'라고 대답했더니, 아버지께서 말씀하시기를, '사람은 말을 잘하는 것을 귀하게 여기니 항상 자신이 시를 배워서 얻어야 하고, 시를 배우지 못하면 사리가 통달할 수 없고 심기가 화평해질 수 없을 터이니, 또한 어찌 말을 잘할 수 있겠느냐?' 하셔서 제가 여기에서 물러나 결국 시를 배웠고, 온유돈후한 가르침을 익혀서 말을 잘하도록 하는 데 도움이 되었던 것은 모두 아버지로부터 들었던 것을 좇았기 때문입니다.

○유취(類聚) : 같은 부류의 사람들을 함께 모음.
○온유돈후(溫柔敦厚) : 부드럽고 인정이 많고 후함. 시(詩)의 가르침에 대한 설명.
○기(其) : 또한. 역시. 부사로서 반문을 주로 나타냄.
○송습(誦習) : 읊으면서 익힘.
○준(遵) : 좇다. 순종하다.

16·13·3 他日에 又獨立이어시늘 鯉趨而過庭이러니 曰學禮乎아 對曰未也로이다 不學禮면 無以立이라하여시늘 鯉退而學禮호라

다른 날 또 홀로 서 계실 적에 제가 빨리 걸어 뜰을 지나는데, '예를 배운 적이 있느냐?' 하고 물으시기에 '아직도 못 배웠습니다.' 하고 대답했더니, '예를 배우지 못하면 설 수 없다.' 하시므로, 제가 물러나와 예를 배웠습니다.

○타일우독립(他日又獨立) : 다른 날 또 공자께서 홀로 서 계실 때를 말함. "又字對前嘗字看"

○이추이과정(鯉趨而過庭) : 공자의 아들 이(鯉)가 종종걸음으로 집의 마당을 지남. "此二句見未有異聞於昔者 當有異聞於今矣"

○왈학례호(曰學禮乎) : '예를 배웠느냐?'라고 묻다. 즉 예기(禮記)를 배웠는지 물은 것인데, 여기서는 '예를 배웠느냐?'라고 번역했음. "禮是禮記"

○대왈미야(對曰未也) : '아직까지 예를 배우지 않았습니다.'라고 말하다. "是未學乎禮"

○불학례무이립(不學禮無以立) : 예를 배우지 않으면 지킴이 견고치 않기 때문에 잘 설 수 없다는 말. ☞무이(無以) : …할 수 없다. 16·13·2 해설 참고. "立就執守上說"

○이퇴이학례(鯉退而學禮) : 이가 물러나서 예를 배우다. "此句亦是鯉自言"

品節詳明하여 **而德性堅定**이라 **故**로 **能立**이라

예를 배우면 품절이 상세하고 분명하여 덕성이 굳게 정해지므로, 능히 설 수 있는 것이다.

○품절(品節) : 등급에 따라 점차 알맞게 조절함.
○상명(詳明) : 상세하고 분명함.
○능립(能立) : 예를 배우면 덕성이 견고해지고 흔들리지 않으므로 능히 설 수 있음. 「논어집주(論語集註)」"慶源輔氏曰 禮有三千三百之目 其序截然而不可亂 故學之者 品節詳明 其爲敎恭儉莊敬 使人不淫不懾 故學之者 德性堅定 品節詳明 則義精而莫之惑 性德堅定 則守固而莫之搖 此其所以能立"

[備旨] 他日에 夫子又獨立이어시늘 鯉趨而過庭어러니 此又非一時偶値已也라 可以有異聞者면 不得於彼요 宜必得於此矣라 然이나 夫子但問에 曰汝는 曾學禮乎아 及鯉對曰未學也로이다 子則曰人貴於能立이니 而恒自學禮得之요 不學禮면 則品節無由詳明하고 德性無由堅定이니 其何以能立이리오하여시늘 鯉於是에 退而學禮요 而凡服習乎恭儉莊敬之敎하여 以爲能立之資者는 亦遵所聞於夫子也니라

다른 날 아버지께서 또 홀로 서 계실 적에 제가 종종걸음으로 마당을 지나갔는데, 이것 또한 한때 우연히 만난 것이 아니었습니다. 색다른 말을 들었다면 다른 데서 들을 수 있었던 것이 아니라, 의당 반드시 거기에서 들어야 했을 것입니다. 그러나 아버지께서 다만 물어보기만 하면서 말씀하시기를, '너는 일찍이 예를 배운 적이 있느냐?' 하시기에 제가 '아직까지 예를 배우지 못했습니다.'라고 대답했더니, 아버지께서 말씀하시기를, '사람은 설 수 있는 것을 귀하게 여기니 항상 자신이 예를 배워서 얻어야 하고, 예를 배우지 못하면 품절이 상세하거나 분명할 수 없고 덕성이 견고하거나 안정될 수 없을 터이니 또한 어찌 능히 설 수 있겠느냐?' 하셔서 제가 이에 물러나서 예를 배웠고, 결국 공손·검소·엄숙·공경에 관한 가르침을 복습해서 능히 설 수 있도록 하는데 도움이 되었던 것은 또한 아버지로부터 들었던 것을 좇았기 때문입니다.

○우치(偶値) : 우연히 만남.
○견정(堅定) : 견고하여 안정됨. 견고하여 동요하지 않음.
○공검장경(恭儉莊敬) : 공순(恭順)하고 검소하며 엄숙하고 공경함. 예(禮)의 가르침에 대한 설명.
○복습(服習) : 익숙하게 익힘.「좌전(左傳)」《희공(僖公) 15》"安其敎訓 而服習其道"

16·13·4 聞斯二者로라

이 두 가지를 들었을 따름입니다." 했다.

○문사이자(聞斯二者) : 이 두 가지를 들었을 뿐이라는 말. "二者指詩禮說 正見無異聞意"

當獨立之時하여 **所聞**이 **不過如此**하니 **其無異聞**을 **可知**라

홀로 서 계실 때에 들은 바가 이와 같은 데 지나지 않았으니, 그가 색다른 말을 들은 것이 없었음을 알 수 있다.

[備旨] 夫獨立者는 宜皆異聞時也로되 而鯉之所聞者는 始焉에 不能有外於詩하고 旣焉에 不能有加於禮니 惟聞斯二者而已로라 此固夫子之雅言以敎人者어늘 其何異聞之有리오

무릇 홀로 서 있는 사람은 마땅히 모두가 색다른 말을 들어야 할 때지만, 그러나 제가 들은 것은 처음에는 능히 시에서 벗어나지 않았고 다음에도 능히 예를 더하는 정도에 지나지 않았으니, 오직 이 두 가지를 들었을 따름입니다. 이렇게 진실로 아버지께서 평소에 하는 말로써 사람을 가르치신 것인데, 또한 어찌 색다르게 들은 것이 있었겠습니까?"라고 했다.

○아언(雅言) : ①우아한 말. 아사(雅詞). 아어(雅語). ②평소에 하는 말. 늘 하는 말. 여기서는 ②의 뜻으로 쓰였음.

16·13·5 陳亢이 退而喜曰 問一得三호니 聞詩聞禮하고 又聞君子之遠其子也호라

진항이 물러나와 기뻐하면서 말했다. "한 가지를 물어 세 가지를 얻었으니, 시를 배워야 말을 할 수 있다는 것을 들었고, 예를 배워야 설 수 있다는 것을 들었으며, 또 군자는 자기 아들을 멀리한다는 것을 들었습니다."

○진항퇴이희왈(陳亢退而喜曰) : 진항이 물러나서 기뻐하면서 말하다. "舍有所得意"
○문일득삼(問一得三) : 한 가지를 물었는데 세 가지를 얻다. 즉 시(詩)와 예(禮)와 자기 아들을 멀리한다는 것. "一指異問三指下三件"
○문시(聞詩) : 시에 관한 것을 듣다. 시를 배우면 말할 수 있다는 것을 듣다. "是聞學詩之可以言"
○문례(聞禮) : 예에 관한 것을 듣다. 예를 배우면 설 수 있다는 것을 듣다. "是聞學禮之可以立"
○우문군자기원기자야(又聞君子之遠其子也) : 또 군자가 자기 아들을 멀리한다는 이야기를 듣다. ☞군자(君子) : 여기서는 공자를 가리킴. ☞원기자(遠其子) : 자기 아들을 음후(陰厚)하지 않음.

尹氏曰 孔子之敎其子가 無異於門人이라 故로 陳亢은 以爲遠其子니라

윤 씨가 말했다. "공자께서 자기 아들을 가르침이 제자들과 다름이 없었으므로, 진항은 공자께서 아들을 멀리한다고 생각했던 것이다."

[備旨] 陳亢이 於是에 退而喜曰 問期於有得而已어늘 吾之所問者一이로되 而所得者實有三이라 聞學詩之可言하고 聞學禮之可立하며 又聞君子之遠其子로되 略無陰厚之意也호라하니 所得이 多於所問하니 亢何幸哉아 要之컨대 聖人은 未嘗私其子하고 亦未嘗遠其子니 亢之言이 亦淺之乎窺聖人者矣니라

진항이 이때 물러나오면서 기뻐서 말하기를, "물을 적에는 얻을 것이 있으리라는 정도로 기대했을 뿐인데, 제가 물은 것은 하나였지만 얻은 것은 진실로 세 가지였습니다. 시를 배워야 말을 할 수 있다는 것을 들었고, 예를 배워야 설 수 있다는 것을 들었으며, 또 군자는 자기 아들을 멀리한다는 것을 들었는데 전혀 몰래 도와주려는 뜻이 없었습니다."라고 했으니, 얻은 것이 물은 것보다 많았으니 진항이 얼마나 다행스러웠겠는가? 요컨대 성인은 일찍이 자기 아들을 편애하지도 않았고, 또한 일찍이 자기 아들을 멀리하지도 않았으니, 진항의 말이 또한 성인을 은근히 살펴보는 데에는 식견이 얕았던 것이다.

○약(略) : 전혀. 보통 '대체로. 대력. 조금'의 뜻으로 쓰이지만 부정사 앞에서는 '전혀' 라는 뜻으로 쓰임.
○음후(陰厚) : 몰래 도와 줌.
○사(私) : 사사로이 주다. 사랑하다. 편애하다.
○천(淺) : 얕다. 지식이나 견식 따위가 깊지 않다.
○규(窺) : 엿보다. 몰래 훔쳐보다.

16·14·1 邦君之妻를 君稱之曰 夫人이요 夫人自稱曰 小童이요 邦人稱之曰 君夫人이요 稱諸異邦曰 寡小君이요 異邦人이 稱之에 亦曰 君夫人이니라

나라님의 아내를 임금이 일컬을 적에는 부인이라 하고, 부인이 스스로를 일컬을 적에는 소동이라 하고, 나라 사람들이 일컬을 적에는 군부인이라 하고, 다른 나라 사람들에게 일컬을 적에는 과소군이라 하고, 다른 나라 사람들이 일컬을 적에도 또한 군부인이라 한다.

○방군지처(邦君之妻) : 나라님의 아내. 여기서는 제후(諸侯)의 아내를 말함. "邦君指諸侯言 妻者蓋言齊也"

○군칭지왈부인(君稱之曰夫人) : 임금이 일컬을 적에는 부인이라 하다. ☞부인(夫人) : 제후(諸侯)의 부인. "夫者扶也 君稱之爲夫人者 取其扶助乎己也"

○부인자칭왈소동(夫人自稱曰小童) : 부인이 자기 자신을 일컬을 적에는 소동이라 하다. ☞소동(小童) : 제후의 아내가 남편에게 자기를 낮추어 어린아이와 같다는 뜻으로 이르는 말. "小童是謙言 己無知識 若小童也"

○방인칭지왈군부인(邦人稱之曰君夫人) : 나라 사람들이 일컬을 적에는 군부인이라 하다. ☞군부인(君夫人) : 임금의 부인. "君主也 言主內治之夫人"

○칭저이방왈과소군(稱諸異邦曰寡小君) : 다른 나라 사람들 앞에서 일컬을 적에는 과소군이라 하다. '諸'는 '之於'의 뜻. ☞과소군(寡小君) : 임금이 자기를 일컬을 적에 과군(寡君)이라 했으므로, 임금의 부인도 겸사로써 과소군(寡小君)이라는 표현을 썼음. "君曰寡君 故稱君夫人曰寡小君 蓋從君之謙也"

○이방인칭지역왈군부인(異邦人稱之亦曰君夫人) : 다른 나라 사람들이 일컬을 적에도 또한 군부인이라 하다. "亦字是對本國之人說"

○옛날에 배필을 일컫는 이름은 신분에 따라 달랐다. 천자(天子)는 후(后), 제후(諸侯)는 부인(夫人), 경(卿)은 내자(內子), 대부(大夫)는 명부(命婦), 사서(士庶)는 처(妻)라고 각각 불렀다. 「논어비지(論語備旨)」〈인물전고란(人物典故欄)〉 "天子之配曰后 后後也言在後不敢以副也 諸侯之配曰夫人 夫扶也言扶助其君也 卿之配曰內子 言在閨門之內以治家 大夫之配曰命婦 言受命於朝以治家也 士庶曰妻 妻齊也言齊等也"

寡는 寡德이니 謙辭라
○吳氏曰 凡語中所載가 如此類者는 不知何謂니 或古有之며 或夫子嘗言之를 不可考也라

　　과(寡)는 덕이 적다는 것이니, 겸사다.
　　○오 씨가 말했다. "무릇 「논어」 가운데 기재된 바가 이와 같은 종류는 무엇을 이른 것인지 알지 못하겠으니, 어떤 것이 옛적에 있었던 것이며 어떤 것이 부자께서 일찍이 말씀하셨던 것인지 상고할 수 없다."

[備旨] 夫子寓正名之義에 曰夫婦는 人倫之始요 閨門은 萬化之原이라 況邦君之妻는 又非常人比者니 其於稱謂之際에 豈可苟焉而已哉아 故로 君稱之에 曰夫人이라하니 言其與己로 敵體也요 夫人自稱曰 小童이라하니 謙言不敢與君으로 敵體也요 邦人稱之에 曰君夫人이라하니 言其相君하여 以主內治者也요 稱諸異邦曰 寡小君이라하니 言其寡德이로되 而夅爲小君하여 以治內者也요 異邦人이 稱之에 亦曰君夫人이라하니 亦以其能相君하여 以

治內者也라 夫以邦君之妻로 一稱謂之間에 昭然不紊이 如此하니 名實之際를 可不謹哉아

　부자께서 이름을 바로잡으려는 뜻을 빗대어 나타낼 적에 말씀하시기를, "부부는 인륜의 시작이요 아내는 온갖 변화의 근원이다. 하물며 나라님의 아내는 또한 보통 사람과 비할 것이 아니니 그를 일컬을 적에 어찌 구차스럽게 할 수 있겠는가? 그러므로 임금이 일컬을 적에는 부인이라고 말하니 그가 자기와 더불어 지위가 대등함을 말하는 것이요, 부인이 스스로를 일컬을 적에는 소동이라고 말하니 임금과 더불어 지위가 대등하지 않음을 겸손하게 말하는 것이요, 나라 사람들이 일컬을 적에는 군부인이라고 말하니 그가 임금을 도와서 내치를 주장하는 사람임을 말하는 것이요, 다른 나라 사람들에게 일컬을 적에는 과소군이라고 말하니 그가 덕이 적지만 고맙게도 소군이 되어서 안을 다스리는 사람임을 말하는 것이요, 다른 나라 사람들이 일컬을 적에는 또한 군부인이라고 말하니 또한 그가 능히 임금을 도와서 안을 다스리는 사람임을 말하는 것이기 때문이다. 무릇 나라님의 아내를 한 번 일컫는 사이에 분명히 어지럽지 않음이 이와 같으니, 이름과 실제의 사이를 삼가지 않을 수 있겠는가?"라고 하셨다.

○정명(正名) : 이름을 바로 잡음.
○규문(閨門) : 부녀자가 거처하는 곳. 인신하여 부녀자나 아내를 일컬음.
○칭위(稱謂) : 명칭(名稱). 칭호(稱呼).
○적체(敵體) : 지위가 대등하여 존비의 구분이 없음.
○첨(忝) : ①욕되게 하다. 욕보이다. ②겸사(謙辭)로 쓰여 '고맙게도 …하여 주다'의 뜻을 나타냄. 여기서는 ②의 뜻.
○소연(昭然) : 분명한 모양. 명백한 모양.
○문(紊) : 어지럽다. 어지럽히다.

제 17편 陽貨

凡二十六章_{이라}

모두 26장이다.

17 · 1 · 1 陽貨_가 欲見孔子_{어늘} 孔子不見_{하신대} 歸孔子豚_{이어늘} 孔子_가 時其亡(무)也_{하여} 而往拜之_{러시니} 遇諸塗_{하시다}

양화가 공자를 만나고 싶어 했는데 공자께서 만나주지 않자, 양화가 공자에게 삶은 돼지를 보내왔기에 공자께서도 그가 없는 때를 엿보아 가서 사례하려고 했는데 우연히 길에서 마주치셨다.

○양화욕견공자(陽貨欲見孔子) : 양화가 간사한 마음을 갖고 공자를 만나려 하다. ☞양화(陽貨) : 춘추(春秋) 때 노(魯)나라 사람. 이름은 호(虎). 자는 화(貨). 계 씨(季氏)의 가신(家臣). 계환자(季桓子)를 가두고 국정을 마음대로 했던 인물. "是奸邪欲附聖賢"
○공자불견(孔子不見) : 공자께서 만나주지 않다. 성인은 의를 스스로 지키기 때문에 만나지 않음. "是聖賢以義自守"
○귀공자돈(歸孔子豚) : 공자에게 삶은 돼지를 보내다. 대부(大夫)로 자처하기 위해 돼지를 보내다. '歸'를 '饋'로 보고 해석하기도 함. "貨餽豚 蓋以大夫自處"
○공자시기무(孔子時其亡) : 공자가 그가 없는 때를 엿보다. 양화(陽貨)가 밖에 나가 있자, 공자께서 그가 없는 때를 엿보았다는 말. '亡'의 음은 '무'로 '無'와 뜻이 통함. "時其亡 候貨之出而在外"
○왕배지(往拜之) : 가서 그 예(禮)에 대해 사례하다. "往拜是謝其禮"
○우저도(遇諸塗) : 우연히 길에서 만나다. "不期而會曰遇 塗是路塗"

陽貨_는 季氏家臣_{이니} 名_은 虎_라 嘗囚季桓子_{하여} 而專國政_{이라} 欲令孔子_로 來見己_{어늘} 而孔子不往_{한대} 貨以禮_에 大夫有賜於士_{어든} 不得受於其家_면 則往拜其門_{이라} 故_로 瞰孔子之亡(무)_{하여} 而歸之豚_{하니} 欲令孔子_로 來拜而見之也_라

양화는 계 씨의 가신이니, 이름은 호다. 일찍이 계환자를 가두고서 국정을 마음대로 했다. 공자로 하여금 와서 자기를 만나보도록 했지만 공자께서 가지 않았더니, 양화는 '「예기」에 대부가 사에게 하사하는 것이 있으면 그 집에서 받을 수 없는 경우에는 뒷날 사는 그 대부의 문전에 가서 절한다.' 했으므로, 공자가 없는 틈을 엿보아서 삶은 돼지를 보내었으니, 공자로 하여금 와서 사례하도록 하여 만나려고 했던 것이다.

○「예기(禮記)」《옥조편(玉藻篇)》에 다음과 같은 내용이 나온다. "대부가 친히 사에게 물건을 주었을 적에는 사는 절하고 받으며, 뒤에 대부의 집으로 가서 또 절한다.(大夫親賜士어든 士拜受하고 又拜於其室이라)"

[備旨] 昔에 陽貨以季氏之家臣으로 而專國政하고 欲召見孔子어늘 蓋挾己之勢하여 而使助己爲亂耳라 孔子는 固守義之正者니 自不肯往見하신대 貨乃爲之計하여 謂大夫有賜於士어든 不得受於其家면 則禮에 當往拜其門이라 故로 瞰孔子之亡하여 而歸孔子蒸豚하니 蓋欲假賜士之名하여 而行致見之術也라 孔子以禮에 當往拜라 故로 亦時貨之亡也하여 而往拜之러시니 不意乃遇諸塗하시다 在貨에 固幸其得見矣로되 在孔子도 亦豈容於終避哉아

옛날 양화가 계 씨의 가신으로서 국정을 마음대로 하고 공자를 불러서 만나 보려고 했는데, 아마도 자기의 세력을 끼고서 자기를 돕게 해서 난리를 일으키고 싶었을 것이다. 공자께서는 진실로 의리를 지키는 바른 사람이니 자신이 기꺼이 가서 만나 보려고 하지 않자, 양화가 곧 그를 위해 꾀를 내어서 마음속으로 '대부가 사에게 하사하는 것이 있으면 그 집에서 받을 수 없을 경우에는 「예기」에 사는 마땅히 그 문전에 가서 절한다.'라고 생각했던 것이다. 그러므로 공자가 없는 틈을 엿보아 공자에게 삶은 돼지를 보내었으니, 대체로 사에게 하사한다는 명분을 빌려서 자기 견해를 남에게 알리는 술책을 행하고 싶었던 것이다. 공자께서는 예에 근거해 보면 마땅히 가서 사례해야만 하므로 또한 양화가 없는 틈을 타서 가서 사례하려고 했는데, 뜻하지 않게 바로 길에서 우연히 만나셨던 것이다. 양화에게는 진실로 그가 볼 수 있었던 것이 다행스러운 일이었지만, 공자도 또한 어찌 끝까지 피하는 것을 용납할 수 있었겠는가?

○감(瞰) : 보다. 멀리 내려다보다.
○위(謂) : 생각하다[意料]. 마음속으로 헤아리다.
○치견(致見) : 자기 견해를 남에게 알림. 자기의 견해를 충분히 알림.
○행(幸) : 상대방에 대한 존경을 나타냄. 상대방의 행동이 나로 하여금 행운을 느끼게 한다는 의미로 해석함.

17·1·2 謂孔子曰 來하라 予與爾言하리라 曰懷其寶而迷其邦을 可謂仁乎아 曰不可하다 好從事而亟(기)失時를 可謂知乎아 曰不可하다 日月逝矣요 歲不我與니라 孔子曰 諾다 吾將仕矣로리라

공자에게 말하기를, "이리 오시오. 내가 그대와 이야기할 것이오. 보배를 품고서 나라의 어지러움을 구하지 않는 것을 인이라고 할 수 있겠습니까?" 하니, 공자께서 "그렇다고 할 수 없습니다." 하셨다. 양화가 "일을 처리하기를 좋아하면서 자주 때를 놓치는 것을 지혜롭다고 할 수 있겠습니까?" 하니, 공자께서 "그렇다고 할 수 없습니다." 하셨다. 양화가 "해와 달은 가고, 세월은 자신을 위해 기다려주지 않을 것입니다." 하니, 공자께서 "그렇습니다. 저는 장차 벼슬할 것입니다." 하셨다.

○회기보이미기방가위인호(懷其寶而迷其邦可謂仁乎) : 자기의 보배를 품고서 자기 나라의 혼란을 구하지 않는 것을 인이라고 할 수 있겠는가? '懷其寶'는 공자가 벼슬하지 않는 뜻이고, '迷其邦'은 공자가 나라의 혼란을 알면서 혼란을 구하지 않는 뜻을 내포하고 있음. "仁指求人之澤言"
○호종사이기실시가위지호(好從事而亟失時可謂知乎) : 일을 처리하기를 좋아하면서 자주 때를 놓치는 것을 지혜롭다고 할 수 있겠는가? ☞종사(從事) : 일을 처리함. 주선함. ☞기(亟) : 자주. 누누이. 부사로서 여러 번 중복됨을 나타냄. 여기서는 거성(去聲)으로 쓰였음. '극'으로 읽으면 '빠르다. 성급하다.'의 뜻임. "知指相時之哲言"
○일월서의(日月逝矣) : 해와 달이 가다. 세월이 감. "積時爲日 積日爲月 逝是往"
○세불아여(歲不我與) : 세월은 나를 기다려주지 않다. 세월은 나를 기다려주지 않으니 벼슬해야 한다는 말. '歲不與我'의 도치형. 여기서 '與'는 '기다리다' '머무르다'라는 뜻. 세불여아(歲不與我). 세불아연(歲不我延). 고대 한문에서는 '不'에 의해서 부정되는 '서술어+목적어' 구조에서는 목적어가 대명사이면 일반적으로 동사의 앞으로 이끌어 내었는데, 이는 고대 문법의 특징이었다. "十二月爲歲不我與 不我留也"
○낙(諾) : 그렇소이다. 세월이 흘러 나를 기다려주지 않는다고 긍정하는 말. 참고로 '諾'은 '천천히 대답하는 것'이고 '唯'는 '빨리 대답하는 것'이다. "諾是隨聲而應之辭 謂日月果逝 歲不我與也"
○오장사의(吾將仕矣) : 공자 자신이 앞으로 벼슬할 것이라는 말. "將字活甚 仕是出而行道" ☞장(將) : 앞으로. 가부(可否)에 대해 아주 묘한 뜻을 지닌 말. 주자(朱子)는 '將者 且然而未必之辭'라고 했고, 산안(新安) 진 씨(陳氏)는 은근한 말이라고 했다. 「논어집주(論語集註)」 "新安陳氏曰 將之一字 其辭活其意婉 不輕絶之 亦未嘗輕許之

聖人之遠小人 所以不惡而嚴也"

懷寶迷邦은 謂懷藏道德하여 不救國之迷亂이라 亟(기)는 數(삭)也라 失時는 謂不及事幾
(機)之會라 將者는 且然而未必之辭라 貨語는 皆譏孔子하여 而諷使速仕어늘 孔子固
未嘗如此요 而亦非不欲仕也로되 但不仕於貨耳라 故로 直據理答之하고 不復與辨하니
若不諭其意者하시니라
○陽貨之欲見孔子는 雖其善意나 然이나 不過欲使助己爲亂耳라 故로 孔子不見者는
義也요 其往拜者는 禮也요 必時其亡(무)而往者는 欲其稱也요 遇諸塗而不避者는 不
終絶也요 隨問而對者는 理之直也요 對而不辨者는 言之孫(遜)이로되 而亦無所詘(屈)
也라 楊氏曰 揚雄이 謂孔子於陽貨也에 敬所不敬하여 爲詘身以信(伸)道라하니 非知
孔子者라 蓋道外無身이요 身外無道하니 身詘矣而可以信道는 吾未之信也로라

　보배를 품고서 나라를 어지럽게 버려둔다는 것은 도덕을 깊이 간직하면서도 나라의
어지러움을 구하지 않는다는 것이다. 기(亟)는 '자주'라는 뜻이다. 때를 놓친다는 것은
일을 행할 기회에 미치지 못함을 이른다. 장(將)이라는 것은 장차 그렇게 하려고 하지
만 반드시 그렇게 하지는 못한다는 말이다. 양화의 말은 모두 공자를 헐뜯어서 넌지시
공자로 하여금 속히 벼슬하도록 했는데 공자는 진실로 일찍이 이렇게 하고 싶지 않았
고, 또한 벼슬하고 싶지 않은 것도 아니지만 다만 양화에게만 벼슬하지 않았을 뿐이다.
그러므로 바로 이치에 의거하여 대답하고 다시 더불어 따지지 않았으니, 그 뜻을 깨닫
지 못한 사람처럼 하신 것이다.
　○양화가 공자를 만나고자 한 것은 비록 그것이 좋은 뜻이었지만, 공자로 하여금 자
기를 도와서 난리를 일으키도록 하고 싶은 데 불과했을 따름이다. 그러므로 공자께서
만나주지 않은 것은 의이며, 그가 찾아가서 절한 것은 예이며, 반드시 그가 없는 틈을
타서 찾아간 것은 그가 행한 예에 맞추려고 한 것이며, 길에서 마주쳤을 때 피하지 않
은 것은 끝까지 끊어버리지 않으려고 한 것이며, 질문에 따라서 대답한 것은 이치상
바른 것이며, 대답만 하고 따지지 않은 것은 말을 공손하게 한 것이지만 또한 굽힌 것
은 없는 것이다. 양 씨가 말했다. "양웅은 '공자가 양화에 대해 공경하지 않을 데를 공
경해서 몸을 굽혀서 도를 펴려 했기 때문이다.'라고 했으니, 공자를 아는 사람이 아니
다. 대개 도 밖에 몸이 없고 몸 밖에 도가 없으니, 몸이 굽혀지고 나서 도를 펼 수 있
다는 것은 나는 믿지 못하겠다."

○회장(懷藏) : 깊이 간직함.
○미란(迷亂) : 미혹되어 어지러움.

○사기(事幾) : 일을 행할 기회. '幾'는 평성(平聲)으로 쓰였음. 사기(事機).

○차(且) : 장차 … 하려 하다. 미래를 나타내는 부사.

○기(譏) : 헐뜯다. 나무라다.

○유(諭) : 깨우치다. 타이르다. 깨닫다.

○변(辨) : 따지다. 물어서 밝히다.

○손(孫) : 공손하다. 여기서는 거성(去聲)으로 쓰였음. '遜'과 통함.

○굴(詘) : 굽히다. 몸을 굽히다. 복종하다. '屈'과 통함.

○신(信) : 펴다. 늘어나다. 여기서는 평성(平聲)으로 쓰였음. '伸'과 통함.

○도외무신신외무도(道外無身身外無道) : 도를 벗어나 몸이 없고, 몸을 벗어나 도가 없다는 말.

[備旨] 貨遂迎而謂孔子에 曰爾來前하라 予與爾言하리라 曰懷藏其道德之寶하여 而不救邦之迷亂을 可謂仁乎아 孔子但答之에 曰仁者는 切於救人하나니 若懷寶而迷邦이면 誠不可謂仁也니라 貨又曰 好從事有爲로되 而屢失事機之會를 可謂知乎아 孔子但答曰 智者는 明於相時하나니 若好從事로되 而亟失時면 誠不可謂智也라 貨又曰日月逝矣니 年歲日增하여 曾不爲我少留니라 及今不仕면 更待何時乎아하니 孔子答應之에 曰諾다 吾將出而仕矣리라 貨語는 皆譏孔子로되 而孔子答之하시니 其辭則孫而無所激하고 其理則直而無所徇하니 此非聖人이면 而能若是乎아

양화가 드디어 맞이하고 나서 공자에게 이를 적에 말하기를, "그대는 앞으로 오시오. 내가 그대와 더불어 이야기할 것이오. 도덕의 보배를 깊이 간직하고서 나라의 어지러움을 구하지 않는 것을 인이라고 할 수 있겠습니까?"라고 하니, 공자께서 단지 대답만 하면서 말씀하시기를, "인이라는 것은 사람을 구원해 주는 데 절실한 것이니, 만약 보배를 품고서 나라를 미혹되게 하면 진실로 인이라고 할 수 없을 것입니다."라고 하셨다. 양화가 또 말하기를, "일을 처리할 적에는 유능하게 처리하는 것을 좋아하지만 여러 번 때를 놓치는 것을 지혜롭다고 할 수 있겠습니까?"라고 하니, 공자께서 단지 대답만 하면서 말씀하시기를, "지혜로운 사람은 때를 살피는 데 명철하니, 만약 일을 처리하는 것을 좋아하면서도 자주 때를 놓치면 진실로 지혜롭다고 할 수 없을 것입니다."라고 하셨다. 양화가 또 말하기를, "해와 달이 흘러가니, 세월이 날로 늘어나서 끝내 자신을 위하여 조금이라도 기다려주지 않을 것입니다. 지금 벼슬길에 나아가지 않으면 다시 어느 때를 기다리겠습니까?"라고 하니, 공자께서 물음에 답하면서 말씀하기를, "그렇습니다. 제가 장차 나아가서 벼슬할 것입니다."라고 하셨다. 양화의 말은 모두 공자를 헐뜯었지만 공자께서는 답을 하지 않으셨으니, 그 말은 겸손해서 격렬한 바가 없고 그 처리는 바르면서도 무조건 좇기만 하지도 않았으니, 곧 성인이 아니면 능히

이와 같이 할 수 있겠는가?

○유위(有爲) : 성과를 위하여 어떤 일을 하는 바가 있음. 능력이 있음. 유능(有能). 「주역(周易)」《계사상(繫辭上)》 "是以君子 將有爲也"
○누(屢) : 여러. 자주. 본음은 '루'.
○답응(答應) : 물음에 대답함. 응답(應答).
○순(徇) : 따르다. 주견없이 따르다.

17·2·1 子曰 性相近也나 習相遠也니라

공자께서 말씀하셨다. "타고난 천성은 서로 비슷하지만, 습관에 의해 서로 멀어지게 된다."

○성상근야(性相近也) : 사람의 본성은 서로 비슷하다. ☞성(性) : 천성. 성품. 태어날 때부터의 깨끗한 마음. ☞성리학(性理學)에서는 하늘이 부여한 것을 명(命), 이를 받아서 내게 있는 것을 성(性)이라고 한다. 그리고 이(理)는 본체계(本體界)로서 곧 태극(太極)을 이르며, 기(氣)는 현상계(現象界)로서 곧 음양(陰陽)을 이른다. "近多 主好一邊說"
○습상원야(習相遠也) : 습관은 서로 멀어지게 한다. ☞습(習) : 습관. 습성. 사람에게 후천적으로 형성되는 습성. "遠多 主不好一邊說"
○성리학(性理學)에서 '性'에 대한 이해는 매우 중요하다. 이 책에서는 '性'에 관한 내용이 여기와 공야장편(公冶長篇)밖에 나오지 않는다. 특히 이 장에서는 공자의 천명사상(天命思想)을 이해할 수 있는 좋은 자료다. 본서 공야장 "5·12·1 子貢曰 夫子之文章은 可得而聞也어니와 夫子之言性與天道는 不可得而聞也니라" 참고.

此所謂性은 兼氣質而言者也라 氣質之性은 固有美惡之不同矣나 然이나 以其初而言이면 則皆不甚相遠也요 但習於善則善하고 習於惡則惡하여 於是에 始相遠耳라
○程子曰 此는 言氣質之性이요 非言性之本也라 若言其本이면 則性卽是理요 理無不善이니 孟子之言性善이 是也라 何相近之有哉리오

여기에서 이른 성은 기질을 겸하여 말한 것이다. 기질지성은 본래 좋고 나쁨이 같지 않지만, 그러나 그 처음의 상태에 근거해서 말해본다면 모두 서로가 아주 멀었던 것이 아니고, 다만 선에 습관이 되면 선해지고 악에 습관이 되면 악해져서 여기에서 비로소

서로 멀어지게 되었을 뿐이다.

○정자가 말했다. "이것은 기질지성을 말한 것이요, 성의 근본[본연지성]을 말한 것은 아니다. 만약 그 근본을 말해본다면 성은 곧 이가 되고, 이는 선하지 않음이 없으니 맹자께서 말씀하신 성선이 바로 이것이다. 어찌 서로 비슷하다는 말이 있을 수 있겠는가?"

○본연지성(本然之性)과 기질지성(氣質之性) : 하늘에서 부여해 준 자연 그대로의 순수한 성(性)과 혈기(血氣)가 융합하여 후천적으로 생긴 성(性). 본연지성(本然之性)은 이(理)에서 생겨나므로, 순일 무구(純一無垢)·적연부동(寂然不動)하여 움직이지 않는 절대선(絕對善)을 나타내며, 기질지성(氣質之性)은 기(氣)에서 생겨나기 때문에 기(氣)의 청탁(淸濁)·혼명(昏明)·후박(厚薄)에 의하여 성(性)에도 자연히 차별이 생겨 사람의 선악(善惡)·현우(賢愚)가 생긴다는 정주학파(程朱學派)의 성리설(性理說).
○미악(美惡) : ①아름다움과 추함. 미추(美醜). ②좋은 일과 나쁜 일. 선악(善惡). 여기서는 ②의 뜻.

[備旨] 夫子欲人愼所習에 曰天下之人은 其善惡이 相去遠矣니 孰不謂其出於性이로되 而不係於習哉아 不知氣質之性은 雖有美惡之不同이나 而以其初而言이면 則皆不甚相遠하고 而相近也라 但習於善則君子요 習於惡則小人이니 於是에 始相遠耳라 是其相遠者는 皆習使之然也언정 豈其性本然哉아 然則人當愼習以復性矣라

부자께서 사람에게 습관이 되어버린 것을 조심하도록 하고 싶어서 말씀하시기를, "천하의 사람들은 그 선악이 서로 떨어져 멀어져 버렸으니, 누구인들 그것은 천성에서 나온 것이지만 습관에 관계된 것은 아니라고 이르지 않겠는가? 기질지성이 비록 좋고 나쁨이 같지 않을지라도, 그러나 그 처음의 상태를 근거해서 말해본다면 모두 서로가 심하게 멀어진 것은 아니고 서로가 가깝다는 것을 알지 못한다. 다만 선에 습관이 되면 군자가 되고 악에 습관이 되면 소인이 되니, 여기에서 비로소 서로 멀어지게 된다. 곧 그것이 서로 멀어지게 된 것은 모두 습관이 그렇게 만든 것이지 어찌 천성이 본래 그렇다고 볼 수 있겠는가? 그렇다면 사람이 마땅히 습관을 조심하도록 해서 천성을 회복해야 할 것이다."라고 하셨다.

17·3·1 子曰 唯上知與下愚는 不移니라

공자께서 말씀하셨다. "오직 지극히 지혜로운 자와 지극히 어리석은 자만은 변화되

지 않는다."

○유상지여하우불이(唯上知與下愚不移) : 오직 아주 지혜로운 사람과 아주 어리석은 사
람만이 변화되지 않는다. ☞유(唯) : 오직. 다만. 여기서 '唯'자는 경책(警策)의 구실을
하여 문장 속에서 전문을 살아 움직이게 하는 기발한 문구라고 할 수 있다. ☞상지(上
知) : 배우지 않고도 아는 지혜. 태어날 때부터 아는 사람. 보통 사람보다 뛰어난 지혜,
또는 그 사람. 상지(上智). '知'는 거성(去聲)으로 쓰여 '지혜'란 뜻인데 '智'와 통함. 본
서 5・8・3의 집주 참고. ☞하우(下愚) : 아주 어리석고 못난 사람. 아주 어리석음, 또
는 그런 사람. ☞불이(不移) : 변화하지 않음. 습관에서 옮겨지지 않음. "唯是獨 上知是
氣質極淸純之人 下愚是氣質極昏駁之人 不移是不移於習也"
○윗글은 '선천적으로 슬기로운 사람과 아주 어리석은 사람은 환경이나 교육 여하에
따라서도 변하지 않는다.'는 뜻이다. 공자는 본서 16・9・1에서 사람을 네 종류로 설명
했다. 윗글에서 말한 상지(上知)는 '生而知之者'로, 하우(下愚)는 '困而不學'로, 여기에
없지만 보통의 사람은 '學而知之者'와 '困而學之者'로 연관시켜 볼 수 있을 것이다.

**此는 承上章하여 而言人之氣質이 相近之中에 又有美惡一定하여 而非習之所能移者라
○程子曰 人性本善이어늘 有不可移者는 何也오 語其性이면 則皆善也나 語其才면 則
有下愚之不移라 所謂下愚有二焉하니 自暴自棄也라 人苟以善自治면 則無不可移니
雖昏愚之至라도 皆可漸磨而進也어니와 惟自暴者는 拒之以不信하고 自棄者는 絶之以
不爲하니 雖聖人與居라도 不能化而入也일새 仲尼之所謂下愚也라 然이나 其質은 非必
昏且愚也요 往往强戾而才力이 有過人者하니 商辛이 是也라 聖人은 以其自絶於善으로
謂之下愚나 然이나 考其歸면 則誠愚也니라 或曰 此與上章으로 當合爲一이니 子曰二
字는 蓋衍文耳라하니라**

　이것은 윗장을 이어서, 사람의 기질이 서로 비슷한 가운데에도 또 미악에 일정함이
있어서 습관으로 변화시킬 수 있는 것이 아님을 말씀한 것이다.
　○정자가 말했다. "사람의 천성은 본래 선한 것인데 변화시킬 수 없는 것이 있다는
것은 무슨 이유인가? 그 천성을 말하면 모두 선하지만 그 재주를 말하면 아주 어리석
어서 변화시키지 못할 것이 있다는 것이다. 이른바 지극히 어리석은 사람에도 두 종류
가 있으니, 자포하는 사람과 자기하는 사람이다. 사람이 진실로 선으로써 자신을 다스
린다면 변화시키지 못할 것이 없으니 비록 지극히 사리에 어둡고 어리석은 자라 하더
라도 모두 조금씩 연마하여 나아갈 수 있지만, 오직 스스로 포기하는 자는 믿지 않음
으로써 거절해 버리고, 스스로 버리는 자는 행치 않음으로써 끊어버리니, 비록 성인과
함께 거처하더라도 변화하여 들어갈 수 없기 때문에 공자께서 지극히 어리석은 사람이

라고 이른 것이다. 그러나 그 기질은 반드시 어둡고 어리석은 것만은 아니며 왕왕 오만 무례하여 재주와 힘이 남보다 뛰어난 사람이 있으니, 상신이 그런 사람이다. 성인께서는 스스로 선을 끊어버린다는 이유로써 지극히 어리석은 사람이라 한다지만, 그러나 그의 귀착점을 상고해보면 진실로 어리석은 것이다." 혹자가 말하기를, "이는 윗장과 더불어 마땅히 합해서 하나가 되어야 한다. '子曰' 두 글자는 아마도 쓸데없는 글일 따름이다."라고 하였다.

○재(才) : 재주. 여기서 말한 '才'는 맹자가 《고자상(告子上)》에서 말한 "非天之降才爾殊也라"와는 다른 것이다. 맹자는 '理'로써 말한 것이고, 정자는 '氣'로써 말한 것이다. 「논어집주(論語集註)」 "新安陳氏曰 程子此言才字 與孟子言天之降才不同 孟子以理言 程子以氣言也"
○자포자기(自暴自棄) : 스스로 자신을 포기하여 돌아보지 않음. '自暴'는 몹시 사나워서 하는 행동이라는 점, '自棄'는 나약해서 하는 행동이라는 점에서 서로 차이가 남. 「논어집주(論語集註)」 "自暴者 有強悍意 剛惡之所爲 自棄者 有懦弱意 柔惡之所爲也"
○혼우(昏愚) : 사리에 어둡고 어리석음.
○강려(強戾) : 오만 무례하여 흉악함.
○상신(商辛) : 은(殷)나라의 주왕(紂王). 이름은 주(紂). 호는 제신(帝辛).
○연문(衍文) : 문장 가운데에서 쓸데없는 글귀.

[備旨] 夫子發明上章未盡之意에 曰性相近이로되 而習相遠은 固矣라 然이나 相近之中에 又有氣極其淸하고 質極其純하여 而爲上知者하며 有氣極其濁하고 質極其駁하여 而爲下愚者라 唯此上智與下愚之人은 則善惡一定이어늘 上知者는 非習所能移爲不善也요 下愚者는 亦非習所能移爲善也라 夫唯上知不移면 則凡未到上知者可危요 唯下愚不移면 則凡不甘下愚者可勉이니 人其愼所習哉인저

　부자께서 윗장에서 미진한 뜻을 밝힐 적에 말씀하시기를, "천성은 서로 비슷하지만 습관에 의해서 서로 멀어진다는 것은 사실이다. 그러나 서로 비슷한 중에서도 또한 기는 그 깨끗함을 다하고 질은 그 순수함을 다해서 지극히 지혜로운 자가 되는 사람도 있으며, 기는 그 더러움을 다하고 질은 그 잡스러움을 다해서 지극히 어리석은 자가 되는 사람도 있다. 오직 이렇게 지극히 지혜로운 자와 지극히 어리식은 자는 선악이 하나로 정해져 있는데, 지극히 지혜로운 자는 습관이 능히 변하여 불선을 행하는 바도 없고, 지극히 어리석은 자는 또한 습관이 능히 변하여 선을 행하는 바도 없다. 무릇 보통 사람보다 뛰어난 자로서 변화가 없으면 무릇 보통 사람보다 뛰어난 지혜에 이르지 못한 것에 대해 위급함을 느껴야 할 것이요, 오직 지극히 어리석은 자로서 변화가 없

으면 무릇 지극히 어리석음을 달갑게 여기지 않는 것에 대해 힘을 써야 할 것이니, 사람은 또한 습관화 된 것에 대해 조심해야 할 것이다.”라고 하셨다.

○발명(發明) : ①새로운 뜻을 깨달아 밝힘. 천명(闡明). ②경사(經史)의 뜻을 깨달아 밝히는 것. 여기서는 ①의 뜻.
○박(駁) : 섞이다. 잡것이 섞임.

17・4・1 子之武城하사 聞弦歌之聲하시다

공자께서 무성에 가시어 현악에 맞추어 부르는 노래 소리를 들으셨다.

○자지무성(子之武城) : 공자께서 무성에 가다. ☞지(之) : 가다[往也]. ☞무성(武城) : 노(魯)나라의 읍. 현재 산동성(山東省) 비현(費縣)의 서남쪽. “之往也 武城魯下邑”
○문현가지성(聞弦歌之聲) : 현악기에 맞추어 노래하는 소리를 듣다. ☞현가(弦歌) : 금(琴)이나 슬(瑟)에 맞추어서 노래하다. ‘弦’은 활시위를 말함. “弦是弦聲 歌是人聲 弦聲與人聲相合 故謂之弦歌”

弦은 琴瑟也라 時에 子游爲武城宰하여 以禮樂爲敎라 故로 邑人이 皆弦歌也라

현(弦)은 거문고와 비파다. 이때에 자유가 무성의 읍재가 되어서 예악으로써 가르침을 삼았다. 그러므로 고을 사람들이 모두 현악에 맞추어 노래를 불렀던 것이다.

[備旨] 昔에 子游가 爲魯武城宰하여 能以禮樂으로 敎民이어늘 夫子之武城하사 而觀風焉이러시니 適聞絃歌之聲하시다 是道行於上하고 而俗美於下之徵也라

옛날 자유가 노나라 무성의 읍재가 되어 예악으로써 백성을 가르쳤는데, 부자께서 무성에 가시어 풍속을 보았더니 마침 현악에 맞추어 부르는 노래 소리를 들으셨던 것이다. 곧 도는 위에서 행해지고 풍속은 아래에서 아름다워지고 있다는 징조였다.

17・4・2 夫子莞爾而笑 曰割鷄에 焉用牛刀리오

부자께서 빙그레 웃으시며 말씀하셨다. "닭을 잡는 데 어찌 소 잡는 칼을 쓰겠느냐?"

○부자완이소왈(夫子莞爾而笑曰) : 부자가 빙그레 웃으며 말하다. ☞완이(莞爾) : 웃다. 빙그레 웃음. 미소(微笑)지음. 여기서 '爾'는 어떤 단어 뒤에 쓰여 상태를 나타내는 구실을 한다. 《초사(楚辭)》 "漁父莞爾而笑" '然'자와 같은 의미로 쓰임. "是笑而有言"
○할계언용우도(割鷄焉用牛刀) : 닭을 잡는 데 어떻게 소 잡는 칼을 쓰는가? ☞할계(割鷄) : 닭을 잡다. 즉 무성과 같이 작은 읍을 다스림을 비유함. ☞언용(焉用) : 어찌 … 을 쓰는가? ☞우도(牛刀) : 소 잡는 칼. 나라를 다스릴 적에 쓰는 예악(禮樂) 등을 비유함. "割鷄喩宰武城小邑 牛刀喩弦歌大化"

莞爾는 **小笑貌**니 **蓋喜之也**라 **因言其治小邑**에 **何必用此大道也**리오

완이(莞爾)는 작게 웃는 모습으로 대개 기뻐하신 것이다. 곧 그가 작은 고을을 다스릴 적에 하필이면 이런 대도를 쓸 필요가 있느냐고 말씀하신 것이다.

[備旨] 夫子喜見(현)於色하고 遂莞爾笑焉하사 因曰割鷄之小에 焉用此牛刀之大爲哉아하시니 蓋謂其以大道로 而治小邑焉이라

부자께서 기쁘게 얼굴에 드러내시고 드디어 빙그레 웃으시면서 곧 말씀하시기를, "조그마한 닭을 잡는 데 어찌 이같이 소를 잡는 큰 칼로써 하는가?"라고 하셨으니, 대개 그것은 대도로써 작은 고을을 다스린다고 이른 것이다.

17·4·3 子游對曰 昔者에 偃也聞諸夫子호니 曰君子가 學道則愛人이요 小人이 學道則易(이)使也라호이다

자유가 대답했다. "예전에 제가 선생님께 들으니, '군자가 도를 배우면 사람을 사랑하게 되고 소인이 도를 배우면 부리기가 쉽게 된다.'라고 하셨습니다."

○석자언야(昔者偃也) : 옛날 제가. ☞석자(昔者) : 옛날. '者'는 시간을 나타내는 말 뒤에 쓰이는 어조사. ☞언(偃) : 춘추(春秋) 때 사람. 성(姓)은 언(言). 자는 자유(子游). 공자의 제자. 문학에 뛰어났으며, 노(魯)나라의 무성(武城)을 맡아 다스렸음. "昔者卽昔日 是從游講學之時 偃子游名"

○문저부자왈(聞諸夫子曰) : 공자에게 들으니 …라고 말하다. '諸'는 '之於'의 준말.
○군자학도즉애인(君子學道則愛人) : 군자가 도를 배운다면 사람을 사랑한다. ☞군자(君子) : 여기서 군자는 위에 있는 사람을 널리 일컬음. ☞학도(學道) : 예악(禮樂)을 배움. 여기서 도(道)는 예악을 이름. ☞애인(愛人) : 어진 마음으로 아랫사람들을 대함. "君子汎指在上之人 道指禮樂說 愛人是仁心待下"
○소인학도즉이사야(小人學道則易使也) : 소인이 도를 배운다면 부리기가 쉽다. ☞소인(小人) : 여기서 소인은 아래에 있는 사람들을 널리 일컬음. ☞이사(易使) : 분수를 편히 여기고 윗사람을 따른다는 말. "小人汎指在下之人 易使是安分從上"

君子小人은 **以位言之**라 **子游所稱**은 **蓋夫子之常言**이니 **言君子小人**이 **皆不可以不學**이라 故로 **武城雖小**나 **亦必敎以禮樂**이라

　군자와 소인은 지위를 가지고 말한 것이다. 자유가 일컬은 것은 아마도 부자께서 항상 하셨던 말씀일 것이니, 군자와 소인이 모두 배우지 않을 수 없기 때문에 무성이 작은 고을이지만 반드시 예악으로써 가르쳐야 함을 말씀한 것이다.

[備旨]　子遊가　乃述所聞以正對에　曰昔者에　偃也嘗聞諸夫子호니　曰君子는　以愛人爲職하나니　誠學乎道면　則存之爲中和之德하고　發之爲愷悌之仁하여　自能惠愛乎人矣요　小人은　以易使爲分하나니　誠學乎道면　則存之爲和敬之心하고　發之爲效順之義하여　自易於役使矣라호이다하다　今武城이　雖小나　將爲君子焉이니　偃所以必敎以禮樂也라

　자유가 곧 들었던 것을 전술해서 바로 대답할 적에 말하기를, "옛날 제가 부자에게 들으니, '군자는 사람을 사랑하는 것을 직무로 삼으니 진실로 도를 배우면 보존하는 것은 중화의 덕이 되고 나타나는 것은 즐겁고 화평의 인이 되어서 스스로 능히 사람에게 은혜를 베풀어 사랑할 것이요, 소인은 쉽게 부려지는 것을 분수로 삼으니 진실로 도를 배우면 보존하는 것은 부드럽고 공손한 마음이 되고 나타나는 것은 순종하는 의가 되어서 자연히 일을 시키기에 쉬울 것입니다.'라고 하셨습니다." 했다. 지금 무성이 비록 작은 고을이지만 장차 군자가 될 것이니, 언이 필히 예악으로써 가르쳐야 한다는 까닭이다.

○술소문(述所聞) : 들었던 것을 전술함. '述'은 선인(先人)의 설(說)을 이어서 논술하는 것.
○중화(中和) : 다른 쪽으로 치우치지 않는 바른 성정(性情).
○개제(愷悌) : 즐겁고 화평함. 화락(和樂)함. 개제(愷悌).

○혜애(惠愛) : 은혜를 베풀어 사랑함. 또는 그 사랑. 애혜(愛惠).
○역사(役使) : 일을 시킴. 마음대로 부림.
○화경(和敬) : 부드럽고 공손함.
○효순(效順) : 공손히 명(命)을 따름. 성심으로 순종함.

17・4・4 子曰 二三子아 偃之言이 是也니 前言은 戲之耳니라

공자께서 말씀하셨다. "얘들아, 언의 말이 옳으니 아까 말은 농담이었을 뿐이다."

○이삼자(二三子) : 여러분. 그대들. 너희들. 여기서는 제자를 가리킴. "指門人言"
○언지언시야(偃之言是也) : 언의 말이 옳다. '言'은 군자와 소인이 도를 배우지 않을 수 없다는 것을 말함. "言指學道二句 是字謂合治理"
○전언희지이(前言戲之耳) : 앞의 말은 자유를 놀린 것일 뿐이다. ☞전언(前言) : '닭을 잡는 데 어찌 소 잡는 칼을 쓰겠느냐?'라고 한 말. ☞희지이(戲之耳) : 농담이었을 뿐이다. '之'는 자유를 가리킴. "前言指割鷄句 戲之見其言非實意"

嘉子游之篤信하고 **又以解門人之惑也**라
○**治有大小**로되 **而其治之必用禮樂**이면 **則其爲道一也**라 **但衆人**이 **多不能用**이로되 **而子游獨行之**라 **故**로 **夫子驟聞而深喜之**하여 **因反其言以戲之**러시니 **而子游以正對**라 **故**로 **復**(부)**是其言**하여 **而自實其戲也**시니라

자유가 독실히 믿고 있는 것을 칭찬하고 또 제자의 의혹을 풀어준 것이다.
○다스림에는 크고 작은 차이가 있지만 그것을 다스릴 적에 반드시 예악으로써 한다면, 그것은 도를 행하는 것은 한가지일 것이다. 다만 뭇 사람들이 대부분 예악을 쓰지 못했지만 자유만이 홀로 행했던 것이다. 그러므로 공자께서 갑자기 듣고 매우 기뻐해서 곧 그 말씀을 돌려서 농담하신 것인데, 그러나 자유가 바르게 대답하므로 다시 그 말을 옳다하여 스스로 그것이 농담이었음을 실증하신 것이다.

○가(嘉) : 기리다. 칭찬하다.
○취(驟) : 신속히. 갑자기.
○인(因) : 곧. 즉. 접속사로서 뒷일이 앞일과 긴밀하게 이어지는 것을 나타냄.

[備旨] 夫子於是에 呼門人而告之에 曰二三子아 偃之所謂君子小人이 皆不可不學道者는 其言이 誠是也라 吾前割雞에 焉用牛刀之言은 特戲之耳라 豈眞謂小邑이라도 不可以大道로 治哉아하시니 夫子言此는 蓋欲二三子로 以道로 共易(이)天下也니라

부자께서 이에 제자들을 불러서 깨우쳐 줄 적에 말씀하시기를, "얘들아, 언이 이른바 군자와 소인이 모두 도를 배우지 않을 수 없다고 이른 것은 그 말이 진실로 옳다. 내가 전에 '닭을 잡는 데 어찌 소 잡는 칼을 쓰겠느냐?'라고 말한 것은 단지 농담이었을 따름이다. 어찌 진실로 작은 고을이라도 대도로써 다스리지 않겠는가?"라고 하셨으니, 부자께서 이를 말씀하신 것은 대개 제자들로 하여금 도로써 천하를 함께 다스리고 싶었던 것이다.

○특(特) : 단지. 부사로서 범위를 한정하며 항상 '耳'와 호응한다.
○취(驟) : 신속히. 갑자기.
○이(易) : 다스리다[治也]. 정리하다. 「맹자(孟子)」 《진심상(盡心上)》 "易其田疇"

17・5・1 公山弗擾가 以費畔하여 召어늘 子欲往이러시니

공산 불요가 비읍을 점거해서 반란을 일으키고 공자를 초빙하자 공자께서 가고 싶어 하셨는데,

○공산불요이비반소(公山弗擾以費畔召) : 공산 불요가 비읍을 근거로 반란을 일으키다. ☞공산 불요(公山弗擾) : 공산(公山)은 성씨이고, 불요(弗擾)는 이름이다. 불뉴(不紐)라고 적은 책도 있다. 계 씨(季氏)의 가신으로 비(費) 땅의 읍재(邑宰)였다. 「논어비지(論語備旨)」 〈인물전고란(人物典故欄)〉 "公山氏弗擾名 一云不紐……季桓子 事在定公五年 至八年 陽虎欲去三桓 將享季氏於蒲圃而殺之 弗擾與其謀 陽虎弗克而出奔 弗擾以費畔" ☞비(費) : 비읍(費邑). 노(魯)나라의 지명. 본래 계 씨(季氏)의 사읍(私邑)이었음. 본서 11・24・1 참고. ☞반(畔) : 배반하다. 반란을 일으키다. '叛'과 통함. ☞소(召) : 부르다. 초대하다. "此是聘召有禮在也"
○자욕왕(子欲往) : 공자께서 응해서 가고 싶어 하다. "是將應召意 但未決於行耳"

弗擾는 季氏宰라 與陽虎로 共執桓子하고 據邑以叛이라

불요는 계 씨의 읍재다. 양호와 더불어 함께 환자를 잡아 가두고, 고을을 점거하여

반란을 일으켰던 것이다.

○집(執) : 잡아 가두다[囚也].
○환자(桓子) : 계환자(季桓子)를 말함. 노(魯)나라의 대부(大夫)로서, 이름은 사(斯)였다. 본서 17·1·1과 18·4·1을 참고할 것.

[備旨] 公山名弗擾者가 爲季氏宰하여 與陽虎로 共執桓子니라 虎敗出奔하고 弗擾據費邑以畔하여 以聘幣로 召夫子어늘 夫子欲往應之러시니 其意蓋有在矣라

　성씨가 공산이면서 불요라고 이름하는 사람이 계 씨의 읍재가 되어서 양호와 더불어 함께 환자를 잡아 가두었다. 양호는 패배하여 딴 곳으로 달아나 버리고 불요는 비읍을 점거하여 반란을 일으켜 빙폐를 갖추어 부자를 초청했는데, 부자께서는 가서 응하고 싶어 하셨으니, 그 분이 아마도 갖고 있는 생각이 있었을 것이다.

○출분(出奔) : 딴 곳으로 달아남. 타국으로 망명함. 출망(出亡).
○빙폐(聘幣) : 방문할 때 경의를 표하기 위해 가지고 가는 예물.

17·5·2 子路不悅 曰末之也已라 何必公山氏之之也시리잇고

　자로가 못마땅하게 생각하며 말씀드리기를, "갈 것도 없습니다. 하필이면 공산 씨에게 가시려 하십니까?" 하니,

○말지야이(末之也已) : 갈 필요도 없습니다. '之'는 '가다[往也]'라는 뜻. '也已'는 허사(虛詞)가 연용된 형태다. '也'는 단정을 나타내고, '已'는 일의 상태를 나타낸다. 해석은 '…이다'로 한다. "之訓往 也已二字虛活 已字勿作止字看"
○하필공산씨지지야(何必公山氏之之也) : 하필이면 공산 씨에게 가시려 하십니까? 앞의 '之'는 도치시킬 때 흔히 쓰는 허사(虛詞)이고, 뒤의 '之'는 '가다'라는 뜻의 실사(實辭)이다. "上之字虛 下之字訓往"

末은 無也라 言道旣不行이면 無所往矣니 何必公山氏之往乎시리잇고

　말(末)은 없다는 뜻이다. 도가 이미 행해지지 않는다면 갈 것도 없는데, '하필 공산 씨에게 가시렵니까?'라고 말한 것이다.

[備旨] 子路不悅夫子之往하고 從而請에 曰道旣不行이면 無所往也已라 何必往應公山氏
之召乎시리잇고

　　자로가 부자의 가는 것을 못마땅하게 생각하고 다가서서 청할 적에 말하기를, "도가
이미 행해지지 않는다면 갈 것도 없습니다. 하필이면 가서 공산 씨의 부름에 응하려고
하십니까?"라고 했다.

17·5·3 子曰 夫召我者가 而豈徒哉리오 如有用我者인댄 吾其
爲東周乎인저

　　공자께서 말씀하셨다. "무릇 나를 부른 것이 어찌 한갓 말뿐이겠는가? 만약 나를 써
준다면, 나는 아마도 동주로 만들 것이다."

○기도재(豈徒哉) : 어찌 한갓 빈 말뿐이겠는가? 반드시 공산(公山)이 써 줄 것이라는
말. "豈徒哉是決公山"
○여유용아자(如有用我者) : 만약 나를 써 준다고 한다면. '如'는 '만약'이라는 뜻. '有用
我者'에서 '有~者'는 어떤 행위를 나타낼 때 쓰는 관용구. "用我緊承召我來玩 如有二字
推開亦不得"
○오기위동주호(吾其爲東周乎) : 나는 장차 동주로 만들에 보겠다는 뜻. '其'는 의문을
나타내거나 진술을 할 적에 상황에 대해 추측만 하고 감히 긍정하지 않을 때 쓰는 말.
'아마도'라고 해석한다. ☞동주(東周, B.C 770~B.C 256) : 왕조 이름. 주 평왕(周 平王)
때부터 난왕(赧王) 때까지의 시대. 그 도읍을 호경(鎬京)의 동쪽에 있는 낙읍(洛邑)으로
옮겼으므로 이르는 말. 낙읍(洛邑)의 이전 시대를 서주(西周)라고 했고, 이후 시대를 동
주(東周)라고 했다. 서주(西周)시대에는 문(文)·무(武)·성(成)·강(康)의 4대가 융성한
시기가 있었는데, 공자도 옛날 성세를 동주(東周)에서도 실현하고 싶었던 것이다. "爲
東周決我也 見文武爲東周 吾爲東周意"

豈徒哉는 言必用我也라 爲東周는 言興周道於東方이라
○程子曰 聖人이 以天下에 無不可有爲之人이요 亦無不可改過之人이라 故로 欲往이라
然而終不往者는 知其必不能改故也시니라

　　'豈徒哉'라는 말은 반드시 나를 써 줄 것이라는 말이다. 동주로 만들겠다는 것은 주

나라의 도를 동방에서 일으키겠다는 말이다.

○정자가 말했다. "성인이 천하에 쓸모가 있지 않은 사람도 없고 또한 허물을 고칠 수 없는 사람도 없다고 생각했기 때문에 찾아가려 했던 것이다. 그런데도 끝내 찾아가지 않은 것은 그가 반드시 고치지 못할 것임을 아셨기 때문이다."

○동방(東方) : 여기서는 동로(東魯)를 이름.
○유위(有爲) : 성과를 위하여 어떤 일을 하는 바가 있음. 능력이 있음. 유능(有能).「주역(周易)」「주역(周易)」《계사상(繫辭上)》 "是以君子 將有爲也"

[備旨] 夫子曉之에 日夫公山이 不召他人하고 而召我者가 豈徒爲虛文哉아 必將有以用我也라 當此時에 如有委我以國하고 授我以政하여 而用我者면 則吾其必明制度하고 振紀網하여 復興文武之道하여 而爲東周已乎인저하시니 奈何末之而遂已也아

부자께서 깨우쳐 줄 적에 말씀하시기를, "무릇 공산이 다른 사람을 부르지 않고 나를 부른 것이 어찌 한갓 말뿐이겠는가? 반드시 장차 나를 쓰려고 해서 그랬을 것이다. 이때에 만약 나라를 나에게 맡기고 정사를 나에게 줘서 나를 써 준다면, 나는 아마도 반드시 제도를 밝히고 기강을 떨쳐서 다시 문왕과 무왕의 도를 부흥시켜 동주를 만들고 말 것이다."라고 하셨는데, 어째서 갈 필요도 없다면서 결국 그만두었을까?

○허문(虛文) : 빈 말이나 쓸데없는 글. 공문(空文). 헛되게 꾸밈.

17·6·1 子張이 問仁於孔子한대 孔子曰 能行五者於天下면 爲仁矣니라 請問之한대 曰恭寬信敏惠니 恭則不侮하고 寬則得衆하고 信則人任焉하고 敏則有功하고 惠則足以使人이니라

자장이 인의 도를 공자에게 여쭈어 보았는데, 공자께서 말씀하셨다. "능히 다섯 가지를 천하에 행할 수 있으면 인이라 할 수 있다." 하셨다. 그 조목에 대해 청해 물었는데, 말씀하시기를 "공손함·너그러움·신실함·민첩함·은혜로움이니, 공손하면 업신여기지 않고, 너그러우면 여러 사람을 얻고, 신실하면 남들이 맡기고, 민첩하면 공을 세우고, 은혜로우면 남들을 부릴 수 있다." 하셨다.

○문인어공자(問仁於孔子) : 공자에게 인을 행할 수 있는 실체에 대해 물어 보다. "是

欲得其所以爲仁之實"

○능행오자어천하(能行五者於天下) : 능히 다섯 가지 일을 어디를 가더라도 중단하지 않고 행하다. "能行五者是能體此五者於心身 於天下只是行之無間"

○위인의(爲仁矣) : 인이라고 하다. "爲仁心存理得說"

○청문지(請問之) : 청컨대 다섯 가지의 조목에 대해 묻다. "是問五者之目"

○공(恭) : 공손하다. 마음이 교만하지 않음. "是心不慢"

○관(寬) : 너그럽다. 마음이 좁지 않음. "是心不隘"

○신(信) : 신실하다. 마음이 거짓되지 않음. "是心不僞"

○민(敏) : 민첩하다. 마음이 게으르지 않음."是心不怠"

○혜(惠) : 은혜롭다. 마음이 각박하지 않음. "是心不刻"

○공즉불모(恭則不侮) : 공손하면 사람들이 공경해서 감히 업신여기지 않음. "是人敬之而不敢侮慢"

○관즉득중(寬則得衆) : 너그러우면 사람들이 돌아오게 되어 여러 사람의 마음을 얻게 됨. "是人歸之而得乎衆心"

○신즉인임언(信則人任焉) : 신실하면 사람들이 모두 나를 의지해서 즐겁게 기대게 됨. "是人皆倚仗乎我而樂有所依"

○민즉유공(敏則有功) : 민첩하면 자취를 이루어 공적이 있게 됨."是事皆底績有可紀之功"

○혜즉족이사인(惠則足以使人) : 은혜로우면 사람들을 부릴 수 있다. 은혜로우면 사람들이 그 노고를 잊어버리고 즐겁게 나를 위해 일하게 됨. ☞족이(足以) : …할 수 있다. 조동사로서 허가나 가능을 나타냄. '足'과 '以'가 결합하여 하나의 조동사로 굳어진 것이다. "是人忘其勞而樂爲我役使"

行是五者면 **則心存而理得矣**라 **於天下**는 **言無適而不然**이니 **猶所謂雖之夷狄**이라도 **不可棄者**라 **五者之目**은 **蓋因子張所不足而言耳**라 **任**은 **倚仗也**라 **又言其效**가 **如此**시니라 **○張敬夫曰 能行此五者於天下**면 **則其心**이 **公平而周遍**을 **可知矣**나 **然**이나 **恭其本**與인저 **李氏曰 此章**과 **與六言六蔽五美四惡之類**는 **皆與前後文體**로 **大不相似**라

이 다섯 가지를 행하면 마음이 보존되고 이치가 얻어질 것이다. '於天下'라는 말은 어느 곳을 가더라도 그렇게 되지 않음이 없음을 말한 것이니, 이른바 비록 오랑캐의 나라에 가더라도 버릴 수 없다는 말씀과 같다. 대개 다섯 가지의 조목은 자장의 부족한 점을 인하여 말씀하신 것이다. 임(任)은 의뢰하는 것이다. 또한 그 효험이 이와 같음을 말씀하신 것이다.

○장경부가 말했다. "능히 이 다섯 가지를 천하에 행할 수 있다면 그 마음이 공평하

고 두루 미친다는 것을 알 수 있지만, 그러나 공손함이 그 근본일 것이다." 이 씨가 말했다. "이 장과 [양화편 17·8·3의]육언·육폐와 [요왈편 20·2·1의]오미·사악의 종류는 모두 앞뒤의 문체와 더불어 많은 것들이 서로 닮지 않았다."

○의장(倚仗) : 의뢰함. 의지함.
○육언(六言) : 여섯 가지 말. 인(仁)·지(知)·신(信)·직(直)·용(勇)·강(剛)의 여섯 가지. 본서 17·8·3 참고.
○육폐(六蔽) : 여섯 가지 폐단. 여섯 가지 말 뒤에 숨어 있는 여섯 가지의 폐단. 본서 17·8·3 참고.
○오미(五美) : 네 가지의 미덕(美德). 본서 20·2·1 참고. 은혜를 베풀면서도 금품을 소비하지 않는 것[惠而不費], 일을 시키면서도 원망을 받지 않는 것[勞而不怨], 하고 싶은 것이 있으면서도 탐내지 않는 것[欲而不貪], 태연하면서도 교만하지 않는 것[泰而不驕], 위엄이 있으면서도 사납지 않은 것[威而不猛].
○사악(四惡) : 네 가지의 악(惡). 본서 20·2·3 참고. 가르치지 않다가 죽이는 것[虐], 경계하지 않다가 결과만을 따지는 것[暴], 명령을 느슨하게 하다 기일을 각박히 하는 것[賊], 골고루 사람들에게 줘야 하는 데도 출납할 때에 인색하게 하는 것[有司].

[備旨] 子張이 問仁之道於孔子한대 孔子告之에 曰仁者는 心之理니 是心에 一有間斷之時면 則亡(무)矣요 是理에 一有虧缺之處면 則失矣니 誠能行五者於天下하여 而無適不然면 則心存理得하여 而仁之體用備하여 可以爲仁矣라 子張이 請問五者之目한대 夫子告之에 曰所謂五者는 非他라 心之恭而不慢하고 寬而不隘하고 信而不僞하고 敏而不怠하고 惠而不刻이 是也니 特患不能行耳라 苟能行恭이면 則有可畏之威하여 而人自不敢侮予矣요 能行寬이면 則有容人之量하여 而有以得乎衆心矣요 能行信이면 則人皆倚賴乎我하여 而不我疑矣요 能行敏이면 則無因徇苟且之病하여 而事無不濟矣요 能行惠면 則人之蒙其惠者에 皆有感戴之心하여 而樂爲我用矣니 蓋功有兼盡이면 則效以類應하여 以行於天下者를 於此에 可考也라 子信能行此五者於天下면 則仁又豈外是哉아

　자장이 인의 도를 공자에게 물었는데, 공자께서 깨우쳐 줄 적에 말씀하시기를, "인이라는 것은 마음의 이치니 마음에 하나라도 끊어지는 때가 있다면 없어질 것이요, 이치에 하나라도 완전하지 않는 곳이 있다면 잃어버릴 것이니, 진실로 능히 다섯 가지를 천하에 행해 어디를 가더라도 그렇지 아니함이 없으면, 마음이 보존되고 이치는 얻어져서 인의 본체와 작용이 갖춰져서 인을 행할 수 있을 것이다."라고 하셨다. 자장이 다섯 가지의 조목을 청해 물었는데, 부자께서 깨우쳐 줄 적에 말씀하시기를, "이른바 다섯 가지라는 것은 다른 것이 아니다. 마음은 공손하면서도 거만하지 않고, 너그러우면

서도 좁지 않고, 신실하면서도 거짓되지 않고, 민첩하면서도 게으르지 않고, 은혜로우면서도 각박하지 않다는 것이 이것이니, 다만 능히 행치 못함을 걱정해야 할 따름이다. 진실로 능히 행실이 공손하면 두려워 할 위엄을 가져서 사람들이 스스로 감히 나를 업신여기지 않을 것이요, 능히 행실이 너그러우면 다른 사람들을 용납하는 도량을 가져서 여러 사람들의 마음을 얻을 수 있을 것이요, 능히 행실이 신실하면 사람들이 모두 나를 믿어서 나를 의심하지 않을 것이요, 능히 행실이 민첩하면 옛날 습관대로 따르거나 일시적으로 꾸며 대어 눈가림만 하는 결점이 없어서 일이 이루어지지 않음이 없을 것이요, 능히 행실이 은혜로우면 사람들이 그 은혜를 입은 것에 대하여 모두 고맙게 여겨서 떠받드는 마음을 가져서 즐거이 나를 위해 쓰게 될 것이니, 대개 공에 정성을 다한다면 효험도 서로 비슷하게 응하여 천하에 행해짐을 여기에서 상고해 볼 수 있을 것이다. 자네가 진실로 능히 천하에 이 다섯 가지를 행한다면 인이 또 이에서 벗어나겠는가?"라고 하셨다.

○휴결(虧缺) : 한 부분이 떨어져 나감. 완전하지 않음.
○애(隘) : 기량(器量)이 좁다.
○인순(因徇) : 옛 관습을 그대로 따름. 인순(因循).
○구차(苟且) : ①몹시 가난하고 군색함. ②일시적으로 미봉함. 즉 임시로 꾸며 대어 눈가림만 하는 임시적인 대책. 여기서는 ②의 뜻.
○감대(感戴) : 감사히 여겨서 떠받듦.
○체용(體用) : 본체와 작용. 사물의 본체와 작용·현상(現象)간의 관계를 규정한 것. 더 쉽게 말하면 원리와 그 응용을 말함. '體'가 본체적 존재로서 형이상학적(形而上學的) 세계에 속한다면, '用'은 오관(五官)으로 감지할 수 있는 현상으로 형이하학적(形而下學的) 세계에 속한다. 그러나 양자는 표리일체(表裏一體)의 불가분의 관계에 있어 체(體)를 떠나 용(用)이 있을 수 없고, 용(用)이 없다면 체(體)를 생각할 수 없다. 정이(程頤)가 주장하는 우주의 근본으로서의 이(理)와 그 발로(發露)로서의 사상(事象), 장재(張載)의 태극(太極)과 기(氣), 주자(朱子)가 말하는 인간에게 보편적으로 갖추어진 성(性)과 그것이 외면(外面)에 나타난 정(情)과의 관계 등은 모두 체용(體用)의 개념이다.

17·7·1 佛肸이 召어늘 子欲往이러시니

필힐이 공자를 초빙했는데, 공자께서 가고 싶어 하셨는데,

○필힐소(佛肸召) : 필힐이 공자를 초빙하다. ☞필힐(佛肸) : 진(晉)나라의 대부 조간자

(趙簡子)의 가신(家臣)으로 중모(中牟)의 읍재(邑宰)로 있었다. 중모(中牟)는 지금의 하남성(河南省) 탕음현(湯陰縣)이다. 중모(中牟)엔 범인(范寅)의 세력이 뻗쳐 있었는데 이를 꺾기 위하여 조간자가 위나라를 정벌하던 끝에 중모를 포위하자 필힐은 반기를 들고 항거했음. ☞필(佛) : 크다. ☞소(肸) : 초빙하다. 초청하다. 예를 갖추어 부자를 초빙하다. "召是以禮聘夫子"
○자욕왕(子欲往) : 공자께서 가고 싶어 하다. "欲是未然之辭"

佛肸은 晉大夫趙氏之中牟宰也라

　필힐은 진나라 대부였던 조 씨의 중모라는 마을의 읍재다.

○중모(中牟) : 지금의 하남성(河南省) 탕음현(湯陰縣) 서방 고을.

[備旨] 昔에　晉趙鞅之家臣佛肸者가　據中牟以叛하고　使人以禮하여　聘召夫子어늘　夫子欲往應其召러시니　蓋亦猶應公山弗擾之召也라

　옛날 진나라 조앙의 가신이었던 필힐이라는 사람이 중모를 점거하여 반란을 일으키고, 사람으로 하여금 예를 갖추게 해서 부자를 초빙했는데 부자께서 가서 그 초빙에 응하고 싶어 하셨으니, 아마 또한 공산불요의 초빙에 응한 것[양화편 17·5·1]과 같은 것이다.

○빙소(聘召) : 예를 갖추어 부름. 빙초(聘招). 빙징(聘徵).

17·7·2 子路曰 昔者에　由也聞諸夫子호니　曰親於其身에　爲不善者어든　君子不入也라하시니　佛肸이　以中牟畔이어늘　子之往也는　如之何잇고

　자로가 말했다. "옛날 제가 부자께 들으니, '스스로 자기 몸에 불선을 행하는 사람이 있다면, 군자는 그 무리에 들어가지 않는다.' 하셨는데, 필힐이 지금 중모를 점거해 가지고 반기를 들었는데, 부자께서 가려고 하심은 어찌된 일입니까?"

○석자유야(昔者由也) : 옛날 제가. '者'는 시간을 나타내는 말 뒤에 쓰이는 어조사. ☞

유(由) : 춘추(春秋) 때 노(魯)나라 사람인 자로(子路)를 말함. 공자의 제자. 성은 중(仲) 이름은 유(由) 자는 자로(子路) 또는 계로(季路). "昔者指講學時言"

○문저부자왈(聞諸夫子曰) : 공자에게 들으니 …라고 말하다. '諸'는 '之於'의 준말.

○친어기신위불선자군자불입야(親於其身爲不善者君子不入也) : 친히 자기 몸에 불선한 일을 행하는 사람이 있다면, 군자는 그 무리에 들어가서 능히 자기 몸을 더럽히지 않는다. "二句是述所聞"

○필힐이중모반(佛肹以中牟畔) : 필힐이라는 사람이 중모라는 읍을 점거해서 반란을 일으키다. "以據也 中牟邑名 以中牟畔 正親身爲不善之人"

○자지왕야(子之往也) : 공자께서 그 무리에 들어가다. "是入其黨"

○여지하(如之何) : 무엇 때문에. 어떻게. 자로가 공자를 더럽힐까 걱정해서 하는 말. 관용어구로 원인을 묻거나 반문을 나타내며 부사어나 서술어로 쓰임. '奈~何' '若~何' 도 같은 형태임. "恐他浼夫子意"

子路가 恐佛肹之浼夫子라 故로 問此하여 以止夫子之行이라 親은 猶自也라 不入은 不入其黨也라

자로는 필힐이 공자를 더럽힐까 걱정했다. 그러므로 이것을 여쭈어 공자께서 가려는 것을 저지한 것이다. 친(親)은 '스스로'라는 뜻과 같다. 불입(不入)은 그 무리에 들어가지 못하게 한 것이다.

○매(浼) : 더럽히다. 손상케 함. 폐를 끼침. 향당주려

[備旨] 子路止夫子之行에 曰昔者에 由也嘗聞諸夫子호니 有曰人有親於其身에 爲不善之事者어든 君子不入其黨하여 以其能浼己也라하시니 今佛肹以中牟之邑으로 畔이어늘 是는 親於其身에 爲不善也라 苟子之往也면 則入其黨矣니 如之何將不爲其所浼乎잇고

자로가, 부자께서 가려고 하는 것을 막을 적에 말하기를, "옛날 제가 부자께 들으니, '사람이 스스로 그 몸에 불선한 일을 행하는 사람이 있다면, 군자는 그 무리에 들어가서 또한 능히 자기 몸을 더럽히지 않는다.'라고 말씀하셨는데, 지금 필힐이 중모를 점거해 가지고 배반하고 있는데, 이는 스스로 자기 몸에 불선을 행하는 것입니다. 진실로 부자께서 가신다면 그 무리에 들어가는 것이니, 어찌 장차 그로부터 더럽히는 바가 되지 않겠습니까?"라고 했다.

17·7·3 子曰 然하다 有是言也라 不曰堅乎아 磨而不磷이니라 不曰白乎아 涅而不緇니라

공자께서 말씀하셨다. "그렇다. 옛날 그런 말이 있었다. 아주 단단하다고 말하지 않더냐? 그것은 아무리 갈아도 엷어지지 않을 것이다. 아주 희다고 말하지 않더냐? 그것은 아무리 물들여도 검어지지 않을 것이다.

○연(然) : 그렇다. 거기에 그러한 이유가 있다고 긍정하는 말. "然是然其有此理"
○유시언야(有是言也) : 옛날 일찍이 그런 말이 있었다. 속담인지 무엇인지 모르지만 그런 말이 있었다는 표현. "謂昔日曾有此言"
○불완견호(不曰堅乎) : 바탕이 단단하다고 말하지 않더냐? "兩曰字 從上言字轉落乃極論之辭 堅以質言"
○마이불린(磨而不磷) : 아무리 갈아도 엷어지지 않다. '磷'은 '돌이 닳아서 엷어지다.'라는 뜻. "是不怕磨"
○불왈백호(不曰白乎) : 색깔이 희다고 말하지 않더냐? "白以色言"
○날이불치(涅而不緇) : 아무리 물들여도 검어지지 않다. ☞날(涅) : 검은 물을 들이다. 개흙. 갯바닥·진펄 등에 있는 검고 미끈미끈한 흙. ☞치(緇) : 검다. 검게 물들임. "是不怕涅"
○이 글은 절개가 굳어 환경에 영향을 받지 않는다는 뜻인데, '견백(堅白 : 절개가 굳어 흔들리지 않음)'이라는 말이 여기에서 나왔다.

磷은 薄也라 涅은 染皂物이니 言人之不善이 不能浼己라 楊氏曰 磨不磷하고 涅不緇而後라야 無可無不可니 堅白이 不足이로되 而欲自試於磨涅이면 其不磷緇也者가 幾希니라

인(磷)은 '엷다'다. 날(涅)은 검은 물을 들이는 것이니, 사람의 불선이 자기를 더럽힐 수 없음을 말씀한 것이다. 양 씨가 말했다. "갈아도 엷어지지 않고 검은 물을 들여도 검어지지 않은 뒤라야 아무런 구애도 받지 않을 것이니, 절개가 굳어 흔들리지 않음이 부족하면서도 스스로 엷어질까 물들어질까에 대해 시험해 보려고 하면, 그 중에서 엷어지거나 검어지지 않을 사람이 거의 드물 것이다."

○조(皂) : 검다. 검게 물들임. 검은 비단. '조(皁)'의 속자
○무가무불가(無可無不可) : 아무런 구애도 받지 아니함. 가함도 없고 불가함도 없음. 이러한 표현은 본서 "18·8·5 我則異於是하여 無可無不可니라"에도 공자가 출사(出

仕)하거나 은퇴(隱退)할 적에는 도를 따를 뿐, 아무런 구애도 받지 않았다는 표현이 있다.
○견백(堅白) : 절개가 굳어 흔들리지 않음의 비유.
○마날(磨涅) : 갈고 물들임. 외부의 영향을 받거나 시련을 겪음의 비유.
○인치(磷緇) : 엷어지고 검어짐. 환경의 영향을 받아서 변화가 일어남의 비유.

[備旨] 夫子曉之에 日不善不入은 乃守身之常法이니 其道誠然이라 我昔에 固有是言也나 然이나 此特爲堅白之未至者하여 言之耳라 獨不曰堅之至者乎아 雖磨之나 而不能使其磷이니라 獨不曰白之至者乎아 雖涅之나 而不能使其緇니라 然則堅白在我호니 卽自試於磨涅焉도 可也라 何患洿己而不往哉아

부자께서 깨우쳐 줄 적에 말씀하시기를, "불선을 행하는 사람이 있으면, 군자는 그 무리에 들어가지 않는다는 것은 곧 몸을 지키는 불변의 법이니, 그 도가 진실로 그럴 것이다. 우리에게 옛날 진실로 이런 말이 있었지만, 그러나 이것은 다만 절개가 굳어 흔들림에 이르지 못한 사람을 위한 말이었을 뿐이다. 다만 지극히 단단할 뿐이라고 말하지 않더냐? 비록 갈아보지만 능히 그것으로 하여금 엷게 할 수 없을 것이다. 다만 지극히 흴 뿐이라고 말하지 않더냐? 비록 검은 물을 들여 보지만 능히 그것으로 하여금 검게 할 수 없을 것이다. 그렇다면 절개가 굳어 흔들리지 않는 것은 나에게 있으니, 곧 스스로 갈아질까 물들어질까 시험해보는 것도 괜찮을 것이다. 어찌 몸을 더럽힐 것을 걱정해서 가지 않으려고 하겠느냐?

○상법(常法) : 변하지 않는 법도. 정해진 법규. 일정한 법률.

17 · 7 · 4 吾豈匏瓜也哉오 焉能繫而不食이리오

내 어찌 바가지와 같겠는가? 어떻게 매달려만 있고 먹지 않을 수 있겠는가?"

○오기포과야재(吾豈匏瓜也哉) : 내가 사람인데 어찌 바가지겠는가? ☞포과(匏瓜) : 박. 바가지. 해석할 때 '바가지와 오이'라고 해석할 필요는 없다. ☞포과(匏瓜) : 벼슬하지 못하거나 중용(重用)되지 못하는 사람의 비유. ☞포계(匏繫) : 열리기는 하나 먹지 못하는 박. 쓸모없는 사람의 비유. ☞야재(也哉) : 허사(虛詞)가 연용되어 '…인가?' '…입니까?' 등으로 해석한다. '也'는 단정을 나타내고 '哉'는 감탄이나 반문을 나타낸다. '哉'에 중점을 두고 있다.

○언능계이불식(焉能繫而不食) : 어떻게 매달려만 있고 먹지 않을 수 있겠는가? '어떻게 능히 한 곳에만 매달려 있고 먹지 못하는 존재가 될 수 있겠는가?'라는 뜻. "不食謂不求食 非謂不可食也"

匏는 瓠也라 匏瓜는 繫於一處하여 而不能飮食이나 人則不如是也니라
○張敬夫曰 子路昔者之所聞은 君子守身之常法이요 夫子今日之所言은 聖人體道之大權也라 然이나 夫子는 於公山佛肹之召에 皆欲往者는 以天下에 無不可變之人이요 無不可爲之事也로되 其卒不往者는 知其人之終不可變하고 而事之終不可爲耳니 一則生物之仁이요 一則知人之智也니라

포(匏)는 박이다. 바가지는 한 곳에 매달려서 능히 마시고 먹을 수가 없지만 사람은 이와 같지 않다는 것이다.
○장경부가 말했다. "자로가 예전에 들었던 것은 군자가 몸을 지키는 불변의 법이요, 부자께서 지금 말씀하신 것은 성인이 도를 체득한 큰 권도다. 그러나 부자께서는 공산과 필힐의 부름에 모두 가려고 했던 것은 천하에 변화시키지 못할 사람이 없고 행할 수 없는 일이 없었지만, 그 분이 끝내 가지 않은 것은 그 사람이 끝내 변할 수 없고 일은 끝내 행할 수 없다는 것을 아셨기 때문일 뿐이니, 한편은 만물을 생성시키는 인이고 한편은 남을 알아보는 지혜였던 것이다."

○호(瓠) : 표주박. 바가지.
○포과(匏瓜) : 박. 바가지.
○권(權) : 권도를 말함. ☞권도(權道) : 수단은 옳지 않으나 결과로 보아 정도(正道)에 맞는 처리 방도. 목적을 이루기 위한 편의상의 수단.

[備旨] 夫可往而不往하니 是匏瓜之繫而不食也라 吾固人也니 豈匏瓜也哉아 焉能如彼懸繫一處하여 而不能飮食하여 爲世間無用之物乎아 此吾之所以欲往也라

무릇 갈 수 있지만 가지 않았기 때문에 바가지처럼 매달려서 먹지 않았던 것이다. 나도 진실로 사람이니 어찌 바가지와 같겠는가? 어떻게 능히 한 곳에 매달려만 있으면서 능히 마시고 먹을 수 없어서 세간의 무용지물이 되는 것과 같겠는가? 이것이 내가 가고 싶은 까닭이다."라고 하셨다.

○시(是) : 때문에. 따라서. 두 가지 일이 이치상 앞뒤가 서로 원인이 되는 것을 나타냄. '是以'나 '故'와 비슷한 기능을 함.

17·8·1 子曰 由也아 女는 聞六言六蔽矣乎아 對曰未也로이다

공자께서 말씀하시기를, "유야! 너는 여섯 가지 말 가운데 여섯 가지 폐단이 있다는 것을 들어보았느냐?" 하시자, "아직 듣지 못하였습니다."라고 대답했다.

○여문육언육폐의호(女聞六言六蔽矣乎) : 너는 육언과 육폐에 대해 들었느냐? ☞여(女) : 너. 이인칭대명사. '汝'와 같음. ☞육언(六言) : 여섯 가지 말. 인(仁)·지(知)·신(信)·직(直)·용(勇)·강(剛)의 여섯 가지 일. 17·8·3 참고. ☞육폐(六蔽) : 여섯 가지의 말 뒤에 숨어 있는 여섯 가지 폐단. 우(愚)·탕(蕩)·적(賊)·교(絞)·난(亂)·광(狂)의 여섯 가지 폐단. 17·8·3 참고. ☞의호(矣乎) : 허사(虛詞)가 연용되어 '矣'는 '이미 그러한'의 뜻을 나타내고, '乎'는 의문이나 감탄의 뜻을 나타내는데 여기서는 의문의 뜻을 나타냄.
○대왈미지야(對曰未知也) : '아직까지 육언과 육폐에 대해 듣지 못하다'라고 대답하다. "未是未聞六言六蔽"

蔽는 遮掩也라

폐(蔽)는 막아서 가리는 것이다.

[備旨] 夫子呼子路之名而告之에 曰人之美德에 有六言이로되 而六言之中에 有六蔽호니 君子之學은 於六言에 固當會其全이요 而於六蔽에 尤當去其累니라 由也아 女는 聞六言之中에 有六蔽矣乎아하시니 子路起而對에 曰由未之聞也로이다

부자께서 자로의 이름을 불러서 깨우쳐 줄 적에 말씀하시기를, "사람의 미덕에 여섯 가지 말이 있지만 여섯 가지 말 가운데 여섯 가지 폐단이 있으니, 군자의 학문은 여섯 가지 말에 의거하여 보면 진실로 당연히 그 온전함을 만나야 할 것이요, 그리고 여섯 가지 폐단에 의거하여 보면 더욱더 당연히 그 허물을 제거해야 할 것이다. 유야! 너는 여섯 가지 말 가운데 여섯 가지 폐단이 있다는 것을 들었느냐?"라고 하셨는데, 자로가 일어나서 대답할 적에 말하기를, "저는 아직까지 듣지 못했습니다."라고 했다.

○어(於) : …에 의거하여 보면. …에 대해 말하면.
○회(會) : 만나다. 일치하다.

17 · 8 · 2 居_{하라} 吾語女_{하리다}

"앉아라. 내가 너에게 알려 주겠다.

○거(居) : 앉아라. 편안하게 하여 가르쳐 주겠다는 뜻. "是使之還坐 欲其安意承敎"
○오어여(吾語女) : 내가 너에게 깨우쳐 주겠다. ☞어(語) : 깨우쳐 주다. 알려주다.
가르치다. 여기서는 거성(去聲)으로 쓰였음. "語告也"

禮_에 君子問更端_{이어시든} 則起而對_라 故_로 夫子諭子路_{하여} 使還坐而告之_{시니라}

예에 군자가 질문하다가 말머리를 바꾸면 일어나서 대답해야 한다. 그러므로 부자께
서 자로를 깨우쳐서 그로 하여금 앉게 해서 깨우쳐 주고자 하신 것이다.

○「예기(禮記)」《곡례상(曲禮上)》에 다음과 같은 내용이 나온다. "군자를 모시고 앉
았을 때에 군자가 [어떤 일을 묻다가 그것을 마치고] 다른 것에 대해 고쳐 물으면, 일
어나서 대답해야 한다.(侍於君子할새 君子問更端이어시든 則起而對라)"
○경(更) : 고치다. 바꾸다. 여기서는 평성(平聲)으로 쓰였음.

[備旨] 夫子因其起對하여 乃命之에 曰居하라 吾語女以六言六蔽之實焉하리라

부자께서 그가 일어나 대답하는 것을 인해서 바로 명령하며 말씀하시기를, "앉아라.
나는 너에게 여섯 가지 말 가운데 여섯 가지 폐단의 실체를 말해 주겠다.

17 · 8 · 3 好仁不好學_{이면} 其蔽也愚_{하고} 好知不好學_{이면} 其蔽也蕩_{하고} 好信不好學_{이면} 其蔽也賊_{하고} 好直不好學_{이면} 其蔽也絞_{하고} 好勇不好學_{이면} 其蔽也亂_{하고} 好剛不好學_{이면} 其蔽也狂_{이니라}

인을 좋아만하고 배우기를 좋아하지 않으면 그 폐단은 어리석게 되고, 지혜를 좋아
만하고 배우기를 좋아하지 않으면 그 폐단은 방탕해지고, 믿음을 좋아만하고 배우기를
좋아하지 않으면 그 폐단은 해치게 되고, 정직을 좋아만하고 배우기를 좋아하지 않으
면 그 폐단은 각박하게 되고, 용맹을 좋아만하고 배우기를 좋아하지 않으면 그 폐단은
반란을 일으키게 되고, 굳셈을 좋아만하고 배우기를 좋아하지 않으면, 그 폐단은 경솔

하게 된다.”

○호인불호학(好仁不好學) : 인을 좋아만하고, 배우기를 좋아해서 그 이치를 밝히지 않다. “仁以愛人言 不好學是欠了致知格物工夫”

○기폐야우(其蔽也愚) : 그 폐단은 어리석다. ☞우(愚) : 어리석다. 두텁게 하는 데에만 지나쳐서 일의 경중을 알지 못함. “愚是過於厚 而不知輕重也”

○호지불호학(好知不好學) : 지혜를 좋아만하고, 배우기를 좋아해서 그 이치를 밝히지 않다. “知以觀物言”

○기폐야탕(其蔽也蕩) : 그 폐단은 방탕하다. ☞탕(蕩) : 방탕하다. 허황되다. 노장(老莊)의 무리와 같은 것. “蕩是用知不在正道 如老莊之流是也”

○호신불호학(好信不好學) : 믿음을 좋아만하고, 배우기를 좋아해서 그 이치를 밝히지 않다. “信是踐言不爽”

○기폐야적(其蔽也賊) : 그 폐단은 남과 자기를 해롭게 하다. ☞적(賊) : 남과 자기를 해롭게 하다. “賊兼害人己 言如執小信 不顧利害便是”

○호직불호학(好直不好學) : 정직을 좋아만하고, 배우기를 좋아해서 그 이치를 밝히지 않다. “直是盡言無隱”

○기폐야교(其蔽也絞) : 그 폐단은 각박하게 되다. ☞교(絞) : 각박하다. 박절하다. 아버지가 양을 훔치자 아들이 고발한 것과 같은 종류. 본서 13·18·1 참고. “絞是急切 如證父攘羊之類而不能容”

○호용불호학(好勇不好學) : 용기를 좋아만하고, 배우기를 좋아해서 그 이치를 밝히지 않다. “勇就作爲果敢說”

○기폐야란(其蔽也亂) : 그 폐단은 반란을 일으키게 되다. ☞난(亂) : 반란. 윗사람을 범하고 다른 사람들을 능멸함과 같은 것. “亂如犯上凌人”

○호강불호학(好剛不好學) : 굳셈을 좋아만하고, 배우기를 좋아해서 그 이치를 밝히지 않다. “剛就本質堅勁說”

○기폐야광(其蔽也狂) : 그 폐단은 경솔하게 되다. ☞광(狂) : 경솔하다. 조급하고 경솔함. 망발. “狂如要言就言 要行就行 不沈靜也”

六言은 皆美德이라 然이나 徒好之하고 而不學以明其理면 則各有所蔽라 愚는 若可陷可罔之類요 蕩은 謂窮高極廣而無所止요 賊은 謂傷害於物이라 勇者는 剛之發이요 剛者는 勇之體라 狂은 躁率也라

○范氏曰 子路勇於爲善이나 其失之者는 未能好學以明之也라 故로 告之以此하시니라 曰勇曰剛曰信曰直은 又皆所以救其偏也시니라

육언(六言)은 모두 아름다운 덕이다. 그러나 한갓 좋아만하고 배워서 그 이치를 밝히지 않는다면 각각 가려지는 바가 있게 된다. 우(愚)는 속아 넘어가거나 멍청하게 되는 종류와 같은 것이요, 탕(蕩)은 지극히 높고 지극히 넓어서 그치는 바가 없음이요, 적(賊)은 사물에 의해 상해됨을 이르는 것이다. 용(勇)은 강이 발하는 것이고 강(剛)은 용의 본체다. 광(狂)은 침착하지 못한 것이다.

○범 씨가 말했다. "자로는 선을 행하는 데에 용감했지만, 그의 결점은 능히 배우기를 좋아해서 이치를 밝히지 못했던 것이다. 그러므로 이로써 일러주신 것이다. 용을 말하고, 강을 말하고, 신을 말하고, 직을 말한 것은 또다시 모두 그의 치우친 점을 바로잡아 주신 것이다."

○망(罔) : 멍청하고 어둡다. 망(惘)과 같음. 본서 "2·15·1 學而不思則罔" 참고.
○궁고극광(窮高極廣) : 지극히 높고 지극히 넓음.
○강(剛)과 용(勇)을 체용(體用) 관계로 파악했는데, 강(剛)은 본체가 되고, 용(勇)은 그 응용이 되기 때문이다. 「논어집주(論語集註)」 "雙峯饒氏曰 剛屬質體也 勇屬氣用也"
○조솔(躁率) : 침착하지 못함. 경솔한 모양. 「중문대사전(中文大辭典)」 "浮躁也"

[備旨] 彼仁美德也로되 苟徒好仁하고 而不好學以明其理면 則其蔽也必可陷可罔하여 而愚矣요 知美德也로되 苟徒好知하고 而不好學以明其理면 則其蔽也必窮高極遠하여 而蕩矣요 信亦德之美也로되 苟徒好信하고 而不好學以明其理면 則其蔽也將執小信하여 而妨大計하여 必至傷害於物하리니 非賊乎아 直亦德之美也로되 苟徒好直하고 而不好學以明其理면 則其蔽也將過於直하여 而忘所諱하여 必至徑情直遂하리니 非絞乎아 至於勇도 亦美德이니 所不可少也로되 苟徒好勇하고 而不好學以明其理勢면 必逞其血氣之强하여 而干分犯上하리니 則其蔽也不謂之亂乎아 至於剛도 亦美德이니 所不能無也로되 苟徒好剛하고 而不好學以明其理勢면 必任其用剛之私하여 而率意妄行하리니 則其蔽也不謂之狂乎아 所謂六言六蔽者가 如此라 然則好學以去其蔽者를 其容已哉아

인은 아름다운 덕이지만 진실로 한갓 인을 좋아만하고, 배우기를 좋아해서 그 이치를 밝히지 않는다면, 그 폐단이 반드시 속아 넘어가거나 멍청하게 되어서 어리석게 될 것이요, 지혜는 아름다운 덕이지만 진실로 한갓 지혜를 좋아만하고, 배우기를 좋아해서 그 이치를 밝히지 않는다면, 그 폐단이 반드시 지극히 높고 아주 멀어서 방탕해질 것이요, 믿음도 또한 덕의 아름다움이지만 진실로 한갓 믿음을 좋아만하고, 배우기를 좋아해서 그 이치를 밝히지 않는다면, 그 폐단이 장차 작은 믿음을 고집하여 큰 계획을 방해하여 반드시 사물을 상해하는 데 이르게 될 것이니, 반드시 해치는 것이 아니겠는가? 정직에 나아가는 것도 또한 덕의 아름다움이지만 진실로 한갓 정직을 좋아만하고,

배우기를 좋아해서 그 이치를 밝히지 않는다면, 그 폐단이 장차 정직의 정도를 지나쳐서 꺼려할 바를 잊어버려서 반드시 멋대로 하여 곧바로 이루게 될 것이니, 각박한 것이 아니겠는가? 용맹에 나아가는 것도 또한 아름다운 덕이니 작지 않은 것이지만 진실로 한갓 용맹을 좋아만하고, 배우기를 좋아해서 그 사리와 형세를 밝히지 않는다면, 반드시 그 혈기의 강함만 멋대로 부려 분수에 어긋나서 윗사람을 범하게 될 것이니, 그 폐단이 어지럽다고 이르지 않겠는가? 굳셈에 나아가는 것도 또한 아름다운 덕이니 능히 무시하지 못할 것이지만 진실로 한갓 굳셈을 좋아만하고, 배우기를 좋아해서 그 사리와 형세를 밝히지 않는다면, 반드시 그 굳셈을 쓸 적에 사사로운 데 맡겨서 뜻을 경솔하게 해서 망령되게 행할 것이니, 그 폐단은 경솔하다고 이르지 않겠는가? 이른바 여섯 가지 말 가운데 여섯 가지 폐단이 있음이 이와 같다. 그렇다면 배우기를 좋아하고 그 폐단을 제거하는 일을 그만둘 수 있겠는가?"라고 하셨다.

○경정(徑情) : 하고 싶은 대로 함. 멋대로 함. ☞직정경행(直情徑行) : 예법을 돌아보지 아니하고 제멋대로 함. 아무 꾸밈없이 생각한 그대로 행함. 경정직행(徑情直行).
○이세(理勢) : 이치의 추세. 사리와 형세.
○영(逞) : 멋대로 하다. 멋대로 하여 만족을 느끼다. 본음은 '령'.
○간(干) : 범하다. 법률이나 예법 등에 어긋나다.

17·9·1 子曰 小子는 何莫學夫詩오

공자께서 말씀하셨다. "너희들은 왜 시를 배우지 않느냐?

○소자(小子) : 제자. 스승이 제자를 친근하게 부르는 말.
○하막학부시(何莫學夫詩) : 어찌하여 시를 배우지 않는가? 여기서 시를 배운다는 것은 읽고 외우는 것 외에 음미하고 체험하는 것을 말한다. '莫'은 '不'과 같은 뜻. "學字有玩索體驗工夫 不專靠誦讀"

小子는 弟子也라

소자는 제자다.

[備旨] 夫子示門人以學詩之益에 曰學者는 載籍極博하여 猶考信於六藝온 況詩敎之尤切
於人者乎아 爾小子는 何爲不學夫詩아

　　부자께서 제자들에게 시를 배우면 도움 되는 점을 보여줄 적에 말씀하시기를, "배우
는 사람은 책을 깊이 연구하여 오히려 육예를 상고하고 믿어야 할 터인데, 하물며 시
의 가르침이 사람에게 더욱 절실한 것임에랴? 너희 소자들은 어찌해서 시를 배우지 않
느냐?

○재적(載籍) : 책. 서적(書籍). 전적(典籍).
○박(博) : 통달하다. 깊다. 깊이 연구하다.
○육예(六藝) : 선비로서 배워야 할 여섯 가지 기예(技藝). 곧 예(禮)·악(樂)·사(射)·
어(御)·서(書)·수(數)를 말함.
○고신(考信) : 상고해서 믿음.「예기(禮記)」《예운편(禮運篇)》"以考其信" 상고하거나
조사한 것을 취해서 굳게 지키고 믿음.「중문대사전(中文大辭典)」"稽核以取 可以據信
者也"「사기(史記)」《백이전(伯夷傳)》"夫學者 載籍極博 猶考信六藝 詩書雖缺 然虞夏
之文可知也"
○시교(詩敎) : 시의 가르침. 즉 온유돈후(溫柔敦厚)를 말함. ☞온유돈후(溫柔敦厚) : 부
드럽고 인정이 많고 후함. 시(詩)의 가르침에 대한 설명. 본서 16·13·2 참고.

17·9·2 詩는 可以興이며

　　시는 뜻을 일으킬 수 있으며,

感發志意라

　　마음속에 생각하고 있는 뜻을 감발시키는 것이다.

○감발(感發) : 느끼어 마음이 움직임. 감동하여 분발함.
○지의(志意) : 뜻. 사상. 정신. 또는 의지(意志).

[備旨] 夫詩는 何以當學也오 詩之所載는 有善有惡하여 而勸戒備焉이라 學之者는 可以
感發吾之志意而興也니라

무릇 시는 어째서 당연히 배워야 하는가? 시에 실려 있는 것은 선도 있고 악도 있어서 권면하고 훈계함이 갖춰져 있다. 배우는 사람은 나의 뜻을 감동하고 분발해서 일으킬 수 있을 것이다.

○권계(勸戒) : 권면하여 훈계함.

17 · 9 · 3 可以觀이며

득실을 상고해 보고 살필 수 있으며,

考見得失이라

득실을 상고해 볼 수 있는 것이다.

[備旨] 詩之所言에 有美有刺하여 而得失分焉이라 學之者는 可以考見己之得失而觀也니라

시에 말한 것에는 칭찬도 있고 풍자도 있어서 득실이 나누어진다. 배우는 사람은 자기에 대해 득실을 상고해 보고서 살필 수 있을 것이다.

17 · 9 · 4 可以群이며

여러 사람과 처할 수 있으며,

和而不流라

조화를 이루지만 방탕한 데로 흐르지 않는 것이다.

[備旨] 詩에 有處衆而和者나 然이나 不失莊敬之意하니 學之면 可用以處衆也니라

시에는 여러 사람과 처하고 조화를 이루었지만, 그러나 엄숙과 공경의 뜻을 잃지 않

았으니 배운다면 이 때문에 여러 사람과 잘 처할 수 있을 것이다.

○장경(莊敬) : 엄숙하고 공경한 모양.
○용(用) : 쓰다. 이용하다. 이 때문에. 인해서[因也] '可用以處衆也'라는 문장은 '可以處衆也'에 '用'이 끼어든 형태다. '배운다면 그것을 써서 여러 사람과 처할 수 있다.'는 뜻이다.

17·9·5 可以怨이며

원망할 수 있으며,

怨而不怒라

원망하지만 성내지는 않는 것이다.

[備旨] 詩에 有處變而怨者라 然이나 寓有忠厚之思하니 學之면 可用以處怨也니라

시에는 변고에 처해서 원망한 것이 있다. 그러나 빗대어 나타낸 데에 충실함과 순후함의 생각이 있으니 이를 배운다면 이 때문에 원망을 잘 처리할 수 있을 것이다.

○우(寓) : 우의(寓意). 다른 사물에 가탁(假託)하여 뜻을 암시함.
○충후(忠厚) : 충실하고 순후(淳厚)함. 「순자(荀子)」《예론(禮論)》"事生不忠厚不敬文謂之野"

17·9·6 邇之事父며 遠之事君이요

가까이는 어버이를 섬길 수 있으며, 멀리는 임금을 섬길 수 있고,

○이지사부(邇之事父) : 가까이는 어버이에게 효도할 수 있다. ☞이(邇) : 가깝다. 집에 있을 때를 말함. ☞지(之) : 접속사로서 응대나 병렬 관계를 나타내고 말을 강조하는 역할을 한다. '則'자와 통한다. "邇指在家言 事父是能盡孝意"

○원지사군(遠之事君) : 멀리는 임금에게 충성할 수 있다. ☞원(遠) : 멀다. 나라에 있을 때를 말함. "遠指在國言 事君是能盡忠意"

人倫之道가 **詩無不備**하니 **二者**는 **擧重而言**이라

　인륜의 도가 시에 갖추어지지 않음이 없으니, 이 두 가지는 귀중한 것을 들어서 말씀한 것이다.

[備旨] 子臣之道가 詩無不備하니 學之者는 邇而在家에 可資以事父며 遠而在國에 可資以事君也니라

　자식의 도리와 신하의 도리가 시에 갖추어지지 않음이 없으니, 배우는 사람은 가까이는 집에 있을 적에 어버이 섬기는 일을 도와줄 수 있을 것이며, 멀리는 나라에 있을 적에 임금 섬기는 일을 도와줄 수 있을 것이다.

17·9·7 **多識於鳥獸草木之名**이니라

　조수와 초목의 이름을 많이 알게 될 것이다."

○다식어조수초목지명야(多識於鳥獸草木之名也) : 조수와 초목의 이름을 많이 알다. "鳥獸以動物言 草木以植物言 名是各樣名色"

其緒餘도 **又足以資多識**이라
○**學詩之法**이 **此章**에 **盡之**하니 **讀是經者**는 **所宜盡心也**니라

　그 외에도 또한 많은 지식을 도와줄 수 있다는 것이다.
　○시를 배우는 법이 이 장에 자상하니, 이 경서를 읽는 자들은 마땅히 마음을 다해야 할 것이다.

○서여(緒餘) : 실을 뽑은 뒤 고치에 남아 있는 실. 또는 주체(主體) 외의 인물을 가리킴.
○경서(經書) : 성인(聖人)이 지은 책. 여기서는 시경(詩經)을 말함.

[備旨]　動植之物이　詩無不載하니　學之者는　其緖餘도　可以博物洽聞하여　而多識於鳥獸草木之名也라　詩之有益於人이　如此하니　爾小子는　可不學哉아

　　동물이나 식물이 시에 실려 있지 않음이 없으니, 배우는 사람은 그 외에도 사물에 대해 널리 알고 견문을 넓혀서 조수나 초목의 이름을 많이 알 수 있을 것이다. 시가 사람에게 유익된 것이 이와 같으니, 너희 소자들은 배우지 않을 수 있겠느냐?"라고 하셨다.

○박물(博物) : 사물에 대해 널리 앎. 박물다지(博物多知).
○흡문(洽聞) : 지식이 풍부하고 견문이 넓음. 박문(博聞).

17·10·1　子謂伯魚曰　女爲周南召南矣乎아　人而不爲周南召南이면　其猶正牆面而立也與인저

　　공자께서 백어에게 이르셨다. "너는 주남과 소남을 배운 적이 있느냐? 사람이 주남과 소남을 익히지 않으면, 아마도 담장을 마주하고 서 있는 것과 같을 것이다."

○백어(伯魚) : 공자의 아들인 이(鯉)의 자(字). 공자보다 먼저 죽었다. 본서 11·7·2 참고.
○여위주남소남의호(女爲周南召南矣乎) : 너는 주남과 소남을 배웠느냐? 이 문장은 원래 '女當爲周南召南矣乎'이라고 볼 수 있는데, 주남(周南)과 소남(召南)이 수신(修身)과 제가(齊家)의 준칙이 되기 때문에 배움에 대한 당위성을 강조한 말이다. ☞여(女) : 너. 이인칭. '汝'와 통함. ☞위(爲) : 평성(平聲)으로 쓰여 '익히다'라는 뜻. 즉 마음에 이해하여 몸에 체득함. 새로운 내용과 지식을 배운다는 뜻이 아니라, 시를 읊고 본받아 익힌다는 의미. 「맹자(孟子)」《고자하(告子下)》"12·3·2　固哉라　高叟之爲詩也여(고루하도다! 고수가 시를 다룸이여!)"에 나오는 '爲'자와 같은 의미. ☞주남(周南) : 「시경(詩經)」《국풍(國風)》중의 편명(篇名). 주대(周代)에 낙양(洛陽) 이남 지방에서 유행하던 민가(民歌). 일설에는 그 지방의 악조(樂調)로 지어진 노래라고도 함. ☞소남(召南) : 「시경(詩經)」《국풍(國風)》중의 편명(篇名). 소공(召公)이 다스린 기산(岐山)의 남쪽 지방에서 널리 유행하던 민요를 수록하였음. ☞의호(矣乎) : 허사(虛詞)가 연용되어 '矣'는 '이미 그러한'이라는 뜻을 나타내고, '乎'는 의문을 나타낸다. 「논어비지(論語備旨)」

《여위전지(女爲全旨)》참고. "此章聖人敎子以學詩之要 重修齊以端化原意 首句須重發下只反言以見其當爲也 女爲矣乎是謂辭不是問辭 爲者不止誦習 要有會於心體於身意 二南似未及修身 然化自內及外 則修身固在其中 故註曰修齊之事 正牆面句 註謂無所見不可行 是知與行相須之義""周南首關雎而終麟趾 召南鵲巢而終騶虞 矣乎二字是直示其當學意"

○인이불위주남소남(人而不爲周南召南) : 사람이 주남과 소남을 익히지 않는다면. 널리 주남과 소남을 마음에 이해하고 몸에 체득해야 한다는 말. '而'자는 원래 앞의 주어와 조화를 이루지 못하는 서술어를 연결시키는 접속사인데, 이치상 맞지 않거나 의외의 상황을 나타낼 적에 쓰인다. 우리말의 '도리어' '오히려' 등과 연관시켜 볼 수 있다. 본서 "3·3·1 人而不仁" 참고. "人字泛言"

○기우정장면이입야여(其猶正牆面而立也與) : 아마도 마치 담장을 마주하고 서 있는 모습과 같을 것이다. 이 문장은 원래 '其猶正面對牆而立也與'를 도치하고 변경시킨 문장이다. ☞기(其) : 아마도. 부사로서 추측하는 말. ☞정(正) : 마침. 꼭. 부사로서 교묘하게 합치되거나 딱 들어맞는 것을 나타냄. ☞장면(牆面) : 담장을 마주한 것처럼 아무것도 보이지 않음. 배운 것도 없고 재주도 없음의 비유. 한문의 일반적인 기술 형태는 '서술어＋목적어'의 구조다. 도치시킬 적에는 '之'나 '是'를 넣어 '목적어＋之(是)＋서술어'의 형태로 쓰지만 그렇지 않은 경우도 있다. 본서 11·23·2 '問異' 참고. "正牆面而立 倒用文法 猶云正面對牆而立也"

爲는 猶學也라 周南召南은 詩首篇名이니 所言이 皆修身齊家之事라 正牆面而立은 言卽其至近之地로되 而一物도 無所見하고 一步도 不可行이라

위(爲)는 '배우다'와 같다. 주남과 소남은 「시경」의 첫편 이름이니, 말한 것이 모두 수신과 제가의 일이다. 바로 담장을 마주하고 서 있다는 것은 지극히 가까운 곳에 나아갔지만 하나의 물건도 보이는 것이 없고 한 걸음도 나아갈 수 없음을 말씀한 것이다.

[備旨] 夫子謂其子伯魚에 曰詩三百篇은 皆所當學이로되 而其中에 猶有其要焉者하니 則周南召南이 是也라 女는 當誦習其辭하고 潛玩其義하여 而爲周南召南矣乎아 夫二南所言은 皆修身齊家之事也니 人而不爲周南召南이면 則身無由修하고 家無由齊하여 雖門內之至近이나 而一物無所見하고 一步不可行이니 其猶正牆面而立也與인저 人而不安於面牆也니 二南을 其可不爲哉아

부자께서 자기의 아들 백어에게 이를 적에 말씀하시기를, "시 삼백 편은 모두 마땅히 익혀야 할 것이지만 그 중에 오히려 너에게 중요한 것이 있으니, 곧 주남과 소남이

다. 너는 당연히 그 말을 외어 익히고 그 뜻을 깊이 완미해서 주남과 소남을 배운 적이 있느냐? 대저 주남과 소남 두 편에서 말한 것은 모두 수신이나 제가의 일이니, 사람이 주남과 소남을 배우지 않으면 몸은 닦을 수 없고 집은 다스릴 수 없어서, 비록 문 안의 아주 가까운 곳이라 할지라도 하나의 물건도 보이는 것이 없고 한 걸음도 나아갈 수 없을 것이니, 아마도 담장을 마주하고 서 있는 것과 같을 것이다. 사람으로서는 담장을 마주 하고 있는 것을 편히 여기지 않을 것이니, 주남과 소남을 아마도 배우지 않을 수 있겠는가?"라고 하셨다.

○송습(誦習) : ①책을 외어서 익힘. ②시가(詩歌)를 읊어 익힘.
○잠완(潛玩) : 글에 빠져서 완상(玩賞)함.
○이남(二南) : 시경(詩經)의 주남(周南)·소남(召南)의 두 편.
○면장(面牆) : 담장을 마주 하고 있는 것처럼 앞을 내다보지 못함. 식견이 천박함을 비유하는 말.

17·11·1 子曰 禮云禮云이나 玉帛云乎哉아 樂云樂云이나 鐘鼓云乎哉아

공자께서 말씀하셨다. "사람들이 옥백을 잡고서 '예다' '예다' 이르지만, 예라고 하는 것이 옥백을 이르는 것이겠는가? 사람들이 종고를 잡고서 '악이다' '악이다' 이르지만, 악이라고 하는 것이 종고를 이르는 것이겠는가?"

○예운예운(禮云禮云) : 사람들이 모두 옥백을 잡고서 '예다' 이르고 '예다' 이르다. 강조하기 위해서 '禮云'은 '云禮'를 도치시킨 것. "云是稱說之謂"
○옥백운호재(玉帛云乎哉) : 옥백을 이르는 것인가? 강조하기 위해서 '玉帛云'은 '云玉帛'을 도치시킨 것. ☞옥백(玉帛) : 옥과 비단. 예문(禮文)에서 중요한 것. 제후(諸侯)를 만나볼 적에 예물을 잡는 것을 이르는데, 다섯 가지 서옥(瑞玉)과 세 가지 폐백(幣帛)이 있었음.「서경(書經)」《우서(虞書) 순전(舜典)》제 8장의 내용을 참조할 것. "五玉과 三帛과 二生과 一死贄러라(다섯 가지 서옥과 세 가지 폐백과 두 가지 생물과 한 가지 죽은 예물이었다.)" "玉五玉 帛三帛 禮文之重者"
○악운악운종고운호재(樂云樂云鐘鼓云乎哉) : 사람들이 '악이다' 이르고 '악이다' 이르지만, 악이라고 하는 것이 종고를 이르는 것인가? 강조하기 위해서 '樂云'과 '鐘鼓云'은 '云樂'과 '云鐘鼓'를 도치시킨 것. ☞종고(鐘鼓) : 종과 북. 제후(諸侯)가 조빙(朝聘)·회

맹(會盟)할 때 연주했음. 종(鐘)은 금속으로 된 악기 등속을 말하고 고(鼓)는 가죽으로 된 악기 등속을 말함. 또 종(鐘)은 추분(秋分)의 소리에 해당하고, 고(鼓)는 춘분(春分)의 음에 해당하여 각각 소리를 조화롭게 함. ☞운호재(云乎哉) : 허사(虛詞)가 연용되어 '云'은 '이르는 것'을 나타내고, '乎哉'는 어조사가 연용된 형태로 의문이나 반문, 그리고 감탄을 나타내는 경우에 쓰이는데, 여기서는 반문을 나타냄. "鍾金屬 鼓革屬 樂器之大者"

○이 글은 입버릇처럼 예악(禮樂)을 말하는 사람을 훈계한 내용인데, 근본을 잊고 지엽적인 내용을 거론하는 사람이 많음을 지적한 것이다. 다음을 참고하면 많은 도움이 될 것이다. 「논어집주(論語集註)」 "慶源輔氏曰 敬者在中之禮 禮之本也 玉帛則禮之器 所以將吾敬而播之於外者也 禮之末也 和者在中之樂 樂之本也 鐘鼓則樂之器 所以發吾和而播之於外者也 樂之末也"

敬而將之以玉帛이면 則爲禮요 和而發之以鐘鼓면 則爲樂이라하니 遺其本而專事其末이면 則豈禮樂之謂哉리오
○程子曰 禮只是一箇序요 樂只是一箇和니 只此兩字가 含蓄多少義理라 天下에 無一物無禮樂하니 且如置此兩椅에 一不正이면 便是無序요 無序면 便乖요 乖면 便不和라 又如盜賊이 至爲不道나 然이나 亦有禮樂하니 蓋必有總屬하여 必相聽順이라야 乃能爲盜요 不然이면 則叛亂無統하여 不能一日相聚而爲盜也라 禮樂은 無處無之하니 學者는 要須識得이니라

　공경스럽게 해서 옥백을 받들면 예가 된다 하고 조화롭게 해서 종고로써 나타내면 악이 된다 하니, 근본을 버리고 오로지 그 지엽적인 것만을 일삼는다면 어찌 예악이라고 이르겠는가?
　○정자가 말했다. "예는 다만 하나의 차례일 뿐이고 악은 다만 하나의 조화일 뿐이니, 다만 이 두 글자가 매우 많은 뜻을 함축하고 있다. 천하에 한 가지 사물이라도 예악이 없는 것이 없으니, 또한 여기 두 개의 걸상을 둘 적에 하나가 바르지 않으면 곧 차례차례 이어진 것이 끊어질 것이고, 차례차례 이어진 것이 없으면 바로 무너질 것이고, 무너지면 조화를 이루지 못하는 것과 같을 것이다. 또한 도적들이 도리에 벗어난 일을 행하는 데 이르렀지만 또한 그들에게도 예와 악이 있으니, 대개 반드시 우두머리와 부하가 있어서 반드시 서로 듣고 따라야만 도적질을 할 수 있고, 그렇지 않으면 반란이 일어나고 계통이 없어서 능히 하루라도 서로 모여 도적질을 할 수 없는 것과 같을 것이다. 예악은 어느 곳이든 없는 곳이 없으니, 배우는 이들은 모름지기 알아야 할 것이다."

○다소(多少) : ①수량이 많고 적음. ②매우 많음. 허다(許多). 여기서는 ②의 뜻.
○의(椅) : 걸상. 의자.
○편(便) : …이다. 부사로서 매우 짧은 시간을 나타내며, 앞뒤의 사건을 긴밀히 이어 준다.
○괴(乖) : 어그러지다. 빗나가 틀어지다. 맞지 않다.
○서(序) : 잇다[次也]. 차례차례 잇다. 차례.
○역유예악(亦有禮樂) : 또한 예악이 있음. 도둑에게도 예악이 있음. 도둑에게도 도둑으로서의 도리가 있다는 말[盜亦有道]. ☞도역유도(盜亦有道) : 춘추(春秋) 때 노(魯)나라 사람 도척(盜跖)이 도둑에게도 도(道)가 있느냐는 물음에 대답한 말로, 귀중품이 숨겨져 있는 곳을 알아맞힘은 성(聖)이요, 훔치는 데 앞장서는 것은 용(勇)이요, 나올 때 뒤늦게 나오는 것은 의(義)요, 훔쳐야 할 때와 장소의 적부(適否)를 아는 것은 지(智)요, 훔친 물건을 공평하게 나누는 것은 인(仁)이라고 대답했다는 고사.
○청순(聽順) : 말을 좇음. 명령에 따름.

[備旨] 夫子欲人探禮樂之本에 曰人皆執玉帛以云禮也로되 而不知禮는 必有爲之本者요 特假玉帛以將之耳라 禮云禮云이나 徒玉帛云乎哉아 人皆執鍾鼓以云樂也로되 而不知樂은 必有爲之本者요 特假鍾鼓以發之耳라 樂云樂云이나 徒鍾鼓云乎哉아 然則有存於玉帛鍾鼓之先하고 宰於玉帛鍾鼓之內者가 在矣니 人奈何不一思也리오

　부자께서 사람들에게 예악의 근본을 탐구하도록 할 적에 말씀하시기를, "사람들이 모두 옥백을 잡고서 예라고 이르지만, 예는 반드시 행실의 근본이 되고 단지 옥백을 빌려서 받들었음을 알지 못할 따름이다. '예다' '예다' 이르지만 다만 옥백을 이르는 것이겠는가? 사람들이 모두 종고를 잡고서 악이라고 이르지만, 악은 반드시 행실의 근본이 되고 단지 종고를 빌려서 나타냈음을 알지 못할 따름이다. '악이다' '악이다' 이르지만 다만 종고를 이르는 것이겠는가? 그렇다면 예악의 근본은 옥백이나 종고보다도 앞에 둬야 하고, 옥백이나 종고보다도 마음 안을 다스리는 것이 있어야 할 것이니, 사람이 어찌 한 번 생각해보지 않겠는가?"라고 하셨다.

17·12·1 子曰 色厲而內荏을 譬諸小人컨대 其猶穿窬之盜也與인저

공자께서 말씀하셨다. "얼굴빛은 위엄이 있지만 마음이 유약한 사람을 소인에게 비유해 보면, 아마도 벽을 뚫고 담을 넘는 도둑과 같을 것이다."

○색려이내임(色厲而內荏) : 밖으로 드러나는 얼굴빛은 위엄이 있지만 마음이 유약하다. ☞색(色) : 얼굴색. 밖으로 드러난 것. ☞여(厲) : 위엄이 있다. 엄숙하다. ☞내(內) : 마음. 속. ☞임(荏) : 부드럽고 약하다. 유약하다. '衽(임)'과 통함. "色對內言 凡形於外者皆是"
○비저소인(譬諸小人) : 그를 소인에게 비유하다. '諸'는 '之於'의 준말. "小人種類甚多"
○기유천유지도야여(其猶穿窬之盜也與) : 아마도 벽을 뚫고 담을 넘는 도둑과 같다. ☞기(其) : 부사로서 진술하는 문장에 쓰여 '아마도'라는 뜻으로 쓰였음. ☞천유(穿窬) : 벽을 뚫거나 담을 넘음. 도적질을 함. 천유(穿踰). 천벽유장(穿壁窬牆)의 줄인 말. "穿窬是就小人中之出者"

厲는 **威嚴也**요 **荏**은 **柔弱也**라 **小人**은 **細民也**라 **穿**은 **穿壁**이요 **窬**는 **踰牆**이니 **言其無實盜名**하여 **而常畏人知也**라

여(厲)는 위엄이고 임(荏)은 유약함이다. 소인(小人)은 서민이다. 천(穿)은 벽을 뚫는 것이고 유(窬)는 담을 넘는 것이니, 그것은 실상도 없이 이름만 훔쳐 항상 남들이 알까 두려워함을 말씀한 것이다.

○세민(細民) : 서민. 가난한 백성. 벼슬이 없는 일반 백성을 이름
○도명(盜名) : 명예를 도둑질한다는 뜻으로, 실력도 없이 이름 내기를 좋아하는 짓을 이름.

[備旨] 夫子鄙當時在位者之盜名也에 曰人必表裏相符然後에 可謂之君子니 乃若容色嚴厲하여 似乎確然有守하고 毅然有爲者로되 而內實柔弱하여 而不振利得以誘之하고 害得以怵之하니 不勝其荏焉이라 如此之人은 無實盜名하여 當畏人知하니 譬諸小人之中컨대 其猶穿窬之盜也與인저 蓋盜名而畏人知와 與盜物而畏人知는 其爲心一也니 不亦深可恥哉아

부자께서 당시 자리를 차지하고 있는 사람들에게 명예를 훔치는 것을 멸시할 적에 말씀하시기를, "사람은 반드시 겉과 속이 서로 부합한 뒤에 군자라고 이를 수 있으니, 얼굴색은 엄격하게 해서 확연히 지키고 의연히 행하는 사람 같지만, 그러나 안으로는 실제로 유약해서 이익 때문에 유혹되고 손해 때문에 두려움을 떨쳐버리지 못하니 그

유약함을 이기지 못하는 것이다. 이와 같은 사람은 실상도 없이 명예만 훔쳐서 당연히
남들이 알까 두려워하니, 소인 가운데 비유하자면 아마도 벽을 뚫고 담을 넘는 도둑과
같을 것이다. 대개 명예를 훔쳐 남들이 알까 두려워하는 것과 물건을 훔쳐 남들이 알
까 두려워하는 것은 그 마음을 쓰는 것은 하나이니, 또한 심히 부끄러워해야 하지 않
겠는가?"라고 하셨다.

○비(鄙) : 수치로 여기다. 천하게 여기다. 멸시하다.
○내약(乃若) : …에 이르러서는. 접속사로서 다른 화제를 제시함을 나타냄. 뒷부분에
잘 쓰임.
○엄려(嚴厲) : 매우 엄격하고 너그럽지 않음. 허술한 데가 없어 지독함. 엄준(嚴峻).
○유약(柔弱) : 부드럽고 약함. 연약함.
○의연(毅然) : 의지가 강하여 사물에 동하지 아니하는 모양. ☞의(毅) : 굳세다.
○출(怵) : 두려워하다. 슬퍼하다.

17·13·1 子曰 鄕原은 德之賊也니라

공자께서 말씀하셨다. "마을에서는 근후한 체하나 실제로 세속에 영합하는 사람은
덕을 해치는 것이다."

○향원(鄕原) : 마을에서는 근후(謹厚)한 체하나, 실제로는 세속에 영합하는 위선자(僞
善者). 향원(鄕愿). "原謹厚也 原稱於鄕 非士君子公論所在"
○덕지적야(德之賊也) : 덕을 해치다. ☞덕(德) : 올바른 도리. ☞적(賊) : 해치다. '之'자
는 서술어와 목적어를 도치시킬 적에 쓴 어조사. '德之賊也'는 원래 '賊德也'였는데, 강
조하기 위해 '之'자를 넣어 '德之賊也'가 되었다. 즉 '서술어＋목적어'의 구조였는데, 도
치되어 '목적어＋之＋서술어'의 구조로 된 것이다. "德指正理言 賊害也"

**鄕者는 鄙俗之意라 原은 與愿으로 同이니 荀子原愨註에 讀作愿이 是也라 鄕原은
鄕人之愿者也니 蓋其同流合汙하여 以媚於世라 故로 在鄕人之中에 獨以愿稱이라
夫子以其似德非德하여 而反亂乎德이라 故로 以爲德之賊하여 而深惡(오)之하시니
詳見(현)孟子末篇이라**

향(鄕)은 비속하다는 뜻이다. '原'은 '愿'과 같으니, 「순자」 '原愨'이라는 말에 주

를 달 적에 '原'을 읽기를 '愿'이라 한 것이 이것이다. 향원(鄕原)은 시골 사람 중에
근후한 자다. 대개 그는 세상 풍속에 따라 처신하여 세상 사람들에게 아첨했기 때
문이다. 그러므로 시골 사람들 중에서 홀로 근후하다고 칭송을 받는 것이다. 부자
께서는 그것이 덕과 비슷하나 덕이 아니어서 도리어 덕을 어지럽혔다고 생각했기
때문이다. 그러므로 덕의 적이라고 생각하여 매우 미워하셨으니,「맹자」끝 편에
자세하게 보인다.

○원(愿) : 삼가다. 공손하다. 성실하다.
○원각(原殼) : 소박하고 성실함. ☞각(殼) : 껍질.「순자(荀子)」《정론(正論)》"荀子正
論篇上 端誠則下愿殼矣 謂在上者 能端莊誠實 則下知謹愿而純愨也"
○동류합오(同流合汙) : 세속(世俗)을 따라 처신함. '합오(合汙)'는 행실을 시속(時俗)에
맞추어 가는 일.「맹자(孟子)」《진심하(盡心下)》"同乎流俗 合乎汙世"
○미(媚) : 아첨하다. 아양을 떨다. 아리땁다.

[備旨] 夫子嚴亂德之防에 曰人之有德者는 爲君子요 無德者는 爲小人이니 不難辨也라
唯鄕原者는 同流合汙하여 似忠信而非忠信하여 反亂乎忠信이요 似廉潔而非廉潔하여 反
亂乎廉潔이라 豈非德之賊乎아 立德之君子는 宜辨之早矣라

　부자께서 덕을 어지럽히는 것을 엄하게 방지할 적에 말씀하시기를, "사람이, 덕이 있
는 사람은 군자가 되고 덕이 없는 사람은 소인이 되니 분별이 어렵지 않다. 오직 마을
에서는 근후한 체하지만 실제로는 세상 풍속에 영합하는 사람은 세상 풍속에 따라 처
신하여 충성스럽고 신실한 것 같지만 충성스럽고 신실하지 못하여 도리어 충성스럽고
신실함을 어지럽히는 것이요, 청렴하고 깨끗한 것 같지만 청렴하고 깨끗하지 못하여
도리어 청렴하고 깨끗함을 어지럽히는 것이니, 어찌 덕을 해치는 것이 아니겠는가? 덕
을 세우는 군자는 마땅히 분별을 빨리해야 할 것이다."라고 하셨다.

17·14·1 子曰 道聽而塗說이면 德之棄也니라

공자께서 말씀하셨다. "길에서 듣고 길에서 말해 버리면 덕을 버리는 것이다."

○도청이도설(道聽而塗說) : 길에서 듣고 이내 길에서 옮겨 말함. '눈 아래에 있는
길[道]'에서 들은 것을 '머리 앞에 있는 길[塗]'에서 말해버린다는 뜻으로, 덕을 쌓
지 않음을 경계한 말. 도청도설(道聽塗說). "道是眼下路 塗是前頭路 總極擬其入耳

出口 略無停待意"

○덕지기야(德之棄也) : 덕을 버리는 것이다. ☞기(棄) : 버리다. 의리를 마음에 얻지 못하다. '德之棄也'는 원래 '棄德也'였는데, 강조하기 위해 '之'자를 넣어 '德之棄也'가 되었다. 해설은 17・13・1참고. "棄是義理無得於心"

○이 글은 구이지학(口耳之學)이나 구이강설(口耳講說)을 경계한 말이다. ☞구이지학(口耳之學) : 귀로 들은 바를 이내 입으로 지껄이는 천박한 학문. 자신을 이롭게 하지 못하는 학문. "小人之學也 入乎耳 出乎口 口耳之間 則四寸耳 曷足以美七尺之軀哉"

雖聞善言이나 **不爲己有**면 **是**는 **自棄其德也**라
○**王氏曰 君子多識前言往行**하여 **以畜**(축)**其德**이니 **道聽塗說**이면 **則棄之矣**니라

　비록 좋은 말을 들었다 하더라도 자기의 소유로 삼지 않으면, 이는 스스로 그 덕을 버리는 것이다.
　○왕 씨가 말했다. "군자는 옛 성현의 말이나 행실을 많이 알아서 자기의 덕을 쌓아야 할 것이니, 길에서 듣고 길에서 말해버린다면 덕을 버리는 것이다."

○전언왕행(前言往行) : 옛 성현의 언행. 「주역(周易)」《산천대축(山天大畜)》"象曰 天在山中이 大畜이니 君子以하여 多識前言往行하여 以畜其德하나니라"(상에 말하기를, 하늘이 산 속에 있는 것이 대축(大畜)이니, 군자가 본받아서 예전의 말과 지나간 행실을 많이 앎으로써 그 덕을 쌓느니라) ☞주역 64괘의 하나인 건하간상(乾下艮上)를 말함. 하괘 건(乾)은 하늘을 뜻하고 상괘 간(艮)은 많이 쌓음을 뜻하여, 학문과 덕행을 많이 쌓음을 나타냄.
○축(畜) : 쌓다. 반절법(半切法)으로 '勅六反'이기에 '축'으로 읽음. '기르다[育]'라는 뜻일 때는 '흑'으로 읽음. ☞반절법(半切法) : 한자의 독음을 다른 두 한자로 나타내는 방법. 첫 글자의 초성과 둘째 글자의 중성・종성을 따는 것으로, 가령 '東'자의 독음을 '德洪切'이라 하는 따위.

[備旨] 夫子爲不能畜德者儆에 曰天下之善言은 皆吾德之資也라 故로 聞善言하여 必存之心하여 而體之身이면 是는 卽吾之德矣어니와 乃若聽之於道로되 而卽說之於前塗면 此는 特爲口耳之資요 而無身心之益하여 終不爲己有矣니 是自棄其德也라 然則聞善言者는 務默識而力行之可矣라

　부자께서 덕을 쌓지 못하는 사람들을 주의시킬 적에 말씀하시기를, "천하의 좋은 말

은 모두 자기의 덕에 도움이 된다. 그러므로 좋은 말을 듣고서 반드시 마음에 보존해서 몸에 체험한다면 이것은 바로 나의 덕이 되겠지만, 길에서 들었지만 그러나 즉시 앞에 있는 길에서 말을 해버린다면 이는 다만 입이나 귀에만 도움을 줄 뿐이고 몸과 마음에는 도움을 주는 것이 없어서 끝내 자기에게는 도움이 되지 않을 것이니, 이렇게 된다면 스스로 그 덕을 버리게 되는 것이다. 그렇다면 좋은 말을 들은 사람은 말없이 마음에 간직하는 데 힘을 써서 있는 힘을 다하는 것이 좋을 것이다."라고 하셨다.

○내약(乃若) : …에 이르러서는. 접속사로서 다른 화제를 제시함을 나타냄. 뒷부분에 잘 쓰임.
○묵지(默識) : 말하지 않고 마음에 간직함. 묵이지지(默而識之). 주자(朱子)는 본서 7·2·1의 집주(集註)에서 "識(지)는 記也니 默識는 謂不言而存諸心也라"라고 설명했다. 「중문대사전(中文大辭典)」"謂暗中識記於心也"
○역행(力行) : 있는 힘을 다해 행함.

17·15·1 子曰 鄙夫는 可與事君也與哉아

공자께서 말씀하셨다. "비루한 사나이는 그와 더불어 임금을 섬길 수 있겠는가?

○비부(鄙夫) : 비루한 사나이. 뜻이 낮고 이상이 없는 사람. 성품은 범상하고, 마음은 악하고, 식견은 비루하고, 재주는 남보다 모자라는 사람을 총칭하여 비부라고 함. 《비부절지(鄙夫節旨)》"其品則庸 其心則惡 其識則陋 其才則劣 合此四字 總成一箇鄙夫"
○가여사군야여재(可與事君也與哉) : 그와 더불어 임금을 섬길 수 있는가? ☞여(與) : 더불어. 함께. 여기서는 상성(上聲)으로 쓰였음. '與' 다음에 '之'자가 생략되었음. ☞야여재(也與哉) : '…하겠습니까?' '…합니까?' 허사(虛詞)가 연용되어 '也'는 단정을, '與'는 의문을, '哉'는 반문을 나타낸다. 여기서는 '與哉'가 심히 개탄하여 같이 할 수 없다는 뜻이다. 여기서 '與'는 평성(平聲). "與字作共字看 與哉二字 是深慨其不可與意"

鄙夫는 庸惡陋劣之稱이라

비부(鄙夫)는 용렬하고 악하며 비루하고 졸렬함을 일컫는다.

○용악(庸惡) : 용렬하고 악함. 「논어집주(論語集註)」"慶源輔氏曰 庸謂凡常 惡只是惡 陋謂猥瑣 劣謂昏弱 四者皆鄙也"
○누열(陋劣) : 천하고 모자람. 변변치 못하고 거칢.

[備旨] 夫子窮鄙夫之心은 不可令其一日容於朝也에 日爲人臣者는 必有忘身之誠而後에 有事君之義하나니 若鄙夫者는 其質性庸惡하여 全無忠義之心하고 識趣陋劣이요 又乏剛 正之節하니 豈可與之로 共事君也與哉아

　　부자께서 비루한 사람의 마음은 하루라도 조정에 용납하게 해서는 안 된다는 것을 궁구할 적에 말씀하시기를, "신하가 된 사람은 반드시 몸을 잊어버리고 일하는 정성을 가진 뒤에 임금을 섬기는 의리를 가질 수 있는 것이니, 비루한 사람은 그의 타고난 성질이 용렬하고 악하여 일체 충의의 마음도 없고 식견과 취향이 천하고 모자랄 뿐만 아니라 또 강직하고 바른 예절도 모자라니, 어찌 그와 더불어 함께 임금을 섬길 수 있겠는가?

○질성(質性) : 타고난 성질. 또는 자질.
○식취(識趣) : 식견과 취향.
○핍(乏) : 모자라다. 부족하다.
○강정(剛正) : 강직하고 방정(方正)함. 강방(剛方).

17・15・2 其未得之也에는 患得之하고 旣得之하여는 患失之하나니

　　그가 부귀를 얻기 전에는 얻을 것을 걱정하고, 이미 얻고 나서는 잃을 것을 걱정하니,

○기미득지야(其未得之也) : 그가 아직 부귀를 얻지 못했을 적에. "四之字俱指富貴 說"
○환득지(患得之) : 부귀를 얻을 것을 걱정하다. "患得便有多方以圖必得之"
○기득지환실지(旣得之患失之) : 이미 부귀를 얻은 뒤에는 부귀를 잃어버릴 것을 걱정하다. "患失便有百計以保不失意"

何氏曰 患得之는 謂患不能得之라

하 씨가 말했다. "'患得之'는 능히 얻지 못할까 걱정함을 이른다."

[備旨] 夫鄙夫之不可與事君者는 何也오 蓋鄙夫는 不知有君하고 其所志者는 唯富貴權利
以自便耳라 方其未得之也에는 則患其不能得之하여 日汲汲焉求其必得而已라가 及其旣得
之也하여는 則又患其失之하여 日營營焉求其不失而已라

대저 비루한 사람과는 더불어 임금을 섬길 수 없다는 것은 왜일까? 대개 비루한 사
람은 임금이 있다는 것을 알지 못하고 그가 뜻하는 바는 오직 부귀와 권리로써 자신만
편하고자 할 따름이다. 바야흐로 부귀와 권리를 얻기 전에는 그는 능히 얻지 못할까
걱정하여 날마다 아주 절박하게 해서 그가 꼭 얻기만을 구하다가, 그가 이미 얻었을
적에는 또 그것을 잃어버릴 것을 걱정해서 날마다 바쁘게 돌아다니면서 그가 잃지 않
을 것만 구할 따름이다.

○자편(自便) : 제 한몸의 편리에 따름.
○급급언(汲汲焉) : 마음이 몹시 절박한 모양.
○영영언(營營焉) : 왕래가 빈번한 모양. 분주하게 일하는 모양. ☞영영급급(營營汲汲) :
명예나 이익을 얻으려고 매우 바쁘게 돌아다님. 영영축축(營營逐逐).

17 · 15 · 3 苟患失之면 無所不至矣니라

진실로 잃어버릴까 걱정하면 이르지 못하는 곳이 없을 것이다."

○구환실지무소부지의(苟患失之無所不至矣) : 진실로 잃어버릴 것을 걱정하면 못
할 짓이 없다. "無所不知 乃莫可形容之辭 一形容之反淺"

小則吮癰舐痔요 大則弑父與君이니 皆生於患失而已라
○胡氏曰 許昌靳裁之가 有言曰 士之品에 大槪有三하니 志於道德者는 功名이
不足以累其心하고 志於功名者는 富貴가 不足以累其心하고 志於富貴而已者는
則亦無所不至矣라하니 志於富貴가 卽孔子所謂鄙夫也니라

작은 일을 말하면 등창을 빨고 치질을 핥는 일일 것이요 큰 일을 말하면 아버
지와 임금을 시해하는 일일 것이니, 모두 잃을까 걱정한 데서 생긴 일일 따름이다.

○호 씨가 말했다. "허창 땅의 근재지라는 사람이 이런 말을 했다. '선비의 품격에는 크게 볼 적에 세 가지가 있으니, 도덕에 뜻을 둔 자는 공명이 그 마음을 얽맬 수 없고, 공명에 뜻을 둔 자는 부귀가 그 마음을 얽맬 수 없고, 부귀에 뜻을 둔 자는 또한 이르지 못하는 곳이 없을 것이다.' 하였으니, 부귀에 뜻을 둔 자가 바로 공자께서 이르신 비루한 사람일 것이다."

○연옹지치(吮癰舐痔) : 입으로 등창을 빨고 치질을 핥아 독을 제거함. 윗사람에게 몹시 아첨함을 이르는 말. 「장자(莊子)」《열어구편(列禦寇篇)》에 나오는 고사.
○시부여군(弑父與君) : 아버지와 임금을 죽임. '弑'는 '殺'과 같은 뜻이지만, 대체로 '자식이 어버이를' '신하가 임금을' 아랫사람이 윗사람을 죽이는 데 쓰임.
○허창(許昌) : 하남성(河南省)의 현(縣) 이름. 허주(許州). 주(周) 때 설치한 주 이름. 조조(曹操)가 헌제(獻帝)를 맞아 이곳에 도읍하였고, 그 아들 조비(曹丕)가 이름을 허창(許昌)으로 고쳤음. 지금의 하남성(河南省) 허창시(許昌市).
○근재지(靳裁之) : 송(宋)나라 영천(潁川) 사람. 영천(潁川)은 하남성(河南省)의 등본현(登封縣)에서 발원하여 안휘성(安徽省)에서 회수(淮水)로 흘러들어가는 강. ☞근(靳) : 가슴걸이 근. 말의 가슴걸이.「중문대사전(中文大辭典)」"宋 潁川人 通儒術 嘗師事胡安國 見宋史"

[備旨] 夫事君이로되 而苟至於患失之면 則凡可以保其得而免其失者가 亦何所不至哉아 小而汚辱之行와 大而簒弑之謀를 皆將悍然不顧而爲之矣라 此其流弊所必至者리니 而可與之로 事君也哉아

무릇 임금을 섬기면서도 진실로 부귀와 권리를 잃어버릴까 걱정한다면, 결국 그가 얻은 것만 감싸고 그가 잃어버릴 것만을 면하려는 사람이 또한 어느 곳에 이르지 않겠는가? 작게는 더럽히고 욕되게 행하는 것과 크게는 임금을 시해하려고 도모하는 것을 모두 멋대로 돌아보지도 않고서 행하려고 할 것이다. 이렇게 된다면 그 유폐가 반드시 이르게 될 것이니 그와 더불어 임금을 섬기겠는가?"라고 하셨다.

○범(凡) : 결국. 대체로. 대개. 부사로서 총괄함을 나타냄.
○오욕(汚辱) : 더럽히고 욕되게 함.
○찬시(簒弑) : 임금을 죽이고 그 자리를 빼앗음. 찬살(簒殺).
○한연(悍然) : 성질이 사나운 모양. 도리에 어그러진 모양.
○유폐(流弊) : 이전부터 전해 내려오는 나쁜 습관. ↔유풍(流風).

17·16·1 子曰 古者엔 民有三疾이러니 今也엔 或是之亡(무)也로다

공자께서 말씀하셨다. "옛날에는 사람들에게 세 가지 병폐가 있었는데, 오늘날에는 어쩌면 이것마저 없어졌는지 모르겠구나!

○고자민유삼질(古者民有三疾) : 옛날에는 사람들에게 세 가지 병폐가 있다. ☞고자(古者) : 옛날에. '者'는 시간을 나타내는 말 뒤에 쓰이는 어조사. ☞민(民) : 사람. 백성. ☞삼질(三疾) : 세 가지 폐단. 기품(氣稟)이 치우친 부문. 곧 17·16·2에 나오는 '肆, 廉, 直'을 말함. "民卽作人字看 泛言"
○금야혹시지무야(今也或是之亡也) : 오늘날엔 아마 이것도 없어진 것 같다. ☞혹(或) : 어쩌면 …일지도 모른다. 아마 …일지도 모른다. 혹은 …일지도 모른다. 부사로서 추측이나 별로 긍정하지 않을 때 씀. ☞시(是) : 대명사로서 '三疾'을 가리킴. ☞지(之) : 서술어와 목적어를 도치시킬 적에 쓴 어조사. '或是之亡也'는 원래 '或亡是也'였는데, 강조하기 위해 '之'자를 넣어 '或是之亡也'가 되었다. 즉 '서술어＋목적어'의 구조였는데, 도치되어 '목적어＋之＋서술어'의 구조로 된 것이다. ☞무(亡) : '망'으로 읽으면 평성(平聲)의 '陽'부에 속하여 '잃다[失]'란 뜻이고, '무'로 읽으면 평성(平聲)의 '虞'부에 속하여 '없다[無]'는 뜻임.
"或者未必盡然意 是字指三疾言"

氣失其平이면 則爲疾이라 故로 氣稟之偏者를 亦謂之疾이라 昔所謂疾이 今亦亡(무)之는 傷俗之益衰也시니라

기운이 공평함을 잃으면 병폐가 된다. 그러므로 기품이 치우친 것을 또한 병폐라고 한다. 옛날 병폐가 오늘날 또한 없어졌다고 이른 것은 풍속이 더욱 쇠해졌음을 슬퍼하신 것이다.

[備旨] 夫子致慨에 曰古今은 人之不相及也로되 豈特中和之質哉아 卽如古者之民은 其氣稟之偏駁者를 謂之疾이니 疾蓋有三焉이라 夫曰疾은 固已偏矣나 然이나 觀之於今에 所趨愈下하니 或倂是而亦亡之也로다

부자께서 개탄할 적에 말씀하시기를, "옛날과 오늘날은 사람이 서로 미칠 수 없지만, 어찌 중화의 바탕뿐이겠는가? 곧 옛날 사람들은 그 기품이 치우친 것을 병폐라고 불렀던 것이니, 병폐에는 대개 세 가지가 있었다. 무릇 병폐라고 말한 것은 진실로 너무 치

우치지만, 그러나 오늘날 살펴볼 적에 쫓아가는 것도 더욱 보잘 것 없이 되어 버렸으니, 어쩌면 아울러 이것마저도 또한 없어졌는지 모르겠구나!

○중화(中和) : 성정(性情)이 치우침이 없이 조화를 이룸.
○특(特) : 단지. 겨우. …에 지나지 않는다. 부사로서 어떤 범위에 한정되는 것을 나타냄.
○편박(偏駁) : 치우친 것.
○추(趨) : 쫓다. 달리다.

17·16·2 古之狂也는 肆러니 今之狂也는 蕩이요 古之矜也는 廉이러니 今之矜也는 忿戾요 古之愚也는 直이러니 今之愚也는 詐而已矣로다

옛날 뜻이 높은 사람은 사소한 예법에 구애받지 않았는데 오늘날 뜻이 높은 사람은 법도를 넘어 지나치기만 하고, 옛날 엄했던 사람은 위엄이 있었는데 오늘날 엄한 사람은 도리에 벗어난 행동만 하고, 옛날 어리석은 사람은 정직했었는데 오늘날 어리석은 사람은 간사하기만 할 따름이다.

○고지광야사(古之狂也肆) : 옛날의 뜻이 높은 사람은 자유분방하여 작은 일에 구애받지 않다. ☞광(狂) : 뜻이 높다[志極高]. 또는 그런 사람. 청광(淸狂)과 통함. ☞청광(淸狂) : 성정(性情)이 청아(淸雅)하고 속되지 않으면서도, 그 하는 짓이 상례(常例)에서 벗어남. ☞사(肆) : 조그마한 행실이나 사소한 예법에 구애받지 않음. "肆謂細行不謹"
○금지광야탕(今之狂也蕩) : 오늘날의 뜻이 높은 사람은 법도를 넘어 지나치기만 하다. ☞탕(蕩) : 방탕함. 법도를 넘어 지나침. "蕩謂踰越規矩"
○고지긍야렴(古之矜也廉) : 옛날의 엄했던 사람은 위엄이 있다. ☞긍(矜) : 자기 자신을 지키기를 아주 엄하게 하다. ☞염(廉) : 말이나 행동이 모나다. 여기서는 '엄하다' '꼿꼿하다' 정도의 의미. "廉露圭角立涯岸 示人難犯意"
○금지긍야분려(今之矜也忿戾) : 오늘날의 엄한 사람은 분개하여 도리에 벗어난 행동을 하다. ☞긍(矜) : 자신을 지키기를 엄하게 하다. ☞분려(忿戾) : 다툼. 분개하여 도리에 벗어난 행동을 함. "忿戾就要去凌人了"
○고지우야직(古之愚也直) : 옛날의 어리석은 사람은 정직했다. ☞직(直) : 고지식함. 일의 상세한 경위도 없이 행동함. "直謂全無委曲"

○금지우야사이이의(今之愚也詐而已矣) : 오늘날의 어리석은 사람은 간사할 따름이다. ☞사(詐) : 간사함. 사사로운 마음을 품고 함부로 행동함. "詐是强作機械"

狂者는 志願太高라 肆는 謂不拘小節이요 蕩은 則踰大閑矣라 矜者는 持守太嚴이라 廉은 謂稜角峭厲요 忿戾는 則至於爭矣라 愚者는 暗昧不明이라 直은 謂徑行自遂요 詐는 則挾私妄作矣라
○范氏曰 末世滋僞하니 豈惟賢者不如古哉리오 民性之蔽도 亦與古人으로 異矣니라

광(狂)이란 바라고 원하는 것이 아주 높은 것이다. 사(肆)는 작은 예절에 구애받지 않음을 이름이요, 탕(蕩)은 예의를 넘어선 것이다. 긍(矜)이란 것은 자신을 지키기를 아주 엄하게 하는 것이다. 염(廉)은 위엄이 있어서 성격이 엄준함을 이름이요, 분려(忿戾)는 다투는 것이다. 우(愚)란 사리에 어둡고 총명하지 못한 것이다. 직(直)은 감정대로 행하고 마음대로 함을 이름이요, 사(詐)는 사사로운 마음을 품고 함부로 행동하는 것이다.
○범 씨가 말했다. "말세에는 거짓이 불어나니, 어찌 현자만 옛날 사람과 같지 않을 뿐이겠는가? 백성의 성정이 사리에 어두워짐도 또한 옛날 사람과는 달라졌다."

○지원(志願) : 바라고 원함. 지망(志望).
○유대한(踰大閑) : 예의를 지나치다[禮義爲大閑]. 법규를 넘다. 본서 "19‧11‧1 子夏曰 大德이 不踰閑이면 小德은 出入이라도 可也니라" 참고.
○능각(稜角) : 물체의 뾰족한 모서리. 서슬이 등등함을 비유하지만, 여기서는 '위엄이 있는 사람의 정도'를 나타냄. ☞능(稜) : ①모서리 ②위엄. 위세.
○초려(峭厲) : 높고 가파름. 성격이 엄준(嚴峻)함. '峭'는 '陗'와 통함.
○암매(暗昧) : 사리에 어둡고 용렬함. 또는 그런 사람. 진위(眞僞)가 분명하지 않음.
○폐(蔽) : 어두움. 사리에 어두움.
○협사(挾私) : 사정(私情)을 둠.
○경행(徑行) : 생각나는 대로 행함. '경정(徑情)' '직정경행(直情徑行)'과 같은 말.
☞직정경행(直情徑行) : 예법을 돌아보지 아니하고 제멋대로 함. 아무 꾸밈없이 생각한 그대로 행함. 경정직행(徑情直行).
○기유(豈惟) : 어찌 …에 그치겠는가? 부사로서 반문하는 데 쓰이며 어떤 범위에 제한되지 않음을 나타냄.

[備旨] 何以見之리오 古之人有志願太高者하니 此是狂之疾이라 然이나 其狂也도 不過

不拘小節하여 肆焉而已러니 若今之狂也는 則不顧禮義하고 踰於大閑之外하여 而流於蕩
焉하니 是無古者狂之疾矣이라 古之人有持守太嚴者하니 此是矜之疾이라 然이나 其矜也
도 不過稜角峭厲하여 廉焉而已러니 若今之矜也는 則逞其剛狠하여 與人으로 乖忤不和하
여 而流於忿戾焉하니 是無古者矜之疾矣라 古之人有暗昧不明者하니 此是愚之疾이라 然
이나 其愚也도 不過徑行自遂하여 直焉而已러니 若今之愚也는 則反用機關하여 不免挾私
妄作하여 而流於詐焉하니 是無古者愚之疾矣라 習俗之益衰를 可慨也夫로다

어찌 볼 수 있겠는가? 옛날 사람에게는 바라고 원하는 것이 아주 높았던 것이 있었
으니, 이것이 바로 뜻이 높은 사람의 병이었다. 그러나 그 뜻이 높은 사람도 작은 예절
에 구애받지 않아서 사소한 예법에 구애받지 않는 데 불과할 따름이더니, 오늘날 뜻이
높은 사람은 예의를 돌아보지 않고 법규의 밖을 넘어서서 방탕한 곳으로 흐르니, 곧
옛날 뜻이 높은 사람이 가졌던 병이 없다. 옛날 사람에게는 자신을 지키기를 아주 엄
하게 하는 것이 있었으니, 이것이 바로 엄히 하는 사람의 병이었다. 그러나 그 엄함도
위엄이 있어서 성격이 엄하여 꼿꼿함에 불과할 따름이더니, 오늘날 엄히 하는 사람은
그 성질이 군셈을 멋대로 하여 사람과 더불어 어그러지고 화합하지 못해서 다투는 곳
으로 흐르니, 곧 옛날 자신을 꼿꼿하게 가졌던 병이 없다. 옛날 사람에게는 사리에 어
둡고 총명하지 못한 것이 있었으니, 이것이 바로 어리석은 사람의 병이었다. 그러나 그
어리석음도 아무 꾸밈없이 생각한 그대로 행해 스스로 이루어서 정직에 불과할 따름이
더니, 오늘날 어리석은 사람은 도리어 심중의 계략을 써서 사사로운 마음을 품고 망령
되게 행해서 간사한 곳으로 흐름을 면치 못하니, 곧 옛날 어리석은 사람이 가졌던 병
이 없다. 습관이나 풍속이 더욱 쇠해졌음을 개탄할 일이로다!"라고 하셨다.

○강흔(剛很) : 성질이 굳세어서 말을 듣지 아니함.
○괴오(乖忤) : 배반하여 거역함. 어그러짐. 괴오(乖迕).
○기관(機關) : 심중의 계략. 책략을 꾸미는 속마음.

17·17·1 子曰 巧言令色이 鮮矣仁이니라

공자께서 말씀하셨다. "듣기 좋게 꾸미는 말과 보기 좋게 꾸미는 얼굴빛에는 인이
드물다."

○이 문장은 본래 「학이편(學而篇)」과 중복되는 내용이기에 「사서비지(四書備旨)」
에는 없다. 집주(集註)와 비지(備旨)의 내용은 1·3·1 참고.

重出이라

두 번 나온 것이다.

17·18·1 子曰 惡(오)紫之奪朱也하며 惡鄭聲之亂雅樂也하며 惡利口之覆邦家者하노라

공자께서 말씀하셨다. "자주색이 붉은 색을 빼앗는 것을 미워하며, 정나라의 음악이 아악을 어지럽히는 것을 미워하며, 날카로운 입으로 나라를 전복시키는 것을 미워한다."

○오자성지탈주야(惡紫之奪朱也) : 자주색이 붉은 색을 빼앗는 것을 미워하다. 붉은 색은 연하고 자주색은 짙으므로, 함께 있으면 단연코 자주색이 붉은 색보다 나아 보인다. 그러므로 붉은 색을 빼앗는다고 했다. "朱色淡紫色豔 紫與朱竝列 決然是壓過朱 故曰奪朱"

○오정성지난아악야(鄭聲之亂雅樂也) : 정(鄭)나라의 음악이 아악(雅樂)을 어지럽히는 것을 미워하다. 아음(雅音)은 담백하고 정성(鄭聲)은 음탕하므로, 함께 연주하면 단연코 정성(鄭聲)이 아음(雅音)을 지나친다. 그러므로 아악(雅樂)을 어지럽힌다고 했다. ☞정성(鄭聲) : 정(鄭)나라의 음악. 「시경(詩經)」의 《정풍(鄭風)》에는 음시(淫詩)가 많은데 이와 무관치 않을 것이다. 정(鄭)나라는 지금의 섬서성(陝西城)에 있었던 주 선왕(周宣王)이 아우 우(友)를 봉한 나라다. 본서 15·10·6 참고. ☞아악(雅樂) : 바른 음악. 천지와 종묘의 제례 및 조하(朝賀)·연향(宴享) 때 연주하는 음악. "雅音淡鄭聲淫 鄭與雅竝奏 決然是壓過雅 故曰亂雅樂"

○오이구지복방가자(惡利口之覆邦家者) : 날카로운 입으로 나라를 전복시키는 것을 미워하다. ☞이구(利口) : 말을 교묘하게 잘함. 구변(口辯)이 좋음. 이설(利舌). ☞이구첩급(利口捷給) : 구변이 좋아 막힘이 없음. "利口顚倒是非混淆賢不肖 最爲國家行政用人之患"

○위 문장에서 '者'는 문장의 종결을 나타낸다. 윗 문장에서 '~也~也~者'의 형태로 쓰였는데 '者'는 '也' 또는 '矣'에 해당한다.

朱는 正色이요 紫는 間色이라 雅는 正也라 利口는 捷給이라 覆은 傾敗也라

○范氏曰 天下之理는 正而勝者常少하고 不正而勝者常多하니 聖人所以惡(오)之

也시니라 利口之人은 以是爲非하고 以非爲是하며 以賢爲不肖하고 以不肖爲賢하니 人君苟悅而信之면 則國家之覆也不難矣니라

　붉은 색은 정색이고 자주색은 간색이다. 아(雅)는 바른 것이다. 이구(利口)는 말을 교묘하게 잘하는 것이다. 복(覆)은 기울어져 망하는 것이다.

　○범 씨가 말했다. "천하의 이치는 바르면서도 이기는 경우가 항상 적고, 바르지 않으면서도 이기는 경우가 항상 많으니, 성인께서 이 때문에 미워하신 것이다. 말 잘하는 사람은 옳은 것을 그르다 하고 그른 것을 옳다 하며, 현명한 사람을 못 나고 어리석다 하고, 못 나고 어리석은 사람을 현명하다 하니, 임금이 만일 이를 좋아하고 믿는다면 국가가 전복되는 것은 어렵지 않게 될 것이다."

○간색(間色) : 정색(正色)에 상대하여 이르는 말.
○첩급(捷給) : 응대(應對)를 민첩하게 잘하여 막히지 않음. 첩급(捷急).
○경패(傾敗) : 형세가 기울어져 패망(敗亡)함. 실패함.
○불초(不肖) : ①아버지의 덕망이나 유업을 이어받지 못함. 또한 이러한 아들. ②재목감이 못됨. 못나고 어리석음. 어질지 못함. ③자기의 겸칭. 여기서는 ②의 뜻.

[備旨] 夫子嚴邪正之防에 曰天下之理有邪有正이로되 而邪每易(역)以勝正하니 如色以朱爲正이로되 自紫色一出로 其豔冶足以炫目하여 而朱反爲所奪이라 故로 惡紫之能奪朱也요 樂以雅爲正이로되 自鄭聲一出로 其淫哇足以悅耳하여 而雅樂反爲所亂이라 故로 惡鄭聲之能亂雅樂也요 至若事理之是非와 人品之賢不肖하여는 本有定論이로되 乃有利口之人이 巧辯惑亂하여 能使人主로 乖張하여 而邦家以之覆矣라 故로 尤惡利口之能覆邦家者라 要之辨服色審音律컨대 紫與鄭聲은 固可惡矣라 圖治安之邦家라도 傾自利口하나니 其可惡를 更當何如오 人君은 可不痛絶之哉아

　부자께서 그릇됨과 올바름에 대한 방비를 엄하게 할 적에 말씀하시기를, "천하의 이치에는 그릇됨도 있고 올바름도 있지만 그릇됨이 늘 거꾸로 올바름을 이기니, 그것은 마치 색깔은 붉은 색을 바른 색으로 삼지만 자주색이 한번 나오니까 그 곱고 아리따움에 족히 눈이 부셔서 붉은 색이 도리어 빼앗기게 되는 것과 같다. 그러므로 자주색이 붉은 색을 빼앗는 것을 미워하는 것이요, 음악은 아악을 바른 것으로 여기지만 정나라 소리가 한번 나옴으로 인해 그 음란한 소리로 귀를 기쁘게 해서 아악이 도리어 어지럽게 되는 것과 같다. 그러므로 정나라 소리가 능히 아악을 어지럽히는 것을 미워하는 것이요, 사리의 옳고 그름이나 인품의 현명함과 현명치 못함은 본래 확정된 이론이 있지만, 말 잘하는 사람들이 궤변으로 미혹하거나 어지럽혀서 능히 임금으로 하여금 사

리에 어긋나게 하거나 서로 반대되도록 해서 나라가 이것 때문에 전복되게 되는 것과 같다. 그러므로 더욱이 말 잘하는 사람들이 나라를 전복시키는 것을 미워하는 것이다. 요약해서 복색을 분별하고 음률을 살펴본다면 자주색과 정나라 소리는 진실로 미워해야 할 것이다. 치안을 도모하는 나라라고 할지라도 원래 말을 교묘하게 잘하는 데로부터 무너지는 것이니, 그것이 미워해야 할 일인 것을 또 앞으로 어떻게 하겠는가? 임금은 몹시 경계하지 않을 수 있겠는가?"라고 하셨다.

○사정(邪正) : 그릇됨과 올바름.
○염(豔) : 색깔이 짙다. 곱다. 아름답다. 염(艶)과 같음.
○염야(豔冶) : 곱고 아리따움.
○현목(炫目) : 눈이 부심. 현목(眩目).
○음와(淫哇) : 음탕한 음악. 음란한 소리.
○지약(至若) : …에 이르러서는. 접속사로서 후반부에서 화제를 제시함.
○교변(巧辯) : 궤변(詭辯).
○혹란(惑亂) : 미혹하여 정신이 어지러움. 또는 미혹시켜 어지럽힘.
○인주(人主) : 임금. 인군. 인목(人牧).
○괴장(乖張) : 사리에 어긋나거나 서로 반대됨.
○복색(服色) : 거마(車馬)와 희생(犠牲)의 색깔. 각 왕조마다 숭상하는 색깔이 달라 하(夏)나라는 흑색, 은(殷)나라는 백색, 주(周)나라는 적색을 숭상하였음.
○음률(音律) : 오음(五音)과 육률(六律). ☞오음(五音)은 궁(宮)·상(商)·각(角)·치(徵)·우(羽)를 말하며, 육률(六律)은 황종(黃鐘)·태주(太簇)·고선(姑洗)·유빈(蕤賓)·이칙(二則)·무역(無射)을 말한다. 이에 관한 내용은 본서 3·23·1 참고.
○통절(痛絶) : 뼈에 사무치게 간절하도록 경계하고 끊음.「중문대사전(中文大辭典)」 "謂痛切戒絶也"

17·19·1 子曰 予欲無言하노라

공자께서 말씀하셨다. "나는 말을 하지 않으려고 한다."

○여욕무언(予欲無言) : 나는 말하고 싶지 않다. 참고로 스스로 하는 말을 '言'이라 하고, 남이 물었을 때 대답하는 말을 '語'라고 함. 제자들이 말에만 의존하여 이해할 뿐, 실천을 등한시하자 '말로써 가르치고 싶지 않다.'는 뜻이다. 즉 행동으로써 보여주겠다는 뜻이다. "是不欲以言爲敎意"

學者가 多以言語로 觀聖人이로되 而不察其天理流行之實이 有不待言而著(저)者라 是以로 徒得其言하고 而不得其所以言이라 故로 夫子發此以警之시니라

배우는 이들이 언어로써 성인을 관찰한 경우는 많았지만 그들이 천리가 유행하는 실상에 대해서는 말을 기다리지 않고서도 드러낸다는 것을 살피지 못했던 것이다. 이 때문에 한갓 그 말씀만 알고 말씀하신 이유를 알지 못했던 것이다. 그러므로 부자께서 이것을 말씀하여 깨우쳐 주신 것이다.

[備旨] 學者가 多觀聖人於言語之間이로되 至其天理流行之實이 有不待言而著者하여는 曾不之察이라 故로 夫子提醒之에 曰道雖以言顯이나 而顯道者는 不必盡以言이라 予今而後에 殆欲無言矣로라하시니 蓋欲學者로 求於言之外也라

배우는 이들이 언어 사이에서 성인을 살피는 경우가 많았지만, 천리가 유행하는 실상에 대해서는 말을 기다리지 않고서도 드러난다는 것을 일찍이 살피지 못했던 것이다. 그러므로 부자께서 환기시킬 적에 말씀하시기를, "도라는 것이 비록 말로써 나타나지만 도를 나타내는 것은 반드시 말로써 다하는 것만은 아니다. 내가 지금부터 혹시 말을 하지 않을 지도 모른다."라고 하셨으니, 아마도 배우는 이로 하여금 언어를 벗어나서 구하도록 하고 싶었던 것이다.

○제성(提醒) : 주위를 환기(喚起)시킴. 암시를 줌. 잊었던 것을 깨우침.
○불필(不必) : 반드시 …하는 것은 아니다. 부분 부정.
○태(殆) : 대개. 아마도. 혹시 …일지도 모른다.

17·19·2 子貢曰 子如不言이시면 則小子가 何述焉이리잇고

자공이 말했다. "선생님께서 만일 말씀하지 않으신다면, 저희들이 무엇을 전술하겠습니까?"

○자여불언(子如不言) : 선생님께서 만약 말하지 않는다면.
○소자하술언(小子何述焉) : 저희들은 무엇을 전술하겠는가? ☞소자(小子) : 제자. 스승이 제자를 친근하게 부르는 말. ☞술(述) : 전하다. 전술하다. "小子泛指衆弟子 說 述是傳述"

子貢은 **正以言語**로 **觀聖人者**라 **故**로 **疑而問之**라

자공은 바로 언어로써 성인을 살핀 자였다. 그러므로 의심이 나서 여쭌 것이다.

[備旨] 乃子貢이 疑而問之에 曰小子得以述夫子之敎者는 正以其有言在也라 子如不言이면 則小子가 將何所傳述焉이리잇고

곧 자공이 의심스러워서 여쭈어 볼 적에 말하기를, "저희들이 부자의 가르침을 전할 수 있는 것은 정말로 말이 있기 때문입니다. 선생님께서 만일 말씀하지 않는다면 저희들이 장차 무엇을 전술하겠습니까?"라고 했다.

17 · 19 · 3 子曰 天何言哉시리오 四時行焉하며 百物生焉하나니 天何言哉시리오

공자께서 말씀하셨다. "하늘이 무엇을 말하더냐? 사철이 운행되며 온갖 물건이 생성되는데 하늘이 무엇을 말하더냐?

○천하언재(天何言哉) : 하늘이 무엇을 말하더냐? 하늘은 말이 없다는 말. "天指垂象之天 何言只是說天無言 不是不待言也"
○사시행언(四時行焉) : 사철 쉬지 않고 움직임. "四時指春夏秋冬 行是運行不息"
○백물생언(百物生焉) : 온갖 물건이 쉬지 않고 생겨나다. "百物指飛潛動植 生是發生不已"
○천하언재(天何言哉) : 하늘이 무엇을 말하더냐? 하늘은 말이 없다는 말. 오직 말없이 실천만 함. "此何言緊頂上二句實說"

四時行과 **百物生**은 **莫非天理發見(현)流行之實**이니 **不待言而可見**이라 **聖人一動一靜**은 **莫非妙道精義之發**이니 **亦天而已**라 **豈待言而顯哉**리오 **此亦開示子貢之切**이어늘 **惜乎其終不喩也**라
○**程子曰 孔子之道**는 **譬如日星之明**이로되 **猶患門人**이 **未能盡曉**라 **故**로 **曰予欲無言**이라하시니 **若顏子**면 **則便默識**이요 **其他**는 **則未免疑問**이라 **故**로 **曰小子何述**이리잇고하고 **又曰 天何言哉**시리오 **四時行焉**과 **百物生焉**이라하시니 **則可謂至明白矣**라 **愚按 此**는 **與前篇無隱之意**로 **相發**하니 **學者詳之**니라

사철이 운행되고 온갖 물건이 생성되는 것은 천리가 드러나고 널리 퍼지는 실체가 아님이 없으니 말을 기다리지 않고도 볼 수 있는 것이다. 성인의 일동일정은 현묘한 도리와 오묘한 이치의 발현이 아님이 없으니 또한 하늘과 같을 따름이다. 어찌 말을 기다려야 드러나겠는가? 이것도 또한 자공에게 열어서 보여주기를 간절히 한 것인데, 애석하게도 그가 끝내 깨닫지 못했던 것이다.

○정자가 말했다. "공자의 도는 비유하자면 해나 별처럼 밝지만, 오히려 제자들이 다 깨닫지 못할까 걱정하셨던 것이다. 그러므로 '나는 말을 하지 않으려고 한다.'고 말씀하셨으니, 만일 안자였다면 곧 알았을 것이요, 그 외는 의문을 면치 못했을 것이다. 그러므로 '저희들이 어떻게 전하여 말하겠습니까?' 했고, 또 '하늘이 무엇을 말하더냐? 사철이 운행되며 온갖 물건이 생성된다.'라고 하셨으니, 가히 지극히 명백하다고 이를 만하다." 내[朱子]가 살펴 보건대, 이 말씀은 전편에 있는 '숨기는 것이 아무것도 없다[無隱]'는 뜻과 서로 열어서 밝게 했으니, 배우는 이들은 자세히 살펴봐야 할 것이다.

○일동일정(一動一靜) : 혹은 움직이고 혹은 고요함. 활동하기도 하고 정지하기도 함.
○묘도(妙道) : 현묘(玄妙)한 도. 정묘(精妙)한 도리.
○정의(精義) : 오묘(奧妙)한 이치.
○무은(無隱) : 숨기는 것이 없다는 말. 본서 "7·23·1 子曰 二三子는 以我爲隱乎아 吾無隱乎爾로라 無行而不與二三子者가 是丘也니라" 참고.

[備旨] 夫子因其疑而解之에 曰予之欲無言者는 亦以道之無待於言耳라 今夫天은 惟渾惟穆而已니 夫何言之有哉아 乃四時之受氣於天者가 時니 催一時而吾見其行焉하고 百物之賦形於天者가 物이니 各付物而吾見其生焉이라 是行者行矣로되 而不言所以行하고 生者生矣로되 而不言所以生하니 天果何言之有哉아 然則予之無言도 亦何病於傳述之難也오 蓋天理는 觸處而流라 故로 四時百物이 皆天也니 卽不言而道已顯矣라 夫子는 與道로 爲體라 故로 一動一靜이 皆敎也니 卽不言而意已傳矣라 彼子貢이 以言으로 求聖人은 是將以言으로 求天也니 而可乎아

부자께서 그가 의심을 했기 때문에 해명할 적에 말씀하시기를, "내가 말을 하지 않으려고 한 것은 또한 도는 말을 기다리지 않고도 나타난다는 이유에서 그랬을 따름이다. 지금 저 하늘은 오직 온전하기만 하고 고요할 뿐이니 대저 무슨 말이 있더냐? 뿐만 아니라 사철이 하늘로부터 기운을 받은 것이 때이니 한 철이 다가오면 우리는 그것이 지나가는 것을 볼 수 있고, 온갖 물건이 하늘로부터 형체를 부여받은 것이 물건이니 각각 물건에 부여해서 우리는 그것이 생성되는 것을 볼 수 있다. 이러므로 운행되

는 것이 운행되지만 운행되는 까닭을 말하지 않고 생성되는 것이 생성되지만 생성되는 까닭을 말하지 않았으니, 하늘이 과연 무슨 말이 있더냐? 그렇다면 내가 말하지 않으려고 한 것도 또한 어찌 전술의 어려움을 괴로워해서 그렇게 했겠느냐? 대개 천리는 장소를 만나는 데 따라서 흐르기 때문에 사철과 온갖 물건이 모두 하늘이니 곧 말을 하지 않지만 도가 이미 드러난 것이다."라고 하셨다. 부자께서는 도와 더불어 한 몸이기 때문에 일동일정이 모두 가르침이니, 곧 말을 하지 않지만 뜻이 이미 전해진 것이다. 자공이 말로써 성인에게 요구한 것은 바로 말로써 하늘에게 요구한 것과 같으니, 그래도 괜찮겠는가?

○최일시(催一時) : 한 때가 다가옴. ☞최(催) : 시일이 닥쳐오다. ☞일시(一時) : 사계(四季)의 하나. 한 철. 3개월.
○부(賦) : 품부하다. 선천적으로 타고나다.
○촉처(觸處) : 닿는 곳마다. 이르는 곳마다. 곳곳.
○장(將) : …하려고 한다. '欲'과 같음. 동사로서 어떤 일을 하려는 의지를 나타냄.

17 · 20 · 1 孺悲가 欲見孔子어늘 孔子辭以疾하시고 將命者가 出戶커늘 取瑟而歌하사 使之聞之하시다

　유비가 공자를 뵙고 싶어 했는데, 공자께서는 아프다는 이유로 사양하시고 명령을 전달하는 자가 문을 나서자 거문고를 취해서 노래를 불러서 유비로 하여금 듣도록 하셨다.

○유비욕견공자(孺悲欲見孔子) : 유비가 공자를 만나보고 싶어 하다. ☞유비(孺悲) : 노(魯)나라 사람. 애공(哀公)의 신하. ☞욕견(欲見) : 만나보고 싶다. 궁장의 밖에서 만나려고 함. "欲見是候之宮牆之外"
○공자사이질(孔子辭以疾) : 공자께서 아프다는 핑계로 거절하다. "託疾以辭者絶之也"
○장명자출호(將命者出戶) : 명령을 전달하는 사람이 문을 나서다. ☞장명자(將命者) : 주인과 손님의 중간에서 명령을 전하는 사람. 장명(將命). 여기서는 공자의 심부름을 하는 사람. 본서 14 · 47 · 1 참고. "將命是孔子之傳命者 非孺悲使來 出戶是述辭疾之言
○취슬이가(取瑟而歌) : 거문고를 취해서 노래하다. 거문고 소리에 응해서 노래하

다. "瑟是樂器 歌是和瑟聲而歌"

孺悲는 **魯人**으로 **嘗學士喪禮於孔子**라 **當是時**에 **必有以得罪者**라 **故**로 **辭以疾**하시고 **而又使知其非疾**하여 **以警敎之也**시니라 **程子曰 此**는 **孟子所謂不屑之敎誨**니 **所以深敎之也**니라

　유비는 노나라 사람으로 일찍이 공자에게 사상례를 배웠었다. 이때에는 반드시 죄를 지은 것이 있었을 것이다. 그러므로 병이 있다고 사양하시고 또 그것이 병이 아니라는 것을 알도록 하여 깨우치고 가르쳐주신 것이다. 정자가 말했다. "이것은 맹자께서 《고자하》에서 이른바, 애써 가르치지 않고 분발하게 해서 스스로 배우고 깨우치도록 한 것이니, 그를 깊이 가르쳐 주신 것이다."

○사상례(士喪禮) : 「예기(禮記)」《잡기하(雜記下)》에 나오는 선비의 초상에 관련된 예절. 유비(孺悲)가 공자께 가서 사상례(士喪禮)를 배운 것이 이 책에 나온다. 「예기(禮記)」《잡기하(雜記下)》"恤由之喪에 哀公使孺悲로 之孔子하여 學士喪禮하시니 士喪禮를 於是乎에 書하니라(휼유의 초상에 애공이 유비를 공자에게 보내어 사의 상례를 묻게 하였다. 이 일에 의해 사의 상례가 기록되었던 것이다.)"
○불설지교회(不屑之敎誨) : 개의(介意)하지 않고 돌보지 않음으로써 도리어 그 사람을 분기하게 하여 스스로 깨닫게 하는 교훈. 「맹자(孟子)」《고자하(告子下)》"孟子曰 敎亦多術矣니 予不屑之敎誨也者는 是亦敎誨之已矣니라(가르침도 또한 방법이 많으니, 내가 달갑게 여기지 아니하여 가르치는 것은, 이것도 또한 가르치는 것일 따름이다.)"

[備旨] 魯人孺悲가 欲見孔子는 想當時에 必有得罪處라 孔子不欲與之見(현)하사 而託疾以辭之하시니 蓋拒之也요 又恐孺悲以爲眞疾하여 而不悟拒之之意라 故로 乘將命者方出戶하여 卽取瑟而發以聲歌하여 使孺悲로 聞之하여 而知其非疾焉이라 庶幾因其辭하여 而思其故면 必能自悟其得罪之由矣라 此는 子於絶之之中에 而寓警之之意也니라

　노나라 사람 유비가 공자를 뵙고자 한 것은 그때를 생각해 볼 적에 반드시 죄를 지은 처지였을 것이다. 공자께서는 그와 더불어 대면하고 싶지 않아서 병이 있다고 핑계하여 사양하셨으니 대체로 거절했던 것이고, 아마도 유비는 정말로 병이 났다고 생각하여 그를 거절한 뜻을 깨닫지 못했던 것이다. 그러므로 명령을 전달하는 사람이 막 문을 나간 틈을 타서 즉시 거문고를 취해서 소리와 노래를 발하여 유비로 하여금 듣도록 하여 그가 병난 것이 아님을 알게 했던 것이다. 어쩌면 그 사양함을 인해서 그렇게

된 연고를 생각해 본다면 반드시 스스로 그가 죄를 지었기 때문이라는 것을 깨달을 수 있었을 것이다. 이는 공자께서 그를 거절하는 가운데서도 핑계삼아 그를 깨우친 것이다.

○탁(託) : 핑계하다.
○공(恐) : 아마도 …할 것이다. 부사로서 평가와 걱정을 겸할 때 쓰임.
○서기(庶幾) : 대개. 어쩌면.

17·21·1 宰我가 問三年之喪이 期已久矣로소이다

재아가 물었다. "부모의 3년 상은 1년도 너무 긴 것 같습니다.

○재아문삼년지상(宰我問三年之喪) : 재아가 3년의 상에 대해 묻다. ☞재아(宰我) : 공자의 제자. 성은 재(宰)이고 이름이 여(予)였다. 재아(宰我)는 그의 자(字)다. 말 재주가 뛰어났음. 본서 11·2·2 참고. ☞삼년지상(三年之喪) : 부모의 상을 당하여 세 해 동안 거상(居喪)하는 일. 삼년상(三年喪). 삼년초토(三年草土). "三年是父母之喪"
○기이구의(期已久矣) : 1년도 너무 오래인 것 같다는 말. ☞기(期) : 1년. 돌. 여기서는 1년 동안 입는 기복(朞服)을 말함. "見不必三年意"

期는 周年也라

기(期)는 1년이다.

[備旨] 宰我가 問於夫子에 曰人子於父母에 固皆服三年之喪也라 以予觀之면 短而爲期도 亦已久矣라 何必三年이릿고

재아가 부자에게 여쭈어 볼 적에 말하기를, "사람의 아들들이 부모가 돌아가심에 대하여 진실로 모두가 3년 동안 상복을 입습니다. 저의 입장에서 그것을 본다면 짧은 것 같지만 1년도 또한 너무 긴 것 같습니다. 하필이면 3년입니까?

17・21・2 君子가 三年을 不爲禮면 禮必壞하고 三年을 不爲樂이면 樂必崩하리니

군자가 3년 동안 예를 행하지 않으면 예가 반드시 무너지게 되고, 3년 동안 악을 익히지 않으면 악이 반드시 무너지게 될 것이니,

○삼년불위례예필괴(三年不爲禮禮必壞) : 3년 동안 예를 행치 않으면 예가 반드시 무너지다. ☞예(禮) : 위의(威儀)나 읍손(揖遜)에 해당하는 내용.
○삼년불위악악필붕(三年不爲樂樂必崩) : 3년 동안 악을 행치 않으면 악이 반드시 무너지다. ☞악(樂) : 성용(聲容)과 절주(節奏)에 해당하는 내용.
○예가 무너지게 되고, 악이 무너지게 된다는 것은 소원해진다는 의미다. "崩壞只是生疎了"

恐居喪不習하여 而崩壞也라

상중에 있으면서 익히지 않아서 붕괴될까 걱정한 것이다.

[備旨] 夫親喪에 不必三年者는 何也오 蓋禮樂은 不可斯須去身이니 君子居喪에 三年을 不習爲威儀揖遜之禮면 則禮必壞하고 三年을 不習爲聲容節奏之樂이면 則樂必崩하리니 以三年之喪으로 而至於妨禮樂이면 如之何其可也리오

무릇 어버이 상에 반드시 3년 동안 예를 행하지 않을 수 없다는 것은 왜 그런가? 대개 예악은 잠깐 동안이라도 몸에서 떠날 수 없는 것이니, 군자가 상중에 있을 적에 3년을 위의나 읍손의 예를 행하는 것을 익히지 않으면 예는 반드시 무너지고, 3년을 성용이나 절주의 악을 행하는 것을 익히지 않으면 악은 반드시 무너지게 될 것이니, 3년상 때문에 예악을 손상하는 데 이른다면 어떻게 또한 옳다고 하겠습니까?

○불필(不必) : 반드시 …하는 것은 아니다. 부분 부정.
○사수(斯須) : 잠깐 동안. 수유(須臾).
○위의(威儀) : 위엄이 있는 위용. 예(禮)의 세칙(細則). 예(禮)에는 경례(經禮)가 되는 예의(禮儀) 3백 가지가 있고, 곡례(曲禮)가 되는 위의(威儀)가 3천 가지가 있다. 「중용(中庸)」27・3 참고. "優優大哉라 禮儀三百이요 威儀三千이로다" ☞경례(經禮) : 관혼상제(冠婚喪祭) 및 조회(朝會)・근회(覲會)와 같은 예를 말하는데 그 대강(大綱)이 3백

가지가 됨. ☞곡례(曲禮) : 진퇴(進退)·승강(升降)·부앙(俯仰)·읍손(揖遜)과 같은 예를 말하는데 절목(節目)이 3천 가지가 됨.
○읍손(揖遜) : 겸손함. 곡례(曲禮)에 해당하는 내용.
○성용(聲容) : 소리와 모습. 성모(聲貌).「중문대사전(中文大辭典)」"謂聲音與容儀也"
○절주(節奏) : 악곡이 꺾이는 마디. 리듬.
○방(妨) : 손상하다. 방해하다.

17·21·3　舊穀이 旣沒하고 新穀이 旣升하며 鑽燧改火하나니 期可已矣로소이다

묵은 곡식은 이미 없어지고 새 곡식이 또 익으며, 춘하추동으로 불을 일으키는 나무에 구멍을 뚫어서 불씨를 1년에 한 번씩 바꾸니, 부모의 상도 1년만 지내면 그만두어도 될 것입니다."

○구곡기몰신곡기승(舊穀旣沒新穀旣升) : 묵은 곡식은 이미 다 없어지고 1년이 지나면 새 곡식이 또 익는다는 말. '沒'은 없어지는 것이고, '升'은 익는 것을 말하는데 식물이 변하는 것을 의미함. "此二句見食物一變"
○찬수개화(鑽燧改火) : 철이 바뀔 때마다 그 계절의 나무를 비벼대어 불을 얻는 것을 이름. ☞찬수(鑽燧) : 나무에 구멍을 뚫어 불씨를 얻음. '鑽'은 부싯돌과 마주쳐서 불을 일으킨다는 뜻이고, '燧'는 불을 일으키는 돌을 말함. ☞개화(改火) : 불씨를 바꿈. 계절이 바뀜을 비유하는 말. 개수(改燧). "此句見用物一變"
○기가이의(期可已矣) : 1년이면 그칠 만하다. '已'는 '그만두다' '그치다'의 뜻. "總承說"

沒은 盡也요 升은 登也라 燧는 取火之木也라 改火에 春取楡柳之火하고 夏取棗杏之火하고 夏季取桑柘之火하고 秋取柞楢之火하고 冬取槐檀之火하니 亦一年而周也라 已는 止也라 言期年이면 則天運一周하고 時物皆變하니 喪至此하여 可止也라 尹氏曰 短喪之說은 下愚라도 且恥言之어늘 宰我는 親學聖人之門이로되 而以是爲問者는 有所疑於心이요 而不敢强焉耳라

몰(沒)은 다 없어지는 것이고, 승(升)은 익는 것이다. 수(燧)는 불씨를 취하는 나무다. 불씨를 바꿀 적에 봄에는 느릅나무와 버드나무의 불씨를 취하고, 여름에는 대추나무와 살구나무의 불씨를 취하고, 늦여름에는 뽕나무와 산뽕나무의 불씨를

취하고, 가을에는 떡갈나무와 졸참나무의 불씨를 취하고, 겨울에는 회화나무와 박달나무의 불씨를 취하는데, 또한 1년에 한 바퀴를 돈다. 이(已)는 그치는 것이다. 1주년이 되면 하늘의 운행이 한 바퀴를 돌고 때와 물건이 모두 변하니, 초상도 여기에 이르러 그칠 수 있음을 말한 것이다. 윤 씨가 말했다. "초상을 짧게 하자는 말은 아주 어리석은 자라도 말하기를 부끄러워하는데, 재아는 친히 성인의 문하에서 배운 자이지만 이것을 물은 것은 마음에 의심되는 바가 있었던 것이고, 그리고 이 말을 감히 억지로 하려고 한 것은 아니었을 것이다."

○등(登) : 익다. 「맹자(孟子)」 "五穀不登"
○개화(改火)할 적에 나무는 오행(五行)의 원리를 따르고 있다. 봄에는 청(靑)과 목(木)에 해당하므로 느릅나무와 버드나무의 불씨를 취했고, 여름에는 적(赤)과 화(火)에 해당하므로 대추나무와 살구나무의 불씨를 취했고, 늦여름에는 황(黃)과 토(土)에 해당하므로 뽕나무와 산뽕나무의 불씨를 취했고, 가을에는 백(白)과 금(金)에 해당하므로 떡갈나무와 졸참나무의 불씨를 취했고, 겨울에는 흑(黑)과 수(水)에 해당하므로 회화나무와 박달나무의 불씨를 취했다. 「논어비지(論語備旨)」《부고(附考)》 "四時取火　法乎五行　春行爲木　楡柳色靑象木也　夏行爲火　棗杏色赤象火也　季夏行爲土　桑柘色黃象土也　秋行爲金　柞楢色白象金也　冬行爲水　槐檀色黑象水也"
○유류(楡柳) : 느릅나무와 버드나무.
○조행(棗杏) : 대추나무와 살구나무.
○상자(桑柘) : 뽕나무와 산뽕나무.
○작유(柞楢) : 떡갈나무와 졸참나무.
○괴단(槐檀) : 회화나무와 박달나무.
○하우(下愚) : 아주 어리석고 못난 사람. 본서 17・3・1 참고.
○불감강언이(不敢强焉耳) : 초상을 짧게 하자는 말을 감히 억지로 한 것이 아님. 여기서 '强'은 상성(上聲)으로 쓰여 '힘쓰다[彊]' '억지로 하게 하다'라는 뜻임. '耳'는 판본에 따라 '爾'로 된 곳도 많음.

[備旨] 且以期年으로 言之면 穀之舊者旣沒하고 穀之新者旣升하니 而食物變矣요 鑽燧以取火하고 又改乎四時之木하니 而用物變矣라 是期年은 天運이 爲之一周하니 人子之喪도 亦可已矣로소이다 夫宰我는 知禮樂之崩壞로되 而不知居喪이 尤禮樂之本하고 知時物之皆變이로되 而不知人子有因時之感하니 此短喪之說은 誠非君子之存心이요 仁人之所不爲也라

또 1년을 주기로 이루어지는 일로써 말해본다면, 곡식 중에 오래된 것은 이미 다 없

어지고 곡식 중에 새로운 것이 익으니 먹는 물건은 변하고, 불을 일으키는 나무에 구멍을 뚫어서 불을 취하고 또 사시의 나무를 바꾸니 쓰는 물건도 변합니다. 바로 1년이라는 것은 하늘의 운행이 한 바퀴 도는 것이니 사람들의 초상도 또한 그만두어도 될 것입니다."라고 했다. 대저 재아는 예악이 무너진다는 것은 알지만 상중에 있는 것이 더욱 예악의 근본이 된다는 것은 알지 못하고, 때와 물건이 모두 변한다는 것은 알지만 사람들이 때를 인해서 느낌을 가진다는 것을 알지 못하니, 곧 초상을 짧게 하자는 말은 진실로 군자가 마음에 가져서는 안 되고 어진 사람이 행해서도 안 될 것이다.

17·21·4 子曰 食夫稻하며 衣夫錦이 於女에 安乎아 曰安하나이다

공자께서 말씀하셨다. "부모의 상을 당해 겨우 1년 만에 쌀밥을 먹으며 비단옷을 입는 것이 너에게는 편안하겠느냐?" 하시니, "편안할 것입니다."라고 대답했다.

○식부도(食夫稻) : 쌀밥을 먹다. 고대에 효자가 상중에 있을 적에는 '기장과 피[黍稷]'를 먹었고 '벼와 메조[稻粱]'는 먹지 않았음. "稻穀之美者" '食夫稻'의 '夫'자는 지시대명사로서 가볍게 지시하는 말이므로 특별히 해석할 필요는 없다.
○의부금(衣夫錦) : 비단옷을 입다. 역시 효자는 삼베옷[麻衣]을 입었지 비단옷[錦衣]은 입지 않았음. '錦'는 옷 중에서 아름다운 것. '夫'자 역시 지시대명사. "錦衣之美者"
○어여안호(於女安乎) : 너에게 편안하겠느냐? 너는 아무렇지도 않겠느냐? '너는 편안해서 마음에 부족함이 없겠느냐?'는 뜻. "安是心中安然無歉意"
○왈안(曰安) : '아무렇지도 않을 것입니다.'라고 말하다. 마음을 살피지도 않고 함부로 대답하는 말. "是不察於心而妄對"

禮에 **父母之喪**에 **旣殯**이면 **食粥廳衰**(최)하며 **旣葬**이면 **疏食**(사)**水飮**하고 **受以成布**하며 **期而小祥**에 **始食菜果**하고 **練冠縓緣**하며 **要絰不除**라하니 **無食稻衣錦之理**라 **夫子欲宰我反求諸心**하여 **自得其所以不忍者**라 **故**로 **問之以此**로되 **而宰我不察也**라

예에 '부모의 상을 당했을 적에 빈소를 설치했으면 죽을 먹으면서 결이 곱지 않은 상복을 입으며, 장사를 지냈으면 거친 밥에 물을 마시고 조금 가는 베옷을 입으며, 1년이 지나 소상이 되었을 적에 비로소 채소와 과일을 먹고 연관을 쓰고 붉은 색으로 선을 두른 옷을 입으며, 상복의 허리띠를 풀지 않는다.' 하였으니, 쌀밥

을 먹고 비단 옷을 입을 이치가 없는 것이다. 부자께서 재아로 하여금 마음을 돌이키도록 해서 그가 차마 할 수 없는 것을 스스로 터득하게 하고자 했던 것이다. 그러므로 이것을 물었던 것이지만 재아가 살피지 못했던 것이다.

○빈(殯) : 초빈(草殯)하다. 입관 후 장사지낼 때까지 안치하다.
○추최(麤衰) : 결이 곱지 않은 상복. 최마(衰麻). 최복(衰服). 상복(喪服).
○소사(疏食) : 거친 밥[麤飯也]. 본서 7·15·1과 10·8·10 참고.
○성포(成布) : 고운 베. 여기서는 '조금 가는 베[朱子曰 成布是稍細]' 정도의 뜻.
○소상(小祥) : 죽은 뒤 1년 지난 날에 지내는 제사. ☞대상(大祥)은 두 돌만에 지내는 제사.
○연관(練冠) : 부모의 소상(小祥) 때 쓰는 두꺼운 견직이나 거친 베로 만든 관.
○전(縓) : 담홍색. 엷은 홍색.
○연(緣) : 가선[衣邊]. 옷깃의 선을 두르다. 거성(去聲)으로 쓰였음.
○요질(要絰) : 상복을 입을 때 허리에 매는 삼베 띠.
○반구(反求) : 자기 자신을 돌이켜 반성함. 자책(自責).「중용(中庸)」14·5 "子曰 射有似乎君子하니 失諸正鵠이어던 反求諸其身이니라"

[備旨] 夫子特醒之에 日三年之喪에 食必疏食(사)하고 衣必衰麻는 禮也어늘 今子以期年으로 而止하여 使期年之外에 遽食夫稻하고 衣夫錦이면 於汝之心에 其果以爲安否乎아한대 宰我不察而應之에 日安이라하니 蓋深信夫期之已久하고 而食稻衣錦이 爲無傷也니라

　부자께서 특별히 깨닫도록 할 적에 말씀하시기를, "3년 상을 치를 적에 먹는 것은 반드시 거친 밥으로 하고 입는 것은 반드시 베옷으로 하는 것이 예인데, 지금 너는 1년 만에 그만두고 가령 1년을 벗어났을 적에 갑자기 쌀밥을 먹고 비단옷을 입는다면 네 마음에 과연 편안하겠느냐? 그렇지 않겠느냐?"라고 하니까, 재아가 살피지도 않고서 응대할 적에 말하기를, "편안할 것입니다."라고 했으니, 대개 1년이 아주 길다고 깊이 믿고 쌀밥을 먹고 비단옷을 입는 것이 해롭지 않다고 생각했던 것이다.

○성(醒) : 깨닫다. 미망(迷妄)에서 벗어나다.
○최마(衰麻) : 상복(喪服)으로 지은 베옷. 최복(衰服). 상복(喪服).

17·21·5 女는 安則爲之하라 夫君子之居喪에 食旨不甘하며 聞樂(악)不樂(락)하며 居處不安이라 故로 不爲也하나니 今女는 安則爲之하라

"너는 편안할 것 같으면 그렇게 해라. 대저 군자는 상중에 있을 적에는 맛있는 것을 먹어도 맛이 없으며, 음악을 들어도 즐겁지 않으며, 거처하더라도 편치 않는 것이다. 그러므로 그렇게 하지 않는 것이니, 지금 너는 편안할 것 같다면 그렇게 해라."

○여안즉위지(女安則爲之) : 너는 편안하면 쌀밥을 먹고 비단옷을 입으라. '爲之'는 1년 상을 행하라는 말. "安是安於食稻衣錦 爲之指爲期喪"
○부군자지거상(夫君子之居喪) : 무릇 군자가 상중에 있다. ☞군자(君子) : 여기서 군자는 인인(仁人)과 효자(孝子)를 말함. ☞거상(居喪) : 여기서는 3년 상을 말함. "君子指仁人孝子 居喪指三年之喪"
○식지불감(食旨不甘) : 맛있는 것을 먹어도 맛을 알지 못하다. 맛있는 것을 먹어도 마음에 편치 않음. "旨是甘美之味 不甘心不安食"
○문악불락(聞樂不樂) : 음악을 들어도 마음에 즐겁게 들리지 않다. "樂卽鐘鼓管籥 不樂心不樂聞"
○거처불안(居處不安) : 거처해도 편하지 못하다. "居處謂使不寢苦枕塊 而居處於內則心必不卽安"
○고불위야(故不爲也) : 맛을 알지 못하고, 즐겁게 들리지 않고, 편치 못하기 때문에 1년 상을 하지 않다. "故字緊承上三句 不爲是不爲期喪"
○금여안즉위지(今女安則爲之) : 지금 네가 편안하면 쌀밥을 먹고 비단옷을 입으라. 이것은 사람이 차마 그렇게 하지 못할 일을 해서는 안 된다고 배척하고 꾸짖는 뜻. "此深斥其忍處"

此는 夫子之言也라 旨는 亦甘也라 初言女安則爲之는 絶之之辭요 又發其不忍 之端하여 以警其不察하시고 而再言女安則爲之하여 以深責之시니라

이것은 부자의 말씀이다. 지(旨)는 역시 맛있다는 것이다. 처음에 '네가 편안할 것 같으면 그렇게 하라.'고 한 것은 그것을 그만두라는 말씀이고, 또 차마 할 수 없는 단서를 발해서 그의 불찰을 깨우쳐 주시고, 다시 '네가 편안할 것 같으면 그렇게 하라.'고 말씀하셔서 깊이 꾸짖으신 것이다.

○지(旨) : 달게 여기다[以爲甘味]. 맛있어 하다.

[備旨] 夫子復儆之에 曰喪之所以不止於期者는 正以心之有不安故耳라 今汝는 旣安於食稻衣錦하여 而無不忍之心矣어늘 又孰禁女而不爲期乎아 夫君子가 居親三年之喪에 設使

食旨而心不甘하며 設使聞樂而心不樂하며 設使居處而心不安이라 故로 不爲期요 而喪必三年也어늘 今女는 旣安於食稻衣錦하여 而異於君子之用心矣요 又何憚而不爲期乎아

부자께서 다시 깨우쳐 줄 적에 말씀하시기를, "초상을 당했을 적에 1년 만에 그만둘 수 없다는 것은 바로 마음에 편치 않음이 있다는 이유에서 그랬을 따름이다. 지금 너는 이미 쌀밥을 먹고 비단옷을 입는 것을 편하다고 여겨서 차마 하지 못하는 마음이 없지 않은데, 또 누가 너를 1년 동안 입는 복을 행치 못하도록 금하겠는가? 무릇 군자가 어버이의 3년 상을 지낼 적에 설사 맛있는 것을 먹어도 마음에는 맛이 없으며, 설사 음악을 들어도 마음에는 즐겁지 않으며, 설사 거처하더라도 마음에는 편치 않는 것이다. 그러므로 1년 동안 입는 복을 행치 않고 초상은 반드시 3년을 행해야 하는 것인데, 지금 너는 이미 쌀밥을 먹고 비단옷을 입는 것을 편안하게 여겨서 군자로서 마음을 써야 하는 것과는 다를 뿐만 아니라, 또 무엇을 꺼려서 1년 동안 입는 복을 행치 않겠는가?"라고 하셨다.

○기(旣)~우(又) : '이미 …이며 그 외에…' '이미 …한 이상은 또한…' 접속사로서 한 방면에만 그치지 않음을 나타냄.
○기복(朞服) : 1년 동안 입는 복. 기년복(朞年服).

17·21·6 宰我出커늘 子曰 予之不仁也여 子生三年然後에 免於父母之懷하나니 夫三年之喪은 天下之通喪也니 予也有三年之愛於其父母乎아

재아가 밖으로 나가자, 공자께서 말씀하셨다. "재여의 불인함이여! 자식은 태어나서 3년이 지난 뒤에야 부모의 품을 벗어나는 것이니, 무릇 3년 상은 천하의 공통된 상이니, 재여가 3년의 사랑을 그 부모로부터 받아본 적이 있었는가?"

○재아출(宰我出) : 재아가 강론하는 곳에서 밖으로 나가가다. "出是退於講論之地"
○여지불인야(予之不仁也) : 재여의 불인함이여! 재여가 1년 상에도 편안하다고 하니, 그의 불인함을 지적하기에 앞서 깊이 탄식하는 말. "予宰我名 不仁緊跟上安字來"
○자생삼년(子生三年) : 어린아이를 지나 조금 자란 시기. "自孩提至稍長"
○연후면어부모지회(然後免於父母之懷) : 그런 뒤에 부모의 품으로부터 벗어나게

되다. "重然後免三字 此卽所謂三年之愛"

○부삼년지상천하지통상야(夫三年之喪天下之通喪也) : 3년 상은 귀천을 가릴 것이 없이 천하의 공통된 제도다.. "通喪是貴賤通行之制 便非人可得而短者"

○여야유삼년지애어기부모호(予也三年之愛於其父母乎) : '재여(宰予)가 3년의 사랑을 아마 그 부모로부터 받아본 적이 있는가? 아마도 받지 않았기 때문에 저런 소리를 하겠지?' 하면서 재여의 불인함을 꾸짖는 내용인데, 어떤 상황에 대해 추측을 할 뿐이고, 감히 긍정하지 않음을 나타내고 있다. ☞야(也) : …는. 어조사로서 주어 뒤에 쓰였는데, 어기(語氣)를 한 번 늘여줌으로써 강조를 나타낸다. "愛指懷抱說 此句正感動他處"

宰我旣出커늘 夫子가 懼其眞以爲可安하여 而遂行之라 故로 深探其本而斥之시니라 言由其不仁하니 故로 愛親之薄이 如此也라 懷는 抱也라 又言君子가 所以不忍於親하여 而喪必三年之故하여 使之聞之하여 或能反求而終得其本心也시니라

○范氏曰 喪雖止於三年이나 然이나 賢者之情은 則無窮也라 特以聖人이 爲之中制하여 而不敢過라 故로 必俯而就之요 非以三年之喪으로 爲足以報其親也라 所謂三年然後에 免於父母之懷는 特以責宰我之無恩하여 欲其有以跂하여 而及之爾라

　재아가 나가자, 부자께서는 그가 참으로 편안하다고 생각해서 마침내 행할까 걱정하셨기 때문에 그 근본을 깊이 찾아서 배척하신 것이다. 그가 불인했기 때문에 어버이를 사랑할 적에 각박함이 이와 같다고 말씀하신 것이다. 회(懷)는 품는 것이다. 또 군자가 어버이에게 차마 할 수 없어서 초상을 반드시 3년 동안 해야 하는 연고를 말씀하여, 그로 하여금 듣게 하여 혹시라도 자기 자신을 돌이켜서 끝까지 그 본심을 얻도록 하신 것이다.

　○범 씨가 말했다. "초상이 비록 3년에 그치지만 현자의 마음은 다함이 없는 것이다. 특별히 성인이 그를 위해 제도에 맞도록 해서 감히 지나치지 못하도록 했기 때문이다. 그러므로 반드시 굽혀서 나아간 것이요 3년 상으로써 어버이에게 은혜를 충분히 보답하였다고 생각하는 것은 아닐 것이다. '3년이 지난 뒤에야 부모의 품을 벗어난다.'고 하신 말씀은 다만 재아가 은혜를 무시함을 꾸짖어서 그에게 발돋움을 하도록 해서 미치도록 하고 싶었기 때문이다."

○반구(反求) : 자기 자신을 돌이켜 반성함. 자책(自責). 「중용(中庸)」14·5 "子曰 射有似乎君子하니 失諸正鵠이어던 反求諸其身이니라"
○기(跂) : 발돋움하다. 나아가다. 여기서는 상성(上聲)으로 쓰였음.

[備旨] 及宰我既出커늘 夫子又深探其本하여 而斥之에 曰甚矣予之不仁故로 愛親之薄이
如此也라 夫父母之喪에 必三年者는 蓋以子生三年然後에 免於父母之懷하나니 故로 喪必
三年이라야 僅以報其懷抱之勞耳라 夫三年之喪은 凡爲人子者면 皆然이요 乃天下之通喪
也라 予亦人子也니 曾有三年之愛於其父母乎아 旣有三年之愛로되 而顧不爲三年之喪以報
之면 亦獨何心哉아 甚矣予之不仁也라

　재아가 이미 나가자, 부자께서 또 깊이 그 근본을 찾아서 배척할 적에 말씀하시기를,
"정말로 재여가 불인했으므로 어버이를 사랑할 적에 각박함이 이와 같은 것이다. 대저
부모의 상을 치를 적에 반드시 3년으로 해야 한다는 것은 대개 자식은 낳은 지 3년이
지난 뒤에 부모의 품을 벗어날 수 있는 것이므로 초상은 반드시 3년을 치러야 겨우 부
모가 품고 안아주셨던 노고에 보답할 수 있기 때문이다. 대체적으로 보아 3년 상은 무
릇 사람의 아들이 되었다면 모두가 그렇게 해야 하고 곧 천하의 공통된 상인 것이다.
재여도 또한 사람의 아들이니, 일찍이 3년의 사랑을 그의 부모로부터 받아본 적이 있
었는가? 이미 3년의 사랑을 받았는데도 오히려 3년 상으로써 갚지 않는다면, 또 다만
무슨 마음이겠는가? 정말로 재여는 불인하다."라고 하셨다.

○회포(懷抱) : ①가슴에 품음. 어버이가 자식을 가슴에 품기도 하고 안기도 하여 기르
는 일. ②마음속으로 생각함. 가슴에 품은 정. 여기서는 ①의 뜻.
○근(僅) : 겨우. 부사로서 어떤 범위에 한정되는 것을 나타냄.
○고(顧) : 오히려. 도리어. 마침내.

17·22·1 子曰 飽食終日하여 無所用心이면 難矣哉로다 不有博
弈者乎아 爲之猶賢乎已니라

　공자께서 말씀하셨다. "하루 종일 밥만 먹으면서 마음을 쓰는 바가 없으면 딱한
일이로다! 쌍륙이나 바둑이라도 있지 않느냐? 그것을 하는 것이 오히려 가만히 있
는 것보다 나을 것이다."

○포식종일(飽食終日) : 하루 종일 밥만 먹다. "飽食有徒食意 終日言其久"
○무소용심(霧所用心) : 마음 쓰는 바가 없다. 여기서 마음 쓰는 곳은 학술이나 사업에 관
계된 일을 말함. "是於學上心無所用"
○난의재(難矣哉) : '딱한 일이다. 어려운 일이다.'라고 깊게 탄식하는 말. "哉有深致歎意"

○불유박혁자호(不有博奕者乎) : 쌍륙이나 바둑이라도 있지 않느냐? ☞박혁(博奕) : 쌍륙과 바둑. '박(博)'은 육박(六博)을 말함. '육박(六博)'은 고대 놀음놀이의 한 가지로서 '쌍륙(雙六)'에 해당한다. 즉 편을 갈라 차례로 주사위를 던지고 나오는 사위대로 판에 말을 써서 먼저 궁(宮)에 들여보내는 놀이. '장기'로 번역하는 이도 있음. 여기서 박혁(博奕)을 거론한 것은 용심(用心)의 차원에서 거론한 것이지 학습의 차원에서 거론한 것은 아니다. ☞박혁유현(博奕猶賢) : 배불리 먹고 하루 종일 아무 일도 하지 않으면 안 된다는 것을 이르는 말. "博奕還自用心上言"
○위지유현호이(爲之猶賢乎已) : 쌍륙 놀이를 하고 바둑을 두는 것이 오히려 가만히 있는 것보다는 낫다. ☞지(之) : 쌍륙이나 바둑. ☞현(賢) : 낫다. 현명하다. ☞호(乎) : …보다. 비교를 나타내는 어조사. ☞이(已) : 그치다[止也]. 가만히 있다. 하던 일을 중도에서 그만두고 마음을 쓰지 않음. 참고로 '已'를 대명사로 보고 '이러한'이라고 해석하기도 한다.「중문대사전(中文大辭典)」"已 此也" 여기서는 일을 하다가 중도에서 '가만히 있다'는 의미로 해석했다. "之字指博奕 已是已而不用心"

博은 局戲也요 奕은 圍棋也라 已는 止也라 李氏曰 聖人이 非敎人博奕也요 所以甚言無所用心之不可爾시니라

박(博)은 판에 두는 놀이요, 혁(奕)은 바둑이다. 이(已)는 가만히 있는 것이다. 이 씨가 말했다. "성인께서 사람들에게 쌍륙 놀이나 바둑을 두라고 가르치신 것이 아니고, 마음을 쓰는 것이 없으면 안 된다는 것을 깊이 말씀하셨을 뿐이다."

○국희(局戲) : 육박(六博)을 비롯해 장기나 바둑 따위의 놀이를 말함.
○위기(圍碁) : 바둑. 위기(圍棊).

[備旨] 夫子儆人用心에 曰人生德業은 由勤心進修而後에 有成하나니 若飽食終日하여 優游自安하고 於凡當爲之事에 無所用其心이면 將神昏志惰하여 日流匪僻하리니 難矣哉로다 其人乎여 不有博奕者乎아 博奕之事는 雖不可爲나 然이나 爲之則必用其心이니 猶賢於已니라 而一無所用其心者는 甚矣心之不可無所用也라

부자께서 사람의 마음 씀을 주의시킬 적에 말씀하시기를, "인생의 덕업은 마음을 쓰고 학문이나 기예 등을 배우고 익힌 뒤에 이루어지는 것이니, 만약 하루 종일 밥만 먹고서 한가롭게 지내며 스스로 만족하고 모두가 마땅히 해야 할 일에 그 마음을 쓰는 것이 없다면, 장차 정신이 혼미해지고 뜻도 나태해져서 날마다 사악한 곳에 흐르게 될 것이니, 딱한 일이로다, 그 사람이여! 쌍륙 놀이나 바둑도 있지 않느냐? 쌍륙 놀이나

바둑을 두는 일은 비록 해서는 안 되지만, 그렇지만 그것을 한다면 반드시 그 마음을 쓰게 될 것이니 오히려 가만히 있는 것보다 나을 것이다. 그런데도 하나라도 그 마음을 쓸 곳이 없는 사람은 정말로 마음은 쓰는 바가 없어서는 안 될 것이다."라고 하셨다.

○덕업(德業) : 덕행(德行)과 공업(功業).
○근심(勤心) : 마음을 쓰면서 고심함.
○진수(進修) : 학문·기예 등을 배우고 익힘. 진덕수업(進德修業).
○우유(優游) : 한가롭게 지내는 모양. 유유 자적(悠悠自適)하는 모양.
○자안(自安) : 스스로 만족함. 스스로 안심함. 스스로 안락을 꾀함.
○비벽(匪僻) : 사악(邪惡)함.

17·23·1 子路曰 君子尙勇乎잇가 子曰 君子는 義以爲上이니 君子가 有勇而無義면 爲亂이요 小人이 有勇而無義면 爲盜니라

자로가 "군자도 용맹을 숭상합니까?"라고 여쭈니, 공자께서 말씀하셨다. "군자는 의리를 으뜸으로 삼으니, 군자가 용맹만 있고 의리가 없으면 반란을 일으키게 되고, 소인이 용맹만 있고 의리가 없다면 도적질을 하게 된다."

○군자상용호(君子尙勇乎) : 군자가 용맹을 숭상합니까? 여기서 군자는 덕으로써 말한 것임. "君子以德言 勇是血氣之强"
○군자의이위상(君子義以爲上) : 군자는 의리를 으뜸으로 삼다. 여기 군자도 역시 덕으로써 말한 것임. '義以爲上'은 '以義爲上'의 도치. "君子亦以德言 義是天理之宜"
○군자유용이무의위란(君子有勇而無義爲亂) : 군자가 용맹만 있고 의리가 없으면 패란을 맞게 됨. "此君子以有位言 亂是悖亂"
○소인유용이무의위도(小人有勇而無義爲盜) : 소인에게 용맹만 있고 의리가 없으면 흉악한 도적이 됨. "小人以無位言 盜是凶盜"

尙은 上之也라 君子爲亂과 小人爲盜는 皆以位로 而言者也라 尹氏曰 義以爲尙이면 則其勇也大矣라 子路好勇이라 故로 夫子以此로 救其失也시니라 胡氏曰 疑此는 子路가 初見孔子時에 問答也라

상(尙)은 숭상하는 것이다. 군자가 난을 일으키고 소인이 도적질을 한다는 것은 모두 자리로써 말씀한 것이다. 윤 씨가 말했다. "의리를 숭상하면 그 용맹이 대단한 것이다. 자로가 용맹을 좋아하므로 부자께서 이것으로 그의 잘못을 바로잡아 주신 것이다." 호 씨가 말했다. "아마 이것은 자로가 처음으로 공자를 뵈었을 적에 문답인 듯하다."

[備旨] 子路好勇故로 問於夫子에 曰天下之事는 惟勇이면 足以任之하나니 君子亦尙勇乎잇가한대 夫子告之에 曰君子之人은 於義에 所當行이면 則奮然而必行하고 於義에 所當止면 則毅然而必止니 惟義爲上而已矣라 若勇은 則非所尙也니 何則고 有位之君子가 徒有其勇하고 而無義以制之면 則必因其勇하여 逆理犯分하여 而爲亂이요 無位之小人이 徒有其勇하고 而無義以制之면 則必因其勇하여 肆欲妄行하여 而爲盜라 徒勇之弊가 一至於此하리니 此君子之所尙者는 在義요 而不在勇與인저

자로가 용맹을 좋아했던 까닭으로 부자에게 여쭈어 볼 적에 말하기를, "천하의 일은 오직 용맹만 있다면 족히 맡을 수 있는 것이니 군자도 또한 용맹을 숭상합니까?"라고 하니, 부자께서 깨우쳐 줄 적에 말씀하시기를, "군자가 된 사람은 의리상 마땅히 행해야 할 것이라면 분연히 꼭 행하고 의리상 마땅히 그쳐야 할 것이라면 의연히 꼭 그치니, 오직 의리를 숭상해서 그치는 것이다. 용맹이라는 것은 숭상할 바가 아니니 왜 그런가? 자리가 있는 군자가 한갓 용맹만 있고 의리로써 제지함이 없다면 반드시 그 용맹을 인해서 이치를 어그러뜨리고 분수를 범하여 어지럽히게 될 것이요, 자리가 없는 소인이 한갓 용맹만 있고 의리로써 제지함이 없다면 반드시 그 용맹을 인해서 지나치게 욕심을 부리고 망령되게 행동하여 도적질하게 될 것이다. 한갓 용맹만 내세우는 폐단이 한결같이 여기에 이를 것이니, 곧 군자가 숭상할 바는 의리에 있고 용맹에 있지 않을 것이다."라고 하셨다.

○하칙(何則) : …인가? '則'은 의문대명사와 어울려 의문을 나타내며 '哉'와 통함.
○역리(逆理) : 도리나 사리에 어그러짐.
○범분(犯分) : 분수를 범함.
○사욕(肆欲) : 지나치게 욕심을 부림.
○망행(妄行) : 망령되게 행함.

17 · 24 · 1 子貢曰 君子亦有惡(오)乎잇가 子曰 有惡(오)하니 惡(오)

稱人之惡(악)者하며 惡(오)居下流而訕上者하며 惡(오)勇而無禮者하며 惡(오)果敢而窒者니라

　자공이 묻기를, "군자도 또한 사람을 미워하는 경우가 있습니까?" 하니, 공자께서 말씀하셨다. "미워하는 경우도 있으니, 남의 악한 점을 말하는 사람을 미워하며, 아랫사람의 위치에 처해 있으면서 윗사람을 비방하는 사람을 미워하며, 용맹스럽기만 하고 예의가 없는 사람을 미워하며, 과감하기만 하고 도리에 맞지 않는 사람을 미워한다."

○군자역유오호(君子亦有惡乎) : 군자도 또한 사람을 미워하는 경우가 있습니까? 여기서 군자는 은근히 공자를 가리킴.《자공절지(子貢節旨)》"君子暗孔子 君子惟其愛人 故薄者惡之 惟其順德故 逆者惡之 惟其循德故 凌犯者惡之 惟其達義故 冥行者惡之 果敢卽前章之剛 果敢者 有學以開明之 則不窒" "亦字對愛說"
○자왈유오(子曰有惡) : 공자가 '미워하다'라고 말하다. "惡自公惡言"
○오칭인지악자(惡稱人之惡者) : 남의 악한 점을 들추어 말하는 사람을 미워하다. "稱人惡是好揚人過惡"
○오거하류이산상자(惡居下流而訕上者) : 낮은 지위에 있으면서도 윗사람을 헐뜯는 것을 미워하다. "流卽下位之人 訕上是毁謗居上位者"
○오용이무례자(惡勇而無禮者) : 용감하기만 하고 무례한 사람을 미워하다. "勇屬强力 無禮是無巽順意"
○오과감이질자(惡果敢而窒者) : 과감하기만 하고 막힌 사람을 미워하다. ☞질(窒) : 도리에 맞지 아니하다. 막히다. 통하지 못하다. "果敢是果決敢 爲窒是自心窒塞不指行說 然行亦必見窒矣"

訕은 誹毁也요 窒은 不通也라 稱人惡이면 則無仁厚之意요 下訕上이면 則無忠敬之心이요 勇無禮면 則爲亂이요 果而窒이면 則妄作이라 故로 夫子惡之시니라

　산(訕)은 헐뜯는 것이고, 질(窒)은 통하지 않는 것이다. 남의 악을 말하면 인후의 뜻이 없고, 아랫사람으로서 윗사람을 비방하면 충경의 마음이 없는 것이다. 용기만 있고 예의가 없으면 난리를 일으키게 되고, 과감하기만 하고 도리에 맞지 않으면 망령되게 행하게 된다. 그러므로 부자께서 미워하신 것이다.

○방훼(誹毁) : 헐뜯음. 비방(誹謗).

○인후(仁厚) : 인정이 많고 후덕함.
○충경(忠敬) : 충성과 공경. 또는 성의를 다하여 공경함.

[備旨] 子貢이 問於夫子에 曰君子於人에 無所不愛어늘 不知亦有惡於人乎잇가하니 夫子曰 好善惡惡은 人心之公이라 君子雖以恕心으로 容天下나 亦不能不以公心으로 待天下니 惡誠有之也라 彼隱惡不揚은 仁厚之道也어늘 君子故로 於稱人之惡者에 惡之하며 爲尊者諱는 忠敬之道也어늘 君子故로 於居下流而訕上者에 惡之하며 勇而有禮면 勇斯大矣어늘 君子故로 於勇而無禮以節文之者에 惡之하며 果而能通이면 果斯善矣어늘 君子故로 於果敢而窒於理者에 惡之라 君子之所惡가 如此라

자공이 부자에게 물어볼 적에 말하기를, "군자가 사람에 대해서 사랑치 아니함이 없어야 하는데, 또한 사람을 미워하는 경우가 있는지 알지 못하겠습니다."라고 하니, 부자께서 말씀하시기를, "선을 좋아하고 악을 미워하는 것은 사람 마음의 공평함이다. 군자가 비록 용서하는 마음으로써 천하를 받아들이지만 또한 능히 공평한 마음으로써 천하를 대하지 않을 수 없으니 미워하는 경우가 진실로 있다. 악을 숨겨주고 드러내지 않는 것은 인후의 도일 텐데 군자인 연고로 남의 악한 점을 일컫는 사람에 대하여 미워하며, 웃어른이 되기를 피하는 것은 충경의 도일 텐데 군자인 연고로 아랫사람의 위치에 처해 있으면서 윗사람을 비방하는 사람에 대하여 미워하며, 용맹하고 예의가 있으면 용기가 대단하다고 할 텐데 군자인 연고로 용맹스럽기만 하고, 예로써 조절하고 꾸밈이 없는 사람에 대하여 미워하며, 과감하고 능통하면 결단을 잘한다고 할 텐데 군자인 연고로 과감하기만 하고, 도리에 맞지 않는 사람에 대하여 미워한다. 군자의 미워하는 바가 이와 같다."라고 하셨다.

○서(恕) : 용서. 사랑. 동정. 자기를 미루어서 남을 대하는 마음. 본서 4·15·2 참고.
○공심(公心) : 공평한 마음. 공지(公志).
○휘(諱) : 꺼리다. 피하다. 제(齊)나라의 공양고(公羊高)가 지은 「춘추(春秋)」의 주해서(註解書)인 「공양전(公羊傳)」에 다음과 같은 내용이 나온다. "春秋爲尊者諱 爲親者諱 爲賢者諱"
○절문(節文) : 조절하고 꾸미다. 사물을 알맞게 꾸밈.

17·24·2 曰賜也亦有惡(오)乎아 惡(오)徼以爲知者하며 惡(오)不孫以爲勇者하며 惡(오)訐以爲直者하노이다

공자께서 말씀하시기를, "사도 또한 미워하는 경우가 있느냐?" 하시니, 자공이 말씀드렸다. "슬쩍 취한 것을 가지고 지혜로 여기는 사람을 미워하며, 불손을 가지고 용맹으로 여기는 사람을 미워하며, 비밀을 들추어내는 것을 가지고 정직으로 여기는 사람을 미워합니다."

○사야역유오호(賜也亦有惡乎) : 자공도 또한 사람을 미워하는 경우가 있느냐? "亦字對君子說"
○오요이위지자(惡徼以爲知者) : 남의 것을 슬쩍 취해 가지고 자기가 안다고 생각하는 사람을 미워하다. 함부로 남의 지혜를 도적질 하는 사람을 미워함. '徼以爲知'는 '以徼爲知'의 도치. ☞요(徼) : 훔치다. 빼앗다. "以爲知是竊知之名"
○오불손이위용자(惡不孫以爲勇者) : 불손한 것을 가지고 용감하다고 생각하는 사람을 미워하다. ☞손(孫) : 공손하다. '遜'과 통함. '不孫以爲勇'는 '以不孫爲勇'의 도치. "以爲勇是竊勇之名"
○오알이위직자(惡訐以爲直者) : 타인의 비밀을 낱낱이 파헤쳐 가지고 정직하다고 생각하는 사람을 미워하다. ☞알(訐) : 들추어내다. 파헤치다. "以爲直是竊直之名"

惡徼以下는 子貢之言也라 徼는 伺察也라 訐은 謂攻發人之陰私라
○楊氏曰 仁者는 無不愛하나니 則君子는 疑若無惡矣어늘 子貢之有是心也라 故로 問焉하여 以質其是非니라 侯氏曰 聖賢之所惡가 如此하시니 所謂惟仁者라야 能惡人也니라

'惡徼' 이하는 자공의 말이다. 요(徼)는 동정을 살피는 것이다. 알(訐)은 남의 사사로운 일을 공격하고 들추어냄을 이른다.
○양 씨가 말했다. "인자는 사랑하지 않는 것이 없으니, 군자는 아마도 미워함이 없었을 듯하지만 자공에게는 이런 마음이 있었던 것이다. 그러므로 물어서 그 옳고 그름을 질정한 것이다." 후 씨가 말했다. "성현의 미워하는 바가 이와 같았으니, 이른바 '오직 인자라야 능히 사람을 미워할 수 있다.'라고 했던 것이다.

○공발(攻發) : 공격하고 들추어냄. 공격하면서 드러냄.
○사찰(伺察) : 동정을 살핌. 규찰(窺察). ☞사(伺) : 엿보다. 남모르게 가만히 보다.
○음사(陰私) : 남에게 알릴 수 없는 비밀.

[備旨] 夫子因問子貢에 曰君子固有惡矣어늘 不知賜也亦有惡乎아한대 子貢對曰 賜亦有之니이다 彼明覺自然者는 智也니 賜則惡其徼焉而窺人動靜하여 自以爲知者요 見義必爲

者는 勇也니 賜則惡其不孫而犯上凌長하여 自以爲勇者요 順理無私者는 直也니 賜則惡其 訐焉而攻私發伏하여 自以爲直者니 賜之所惡가 如此하노이다 由夫子之惡면 凡人世에 徑 行執己하여 不循道理之事는 皆所必絕也요 由子貢之惡면 凡人世에 逞機用察하여 不由本 心之事도 亦皆所必絕也니 聖賢之所惡者는 皆至公無私與인저

　부자께서 이러한 이유로 인해 자공에게 물어볼 적에 말씀하시기를, "군자도 진실로 미워하는 경우가 있는데, 너도 또한 미워하는 경우가 있는지 알지 못하겠다."라고 하니, 자공이 대답할 적에 말하기를, "저도 또한 있습니다. 사리에 밝고 도리를 깨달아서 저절로 그렇게 되는 것은 지혜인데, 저는 그들이 슬쩍 취해서 사람들의 동정을 엿보면서 스스로 지혜로 여기는 사람을 미워하고, 의를 보고서 반드시 행하려는 것은 용맹인데, 저도 또한 그들이 불손하여 윗사람을 범하고 어른을 능멸하면서 스스로 용맹스럽다고 생각하는 사람을 미워하고, 이치를 따르고 사사로움이 없는 것은 정직인데, 저는 그들이 찾아내어 사사로운 것을 공격하고 드러나지 않은 것을 들추어내면서 스스로 정직하다고 생각하는 사람을 미워하니, 제가 미워하는 바가 이와 같습니다."라고 했다. 부자가 미워한 내용을 본받는다면 무릇 사람들이 세상에서 마음대로 행하거나 자신만을 고집하여 도리에 따르지 않았던 일들은 모두 반드시 끊어지게 될 것이고, 자공이 미워한 내용을 본받는다면 무릇 사람들이 세상에서 기회가 오면 멋대로 굴거나 사찰을 행하여 본심을 따르지 않았던 일들도 또한 모두 끊어지게 될 것이니, 성현의 미워하던 바는 모두 지극히 공평하고 사사로움이 없다.

○'不知賜也亦有惡乎아'를 전통적인 방법으로 '不知케라 賜也亦有惡乎아(알지 못하겠다. 너도 또한 미워하는 경우가 있는가?)'로 현토하여 해석할 수도 있다.
○명각(明覺) : 사리에 밝고 도리를 깨달아 앎.
○경행(徑行) : 생각나는 대로 행함. '경정(徑情)' '직정경행(直情徑行)'과 같은 말. ☞직정경행(直情徑行) : 예법을 돌아보지 아니하고 제멋대로 함. 아무 꾸밈없이 생각한 그대로 행함. 경정직행(徑情直行).
○영(逞) : 채우다. 마음대로 하여 만족을 느끼다. 멋대로 굴다[肆行]. 본음은 '령'
○지공무사(至公無私) : 지극히 공평하여 사사로움이 없음. 「충경(忠經)」"忠者中也 至公無私"

17·25·1 子曰 唯女子與小人은 爲難養也니 近之則不孫하고 遠之則怨이니라

　　공자께서 말씀하셨다. "오직 하녀와 하인은 다루기가 어려우니, 가까이 하면 불손하고 멀리 하면 원망한다.

○유여자여소인(唯女子與小人) : 오직 하녀와 소인. ☞여자(女子) : 하녀. 여기서는 '여자'를 폄하하는 말이 아니고, 여종이나 하녀를 가리키는 말임. 비첩(婢妾). ☞소인(小人) : 하인. 여기서는 종이나 하인을 가리킴. "唯是獨 女子指婢妾"
○위난양야(爲難養也) : 다루기가 어렵다. 대하기가 어려움. "難養是難待意"
○근지즉불손(近之則不孫) : 친하게 지내면 업신여기고 깔봄. "近是親狎意 不孫謂玩侮"
○원지즉원(遠之則怨) : 소원하게 대하면 원망함. "遠是疎絶意 怨謂忿恨"

此小人은 亦謂僕隸下人也라 君子之於臣妾에 莊以莅之하고 慈以畜(흑)之면 則無二者之患矣라

　　여기에서 소인은 또한 종과 하인을 이른다. 군자가 신과 첩에게 엄숙하게 임하고 사랑으로써 대한다면, 이 두 가지의 병폐가 없을 것이다.

○복례(僕隸) : 종. 하인. 예복(隸僕).
○신첩(臣妾) : 신(臣)과 첩(妾). 신분이 낮은 사람.
○장(莊) : 엄숙하다. 엄정하다[嚴正]. 본서 2·20·1 집주 참고. "莊謂容貌端嚴也"
○이(莅) : 다다르다. 임하다. 그 자리에 가다. '涖'의 속자(俗字). 본음은 '리'
○흑(畜) : 대하다. 보살피다. 다스리다. 양육하다. 여기서는 입성(入聲)으로 쓰였음.

[備旨] 夫子示人以御臣妾之道에 曰天下之人은 凡其近之而可以恩勝하고 遠之而可以威勝者니 無不易(이)養也로되 惟女子之與小人은 雖曰使令自我하고 駕馭自我하여 而實爲難養也라 何則고 吾而親昵以近之也면 則彼玩心生하여 而不孫於我矣요 吾而嚴厲以遠之也면 則彼懼心生하여 而致怨於我矣라 夫近之不可하고 遠之又不可니 此其所以難養也라 然則養之道는 奈何오 亦曰莊以莅之하고 慈以畜之면 則可矣라

　　부자께서 사람들에게 신첩을 다스리는 도를 보여줄 적에 말씀하시기를, "천하의 사람들은 대체로 가까이 하면 은혜를 지나쳐 버리고, 멀리 하면 위엄을 지나쳐 버리니 다루기가 쉽지 않은 것이 없지만, 오직 하녀와 소인은 비록 명령하고 시키는 것을 제 마음대로 행하고, 부리는 것도 제 마음대로 행해서 실로 대하기가 어렵다. 왜 그런가? 내가 친근하게 대해줘서 가까이 하면 저에게는 업신여기는 마음이 생겨나서 나를 불손하게 대하게 되고, 내가 엄격하게 대해 줘서 멀리하면 저에게는 두려워하는 마음이 생

겨나서 나를 원망하게 된다. 무릇 가까이 할 수도 없고 멀리 또한 할 수도 없으니, 이 것이 그들을 대하기가 어려운 까닭이다. 그렇다면 대하는 방법은 어떻게 해야 되겠는 가? 또 말을 해본다면 엄숙하게 임하고 사랑으로써 대한다면 괜찮을 것이다."라고 하 셨다.

○어(御) : 어거하다. 다스리다. 거느리다.
○사령(使令) : 명령하여 시킴. 명령하여 부림.
○가어(駕馭) : 가어(駕御). ①말을 몰아 수레를 달람. ②마음대로 부리고 지배함. 여기 서는 ②의 뜻.
○하즉(何則) : 왜냐 하면. 위에 말을 받아 그 이유를 설명하는 말.
○친닐(親昵) : 서로 친함. 친닐(親暱). ☞닐(昵) : 친하다. 친근하다.
○엄려(嚴厲) : 매우 엄격하고 너그럽지 않음. 허술한 데가 없어 지독함. 엄준(嚴峻).
○완(玩) : 업신여기다. 깔보고 홀대하다.

17·26·1 子曰 年四十而見惡(오)焉이면 其終也已니라

　공자께서 말씀하셨다. "나이가 40이 되어서도 미움을 받는다면, 아마도 끝장났을 따름이다."

○연사십이견오언(年四十而見惡焉) : 나이가 40이 되어서 미움을 받다. ☞견오(見惡) : 미움을 당하다. 여기서는 군자로부터 미움을 받다. "見惡是見惡於君子"
○기종야이(其終也已) : 아마도 더 이상의 진보는 없고 끝이 나다. ☞기(其) : 진술하는 문장에 쓰여 '아마도'라는 뜻. ☞종(終) : 끝장이다. 더 이상 전진할 수 없다. "終是不復 有進意"

四十은 成德之時일새 **見惡(오)於人**이면 **則止於此而已**니 **勉人及時**하여 **遷善改過也** 라 **蘇氏曰 此亦有爲而言**이로되 **不知其爲誰也**라

　40세는 덕을 이루는 시기이기 때문에 남으로부터 미움을 받는다면 여기에서 끝 장나고 마는 것이니, 사람들에게 때를 좇아서 천선개과에 권면하도록 하신 것이다. 소 씨가 말했다. "이것도 또한 이유가 있어서 한 말이겠지만, 그 사람이 누구인지 를 알 수 없다."

○천선개과(遷善改過) : 지난날의 허물을 고치고 착하게 됨. 개과천선(改過遷善). 개과
자신(改過自新).
○유위이언(有爲而言) : 까닭이 있어서 말을 함. '爲'는 거성(去聲)으로 쓰였음.

[備旨] 夫子勉人及時以有爲에 曰成德은 以四十爲期하나니 若年至於四十이로되 猶然有
善不遷하고 有過不改而見惡於人焉이면 則漸向於衰하여 而善之未遷者는 終不及遷하고
過之未改者는 終不及改하여 亦終於此而已矣라 蓋旣不能勵於四十之前이면 又安有望於四
十之後리오 此君子所以貴及時以有爲也라

　　부자께서 사람들에게 때를 좇아서 공을 이루도록 힘쓰게 할 적에 말씀하시기를, "덕
을 이루는 때는 40세를 기한으로 삼으니, 만약에 나이가 40세에 이르렀는데도 여전히
선을 행하는 데 옮겨가지 않고 허물이 있는데도 고치지 않아서 사람들로부터 미움을
받는다면, 점점 쇠약해져서 선에 옮겨가지 못한 사람은 끝내 옮겨갈 수 없고 허물을
고치지 못한 사람은 끝내 고칠 수 없어서 또한 여기에서 끝나 버리고 말 것이다. 대개
이미 40세 전에 힘을 쓰지 않았다면 또 어찌 40세 이후에 바랄 수 있겠는가? 이것이
군자가 때에 맞게 행동하는 것을 귀하게 여기는 까닭이다."라고 하셨다.

○유위(有爲) : 성과를 위하여 어떤 일을 하는 바가 있음. 능력이 있음. 유능(有能).「주
역(周易)」《계사상(繫辭上)》"是以君子 將有爲也"
○유연(猶然) : 여전히. 또한. 접속사로서 쓰임.
○기(旣)~우(又) : '이미 …이며 그 외에…' '이미 …한 이상은 또한…' 접속사로서 한
방면에만 그치지 않음을 나타냄.

제 18편 微子

此篇은 **多記聖賢之出處**하니 **凡十一章**이라

이 편은 성현의 출처에 관한 기록이 많으니, 모두 11장이다.

18·1·1 微子는 去之하고 箕子는 爲之奴하고 比干은 諫而死하니라

주임금이 무도하여 그 무도함을 간했지만 듣지 않자, 미자는 떠나갔고, 기자는 그의 종이 되었고, 비간은 간하다 죽었다.

○미자거지(微子去之) : 미자는 그의 자리를 떠나 황야에 숨다. ☞미자(微子) : 은(殷)의 충신으로 주왕(紂王)의 서형(庶兄). 이름은 계(啓). 미(微)는 봉지(封地)의 이름. 은나라가 망할 것을 예견하고 주왕에게 여러 차례 간했으나 듣지 않자 마침내 나라를 떠났음. "去之是去其位以遯於荒野"

○기자위지노(箕子爲之奴) : 기자는 종이 되어 감옥에 갇혀 죄수의 욕을 받음. ☞기자(箕子) : 은(殷)나라의 태사(太師)로 주왕(紂王)의 숙부. 주왕이 포악하여 여러 번 간하다가 도리어 종의 신분이 됨. 기(箕) 땅에 봉해진 데서 기자(箕子)라고 이르는데, 은나라가 망한 뒤 조선으로 달아나 기자 조선을 세웠다는 전설이 있음. 평양에는 기자사(箕子祠)가 있음. ☞여기서 '之'는 대명사로 쓰여 '其'와 통용된다고 볼 수 있는데, 이때는 보통 '爲＋之＋명사'의 구조로 이루어진다. 본서 '5·7·3 求也는 千室之邑과 百乘之家에 可使爲之宰也로되' '6·3·3 原思가 爲之宰러니' '11·7·1 顏路가 請子之車하여 以爲之槨한대' '11·25·11 赤也爲之小면 孰能爲之大리오' 등에서 확인할 수 있다. "爲奴是解衣披髮伴狂 而受囚奴之辱"

○비간간이사(比干諫而死) : 비간은 간하다가 가슴이 갈라져 죽게 됨. ☞비간(比干) : 은(殷)나라 주왕(紂王)의 숙부. 주왕의 악정을 간하다가 피살됨. 기자(箕子)·미자(微子)와 함께 은나라의 삼인(三仁)이라고 일컬음. "死是紂怒而剖視其心以死"

微箕는 **二國名**이라 **子**는 **爵也**라 **微子**는 **紂庶兄**이요 **箕子比干**은 **紂諸父**라 **微子**는 **見紂無道**하고 **去之以存宗祀**하며 **箕子比干皆諫**한대 **紂殺比干**하고 **囚箕子以爲奴**

^{하니} **箕子因佯狂而受辱**_{하니라}

　미(微)와 기(箕)는 두 나라의 이름이다. 자(子)는 작위다. 미자는 주왕의 서형이고, 기자와 비간은 주왕의 숙부들이다. 미자는 주왕의 무도함을 보고 거기를 떠나가서 은나라의 종사를 보존했으며, 기자와 비간이 모두 간했는데, 주왕이 비간을 죽이고 기자를 가두어 종을 삼으니, 기자는 이로 인해 거짓으로 미친 체하면서 욕을 받았다.

○미(微) : 나라 이름. 은(殷)나라 미자(微子)에게 봉한 땅. 지금의 산서성(山西省) 노성현(潞城縣) 동북쪽.
○기(箕) : 나라 이름. 은(殷)나라 기자(箕子)에게 봉한 땅. 지금의 산서성(山西省)에 있었음.
○자(子) : 오등작(五等爵)의 넷째 작위. ☞오등작(五等爵) : 다섯 등급의 작위, 곧 공(公)·후(侯)·백(伯)·자(子)·남(男).「예기(禮記)」《왕제편(王制篇)》"公侯伯子男"
○작(爵) : 작위. 벼슬. 신분의 위계 관작(官爵)과 위계(位階).
○주(紂) : 은(殷)의 마지막 임금인 주왕(紂王). 제을(帝乙)의 아들이며 이름은 수(受). 세금을 가혹하게 거두고 형벌을 엄격하게 하여 백성의 원망을 샀으며, 목야(牧野)의 전투에서 주 무왕(周武王)에게 패하고 녹대(鹿臺)에서 자살함.
○서형(庶兄) : 서모에게서 난 형.
○종사(宗祀) : 종주(宗主)로 받들어 제사를 지냄. 높이 받들어 제사를 지냄.
○제부(諸父) : 당내친(堂內親) 숙부들. 당내친(堂內親)이란 8촌 이내의 친척인데 고조부(高祖父)를 같이하는 후손들이 이루는 친족 집단을 말함.
○양광(佯狂) : 거짓으로 미친 체함.

[備旨] 昔에 殷紂無道하니 微子諫之한대 不聽이어늘 則引其身而去之하고 箕子諫之한대 不聽이어늘 因佯狂受辱이라가 而爲之奴하고 比干盡力極諫이라가 觸其怒하여 剖心而死라 是三人者가 或去或奴或死하니 其行之不同이 如此라

　옛날 은나라 주임금이 무도하니, 미자가 간했지만 듣지 않기에 그 몸을 핑계대고 떠나갔고, 기자가 간했지만 듣지 않기에 이로 인해서 거짓으로 미친 체하다가 그의 종이 되었고, 비간은 힘을 다하여 끝까지 간하다가 그의 노를 촉발하여 가슴이 갈라져서 죽었다. 곧 세 사람이 어떤 이는 떠나가고 어떤 이는 종이 되고 어떤 이는 죽었으니, 그 행동의 같지 않음이 이와 같다.

○인(引) : 핑계대다. 이유로 내세우다.
○부심(剖心) : 가슴을 가름. 그의 가슴을 쪼개어서 살펴봄[剖視其心]. 은(殷)나라 주왕(紂王)의 폭정(暴政)을 비간(比干)이 간하니, 주왕이 성을 내어 성인의 가슴 속에는 7개의 구멍이 있다는데 봐야겠다고 하면서 그의 가슴을 쪼개었다는 옛일에서 유래함.

18·1·2 孔子曰 殷有三仁焉하니라

공자께서 말씀하셨다. "은나라에 세 사람의 어진 신하가 있었다."

○은유삼인언(殷有三仁焉) : 은나라에 세 사람의 어진 신하가 있다. ☞은(殷, B.C.1766~B.C.1122) : 나라 이름. 성탕(成湯)이 하(夏)의 걸왕(桀王)을 쳐서 멸망시키고 세운 왕조. 처음에는 탕의 선조인 설(契)이 상(商) 땅에 봉해졌다가, 탕에 이르러 천하를 소유하게 되자 국호를 상(商)이라고 하였고, 그 후 17대 반경(盤庚) 때에 은으로 천도하였으므로 후세에 그 국호를 은이라 불렀는데. 상은(商殷) 또는 은상(殷商)이라고도 한다. 주(紂)에 이르러 주 무왕(周武王)에게 멸망되었다. ☞삼인(三仁) : 은말(殷末)의 충신 세 사람. 곧 기자(箕子)·미자(微子)·비간(比干)을 말함. "三仁指上微子箕子比干說 仁是忠君愛國之心"

三人之行이 不同이로되 而同出於至誠惻怛之意라 故로 不咈乎愛之理하여 而有以 全其心之德也라 楊氏曰 此三人者는 各得其本心이라 故로 同謂之仁이니라

세 사람의 행동이 같지 않았지만 똑같이 지극한 정성과 몹시 슬퍼하는 생각에서 나왔던 것이다. 그러므로 사랑의 이치를 어기지 않아서 그 마음의 덕을 온전히 할 수 있었던 것이다. 양 씨가 말했다. "이 세 사람은 각각 그 본심을 얻었던 것이다. 그러므로 똑같이 인이라고 이른 것이다."

○지성(至誠) : 지극한 정성.
○측달(惻怛) : 가엾게 여기어 슬퍼함. 몹시 슬퍼함. 도달(忉怛).
○불(咈) : 어기다.

[備旨] 孔子原其心而斷之에 曰殷有微子箕子比干之三臣者하니 吾以爲三仁焉이라 蓋其去는 非忘君也요 以身으로 存先世之統하니 爲殷去也며 其奴는 非懼禍也요 以身으로 俟

吾主之悔하니 爲殷奴也며 其死는 非沽名也요 以身으로 挽社稷之墟하니 爲殷死也라 迹
雖不同이나 而其愛君憂國之心이 同出於至誠惻怛之意는 一而已矣니 謂之三仁이 夫何愧
哉아 吁라 夫子之言이 一出하니 而三子之心이 始白하고 天下之論이 始定矣라

　　공자께서 그들의 마음을 기인해서 판단하면서 말씀하시기를, "은나라에 미자·기
자·비간이라는 세 신하가 있었으니, 나는 그들을 삼인이라고 생각한다. 대개 그가 떠
나간 것은 임금을 잊어버린 것이 아니라 몸으로써 선세의 계통을 보존코자 했으니 은
나라를 위해서 떠나간 것이며, 그가 종이 된 것은 화를 두려워한 것이 아니라 몸으로
써 자기 임금의 뉘우침을 기다렸으니 은나라를 위해서 종이 된 것이며, 그가 죽은 것
은 명예를 탐낸 것이 아니라 몸으로써 사직의 옛터를 돌이키려고 했으니 은나라를 위
해서 죽은 것이다. 자취가 비록 같지 않지만 그 임금을 사랑하고 나라를 걱정하는 마
음이 다같이 지극한 정성과 가엽게 여기어 슬퍼하는 생각에서 나온 것은 한 가지일 따
름이니, 이를 일러 삼인이라 한 것이 무엇이 부끄러운가?"라고 하셨다. 아! 부자의 말
씀이 한 번 나오니, 세 사람의 마음이 비로소 명백해지고 천하의 의론이 비로소 정해
졌던 것이다.

○원(原) : 근본을 캐다. 추구하다[考究]. 근본을 거슬러 올라가다.
○고명(沽名) : 명예를 탐냄. ☞고(沽) : 구하다. 명예나 이익 따위를 구하다.

18·2·1　柳下惠爲士師하여　三黜이어늘　人曰　子未可以去乎아 曰　直道而事人이면　焉往而不三黜이며　枉道而事人이면　何必去 父母之邦이리오

　　유하혜가 재판관이 되어 세 번이나 쫓겨났는데 어떤 사람이 말하기를, '그대는
아직도 떠나가지 않는가?' 하니, 다음과 같이 대답했다. '올바른 도리로써 사람을
섬긴다면 어디를 간들 세 번은 쫓겨나지 않겠으며, 도를 어기면서 사람을 섬긴다
면 무엇 때문에 굳이 부모의 나라인 노나라를 떠나겠는가?'

○유하혜위사사(柳下惠爲士師) : 유하혜가 재판관이 되다. ☞유하혜(柳下惠) : 노
(魯)나라의 대부(大夫). 성은 전(展). 이름은 획(獲). 자는 금(禽). 유하(柳下)는 식
읍(食邑). 본서 15·13·1의 집주(集註) 참고. ☞사사(士師) : 옥관(獄官). 재판관.
죄인을 다스리는 벼슬. "刑官曰士 其長曰師"

○삼출(三黜) : 세 번 벼슬에서 물러나다. 여러 차례 벼슬에서 물러났다는 뜻. "是屢舍意" 다음 내용도 참고하면 많은 도움이 된다. "惠三黜於魯而不去 其妻謂之曰 子無乃瀆乎 吾聞之 君子二恥 國無道而貴恥也 國有道而賤恥也 今當亂世 三黜而不去 亦近恥矣 惠曰 彼爲彼我爲我 彼雖裸裎 安能汗我"

○인왈자미가이거호(人曰子未可以去乎) : 어떤 사람이 '당신은 아직도 떠나가지 않는가?'라고 말하다. ☞가이(可以) : …할 수 있다. 조동사로서 허가나 가능을 나타냄. 허가·가능을 나타내는 조동사 '可'와 이유·조건·수단·도구·원인 등을 나타내는 전치사 '以'가 결합하여 하나의 조동사로 굳어진 것이다. "去是去此國而適他國"

○직도이사인(直道而事人) : 올바른 도리로써 임금을 섬기다. 여기서 '人'은 임금을 가리켜 말함. ☞직도(直道) : 올바른 길. 정도(正道). "直道是不枉己徇人意 人字與下人字俱指君言"

○언왕이불삼출(焉往而不三黜) : 어디를 간들 세 번 쫓겨나지 않겠는가? "見無可去意"

○왕도이사인(枉道而事人) : 정도를 어기면서 임금을 섬기다. ☞왕도(枉道) : 정도를 굽힘. 정도를 어기고 남에게 아첨함. "枉道是枉己徇人意"

○하필거부모지방(何必去父母之邦) : 하필이면 부모의 나라를 떠날 필요가 있겠는가? "見不必去意"

士師는 獄官이라 黜은 退也라 柳下惠는 三黜不去하고 而其辭氣雍容이 如此하니 可謂和矣라 然이나 其不能枉道之意는 則有確乎不可拔者하니 是則所謂必以其道하여 以不自失焉者也라
○胡氏曰 此必有孔子斷之之言이로되 而亡(무)之矣라

사사(士師)는 옥관이다. 출(黜)은 물리치는 것이다. 유하혜는 세 번 쫓겨나도 떠나지 않고 그 말씨의 화락하고 조용함이 이와 같았으니, 가히 온화하다고 이를 만하다. 그러나 그가 도를 어기지 않았던 뜻은 확실히 뺏을 수 없으니, 이것이 「맹자」 《공손추상》에서 이른바 반드시 그 도를 다하여 스스로 올바름을 잃지 않았다고 했던 것이다.
　○호 씨가 말했다. "여기에는 반드시 공자께서 단언한 말씀이 있어야 하는데 없어졌다."

○사기(辭氣) : 말씨. 말투. 어기(語氣).
○옹용(雍容) : 화락하고 조용함. 몸가짐이 온화하고 의젓함.
○「맹자(孟子)」 《공손추상(公孫丑上)》 "3·9·2 柳下惠는 不羞汙君하며 不卑小官하며 進不隱賢하여 必以其道하며 遺佚而不怨하며 阨窮而不憫하더니 故로 曰 爾爲爾요 我爲

我니 雖袒裼裸裎於我側인들 爾焉能浼我哉리오하니 故로 由由然與之偕而不自失焉하여 援而止之而止하니 援而止之而止者는 是亦不屑去已니라"(맹자께서 말씀하시기를, "류하혜는 더러운 군주를 섬김을 부끄러워하지 않으며, 작은 벼슬을 낮게 여기지 않아서 벼슬길에 나아가도 어짊을 숨기지 않아서 반드시 그 도를 다하였으며, 벼슬길에서 누락되어도 원망하지 않으며 곤액을 당하여도 근심하지 않았다. 그러므로 그는 말하기를 '너는 너이고 나는 나이니, 네가 비록 내 곁에서 옷을 걷고 몸을 벗은들 네가 어찌 나를 더럽힐 수 있겠는가.' 하였다. 그러므로 유유하게 그와 더불어 함께 있으면서도 스스로 올바름을 잃지 않아서 떠나려고 하다가도 잡아당겨 멈추게 하면 멈추었으니, 잡아당겨 멈추게 하면 멈춘 것은 이 또한 떠나감을 좋게 여기지 않은 것이다.")

[備旨] 柳下惠爲魯典獄之士師하여 道不合하여 至三黜이로되 而猶不去하니 或人諷之에 曰君子之仕也에 合則留하고 不合則去어늘 今子三黜不用이로되 尙未可去之他邦乎아하니 惠曰吾之所以三黜者는 爲吾事人에 以直道而不枉道耳라 惟以直道而事人이면 則勢必難容이어늘 焉往而不三黜이리오 雖去之他邦이나 亦猶之吾魯也요 若以枉道而事人이면 則勢必易合하여 卽父母之邦도 可以仕矣어늘 何必舍此而去耶아 夫直道終不可貶이요 枉道終不可爲니 此我所以三黜에 不去也라 子又何疑哉아

　유하혜가 노나라 전옥의 재판관이 되어 도가 맞지 않아서 세 번이나 쫓겨났지만 여전히 떠나가지 않으니, 어떤 사람이 풍자할 적에 말하기를, "군자가 벼슬할 적에 도에 맞으면 머무르고 도에 맞지 않으면 떠나가는 것인데, 지금 그대는 세 번이나 쫓겨나고 등용되지 않았는데 아직도 다른 나라로 떠나가지 않는가?"라고 하니, 유하혜가 말하기를, "내가 세 번이나 쫓겨났던 것은 내가 사람을 섬길 적에 올바른 도리를 써서 도를 어기지 않았기 때문이다. 오직 올바른 도리를 써서 사람을 섬기면 세력을 반드시 용납하기 어려울 터인데, 어디로 간들 세 번은 쫓겨나지 않겠는가? 비록 다른 나라에 떠나가더라도 또한 똑같이 우리 노나라일 것이요, 만약 정도를 어긴 것으로써 사람을 섬기면 세력은 반드시 쉽게 합해져서 곧 부모의 나라에서도 벼슬할 수 있을 터인데, 하필이면 여기를 버리고 떠나가겠는가? 무릇 올바른 도리는 끝내 깎아 내릴 수 없고, 도를 어겨서는 끝내 행할 수 없으니, 이것이 내가 세 번 쫓겨났을 적에도 떠나가지 않았던 까닭이다. 그대는 또 무엇을 의심하는가?"라고 했다.

○전옥(典獄) : 법을 집행하는 벼슬. 송옥(訟獄)의 일을 관장하였음.
○풍(諷) : 풍자하다. 풍간(諷諫)하다.
○유지(猶之) : 오히려. 여전히. 똑같이. 부사로서 상황이 변하지 않음을 나타냄.
○사(舍) : 그만두다. 벼슬에서 물러나다.

○폄(貶) : 깎아 내리다. 줄어들다.

18·3·1 齊景公이 待孔子曰 若季氏則吾不能이어니와 以季孟之間으로 待之하리라하고 曰吾老矣라 不能用也라한대 孔子行하시다

　제나라 경공이 공자를 대우하는 문제에 대해 말하기를, "계 씨처럼 내 능히 대우할 수는 없거니와 계 씨와 맹 씨의 중간 정도로 대우하리다." 하고, 얼마 뒤에 번복해서 말하기를, "내가 늙었는지라 이젠 등용하지 못하겠소이다." 하자, 공자께서 떠나가셨다.

○제경공대공자(齊景公待孔子) : 옛날 공자께서 제나라에 계실 적에 제나라의 경공이 공자를 대우하는 예의 문제에 관해 의논한 내용. "待是以虛禮待之 非擧國利聽孔子"
○약계씨즉오불능(若季氏則吾不能) : 계 씨처럼 경공 자신이 대접할 수 없다는 말. "若字作似字看 季氏魯君待之最厚"
○이맹씨지간대지(以季孟之間待之) : 계 씨와 맹 씨의 중간 정도로 대접하다. 이 말은 후하지도 않고 박하지도 않게 대접한다는 의미. "孟氏魯君待之稍薄 季孟之間是不厚不薄意"
○오노의(吾老矣) : 내가 늙었다. 경공 자신의 지기가 쇠해졌다는 말. "老是志氣衰倦意"
○불능용야(不能用也) : 등용할 수 없다. 공자를 등용 못한다는 말. "以道大難見效言"
○공자행(孔子行) : 공자가 떠나가다. "承上不能待不能用二意 却重不能用上"

魯三卿에 季氏最貴하고 **孟氏爲下卿이라 孔子去之는 事見(현)世家라 然이나 此言은 必非面語孔子요 蓋自以告其臣한대 而孔子聞之爾라**
○程子曰 季氏는 强臣이니 君待之之禮極隆이나 然이나 非所以待孔子也요 以季孟之間으로 待之면 則禮亦至矣라 然이나 復曰吾老矣라 不能用也라하니 故로 孔子去之시니라 蓋不繫待之輕重이요 特以不用而去爾시니라

　노나라 삼경 중에 계 씨가 가장 귀하고 맹 씨는 하경이었다. 공자께서 떠나가신 일이 「사기」《세가》에 보인다. 그러나 이 말은 반드시 공자를 대면하여 말한 것이 아니라 아마 스스로 그 신하에게 말했는데 공자께서 들었던 내용일 것이다.
　○정자가 말했다. "계 씨는 권력이 막강한 신하니 임금이 그를 대우하는 예가 굉장히 융숭했지만 공자를 대우한 것은 아니고, 계 씨와 맹 씨의 중간으로 대우했

다면 예 또한 지극하다 할 것이다. 그러나 다시 말하기를, '내가 늙었는지라 이젠 쓰지 못하겠소이다.' 하니, 그러므로 공자께서 떠나가셨던 것이다. 아마도 대우의 경중에 얽매인 것이 아니고 단지 등용하지 않아서 떠나셨을 뿐이다."

○삼경(三卿) : 주대(周代)의 세 집정(執政) 대신. 즉 토지의 관리와 백성의 교화(敎化)를 맡아보던 사도(司徒), 군정(軍政)을 맡아보던 사마(司馬), 수토(水土)의 일을 관장하던 사공(司空)을 말함.
○하경(下卿) : 춘추(春秋) 때 노(魯)나라의 삼경(三卿)을 다시 상·중·하로 나누었을 적에 하급(下級)의 경(卿)에 해당하는 벼슬.
○강신(强臣) : 권력이 막강한 대신.
○특(特) : 단지. 겨우. 근근이. …에 지나지 않는다.

[備旨] 昔에 孔子在齊할새 齊景公이 與其臣으로 私議待孔子之禮에 曰孔子는 魯人也니 彼固習見魯君이 所以待季孟之禮矣라 吾待孔子以上卿之禮하되 若魯季氏는 則爲最隆이니 而吾力不能이어니와 若以待孟氏者로 待之면 則又太簡이라 就中斟酌하여 吾欲以季孟二者之間으로 待之라도 庶禮得其中이요 而孔子可以留矣라 旣而又曰 孔子之道는 當年莫究요 累世莫殫이어늘 吾今年已老矣라 不能以有限之年으로 用之라도 而行其道也리라 夫旣無待之之誠하고 又無用之之意하니 其不足與有爲를 可知矣라 孔子豈肯虛拘哉아 於是에 接淅而行하시니 蓋可以速而速也시니라

　옛날 공자께서 제나라에 계실 적에 제나라 경공이 그 대신과 더불어 개인적으로 공자를 대우하는 예의 문제에 관해 의논할 적에 말하기를, "공자는 노나라 사람이니, 그는 당연히 노나라 임금이 계 씨나 맹 씨를 대우하는 예를 항상 보았을 것입니다. 내가 공자를 상경의 예로써 대우하되 노나라의 계 씨와 같이 한다는 것은 최고로 융숭하게 대우하는 것이니 내 힘이 부족하거니와, 만약 맹 씨를 대우하는 정도로 대우한다면 또한 너무나 간소하게 하는 것일 것입니다. 설사 중간쯤으로 생각해서 내가 계 씨나 맹 씨의 중간 정도로 대우한다고 하더라도 어쩌면 예는 그에게 꼭 맞게 하는 것일 테고 공자도 머무를 수 있을 것입니다."라고 했다. 얼마 뒤에 또 말하기를, "공자의 도는 당년에 궁구할 수 없고 여러 세대를 걸쳐서도 다할 수 없을 텐데, 내 지금 나이가 이미 늙었는지라 정해진 나이 때문에 등용된다고 하더라도 그 도를 행할 수 없을 것입니다."라고 했다. 무릇 이미 대우하려는 정성도 없을 뿐만 아니라 또 등용하려는 뜻도 없었으니, 그와 족히 더불어 일할 수 없다는 것을 알 수 있다. 공자께서 어찌 진실한 뜻도 없이 사람의 마음을 사로잡는 것을 옳게 여기겠는가? 이때에 서둘러 빨리 떠나가셨으니, 아마도 빨리

가야 할 것 같으면 빨리 떠나가셨던 것이다.

○취(就) : 설사 …라고 하더라도. 가령 …일지라도. 접속사로서 가설적인 양보를 나타냄.
○탄(殫) : 다하다. 다 없앰.
○허구(虛拘) : 진실한 뜻이 없이 사람의 마음을 사로잡음.「맹자(孟子)」《진심상(盡心上)》“恭敬而無實 君子不可虛拘”
○접석(接淅) : 서둘러 급히 떠나는 모양. 물에 씻어 인 쌀을 건져 듦. 밥을 지어 먹을 시간도 없어서 젖은 쌀을 들고 급히 길을 떠남.「맹자(孟子)」《만장하(萬章下)》“孔子之去齊 接淅而行”
○개가이속이속야(蓋可以速而速也) : 대개 빨리 가야 한다면 빨리 떠나감. 여기서 ‘可以’는 조동사로서 이치가 그와 같아야 함을 타나내며, ‘마땅히 …해야 한다.’라고 해석한다.「맹자(孟子)」《공손추상(公孫丑上)》“可以仕則仕　可以止則止　可以久則久　可以速則速”

18・4・1 齊人이 歸女樂이어늘 季桓子受之하고 三日不朝한대 孔子行하시다

제나라 사람이 노나라를 혼란에 빠뜨리기 위해 기녀를 보내오자, 계환자가 받고 3일이나 조회하지 않자 공자께서 떠나 버리셨다.

○제인(齊人) : 제나라 사람. 여기서 ‘齊人’은 ‘君臣’을 말함. “齊人指君臣言”
○귀여악(歸女樂) : 기녀를 보내서 대접하다. ☞귀(歸) : 궤하다. 대접하다. 간혹 ‘饋’ 자가 되어야 한다고 주장하는 사람이 있는데 ‘歸’와 ‘饋’는 약간의 차이가 있다. ‘歸’는 받지 않음이 없다는 뜻이고, ‘饋’는 받지 않음이 있다는 것이다.「논어비지(論語備旨)」《제인전지(齊人全旨)》“其不曰饋而曰歸者 饋有不受 歸無不受 此記者書法也” ☞여악(女樂) : 궁중 연회 때 춤추고 노래하는 기녀. 공자가 노(魯)나라 대사구(大司寇)가 되었을 때, 세력이 크게 떨쳐지자 제(齊)나라가 이를 두렵게 여겨, 미녀 80명에게 아름다운 옷을 입혀 춤추게 했던 일. 아래 비지의 ‘여서지계(犂鉏之計)’ 내용 참고. “歸饋也 歸女樂 所以沮用孔子也”
○계환자수지(季桓子受之) : 계환자가 기녀를 받아들이다. “之指女樂 魯受而書曰季桓子 罪桓子也”
○삼일부조(三日不朝) : 3일 동안이나 조회하지 않다. 3일을 임금은 조회에 임하지 않

고 신하는 조회에 가지 않음. “兼君不視朝 臣不往朝說”
○공자행(孔子行) : 공자가 떠나가다. 교제(郊祭)를 지내고 번육을 대부에게 나누어주지
않는다는 구실로 노나라를 떠나감. “見其不足有爲 却託膰肉不至而去”

季桓子는 魯大夫니 名斯라 按史記컨대 定公十四年에 孔子爲魯司寇하여 攝行相
事하시니 齊人懼하여 歸女樂以沮之하니라 尹氏曰 受女樂하여 而怠於政事가 如此하
니 其簡賢棄禮하여 不足與有爲를 可知矣라 夫子所以行也는 所謂見幾而作하여
不俟終日者與인저
○范氏曰 此篇은 記仁賢之出處하여 而折衷以聖人之行하니 所以明中庸之道也니라

　계환자는 노나라 대부이니, 이름은 사다.「사기」를 살펴보면, 정공 14년에 공자께서
노나라 사구가 되어 정승의 일을 임시로 맡으시니 제나라 사람이 두려워하여 기녀를
보내어 방해하였다. 윤 씨가 말했다. “기녀를 받고 정사를 태만하게 한 것이 이와 같았
으니, 그가 현자를 소홀히 하고 예를 버려서 족히 더불어 일할 수 없다는 것을 알 수
있다. 부자께서 떠나신 까닭은 이른바「주역」《계사하》에서 ‘군자가 기미를 보고 일
을 해서 날이 마칠 때까지 기다리지 않는다.’라고 했던 것이다.”
　○범 씨가 말했다. “이 편은 인자와 현자의 출처를 기록하고 성인의 행실로써 절충
하였으니, 중용의 도를 밝힌 것이다.”

○사구(司寇) : 주대(周代)에 형옥(刑獄)을 맡던 벼슬. 육경(六卿)의 하나.
○섭행(攝行) : 임시로 그 직무를 맡아 행함. 이에 관한 내용은 본서 ‘서설’ 참조.
○유위(有爲) : 성과를 위하여 어떤 일을 하는 바가 있음. 능력이 있음. 유능(有能).「주
역(周易)」《계사상(繫辭上)》“是以君子 將有爲也”
○견기이작불사종일(見幾而作不俟終日) : ‘군자가 기미를 보고 일을 해서 날이 마칠 때
까지 기다리지 않는다.’는 뜻으로 지혜의 원만함을 이름.「주역(周易)」《계사하(繫辭
下》에 나오는 말.

[備旨] 當定公時에 季桓子가 當國한대 孔子爲魯司寇하여 攝行相事하시니 三月而魯國
大治어늘 齊人이 懼其將覇하여 用犁鉏之計하여 以女樂으로 歸焉하니 蓋以沮用賢之志也
라 使執國政者가 察其謀而亟反之면 則齊人이 雖智나 安能間無欲之主哉리오 夫何季桓子
가 先微服往觀하고 而語魯君受之리오 由是로 君臣之間에 溺於聲色而怠於政事하여 君不
臨朝하고 臣不往朝가 蓋三日焉이라 夫方用賢之日이로되 而受女樂하니 是는 簡賢也요
三日不朝하니 是는 棄禮也니 其不足與有爲를 可知矣라 故로 孔子遂行하시니 蓋可以去
則去也시니라

정공 때 계환자가 나라를 맡았는데, 공자께서는 노나라의 사구가 되어서 정승의 일을 임시로 맡아 행하시니 석 달이 지나자 노나라가 잘 다스려졌다. 제나라 사람들이 그 나라가 장차 으뜸이 되는 것을 두려워하여 여서라는 사람이 꾀를 써서 기녀를 보내었으니, 대개 현자의 등용을 막으려는 뜻이었다. 가령 국정을 맡은 사람이 그들의 도모를 살펴서 빨리 돌이켰다면, 제나라 사람들이 비록 지혜롭다고 하나 어찌 욕심도 없는 임금을 이간질할 수 있겠는가? 어찌해서 계환자가 미리 남이 알아차리지 못하도록 옷을 바꾸어 입고 가서 살펴보고 노나라 임금이 이들을 받아들이도록 말했는가? 이로 말미암아 군신의 사이에는 음악과 여색에 빠지고 정사를 게으르게 하여 임금은 조회에 임하지 않고 신하는 조회에 가지 않음이 아마 3일이나 되었을 것이다. 바야흐로 현자를 등용해야 할 날이지만 기녀를 받아들였으니 이는 현자를 소홀히 한 것이고, 3일 동안이나 조회를 하지 않으니 이는 예를 버린 것이니 그러한 사람과는 족히 더불어 일할 수 없다는 것을 알 수 있다. 그러므로 공자께서 드디어 떠나가셨으니, 대개 떠나가야 한다면 떠나가셨던 것이다.

○당국(當國) : 정권을 잡음. 국정(國政)을 주재함.
○여서지계(犂鉏之計) : 여서(犂鉏)의 계책. 여서(犂鉏)는 제(齊)나라 경공(景公)이 총애하는 신하였다. 공자께서 노(魯)나라의 대사구(大司寇)가 되어 정사를 맡아보던 동안 나라가 잘 다스려졌다. 제(齊)나라 사람들이 이를 두려워하고 있을 때, 여서(犂鉏)가 꾀를 내어 미녀를 80명 뽑아 음악을 익혀 노(魯)나라 임금의 마음을 사로잡으려고 했던 일. 「중문대사전(中文大辭典)」 "齊景公之幸臣 宣公以孔子爲中都宰 由中都宰爲司空 由司空爲大司寇 齊人聞而懼曰 孔子爲政必霸 霸則吾地近焉 我之爲先幷矣 盍致地焉 犂鉏曰 請先嘗沮之 沮之而不可 則致地 庸遲乎 於是選齊國中女子好者八十人 皆衣文衣而舞康樂 文馬三十駟 遺魯君 陳女樂文馬於魯城南高門外 魯君往觀終日 怠於政事"
○극(亟) : 빠르다. 성급하다. 빨리. 급속히.
○미복(微服) : 복장을 바꾸어 남의 눈에 띄지 않으려 함. 또는 신분을 감추기 위한 복장. 높은 자리에 있는 사람이 남이 알아차리지 못하도록 하기 위해 수수하게 차린 옷차림. 「맹자(孟子)」 《만장상(萬章上)》 "微服而過宋"
○성색(聲色) : 음악과 여색.

18·5·1 楚狂接輿가 歌而過孔子曰 鳳兮鳳兮여 何德之衰오 往者는 不可諫이어니와 來者는 猶可追니 已而已而어다 今之從政者는 殆而니라

초나라의 미치광이 접여가 노래를 부르면서 공자 앞을 지나면서 말했다. "봉황이여, 봉황이여! 어찌하여 그렇게도 덕을 쇠약하게 하는가? 지나간 것은 어찌할 수 없지만 다가오는 것은 아직 늦지 않았으니, 그만 둘지어다! 그만 둘지어다! 오늘날 정사에 종사하는 것은 위태롭다네!"

○초광접여가이과공자(楚狂接輿歌而過孔子) : 초나라 미치광이 접여가 노래를 부르며 공자 앞을 지나가다. ☞광(狂) : 뜻이 높은 사람[志極高]. 청광(清狂)을 말함. ☞청광(清狂) : 성정(性情)이 청아(清雅)하고 속되지 않으면서도, 그 하는 짓이 상례(常例)에서 벗어남. ☞접여(接輿) : 성은 육(陸)이고, 이름이 통(通)이었음. 또 성이 접(接)이고 이름이 여(輿)라는 설. 공자의 수레를 잡았기에 '接輿'라는 설 등 여러 가지가 있음. 초나라의 현인으로 세상을 피해 일부러 미치광이 노릇을 함. "以下六句俱是歌辭"
○봉혜봉혜(鳳兮鳳兮) : 봉황이여, 봉황이여! ☞봉(鳳) : 신령한 새로 상상의 서조(瑞鳥). 성인(聖人)이 세상에 나오면 나타난다고 함. 봉(鳳)은 암컷이고 황(凰)은 수컷이다. 여기서는 공자를 비유함. ☞혜(兮) : 감탄의 뜻을 나타내는 어조사. "鳳卽指孔子 不可說鳳 又說孔子"
○하덕지쇠(何德之衰) : 어찌하여 덕을 쇠약하게 하는가? '何德之衰'는 원래 '何衰德'이었는데, 강조하기 위해 '之'자를 넣어 '何德之衰'로 쓴 것이다. 즉 '서술어+목적어'의 구조였는데, 도치되어 '목적어+之+서술어'의 구조로 된 것이다. '何'는 괴이해서 탄식하는 의미가 강함. "何是怪歎辭 德衰在無道不隱上說"
○왕자불가간(往者不可諫) : 지난 일은 어떻게 할 수 없다. 이왕지사(已往之事)는 어찌 할 수 없음. '諫'은 '말해서 바로 잡다'라는 뜻. "往指先不隱言 諫是諫而止之"
○내자유가추(來者猶可追) : 다가오는 일은 따를 수 있다. 앞으로 다가올 일은 개선(改善)하려면 그렇게 할 수 있다는 뜻. "來指後來言 猶可追是尙可復隱"
○이이이이(已而已而) : 그만 두게나! 그만 두게나! '而'는 어조사(語助辭)로서 문장 끝에 쓰여 감탄의 의미를 나타낸다. "重言以勸其速隱"
○금지종정자태이(今之從政者殆而) : 지금 정사에 종사하는 것은 위태롭다. '而'는 감탄의 어조사. "從政指仕者 殆就禍患說"

接輿는 楚人으로 佯狂避世어늘 夫子時將適楚라 故로 接輿가 歌而過其車前也라 鳳은 有道則見(현)하고 無道則隱하니 接輿가 以比孔子하고 而譏其不能隱은 爲德衰也라 來者可追는 言及今尙可隱去라 已는 止也요 而는 語助辭라 殆는 危也라 接輿는 蓋知尊孔子로되 而趨不同者也라

접여는 초나라 사람으로 미친 체하고 세상을 피하였는데, 부자께서 이때 막 초나라로 가려하셨으므로 접여가 노래하며 그 수레 앞을 지나갔던 것이다. 봉황새는 도가 있으면 나타나고 도가 없으면 숨어 지내니, 접여가 봉황을 공자에 비유하고 그가 능히 숨지 못한 것은 덕이 쇠했기 때문임을 나무란 것이다. '來者可追'는 지금이라도 오히려 숨을 수 있다는 것을 말한 것이다. 이(已)는 그만두는 것이요 이(而)는 어조사다. 태(殆)는 위태한 것이다. 접여는 아마 공자를 존경할 줄은 알았지만 지향하는 바는 같지 않았던 사람일 것이다.

○양광(佯狂) : 미친 체함. ☞양(佯) : …하는 체하다.
○추향(趨向) : 나아감. 향하여 감. 지향하는 바.

[備旨] 昔에 孔子將適楚할새 楚狂接輿者가 歌而過孔子之車前에 曰鳳兮鳳兮여 有道則見하고 無道則隱하니 其爲德也盛矣로다 今時何時오 而猶不隱하니 是何其德之衰耶아 夫往者之不隱은 固不可諫이어니와 而來者之當隱은 則猶可追也니 已而止之하고 已而止之하여 可以速隱矣어다 今之天下無道하여 其仕而從政者는 皆不免於危殆어늘 尙何栖栖而不隱乎아하니 夫尊之以鳳하고 而又譏其德之衰하며 諷之以去하고 而又懼其禍之及하니 是隱士與聖人之趨가 不同也라

옛날 공자가 막 초나라에 가려고 할 때 초나라의 미치광이 접여란 사람이 노래하면서 공자의 수레 앞을 지나갈 적에 말하기를, "봉황이여, 봉황이여! 도가 있으면 나타나고 도가 없으면 숨어 지내니, 그 덕스러움이 성하구나! 지금의 때는 어느 때인가? 그런데도 오히려 숨어 지내지 않으니 이는 얼마나 그 덕을 쇠약하게 하는가? 무릇 지난날 숨지 않았던 것은 진실로 어찌할 수 없지만, 앞으로 마땅히 숨어 지내야 할 것이라면 오히려 그렇게 할 수 있을 것이니, 그만두고 그치고 그만두고 그쳐서 속히 숨어야 할 것이다. 오늘날 천하에 도가 없어서 그들이 벼슬하면서 정사에 종사하는 사람은 모두 위태함을 면치 못할 텐데, 오히려 어찌하여 바삐 서둘러 숨지 않고 있는가?"라고 했으니, 무릇 봉황으로써 그를 높일 뿐만 아니라 또 그 덕의 쇠함을 나무라고, 떠나가는 것으로써 그를 풍자했을 뿐만 아니라 또 그 화가 미칠 것을 걱정했으니, 곧 은사와 성인의 지향하는 바가 같지 않았던 것이다.

○서서(棲棲) : 바삐 서두르는 모양. 불안한 모양.

18·5·2 孔子下하사 **欲與之言**이러시니 **趨而避之**하니 **不得與之言**하시다

공자께서 수레에서 내려 그와 더불어 말하려고 하셨는데, 빨리 걸어서 피하므로 그와 더불어 말씀하지 못하셨다.

○공자하욕여지언(孔子下欲與之言) : 공자께서 수레에서 내려 초나라의 미치광이 접여와 더불어 이야기를 하려 하다. "言是言其不可已之意"
○추이피지(趨而避之) : 접여가 빨리 걸어서 공자를 회피하다. "趨是接輿疾行 避之 是避孔子"
○부득여지언(不得與之言) : 접여와 더불어 이야기 하지 못하다. "皆此一句 令人情致索 然黯焉神傷"

孔子下車는 蓋欲告之以出處之意러시니 接輿自以爲是라 故로 不欲聞而避之也라

공자께서 수레에서 내린 것은 아마도 그에게 사람의 출처에 대한 생각을 깨우쳐 주고 싶어서였는데, 접여는 자신을 옳다고 여겼으므로 들으려 하지 않고 피한 것이다.

[備旨] 孔子聞其歌하시고 而知其爲隱者로되 不以其所趨之異로 而棄之하시고 遂下車하사 欲與之言이러시니 蓋將共濟夫天下也라 乃接輿는 趨而避之하니 若不欲聞其說者라 夫子遂不得與之言하시니라 由此로 觀之면 豈非遯世之士와 與濟世之士가 其趨不同하여 而不相爲謀也哉아

공자께서 그 노래를 들으시고 그가 은자임을 알았지만, 그 사람의 나아가는 바가 다르다는 이유로 버리지 않으시고 드디어 수레에서 내리셔서 그와 더불어 말씀을 나누고자 하셨으니, 아마도 서로 힘을 합쳐 천하를 구제할 수 있었던 사람으로 여기셨던 것이다. 그러나 접여는 빨리 걸어서 피해 버렸으니 어쩌면 그 말을 듣고 싶지 않았던 것인지도 모른다. 부자께서는 결국 그와 더불어 말할 수 없었던 것이다. 이를 근거해서 본다면 어쩌면 세상을 피하여 숨어 사는 선비와 세상을 구제하는 선비가 그 나아가는 바가 같지 않아서 서로 일을 도모하지 아니한 것이 아니겠는가?

○공제(共濟) : 서로 힘을 모아서 이룸. 서로 힘을 같이하여 도움.
○약(若) : 혹은 …인지도 모른다. 선택이나 병렬을 나타냄.
○둔세지사(遯世之士) : 세상을 피하여 숨어사는 선비.
○제세지사(濟世之士) : 세상을 구제하는 선비.

18·6·1 長沮桀溺이 耦而耕이어늘 孔子過之하실새 使子路로 問津焉하신대

장저와 걸닉이라는 사람이 밭을 갈고 있는데, 공자께서 지나시다가 자로로 하여금 나루터가 어딘지 물어보도록 하셨는데,

○장저걸닉(長沮桀溺) : 장저와 걸닉. 두 사람 모두 은자(隱者). 문장을 기록한 사람이 임의로 이름을 적어 넣은 것이라고 생각됨. "二人姓名 不傳皆記事者 加之以名耳 沮者止而不出 溺者沈而不返" 참고로 섭현(葉縣 : 지금 하남성(河南城) 남양부(南陽府)에 있는 지명)에 황성산(黃城山)이 있는데 그 곳에 본문과 관련된 내용이 있음. "葉縣有黃城山 卽沮溺耕處 下有東流 子路問津處也"
○우이경(耦而耕) : 짝을 지어서 나란히 밭을 갈다. '耦'는 '짝을 지어 나란히'라는 뜻이고, '耕'은 '밭을 갈다'라는 뜻인데 모두 '숨어 지내다'라는 의미임. "耦耕便見偕隱意"
○공자과지(孔子過之) : 공자께서 그들이 밭을 갈던 곳을 지나다. "是經過其所耕之處"
○사자로문진언(使子路問津焉) : 자로로 하여금 그 나루터를 물어보도록 함. "迷津是常事 問津亦是無心"

二人은 隱者라 耦는 並耕也라 時에 孔子自楚反乎蔡라 津은 濟渡處라

두 사람은 은자였다. 우(耦)는 짝을 지어 나란히 밭을 가는 것이다. 이때 공자께서 초나라로부터 채나라로 돌아오시는 길이었다. 진(津)은 물을 건너는 곳이다.

[備旨] 昔에 楚蔡間에 有隱士長沮桀溺二人者가 相與爲耦而耕이어늘 孔子過其所耕之地하실새 將以濟渡로되 而未知其處라 因使子路로 問津焉하니라

옛날 초나라와 채나라 사이에 은사였던 장저와 걸닉이라는 두 사람이 서로 더불어 짝을 지어서 나란히 밭을 갈고 있었는데, 공자께서 그들이 갈고 있는 땅을 지나면서 물을 건너려 했지만 그 나루터를 알지 못했던 것이다. 이 때문에 자로로 하여금 나루터를 물어보도록 했던 것이다.

18·6·2 長沮曰 夫執輿者가 爲誰오 子路曰 爲孔丘시니라 曰 是魯孔丘與아 曰 是也시니라 曰 是知津矣니라

장저가 말하기를, "저기 수레 고삐를 잡고 앉아 있는 사람이 누구요?" 하고 묻기에, 자로가 "저 분이 공구이십니다." 하고 대답했다. "저 사람이 노나라의 공구라는 사람이요?" 하고 다시 묻자, "그렇습니다." 하고 대답하니, "그렇다면 나루터 정도는 알고 있을 것이요." 했다.

○부집여자위수(夫執輿者爲誰) : 수레를 잡고 있는 사람이 누구인가? 여기서 '爲'는 '…이다'라는 뜻으로 '是'와 같음. "聖人容貌必有不類 尋常故先問其人 爲字俱作 是字看"
○위공구(爲孔丘) : 공구이십니다. 공자라는 사람입니다.
○시노공구여(是魯孔丘與) : 저 사람이 바로 노나라의 공자라는 사람입니까? 약간 조롱하면서 묻는 말임. "魯字宜琓 彼素聞魯有孔丘者 恐此或姓名相同 故又審一審"
○시야시지진의(是也是知津矣) : 그렇습니다. 나루터 정도는 알고 있을 것이다. 약간 나무란 말인데 그런 것 정도는 질문할 필요가 없다는 말. "是字指孔丘 知津見不待問津"

執輿는 執轡在車也라 蓋本子路가 御而執轡러니 今下問津이라 故로 夫子代之也라 知津은 言數(삭)周流하여 自知津處라

집여(執輿)는 고삐를 잡고 수레에 앉아 있는 것이다. 아마 본래는 자로가 수레를 몰면서 고삐를 잡았을 터인데, 지금 내려와서 나루터를 물었기 때문에 부자께서 대신 잡으신 것이다. 지진(知津)이라는 것은 자주 두루 돌아다녔기 때문에 스스로 나루터를 알 것이라고 말한 것이다.

○비(轡) : 고삐. 재갈. 말 입에 가로 물리는 쇠줄.
○주류(周流) : 각지를 두루 돌아다님.

[備旨] 長沮가 不以津告하고 乃指孔子問에 曰夫執轡而在車輿者는 其人爲誰오 子路曰 爲孔丘其人也시니라 長沮曰 爾所謂孔丘者면 是魯國之孔丘與아 子路曰 是也시니라 長沮遂譏之에 曰在他人이면 容有不知津者어니와 旣爲魯國孔丘면 則爲東西南北之人也니 無不至之國이요 亦無不至之津이니 是知津矣라 長沮此言은 蓋託辭以拒子路로되 實譏夫子之不隱也라

장저가 나루터에 대해서 알려주지 않고 바로 공자를 가리키면서 묻기를, "저 고삐를 잡고 수레에 앉아 있는 사람은 누구요?"라고 하자, 자로가 "저 분이 공구라고 하는 그 사람입니다."하고 대답했다. 장저가 말하기를, "이 사람이 이른바 공구라면 바로 노나라의 공구라는 사람이요?"라고 하니, 자로가 말하기를, "그렇습니다."라고 했다. 장저가 드디어 나무라면서 말하기를, "다른 사람의 경우라면 혹시 나루터를 알지 못할지도 모르겠지만, 노나라의 공구라면 온 사방으로 떠돌아다니던 사람일 터이니 이르지 않은 나라가 없을 것이고, 또한 이르지 않은 나루터가 없을 터이니 나루터 정도는 알고 있을 것이요."라고 했다. 장저가 한 말은 아마도 자로를 거부하기 위해 핑계한 말이지만, 실은 부자께서 은거하지 않고 있음을 나무란 것이다.

○용(容) : 혹시 …일지도 모른다.
○동서남북지인(東西南北之人) : 온 사방으로 떠돌아다니는 사람.
○탁사(託辭) : 핑계하는 말.

18·6·3 問於桀溺한대 桀溺曰子爲誰오 曰爲仲由로라 曰是魯孔丘之徒與아 對曰然하다 曰滔滔者는 天下가 皆是也니 而誰以易(역)之리오 且而는 與其從辟人之士也론 豈若從辟世之士哉리오하고 耰而不輟하더라

자로가 할 수 없이 걸닉에게 물으니, 걸닉이 말하기를, "당신은 누구요?" 하자, 자로는 "중유라는 사람입니다." 하고 대답했다. 그 사람이 "당신이 바로 노나라 공구의 제자란 말이요?" 하고 다시 묻자, "그렇습니다." 하고 대답했다. 그는 말하기를, "물이 도도히 흘러서 되돌아오지 않는 것과 같이 천하의 조류가 모두 이러하니 누구와 더불어 천하를 고칠 수 있겠소? 또 그대는 사람을 피하는 선비를 따르기보다는 세상을 피하는 선비를 따르는 것이 더 낫지 않겠소?" 하고, 씨앗을 덮으면서 일을 그치지 않았다.

○자위수(子爲誰) : 당신은 누구요? 이미 고삐를 잡고 있는 사람이 공자임을 알았기에 자로에게 물은 것임. "旣知執轡爲孔丘 故問子路"
○위중유(爲仲由) : 중유입니다. 중유(仲由)는 자로(子路)의 자 이름이 유(由).
○시노공구지도여(是魯孔丘之徒與) : 바로 노나라 공자의 무리들인가? 여기서는 약간

꾸짖으면서 하는 말. "究其所從正伏下 責其從之之非"

○도도자천하개시야(滔滔者天下皆是也) : 도도한 것이 천하가 모두 이러하다. ☞도도(滔滔) : 물이 세차게 흐르는 모양. 시대의 조류에 따라 감. 언행이나 어떤 일이 끊임없이 진행됨의 비유. "滔滔是當境指點 蓋因水在前面也 有愈趨愈下意"

○수이역지(誰以易之) : 누구와 더불어 바꾸겠는가? '以'는 '더불어[與]'의 뜻이다. '誰以易之'는 '以誰易之'의 도치로 고대 한문의 의문문의 특징이다. "誰字兼君民看 誰以易之 言誰與爾以治易亂 二句譏孔子"

○차이여기종피인자사야(且而與其從辟人之士也) : 그리고 당신이 사람을 피해 돌아다니는 사람을 따르기 보다는. ☞이(而) : 너. 당신. 이인칭대명사. ☞여기(與其)~기약(豈若) : 비교나 선택을 나타내는 관용어구. '寧·不若·不如' 등과 어울려, '…하기보다는 차라리 …하는 편이 낫다.'의 뜻을 나타냄. ☞피인지사(辟人之士) : 사람을 피하는 선비. 즉 무도한 임금을 피하는 선비. 여기서 공자를 가리킴. "辟人之士 是因君不用 去此適彼"

○기약종피세지사재(豈若從辟世之士哉) : 차라리 속된 세상을 피해서 은거하는 선비가 낫겠지? ☞피세지사(辟世之士) : 세상을 피하는 선비. 즉 장저(長沮)나 걸닉(桀溺)과 같은 사람. "辟世之士 是因天下無道 終隱不出 二句譏子路"

○우이불철(耰而不輟) : 뿌린 씨앗을 덮는 일을 그치지 않다. ☞우(耰) : 파종하고 써레질을 하여 씨앗을 흙으로 덮는 것. "不輟不止也 有自得其樂意"

滔滔는 流而不反之意라 以는 猶與也라 言天下皆亂하니 將誰與變易之리오 而는 汝也라 辟人은 謂孔子요 辟世는 桀溺自謂라 耰는 覆(부)種也니 亦不告以津處라

도도(滔滔)는 흘러가서 돌아오지 않는다는 뜻이다. '以'는 '與'와 같다. '천하가 모두 어지러우니 장차 누구와 더불어 고치고 바꾸겠는가?'라는 말이다. 이(而)는 '너'라는 말이다. 피인(辟人)은 공자를 이르는 것이고, 피세(辟世)는 걸닉이 자신을 이르는 것이다. 우(耰)는 씨앗을 덮는다는 것이니, 또한 나루터를 알려주지 않았다는 것이다.

[備旨] 子路가 旣不得於長沮하고 又問津於桀溺한대 桀溺이 亦不以津告하고 乃問曰 子爲誰오 子路曰 我爲仲由也로라 桀溺曰 旣爲仲由면 是魯孔丘之徒與아 子路對曰 然하다 桀溺乃責之에 曰孔丘周流하니 其意는 豈謂天下를 猶有可易耶아 今滔滔日趨於亂者는 天下皆是也니 雖欲變亂爲治나 而上無可與之君이요 下無可與之民이니 固亦未之何矣라 將誰與變易之리오 夫旣無以變易이면 則周流라도 亦何爲也리오 且而는 與其從辟人之士가 於此에 不可則去之彼하여 而徒勞無益也론 豈若從辟世之士가 付理亂於不知하여 而優游自樂哉리오하고 於是에 耰而不輟하고 若不喩其問津之意焉이러라

　　자로가 이젠 장저로부터 답을 얻지 못하고 또 걸닉에게 나루터를 물었는데, 걸닉 또한 나루터를 알려주지 않고 바로 물으면서 말하기를, "당신은 누구요?" 하자, 자로는 "저는 중유라고 하는 사람입니다."라고 대답했다. 걸닉이 말하기를, "중유라는 사람이라면 당신이 바로 노나라 공구의 제자란 말이요?" 하고 다시 묻자, "그렇습니다." 하고 대답했다. 걸닉이 바로 꾸짖으면서 말하기를, "공구는 각지를 두루 돌아다녔으니, 그의 생각은 어쩌면 천하를 또한 바꿀 수 있다고 생각하는지도 모르지 않는가? 지금 물이 세차게 흘러가버리는 것처럼 날마다 어지러운 세상을 좇아가는 모습이 천하의 조류가 모두 이러하니, 비록 어지러운 세상을 바꾸어서 정치를 행하고 싶지만 위로는 함께 할 임금이 없고 아래로는 함께 할 백성이 없으니, 진실로 또한 어찌할 수가 없는지라 장차 누구와 더불어 고치고 바꾸겠소? 무릇 고치고 바꿀 수 없다면 천하를 두루 돌아다닐지라도 또한 무엇을 하겠소? 또 그대는 사람을 피해 다니는 선비가 되어 여기서 안되면 저기로 가서 헛된 수고만 하고 이득이 없이 지내는 것보다는 차라리 세상을 피해 다니는 선비가 되어서 치란을 부지중에 맡겨두고 유유자적하게 자신을 즐기는 것이 어떻겠소?" 하고, 이에 씨앗을 덮으면서 일을 그치지 않고 마치 나루터를 물은 의미를 깨닫지 못하는 것같이 했다.

○기(旣)~우(又)~ : '…이고 그 외에 …', '…한 이상은 또한 …'이라고 해석한다. 접속사로서 한 방면에만 그치지 않음을 나타내며, 병렬·연접하는 작용을 나타낸다. '旣~且'·'旣~亦'·'旣~終'·'旣~或'.
○기(豈)~야(耶) : 어쩌면 …일지도 모른다. …할 수 있다. 추측·의문을 나타냄.
○기(旣) : …한 바에는. 전제를 제시함.
○부(付) : 맡기다. 의지하다. 믿고 따르다.
○이란(理亂) : 다스려짐과 어지러워짐. 치란(治亂).
○우유(優游) : 한가롭게 지내는 모양. 유유 자적(悠悠自適)하는 모양.

18·6·4　子路行하여　以告한대　夫子憮然曰　鳥獸는　不可與同群이니　吾非斯人之徒與하고　而誰與리오　天下有道면　丘不與易(역)也니라

　　자로가 가서 이 일을 말씀드렸는데 부자께서 실망한 모습으로 말씀하셨다. "새와 짐승은 같이 그들과 무리지어 살 수 없으니, 내가 이 세상의 사람들과 함께 살지 않고 누구와 더불어 함께 산단 말인가? 천하에 도가 있으면 내가 구태여 바꾸려 하지도 않을 것이다."

○자로행이고(子路行以告) : 자로가 가서 고하다. 장저와 걸닉의 말을 아룀. '子路行
以之告'가 원문인데, 전치사 '以' '爲' '與' 다음에 오는 대명사 '之'는 종종 생략된
형태로 쓰인다. 여기서도 대명사 '之'가 생략된 형태. 자로가 가서 '장저와 걸닉의
말로써[以沮溺之言] 고한다는 뜻. "告是擧沮溺之言 告夫子"
○부자무연(夫子憮然) : 공자가 실망하다. ☞무연(憮然) : 실망한 모양. 망연자실한
모양. 창연(悵然). "憮然有身世無窮之感意"
○조수불가여동군(鳥獸不可與同群) : 새나 짐승은 다른 종류이기 때문에 그들과 함께
무리를 지어서 살 수 없음. "以異類故不可群"
○오비사인지도여이수여(吾非斯人之徒與而誰與) : 공자 자신이 이 세상의 사람들과 함
께 살지 않고 누구와 더불어 함께 살겠는가라는 말. 여기서 '斯人'은 임금과 백성을 지
칭함. "斯人指君與民言 徒猶類也 與謂相與也"
○천하유도(天下有道) : 천하에 도가 있다면. 즉 천하에 도가 행해져 잘 다스려진다면.
"有道是平治 與滔滔相反"
○구불여역야(丘不與易也) : 공자[丘] 자신이 구태여 개혁하지도 않는다는 뜻. "不與二
字 作無用"

憮然은 **猶悵然**이니 **惜其不喩己意也**라 **言所當與同群者**는 **斯人而已**니 **豈可絶人
逃世**를 **以爲潔哉**리오 **天下若已平治**면 **則我無用變易之**로되 **正爲天下無道**라 **故**로
欲以道易之耳니라
○**程子曰 聖人**은 **不敢有忘天下之心**이라 **故**로 **其言**이 **如此也**시니라 **張子曰 聖人
之仁**은 **不以無道**로 **必天下而棄之也**시니라

  무연(憮然)은 실망한 모양과 같으니, 자신의 뜻을 깨닫지 못함을 안타깝게 여기
신 것이다. 마땅히 같이 무리를 지어 함께 살 수 있는 것은 사람들뿐이니, 어찌 사
람을 끊고 세상을 피하는 것을 깨끗함으로 여기겠는가? 천하가 만약 이미 화평하
게 다스려졌다면, 내가 변역을 쓸 필요도 없지만 마침 천하가 무도하기 때문에 도
로써 바꾸려고 했을 뿐임을 말씀하신 것이다.
  ○정자가 말했다. "성인은 감히 천하를 잊어버리는 마음을 갖지 못하므로 그 말
씀이 이와 같으신 것이다." 장자가 말했다. "성인의 인은 도가 없다고 해서 반드시
천하를 버리지 않으신다."

○창연(悵然) : 실망한 모양. 망연자실한 모양. 무연(憮然).

○변역(變易) : 고치거나 바꿈.

[備旨] 子路가 於是에 遂行하여 以沮溺之言으로 告夫子한대 夫子聞之하시고 惜其不喩己意하여 憮然興歎에 曰彼謂與其從辟人으론 不若從辟世는 是謂斯世之人이 皆不可與同羣也라 不知鳥獸異類니 旣不可與同羣이면 則所當與同羣者는 斯人而已라 吾非斯人之徒與하고 而誰與哉리오 彼謂天下無道를 誰與易之리오니 不知若天下有道면 則丘不用變易之矣라 丘之栖栖不息하여 欲以道易之者는 正爲天下無道故也라 滔滔之說을 彼何其不諒吾之心也耶아

　　자로가 이때에 곧 가서 장저와 걸닉의 말을 부자께 아뢰었는데, 부자께서 들으시고 그 사람이 자기의 뜻을 깨닫지 못함을 안타깝게 여기면서 실망한 모습으로 탄식할 적에 말씀하시기를, "저들이 '사람을 피하는 선비를 따르기보다는 차라리 세상을 피하는 선비를 따르는 것이 낫다.'라고 말한 것은 바로 이 세상의 사람들이 모두 더불어 같이 살 수 없음을 말한 것이다. 새와 짐승은 다른 종류니 더불어 함께 할 수 없는 것이라면 마땅히 더불어 함께 해야 할 것은 이 세상 사람이라는 것을 알지 못할 따름이다. 내가 이 세상 사람들의 무리와 함께 하지 않고 누구와 더불어 함께 산단 말인가? 이것은 '천하에 도가 없는 것을 누구와 더불어 바꾸겠는가?'라고 일컬은 것이니, 만약 천하에 도가 있다면 나도 변역을 쓰지 않았을 지도 모른다. 나도 바빠 쉬지 못하면서 도로써 바꾸고 싶은 것은 정말로 천하가 무도하기 때문이다. 물이 도도히 흘러가서 되돌아오지 않는 것과 같다는 설명에 대해 저들은 어떻게 나의 마음을 헤아리지 못하는가?"라고 하셨다.

○서서(棲棲) : 바삐 서두르는 모양. 불안한 모양.

18·7·1 子路가 從而後러니 遇丈人이 以杖荷蓧하여 子路問曰 子見夫子乎아 丈人曰 四體를 不勤하며 五穀을 不分하나니 孰爲夫子오하고 植(치)其杖而芸하더라

　　자로가 공자를 따라가다 뒤에 처졌는데, 그때 지팡이를 삼태기에 꽂아 메고 오는 어떤 노인을 만나서 자로가 물으면서 말했다. "어르신께서 혹시 우리 선생님을 보셨습니까?" 하니, 노인이 대답하기를, "자네는 손발을 부지런히 움직여 농사짓지

도 않고 오곡을 분별하지도 못하는 사람인데, 누가 자네 선생이 되는지 알겠소?" 하고, 지팡이를 꽂아 세워놓고 김을 매기 시작했다.

○자로종이후(子路從而後) : 자로가 따라가다 서로 잃어버려 뒤에 처지다. "從夫子周流 相失在後"

○우장인(遇丈人) : 노인을 만나다. "丈人老人之稱"

○이장하조(以杖荷蓧) : 지팡이를 삼태기에 꽂아 메다. ☞조(蓧) : 삼태기. 곡식이 나 풀을 담아 나르는 데 쓰는 그릇. 대나무나 초목의 가지를 걸어 만듦. "荷擔也 蓧是芸草器 掛蓧於杖荷之而行"

○자견부자호(子見夫子乎) : 장인을 보고 공자를 보았느냐고 묻는 말. "子指丈人 夫子指孔子"

○사체불근(四體不勤) : 사체를 부지런히 움직이지 않다. '四體'는 양손과 양발을 말하는데, 온 몸을 부지런히 움직여 일하지 않는다는 말. "四體是兩手兩足 不勤是 不事田畝"

○오곡불분(五穀不分) : 오곡의 종류도 분별하지 못하다. 오곡은 '벼·기장·피·보 리·콩' 또는 '벼·메기장·찰기장·보리·콩'을 말함. 우리나라에서는 '쌀·수수· 보리·조·콩' 또는 '쌀·보리·콩·수수·기장'을 말함. "五穀是稻黍稷麥菽 不分是 不辨其類"

○숙위부자(孰爲夫子) : 누가 부자란 말인가? "孰是誰"

○치기장이운(植其杖而芸) : 그 지팡이를 똑바로 땅에 세워두고 김을 맴. '植'은 거 성(去聲)으로 쓰여 '똑바로 세우다'라는 뜻이고 독음은 '치'임. "植杖是立其杖於地 芸是取蓧去田間草"

丈人도 亦隱者라 蓧는 竹器라 分은 辨也라 五穀不分은 猶言不辨菽麥爾니 責其 不事農業하고 而從師遠遊也라 植(치)는 立之也요 芸은 去草也라

장인도 또한 은자다. 조(蓧)는 대그릇이다. 분(分)은 분별하는 것이다. 오곡을 분 별하지 못한다는 것은 숙맥을 분별하지도 못한다는 말과 같으니, 농업을 일삼지 않고 스승을 따라 먼 곳을 유람하는 것을 책망한 것이다. 치(植)는 꽂아 세우는 것이다. 운(芸)은 풀을 제거하는 것이다.

○숙맥(菽麥) : 콩과 보리.
○운(芸) : 김매다. '耘'과 통함.

[備旨] 昔에 夫子自楚反蔡할새 子路從之라가 而偶相失하여 在後러니 適遇高年之丈人이 以杖으로 荷其蓧而來하여 子路迎而問에 曰子曾見吾夫子乎아하니 丈人이 知子路爲從孔子遊者하고 乃正言責之에 曰今之時는 固稼穡食力時也라 汝於四體에 則不勤於耕하고 於五穀에 亦不分其類하여 而徒然從師遠遊하고 顧問夫子於我하니 我安知行路之人이 孰爲爾之夫子乎아하고 於是에 植其杖而芸하여 更不答他하더라

　옛날 부자께서 초나라로부터 채나라로 돌아올 적에 자로가 따라오다 우연히 서로 잃어버려서 뒤에 쳐졌는데, 마침 지팡이를 그 삼태기에 꽂아 메고 오는 나이 많은 노인을 만났기에 자로가 기다리다 물어볼 적에 말하기를, "어르신께서는 조금 전에 우리 선생님을 보셨습니까?"라고 하니, 노인이 자로를 공자나 따라 다니면서 노는 것만 아는 사람인 줄 알고 즉시 바른 말로 꾸짖을 적에 말하기를, "지금의 시기는 곡식 농사를 짓고 일할 때인지라. 너의 손발에 대해 말해 본다면 농사에 힘쓰지도 않고 오곡에 대하여는 또한 그 종류도 분별하지 못하면서 부질없이 스승을 따라 먼 곳을 유람하고 도리어 선생을 나에게 물으니, 내 어찌 길가는 노인 중에서 누가 자네 선생이 되는지 알겠소?"라고 하고, 이때 그 지팡이를 꽂아놓고 김을 매면서 다시는 다른 것에 대해 답하지 않았다.

○가색(稼穡) : 곡식 농사. 가식(稼殖).
○식력(食力) : 노동하여 생활함. 또는 그런 사람.
○어사체(於四體) : 사체(四體)에 대해서 말해본다면. '於'는 '…에 대해 말하면' 혹은 '…에 대하여'이라는 뜻.
○도연(徒然) : 부질없이. 헛되이.
○고(顧) : 도리어. 마침내. 오히려.
○타(他) : 다른 것. 기타.

18·7·2 子路가 拱而立한대

　자로가 그 사람이 공자를 알고 있다고 확신하고 손을 마주잡고 서 있으니,

○공이립(拱而立) : 손을 마주잡고 서다. ☞공(拱) : 공수(拱手)하다. 경의를 표하는 뜻으로 두 손을 맞잡다. "是拱手竦立"

知其隱者하고 敬之也라

그가 은자임을 알고 경의를 표한 것이다.

[備旨] 乃子路가 聞丈人之言하고 遂拱而立以敬之하니 蓋不敢以待己之倨로 而亦以倨待
之也라

즉시 자로가 노인의 말을 듣고 곧바로 손을 마주 잡고 서서 경의를 표했으니, 감히
자기를 대접하는 것이 거만하다는 이유로 또한 거만하게 대접하지 않으려고 했던 것이
다.

18·7·3 止子路宿하여 殺鷄爲黍而食(사)之하고 見(현)其二子焉이

어늘

자로의 겸손한 태도 때문인지 모르지만, 노인은 자로를 머물러 쉬도록 하여 닭
을 잡고 기장밥을 지어서 대접하고 그의 두 아들을 소개했는데,

○지자로숙(止子路宿) : 자로를 머물러 쉬도록 하다. ☞지(止) : 머무르게 하다. 만
류하다. ☞숙(宿) : 자고 쉬다. "止留也 宿是宿歇"
○살계위서이사지(殺鷄爲黍而食之) : 닭을 잡고 기장밥을 지어서 대접함. 당시에
기장은 오곡 중에 최상의 것이었으므로, 닭을 잡고 기장밥을 만들어서 대접했다는
것은 상당히 대우한 것임. '爲'는 평성(平聲)으로 쓰여 '만들다'라는 뜻이며, '食'는
거성(去聲)으로 쓰여 '먹이다'라는 뜻이고 독음은 '사'임. "爲黍而必殺鷄 見其盛設
意"
○현기자언(見其二子焉) : 그의 두 아들을 그에게 알현시키다. 두 아들을 그에게
뵙도록 하다. 두 아들을 인사시킨 것은 장유(長幼)의 예절을 밝힌 것이다. "是丈人
令二子出見 此其明長幼之節處"

[備旨] 丈人이 於是에 止子路하여 宿於其家하고 殺雞爲黍而食之하니 野人之供具는 可
謂優厚矣오 復見其二子焉어늘 敬長之儀文은 可謂有禮矣라 夫丈人前倨而後에 恭若此
하니 固有感於子路之敬하고 亦以示避世之爲可樂也라

　　노인이 이때에 자로를 머물도록 하여 자기 집에 쉬도록 하고 닭을 잡고 기장밥을 지
어서 대접했으니 시골 사람으로서 대접은 가히 후하게 대접했다고 이를 만하고, 다시
그 두 아들을 인사도 시켰으니 어른을 공경하는 예의 범절은 예의를 갖추었다고 이를
만하다. 무릇 노인이 앞에서는 거만하게 행동하다가 이후에는 공손하게 행동함이 이와
같았으니, 진실로 자로의 공경스러운 태도에 대하여 느낌이 있었던 것이고 또한 세상
을 피해 살아도 즐겁게 지낼 수 있다는 것을 보여준 것이다.

○야인(野人) : 시골 사람. 농부.
○공구(供具) : 연회 때 음식이나 술을 진설하는 기구. 여기서는 대접을 의미함.
○우후(優厚) : 후하게 대접함.
○의문(儀文) : 예의 범절이나 법도. 의장(儀章).

18・7・4　明日에　子路行하여　以告한대　子曰　隱者也로다하시고　使子路로　反見之하시니　至則行矣러라

　　다음날 자로가 가서 공자께 아뢰니, 공자께서 말씀하시기를, "그는 확실히 은자
로다!"하시고, 자로로 하여금 다시 만나보게 하셨는데, 도착해 보니 어디론지 떠
나 버리고 없었다.

○명일자로행이고(明日子路行以告) : 다음날 자로가 가서 공자에게 모두 아뢰다. '明日
子路行以之告'가 원문인데, 전치사 '以' '爲' '與' 다음에 오는 대명사 '之'는 종종 생략된
형태로 쓰인다. 여기서도 대명사 '之'가 생략된 형태. 다음날 자로사 가서 '노인이 꾸짖
었던 말과 대접했던 예로써[以丈人 所責之辭所接之禮]' 공자에게 고했다는 뜻. "明日止
宿之明日 以告兼所責所待二意"
○은자야(隱者也) : 은자로구나! 농사나 짓고 사는 평범한 사람이 아니라는 말. "見其非
尋常農家者流"
○사자로반견지(使子路反見之) : 자로로 하여금 돌아가서 만나보게 하다. "反見是復見
丈人 此必授以與言之意 如下文所云"
○지즉행의(至則行矣) : 자로가 다시 도착해 보니 다른 곳으로 먼저 떠나고 없음. ☞즉
(則) : 모두. 이미. 부사로서 뒤에 나오는 '矣'와 어울려 이미 이루어진 일에 대해 강조
를 나타냄. "至是子路復至 行是丈人先行"

孔子가 **使子路**로 **反見之**는 **蓋欲告之以君臣之義**로되 **而丈人**은 **意子路必將復**(부)
來라 **故**로 **先去之**하여 **以滅其跡**하니 **亦接輿之意也**라

　공자께서 자로로 하여금 돌아가서 만나보게 하신 것은 군신의 의리를 고해 주고 싶었던 것이지만, 노인은 자로가 반드시 다시 올 것이라고 생각했던 것이다. 그러므로 먼저 떠나가 그 종적을 감추었으니, 또한 [18·5·2에서 자기의 생각이 옳다고 공자를 만나보지 않았던] 접여의 생각과 같은 것이다.

[備旨] 及止宿之明日에 子路行及夫子하여 以丈人이 所責之辭와 所接之禮로 而備告於夫子한대 夫子聞而歎之에 曰此賢而隱者也로다하시니 惜不明出處之大道耳라 因使子路로 反見之하시니 蓋欲挽之하여 以共濟天下也로되 而丈人은 逆知子路之復來라 故로 先去之하니 及子路至하여는 則已行矣라

　머물러 묵은 다음날 자로가 부자에게 가서 노인이 꾸짖었던 말과 대접했던 예를 부자께 모두 아뢰었는데, 부자께서 듣고서 탄식할 적에 말씀하시기를, “이 분은 현자이기도 하지만 은자로다!”라고 하셨으니, 출처의 대도에 대해 밝히지 않았음을 안타깝게 여겼던 것이다. 이로 인해 자로로 하여금 돌아가서 뵙도록 하셨으니 아마도 그를 끌어들여서 천하를 함께 구제하고 싶었지만, 노인은 도리어 자로가 다시 올 것을 알았던 것이다. 그러므로 먼저 떠나버린 것이니, 자로가 이르렀을 적에는 이미 떠나버렸던 것이다.

○비(備) : 모두. 두루두루. 죄다.
○출처(出處) : 출사(出仕)함과 은퇴(隱退)함. 거취(去就). 진퇴(進退).
○공제(共濟) : 서로 힘을 모아서 이룸. 서로 힘을 같이하여 도움.

18·7·5 子路曰 不仕는 **無義**하니 **長幼之節**도 **不可廢也**어늘 **君臣之義**를 **如之何其廢之**리오 **欲潔其身而亂大倫**이라 **君子之仕也**는 **行其義也**니 **道之不行**은 **已知之矣**시니라

　자로가 부자의 뜻을 서술하여 그 집에서 말했다. “사람이 벼슬하지 않고 은거한다는 것은 군신간의 의를 없애는 것이니, 장유의 예절도 폐할 수 없는데 군신간의 의리를 어떻게 또한 폐할 수 있겠습니까? 자기의 몸만 깨끗이 하려다가 큰 도리

를 어지럽게 되는 것입니다. 군자가 벼슬하는 것은 그 의를 실행하기 위함이니 도가 행해지지 않고 있다는 것은 우리 선생님께서도 이미 알고 계셨습니다."

○불사무의(不仕無義) : 벼슬하지 않으면 군신간의 의를 없애게 됨. 즉 은거하면 군신간의 도리를 폐하게 된다는 말. "不仕指隱言 無義是廢君臣之義"
○장유지절불가폐야(長幼之節不可廢也) : 장유의 예절도 폐할 수 없다. "此指上見其二子說"
○군신지의여지하기폐야(君臣之義如之何其廢之) : 군신간의 의를 어떻게 또한 폐하겠는가? ☞여지하(如之何) : 무엇 때문에. 왜. 어떻게. 관용어구로 원인을 묻거나 반문을 나타내며 부사어나 서술어로 쓰임. '奈~何' '若~何'도 같은 형태임. "此緊承上二句言其明於彼 獨暗於此也"
○욕결기신(欲潔其身) : 자기 몸만 깨끗이 하려고 함. 독선(獨善). "潔身卽獨善意"
○난대륜(亂大倫) : 인륜의 큰 도리를 어지럽게 됨. 인간이 반드시 지켜야 할 큰 도리인 오륜을 어지럽게 됨. "亂大倫卽廢君臣之義 此上六句俱指丈人說"
○군자지사야(君子之仕也) : 군자가 벼슬한다는 것은. "君子泛說 仕有汲汲行道意"
○행기의야(行其義也) : 군신간의 의를 행함. "行是使不廢意 義卽君臣之義"
○도지불행(道之不行) : 도가 행해지지 않음. 즉 천하에 현자를 등용해서 쓰지 않으니 도가 행해지지 않는다는 말. "指天下無用賢之君言"
○이지지의(已知之矣) : 도가 행해지지 않는다는 것을 미리 알고 있음. "言已先知道不行 只因義不可廢所以汲汲於仕耳"

子路述夫子之意가 如此라 蓋丈人之接子路가 甚倨나 而子路益恭한대 丈人이 因見(현)其二子焉하니 則於長幼之節에 固知其不可廢矣라 故로 因其所明以曉之라 倫은 序也라 人之大倫有五하니 父子有親과 君臣有義와 夫婦有別과 長幼有序와 朋友有信이 是也라 仕는 所以行君臣之義니 故로 雖知道之不行이나 而不可廢라 然이나 謂之義면 則事之可否와 身之去就를 亦自有不可苟者니 是以로 雖不潔身以亂倫이나 亦非忘義以殉祿也라 福州에 有國初時寫本하니 路下에 有反子二字한대 以此로 爲子路反하여 而夫子言之也로되 未知是否라
○范氏曰 隱者爲高하니 故로 往而不反하고 仕者는 爲通하니 故로 溺而不止라 不與鳥獸同群이면 則決性命之情하여 以饕富貴니 此二者는 皆惑也라 是以로 依乎中庸者가 爲難이로되 惟聖人이라야 不廢君臣之義하고 而必以其正하니 所以或出或處하되 而終不離於道也라

자로가 부자의 뜻을 서술한 것이 이와 같다. 대개 노인이 자로를 대접하는 태도가 아주 거만했지만, 자로가 더욱 공손히 대하자 노인은 이러한 이유로 그의 두 아들을 소개했으니, 장유의 예절에 대해서는 진실로 폐해서는 안 된다는 것을 알았던 것이다. 그러므로 이로 인해서 거기에 대해 분명하게 깨우친 것이다. 윤(倫)은 질서다. 사람이 반드시 지켜야 할 큰 도리는 다섯 가지가 있으니 부자유친·군신유의·부부유별·장유유서·붕우유신이 이것이다. 벼슬한다는 것은 군신간의 의를 행하기 위한 것이기 때문에 비록 도가 행해지지 않는 것을 알아도 폐할 수는 없는 것이다. 그러나 이를 일러 의라고 이른다면 일의 가부와 몸의 거취를 또한 스스로 구차스럽게 할 수 없는 것이니, 이러므로 비록 몸을 정결하게 하기 위해 질서를 어지럽힐 수도 없지만 또한 의를 잊고 녹을 좇는 것도 안 될 것이다. 복주에는 송나라 초 사본이 있으니 '路'자 아래에 '反子' 두 글자가 있었는데, 이를 자로가 돌아온 것이라고 하여 부자께서 말씀하신 것이라고 하지만 옳은지 그른지를 알 수 없다.

○범 씨가 말했다. "은자는 자신이 고상하다고 여기니 가더라도 돌아오지 않으며, 벼슬하는 사람은 자신이 통달했다고 생각하니 빠져들어도 그치지 못하는 것이다. 조수와 더불어 함께 무리를 지어 함께 살 수 없다면 성명의 정을 파괴하여 부귀를 탐한다는 것이니, 이 두 가지는 모두 미혹한 것이다. 이러므로 중용의 도를 의지하는 것이 어렵지만 오직 성인이라야 군신의 의를 폐하지 않고 반드시 그 정도를 쓰는 것이니, 혹 출사하거나 은퇴해도 끝내 도에서 떠나지 않았던 것이다."

○복주(福州) : 지금의 복건성(福建省).「중문대사전(中文大辭典)」"府名 漢閩越王國 陳置閩州 唐置福州 五代王審知據此稱帝 號南都 元置福州路 明始置福州府 淸乃之屬福州建省… 以下省略"
○성명(性命) : 만물이 제각기 갖고 있다는 천부(天賦)의 성질.「장자(莊子)」《빈무편(騈拇篇)》에 다음과 같은 글이 있다. "요즘 세상에 이른바 인의 군자는 눈을 크게 뜨고 세상을 개탄하는가 하면, 불인한 사람은 타고난 인을 파괴해 버리고 부귀만을 탐하고 있다."(不仁之人 決性命之情 以饕富貴[決破壞也 貪財曰饕])
○도(饕) : 탐하다. 음식이나 재물을 탐하다.
○혹출혹처(或出或處) : 관직에 나가 벼슬자리에 있음과 물러나 집에 있음.「역경(易經)」"君子之道 或出或處 或默或語"

[備旨] 子路因述夫子之意而言於其家에 曰君臣之義는 無所逃於天地之間이라 故로 仕則義行하고 而不仕則無義矣라 夫長幼之節과 君臣之義는 均不容以偏廢者라 向者에 見我以二子에는 則長幼之節를 旣知其不可廢也어늘 至於君臣之義하여는 如之何其獨廢之리오 是는 欲潔其一身之小節이라가 而不知亂乎君臣之大倫也요 亦未觀之君子耳라 彼君子之倦

倦於仕也는 豈貪位慕祿乎哉아 正以君臣之義를 不可廢라 故로 出而行其以臣事君之義也니 若夫道之不行은 固已知之早矣시니라 豈可諉於道之不行하여 而遂絶人逃世하여 以廢此義哉아 子路述夫子之意가 如此로되 而惜乎趣之不同也시니라

　　자로가 이로 인해 부자의 뜻을 기술하여 그 집에서 말하기를[공자의 말을 두 아들에게 부탁하여 은자에게 전하려 했던 것이다.], “군신의 의는 천지의 사이에서 벗어날 수 없으므로 벼슬하면 의를 행하고 벼슬하지 않으면 의를 행할 수 없는 것입니다. 무릇 장유의 예절과 군신의 의는 모두 어느 한 쪽도 버리는 것을 용납할 수 없습니다. 접때 제가 두 아들을 만나보았을 적에는 장유의 예절을 폐할 수 없다는 것을 이미 알고 있었는데, 군신간의 의에 대해서 어떻게 또한 폐할 수 있겠습니까? 이것은 바로 자기 몸의 의만 깨끗이 하려다가 군신간의 큰 도리를 어지럽히게 된다는 것을 몰랐던 것이고 또한 군자에 대해서 살펴보지 못해서 그럴 뿐입니다. 군자가 벼슬을 충성스럽게 감당하는 것이 어찌 자리를 탐내고 녹을 사모해서만 그렇겠습니까? 바로 군신간의 의를 폐할 수 없기 때문에 그런 것입니다. 그러므로 벼슬길에 나아가서는 신하로서 임금을 섬기는 의를 행하는 것이니 도가 행해지지 않고 있다는 것은 진실로 우리 선생님도 일찍부터 알고 계셨습니다. 어찌 도가 행해지지 않는 데만 이끌려 마침내 사람들과 인연을 단절하고 세상을 피하여 이러한 의를 폐할 수 있겠습니까?”라고 했다. 자로가 부자의 뜻을 기술한 것이 이와 같지만, 나아가는 바가 같지 않음을 애석하게 여긴 내용이다.

○도(逃) : 달아나다. 피하다. 벗어나다.
○향자(向者) : 접때. 지난번. 「열자(列子)」 “向者 夫子仰天而嘆”
○편폐(偏廢) : 한 쪽을 버림. 「육기(陸機)」 《책문수재문(策問秀才文)》 “一氣偏廢 則萬物不得獨成”
○권권(惓惓) : 간절한 모양. 충근(忠謹)한 모양. ☞권(惓) : 충성스럽고 근실한 모양.
○소절(小節) : 작은 일. 조그마한 의리나 절조.

18 · 8 · 1 逸民은 伯夷와 叔齊와 虞仲과 夷逸과 朱張과 柳下惠와 少連이니라

　　세상을 피해 숨어사는 사람은 백이와 숙제와 우중과 이일과 주장과 유하혜와 소련이었다.

○일민(逸民) : 세상을 피해 숨어사는 사람. 일민(佚民). 본서 20·1·7 참고. 백이
(伯夷)와 숙제(叔齊)와 우중(虞仲)과 이일(夷逸)은 상(商)나라의 일민(逸民)이고,
주장(朱張)과 유하혜(柳下惠)와 소련(少連)은 주(周)나라의 일민(逸民)이었다. "逸
訓遺逸 皆商周之季 不得志於時者之所爲"
○백이숙제(伯夷叔齊) : 백이(伯夷)와 숙제(叔齊). 본서 7·14·2 참고.
○우중(虞仲) : 중옹(仲雍)을 말함. 태백(泰伯)과 함께 형만(荊蠻)으로 가서 숨은
자. 본서 8·1·1 참고.
○이일(夷逸) : 이(夷)는 씨이고 일(逸)은 이름. 은거하면서 벼슬하지 않았다고 함.
"夷氏逸名 隱居不仕 輕世肆志 或勸之 逸曰吾譬則牛也 寧服軛以耕於野 豈忍被繡入
朝而爲犧乎"
○주장(朱張) : 자(字)가 자궁(子弓)이었음. 이름을 더럽히지 않고 자신을 지켰다고
함. "朱張字子弓 荀卿曰 大儒通則一天下 窮則獨立貴名 桀跖之世 不能汚 子弓是也"
○유하혜(柳下惠) : 본서 18·2·1의 원문 및 15·13·1의 집주(集註) 참고.
○소련(少連) : 동이(東夷) 사람으로 3년상의 예의범절을 잘 지키고, 슬픔의 정을
다했다는 기록이 있음. 「예기(禮記)」《잡기하(雜記下)》"孔子曰少連大連 善居喪
三日不怠 三月不解 朞悲哀 三年憂 東夷之子也 言其生於夷狄而知禮也"

逸은 **遺逸**이요 **民者**는 **無位之稱**이라 **虞仲**은 **卽仲雍**이니 **與泰伯**으로 **同竄荊蠻者**라
夷逸朱張은 **不見(현)經傳**이라 **少連**은 **東夷人**이라

일(逸)은 흩어져 없어지는 것이고, 민(民)은 지위가 없음을 칭하는 것이다. 우중
은 바로 중옹이니, 태백과 함께 형만으로 숨었던 자다. 이일과 주장은 경전에 나
타나지 않는다. 소련은 동이 사람이다.

○유일(遺逸) : 흩어져 없어짐. 버리고 쓰지 않음.
○태백(泰伯) : 태백(泰伯)은 주(周)나라 태왕(太王)의 맏아들. 본서 8·1·1 참고.
○찬(竄) : 숨다. 달아나다.
○형만(荊蠻) : 초(楚)나라와 월(越)나라를 아울러 이르는 말.
○동이(東夷) : ①동쪽의 오랑캐 ②중국 사람들이 그들의 동쪽에 있는 이민족을
멸시하여 이르던 말. 여기서는 ②의 뜻.

[備旨] 記者가 因夫子品第夷齊以下七人之行이라 故로 先紀其人에 曰古之人에 有以逸
民稱者七人하니 曰伯夷와 曰叔齊와 曰虞仲과 曰夷逸과 曰朱張과 曰柳下惠와 曰少連之
七人者라하니 立心制行이 雖異나 而以賢으로 見逸於世則同이라 故로 皆謂之逸民也니라

기록한 사람이 부자께서 백이와 숙제 이하 일곱 사람의 행적에 대해 등급을 매긴 것을 말미암은 것이다. 그러므로 먼저 그 사람들을 기록할 적에 말하기를, "옛날 사람들 중에 세상을 피해 사는 사람으로 일컬을 수 있는 일곱 사람이 있으니, 백이와 숙제와 우중과 이일과 주장과 유하혜와 소련의 일곱 사람이다."라고 했으니, 뜻을 세우고 행동하는 모습은 비록 달랐지만 어질다는 이유로 세상에 버림을 당했던 모습은 같았던 것이다. 그러므로 모두 이들을 일러 세상을 피해 사는 사람이라고 한 것이다.

○품제(品第) : 품평(品評)하여 등급의 차례를 매김.
○입심(立心) : 마음을 정함. 뜻을 세움.
○제행(制行) : 행실을 가짐. 필요에 따라 행동하는 모습. '行'은 거성(去聲)으로 쓰였음.
「중문대사전(中文大辭典)」 "謂制法立行也 [禮表記] 聖人之制行也 不制以己"

18·8·2 子曰 不降其志하고 不辱其身은 伯夷叔齊與인저

공자께서 말씀하셨다. "자기의 뜻을 굽히지 않고 자기의 몸을 욕되게 하지 않았던 사람은 백이와 숙제였다.

○불항기지(不降其志) : 뜻을 세워 자기의 뜻을 굽히지 않음. "不降者 高尙不屈志以立心言"
○불욕기신(不辱其身) : 몸을 욕되게 하지 않음. "不辱者 淸潔不汚身以制行言"
○백이숙제여(伯夷叔齊與) : '其惟伯夷叔齊與'를 줄인 말. 아맘도 오직 백이와 숙제만이 세상을 피해 숨어 사는 사람 중에서 청고한 사람이었다는 말. "此逸民志淸者"

[備旨] 夫子嘗稱贊而論列之에 曰逸民中에 有立志之高不肯少屈於人하고 有持身之潔不肯少汚於世者하니 其惟伯夷叔齊與인저 此特立獨行之士니 蓋淸而逸者乎인저

부자께서 일찍이 이들은 칭찬하시고 일의 옳고 그름을 논할 적에 말씀하시기를, "세상을 피해 숨어 사는 사람 중에서 뜻을 세움이 높은 사람으로서 조금도 남에게 굽히려 하지 않고, 몸가짐이 정결한 사람으로서 조금도 세상으로부터 더럽혀지지 않으려고 하는 사람이 있었으니, 아마도 오직 백이와 숙제뿐이었을 것이다. 이들은 특별히 세속을 따르지 않고 지조를 지킨 선비였으니, 아마도 청렴하면서도 숨어사는 사람이었을 것이다.

○논열(論列) : 일의 옳고 그름을 열거해 가며 논함.

○불긍(不肯) : 하려고 하지 않음. 동의(同意)하지 않음.

○특립 독행(特立獨行) : 독자적인 의견과 지조가 있어 세속에 휩쓸리지 않고 자기 신념대로 행동함. 독자적인 자세로 세속에 따르지 않고 지조를 굳게 지킴.

18·8·3 謂於柳下惠少連하시되 降志辱身矣나 言中倫하며 行中慮하니 其斯而已矣니라

유하혜와 소련을 평하시되, 백이와 숙제에 비하면 뜻을 굽히고 몸을 욕되게 했으나, 말이 조리에 맞으며 행실은 사람들의 생각과도 맞았으니, 그들은 이러했을 따름이다.

○위어유하혜소련(謂於柳下惠少連) : 유하혜와 소련에 대해 평하다. '謂'는 '논평하다'라는 뜻. "此與下節 皆有一謂字俱 是記者述夫子之言"

○강지욕신의(降志辱身矣) : 뜻을 굽히고 몸을 욕되게 하다. "此句輕只是和光混俗意"

○언중륜행중려(言中倫行中慮) : 말이 의리의 차례에 맞고 행실이 사람의 마음에 부합함. 일반적인 사람이 자기의 뜻을 굽히거나 몸을 욕되게 하는 것과 다르다는 말. "異乎他人之降辱者"

○기사이이의(其斯而已矣) : 유하혜와 소련이, 말은 조리에 맞고 행실은 사람의 마음에 맞았음을 일컬음. ☞기(其) : 유하혜와 소련을 일컬음. ☞사(斯) : 말은 조리에 맞고 행실은 사람의 생각에 맞음[言中倫行中慮]을 가리킴. "其指惠連 斯指中論中慮"

柳下惠는 事見上이라 倫은 義理之次第也라 慮는 思慮也니 中慮는 言有意義合人心이라 少連事는 不可考나 然이나 記에 稱其善居喪하여 三日不怠하고 三月不解(懈)하며 朞悲哀하고 三年憂라하니 則行之中慮를 亦可見矣라

유하혜의 일은 위에 보인다[18·2·1 참고]. 윤(倫)은 의리의 차례다. 여(慮)는 사려이니, 생각에 맞다는 것은 뜻이 사람의 마음에 부합함을 말한다. 소련의 일은 상고할 수 없지만 「예기」에 "그가 거상을 잘하여 1일을 게을리 하지 않고 3달을 게을리 하지 않았으며 1년을 슬퍼하고 3년을 근심했다." 하였으니, 행실이 사려에 맞았음을 또한 볼 수 있다.

[備旨] 謂柳下惠少連하시되 不擇君而仕하니 降其志矣요 不相時而出하니 辱其身矣로되 但其所言者는 則中乎義理之倫次하고 其所行者는 則中乎人心之思慮라 蓋雖降志나 而不 枉己하고 雖辱身이나 而不求合하니 則惠連之所可取者는 在斯中倫中慮而已矣라 玆非和 而逸者乎아

　유하혜와 소련을 평하시되, 임금을 가리지 않고 벼슬했으니 그 뜻을 굽힌 것이고 때를 보지 않고 나아갔으니 그 몸을 욕되게 한 것이지만, 다만 그들이 말한 것은 의리의 순서에 맞았고 그들이 행한 것은 사람들의 생각과 맞았던 것이다. 비록 뜻을 굽혔으나 자신을 굽히지는 않았고 비록 몸을 욕되게 했으나 사람의 마음에 맞기만 구하지는 않았으니, 유하혜와 소련에게 취할 만한 것은 곧 말을 조리에 맞도록 했다는 것과 행실을 생각에 맞도록 했다는 것에 있을 따름이다. 이들은 조화롭게 행동하면서도 숨어 살았던 사람이 아니겠는가?

○윤차(倫次) : 조리. 차례. 순서. 질서.

18·8·4 謂虞仲夷逸하시되 隱居放言하나 身中淸하며 廢中權이니라

　우중과 이일을 평하시되, 숨어 살면서 구애됨이 없이 말을 하였으나 처신하는 것은 깨끗했으며 움직이는 것도 권도에 맞았다.

○은거방언(隱居放言) : 세상을 피해 숨어 살면서 홀로 그 몸을 닦고, 생각하는 대로 구애됨이 없이 말함. "隱居是遯世不出 放言是肆言無忌"
○신중청(身中淸) : 자기 한 몸의 선(善)만을 꾀하며 몸을 청렴하게 함. "身謂獨善其身 承隱居說 淸是不汚"
○폐중권(廢中權) : 스스로 움직이는 것을 권도(權道)에 맞도록 함. '廢'는 '發'과 통하므로 '움직이다' '발동하다'의 뜻이며, '權'은 '고르다' '헤아리다' '저울질하다'라는 뜻으로 '균형'이나 '목적을 이루기 위한 편의상의 수단'을 의미한다. "廢謂甘於自廢 承放言說 權是達變" ☞달변(達變) :「중문대사전(中文大辭典)」"通曉變易也"

仲雍이 居吳에 斷髮文身하고 裸以爲飾이라 隱居獨善하니 合乎道之淸이요 放言自廢하니 合乎道之權이라

중옹이 오나라에 살 적에 머리를 깎고 문신을 하고 벌거벗은 것을 몸치장으로 알았다. 숨어 살면서도 혼자 착해지려고 힘썼으니 도의 깨끗함에 맞았고, 거리낌 없이 말을 하면서도 스스로 움직였으니 도의 권도에 맞았던 것이다.

○독선(獨善) : 자기 홀로 착하게 되기 위해 힘씀. 「맹자(孟子)」《진심상(盡心上)》 "窮則獨善其身 達則兼善天下"

[備旨] 謂虞仲夷逸하시되 隱居以逸世하니 行未必中慮矣요 放言而無忌하니 言未必中倫矣라 然이나 其隱居而身不汚也하니 有合於道之淸하고 放言以示自廢也하니 有合於道之權이라 蓋雖潔身이나 而未嘗亂倫이요 雖高踏이나 而未嘗害義라 玆非放而逸者乎아

우중과 이일을 평하시되, 숨어 살면서 세상을 피해 살았으니 행실이 반드시 생각에 맞았던 것은 아니었고, 말을 마음대로 하면서 거리낌이 없었으니 말이 반드시 조리에 맞았던 것은 아니었다. 그러나 그는 숨어 살았지만 자신을 더럽히지 않았으니 도의 깨끗함에 맞았고, 구애됨이 없이 말을 하면서도 스스로 움직임을 보여주었으니 도의 권도에 맞았던 것이다. 비록 몸을 깨끗하게 하려고 했으나 일찍이 차례를 어지럽히지는 않았고 비록 고상하게 행하려고 했으나 일찍이 의리를 해치지는 않았다. 이들은 마음대로 하면서도 숨어 살았던 사람이 아니겠는가?

18·8·5 我則異於是하여 無可無不可니라

나는 이들과 달라서 언행에 아무런 구애도 받지 않는다."

○아즉이어시(我則異於是) : 나는 이들과 다르다. 숨어 사는 사람들의 행동과 다르다는 말. "是字指上逸民之行"
○무가무불가(無可無不可) : 언행에 과불급(過不及)이 없이 중용(中庸)에 맞다. 가함도 없고 불가함도 없음. 출사(出仕)하거나 은퇴(隱退)함에 도를 따랐을 뿐, 아무런 구애도 받지 아니함. "是無心以此爲可 無心以此爲不可"

孟子曰 孔子는 可以仕則仕하고 可以止則止하고 可以久則久하고 可以速則速이라 하시니 所謂無可無不可也라
○射氏曰 七人은 隱逸不汚則同이어니와 其立心造行則異라 伯夷叔齊는 天子도

不得臣하고 諸侯도 不得友하니 蓋已遯世離群矣요 下聖人一等이니 此其最高與인
저 柳下惠少連은 雖降志나 而不枉己하고 雖辱身이나 而不求合하니 其心有不屑也
라 故로 言能中倫하고 行能中慮라 虞仲夷逸은 隱居放言하니 則言不合先王之法
者가 多矣라 然이나 淸而不汚也하고 權而適宜也하니 與方外之士가 害義傷敎하여
而亂大倫者로 殊科라 是以로 均謂之逸民이니라 尹氏曰 七人은 各守其一節이로되
而孔子는 則無可無不可하시니 此所以常適其可하여 而異於逸民之徒也라 揚雄曰
觀乎聖人이면 則見賢人이니 是以로 孟子語夷惠에 亦必以孔子로 斷之니라

맹자가 《공손추상》에서 말했다. "공자께서는 벼슬해야 한다면 벼슬하고, 그만두
어야 한다면 그만두었으며, 오래 머물러야 한다면 오래 머물고, 빨리 떠나야 하면
빨리 떠나셨다." 했으니, 이른바 아무런 구애도 받지 않았다는 것이다.

○사 씨가 말했다. "일곱 사람이 은둔하여 몸을 더럽히지 않은 것은 같지만, 그
들이 마음을 세우는 것과 품행을 수행하는 것은 달랐다. 백이·숙제는 천자도 신
하를 삼을 수 없고 제후도 벗을 삼을 수 없었으니, 아마도 세상을 피하고 무리를
떠나버렸던 것이고, 성인보다 한 등급 아래이니 곧 그들이 가장 높을 것이다. 유
하혜·소련은 비록 뜻을 굽혔으나 몸을 굽히지 않았고, 비록 몸을 욕되게 했으나
세상에 합하기를 구하지 않았으니, 그 마음에 탐탁하게 여기지 않아서 그랬을 것이
다. 그러므로 말은 조리에 맞으며 행실은 생각에 맞았던 것이다. 우중과 이일은
숨어 살면서 말을 함부로 했으니 말이 선왕의 법에 부합하지 않음이 많았다. 그러
나 깨끗하여 자신을 더럽히지 않고 균형에 맞추어 적당하게 했으니, 세속을 벗어
난 사람이 의리를 해치고 가르침을 손상시켜 큰 도리를 어지럽힌 것과는 달랐던
것이다. 이러므로 똑같이 이를 일러 세상에 숨어사는 사람이라고 하신 것이다." 윤
씨가 말했다. "일곱 사람은 각각 그 한 가지 절개를 지켰으나 공자는 아무런 구애
도 받지 않으셨으니, 이것이 항상 그가 옳게 여겼던 것에 맞아서 일민의 무리와
달랐던 이유다." 양웅이 말했다. "성인을 보면 현인을 볼 수 있으므로, 맹자가 백
이와 유하혜를 말할 적에 또한 반드시 공자를 들어서 판단했던 것이다."

○조행(造行) : 품행을 수행함.
○적의(適宜) : 알맞고 마땅함. 적당(適當).
○방외지사(方外之士) : 세속의 일에서 벗어난 사람이나, 세속의 예법에 얽매이지
않는 사람. 도사. 승려 등을 이름. 방외사(方外士).
○대륜(大倫) : 인륜의 대도. 큰 도리.
○일민(逸民) : 세상을 피하여 숨어사는 사람. 일민(佚民). 본서 18·8·1 참고.

○수과(殊科) : 다르다. 종류를 달리함.

○단지(斷之) : 판단하다. 단정하다. 예를 들자면, 맹자가 얘기할 때 마지막에는 공자를 들어 판단했다는 말. 「맹자(孟子)」《만장상(萬章上)》 "10·1·5 孟子曰 伯夷는 聖之淸者也요 伊尹은 聖之任者也요 柳下惠는 聖之和者也요 孔子는 聖之時者也시니라"

[備旨] 夫七人之行이 如是라 是其所不爲者는 皆其心之有所不可也요 其所爲者는 皆其心之有所可也라 若我則異於是也라 當可則可하고 當不可則不可니 可與不可를 蓋不存乎心也라 我其爲逸民否耶아

7인의 행실이 이와 같다. 곧 그들이 행치 않은 것은 모두 그 마음에 옳지 않다고 여긴 것이었고, 그들이 행한 것은 모두 그 마음에 옳다고 여긴 것이었다. 나는 이들과 다르다. 도리상 마땅히 옳다고 생각되면 행하고 마땅히 옳지 않다고 생각되면 행치 않았으니, 옳다고 생각하는 것과 옳지 않다고 생각하는 것을 대개 마음에 두지 않았던 것이다. 나는 아마도 세상을 피해 숨어사는 사람인가 그렇지 않은가?"라고 하셨다.

○존(存) : 마음에 두다. 관심을 가지다.

○자신은 중용(中庸)의 도(道)를 굳게 지킴을 볼 수 있다. 위에 나왔던 일민(逸民)들과는 달랐기에, 꼭 그래야 하는 것도 그래서는 안 된다는 것도 없다는 뜻이다.

18·9·1 大(태)師摯는 適齊하고

악관의 우두머리였던 지는 제나라로 가고,

○태사지적제(大師摯適齊) : 태사 지는 제나라로 가다. ☞태사(大師) : 악공(樂工)의 장(長). 태사(太師). '大'는 '太'와 통하는데 여기서는 거성(去聲)으로 쓰여 '크다'란 뜻이며 독음은 '태'다. ☞지(摯) : 태사(太師)의 이름. ☞적제(適齊) : 제(齊)나라로 가다. 난리를 피해 떠남. "適齊是去齊以避亂"

○이 장은 아마 노(魯)나라가 점점 무도(無道)해져 가고 있음을 제자들이 기록했을 것이다. 본문에 나오는 악사(樂師)들은 모두 노(魯)나라의 악사들이었는데, 사방으로 뿔뿔이 흩어졌던 일을 기록하고 있다. 이는 문공(文公)의 사후에 정권이 문란했던 일을 기록하고 있다.

大師는 **魯樂官之長**이요 **摯**는 **其名也**라

태사는 노나라 악관의 우두머리고, 지는 그의 이름이다.

[備旨] 魯自夫子正樂之後로 一時에 諸伶官이 皆識樂之正이러니 及魯事日非하여 三桓僭越하니 彼樂官之長太師名摯者는 則去魯而適齊焉이라 及太師既去하여 而相率以行者는 不一其人矣라

노나라는, 부자께서 음악을 바르게 한 뒤로부터 일시에 모든 영관들이 모두 음악의 바른 길을 알았는데, 노나라의 일이 날마다 잘못되어 삼환이 함부로 날뛰니, 악관의 우두머리였던 태사로서 이름이 지라는 사람은 노나라를 떠나서 제나라로 가버렸다. 태사가 떠난 뒤를 틈타서 서로 따라서 간 사람은 그 사람 하나만이 아니었다.

○영관(伶官) : 음악을 연주하던 관리. 영인(伶人). 악관(樂官).
○삼환(三桓) : 춘추(春秋) 때 노(魯)나라의 삼경(三卿). 곧 환공(桓公)의 후손으로 맹손(孟孫)·숙손(叔孫)·계손(季孫)을 말함. 문공(文公)이 죽은 뒤에 세력이 커져 정권을 잡았음. 삼가(三家). 본서 《계 씨편(季氏篇)》참고.
○참월(僭越) : 분수에 넘침. 제 분수를 돌보지 않고 함부로 날뜀. 참람(僭濫).
○급(及) : …을 틈타서.

18·9·2 亞飯干은 適楚하고 三飯繚는 適蔡하고 四飯缺은 適秦하고

아반의 악사 간은 초나라로 가고, 삼반의 악사 요는 채나라로 가고, 사반의 악사 결은 진나라로 가고,

○아반간적초(亞飯干適楚) : 아반의 악사(樂師) 간(干)이라는 사람은 초나라로 떠나가다. "亞飯是第二次飯 楚南方之國"
○삼반료적채(三飯繚適蔡) : 삼반의 악사(樂師) 요(繚)라는 사람은 채나라로 떠나가다. "蔡是小國"
○사반결적진(四飯缺適秦) : 사반의 악사(樂師) 결(缺)이라는 사람은 진나라로 떠나가다. "秦西戎之國"

○「예기(禮記)」《왕제편(王制篇)》을 보면 아반(亞飯), 삼반(三飯), 사반(四飯)이 있었는데, 이들은 악장별로 정해진 악관(樂官)이다. 천자(天子)나 제후(諸侯)가 식사할 때 음악으로써 음식의 흥을 돋우어 권했었다. 아반(亞飯)은 2회 식사, 삼반(三飯)은 3회 식사, 사반(四飯)은 4회 식사 때 음식을 권하도록 되어 있었다.

亞飯以下는 **以樂侑食之官**이라 **干**과 **繚**와 **缺**은 **皆名也**라

아반 이하는 음악으로써 즐겁게 식사하도록 하는 관리다. 간과 요와 결은 모두 이름이다.

○유식(侑食) : 음식을 권함. 흥을 돋우어 즐겁게 식사를 하게 함.

[備旨] 由是로 以樂으로 而侑亞飯之食者名干은 因太師之去하여 而亦適楚焉이요 以樂으로 而侑三飯之食者名繚는 因太師之去하여 而亦適蔡焉이요 以樂으로 而侑四飯之食者名缺은 因太師之去하여 而亦適秦焉하니 雖其所適之國이 不同이나 而其潔身之志는 一太師之志也라

이로 말미암아, 음악으로써 아반의 식사를 도왔던 사람으로서 이름이 간이라는 사람은 태사가 떠나갔으므로 또한 초나라로 떠나 가버렸고, 음악으로써 삼반의 식사를 도왔던 사람으로서 이름이 요라는 사람은 태사가 떠나갔으므로 또한 채나라로 떠나 가버렸고, 음악으로써 사반의 식사를 도왔던 사람으로서 이름이 결이라는 사람은 태사가 떠나갔으므로 또한 진나라를 떠나 가버렸으니, 비록 그들이 떠난 나라는 같지 않지만 그들이 몸을 깨끗이 한 뜻은 태사의 뜻과 동일했던 것이다.

18·9·3 鼓方叔은 入於河하고

북을 치던 방숙은 하내로 들어가고,

○고방숙입어하(鼓方叔入於河) : 북을 치던 방숙은 하내로 들어가다. ☞고(鼓) : 북을 치는 사람. 「주례(周禮)」《지관사도(地官司徒)》에 보면 다음과 같은 내용이 나온다. "북을 치는 사람은 6가지 북과 4가지 쇠로 된 악기의 음성을 가르쳐서, 성

악을 조절하고 군사들을 화락하게 하고 농사일을 바르게 하는 일을 관장한다(鼓人
掌敎六鼓四金之音聲 以節聲樂以和軍旅以正田役)” ☞방숙(方叔) : 사람 이름. ☞입
어하(入於河) : 하내(河內)로 들어감. ‘河’는 황하(黃河) 이북 지역. 하북(河北). “入
有一往不返意 較適國之情更深”

鼓는 **擊鼓者**라 **方叔**은 **名**이라 **河**는 **河內**라

고(鼓)는 북을 치는 사람이다. 방숙은 이름이다. 하(河)는 하내다.

[備旨] 樂必有鼓하니 司擊鼓之官而名方叔者도 亦因太師之去하여 而入於河焉이라

음악에는 반드시 북이 있으니, 북을 치는 것을 맡은 관리로서 이름이 방숙인 사람도
또한 태사가 떠나갔으므로 하내로 들어갔다.

18·9·4 播鼗武는 入於漢하고

소고를 흔들던 무는 한수 유역으로 들어가고,

○파도무입어한(播鼗武入於漢) : 소고를 흔들던 무라는 사람은 한수 유역으로 들
어가다. ☞파(播) : 흔들다. ☞도(鼗) : 북 이름. 북 자루를 잡고 흔들면, 북의 좌우
에 매단 구슬이 북면을 쳐서 소리를 내는 작은 북. ☞한(漢) : 한수(漢水)를 말함.
섬서성(陝西省) 영강현(寧羌縣) 파총산(嶓冢山)에서 발원한 강.

播는 **搖也**라 **鼗**는 **小鼓**니 **兩旁有耳**하여 **持其柄而搖之**면 **則旁耳**가 **還自擊**이라 **武**
는 **名也**라 **漢**은 **漢中**이라

파(播)는 흔드는 것이요 도(鼗)는 소고니, 양쪽 곁에 귀가 달려 있어서 그 자루
를 잡고서 흔들면 곁의 귀가 다시 자신을 치게 되는 것이다. 무(武)는 이름이다.
한(漢)은 한수의 가운데.

[備旨] 樂必有鼗하니 司播鼗之官而名武者도 亦因太師之去하여 而入於漢焉이라

음악에는 반드시 북이 있으니, 소고를 흔드는 것을 맡은 관리로서 이름이 무라는 사람도 또한 태사가 떠나감을 인해 한수 유역으로 들어갔다.

18·9·5 少師陽과 擊磬襄은 入於海하니라

악관을 보좌하는 양과 경쇠를 치던 양은 섬으로 들어갔다.

○소사양(少師陽) : 악관을 보좌하는 사람 양(陽). ☞소사(少師) : 악관(樂官)을 보좌하는 사람. ☞양(陽) : 사람 이름. "少師佐太師者"
○격경양(擊磬襄) : 경쇠를 피던 사람 양(襄). ☞경(磬) : 악기 이름. 돌이나 옥으로 만든 타악기의 이름. ☞양(襄) : 사람 이름. "磬是樂器"
○입어해(入於海) : 섬으로 들어가다. ☞해(海) : 해도(海島). 바다 가운데 있는 섬.

少師는 樂官之佐라 陽襄은 二人名이니 襄은 卽孔子所從學琴者라 海는 海島也라 ○此는 記賢人之隱逃하여 以附前章이라 然이나 未必夫子之言也니 末章放此니라 張子曰 周衰樂廢어늘 夫子自衛反魯하여 一嘗治之하시니 其後에 伶人賤工도 識樂之 正이러니 及魯益衰하여는 三桓僭妄하니 自太師以下로 皆知散之四方하여 逾河蹈海以 去亂이라 聖人俄頃之助가 功化如此하니 如有用我면 期月而可가 豈虛語哉시리오

소사(少師)는 악관을 보좌하는 사람이다. 양과 양은 두 사람의 이름이니, 양은 공자께서 모시고 거문고를 배웠던 사람이다. 해(海)는 바다에 있는 섬이다.
○이것은 현인이 은둔한 것을 기록하여 앞장에 이어서 붙인 것이다. 그러나 반드시 부자의 말씀이라고 할 수는 없으니 끝장도 이와 같다. 장자가 말했다. "주나라가 쇠하여 음악이 폐해졌는데, 부자께서 위나라로부터 노나라로 돌아와서 한 번 일찍이 다스리시니, 그 후에 영인과 천공도 음악의 바름을 알게 되었다. 노나라가 더욱 쇠하여져서는 삼환이 분수에 넘치게 방자하니, 태사로부터 이하 모든 사람들이 사방으로 흩어져 하수를 건너고 바다를 건너 난리에서 떠나가야 되는 줄 알았던 것이다. 성인이 잠깐 도우신 것이 그 공효가 이와 같았으니, 본서 13·10·1에서 '만일 나를 등용해 주는 자가 있다면, 1년만에도 대체로 좋아질 것이다.'한 것이 어찌 빈 말씀이겠는가?"

○종학(從學) : 남을 쫓아서 배움.
○영인(伶人) : 음악을 연주하던 관리. 영관(伶官). 악관(樂官).
○천공(賤工) : 보잘 것 없는 기능인. 또는 기능인에 대한 멸칭.
○참망(僭妄) : 분수에 넘치게 방자함.

[備旨] 至於樂官之佐하여는 爲少師而名陽과 與夫擊磬之官而名襄者도 亦因太師之去하여 而入於海焉이라 雖其所入之地가 不同이나 而其避亂之心은 一太師之心也라 噫라 樂官去而樂存하니 固夫子正樂之功이라 然而魯其衰矣로다

악관을 보좌하는 사람은 소사로서 이름이 양이라는 사람과 저 경쇠를 치는 관리로서 이름이 양이라는 사람도 또한 태사가 떠나갔으므로 섬으로 들어갔다. 비록 그들이 들어간 곳이 같지 않지만 그들이 난을 피했던 마음은 태사의 마음과 한결같았다. 아! 악관이 떠나버렸지만 음악은 남아 있으니, 이것은 진실로 부자께서 음악을 바르게 하셨던 공이다. 그런데도 노나라가 쇠해져 버렸도다!

18·10·1 周公이 謂魯公曰 君子不施(弛)其親하며 不使大臣으로 怨乎不以하며 故舊가 無大故면 則不棄也하며 無求備於一人이니라

주공이 자기의 아들 노공에게 이르면서 말씀하셨다. "군자는 자기 친척을 버리지 않으며, 대신으로 하여금 써주지 않는다고 원망을 품게 하지 않으며, 오랫동안 일해 온 사람이 큰 사고가 없으면 버리지 않으며, 한 사람에게 완전 무결하기를 요구하지 않는다."

○주공위노공(周公謂魯公) : 주공이 노공에게 교훈을 내리다. ☞주공(周公) : 주(周)나라 문왕(文王)의 아들. 이름은 단(旦). 본서 7·5·1 참고. ☞위(謂) : 이르다. 여기서는 교훈을 내리다. ☞노공(魯公) : 주공의 아들 백금(伯禽). 노(魯)나라를 봉함. "謂是教訓 伯禽受封魯國 故稱魯公"
○군자불시기친(君子不施其親) : 군자는 자기의 친척을 버리지 않음. '施(시)'는 여기서 상성(上聲)으로 쓰여 '버리다' '내버려두다'라는 뜻이며, '弛(이)'와 통함. "施作 弛 親指九族言"
○불사대신원호불이(不使大臣怨乎不以) : 대신으로 하여금 자기를 써주지 않는다

고 원망하게 하지 않음. ☞대신(大臣) : 경대부(卿大夫) 등의 중요한 신하. ☞이
(以) : 쓰다. 믿고 맡겨서 쓰다. ‘用’과 통함. “大臣在上位者 怨是怨恨”
○고구무대고즉불기야(故舊無大故則不棄也) : 오랫 동안 일해 온 원로나 공신은 큰 사
고가 없으면 버리지 않음. ☞고구(故舊) : 오랫동안 같이 일해 온 사람. 원로. 공신. “故
舊就世臣說 不棄是不遺棄”
○무구비어일인(無求備於一人) : 재주에 따라서 임무를 부여하고 한 사람에게 모두
갖추기를 바라지 않음. “無求備是因材授任 而無策備之心 就待羣臣說”

施는 陸氏本에 作弛하니 福本도 同이라
○魯公은 周公子伯禽也라 弛는 遺棄也라 以는 用也라 大臣은 非其人則去之요
在其位則不可不用이라 大故는 謂惡逆이라 李氏曰 四者는 皆君子之事니 忠厚之
至也라
○胡氏曰 此는 伯禽受封之國에 周公訓戒之辭니 魯人傳誦하여 久而不忘也라 其
或夫子가 嘗與門弟子로 言之歟인저

  ‘施’는 육 씨본에는 ‘弛’로 되어 있으며 복주본도 같다.
  ○노공은 주공의 아들 백금이다. 이(弛)는 버리는 것이다. 이(以)는 쓰는 것이다.
대신은 적격한 사람이 아니면 버려야 할 것이고 그 자리에 있다면 쓰지 않을 수
없는 것이다. 대고(大故)는 몹시 악하여 의리에 벗어난 행위를 이른다. 이 씨가 말
했다. “네 가지는 모두 군자의 일이니 충후의 지극함이다.”
  ○호 씨가 말했다. “이것은 백금이 봉함을 받은 나라에서 주공이 훈계한 말이니,
노나라 사람들이 입에서 입으로 전해 와서 오래도록 잊지 않은 것이다. 그것은 아
마도 부자께서 일찍이 제자들과 말씀하셨던 것일 것이다.”

○복본(福本) : 복주본(福州本)을 말함. 복주(福州)는 지금의 복건성(福建省)인데,
송(宋)나라 초에 사본이 있었다고 함. 본서 18·7·4 집주 참고.
○악역(惡逆) : 몹시 악하여 의리에 벗어나는 행위.
○충후(忠厚) : 충실하고 순후(淳厚)함. 「순자(荀子)」《예론(禮論)》“事生不忠厚不敬文
謂之野”
○전송(傳誦) : 입에서 입으로 전해져 외움.

[備旨] 魯公이 受封之始에 周公訓戒之에 曰立國은 以忠厚爲本이어늘 今汝享有國矣니

亦知君子忠厚之道乎인저 君子는 於一本九族之親에 則篤其親愛하여 而不至於廢弛焉이요
大臣을 不信用則怨이니 必信任之하여 不使怨乎不以也요 故舊之家는 先世有功德於民者
니 有大故면 或在所棄어니와 無大故면 則賢世官하고 不賢世祿하여 不棄之也요 人不能
皆全이요 才各有所長이니 過求之면 則一得者라가 皆在所棄矣라 無求全責備於一人이니
此數者는 皆立國之本이요 君子之事니 不可以不勉也라 汝往欽哉어다

　노공이 처음으로 봉함을 받았을 적에 주공이 훈계할 적에 말씀하시기를, "나라를 세
우는 것은 충후로써 근본을 삼아야 하는데, 지금 너는 나라를 향유하고 있으니 또한
군자로서 충후의 도를 알아야 할 것이다. 군자는 본을 같이하는 구족의 친척에 대해
그 친애를 돈독히 하여 규율이 무너지는 데 이르게 해서는 안 되고, 대신을 믿고 쓰지
않으면 원망할 것이니 반드시 믿고 맡겨서 쓰지 않는다는 원망을 들어서는 안 되고,
옛 친구의 집은 선대 때 백성들에게 공덕을 세워 받았을 것이니 큰 사고가 있으면 혹
버리는 경우도 있겠거니와 큰 사고가 없다면 대대로 하는 벼슬을 중히 여기거나 대대
로 받는 녹을 중히 여길 필요가 없다고 해서 버려서는 안 되고, 사람이 능히 모든 것
이 온전할 수 없고 재능도 각자 잘하는 바가 있으니 지나치게 구하면 한 가지를 얻으
려다가 모두 버리는 경우가 될 것이다. 한 사람에게 완전하기를 구하거나 모두 갖추기
를 요구함이 없어야 할 것이니, 이 몇 가지는 모두 나라를 세우는 근본이요 군자의 일
이니 힘쓰지 않을 수가 없다. 너는 가서 삼가야 할 것이다."라고 하셨다.

○봉(封) : 제후(諸侯)에 임명하여 토지를 주다. 제왕이 토지(土地)·작위(爵位)·명호
(名號)등을 내려 주다.
○일본(一本) : 동일한 근본.
○구족(九族) : 고조(高祖)·증조(曾祖)·조주(祖父)·부(父)·자기(自己)·자(子)·손(孫)·
증손(曾孫)·현손(玄孫)의 친속.
○폐이(廢弛) : 규율이 무너지고 해이해짐.
○세관(世官) : 대대로 하는 같은 벼슬. 세습(世襲)의 벼슬.
○세록(世祿) : 대대로 나라에서 녹을 받음. 또는 그 녹봉(祿俸).
○구전(求全) : 완전하기를 구함.
○책비(責備) : 모두 갖추기를 요구함. 진선진미(盡善盡美)하기를 요구함.

18·11·1 周有八士하니 伯達과 伯适과 仲突과 仲忽과 叔夜와

叔夏와 季隨와 季騧니라

주나라에 여덟 선비가 있었으니, 백달과 백괄과 중돌과 중홀과 숙야와 숙하와 계수와 계와다.

○주유팔사(周有八士) : 주나라에는 여덟 명의 선비가 있다. 한 어머니가 쌍둥이 넷을 낳아 여덟 명이 되었음. "周指周初盛時言 士者有才德之稱 八士切一母四乳說"
○백달(伯達) : 의리에 밝았음. 옛날 백(伯)·중(仲)·숙(叔)·계(季)로써 차례를 삼았음. "伯長也 古者以伯仲叔季 爲少長之次 達是明於義理"
○백괄(伯适) : 도량이 넓어서 포괄적이었음. "适是度量包括"
○중돌(仲突) : 어려움을 막는 재주가 있었음. "突有禦難之才"
○중홀(仲忽) : 도맡아 다스리는 재주가 있었음. "忽有綜理之才"
○숙야(叔夜) : 유순하고 급박하지 않았음. "柔順不迫者 得夜之道"
○숙하(叔夏) : 마음이 굳세고 사리에 밝아 어떤 일에도 굴하지 않았음. "剛明不屈者 得夏之道"
○계수(季隨) : 재능이 있어서 외부 사정에 잘 적응했음. "隨是才能順應"
○계와(季騧) : 덕이 여러 사람들을 능가했음. "騧是德超凡衆" ☞와(騧) : 공골말. 입 가장자리가 검은 누렁 말. 여기서는 인명으로 쓰였음.

或曰 成王時人이라하고 或曰 宣王時人이라하니 蓋一母四乳하니 而生八子也라 然이나 不可考矣라
○張子曰 記善人之多也라 愚按此篇컨대 孔子於三仁과 逸民과 師摯와 八士에 既皆稱贊而品列之하시고 於接輿와 沮溺과 丈人에 又每有惓惓接引之意하시니 皆衰世之志也니 其所感者가 深矣라 在陳之歎도 蓋亦如此시니라 三仁은 則無間然矣요 其餘數君子者도 亦皆一世之高士니 若使得聞聖人之道하여 以裁其所過하고 而勉其所不及이면 則其所立이 豈止於此而已哉리오

어떤 사람은 성왕 때 사람이라 하고 어떤 사람은 선왕 때 사람이라 하니, 아마도 한 어머니가 쌍둥이 넷을 낳았으니 여덟 아들을 낳아 그런 듯하다. 그러나 상고할 수가 없다.
○장자는 "선인이 많다는 것을 기록한 것이다."라고 했다. 내[朱子]가 이 편을 살펴 보건대, 공자께서 삼인과 일민과 대사인 지와 팔사에 대해서 이미 모두 칭찬

하고 순서를 매기셨으며, 접여와 저익과 장인에 대해서도 또한 늘 간절하게 추천하려는 뜻이 계셨으니, 모두 망해가는 세상에 대한 생각이니 그 느낀 바가 깊으셨던 것이다. [공야장 21장]에서 진나라에 계실 적에 탄식하신 것도 이와 같은 것이다. 삼인들은 비난할 데가 없고 나머지 여러 군자들도 모두 한 세상의 높은 선비이니, 만일 성인의 도를 들어서 그들의 지나쳤던 점을 조절해주고 그들이 미치지 못했던 점을 힘쓰게 했더라면, 그들의 세운 업적이 어찌 여기에만 그치고 말겠는가?

○유(乳) : 낳다. 자식이나 새끼를 낳다. 「논어집주(論語集註)」 "乳音孺 說文 人及鳥 生子曰乳 獸曰産" "雙峯饒氏曰 四乳皆雙生 固爲異事 八子皆賢 尤異事也 故孔子稱之可見 周時氣數之盛"
○품렬(品列) : 벼슬의 위계. 사람의 품위나 덕행을 차례지음.
○권권(惓惓) : 간절하게 생각함. 자꾸 생각이 나서 잊지 못하는 모양. 충근(忠謹)한 모양. ☞권(惓) : 충성스럽고 근실한 모양.
○접인(接引) : 이끌어 줌. 추천함.
○쇠세(衰世) : 망하여 가는 세상. 타락하여 가는 세상. ↔성세(盛世).
○간연(間然) : 비난함. 서로 사이에 틈이 있는 모양.

[備旨] 昔에 我周盛時에 以歷世培植人才之澤으로 發之爲英賢輩出之祥이러니 卽一家之中에 有八士焉이라 初乳所生은 則伯達伯适이 其人也요 再乳所生은 則仲突仲忽이 其人也니 雖以伯仲으로 爲次第나 均之爲宅俊之才矣라 三乳所生은 則叔夜叔夏가 其人也요 四乳所生은 則季隨季騧가 其人也니 雖以叔季로 爲先後나 均之爲邦家之光矣라 夫四乳而生八子도 已足異矣로되 而八子皆賢하니 豈不爲尤異乎아 非我周氣運之盛이면 何以得此리오 惜乎라 今不可復覩矣로다

옛날 우리 주나라가 번성할 적에 지난 여러 대에 인재를 양성한 덕택으로 영현들을 배출하는 복을 발했는데, 곧 한 집에서 여덟 명의 선비가 생겨났던 것이다. 처음으로 낳아 생긴 이는 백달·백괄이 그 사람들이요, 두 번째로 낳아서 생긴 이는 중돌·중홀이 그 사람들이니, 비록 형과 아우로써 순서가 매겨졌으나 균일하게 집에서 준수한 재주꾼이었다. 세 번째로 낳아 생긴 이는 숙·숙하가 그 사람이요, 네 번째로 낳아 생긴 이는 계수·계와가 그 사람이니, 비록 맨 마지막 형제로써 선후를 삼았으나, 균일하게 나라의 빛이 되었다. 무릇 네 번째로 낳아서 여덟 명의 자녀가 생긴 것도 족히 이상하지만 여덟 명이나 되는 자녀가 모두 어질었으니, 어찌 더욱 이상하지 않는가? 우리 주

나라가 기운이 성하지 않았다면 어찌 이들을 얻었겠는가? 애석하도다! 지금은 다시 볼
수가 없구나!

○역세(歷世) : 여러 해를 지냄. 지나간 여러 대, 또는 과거의 각 왕조.
○영현(英賢) : 재덕(才德)이 뛰어난 사람. 영언(英彦).
○배식(培植) : 인재를 양성함.
○백중(伯仲) : 형과 아우. 형제. 또는 맏이와 지차.
○숙계(叔季) : 끝의 형제. 막내 아우.

제 19편　子張

此篇은　皆記弟子之言이로되　而子夏爲多하고　子貢次之라　蓋孔門에　自顔子以下는　穎悟莫若子貢하고　自曾子以下는　篤實無若子夏라　故로　特記之詳焉이라　凡二十五章이라

　이 편은 모두 제자들의 말을 기록한 것인데 자하의 말이 가장 많고 자공이 그 다음으로 많다. 대개 공자의 문하에 안자 이하로는 영특함이 자공만한 이가 없고, 증자 이하로는 독실함이 자하만한 이가 없으므로, 특별히 자세하게 기록했던 것이다. 모두 25장이다.

○영오(穎悟) : 영민하고 민첩함. ☞영(穎) : ①이삭. ②송곳. ③빼어나다. 여기서는 ③의 뜻.
○막약(莫若) : …에 미치지 못하다.

19·1·1　子張曰　士見危致命하며　見得思義하며　祭思敬하며　喪思哀면　其可已矣니라

　자장이 말했다. "선비는 위태로움을 보면 목숨을 바치며, 이익이 되는 일을 보면 의를 생각하며, 제사에는 공경을 생각하며, 초상에는 슬픔을 생각한다면, 그 사람은 괜찮을 것이다."

○사견위치명(士見危致命) : 선비는 위태로운 일을 보면 목숨을 바친다. ☞사(士) : 선비. 보통 사람들보다 뛰어난 사람. ☞견위치명(見危致命) : 위태로운 일을 보면 목숨을 내걸다. "士是超於凡民者　見危是臨難　致命卽殺身成仁也"
○견득사의(見得思義) : 재물에 임해서는 이치상 얻어도 되는지 그렇지 않은지를 생각함. "見得是臨財　思義是度其理之當得與否"
○제사경(祭思敬) : 제사에는 공경, 즉 정성을 다할 것을 생각함. "祭是追遠　傾卽誠也"
○상사애(喪思哀) : 초상에는 슬퍼할 것을 생각함. "喪以送終言　哀是盡自致之情"
○기가이의(其可已矣) : 그 정도의 사람이라면 괜찮을 것이다. '其'는 추측하는 말. "可

字正深許之 已字只語助辭 不作止字"

致命은 **謂委致其命**이니 **猶言授命也**라 **四者**는 **立身之大節**이니 **一有不至**면 **則餘無足觀**이라 **故**로 **言士能如此**면 **則庶乎其可矣**라

치명(致命)은 자기의 목숨을 내던지는 것을 이르니, 목숨을 바친다는 말과 같다. 네 가지는 몸을 세우는 대절이니, 하나라도 이르지 못한 것이 있으면 나머지는 족히 볼 것도 없을 것이다. 그러므로 선비가 이와 같다면 어쩌면 괜찮다고 말할 수 있을 것이다.

○대절(大節) : 존망(存亡)·안위(安危)에 관계되는 큰일. 위태롭고 어려운 때에도 굳게 지키는 절조(節操). 본서 "8·6·1 臨大節而不可奪也면 君子人與아 君子人也니라" 참고.
○서호(庶乎) : 대개. 어쩌면. 추측하는 것을 나타냄.

[備旨] 子張論士에 曰所貴乎士者는 貴有立身之大節耳라 如果見君父之危면 則委致其命하여 而臨難無苟免하고 見所得之利면 則思義之當取與否하여 而臨財無苟得하고 祭祀면 則思敬하여 而致如在之誠하고 居喪이면 則思哀而極悲痛之切이니 士能如此면 則大節無虧하여 其可已矣라

자장이 선비를 논할 적에 말하기를, "선비를 귀하게 여기는 것은 몸을 세우는 대절이 있기에 귀하게 여기는 것이다. 만약 진실로 임금이나 아버지의 위태함을 보면 자기의 목숨을 바쳐 어려움에 임했을 적에 구차하게 면하려 함이 없어야 하고, 물질적 수입을 얻을 수 있는 경우를 보면 의리상 마땅히 취해야 할 것인가 그렇지 않은가를 생각하여 재물에 임하는 태도가 구차하게 얻으려 함이 없어야 하고, 제사를 지내면 공경을 다할 것을 생각하여 선조가 살아 계신 듯 정성을 다해야 하고, 초상을 당하면 슬퍼하면서도 비통의 절실함을 다할 것을 생각해야 할 것이니, 선비가 능히 이와 같이 한다면 대절에 어그러짐이 없어서 아마도 괜찮다고 할 수 있을 것이다."라고 했다.

○거상(居喪) : 상중(喪中)에 있는 것.
○여재지성(如在之誠) : 선조에게 제사지낼 때에는 선조가 살아 계신 듯이 하셨으며, 신(神)에게 제사 지낼 때에는 신이 계신 듯이 정성을 쏟음. 본서 "3·12·1 祭如在하시며 祭神如神在러시다" 참고.

19·2·1 子張曰 執德不弘하며 信道不篤이면 焉能爲有며 焉能 爲亡(무)리오

자장이 말했다. "덕을 간직함이 넓지 못하며 도를 믿음이 독실하지 못하면, 도덕이 있더라도 어찌 있다고 말하겠으며 도덕이 없더라도 어찌 없다고 말하겠는가?"

○집덕불홍(執德不弘) : 덕을 간직하고 궁행함이 넓지 못하다. "執德以量言 弘者器量大也 不弘則小"
○신도부독(信道不篤) : 도를 믿고 나아감이 견고하지 못하다. "信道以志言 篤者志操堅也 不篤則浮"
○언능위유언능위무(焉能爲有焉能爲亡) : 도덕이 있더라도 중하게 여기지 않을 것이니 어찌 능히 있다고 말하겠으며, 도덕이 없더라도 가볍게 여기지 않을 것이니 어찌 능히 없다고 말하겠는가? 즉 그 경중에 대해서 말할 수 없다는 말. '爲'는 '謂'의 뜻. "照註以人言 正鞭策其向前也"

有所得이로되 而守之太狹이면 則德孤하고 有所聞이로되 而信之不篤이면 則道廢라 焉能爲有亡는 猶言不足爲輕重이라

얻는 것이 있지만 지킴이 너무 좁으면 덕이 고립되고, 들은 것이 있지만 믿음이 독실하지 못하면 도가 폐하게 된다. '어찌 능히 있다고 하며 어찌 능히 없다고 하겠는가?' 라는 말은 족히 경중을 말할 것이 없다는 말과 같다.

[備旨] 子張示人以弘篤之學에 曰所貴乎人者는 道德有諸己而已라 苟執守其所得之德하되 安於小成하여 而不能含弘以大其量이면 則德孤矣요 信從其所聞之道하되 惑於疑似하여 而不能篤實以定其見이면 則道廢矣라 如此之人은 有之라도 不足以爲重이니 焉能爲有며 無之라도 不足以爲輕이니 焉能爲亡리오 然則君子之於道德也에 可不擴其量하여 而專其志也哉리오

자장이 사람에게 덕을 넓히고 도를 독실하게 할 수 있는 학문을 보여줄 적에 말하기를, "사람을 귀하게 여기는 것은 도덕이 자기 몸에 있기 때문이다. 진실로 그가 얻은 바의 덕을 잡아 지키지만 조금 이룬 것을 편히 여겨서 능히 그 도량을 널리 포용하지 못하면 덕은 외롭게 될 것이요, 진실로 그가 들은 바의 도를 따르지만 아주 비슷함에 현혹되어서 능히 그 견해를 독실하게 결정하지 못하면 도는

폐해질 것이다. 이와 같은 사람은 도덕이 있더라도 족히 중하게 여기지 않을 것이니 어찌 능히 있다고 말하겠으며, 도덕이 없더라도 족히 가볍게 여기지 않을 것이니 어찌 능히 없다고 말하겠는가? 그렇다면 군자가 도덕에 그 도량을 넓혀서 그 뜻에 몰두하지 않을 수 있겠는가?"라고 했다.

○집수(執守) : 잡아서 지킴.
○함홍(含弘) : 널리 포용함. 은덕(恩德)을 널리 입히며 관후(寬厚)하고 인자(仁慈)함. 「주역(周易)」《곤괘(坤卦)》"含弘光大 品物咸享"
○의사(疑似) : 아주 비슷하여 옳고 그름을 판단하기 어려움.

19·3·1 子夏之門人이 問交於子張한대 子張曰 子夏云何오 對曰 子夏曰 可者를 與之하고 其不可者를 拒之라하더이다 子張曰 異乎吾所聞이로다 君子는 尊賢而容衆하며 嘉善而矜不能이니 我之大賢與인댄 於人에 何所不容이며 我之不賢與인댄 人將拒我니 如之何其拒人也리오

자하의 제자가 자장에게 벗과 사귀는 도리에 대해 묻자, 자장이 "자네의 스승 자하는 무엇이라고 가르쳐 주던가?" 하고 따져 물으니, 자하의 제자가 대답하기를, "'우리 선생님 자하께서는 교제해도 좋은 사람을 사귀고 그 중에 교제해서는 안 될 사람을 거절하라.'고 하셨습니다." 했다. 자장이 말하기를, "내가 일찍이 듣던 것과는 다르다. 군자는 어진 사람을 존경하되 여러 사람을 포용하며 훌륭한 사람을 기리되 능치 못한 사람을 불쌍히 여겨야 하는 것이니, 내가 아주 어질다면 사람들에게 어찌 용납되지 않겠으며, 내가 어질지 못하다면 사람들도 장차 나를 거절하려고 할 것이니, 어떻게 또한 사람들을 거절하겠는가?"라고 했다.

○문교어자장(問交於子張) : 자장에게 벗과 사귀는 도리에 대해 묻다. 교우지도(交友之道)에 관하여 물어봄. "特問子張者 以張夏平日意 見各別其議論 必有相濟處"
○가자여지(可者與之) : 교제해도 될 만한 사람과 사귀다. 이익이 되는 벗과 사귀다. "可者 是益友與交也"
○기불가자거지(其不可者拒之) : 그 중에 교제해서는 안 될 사람을 거절하다. 손해를 끼치는 벗과 교제를 끊다. "不可者 是損友拒絶也"

○존현이용중(尊賢而容衆) : 어진 사람을 존경하되 여러 사람을 용납하다. '賢'은 몸에 덕을 갖춘 사람을 말하며, '衆'과 서로 대가 됨. "賢是成德之稱 尊敬禮也 衆對賢看 容包涵也"

○가선이긍불능(嘉善而矜不能) : 훌륭한 사람을 기리되 능치 못한 사람을 불쌍히 여김. '善'은 훌륭한 사람. "善指一長 可取者 嘉稱揚也 不能對善看 矜憐恤也"

○아지대현여(我之大賢與) : 내가 아주 어질다면. '大賢'은 위에 나온 '어진 사람[賢]과 훌륭한 사람[善]'을 동시에 가리킴. '與'는 구의 가운데 쓰여 일시적인 정지를 나타내고, '…면'이라고 해석함. "大賢卽上賢與善者"

○어인하소불용(於人何所不容) : 다른 사람들에게 용납되지 못할 바가 무엇이겠는가? 반드시 다른 사람들이 용납할 것이라는 말. '何所不容'은 '所不容(者)何'의 도치문. "見不必拒人"

○아지불현여(我之不賢與) : 내가 어진 사람이 아니라면. '不賢'은 위에 나온 '여러 사람과 능치 못한 사람'을 가리킴. "不賢卽上衆與不能者"

○인장아거(人將拒我) : 사람들이 장차 나를 거절하게 됨. '人'은 '어진 사람과 훌륭한 사람'을 가리킴. "人指賢善之人"

○여지하기거인야(如之何其拒人也) : 어떻게 또한 사람들을 거절하겠는가? '如之何'는 관용어구로 원인을 묻거나 반문을 나타냄. '如~何'는 '…을 어떻게 하다.'라고 해석하며 목적어가 중간에 옴. '奈~何' '若~何'도 같은 형태임. "見不能拒人"

子夏之言이 迫狹하니 子張이 譏之是也로되 但其所言에 亦有過高之弊라 蓋大賢은 雖無所不容이나 然이나 大故엔 亦所當絶이요 不賢은 固不可以拒人이나 然이나 損友는 亦所當遠이니 學者는 不可不察이니라

　자하의 말이 박절하고 편협하니 자장이 나무라는 것이 옳겠지만, 단지 그의 말 한 바에 또한 지나치게 뽐낸 폐단이 있다. 대개 아주 어진 사람은 받아들이지 않을 바가 없지만 큰 잘못이 있을 적에는 또한 마땅히 끊어버려야 할 것이고, 어진 사람이 아닌 사람은 진실로 사람을 거절할 수 없지만 손해를 끼치는 벗은 또한 마땅히 멀리해야 할 것이니, 배우는 자는 살피지 않을 수 없을 것이다.

○박협(迫狹) : 박절하고 협소함.
○대고(大故) : 매우 큰 과실이나 죄악. 무거운 죄. 중죄(重罪).

[備旨] 昔者에 子夏子張이 皆學於夫子之門이로되 一則篤信謹守하여 而交主於嚴하고 一則才高意廣하여 而交主於寬하니 其見不同하고 而持以教人도 亦異라 故로 子夏之門人

이 問交於子張이니 蓋必有疑於其師之說하여 而欲得子張之說以折衷之也라 子張이 不遽
以己意로 告之하고 而先詰之에 曰爾師子夏는 必有論交者리니 所云何如오하니 對曰 子
夏曰 人有賢否하여 而可不可別焉이니 於可者엔 則與之友하고 其不可者엔 拒之而勿友하
라 子夏所云者가 若此하더이다 子張曰 子夏之所云은 異乎吾所聞也로다 君子之交는 於
賢而有德者엔 則崇奉敬事而尊之로되 而其衆之未必賢者도 亦在所容하여 而無棄絶之意焉
이며 於有善可取者엔 則褒美樂道而嘉之로되 而其無善而不能者도 亦在所矜하여 而加憫
恤之意焉이라 夫尊賢嘉善은 是可者를 固與之也요 容衆矜不能은 其不可者도 亦不拒也라
吾所聞於君子之交가 固如此하니 信如子夏之論而拒之也면 其將居己於大賢而拒人乎아 抑
將居己於不賢而拒人乎아 不知我而誠大賢與인댄 則可者常在我하여 以我之可로 自能化人
之不可니 於人에 何所不容이며 我而誠不賢與인댄 則不可者常在我하여 以我之不可로 方
將拒於人之可니 卽欲拒人이나 如之何其拒人也리오 論交者에 何必以拒爲哉아 要之컨대
子夏之論은 失於隘하고 子張之論은 失於濫하니 惟以主善之心으로 辨賢否하고 以舍弘之
度로 待天下면 自無隘濫之弊하여 而交道得矣리라

　옛날 자하와 자장이 모두 부자의 문하에서 배웠지만, 한 사람은 독실하게 믿고 엄하
게 지켜서 사귀는 태도를 엄격하게 하려는 데 힘을 쓰고, 한 사람은 재기가 뛰어나고
의기가 넓어서 사귀는 태도를 너그럽게 하려는 데 힘을 썼으니, 그들의 견해도 같지
않았고 사람을 가르치는 태도도 또한 달랐다. 그러므로 자하의 제자가 벗과 사귀는 도
리를 자장에게 물어보았던 것이니, 아마도 필히 자기 스승의 말씀에 의심스러운 점이
있어서 자장의 말을 통해 절충하고 싶었던 것이다. 자장이 재빨리 자기의 생각을 말하
지 않고 먼저 따져 물을 적에 말하기를, "너의 선생 자하는 반드시 벗과 사귀는 도리
에 대해 논한 적이 있었을 터이니, 가르쳐 준 내용이 어떠했는가?"라고 하니, 대답할
적에 말하기를, "자하께서는, 사람은 어진 사람도 있고 그렇지 않은 사람도 있어서 분
별할 수 없으니, 교제해도 좋은 사람에 대해서는 그와 더불어 사귀고 그 중에 교제해
서는 안 될 사람에 대해서는 거절하고 사귀지 말라고 하셨는데, 자하께서 말씀한 내용
이 이와 같습니다."라고 했다. 자장이 말하기를, "자하가 말한 것은 내가 듣던 것과 다
르다. 군자의 사귐은 어질면서 덕이 있는 사람에 대해서는 숭배하여 받들고 공경하여
섬겨서 그를 존경해야겠지만, 여러 사람들 중에서 반드시 어진 사람이 아닌 사람에 대
해서도 또한 용납하는 바가 있어서 버리는 마음이 없어야 할 것이며, 훌륭하면서 취할
만한 사람에 대해서는 아름다운 덕을 기리고 도를 즐거이 따라서 그를 기려야 하겠지
만, 훌륭한 것이 없으면서 능력이 없는 사람에 대해서도 또 불쌍히 여기는 바가 있어
서 가엽게 여기는 뜻을 더해야 할 것이다. 무릇 어진 사람을 존경하고 훌륭한 사람을
기린다는 것은 교제해도 좋은 사람을 진실로 사귄다는 것이요, 여러 사람을 용납하고
능치 못한 사람을 불쌍히 여긴다는 것은 교제해서 안 될 사람을 또한 거절하지 않는다

는 것이다. 내가, 군자가 벗과 사귀는 도리에 대하여 들은 것이 진실로 이와 같으니, 과연 자하가 논했던 것과 같이 해서 거절한다면 그것이 아주 어진 사람의 위치에 자신을 처해서 사람을 거절한 것인가? 아니면 어진 사람이 아닌 위치에 자신을 처해서 사람을 거절한 것인가? 내가 진실로 아주 어진 사람이라면 좋은 점이 항상 나에게 있어서 나의 좋은 점을 가지고 스스로 사람들의 좋지 못한 점을 교화할 것이니 사람들에게 어찌 용납되지 않겠으며, 내가 진실로 어진 사람이 아니라면 좋지 못한 점이 항상 나에게 있어서 나의 좋지 못한 점을 가지고 사람들의 좋은 점을 거절하려고 할 것이니, 사람들을 거절하고자 하지만 어떻게 또한 거절할지 알지 못하겠다. 벗과 사귀는 도리를 논할 적에 하필 거절하는 것으로 하겠는가?"라고 했다. 요약하면 자하의 논의는 기량이 좁은 데 빠졌고 자장의 논의는 정도가 지나친 데 빠졌으니, 오직 훌륭한 사람을 제일로 여기는 마음으로써 어진 사람인지 그렇지 아니한지를 분별하고, 널리 포용하는 도량으로써 천하의 사람들을 대한다면 저절로 좁거나 넘치는 폐단이 없어져 사람과 사귀는 도리를 얻게 될 것이다.

○독신(篤信) : 독실하게 믿음. 본서 "8·13·1 子曰 篤信好學하며 守死善道니라"
○근수(謹守) : 엄수(嚴守)함. 조심하여 지킴.
○재고(才高) : 재지(才智)가 뛰어남.
○의광(意廣) : 의기가 넓음.
○절충(折衷) : 어느 한편으로 치우치지 않고 둘을 조화시켜 알맞은 것을 얻음.
○힐(詰) : 따져 묻다. 따지다. 공격하다.
○기절(棄絶) : 버림. 여기서는 절교한다는 뜻.
○숭봉(崇奉) : 숭배하여 받듦.
○경사(敬事) : 공경하여 섬김.
○포미(褒美) : 아름다운 덕을 칭찬함.
○낙도(樂道) : 성현(聖賢)의 도를 즐거이 따르거나 즐겨 도(道)를 닦음.
○민휼(憫恤) : 가엽게 여겨 돌봐 줌. 연휼(憐恤).
○신(信) : 과연. 실제로. '誠'과 같이 쓰임.
○장(將)~장(將) : 접속사로서 선택을 나타냄.
○방장(方將) : 마침. 마침 …하고 있다. 동작의 진행이나 상태의 지속을 나타냄.
○'不知我而誠大賢與인댄…如之何其拒人也리오'를 전통적인 방법으로 "不知케라 我而誠大賢與인댄…如之何其拒人也리오'(알지 못하겠다. 내가 진실로 아주 어진 사람이라면…어떻게 또한 거절하겠는가?)'로 현토하여 해석할 수도 있다.

**19·4·1 子夏曰 雖小道나 必有可觀者焉이어니와 致遠恐泥라
是以로 君子不爲也니라**

  자하가 말했다. "비록 작은 기예라도 반드시 그 가운데 볼 만한 가치가 있겠지
만, 거기 깊이 빠지면 원대한 도리를 추구하는 데에는 아마 통하지 않을 것이다.
이 때문에 군자는 작은 기예를 행치 않는 것이다."

○소도(小道) : 작은 기예. 백공(百工)의 기예. 작은 기능들을 말함. 황간(皇侃)은
제자백가(諸子百家)의 책이라 했으며, 하안(何晏)은 이단(異端)이라 했다. "小道 亦
聖人所作 非異端可比 短道理細小耳"
○필유가관자언(必有可觀者焉) : 반드시 도움이 될 만한 가치가 있다. "可觀兼至理
所寓 日用所資言"
○치원공니(致遠恐泥) : 원대한 도리를 이루는 데에는 아마도 통하지 않을까 두렵
다는 말. ☞공(恐) : 아마도 …할 것이다. ☞니(泥) : 통하지 않다. "致推極也 遠卽大
也 謂修己治人 遠大之業 對小字看 泥是達不去"
○시이군자불위야(是以君子不爲也) : 이러한 이유로 군자는 작은 기예를 배우거나
종사하지 않음. 배척한다는 뜻은 아님. "不爲內須發盡心於大道意 不重排斥小道也"

小道는 如農圃醫卜之屬이라 泥는 不通也라
**○楊氏曰 百家衆技도 猶耳目口鼻에 皆有所明而不能相通이요 非無可觀也어니와
致遠則泥矣라 故로 君子不爲也니라**

  소도(小道)란 농사짓고 채소 가꾸는 일과 치료하고 점치는 등속과 같다. 이(泥)는
통하지 않는다는 것이다.
  ○양 씨가 말했다. "백가의 여러 기예도 또한 이목구비에 모두 밝혀주는 바가
있지만 서로 통하지 못할 뿐이지 볼 만한 가치가 없다는 것은 아니거니와 원대한
도리를 추구하는 데에는 통하지 않는다는 것이다. 그러므로 군자가 행치 않는 것
이다."

○농포(農圃) : 농토와 채소밭.
○의복(醫卜) : 의술과 점치는 일.

[備旨] 子夏示人以務本之意에 曰君子는 以遠大爲務어늘 豈徒以可觀者로 自限哉아 苟

徒取其可觀이면 雖一技一藝之小道나 於理에 亦無不該요 於用에 亦各有濟를 必有可觀者也라 然이나 一節之能도 僅足以周요 一節之用도 推而致之어니와 修齊治平은 遠大之事니 恐泥焉而不通이라 是以로 君子는 務其遠者大者하여 而於此에 有所不爲也라 此其所以能致之遠하여 而無不通歟인저

　　자하가 사람들이 근본에 힘을 쏟아야 한다는 뜻을 보여줄 적에 말하기를, "군자는 원대한 목표를 추구하는 것으로써 일을 삼아야 할 터인데 어떻게 한갓 보이는 것만으로써 스스로 한정해 버리는가? 진실로 단지 보이는 것만을 취한다고 한다면 비록 하나의 기능이나 재주와 같은 작은 기예일지라도 다스릴 적에 또한 관계되지 않음이 없을 것이고, 쓰임도 또한 각각 도움이 된다는 것을 반드시 볼 수 있을 것이다. 그러나 일의 어떤 부분을 할 수 있도록 하는 것도 어느 정도 주선할 수 있고 일의 어떤 부분을 쓸 수 있도록 하는 것도 헤아려서 이룰 수 있겠지만, 수신·제가·치국·평천하와 같은 일은 원대한 일이니 아마도 막혀서 통하지 않을까 걱정이 된다. 이러한 까닭으로 군자는 멀고 큰 도리에 힘을 써서 작은 기예 같은 것에 행치 못하는 경우도 있다. 이것이 아마 원대한 도리를 이룰 수 있어서 통하지 않음이 없는 까닭일 것이다."라고 했다.

○무본(務本) : 근본에 힘을 씀.
○수제치평(修齊治平) : 수신(修身)·제가(齊家)·치국(治國)·평천하(平天下).

19·5·1 子夏曰　日知其所亡(무)하며　月無忘其所能이면　可謂好學也已矣니라

　　자하가 말했다. "날마다 자기가 모르는 것을 알려고 하며 달마다 자기의 능한 것을 잊지 않으려고 한다면, 가히 학문을 좋아한다고 이를 만하다."

○일지기소무(日知其所亡) : 매일 알지 못하고 행치 못했던 일을 깨닫고 상고하다.
☞무(亡) : '망'으로 읽으면 평성(平聲)의 '陽'부에 속하여 '잃다[失]'란 뜻이고, '무'로 읽으면 평성(平聲)의 '虞'부에 속하여 '없다[無]'는 뜻임. "日是每日　知是會悟考校　亡是未知未行者"
○월무망기소능(月無忘其所能) : 달마다 이미 알고 행한 일들을 점검해 보고 기억해 보다. "月是每月　無忘是檢點記憶　能是已知已行者　卽得自日知來"

○가위호학야이의(可謂好學也已矣) : 가히 배우기를 좋아한다고 말할 수 있다. ☞야이의(也已矣) : '…하다' '…하구나'의 뜻이며, 허사(虛詞)가 연용된 형태로 단정적 어기를 강하게 나타낸다. "好學在自進不間於日月上"

亡(무)는 無也니 謂己之所未有라
○尹氏曰 好學者는 日新而不失이니라

　무(亡)는 '없다'는 것이니, 자기가 갖고 있지 않다는 것을 이른다.
　○윤 씨가 말했다. "학문을 좋아하는 사람은 날로 새로워져서 잃지 않을 것이다."

[備旨] 子夏勉人好學에 曰人之爲學을 未得이면 則有怠求之心하고 旣得則有遺忘之失하니 皆不可謂之好學也라 若有人於此한대 於每日之間에 將理之所未知未行者를 汲汲以求之나 然이나 又恐其久以遺忘也하고 又必於每月之間에 將理之所已知已行者를 孜孜以習之면 夫知所亡하여 旣有日新之益하고 無忘所能하여 又有不失之功이니 則學無間하여 而心益純이라 洵可謂之好學也已矣라 然則君子之學이 可不與時而俱進哉아

　자하가 사람들에게 학문을 좋아하도록 권면할 적에 말하기를, "사람이 학문하는 방법을 터득하지 못하면 게을리 구하는 마음이 생길 수 있고 이미 터득했다면 잊어버리는 실수도 할 수 있으니, 모두 이러한 사람을 일러 학문을 좋아한다고 이를 수 없을 것이다. 만약 어떤 사람이 여기 있는데, 날마다 이치에 대해 알지도 못하고 행치도 못하는 것을 급급하게 구하지만, 그러나 또 그것이 오래되어서 잊어버리게 될까 두려워하고, 또 반드시 매월 이치에 대해 이미 알거나 이미 행했던 것을 부지런히 노력해서 익히면, 무릇 자기가 모르는 내용에 대해서 알 수 있어서 날마다 새로워지는 이익이 있을 뿐만 아니라 능했던 내용에 대해서는 잊지 않아서 또 잃어버리지 않는 공력도 있을 것이니, 학문이 끊어짐이 없어서 마음이 더욱 순전해질 것이다. 진실로 이러한 사람을 일러 학문을 좋아한다고 할 수 있을 따름이다. 그렇다면 군자의 학문이 때로 더불어 함께 나아가지 않을 수 있겠는가?"라고 했다.

○유인어차(有人於此) : 어떤 사람. 곧 예를 들어 설명하거나 가정할 때의 불특정한 사람. 이러한 표현은 옛날 사람들이 추론하는 표현 방식이다. 주로 '今…於此' '今有…於此' '有…於此' 등이 쓰였다. '만일 …한다면'의 뜻으로 해석함.
○태구(怠求) : 구하기를 게을리 함.
○유망(遺忘) : 잊음. 망각함.

○장(將)~장(將) : …이기도 하고 …이기도 하다. 두 가지 이상의 상황이 동시에 존재함을 나타냄.

○급급(汲汲) : 바쁜 모양. 부지런히 일하는 모양. 자자(孜孜).

○자자(孜孜) : 부지런히 노력하는 모양.

○기(旣)~우(又) : '이미 …이며 그 외에…' '이미 …한 이상은 또한…' 접속사로서 한 방면에만 그치지 않음을 나타냄.

○순전(純全) : 티없이 완전함.

○순(洵) : 참으로. 진실로.

19·6·1 子夏曰 博學而篤志하며 切問而近思하면 仁在其中矣니라

자하가 말했다. "널리 배우고 뜻을 독실히 하며 절실히 묻고 가까운 것부터 생각하면, 인이 그 가운데 있을 것이다."

○박학이독지(博學而篤志) : 널리 뜻을 배우고 뜻을 독실하게 하다. ☞박학(博學) : 옛 도(道)를 생각하거나 검토하고, 현재의 일을 상고(詳考)하여 그 이치를 구하다. ☞독지(篤志) : 뜻이나 생각이 오직 한결같아서 다른 것을 구하지 않다. "博學是遠稽近考以求其理 篤志是意念專一 而不他求"

○절문이근사(切問而近思) : 절실히 묻고 가까운 일부터 생각하다. ☞절문(切問) : 자기에게 절실한 일을 간절하게 묻다. ☞근사(近思) : 손쉽고 가까운 신변의 일부터 반성하고 생각하다. "切問是所問 皆切己之事 近事是所思 皆身心之要"

○인재기중의(仁在其中矣) : 인은 자연히 박학(博學)·독지(篤志)·절문(切問)·근사(近思) 속에 있게 된다는 뜻. "仁是心德之理 其中卽博學篤志切問近思之中"

○이 글은「중용(中庸)」20장에 나오는 박학(博學)·심문(審問)·신사(愼思)·명변(明辨)의 내용인데, 仁在其中矣는 독행(篤行)에 해당한다.「중용(中庸)」20·19 참고. "博學之하며 審問之하며 愼思之하며 明辨之하며 篤行之니라"

四者는 皆學問思辨之事耳니 未及乎力行而爲仁也라 然이나 從事於此면 則心不外馳하여 而所存自熟이라 故로 曰仁在其中矣라하니라

○程子曰 博學而篤志하고 切問而近思면 何以言仁在其中矣리오 學者는 要思得之니 了此면 便是徹上徹下之道니라 又曰 學不博이면 則不能守約이요 志不篤이면 則不能力行이니 切問近思가 在己者는 則仁在其中矣니라 又曰 近思者는 以類而

推나라 蘇氏曰 博學而志不篤이면 則大而無成이요 泛問遠思면 則勞而無功이니라

　　네 가지는 모두 박학·심문·신사·명변의 일일 따름이니 힘써 행한다고 해서 인을 행할 수 있는 데에는 미치지 못하지만, 여기에 종사하면 마음이 밖으로 내닫지 않아 보존하고 있는 바가 저절로 무르익게 될 것이다. 그러므로 인이 그 가운데 있다고 말씀한 것이다.

　　○정자가 말했다. "'널리 배우고 뜻을 독실히 하며, 절실히 묻고 가까운 것부터 생각하면, 어찌하여 인이 그 가운데 있을 것이라고 말했는가?' 배우는 자들은 생각해 알아야 할 것이니, 이를 잘 이해한다면 바로 위로 통하고 아래로 통하는 도가 될 것이다." 또 말했다. "배움이 넓지 않으면 능히 지키는 일에 요령을 얻을 수 없고, 뜻이 독실하지 않으면 힘써 행할 수 없으니, 절문·근사가 몸에 있는 사람은 인이 그 가운데 있을 것이다." 또 말했다. "근사는 서로 비슷한 것으로써 미루어 보는 것이다." 소 씨가 말했다. "널리 배우지만 뜻이 독실하지 않으면 크기만 하고 이루는 것이 없을 것이요, 널리 묻고 멀리만 생각한다면 고생만 하고 공이 없을 것이다."

○요(了) : 깨닫다. 잘 이해하다. 요해(了解). 요득(了得).
○철상철하(徹上徹下) : 상하로 관통함. 「주자전서(朱子全書)」 《학(學)》 "仁則心之道 而敬則心之貞也 此徹上徹下之道"
○수약(守約) : 지키는 일에 요령을 얻음.
○범(泛) : 널리. 두루.

[備旨] 子夏示人以求仁之方에 曰人惟無所用其心이면 則其心放逸하여 而不存矣라 誠能博以學之하여 以廣其聞見하고 而又篤其志焉하여 以求必得하고 切以問之하여 以致其精詳하고 而又近以思焉하여 以求在己니 此皆致知之事요 非所以力行而爲仁也라 然이나 從事於此면 則此心에 有所收斂하여 天理卽此存하고 人欲無由肆하여 不期仁이로되 而仁自在其中矣니 有志於仁者는 勉之라

　　자하가 사람에게 인을 구하는 방법을 보여줄 적에 말하기를, "사람은 오직 그 마음을 쓰는 데가 없다면 그 마음이 방일하여 인을 보존하지 못할 것이다. 진실로 능히 널리 배워서 그 견문을 넓히고, 또 그 뜻을 독실히 해서 반드시 얻기를 구하고, 또 절실히 물어서 그 정밀하고 자세함을 이루고, 또 가까이 생각해서 자기에게 있는 것을 구해야 할 것이니, 이것이 모두 치지의 일이고 힘써 행한다고 해서 인을 행할 수 있는 것은 아니다. 그러나 이에 종사하면 이 마음에 언행을 조심하고

신중히 하는 바가 생겨서 천리는 곧 이에 있게 되고, 인욕은 방자할 수 없어서 인을 기약하지 않지만 인은 저절로 그 가운데 있게 될 것이니, 인에 뜻을 둔 사람은 힘을 써야 할 것이다."라고 했다.

○방일(放逸) : 기탄없이 제멋대로 행동함. 방일(放溢). 방종(放縱).
○정상(精詳) : 정밀하고 자세함. 정세(精細). 정세(精細). 정치(精緻). 정미(精微).
○치지(致知) : 지식을 궁구(窮究)하여 사물의 이치에 통달함.
○수렴(收斂) : 언행을 신중히 하고 조심함.
○사(肆) : 방자하다. 제멋대로 하다.

19·7·1 子夏曰 百工은 居肆以成其事하고 君子는 學以致其道니라

자하가 말했다. "모든 공인들은 작업장에 살면서 그 일을 이루고, 군자는 배워서 그 도를 이룬다."

○백공거사이성기사(百工居肆以成其事) : 모든 기술자들은 작업장에 살면서 그 일을 이룬다. ☞백공(百工) : 모든 공장(工匠). ☞거사(居肆) : 백공(百工)들이 작업장에 거처함. 백공들로 하여금 다른 일에 옮기지 않도록 한다는 뜻. '肆'는 관영(官營) 공장을 말함. "百工是百樣工匠 居肆是使之不遷於異物意 是成其造作之功"
○군자학이치기도(君子學以致其道) : 군자는 배워서 그 도를 이룬다. ☞치도(致道) : 닦는 도를 이루다. 도에 도달함. "致道是致乎踐修之域"

肆는 謂官府造作之處라 致는 極也라 工不居肆면 則遷於異物하여 而業不精하고 君子不學이면 則奪於外誘하여 而志不篤이라 尹氏曰 學은 所以致其道也니 百工 居肆면 必務成其事하나니 君子之於學에 可不知所務哉아 愚按 二說相須라야 其 義始備니라

사(肆)는 관청에서 물건을 만드는 곳이다. 치(致)는 다하는 것이다. 공인이 공장에 머물지 않으면 기이한 물건으로 마음이 옮아가서 작업이 정밀하지 못하고, 군자가 배우지 않으면 외물의 유혹에 마음을 빼앗겨 뜻이 독실하지 못할 것이다. 윤씨가 말했다. "학문은 그 도를 다하는 것이다. 백공은 작업장에 거처한다면 반드시 힘써 그 일을 이루니, 군자가 학문에 대해 힘 쓸 줄을 몰라서야 되겠는가?" 내[朱

子]가 살펴 보건대, 위의 두 말이 서로 보완되어야 그 뜻이 비로소 갖추어질 것이
다.

[備旨] 子夏勉人專務於學에 曰天下에 有其事不相類로되 而其功은 則無不同者하니 如百
工이 皆以成事爲要라 然이나 百工은 必居於肆하여 一心專業이라야 乃以成其事之精이니
工百도 且然이온 而況於君子乎아 君子는 皆以致道爲期나 然이나 必勤於學하여 求知其理
而行其事라야 乃以造乎道之極致라 然則有志於道者는 可不以學으로 爲專務哉아

　　자하가 사람들에게 학문에만 오로지 마음을 쓰도록 권면할 적에 말하기를, "천하에
그 일이 서로 비슷하지 않은 것이 있지만 그 공은 같지 않은 것이 없으니, 마치 백공
이 모두 일을 이루는 것으로써 요건을 삼는 것과 같다. 그러나 백공은 반드시 작업장
에 거처해서 한 마음으로 오로지 일만 해야 곧 그 일을 정밀하게 이룰 수 있는 것이
니, 백공도 또한 그렇게 해야 할 터인데 하물며 군자임에랴? 군자는 모두 닦는 도를
이루기를 기약하겠지만, 그러나 반드시 학문을 부지런히 닦아서 그 이치를 알아서 그
일을 행할 것을 구해야 곧 도의 극치에 나아갈 수 있을 것이다. 그렇다고 한다면 도에
뜻을 둔 사람은 학문에 오로지 힘쓰지 않을 수 있겠는가?"라고 했다.

19·8·1 子夏曰 小人之過也는 必文이니라

　　자하가 말했다. "소인이 허물이 있을 적에는 반드시 꾸며댄다."

○소인지과야필문(小人之過也必文) : 소인이 허물이 있다면 반드시 이리저리 꾸며댄다.
☞소인(小人) : 여기서 소인은 선하지 못한 사람. ☞문(文) : 가리다. 잘못이나 흠을 숨
기려고 겉을 보기 좋게 꾸미다. 여기서는 거성(去聲)으로 쓰였음. "小人是爲不善之人
過出無心 文出有意 必字重看"

文은 飾之也라 小人은 憚於改過하고 而不憚於自欺라 故로 必文以重其過니라

　　문(文)은 꾸미는 것이다. 소인은 잘못을 고치는 것을 꺼리고 자신을 속이는 것
을 꺼리지 않으므로 반드시 꾸며대서 자기의 잘못을 많게 한다.

[備旨] 子夏警文過者에 曰過貴於改니 若小人之人이 其有過也면 必曲爲文飾하여 以重

其過焉이라 此所以不能遷善하여 而終爲小人也라

자하가 꾸밈이 지나친 것을 경계할 적에 말하기를, "허물은 고치는 것을 귀하게 여기니, 만약 소인이라는 사람이 그에게 허물이 있다면 반드시 이리저리 꾸며서 그 허물을 더한다. 이것이 허물을 고쳐 선하게 될 수 없어서 끝내 소인이 되는 까닭이다."라고 했다.

○문식(文飾) : 화려하게 꾸밈. 아름다운 빛깔로 장식함.
○천선(遷善) : 허물을 고쳐 선하게 됨. 개과천선(改過遷善).

19·9·1 子夏曰 君子有三變하니 望之儼然하고 卽之也溫하고 聽其言也厲니라

자하가 말했다. "군자에게는 세 가지 변하는 모습이 있으니, 멀리서 바라보면 의젓하고, 가까이 나아가면 온화하고, 그 말을 들으면 엄숙하다."

○군자유삼변(君子有三變) : 군자는 세 가지 변화가 있다. ☞군자(君子) : 여기서 군자는 성인(聖人)을 가리킴. ☞삼변(三變) : 세 가지 변화하는 모습. 군자의 세 번 변하는 모습은 성인(聖人)의 모습을 가리킨다. 아마 자하(子夏)가 공자의 모습을 그리면서 말했을 것이다. 《술이편(述而篇)》7·37·1 및 《향당편(鄕黨篇)》10·1·1 참고. "此君子指聖人 三變自人看出"
○망지엄연(望之儼然) : 멀리서 바라 볼 때 장엄하고 의젓함. "望是遠看 儼然擧一身言"
○즉지야온(卽之也溫) : 그 몸에 가까이 나아가서 보면 온화함. "卽是就身邊 溫指見於面者"
○청기언야려(聽其言也厲) : 그 말을 들어보면 의리에 정미(精微)하고 말이 명확함. "厲謂是非不易"

儼然者는 貌之莊이요 溫者는 色之和요 厲者는 辭之確이라
○程子曰 他人은 儼然則不溫하고 溫則不厲로되 惟孔子全之시니라 謝氏曰 此非有意於變이로되 蓋並行而不相悖也라 如良玉이 溫潤而栗然이니라

엄연(儼然)은 모습이 장엄한 것이요, 온(溫)은 얼굴빛이 온화한 것이요, 여(厲)는 말이 명확한 것이다.

○정자가 말했다. "다른 사람은 엄연하면 온화하지 못하고, 온화하면 명확하지 못하지만, 오직 공자만은 온전히 갖추셨던 것이다." 사 씨가 말했다. "이것은 변화에 뜻을 둔 것이 아니지만 대개 함께 행해지면서도 서로 어긋나지 않으니, 마치 좋은 옥이 윤기가 흐르면서도 견실한 모양과 같은 것이다."

○엄연(儼然) : 엄숙하고 진중한 모양. 본서 20·2·2 해설 참고.
○온윤(溫潤) : 옥돌이 윤기가 흐름. 인신하여 너그럽게 포용하고 화기로움.
○율연(栗然) : 견실하면서도 치밀한 모양.

[備旨] 子夏形容中和之氣象에 曰君子는 盛德積中하여 而光輝發外하여 其容貌辭氣之間을 自人見之면 則若有三變焉이라 方其遠而望之也면 則矜莊之貌이 儼然不可犯이니 是一變也요 及其近而卽之也면 則和厚之色이 溫然其可親할새 若與儼然으로 不同矣니 是又一變也요 及其有言而聽之也면 則嚴正之辭가 厲然而可憚할새 又若與溫으로 不同矣니 是又一變也라 夫此一君子也로되 卽之已不同於望하고 聽之已不同於卽하니 不可謂其非三變也라 然이나 變生於人之觀聽이요 而非出於君子之有心이니 此有道之氣象이 所以自別與인저

자하가 중화의 기상을 형용할 적에 말하기를, "군자는 성덕이 몸 속에 쌓여서 광휘가 밖으로 나타나서 그 용모나 말투 사이를 사람들이 보면 흡사 세 가지 변하는 모습이 있는 것 같다. 바야흐로 그를 멀리서 바라보면 근엄하고 장중한 모습이 엄숙해서 범할 수 없으니 이것이 한 가지 변하는 모습이요, 그에게 가까이 나아가면 화후한 모습이 온연해서 친할 수 있기 때문에 엄연한 것과는 같지 않으니 이것이 또 한 가지 변하는 모습이요, 그 분이 말씀을 하셔서 들으면 엄정한 말이 발라서 두려워할 만하기에 또 온화한 것과는 같지 않으니, 이것이 또 한 가지 변하는 모습이다. 무릇 이렇게 동일한 군자지만 그에게 나아가면 벌써 바라볼 때와는 같지 않고 그의 말을 들어보면 벌써 나아갈 때와는 같지 않으니, 가히 그를 세 번 변하지 않는다고 이르지 못할 것이다. 그러나 변하는 것이 사람들이 보거나 듣는 데에서 생기는 것이지 군자의 마음가짐으로부터 나오는 것은 아닐 것이니, 여기에서 도의 기상이 저절로 분별될 것이다."라고 했다.

○중화(中和) : 한쪽으로 치우치지 않는 바른 성정(性情). 「중용(中庸)」 "1·5 致中和 天地位焉 萬物育焉"

○기상(氣象) : 도량. 타고난 성정(性情). 기질(氣質).
○성덕(盛德) : 훌륭하고 고상한 인격. 훌륭한 품격(品格).
○사기(辭氣) : 말씨. 말투. 어기(語氣).
○긍장(矜莊) : 근엄하고 장중함.
○화후(和厚) : 용모가 온화함을 뜻함. 봄바람의 기온이 온화함 같고, 땅이 물건을 싣고 있는 것과 같은 두터움.
○온연(溫然) : 태도가 온화한 모양.
○엄정(嚴正) : 엄격하고 공정함. 또는 엄숙하고 정직함.
○여연(厲然) : 바른 모양.

19·10·1 子夏曰 君子는 信而後에 勞其民이니 未信則以爲厲己也니라 信而後에 諫이니 未信則以爲謗己也니라

자하가 말했다. "군자는 백성으로부터 신임을 얻은 뒤에 그 백성을 부려야 할 것이니, 아직도 신임을 얻지 못했는데 부린다면 자신들을 괴롭힌다고 생각할 것이다. 군자는 임금으로부터 신임을 얻은 뒤에 간해야 할 것이니, 신임을 얻지 못했는데 간한다면 자기를 비방한다고 생각할 것이다."

○군자(君子) : 여기서 군자는 사대부 위에 있고 임금 아래 있는 사람. "指士大夫上有君下有民者言"
○신이후노기민(信而後勞其民) : 백성으로부터 신임을 얻은 뒤에 그 백성을 부려야 함. "信是平日愛民之心 出於至誠而民信於我者 兩而後字見方可意 勞民如力役之征 佚道之使是也"
○미신즉이위여기야(未信則以爲厲己也) : 신임을 얻지 못했는데 부린다면 자신들을 괴롭힌다고 생각하게 됨. ☞여(厲) : 괴롭게 하다. 엄하게 하다. "己指民言 此句只反言以見其當信意"
○신이후간(信而後諫) : 신임을 얻은 뒤에 임금의 허물을 간하여 바름. ☞간(諫) : 간하다. 바른 말을 하다. "諫如匡君之過 正君之德是也"
○미신즉이위방기야(未信則以爲謗己也) : 신임을 얻지 못했는데 간하면 임금을 비방한다고 생각함. "己指君言 此句亦反言以見其當信意"

信은 謂誠意惻怛하여 而人信之也라 厲는 猶病也라 事上使下에 皆必誠意交孚而

後에 可以有爲니라

신(信)은 성의가 간절하고 애타서 사람들이 믿는 것을 이른다. 여(厲)는 아픈 것과 같다. 윗사람을 섬기고 아랫사람을 부릴 적에 모두 반드시 정성스런 뜻이 서로 믿어진 뒤에 일을 할 수가 있는 것이다.

○측(惻) : 간절하다. 절실하다.
○달(怛) : 애태우는 모양[憂勞貌].
○부(孚) : 믿고 따르다. 믿고 따르게 하다.

[備旨] 子夏勗居官者에 曰君子가 以一身處上下之間에 未有忠愛不孚하고 而遽可以有爲者라 其使民也에 必其愛民之誠意가 已積於平日하여 俾民心으로 允孚乎我하여 而信之矣而後에 興當爲之役하여 以勞其民이면 斯民祇見其愛하여 而忘其勞焉이어니와 苟未信而遽勞之면 則民不諒其上之愛我하고 惟見其事之不堪하여 將以爲虐下而厲乎己也라 其事君也에 必其忠君之誠意가 已裕於平時하여 俾君心으로 素諒夫我하여 而信之矣而後에 進讜直之言하여 以諫其君이면 斯君惟嘉其忠하여 而行其諫焉이어니와 苟未信而遽諫之면 則君不諒其臣之納忠하고 惟見其言之逆耳하여 將以爲訕上而謗乎己也라 然則有事上使下之責者는 當知所先矣라

자하가 관직에 있는 사람들에게 민심을 얻는 데 힘쓰도록 할 적에 말하기를, "군자가 자기 한 몸을 아랫사람이나 윗사람 사이에 처할 적에 충성과 사랑으로써 믿거나 따르도록 하지 않고 갑자기 다스릴 수 있는 사람은 있지 않을 것이다. 그가 백성을 부릴 적에 반드시 자기가 백성을 사랑하는 성의가 이미 평일에 쌓여서 민심으로 하여금 진실로 자기를 믿고 따르게 하여 믿어지게 한 뒤에 그들을 위해 부역을 발하여 그 백성들을 부린다면 백성들은 다만 그 사랑을 보고서 그 괴로움을 잊어버리겠지만, 진실로 아직 믿어지지도 않았는데 갑자기 괴롭힌다면 백성들은 윗사람이 자기를 사랑한다는 것을 헤아리지 못하고 다만 그 일을 감당할 수 없다고 생각해서 장차 아랫사람을 학대하고 자기들을 괴롭힌다고 생각할 것이다. 그들이 임금을 섬길 적에 반드시 그 임금에게 충성하는 성의가 평시에 받아들이도록 해서 임금의 마음으로 하여금 평소에 자기를 의심하지 않도록 해서 믿어지게 한 뒤에 바른 말을 아뢰어서 그 임금에게 간한다면 임금은 오직 그 충성됨을 가상히 여겨서 그 간한 것을 행하겠지만, 진실로 아직 믿어지지도 않았는데 갑자기 간한다면 임금은 그 신하의 충성됨을 믿지 못하고 다만 그 말이 귀에 거슬린다고 생각해서 장차 윗사람을 헐뜯고 자기를 비방한다고 생각할 것이다. 그렇다면 윗사람을 섬기고 아랫사람을 부리는 데 책임이 있는 사람은 마땅히 먼저 행

해야 할 일을 알아야 할 것이다."라고 했다.

○욱(勖) : 힘쓰다[勉也].
○거관(居官) : 관직에 있음.
○윤(允) : 진실로. 참으로. 마땅하고 미쁜 모양.
○사(斯) : 곧. 그렇다면. 그렇다면 …곧. 접속사로서 앞 문장을 이어받음.
○지(祇) : 다만. 겨우. 겨우 …뿐이다.
○유(裕) : 넉넉하다. 받아들이다. 용납하다.
○양(諒) : 믿다. 의심하지 아니함.
○당직(讜直) : 정직함. 또는 정직한 사람. ☞당(讜) : 곧은 말[直言]. 말이 조리에 닿다[言中理].
○산(訕) : 헐뜯다.

19·11·1 子夏曰 大德이 不踰閑이면 小德은 出入이라도 可也니라

자하가 말했다. "큰 범절이 그 한계를 넘어서지 않는다면, 작은 범절은 드나들더라도 괜찮을 것이다."

○대덕불유한(大德不踰閑) : 큰 범절(凡節)이 그 한계를 넘지 않음. '大德'은 강상(綱常)·윤리(倫理)를 말함. '閑'은 원래 '문지방'을 말하는데, 여기서는 규구(規矩)·법도(法度)를 말함. "大德指綱常倫理言 不踰是不過閑是規矩法度"
○소덕출입가야(小德出入可也) : 작은 범절(凡節)은 범위를 약간 넘나들더라도 괜찮다는 말. '小德'은 위의(威儀)·문사(文辭) 등을 말함. "小德指威儀文辭 食息起居之類 出入承閑字來 或出自閑外或入在閑內可也 是無害意"

大德小德은 猶言大節小節이라 閑은 闌也니 所以止物之出入이라 言人能先立乎其大者면 則小節은 雖或未盡合理라도 亦無害也니라
○吳氏曰 此章之言은 不能無弊하니 學者詳之니라

큰 범절과 작은 범절은 중요한 절의와 작은 절의를 말하는 것과 같다. 한(閑)은 문지방이니 사물의 출입을 제지하는 것이다. 사람이 먼저 큰 것을 세우면 작은 일은 혹시라도 이치에 부합되지 않더라도 또한 해가 없음을 말한 것이다.

○오 씨가 말했다. "이 장의 말은 폐단이 없다고 할 수 없으니, 배우는 자들은 자세히 살펴야 할 것이다."

○대절(大節) : 유의하여 지켜야 할 중요한 일. 중(重)한 절의(節義).
○소절(小節) : 작은 일. 조그마한 의리나 절조.
○난(闌) : 가로막다. 빗장. 대문에 가로질러 출입을 막는 나무. 원음은 '란'

[備旨] 子夏欲人崇大節에 曰人於網常倫理之間에 凡大節所繫하니 而爲大德者는 能不踰其矩度之閑이면 則立身之大本이 已不虧矣요 至於日用細微之小德하여는 雖或少有出入하여 未盡合理나 亦無害也라 苟不務先立其大하고 而徒拘拘小廉曲謹之爲하면 奚足貴哉아

자하가 사람들에게 큰 범절을 높이고 싶어서 말하기를, "사람이 강상과 윤리의 사이에 무릇 큰 범절이 결부되어 있으니, 큰 범절을 행할 적에는 능히 그 법도의 한계를 넘지 않는다면 몸을 세우는 큰 근본은 이미 어그러지지 않을 것이요, 날마다 쓰는 세미한 작은 범절은 비록 혹시 조금 드나들어 이치에 합하지 않더라도 또한 해는 없을 것이다. 진실로 먼저 그 큰 것을 세우기를 힘쓰지 않고 한갓 작은 일에 조심하고 청렴하게 행하는 데에만 구애된다면 어찌 족히 귀하다고 하겠는가?"라고 했다.

○강상(綱常) : 삼강(三綱)과 오상(五常). 삼강은 군신(君臣)·부자(父子)·부부(夫婦)의 도리를 말하고, 오상은 인(仁)·의(義)·예(禮)·지(智)·신(信)을 말함.
○윤리(倫理) : 사람으로서 지켜야 할 도리. 인륜과 도덕의 원리.
○구도(矩度) : 법도. 법칙. ☞구(矩) : 법. 법도. 곱자. 곡척(曲尺). 방형(方形)을 그리는 데 쓰는 자.
○구구(拘拘) : 사물에 구애되는 모양.
○소렴곡근(小廉曲謹) : 작은 일에 청렴하고 조심하고 청렴함. 대체(大體)를 알지 못하고 소절(小節)에만 얽매임을 말함. 「주희(朱熹)」《서(書)》 "鄕原 是一種小廉曲謹 阿世徇俗之人"

19·12·1 子游曰 子夏之門人小子가 當洒掃應對進退則可矣나 抑末也라 本之則無하니 如之何오

자유가 말했다. "자하의 제자 중 여러 아이들은 당연히 쇄소·응대·진퇴의 예절에 대해서는 그런대로 괜찮다고 하겠지만 그것은 소학의 지엽적인 일이요, 대학의 근본적인 일에는 전혀 보잘것없으니 어찌하겠는가?"

○자하지문인소자(子夏之門人小子) : 자하의 제자 중에 여러 아이들. ☞소자(小子) : ①아들이 부모에 대하여 '자기'를 낮추어 이르는 말. ②임금이 조상이나 백성에 대하여 '자기'를 낮추어 이르는 말. ③제자를 귀엽게 부르는 말. 여기서는 ③의 뜻으로 쓰였는데 '여러 제자'를 지칭함. "小子指衆弟子"

○당쇄소응대진퇴즉가의(當洒掃應對進退則可矣) : 당연히 쇄소·응대·진퇴의 예절에 대해서는 그런대로 잘한다. 즉 지엽적인 일은 잘한다는 말. ☞쇄소(洒掃) : 물을 뿌리고 쓰는 것. ☞응대(應對) : 사람의 부름에 응하고 물음에 대답함. ☞진퇴(進退) : 일의 진퇴를 알아서 나아가고 물러감. ☞가의(可矣) : 그런대로 괜찮다는 말. "洒掃先以水洒地而後以帚掃之 應以辭令言 進退以威儀言 可是僅可之意"

○억말야(抑末也) : 그러나 말단적인 일이다. 그렇지만 소학(小學)의 지엽적인 일이라는 말. ☞억(抑) : 접속사로서 가볍게 전환되는 것을 나타냄. '하지만', '그러나' 등으로 해석함. "抑字是轉語 末是小學末務"

○본지즉무(本之則無) : 근본이 되는 것은 능한 일이 없다. 여기서 말하는 근본은 대학(大學)의 정심(正心)이나 성의(誠意) 등을 말함. "本照註作大學正心誠意看 無是無所能"

○여지하(如之何) : 어떻게 하면 좋겠는가? 잘하지 못한다고 나무라는 말. 관용어구로 원인을 묻거나 반문을 나타내며 부사어나 서술어로 쓰임. '奈~何' '若~何'도 같은 형태임. "是不可意"

子遊가 **譏子夏弟子**가 **於威儀容節之間**에 **則可矣**나 **然**이나 **此**는 **小學之末耳**요 **推其本**이면 **如大學正心誠意之事**는 **則無有**라

자유가 자하의 제자들이 위의·용절의 사이에는 괜찮지만 이는 소학의 말단의 일일 따름이요, 그 근본적인 것을 미루어본다면 대학의 정심·성의와 같은 일은 있지 않다고 놀린 것이다.

○위의(威儀) : 위엄이 있는 위용. 예(禮)의 세칙(細則). 예(禮)에는 경례(經禮)가 되는 예의(禮儀) 3백 가지가 있고, 곡례(曲禮)가 되는 위의(威儀)가 3천 가지가 있다. 「중용(中庸)」27·3 참고. "優優大哉라 禮儀三百이요 威儀三千이로다" ☞경례(經禮) : 관혼상제(冠婚喪祭) 및 조회(朝會)·근회(覲會)와 같은 예를 말하는데 그 대강(大綱)이 3백 가지가 됨. ☞곡례(曲禮) : 진퇴(進退)·승강(升降)·부앙(俯仰)·읍손(揖遜)과 같은 예

를 말하는데 절목(節目)이 3천 가지가 됨.
○용절(容節) : 용모와 예절.
○정심(正心) : 마음을 가다듬어 바르게 함.
○성의(誠意) : 의념(意念)을 참되게 함.

[備旨] 昔者에 子夏以篤實爲學이라 故로 敎人先從下學用功하니 子游不知而譏之에 曰
道有本有末이어늘 今子夏之門人小子는 當其洒掃와 及應對進退之間에 儀節詳習은 則有
可觀矣어니와 抑此不過小學之末務也라 若大學正心誠意之事에 爲本之所在는 則全未能有
하니 如之何其可也리오

　　옛날 자하가 충성되고 성실함을 학문으로 삼았다. 그러므로 사람을 가르칠 적에
우선 하학에 마음을 쓰고 힘을 써서 좇으니 자유는 알지도 못하고 놀릴 적에 말
하기를, "도에는 근본이 있고 지엽적인 것이 있는데 지금 자하의 제자 중 여러 아
이들은 당연히 그 쇄소와 응대·진퇴의 사이에 예절을 열심히 공부한 것은 볼 만
하다고 하겠지만, 하지만 이것은 소학의 지엽적인 일에 지나지 않는 것들이다. 대
학의 정심·성의의 일과 같이 근본이 있는 것에 대해서는 온전히 능한 사람이 없
으니, 어떻게 또한 옳다 하겠는가?"라고 했다.

○독실(篤實) : 충성되고 성실함.
○하학(下學) : 쉬운 것부터 배움. 형이하학(形而下學)적인 내용을 먼저 배움을 말함.
○용공(用功) : 용력(用力)과 공력(功力). 마음을 쓰고 애쓰는 힘.
○의절(儀節) : 의식의 절차. 예절.

19·12·2 子夏聞之하고 曰噫라 言游過矣로다 君子之道가 孰先
傳焉이며 孰後倦焉이리오 譬諸草木컨대 區以別矣니 君子之道를
焉可誣也리오 有始有卒者는 其惟聖人乎인저

　　자하가 듣고 말했다. "아! 언유가 한 말은 잘못되었다. 군자의 도가 무엇을 먼저
라 하여 전하며 무엇을 뒤라 하여 게을리 하겠는가? 초목에 비유하자면 종류별로
심어 가꾸는 것과 같으니, 군자가 사람을 가르치는 도리를 어찌 터무니없이 가르
치겠는가? 처음과 끝을 꿰뚫어서 한꺼번에 가르칠 수 있는 사람은 아마도 성인뿐
일 것이다."

○자하문지(子夏聞之) : 자하가 자유의 말을 듣다. "聞之是聞子游之言"

○희(噫) : '아!'하고 지르는 탄성(嘆聲). "噫是怪嘆聲"

○언유과의(言游過矣) : 자유(子游)가 한 말은 잘못 되었다는 말. 언(言)은 자유의 성(姓). "言是子游姓 過是失言"

○군자지도(君子之道) : 여기서 군자는 가르침을 베푸는 사람. 도는 사람을 가르치는 도를 말함. "君子是施敎者 道是敎人之道"

○숙선전언숙선권언(孰先傳焉孰後倦焉) : 무엇을 먼저 전하고 무엇을 뒤에 게을리 하겠는가? 무엇을 먼저 전하고 무엇을 뒤에 전하며, 무엇을 먼저 게을리 하고 무엇을 뒤에 게을리 하겠는가? 이 글은 호문(互文)으로서 군자가 도를 전할 적에 어떠한 사람에게 어떠한 내용을 가장 먼저 전해야 되는지, 혹은 뒤에서부터 전해야 하는지, 순서와 차례를 생각해야 된다는 말. ☞호문(互文) : 두 개의 문장이나 글귀가 한쪽의 말하는 것과 다른 쪽의 말하는 것이 서로 상통하여 뜻을 상호 보완하여 전체의 문의를 완전하게 통하도록 하는 작문법. "孰字活看 言本末俱缺不得的 是就子游譏其有傳有倦之意駁之"

○비저토목구이별(譬諸草木區以別矣) : 초목에 비유하자면 경계를 지어 갈라놓다. 즉 나무는 큰 것과 작은 것을 종류별로 심어 가꾸는 것처럼 사람도 학문의 깊이와 정도에 따라 나누어서 가르친다는 말. ☞저(諸) : '之於'의 준말. ☞구(區) : 갈피. 나누다. 경계를 갈라 정하다. "言草木有大小 小者不與大者同培養 比學者有淺深 淺者不與深者同敎化

○군자지도(君子之道) : 군자가 사람을 가르치는 도. "道亦是敎人之道"

○언가무야(焉可誣也) : 어찌 터무니없이 할 수 있겠는가? 어찌 함부로 할 수 있겠는가? 교육의 선후 순서를 그르치는 것을 도를 속이는 것이라는 말. '誣'는 '함부로 하다' '터무니없다'라는 뜻. "焉可誣正自明必有序意"

○유시유졸자(有始有卒者) : 군자의 도는 지엽적인 것을 우선적으로 가르칠 것이라고 생각해서 전하는 것도 아니고, 근본적인 것을 뒤에 가르칠 것이라고 생각해서 가르치기를 게을리 하는 것도 아니니, 교육에서 시종과 본말이 있다는 말. "始卽末卒卽本言 有始便有卒是合下一齊都有不可漸次意"

○기유성인호(其惟聖人乎) : 아마도 오직 성인만이 가능할 것이다. '其'는 '아마'의 뜻으로 추측을 나타내는 말. "不重贊聖人 只重惟字見小子不能"

倦은 如誨人不倦之倦이라 區는 猶類也라 言君子之道는 非以其末로 爲先而傳之요 非以其本으로 爲後而倦敎로되 但學者所至에 自有淺深하니 如草木之有大小하여 其類가 固有別矣라 若不量其淺深하고 不問其生熟하여 而槪以高且遠者로 強而語之면 則是誣之而已니 君子之道를 豈可如此리오 若夫始終本末을 一以貫之는 則惟聖人이라야 爲然이니 豈可責之門人小子乎아

○程子曰 君子敎人에 有序하나니 先傳以小者近者하고 而後敎以大者遠者요 非

先傳以近小_{하고} 而後不敎以遠大也_{니라} 又曰 洒掃應對_는 便是形而上者_니 理無
大小故也_라 故_로 君子_는 只在謹獨_{이니라} 又曰 聖人之道_는 更無精粗_{하니} 從洒掃
應對_{하여} 與精義入神_{으로} 貫通_은 只一理_라 雖洒掃應對_{라도} 只看所以然如何_{니라}
又曰 凡物有本末_{하니} 不可分本末_{하여} 爲兩段事_라 洒掃應對_가 是其然_{이니} 必有
所以然_{이니라} 又曰 自洒掃應對_로 上_{이면} 便可到聖人事_{니라} 愚按 程子第一條_가
說此章文意_가 最爲詳盡_{이라} 其後四條_는 皆以明精粗本末_{이니} 其分雖殊_나 而理
則一_{일새} 學者_는 當循序而漸進_{이요} 不可壓末而求本_{이라} 蓋與第一條之意_로 實相
表裏_{하니} 非謂末卽是本_{일새} 但學其末_{이면} 而本便在此也_{니라}

　권(倦)은 '誨人不倦'의 '倦'자와 같다. 구(區)는 비슷한 것을 모아서 종류별로 나
눈 것과 같다. '군자의 도는 지엽적인 것을 우선적이라고 생각해서 전하는 것도 아
니고 근본적인 것을 뒤에 할 것이라고 생각해서 가르치기를 게을리 하는 것도 아
니지만, 다만 배우는 자가 도달하는 것에는 원래부터 낮고 깊음이 있으니 마치 초
목에는 크고 작은 것이 있어서 그 종류가 진실로 구별되는 것과 같은 것이다. 만
약 낮고 깊음을 헤아리지 않거나 그 서투름과 익숙함을 묻지 않고서 똑같이 높고
원대한 것을 가지고 억지로 말한다면, 터무니없이 가르칠 따름이니 군자의 도를
어찌 이와 같이 하겠는가? 시종·본말을 하나의 이치로써 모든 일을 꿰뚫을 수
있는 사람은 오직 성인이라야 그럴 수 있다는 것이니, 어찌 제자나 아이들에게 책
임지도록 할 수 있겠는가?'라고 말한 것이다.
　○정자가 말했다. "군자가 사람을 가르칠 적에는 차례가 있으니, 먼저 작은 것과
비근한 것을 전하고 난 뒤에 큰 것과 먼 것을 가르친다는 것이지, 먼저 비근하고
작은 것을 전하고 난 뒤에 멀고 큰 것을 가르치지 않는다는 것은 아니다." 또 말
했다. "쇄소·응대는 곧 모양을 갖추고서 고명한 경지로 올라가는 것이니 이치에
는 크고 작음이 없기 때문에 군자는 다만 홀로 있을 때를 삼간다는 것이다." 또
말했다. "성인의 도는 별도로 정조함이 없으니, 쇄소·응대로 말미암아서 정의·입
신으로 관통하는 것은 다만 한 가지 이치일 뿐이다. 비록 쇄소·응대라도 다만 그
까닭이 어떠한가를 찾아보아야 할 것이다." 또 말했다. "모든 사물에는 본말이 있
으니 본말을 나누어 두 가지 일로 여겨서는 안 된다. 쇄소·응대가 바로 그러한
일이니, 반드시 그렇게 해야 하는 까닭이 있는 것이다." 또 말했다. "쇄소·응대로
부터 고명한 경지로 올라가면 곧 성인의 일에 도달할 수 있다."
　내[朱子]가 살펴 보건대, 정자가 말한 제일 첫째 조목이 이 장의 글 뜻을 설명한
것이 가장 자세하고 빠진 것이 없다. 그 다음 넷째 조목은 모두 정조·본말을 밝
힌 것이니, 그 구분은 비록 다르나 이치는 동일하기에 배우는 자들은 마땅히 이

순서에 따라 점진적으로 나아가야 할 것이요, 지엽적인 것을 싫어하고 근본적인 것만을 찾아서는 안 될 것이다. 이는 대개 첫째 조목의 뜻과 실상이 서로 표리가 되니 지엽적인 것이 곧 근본적이라고 이른 것은 아니다. 다만 지엽적인 것을 배우면 근본이 곧 여기에 있게 될 것이다.

○유(類) : 품별(品別)하다. 비슷한 것들을 모아 종별로 나눈 것.
○회인불권(誨人不倦) : 사람을 가르치기를 게을리 하지 않음. 본서. "7·2·1 子曰 黙而識(지)之하며 學而不厭하며 誨人不倦이 何有於我哉오" 참고.
○일이관지(一以貫之) : 한 이치로써 모든 일을 꿰뚫음. '以一貫之'의 도치형. 본서 4·15·1 및 15·2·3 참고.
○변시(便是) : 즉. 다름이 아니라 바로 이것. '便'은 거성(去聲)으로 쓰였음.
○형이상자(形而上者) : 모양을 갖추거나 드러내고서 고명한 위치로 올라간다는 의미. '上'은 상성(上聲)으로 쓰여 '오르다.'라는 뜻이므로 해석에 주의를 요한다.
○근독(謹獨) : 홀로 있음을 삼감. 주자(朱子)가 집주(集註)에서 쇄소응대(洒掃應對)를 근독(謹獨)에 연결시키고 있는 점은, 「중용(中庸)」33장과 다음 문장을 참고하면 알 수 있다. 「논어집주(論語集註)」 "洒掃應對 所以習夫形而下之事也 精義入神 所以究夫形而上之理也 此其事之大小 固不同矣 然以理言 則未嘗有大小之間 而無不在也 程子之言 意蓋如此 但方擧洒掃應對之一端 未及乎精義入神之云者 而通以理無小大結之 惟理無大小 故君子之學 不可不由其序 以盡夫小者近者 而後可以進夫大者遠者耳 故曰其要只在謹獨 此甚言小者之不可忽也 其曰便是云者 亦曰不離乎是爾 非卽以此爲形而上者也"
○경(更) : 다시. 별도로. 부사로 윗문장의 뜻과 상반되거나 보통과는 다른 뜻밖의 결과를 가져옴을 나타냄.
○상진(詳盡) : 자세하고 빠짐이 없음.
○정조(精粗) : 정밀함과 조잡함. 정밀함과 거칢.
○정의입신(精義入神) : 사물의 오묘한 이치를 연구하여 신묘한 경지에 도달함. 「주역(周易)」《계사하(繫辭下)》"精義入神 以致用也 利用安身 以崇德也"

[備旨] 子夏聞之而嘆에 曰噫라 言游는 謂我敎門人以末하고 而不敎其本이라하니 斯言이 過矣로다 據游之言이면 得無見我之先傳하고 而遂疑我之後倦乎인저 亦未觀之君子耳라 君子敎人之道에 有先以末者어늘 亦其敎之不得不先하여 而非有心於先之也니 孰先傳焉이며 有後以本者어늘 亦其敎之不得不後하여 而非有心於後之也니 孰後倦焉이리오 但學者所至에 有可告以本者하고 有未可告以本者하니 譬諸草木之有大小컨대 其區類固有別矣라 若不量其造詣之淺深과 工夫之生熟하고 槪以本之高且遠者로 强而語之면 是誣之而

已라 君子敎人之道는 正欲成就後學이니 而焉可誣也리오 彼洒掃應對는 小學之始事也요 正心誠意는 大學之卒事也니 若夫有始而卽有卒이어늘 擧始終本末하여 一以貫之者는 其惟生安之聖人然後에 能之乎인저 以聖人之所能者로 而遽責之門人小子하니 誣耶아 非耶아 噫라 游之言이 誠過矣로다

자하가 듣고서 탄식할 적에 말하기를, "아! 언유는, 내가 제자들에게 지엽적인 것을 가르치고 그 근본적인 것을 가르치지 않는다고 하니 이 말은 잘못되었다. 언유의 말에 근거해 보면, 내가 먼저 전수할 것만 보고 내가 뒤로 미루어 게을리 한다고 의심함일 것이다. 또 군자에 대해서도 보지 못해서 그럴 따름이다. 군자가 사람을 가르치는 도리에는, 지엽적인 것을 우선적으로 행할 때가 있는데 또한 가르칠 적에 우선적으로 하지 않을 수 없어서 우선적인 데 마음을 두는 것은 아니므로 무엇을 먼저라 하여 전하겠으며, 근본적인 것을 뒤에 할 것이라 생각할 때도 있는데 또한 가르칠 적에 뒤에 하지 않을 수 없어서 뒤에 마음을 두는 것은 아니므로 무엇을 뒤로 미루어 게을리 하겠는가? 다만 배우는 사람을 도달하게 할 적에는 근본적인 것으로써 깨우칠 사람이 있고 근본적인 것으로써 깨우치지 못할 사람이 있으니, 초목의 큰 것과 작은 것을 예로 들어 비유하자면, 그것이 따로따로 종류에 따라 진실로 구별이 있는 것과 같다. 만약 그 조예의 낮고 깊음이나 공부의 미숙함과 익숙함을 헤아리지 않고 다같이 근본이 높고 먼 것으로써 억지로 말해 준다면 터무니없이 가르칠 따름이다. 군자가 사람을 가르치는 도리는 바로 후학을 성취시키고자 함이니 어찌 터무니없이 할 수 있겠는가? 저 쇄소·응대는 소학을 시작할 때의 일이고 정심·성의는 대학을 마칠 때의 일이니, 시작이 있으면 곧 끝이 있는 것인데 시종·본말을 통틀어서 일이관지할 수 있는 사람은 아마도 나면서부터 도를 알고 편안한 마음으로 행할 수 있는 성인만 할 수 있을 것이다. 성인이 할 수 있는 것으로써 갑자기 제자나 아이들에게 바라니, 터무니없는 것인가? 터무니없는 것이 아닌가? 아! 언유의 말이 진실로 잘못이다."라고 했다.

○득무(得無)〜호(乎) : …이 아닐까? 설마 …일 리가 없다. …일 것이다. 관용어구로 추측이나 반문을 나타낼 때 쓰임.
○수(遂) : 그래서. 곧. 접속사로서 뒷일이 먼저 일과 긴밀하게 이어져 있음을 나타내고 구의 첫머리나 주어 뒤에 쓰임.
○생안지성인(生安之聖人) : 나면서부터 도를 알고 생각하지도 않고 편안히 행한다는 뜻으로, 성인(聖人)을 이르는 말. '生安'은 '生知安行'의 준말. ☞생지(生知) : 나면서부터 도(道)를 알아 행함. ☞안행(安行) : 생각하지 않고도 편안한 마음으로 행함. 본서 16·9·1과 필자의 해석본 「중용(中庸)」 12·2 비지(備旨) 문장 참고.

19·13·1 子夏曰 仕而優則學하고 學而優則仕니라

자하가 말했다. "벼슬하면서 여력이 있으면 배우고, 배우면서 여력이 있으면 벼슬할 것이다."

○사이우즉학(仕而優則學) : 이미 벼슬을 하고 있는 사람은 공무(公務)를 행하다가 여가로 이치를 연구함. 곧 사(仕)의 일을 중히 여기라는 뜻. "仕是行其理於世 優是公餘之暇 學卽究其所仕之理"
○학이우즉사(學而優則仕) : 지금 막 배우고 있는 사람은 배움을 중요시하고 벼슬은 부차적으로 생각해야 함. "學是學其理於己 優是學成之候 仕卽行其所學之理"

優는 有餘力也라 仕與學은 理同而事異라 故로 當其事者는 必先有以盡其事而後에 可及其餘라 然이나 仕而學이면 則所以資其仕者가 益深이요 學而仕이면 則所以驗其學者가 益廣이니라

우(優)는 여력이 있다는 것이다. 벼슬하는 것과 배우는 것은 이치는 같지만 일은 다르므로 그 일을 당한 사람은 반드시 먼저 그 일을 다하고 난 뒤에 그 나머지 일에 미쳐야 하는 것이다. 그러나 벼슬하면서 배우면 그 벼슬하는 것을 도와주는 것이 더욱 깊어질 것이고, 배우면서 벼슬하면 그 배운 것을 증험하는 것이 더욱 넓어질 것이다.

[備旨] 子夏論仕與學者는 當各知所重也에 曰當仕之時엔 則仕爲重이니 必致君澤民하고 待職業閒暇라가 而優乎其有餘力焉이면 則用其功於學하여 以稽乎典籍之間이라 是其學也 非以妨乎仕하고 而適以資乎仕矣요 當學之時엔 以學爲重이니 必修德明道하고 待涵養純熟이라가 而優乎其有餘力焉이면 則推其學於仕하여 以見諸行事之實이라 是其仕也非以妨吾學하고 而適以驗吾學矣니 有仕與學之責者는 其可不知所重哉아

자하가 벼슬하고 배우는 사람은 마땅히 각자 소중히 여길 바를 알아야 한다는 것을 논할 적에 말하기를, "벼슬할 때에는 벼슬살이를 중요하게 생각해야 할 것이니, 반드시 임금을 보좌하여 백성에게 은혜를 베풀고 맡은 일을 하며 한가한 때를 기다렸다가 충분히 그 여력이 있다면 배우는 데 그 힘을 써서 책의 사이를 상고해 봐야 할 것이다. 이렇게 하면 그 배운 것이 벼슬하는 데 방해되지 않고 벼슬하는 데 도와주는 데 이를 것이요, 배울 때면 배우는 것을 중하게 여겨야 할 것이니,

반드시 덕행을 닦아 도를 밝히고 함양한 것이 매우 익숙한 때를 기다렸다가 충분히 그 여력이 있다면 벼슬하는 데에 그 배운 것을 적용해 일을 행하는 데 실제를 드러내야 할 것이다. 이렇게 하면 그 벼슬하는 것이 나의 배움을 방해하지 않고 나의 배움을 증험하기에 알맞을 것이니, 벼슬하고 배워야 할 임무가 있는 사람은 어찌 소중히 여길 바를 알지 않을 수 있겠는가?"라고 했다.

○치군(致君) : 임금을 보좌하여 훌륭한 임금이 되게 함. 치주(致主).
○택민(澤民) : 백성들에게 은혜를 베풂.
○직업(職業) : 여기서는 관직에서 맡은 일.
○전적(典籍) : 소중한 고서(古書). 글, 또는 책.
○적(適) : 꼭 마침. 때마침. …하기에 꼭 알맞게. 부사로서 두 가지 일이 시간이나 이치에 꼭 맞는 것을 나타냄.
○수덕(修德) : 덕행(德行)을 닦음.
○명도(明道) : 도리를 분명하게 밝힘.
○순숙(純熟) : 매우 익숙함.

19・14・1 子游曰 喪은 致乎哀而止니라

자유가 말했다. "초상은 슬픔을 다하고 그쳐야 할 것이다."

○치호애(致乎哀) : 슬픔을 다하다. 아주 슬퍼한다는 뜻.
○이 글은 본서 "3・4・3 禮는 與其奢也론 寧儉이요 喪은 與其易(이)也론 寧戚이니라"와 "19・1・1 子張曰 士見危致命하며 見得思義하며 祭思敬하며 喪思哀면 其可已矣니라"와 관련된 말이다. 「논어비지(論語備旨)」《상치전지(喪致全旨)》"此章見臨喪以哀爲本 子游平素考究喪禮 至此獨言哀者 是探本之論 卽夫子寧戚之意"

致는 極其哀요 不尙文飾也라 楊氏曰 喪은 與其易也론 寧戚이니 不若禮不足이라도 而哀有餘之意니라 愚按 而止二字는 亦微有過於高遠하여 而簡略細微之弊하니 學者詳之니라

치(致)는 그 슬픔을 극진히 하는 것이고 문식을 더하지 않는다는 것이다. 양 씨가 말했다. "초상은 절차가 잘 다스려지기보다는 차라리 슬퍼함이 낫다는 것이니

[본서 3·4·3 참고], 예에는 부족하더라도 슬픔에 남음이 있는 것만 같지 못하다는 뜻이다.” 내[朱子]가 살펴 보건대, ‘而止’라는 두 글자는 또한 약간 고원한 데 지나쳐서 세미한 것을 간략히 해버린 폐단이 있으니, 배우는 자는 자세히 살펴야 할 것이다.

○상(尙) : 더하다. 보태다.
○문식(文飾) : 화려하게 꾸밈. 아름다운 빛깔로 장식함.
○여기(與其)~영(寧) : 비교·선택을 나타내는 관용어구. ‘寧·不若·不如’ 등과 어울려, ‘…보다는 …함과 같지 않다.’ ‘…보다는 …한 편이 좋다.’의 뜻을 나타냄.

[備旨] 子游崇本意에 曰世人이 多趨於末이라 以吾觀之於居喪者컨대 但於其哀痛之心에 推之하여 以致其極而止하니 何以文飾爲哉아 不然이라 哀有未至면 吾恐其餘不足觀矣니 爲人子者는 其知所重乎인저

자유가 근본적인 문제를 높이려는 뜻에서 말하기를, “세상 사람들이 지엽적인 데 마음을 쏟는 경우가 많다. 내가 상중에 있는 사람들을 보건대 단지 그들이 애통해 하는 마음만을 추켜서 그들의 마음을 다했다고 그치는데, 어째서 꾸미는 것을 행하려고 하는가? 그렇게 할 필요는 없을 것이다. 애통함에 이르지 못한다면 내가 볼 적에 아마도 그 나머지는 족히 볼 것도 없다고 생각하니, 인자가 된 사람은 중히 여길 바를 알아야 할 것이다.”라고 했다.

○추(趨) : 달리다. 향하다. 마음이 이끌리는 곳.
○거상(居喪) : 직계 존속의 상중에 있음.
○불연(不然) : 그렇게 할 필요성이 없음. 여기서 ‘不’은 이치상 그렇게 할 필요 없음을 나타냄.
○공(恐) : 아마도 …할 것이다. 부사로서 평가와 걱정을 겸함을 나타냄.

19·15·1 子游曰 吾友張也는 爲難能也나 然而未仁이니라

자유가 말했다. “나의 벗 자장은 사람이 행하기 어려운 일은 잘하나, 그렇지만 아직까지 인에는 부족할 것이다.”

○오우장야(吾友張也) : 내 벗 자장. ☞장(張) : 공자의 제자였던 자장(子張)을 말

함. 성은 전손(顓孫). 이름은 사(師). 자는 자장(子張). "張是子張"

○위난능야(爲難能也) : 사람이 행하기 어려운 일을 잘하다. 이 말은 실제로 자장
을 나무라는 말이다[難能者 皆美之之辭而譏之之意]. '爲'는 평성(平聲)으로 쓰여 '하
다' '행하다'의 뜻임. "爲難能 是爲人所難爲之事"

○연이미인(然而未仁) : 그렇지만 아직까지 인에는 부족하다. 인도(仁道)에 대해서
확정하기 어렵다. '未'는 아직까지 갖고 있지 않다는 의미. "然而字是轉語 未者難定
之辭 莫直說不仁"

子張은 **行過高**로되 **而少誠實惻怛之意**라

　자장은 행동은 지나치게 고상하지만 성실하고 몹시 슬퍼하는 뜻이 부족했다.

○측달(惻怛) : 몹시 슬퍼함. 도달(忉怛). 「예기(禮記)」 "惻怛之心 痛疾之意"

[備旨] 子游箴子張之失에 曰吾友若張也는 有過高之才하여 其所爲가 皆人所不能爲니
是難能也라 然而少誠實惻怛之意하니 未免心馳於外하여 其於仁則未也라 曷若返諸切近乎
아

　자유가 자장의 잘못을 충고할 적에 말하기를, "나의 벗 자장과 같은 사람은 지
나치게 뛰어난 재주를 가져서 그의 행하는 바가 모두 사람들이 행할 수 없는 것
들이니 곧 행하기 어려운 것들이다. 그렇지만 성실하고 몹시 슬퍼하는 뜻이 적으
니 마음이 외적인 데로만 향함을 면치 못해 그가 인에는 아직 부족하다. 어찌 간
절히 묻고 현실적인 문제를 생각하는 데로 돌이키지 않는가?"라고 했다.

○잠(箴) : 충고하다. 경계하다. 깨우쳐 타이르다.
○치(馳) : 향하다. 달리다.
○갈약(曷若) : 왜. 어떻게. 대명사로서 성질·상황을 묻거나 가부를 의논함.
○절근(切近) : 아주 가까움. 여기서는 절문근사(切問近思)를 말함. ☞절문근사(切問近
思) : 깨닫지 못한 것을 간절하게 묻고, 현실에 필요한 것부터 생각함.

19·16·1 曾子曰 堂堂乎라 張也여 難與並爲仁矣로다

증자께서 말씀하셨다. "당당하구나, 자장이여! 그러나 함께 인을 행하기는 어려울 것이다."

○당당호장야(堂堂乎張也) : 당당하구나, 자장이여! 앞장에서는 자장의 재주를 들어서 말한 것이고, 여기서는 모습을 들어서 말한 것임. "前難能以才言 此堂堂以貌言"

○난여병위인의(難與並爲仁矣) : 그렇지만 그와 함께 인을 행하기는 어려울 것이다. '與' 다음에 대명사 '之'가 생략됨. '矣'는 어떤 일을 추측하는 어조사로 쓰였으며, 현토 '-로다'는 추측법 선어말 어미 '리' 아래 쓰이는 '-도다'의 변이형. "並猶共也 兼人己說"

堂堂은 容貌之盛이라 言其務外自高하니 不可輔而爲仁이요 亦不能有以輔人之仁也라
○范氏曰 子張은 外有餘로되 而內不足이라 故로 門人이 皆不與其爲仁이니라 子曰 剛毅木訥이 近仁이라하시니 寧外不足이로되 而內有餘면 庶可以爲仁矣니라

당당(堂堂)은 용모가 훌륭한 모습이다. 그는 외적인 데만 힘쓰고 자신을 높이니 서로 도와서 인을 행할 수 없고, 또한 능히 남의 인을 도와줄 수도 없음을 말씀한 것이다.
○범 씨가 말했다. "자장은 겉으로는 여유가 있었지만 안으로는 부족했으므로 제자들이 모두 그와 더불어는 인을 행할 수 없었던 것이다. 공자께서 말씀하시기를, 본서 13·27·1에서도 '강직하고 굳세고 소박하고 어눌함이 인에 가깝다.'하셨으니, 차라리 겉으로는 부족하지만 안으로는 여유가 있었다면 아마 인을 행할 수 있었을 것이다."

[備旨] 曾子規子張之務外에 曰朋友는 所以輔仁이라 若堂堂乎라 盛於容貌之張也여 其務外自高之氣象이 如此면 則於己에 無體認密察之功하여 人固不可輔之爲仁이요 於人에 無切偲觀感之助하여 己亦不能輔人爲仁이니 蓋難與之並爲仁矣라 夫以張之賢으로 而難與並爲仁은 惟誠之不足耳니 張可不急反其所習哉아

증자께서 자장이 외적인 데에만 힘쓰는 것을 충고할 적에 말씀하시기를, "붕우는 인으로써 서로 권면하여 돕는다. 당당한 것 같구나, 용모를 훌륭하게 차려 입은 자장이여! 그는 외적인 데만 힘쓰고 자신을 높이는 기상이 이와 같다면, 자기에 대해 자세히 살피며 정밀하게 살피는 공이 없어서 사람들이 진실로 그를 도와

서 인을 행할 수 없고, 다른 사람에 대해 간절히 권하며 보고 느끼는 도움이 없어서 자기도 또한 능히 사람들을 도와서 인을 행할 수 없으니, 아마도 그와 더불어 인을 행하기 어려울 것이다. 무릇 자장의 현명함으로 더불어 함께 인을 행하기가 어렵다는 것은 오직 성실이 부족할 따름이라는 것이니, 자장은 어찌 빨리 그 습관된 것을 돌이키지 않을 수 있겠는가?"라고 하셨다.

○규(規) : 충고하다. 옳은 도리로 간(諫)하다.
○보인(輔仁) : 인(仁)을 도움. 즉 인덕(仁德)으로써 서로 권면하여 인을 돕는다는 말. ☞보(輔) : 도와서 바르게 하다.
○체인(體認) : 자세히 살펴서 납득함. 충분히 터득함.
○밀찰(密察) : 정밀하게 살핌.
○절시(切偲) : 선행을 간절히 권하고 격려함. 절절시시(切切偲偲). ☞절절시시(切切偲偲) : 서로 정중하게 선행을 권면하고 격려하는 모양. 본서 13·28·1 참고.
○관감(觀感) : 눈으로 보고 마음으로 느낌.

19·17·1 曾子曰 吾聞諸夫子호니 人未有自致者也나 必也親喪乎인저

증자께서 말씀하셨다. "내가 부자께 들으니, '사람이 자기의 정성을 다하는 경우가 있지 않겠지만, 정성을 다해야 할 것은 반드시 부모상일 것이다.'고 하셨다."

○오문저부자(吾聞諸夫子) : 내가 부자에게 듣다. 증자가 평일에 공자께 들었던 말이라는 의미. "是聞夫子平日之語"
○인미유자치자야(人未有自致者也) : 사람 중에서 아직도 자기의 정성을 다하는 경우가 있지 않다. '自致'는 자기의 심력(心力)을 다하는 것을 이름. '有~者'는 어떤 행위를 나타낼 때 쓰는 관용구. "人是常人 自字作自己說 而自然意在其中"
○필야친상호(必也親喪乎) : 반드시 부모상일 것이다. '必也~乎'는 '반드시 …일 것이다.'라는 뜻으로 확신하면서 추측을 나타내는 어법인데, '也'는 어기(語氣)를 강조하기 위해 붙였으며, '乎'는 문장 끝에 쓰여 추측을 나타내는 어조사. "必是決然意 親喪就哀痛迫切眞情上說 是事之自致者"

致는 盡其極也니 蓋人之眞情에 所不能自已者라

○尹氏曰 親喪은 固所自盡也니 於此에 不用其誠이면 惡(오)乎用其誠이리오

치(致)는 그 지극함을 다하는 것이니, 대개 사람의 진정에 능히 자신을 그만둘 수 없는 것이다.

○윤 씨가 말했다. "부모상은 참으로 자신을 다해야 하는 것이니, 여기에 그 정성을 쓰지 않는다면 어디에 그 정성을 쓰겠는가?"

[備旨] 曾子欲人自識其眞心에 曰吾聞諸夫子호니 云人之用情에 未有不待人勉하고 而自盡其極者也나 若自盡其極而不容已者면 必也親喪乎인저하시다 蓋他事는 尙待人勉이어니와 只有親喪은 出於人之眞情이니 不待人勉也라

증자께서 사람들에게 스스로 그 진심을 알도록 하고 싶어서 말씀하시기를, "내가 부자께 들으니, '사람이 마음을 쓸 적에 다른 사람이 힘쓰는 것을 기다리지 않고 스스로 그 지극함을 다하는 것은 있지 않을 테지만, 만약 스스로 그 정성을 다하여 그만둘 수 없는 것이라면 반드시 부모상일 것이다.'고 하셨다. 대개 다른 일은 오히려 다른 사람이 힘쓰는 것을 기다릴 수도 있지만, 다만 부모상만은 사람의 진정에서 나오는 것이니, 사람들이 힘쓰는 것을 기다릴 수 없을 것이다."라고 하셨다.

19·18·1 曾子曰 吾聞諸夫子호니 孟莊子之孝也에 其他는 可能也어니와 其不改父之臣과 與父之政은 是難能也니라

증자께서 말씀하셨다. "내가 부자께 들으니, '맹장자가 행했던 효도 중에 다른 것은 다 해낼 수 있겠지만, 그 아버지가 등용했던 신하와 아버지의 정책을 바꾸지 않는 것은 해내기 어렵다.'고 하셨다."

○맹장자지효야(孟莊子之孝也) : 맹장자가 행했던 효도 중에서. 맹장자는 노(魯)나라의 대부(大夫)로 이름은 속(速)이었음. "孝字要照不改二句 然只虛說"
○기타가능야(其他可能也) : 그 나머지는 모두 할 수 있음. '나머지 일'에 대해서 폄하하는 말이 아니고 아래에 나오는 두 가지 일이 어렵다하는 것을 강조하기 위해 하는 말. "此句非貶他 只形起下難能來"
○기불개부지신여부지정(其不改父之臣與父之政) : 그 중에서도 아버지가 등용했던

신하와 아버지의 정책을 바꾸지 않는 일. ☞부지신(父之臣) : 아버지가 등용해 썼던 신하. ☞부지정(父之政) : 아버지가 베풀었던 정책. "臣是父所任用者 政是父所設施者"

○시난능야(是難能也) : 곧 행하기 어렵다. 아버지가 행했던 일들을 없애기란 정말 어려울 것이라는 말. '是'는 지시대명사가 허사화(虛詞化)한 것인데, 두 가지 일이 시간상 앞뒤로 이러지는 것을 나타내며, 후반부 첫머리에 주로 쓰인다. "重不湮先德上 非僅不忍忘親"

孟莊子는 魯大夫니 名速이라 其父는 獻子니 名蔑이라 獻子有賢德일새 而莊子는 能用其臣하고 守其政이라 故로 其他孝行도 雖有可稱이나 而皆不若此事之爲難이라

맹장자는 노나라 대부이니, 이름은 속이다. 그 아버지는 헌자란 사람이니 이름이 멸이었다. 헌자에게 어진 덕이 있었기에 맹장자는 아버지의 신하를 등용하고 그 정책을 그대로 지킬 수 있었다. 그러므로 그의 다른 효행도 칭송할 만한 것이 있으나 모두 이 일만큼 어렵지는 않을 것이다.

[備旨] 曾子述孟莊子繼述之孝에 曰吾聞諸夫子호니 云孟莊子之孝也에 其他事生喪死는 雖足爲孝라도 然猶可能也어니와 惟於父沒之後에 不改父所用之臣과 與父所行之政은 是眞難能也라 蓋人情은 多惡老成而喜新進하고 作聰明而亂舊章이온 而況於得以自專之日乎아 獻子有賢德하여 爲魯社稷臣이면 則其臣必賢이요 其政必善이라 而莊子嗣立하여 不以己私로 而悖父德하니 其孝不誠難能也哉아 吾所聞於夫子者가 如此하니 是則莊子之孝가 得夫子而益彰矣라

증자께서 맹장자가 이어받은 효도를 전술할 적에 말씀하시기를, "내가 부자께 들으니, '맹장자가 행했던 효도 중에서도 그 밖의 다른 일들 즉 살아 있는 사람을 섬기거나 죽은 사람을 장사지내는 것들은 비록 효도를 한다 하더라도 그렇게 또한 할 수 있겠지만, 오직 부모가 돌아가신 뒤에 아버지가 등용했던 신하와 아버지가 행했던 정책을 바꾸지 않았던 점은 정말 하기 어려울 것이다. 대개 사람의 마음은 경험이 많은 노인들을 싫어하면서도 신진들을 좋아하고 총명을 드러내게 하면서도 예전의 문물이나 제도를 어지럽히는 일이 많은데, 하물며 자기 마음대로 일을 처리할 수 있는 날을 얻은 경우임에랴? 헌자에게는 어진 덕이 있어서 아버지가 부렸던 가신들을 그대로 노나라 사직의 신하로 삼았다면 그 신하는 반드시 어질었을 것이고 그 정사도 반드시 잘했을 것이다. 그리고 장자가 후사를 세워서 사사로운 욕심으로써 아버지의 덕을 어그러지도록 하지 않았으니, 그러한 효성은

진실로 해내기가 어렵지 않겠는가?'고 하셨다. 내가 부자에게 들은 바가 이와 같으니, 곧 장자의 효가 부자를 얻었기에 더욱 드러났던 것이다."라고 하셨다.

○계술(繼述) : 전인(前人)이 하던 일이나 뜻을 이어감.
○전술(傳述) : 전하여 기술함.
○노성(老成) : 나이가 많고 덕이 있음. 경력이 많아 노련함.
○신진(新進) : 처음 벼슬에 오르거나 등과(登科)함. 또는 그 사람.
○구장(舊章) : 예전의 제도와 문물.「서전(書傳)」《채중지명(蔡仲之命)》"無作聰明而亂舊章"
○자전(自專) : 자신의 생각대로 독단하여 처리함.「중용(中庸)」28·1 子曰 愚而好自用하며 賤而好自專하고 生乎今之世하여 反古之道면 如此者는 災及其身者也니라
○기사(己私) : 사사로운 욕심. 사욕(私慾).

19·19·1 孟氏가 使陽膚로 爲士師라 問於曾子한대 曾子曰 上失其道하여 民散이 久矣니 如得其情이면 則哀矜而勿喜니라

　맹 씨가 양부를 옥관의 장으로 삼았다. 그러자 양부가 옥관의 도리를 증자에게 여쭈어 보았는데, 증자께서 말씀하셨다. "윗사람이 도리를 잃어서 백성들이 흩어진지가 오래되었으니, 만일 그들의 범법한 실정을 안다면 애처롭게 여기거나 불쌍히 여기고 기뻐하지 말아야 할 것이다."

○맹씨사양부위사사(孟氏使陽膚爲士師) : 맹 씨가 양부를 옥관의 장으로 삼다. ☞맹 씨(孟氏) : 노(魯)나라의 대부(大夫) 맹무백(孟武伯). ☞양부(陽膚) : 증자(曾子)의 제자. 무성인(武城人). ☞사사(士師) : 옥관(獄官)의 장. 금령(禁令)과 형벌의 일을 맡은 관리. 본서 18·2·1 참고. "士師獄官之長"
○문어증자(問於曾子) : 증자에게 옥을 다스리는 도에 대해 묻다. "聞是問治獄之道"
○상실기도(上失其道) : 윗사람들이 백성을 부리거나 가르치는 도리를 잃다. "上是居上治民者 失其道是失使民教民之道"
○민산구의(民散久矣) : 백성들이 흩어진지 오래 되었다. 정의(情義)가 서로 연계되지 않음이 오래되었다는 말이고, 사방으로 흩어짐을 의미하는 것은 아님. "民散只不親遜意 非散四方也"
○여득기정(如得其情) : 만약 그들의 범법한 실정을 알게 되면. "情是犯法之實情"

○애긍이물희(哀矜而勿喜) : 애처롭게 여기거나 불쌍히 여기고 기뻐하지 말아야 할 것이다. 백성들을 가엽게 여기거나 불쌍히 여겨 도와줘야 할 것이고, 그들의 간악한 일을 폭로하고 숨겨진 일을 적발하는 일을 삼가 행치 말아야 한다는 말. "哀矜全是不忍心腸 喜字與哀矜反"

陽膚는 **曾子弟子**라 **民散**은 **謂情義乖離**하여 **不相維繫**라 **謝氏曰 民之散也**는 **以 使之無道**하고 **敎之無素**라 **故**로 **其犯法也**는 **非迫於不得已**면 **則陷於不知也**라 **故 로 得其情**이면 **則哀矜而勿喜**니라

　양부는 증자의 제자다. 백성이 흩어졌다는 것은 정의가 괴리되어 서로 연계되지 않았음을 이른다. 사 씨가 말했다. "백성들이 흩어진 것은 그들을 부릴 적에 도가 없고 그들을 가르칠 적에 근본이 없었기 때문이므로, 그들이 범법한 것은 어찌할 수 없는 데 부닥친 일이 아니면 무지한 데 빠져서 그랬을 것이다. 그러므로 그 실 정을 안다면 애처롭게 여기거나 불쌍히 여기고 기뻐하지 말아야 할 것이다."

[備旨] 魯大夫孟氏가 使陽膚로 爲典獄之士師라 陽膚가 以士師之道로 問於曾子한대 曾 子告之에 曰汝爲士師니 亦知民犯法之由乎인저 蓋今之爲民上者는 失其所以使民敎民之道 라 故로 其尊卑上下之際에 情義乖離하여 各相爭訟하니 其來久矣라 是其犯法也가 非迫 於饑寒而不得已면 則陷於罪戾而不自知라 汝於折獄之時에 如得其犯法之情實이면 則當念 其不得已之故와 與其不自知之由하여 而哀憐矜恤之하고 愼勿喜己之明察하여 爲能發奸摘 伏也라 如此면 則用法平恕하여 而士師之任에 無忝矣라

　노나라 대부인 맹 씨가 양부에게 전옥의 사사를 시켰다. 양부가 사사의 도리를 증자에게 물었는데, 증자께서 깨우쳐 줄 적에 말씀하시기를, "너는 사사가 되었으 니 또한 백성들이 범법하는 이유를 알아야 할 것이다. 대개 오늘날 백성들 위에서 다스리는 사람은 그 백성을 부리거나 백성을 가르쳐야 할 도리를 잃어 버렸다. 그 러므로 존비·상하의 사이에 정의가 괴리되어 각각 서로 송사하여 다투니 그 유 래가 오래 되었다. 곧 그들의 범법이 굶주림과 추위 때문에 허둥거려 어찌할 수 없어서 행한 일이 아니면 죄악에 빠져 스스로 알지 못해서 그렇다. 너는 사건을 판결할 적에 만약 그 범법한 일의 진상을 안다면, 당연히 어찌할 수 없어서 저지 른 까닭인지 또 자신을 알지 못해서 저지른 이유인지를 생각해서 그들을 애처롭 고 가엽게 여기고 불쌍히 여겨 도와줘야 할 것이고, 자기의 명찰을 기뻐해서 간악 한 일을 폭로하고 숨겨진 일을 적발하는 일을 삼가 행치 말아야 할 것이다. 이와 같이 한다면 법을 쓰는 것이 공평무사하여 사사의 직무에 더럽힘이 없을 것이다."

라고 하셨다.

○전옥(典獄) : 법을 집행하는 벼슬. 송옥(訟獄)의 일을 관장하였음.
○괴리(乖離) : 등지고 떨어져 나감. 어그러져 동떨어짐. 괴이(乖貳).
○쟁송(爭訟) : 서로 송사를 하여 다툼. 또는 그 송사.
○기한(饑寒) : 굶주림과 추위. 또는 굶주리고 추위에 떪.
○죄려(罪戾) : 잘못. 죄악.
○절옥(折獄) : 소송 사건을 판결함. 안건을 심판함. 절송(折訟).
○정실(情實) : 있는 그대로의 사실. 일의 진상(眞相).
○애련(哀憐) : 애처롭고 가엽게 여김. 애긍(哀矜).
○긍휼(矜恤) : 불쌍히 여겨 도움. 연휼(憐恤). 긍련(矜憐).
○발간적복(發奸摘伏) : 간악한 일을 폭로하고 숨겨진 일을 적발함.
○평서(平恕) : 공평무사(公平無私). 「중문대사전(中文大辭典)」 "公平無私也"
○첨(忝) : 더럽히다. 욕되게 하다.

19·20·1 子貢曰 紂之不善이 不如是之甚也라 是以로 君子惡 (오)居下流하나니 天下之惡이 皆歸焉이니라

자공이 말했다. "상나라 주 임금의 불선이 이처럼 심하지는 않았을 것이다. 이 때문에 군자는 하류에 거하는 것을 싫어하는 것이니, 천하의 악이 모두 그에게 돌아가기 때문이다.

○주지불선(紂之不善) : 주임금의 불선함. 즉 주임금의 무도함. ☞주(紂) : 은(殷)의 마지막 임금. 제을(帝乙)의 아들로 이름은 수(受). 세금을 가혹하게 거두고 형벌을 엄격하게 하여 백성의 원망을 사다가, 목야(牧野)의 전투에서 주 무왕(周武王)에게 패하고 녹대(鹿臺)에서 자살함. ☞은(殷) : 왕조 이름. 성탕(成湯)이 하(夏)의 걸왕(傑王)을 쳐서 멸망시키고 세운 왕조. 처음에는 탕(湯)의 선조인 설(契)이 상(商) 땅에 봉해졌다가 탕에 이르러 천하를 소유하게 되자 국호를 상(商)이라 하였고, 그 후 17대 반경(盤庚) 때에 은(殷) 땅으로 천도하였으므로 후세에 그 국호를 은이라 불렀는데, 상은(商殷) 또는 은상(殷商)이라고도 한다. 주(紂)에 이르러 주 무왕(周武王)에게 멸망되었다. "紂是商之君 不善是所爲無道"
○불여시지심야(不如是之甚也) : 이처럼 심하지는 않았을 것이다. 천하의 추악한 이름

들이 모여드는 것을 지칭하는 말. "甚是指惡名所歸說"

○군자오거하류(君子惡居下流) : 군자는 하류에 처하는 것을 싫어하다. 스스로 경계하는 말. "惡非惡人 乃自警戒之意"

○천하지악개귀언(天下之惡皆歸焉) : 천하의 악이 모두 그에게 돌아가게 되다. "天下之惡 卽上文所謂甚也"

下流는 地形卑下之處로 衆流之所歸니 喩人身有汙賤之實이면 亦惡名之所聚也라 子貢言此는 欲人常自警省하여 不可一置其身於不善之地요 非謂紂本無罪로되 而虛被惡名也라

하류(下流)는 지형이 낮은 곳으로 모든 물이 돌아가는 곳이니, 사람의 몸에 더럽고 천박한 실상이 있으면 또한 추악한 이름들이 모여드는 것과 같음을 비유한 것이다. 자공이 이를 말한 것은 사람들이 항상 스스로 경계하고 살피도록 해서 한 번이라도 그 몸을 불선한 곳에 두지 않게 하려고 한 것이요 주 임금이 본래 죄가 없는데도 공연히 추악한 이름을 입었다고 말한 것은 아니다.

○오(汙) : 더럽다. 추잡하다.
○비하(卑下) : 땅이 낮음.

[備旨] 子貢儆人之爲不善에 曰古今之言不善者는 必曰商紂甚矣라 自我言之컨대 紂之不善이 不至人言如是之甚也요 特以紂自置身於不善之地하여 而居天下之下流耳라 蓋地之下者는 衆流所歸요 人之下者는 亦衆惡所聚라 是以로 君子不敢爲惡하여 而惡居下流하나니 正以一居下流면 則天下之惡이 皆歸焉이라 亦如人之所以歸紂惡名者矣니 人可不惕然自省哉아

자공이 사람들이 불선을 행하는 것을 주의시킬 적에 말하기를, "옛날이나 지금도 불선을 말하는 사람은 반드시 상나라 주 임금의 지나침을 말하곤 한다. 내가 말해 보겠는데, 주 임금의 불선함이 사람들이 말하는 것처럼 이같이 심한 데 이르지는 않았을 것이고, 다만 주 임금 스스로 몸을 불선한 자리에 두어서 천하의 하류에 거한 이유일 것이다. 대개 땅의 낮은 곳은 모든 물이 돌아가는 곳이요 사람 중에 하류는 또한 여러 악이 모여드는 곳이다. 이 때문에 군자는 감히 악을 행치 않아서 하류에 거하기를 싫어하는 것이니, 참으로 한 번 하류에 거하면 천하의 악이 모두 그에게 돌아가게 될 것이다. 또한 마치 사람들이 주 임금에게 악명을 돌리게 되는 것과 같으니, 사람이 척연히 자신을 반성하지 않을 수 있겠는가?"라고

했다.

○상(商) : 왕조 이름. 탕(湯)이 하(夏)의 걸(傑)을 멸하고 세운 나라. 반경(盤庚)이 은(殷) 땅으로 천도한 뒤에는 은(殷)이라고 불렀다.
○정(正) : 참으로. 마침. 꼭.
○척연(惕然) : 경계하고 두려워하는 모양. 경계하고 깨우치는 모양.

19·21·1　子貢曰　君子之過也는　如日月之食焉이라　過也에　人皆見之하고　更(경)也에　人皆仰之니라

　자공이 말했다. "군자의 허물은 마치 일식이나 월식과 같다. 허물이 있을 적에는 사람들이 모두 보게 되고, 고쳤을 적에는 사람들이 모두 우러러보게 된다."

○군자지과야(君子之過也) : 군자의 허물. "過是無心失理"
○여일월지식언(如日月之食焉) : 마치 일월이 잠시 어두워지는 것과 같이 잠시 허물이 있음을 비유하는 말. "日月之食 是暫時而晦 喩君子暫時有過意"
○과야인개견지(過也人皆見之) : 군자는 본래 가리는 바가 없으므로 허물이 있을 적에는 사람들이 모두 보게 됨. "皆其也見之 謂見君子之過 本無所掩護來"
○경야인개앙지(更也人皆仰之) : 허물을 고쳤을 적에는 사람들이 모두 우러러보게 됨. '更'은 평성(平聲)으로 쓰여 '고치다' '새롭게 하다'라는 뜻임. "更改也 仰是欽仰 此二句正見其如日月之食意"

[備旨] 子貢論君子之善處過에　曰人孰能無過리오　若君子之過也는　一如日月之食焉이라　方其有過也에　不自隱諱하니　人皆得而見之하고　及其更也에　則復於無過하니　人又皆仰之니라　夫過而人皆見一日月之暫晦也하고　更而人皆仰一日月之旋復也라　不猶日月之食이로되　而無傷於明乎아　人不當以過로　棄君子矣라

　자공이, 군자가 허물을 잘 처리해야 한다는 것을 논할 적에 말하기를, "사람이라면 누가 능히 허물이 없을 수 있겠는가? 군자의 허물은 완전히 일식이나 월식과 같다. 바야흐로 자기에게 허물이 있을 적에는 스스로 숨기지 않으니 사람들이 모두 바라볼 수 있게 되고, 자기가 고쳤을 적에는 허물이 없는 데까지 회복하니 사람들이 또 모두 우러러보게 된다. 무릇 허물이 있었지만 사람들이 모두 한결같이

일월이 잠깐 어두워졌던 것과 같이 보게 되고, 고쳤을 적에는 사람들이 모두 한결같이 일월이 되돌아오는 것과 같이 우러러보게 된다. 일식과 월식이 있지만 광명을 해치지 않음과 같지 않겠는가? 사람이 마땅히 허물이 있다고 해서 군자를 버릴 수 없을 것이다.”라고 했다.

○은휘(隱諱) : 꺼리어 피하고 숨김.
○선복(旋復) : 되돌아옴.

19·22·1 衛公孫朝가 問於子貢曰 仲尼는 焉學고

위나라의 공손조가 자공에게 물으면서 말했다. “중니는 어디서 배웠는가?”

○공손조(公孫朝) : 위(衛)나라 대부(大夫).
○중니(仲尼) : 공자의 자(字).
○언학(焉學) : 어떤 스승을 좇아 배우는가? “學以師言 焉學是從何師而學”

公孫朝는 衛大夫라

공손조는 위나라 대부다.

[備旨] 昔에 衛公孫朝가 慕聖人而不知라 故로 問於子貢에 曰吾觀仲尼호니 禮樂文物과 古今事變에 無所不通하니 必有所從學也라 不知果焉學乎아 蓋意夫子有常師也라

옛날 위나라 공손조가 성인을 그리워했지만 알 수 없었으므로 자공에게 물어볼 적에 말하기를, “내가 중니를 보니, 예악·문물과 고금·사변에 통하지 않음이 없으니 반드시 남에게 배운 바가 있었을 것이다. 과연 어디서 배웠는지 알지 못하겠다. 아마도 어쩌면 부자에게도 정해진 스승이 있었을 것이다.”라고 했다.

○종학(從學) : 남에게 배움.
○상사(常師) : 정해진 스승. 일정한 스승.
○의(意) : 어쩌면. 아마. 혹시. 부사로서 추측을 나타냄.
○‘不知果焉學乎아’를 전통적인 방법으로 ‘不知케라 果焉學乎아(알지 못하겠다. 과연 어

디서 배웠는가?)'로 현토하여 해석할 수도 있다.

9·22·2 子貢曰 文武之道가 未墜於地하여 在人이라 賢者는 識(지)其大者하고 不賢者는 識其小者하여 莫不有文武之道焉하니 夫子焉不學이시며 而亦何常師之有시리오

자공이 말했다. "문왕과 무왕의 도가 채 땅에 떨어지지 않아서 사람들에게 있습니다. 현명한 사람은 그 중에서 큰 것을 기억하고 현명치 못한 사람은 그 중에서 작은 것을 기억하여 문왕과 무왕의 도를 갖고 있지 않음이 없으니, 부자께서 무엇인들 배우지 못하겠으며 또한 어찌 정해진 스승이 있겠습니까?"

○문무지도(文武之道) : 주(周)나라 문왕(文王)과 무왕(武王)의 도(道)를 말하는데, 즉 그들이 남겼던 예악을 비롯하여 모든 문장이나 제도.
○미추어지(未墜於地) : 아직도 남아 있다. "是未喪失意"
○재인(在人) : 사람들에게 남아 있다. "人卽下賢不賢之人"
○현지지기대자(賢者識其大者) : 현명한 사람은 문무의 도 가운데서 큰 것을 배워서 취함. ☞현자(賢者) : 현명한 사람. 식견이 넓고 통하는 사람. ☞대자(大者) : 큰 일. 도(道)에서 대강(大綱)이나 요령(要領). "賢者是識見宏通 大者是道之大綱要領"
○불현자지기소자(不賢者識其小者) : 현명치 못한 사람은 문무의 도 가운데서 작은 것을 배워서 취함. ☞불현자(不賢者) : 현명치 못한 사람. 식견이 얕은 사람. ☞소자(小者) : 작은 일. 도(道)의 소절(小節)이나 세목(細目). "不賢者 只識見淺近 非庸愚也 小者是道之小節細目"
○막불유문무지도언(莫不有文武之道焉) : 문무의 도 가운데 있지 않은 것이 없다. "承賢不賢來 兼起下二句之意"
○부자언불학(夫子焉不學) : 부자께서도 무엇을 배우지 않겠는가? 즉 어디서나 아무에게라도 배운다는 말. "猶言何者不學"
○이역하상사지유(而亦何常師之有) : 또한 일정한 스승이 있겠는가? 정해져 있는 스승이 없다는 뜻. '何常師之有'는 '何常師有之'의 도치문. 고대 한문에서는 부정사 혹은 의문사와 배합된 대명사는 도치되는데, 이는 고대 문법의 특징이었다. "是無一定師之意"

文武之道는 謂文王武王之謨訓功烈과 與凡周之禮樂文章이 皆是也라 在人은 言人有能記之者라 識(지)는 記也라

　문무의 도는 문왕·무왕의 모훈·공렬과 모든 주나라의 예악·문장이 다 이것이다. 재인(在人)은 사람들이 기억할 수 있음을 말한다. 지(識)는 기억하는 것이다.

○모훈(謨訓) : 모략(謀略)과 훈회(訓誨). 모(謨)와 훈(訓). '謨'는 광범위한 계책을 세우는 것이고 '訓'은 가르치는 것을 말함. 「서경(書經)」의 《대우모(大禹謨)》 《고요모(皐陶謨)》 《이훈(伊訓)》 등이 그 예다.
○공렬(功烈) : 공훈과 업적.

[備旨] 子貢曰 子疑夫子之焉學하니 亦未知其得統於文武耳라 文王武王之道는 盡於謨訓功烈하고 散於禮樂文章하여 至今히 尙未墜於地하여 在人이라 猶得而傳之호니 如才智敏達而賢者는 則識其綱領之大者하고 卽才智稍劣而不賢者는 亦識其條目之小者하여 蓋莫不有文武之道存焉하니 識大識小하여 皆有道라 夫子或從賢者而學之하고 或從不賢者而學之하시니 焉往而不學이며 卽焉往而非師리오 而亦何常師之有시리오 然則能無不學하고 無不師者하니 是乃夫子之所以爲夫子耳라

　자공이 말하기를, "그대가 부자께서 어디서 배웠는지 의심하니, 또한 그 분이 문무로부터 계통을 얻었다는 것을 알지 못하기 때문입니다. 문왕과 무왕의 도는 모훈과 공렬을 다했고 예악과 문장에 흩어져서 지금까지 오히려 땅에 떨어지지 않고 사람에게 있습니다. 오히려 취해서 전해지고 있는데 마치 재주와 지혜가 뛰어나서 어진 사람은 그 강령의 큰 것을 알고, 재주와 지혜가 조금 부족해서 어질지 못한 사람은 또한 그 조목의 작은 것을 아는 것과 같아서, 대개 문왕과 무왕의 도가 있지 않음이 없으니, 큰 것을 기억하기도 하고 작은 것을 기억하기도 해서 모두 도가 있습니다. 부자께서는 혹 현명한 사람을 따라서 배우기도 하고 혹 현명치 못한 사람을 따라서 배우기도 하셨으니 어디를 가더라도 배우지 못하겠으며 어디를 가더라도 스승이 아니겠습니까? 그리고 또한 어찌 정해진 스승이 있겠습니까? 그렇다고 한다면 능히 배우지 못할 것이 없고 스승이 아닌 사람이 없으니, 이것이 곧 부자께서 부자가 된 까닭입니다."라고 했다.

○민달(敏達) : 총명하여 사리에 통달함.
○초열(稍劣) : 조금 어리석음. 남보다 뒤떨어짐.

19·23·1 叔孫武叔이 語大夫於朝曰 子貢이 賢於仲尼하니라

숙손무숙이 조정에서 대부에게 말하기를, "자공이 중니보다 낫다." 했다.

○숙손무숙(叔孫武叔) : 노(魯)나라 대부(大夫). 이름은 주구(州仇). 무(武)는 시호이며 숙(叔)은 자다.
○어대부어조(語大夫於朝) : 조정에서 대부에게 말함. 즉 조정에서 대부들에게 공자를 헐뜯었다는 말. 여기서 '語'는 '헐뜯으면서 말한다'는 의미. "語是告 朝是朝廷之上"
○자공현어중니현(子貢賢於仲尼) : 자공이 공자보다 현명하다. '勝'은 '낫다'는 의미. "賢猶勝也"

武叔은 **魯大夫**니 **名州仇**라

무숙은 노나라 대부이니, 이름은 주구다.

[備旨] 叔孫武叔語衆大夫於朝에 曰人皆以仲尼로 爲聖人이로되 自我觀之컨대 子貢之聰明才辨이 殆賢於仲尼라하니 斯言也不惟不知仲尼요 抑亦不知賜矣라

숙손무숙이 조정에서 여러 대부에게 말하기를, "사람들이 모두 중니를 성인이라고 하지만, 내가 보건대 자공의 총명함이나 재변이 대체로 중니보다 나을 것이다."라고 했으니, 그렇다면 말한 것이 중니를 알지 못한 것일 뿐만이 아니라 또한 자공도 알지 못한 것이다.

○재변(才辨) : 재주와 분별력.
○태(殆) : 거의. 대체로. 부사로 쓰여 아주 근접해 차이가 적음을 나타냄.
○억역(抑亦) : 또한. 아니면. 접속사로서 대부분 뒤의 선택을 나타낼 때 쓰임. '意亦'이라고도 씀.
○사(賜) : 자공(子貢)의 이름.

19·23·2 子服景伯이 以告子貢한대 子貢曰 譬之宮牆컨댄 賜之牆也는 及肩이라 窺見室家之好어니와

자복경백이 그 말을 좇아 자공에게 전하자, 자공이 말했다. "집의 담장에 비유하

자면 저의 담장은 어깨에 닿을 정도의 높이니 집 안에 좋은 것들을 바라볼 수 있거니와,

○자복경백(子服景伯) : 노(魯)나라 대부(大夫). 자복(子服)은 복성(複姓). 경(景)은 시호이며 백(伯)은 자다.
○이고자공(以告子貢) : 무숙의 말을 부족하다고 여겨서, '자공이 중니보다 낫다'는 말을 좇아 전함. "告是心中不足武叔之言"
○비지궁장(譬之宮牆) : 집의 담장에 비유함. '宮'은 진한(秦漢) 이후부터 왕의 거처라는 뜻으로 굳어졌기에 그냥 '집'이라고 번역했다. 여기서는 자공이 공자를 궁장에 비유하여 일컫는 말이기에 '사문(師門)'이라는 의미를 내포함. "宮牆謂宮外之牆"
○사지장야급견(賜之牆也及肩) : 자공의 담장은 어깨 높이에 미친다는 말. 어깨에 미친다는 말은 조예가 낮다는 의미. "及肩喻造詣之卑"
○규견실가지호(窺見室家之好) : 방이나 집의 아름다운 것을 엿보다. ☞규(窺) : 엿보다. 살펴보다. ☞실가지호(室家之好) : 집 안의 위의(威儀)・문사(文辭)가 성함을 비유한 것. "宮牆外望曰窺 室家之好喻威儀文辭之盛"

牆이 **卑**면 **室**도 **淺**이라

담장이 낮으면 집도 얕을 것이다.

[備旨] 子服景伯述其言以告子貢하니 蓋不足武叔之言也라 子貢曰 凡人之造詣는 其高下淺深이 各有不同하니 譬之컨대 內宮外牆之間을 可見焉이라 賜之道는 阻於上達하여 猶夫牆之卑也니 止於及肩而已라 牆卑則室淺하여 而中之所有를 可一覽而盡也라 故로 人皆得窺見其室家之好요 固不必入門而後에 知矣니라

자복경백이 그 말을 좇아 자공에게 알렸으니, 아마도 무숙의 말이 부족했던 것이다. 자공이 말하기를, "무릇 사람들의 지식이나 경험은 높고 낮음과 깊고 얕음이 각각 같지 않으니, 비유하자면 안쪽으로는 집이 있고 바깥쪽으로는 담장이 있는 것을 볼 수 있습니다. 나의 도는 상달의 경지와는 떨어져 있어서 담장의 낮음과 같으니 어깨 높이에서 그칠 따름입니다. 담장이 낮으면 집도 얕아서 집 가운데 있는 것들을 한번 보고서도 다 알 수 있습니다. 그러므로 사람들이 모두 그 집 안의 좋은 것들을 바라볼 수 있고, 진실로 반드시 문에 들어간 뒤에 아는 것은 아닐 것입니다.

○조(阻) : 사이가 떨어지다. 막히다.
○조예(造詣) : 어떤 분야에 대한 지식이나 경험이 깊은 경지에 이른 정도.
○상달(上達) : 위로 천명(天命)을 깨달음. ☞하학상달(下學上達) : 인사(人事)를 배우고 나아가 천리(天理)에 도달함. 곧 쉽고 비근한 것에서 배우기 시작하여 깊은 이치에 도달함.

19·23·3 夫子之牆은 數仞이라 不得其門而入이면 不見宗廟之美와 百官之富니

부자의 담장은 여러 길이 되기 때문에 그 문을 찾아서 들어가지 아니하면 종묘의 아름다움과 백관의 풍부함을 볼 수 없으니,

○부자지장수인(夫子之牆數仞) : 공자의 담장은 여러 길이 되다. ☞부자(夫子) : 여기서 부자는 공자를 가리킴. ☞인(仞) : 길. 어른 키의 한 길이. 높이나 길이를 재는 단위. 천인절벽(千仞絶壁). "數仞喩造詣之高"
○부득기문이입(不得其門而入) : 그 문을 통해 들어가지 못한다면. "門是宮門 不得便在牆外"
○종묘지미(宗廟之美) : 종묘의 아름다움. 왕실의 사당에 있는 조두(俎豆)에 예악이 빛을 발하는 것처럼 아름다움. 도덕의 광휘를 비유함. "美比道德之光輝"
○백관지부(百官之富) : 백관의 풍부함. 관을 쓰고 옷을 입어 정장한 군사들이 줄을 지어 늘어서 있는 것처럼 풍부함. 도덕의 충실을 비유함. "富比道德之充實"

七尺曰 仞이라 不入其門이면 則不見其中之所有니 言牆高而宮廣也라

일곱 자를 '仞'이라 한다. 그 문에 들어가지 않으면 그 가운데 있는 것을 볼 수 없으니 담장이 높고 집이 넓음을 말한 것이다.

[備旨] 若夫子之牆也는 道隆於峻極而莫踰니 蓋有數仞之高也라 牆高則宮廣이니 是必入其門而後에 見其所有하고 而苟不得其門而入이면 則不得見其壯麗中藏하여 輝乎宗廟之美와 與其森列內蘊하여 廓乎百官之富焉이라

부자의 담장은 길[道]이 대단히 높아서 넘을 수 없으니 아마 여러 길 되는 높이

일 것입니다. 담장이 높으면 집도 넓을 것이니 이는 반드시 그 문에 들어간 뒤에
그 모습을 볼 수 있을 것이고, 진실로 그 문에 들어가지 않는다면 그 장려함이 안
에 감춰져 있어서 종묘의 아름다움에서 나오는 광채와 그 늘어선 것들이 안에 모
여 있어서 백관의 풍부함에서 나오는 확 트인 모습을 볼 수 없을 것입니다.

○약부(若夫) : …에 이르러. 접속사로서 다른 화제를 제시하는 것을 나타냄.
○준극(峻極) : 대단히 높음. 「중용(中庸)」 “發育萬物 峻極於天”
○중장(中藏) : 속에 거두어 숨김.
○내온(內蘊) : 마음속에 간직하여 둠.
○확(廓) : 넓고 크다. 확 트인 모양. ‘성곽’이라는 뜻일 때는 독음이 ‘곽’이다.

19 · 23 · 4 得其門者가 或寡矣니 夫子之云이 不亦宜乎아

그 문을 찾아 들어간 사람이 아마 적을지도 모르니, 숙손무숙의 말이 또한 당연
하지 않겠습니까?”

○득기문자혹과의(得其門者或寡矣) : 그 문을 찾아 들어간 사람이 아마도 적을지도 모
름. ‘或’은 ‘아마 …일지도 모른다.’ ‘혹은 …일지도 모른다.’의 뜻인데, 부사로서 추측이
나 그다지 긍정하지 않음을 나타냄. “者指人言 或未定之辭 此句泛說”
○부자지운(夫子之云) : 숙손무숙이 조정에서 대부에게 ‘자공이 중니보다 낫다.’고
했던 말. 여기서 부자는 숙손무숙(叔孫武叔)을 가리킴. “云指子貢 賢於仲尼之言”
○불역의호(不亦宜乎) : 또한 당연하지 않는가? “宜是當有是言”

此夫子는 **指武叔**이라

여기에서 부자는 무숙을 가리킨다.

[備旨] 今之人은 皆宮牆外望者也니 求其得入夫子之門하여 而覩其美且富者면 蓋或寡矣
라 若夫子는 正不得其門而入者也니 求之旣無其端하고 望之莫得其際라 其云賜賢於仲尼
하여 而以室家之好로 加美富之上也는 不亦宜乎아 藉令得門而入於數仞之中하여 而縱觀
乎美富면 當爽然自失이어늘 敢云賜賢乎哉아

오늘날 사람들은 모두 집의 담장 밖에서 바라보는 사람들이니, 부자의 문에 들어가서 그 아름다움과 풍부함을 본 사람을 구하면 아마 적을지도 모릅니다. 숙손무숙 그 분은 정말로 그 문을 통해서 들어갈 수 없는 사람이니 구하더라도 이미 그 실마리도 없고 바라보더라도 그 경계를 얻지 못할 것입니다. 숙손무숙이 자공을 중니보다도 낫다고 하여 집 안의 좋은 것들을 가지고 종묘의 아름다움과 백관의 풍부함 위에 더해 보려는 것이 또한 당연하지 않겠습니까? 가령 문을 찾아 여러 길이나 되는 집 가운데 들어가도록 해서 종묘의 아름다움과 백관의 풍부함을 마음대로 보게 했다면, 당연히 정신이 멍하여 자신을 잃어버리게 될 것인데 감히 자공이 낫다고 하겠습니까?"라고 했다.

○자(藉) : 가령. 만약.
○종관(縱觀) : 제 멋대로 봄. 마음대로 봄.
○상연(爽然) : 실의(失意)하여 멍한 모양.

19·24·1 叔孫武叔이 毁仲尼어늘 子貢曰 無以爲也하라 仲尼는 不可毁也니라 他人之賢者는 丘陵也라 猶可踰也어니와 仲尼는 日月也라 無得而踰焉이니 人雖欲自絶이나 其何傷於日月乎리오 多見其不知量也로다

숙손무숙이 중니를 헐뜯자 자공이 말했다. "그렇게 하지 마십시오. 중니는 헐뜯을 수 없는 인물입니다. 비유해 본다면 다른 사람의 현명함은 대수롭지 않은 언덕과 같으므로 넘으려고 하면 오히려 넘을 수 있지만, 중니는 해와 달과 같아서 넘으려고 해도 넘을 수 없으니, 사람들이 비록 해와 달을 향해 스스로 끊어버리고자 하나, 그들이 어찌 해와 달을 손상시키겠습니까? 단지 그 사람이 자신의 분수를 알지 못함을 드러낼 뿐입니다."

○숙손무숙(叔孫武叔) : 노(魯)나라 대부(大夫). 이름은 주구(州仇). 무(武)는 시호이며 숙(叔)은 자다.
○훼중니(毁仲尼) : 공자를 헐뜯음. '仲尼'는 공자의 자(字). "毁是毁謗"
○무이위야(無以爲也) : 이렇게 하지 말라. 이와 같이 하지 말라. '無'는 금지사로서 '…하지 말라'는 뜻. '以'는 원래 '이유·조건·수단·도구·원인' 등을 나타내는 전치사인데, '無所以'의 '所'가 생략된 형태로 볼 수 있다. 흔히 '無以' '蔑以' '有以' 등

의 형태로 쓰인다. '無以'를 해석할 때는 '以'를 조동사처럼 생각하여 '…할 수 없다'라고 해석한다. '無以此毁爲也' 또는 '無用此毁爲也'의 준말. "此說武叔無用毁爲"
○중니불가훼야(仲尼不可毁也) : 공자는 헐뜯을 수 없는 인물이다. "此方就仲尼身上言之"
○타인지현자(他人之賢者) : 다른 사람들의 현명함. 공자 이외의 여러 성인을 두로 하는 말. "他人泛指羣聖人說"
○구릉야(丘陵也) : 언덕. 높이가 한계가 있음. "是喩其高有限"
○유가유야(猶可踰也) : 오히려 넘을 수 있다. "踰過也 就他人賢說"
○중니일월야(仲尼日月也) : 공자가 해와 달과 같이 지극히 높음을 비유한 말. "照註貼至高說"
○무득이유언(無得而踰焉) : 넘을 수 없다. 넘으려고 해도 이를 넘을 수 없다. 전통적으로 '얻어서 넘을 수 없다'라고 해석했다. 그러나 '得而'는 '得以'와 같은 하나의 조동사이므로, '넘을 수 없다'라고 해석해야 한다. "就仲尼說"
○인수욕자절(人雖欲自絶) : 사람들이 비록 스스로 관계를 끊어버리고자 함. '自絶'은 스스로 인연을 끊어버린다는 말. "人是造毁謗之人 暗指武叔自絶就毁謗說"
○기하상어일월호(其何傷於日月乎) : 그 사람들이 어떻게 일월과 같은 공자를 상하게 할 수 있겠는가? "此日月就借指仲尼"
○다견기부지량야(多見其不知量也) : 단지 헐뜯는 일은 그가 자기의 분수를 알지 못했음을 드러낼 뿐이다. '多'는 '祇'와 같은데 '다만[適也]'이라는 뜻임. "正深斥武叔"

無以爲는 猶言無用爲此라 土高曰丘요 大阜曰陵이라 日月은 喩其至高라 自絶은 謂以毁謗으로 自絶於孔子라 多는 與祇同이니 適也라 不知量은 謂不自知其分量也라

무이위(無以爲)는 '이런 일을 하지 말라.'는 말과 같다. 땅이 높은 것을 '丘'라 하고 큰 언덕을 '陵'이라 한다. 일월(日月)은 지극히 높은 것을 비유한다. 자절(自絶)은 훼방함으로써 스스로 공자와 관계를 끊어버리는 것을 말한다. 다(多)는 '祇'와 같으니 '다만'이란 뜻이다. 부지량(不知量)은 자신이 그 분량을 알지 못함을 이른다.

○무용위차(無用爲此) : 이런 일을 하지 말라. '用'은 '以'와 같은 뜻으로 쓰였음. '無以爲此'와 같은 표현.
○지(祇) : 다만. 마침.
○적(適) : 다만.

[備旨] 叔孫武叔前言仲尼不及子貢이라가 至是하여 又毀謗之한대 子貢曉之에 曰無用此
毀爲也하라 仲尼는 固不可得而毀也니 如他人之賢者는 所造雖高나 不過丘陵也라 猶可得
而踰越也어니와 仲尼之爲聖은 直是日月也라 懸象於天高하니 視古今에 併無得而踰越焉
이라 人雖欲毀謗하여 以自絶於聖人之敎나 其何傷損於日月之高乎아 祇見其不知己之分量
也니 而何以毀爲哉아

　숙손무숙이 앞장에서 중니는 자공에게 미치지 못한다고 말하다가 여기에 이르
러서는 또 헐뜯으니, 자공이 깨우쳐 줄 적에 말하기를, "그렇게 헐뜯지 마십시오.
중니는 진실로 헐뜯으려고 해도 헐뜯을 수가 없으니, 다른 사람의 현명함은 나아
가는 바가 비록 높더라도 구릉에 지나지 않는지라 오히려 뛰어 넘을 수 있겠지만,
중니의 성인됨은 곧 일월과 같은지라 하늘 높은 데 매달린 모양이니, 고금에 비교
해 볼 적에 뛰어 넘으려고 해도 같이 뛰어 넘을 수가 없습니다. 사람들이 비록 헐
뜯어서 성인의 가르침에서 스스로 관계를 끊어버리고자 하나, 그들이 어찌 일월과
같이 높은 분을 손상할 수 있겠습니까? 다만 그들이 자기의 분량을 알지 못함을
드러낼 뿐이니 어찌 헐뜯을 수 있겠습니까?"라고 했다.

○유월(踰越) : 뛰어 넘음.
○직(直) : 곧장. 죽. 중단하지 않고 직접 어떤 일을 하는 것을 나타냄.

19·25·1 陳子禽이 謂子貢曰 子爲恭也언정 仲尼가 豈賢於子乎리오

　진자금이 자공에게 이르면서 말했다. "그대가 겸손해서 그렇지 중니가 어찌 그
대보다 현명하겠는가?"

○진자금위자공(陳子禽謂子貢) : 진자금이 자공에게 이르다. ☞진자금(陳子禽) : 공
자의 제자. 성은 진(陳)이요, 이름은 항(亢)이다. 자는 자항(子亢) 또는 자금(子禽).
본서 1·10·1 참고. ☞항(亢) : 목. 오르다. 본음은 '강'임. ☞위(謂) : 여기서는 사
사롭게 상의하다. "謂是私相議"
○자위공야(子爲恭也) : 자공이 공경을 실행하다. 자공이 겸손하다는 말. '爲'는 '행하다'
라는 뜻. "子指子貢 爲恭只照上兩章看"
○중니기현어자호(仲尼豈賢於子乎) : 공자가 어찌 자공 자네보다 현명한가? 자공을 아

주 높여줌. "只是尊子貢勿貶仲尼"

爲恭은 謂爲恭敬하여 推(퇴)遜其師也라

위공(爲恭)은 공경을 실행하여 그 스승에게 양보함을 말한다.

○퇴손(推遜) : 양보하다. ☞퇴(推) : 양여(讓與)하다.

[備旨] 陳子禽謂子貢에 曰子之於仲尼也에 譬之以宮牆하고 喩之以日月이니 乃務爲恭敬하여 以推遜夫師也라 若以實論之면 仲尼가 豈誠賢於子乎아

진자금이 자공에게 이를 적에 말하기를, "그대는 중니와의 관계에서 집의 담장에 비유할 수 있고 일월에 비유할 수 있는데, 곧 공경을 실행해서 스승에게 양보하는 데 힘을 써서 그렇습니다. 만약 진실로 논해 본다면 중니가 어떻게 진실로 그대보다 현명하겠습니까?"라고 했다.

○어(於) : …에 의거하여 보면. …에 대해 말하면.

19·25·2 子貢曰 君子가 一言에 以爲知하며 一言에 以爲不知니 言不可不愼也니라

자공이 말했다. "군자가 한 마디 말에 의해 사람들이 지혜롭다 생각하기도 하며, 한 마디 말에 의해 지혜롭지 않다고 생각하기도 하니, 말을 조심하지 않을 수 없습니다.

○군자(君子) : 여기서 군자는 배우는 사람을 말함. "君子指學者說"
○일언이위지(一言以爲知) : 이치에 들어맞는 한 마디 말로써 사람들이 지혜롭다고 생각하다. "此一言以當理言 知是有知人之明"
○일언이위부지(一言以爲不知) : 이치에 들어맞지 않는 한 마디 말로써 사람들이 지혜롭지 않다고 생각하다. "此一言以失理言 不知是有無知人之明"
○얼불가불신야(言不可不愼也) : 말 한 마디를 조심하지 않을 수 없다. "愼正跟一字來"

責子禽이 **不謹言**이라

자금이 말을 삼가지 않음을 꾸짖은 것이다.

[備旨] 子貢責之에 曰君子之評論人也에 一言之得을 人卽以爲知라하고 一言之失을 人卽以爲不知라하니 知與不知가 係於一言이 如此라 故로 言不可以不愼也니 子何爲此不知之言耶아

자공이 꾸짖을 적에 말하기를, "군자에 대해 사람을 평론할 적에 한 마디 말을 얻는 것을 사람들은 지혜롭다고 생각하고, 한 마디 말을 잃는 것을 사람들은 지혜롭지 못하다고 생각하니, 지혜롭고 지혜롭지 못함이 한 마디 말과 관계됨이 이와 같습니다. 그러므로 말을 조심하지 않을 수 없으니, 그대는 어찌 이렇게 지혜롭지 못한 말을 하십니까?

19·25·3 夫子之不可及也는 猶天之不可階而升也니라

부자께 미칠 수 없는 것은 하늘을 사다리로 오를 수 없는 것과 같습니다.

○부자지불가급야(夫子之不可及也) : 공자에 대해 미칠 수 없다. 부자의 신화(神化)에는 미칠 수 없음을 말한 내용. "不可及以神化言"
○유천지불가계이승야(猶天之不可階而升也) : 하늘에 사다리를 타고서 오를 수 없는 것과 같다. "升登也 此句正形容其不可及意"

階는 **梯也**라 **大可爲也**어니와 **化不可爲也**라 **故**로 **曰不可階而升也**라

계(階)는 사다리다. '충실해서 광휘가 드러나는 것[大]'은 할 수 있지만 '신묘하게 변화되는 것[化]'은 할 수 없다. 그러므로 사다리로 오를 수 없다고 말한 것이다.

○대(大) : 충실하여 광휘가 있는 상태를 말함. 「맹자(孟子)」《진심하(盡心下)》 "可欲之謂善 有諸己之謂信 充實之謂美 充實而有光輝之謂大 大而化之之謂聖 聖而不可知之之謂神"
○화(化) : 신화를 말함. ☞신화(神化) : 신묘하게 변화함. 또는 신기한 조화.

[備旨] 豈以夫子로 爲可及耶아 不知夫子之聖은 神無方而化無體하니 其德之高를 於天下人에 不可幾及之也라 猶天之以形高로 天下人이 不可階梯而升也라 及之且不可온 而況賢之乎아

어찌 부자를 미칠 수 있다고 하겠습니까? 부자께서 성인으로서의 모습은 신묘함에는 방향이 없고 변화에는 형체가 없으니 그 덕의 높음을 천하 사람들과 비교해 볼 적에 거의 미칠 수 없습니다. 이는 마치 하늘이 형체가 높기 때문에 천하의 사람들이 사다리를 타고 올라갈 수 없음을 알지 못함과 같습니다. 미치는 것도 또한 불가능한데 하물며 현명한 것임에랴?

19 · 25 · 4 夫子之得邦家者인댄 所謂立之斯立하고 道之斯行하며 綏之斯來하고 動之斯和하여 其生也榮하고 其死也哀니 如之何其可及也리오

만일 부자께서 나라나 집을 얻어 다스린다면, 이른바 백성을 일으켜 주면 일어나고, 백성을 인도해 주면 행하며, 백성을 편안하게 해 주면 돌아오고, 백성을 움직여 주면 조화를 이루어서, 그분이 살아있을 적에는 영광스럽게 되고 그분이 죽었을 적에는 슬퍼하게 될 것이니, 어떻게 또한 미칠 수 있겠습니까?"

○부자지득방가자(夫子之得邦家者) : 부자께서 나라를 얻어 다스린다면. '邦家'는 '제후(諸侯)의 나라와 대부(大夫)의 집'을 말하는데 '나라'라고 해석할 수도 있음. "是設言爲王者之佐"
○입지사립(立之斯立) : 일어나게 하면 일어나다. 즉 논밭과 주택을 잘 다스려 그들의 삶을 도와줌. '斯'는 '則'과 같은 의미. "立就養說 斯立卽民得其養"
○도지사행(道之斯行) : 인도하면 곧 행하게 되다. 이의(理義)를 밝혀서 그 성품을 회복하도록 가르치면 백성들은 실행함. "道就敎說 斯行卽民從其敎"
○수지사래(綏之斯來) : 편하도록 해주면 돌아오다. 백성들을 편안하게 하면 기뻐해서 돌아오게 됨. "綏是立之固 來是民心愛戴意 頂上養說"
○동지사화(動之斯和) : 움직여 주면 백성들이 고무(鼓舞)되어 크게 변화하게 되다. "動是道之深 和是民風不變意 頂上敎說"
○기생야영(其生也榮) : 그 사람의 생애가 영광스러움. 사람들이 모두 높여주고 친애하게 되다. "榮是尊之親之"

○기사야애(其死也哀) : 그 사람이 죽으면 슬퍼하다. 사모하여 잊지 못함. "愛是思慕不忘"

○여지하기가급야(如之何其可及也) : 어떻게 또한 미칠 수 있는가? 도저히 미칠 수 없다는 말. '如之何'는 관용어구로 '어떻게'라는 뜻으로 원인을 묻거나 반문을 나타냄. '如~何'는 '…을 어떻게 하다.'라고 해석하며 목적어가 중간에 옴. '奈~何' '若~何'도 같은 형태임.

立之는 謂植其生也라 道는 引也니 謂敎之也라 行은 從也요 綏는 安也요 來는 歸附也요 動은 謂鼓舞之也요 和는 所謂於(오)變時雍이니 言其感應之妙가 神速如此라 榮은 謂莫不尊親이요 哀는 則如喪考妣라 程子曰 此는 聖人之神化가 上下에 與天地로 同流者也라

○謝氏曰 觀子貢稱聖人語면 乃知晩年進德이 蓋極於高遠也라 夫子之得邦家者면 其鼓舞群動이 捷於桴鼓影響이니 人雖見變化나 而莫窮其所以變化也라 蓋不離於聖이나 而有不可知者存焉하니 聖而進於不可知之之神矣라 此는 殆難以思勉及也니라

입지(立之)는 그들의 삶을 도와줌이요 도(道)는 인도하는 것이니, 가르치는 것을 이른다. 행(行)은 따른다는 것이요 유(綏)는 편안하게 한다는 것이요 내(來)는 충심으로 따라 붙는다는 것이요 동(動)은 고무시킨다는 것이요 화(和)는 세상이 잘 다스려짐을 이른 것이니, 그 감응의 묘함이 신기하고 빠름이 이와 같음을 말한 것이다. 영(榮)은 높이고 친애하지 않음이 없음을 말하고 애(哀)는 어버이를 잃은 것과 같이 함이다. 정자가 말했다. "이는 성인의 신묘한 교화가 위나 아래에 천지와 더불어 흐르는 것이다."

○사 씨가 말했다. "자공이 성인을 칭찬한 말을 보면 곧 만년에 덕에 나아감이 고원한 곳에 이르렀음을 알 수 있다. 부자께서 나라를 얻어 다스렸다면 고무시키고 무리를 감동시키는 것이 북채와 북의 호응이나 그림자와 메아리의 감응보다도 빨랐을 것이니, 사람들이 비록 그 변화된 내용은 볼 수 있지만 그것이 변화된 까닭은 볼 수 없었을 것이다. 이는 대개 성인의 경지에서 벗어나지 않았지만 측량할 수 없는 신묘한 것이 존재해 있으니, 성스러우면서 그것을 측량할 수 없는 신기한 경지에 나아갔던 것이다. 이것은 자못 생각과 노력으로 이르기 어려운 것이다.

○식(植) : 도와주다. 키우다[扶植].
○귀부(歸附) : 충심으로 따라 붙음. 귀순함.
○오변시옹(於變時雍) : 아아, 바뀌었구나, 이 화목함이여!「서전(書傳)」《요전(堯

典)》에 나오는 말. "萬邦黎民 於變時雍" 임금이 선도(善道)를 행하여 백성이 화목하고 세상이 잘 다스려짐을 이름. '於'는 감탄사, '變'은 악을 바꾸어 선으로 옮아가는 것, '時'는 是, '雍'은 和를 말함(於歎美辭 變變惡爲善也 時是 雍和也).
○고비(考妣) : 돌아가신 아버지와 어머니.
○신화(神化) : 신묘하게 변화함. 또는 신기한 조화.
○부고(枹鼓) : 북채와 북. 서로 호응함이 빠름의 비유.
○영향(影響) : 그림자와 메아리. 감응이 매우 신속함의 형용.

[備旨] 惜夫子未得邦家하여 其不可及者를 無以自見耳라 如使夫子로 得邦家而治之면 則其神化當何如哉아 正所謂制田里之政하여 而立之以植其生이면 則民斯立하여 而無不植其生이요 明理義之敎하여 而道之以復其性이면 則民斯行하여 以無不復其性이요 綏之於旣立之後하여 而益廣其安養之澤이면 則民斯來하여 而愛戴歸附를 自不可禦요 動之於旣道之後하여 而益善其鼓舞之術이면 則民斯和하여 而於變時雍을 自不容已니 其德化感人之速이 如此라 將見其生也에 蒙立道綏動之化者가 莫不尊親하여 而人皆榮之하고 其死也에 懷立道綏動之化者가 如喪考妣하여 而人皆哀之하리니 其德化入人之深이 又如此라 此皆盛德之所致니 有莫知其所以然而然者가 甚矣라 夫子之治는 一天之治也니 如之何其可及也리오 此所謂不可階而升也라 而子乃謂我曰 仲尼는 豈賢於子리오하니 誠不自知其不知之失也哉인저

부자께서 방가를 얻어 다스리지 못해 거기에는 미칠 수 없었던 것을 자신의 뜻을 드러낼 수 없었던 것이라고 애석하게 여겼을 따름입니다. 만약 부자로 하여금 나라를 얻어서 다스리게 했다면 그 신화의 모습이 과연 어떠했을까? 정말로 이른바 논밭과 주택을 다스리는 정책을 제정해서 그들의 삶을 도와 일으켜주면 백성들은 곧 일어나서 그들의 삶에 번식하지 않음이 없을 것이요, 도리와 정의의 가르침을 밝혀서 그들의 성품을 회복하도록 인도해주면 백성들은 곧 실행해서 그들의 성품을 회복하지 않음이 없을 것이요, 이미 일으킨 뒤에는 편안하게 해서 그들의 마음을 편안하게 해주고 양육의 혜택을 더욱 넓혀주면 백성들은 곧 돌아와서 기뻐하고 받들고 충심으로 따라붙음을 스스로 막을 수가 없을 것이요, 인도하기를 다한 뒤에 그들을 움직여서 그 고무시키는 일을 더욱 잘하면 백성들은 곧 화목하여 세상이 잘 다스려짐을 스스로 그만둘 수 없을 것이니, 그 덕화가 사람들을 감동시킬 적에 빠름이 이와 같을 것입니다. 그가 살아있을 적에는 일어나게 되고, 인도함을 받고, 편안하게 되고, 움직이게 된 사람들이 어버이를 존경하지 않음이 없어서 사람들이 모두 영화롭게 될 것이요, 그가 죽었을 적에는 일어나게 되고, 인도함을 받고, 편안하게 되고, 움직이게 된 사람들이 마치 어버이 상을 당한 것처럼

하여 사람들이 모두 슬퍼함을 볼 수 있을 것이니, 그 덕화가 사람에게 깊이 들어
간 것이 또한 이와 같을 것입니다. 이는 모두 성덕의 이룬 바니 그것이 그렇게 된
까닭을 알지 못하지만 그렇게 됨이 많을 것입니다. 부자의 가르침은 하늘과 같으
니 어떻게 또한 미칠 수 있겠습니까? 이것이 이른바 사다리를 타고서도 오를 수
없다는 것입니다. 그런데도 자네는 나에게 '중니가 어찌 그대보다 현명하겠는가?'
하니, 진실로 자신이 지혜롭지 못해서 저지른 실수를 알지 못하는 것입니다."라고
했다.

○자현(自見) : 자연스럽게 드러남. 즉 자신의 뜻을 나타냄을 이름.

○정(正) : 정말로. 실제로. 확실히. 부사로 쓰였음.

○전리지정(田里之政) : 논밭과 주택을 다스리는 정책.

○이의지교(理義之敎) : 도리와 정의의 가르침.

○안양지택(安養之澤) : 마음을 편안하게 하고 양육하는 혜택.

○애대(愛戴) : 기뻐하여 받듦.

○고무지술(鼓舞之術) : 고무시키는 일.

○고비(考妣) : 돌아가신 아버지와 어머니.

○일천(一天) : 하늘만함. 매우 크고 많음의 형용.

○부지지실(不知之失) : 지혜롭지 못해서 저지른 실수.

제 20편 堯曰

凡三章이라

모두 3장이다.

20·1·1 堯曰 咨爾舜아 天之歷數가 在爾躬하니 允執其中하라 四海困窮하면 天祿이 永終하리라

요임금이 말씀하셨다. "아, 너 순아! 하늘의 운수가 네 몸에 있으니 진실로 그 중도를 지켜라. 온 세상이 곤궁하면 하늘의 복록이 영원히 끊어질 것이다."

○요왈자이순(堯曰咨爾舜) : 요임금이 말씀하시기를, '아, 너 순아!…' ☞요(堯) : 고대 중국의 성군(聖君). 요임금[陶唐氏號]. 당뇨(唐堯). ☞자(咨) : 남을 기릴 때 내는 소리. 감탄하는 소리. '嗟'와 같은 뜻. ☞순(舜) : 고대 중국의 성군(聖君). 순임금[虞舜帝名]. 우순(虞舜). "爾指舜言"
○천지역수재이궁(天之歷數在爾躬) : 하늘의 운수가 순임금 네 몸에 있다. ☞역수(歷數) : 운수. 제왕이 서로 계승하는 차례. "此句以德當天心卜之 爾躬指舜身上言"
○윤집기중(允執其中) : 진실로 그 중정(中正)을 잡으라. 중용의 도리를 잡으라는 말. 「서경(書經)」 《우서(虞書) 대우모(大禹謨)》에 보면 "人心은 惟危하고 道心은 惟微하니 惟精惟一하야사 允執厥中하리라"라는 말이 나오는데 윤집궐중(允執厥中)과 같은 말. "允執是眞個執得 其字指道 中是恰好的道理"
○사해곤궁천록영종(四海困窮天祿永終) : 온 세상이 곤궁하면 하늘의 복록이 영원히 끊어지다. ☞사해(四海) : 온 천하. 사방의 바다의 바라란 뜻으로 온 세상. ☞천록(天祿) : 하늘이 내린 복록(福祿). "二句反執中說"

此는 堯命舜하여 而禪以帝位之辭라 咨는 嗟歎聲이라 歷數는 帝王相繼之次第니 猶歲時氣節之先後也라 允은 信也라 中者는 無過不及之名이라 四海之人이 困窮이면 則君祿도 亦永絶矣니 戒之也라

이것은 요임금이 순임금에게 명하여 임금의 자리를 물려줄 적에 하신 말씀이다. '咨'는 감탄하는 소리다. 역수(歷數)는 제왕들이 서로 계승하는 차례이니, 세시와 절기의 차례와 같은 것이다. 윤(允)은 '진실로'다. 중(中)은 지나치거나 미치지 않음이 없음을 이름이다. 온 세상의 사람들이 곤궁해지면 임금의 녹도 또한 영원히 끊어질 것이니 이를 경계시킨 것이다.

○선양(禪讓) : 임금의 자리를 타성(他姓)의 유덕한 사람에게 물려주는 일. 선위(禪位).
○기절(氣節) : 절기(節氣).

[備旨] 昔에 帝堯禪位於舜而命之에 曰咨嗟哉라 爾舜也여 自古로 帝王之興은 皆受天之歷數어니와 吾以爾德之升聞者로 而上觀天道하고 下驗人心하니 天之歷數가 當在爾躬矣라 然이나 豈易承也哉아 亦視其執中何如耳니라 天下萬事萬物이 莫不有中하니 爾於事事物物에 惟擇其中하여 允執而用之하고 而無過不及之差면 則四海蒙福하여 而天祿을 其永享矣라 苟不能執中하여 而致四海之困窮이면 則上天所與之祿이 自此而永絶矣니 歷數가 安能爲汝有哉아하시니 其戒命之辭가 如此니라

옛날 요임금이 순임금에게 자리를 물려주면서 명령을 내릴 적에 말씀하시기를, "아, 너 순이여! 예로부터 제왕이 일어날 적에는 모두 하늘의 역수를 받았거니와 나는 네가 덕이 있다는 소리가 들었기 때문에 위로는 천도를 바라보고 아래로는 인심을 징험해 보니, 하늘의 역수가 마땅히 너의 몸에 있다고 하지만 어찌 쉽게 이어받을 수 있겠는가? 또한 그 중용의 도를 잡음이 어떠한가를 살펴봐야 할 따름이다. 천하의 만사와 만물이 중용의 도가 있지 않음이 없으니, 네가 모든 사물에 오직 그 중용의 도를 택하여 진실로 잡아서 쓰고 과불급에 어긋남이 없으면, 온 세상이 복을 받아서 하늘의 복을 길이 누릴 수 있을 것이다. 진실로 능히 중용의 도를 잡지 못해서 온 세상이 곤궁한 데 이르면 하늘에서 준 복록이 이로부터 영원히 끊어질 것이니, 하늘의 운수가 어찌 능히 너를 위해서 있겠는가?"라고 하셨으니, 그 분께서 계명한 말씀이 이와 같다.

○자차(咨嗟) : 찬양하고 감탄하는 소리. 자탄(咨歎).
○승문(升聞) : 윗사람에게 들림.
○사사물물(事事物物) : 모든 사물. 무슨 일이나 무슨 물건이나. 만사 만단(萬事萬端).
○몽복(蒙福) : 복을 받음.
○계명(誡命) : 훈계나 경계의 명령.

20·1·2 舜이 亦以命禹하시니라

순임금이 또한 이 말씀으로써 우임금에게 명하셨다.

○순역이명우(舜亦以命禹) : 순임금이 또한 이 말씀으로써 우임금에게 명했다는 말. '亦'자에 묘한 맛이 있으므로 잘 음미해야 함. "亦字重見中外無道也"

舜이 後遜位於禹에 亦以此辭로 命之라 今見(현)於虞書大禹謨하니 比此加詳이라

순임금이 뒤에 우임금에게 제왕의 자리를 물려줄 적에 또한 이 말씀으로써 명하셨다. 지금 《우서 대우모편》에 나타나니 이것에 비해 더욱 상세하다.

○손위(遜位) : 제왕의 자리를 물려줌. 양위(讓位).
○《우서(虞書) 대우모(大禹謨)》:「서경(書經)」의 편명(篇名). 군신(君臣) 사이의 가언(嘉言) 및 선정(善政) 등을 내용으로 함.

[備旨] 後舜禪位於禹에 亦以此辭로 命之하니 雖加以精一之訓하여 視昔爲詳이나 要亦不過執守此中焉耳라 此舜之授禹로되 而禹之所以得統於舜者也라

뒷날 순임금이 우임금에게 자리를 물려줄 적에 또한 이 말로써 명했으니, 비록 정일(精一)해야 한다는 교훈을 더하여 옛날과 비교해 볼 적에 상세하다고 할지라도 요컨대 또한 이 중용의 도를 잡아 지키라는 것에 불과할 따름이다. 이는 순임금이 우임금에게 준 것이지만, 그러나 우임금이 순임금으로부터 실마리를 얻었던 것이다.

○선위(禪位) : 임금의 자리를 물려주는 일. 선양(禪讓).
○정일(精一) : 도덕 수양이 정수(精粹)하고 순일함. 순(舜)임금이 우(禹)임금에게 선위(禪位)할 적에 '사람의 마음은 위태롭고 도의 마음은 은미하니 오직 정일(精一)해야 진실로 그 중도(中道)를 잡을 것이다.'라고 덧붙여서 한 말.「서전(書傳)」《우서(虞書) 대우모(大禹謨)》"帝曰來하라 禹아 … 天之歷數가 在爾躬이라 汝終陟元后하리라 人心은 惟危하고 道心은 惟微하니 惟精惟一이라사 允執厥中하리라"

20·1·3 曰 予小子履는 敢用玄牡하여 敢昭告于皇皇后帝하노니 有罪를 不敢赦하며 帝臣不蔽니 簡在帝心이니이다 朕躬有罪는 無以萬方이요 萬方有罪는 罪在朕躬하니이다

탕임금이 말씀하시기를, "나 어린아이 이는 감히 검은 황소를 잡아서 위대하신 상제께 아룁니다. 걸왕과 같이 죄가 있는 자를 감히 용서하지 않겠으며 당신의 신하들을 제가 감히 묻어둘 수 없는 것이니, 신하를 검열함은 당신의 마음에 달려 있습니다. 제 몸에 죄가 있음은 만방의 백성 때문에 그런 것이 아니며, 만방의 백성에게 죄가 있는 것은 그 죄가 저에게 있어서 그렇습니다."라고 하셨다.

○왈여소자이(曰予小子履) : 말하건대 나 어린아이 이는. ☞여소자(予小子) : '나 어린아이'라는 뜻으로 탕(湯)임금 자신을 낮춰서 하는 말. 상고 시대에는 이 말을 많이 썼는데「서경(書經)」에 많이 나타난다. ☞이(履) : 탕(湯)임금의 이름. 임금이 된 후에 개명함. 논어집주(論語集註)」"疏世本云 湯名天乙 孔安國云 至爲王改名履" 원음은 '리'다. "曰是湯說 予小子是卑辭"

○감용현모(敢用玄牡) : 감히 검은 황소를 써서. 현모(玄牡)는 제사에 쓰는 검은 황소를 말하는데, 하(夏)나라에서는 검은 빛을 숭상했으므로 신에게 바치는 희생(犧牲)도 현모를 사용했음. ☞모(牡) : 수컷. 보통 수놈의 날짐승을 '雄'이라 하고 길짐승을 '牡'라고 함. "敢告是明說"

○감소고우황황후제(敢昭告于皇皇后帝) : 감히 위대하신 상제께 아뢴다는 말. ☞황황(皇皇) : 큰 모양. '위대한'이란 뜻. ☞후제(后帝) : 천제(天帝). 하느님.「시경(詩經)」《노송(魯頌) 비궁(閟宮)》에 "皇皇后帝 皇祖后稷"이라 했음. "皇皇后帝是尊稱上帝之辭"

○유죄불감사(有罪不敢赦) : 죄 있는 자를 용서하지 않다. 즉 걸임금을 용서하지 않겠다는 말. "有罪指傑"

○제신불폐(帝臣不蔽) : 상제의 신하들을 감춰두지 않다. 상제의 신하였던 천하의 현인들을 은폐해 두지 않는다는 말. "帝臣指天下賢人"

○간재제심(簡在帝心) : 신하를 검열함이 상제의 마음에 달려 있다. "簡是鑒閱意 秉命討言帝心卽天心"

○짐궁유죄(朕躬有罪) : 만일 탕왕 자신의 몸에 죄가 있다면. '朕'은 임금 자신의 겸칭. "朕是人君謙稱"

○무이만방(無以萬方) : 천하의 사람들과는 무관하다. ☞무이(無以) : …할 수 없다. '以'는 원래 '이유·조건·수단·도구·원인' 등을 나타내는 전치사인데, '無所

以'의 '所'가 생략된 형태로 볼 수 있다. 흔히 '無以' '蔑以' '有以' 등의 형태로 쓰인다. '無以'를 해석할 때는 '以'를 조동사처럼 생각하여 '…할 수 없다'라고 해석한다. "萬方指天下之民說"

○만방유죄(萬方有罪) : 만일 천하 사방의 백성에게 죄가 있다면. "指未能遷善去惡言"

○죄재짐궁(罪在朕躬) : 그 죄가 탕왕 자신에게 있다. '朕'은 일인칭 대명사. "以統馭失道言"

此는 引商書湯誥之辭니 蓋湯既放桀하고 而告諸侯也라 與書文으로 大同小異로되 曰上에 當有湯字라 履는 蓋湯名이라 用玄牡는 夏尚黑하니 未變其禮也라 簡은 閱也라 言桀有罪를 己不敢赦요 而天下賢人은 皆上帝之臣이니 己不敢蔽니 簡在帝心하여 惟帝所命이라 此는 述其初請命하여 而伐桀之辭也라 又言君有罪는 非民所致요 民有罪는 實君所爲라하니 見其厚於責己요 薄於責人之意라 此는 其告諸侯之辭也라

이는 《상서 탕고편》의 말을 인용한 것이니, 아마도 탕왕이 걸왕을 추방하고 제후에게 고한 내용일 것이다. 「서경」의 글과 대동소이하지만 '曰'이란 글자 위에 마땅히 '湯'이란 글자가 있어야 할 것이다. 이(履)는 아마 탕의 이름일 것이다. 검은 황소를 쓴 것은 하나라가 흑색을 숭상하니 아직도 그 예를 바꾸지 않은 것이다. 간(簡)은 간열하는 것이다. 걸왕에게 죄가 있는 것을 자기는 감히 용서해 줄 수 없고 천하의 현인들은 모두 상제의 신하이니 자기는 감히 은폐할 수 없으니, 간열이 상제의 마음에 달려 있어서 오직 상제에 의해서 명령되는 것임을 말씀한 것이다. 이것은 그가 처음에 상제에게 지시해 주기를 청하여 걸왕을 칠 때 말씀을 기술한 것이다. 또 임금에게 죄가 있음은 백성들의 소치가 아니고 백성들에게 죄가 있음은 진실로 임금이 행한 것이라고 말씀하셨으니, 자신을 꾸짖는 데는 심하게 하고 남을 꾸짖는 데는 가볍게 한 뜻을 볼 수 있다. 이것은 제후들에게 말씀한 내용이다.

○간열(簡閱) : 검열함.
○걸(桀) : 하(夏)나라의 끝 임금.
○청명(請命) : 지시해 주기를 청함.

[備旨] 禹之後에 應歷數而有天下者는 商湯也라 湯之放桀하고 而告諸侯에 曰予向之伐
桀也라 請於帝에 曰予小子履는 敢用玄色之牡하여 敢昭告於皇皇后帝하노이다 桀之有罪
를 我不敢赦而弗誅요 天下賢人은 皆上帝之臣이니 我不敢蔽而不用이라 蓋其有罪也와 有
德也는 皆已簡閱이 自上帝之心이요 我惟聽上帝之命而已라 敢違之하여 而不誅不用哉아
吾之請命以伐桀者가 如此하고 而今旣爲天子호니 其責任이 尤有甚重者라 朕躬에 若有過
면 擧乃自己致之니 無與於爾萬方也요 若萬方有過면 擧實我一人撫馭가 失道而致之니 其
罪在朕躬하니이다하니 此는 則命討之公하고 自責之厚하여 而湯之得統於禹者니 其誥戒
가 如此也라

　　우임금의 뒤에 역수에 응해 천하를 소유한 사람은 상나라 탕임금이다. 탕임금이 걸
임금을 내치고 제후에게 고할 적에 "제가 앞으로 걸임금을 칠 것입니다."라고 말씀했
던 것이다. 상제께 간청할 적에 말하기를, "나 어린아이 이는 감히 검은 빛깔의 소를
써서 감히 위대한 상제께 분명히 아룁니다. 걸임금에게 있는 죄를 제가 감히 용서해서
죽이지 않을 수 없고, 천하의 현인은 모두 상제의 신하이니 제가 감히 은폐해서 쓰지
않을 수 없습니다. 아마도 그에게 죄가 있고 덕이 있음은 모두가 이미 검열하는 것이
상제의 마음에서 비롯되는 것이고, 저는 오직 상제의 명령만 들을 따름입니다. 감히 명
령을 어기고서 죽이지 않거나 쓰지 않을 수 있겠습니까? 제가 걸임금을 벌하도록 명령
을 기다림이 이와 같고, 그리고 지금은 천자가 되었으니 그 책임이 더욱 중합니다. 짐
의 몸에 만약 허물이 있다면 모든 것이 바로 내 자신이 그렇게 한 것이니 이 만방과는
관련이 없는 것이요, 만약 만방에 허물이 있다면 모든 것이 진실로 내 한 사람의 어루
만짐과 제어함이 도를 잃어 그렇게 된 것이니 그 죄가 짐의 몸에 있습니다."라고 했으
니, 이는 토벌을 명할 때는 공평하게 하고 자신을 꾸짖을 때 심하게 하여 탕임금이 우
임금으로부터 실마리를 얻은 것이니, 그 분이 훈계했던 내용이 이와 같다.

○소고(昭告) : 분명히 아룀.
○기(旣)~우(又) : '이미 …이며 그 외에…' '이미 …한 이상은 또한…' 접속사로서 한
방면에만 그치지 않음을 나타냄.
○무어(撫馭) : 안무하고 제어함.
○고계(誥戒) : 윗사람이 아랫사람에게 훈계함. 또는 그 말. 고계(誥誡).

20·1·4 周有大賚하신대 善人是富하시니라

무왕이 주나라에 큰 하사품을 주셨는데 선인을 부하게 하셨다.

○주유대뢰(周有大賚) : 주나라에는 큰 하사품이 있다. 즉 무왕이 하사품을 내렸다는 말. ☞대뢰(大賚) : 크게 하사함. 큰 하사품. '賚'는 하사(下賜)하다. "周指武王言 大賚是 遍天下而錫予之也 故曰大"
○선인시부(善人是富) : 선인을 부하게 하다. 선인이 부하게 되도록 하다. '善人'은 덕행이 있는 사람을 말하며, '富'는 정성스러운 뜻을 더했다는 말. '是'는 한문에서 도치된 서술어와 목적어 사이에 흔히 쓰이는 허사(虛詞)다. 본서 "11·20·1 子曰 論篤是與면 君子者乎아 色莊者乎아"도 같은 구조다. "善人是有德行之人 富是加厚意"
○여기부터 20·1·8까지는 무왕(武王)의 사적(事蹟)과 말을 기록한 것이고, 20·1·9는 이제(二帝)와 삼왕(三王)의 다스림을 요약한 것이다.

此以下는 述武王事라 賚는 予也라 武王이 克商하고 大賚于四海하니 見(현)周書武成篇이라 此는 言其所富者가 皆善人也라 詩序云 賚는 所以錫予善人이라하니 蓋本於此라

이 아래는 무왕의 일을 기술한 것이다. 뇌(賚)는 하사품을 주는 것이다. 무왕이 상나라를 이기고 온 세상에 크게 베풀었으니, 「서전」의 《주서 무성편》에 나타난다. 이는 그들 중에 부하게 된 자가 모두 선인이라는 것이다. 「시경」의 《주송》 모서에 이르기를, '하사품은 선인에게 준다.' 하였으니, 아마도 이를 근본으로 삼았을 것이다.

○《주서(周書) 무성편(武成篇)》 : 무왕이 은나라를 정벌하여 이기고 말과 소들을 놓아주고 여러 신들에게 제사하여 고한 것과 나라를 잘 다스린 정사에 대하여 사관(史官)이 기록한 것. "散鹿臺之財하시며 發鉅橋之粟하사 大賚于四海하신대 而萬姓이 悅服하니라"(녹대(鹿臺)의 재물을 흩어주시며 거교(鉅橋)의 곡식을 내주셔서, 온 세상에 크게 물건을 내려 주시니, 온 백성들이 기뻐하여 복종하게 되었다.)
○주송(周頌) 모서(毛序) : 주송(周頌)은 주공(周公)이 성왕(成王)을 섭정할 때 지은 시다. 모서(毛序)는 모시(毛詩)의 서문을 말하는데, 한초(漢初)에 모공(毛公)이 전했다고 해서 모시(毛詩)라고 함. "賚는 大封於廟也라 賚는 予也니 言所以錫予善人也라"

[備旨] 湯之後에 應歷數而有天下者는 武王也라 當伐商之後에 散財發粟하여 大賞을 賚

於天下하시니라 然이나 非人人而富之요 惟善人을 是厚而已니 其賞善之公이 如此라

　　탕임금의 뒤에 역수에 응하여 천하를 소유한 사람은 무왕이다. 상나라를 친 뒤에 재산을 나누어주고 곡식을 풀어서 큰상을 천하의 사람들에게 주셨다. 그러나 사람마다 부하게 한 것이 아니라 오직 선인을 정성스럽게 대했을 따름이니, 그 분이 선인에게 상을 준 공평함이 이와 같다.

○당(當) : 당면하다. 막. 동작의 진행이나 상태의 지속을 나타냄.
○산재(散財) : 재산을 나누어 줌. 「양서(梁書)17」 "發米散財 以拯窮乏"
○발속(發粟) : 곡식을 풀어 굶주린 백성들을 구제함. 발진(發賑). 발창(發倉). 《주서(周書) 무성편(武成篇)》 "散鹿臺之財 發鉅橋之粟"
○고계(誥戒) : 윗사람이 아랫사람에게 훈계함. 또는 그 말. 고계(誥誡).

20·1·5 雖有周親이나 不如仁人이요 百姓有過는 在予一人이니라

　　무왕이 말했다. "비록 아주 가까운 친척이 있으나 어진 사람만 같지 못하고, 백성들에게 허물이 있음은 그 책임이 나 한 사람에게 있다."

○수유주친(雖有周親) : 비록 주실(周室)의 형제가 있지만. ☞주친(周親) : 아주 가까운 친척. 주실(周室)의 형제들. 즉 상가(商家)의 자손들. "周親指商家之子孫言"
○불여인인(不如仁人) : 어진 사람만 못하다. ☞인인(仁人) : 어진 사람들. 기자(箕子)나 미자(微子). 여기서는 주가(周家)의 신하들을 말함. "仁人是周家之臣言"
○백성유과재여일인(百姓有過在予一人) : 백성들에게 허물이 있는 것은 그 책임이 무왕 자신에게 있다는 말. '予一人'은 무왕(武王) 자신을 일컬음. "過咎也 言百姓皆咎我不伐紂 予一人武王自謂"

此는 周書泰誓之辭라 孔氏曰 周는 至也니 言紂至親이 雖多나 不如周家之多仁人이라

　　이는 《주서 태서편》의 말이다. 공 씨가 말했다. "주(周)는 '지극하다'는 것이니, 주왕이 가까운 친척이 비록 많으나 주나라에 어진 사람이 많은 것만 같지 못함을 말한 것이다."

○《주서(周書) 태서편(泰誓篇)》: 주(周)나라 무왕(武王)이 상(商)나라 주(紂)임금을 치기 전에 맹진(孟津)에서 모든 제후들을 모아놓고 크게 훈시하였는데, 사관(史官)이 그 내용을 기록한 것이다. 상편은 황하를 건너지 않았을 때, 중·하 두 편은 이미 황하를 건넌 뒤에 지은 것이다. "受有億兆夷人이나 離心離德커니와 予有亂臣十人호니 同心同德하니 雖有周親이나 不如仁人이니라"(수는 억조의 평범한 사람들을 거느리고 있으나, 마음이 떨어지고 덕에서 떠났거니와, 나는 다스리는 신하 열 사람이 있으나, 마음이 같고 덕이 같습니다. 그러니 비록 지극히 친한 사람이 있다 하더라도, 어진 사람만 같지 못한 것입니다.)

[備旨] 當伐商之初에 誓師之辭에 有曰紂雖有至親之多나 皆離心離德하여 不如周家之多仁人이라 我今旣獲仁人之助하니 若不往征商罪면 則百姓皆有過는 責在予一人矣라 伐商을 其容已乎아하니 其伐暴之果가 如此라

막 상나라를 치려할 때 군사들에게 맹세할 적에 이르기를, "주임금이 비록 가까운 친척들이 많으나 모두 마음에서 떠나고 덕에서 떠나서 주나라에 어진 사람들이 많은 것만 같지 못하다. 내가 지금 이미 어진 사람들의 도움을 얻었으니, 만약 가서 상나라의 죄를 정벌하지 못한다면 백성들의 모든 허물은 그 책임이 나 한 사람에게 있는 것이다. 상나라를 정벌하는 것을 그만둘 수 있겠는가?"라고 말했으니, 그 분이 포악한 사람들을 정벌할 때 과감함이 이와 같다.

○이(已) : 그만두다. 말다.
○과(果) : 과감하다. 과단성.

20·1·6 謹權量하며 審法度하며 修廢官하신대 四方之政이 行焉하니라

무왕이 도량형을 엄격히 지키며, 법도를 자세히 살피며, 배척되었던 사람들을 다시 쓰셨는데, 사방의 정치가 잘 행해졌다.

○근권량(謹權量) : 도량형을 엄격히 지키다. ☞근(謹) : 엄격히 지키다. ☞권량(權量) : 저울과 양기(量器). 도량형. "謹是使稱量適均意"

○심법도(審法度) : 법도를 자세히 살피다. '審'은 '자세히 살피다'라는 뜻. "審是使
因革適宜意"
○수폐관(修廢官) : 배척되었던 사람들을 다시 쓰다. ☞수(修) : 갖추다. 어진 사람
을 씀. ☞폐관(廢官) : 일과 직위가 맞지 않는 관직. 곧 직위는 있으나 벼슬이 없
든지 벼슬은 있으나 직위가 맞지 않는 일. 주(紂)임금에 의해 배척되었던 사람.
"修是使賢能適用意 廢官卽紂所擯斥者"
○사방지정행언(四方之政行焉) : 사방의 정치가 막히지 않고 잘 행해지다. "四方指各侯
國言 政卽上三事 行是無阻滯意"

權은 **稱錘也**요 **量**은 **斗斛也**라 **法度**는 **禮樂制度**가 **皆是也**라

　권(權)은 저울추이며, 양(量)은 말과 섬이다. 법도(法度)란 예악·제도가 모두 이
것이다.

○칭추(稱錘) : 저울추.
○두곡(斗斛) : 두와 곡. 용량을 세는 도구로 양기(量器)의 범칭. '斗'는 10되[升]
들이, '斛'은 10말[斗] 들이.

[備旨] 及天下已定之後하여는 於權量엔 則謹之하여 使輕重多寡로 各適其中也하고 於
法度則審之하여 使因革損益으로 各得其當也하고 於廢官則修之하여 使惟賢惟能으로 各擧其
職也라 是는 擧商之玩弊而廢墜者하여 一旦에 整飭而維新之하니 四方이 靡不改觀易聽하
여 而奉行新天子之典章矣라 政其有不行耶아

　천하가 이미 정해진 뒤에는 도량형에 관해서는 그것을 엄격히 지켜서 가볍고 무겁고
많고 적은 것으로 하여금 각각 그것의 중도에 맞도록 하고, 법도에 관해서는 그것을
살펴서 이어받고 고치고 없애고 만드는 것으로 하여금 각각 그 마땅함을 얻도록 하고,
배척되었던 사람에 관해서는 다시 써서 오직 어진 사람과 능한 사람으로 하여금 각각
그 직책에 천거하도록 했다. 이는 상나라에서 업신여기고 해진 것, 황폐해지고 쇠퇴한
것을 들어서 하루아침에 정리하여 새롭게 고쳤으니, 사방의 사람들이 생각을 바꾸고
이목을 바꾸어서 새로 만들어진 천자의 제도나 법령을 받들어 행하지 않음이 없었다.
정사에 그 분이 행하지 않음이 있는가?

○어(於) : …에 관해서는.

○인혁(因革) : 변천해 온 내력. 연혁(沿革). 여기서는 이어받고 고친 것.

○손익(損益) : 버리거나 더한 것. 즉 정사에서 무엇을 폐지하고 무엇을 신설하는지에 관한 내용.

○완폐(玩弊) : 업신여기고 해진 것. ☞완(玩) : 업신여기다[輕慢]. 깔보고 홀대하다.

○폐추(廢隳) : 황폐하고 쇠퇴함.

○정근(整飭) : 정리(整理)하다.「중문대사전(中文大辭典)」"整理也 又修謹貌"

○유신(維新) : 모든 제도를 새롭게 고침. 낡은 제도의 폐습을 고치어 새롭게 함.

○미불(靡不) : 아닌 것이 없다. 무엇도 없다. 이중 부정.

○개관(改觀) : 본래의 견해나 생각을 바꿈.

○역청(易聽) : 이목(耳目)을 바꿈. 말을 듣는 것을 바꿈.

○전장(典章) : 제도(制度)나 법령(法令)등의 총칭.

20·1·7 興滅國하며 繼絶世하며 擧逸民하신대 天下之民이 歸心焉하니라

무왕이 멸망한 나라를 일으키며, 끊어진 대를 이으며, 세상을 피해 사는 사람을 등용하셨는데, 천하의 백성들이 마음을 돌리게 되었다.

○흥멸국(興滅國) : 백성은 있지만 나라가 없는 것을 회복해서 일으키다. "興是復起意 滅國指有人無國者說"

○계절세(繼絶世) : 끊어진 대를 종가(宗家) 이외의 지손(支孫)에서 구해 후사를 잇다. "繼是求旁支 以續其嗣 絶是指有國無人者說"

○거일민(擧逸民) : 주(紂)임금에 의해 버려진 일민(逸民)들을 등용해서 쓰다. "擧是擧用逸民 是紂所播棄者"

○천하지민귀심언(天下之民歸心焉) : 천하의 사람들이 진심으로 심복(心服)함. 백성들이 기뻐하다. "歸心是悅服意 總承上三句說"

興滅과 繼絶은 謂封黃帝堯舜夏商之後요 擧逸民은 謂釋箕子之囚하고 復商容之位니 三者는 皆人心之所欲也라

멸망한 나라를 일으킨 것과 끊어진 대를 이었다는 것은 황제·요·순·하·상

의 후손을 봉해 준 것을 말하며, 세상을 피해 사는 사람을 등용했다는 것은 기자
의 구속을 석방하고 상용의 지위를 회복시킨 것을 이르니, 세 가지는 모두 인심에
원하는 바였다.

○일민(逸民) : 세상을 피하여 숨어사는 사람. 일민(佚民). 본서 18·8·1 참고.
○기자(箕子) : 은(殷)나라의 태사(太師)로 주(紂)임금의 숙부. 주왕이 포악하여 여러
번 간하다가 도리어 종의 신분이 됨. 기(箕) 땅에 봉해진 데서 기자(箕子)라고 이르는
데, 은나라가 망한 뒤 조선으로 달아나서 기자 조선을 세웠다는 전설과 함께 평양에는
기자사(箕子祠)가 있음.
○상용(商容) : 은(殷)나라 주(紂)임금 때의 대부(大夫). 주(紂)임금에게 직간하다가 귀
양 갔으며, 주(周)나라 무왕(武王)이 주왕을 친 후 그가 살던 마을에 정문(旌門)을 세워
표창하였음.

[備旨] 不特此也라 至於前代帝王之後하여는 於無其國而久滅者則興之하여 錫之土以復
其舊也하고 於有其國而世已絶者則繼之하여 立之人以延其祀也하고 於賢人之道逸者則擧
之하여 釋其囚而復其位也하시니라 是擧紂之所翦滅而播棄者하여 一旦에 建立而顯揚之하
니 天下가 靡不慰望順欲하여 而思蒙聖天子之德澤矣라 民心이 有不歸焉者耶아

단지 이뿐만 아니다. 전대 제왕의 뒤에 이르러서는 그들의 나라가 없어지고 오랫동
안 없어진 사람에 관해서는 그들을 일으켜서 토지를 주어 그들의 옛 땅을 회복시켜 주
고, 그들의 나라가 있지만 세대가 이미 끊어진 사람에 관해서는 그것을 계승해서 사람
을 세워 그들의 제사를 이어가도록 하고, 현인의 도가 있지만 숨어사는 사람에 관해서
는 그들을 등용해서 그들의 구속을 풀어주어 그들의 지위를 회복하도록 하셨다. 곧 주
임금이 완전히 없애고 파기해버린 사람들을 등용해서 하루아침에 세우고 드러내니, 천
하가 바라던 것을 도와주고 바라던 것을 좇아서 성스러운 천자의 덕택을 입었음을 생
각하지 않음이 없었다. 민심이 돌아가지 않은 것이 있겠는가?

○전멸(翦滅) : 완전히 없앰. 섬멸함.
○파기(播棄) : 던져 버림.
○건립(建立) : 이룩하여 세움. 제정함. 나라를 세우고 사람을 등용한다는 뜻.
○현양(顯揚) : 업적·공훈 등을 세상에 드러내어 찬양함.
○위망(慰望) : 바라던 것을 위로하고 도와 줌.
○순욕(順欲) : 바라던 것을 좇음. 「중문대사전(中文大辭典)」 "從心之欲也"

20·1·8 所重은 民食喪祭러시다

무왕이 소중히 여겼던 것은 백성들의 음식과 초상과 제사였다.

○소중(所重) : 중하게 여기다. 급선무로 여긴 일. "重是急先務意"
○이 글은 食以養生과 喪以送死와 祭以報本의 세 가지에 대하여 이야기하고 있다. 혹
자는 '所重民은 食·喪·祭러시다'로 새기거나, 또 '所重은 民·食·喪·祭러시다'로
새기는 사람이 있는데, 그것은 모두 옳지 않다. 참고로 여기서 '食'은 직부(職部)에 속
한 입성(入聲)으로 독음은 '식'이다. 만약 '사'로 읽으면 치부(寘部)에 속한 입성(入聲)으
로 독음이 '사'가 된다.

武成에 曰重民五敎하시되 惟食喪祭라하니라

《주서 무성편》에 "백성의 오교(五敎)를 중히 여기셨지만, 음식과 초상과 제사에
더 치중했다." 하였다.

○무성편(武成篇) : 「서경(書經)」 《주서(周書)》의 편명. 무왕(武王)이 은(殷)나라
를 정벌하고, 말과 소들을 놓아주고 여러 신들에게 제사하여 고한 것과 나라를 다
스린 일에 관해 사관(史官)이 기록한 글. 글 가운데 무성(武成)이라는 두 글자가
있으므로 그것을 편명(篇名)으로 삼음.
○오교(五敎) : 오전(五典)의 가르침을 말함. 사람이 지녀야할 다섯 가지 인륜. 오
상(五常). 즉 군신(君臣)·부자(父子)·부부(夫婦)·형제(兄弟)·장유(長幼)의 관계.

[備旨] 至其所尤重者하여는 民之食喪祭焉이라 蓋食以養生하고 喪以送死하고 祭以報本
하여 而人道之始終이 備矣라 重之者는 所以立人紀而厚風俗也라 此皆反商政之虐하고 由
舊政之仁하여 而武王之得統於湯者가 又如此라

그가 더욱 중히 여긴 것은 백성들의 양식과 초상과 제사였다. 대개 음식으로써 부모
를 봉양하고, 초상으로써 죽은 이를 장사지내고, 제사로써 근본에 보답하여 인도의 시
작과 끝이 갖추어진다. 소중히 여겼다는 것은 사람이 지켜야 할 도리를 세우고 풍속을
두텁게 한 것이다. 곧 모두 상나라 정치의 나쁜 것을 돌이키고 옛날 정치의 어진 것을
좇아서 무왕이 탕임금으로부터 실마리를 얻었음이 이와 같다.

○양생(養生) : 부모가 살아 계실 때 잘 봉양함.
○송사(送死) : 죽은 이를 장사 지냄.
○보본(報本) : 근본에 보답함. 보본반시(報本反始). ☞보본반시(報本反始) : 은혜를 입으면 보답할 것을 생각하여 그 근본을 잊지 않음. 천지와 선조의 은공에 보답함을 이름.
○인기(人紀) : 사람으로서 지켜야 할 도리. 윤리(倫理).

20 · 1 · 9 寬則得衆하고 信則民任焉하고 敏則有功하고 公則說(열)이니라

이제와 삼왕의 다스림을 요약해 본다면, '너그럽게 하면 많은 사람을 얻고, 미덥게 하면 백성들이 신임하고, 민첩하게 다스리면 공적을 세우고, 공평하게 하면 백성들이 기뻐한다.'는 것이다.

○관즉등중(寬則得衆) : 너그럽게 많은 사람들을 거느린다면 많은 사람들이 나를 기뻐하여 받들게 됨. "寬是包含徧覆 得衆是天下歸附"
○신즉민임언(信則民任焉) : 미덥게 명령을 낸다면 백성들이 모두 의뢰하게 됨. "信是號令不欺民 任是天下依庇"
○민즉유공(敏則有功) : 민첩하게 다스리면 온갖 제도가 떨쳐 일어나서 여러 공적을 세우게 됨. "敏自勤政不怠言 有功是庶事畢舉"
○공즉열(公則說) : 공평무사하면 백성들이 기뻐함. "公自賞罰無私言 說是民心悅服"

此는 於武王之事에 無所見하니 恐或泛言帝王之道也라
○楊氏曰 論語之書는 皆聖人微言이어늘 而其徒傳守之하여 以明斯道者也라 故로 於終篇에 具載堯舜咨命之言과 湯武誓師之意와 與夫施諸政事者하여 以明聖學 之所傳者가 一於是而已니 所以著明二十篇之大旨也라 孟子도 於終篇에 亦歷 敍堯舜湯文孔子相承之次하시니 皆此意也라

이것은 무왕의 사적에 보이는 바가 없으니, 아마도 제왕의 도를 널리 말씀하신 듯하다.
○양 씨가 말했다. "「논어」의 문장은 모두 성인의 은미한 말씀인데, 그 제자들이 전하고 지켜서 이 도를 밝힌 것이다. 그러므로 마지막 편에 요·순이 감탄하면서 명한 말과 탕·무가 군사들에게 맹세한 뜻과 정사에 베푼 것들을 모두 기재하

여 성학의 전하는 바가 여기로 귀일할 뿐임을 밝혔으니, 「논어」 20편의 대지를 분명히 밝힌 것이다. 맹자도 마지막 편에 요·순·탕·문·공자가 서로 계승한 차례를 두루 서술하셨으니, 모두 이러한 뜻이다.”

○사도(斯道) : 이 도(道). 성현(聖賢)의 길. 공자와 맹자의 가르침. 유도(儒道).
○성학(聖學) : 성인이 닦아놓은 학문. 곧 공자의 학문.
○저명(著明) : 뚜렷하고 분명함.
○역(歷) : 두루. 골고루.

[備旨] 夫二帝三王之爲治가 如此하니 要不出於寬信敏公四者之道焉이라 寬以御衆이면 則天下가 知吾量之能容하여 而衆於我乎愛戴矣요 信以出令이면 則天下가 知吾誠之足恃하여 而民於我乎倚仗矣요 敏以圖治이면 則無怠無荒하여 百度振擧而有功矣요 公以裁物이면 則無偏無黨하여 百姓誠服而欣悅矣니 夫析言之라도 有是四者之道요 約言之라도 則曰中而已라 吾夫子가 生於堯舜禹湯武之後로되 而得其聖學之傳者하시니 又豈有外於此哉아

　무릇 이제와 삼왕의 다스렸던 것이 이와 같으니, 요컨대 ‘너그럽고·미덥고·민첩하고·공평하다’라는 네 가지 도를 벗어나지 않았다. 너그럽게 많은 사람들을 거느리면 천하가 나의 도량이 능히 받아들일 수 있음을 알아서 많은 사람들이 나를 기쁘게 받들 것이요, 미덥게 명령을 낸다면 천하가 나의 정성이 족히 믿을 만하다는 것을 알아서 백성들이 나를 의뢰할 것이요, 민첩하게 다스림을 도모한다면 게으름이 없고 굶주림도 없어서 온갖 제도가 떨쳐 일어나서 공적을 세울 것이요, 공평하게 해서 사물을 헤아린다면 치우치지 않고 당을 짓는 일도 없어서 백성들이 진실로 복종해서 기뻐하고 즐거워할 것이니, 무릇 나누어서 말하더라도 이 네 가지의 도요 요약해서 말하더라도 중용의 도라고 말할 따름이다. 우리 부자께서 요·순·우·탕·무의 뒤에 태어났지만 그 성학의 전통을 얻으셨으니, 또 어찌 이를 벗어날 수 있겠는가?

○이제(二帝) : 두 사람의 제왕(帝王). 곧 당요(唐堯)와 우순(虞舜).
○삼왕(三王) : 삼대(三代)의 성왕(聖王). 하(夏)의 우왕(禹王)·은(殷)의 탕왕(湯王)·주(周)의 문왕(文王) 또는 무왕(武王).
○위(爲) : 말하다.
○애대(愛戴) : 기뻐하여 받듦.
○재(裁) : 헤아리다. 결정하다. 재결(裁決).

○의장(倚仗) : 의뢰함.
○진거(振擧) : 떨쳐 일어남. 또는 정돈함.
○흔열(欣悅) : 기뻐하고 즐거워함. 흔열(欣說).

20·2·1　子張이　問於孔子曰　何如라야　斯可以從政矣니잇고　子曰　尊五美하며　屛四惡이면　斯可以從政矣리라　子張曰　何謂五美니잇고　子曰　惠而不費하며　勞而不怨하며　欲而不貪하며　泰而不驕하며　威而不猛이니라

자장이 공자에게 묻기를, "어떻게 해야 정사에 종사할 수 있겠습니까?" 하니, 공자께서 "다섯 가지의 미덕을 우러러보고 네 가지의 악덕을 물리친다면 정사에 종사할 수 있다." 하셨다. 자장이 "무엇을 다섯 가지 미덕이라고 이릅니까?" 하고 묻자, 공자께서는 "군자는 은혜를 베풀면서도 금품을 낭비하지 않으며, 일을 시키면서도 원망을 받지 않으며, 마음에 하고 싶어 하면서도 탐내지 않으며, 태연하게 있으면서도 교만하지 않으며, 위엄이 있으면서도 사납지 않음이다." 하셨다.

○하여사가이종정의(何如斯可以從政矣) : 어떻게 해야 정치에 종사할 수 있는가? 즉 어떠한 일을 할 수 있어야 정사에 종사할 수 있겠는지 묻는 말. ☞사(斯) : 곧. 그렇다면. 그렇다면 …곧. 앞 문장을 이어받는 것을 나타냄. ☞종정(從政) : 정사에 참여함. 정사를 처리함. "從政只泛說行政　不作爲天子"
○존오미(尊五美) : 다섯 가지 미덕을 높이다. 五美는 '惠而不費하며　勞而不怨하며　欲而不貪하며　泰而不驕하며　威而不猛이니라'를 말하는데, '美'는 순연히 흠이 없는 것[純然無疵之謂美]을 이르며, '尊'은 공경해서 이를 가져야 한다는 뜻[尊有敬以持之之意]을 내포하고 있음. "尊見衆美之　必集意"
○병사악(屛四惡) : 네 가지 악덕을 물리치다. 四惡은 아래에 나오는 '不敎而殺을　謂之虐이오　不戒視成을　謂之暴(포)요　慢令致期를　謂之賊이오　猶之與人也로되　出納之吝을　謂之有司니라'를 말하는데, '惡'은 다스리는 데 방해되는 것[有妨於治之謂惡]을 이르며, '屛'은 엄하게 끊어야 한다는 뜻[屛有嚴以絶之之意]을 내포하고 있음. "屛見纖惡之　必除意"
○혜이불비(惠而不費) : 은혜롭게 하지만 금품을 낭비하지 않다. "惠是恩澤　不費是不損意"

○노이불원(勞而不怨) : 백성들을 노역에 종사시키지만 원망을 받지 않다. "勞是役使 不怨是不憤恨"

○욕이불탐(欲而不貪) : 마음에 그리워하는 바가 있어도 탐내지 않다. "欲是心有所慕 不貪是人不以我爲過取"

○태이불교(泰而不驕) : 태연하지만 교만하지 않다. 즉 태연하고 침착하지만 교만하지 않는 모양. "泰是舒泰 不驕是無矜高意"

○위이불맹(威而不猛) : 장엄하게 위엄이 있지만 사납지 않다. "威是莊嚴 不猛是不過於嚴厲"

[備旨] 昔者에 子張以爲政之道로 問於夫子에 曰必何如圖治라야 斯可以從政矣니잇고하니 夫子告之에 曰政之利於治者에 有五美焉하니 則必尊而奉行之하고 政之害於治者에 有四惡焉하니 則必屛而絶去之면 斯可以從政而無難矣리라 子張이 又問曰 何謂五美之目이니잇고 夫子告之에 曰從政之君子는 惠以及人이로되 而不費己之財하니 此惠之美也며 勞民之力이로되 而不致民之怨니 勞何美也며 心有所欲이로되 而不病於貪이니 欲何美也며 體常舒泰로되 而不見其驕하니 非泰之美乎며 有威可畏로되 而不見其猛하니 非威之美乎아 所謂五美者가 如此하니 子欲爲政이면 惟於五者를 尊之可矣라

옛날 자장이 정사를 행하는 도를 부자께 여쭈어 볼 적에 말하기를, "참으로 정사를 어떻게 다스림을 도모해야 정사에 종사할 수 있습니까?"라고 하니, 부자께서 깨우쳐 줄 적에 말씀하시기를, "정사에는 다스림을 이롭게 하는 데 다섯 가지의 미덕이 있으니 반드시 우러러보면서 받들어 실행하고, 정사에는 다스림을 해롭게 하는 데 네 가지의 악덕이 있으니 반드시 물리치면서 끊어 떠나버리면, 곧 정사에 종사해서 어려움이 없을 것이다."라고 하셨다. 자장이 또 여쭈어 보면서 말하기를, "무엇을 일러 다섯 가지의 조목이라고 합니까?"라고 하니, 부자께서 깨우쳐 주면서 말씀하시기를, "정사를 다스리는 군자는 은혜가 남에게 미치도록 하면서도 자기의 재물을 낭비하지 않으니 곧 은혜의 아름다움이며, 백성들의 힘을 쓰도록 하면서도 백성들이 원망하지 않게 하니 노역이 얼마나 아름다우며, 마음에 하고자 하는 바가 있으면서도 탐하는 데 괴로워하지 않으니 욕망이 얼마나 아름다우며, 몸이 항상 조용하고 편안하면서도 그 교만을 볼 수 없으니 태연의 아름다움이 아니겠으며, 위엄이 있어서 두려우면서도 그 사나움을 볼 수 없으니 위엄의 아름다움이 아니겠는가? 이른바 다섯 가지 미덕이 이와 같으니, 그대가 정사를 행하려고 한다면 오직 다섯 가지를 소중하게 생각하는 것이 옳을 것이다."라고 하셨다.

○필(必) : 참으로. 진정으로. 가설(假說)할 때 쓰임.
○봉행(奉行) : 웃어른의 뜻을 받들어 실행함.
○절거(絶去) : 끊고 떠남.
○서태(舒泰) : 조용하고 편안함.

20·2·2 子張曰 何謂惠而不費니잇고 子曰 因民之所利而利之니 斯不亦惠而不費乎아 擇可勞而勞之어니 又誰怨이리오 欲仁而得仁이니 又焉貪이리오 君子는 無衆寡하며 無小大히 無敢慢하나니 斯不亦泰而不驕乎아 君子는 正其衣冠하며 尊其瞻視하여 儼然人望而畏之하나니 斯不亦威而不猛乎아

자장이 "무엇을 일러 은혜를 베풀면서도 낭비하지 않는 것이라고 합니까?" 하고 묻자, 공자께서는 "군자는 백성들을 이롭게 하는 것을 좇아서 이롭게 하니, 이것이 또한 은혜를 베풀면서도 낭비하지 않는 것이 아니겠는가? 부득이 노역해야 할 것을 가려서 노역하게 하니 또 누가 원망하겠는가? 인을 구하다가 인을 얻을 것이니 또 어찌 탐하겠는가? 군자는 사람의 많고 적음과 일의 크고 작음에 관계없이 감히 교만함이 없어야 하는 것이니, 이것이 곧 태연하면서도 교만하지 않는 것이 아니겠는가? 군자는 그 의관을 바르게 하며 그 용모를 장중히 하여 엄연히 있을 적에 사람들이 바라보면 두려워해야 하는 것이니, 이것이 또한 위엄이 있으면서도 사납지 않는 것이 아니겠는가?" 하셨다.

○하위혜이불비(何謂惠而不費) : 무엇을 일러 은혜를 베풀면서도 낭비하지 않는다고 하는가? "施惠於人必費於己 其疑處重在不費上"
○인민지소리이리지(因民之所利而利之) : 백성들을 이롭게 하는 것을 좇아서 이롭게 함. 또는 백성들에게 이로운 것을 좇아서 이롭게 함. 백성들에게 이로운 일이란 논밭을 다스리는 일과 나무를 심고 가축을 기르도록 가르치는 것과 같은 종류. 본서 13·9·3 참고. "因依也 民所利 乃天地間 自然之利 利之如制田里敎樹畜之類"
○사불역혜이불비호(斯不亦惠而不費乎) : 이것 또한 은혜를 베풀면서도 낭비하지 않는 것이 아니겠는가? "斯字承上句說"
○택가로이로지(擇可勞而勞之) : 백성들이 부득이 노역해야 할 경우 일들을 가려서 노

역을 시킴. "擇字見不妄勞意 可勞是不得已之事 如築城鑿池之類"

○우수원(又誰怨) : 또 누가 나에게 원망하겠는가? "又字驛承上句說"

○욕인이득인(欲仁而得仁) : 인을 얻으려고 하다가 인을 얻게 됨. "仁指仁心仁政"

○우언탐(又焉貪) : 또 어찌 탐을 내겠는가?

○군자무중과무소대(君子無衆寡無小大) : 군자는 사람의 많고 적거나 일이 크고 작거나 관계하지 않다. "衆寡以人言 小大以事言"

○무감만(無敢慢) : 사람을 부리거니 일에 임할 적에 공경하지 않음이 없음. "是馭人臨事無不敬意"

○사불역태이불교호(斯不亦泰而不驕乎) : 이것 또한 태연하게 행동하면서도 교만하지 않는 것이 아니겠는가? "在無敢慢上見"

○군자정기의관(君子正其衣冠) : 군자는 그의 의관을 바르게 함. '衣冠'은 옷과 갓을 말하는데, 몸을 꾸민 것을 의미함. "衣冠是文乎身者"

○존기첨시(尊其瞻視) : 사물을 바라보는 그의 태도를 존엄하게 하다. '瞻視'는 외관(外觀)을 이르는데, 쳐다보거나 바라볼 적에 몸으로부터 풍겨 나오는 것을 엄숙하게 한다는 말. "瞻視是出乎身者"

○엄연인망이외지(儼然人望而畏之) : 엄연히 있을 적에는 사람들이 바라보면 두려워해야 함. '儼然'은 엄숙하고 진중한 모양. "儼然是威重之貌 屬君子身止說"

○사불역위이불맹호(斯不亦威而不猛乎) : 이것 또한 위엄이 있으면서도 사납지 않는 것이 아닌가? "在臨之以莊上見"

[備旨] 子張欲聞五美之實하여 而先問之에 曰惠於人者는 必費於己어늘 果何以謂惠而不費니잇고하니 夫子乃備擧其實而告之에 曰因民有天地自然之所利하여 而爲之經制敎導以利之면 其利之出於民者하여 初未嘗損於己也니 斯不亦惠而不費乎아 擇其可勞之事하여 爲國計民生所賴者而勞之면 則佚道以使民하여 民自忘其勞也니 又誰怨於我乎아 欲求仁心仁政之施하여 而卽得以盡其仁이면 則自有而自得하여 非有取於人也니 又焉至於貪乎아 君子는 無論人之衆寡하고 無論事之大小히 皆主於敬하여 無敢以慢心處之면 則動無不敬하여 而自然安舒요 非矜肆以長傲矣니 斯不亦泰而不驕乎아 君子는 正其衣冠之服하고 尊其瞻視之容하여 儼然在上에 人咸望而畏之면 則臨之以莊하여 而自然嚴重이요 非暴厲以虐人矣니 斯不亦威而不猛乎아 此五美之實은 爲政者之所當尊也라

자장이 다섯 가지 미덕의 실체를 듣고자 하여 먼저 여쭈어 볼 적에 말하기를, "사람에게 은혜를 베푸는 사람은 반드시 자기의 금품을 써야 하는데 과연 어찌해서 은혜를 베풀면서도 낭비하지 않는다고 이릅니까?"라고 하니, 부자께서 곧 그 실상을 빠짐없이

들어서 깨우쳐 주면서 말씀하시기를, "군자는 백성들에게 천지 자연 가운데 이롭게 하는 것들이 있음을 좇아서 그들을 위해 다스리고 통제하며 가르치고 이끌어서 이롭게 해주면, 그 중에 이로운 것이 백성으로부터 나와서 처음부터 일찍이 자기를 손해되지 않도록 할 것이니, 이것이 또한 은혜를 베풀면서도 낭비하지 않는 것이 아니겠는가? 그들이 부득이 노역해야 할 것을 가려내서 나라의 정책과 민생에 도움이 되는 것을 위해서 노역을 시키면, 편안한 방법으로 백성을 부려서 백성들 스스로 그 고생을 잊을 것이니, 또 누가 나를 원망하겠는가? 어진 마음과 어진 정사를 베풀기를 찾고자 해서 곧 얻으려고 그 인을 다한다면 저절로 갖거나 얻어져서 다른 사람으로부터 취하지 않아도 될 것이니, 또 어찌 탐하는 데 이르겠는가? 군자는 사람들의 많고 적은 것은 말할 것도 없고 일의 크고 적은 것도 말할 것도 없이 모두 공경에 힘을 써서 감히 자만하는 마음으로 처리하지 않는다면, 행동이 공경하지 않음이 없어서 자연히 평온할 것이고 교만하고 방자하거나 항상 오만하지 않을 것이니, 이것이 또한 태연하면서도 교만하지 않는 것이 아니겠는가? 군자는 옷을 입거나 갓을 쓰는 것을 바르게 하고 외관의 용모를 중요시해서 엄연히 위에 있을 적에 사람들이 모두 바라보고 두려워한다면, 임하기를 장엄하게 해서 자연히 엄중할 것이고 난폭하거나 사나움으로써 사람을 학대하지 않을 것이니, 이것이 또한 위엄이 있으면서도 사납지 않는 것이 아니겠는가? 곧 이 다섯 가지 미덕의 실체는 위정자들이 마땅히 소중하게 생각해야 할 것들이다."라고 하셨다.

○비거(備擧) : 예나 조목 따위를 빠짐없이 듦.
○경제(經制) : 다스리어 통제함.
○교도(敎導) : 가르치고 이끎.
○국계(國計) : 나라의 정책.
○일도(佚道) : 백성을 편안하게 하는 방도.「맹자(孟子)」《진심상(盡心上)》"以佚道使民 雖勞不怨" ☞일(佚) : 편안하다. 태평스럽다.
○만심(慢心) : 지나친 자부. 자만(自慢).
○안서(安舒) : 편안하고 조용함. 평온함. 안한(安閒).
○긍사(矜肆) : 교만하고 방자함. 긍종(矜縱).
○장오(長傲) : 항상 오만함.
○엄중(嚴重) : 몹시 엄격함.
○포려(暴厲) : 난폭하고 사나움.

20·2·3 子張曰 何謂四惡이니잇고 子曰 不敎而殺을 謂之虐이오 不戒視成을 謂之暴(포)요 慢令致期를 謂之賊이요 猶之與人也로되 出納之吝을 謂之有司니라

자장이 "무엇을 네 가지 악덕이라고 합니까?" 하고 묻자, 공자께서는 "가르치지 않다가 죽이는 것을 일러 잔혹하다 하고, 미리 조심하지 않다가 결과만 따지는 것을 조급하다 하고, 명령을 느슨하게 하다가 기일을 각박하게 하는 것을 해친다 하고, 골고루 사람들에게 주어야 하는데도 물건을 들여놓거나 내놓을 때 인색하게 하는 것을 벼슬아치들의 근성이라고 한다." 하셨다.

○하위사악(何謂四惡) : 무엇을 일러 네 가지 악덕이라고 합니까? 네 가지 악덕의 조목이 무엇인가라는 말. "是求四惡之實"
○불교이살(不敎而殺) : 백성을 교화시키지 않고 죽이다. "殺亦有時當用者 惡在不敎上"
○위지학(謂之虐) : 잔혹하다고 이르다. 학대한다는 말. "虐言其忍也"
○불계시성(不戒視成) : 무릇 일이 있다면 마땅히 미리 조심하고 주의해야 할 터인데, 미리 조심하거나 주의하지 않다가 갑자기 그 성과만 따지거나 견주어 봄. "視成是不可少者 惡在不戒上"
○위지포(謂之暴) : 조급하다고 이르다. 갑자기 처리하는 것을 말함. "暴言其躁也"
○만령치기(慢令致期) : 명령을 느슨하게 하다가 뒤에 가서는 그 책임에 대해 기한을 각박하게 하는 것. "致期亦所宜然者 惡在慢令上"
○위지적(謂之賊) : 해하려는 뜻을 가졌다고 이르다. "賊是有意害之"
○유지여인야(猶之與人也) : 똑같이 사람에게 주다. '猶之'는 '똑같이' '골고루'라는 뜻. '猶如'와 같음. "見前後要與的"
○출납지린(出納之吝) : 물건의 출납에 대해 인색하다. "愼與未爲不善 但吝所當與便是惡"
○위지유사(謂之有司) : 유사라고 이르다. 원래 '有司'는 '벼슬아치'나 '출납관'을 말하는데 여기서는 벼슬아치들의 쩨쩨한 근성을 표현한 말. "有司是司倉庫財帛之人"

虐은 謂殘酷不仁이요 暴(포)는 謂卒遽無漸이라 致期는 刻期也라 賊者는 切害之意니 緩於前而急於後하여 以誤其民而必刑之면 是賊害之也라 猶之는 猶言均之也니 均之以物與人이로되 而於其出納之際에 乃或吝而不果면 則是有司之事요 而

非爲政之體니 所與雖多나 人亦不懷其惠矣라 項羽가 使人有功當封이면 刻印刓
이로되 忍弗能予라가 卒以取敗하니 亦其驗矣라
○尹氏曰 告問政者가 多矣로되 未有如此之備者也라 故로 記之하여 以繼帝王之
治하니 則夫子之爲政을 可知也라

　학(虐)은 잔혹하여 어질지 못함을 이름이요, 포(暴)는 갑자기 한 것이고 차츰차츰 나
아가지 않는 것을 이름이다. 치기(致期)는 기한을 정하는 것이다. 적(賊)은 몹시 해친다
는 뜻이니, 앞에서는 느슨하게 하지만 뒤에서는 급하게 해서 그 백성들을 그르쳐 놓고
기필코 형벌을 가한다면, 이것은 바로 해치게 되는 것이다. 유지(猶之)는 똑같다는 말
과 같으니, 남들과 똑같이 물건을 주면서도 그들이 물건을 들여놓거나 내놓을 때 오히
려 약간 인색하고 과단성이 없으면 이는 재정을 맡은 유사의 일이지 정치를 하는 모습
은 아니니, 주는 것이 비록 많더라도 사람들은 또한 그 은혜를 감사하지 않을 것이다.
항우가 가령 사람이 공을 세워 당연히 토지와 작위를 수여해야 할 경우가 있으면, 도
장을 새겨 놓고 닳아 없어지는데도 차마 아까워서 주지 못하다가 끝내는 패배를 당했
으니 또한 그것이 표징이 될 것이다.
　○윤 씨가 말했다. "정사에 대한 질문에 말씀해 준 것이 많으나 이와 같이 구비된
것이 있지 않다. 그러므로 이것을 기록하여 제왕의 정치에 이어서 기록했으니 부자께
서 정사를 다스리는 내용을 알 수 있다."

○잔혹(殘酷) : 잔인하고 냉혹함. 또는 해침. 학대함.
○졸거(卒遽) : 갑자기. 별안간. 졸포(卒暴).
○각기(刻期) : 기한을 정함. 각한(刻限).
○적해(賊害) : 해침.
○봉(封) : 봉작(封爵)을 말함. ☞봉작(封爵) : 토지와 작위(爵位)를 수여함.
○항왕(項王, B.C 232~B.C 202) : 진(秦)나라 말기 초(楚)나라의 장수. 본명은 항적
(項籍). 자는 우(羽). 숙부 양(梁)과 함께 병사를 일으켜 진의 군사를 쳐서 함양(咸陽)
을 불사르고, 그 임금 자영(子嬰)을 죽인 뒤 자립하여 서초패왕(西楚霸王)이 됨. 한(漢)
고조(高祖) 유방(劉邦)과 천하를 다투다가 해하(垓下)에서 패하여 오강(烏江)에 투신하
여 자살함. 집주(集註)에서 인용한 말은, 한신(韓信)이 한왕(漢王)에게 고한 말이다. 「통
감(通鑑)」 《한고조(漢高祖) 원년(元年)》 "항왕(項王)이 화를 내어 꾸짖으면 천 명이 숨
을 죽이고 꼼짝 못합니다. 그러나 어진 장수를 임명하여 맡기지 못하니 이것이 다만
필부(匹夫)의 용(勇)일 따름입니다. 항왕(項王)이 사람을 보면 공경하고 사랑하여 말이
따뜻하며 질병에 걸린 사람이 있으면 눈물을 흘리고 음식을 나누어 먹었지만, 만약 사

람이 공을 세워 마땅히 봉작(封爵)할 경우가 있게 되면, 도장을 새겨 그 도장이 닳아지 도록 아까워서 주지 못하니, 이것이 이른 바 부인(婦人)의 인(仁)이라는 것입니다." (項 王 暗噁叱咤 千人自廢 然不能任屬賢將 此特匹夫之勇耳 項王見人 恭敬慈愛 言語嘔嘔 人 有疾病 涕泣分飮食 至使人有功 當封爵者 印刓敝 忍不能予 此所以婦人之仁)

○완(刓) : 닳다. 닳아 없어짐. 완결(刓缺)됨을 의미함. ☞완결(刓缺) : 나무, 돌 따위에 새긴 것이 닳아서 없어짐.

[備旨] 子張又問曰 五美之實이 固如此矣하니 敢問何謂四惡이니잇고하니 夫子又告之에 曰爲政者가 欲民不爲惡이면 則當素敎之어늘 若平時에 不敎民爲善이라가 而遽殺其不善 이면 是殘酷不仁이니 而謂之虐이요 凡有所興作이면 則當先戒之어늘 若不戒之於先이라 가 而遽考視其成이면 是急遽無漸이니 而謂之暴이요 凡有號令이면 則當致嚴之어늘 若故 緩其令於前이라가 而刻期責之於後면 是有意害民이니 而謂之賊이요 至於有功當賞하여는 卽斷然與之라야 而人始蒙其惠어늘 若或先或後라가 不免於與면 是均之以物與人也로되 而於出此納彼之際에 乃或吝而不果라 是爲人守財하여 不得自專者所爲니 則謂之有司之事 요 而非爲政之體矣라 此는 四惡之實이니 爲政者之所宜屛也라 誠能於所當尊者에 而尊之 하고 於所宜屛者에 而屛之면 則從政亦何難哉아

자장이 또 여쭈어 볼 적에 "다섯 가지 미덕의 실체가 진실로 이와 같으니 감히 물어 보건대 무엇을 일러 네 가지 악덕이라고 합니까?"라고 하니, 부자께서 깨우쳐 줄 적에 말씀하시기를, "위정자가 백성들에게 악을 행치 않도록 하려면 마땅히 평소에 가르쳐 야 할 터인데 만약 평소에 백성들에게 선을 행하도록 가르치지 않다가 갑자기 불선하 다고 죽인다면 이는 잔혹하고 불인한 짓이니 이를 일러 잔혹하다고 할 것이요, 무릇 일으켜야 할 것이 있다면 마땅히 미리 조심해야 할 터인데 만약 미리 조심하지 않다가 갑자기 그 성과만 따지거나 견주어 본다면 이는 황급하기만 하고 천천히 나아가게 하 는 것은 없으니 이를 일러 조급하다고 할 것이요, 무릇 호령할 것이 있으면 마땅히 위 엄에 이르도록 해야 할 터인데 만약 고의로 앞에서는 그 명령을 느슨하게 하다가 뒤에 서는 책임에 대해 기한을 각박하게 한다면 이는 백성들을 해치려는 생각이 있는 것이 니 이를 일러 해친다고 할 것이요, 공을 세워서 마땅히 상을 줘야 할 사람은 곧 단연 코 줘야만 사람들이 비로소 그 은혜를 입을 터인데 만약 어떤 때는 미리 주고 어떤 때 는 나중에 주다가 주지 못하면 이는 물건을 고르게 해서 사람들에게 주는 것 같지만, 이 물건을 내놓거나 저 물건을 들여놓을 때 오히려 약간 인색하고 과단성이 없는 것이 다. 이렇게 하면 사람들을 위해 재물만 지켜서 자신의 생각대로 처리할 수 없는 사람 이 행하는 바니, 이를 일러서 벼슬아치들의 근성이라고 할 것이고 정사를 다스리는 사

람들의 모습은 아닐 것이다. 이것은 네 가지 악덕의 실체니 위정자가 마땅히 물리쳐야 할 것들이다. 진실로 마땅히 소중하게 생각해야 할 것에 대해 높이고 마땅히 물리쳐야 할 것에 대해 물리칠 수 있다면, 정사를 처리하는 것이 또한 어찌 어렵겠는가?"라고 하셨다.

○홍작(興作) : 일으킴. 시작함.
○고시(考視) : 따져서 견주어 봄.
○급거(急遽) : 황급함. 절박함.
○무점(無漸) : 점점 나아감이 없음. 천천히 움직이지 않음.
○자전(自專) : 자신의 생각대로 독단하여 처리함.「중용(中庸)」28・1 "子曰 愚而好自用하며 賤而好自專하고 生乎今之世하여 反古之道면 如此者는 災及其身者也니라"

20・3・1 子曰 不知命이면 無以爲君子也요

공자께서 말씀하셨다. "명을 알지 못하면 군자가 될 수 없을 것이요,

○부지명(不知命) : 천명을 알지 못하다. ☞지명(知命) : 천명(天命)을 앎. 여기서 '命'은 '天命'을 말함. 하늘이 사람에게 부여하여 움직일 수 없는 기수(氣數)에 대하여 믿고 편안히 여김. "此知字 便有信而安之意 命以氣數言 卽吉凶禍福之命"
○무이위군자야(無以爲君子也) : 군자가 될 수 없다. ☞군자(君子) : 군자. 여기서는 요행을 바라는 소인(小人)과 반대되는 사람. ☞무이(無以) : …할 수 없다. '以'는 원래 '이유・조건・수단・도구・원인' 등을 나타내는 전치사인데, '無所以'의 '所'가 생략된 형태로 볼 수 있다. 흔히 '無以' '蔑以' '有以' 등의 형태로 쓰인다. '無以'를 해석할 때는 '以'를 조동사처럼 생각하여 '…할 수 없다'라고 해석한다. "君子 與僥倖小人對看"

程子曰 知命者는 知有命而信之也라 人不知命이면 則見害必避하고 見利必趨하니 何以爲君子리오

정자가 말했다. "명을 안다는 것은 명이 있음을 알고 믿는 것이다. 사람이 명을 알지 못하면 해로운 것을 보면 반드시 피하고 이로운 것을 보면 반드시 달려갈 것이니, 어떻게 군자라고 하겠는가?"

[備旨] 夫子示人以當知之事에 曰人之所當知者에 有三하니 一曰知命이요 一曰知禮요
一曰知言이라 蓋命은 稟於有生之初者也니 人必知命이면 則臨利害之際에 惟命是安일새
庶無愧於君子矣어니와 苟不知命이면 則見害必避하고 見利必趨리니 是亦僥倖苟免之人而
已라 其何以爲君子乎아 故로 命不可以不知也니라

　부자께서 사람들이 마땅히 알아야 할 일을 보여줄 적에 말씀하시기를, "사람들이 마
땅히 알아야 할 것에 세 가지가 있으니, 하나는 명을 아는 것이요, 하나는 예를 아는
것이요, 하나는 말을 아는 것이다. 대개 명은 태어날 적에 받은 것이니, 사람이 반드시
명을 안다면 이익이나 손해의 상황에 닥쳤을 적에 오직 명을 편히 여기기 때문에 어쩌
면 군자에게 부끄러움이 없겠지만, 진실로 명을 알지 못하면 손해를 입을 적에 반드시
피하고 이익을 보면 반드시 달려갈 것이니, 이것 또한 요행을 바라고 구차함을 면하려
는 사람일 따름이다. 그가 어찌 군자가 될 수 있겠는가? 그러므로 명은 알지 않을 수
없을 것이다.

20·3·2 不知禮면 無以立也요

　예를 알지 못하면 설 수 없을 것이요,

○부지례(不知禮) : 예를 알지 못하다. ☞지례(知禮) : 예(禮)를 알다. 예를 지킬 줄을
앎. "此知字 便有守之之意 禮以一身權儀揖遜之節言"
○무이립야(無以立也) : 설 수 없다. 눈과 귀, 손이나 발이 제대로 활동할 수 없다. ☞
무이(無以) : …할 수 없다. 20·3·1 해설 참고. ☞입(立) : 서다. 좇다. 사회에서 행해
지는 여러 가지 예절을 따름. "立是有持循意"

不知禮면 則耳目에 無所加요 手足을 無所措라

　예를 알지 못하면 이목에 더할 바가 없고 수족을 둘 곳이 없다.

[備旨] 禮는 所以檢身者也라 人必知禮면 則以之持循하여 而在我有據하여 可與立矣어
니와 苟不知禮면 則耳目手足에 無所範圍하여 而事物이 得以搖奪之矣라 其何以能立乎아
故로 禮不可以不知也니라

예는 사람의 몸을 단속하는 것이다. 사람이 반드시 예를 알면 그것을 좇아 행해서 나에게 근거 삼을 것이 있어서 더불어 설 수 있겠지만, 진실로 예를 알지 못하면 눈·귀·손·발에 범위를 정할 바가 없어서 사물이 흔들리거나 잃게 될 것이다. 그가 어찌 능히 설 수 있겠는가? 그러므로 예는 알지 않을 수 없을 것이다.

○지순(持循) : 따름. 좇아서 행함.
○요탈(搖奪) : 요동하거나 잃음.

20·3·3 不知言이면 無以知人也니라

말을 알지 못하면 사람을 알 수 없을 것이다."

○부지언(不知言) : 다른 사람의 말을 잘 알아듣지 못하다. ☞지언(知言) : 사람의 말에 대해 알다. "此知字 要有窮理工夫 言是人之言"
○무이지인야(無以知人也) : 그 사람에 대해서 사정(邪正)을 알 수 없다. ☞무이(無以) : …할 수 없다. 20·3·1 해설 참고. ☞지인(知人) : 마음을 정하여 세운 후 사람의 그릇됨과 올바름을 분별하다. "知人是辨其立心之邪正"

言之得失로 可以知人之邪正이라
○尹氏曰 知斯三者면 則君子之事가 備矣라 弟子가 記此以終篇하니 得無意乎아
學者少而讀之하고 老而不知一言爲可用이면 不幾於侮聖言者乎아 夫子之罪人
也니 可不念哉아

말의 득실로 사람의 그릇됨과 올바름을 알 수 있다.
○윤 씨가 말했다. "이 세 가지를 알면 군자의 일이 갖추어질 것이다. 제자들이 이를 기록하여 책을 마쳤으니 어떤 생각이 없었겠는가? 배우는 자들이 젊어서 이 책을 읽고 늙어서 한 마디도 쓸 만하다는 것을 알지 못하면, 성인의 말씀을 모독하는 사람에 가깝지 않겠는가? 그렇게 되면 부자에게 죄인이니 생각하지 않을 수 있겠는가?"

○득무(得無)~호(乎) : …이 아닐까? 설마 …일 리가 없다. …일 것이다. 관용어구로

추측이나 반문을 나타낼 때 쓰임.

○불기어모성언자호(不幾於侮聖言者乎) : 성인의 말씀을 모독하는 데 가까운 사람이 아니겠는가? '幾'는 평성(平聲)으로 쓰여, '가깝다' '가까워지다'라는 뜻.

[備旨] 言者는 人心之聲也라 人必知言이면 則在人無遁情하여 而邪正을 從可知矣라 苟聽其言하여 而不能知其是非得失之所以然이면 則人之邪正을 無自而辨하여 遂失其取舍之則矣니 其何以知人乎아 故로 言不可以不知也라 知斯三者하여 而上以達天하고 內以成己하고 外以盡人하면 而自修之要를 得矣라

　　말은 사람의 마음에서 나오는 소리다. 사람이 반드시 말을 안다면 사람은 감정을 속일 수 없어서 간사함과 올바름을 그것으로 알 수 있다. 진실로 그 말을 듣고서 능히 그 사람의 시비나 득실에 대한 까닭을 알지 못하면, 사람의 간사함과 올바름을 스스로 분별할 수 없어서 마침내 그 취하고 버리는 법칙을 잃어버리게 될 것이니, 그가 어찌 사람을 알 수 있겠는가? 그러므로 말은 알지 않을 수 없을 것이다. 이 세 가지를 알아서 위로는 하늘에 다다르고 안으로는 자기를 이루고 밖으로는 사람들에게 다한다면, 스스로 수양하는 요령을 얻을 것이다."라고 하셨다.

○종가지야(從可知也) : 그것으로 알 수 있다. 「후한서(後漢書)」 "日月星辰 從可知也"
○자수(自修) : 스스로를 수양함. 「대학(大學)」 전(傳) 3·4 "如切如磋者는 道學也요 如琢如磨者는 自修也요"

懸吐完譯
論語集註備旨大全(下)

인쇄 2018년 5월 14일
발행 2018년 5월 23일

역   자 | 이한우
발행자 | 김동구
발행처 | 명문당(1923. 10. 1 창립)
주   소 | 서울시 종로구 윤보선길 61(안국동)
             우체국 010579-01-000682
전   화 | 02)733-3039, 734-4798(영), 733-4748(편)
팩   스 | 02)734-9209
Homepage | www.myungmundang.net
E-mail | mmdbook1@hanmail.net
등   록 | 1977. 11. 19. 제1~148호

ISBN 979-11-88020-54-6 (04140)
ISBN 979-11-88020-52-2 (세트)
30,000원